Was vom Himmel kommt

Mythological Studies (MythoS)

Herausgegeben von
Annette Zgoll und Christian Zgoll

Wissenschaftlicher Beirat
Heinrich Detering, Angela Ganter, Katja Goebs, Wilhelm Heizmann,
Katharina Lorenz, Martin Worthington

Band 4

Was vom Himmel kommt

Stoffanalytische Zugänge zu antiken Mythen
aus Mesopotamien, Ägypten, Griechenland und Rom

Herausgegeben von
Gösta Gabriel, Brit Kärger, Annette Zgoll
und Christian Zgoll

DE GRUYTER

Forschung gefördert durch die Deutsche Forschungsgemeinschaft, unverzögerte
Open-Access-Bereitstellung gefördert durch die Georg-August-Universität Göttingen.

ISBN 978-3-11-221619-4
e-ISBN (PDF) 978-3-11-074300-5
e-ISBN (EPUB) 978-3-11-074309-8
ISSN 2626-9163
DOI https://doi.org/10.1515/9783110743005

Dieses Werk ist lizenziert unter der Creative Commons Attribution 4.0 International Lizenz.
Weitere Informationen finden Sie unter http://creativecommons.org/licenses/by/4.0/.

Library of Congress Control Number: 2021939084

Bibliografische Information der Deutschen Nationalbibliothek
Die Deutsche Nationalbibliothek verzeichnet diese Publikation in der Deutschen
Nationalbibliografie; detaillierte bibliografische Daten sind im Internet über
http://dnb.dnb.de abrufbar.

© 2025 Gösta Gabriel, Brit Kärger, Annette Zgoll und Christian Zgoll,
publiziert von Walter de Gruyter GmbH, Berlin/Boston
Dieser Band ist text- und seitenidentisch mit der 2021 erschienenen gebundenen Ausgabe.
Dieses Buch ist als Open-Access-Publikation verfügbar über
www.degruyter.com.

Einbandabbildung: M-LAB © C. Zgoll 2003
Druck und Bindung: CPI books GmbH, Leck

www.degruyter.com

✸ 𒀭𒌷𒀭𒅆 𒁹 Οὐρανός   CAELVM

Vorwort

In antiken Mythen ist der Himmel ein numinoser Raum. Was von dort kommt, besitzt herausragende Bedeutung. Auf Basis einer allgemeinen und vergleichenden Stoffwissenschaft (Hylistik, vgl. dazu die Grundlegung im Band MythoS 1) werden in diesem transdisziplinären Band der Reihe MythoS (*Mythological Studies*) Befunde von Mythen rekonstruiert und systematisch zusammengeführt, die thematisieren, dass jemand oder etwas vom Himmel kommt. Im Ergebnis erweisen sich mythische Erzählstoffe über Himmelstransfers als wichtige narrative Mittel, um die Numinosität des Transferierten zu beschreiben.

Der vorliegende Band hat eine Besonderheit: Einerseits haben hier Spezialist*innen aus den Bereichen Altorientalistik, Ägyptologie und Klassische Philologie spezifische Text-Corpora auf mythische Stoffe zu Sphärenwechseln aus dem Himmel untersucht und dazu substanzielle disziplinäre Studien vorgelegt, teils mit monographischem Charakter; andererseits war den Autorinnen und Autoren besonders daran gelegen, die Nebeneinanderstellung von spezifisch disziplinären Beiträgen um eine Synthese zu erweitern. Sämtliche Einzelstudien werden daher im letzten Hauptteil des Bandes kulturenübergreifend ausgewertet, mit einem Fokus auf semantischen, besonders die emische Perspektive berücksichtigenden Kategorisierungen und Interpretationen. Durch die gemeinsamen Auswertungen werden erstmals spezifische Besonderheiten und Gemeinsamkeiten von Sphärenwechseln aus dem Himmel in Mythen verschiedener antiker Kulturen sichtbar. Dabei ergaben sich neue Fragen, wie etwa zur Beschreibung und Plausibilisierung von Numinosität, denen weiter nachzugehen sich als lohnend erwies.

Die Auswertungsbeiträge wie auch die Einzelstudien sind sämtlich von allen Beitragenden mehrmals gelesen und kommentiert worden. Zusätzlich wurden die Beiträge intensiv diskutiert, einmal in Form von Vorträgen auf zwei Konzeptionstagungen im Frühjahr 2015 und im Frühjahr 2016, schließlich in Form ausgearbeiteter Artikel während einer Redaktionstagung im Frühjahr 2017 und einer im Herbst 2019, woran sich eine neuerliche Überarbeitungsphase angeschlossen hat. Gut Ding will Weile haben.

Der vorliegende Band der Reihe MythoS ist ein weiteres Ergebnis, das – wie MythoS 1 und MythoS 2 – unter anderem auf der jahrelangen Grundlagenforschung des Göttinger *Collegium Mythologicum* aufbaut. Hier trifft sich ein fester Kern von Forschenden seit 2011 in der Regel zweimal jährlich mit verschiedenen Gastwissenschaftler*innen zu Klausurtagungen, um Theorie und Methodik der Mythosforschung sowie exemplarische Arbeiten an konkreten Mythen intensiv zu diskutieren. Freiheit von äußeren Zwängen, Ruhe, so lange zu feilen, bis alle mit den Ergebnissen zufrieden waren, und die wachsende Begeisterung, sich gemeinsam den Herausforderungen der Mythosforschung zu stellen, all das hat zu nachhaltigen Inspirationen geführt, auch für die jeweils folgenden Monate der handwerklichen Arbeit am eigenen Schreibtisch.

Einige Beiträge dieses Bandes sind im Rahmen eines weiteren Forschungsverbundes entstanden, und zwar der von der Deutschen Forschungsgemeinschaft geförderten, ebenfalls an der Universität Göttingen angesiedelten Forschungsgruppe 2064 „STRATA – Stratifikationsanalysen mythischer Stoffe und Texte in der Antike", für die nach einem neuerlichen Begutachtungs-Verfahren eine 2. Phase (ab Ende 2020) bewilligt wurde, und der alle Herausgeber*innen des Bandes direkt zugehören oder inzwischen als Assoziierte verbunden sind.

Unser Dank geht an alle, die unsere Arbeit ebenfalls – finanziell und anderweitig – unterstützt haben: die *Georg-August-Universität Göttingen*, die unter anderem die Mittel für eine unverzögerte Open-Access-Bereitstellung dieses Bandes zur Verfügung gestellt hat – mit Dank für das persönliche Engagement von Margo Bargheer –, das *Centrum Orbis Orientalis et Occidentalis*, das *Lichtenberg-Kolleg* (gefördert durch die Deutsche Forschungsgemeinschaft) und das *Seminar für Altorientalistik* der Universität Göttingen, wo uns Petra Kemmling immer liebenswürdig und tatkräftig unterstützt, sowie das kompetente und freundliche Lektorat (Marco M. Acquafredda, Serena Pirrotta) und die Herstellungsabteilung des De Gruyter-Verlags (Elisabeth Stanciu).

Raum für geistigen Austausch und leib-seelische Stärkung war über die Jahre hinweg *Kloster Bursfelde*, das vor allem für das *Collegium Mythologicum* inzwischen ein aufgeladener, fast „mythischer" Ort geworden ist. Der dort durch Tagungsräume, Küche und Organisation spürbare Teamgeist, verkörpert durch Barbara Fischer, war und ist für uns ein Kraft-Stoff für tage- und nächtelanges Nachbohren und Ringen um Grundlagen und weiterführende Fragen der Stoff-Forschung im Allgemeinen und der Mythosforschung im Besonderen.

Göttingen, im Frühjahr 2021

Gösta Gabriel, Brit Kärger, Annette Zgoll, Christian Zgoll

Inhalt

Vorwort —— VII

Inhaltsverzeichnis —— IX

Abkürzungsverzeichnis —— XXIII

Teil 1: Einführendes und Theoretisch-Methodisches

Gösta Gabriel, Brit Kärger, Annette Zgoll, Christian Zgoll
Was vom Himmel kommt
Einführender Überblick —— 3

1 Einführung und Theoretisch-Methodisches —— 3
2 Überblicksbeiträge —— 4
3 Einzelstudien —— 5
4 Komparative Auswertungsbeiträge —— 7
5 Konventionen im Band —— 9

Christian Zgoll
Grundlagen der hylistischen Mythosforschung
Hylemanalyse, Stratifikationsanalyse und komparative Analyse
von mythischen Erzahlstoffen —— 11

1 **Mythos als Erzählstoff** —— 12
    1.1 Erzählstoffe und ihre verschiedenen medialen Konkretionen —— 12
    1.2 Unterscheidung von Story, Plot, Stoffvariante und Stoff —— 13
    1.3 Stoffanalytische Mythosforschung und Mythosdefinition —— 17
2 **Hylemanalyse von Mythen** —— 18
    2.1 Kleinste handlungstragende Einheiten: Hyleme —— 18
    2.2 Stoffvarianten als Hylemsequenzen —— 20
    2.3 Arbeitsschritte, Herausforderungen und Gewinne einer Hylemanalyse —— 20
    2.4 Punktuelle und durative Hyleme: Eine neue Differenzierung —— 22
    2.5 Standardisierung von Hylemen —— 25

- 2.6 Rekonstruktion der Stoffchronologie am Beispiel der Hochzeit von Dardanos und Chryse —— 26
- 2.7 Hyperhyleme und durativ-resultative Hyleme —— 27
- 2.8 Analyse der Vollständigkeit der Hyleme und Rekonstruktion des Handlungsverlaufs —— 29
- 2.9 Bestimmung von Stoffgrenzen —— 35

3 **Stratifikationsanalyse von Mythen** —— 37
- 3.1 Polymorphie und Polystratie von Mythen und ihren Varianten —— 37
- 3.2 Deutungsmachtkonflikte in Mythen —— 39
- 3.3 Formale und logische Inkonsistenzen und Stoff-Stoff-Interferenzen —— 41
- 3.4 Wertungs- und Hierarchisierungsstrategien —— 41

4 **Hylem- und Stratifikationsanalysen als Grundlagen für eine hylistische Mythosforschung und Mytheninterpretation** —— 45

5 **Komparative Analyse von Mythen** —— 47
- 5.1 Hylemschema und Stoffschema —— 47
- 5.2 Abstraktions- und Indeterminationsgrade —— 48
- 5.3 Anzahl, Anordnung und Komprimierungsgrad von Hylemen —— 49
- 5.4 Komparativ-transmediale Vergleiche und das Hilfsmittel der Stoffpartitur —— 50

6 **Literaturverzeichnis** —— 51

Teil 2: Überblicksbeiträge

Brit Kärger
Götter, Tempel, numinose Machtmittel ...
Eine Untersuchung mythischer Hyleme und religiöser Vorstellungen in sumerischen Texten im Kontext eines Transfers aus dem Himmel —— 55

1 Alles Gute kommt von oben – eine Einleitung —— 55

2 Wer die Wahl hat ... – Textliche und inhaltliche Eckdaten —— 58

3 Himmel, Himmelsgott und Transfer aus dem Himmel – Herausforderungen im Sumerischen —— 60

4 Untersuchung der Hyleme — 61
4.1 Konkretionen der Prädikate — 61
4.2 Konkretionen der nominalen Elemente — 68
4.2.1 Der Herkunftsort — 68
4.2.2 Der Zielpunkt — 74
4.2.3 Entitäten, die etwas aus dem Himmel gelangen lassen — 76
4.2.4 Entitäten, die aus dem Himmel gelangen — 78
4.3 Tabellarische Übersichten der Hyleme — 106
4.3.1 Gottheit kommt aus dem Himmel — 106
4.3.2 Gottheit kommt als Naturphänomen aus dem Himmel — 107
4.3.3 Göttlich-numinoses Wesen kommt aus dem Himmel — 108
4.3.4 Gottheit lässt Tempel aus dem Himmel gelangen bzw. gründet Tempel — 108
4.3.5 Gottheit lässt numinose Machtmittel aus dem Himmel gelangen — 109
4.3.6 Gottheit schickt Naturphänomen aus dem Himmel — 111
4.3.7 Gottheit schickt göttlich-numinoses Wesen bzw. numinos Aufgeladenes — 113
4.3.8 Uneindeutige Belege — 113

5 Der Himmelsgott gründet einen Tempel – ein stoffanalytischer Ausblick — 113

6 Schlussbetrachtung — 117

7 Anhang – Textstellen — 121

8 Literaturverzeichnis — 155

Elyze Zomer
Demons and Tutelary Deities from Heaven
The Hyleme-Pattern "X Descends from Heaven" in Akkadian Incantation Literature — 161

1 Introduction — 161

2 "X1 (=Malevolent) Descends from Heaven" — 162
2.1 Origins of Malevolent Entities in the Sumerian Incantation Literature — 162
2.2 Overview Attestations: "X1(=Malevolent) Descends from Heaven" — 164

3 "X2 (=Benevolent) Descends from Heaven" —— 171
   3.1   Overview Attestations: "X2(=Benevolent) Descends from Heaven" —— 171

4 Variant: "X(1–2) Makes Y(1–2) Descend from Heaven" —— 173
   4.1   "X1(=Malevolent) Makes Y1(=Malevolent) Descend from Heaven" —— 173
   4.2   "X2(=Benevolent) Makes Y1(=Malevolent) Descend from Heaven" —— 174

5 Variant: "X1(=Malevolent) Descends from the Mountainous Regions" —— 176
   5.1   Overview Attestations of Variant: "X1 Descends from the Mountainous Regions" —— 176

6 Evaluation Hyleme-Pattern "X(1–2) Descends from Heaven" —— 178
   6.1   Hyleme-Subject X(1–2) —— 178
   6.2   Hyleme-Object Y(1–2) —— 180
   6.3   Hyleme-Predicate —— 181
   6.4   Hyleme-Instrument —— 181
        6.4.1 *ṭurru* "String" – *ṣerretu* "(Leading-)Rope"/*ṣertu* "Udder" —— 181
        6.4.2 *kakkabu* "(Falling) Star" —— 182
   6.5   Hyleme-Source —— 183
        6.5.1 *ziqqurat šamê* "Temple Tower of Heaven"/*zuq(q)urān šamê* "Height of Heaven" —— 183
        6.5.2 *qereb šamê* "the Midst of Heaven" —— 184
        6.5.3 *ina pāni šamê* "in Front of Heaven" —— 184
   6.6   Hyleme-Goal —— 184

7 Bibliography —— 185

Franziska Naether
Skyfall oder mythische Hyleme zum Herabkommen aus dem Himmel
Der Befund in ägyptischen literarischen Texten —— **189**

1 Einleitung —— 189

2 Der Himmel kommt vom Himmel herab —— 190

3 Himmelskörper und Meteoriteisen kommen vom Himmel herab —— 193

4 Dämonen und Krankheiten vom Himmel —— 196

5 Götter besuchen ihre Tempel und die Menschen —— 198
　　5.1　　Götter kommen an Festtagen auf Erden —— 198
　　5.2　　Götter kommen zu speziellen Anlässen auf die Erde oder überbringen etwas —— 200

6 Vom fruchtbaren Regen zur Fülle, die vom Himmel auf die Erde kommt —— 205
　　6.1　　Lexikographische Annäherungen zum Regen —— 207
　　6.2　　Herrscher als Regenbringer —— 208
　　6.3　　Götter als Regenbringer —— 210
　　6.4　　Regenomina —— 213

7 Zusammenfassung und Exkurs zu den magischen Papyri —— 214

8 Literaturverzeichnis —— 216

Christian Zgoll
Göttergaben und Götterstürze
Wesen und Dinge, die in griechisch-römischen Mythen vom Himmel kommen —— 221

1　Methodische Vorbemerkungen —— 221

2　Götter —— 225
　　2.1　　Götter allgemein —— 225
　　2.2　　Zeus —— 225
　　2.3　　Asterië —— 228
　　2.4　　Ate —— 229
　　2.5　　Hephaistos —— 229
　　2.6　　Eros —— 232
　　2.7　　Entstehung der Aphrodite, der Erinyen, Giganten und Nymphen —— 233
　　2.8　　Selene und Aphrodite —— 234
　　2.9　　Eos —— 235
　　2.10　　Hera —— 236
　　2.11　　Athene —— 237
　　2.12　　Göttliche Boten wie Hermes und Iris —— 238
　　2.13　　Götter bei Hochzeiten und Kriegen —— 239

3　Kultgegenstände und Omina —— 241
　　3.1　　Kultgegenstände —— 241
　　3.2　　Omina —— 243

- 4 Naturphänomene — 244
- 5 Kulturtechniken und Kulturgüter — 247
- 6 Menschen, Tiere und Pflanzen — 253
- 7 Kommt der Himmel vom Himmel? — 254
- 8 Fazit — 256
- 9 Tabellarische Übersichten der Hyleme — 261
  - 9.1 Gottheit kommt freiwillig aus dem Himmel — 261
  - 9.2 Gottheit kommt unfreiwillig aus dem Himmel — 262
  - 9.3 Gottheit kommt im Auftrag einer anderen Gottheit aus dem Himmel — 263
  - 9.4 Gottheit kommt als bzw. schickt Naturphänomen aus dem Himmel — 264
  - 9.5 Gottheit schickt Samen bzw. Fruchtbarkeit aus dem Himmel — 264
  - 9.6 Gottheit schickt bzw. bringt Gegenstand aus dem Himmel — 265
- 10 Literaturverzeichnis — 265

Teil 3: Einzelstudien

Annette Zgoll
Wie der erste Tempel auf die Erde kommt
Der Mythos INNANA BRINGT DAS HIMMELSHAUS FÜR DIE ERDE — 271

- 1 Uruk als prototypische Stadt — 272
- 2 INNANA BRINGT DAS HIMMELSHAUS FÜR DIE ERDE: Textgrundlage — 273
  - 2.1 Protagonisten — 275
  - 2.2 Skizze des Handlungsverlaufs — 276
- 3 Häuser im Himmel — 279
  - 3.1 Das E-ana als „Himmelshaus" — 279
  - 3.2 Ein Tempel muss aus einem numinosen Raum auf die Erde kommen — 279

4 **Vom Himmel auf die Erde: Der Transfer** —— 281
  4.1 Wie kommt ein Himmelshaus auf die Erde? Aktivierung, Identifizierung und Transfer —— 281
  4.2 Vom Himmel auf die Erde: Der Transfer als „Raub" —— 283

5 **Vom Himmel auf die Erde: Die Transfer-Sprache** —— 284
  5.1 Hermeneutische Differenzierung: Transfer und Transfer-Sprache —— 284
  5.2 Verschiedene Perspektiven: An vs. Innana —— 285

6 **Rekonstruktion des Mythos INNANA BRINGT DAS HIMMELSHAUS FÜR DIE ERDE** —— 286
  6.1 Undeutliche Anfänge —— 287
  6.2 Hylem-Übersicht 1: Von der Hochzeit zwischen An und Innana zum Plan, das Himmelshaus zu rauben —— 287
  6.3 Innana plant, das Himmelshaus aus dem Himmel wegzunehmen —— 288
  6.4 Innana lässt das Himmelshaus nicht im Himmelsozean versinken —— 289
  6.5 Hylem-Übersicht 2: Von Innanas Plan, das Himmelshaus zu rauben, bis zum Versinken des Himmelshauses im Himmelsozean —— 290
  6.6 Das Himmelshaus kommt aus dem Himmel(sozean) hervor, Innana bestaunt es —— 291
  6.7 Hylem-Übersicht 3: Vom Auffischen des Himmelshauses bis zu dessen Entfernung aus dem Bereich des Himmelsgottes —— 291
  6.8 Innana lässt das Himmelshaus unter den Horizont und auf die Erde gelangen —— 292
  6.9 Hylem-Übersicht 4: Vom Einbruch in die Untere Welt und dem Transport des Himmelshauses dorthin —— 295
  6.10 Am Ende: Konsequenzen für Innana und Utu, für das Himmelshaus, für die Menschheit und die Sumerer —— 296

7 **Das Himmelshaus auf Erden: Der prototypische Charakter des E-ana** —— 298
  7.1 Implizite Identifizierung: E-ana = „Großer Himmel" —— 298
  7.2 Explizite Identifizierung: E-ana = „Großer Himmel" —— 299
  7.3 Das E-ana als Unikat und Prototyp —— 301

8 **Literaturverzeichnis** —— 303

Gösta Gabriel
Von Adlerflügen und numinosen Insignien
Eine Analyse von Mythen zum himmlischen Ursprung politischer Herrschaft nach sumerischen und akkadischen Quellen aus drei Jahrtausenden —— **309**

1 Einleitung —— 310
    1.1 Geschichte und Geschichten —— 310
    1.2 Fokus und Aufbau der Studie —— 313

2 Der historische Hintergrund —— 316
    2.1 Geographie und Siedlungsstrukturen —— 316
    2.2 Politische Transformationen —— 317
    2.3 Herrschaftskonzepte und ihre Transformation —— 318

3 Der Etana-Stoff —— 320
    3.1 Etana und das Königtum im Epos —— 320
    3.2 Etana in der ‚Sumerischen Königsliste' —— 324
    3.3 Der doppelte Transfer und stoffliche Schichtungen —— 328

4 Die ‚Sumerische Königsliste' (Grundversion) —— 330
    4.1 Heranführung —— 330
        4.1.1 Manuskripte und Versionen —— 331
        4.1.2 Datierung des Werkes —— 332
        4.1.3 Stratifizierte Geschichtskonstruktion —— 332
    4.2 Der Stoffbeginn —— 335
        4.2.1 Der Transfer (= das punktuelle Hylem) —— 337
        4.2.2 Das Ergebnis des Transfers (= das durativ-resultative Hylem) —— 347
        4.2.3 Zusammenfassung der Hyleme —— 348
    4.3 Geschichte und Herrschaft im stofflichen Kontext —— 349

5 Stoff- und Textvarianten in von der ‚Sumerischen Königsliste' literarisch abhängigen Quellen —— 354
    5.1 Die Quellen —— 354
    5.2 Königshymne *Urnamma C* —— 356
    5.3 ‚Sumerische Königsliste' (Sintflut-Version) —— 359
    5.4 *Lagaš Herrscherchronik* – eine Gegennarration zur ‚Sumerischen Königsliste' —— 361
    5.5 *Streitgespräch von Baum und Rohr* —— 365
    5.6 *Sumerisches Sintflut-Epos* —— 369
    5.7 *Dynastische Chronik* —— 372
    5.8 Überblick über die und Auswertung der Hylemvarianten —— 375

6   Die Königshymne *Šulgi P* – Diskussion eines Grenzfalls —— 378

7   Zusammenfassung —— 381
    7.1   Stoffliche Interaktionen und Stratifikationen —— 381
    7.2   Durch Mythen exemplifizierte Konzepte politischer Herrschaft —— 384
          7.2.1   Herrschaftskonzeption der mythischen Tradition A —— 385
          7.2.2   Herrschaftskonzeption der mythischen Tradition B —— 386
          7.2.3   Konzeptionelle Hybridität durch stoffliche Stratifikation —— 388

8   Anhang: Belegstellen —— 390
    Anhang 1: ‚Sumerische Königsliste' – Grundversion —— 390
    Anhang 2: ‚Sumerische Königsliste' – Sintflut-Version —— 390
    Anhang 3: Königshymne *Urnamma C* —— 391
    Anhang 4: *Lagaš Herrscherchronik* —— 392
    Anhang 5: *Streitgespräch von Baum und Rohr* —— 392
    Anhang 6: *Sumerisches Sintflut-Epos* —— 393
    Anhang 7: *Dynastische Chronik* —— 394
    Anhang 8: *Etana-Epos* (altbabylonisch) —— 395
    Anhang 9: Königshymne *Šulgi P* —— 396

9   Literaturverzeichnis —— 396

Jörg v. Alvensleben
Vom Himmel oder nicht vom Himmel?
Die Stoffversionen des prometheischen Feuerraubs —— 409

1   Ein unsicherer Tatort —— 409

2   Der Feuerraub bei Hesiod —— 410

3   (Ps.-)Aischylos: *Der gefesselte Prometheus* —— 417

4   Platon: *Protagoras* —— 422

5   Diodor, Heraclitus, Pausanias und Apollodor —— 427

6   Römische Autoren: Horaz, Hygin, Cornutus und Juvenal —— 430

7   Lukian —— 439

8   Spätantike Prometheus-Deutung: Julian Apostata, Claudian, Fulgentius und Servius —— 443

9   Zusammenfassung —— 451

10 Literaturverzeichnis —— 454

Christian Zgoll
Vom Himmel gefallen
Mythen von Pallas, Athene, Pallas Athene, Athena Polias, dem Palladion und den Palladia —— 457

1 Bedeutung des Palladions —— 457
2 Himmlische Herkunft des Palladions: Hylemanalyse der Mythenvariante bei Apollodoros —— 459
3 Erste Stratifikationsanalyse: Zwei verschiedene Stoffvarianten des GRÜNDUNGSMYTHOS VON ILION —— 469
4 Belassen von Inkonsistenzen statt Emendation —— 473
5 Weitere Indizien für zwei verschiedene Stoffvarianten der Gründung von Ilion bei Apollodoros —— 478
6 Weitere Überlieferungen vom Ursprung des Palladions —— 481
   6.1 Himmlische bzw. göttliche Herkunft —— 481
   6.2 Menschliche Herkunft —— 484
   6.3 Übersicht über verschiedene Stoffvarianten zur Herkunft des Palladions bzw. der Palladia —— 484
7 Die Palladia und das Palladion —— 485
8 Zweite Stratifikationsanalyse: Inkonsistenzen bezüglich des äußeren Erscheinungsbildes des Palladions —— 486
9 Literaturverzeichnis —— 489

Matthias Theißen
Wie Hypnos nach Lemnos kam
Eine hylistische Untersuchung von Hypnos' Flucht und Hephaistos' Himmelssturz in Homers *Ilias* —— 493

1 Wo der Schlafgott wohnt —— 493
2 Hypnos' Flucht in der „Täuschung des Zeus" (Διὸς ἀπάτη) —— 499
3 Der Himmelssturz des Hephaistos durch Zeus —— 504
4 Literaturverzeichnis —— 509

Nils Jäger
Himmelsschilde und Blitze
Der ANCILIA-MYTHOS bei Ovid, Plutarch und anderen —— 511

1 Vorbemerkungen: mythenanalytischer Ansatz und ANCILIA-MYTHOS —— 511
2 Der ANCILIA-MYTHOS in Ovids *Fasti* —— 513
    2.1 Mars, März und Aitiologie: die *ancilia* im Rahmen des 3. Buches —— 513
    2.2 Zur Stoffanalyse des ANCILIA-MYTHOS bei Ovid: die Nahtstelle Blitzsühne/*ancilia* —— 518
3 Plutarchs *Vita des Numa* und das *ancile* —— 523
4 Das *ancile* bei Ovid und bei Plutarch: Gespräche mit Gottheiten —— 527
5 Das *ancile* im Palast: Dionysios von Halikarnass —— 531
6 Resümee: Zeichendeutung und Kommunikation mit den Göttern im ANCILIA-MYTHOS —— 533
7 Appendix: *ancile* vs. *ancilia* —— 536
8 Literaturverzeichnis —— 540

Teil 4: Komparative Auswertungsbeiträge

Brit Kärger
Ausgangs- und Zielpunkte des Transfers vom Himmel in antiken Mythen —— 547

1 Ausgangspunkte —— 547
2 Zielpunkte —— 549

Annette Zgoll
Wer oder was vom Himmel kommt —— 553

1 Götter, Götterbilder und numinose Mächte inkl. „Naturphänomene" —— 553
    1.1 Götter und andere numinose Mächte, freiwilliges und unfreiwilliges Herabkommen —— 553
    1.2 Götterbilder —— 554

    1.3   Böse numinose Mächte —— 554
    1.4   „Naturphänomene": Göttlich-naturhafte Mächte —— 555

2   Der Himmel selbst —— 556

3   Tempel (und zugehörige Stadt) und Kultgegenstände —— 556

4   Kulturgüter: Feuer, Werkzeuge, kostbare Materialien und Schmuck —— 557

5   Numinose Machtmittel: Herrschaft, Gerechtigkeit, Ordnung —— 558

6   Numinose Machtträger: König, Herrscher, Priester —— 559

7   Menschen und andere Lebewesen —— 559

8   Ausblick: Etische und emische Annäherung an die Ergebnisse —— 559

Annika Cöster-Gilbert
Akteure von Transfers vom Himmel —— 563

Jörg v. Alvensleben, Nils Jäger
Art und Weise des Transfers vom Himmel —— 567

Franziska Naether, Elyze Zomer
Mittel des Transfers vom Himmel —— 569

Annette Zgoll, Christian Zgoll
Lugalbandas Königtum und das Feuer des Prometheus
Merkmale, Funktionen und Interpretationen von Mythen über eine Herkunft vom Himmel —— 571

1   **Mythen über eine Herkunft aus dem Himmel: Merkmale** —— 571

2   **Mythen über eine Herkunft aus dem Himmel: Funktionen** —— 575
    2.1   Funktionsbegriff und Grundfunktion mythischer Stoffe —— 575
    2.2   Funktionalisierungen: Anzeiger für Bedeutsamkeit und Legitimation —— 576
    2.3   Metafunktionen: kognitive und affektive Stabilisierung —— 578

3   **Von der Funktionsanalyse zur Interpretation** —— 580
    3.1   Vertiefung 1: Anzeiger für Prototypisches —— 580
         3.1.1   Konfliktträchtigkeit von Prototypen-Mythen —— 581

    3.1.2 Beispiel Palladion: Die Himmelsgabe des Palladions als mythisches Erstereignis —— 583
 3.2 Vertiefung 2: Anzeiger für Numinosität —— 585
    3.2.1 Beispiel Lugalbanda: Die göttliche Legitimierung des Heerführers Lugalbanda als neuer Herrscher —— 586
    3.2.2 Beispiel Prometheus: Die Gewinnung des Feuers durch Prometheus bzw. Hermes —— 601
    3.2.3 Mythen über eine Herkunft aus dem Himmel erzählen und plausibilisieren Numinosität —— 605

4 Literaturverzeichnis —— 605

Namens-, Sach- und Stellenregister —— 609

Abkürzungsverzeichnis

Hier nicht aufgeführte Abkürzungen v. a. der griechisch-römischen Autoren und Werktitel richten sich nach den Konventionen des DNP (s. DNP 3, VIII-XLIV).

A	tablets in the collections of the Oriental Institute, Univ. of Chicago
ABL	Ablativ
AFF	Affirmativ
a. (a.) O.	am (angegebenen) Ort
AO	Museum siglum Louvre (Antiquités orientales)
AMD	Ancient Magic and Divination
AMT	Assyrian Medical Texts, R. C. Thompson, Oxford 1923
AS	Assyriological Studies (Oriental Institute, Univ. of Chicago)
AuOr Suppl.	Aula Orientalis Supplements
BAM	Die babylonisch-assyrische Medizin in Texten und Untersuchungen, F. Köcher, Berlin 1963 ff
Bd./Bde.	Band/Bände
BIN	Babylonian Inscriptions in the Collection of J. B. Nies
BM	Museum siglum of the British Museum, London
bspw.	beispielsweise
bzw.	beziehungsweise
CBS	Museum siglum of the University Museum in Philadelphia (Catalogue of the Babylonian Section)
CDLI	Cuneifom Digital Library Initiative
CM	Cuneiform Monographs
CT	Cuneiform Texts from Babylonian Tablets in the British Museum, London 1896 ff
CUSAS	Cornell University Studies in Assyriology and Sumerology, Bethesda, 2007 ff
ders.	derselbe
DIR	Direktiv
d. h.	das heißt
dies.	dieselbe
DNP	Der Neue Pauly. Enzyklopädie der Antike, hg. von H. Cancik/H. Schneider, 12 Bde., Rezeptionsgeschichte Bde. 13-15/3, Bd. 16 Register, Listen Tabellen, Stuttgart/Weimar 1996-2003
ebd.	ebenda
ePSD	electronic Pennsylvania Sumerian Dictionary
et al.	et alii
ETCSL	The Electronic Text Corpus of Sumerian Literature, ed. by J. A. Black et al., Oxford, 1998-2006, http://etcsl.orinst.ox.ac.uk/
f; ff	folgende(r); folgende

∂ Open Access. © 2021 Gösta Gabriel, Brit Kärger, Annette Zgoll, Christian Zgoll, publiziert von De Gruyter. Dieses Werk ist lizenziert unter der Creative Commons Attribution 4.0 International Lizenz.
https://doi.org/10.1515/9783110743005-204

FGrH	Die Fragmente der griechischen Historiker, hg. von F. Jacoby, 3 Teile in 14 Bden., Berlin 1923-1958, (Teil I: ²1957), überarbeitet und neu hg. als Brill's New Jacoby, Editor in Chief: I. Worthington (University of Missouri), http://referenceworks.brillonline
GEN	Genitiv
Georges	Georges, K. E., Kleines deutsch-lateinisches Handwörterbuch, 2 Bde., 7., verb. und verm. Aufl., 1910 (Nachdruck Darmstadt 1982)
HbL	Handbuch Literaturwissenschaft. Gegenstände – Konzepte – Institutionen, 3 Bde., Bd. 1: Gegenstände und Grundbegriffe, Bd. 2: Methoden und Theorien, Bd. 3: Institutionen und Praxisfelder, hg. von T. Anz, Stuttgart 2007
Hg.	Herausgeber (im Singular oder Plural)
hg.	herausgegeben
HRR I	Historicorum Romanorum reliquiae, Vol. 1, 2. Aufl., P. Hermann, Leipzig 1914
HTS	Tablets from the Hartford Theological Seminary Collection texts now at Yale and Andrews Universities
i.e.	id est
IO	Indirektes Objekt
i. S. v.	im Sinn von
iTS	Intransitives Subjekt
i. V.	in Vorbereitung
JCS	Journal of Cuneiform Studies
Jh.	Jahrhundert
Jt.	Jahrtausend
JNES	Journal of Near Eastern Studies
K	Museum siglum of the British Museum in London (Kuyunjik)
KAL	Keilschrifttexte aus Assur literarischen Inhalts, E. Ebeling, Berlin 1953
Kap.	Kapitel
KAR	Keilschrifttexte aus Assur religiösen Inhalts I/II, E. Ebeling, Leipzig 1919
KRI II	Kitchen, K. A., Ramesses II., Royal Inscriptions. Ramesside Inscriptions Translated and Annotated II, Oxford 1996
LA	Lokalanzeiger
LfgrE	Lexikon des frühgriechischen Epos, begründet von B. Snell, hg. vom Thesaurus Linguae Graecae, verantwortliche Redaktoren H. J. Mette/G. Knebel/E.-M. Voigt/M. Meier-Brügger, 4 Bde., Göttingen 1955, 1991, 2004, 2010
LGG	Leitz, C. et al., Lexikon der ägyptischen Götter und Götterbezeichnungen, Orientalia Lovaniensia Analecta 110-116 & 129, Leuven 2002/2003
LIMC	Lexicon Iconographicum Mythologiae Classicae (LIMC), hg. von J. Boardman et al., unter Mitarbeit von H. C. Ackermann/J.-R. Gisler, 8 Doppelbde. und 2 Supplementbde., Zürich/München 1981-2009
LKU	Literarische Keilschrifttexte aus Uruk, A. Falkenstein, Berlin 1931
LOK	Lokativ
LSJ	Liddell, H. G./Scott, R./Jones, H. S./McKenzie, R., A Greek-English Lexicon, 9. Aufl., Oxford 1940
M.	Private Collection from Meskene/Emar
m. E.	meines Erachtens
MA	Middle Assyrian

MB	Middle Babylonian
MC	Mesopotamian Civilizations
MS	Manuscript Schøyen; object signature, Schøyen Collection Oslo and London
n. Chr.	nach Christus
NBC	Nies Babylonian Collection, siglum of the Yale Babylonian Collection, New Haven
Ndr.	Nachdruck
Ni	Museum siglum of the Archaeological Museum, Istanbul (Nippur)
NOM	Nominalisator
Nr.	Nummer
O	Museum siglum of Antiquités (orientales), Musée du Cinquantenaire
o. a.	oder andere/anderes
OA	Old Assyrian
OB	Old Babylonian
OECT	Oxford Editions of Cuneiform Texts, Oxford 1923 ff
OO	Obliques Objekt
Pape	Pape, W., Handwörterbuch der griechischen Sprache, 4 Bde., Braunschweig 1842-1914
PBS	University of Pennsylvania, Publications of the Babylonian Section (Philadelphia 1911 ff)
PCG	Poetae Comici Graeci, hg. von R. Kassel/C. Austin, 9 Bde., Berlin/New York 1983 ff
PKL	Personenklasse
PLUR	Pluralmarker
POSS	Possessivpronomen
r.	reverse
RA	Revue d'Assyriologie et d'Archéologie Orientale, Paris 1886 ff
RAC	Reallexikon für Antike und Christentum. Sachwörterbuch zur Auseinandersetzung des Christentums mit der antiken Welt, begründet von F. J. Dölger et al., hg. von T. Klauser et al., Register der Bände I bis XV erarbeitet von J. Kremer (2000), Stuttgart 1950 ff
RE	Paulys Real-Encyclopädie der classischen Altertumswissenschaft, Neue Bearbeitung, begonnen von G. Wissowa, fortgeführt von W. Kroll/K. Mittelhaus; hg. von K. Ziegler/W. John, Stuttgart 1893 ff
RlA	Reallexikon der Assyriologie und Vorderasiatischen Archäologie, unter Mitwirkung zahlreicher Fachgelehrter hg. von E. Ebeling et al., Berlin/Leipzig/New York, 1928 ff
RLW	Reallexikon der deutschen Literaturwissenschaft. Neubearbeitung des Reallexikons der deutschen Literaturgeschichte, gemeinsam mit H. Fricke/K. Grubmüller/J.-D. Müller hg. von K. Weimar, 3 Bde., Berlin/New York 1997 (Ndr. Berlin 2007)
Rm	Museum siglum of the British Museum (Rassam)
Roscher	Roscher, W. H. (Hg.), Ausführliches Lexikon der griechischen und römischen Mythologie, Bde. I (1884-1890), II (1890-1897), III,1 (1897-1902), III,2 (1902-1909), IV (1909-1915), V (1916-1924), VI (1924-1937), Leipzig (Ndr. Hildesheim/New York 1992)
RS	Museum siglum of the Louvre and Damascus (Ras Shamra)
SAA	State Archives of Assyria, Helsinki 1987 ff
SB	Standard Babylonian (= jungbabylonisch)

SKL	Sachklasse
s.	siehe
sc.	scilicet
schol.	scholium
SPTU	Spätbabylonische Texte aus Uruk
STT	The Sultantepe Tablets I/II, O. Gurney/J. Finkelstein, London 1957/1964
Su.	Field numbers of tablets excavated at Sultantepe
s. v.	sub voce
TCL	Textes cunéiformes, Musées du Louvre, Paris 1910 ff
TERM	Terminativ
TLA	Thesaurus Linguae Aegyptiae, hrsg. von der Berlin-Brandenburgischen Akademie der Wissenschaften, Berlin 2005 ff, http://aaew.bbaw.de/tla/
TO	Transitives Objekt
TrGF	Tragicorum Graecorum Fragmenta (TrGF), hg. von B. Snell/S. Radt/R. Kannicht, 5 Bde., Göttingen, 1971-2004
TS	Transitives Subjekt
u. a.	unter anderem/unter anderen
UIOM	Tablets in the collections of the Univ. of Illinois Oriental Museum
u. ö.	und öfters
v. a.	vor allem
VAT	Museum siglum of the Vorderasiatisches Museum, Berlin (Vorderasiatische Abteilung. Tontafeln)
v. Chr.	vor Christus
VENT	Ventiv
vgl.	vergleiche
W	field numbers of tablets excavated at Warka
Wb	Wörterbuch der ägyptischen Sprache, integriert in den Thesaurus Linguae Aegyptiae (TLA)
YOS	Yale Oriental Series, Babylonian Texts, New Haven 1915 ff
Z.	Zeile(n)
z. B.	zum Beispiel

Teil 1: **Einführendes und Theoretisch-Methodisches**

Gösta Gabriel, Brit Kärger, Annette Zgoll, Christian Zgoll
Was vom Himmel kommt

Einführender Überblick

In antiken Mythen ist der Himmel kein einfaches Oben, sondern ein numinoser Raum. Was von dort kommt, besitzt daher an sich eine herausragende Bedeutung. Der vom *Collegium Mythologicum* vorgelegte transdisziplinäre Band katalogisiert und analysiert mythische Stoffe, die in den antiken Kulturen des Mittelmeers und des Vorderen Orients von einem solchen Transfer berichten. Er greift dabei auf die von Christian Zgoll und in verschiedenen Forschungsverbünden etablierte, allgemeine und vergleichende Stoffwissenschaft (Hylistik, s. den Band MythoS = *Mythological Studies* 1) zurück und führt auf dieser gemeinsamen theoretisch-methodischen Basis die einzelnen Befunde systematisch zusammen (Teil 1 dieses Bandes). Hierdurch erschließt der Band ein reiches Spektrum an Mythen unterschiedlicher Kulturen in Form von Überblicksbeiträgen (Teil 2), Einzelstudien (Teil 3) und komparativen Auswertungen (Teil 4), und zielt darauf, die antiken Mythen in ihren originären Zusammenhängen zu begreifen und Konzepte, welche hinter Textquellen und ihren mythischen Erzählstoffen stehen, aufzuschlüsseln.

1 Einführung und Theoretisch-Methodisches

Im Anschluss an die inhaltliche Hinführung in den Band im vorliegenden Beitrag findet sich eine kondensierte Grundlegung zu Theorie und Methodik der hylistischen Mythosforschung (Beitrag C. Zgoll *Grundlagen der hylistischen Mythosforschung*): Mythen sind Erzählstoffe, die nicht in Reinform vorliegen; vielmehr existieren Mythen immer eingekleidet in eine bestimmte mediale Form wie z. B. in ein textliches oder bildliches Gewand. Mythische Erzählstoffe, oder anders ausgedrückt, die reinen inhaltlichen Handlungsgerüste mythischer Stoffvarianten, müssen daher hinter ihrer medialen Einkleidung erfasst werden. Diese stoffliche Rekonstruktion gelingt durch die Analyse und stoffchronologische Anordnung der einzelnen Erzählbausteine (Hyleme) der jeweiligen Mythenvarianten, kürzer ausgedrückt: mit Hilfe der Methode der Hylemanalyse.

Dazu kommt eine weitere grundlegende Eigenart von Mythen: Mythen sind weltanschauliche Kampfplätze. Immer wieder neu ausgetragene Deutungsmachtkonflikte schlagen sich in verschiedenen Schichten (Strata) nieder, die mit Hilfe der Methode der Stratifikationsanalyse voneinander unterschieden werden können. Mit den hylistischen Werkzeugen lassen sich schließlich auch Mythenvergleiche auf einer einheitlichen methodischen Basis durchführen. In diesem Beitrag wird darüber hinaus als eine wichtige Weiterentwicklung der theoretischen Basis für die Methode der Hylemanalyse die Unterscheidung zwischen durativen und punktuellen Hylemen eingeführt, die in jedem Mythos zu finden sind. Durative Hyleme, die schon vor Beginn der eigentlichen mythischen Handlungssequenz gelten, erweisen sich dabei als Ergebnisse anderer mythischer Überlieferungen.

2 Überblicksbeiträge

Überblicksbeiträge geben Einblicke in die mesopotamische, ägyptische und griechische literarische Überlieferung, und geben Antwort auf die Frage, welche verschiedenen Entitäten – Wesen und Objekte – vom Himmel kommen.

Auf Mythen mit diesem Inhalt wird im antiken Sumer oft mit nur wenigen Worten verwiesen oder angespielt. Während solche isolierten Hyleme nach mehreren Jahrtausenden dem Verständnis gewisse Hindernisse in den Weg legen, zeigt die formale Verknappung die Selbstverständlichkeit, mit der man antik mit diesen Erzählstoffen umging. Dies dokumentiert, dass die entsprechenden Erzählstoffe bei ihren Rezipienten als bekannt vorausgesetzt waren (Beitrag Kärger).

Für den Bereich der akkadischen Literatur werden speziell Rituale ins Auge gefasst, in denen ein Hervorkommen aus dem Himmel von Dämonen, die Krankheiten bringen, thematisiert wird (Beitrag Zomer). Mythen, die in solchen Ritualen tradiert werden, erwähnen Schnüre und Seile, an denen die Dämonen auf die Erde kommen. Sie können aber auch einfach herabfallen oder einen fallenden Stern als Vehikel verwenden.

Der Beitrag von Naether befasst sich mit Himmelstransfer-Passagen aus der altägyptischen Literatur (Erzählungen, Weisheitslehren, Reden und Diskurse sowie ausgewählte Epen und Sprüche der griechisch-römischen magischen Papyri). Zusätzlich werden in einem Exkurs Regen und andere Wetterphänomene besprochen, allen voran das „Regenwunder" während der Regierungszeit des Kaisers Marcus Aurelius.

Während in sumerischen literarischen Überlieferungen relativ häufig ausgesagt wird, dass etwas vom Himmel kommt, bleibt die Angabe des Herkunftsorts in griechischen Überlieferungen häufiger ausgespart. Erst in jüngeren Texten wird der Herkunftsort mehrfach mit dem Himmel in Verbindung gebracht, wo ältere Versionen von Mythen dies teils offenlassen oder teils eher andere Orte wie v. a. den Olymp angeben (Beitrag C. Zgoll *Göttergaben und Götterstürze*). Wichtiger scheint zu sein, von welcher Gottheit etwas kommt, wobei unklar bleiben kann, wo diese Gottheit genau lokalisiert wird (z. B. Hephaistos). Dagegen werden im Sumerischen wiederum Götter, die etwas vom Himmel bringen, selten namentlich genannt; als ausdrückliche Ausnahme ist hier der Himmelsgott An zu nennen.

In den verschiedenen untersuchten Kulturen – Mesopotamien, Ägypten, Griechenland – kommen Götter oder numinose Wesen wie Dämonen vom Himmel (Beiträge Kärger, Naether, Zomer; C. Zgoll *Göttergaben und Götterstürze*), teils nur ihr Glanz oder ihr Brüllen (Beitrag Kärger). Außerdem gelangen Dinge wie Tempel oder numinose Machtmittel aus dem Himmel, Regen und andere Wetterphänomene, aber auch Kulturgüter (Beiträge Kärger, Naether; C. Zgoll, *Göttergaben und Götterstürze*)[1].

3 Einzelstudien

Einzelstudien untersuchen mythische Himmelstransfers in Bezug auf ein bestimmtes Objekt oder Phänomen als exemplarische Vertiefungen der Thematik. Behandelt werden u. a. das Herabbringen des ersten Tempels durch die mesopotamische Göttin Innana, die himmlische Herkunft des Königtums in verschiedenen Mythen des Zweistromlands, für Griechenland und Rom der Feuerraub des Prometheus, Zeus' Gabe des Palladions (eines später v. a. mit Athene assoziierten Kultbilds) bzw. der Palladia als Unterpfand für den Schutz der Stadt Troia, der Himmelssturz des Hephaistos sowie Jupiters himmlische Gabe des *ancile* bzw. der *ancilia*, des schild-gestaltigen Unterpfands der römischen Weltherrschaft.

Während in der sumerischen Literatur isolierte Hyleme, die auf Mythen über eine Herkunft aus dem Himmel anspielen, die Art und Weise, wie etwas heraus- und herabkommt, oft aussparen (vgl. den Überblicksbeitrag von Kärger), findet sich eine ausführliche Schilderung in einem sumerischen epischen Preislied, das den Mythos INNANA BRINGT DAS HIMMELSHAUS FÜR DIE ERDE besingt (Beitrag A. Zgoll). Hier wird sichtbar, dass sich dem Herabkommen eines kost-

---

[1] Ausgespart bleiben bzw. nur am Rande erwähnt werden (im Beitrag von C. Zgoll *Göttergaben und Götterstürze*) aus Platzgründen divinatorische Gaben vom Himmel, also z. B. Träume, Visionen, Omina.

baren Gutes aus dem Himmel gewaltige Hindernisse in den Weg stellen können. Da lässt der Himmelsgott Stürme und Orkane aufkommen, die das Himmelshaus im Himmelsozean versinken lassen. Ein kosmischer Wächter, der riesige, am Himmel sichtbare Skorpion, bewacht drohend den schmalen Pfad, der aus dem Himmel herausführt. Und selbst nachdem dieser außer Gefecht gesetzt ist – wie soll es gelingen, den unendlich scheinenden Grenzfluss zur Unterwelt zu überwinden?

Der Vergleich von verschiedenen Ausformungen mythischer Erzählstoffe zu einer bestimmten, einzelnen Thematik innerhalb der mesopotamischen Kultur bringt wichtige Aufschlüsse über unterschiedliche Konzepte; so zeigen sich zwei verschiedene Erzählstränge, wo es darum geht, dass und wie Herrschaft vom Himmel auf die Erde kommt. Diese sind einerseits mit der sogenannten *Sumerischen Königsliste*, andererseits mit Überlieferungen über den Herrscher Etana und seinen Himmelsflug verbunden; durch die divergierenden Erzählstoffe werden zugleich unterschiedliche Aussagen über die Natur politischer Herrschaft gemacht, so dass Konzeptionelles stofflich transportiert wird (Beitrag Gabriel).

Eine deutlich größere Vielfalt, als gemeinhin angenommen, zeigt sich bei der Auswertung der Varianten vom Feuerraub des griechischen Titanen Prometheus hinsichtlich des Herkunftsortes. Während vielfach nicht gesagt wird, von wo das Feuer kommt – oft einfach „von Zeus" – finden sich als Ausgangspunkte der Berg Olymp, die Insel Lemnos oder auch die Werkstatt des Hephaistos und der Athene; erst bei Horaz wird zum ersten Mal explizit der Himmel genannt (Beitrag Alvensleben).

Manche mythischen Texte erscheinen zunächst wie ein schwer entwirrbares Durcheinander von Andeutungen und unterschiedlichen Erzählsträngen. So bringt die Stratifikationsanalyse bei der mythischen Überlieferung von der Herabkunft des Palladions, eines Kultbildes, bei dem griechischen Mythographen Apollodoros verschiedene mythische Varianten zum Vorschein, welche die Bedeutung dieses numinosen Gegenstandes klar erkennen lassen: Wer dieses Palladion besitzt, besitzt die Herrschaft (Beitrag C. Zgoll *Vom Himmel gefallen*). Zum Schutz dieses wichtigen Gutes hat man mehrere Kopien angefertigt; letztlich steht im Hintergrund aber das *eine* Palladion, das uranfänglich vom Himmel herabgekommen ist und daher diese hohe Bedeutung trägt (s. Auswertungsbeitrag A. Zgoll/C. Zgoll).

Der Beitrag von Theißen zeigt exemplarisch, wie die Stratifikationsanalyse von Stoff-Stoff-Interferenzen zwischen verschiedenen Mythen über Himmelsstürze (geplant bei Hypnos, durchgeführt bei Hephaistos) dazu beitragen kann,

Merkwürdiges in einer Textquelle wie Homers *Ilias* zu erklären, das ansonsten unverstanden bleibt.

Was für Troia das Palladion, das war für Rom ein numinoser, während der Regierungszeit des Königs Numa vom Himmel gekommener Schild, das *ancile*. Im Beitrag von Jäger werden bislang nicht bekannte Bezüge deutlich, wenn eine mythische Version vom Herabfallen dieses numinosen Rüstungsgegenstands vom Himmel bei Plutarch eine klare stoffliche Parallelisierung zu Ovid aufweist.

4 Komparative Auswertungsbeiträge

Über die kulturspezifischen Studien hinaus sind die komparativen Auswertungsbeiträge wichtig für kulturenübergreifende Annäherungen an originär antike Vorstellungen. Sie lassen sich den folgenden Fragekomplexen zuordnen:
- Welche Entitäten kommen in den untersuchten antiken Kulturen vom Himmel?
- Von welchem konkreten Ort im Himmel gehen die Sphärenwechsel aus und welche Zielpunkte lassen sich ausmachen?
- Welche Akteure sind für einen Transfer vom Himmel verantwortlich?
- Auf welche Weise gelangen Personen und Dinge aus dem Himmel?
- Welche Hilfsmittel kommen dabei zum Einsatz?
- Welche Bedeutungen werden damit verbunden, wenn etwas oder jemand vom Himmel auf die Erde gelangt ist? Welche Vorstellungen lassen sich hinter solchen Erzählungen feststellen?

Diese Fragen werden in sechs Auswertungsbeiträgen untersucht. Kärger zeigt im ersten Auswertungsbeitrag, wie differenziert die mythischen Ausführungen über den Ausgangspunkt von Transfers aus dem Himmel sein können. Der Himmel, das Himmelsinnere, die Himmelshöhe oder der Äther werden genannt. Noch deutlich differenzierter sind die räumlichen Zielpunkte. Teils ist es einfach die Erde als solche, häufig wird aber auch eine herausragende Stadt genannt: das sumerische Eridu, das archäologisch ab dem 6. Jahrtausend v. Chr. bezeugt ist, das sumerische Uruk, eine große Metropole ab dem 4. Jahrtausend v. Chr., das akkadische Kiš, welches v. a. in der Mitte des 3. Jahrtausends politische Bedeutung trägt, Ilion/Troia, das in der 2. Hälfte des 2. Jahrtausends wichtig ist und schließlich die Stadt Rom, die in diesem Kontext in Überlieferungen v. a. um die Zeitenwende in den Blick kommt. Als besondere Ziel-Orte finden sich bestimmte Tempel und Paläste, aber auch Berggipfel, Inseln, das Meer oder ein bestimmtes Schlachtfeld. Ein Sonderfall findet sich im Transfer des ersten Tempels aus dem Himmel: Durch diesen Tempel treten Sumer und die Erde überhaupt erst ins Sein (s. den Beitrag A. Zgoll *Wie der erste Tempel auf die Erde kommt* in Teil 3 des Bandes).

Als Empfänger eines Gutes aus dem Himmel werden an manchen Stellen auch Herrscher genannt, sumerisch v. a. Ur-Namma und Šulgi, historisch gut bezeugte Könige des Reiches von Ur im 21. Jahrhundert v. Chr.; im griechisch-römischen Bereich hingegen eher einer mythischen Frühzeit zugehörige Könige wie Ilos oder Dardanos von Troia oder der Urkönig Numa von Rom. Numa wird im Kontext der mythischen Überlieferungen vom Himmelstransfer des *ancile*-Schildes als besonders für die Kommunikation mit den Göttern geeignet profiliert (s. den Beitrag Jäger *Himmelsschilde und Blitze* in Teil 3 des Bandes). Verantwortlich für den Transfer sind ranghohe und niedrigere Gottheiten, bei Mythen in Ritualen auch Dämonen, sowie in rituell-magischen Erzählstoffen auch Menschen wie Hexen oder Zauberer (Auswertungsbeitrag Cöster-Gilbert).

Vom Himmel kommen insbesondere numinose Wesen wie Götter, Götterbilder, Dämonen (und mit ihnen Krankheiten) und numinose Herrscher sowie Gegenstände, die für die antiken Kulturen als essenziell zu gelten haben – Tempel bzw. die zum Tempel gehörende Stadt, wichtige Gegenstände des Kultes, Kulturgüter, – und schließlich ein Phänomen, das als grundlegend für das Zusammenleben angesehen wurde, nämlich Ordnung, was auch in den Begriffen Herrschaft oder Gerechtigkeit zum Ausdruck gebracht werden konnte (Auswertungsbeitrag A. Zgoll). Aus antiker Perspektive haben alle diese „Himmelsgüter" direkt mit den Göttern zu tun: Es handelt sich um Dinge für den Gebrauch der göttlich-numinosen Wesen wie ihre Tempel, grundlegende Bestandteile ihrer Versorgung durch Rituale wie das Feuer (vgl. Auswertungsbeitrag A. Zgoll/C. Zgoll) und numinose Machtmittel; außerdem um die im Auftrag der Götter und für diese agierenden Verwalter (bestimmte Herrscher) und die Regeln, denen diese folgen sollen, also eine Art kosmische „Hausordnung", nämlich Ordnung, Gerechtigkeit, Herrschaft.

Wo mythische Versionen nicht nur unspezifisch vom Geben, Holen oder Hervorkommen solcher Güter aus dem Himmel berichten, sondern konkreter werden, ist vom Fallen, Fliegen oder Herabregnen die Rede (Auswertungsbeitrag Alvensleben/Jäger). Die verwendeten Transfer-Mittel ergänzen dies durch die Angabe, dass Flügel eine Rolle spielen, kennen darüber hinaus aber auch die Vorstellung von Leitern und Treppen, die ein Herabschreiten implizieren, von Seilen, an denen man sich offenbar hinablassen kann, und verweisen außerdem auf Tiere (Adler) und auf bestimmte Vehikel wie ein Boot oder einen Wagen (Sonnenbarke, Sonnenwagen, vgl. Auswertungsbeitrag Naether/Zomer).

Im abschließenden Auswertungsbeitrag (A. Zgoll/C. Zgoll) werden wichtige übergreifende Ergebnisse festgehalten, Schlussfolgerungen gezogen und anhand einzelner Beispiele verdeutlicht. „Was vom Himmel kommt" erweist sich als wirkmächtiger mythischer Erzählbaustein. Das, was vom Himmel kommt, kann einen prototypischen „Erstfall" bezeichnen. Dies muss jedoch nicht explizit markiert sein, wie am Fall des Palladions, eines vom Himmel herabgekommenen Götterbildes, demonstriert wird. Wer oder was herabkommt oder mit jemandem verglichen wird, der vom Himmel kommt, erweist sich als göttlich-numinos, wie anhand des Heerführers Lugalbanda gezeigt werden kann, der göttliche Herrscherqualität zugesprochen bekommt, noch während der eigentliche Herrscher Enmerkara im Amt ist, und wie es sich beim Feuerdiebstahl des Prometheus nachweisen lässt, wo das Feuer nicht primär als eine *Kultur*technik, sondern als eine *Kult*technik zu verstehen ist. In funktionaler Hinsicht erweisen sich mythische Erzählstoffe zu Himmelstransfers als kognitiv-strukturierend, legitimierend und affektiv-stabilisierend und letztendlich als wichtige mythisch-narrative Beschreibungen für Numinosität.

5 Konventionen im Band

Noch kurz zu Konventionen, die in diesem Band verwendet werden: Werktitel von Texten werden kursiviert (bspw. Homers *Ilias*); bei Titeln altorientalischer Texte wird oft das originalsprachliche Incipit und parallel dazu eine moderne Werkbezeichnung angegeben (bspw. *an gal karede / Innana und An*). Bei Wendungen in Kapitälchen handelt es sich um Bezeichnungen von mythischen Stoffen, die in den Texten verarbeitet, mit diesen aber nicht gleichzusetzen sind (bspw. INNANA BRINGT DAS HIMMELSHAUS FÜR DIE ERDE im Text *an gal karede* oder ZEUS STÜRZT HEPHAISTOS AUS DEM HIMMEL in Homers *Ilias*).

Die Lesung von altorientalischen Eigennamen ist teils noch Gegenstand fachinterner Diskussionen. Der vorliegende Band versucht sich im Spagat zwischen dem aktuellen Forschungsstand und der transdisziplinären Nachvollziehbarkeit. Daher wird im Folgenden eine Übersicht über die in diesem Band verwendeten Lesungen (durch Fettdruck markiert) und konventionelle sowie alternative Lesungen gegeben:

Schreibungen im Band	konventionelle/alternative Schreibungen
Babu	Ba'u, Baba, Bawu
Dili'imbabbar	Ašimbabbar

Enmerkara	Enmerkar
Ensuḫkešana	En-suḫkeš-ana, Ensuḫkešdanna, Ensukukešdana
Gilgameš, Bilgameš	
Innana	Inana, Inanna
Našše	Nanše
Ninĝešzida	Ningišzida
Ninsubur	Ninšubur
Nisaba	Nidaba, Nissaba
Sulazida	Šulazida
Sulgi, Šulgi	Sulge
Sulpa'e	Šulpa'e
Ur-Namma	Ur-Nammu, Urnammu

Christian Zgoll
Grundlagen der hylistischen Mythosforschung

Hylemanalyse, Stratifikationsanalyse und komparative Analyse von mythischen Erzählstoffen

Abstract: Myths are narrative materials (*Erzählstoffe*) that find expression in various medial manifestations (text, image, pantomime etc.). Myths must therefore be reconstructed from these manifestations. The extraction method is that of hyleme analysis: the smallest action-bearing building blocks (hylemes) of a myth variant will be filtered out of the medial manifestations, then categorized according to their durative or single-event content, placed in their proper chronological order and finally completed where necessary (and possible). A new finding we hope to present will be the distinction between durative and single-event hylemes, both of which occur in every myth. It will be shown that many durative hylemes, which by definition extend from the past to include the mythical hyleme sequence, are the result of other mythical traditions.

Myths are battlefields for competing world views and consequently subject to perpetual modification, i.e. each variant usually incorporates elements of multiple origins and thus has multiple layers. Here, stratification analysis provides the tools for further investigation. Deconstruction of the *Stoff* by means of such a stratification analysis, which relies on the hyleme analysis of individual *Stoff* variants for their hyleme composition, is however not an end in itself. It is a fundamental prerequisite for the semantic, functional, and historical interpretation and classification of both individual layers and the multi-layered (polystratic) final product of the *Stoff* variant.

Anmerkung: Mein Dank geht an die Deutsche Forschungsgemeinschaft für die Förderung der DFG-Forschungsgruppe 2064 „STRATA – Stratifikationsanalysen mythischer Stoffe und Texte in der Antike", in deren Kontext Fundamente für den vorliegenden Beitrag gelegt wurden. Außerdem gilt mein besonderer Dank allen Mitgliedern und Gästen des Göttinger *Collegium Mythologicum*, die mit ihren inspirierenden und konstruktiven Ideen und Fragen über Jahre hin beflügelnde Begleiter waren.

∂ Open Access. © 2021 Christian Zgoll, publiziert von De Gruyter. [CC BY] Dieses Werk ist lizenziert unter der Creative Commons Attribution 4.0 International Lizenz.
https://doi.org/10.1515/9783110743005-002

Hyleme analysis and stratification analysis form the basis on which comparative analyses can be conducted across medial boundaries. The methodological steps for such a transmedial comparative approach will also be discussed.

1 Mythos als Erzählstoff

Der vorliegende Beitrag versteht sich als kondensierte Einführung in wesentliche theoretische und methodische Grundlagen der vom *Collegium Mythologicum* neu eingeschlagenen Richtung zur Erforschung von (antiken) Mythen, die innerhalb der von der Deutschen Forschungsgemeinschaft geförderten interdisziplinären Forschungsgruppe 2064 „STRATA – Stratifikationsanalysen mythischer Stoffe und Texte in der Antike" weiterentwickelt werden konnte[1]. In wichtigen Punkten sind neue Erkenntnisse und Verfeinerungen hinzugekommen, v. a. was die Kategorisierung von durativen und punktuellen Hylemen angeht (s. Abschnitt 2.4).

1.1 Erzählstoffe und ihre verschiedenen medialen Konkretionen

Was ist ein Mythos? Ein Mythos ist ein **Erzählstoff**. Das bedeutet: Ein Mythos ist weder ein Text noch ein Bild, sondern ein *transmedialer* Erzählstoff, der unterschiedlichen medialen Konkretionen *zugrundeliegt*. Solche konkrete mediale Formen können Texte, Bilder, aber auch Filme, Statuengruppen, pantomimische oder theatralische Aufführungen, mündliche Nacherzählungen und anderes mehr sein. Aus verschiedenen medialen Konkretionsformen muss der jeweils zugrundeliegende mythische Stoff erst rekonstruiert werden, genauer: nicht der mythische Stoff, sondern die jeweils vorliegende, einzelne mythische Stoff*variante*.

---

[1] S. dazu das Vorwort zu diesem Band. Für eine ausführlichere Darstellung der hier knapp zusammengefassten Ergebnisse mit Anmerkungsapparat und für eingehende Auseinandersetzungen mit der Forschungsliteratur vgl. C. Zgoll 2019 (unter https://doi.org/10.1515/9783110541588 als Open Access-Publikation verfügbar), woraus Auszüge übernommen wurden, wobei im vorliegenden Beitrag auch Weiterentwicklungen Rechnung getragen wird. Vgl. auch A. Zgoll/C. Zgoll (Hg.) 2020 (auf der Homepage des Verlags Walter de Gruyter ebenfalls als Download frei erhältlich); dort befindet sich ein Beitrag (C. Zgoll 2020), der wesentliche Ergebnisse auf Englisch zusammenfasst (unter https://doi.org/10.1515/9783110652543-002).

Was aber ist ein Erzählstoff bzw. eine Erzählstoff-Variante? Woraus konstituiert sie sich, und wie lässt sie sich rekonstruieren, wenn sie nicht gleichzusetzen ist mit bspw. einem Text oder einem Bild? Begrifflichkeiten wie **story** oder **plot** aus der Narratologie helfen hier nur bedingt weiter, und zwar insofern, als sich an ihnen zeigen lässt, dass sie *nicht* mit dem hier gesuchten (und benötigten) neuen Stoffbegriff gleichgesetzt werden können. Denn mit *story* wird in der Narratologie häufig die Handlungssequenz (mit spezifischen Protagonisten, Örtlichkeiten etc.) eines bestimmten Textes in *chronologischer* Reihenfolge bezeichnet, und mit *plot* die Handlungssequenz eines Textes in *textlicher* (bzw. künstlich-künstlerischer) Reihenfolge. In beiden Fällen geht es, und das ist entscheidend, um das stoffliche Gesamt-Grundgerüst eines gegebenen *Textes*[2].

Der hier gemeinte bzw. gesuchte Stoff-Begriff aber zielt nicht auf *ein* bestimmtes stoffliches Gerüst in *einer* bestimmten medialen Konkretion (wie bspw. einem bestimmten Text, z. B. der Abschnitt von Apollons Liebe zu Daphne in der textlichen Konkretion der *Metamorphosen* Ovids), sondern auf einen Erzählstoff als Oberbegriff über die Menge der existierenden und möglichen Varianten und medialen Formen, in denen dieser Stoff erzählt wird und erzählt werden kann (also z. B. auf den Stoff von Apollons Liebe zu Daphne generell). Ein Erzählstoff ist daher eine einzelnen Varianten (und deren konkreten medialen Ausgestaltungen) übergeordnete Größe, nämlich
– eine nicht abgeschlossene Menge von Varianten
– einer polymorphen Handlungssequenz (vgl. dazu Abschnitt 3.1),
– die durch spezifische Protagonisten, Örtlichkeiten, Gegenstände und Geschehnisse nur ungefähr bestimmbar und
– nicht auf bestimmte mediale oder einzelsprachliche Konkretionen festgelegt ist.

1.2 Unterscheidung von Story, Plot, Stoffvariante und Stoff

Während *story* und *plot* somit medienspezifisch, näherhin *textbezogen* sind, sind „Stoffvariante" und „Erzählstoff/Stoff" text- und überhaupt gänzlich medien-unabhängige, *stoffbezogene* Begriffe. Da diese Unterscheidung so grundlegend wichtig ist, soll sie an einem Beispiel näher erläutert werden, und zwar anhand der *Metamorphosen* Ovids (vgl. auch Abbildung 1 am Ende dieses Abschnitts):

---

2 Dazu und zum Folgenden s. ausführlich C. Zgoll 2019, 42-49 und 119-123.

Story bezeichnet in narratologisch ausgerichteten Arbeiten die Handlungssequenz eines *gesamten Textes* in chronologischer Reihenfolge. Dieser narratologisch-wissenschaftliche *story*-Begriff ist zu unterscheiden von der für einen wissenschaftlich-analytischen Diskurs unbrauchbaren, weil sehr unscharfen umgangssprachlichen Verwendung von „Story", i. S. v. (oft: mündlich erzählter) „Geschichte". Nur umgangssprachlich kann ein bestimmter Text „mehrere Stories" enthalten; in fachwissenschaftlich-narratologischer Terminologie und Perspektive liegt jedem Text eine (und nur eine) ihn strukturierende *story* zugrunde[3].

Die *story* (narratologisch verstanden), die dem textlichen Gebilde der *Metamorphosen* des römischen Dichters Ovid zugrundeliegt, ist eine anhand von verschiedenen Metamorphosenmythen in fast 12000 Hexameterversen erzählte Geschichte von der Erschaffung der Welt bis zur Gegenwart des Dichters, der Regierungszeit des Kaisers Augustus.

Plot: Ovid hat diese *story* nicht monoton und streng chronologisch abgespult nach dem Motto „zuerst ... und dann ... und danach ... und schließlich" etc., sondern er hat diese *story* kunstvoll zu einem *plot* gestaltet, indem er sie bspw. durch Vor- und Rückgriffe aufgelockert hat. Ein Beispiel für eine Prolepse in den *Metamorphosen* ist etwa die Jupiter-Prophetie, welche die Taten des Augustus vorwegnehmend erzählt[4]; ein Beispiel für eine Analepse ist die Erzählung der Verwandlung des Priamus-Sohnes Aesacos in einen Tauchervogel im Rückblick, als Erinnerung eines Greises im Anschluss an die Verwandlung von Ceyx und Alcyone in Eisvögel[5].

Der *plot* des in 15 Bücher unterteilten Textes der *Metamorphosen* ist also die Geschichte von der Erschaffung der Welt bis zur Gegenwart des Dichters in derjenigen Reihenfolge, die der kunstvoll gestaltete Text bietet.

Erzählstoff/Stoff: Was ist nun im Unterschied dazu ein (mythischer) Erzählstoff? Es ist der Stoff, der einer einzelnen, in sich abgeschlossenen Erzählung *innerhalb* der *Metamorphosen* von Ovid zugrundeliegt. So ist etwa der von Ovid behandelte Mythos, wie Apollon in Liebe zu Daphne entbrennt, Daphne vor ihm flieht und am Ende in einen Lorbeerbaum verwandelt wird[6], *ein* mythischer Stoff unter den über 250 behandelten Verwandlungsmythen in dem Epos *Metamorphosen*. Dabei umfasst die Bezeichnung „mythischer Stoff" als Näherungsbegriff

---

3 S. dazu die weiterführenden Hinweise in C. Zgoll 2019, 42-49.
4 Ov. *met.* 15,816-839.
5 Ov. *met.* 11,749-12,3.
6 Ov. *met.* 1,452-567.

alle existierenden und noch potenziell denkbaren Varianten des Mythos APOLLON LIEBT DAPHNE.

Bezeichnungen mythischer Stoffe (und ihrer Varianten) werden im Rahmen einer stoffanalytischen Mythosforschung vorzugsweise in Kapitälchen gesetzt, wohingegen Bezeichnungen von Texten, in denen mythische Stoffe medial konkretisiert sein können, kursiviert werden. Während man bei der Benennung von Texttiteln in der Regel auf konventionelle antike oder moderne Werktitel oder Incipits zurückgreifen kann, müssen (aussagekräftige) Mythentitel größtenteils erst neu kreiert werden, was eine eigene Herausforderung darstellt. Als aussagekräftig erweisen sich dabei v. a. Titel, die in Hylemform (s. Abschnitt 2.1) bzw. in Form von Hyperhylemen formuliert werden (s. dazu Abschnitt 2.7). Durch eine solche Praxis kann schließlich auch eine bessere Vergleichbarkeit von mythischen Stoffen erzielt werden (sowohl intra- als auch transkulturell).

Stoffvariante: Wenn Ovid im Text der *Metamorphosen* den mythischen Stoff APOLLON LIEBT DAPHNE aufgreift, handelt es sich im konkret vorliegenden Fall nicht um den mythischen Erzählstoff als ganzen, sondern (nur) um *eine* bestimmte Stoff*variante*. Um den Unterschied zwischen dem stoffanalytischen Begriff der Stoffvariante und dem narratologischen *story*-Begriff zu verdeutlichen:
1. Stoffvariante ist ein transmedialer, *story* (bzw. *plot*) ein medienspezifischer, nämlich speziell auf Texte bezogener Begriff.
2. Zu einer Stoffvariante gehören auch die impliziten stofflichen Elemente, die sich aus dem medial explizit zur Darstellung Gebrachten rekonstruieren lassen (s. dazu Abschnitt 2.8).
3. Ein Text kann (narratologisch) nur eine *story*, aber (stoffanalytisch) mehrere Stoffvarianten beinhalten.
4. Ein Text kann (stoffanalytisch) auch nur eine mythische Stoffvariante beinhalten; doch selbst dann wäre *story* nicht gleich Stoffvariante, denn zur Stoffvariante gehören über die textlich realisierte *story* hinaus alle impliziten Stoff-Elemente noch dazu.

In unserem Beispiel: Selbst wenn der gesamte Text der *Metamorphosen* Ovids nur aus den 116 Versen 452-567 des ersten Buchs bestehen würde, in denen eine Variante des Mythos APOLLON LIEBT DAPHNE behandelt wird, selbst dann wären die *story* des Textes und die Variante des mythischen Stoffes nur oberflächlich betrachtet gleich. Unterschiedlich wäre zum einen, dass die zu rekonstruierende Stoffvariante zusätzlich die Darstellung der impliziten stofflichen Elemente umfassen würde, die nicht explizit im Text stehen, aber notwendig aus dem, was dasteht, abzuleiten sind, und zum anderen, dass Verweise auf andere Stoffe bzw.

Stoffvarianten herausgenommen werden müssten, wie z. B. die Anspielung auf Diana, der Jupiter gestattet, jungfräulich zu leben (1,486 f), oder der Rückverweis auf den siegreichen Kampf Apollons gegen Python in den Versen 1,454-460[7].

Das Verhältnis zwischen einer medialen Konkretion und darin verarbeiteten Erzählstoffen kann sehr verschieden sein; ein Text oder ein Bild (oder ein anderes Medium) bietet je nachdem
– *eine* Mythenvariante (oder nur einen Ausschnitt), oder
– *mehrere* Mythenvarianten desselben Mythos *oder* verschiedener Mythen (oder nur Ausschnitte).

Dass Mythenvarianten nur ausschnitthaft erzählt werden, dies ist, anders als zunächst zu erwarten, der Regelfall[8].

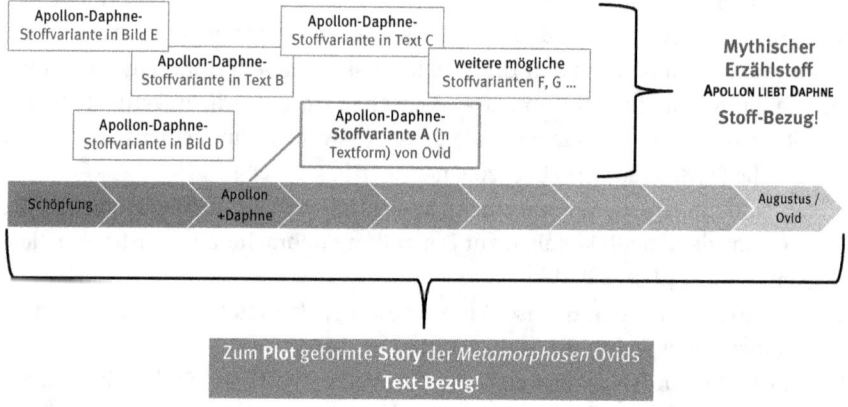

Abb. 1: Story/Plot, Stoffvariante(n) und Stoff am Beispiel APOLLON LIEBT DAPHNE bei Ovid

---

7 Wobei im zuletzt genannten Fall wie oft bei Ovid beide mythischen Erzählstoffe so kunstvoll miteinander verzahnt werden, dass der eine mythische Stoff zu einem Handlungsauslöser für den zweiten wird; um die Unterscheidung von verschiedenen mythischen Stoffvarianten, die zu einem größeren Konglomerat- oder Kompositmythos verschmolzen werden können (vgl. C. Zgoll 2019, 160-163; für eine beispielhafte Analyse s. A. Zgoll 2020), geht es im Rahmen der Stratifikationsanalyse (s. Abschnitt 3).
8 S. dazu ausführlicher unten in Abschnitt 2.8.

1.3 Stoffanalytische Mythosforschung und Mythosdefinition

Erst wenn man Mythen als Stoffe im eben ausgeführten Sinn begreift, ist der fundamentale und notwendige Schritt getan zu einer Mythosforschung, deren Gegenstandsbereich, Aufgabenstellung, Methodik und Thematik nicht weitgehend deckungsgleich sind mit den Gegenständen, Aufgaben, Methoden und Themen der Text- oder Bildwissenschaften. Eine solche Mythosforschung besitzt als spezielles Forschungsgebiet im Rahmen einer allgemeinen Stoffwissenschaft in jeder Hinsicht Eigenständigkeit. Eine stoffwissenschaftliche Mythosforschung muss gemäß dem Untersuchungsgegenstand „Mythos", verstanden als Erzählstoff, primär stoffanalytisch (nicht bzw. erst nachgeordnet: medienspezifisch) vorgehen. Auf diesem Fundament aufbauend stellen sich nun weiterführende Fragen:

– Woraus konstituiert sich eine Erzählstoff-Variante, wenn sie nicht mit Textbausteinen oder Bildelementen gleichgesetzt werden kann?
– Gibt es verschiedene Stoffarten?
– Und wenn ja: Worin unterscheiden sie sich bzw. was sind ihre jeweiligen Spezifika?
– Wie kann man Erzählstoffe transmedial miteinander vergleichen?

Der vorliegende Beitrag wird vor allem auf die erste und letzte Frage näher eingehen (s. die Abschnitte 2 und 5) und die dritte teilweise in Abschnitt 3 beantworten; die zweite (weiterführende) Frage ist an anderer Stelle ausführlicher behandelt worden[9]. Im Rahmen dieser anderen Untersuchung wurde zentral auch die Problematik einer Mythosdefinition in Angriff genommen. Im Ergebnis hat diese Forschungsarbeit zur folgenden, äußerst verknappten **Mythosdefinition** geführt[10]:

→ Ein Mythos ist ein insgesamt polymorpher und je nach Variante polystrater Erzählstoff, in dem sich transzendierende Auseinandersetzungen mit Erfahrungsgegenständen verdichten.

---

9   S. C. Zgoll 2019, 205-246.
10 C. Zgoll 2019, 563 (zu ausführlicheren Fassungen dieser Definition s. ebd., 562). Zur genaueren Herleitung und den Herausforderungen einer solchen (und einer jeden) Mythosdefinition s. ebd., 557-563. Zu den Aspekten, die in der Wendung „transzendierende Auseinandersetzungen mit Erfahrungsgegenständen" stecken, s. ebd., 370-413; auf den stofflichen Charakter sowie auf die Aspekte der Polymorphie von Mythen und der Polystratie mythischer Stoffvarianten wird im vorliegenden Beitrag näher eingegangen.

2 Hylemanalyse von Mythen

2.1 Kleinste handlungstragende Einheiten: Hyleme

Eine stoffanalytische Mythosforschung sieht sich vor allem vor die Frage gestellt: Wie kann man mit Stoffen arbeiten, also *stoff*analytisch, nicht wieder text- oder bildanalytisch? Wie lassen sich Stoffvarianten *medienunabhängig* bzw. *transmedial* rekonstruieren, darstellen, vergleichen? Der basale methodische Zugang, mit dem diese Herausforderungen gemeistert werden können, ist die Hylemanalyse. Das Verfahren der Hylemanalyse ist in erster Linie anhand von textlichen Konkretionen mythischer Stoffvarianten entwickelt worden, da Texte unter den verschiedenen medialen Formen, in denen mythische Stoffe sich konkretisieren können, die mit Abstand präzisesten und differenziertesten Quellen darstellen[11]. Im Folgenden soll daher vor allem in den Blick genommen werden, wie mythische Stoffvarianten speziell aus textlichen Konkretionen rekonstruiert werden können[12].

Eine Hylemanalyse besteht aus mehreren methodischen Schritten, durch die eine mythische Stoffvariante aus einer medialen Konkretion rekonstruiert werden kann. Diese Schritte lassen sich im Wesentlichen den folgenden drei Bereichen zuordnen:
- Rekonstruktion der Stoffbausteine eines Handlungsverlaufs (s. Abschnitt 2.6)
- Analyse der Vollständigkeit des rekonstruierten Handlungsverlaufs (s. Abschnitt 2.8)
- Bestimmung von Stoffgrenzen (s. Abschnitt 2.9)

Am komplexesten und aufwändigsten ist das Rekonstruieren der „Stoffbausteine", die in der medialen Konkretion einer mythischen Stoffvariante stecken. Aus welchen Stoffbausteinen setzt sich die Variante eines Erzählstoffs zusammen? Zunächst einmal gibt es hier „kleinste stoffkonstituierende Elemente" wie

---

[11] S. dazu C. Zgoll 2019, 31-33.
[12] Weitere Forschungsprojekte beschäftigen sich eingehender mit der Frage, wie sich Hylemanalysen auf Basis von bildlichen Darstellungen durchführen lassen, vgl. etwa Werning 2020 oder ein laufendes Projekt von Brit Kärger zur Vertreibung der Lamaštu und dahinterstehenden mythischen Stoffen in textlichen, rituellen und bildlichen Kontexten. Weitere Projekte in Bezug auf Konkretionen mythischer Stoffvarianten in Bildern und in v. a. rituellen Handlungsvollzügen sind im Rahmen der seit Ende 2020 angelaufenen 2. Phase der DFG-Forschungsgruppe 2064 „STRATA – Stratifikationsanalysen mythischer Stoffe und Texte in der Antike" geplant.

Gegenstände, Örtlichkeiten, Naturerscheinungen oder Figuren etc. (z. B. Figuren wie „Zeus" oder „Erechtheus"), Zustands-, Handlungs- oder Vorgangsbeschreibungen (z. B. „erschlagen"), und solche Elemente näher beschreibende Determinationen wie die Bezeichnung von Eigenschaften oder Appositionen („mächtig"; „König") oder zeitliche, örtliche oder instrumentale Angaben („am Morgen"; „in Athen"; „mit einem Blitz"). Wenn man aber den *Handlungsverlauf* einer Erzählung rekonstruieren will, dann interessieren nicht in erster Linie diese kleinsten stoffkonstituierenden Elemente, sondern *kleinste handlungstragende Einheiten*, die sich aus diesen stoffkonstituierenden Elementen zusammensetzen. Aus den bereits genannten Beispielen lässt sich als eine solche kleinste handlungstragende Einheit die folgende zusammenfügen: „Am Morgen erschlägt der mächtige Zeus in Athen den König Erechtheus mit einem Blitz".

Der Begriff „kleinste handlungstragende Einheit" ist allerdings lang und sperrig; aus diesen und anderen Gründen erschien eine terminologische Vereinfachung nötig und sinnvoll. So wurde im Rahmen der eingangs genannten Forschungsverbünde für eine kleinste handlungstragende Einheit eines Erzählstoffes, die nicht auf eine bestimmte mediale Gestaltung oder Einzelsprache festgelegt ist, in Anlehnung an das griechische Wort „Hyle" (ὕλη, „Stoff, Rohmaterial") der Begriff **Hylem** geprägt[13]. Analog zu Begriffsbildungen wie „Phonem" oder „Morphem", welche die kleinste, potenziell bedeutungsunterscheidende lautliche Einheit bzw. die kleinste bedeutungstragende Einheit sprachlicher Äußerungen bezeichnen, zielt „Hylem" auf eine kleinste handlungstragende Einheit eines – nicht nur mythischen, sondern eines jeden – Erzählstoffes. Ein jedes Hylem ist strukturell gleich aufgebaut und setzt sich zusammen aus einem oder mehreren *Hylemelementen* (Figuren, Gegenstände, Örtlichkeiten, Naturerscheinungen u. a.), aus einem einzigen *Hylemprädikat* (Handlungs- oder Zustandsbeschreibung) und ggf. aus näheren Bestimmungen (Hylemelement- oder Hylemprädikat-*Determinationen*). Die Zerlegung in kleinste handlungstragende Stoffbausteine (oder: Stoffeinheiten), kurz: in Hyleme, ist ein grundlegender Schritt für die Bestimmung des Gerüsts bzw. Aufbaus einer Variante nicht nur von mythischen, sondern von Erzählstoffen jeglicher Art.

---

13 So C. Zgoll 2019, 112. Ausführlicher zum Hylembegriff und zur Abgrenzung von anderen Zugängen und Begrifflichkeiten (wie Mythem, Motiv, Funktion, Ereignis ...) s. ebd. 87-118.

2.2 Stoffvarianten als Hylemsequenzen

Auf Basis dieser Terminologie und der zugrundeliegenden analytischen Kategorien lässt sich nun der Aufbau einer konkreten mythischen Stoffvariante folgendermaßen veranschaulichen:

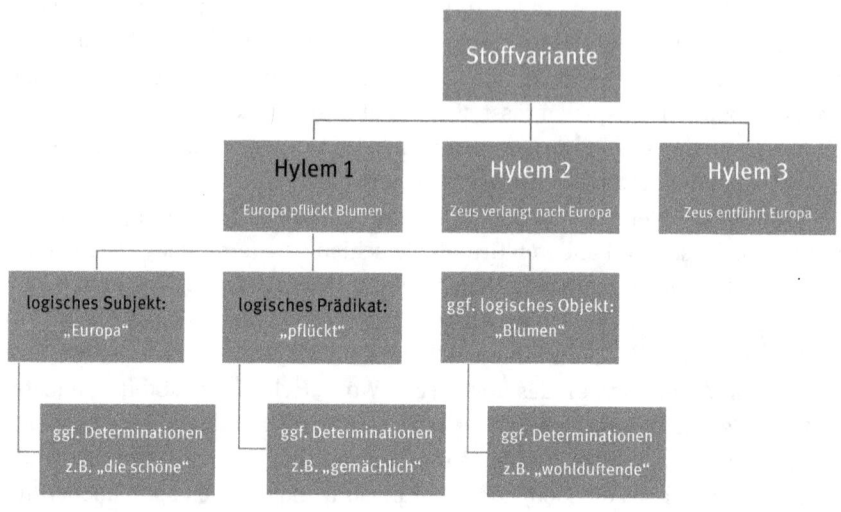

Abb. 2: Aufbau der Stoffvariante eines (mythischen) Erzählstoffs

2.3 Arbeitsschritte, Herausforderungen und Gewinne einer Hylemanalyse

Nun sind die Voraussetzungen für die Durchführung einer Hylemanalyse gegeben, d. h. für die Rekonstruktion der Hyleme einer bestimmten Stoffvariante in ihrer natürlichen chronologischen Abfolge aus einer vorliegenden medialen Konkretion. Den Herausforderungen und Aufgaben, die eine solche Hylemanalyse mit sich bringt, stehen verschiedene Gewinne gegenüber.

Arbeitsschritte und Herausforderungen der Hylemanalyse:
- Identifizieren: zur Stoffvariante gehörige und ggf. versteckte Hyleme identifizieren
- Stoffgrenzen bestimmen: Abgrenzungen zu anderen Stoffen bzw. Stoffvarianten vornehmen (s. Abschnitt 2.9)

- Präzisieren: verkürzt oder abstrakt dargebotene Hyleme präzisieren, z. B. „Gründung von Theben" = „NN gründet Theben" oder noch präziser, mit kulturspezifischem Wissen bzw. Hinweisen aus dem Kontext: „[Kadmos] gründet Theben"
- Standardisieren: extrahierte Hyleme standardisiert darstellen (s. Abschnitt 2.5)
- Komprimierungsgrad bestimmen (Hyleme *versus* „Hyperhyleme", s. Abschnitt 2.7)
- Kategorisieren: Einteilen der Hyleme in punktuelle und durative Hyleme (durativ-konstante, durativ-initiale, durativ-resultative; s. Abschnitt 2.4)
- Sortieren: Hyleme in die richtige stoffchronologische Reihenfolge bringen (s. Abschnitt 2.6)
- Komplettieren: eindeutig implizierte, aber nicht explizit ausgedrückte Hyleme ergänzen[14]

Gewinne der Hylemanalyse:
- Rekonstruktion von Mythen(varianten) aus verschiedenen medialen Konkretionsformen in erzählstofflicher (nicht: medienspezifischer) Form
- Präzisierung des Verständnisses vom Stoffverlauf[15]
- Erkennen von Auffälligkeiten, Lücken oder Inkonsistenzen im Stoffverlauf[16]
- Gewinnung von Anhaltspunkten für Rekonstruktionen medialer Mängel (z. B. bei Textlücken oder bei beschädigten bzw. unvollständigen ikonographischen Darstellungen): Ergänzungen, Konjekturen ...
- Erstellung einer gemeinsamen Basis für (intra- und transmediale) Vergleiche (durch Standardisierung, s. Abschnitte 2.5 und 5)

---

14 Beispiele für „Komplettieren": Noch-nicht-Aussagen (z. B. im Kontext von Schöpfungsmythen) implizieren, dass etwas später da sein wird, was daraus ergänzt werden kann; das Hylem „Zeus tötet den König Erechtheus" impliziert mehrere weitere Hyleme wie bspw. „NN zeugt/gebiert Erechtheus" oder „Erechtheus wird König" und „Erechtheus herrscht als König". Zu weiteren Beispielen für diesen Schritt s. Abschnitt 2.8.
15 Die Hylemanalyse z. B. eines Textes zwingt bei der Rekonstruktion des Stoffverlaufs zur Präzision. In Analogie dazu steht die Grammatik- und Lexemanalyse eines Textes; sie zwingt zur Präzision bei der Rekonstruktion von Wortbedeutungen und grammatikalischen Formen.
16 Auf (typische) Inkonsistenzen in mythischen Stoffvarianten und den Umgang damit wird unten noch näher eingegangen (s. Abschnitt 3.3).

2.4 Punktuelle und durative Hyleme: Eine neue Differenzierung

Die konkrete Version einer „Geschichte" und damit auch eine jede mythische Stoffvariante ist in der Regel nicht nur aus Hylemen aufgebaut, die *Veränderungen* beschreiben, sondern sie beinhaltet auch solche Hyleme, die *Zustände* schildern. In der literaturwissenschaftlichen Subdisziplin der Narratologie haben entsprechende Beobachtungen dazu geführt, zwischen „dynamischen" und „statischen" Erzählbausteinen zu unterscheiden[17]. In einer ersten Annäherung hat sich analog auch für eine stoffanalytische Mythosforschung zunächst eine Unterscheidung zwischen „dynamischen Hylemen" (Handlungs- oder Vorgangsbeschreibungen) und „statischen Hylemen" (Zustandsbeschreibungen) als sinnvoll angeboten.

Problematisch werden diese Bezeichnungen allerdings bei Wendungen wie „Zeus *regiert* als König der Götter" oder „Zeus *ist* König der Götter": Ist der erste Ausdruck als dynamisch, der zweite als statisch anzusehen, oder ist das in *beiden* Fällen etwas Dynamisches – oder etwas Statisches? Hier ist wiederum die Unterscheidung zwischen einer text- und einer stoffwissenschaftlichen Vorgehensweise wichtig. Auf einer rein textlichen Ebene wird der gemeinte Sachverhalt einmal eher dynamisch („regiert als König"), einmal eher statisch („ist König") ausgedrückt. Stoffanalytisch betrachtet aber laufen die beiden unterschiedlichen textlichen Ausdrucksweisen auf ein und denselben Sachverhalt hinaus. Die Frage, ob man auf der stofflichen (= inhaltlichen) Ebene diesen Sachverhalt, dass Zeus König ist bzw. als König regiert, nun als etwas eher Dynamisches oder als etwas eher Statisches betrachten soll, führt in eine Zwickmühle, die sich vermeiden lässt, wenn man nicht so sehr auf den Aspekt der *Bewegung* (dynamisch vs. statisch), sondern auf den Aspekt der *Dauer* fokussiert. Vorausgreifend sei angemerkt, dass auch für eine Mythen*interpretation* die Frage „*Was* passiert und *ab wann* und *wie lange* hat es Gültigkeit?" deutlich ergiebiger ist als die Frage danach, *wie* etwas dargestellt wird.

Bei der Suche nach hilfreichen Kategorisierungen hat sich eine Unterscheidung zwischen **punktuellen Hylemen** und **durativen Hylemen** als unproble-

---

[17] Vgl. aus narratologischer Perspektive Schmid 2014, 6: „Eine Geschichte vereinigt also dynamische und statische Komponenten ..."; vgl. analog auch die Unterscheidung zwischen „dynamischen" und „statischen" Motiven, z. B. bei Martínez/Scheffel, 2012, 112, die bereits bei Tomaševskij, 1985, 220 zu finden ist. Zum Motivbegriff und seiner Problematik s. ausführlicher C. Zgoll 2019, 90–97.

matischer und für stoffanalytische Fragestellungen als deutlich gewinnbringender erwiesen[18]. Durative Hyleme bezeichnen länger Andauerndes, das über die Grenzen einer Stoffvariante hinaus Gültigkeit besitzt. Punktuelle Hyleme hingegen sind dadurch definiert, dass sie nur einen bestimmten, begrenzten Abschnitt innerhalb einer Stoffvariante markieren. „Punktuell" bezieht sich also auf eine Abgeschlossenheit innerhalb einer vorliegenden Stoffvariante, und nicht auf eine absolute, sondern auf eine relative Dauer. Ein punktuelles Hylem kann absolut gesehen eine längere (z. B. „schlafen") oder kürzere Zeitspanne umfassen (z. B. „aufschreien"), aber entscheidend ist nicht dies, sondern die Begrenztheit der Zeitspanne eines Vorgangs oder Zustands, der jeweils erst *innerhalb* einer Stoffvariante einsetzt und dort auch wieder sein Ende findet.

Eine Stoffvariante besteht aus einer Abfolge von verschiedenen, sich ablösenden Ereignissen; ohne ein solches Grundgerüst kann ein Erzählstoff nicht existieren. Von daher sind punktuelle Hyleme die „normalen", den Ablauf der Erzählsequenz strukturierenden Hyleme, so dass die nähere Bezeichnung als „punktuell" auch weggelassen werden kann. Im Unterschied dazu beziehen sich durative Hyleme auf etwas, das schon vor und am Beginn der Stoffvariante gilt, in diese hinein- und gegebenenfalls über sie hinausreicht und damit einen bleibenden oder länger dauernden Hintergrund für den Ablauf der punktuellen Hyleme darstellt. Auf den besonderen Fall von durativ-resultativen Hylemen, die etwas länger Andauerndes bezeichnen, das erst innerhalb einer Stoffvariante einen neuen Anfang nimmt, soll unten noch näher eingegangen werden[19].

Will man Hyleme unter den Gesichtspunkten „punktuell" versus „durativ" systematisch erfassen, dann ergibt sich folgendes Bild:

1. **Punktuelle Hyleme** (*single event hylemes*): Gültigkeit nur innerhalb der Stoffvariante
2. **Durative Hyleme**: Gültigkeit über die Stoffvariante hinaus
   a) Durativ-konstante Hyleme (*durative-constant hylemes*): gelten unverändert vor, während und nach der Stoffvariante; Beispiel: „Zeus ist König der Götter" (vorher, währenddessen und nachher)[20]
   b) Durativ-initiale Hyleme (*durative-initial hylemes*) oder „Starthyleme": gelten vor und am Beginn der Stoffvariante, verlieren innerhalb der

---

18 Dies stellt eine Weiterentwicklung im Vergleich zu C. Zgoll 2019, 115, dar; dort noch die Unterscheidung zwischen statischen und dynamischen Hylemen.
19 S. Abschnitt 2.7.
20 Solche Hyleme kann man auch als „Steckbrief-Hyleme" bezeichnen, wenn man sie bezogen auf eine Figur aus einer Stoffvariante sammelt und in Form einer Synopse (eines „Steckbriefs") zusammenstellt; vgl. C. Zgoll 2019, 176 f.

Stoffvariante aber ihre Gültigkeit; Beispiel: „Zeus ist kinderlos" (nur am Anfang, wenn im Verlauf der Stoffvariante Zeus zum Vater wird)[21]

c) Durativ-resultative Hyleme (*durative-resultative hylemes*) oder „Zielhyleme": erhalten erst innerhalb der Stoffvariante ihre Gültigkeit und gelten über sie hinaus; Beispiel: „Zeus ist (von nun an) Vater der Athene"[22]

Die gegebenen Beispiel-Hyleme könnten aus ein und derselben Stoffvariante stammen, in der Athenes Geburt aus dem Kopf des Götterkönigs Zeus thematisiert wird. Man kann die Kategorisierung der verschiedenen Hylem-Arten auch an einem einzigen, gleichbleibenden Hylem veranschaulichen, das je nach Kontext der Stoffvariante verschieden eingestuft werden muss:

Tab. 1: Übersicht über punktuelle und durative Hyleme

Konkretes Hylem	Art des Hylems	Bedingung: Wenn in der Stoffvariante ...
Zeus ist (/regiert als) König der Götter	punktuell	... bspw. Zeus von einem Vorgänger das Königtum übernimmt und es dann wieder abgeben muss
Zeus ist (/regiert als) König der Götter	durativ-konstant	... Zeus vor, währenddessen und am Ende König der Götter ist und bleibt
Zeus ist (/regiert als) König der Götter	durativ-initial	... Zeus nur am Anfang König ist, dann aber sein Königtum verliert
Zeus ist (/regiert als) König der Götter	durativ-resultativ	... Zeus erst zum König der Götter geworden ist

Die Analyse und Interpretation von Erzählstoffen ist ein herausforderndes Unterfangen, nicht zuletzt deshalb, weil es sich dabei in der Regel um äußerst komplexe Gebilde handelt. Die oben getroffenen Unterscheidungen zwischen verschiedenen Arten von einzelnen „Erzählbausteinen" ist kein Selbstzweck, sondern sie ist insofern sinnvoll und nützlich, als sie zusätzliche Erkenntnisgewinne verspricht. Mit einem solchermaßen verfeinerten Instrumentarium lässt

---

21 Vgl. bspw. auch Noch-nicht-Aussagen oder die Beschreibung eines wie auch immer gearteten „Chaos" vor dem am Ende erreichten „Kosmos" in Schöpfungsmythen.
22 Terminologisch vereinfachend könnte man bei der Gruppe der durativen Hyleme die Erweiterung mit „durativ-..." weglassen und nur von „konstanten Hylemen", „initialen Hylemen" oder „resultativen Hylemen" sprechen, doch exakter und verständlicher sind die „Vollformen".

sich der Blick dafür schärfen und terminologisch präzise und differenziert beschreiben, wie genauerhin die Ausgangsposition eines Erzählstoffes zu analysieren ist, an welchem Punkt etwas eintritt, das die Handlung in Gang setzt, welche punktuellen Hyleme den Verlauf entscheidend bestimmen, welche Konstanten im Erzählverlauf gleich bleiben und welche sich ändern, und auf welchen Ziel-Zustand eine solche Hylemsequenz zusteuert.

2.5 Standardisierung von Hylemen

Ein wichtiger Schritt bei der Hylemanalyse besteht in einer standardisierten Darstellungsform der rekonstruierten Hyleme, da nur so ein einheitliches Vorgehen und vor allem eine Vergleichbarkeit (!) auf stoffanalytischer Ebene gegeben sind. Die Konventionen, die sich bewährt haben, sind folgende:
- Hylemprädikate werden **im Aktiv** formuliert (keine passivischen Formulierungen); wenn das Subjekt unklar ist, dann wird als Platzhalter „NN" eingesetzt[23]
- Hylemprädikate werden **präsentisch** ausgedrückt[24]
- Ergänzungen impliziter Hyleme oder Hylemelemente (oder Hylemprädikate) werden **in eckige Klammern** gesetzt, z. B. statt „NN": [Zeus]
- Begründungen für Ergänzungen aus dem Kontext werden durch eine **hochgestellte Stellenangabe** kenntlich gemacht[25], z. B. [Zeus $^{\rightarrow 1,27}$]

Nach diesen Regeln wird bspw. aus dem textlichen Ausschnitt einer Mythenvariante in Form des Satzes

> Erechtheus wurde vom Blitz erschlagen

---

23 Hintergrund ist die mythostheoretische Überlegung, dass in mythischen Stoffen nichts „einfach so" passiert oder sich vollzieht, sondern dass es immer bestimmte Handlungsträger (oft Götter) gibt, die für das In-Gang-Setzen von Handlungen oder Vorgängen verantwortlich sind (vgl. dazu C. Zgoll 2019, 200). Textliche Konkretionen machen dies oft nicht explizit, sei es, weil die Handlungsträger als bekannt vorausgesetzt werden, sei es, weil bewusst offengelassen werden soll, welcher Handlungsträger nun genau für eine Handlung verantwortlich gemacht werden muss (vgl. dazu C. Zgoll 2019, 198).
24 Außer wenn etwas eindeutig aus der chronologischen Reihenfolge „x und dann y und dann z" herausfällt, z. B. bei einer Prophetie.
25 Ähnlich wie bei philologischen Bearbeitungen lückenhafter Texte, wenn eine beschädigte oder unvollständig erhaltene Zeile aufgrund von Informationen aus besser erhaltenen Zeilen ergänzt werden kann.

in standardisierter Form das folgende mythische Hylem (wenn aus dem Stellenverweis 1,27 erkennbar ist, dass die Tat von Zeus durchgeführt wurde):

[Zeus →1,27] erschlägt Erechtheus mit einem Blitz.

2.6 Rekonstruktion der Stoffchronologie am Beispiel der Hochzeit von Dardanos und Chryse

Zur Vertiefung soll im Folgenden exemplarisch ein (leicht modifizierter) Text aus der *Geschichte Roms* von Dionysios von Halikarnassos „hylemisiert" werden[26]:

λέγουσι γοῦν ὧδε· Χρύσην τὴν Πάλλαντος θυγατέρα γημαμένην Δαρδάνου φερνὰς ἐπενέγκασθαι δωρεὰς Ἀθηνᾶς αἰγιόχου τά τε Παλλάδια [...] τῶν μεγάλων θεῶν ...	Man erzählt nun Folgendes: Als Chryse, die Tochter von Pallas, mit Dardanos vermählt wurde, habe sie als Mitgift Gaben der Aigis-Halterin Athene mitgebracht, nämlich die Palladia[27] [...] der Großen Götter ...

Zunächst werden aus diesem Text die darin enthaltenen mythischen Hyleme in der *textlichen* Reihenfolge extrahiert. Eine solche Hylemanalyse führt zu folgendem Ergebnis:

- Chryse ist die Tochter von Pallas
- NN verheiratet Chryse mit Dardanos (kein Passiv, s. Abschnitt 2.5)
- Chryse bringt als Mitgift die Palladia der Großen Götter mit zur Hochzeit
- Athene gibt Chryse die Palladia der Großen Götter
- Athene hält die Aigis

---

26 Vgl. Dion. Hal. *ant.* 1,68,3. Zu Demonstrationszwecken wurde hier das im Originaltext nicht überlieferte αἰγιόχου („der Aigis-Halterin") zusätzlich eingefügt; außerdem ist zur Vereinfachung hinter τά τε Παλλάδια die Zusatzinformation καὶ τὰ ἱερά und die Fortführung des Satzes weggelassen, in der es um die Unterweisung der Chryse in den Mysterien der Großen Götter geht. **27** Bei den Palladia handelt es sich um Kultgegenstände, deren genauere Bestimmung nicht einfach ist. Vermutlich handelt es sich um numinose Mächte repräsentierende Gegenstände mit protektiver Funktion, die erst zu einem späteren Zeitpunkt mit „Pallas Athene" und entsprechenden „Pallas-Statuen" in Zusammenhang gebracht wurden; im Kontext bei Dion. Hal. *ant.* 1,68,4 sind sie jedenfalls nicht identisch mit den „Bildern der Götter", die noch einmal zusätzlich bzw. neben den Palladia extra genannt werden (τὰ δὲ Παλλάδια καὶ τὰς [τῶν] θεῶν εἰκόνας); s. zu dieser Problematik auch ausführlicher meinen Beitrag *Vom Himmel gefallen* in diesem Band.

In einem zweiten Schritt werden diese Hyleme nun (soweit möglich) in ihre *chronologische* Reihenfolge gebracht. Für die Erstellung der Stoffchronologie sind mehrere Punkte zu beachten. Unter anderem ist zu entscheiden, ob durative Hyleme von Anfang bis zum Ende einer Stoffvariante unverändert gelten. Solche durativ-konstanten Hyleme, die innerhalb einer untersuchten Stoffvariante unverändert bleiben, werden an den Anfang gestellt.

Durativ-konstante Hyleme:
- Athene hält die Aigis
- Chryse ist die Tochter von Pallas

Punktuelle Hyleme:
- Athene gibt Chryse die Palladia der Großen Götter
- Chryse bringt als Mitgift die Palladia der Großen Götter mit zur Hochzeit
- NN verheiratet Chryse mit Dardanos

Die letzten beiden Hyleme zeigen, dass die Herstellung einer chronologischen Reihenfolge nicht trivial ist; erst nach etwas Überlegung bzw. mit Kenntnis kultureller Gegebenheiten wie in diesem Fall der Hochzeitsbräuche wird plausibel, dass Chryse kaum erst bei oder kurz nach der Vermählung noch einmal „schnell nach Hause" gehen wird, um die Mitgift zu holen, sondern dass ohne das Mitbringen der Mitgift eine Vermählung kaum stattgefunden haben würde.

Neben dieser Problematik einer manchmal unklaren Reihenfolge einzelner Hyleme ergeben sich bei der Erstellung der Stoffchronologie weitere Herausforderungen besonderer Art, von denen hier und im Folgenden noch drei genannt sein sollen, und zwar die Darstellung gleichzeitiger Hyleme, die Berücksichtigung von Hyperhylemen und die Beachtung von durativ-resultativen Hylemen.

Gleichzeitige Hyleme werden graphisch idealerweise nicht untereinander, sondern nebeneinander gesetzt. So stecken bspw. in dem (erfundenen) Satz „Chryse ist die geliebte Tochter von Pallas" zwei durative Hyleme, die man aufgrund ihrer Gleichzeitigkeit so darstellen kann:
- Chryse ist die Tochter von Pallas // Pallas liebt seine Tochter Chryse

2.7 Hyperhyleme und durativ-resultative Hyleme

Manchmal werden in textlichen Konkretionen mythischer Stoffvarianten bestimmte Hyleme eingeflochten, die sich stoffchronologisch schwer einordnen lassen, weil sie entweder vorausgreifend, nach Art einer Überschrift, oder auch im Rückblick mehrere verschiedene Handlungsschritte zusammenfassen können. Solche Hyleme, die stellvertretend für einen ganzen mythischen Stoff oder Teile eines Stoffes stehen bzw. diesen zusammenfassen, werden als Hyleme in Hyperhylemfunktion oder, vereinfachend, als **Hyperhyleme** bezeichnet. Würde das oben zitierte Textbeispiel nicht mit dem Satz beginnen „Man erzählt nun Folgendes", sondern mit dem Satz „Über die Hochzeit von Dardanos und Chryse erzählt man nun Folgendes", so wäre darin das Hylem „Dardanos heiratet Chryse" enthalten, das als vorausgreifende Überschrift manche der nachfolgenden Einzelhyleme zusammenfasst und damit in gewisser Weise stoffchronologisch nicht *in*, sondern *über* der Reihe dieser folgenden Hyleme steht[28]. Auf diesen hier konstruierten Fall angewendet, könnte man das in einer Hylemanalyse auf folgende Weise deutlich machen:

Durativ-konstante Hyleme:
- Athene hält die Aigis
- Chryse ist die Tochter von Pallas

Punktuelle Hyleme:
- Athene gibt Chryse die Palladia der Großen Götter
- Dardanos heiratet Chryse (Hyperhylem):
  - Chryse bringt als Mitgift die Palladia der Großen Götter mit zur Hochzeit
  - NN verheiratet Chryse mit Dardanos

Nicht nur für eine stoffchronologische Einordnung, sondern auch in Hinblick auf die Mytheninterpretation sind speziell noch diejenigen durativen Hyleme interessant, die etwas Duratives zum Ausdruck bringen, das im Lauf der Erzählung erst neu eintritt, gewissermaßen als ein wichtiges Resultat vorangehender Hyleme. Durative Hyleme, die ein Resultat beschreiben, das erst im Verlauf der Stoffvariante eintritt, sind für die Mytheninterpretation deshalb von großem Interesse, weil es in mythischen Stoffen in besonderer Weise auf den Zielpunkt an-

---

[28] Ein weiteres Beispiel aus der altorientalischen Mythologie: Das Hylem „Innana bringt das Himmelshaus für die Erde" steht für einen gesamten Erzählstoff, der von Innanas Ziel, Planung und Durchführung des genannten Unternehmens berichtet; vgl. dazu den Beitrag von A. Zgoll, *Wie der erste Tempel auf die Erde kommt* im vorliegenden Band und insbesondere A. Zgoll 2020a. Für eine ausführliche Darstellung zum Phänomen der Hyperhyleme und zur Wichtigkeit ihrer Berücksichtigung auch und gerade bei komparativen Mythenanalysen s. C. Zgoll 2019, 185–204.

kommt, auf den sie zulaufen[29]. Solche **durativ-resultativen Hyleme** (oder „Zielhyleme") werden dann passenderweise nicht an den Anfang einer Hylemanalyse gestellt, sondern an die Stelle, die ihren Eintritt markiert. Ein durativ-resultatives Hylem in dem oben angeführten Beispiel ist „Chryse ist (von nun an, also erst ab dem Zeitpunkt der Hochzeit) die Ehefrau des Dardanos", so dass man die Hylemanalyse folgendermaßen vervollständigen kann:

Durativ-konstante Hyleme:
- Athene hält die Aigis
- Chryse ist die Tochter von Pallas

Punktuelle Hyleme:
- Athene gibt Chryse die Palladia der Großen Götter
- Chryse bringt als Mitgift die Palladia der Großen Götter mit zur Hochzeit
- NN verheiratet Chryse mit Dardanos

Durativ-resultatives Hylem:
- [Chryse ist (von nun an) die Ehefrau des Dardanos]

Dieses letzte, durativ-resultative Hylem steht nicht explizit im Text, ist aber implizit eindeutig zu ergänzen; damit ist man bei der nächsten Herausforderung der Hylemanalyse.

2.8 Analyse der Vollständigkeit der Hyleme und Rekonstruktion des Handlungsverlaufs

Jegliche Art der Repräsentation von Geschehnissen oder Zuständen in Form einer Narration ist unvollständig. Man *kann* nicht alles erzählen, was man erzählen müsste, wenn man wirklich *alles* erzählen wollte, denn das würde eine schier unendliche Erzählung ergeben, die schon bei der Eröffnung über die Beschreibung von tausenderlei Details kaum hinausgelangen würde[30]. Selbst wenn man viele

---

29 Zur wesentlich teleologischen Ausrichtung antiker Mythen s. C. Zgoll 2019, 402, 535 und 542-543.
30 Zu dieser Erkenntnis aus der Narratologie s. bspw. Martínez/Scheffel 2012, 165 („kein Text kann vollständig explizit sein"); s. auch C. Zgoll 2019, 127 f und 174 f. Einschlägig dazu ist Iser 1994.

Details weglässt und sich nur auf Wichtigeres beschränkt, bleibt doch vieles ungesagt. Dass Stoffvarianten von Mythen in medialen Konkretionen unvollständig wiedergegeben werden, ist daher nicht nur der Regelfall, sondern unvermeidbar.

Hier greift nun einer der großen Vorteile der Stoffanalyse bzw. Hylemanalyse: Ihr geht es ausdrücklich nicht um eine *Textparaphrase* oder um eine (präikonographische) *Bildbeschreibung*, sondern um eine *Stoffrekonstruktion* – und das ist ein entscheidender Unterschied. Auf Texte bezogen fragt eine Hylemanalyse nicht: Was *steht* im Text?, sondern: Was *steckt* im Text?

In einer solchen Fragestellung liegt nicht nur die Berechtigung einer Hylemanalyse, sondern sie zeigt auch deren Sinn und, noch darüber hinausgehend, ihre *Notwendigkeit*. Um eine textlich oder bildlich konkretisierte Erzählung zu verstehen, braucht man nicht nur die Informationen, die im Text stehen oder auf einem Bild zu sehen sind, sondern man benötigt auch die Rekonstruktion der stofflichen Zusammenhänge, von denen Texte oder Bilder nur die berühmten Eisbergspitzen sehen lassen und auf denen diese medialen Konkretionen beruhen.

Wiederum auf Texte bezogen: Um einen narrativen Text wirklich verstehen zu können, benötigt man nicht nur eine grammatikalisch-lexematisch exakte Analyse und (bei einer Fremdsprache) eine präzise Übersetzung, sondern auch eine Analyse des zugrundeliegenden Inhalts bzw. Stoffverlaufs. Diese Analyse muss methodisch fundiert sein, d. h. über die Schritte der Stoffrekonstruktion genaue Rechenschaft geben, also *offenlegen*, was jeder Übersetzer oder Rezipient eines Textes ohnehin bewusst oder unbewusst an Ergänzungen und Interpretation vornimmt und auch vornehmen muss. Legt man sich über diese Schritte keine Rechenschaft ab, ist die Gefahr groß, dass man zu selbstverständlich von nur scheinbaren Selbstverständlichkeiten ausgeht und dass eine von der eigenen Weltsicht bestimmte und daher in manchen Fällen anachronistische Stoffrekonstruktion zur Grundlage einer Text- und Mytheninterpretation gemacht wird. Legt man sich aber durch die Methode der Hylemanalyse Rechenschaft ab, welche Hintergründe man beim einzelnen Erzählstoff als relevant erachtet, dann werden die semantischen Bezüge auf die genaueren narrativen Zusammenhänge, in denen ein Text oder Bild steht, offengelegt und damit objektiviert. Anhand der vorgenommenen einzelnen Ergebnisse lassen sich Rekonstruktionen überprüfen und an konkreten Punkten verifizieren oder falsifizieren.

Als nächster Schritt der Stoffrekonstruktion durch eine Hylemanalyse steht daher die Komplettierung der Hyleme an. Welche für ein Verständnis der Handlung wichtigen Hyleme oder Hylem-Bestandteile ergeben sich implizit aus einer medialen Konkretion, die aber nicht explizit genannt werden? Methodische An-

haltspunkte für die Analyse der Vollständigkeit eines aus einer konkreten medialen Konkretion rekonstruierten Handlungsverlaufs können folgende Vorgehensweisen liefern:
- Ergänzung von impliziten Hylemen oder Hylem-Bestandteilen
- Überprüfung der Vollständigkeit des zu erwartenden inhaltlichen Dreischritts: Problem – Bearbeitung des Problems – Lösung[31]
- Vergleich mit anderen Stoffvarianten desselben Stoffes
- Vergleich mit Stoffvarianten strukturell oder thematisch ähnlicher Stoffe

Anhand des oben gegebenen Textes, der auf die Hochzeit von Dardanos und Chryse zuläuft, soll im Folgenden der Schwerpunkt auf der **Ergänzung impliziter Hyleme** liegen[32]. Bei dieser Analyse wird außerdem deutlich, dass in dem genannten Textabschnitt trotz seiner Kürze Varianten von *mehreren verschiedenen* Mythen stecken. Auf deren gegenseitige Abgrenzung soll später noch genauer eingegangen werden (s. Abschnitt 2.9); zunächst geht es um die Rekonstruktion von stofflichen Informationen, die über das hinausgehen, was auf der reinen Textoberfläche zu sehen ist, die dennoch aber im Text selbst stecken und für ein Verständnis des Stoffverlaufs wichtig sind. Hierin liegt einerseits eine Herausforderung, andererseits aber auch, wie bereits oben ausgeführt, ein entscheidender Gewinn und ein Spezifikum der Stoffanalyse (bzw. Hylemanalyse) im Gegensatz zu einer reinen Text- oder Bildanalyse. Gerade weil mediale Konkretionen wie bspw. Texte (und erst recht Bilder) unvollständig erzählen, führt die Methode der Hylemanalyse dazu, dass man offenlegen muss, wie man den Stoffverlauf genau versteht und rekonstruiert – eine Offenlegung, zu der man als reiner Grammatiker oder Übersetzer oder Bild-Beschreiber nicht gezwungen ist, die aber für ein Text- oder Bildverständnis genauso unverzichtbar ist wie eine grammatikalisch-lexematische Analyse, eine Übersetzung oder eine Bildbeschreibung.

Wenn man vom Einfachen zum Schwereren schreiten will, dann ergibt sich zunächst einmal aus dem Hylem „Chryse ist die Tochter von Pallas" das Hylem [Pallas zeugt eine Tochter namens Chryse][33]. Wenn Athene der Chryse die Palladia *der Großen Götter* gibt, dann wird es bereits komplizierter. Bei näherem Über-

---

31 Auf diesen für mythische Stoffe wichtigen „mythischen Dreischritt" kann hier nicht näher eingegangen werden; zum Problembezug und zur teleologischen Ausrichtung von Mythen s. die Hinweise im vorigen Abschnitt 2.7.
32 Die folgende Hylemanalyse stellt eine tiefergehende und damit weiterführende Analyse dar im Vergleich zu C. Zgoll 2019, 116 f.
33 Oder, zumindest theoretisch möglich, aber wenig wahrscheinlich: [Pallas adoptiert eine Tochter namens Chryse].

legen wird deutlich, dass hinter dieser Genitiv-Verbindung ein Sachverhalt stecken muss, der diese Genitiv-Verbindung plausibilisiert. Versteht man den Genitiv explikativ, dann handelt es sich bei den Palladia um Kultgegenstände, die in irgendeiner Form die Großen Götter *darstellen*. Dagegen aber spricht der Kontext bei Dionysios von Halikarnassos, in dem nicht viel später die Palladia, die nicht zwingend als Götterstatuen interpretiert werden müssen, von den „Bildern der Götter" noch einmal unterschieden werden[34]. Dies spricht dafür, den Genitiv possessiv zu verstehen im Sinn von „Palladia, die den Großen Göttern *gehören*". Eine solche grammatikalische Analyse setzt folgendes Hylem voraus: „Die Großen Götter besitzen Palladia".

Nun wird es spannend: Wenn Chryse von Athene die Palladia als Mitgift bekommt, die Palladia aber vorher im Besitz der Großen Götter waren, dann muss vor der Beschenkung der Chryse durch Athene ein weiterer Besitzwechsel der Palladia stattgefunden haben, nämlich von den Großen Göttern zu Athene[35]. Ob ein gewaltsamer oder ein freiwilliger Akt dahintersteht, lässt sich nicht erkennen, so dass hier verschiedene Möglichkeiten in Betracht gezogen werden müssen (bspw. [Athene nimmt die Palladia der Großen Götter mit Gewalt an sich] oder [Die Großen Götter übergeben Athene freiwillig die Palladia]). Aber *dass* ein solcher Besitzwechsel stattgefunden haben muss, ist eine plausible Annahme, auf deren Spur man durch eine genaue stoffanalytische Herangehensweise gebracht wird. Aufgrund dieser Überlegungen lässt sich also das bewusst offen formulierte Hylem ergänzen: [Athene bekommt die Palladia der Großen Götter].

Auch wenn es selbstverständlich ist, lässt sich als notwendige Folge daraus noch das durativ-resultative Hylem explizit machen: [Athene besitzt (von nun an) die Palladia der Großen Götter], genauso wie man nach der Übergabe der Palladia von Athene an Chryse als „Zwischenergebnis" festhalten kann: [Chryse besitzt (von nun an) die Palladia der Großen Götter]. Als allgemeine Beobachtung lässt sich festhalten, dass oft gerade die entscheidenden „Zielhyleme" in Texten oder Bildern, anders als man erwarten würde, *nicht* dargestellt werden, oft deshalb, weil man ihre Ergänzung als selbstverständlich voraussetzen konnte.

Mythen existieren in vielen zum Teil sehr unterschiedlichen Varianten, von denen nur manche überliefert sind. Daher ist es nicht unproblematisch, bei der

---

[34] S. dazu oben, Anm. 21; bei Dion. Hal. *ant.* 1,68,4 werden die „Bilder der Götter" noch einmal zusätzlich bzw. neben den Palladia genannt (τὰ δὲ Παλλάδια καὶ τὰς [τῶν] θεῶν εἰκόνας). Zu dem Palladion bzw. den Palladia s. ausführlicher meinen Beitrag *Vom Himmel gefallen* in diesem Band.

[35] Dass Athene nicht selbst zu den „Großen Göttern" gehört, dazu s. unten, Abschnitt 3.4.

Komplettierung einer Hylemsequenz zu schnell auf kulturspezifisches Hintergrundwissen zurückzugreifen. Besonders die Annahme einer „Standardversion" eines mythischen Stoffes kann bei der Vervollständigung und Interpretation einer konkret vorliegenden Stoffvariante zu unberechtigten Ergänzungen führen[36]. Um jedoch exemplarisch zu verdeutlichen, dass selbst in Epitheta ganze mythische Stoffkomplexe verborgen sein können, soll hier unter Rückgriff auf ein solches kulturspezifisches Wissen auch das Hylem „Athene hält die Aigis", das auf dem im Text stehenden Epitheton „Aigis-Halterin" beruht, in seiner potenziellen stofflichen Tiefe ausgelotet werden. Hält man sich vor Augen, dass in zahlreichen belegten mythischen Stoffvarianten Athene die Aigis nicht immer schon hat, sondern sie erst zu einem bestimmten Zeitpunkt erwirbt[37], dann impliziert das Hylem „Athene hält die Aigis" das Hylem [Athene bekommt die Aigis]. Da sie es nach diesen Stoffvarianten von einem Vorbesitzer bekommt, ergibt sich als weiteres implizit zu ergänzendes Hylem [NN besitzt (vor Athene) die Aigis][38].

Aufgrund kulturspezifischen Wissens lässt sich schließlich als Handlungsträger des Hylems „NN verheiratet Chryse mit Dardanos" mit Sicherheit Pallas als der Vater ergänzen, der seine Tochter dem Dardanos zur Ehefrau gibt – woraus sich wiederum mit Notwendigkeit das durativ-resultative Hylem „Chryse ist (von nun an) Ehefrau des Dardanos" ergibt.

Damit ist die Hylemsequenz, so scheint es, komplettiert. Aber es fehlt noch ein wichtiges und für ein Verständnis des Stoffverlaufs bzw. näherhin des Zielpunkts, auf den alles zuläuft, sogar entscheidendes Hylem[39], das sich allein aus dem Wort „Mitgift" ableiten lässt. Im griechischen Text steht hier das Wort φερνή, ein Begriff, der bewegliches Vermögen bezeichnet, das die Frau mit in die Ehe einbringt. Diese bewegliche Habe aber, und das ist nun entscheidend, geht nach griechischer Rechtsauffassung *in den Besitz des Mannes* über[40]. Deutlich

---

36 Zur Problematik der Annahme von Standardversionen mythischer Stoffe s. die ausführliche Diskussion in C. Zgoll 2019, 70-78.
37 S. bspw. den *Homerischen Hymnos* 28 (*An Athene*), wo von der Geburt der Göttin die Rede ist, die aus dem Kopf des Aigis-Halters Zeus entspringt, in voller Rüstung, aber eben *ohne* Aigis. Zu den verschiedenen hier angesprochenen Stofftraditionen s. im Detail C. Zgoll 2019, 459-467.
38 Neben diesen belegten Mythenvarianten wären alternativ auch andere Stoffvarianten bzw. zu ergänzende Einzelhyleme denkbar, für die man als Interpret angesichts der Polymorphie mythischer Stoffe immer offen bleiben sollte und die es möglicherweise auch gegeben hat, die aber nicht Eingang in die überlieferten schriftlichen Quellen gefunden haben, wie bspw. [Athene stellt für sich die Aigis her] oder [Athene entspringt bei ihrer Geburt bereits in voller Rüstung *und mit Aigis* dem Kopf des Zeus].
39 Diesen wichtigen Hinweis verdanke ich Gösta Gabriel.
40 S. Thür 2000.

wird dies etwa auch aus einer Erzählung des Eratosthenes[41], wo ein Jagdhund und ein Wurfspieß, göttliche Gaben (dies dort implizit vorausgesetzt), aus dem Besitz der Prokris ausdrücklich in den Besitz des Kephalos übergehen, „weil er der Mann der Prokris war" (διὰ τὸ εἶναι Πρόκριδος ἀνήρ). Damit steht am Ende der chronologisch geordneten Hylemsequenz, die von Chryse und Dardanos handelt, das nur implizit zu erschließende, aber überaus wichtige durativ-resultative Hylem, das einen *dritten* und entscheidenden Besitzwechsel der Palladia zum Inhalt hat: [Dardanos besitzt (nun) die Palladia der Großen Götter], mit einer Betonung auf *Dardanos* (nicht mehr: Chryse). Dardanos ist einer der Urväter des troianischen Königshauses, so dass hier nichts Geringeres als ein TROIANISCHER GRÜNDUNGSMYTHOS angedeutet ist.

Damit bietet sich nach einer Hylemanalyse der Textpassage deren stofflicher Gehalt viel reichhaltiger und informativer dar, als es die kurze, oben zitierte, reine Textoberfläche zunächst vermuten ließ:
- [NN besitzt die Aigis]
- [Athene bekommt die Aigis]
- Athene hält die Aigis
- Die Großen Götter besitzen Palladia
- [Athene bekommt die Palladia der Großen Götter]
- [Athene besitzt (von nun an) die Palladia der Großen Götter]
- [Pallas zeugt eine Tochter namens Chryse]
- Chryse ist (von nun an) die Tochter von Pallas
- Athene gibt Chryse die Palladia der Großen Götter
- [Chryse besitzt (von nun an) die Palladia der Großen Götter]
- Chryse bringt als Mitgift die Palladia der Großen Götter mit zur Hochzeit
- [Pallas] verheiratet Chryse mit Dardanos
- Chryse ist (von nun an) die Ehefrau von Dardanos
- [Dardanos besitzt (von nun an) die Palladia der Großen Götter]

Die durativen Hyleme sind in dieser Übersicht nicht abgesondert und vorangestellt, weil die rekonstruierten Hyleme sich auch nicht auf *eine* Stoffvariante beziehen, sondern *mehreren verschiedenen* mythischen Stoffvarianten zuzurechnen sind. Darum soll es im nächsten Kapitel gehen.

Davor aber soll folgende wichtige Beobachtung festgehalten sein: Näher besehen sind durativ-konstante Hyleme einer Stoffvariante in vielen Fällen wichtige *durativ-resultative Hyleme aus anderen mythischen Stoffen*[42]. Wenn in einer

---

[41] Eratosth. 33.
[42] Diese wichtige Beobachtung verdanke ich A. Zgoll.

mythischen Stoffvariante durative Hyleme von vornherein Gültiges bezeichnen, das sich auch innerhalb der Stoffvariante nicht ändert, wie z. B. in der analysierten Mythosvariante DARDANOS HEIRATET CHRYSE die Hyleme „Athene hält die Aigis" oder „Chryse ist die Tochter von Pallas", dann verweisen solche durativ-konstanten Hyleme oft auf andere Mythen, in denen dieselben Hyleme wichtige *Resultate* darstellen, die erst für darauf aufbauende Mythenvarianten zu unveränderten Konstanten werden. In solchen Hylemen zeigt sich im Besonderen die Vernetzung verschiedener mythischer Stoffe einer bestimmten Mythologie.

2.9 Bestimmung von Stoffgrenzen

Ein weiterer Schritt, die Bestimmung von Stoffgrenzen, umfasst folgende Aufgaben:
– Bestimmung von Anfang und Ende einer Stoffvariante, in Abgrenzung zu anderen *davor oder danach* verarbeiteten Stoffvarianten
– Analyse der Abgeschlossenheit einer Stoffvariante, in Abgrenzung zu anderen *dazwischen* verarbeiteten Stoffvarianten

Die **Abgeschlossenheit einer Stoffvariante**, verstanden als Hylemsequenz, hängt wesentlich mit ihrer *Einheitlichkeit* zusammen. Eine Hylemsequenz kann dann als in sich abgeschlossen betrachtet werden, wenn sie eine Einheitlichkeit aufweist in Bezug auf:
– Zeiten (Wann?)
– Örtlichkeiten (Wo?)
– Protagonisten und Gegenstände (Wer/Was?)
– Ereignisse („Handlung") (Was passiert?)
– Thematik (Worum geht es?)

Ändern sich mehrere dieser Faktoren zugleich, ist dies eine Entscheidungshilfe bei der Frage nach der Abgrenzung von verschiedenen Stoffen bzw. deren Varianten. *Wie viele* Faktoren sich ändern müssen, lässt sich freilich nicht absolut bestimmen; es wird nötig sein, im Einzelfall das Für und Wider abzuwägen und die Argumente zu gewichten[43].

Wie viele verschiedene Stoffe werden nun nach Veranschlagung der genannten Kriterien in dem oben zitierten Text angerissen? Mit Sicherheit ist der Mythos

---

[43] S. dazu ausführlicher C. Zgoll 2019, 153-163. Ein ausführlich diskutiertes Beispiel findet sich in meinem Beitrag *Vom Himmel gefallen* (Kapitel 5) in diesem Band.

ATHENE ERHÄLT DIE AIGIS ein separater Stoff, der mit dem Übrigen erst einmal nicht in einem direkten Zusammenhang steht.

Ein weiterer, für sich stehender Komplex bezieht sich auf Mythen über die Großen Götter, die sich offenbar von anderen Göttergruppen unterscheiden, so dass es mit großer Wahrscheinlichkeit zu ihrer Existenz oder Entstehung eine erklärende Geschichte (oder mehrere) gegeben hat. Der Besitzwechsel der Palladia von den Großen Göttern auf Athene kann, muss aber nicht damit in einem Zusammenhang stehen; der Übersichtlichkeit halber soll im Folgenden dieser ganze Komplex als zusammenhängend betrachtet werden, also als zugehörig zu einem mythischen Stoff, den man überschreiben könnte mit dem Hyperhylem ATHENE BEKOMMT DIE PALLADIA DER GROßEN GÖTTER.

Es folgen noch weitere Stoffe, die deutlich abgesetzt sind. So hat der Mythos PALLAS ZEUGT CHRYSE zunächst einmal nichts mit dem vorgenannten Stoffkomplex zu tun, sondern kann, wie viele andere Geburts- und Kindheitsgeschichten in der Mythologie, für sich und als abgeschlossene Erzählung existiert haben; jedenfalls geht es hier um ganz andere Zeiten, Protagonisten, Ereignisse und auch um eine andere Thematik als in den vorangegangenen und zum Teil auch in den nachfolgenden, freilich immer nur kurz angedeuteten Erzählstoffen.

Der nächste mythische Stoff nämlich handelt davon, dass ATHENE CHRYSE DIE PALLADIA SCHENKT. Es ist nicht ganz klar ersichtlich, ob diese Schenkung bereits in einem *direkten* Zusammenhang mit der Hochzeit steht; es könnte auch sein, dass diese Schenkung viel früher im Leben der Chryse stattgefunden hat und sich auf einen Vorgang oder auf Taten bezieht, die mit der Hochzeit selbst nichts zu tun haben, weshalb er als eigenständiger Stoff angesehen werden kann (aber nicht muss).

Dann folgt als letzter Block der Erzählstoff, auf den die textliche Konkretion schwerpunktmäßig zusteuert, nämlich DARDANOS HEIRATET CHRYSE, womit der Besitzwechsel der Palladia von Chryse auf ihren Ehemann verbunden ist.

In dem kurzen zitierten Text nach einer Passage bei Dionysios von Halikarnassos stecken somit – freilich immer nur äußerst kurz angerissene – Stoffvarianten von mindestens vier, wahrscheinlich aber sogar *fünf* verschiedenen mythischen Stoffen, wie die nachfolgende Übersicht zusammenfassend zeigt. Deren Ende wird passenderweise jeweils durch (meist implizite) durativ-resultative Hyleme markiert (gekennzeichnet durch die Wendung „von nun an"). Damit erweist sich die Rekonstruktion der entscheidenden Zielhyleme, auf welche die einzelnen Mythen bzw. mythischen Stoffvarianten zusteuern, zusätzlich zu den bereits oben genannten fünf Punkten als eine weitere Hilfe und als ein wichtiges Kriterium, um die Einheitlichkeit und damit Abgeschlossenheit einer Stoffvariante zu bemessen.

Tab. 2: Grenzen zwischen verschiedenen mythischen Stoffen

Mythische Hyleme (Stoffbausteine)	Textbausteine	Mythische Stoffe
[NN besitzt die Aigis] [Athene bekommt die Aigis] Athene hält (von nun an) die Aigis	„Aigis-Halterin"	Mythos 1
Die Großen Götter besitzen Palladia [Athene bekommt die Palladia der Großen Götter] [Athene besitzt (von nun an) die Palladia der Großen Götter]	„nämlich die Palladia der Großen Götter"	Mythos 2
[Pallas zeugt eine Tochter namens Chryse] Chryse ist (von nun an) die Tochter von Pallas	„Als Chryse, die Tochter von Pallas"	Mythos 3
Athene gibt Chryse die Palladia der Großen Götter (aus Anlass der Hochzeit, oder aus anderen Gründen, die nichts mit der Hochzeit zu tun haben, schon zu einem früheren Zeitpunkt) [Chryse besitzt (von nun an) die Palladia der Großen Götter]	„Gaben der Athene"	Mythos 4
Chryse bringt als Mitgift die Palladia der Großen Götter mit zur Hochzeit [Pallas] verheiratet Chryse mit Dardanos Chryse ist (von nun an) die Ehefrau von Dardanos [Dardanos besitzt (von nun an) die Palladia der Großen Götter]	„mit Dardanos vermählt wurde, brachte sie als Mitgift"	Mythos 5

3 Stratifikationsanalyse von Mythen

3.1 Polymorphie und Polystratie von Mythen und ihren Varianten

Für die Herausbildung und immer wieder neue Aktualisierung eines mythischen Stoffes sind viele Faktoren verantwortlich, die alle in eine jeweils spezifische konkrete Stoffgestaltung mit einfließen, wie etwa gesellschaftliche Bräuche, religiöse Riten, theologische Vorstellungen, literarische Traditionen, politische Verhältnisse, landschaftliche Gegebenheiten, historische Überlieferungen und vieles mehr. Einen spürbaren Einfluss auf die Stoffgestaltung haben alle diese Faktoren vor allem auch dann, wenn sie sich *ändern*. Auf diese Weise inkorporiert ein mythischer Stoff viele Elemente unterschiedlicher Provenienz, nicht nur von anderen Stoffen oder Stoffschemata[44], sondern auch allgemein von verschiedensten bedeutungstragenden Elementen der eigenen Kultur oder auch benachbarter Kulturen. Es ist schlichtweg unmöglich, dass ein konkreter Mythos entsteht und tradiert wird, ohne jemals mit anderen kulturellen Einflüssen, Erzählstoffen, Vorstellungen etc. in Berührung gekommen zu sein. Das hat zur Folge, dass ein mythischer Stoff in aller Regel, wie bereits oben beschrieben, nicht als „Einform", sondern nur als „Vielform", also in Gestalt etlicher mehr oder weniger verschiedener Varianten existiert. All diese existierenden und darüber hinaus potenziell denkbaren Varianten konstituieren einen bestimmten mythischen Stoff, der nur annähernd erfasst und daher bildlich als eine Art „Stoffwolke" verstanden werden kann:

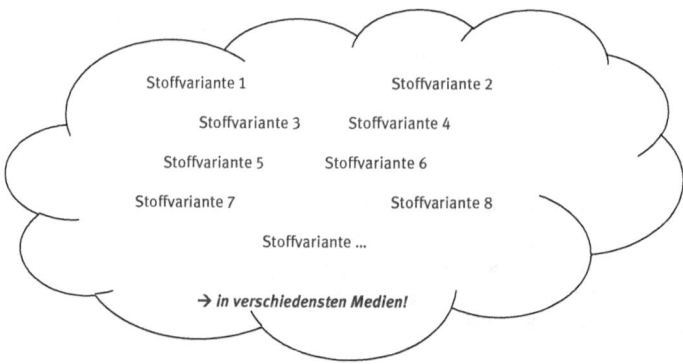

Abb. 3: Die „Stoffwolke"

Die ständig vielen Einflüssen ausgesetzte, längere Tradierung mythischer Stoffe hat aber noch eine weitere Folge, welche nun jede einzelne der medial konkretisierten Varianten eines Stoffes betrifft: Diese Stoffvarianten sind in aller Regel nicht „aus einem Guss", sondern *patchwork*-Produkte, welche die Spuren verschiedener Überarbeitungsprozesse noch an sich tragen. Anders ausgedrückt: Eine einzelne, medial konkretisierte Stoffvariante wie bspw. ein bestimmter Text lässt in aller Regel verschiedene **Schichten** bzw. **Strata** der Tradierungs- und Überarbeitungsprozesse erkennen. Das Vorhandensein verschiedener Schichten lässt sich oft an formalen oder logischen Inkonsistenzen erkennen sowie an „Einschüssen" anderer Stoffe, also an Stoff-Stoff-Interferenzen.

---

44 Zum Begriff „Stoffschema" s. unter Abschnitt 5.1.

Zur wesentlichen Polymorphie *eines mythischen Stoffes insgesamt* tritt daher als ein weiteres Merkmal die *eine einzelne Variante eines Stoffes* betreffende Vielschichtigkeit hinzu. Ein Stoff existiert als „Vielform", also polymorph, aber jede einzelne Stoffvariante ist normalerweise noch zusätzlich durchsetzt von einzelnen oder mehreren Hylemen, Hylemelementen, Hylemprädikaten oder Hylemelement- bzw. Hylemprädikat-Determinationen aus anderen Varianten desselben Stoffes oder aus Varianten anderer Stoffe, schließlich noch von bedeutungsungstragenden Elementen anderer, also nicht (erzähl-)stofflicher Art. Somit ist grundsätzlich zu unterscheiden zwischen der *Vielförmigkeit* bzw. **Polymorphie** eines mythischen Stoffes, bezogen auf die Gesamtheit all seiner realisierten und potenziellen Varianten, und der *Vielschichtigkeit* bzw. **Polystratie** einer einzelnen, konkret vorliegenden Stoffvariante[45].

3.2 Deutungsmachtkonflikte in Mythen

Diese Vielförmigkeit und die Vielschichtigkeit von Mythen und ihren Varianten sind unter anderem auch darauf zurückzuführen, dass Mythen wichtige Instrumente für die Welterklärung und Weltbewältigung darstellen und daher nicht nur immer wieder „recycelt" werden, um bloßen Unterhaltungszwecken zu dienen, sondern dass mit ihrer Hilfe vor allem auch **Deutungsmachtkonflikte** ausgetragen werden[46]. Mythen sind als ein gigantisches Unternehmen zur Aufarbeitung für bedeutsam gehaltener Phänomene, Ereignisse und Gegenstände *auf dem Hintergrund verschiedener Traditionen und disparater Deutungskonzepte* zu begreifen. Schon kulturintern, etwa in der Auseinandersetzung zwischen verschiedenen Kollektiven, zwangsläufig aber bei jedem Kulturaustausch treffen sowohl synchron wie diachron und diatop betrachtet mythische Stoffe auf *andere* mythische Stoffe. Jeder mythische Stoff steht in einer Wechselwirkung mit anderen Stoffen bzw. generell mit auf verschiedene Weisen vorgenommenen Deutungsversuchen menschlicher Erfahrungen. In Mythen verdichten sich nicht nur Auseinandersetzungen mit Erfahrungsgegenständen, sondern auch und sogar in erster Linie *Verarbeitungen der Verschiedenartigkeit bereits existierender Auseinandersetzungen mit Erfahrungsgegenständen*.

---

[45] S. zu den verschiedenen, hier nur kurz angerissenen Aspekten ausführlich C. Zgoll 2019, 300-315.
[46] Zum komplexen Thema „Mythos und Macht (bzw. Deutungsmachtkonflikte)" s. ausführlich C. Zgoll 2019, 413-439, zu Funktionen von Mythen ebd., 418-428.

Die aus der Auseinandersetzung mit Erfahrungsgegenständen heraus sich entwickelnden transzendierenden Erklärungen und Deutungen stehen in ständiger Konkurrenz zu anderen Erklärungen und Deutungen, und damit wird es wichtig, über wirkungsvolle Instrumente zu verfügen, die helfen, die eigene bzw. favorisierte Sichtweise möglichst nachdrücklich und effizient zu verbreiten. Ein wertvolles Mittel, mit dessen Hilfe eigene Deutungskonzepte propagiert werden können, sind Mythen. Und wenn Deutungskonzepte sich ändern, kann man auch – freilich in Maßen, nicht unbegrenzt – die mythischen Stoffe ändern, so dass sie an neue Wirklichkeitsdeutungen angepasst werden. Das geschieht durch manchmal subtile, manchmal deutliche Eingriffe in den stofflichen Gehalt, die sich im Wesentlichen auf zwei Maßnahmen zurückführen lassen: auf **Wertungen** und **Hierarchisierungen**. Eigenes wird aufgewertet und höhergestellt, Abweichendes oder Widersprechendes abgewertet und untergeordnet. Wertungen und Hierarchisierungen sind die Kriterien, anhand derer Stratifikationsprozesse auf einer semantischen Ebene festgemacht werden können[47].

Vor dem Hintergrund der vorigen Ausführungen beruht die **Stratifikationsanalyse**, die Methode der Identifikation und Rekonstruktion verschiedener Schichten in einer (mythischen) Stoffvariante, auf drei Vorgehensweisen, auf der Analyse von:

– formalen und logischen Inkonsistenzen, die auf dem oft „additiven" Verfahren des Mythen-Erzählens beruhen[48]
– Stoff-Stoff-Interferenzen[49]
– Wertungs- und Hierarchisierungsstrategien, die auf ausgetragene Deutungsmachtkonflikte hindeuten[50]

Diese drei Punkte sollen im Folgenden anhand des oben gegebenen Textbeispiels und der darin verarbeiteten Mythenvarianten etwas näher ausgeführt werden.

---

[47] S. dazu C. Zgoll 2019, 440-447.
[48] „Additiv" und „inkonsistent" sind zwei verschiedene Seiten einer Medaille. Aus emischer Perspektive steht bei Mythen der Sinngewinn, das Additive, im Vordergrund des Interesses. Aus modern-etischer Perspektive wird eher das Störende (die Inkonsistenzen) wahrgenommen, das oft mit dem „additiven Verfahren" des Mythen-Erzählens untrennbar verbunden ist, weil aus einer modernen rezeptionsästhetischen Perspektive Konsistenz eine hauptsächliche Bedingung für „gute" Literatur ist – während für antike Rezipienten neben Traditionstreue der Sinngewinn wichtiger war als lupenreine Konsistenz. Zu dem sehr komplexen Problemfeld der Inkonsistenzen und unterschiedlicher Rezeptionsgewohnheiten s. C. Zgoll 2019, 316-339.367-369, mit Beispiel-Analysen anhand konkreter Mythen ebd., 340-359.
[49] S. dazu C. Zgoll 2019, 289-299.
[50] Vgl. dazu die Analysen konkreter Beispiele ebd., 448-500.

3.3 Formale und logische Inkonsistenzen und Stoff-Stoff-Interferenzen

Zunächst zu den **formalen und logischen Inkonsistenzen** als Stratifikationsindizien. Auf formaler Ebene kann (nicht: muss) allein schon der Umstand, dass bspw. verschiedene Textschichten sich rein stilistisch stark voneinander unterscheiden, auch auf verschiedene Stoffschichten deuten. Das ist bei dem oben angeführten Beispieltext schon allein aufgrund seiner Kürze nicht zu erwarten, ebenso wenig wie eine deutliche logische Inkonsistenz. Eine solche würde vorliegen, wenn im weiteren Verlauf des Textes, obwohl immer noch von Chryse die Rede wäre, plötzlich einmal der Name „Chryseïs" für die Frau des Dardanos auftauchen würde. Das wäre zugleich ein sicheres Indiz für eine **Stoff-Stoff-Interferenz**, nämlich dafür, dass hier aufgrund der Namensähnlichkeit ein ganz anderer, viel bekannterer stofflicher Komplex „dazwischengefunkt" hätte, und zwar der – ebenfalls mit Troia verbundene – berühmte Mythos AGAMEMNON LIEBT CHRYSEÏS, in dem der Griechenkönig Agamemnon bei der Belagerung von Troia Chryseïs, die Tochter des Apollon-Priesters Chryses, als Kriegsbeute erhält, sie aber zurückerstatten muss und als Ersatz dafür Achilleus' Kriegsgefangene Briseïs für sich reklamiert.

Weitere mögliche Stoff-Stoff-Interferenzen im oben angeführten Beispiel liegen in einer Konfusion verschiedener Stoffe, die sich um Pallas Athene als Besitzerin der Aigis, als Besitzerin der Palladia sowie um Chryse als Pallas-Tochter ranken, und schließlich um eine Pallas-Figur, die in verschiedenen Überlieferungen mindestens in einer fünffach verschiedenen Gestalt auftritt[51]:

- Pallas = Vater der Chryse, die von Athene die Palladia erhält
- Pallas = Tochter von Athenes Erzieher Triton, der Athene die Aigis weiht
- Pallas = Erzieher von Athene, dessen Tochter Nike Freundin von Athene ist
- Pallas = Gigant, den Athene besiegt und der Aigis beraubt
- Pallas = Titan und Vater der Athene, den sie tötet und der Aigis beraubt

3.4 Wertungs- und Hierarchisierungsstrategien

Wertungs- und Hierarchisierungsstrategien, die auf ausgetragene Deutungsmachtkonflikte hindeuten, lassen sich in unserem Beispiel schon allein an einer adjektivischen Wertung erkennen, und zwar an der näheren Bezeichnung der Götter, die zunächst im Besitz der Palladia sind, als *große* Götter. Offenbar ist

---

[51] S. dazu ausführlich C. Zgoll 2019, 459-467.

diese Junktur als eine feste Bezeichnung, analog zu einem Eigennamen zu verstehen. Aber wie kommt es zu dieser Gruppe der „Großen Götter"? Im Vergleich zu wem sind diese Götter „groß"? Näherhin drängt sich die Frage auf, in welchem Verhältnis die Gruppe der Großen Götter zur Gruppe der sogenannten Olympischen Götter wie bspw. Athene steht, da die Bezeichnung „Große Götter" jedenfalls keine geläufige feste Bezeichnung für die Olympischen Götter darstellt. Welche Göttergruppe ist nach welcher Tradition größer? Lassen sich irgendwelche Anhaltspunkte für eine konkrete historisch-geographische Verortung der Großen Götter finden, die das direkte Nebeneinander von Großen Göttern und den großen Olympischen Göttern zumindest etwas entschärfen kann?

Tatsächlich stellt sich bei näherem Zusehen heraus, dass eine Gruppe von Großen Göttern speziell im Mysterienkult von Samothrake wichtig war[52], einer Insel in der nördlichen Ägäis. Die Berücksichtigung dieser geographischen Bestimmung lässt einen wichtigen Link zu dem TROIANISCHEN GRÜNDUNGSMYTHOS von Dardanos erkennen, der die Palladia über Athene und Chryse letztlich von diesen Großen Göttern erhält: Denn Samothrake liegt nahe am kleinasiatischen Festland und damit nicht weit entfernt von dem Ort, an dem Troia schließlich gegründet wird[53].

Weiterführende stratifikationsanalytische Fragen schließen sich an: Ist mit dem Besitzwechsel der offenbar numinos aufgeladenen Palladia von den Großen Göttern auf die Göttin Athene auch ein Machtwechsel in der religiösen „Hierarchie" der Götter angezeigt? Hat Athene überhaupt etwas mit den Großen Göttern zu tun, oder werden hier verschiedene „Göttersysteme" zusammengebracht und Athene in einen Stoffzusammenhang hineingesetzt, in den sie entweder nicht gehört oder in dem sie eine andere Gottheit ersetzt bzw. „überschreibt"? So spielt etwa die Göttin Aphrodite, genauer gesagt: die Göttin, die in griechischen Überlieferungen mit Aphrodite identifiziert wird (!), für das Königshaus von Troia und seine Geschichte eine viel wichtigere Rolle als ausgerechnet Athene, die etwa in der *Ilias* von Homer als Unterstützerin der Griechen und damit als eine der schärfsten Gegnerinnen der Troianer gezeichnet wird.

Unter stratifikationsanalytischen Gesichtspunkten ist in unserer Beispiel-Erzählung schließlich die Figur der Chryse besonders interessant. Bei ihr fällt auf, dass ihre „Wertung" ausnehmend ambivalent ausfällt. Einerseits ist sie offen-

---

52 S. Tsochos 2001; Gordon 2002; ausführlich Guettel Cole 1984.
53 Zur archäologischen Evidenz eines Heiligtums in Ilion, in dem wahrscheinlich die Götter von Samothrake und Dardanos (auch Kybele) verehrt wurden, s. den Aufsatz von Lawall 2003, v. a. 93-99.

kundig eine Freundin oder zumindest ein besonderer Schützling der Göttin Athene; andererseits wird sie „nur" als eine Sterbliche dargestellt, als Tochter eines wiederum Sterblichen namens Pallas. Einerseits wird sie eines wahrhaft außergewöhnlichen Geschenks gewürdigt, indem sie von Athene, einer Göttin, mit den Palladia heilige Gegenstände erhält, die vormals sogar im Besitz der Großen Götter waren; andererseits aber wird sie durch die Verheiratung erst ihrem Vater Pallas, der sie verheiratet, und dann ihrem Mann Dardanos unterstellt, der ihre wertvolle Mitgift, die Palladia, erhält.

Hieraus ergeben sich spannende weiterführende Fragen: Ist Chryse nach anderen mythischen Überlieferungen vielleicht eine eigenständige Figur gewesen, die dann erst sekundär „herabgestuft" und für den immer wichtiger werdenden troianischen Mythenkreis vereinnahmt wurde? Oder hat diese Figur immer schon etwas mit dem TROIANISCHEN GRÜNDUNGSMYTHOS zu tun, wird aber durch Abwertungen in den Hintergrund gedrängt? Jedenfalls hat diese bedeutende und doch so ambivalent dargestellte Figur nach einer bestimmten Überlieferung in der Urgeschichte Troias offenbar eine wichtige Rolle gespielt, und zwar eine so wichtige, dass man sie nicht so einfach übergehen konnte oder wollte. Man hätte ohne die etwas komplizierten Besitzwechsel der Palladia (Große Götter – Athene – Chryse – Dardanos) den TROIANISCHEN GRÜNDUNGSMYTHOS deutlich einfacher und „glatter" darstellen können.

Tatsächlich ist dieser Gründungsmythos auch anders überliefert, und zwar so, dass nicht Athene mehrere Palladia von den Großen Göttern erhält, sie der Chryse schenkt und Chryse sie dann als Mitgift dem Dardanos mit in die Ehe bringt, sondern dass Zeus als Hauptakteur auftritt, der ein unhinterfragt in seinem Besitz befindliches, einziges Palladion direkt dem Dardanos gibt[54]. Die Großen Götter sind hier durch Zeus ersetzt und die Gestalt der Chryse wird völlig ausgeblendet. Um so stärker drängt sich die Vermutung auf, dass hier eine Zeus-Mythologie neben einem Stratum auszumachen ist, in dem andere Gottheiten als höchste Autoritäten angesehen wurden. Wie diese Gottheiten durch Zeus so „überschrieben" werden, dass sie völlig aus dem Mythos verschwinden, so ähn-

---

54 Nach Arktinos, überliefert bei Dion. Hal. *ant.* 1,69,3: Ἀρκτῖνος δέ φησιν ὑπὸ Διὸς δοθῆναι Δαρδάνῳ Παλλάδιον ἕν ... – „Arktinos aber sagt, von Zeus sei dem Dardanos ein einziges Palladion gegeben worden ..." Arktinos ist ein Epiker der archaischen Zeit (8./7. Jhdt. v. Chr.), dessen Werke verloren sind.

lich wird nach einer bestimmten Überlieferung auch die Gestalt der Chryse verschwiegen bzw. durch Dardanos in den Hintergrund gedrängt[55]. Folgt man aber nicht der Tradition, dass eine Gottheit dem Dardanos ein Palladion für die Gründung von Troia überreicht, sondern der Tradition, dass Palladia als Göttergeschenke der Chryse geschenkt wurden, dann ist es nur noch ein kleiner Schritt zu der plausiblen Annahme, dass nach dieser anderen Tradition Chryse in genau derselben Funktion stand wie Dardanos (bevor sie nach einer weiteren Mythenvariante mit Dardanos verheiratet und damit ihm „unterstellt" wurde). Eine solche Parallelisierung führt dann zu der Folgerung, dass Chryse die Palladia in ihrer Funktion *als Gründerin der Stadt Troia* erhalten hat, und dass somit nach dieser Überlieferung möglicherweise der Empfänger der Palladia (oder eines Palladions), der Urkönig und Gründer von Troia – eine Frau war.

Eine „normal-sterbliche" Frau war Chryse jedenfalls ganz sicher nicht, sonst würde sie im Kontext des TROIANISCHEN GRÜNDUNGSMYTHOS niemals eine so prominente Rolle spielen. Viel eher kann es sich um eine später in lokalen Überlieferungen zur Gottheit erhobene Frauengestalt handeln, wie ein Blick auf die griechischen Heroenkulte zeigt, die v. a. auch Gründer-Heroen galten, oder von Vornherein um eine als Gottheit angesehene Gestalt. Zu den bereits erfolgten Beobachtungen zur ambivalenten Darstellung dieser weiblichen Figur und zu den voneinander abweichenden Überlieferungssträngen könnte auch der sprechende Name „Chryse" – „die Goldene" – ein Indiz dafür sein, dass es sich nach einem Traditionsstrang um eine wirklich machtvolle Gestalt gehandelt haben muss. Einen ähnlich sprechenden Namen hat beispielsweise auch der Gott Apollon, der nach der *Ilias* Homers auf Seiten der Troianer kämpft und in etlichen Fällen mit dem Epitheton „Phoibos" – „der Strahlende" versehen wird[56]. Ist dann auch „Chryse" – „die Goldene" möglicherweise eher als Beiname zu deuten und damit gewissermaßen als Überrest einer göttlichen Gestalt?

Tatsächlich erfahren wir bei einer entsprechenden Suche im Umkreis der Mythen, die sich um Troia und den Troianischen Krieg ranken, dass die Flotte der Griechen auf ihrer Fahrt nach Troia auf einer Insel Halt gemacht hat, auf welcher der beste Bogenschütze der Griechen namens Philoktetes sich eines nicht genauer bezeichneten Frevels schuldig macht und von einer Schlange gebissen

---

[55] Das Alter der erhaltenen (Text-)Quellen für diese verschiedenen mythischen Überlieferungen sagt nicht zwingend etwas aus über das Alter dieser Mythen selbst und über ihr chronologisches Verhältnis zueinander; zur Problematik der historischen Dimension schichtenspezifischer Stoffanalysen s. ausführlicher C. Zgoll 2019, 508–516.
[56] Vgl. Hom. *Il.* 1,64.72.182 und passim.

wird. Diese Schlage bewacht das Heiligtum einer Gottheit, die – „Chryse" genannt wird[57]. Die Insel, auf der das Unglück passiert und die denselben Namen oder Beinamen wie die dort verehrte Göttin trägt, liegt nach der Überlieferung in der nördlichen Ägäis in der Nähe von Lemnos[58], also nicht weit von Samothrake und von Troias Küste entfernt.

Der Schlangenbiss trifft gerade einen der Besten der Griechen, der für die Eroberung Troias, wie nach einem späteren Orakel deutlich wird, unverzichtbar ist, weil ohne den Bogen des Herakles Troia nicht erobert werden kann. Nun ist es eben Philoktetes, der im Besitz dieses Bogens ist. Er wird nach dem Schlangenbiss von den Griechen auf Grund des Gestanks der Wunde erst einmal zurückgelassen und kann nachher mit einer Bittgesandtschaft für die Sache der Kameraden, die ihn schmählich verlassen haben, verständlicherweise nur mühsam wiedergewonnen werden[59].

Da Aphrodite, wie bereits oben erwähnt, sich als eine Gottheit erwiesen hat, die im troianischen Mythenkreis eine besondere und Troia-freundliche Rolle spielt, sprechen einige Indizien dafür, dass nach einer bestimmten Tradition hinter dieser „Chryse", die den Griechen durch das Außer-Gefecht-Setzen ihres besten Bogenschützen so sehr schadet, eine troianische oder Troia-freundliche Gottheit steht, die von den Griechen am ehesten mit Aphrodite assoziiert werden konnte. Darauf deutet auch hin, dass von der ältesten griechischen Literatur an „die Goldene" als stehendes Beiwort gerade für Aphrodite belegt ist[60]. Nicht zwingend, aber immerhin denkbar ist es schließlich, dass es sich bei der Chryse, die als mögliche Gründergestalt von Troia in Betracht kommt, und bei der „Chryse" genannten Gottheit, die auf der nicht weit von Troia entfernten Insel verehrt wurde, um ein und dieselbe Gestalt handelt.

---

57 S. dazu die wenigen Hinweise in der Tragödie *Philoktetes* des Sophokles (191-194.265-267 und 1326-1328, mit Schol. ad Soph. *Phil.* 194).
58 S. den Hinweis in Soph. fr. 384 Radt (TrGF Bd. 4). Auf Lemnos wird Philoktetes nach dem Vorfall mit dem Schlangenbiss dann von den Griechen ausgesetzt und zurückgelassen.
59 Vgl. die Tragödie *Philoktetes* des Sophokles.
60 S. etwa Hom. *Il.* 3,63; 5,426; 9,387; 19,281; 22,469; 24,698; Hom. *Od.* 4,13; 8,336.341; 17,36; 19,53; Hes. *theog.* 821.961.974.1004.1013.

4 Hylem- und Stratifikationsanalysen als Grundlagen für eine hylistische Mythosforschung und Mytheninterpretation

Es ist nicht der Platz, diesen teilweise nur angerissenen Fragen hier weiter nachzugehen. Der stoff- und stratifikationsanalytisch intensiv ausgelotete Beispieltext aus der *Geschichte Roms* von Dionysios von Halikarnassos, der verschiedene mythische Stoffe streift und auf den Mythos DARDANOS HEIRATET CHRYSE zuläuft, zeigt trotz seiner Kürze das Potenzial einer Hylemanalyse und einer darauf aufbauenden Stratifikationsanalyse von Mythen. Beide Vorgehensweisen sind für die hier neu eingeschlagene Richtung in der Erforschung von Mythen gleichermaßen wichtig. Um die Bezeichnung „stoffanalytisch-stratifikationsanalytische Mythosforschung" zu vereinfachen, soll zusammenfassend diese neue Richtung der Erzählstoff-Forschung als „Hylistik" und die Erforschung speziell mythischer Erzählstoffe entsprechend als „hylistische Mythosforschung" bezeichnet werden[61].

Die Methoden der Hylemanalyse und der Stratifikationsanalyse sind wesentliche Vorbedingungen für die Mythen*interpretation*. Denn die Hylemanalyse (vgl. Abschnitt 2) ermöglicht überhaupt erst den *Zugriff auf das, was Mythen sind*, da sie nicht identisch sind mit Texten oder Bildern etc., sondern Erzählstoffe darstellen, die *hinter* solchen medialen Konkretionen stehen (vgl. Abschnitt 1). Und mit der Stratifikationsanalyse gelingt das *Aufzeigen verschiedener Strata* und damit zusammenhängend *von nach Schichten differenzierten Deuthorizonten* der medialen Konkretionen mythischer Stoffvarianten (vgl. Abschnitt 3); erst dadurch kann man der Komplexität dieser durch lange Überlieferungsprozesse immer wieder überarbeiteten Gebilde Rechnung tragen. Ohne eine Stratifikationsanalyse kann es bspw. passieren, dass nicht Zusammengehöriges „in einen Topf geworfen" wird, d. h. dass Hyleme, die zu verschiedenen Mythen(varianten) gehören, als Bestandteile eines einzigen Mythos verkannt werden, was das Problem mancher inkonsistent wirkender Texte oder Textpassagen erklärt. Die Kenntnis verschiedener Strata eröffnet den grundlegenden Zugang zu einer nach Mythenschichten differenzierten Interpretation. Zugleich ergeben sich damit neue Ausgangspunkte für die *Deutung des geschichteten Gesamtprodukts*. Hier wird ansatzweise

---

[61] Zum Begriff „Hylistik" (bzw. „hylistisch") und der Ableitung von griechisch *hyle* (= „Stoff") s. Abschnitt 2.1.

deutlich, wie komplex Mythen (und ihre Varianten) oft sind und wie dementsprechend eine adäquate Mytheninterpretation ein differenziertes Vorgehen erfordert und ein herausforderndes Unternehmen darstellt[62].

Nicht zuletzt eröffnen sich auf diese Weise präzisere Möglichkeiten, um das zu würdigen, was in einer bestimmten Konkretionsform (Text, Bild etc.) *aus stofflichen Vorlagen gemacht* wurde. Denn eine künstlerische Gestaltung lässt sich richtig erst im Vergleich mit und im Kontrast zu dem rekonstruierten Stoffgerüst, dem „rohen" Erzählstoff, näher bestimmen und angemessen würdigen.

5 Komparative Analyse von Mythen

5.1 Hylemschema und Stoffschema

Auch Mythenvergleiche werden durch den hylistischen Zugriff auf eine neue methodische Grundlage gestellt. Die Durchführung hylistischer Mythenvergleiche gelingt in mehreren methodischen Schritten, von denen hier nur die wichtigsten kurz angerissen werden können[63].

Um Hyleme bzw. Hylemsequenzen transmedial und dann auch kulturenübergreifend vergleichen zu können, gilt es nicht nur, sie standardisiert darzustellen (s. die Ausführungen in Abschnitt 2.5), sondern es ist auch nötig, sie zu abstrahieren. Konkrete Hyleme können durch einen rasch und einheitlich durchführbaren Eingriff auf eine relativ starke Abstraktionsstufe gehoben werden, und dieser Eingriff besteht in der Entfernung von Eigennamen (von Figuren und Örtlichkeiten), wenn man also bspw. anstelle von „Kadmos" vom „Protagonisten" spricht[64]. Alle weiteren, bspw. eine konkrete Figur näher bestimmenden Determinationen wie „mächtig, fromm, stark" etc. bleiben trotz ihrer Konkretheit reich-

---

[62] S. als ausführliches Beispiel für eine Differenzierung nach Schichten, für ihre jeweiligen Einzelinterpretationen, und für eine erst auf dieser Grundlage mögliche Gesamtinterpretation A. Zgoll 2020, bezüglich des mythischen Stoffes INNANA BRINGT MACHTMITTEL DER UNTERWELT AUF DIE ERDE als eine Schicht in einem größeren Gesamtmythos INNANA WIRD ZU HERRSCHERIN ÜBER TOD UND LEBEN im sumerischen epischen Preislied *angalta*.
[63] S. dazu im Detail C. Zgoll 2019, 164-204.
[64] Wobei der Grad der für den Ersatz gewählten Abstraktionsstufe („König" oder „Mann" oder „Protagonist" etc.) vom Vergleichsziel abhängt und daher in jedem Einzelfall neu abgestimmt werden kann und muss, s. dazu des Näheren C. Zgoll 2019, 179-184.

lich unspezifisch, während „Kadmos" und „Boiotien" ein Hylem (bzw. eine Hylemsequenz) sehr eng und damit konkret mit *einer* bestimmten Persönlichkeit und *einer* bestimmten Landschaft verbinden.

Um die Ausdrucksweise zu vereinfachen, wird im Gegensatz zum *konkreten Hylem*, das durch Eigennamen spezifiziert ist, ein Hylem, das hinsichtlich der Örtlichkeiten und Figuren nicht durch Eigennamen näher bestimmt ist, als ein **Hylemschema** bezeichnet; analog wird ein konkreter Stoff, der „anonymisiert" dargestellt wird, **Stoffschema** genannt.

Zur Verdeutlichung ein Beispiel. Das Hylem „Kadmos tötet in Boiotien den Drachen des Ares" ist durch die Eigennamen ein konkretes Hylem, das sich verallgemeinern lässt zu „Protagonist X tötet in einer Landschaft Y einen Drachen Z"; und die (hier freilich zu Demonstrationszwecken sehr verkürzte) konkrete Hylemsequenz
– Kadmos befragt das Delphische Orakel wegen der Gründung einer Stadt
– Kadmos folgt auf Anweisung des Delphischen Orakels einem Rind
– Kadmos tötet in Boiotien den Drachen des Ares
– Kadmos gründet die Stadt Theben

lässt sich als Stoffschema folgendermaßen darstellen:
– Protagonist befragt Orakel wegen der Gründung einer Stadt
– Protagonist befolgt Anweisung des Orakels
– Protagonist tötet einen Drachen
– Protagonist gründet eine Stadt

5.2 Abstraktions- und Indeterminationsgrade

Je höher der Abstraktionsgrad (und auch der Grad der Indetermination), desto höher ist die Anzahl von Hylemen oder Hylemsequenzen, die bei einem Vergleich als Parallelen in Frage kommen, desto niedriger aber fällt zugleich die Aussagekraft der gezogenen Parallelen aus, und es ist dieser letztgenannte Punkt, der bei der Behauptung kulturenübergreifender, ja sogar weltumfassender Gemeinsamkeiten oder Abhängigkeiten mythischer Erzählstoffe oft zu sehr vernachlässigt wird[65]. Anders formuliert: Die Sinnhaftigkeit und Fruchtbarkeit von Vergleichen konstituiert sich aus einer angemessenen Mischung aus determinations- und

---

65 Vgl. dazu bspw. die Kritik an Witzel 2012 und D'Huy 2015 bei C. Zgoll 2019, 59-61 bzw. 182 f.

konkretionsbedingter Verschiedenheit und indeterminations- bzw. abstraktionsbedingter Gemeinsamkeit der miteinander verglichenen Hyleme bzw. Hylemsequenzen.

Fruchtbar sind Vergleiche vor allem dann, wenn das Material so aufbereitet wird, dass es sich auf einer *mittleren Determinations- und Konkretionsstufe* zwischen den Extremen einer vollkommenen Abstraktion und Indetermination auf der einen Seite und einer allzu starken Konkretion bzw. Determination auf der anderen Seite befindet, ohne dass eine solche Vorgehensweise auf eine Art arithmetisches Mittel zielt, das rein statistisch berechnet werden könnte. Wo jeweils der für einen Vergleich fruchtbare „Mittelwert" liegt, hängt nicht nur von der Ausgangslage bzw. der Beschaffenheit des zu vergleichenden Materials ab, sondern etwa auch von der leitenden Fragestellung. Ein solchermaßen differenziertes komparatives Vorgehen sieht sich vor einige Herausforderungen gestellt; hier besteht noch Forschungsbedarf.

5.3 Anzahl, Anordnung und Komprimierungsgrad von Hylemen

Auf der Ebene eines Vergleichs ganzer Hylemsequenzen kommen schließlich noch weitere Punkte dazu, die Auswirkungen auf die Beurteilung einer Ähnlichkeit oder Abhängigkeit der verglichenen Hylemsequenzen haben, und zwar betreffen diese Punkte die Anzahl, die Anordnung und den Komprimierungsgrad der jeweils verglichenen Hyleme.

Es ist klar, dass in dem Ausmaß, in dem in einer Hylemsequenz einzelne Hyleme zusätzlich vorhanden sind bzw. umgekehrt fehlen, oder in dem gleiche oder zumindest ähnliche Hyleme in einer anderen logischen bzw. chronologischen **Reihenfolge** stehen als in der zum Vergleich stehenden Hylemsequenz, die Ähnlichkeit der miteinander verglichenen Hylemsequenzen graduell abnimmt. Auch die **Anzahl** der miteinander verglichenen Hyleme insgesamt spielt eine Rolle für den Grad einer Ähnlichkeit oder Verschiedenheit. Eine sehr hohe Anzahl von gleichen oder ähnlichen Hylemen in einer ähnlichen Reihenfolge kann für einen hohen Ähnlichkeitsgrad sprechen, selbst wenn vergleichsweise viele Hyleme „zwischengeschaltet" sind, die nicht vergleichbar sind. Schließlich ist für sinnvolles Stoff-Vergleichen auch die Berücksichtigung des Grades der **Komprimierung** einzelner Hyleme bzw. Hylemsequenzen relevant[66]. So kann im

---

66 Auf den Fall von Hylemen in der Funktion von Hyperhylemen wurde bereits eingegangen, s. Abschnitt 2.7.

Fall der einen mythischen Stoffvariante ein Teilgeschehen mit zwölf Hylemen geschildert werden, das in einer anderen Variante in Form nur eines Hyperhylems kurz zusammengefasst wird; dennoch ist in einem solchen Fall die strukturelle Parallelität höher, als es die rein quantitativen Unterschiede zunächst vermuten lassen.

Auf Basis all der hier und vorher genannten methodischen Schritte ist es im Rahmen einer komparativen Hylistik möglich, zu quantifizierbaren und aussagekräftigen Ergebnissen zu gelangen. Je höher die Anzahl und Dichte von Hylemen, die auf einer mittleren Determinations- und Konkretionsstufe gleich oder ähnlich und in derselben logischen bzw. chronologischen Reihenfolge angeordnet sind, desto höher ist die typologische Ähnlichkeit einzustufen und desto höher wird außerdem die Wahrscheinlichkeit einer indirekten (also über mehrere Zwischenstufen laufenden) oder einer sogar direkten genetischen Abhängigkeit.

5.4 Komparativ-transmediale Vergleiche und das Hilfsmittel der Stoffpartitur

Ist durch eine standardisierte Darstellung, durch eine hinreichende Abstraktion (und Indetermination) von Hylemen und durch die weiteren genannten Punkte die Grundlage für fruchtbare Vergleiche hergestellt, so sind nächste Schritte für eine komparative und transmediale Erforschung von Mythen Vergleiche
– von Stoffvarianten intramedial (z. B. auf Textbasis)
– von Stoffvarianten transmedial (z. B. auf Text-/Bildbasis)
– mit ähnlichen Stoffen bzw. Varianten intrakulturell
– mit ähnlichen Stoffen bzw. Varianten transkulturell

Um abschließend einen Fall herauszugreifen, soll ein intrakultureller (auf das antike Griechenland bezogener) und intramedialer (nur auf Texte bezogener) Vergleich von drei Varianten des Mythos ERECHTHEUS BESIEGT EUMOLPOS skizziert werden. Der Polymorphie eines solchen mythischen Stoffes kann man sich annähern durch die parallele Darstellung verschiedener, nach den Regeln der Hylemanalyse rekonstruierter Stoffvarianten. Eine Synopse mehrerer Stoffvarianten mit Hilfe einer Art **Stoffpartitur** kann helfen, deren jeweilige Eigenarten und Spezifika besser zu erkennen. Die Anordnung hier erfolgt chronologisch, d. h. die älteste Variante steht zuerst, die jüngste zuletzt:

	Hylem 1	Hylem 2	Hylem 3	Hylem 4	Hylem 5	Hylem 6	Hylem 7
Euripides *Erechtheus*	Töchter des Erechtheus schwören, zsmn. zu sterben	Eumolp belagert Erechtheus		Erechtheus opfert *eine* Tochter	Erechtheus besiegt Eumolp	Erechtheus' andere Töchter töten sich	Poseidon tötet Erechtheus
Apollodor 3,203 f	Töchter des Erechtheus schwören, zsmn. zu sterben	Eumolp belagert Erechtheus	Erechtheus holt Orakel über Sieg ein	Erechtheus opfert *jüngste* Tochter	Erechtheus' andere Töchter töten sich	Erechtheus besiegt Eumolp	Poseidon tötet Erechtheus
Hyginus *fab.* 46	Vier Töchter des Erechtheus schwören, zsmn. zu sterben	Eumolp belagert Erechtheus		Erechtheus besiegt Eumolp	Erechtheus opfert Tochter *Chthonia*	Erechtheus' andere Töchter töten sich	Zeus tötet Erechtheus auf Bitte von Poseidon

Abb. 4: Stoffpartitur zum Mythos ERECHTHEUS BESIEGT EUMOLPOS

Nach der Rekonstruktion der Stoffvarianten mittels Hylemanalysen und ihrer parallelen Darstellung mit Hilfe einer Stoffpartitur beginnt die Arbeit des Interpretierens: Was haben die verschiedenen Autoren aus dem mythischen Stoff gemacht? Inwiefern erhält die Erzählung in der Variante Hygins ein völlig neues Gesicht, wenn er seine Tochter nicht *vor* dem bzw. *für* den Sieg über Eumolpos opfert, sondern *danach*? Wie ist die Wertungs- und Hierarchisierungsstrategie zu deuten, dass bei Hygin nicht mehr Poseidon selbst das Todesurteil an Erechtheus vollstreckt, sondern Zeus darum bittet (oder: bitten muss), dass dieser es für ihn tut?

Im vorliegenden Band sollen Überblicks- und Einzelstudien sowie komparativ-auswertende Beiträge auf der Basis der hier beschriebenen theoretischen Grundlagen und methodischen Vorgehensweisen die Bedeutungspotenziale verschiedener mythischer Stoffe ausloten, die thematisieren, dass etwas oder jemand „aus dem Himmel kommt".

6 Literaturverzeichnis

D'Huy, J., 2015, „Die Urahnen der großen Mythen", in: Spektrum der Wissenschaft, Dezember 2015, 66-73.
Gordon, R.L., 2002, „Theoi Megaloi, Theai Megalai", in: DNP 12/1, 356-357.
Guettel Cole, S., 1984, Theoi Megaloi: The Cult of the Great Gods at Samothrace, Études Préliminaires Aux Religions Orientales Dans l'Empire 96, Leiden.
Iser, W., 1994, Der Akt des Lesens. Theorie ästhetischer Wirkung, 4., durchges. und verb. Aufl., München (1. Aufl. 1976).

Lawall, M.L., 2003, „'In the Sanctuary of the Samothracian Gods'. Myth, politics, and mystery cult at Ilion", in: M.B. Cosmopoulos (Hg.), Greek Mysteries. The Archaeology and Ritual of Ancient Greek Secret Cults, London/New York, 79-111.

Martínez, M./Scheffel, M., 2012, Einführung in die Erzähltheorie, 9., erweiterte und aktualisierte Aufl., München (1. Aufl. 1999).

Schmid, W., 2014, Elemente der Narratologie, 3., erw. und überarb. Aufl., Berlin/Boston.

Thür, G., 2000, „Pherne", in: DNP 9, 772.

Tomaševskij, B., 1985, Theorie der Literatur. Poetik, nach dem Text der 6. Aufl. (Moskau/Leningrad 1931) hg. und eingel. von K.-D. Seemann, aus dem Russischen übers. von U. Werner, Slavistische Studienbücher N.F. 1, Wiesbaden.

Tsochos, C., 2001, „Samothrake II. Religion", in: DNP 11, 27-29.

Werning, D. A., 2020, „Der mythische Stoff des Sonnenaufgangs in ägyptischen Texten und Bildern des 15.-10. Jahrhunderts v. Chr.", in: A. Zgoll/C. Zgoll (Hg.), Mythische Sphärenwechsel. Methodisch neue Zugänge zu antiken Mythen in Orient und Okzident, Mythological Studies 2, Berlin/Boston, 309-364.

Witzel, E.J.M., 2012, The Origins of the World's Mythologies, Oxford.

Zgoll, A., 2020, „Durch Tod zur Macht, selbst über den Tod. Methodisch neue Wege zu mythischen Strata von Innanas Unterweltsgang und Auferstehung in sumerischen epischen Preisliedern *angalta* und *innin me galgala*, mit Ausblick auf Ištars Höllenfahrt", in: A. Zgoll/C. Zgoll (Hg.), Mythische Sphärenwechsel. Methodisch neue Zugänge zu antiken Mythen in Orient und Okzident, Mythological Studies 2, Boston/Berlin, 83-159.

Zgoll, A., 2020a, Condensation of Myths. A Hermeneutic Key to a Myth about Innana and the Instruments of Power (me), Incorporated in the Epic *angalta*, in: W. Sommerfeld (Hg.), Dealing with Antiquity – Past, Present, and Future, Proceedings der 63. Rencontre Assyriologique Internationale Marburg 2017, Alter Orient und Altes Testament 460, Münster, 427-447.

Zgoll, A./Zgoll, C. (Hg.), 2020, Mythische Sphärenwechsel. Methodisch neue Zugänge zu antiken Mythen in Orient und Okzident, Mythological Studies 2, Berlin/Boston.

Zgoll, C., 2019, Tractatus mythologicus. Theorie und Methodik zur Erforschung von Mythen als Grundlegung einer allgemeinen, transmedialen und komparatistischen Stoffwissenschaft, Mythological Studies 1 (https://doi.org/10.1515/9783110541588), Berlin/Boston.

Zgoll, C., 2020, „Myths as Polymorphous and Polystratic *Erzählstoffe*. A Theoretical and Methodological Foundation", in: A. Zgoll/C. Zgoll (Hg.), Mythische Sphärenwechsel. Methodisch neue Zugänge zu antiken Mythen in Orient und Okzident, Mythological Studies 2, Berlin/Boston, 9-82.

Teil 2: **Überblicksbeiträge**

Brit Kärger
Götter, Tempel, numinose Machtmittel ...
Eine Untersuchung mythischer Hyleme und religiöser Vorstellungen in sumerischen Texten im Kontext eines Transfers aus dem Himmel

Abstract: The present paper aims to provide an overview of heavenly descents in Sumerian literary texts: who and what comes from heaven, who is responsible for such "special events", and how do these events usually take form. It is shown that entities coming from heaven are always important. Their appearance must in many cases be understood as a first-time event for humankind. Various gods are responsible for this, but they are mentioned by name only in very few cases. Furthermore, this paper will focus on the investigation of isolated hylemes, i. e. the minimal action-bearing units of an *Erzählstoff* that are found outside their own narrative context (*Erzählstoff*), but continue to represent it. In result, such minimal components of a *Stoff* can indeed be taken as reference to (often hitherto unknown) mythical *Erzählstoffe*. By analysing and comparing such isolated hylemes, we gain a new perspective on the God of Heaven (An) who, as it turns out, is not a *deus otiosus* by any means, but quite the reverse: An has a prominent position and plays a more important role within the Mesopotamian pantheon than previously assumed.

1 Alles Gute kommt von oben – eine Einleitung

Alles Gute kommt von oben – der ursprünglich biblische Vers (Jakobus 1,17), der im Laufe der Zeit in seiner abgewandelten Form in die Redensart gemündet ist,

---

Anmerkung: Die Idee zu diesem Beitrag ist während eines Arbeitstreffens des *Collegium Mythologicum*, einer Vereinigung Göttinger Wissenschaftler*innen aus verschiedenen Fachdisziplinen zur Erforschung von Mythen, entstanden. Das Gelingen des Artikels ist nicht zuletzt auf zahlreiche angenehme, anregende, aber auch kritische Gespräche und Diskussionen zurückzuführen, wofür ich dem gesamten Team des *Collegium Mythologicum*, vor allem aber Annette und Christian Zgoll, Gösta Gabriel sowie Elyze Zomer ganz herzlich danken möchte.

Open Access. © 2021 Brit Kärger, publiziert von De Gruyter. Dieses Werk ist lizenziert unter der Creative Commons Attribution 4.0 International Lizenz.
https://doi.org/10.1515/9783110743005-003

reflektiert Vorstellungen des christlichen Glaubens, nach denen der göttliche Vater alle *guten* und *vollkommenen* Dinge aus dem Himmel auf die Erde gelangen lässt. Vergleichbare Konzepte sind auch den Mesopotamiern nicht fremd, wobei die guten bzw. notwendigen Dinge auch ganz konkret aufgefasst werden. Maul und Dietrich zeigen beispielsweise, dass die Mesopotamier des 2. und 1. Jt. v. Chr. die Wohnsitze der himmlischen Götter als *Urbilder* im Himmel verstanden haben, während *Abbilder* von ihnen als Tempel auf der Erde geschaffen wurden[1]. Ganz ähnlich verhält es sich mit der Erschaffung der Kultstatuen, welche die Mesopotamier zwar *de facto* auf der Erde herstellten, während sie gleichzeitig aber davon ausgingen, dass sie *im Himmel geboren* worden waren. Dies macht Winter vor allem an bilingualen Texten aus dem 1. Jt. v. Chr. fest[2]. Beide Beispiele weisen auf die gleichzeitige Existenz von Dingen sowohl im Himmel als auch auf der Erde. A. Zgoll legt nun ausführlich anhand des mythischen Textes *an gal karede / Innana und An* (Bezeichnung des Mythos = INNANA BRINGT DAS HIMMELSHAUS FÜR DIE ERDE) dar, dass dem Konzept von der gleichzeitigen Existenz im Himmel wie auf der Erde (Urbild vs. Abbild, Geburt vs. irdische Erschaffung) ein weiteres Konzept hinzuzufügen ist, nämlich die Vorstellung eines echten Transfers, im konkreten Mythos der Transfer eines Tempels (speziell des Himmelshauses, sumerisch: E-ana) aus dem Himmel auf die Erde[3]. In der textlichen Überlieferung des Mythos, die mit ihrer ausführlichen Beschreibung des Transfers bisher einzigartig ist, erfolgt der Transport des Tempels mittels eines Schiffes auf Veranlassung der Göttin Innana und mit Hilfe des Sonnengottes Utu sowie weiterer Helfer, wie bspw. der Fischer Adag(ki)bir und Ans Hirte Sulazida. Eine subtile Anspielung auf den Transfer eines Gotteshauses liegt vermutlich auch in der *Keš-Hymne* (Z. 24) vor, wenn der Tempel der Muttergöttin Nintu als „fürstliches magur-Schiff, welches am Himmel dahingeglitten ist" bezeichnet wird[4]. Obwohl in diesem Fall keine detailliertere schriftliche Überlieferung bekannt ist, scheint es in Analogie zum Mythos INNANA BRINGT DAS HIMMELSHAUS FÜR DIE ERDE mindestens einen weiteren Tempel zu geben, der ebenfalls aus dem Himmel auf die Erde gelangt. Ob und wie

---

1 Maul 2000, 2004, 2008; Dietrich 1998, 1999, 2000.
2 Winter 1992, 22. Zur Terminologie der Herstellung von Kultstatuen siehe Berlejung 1998, 81-83.
3 A. Zgoll 2015b. Siehe auch detailliert den Beitrag von A. Zgoll, *Wie der erste Tempel auf die Erde kommt*.
4 Siehe zuletzt Wilcke 2006, 221. Auch das Himmelshaus E-ana hat man sich möglicherweise ebenfalls als Schiff vorgestellt, wie A. Zgoll mit Bezug auf das Lexem m e - d i m $_2$ „Glied" i. S. v. „Schiffsplanke" darlegt. Siehe dazu A. Zgoll, *Wie der erste Tempel auf die Erde kommt*, Abschnitt 4.1.

darüber hinaus nach altorientalischen Vorstellungen auch weitere Tempel diesen Weg beschreiten, bleibt an dieser Stelle abzuwarten. Fest steht dagegen, dass ohne das Wissen um den Mythos Innana bringt das Himmelshaus für die Erde eine Deutung von Z. 24 in der *Keš-Hymne* als Sphärenwechsel eines Tempels kaum möglich ist. Das antike Konzept des Transfers eines Tempels auf die Erde wirft nun verschiedene Fragen auf, die es im Weiteren zu beantworten gilt: Gelangen weitere Dinge – belebt oder unbelebt – und wenn ja, welche, neben Tempeln aus dem Himmel? Auf welche Weise geschieht dies? Zwar ist anzunehmen, dass die Herkunft aus dem Himmel letztlich auch den Zielpunkt, die Erde, impliziert, aber liegt das Ziel immer offenkundig vor oder gibt es andere Zielpunkte als die Erde? Wie der anfangs genannte biblische Vers überliefert, stehen die aus dem Himmel herabkommenden Dinge in einem positiven Kontext, aber gilt dies auch für die in den sumerischen Texten greifbare altorientalische Weltanschauung? Diesen Fragen wird die vorliegende Studie nachgehen und somit einen Überblick über das geben, was und wie etwas aus dem Himmel gelangt und wer dafür verantwortlich zeichnet.

Die Beschreibung, dass etwas in irgendeiner Form aus dem Himmel gelangt, ist jedoch nur eine mögliche Sichtweise auf das Textmaterial. Es ergeben sich zudem verschiedene inhaltliche Fragen, die in diesem Beitrag kurz angedeutet werden, jedoch nicht umfassend beantwortet werden sollen. Beispielsweise handelt es sich im Mythos Innana bringt das Himmelshaus für die Erde in Bezug auf den Transfer des E-ana sicherlich um ein erst- und einmaliges Ereignis – der Tempel stand den Menschen in Uruk ja unmittelbar vor Augen –, welches weitere bedeutungsvolle Auswirkungen auf die Menschen nach sich zieht, wie z. B. die Erschaffung von Tag und Nacht durch die Festsetzungen des Himmelsgottes An, wodurch überhaupt erst die Zeit erschaffen wird[5]. Es ist daher zu fragen, inwieweit auch in anderen Fällen Prototypisches beschrieben wird und ob sich daraus grundlegend Wichtiges für die Menschen ergeben hat.

---

5 A. Zgoll 2015b, 52 sowie ead., *Wie der erste Tempel auf die Erde kommt*, Abschnitt 6.10. Zu Prototypischem siehe ebenfalls im hier vorliegenden Band A. Zgoll/C. Zgoll, *Lugalbandas Königtum und das Feuer des Prometheus*, insb. Abschnitt 3.1.

2 Wer die Wahl hat ... – Textliche und inhaltliche Eckdaten

Die enorme Anzahl keilschriftlicher Quellen macht eine Eingrenzung des Textkorpus vornehmlich aus pragmatischen Gründen notwendig. Andererseits sollen an einem fest umrissenen Korpus die oben genannten Fragen beantwortet werden, um die Ergebnisse für einen Vergleich mit anderen Korpora nutzbar zu machen. Die Studie konzentriert sich auf die sumerisch-sprachigen literarischen Texte, die aus dem 3. Jt. v. Chr., mehrheitlich aber aus der ersten Hälfte des 2. Jt. v. Chr. stammen. Um schlussendlich tatsächlich einen Überblick zu bieten, wurde das gesamte Korpus sumerischer Texte, die ganz unterschiedlichen Textgattungen angehören, berücksichtigt (hymnische Texte, Lieder, Epen etc.). Ausgangspunkt für die Untersuchung waren die in der Datenbank ETCSL (= Electronic Text Corpus of Sumerian Literature) aufgenommenen Texte, welche nach definierten Schlagwörtern durchsucht werden können. Darüber hinaus fließen in diese Studie weitere Texte ein, auf die ich in einem eher als Survey zu bezeichnendem Durchgang der Publikationen und Texteditionen gestoßen bin. Auf Basis dieser Materialsichtung liegt die Gesamtzahl bei 107 Belegstellen, die sich auf 55 verschiedene literarische Kompositionen verteilen. Mit Hinblick auf die Fragestellungen dieser Studie sind mithin belastbare Ergebnisse zu erwarten.

Um die Fragen, was, wie und durch wen veranlasst etwas aus dem Himmel gelangt, beantworten zu können, wurden aus den jeweiligen Texten zunächst relevante Informationen extrahiert. Diese Informationen können auf der sprachlichen Ebene in ganz unterschiedlicher Form, wie beispielsweise als Aussage, Frage oder Befehl in narrativem Kontext, in Liedern, in wörtlicher Rede etc. erscheinen. Sie beschreiben Handlungen oder Zustände von Protagonisten und weisen z. B. auf bestimmte Orte und Zeiten. Weiterhin können die einzelnen Elemente durch Appositionen oder Attribute determiniert sein. Aufgrund der komplexen Erscheinungsformen derartiger Informationen ist es nicht nur sinnvoll, sondern auch notwendig, diese aus ihrer jeweiligen textlichen Konkretion zu lösen und umzuwandeln, so dass sie schließlich miteinander vergleichbar werden. Methodisch folgt dieser Schritt der neuesten Stoff-Forschung (C. Zgoll 2019, vgl. Einführungsbeitrag), nach der für einen ersten Zugang das stoffliche Material eines Textes zunächst in kleinste Handlungsschritte zerlegt wird und in einer einheitlichen Form nach dem Muster SUBJEKT – PRÄDIKAT – (OBJEKT) wiedergegeben wird. Die so gebildeten Handlungsschritte werden in der Stoff-Forschung als

Hyleme[6], d. h. Stoffbausteine, bezeichnet. Sie stellen die kleinsten handlungstragenden Einheiten eines Erzählstoffes dar, der sich folglich erst aus der Kombination von mehreren Hylemen (= Hylemsequenzen) konstituiert. Die einzelnen Bestandteile der Hyleme (= Hylemelemente) einschließlich ihrer Determinationen gilt es in dieser Studie zunächst vollständig zusammenzustellen und hinsichtlich ihrer semantischen Bedeutung zu untersuchen.

In einem zweiten Teil, der eher als Ausblick zu verstehen ist, konzentriert sich diese Studie exemplarisch auf einzelne Hyleme, die in einen mythischen Erzählstoff[7] isoliert erscheinen, die sich aber als besonders mythos-affin erweisen. Diese sind zwar selbst nicht in einem vollständig entfalteten Mythos überliefert, von ihnen kann aber angenommen werden, dass es einen solchen Mythos in der Antike gegeben hat. Die Herausstellung von besonders mythos-affinen Hylemen bietet die Chance, ähnliche Aussagen, die isoliert erscheinen, in den Kontext mythischer Stoffe zu stellen, auch wenn der Mythos selbst nicht überliefert ist.

Der Vollständigkeit halber und letztlich auch dem Wunsch nachkommend, das Textmaterial dem Leser zusammenhängend zu präsentieren, sind sämtliche in dieser Studie verwendeten Belegstellen als Bilinguen entsprechend ihrer konventionellen Titel in alphabetischer Reihenfolge dem Beitrag angehängt.

Die Ergebnisse dieser Untersuchung können schließlich im Rahmen eines interkulturellen Vergleichs den Ergebnissen von Elyze Zomer, Franziska Naether und Christian Zgoll gegenübergestellt werden, die mit einer ähnlichen Fragestellung verschiedene Korpora der mesopotamischen (akkadisch-sprachigen), ägyptischen und griechisch-römischen Kulturen in diesem Band untersuchen[8]. Alle genannten Studien zielen nicht auf eine vollständige Bearbeitung aller Texte eines Zeitraumes von mehr als drei Jahrtausenden, sondern bieten einen ersten Überblick und erste Ergebnisse, die durch zukünftige Studien erweitert werden können.

---

6 Der Begriff Hylem leitet sich aus dem Griechischem ὕλη „Stoff, Materie" ab. Zum Hylem als kleinster handlungstragender Baustein eines Stoffes siehe ausführlich bei C. Zgoll 2019, 109-118. Eine Kurzdarstellung zur hylistischen Stoff-Forschung bietet auch C. Zgoll in diesem Band, siehe *Grundlagen einer hylistischen Mythosforschung*.
7 Als mythische Stoffe werden Stoffe bezeichnet, in den göttliche Protagonisten maßgeblich an der Handlung beteiligt sind. Einzelne Hyleme können folglich nur dann als mythisch gelten, „wenn in ihnen selbst etwas von einer aktiven göttlichen Beteiligung faßbar wird" (C. Zgoll 2019, 243).
8 Siehe Zomer, Demons and Tutelary Deities from Heaven; Naether, Skyfall oder mythische Hyleme zum Herabkommen aus dem Himmel sowie C. Zgoll, Göttergaben und Götterstürze im vorliegenden Band.

3 Himmel, Himmelsgott und Transfer aus dem Himmel – Herausforderungen im Sumerischen

Im Mittelpunkt dieses Beitrages stehen Aussagen sumerischer Texte, aus denen hervorgeht, dass etwas aus dem Himmel gelangt. Daher enthalten die Texte entweder eine Lokalbestimmung, die in der einfachsten Form als „aus dem Himmel" (sum. an-ta) überliefert ist, oder aber es handelt sich um Aussagen, die im Zusammenhang mit dem Himmelsgott An stehen, oftmals aber keine Lokalbestimmung im Sinne von „aus dem Himmel" erwähnen.

Diese klare Fokussierung ist allerdings in zweierlei Hinsicht nicht ganz unproblematisch. Einerseits ist nämlich die sumerische Formulierung für „aus dem Himmel" selbst nicht eindeutig, da an-ta ebenso als adverbiale Bestimmung im Sinne von „oben" existiert. Andererseits ist nach dem Verhältnis von Himmelsgott und Himmel in dem jeweiligen Kontext zu fragen.

Im Hinblick auf die Verwendung von an-ta entscheiden letztendlich inhaltliche Gründe, ob die entsprechenden Aussagen in diese Studie aufgenommen oder ausgeschlossen wurden, d. h., wenn ein Verlassen des Himmels im Kontext angezeigt ist, sind diese Belege auch berücksichtigt worden. Wo lediglich von Aktionen des Himmelsgottes gesprochen wird, dort ist zunächst einmal davon auszugehen, dass der Himmelsgott aus dem Himmel heraus agiert. Bereits früheste Zeugnisse zeigen deutlich, dass der Himmel selbst als göttlich-numinos wahrgenommen wurde[9]. Sicherlich legen andere Texte wiederum klar dar, dass die Götter auch aus ihren Heiligtümern (auf der Erde) heraus agieren, so dass eine generelle Festlegung diesbezüglich schwierig scheint[10]. Verschiedene Indizien sprechen jedoch dafür, dass der Himmel auch in den Aussagen als Herkunftsort mitzudenken ist, in denen der Himmelsgott An Agens der Handlung ist, aber der Himmel selbst nicht erwähnt wird. Zunächst einmal nennen verschiedene Texte

---

[9] Der Himmel ist in personifizierter Gestalt bereits seit frühdynastischer Zeit (ca. 2900–2350 v. Chr.), d.h. seit der Zeit kurz nach der Schrifterfindung, bekannt. Der Barton-Zylinder enthält beispielsweise eine Passage, in der sich der personifizierte Himmel und die Erde einander zurufen und schließlich der Himmel die Erde schwängert (Alster/Westenholz 1994, 26-27, Z. i 12–ii 10; Lisman 2016-2017, 154-155).

[10] Verschiedene Götter müssen sogar erst auf die Erde kommen, um in ihren Heiligtümern verschiedene Funktionen zu übernehmen, z. B. kommt Našše aus dem Himmel in ihr Heiligtum, um dort die einzelnen Bestimmungen für die Vögel vorzunehmen (*Našše und die Vögel (Našše C)*), andere Texte überliefern z. B. die Ankunft der Göttin Babu (*Adab an Babu A*) im Tempel im Rahmen der Schicksalsbestimmung für den König (vgl. dazu unten).

(siehe in den nachfolgenden Kapiteln) den Himmelsgott tatsächlich als denjenigen, der etwas aus dem Himmel gelangen lässt. Weiterhin können die Entitäten, die in den geschilderten Fällen mit dem Himmelsgott genannt werden, an anderer Stelle ohne die Nennung des Himmelsgottes ausdrücklich aus dem Himmel gelangen. Schließlich geben auch verschiedene Texte im diachronen Vergleich den Himmel als Wohnstätte des Himmelsgottes an[11]. Die aufgezeigten Indizien legen daher nahe, dass die Überlieferungen, in denen der Himmelsgott in irgendeiner Weise aktiv tätig wird, ohne dass der Himmel selbst explizit genannt wird, dennoch im Zusammenhang mit dem Herkunftsort Himmel zu sehen sind.

Stellt man die Frage „Was kommt aus dem Himmel?", so ist man möglicherweise erstaunt, auf welch vielfältige Weise die Texte Antwort geben können. Dies betrifft nicht nur die Entitäten selbst, die aus dem Himmel gelangen, sondern auch die einzelnen Beschreibungen, wie diese aus dem Himmel kommen und wohin sie gehen: Entitäten können aus eigenem Antrieb aus dem Himmel gelangen oder durch jemanden veranlasst werden, sie können entweder auf die Erde gelangen oder im Himmel verbleiben oder sowohl auf die Erde gelangen und offenbar zugleich im Himmel verbleiben (vgl. Abschnitte 4.2.4, 4.3 sowie 6).

4 Untersuchung der Hyleme

4.1 Konkretionen der Prädikate

Untersucht man, was aus dem Himmel kommt, wird deutlich, dass das Sumerische gänzlich verschiedene Verben verwendet (siehe Tabelle 1). Es existierten keine spezifischen Ausdrücke, um zu beschreiben, wie etwas aus dem Himmel gelangt. Erst die Verknüpfung von Lokalbestimmungen (Ausgangs- und/oder Zielpunkt) des nominalen Satzgefüges mit den verwendeten Verbformen sowie die Berücksichtigung des jeweiligen Kontextes (Gesamtkontext, Subjekt, Objekt

---

[11] Spätestens seit altbabylonischer Zeit (ca. 2000–1500 v. Chr.) wird stärker zwischen dem Himmelsgott und dem Himmel differenziert. So symbolisiert der Himmelsgott nicht mehr allein den Himmel, stattdessen wird dieser seinem Verantwortungsbereich explizit zugeordnet. Siehe z. B. in *Bilgameš, Enkidu und die Unterwelt*, wo geschildert wird, dass An den Himmel an sich genommen hat (Gadotti 2014, 273, 290, Z. 11: u₄.d an-ne₂ an ba-an-de₆-a-ba) oder im aB *Atramḫasīs-Epos*, in welchem der Himmelsgott den Himmel durch Los zugeteilt bekommt (Lambert/Millard 1969, 42-43, I Z. 12-13: *isqam iddû ilū izzūzū / Anu īteli šamêša u*) sowie in einem neuassyrischen Gebet an Marduk, welches An als Bewohner des Himmels ausweist (Z. 36 *Anum āšibu šamāmī*) (Lambert 1959-60, 62). Siehe auch Horowitz ²2011, 244-248 zur Verbindung von Himmelsgott mit dem Himmel nach akkadischen und sumerischen Texten.

etc.) lassen das Herausgehen aus dem Himmel und ggf. einen Sphärenwechsel auf die Erde klar erkennen.

Trotz dieser Erkenntnis werden im Folgenden die Verben für sich genommen zusammengestellt, da diese so für künftige, auch komparatistische Untersuchungen leichter auffindbar sind. Alle Verben des zugrundeliegenden Korpus sind in alphabetischer Reihenfolge mit Angabe ihrer Belegstellen in Tabelle 1 zusammengestellt, wobei für die Belegstellen meist der in der Altorientalistik gebräuchliche Texttitel des jeweiligen Werkes verwendet wurde. Ausnahmen stellen die *Lagaš Herrscherchronik*, das *Sumerische-Sintflut-Epos* sowie *Lugalbanda in der Bergschlucht* dar. Die Titel der beiden zuerst genannten Werke sind aus Gründen der Einheitlichkeit aus dem Beitrag von Gösta Gabriel, *Von Adlerflügen und numinosen Insignien* im vorliegenden Ban übernommen. Die Benennung des zweiten Werkes hat lexematische Gründe, die im Anhang 32 diskutiert werden.

Tab. 1: Übersicht der verwendeten Verben

Verb, Sum.	Verb, dt. (Gesamtzahl der Belege)	Belegstellen/(Gesamtzahl der Belege)
b a r	freilassen (1)	*Tempelhymnen* (Z. 49) / (1)
d e₆	(weg)bringen (2)	*Tigi an Babu (Gudea A)* (Z. 9, 13) / (2)
e₃	herausgehen/herauskommen lassen (17)	*Adab? an Utu (Sulgi Q)* (Z. 3) / (1)
		Brief des [PN] an Utu (Z. 4) / (1)
		Lagaš Herrscherchronik (Z. 6–10) / (1)
		Innana und An (Z. 125, 128, 130) / (3)
		Klage über die Zerstörung von Sumer und Ur (Z. 80B) / (1)
		Ser-namursaĝa an Ninisina (Iddin-Dagan A) (Z. 1, 2, 88, 126, 134) / (6)
		Tempelhymnen (Z. 169, 534) / (2)
		Tigi an Babu (Gudea A) (Z. 3, 7) (2)
e₁₁.d	herabgehen/herunterbringen[12] (10)	*Bilgameš und Akka* (Z. 31) / (1)
		Hymne auf Babu (Babu A) (Segment B Z. 3) / (1)
		Preislied des Ur-Namma (Ur-Namma C) (Z. 114) / (1)
		Streitgespräch zwischen Baum und Rohr (Z. 247) / (1)
		Sumerische Königsliste (Z. 1, 41) / (2)

---

[12] Das Verb e₁₁.d hat auch die Bedeutung „heraufgehen", jedoch sprechen kontextuelle Gründe gegen diese Übersetzung an den angegebenen Stellen.

		Sumerisches Sintflut-Epos (Z. 88, 89) / (2)
		Tempelhymnen (Z. 200) / (1)
		Wie das Getreide nach Sumer kam (Z. 2–3) / (1)
e$_3$ oder e$_{11}$.d	herausgehen/herauskommen lassen oder herabgehen/herunterbringen (1)	Enmerkara und der Herr von Arata (Z. 43) / (1)
ĝal$_2$	vorhanden sein (lassen) (1)	Klage über die Zerstörung von Ur (Z. 110) / (1)
ge.n	fest, dauerhaft machen (2)	Gebet an Nanna (Rīm-Sîn E) (Z. 83) / (1)
		Sulgi und Ninlils magur-Schiff (Sulgi R) (Z. 85) / (1)
gu$_3$-- du$_{11}$.g	brüllen (2)	Gudea-Zylinder A (Z. xxvi 21) (1)
		Klage über die Zerstörung von Ur (Z. 182) / (1)
gu$_3$-- [...]	brüllen? (1)	Inninšagura (Innana C) (Z. 100) / (1)
gub	stehen, (sich) stellen (8)	Balbale an Innana (Innana A) (Z. 17–18) / (1)
		Dumuzis Tod (Z. 13, 33) / (2)
		Enmerkara und Ensuḫkešana (Z. 79) / (1)
		Lugalbanda in der Bergschlucht (Z. 53) / (1)
		Lugalbanda und der Anzu-Vogel (Z. 222) / (1)
		Našše und die Vögel (Našše C) (Z. 11, 25) / (2)
guru$_3$	tragen, sich kleiden (1)	Ninegala-Hymne (Innana D) (Z. 120) / (1)
ĝar	setzen (5)	Adab an Babu (Luma A) (Z. 12, 15) / (2)
		Bilgameš und Akka (Z. 34, 109) / (2)
		Enlil und Sud (Z. 172) / (1)
ki--ĝar	etw. auf die Erde setzen = gründen (14)	Adab an Nanna (Nanna H) (Segment B Z. 1–5, 11–13 / (6)
		Gudea-Zylinder A (ix Z. 11, x 15-16, xxvii Z. 8) (2)
		Gudea-Zylinder B (xx Z. 20) / (1)
		Keš-Hymne (Z. 38) / (1)
		Preislied des Sulgi (Sulgi A) (Z. 80) / (1)
		Streitgespräch zwischen Winter und Sommer (Z. 234) / (1)
		Tempelhymnen (Z. 352, 379) / (2)
ki--us$_2$	(etw.) die Erde berühren (lassen) = gründen (3)	Bilgameš und Akka (Z. 33, 108) / (2)
		Hymne auf Ninisina (Išbi-Erra D) (Z. 13) / (1)
la$_2$	ausbreiten (2)	Lugalbanda in der Bergschlucht (Z. 229, Z. 230) / (2)
ra	werfen, schlagen, hier i.S.v. „prasseln" (1)	Ser-namšub an Ninurta (Ninurta G) (Z. 27) / (1)
saĝ-eš --rig$_7$	schenken (4)	Ninisina und die Götter (Ninisina F) (Z. 4–5) / (1)
		Ser-gida? an Ninsubur (Ninsubur A) (Z. 4) / (1)

		Tigi an Babu (Gudea A) (Z. 11, (15)[13]) / (2)
s u r	tröpfeln, regnen (1)	*Hymne auf Innana (v Z. 6) / (1)*
š u - - b a r	freilassen (4)	*Hymne auf Sulpa'e (Sulpa'e A) (Z. 27) / (1)*
		Preislied des Sulgi (Sulgi B) (Z. 103) / (1)
		Preislied des Sulgi (Sulgi C) (Z. 3) / (1)
		Tempelhymnen (Z. 461) / (1)
š u m₂ (inkl. emesal ze₂-em / ze₂-eĝ₃)	geben (15)	*Adab an Nanna (Nanna H) (Z. 5) / (1)*
		Balbale an Innana (Dumuzi Innana F) (Z. 43) / (1)
		Balbale an Ninazu (Ninazu A) (Z. 10) / (1)
		Balbale? an Ninĝešzida (Ninĝešzida D) (Z. 5–6) / (2)
		Balbale an Su'en (Nanna A) (Z. 49, 52, 56) / (3)
		Bilgameš und der Himmelsstier (ii Z. 14, ii Z. 20, Rs. i Z. 25) / (3)
		Ninmešara (Innana B) (Z. 14) / (1)
		Preislied des Sulgi (Sulgi P) (Z. 37) / (1)
		Ser-gida an Ninisina (Ninisina A) (Z. 122) / (1)
		Tempelhymnen (Z. 371) / (1)
za₃.g-- keše₂	„packen, ergreifen lassen" (hier i. S. v. „angedeihen lassen") (1)	*Gebet an An (Rīm-Sîn C) (Z. 24) / (1)*
–		*Adab? an Utu (Sulgi Q) (Z. 7) / (1)*
[...]	? (2)	*Ninegala-Hymne (Innana D) (Z. 130) / (1)*
		Adab? an Utu (Sulgi Q) (Z. 41) / (1)

Bei aller Diversität der Verben lässt sich ganz allgemein eine Tendenz zugunsten von Verben feststellen, die beschreiben, dass etwas ins Sein tritt, wie ki--ĝar „etwas auf die Erde setzen = gründen", oder dass eine Bewegung aus einer oder in eine bestimmte Richtung erfolgt, wie e₃ „herausgehen/herauskommen lassen" oder e₁₁.d „herabgehen/herabbringen". Neben diesen Verben wird auch das Verb šum₂ „geben", welches einen Besitzwechsel anzeigt und welches vor allem im Zusammenhang mit dem Himmelsgott An genannt wird, sehr häufig erwähnt.

---

13 Der Text schreibt sich wiederholende Zeilen mehrheitlich in verkürzter Form. Die Zeilen 14 und 15 enthalten lediglich den Anfang von Z. 10 und 11: a-a du₂-da-zu / me niĝ-galam. Trotz dieser verkürzten Wiedergabe sind die Zeilen vollständig zu denken. Daher sind diese Zeilen ebenfalls in der Tabelle aufgenommen.

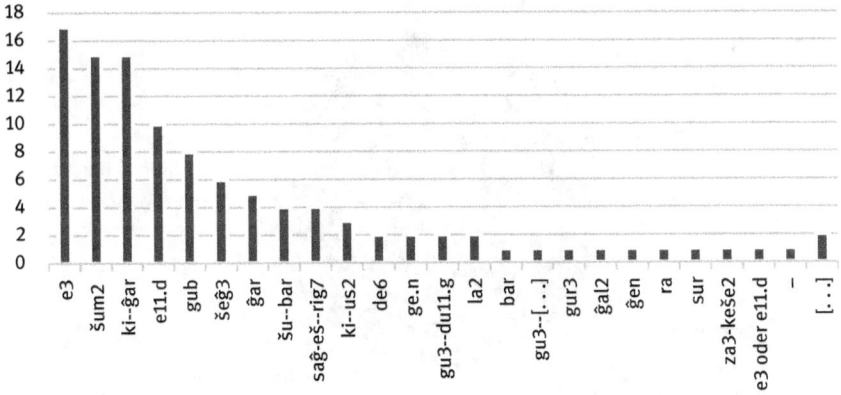

Abb. 1: Statistische Auswertung 1 – Belegstellen in absoluten Zahlen

Betrachtet man die textlichen Konkretionen genauer, so stellt man fest, dass der überwiegende Teil der relevanten Belegstellen aus infiniten Nominalphrasen (gesamt: 58%) besteht, die mehrheitlich mit dem Aspekt ḫamṭu (44%) gebildet sind[14]. Auf der syntaktischen Ebene sind die infiniten Aussagen einem Bezugswort untergeordnet, welches auf diese Weise konkreter spezifiziert wird, z. B. „Haus, das (aus dem Himmel) herausgebracht worden ist" statt der einfachen Nennung „Haus". Die finiten Verbalformen, die im Vergleich mit den infiniten Formen deutlich weniger vorhanden sind, zeigen ebenfalls eine Gewichtung zugunsten von Bildungsformen mit ḫamṭu-Basis.

---

[14] Das Sumerische verwendet ein Aspektsystem im Gegensatz zu einem Tempussystem und unterscheidet zwischen abgeschlossenem (ḫamṭu) und nicht-abgeschlossenem (marû) Aspekt. Obwohl in der deutschen Übersetzung oftmals für ḫamṭu eine Vergangenheitsform und für marû Präsens- oder Futurformen verwendet werden, sind beide Aspekte nicht auf eine bestimmte Zeitstufe beschränkt.

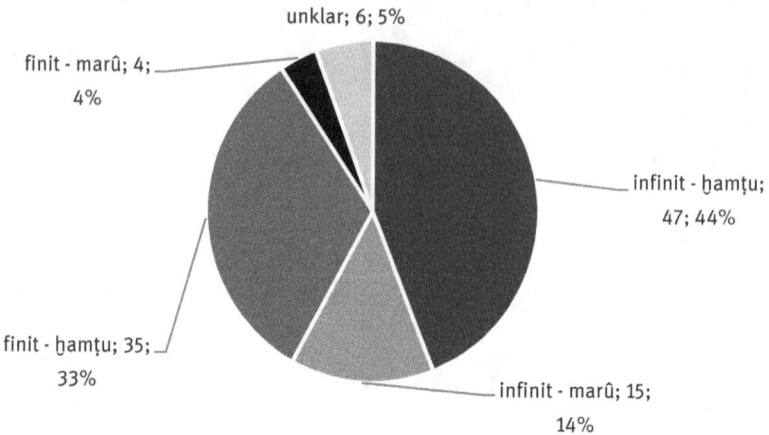

Abb. 2: Statistische Auswertung 2 – Verhältnis infiniter und finiter Verbalformen unter Berücksichtigung der Aspekte *ḫamṭu* und *marû*

Sprachlich betrachtet ist die Übersetzung der infiniten Verbformen oftmals mehrdeutig. Ursächlich dafür ist die sumerische Sprache, da viele Verben im Sumerischen von vornherein sowohl transitive als auch intransitive Bedeutung besitzen. Gleichwohl existieren auch Verben, die vom ganz grundlegenden Verständnis her transitiv sind, wie beispielsweise š u m $_2$ „(etwas) geben" oder d e $_6$ „(etwas) bringen". Fehlt aber der Agens im Zusammenhang mit einer infiniten Verbform, die sowohl transitive als auch intransitive Bedeutung besitzt, wird die Aussage unspezifisch, so dass derartige Verbalphrasen entweder intransitiv oder aber auch passivisch übersetzt werden können. Aufgrund dieser Tatsache lässt sich keine eindeutige statistische Auswertung bezüglich des Verhältnisses von transitiven und intransitiven Aussagen vornehmen. Nachfolgend ist diese sprachliche Besonderheit beispielhaft veranschaulicht.

<u>zwei</u> unterschiedliche Interpretationen für <u>eine</u> sumerische Nominalphrase e$_2$ e$_3$-a	
das Haus, das *aus dem Himmel herauskam*	das Haus, das *aus dem Himmel herausgelassen worden war*
= intransitiv	= passiv

Abb. 3: Darstellung der Übersetzung infiniter/passiver Aussagen

Bisweilen können allerdings Vergleiche mit anderen Texten semantische Hinweise liefern und die Berücksichtigung antiker Vorstellungen die eine oder andere Übersetzung plausibilisieren. Anhand des oben genannten Beispiels vom Haus bzw. Tempel, der aus dem Himmel gelangt (siehe Abb. 1), kann dies stellvertretend für andere schriftliche Überlieferungen erläutert werden. Aus der räumlichen wie auch zeitlichen Distanz unserer Kultur zu den Kulturen des Alten Orients scheint es möglich, dass man sich in der mesopotamischen Antike vorstellt, ein Tempel könne selbständig aus dem Himmel heraustreten. Unterschiedlichste Texte aus dem mesopotamischen Kulturraum zeigen jedoch, dass alles Leben, alles Vergangene, alles Gegenwärtige und alles Zukünftige auf einen bzw. – bedingt durch eine dem mesopotamischen Verständnis nach polytheistisch gesteuerte Welt – viele göttliche(n) Willen zurückgeht. Das Göttliche und Numinose durchdringt sämtliche Lebensbereiche, seien es öffentliche oder private. Aus diesem Grund ist aus emischer Perspektive der Austritt eines Tempels aus dem Himmel nur auf Veranlassung eines oder mehrerer Gottheiten plausibel, d. h. auch wenn Aussagen über den Austritt eines Tempels aus dem Himmel im Sumerischen auf der schriftlichen Ebene als intransitive Aussage erscheinen, schwingt dennoch das Wissen um aktive göttliche Handlungsbeteiligung mit, wie sich an Fällen, wo sich eine ausführliche Darstellung erhalten hat, erkennen lässt[15]. Zu diesen Fällen gehört auch das Himmelshaus E-ana, von dem die schriftliche Überlieferung des Mythos INNANA BRINGT DAS HIMMELSHAUS FÜR DIE ERDE lediglich die Herkunft aus dem Himmel festhält, kontextuelle Bezüge jedoch eindeutig die Göttin Innana als diejenige erkennen lassen, auf deren Veranlassung hin das Himmelshaus aus dem Himmel gelangt.

Eindeutig sind dagegen die sogenannten Kompositverben, die nicht nur aus einem Verb, sondern auch aus einem ihnen zugeordneten nominalen Bestandteil bestehen. In vielen Fällen steht das dazugehörige Nomen im Absolutiv, wodurch es u. a. als direktes Objekt des Verbes im Sumerischen gekennzeichnet ist. Daher sind diese Verben meist von Natur aus transitiv[16]. In Tabelle 1 sind diese Verben konventionell immer zusammen mit ihrem zugehörigen nominalen Bestandteil aufgeführt (und nach diesem geordnet).

---

15 Vgl. dazu auch C. Zgoll 2019, 197-204.
16 Der nominale Bestandteil steht normalerweise im Kasus Absolutiv, der im Deutschen in diesem Fall dem Akkusativ, d. h. dem direkten Objekt, entspricht. Orthographische und grammatikalische Abweichungen, wie z. B. Inkorporationen des nominalen Satzteils in die verbale Phrase oder fehlende Kasus-Markierung in der nominalen Phrase, lassen sich erst in altbabylonischer Zeit (ca. 2000–1500 v. Chr.) gehäuft nachweisen. Siehe dazu auch Wilcke 1998, 473 mit weiterführender Literatur.

4.2 Konkretionen der nominalen Elemente

Der nominale Satzteil beinhaltet verschiedene Nominalphrasen, die abhängig von der inhaltlichen Relevanz in ihrem Umfang stark variieren, d. h. sehr detailliert und wortreich sein, bisweilen aber auch weggelassen werden können. Dies ist möglich, da das Sumerische zu den Sprachen gehört, die mittels der Verbalform bereits Informationen zu den Handlungsträgern und den Objekten transportieren. Im Gegensatz zum Verb beinhalten die Nominalphrasen hingegen spezifische und individuelle Angaben zu den Handlungsträgern (Subjekt und/oder Objekt) und weiteren Ergänzungen (zusätzliche Objekte, Ortsangaben etc.). Im Folgenden werden nun diese Nominalphrasen näher beleuchtet, wobei als erstes die Lokalbestimmungen, dann die Entitäten, die etwas aus dem Himmel gelangen lassen, und schließlich die Entitäten, die selbst aus dem Himmel gelangen, im Mittelpunkt stehen werden.

4.2.1 Der Herkunftsort

Die in den Texten genannten Hylemelemente, die der Bestimmung des Herkunftsortes dienen, beziehen sich aufgrund des thematischen Fokus natürlich mehrheitlich auf Wendungen, die im Zusammenhang mit dem Himmel stehen, so dass es nicht verwundert, dass diese den überwiegenden Teil der Lokalbestimmungen ausmachen.

Tab. 2: Übersicht zur Kombination von Lokalbestimmungen mit Verben

Lokalbestimmung	Verb	Belegstelle
aus dem Himmel	b a r „freilassen"	*Tempelhymnen* (Z. 49)
	e_3.d „herausgehen/herauskommen lassen"	*Lagaš Herrscherchronik* (Z. 10) *Innana und An* (Z. 125, 128) *Klage über die Zerstörung von Sumer und Ur* (Z. 80B) *Ser-namursaĝa an Ninisina (Iddin-Dagan A)* (Z. 1–2, 88, 126, 134) *Tempelhymnen* (Z. 169, 534)
	e_3.d oder e_{11}.d ? „herausgehen/herauskommen lassen oder herabgehen/herunterbringen"	*Enmerkara und der Herr von Arata* (Z. 43)

	e₁₁.d „herabgehen/herunterbringen"	Bilgameš und Akka (Z. 31) Preislied des Ur-Namma (Ur-Namma C) (Z. 114) Streitgespräch zwischen Baum und Rohr (Z. 247) Sumerische Königsliste (Z. 1, 41) Sumerisches Sintflut-Epos (Z. 88–89)
	ge.n „fest bzw. dauerhaft machen"	Gebet an Nanna (Rīm-Sîn E) (Z. 83)
	gu₃--du₁₁.g „brüllen"	Gudea-Zylinder A (xxvi 21) Klage über die Zerstörung von Ur (Z. 182)
	gu₃--[...] „brüllen"	Inninšagura (Innana C) (Z. 100)
	guru₃ „tragen, sich kleiden"	Ninegala-Hymne (Innana D) (Z. 120)
	gub „(sich) (auf)stellen"	Balbale an Innana (Innana A) (Z. 17)
	ĝal₂ „vorhanden sein (lassen)"	Klage über die Zerstörung von Ur (Z. 110)
	ĝen „gehen"	Gudea-Zylinder A (xi Z. 8)
	la₂ „ausbreiten"	Lugalbanda in der Bergschlucht (Z. 229, 230)
	ra „werfen, schlagen" (i. S. v. „(Regen) prasseln"	Ser-namšub an Ninurta (Ninurta G) (Z. 27)
	sur „tröpfeln, regnen"	Hymne auf Innana (v Z. 6)
	šeĝ₃ „regnen"	Enki und die Weltordnung (Z. 90) Enlil im Ekur (Enlil A) (Z. 147) Brief des Ur-saga an einen König (Z. 8) Klage über die Zerstörung von Ur (Z. 409) Tod des Ur-Namma (Ur-Namma A) (Z. 164)
	šu--bar „freilassen"	Hymne auf Sulpa'e (Sulpa'e A) (Z. 27) Preislied des Sulgi (Sulgi B) (Z. 103) Preislied des Sulgi (Sulgi C) (Z. 3) Tempelhymnen (Z. 461)
	[...]	Ninegala-Hymne (Innana D) (Z. 130)
aus dem strahlenden Himmel	e₃.d „herausgehen/herauskommen lassen"	Adab? an Utu (Sulgi Q) (Z. 3)
	šum₂ „geben"	Ser-gida an Ninisina (Ninisina A) (Z. 122)
	–	Adab? an Utu (Sulgi Q) (Z. 7)

	[...]	Adab? an Utu (Sulgi Q) (Z. 41)
aus dem Himmelsinneren	e₃.d „herausgehen/herauskommen lassen"	Tigi an Babu (Gudea A) (Z. 3, 7)
	e₁₁.d „herabgehen/herunterbringen"	Hymne auf Babu (Babu A) (Segment B Z. 3)
		Tempelhymnen (Z. 200)
		Wie das Getreide nach Sumer kam (Z. 3)
	šum₂ „geben"	Tempelhymnen (Z. 371)
	de₆ „(weg)bringen"	Tigi an Babu (Gudea A) (Z. 9, 13)
	saĝ-eš--rig₇ „schenken"	Ser-gida? an Ninsubur (Ninsubur A) (Z. 4)
	za₃.g--keše₂ „packen, ergreifen" (hier i. S. v. „angedeihen lassen")	Gebet an An (Rīm-Sîn C) (Z. 24)
aus dem strahlenden Himmelsinneren	e₃.d „herausgehen/herauskommen lassen"	Adab? an Utu (Sulgi Q) (Z. 3)
aus dem Himmelsfundament	e₃.d „herausgehen/herauskommen lassen"	Brief des [PN] an Utu (Z. 4)
		Innana und An (Z. 130)
aus dem Himmel ... auf der Erde	gub „(sich) (auf)stellen"	Dumuzis Tod (Z. 13, 33)
		Enmerkara und Ensuḫkešana (Z. 79)
		Lugalbanda und der Anzu-Vogel (Z. 222)
		Našše und die Vögel (Našše C) (Z. 11, 25)
aus dem Himmel ... auf der großen Erde	gub „(sich) (auf)stellen"	Lugalbanda in der Bergschlucht (Z. 53)

In sprachlicher Hinsicht standen den Schreibern verschiedene Termini zur Verfügung, die den Himmel im Allgemeinen oder spezifische Himmelsbereiche benennen. In diesem Beitrag werden allerdings nur die Ausdrücke berücksichtigt, die auch den Ablativ ta enthalten, mit welchem u. a. angezeigt wird, dass sich eine Sache „von (etwas) weg" oder „aus (etwas) heraus" bewegt. Im Rahmen dieser Einschränkung wird der Himmel entweder nur als Himmel (sum. an), als „Himmelsinneres" (sum. an-ša₃.g) oder als „Himmelsfundament" (sum. utaḫ) bezeichnet. Zudem können die beiden zuerst aufgeführten Lexeme durch das adjektivische Attribut ku₃.g „strahlend, rein" erweitert sein. Insgesamt lassen sich so drei Formulierungen greifen:

A. aus dem (strahlenden) Himmel : {an (ku₃.g)==ta^{ABLATIV}}
B. aus dem (strahlenden) Himmelsinneren : {an-ša₃.g (ku₃.g)==ta^{ABLATIV}}
C. aus diesem Himmelsfundament : {utaḫ=e$^{\text{DEIK. PRON.}}$==ta^{ABLATIV}}

Am häufigsten ist der Ausdruck „aus dem Himmel" (an-ta) belegt, jedoch sind die mit diesem Ausdruck verwendeten Verben zu unterschiedlich bzw. die Belegzahlen zu gering, um bevorzugte Kombinationen erkennen zu lassen (siehe Tabelle 2). Ebenso diffus verhält es sich mit dem Ausdruck „aus dem Himmelsinneren" (sum. an-ša₃.g-ta), der zudem viel seltener in den Texten erscheint. Das Lexem utaḫ ist zwar nur mit dem Verb e₃.d „herausgehen" bezeugt, dennoch muss die Frage, ob dieser Ausdruck ausschließlich mit diesem Verb verwendet wird, aufgrund der geringen Belegsituation unbeantwortet bleiben.

Trotz des disparaten Bildes bezüglich der Angaben des Herkunftsortes lassen sich einige Ergebnisse im Umfeld des Himmelsgottes gewinnen. So lässt sich feststellen, dass der Himmelsgott und der Himmel im Sinne einer kosmischen Größe nur selten zusammen im gleichen Text genannt werden: in der *Lagaš Herrscherchronik* (Z. 6–10), im *Gebet an An (Rīm-Sîn C)* (Z. 23–24), im *Ser-gida? an Ninsubur (Ninsubur A)* (Z. 4), in den *Tempelhymnen* (Z. 371) sowie in der Komposition *Wie das Getreide nach Sumer kam* (Z.2–4). In diesen Überlieferungen ist der Himmelsgott zugleich Agens der jeweiligen Handlungen. Von diesen fünf Belegstellen verwenden alle außer der *Lagaš Herrscherchronik* (dazu im Exkurs mehr) als Lokalbestimmung das Himmelsinnere (sum. an-ša₃.g). Dieser Befund passt gut zu Horowitz' Ergebnissen, dass der Wohnsitz des Himmelsgottes genau dort, nämlich im Himmelsinneren, zu verorten ist[17]. Auf den Zusammenhang zwischen Himmelsinneren und Himmelsgott soll im folgenden Exkurs kurz eingegangen werden.

4.2.1.1 Exkurs: Der Himmelsinnere und der Himmelsgott

Ohne zu weit vorauszugreifen, lohnt sich bereits an dieser Stelle ein Blick auf die Entitäten, die unter Beteiligung des Himmelsgottes aus dem Himmelinneren gelangen. Hierbei handelt es sich um Dinge, die im Kontext von Fruchtbarkeit und Wohlstand stehen (Regen im *Gebet an An (Rīm-Sîn C)*, siehe Abschnitt 4.3.6; Getreidegottheit und Feldfrüchte in *Wie das Getreide nach Sumer kam*, siehe Abschnitt 4.3.7) und somit essentiell für das Leben der Menschen sind. Aus dem Himmelsinneren übergibt der Himmelsgott zum anderen auch die numinosen Machtmittel, sumerisch me (*Tempelhymnen*, Z. 371, siehe Abschnitt 4.3.5), und vermutlich ein lapislazulifarbenes Zepter (*Sergida? an Ninsubur (Ninsubur A)*, siehe Abschnitt 4.3.5), welches gleichfalls zu den numinosen Machtmitteln gehört. Auch diese sind nach mesopotamischer Anschauung ganz wesentlich, da sich erst durch sie die göttliche Wirkmacht auf der Erde entfalten kann und somit

---

17 Horowitz 1998, 238f. und 247f.

Zivilisation, Ordnung und Wohlstand überhaupt erst entstehen können. Hierin zeigt sich bereits, dass dem Himmelgott eine herausragende Rolle in der Weltauffassung der Mesopotamier zukommt.

Interessant sind nun die Überlieferungen, die lediglich das Himmelsinnere ohne den Himmelsgott erwähnen. Ist der Himmelsgott in diesen Fällen mitzudenken? Dieser Frage soll im Folgenden nachgegangen werden. Aus dem Himmelsinneren kommt auch die Göttin Babu im *Tigi an Babu (Gudea A)*. Aus dieser Überlieferung geht ebenfalls hervor, dass sie eine Tochter des Himmelsgottes ist. Ihre Herkunft aus der konkreten Wohn- und Wirkungsstätte des Himmelsgottes liegt somit nahe. In diesem Zusammenhang ist auch festzuhalten, dass die Göttin im selben Lied gleichfalls numinose Machtmittel (sum. me) aus dem Himmelsinneren wegbringt, wie es auch für den Himmelsgott bezeugt ist. Fernerhin ist es genau diese Göttin, die nach der *Hymne auf Babu (Babu A)* die Tafel des Lebens aus dem Himmelsinneren herabbringt. Dass es sich dabei mit großer Wahrscheinlichkeit ebenfalls um ein numinoses Machtmittel handelt, wird weiter unten deutlich gemacht werden (Abschnitt 4.2.3.2). Die *Hymne auf Babu (Babu A)* ist zwar so stark beschädigt, dass offenbleiben muss, ob sie auch dort explizit als Tochter des Himmelsgottes angesprochen ist, jedoch ist es denkbar, dass mit der Erwähnung des Himmelsinneren vielleicht gerade ebendiese Verbindung andeutet werden sollte. Auch der Sonnengott Utu kommt nach *Adab? an Utu (Sulgi Q)* aus dem (strahlenden) Himmelsinneren. Ob man aufgrund der Nennung des Himmelsinneren auch hier eine Verbindung zum Himmelsgott annehmen darf, ist in diesem Fall nicht eindeutig. Das genannte *Adab-Lied* stammt aus der Zeit des sumerischen Königs Sulgi, aus der Zeit also, in welcher nach sumerischer Tradition der Sonnengott Utu als Kind des Mondgottes Nanna galt. Vielleicht müssen wir aber mit der Überschreibung dieser Tradition rechnen, denn die akkadische Überlieferung kennt den Sonnengott auch als Nachkomme des Himmelsgottes[18]. Nach den *Tempelhymnen* gelangt auch das E-ana aus dem Himmelsinneren (Z. 200). Dass dies kein Zufall ist, macht die Überlieferung *Innana und An* deutlich: Ursprünglich befand sich das Himmelshaus E-ana nämlich im Besitz des Himmelsgottes (vgl. Beitrag A. Zgoll, *Wie der erste Tempel auf die Erde kommt*). Zwar spricht *Innana und An* nicht vom Himmelsinneren, sondern vom „Himmel" (sum. an) oder „Himmelsfundament" (sum. utaḫ), dies scheint in dieser Konkretion aber auch nicht notwendig zu sein, da hier explizit erwähnt wird, dass Innana das Himmelshaus E-ana vom Himmelsgott wegnimmt. Die *Tempelhymnen* hingegen schildern in knapper Weise Wesenszüge und/oder punktuelle Handlungen, die mit einem Heiligtum in Verbindung stehen. Mit der

---

[18] Siehe Black/Green ²1998, 183-184.

expliziten Nennung des Himmelsinneren schwingt also dennoch die mit dem Himmelshaus ursprünglich ganz eng verbundene Gottheit, nämlich der Himmelsgott, weiterhin mit, ohne diesen konkret zu nennen. Was das angeht, ist dies vergleichbar mit der oben genannten *Hymne auf Babu (Babu A)*.

In einer Überlieferung, in der sowohl Lokalbestimmung als auch Himmelsgott auftreten, ist schlicht vom „Himmel" (sum. an) die Rede (*Lagaš Herrscherchronik*, Z. 6–10). In dieser Überlieferung erscheint der Himmelsgott An jedoch nicht allein, sondern zusammen mit dem Gott Enlil. Dies mag ein Grund für die bloße Nennung „Himmel" in der *Lagaš Herrscherchronik* sein, ein expliziter Verweis auf Ans Wohnstatt war in diesem Kontext vermutlich nicht vorgesehen. Ein anderer Grund mag darin liegen, dass dieser Text an die Tradition der *Sumerischen Königsliste* anknüpfen will, da er gewissermaßen als eine Reaktion auf das Fehlen der Lagaš-Herrscher in der *Sumerischen Königsliste* zu verstehen ist[19]. Ebendiese Königsliste spricht ebenfalls lediglich von „aus dem Himmel"[20].

Schlussendlich wird deutlich: es besteht eine enge Verbindung zwischen dem Himmelsgott und dem Himmelsinneren. Verschiedene inhaltliche Indizien plausibilisieren die implizite Anwesenheit des Himmelsgottes, auch wenn die Überlieferungen lediglich vom Himmelsinneren sprechen (vgl. *Tempelhymnen*). Im umgekehrten Fall ist daher zu überlegen, ob ganz konkret das Himmelsinnere auch immer dort mitzudenken ist, wo nur vom Himmelsgott die Rede ist[21]. Darüber hinaus deuten sich mit der Nennung des Himmelsinneren im Kontext anderer Gottheiten (verwandtschaftliche) Beziehungen zum Himmelsgott an (vgl. *Tigi an Babu (Gudea A)*, *Hymne auf Babu (Babu A)*.

---

19 Sollberger 1967, 79. Zur *Lagaš Herrscherchronik* als Gegennarration zur *Sumerischen Königsliste* siehe Gabriel, *Von Adlerflügen und numinosen Insignien*, Abschnitt 5.4 im vorliegenden Band.
20 Zum Königtum, das vom Himmel kommt, siehe auch Gabriel, *Von Adlerflügen und numinosen Insignien* in diesem Band.
21 Dass mit der Nennung des Himmelsgottes auch die Vorstellung einhergeht, dass dieser ganz generell aus dem Himmel heraus agiert, wurde bereits in Abschnitt 3 erläutert.

4.2.2 Der Zielpunkt

Einige Kompositverben beinhalten als nominalen Bestandteil das Lexem k i „Erde", wodurch sie einen klaren Bezug zur Erde aufweisen. Dazu gehört beispielsweise das Kompositverb k i - - ĝ a r [22], welches wortwörtlich „etwas an die Erde (sum. k i) heran setzen" bedeutet[23] und vielfach überliefert ist. Insgesamt betrachtet wird jedoch nur in sehr wenigen Fällen neben dem Himmel als Herkunftsort auch der Zielpunkt Erde, der in einem Text durch g a l „groß" determiniert ist[24], erwähnt. Die betreffenden Belegstellen sind wegen der Nennung des Herkunftsortes bereits in Tabelle 2 (Abschnitt 4.2.1) aufgenommen und werden hier nicht nochmals aufgeführt (siehe Tabelle 2 unter „aus dem Himmel ... auf der Erde" sowie „aus dem Himmel ... auf der großen Erde). Auf der grammatikalischen Ebene handelt es sich in diesen Fällen um Nominalphrasen im Lokativ:
A. auf der (großen) Erde : {k i (g a l) = = a ^{LOKATIV}}

Besonders augenfällig im Zusammenhang mit der Nennung des Zielpunktes ist die Tatsache, dass die betreffenden Textstellen allesamt mit dem Verb g u b „(sich) (auf)stellen" gebildet sind, während Belege, die nur die Herkunftsbezeichnung „aus dem Himmel" o. ä. enthalten, keinerlei Muster hinsichtlich der verwendeten Verben erkennen lassen (siehe Tabelle 2). Dieser offenbar bewusste Verzicht auf die Angabe des Zielpunktes wird nur dann nachvollziehbar, wenn er aus emischer Perspektive allgemein bekannt war und/oder aus dem jeweiligen (textlichen/stofflichen) Kontext erschlossen werden konnte. Während über den allgemeinen Wissensstand in der Antike letztlich nur spekuliert werden kann, gewähren die Texte durch logische Rückschlüsse auch aus etischer Perspektive Zugang zum stofflichen Hintergrund. Zwei Beispiele sollen dies kurz verdeutlichen.

---

22 Hierbei verwendet das Sumerische den Direktiv { = = e }, der jedoch nicht sichtbar ist, weil der Direktiv nach einer auf Vokal endenden Nominalphrase (hier ausgedrückt durch: k i „Erde") in den meisten Fällen nicht geschrieben wird.
23 Eine alternative Interpretation findet sich bei A. Zgoll, *Wie der erste Tempel aus dem Himmel kommt*, Abschnitt 3.2, insbesondere Anm. 29. A. Zgoll zufolge meint k i - - ĝ a r im Kontext der Gründung des Tempels E-ninnu durch den Himmelsgott nicht, dass der Tempel auf der Erde gegründet ist, auch wenn es sich durch die Schreibung von k i „Erde" anzudeuten scheint. Vielmehr sieht sie darin eine idiomatische Wendung, die insgesamt „gründen" bedeutet.
24 Da im Mittelpunkt die Frage steht, was aus dem Himmel kommt, wurden folglich hier nur die Texte untersucht, die auch den Himmel(sgott) nennen. Für eine umfassendere Studie sind prinzipiell auch die Texte zu berücksichtigen, die lediglich den Zielpunkt Erde ohne Herkunftsangabe enthalten.

Konkrete Hinweise für den Rückschluss auf den Zielpunkt Erde bieten z. B. die *Tempelhymnen*, aus denen in zwei Textstellen zu erfahren ist, dass zwei Tempel numinose Machtmittel (sumerisch me) durch göttlichen Willen aus dem Himmel erhalten.

> Die Machtmittel – sie sind machtvoll – hat dir (= Haus der Ninḫursaĝa in Adab) An aus dem Himmelsinneren heraus gegeben. (*Tempelhymnen*, Z. 371)

> Diese große Nanibgal, Nisaba, hat die Machtmittel aus dem Himmel herauskommen lassen, hat sie (= die Machtmittel des Himmels) deinen Machtmitteln (= denen des Tempels der Nisaba in Ereš) hinzugefügt. (*Tempelhymnen*, Z. 533–534).

Zweifel über den Standort der Tempel auf der Erde mag zunächst dadurch entstehen, dass sich die Mesopotamier die göttlichen Häuser – wie weiter oben bereits erwähnt – auch als himmlische Häuser vorgestellt haben. Die *Tempelhymnen* selbst weisen jedoch auf den Standort Erde, denn die Preislieder auf die einzelnen Tempel nennen immer auch deren ganz konkreten urbanen Kontext.

Ein weiteres Beispiel findet sich etwa im *Preislied des Ur-Namma (Ur-Namma C)*, in dem es folgendermaßen heißt:

> Das Königtum ist zu mir (= Ur-Namma) aus dem Himmel heraus heruntergebracht worden. (*Preislied des Ur-Namma (Ur-Namma C)*, Z. 114)[25]

Die Anwesenheit des Königs auf der Erde ist ebenso unbestritten. Nicht in jedem Falle ist die Beweislage allerdings so überschaubar. Dann ist es notwendig, textinternen Hinweisen nachzugehen, um mögliche Zielpunkte zu erschließen.

Schließlich soll kurz auf die Frage eingegangen werden, weshalb das Verb g u b „(sich) stellen" sowohl mit Herkunfts- als auch mit Zielangabe verbunden ist. Laut ETCSL existieren 990! Belegstellen für dieses Verb, von denen lediglich 5! (zuzüglich zweier Textstellen aus *Dumuzis Tod*, die in ETCSL nicht erfasst sind) den Ausgangspunkt Himmel und den Zielpunkt Erde nennen; die Kombination von Erde im engen (nur k i „Erde") wie im weiten Sinne (z. B. k i - t u š „Wohnort" und k i - n u ₂ „Ruhelager") und dem Verb g u b ist immerhin 29 Mal überliefert. Die selten explizite Nennung des Himmels deutet darauf, dass auf der semantischen Ebene der Verbindung von Himmel, Erde und dem Verb g u b offenbar eine besondere Bedeutung zukommt. Die Überlieferung *Lugalbanda in der Bergschlucht* berichtet beispielsweise über Enmerkara, den Herrscher von Uruk, dass

---

[25] Siehe hierzu auch den Beitrag von Gabriel, *Von Adlerflügen und numinosen Insignien*, Abschnitt. 5.2 im vorliegenden Band.

dieser „sich aus dem Himmel auf der großen Erde aufgestellt hat" (Z. 53). Wäre an dieser Stelle der Himmel nicht erwähnt, würde man dieser Aussage vermutlich kaum eine größere Beachtung beimessen. Aufgrund der Himmelsnennung jedoch stellt sich die Frage, ob sich die Mesopotamier den Herrscher Enmerkara als *normalen* Menschen vorgestellt haben (dazu detaillierter Abschnitt 4.2.4.1).

4.2.3 Entitäten, die etwas aus dem Himmel gelangen lassen

Die Mehrheit der untersuchten Texte lässt offen, wer für den Austritt aus dem Himmel verantwortlich ist, da die Hyleme in ihrer jeweiligen textlichen Konkretion oftmals passivisch oder intransitiv formuliert sind. Darüber hinaus werden diese oftmals auch nur stark verkürzt geschildert. Es ist (jedoch) nichts Unbekanntes, dass das Wissen in der Antike nicht nur in schriftlicher Form, sondern der viel größere Teil in mündlicher Form tradiert wurde – ein Wissen, welches aus heutiger Sicht nicht mehr oder nur unzureichend greifbar ist. Die Frage ist daher, ob die heute uneindeutigen Konkretionen für antike Leser oder Hörer einfach erschließbar waren[26]. Bejaht man diese Frage, ergibt sich die logische Konsequenz, dass die oftmals verkürzten Aussagen nur dann dem Leser/Hörer den notwendigen kognitiven Impuls geben können, auf abgespeicherte Erzählstoffe zuzugreifen und sie zu aktivieren, wenn diese im Allgemeinen oder zumindest innerhalb der Gruppe der überliefernden Personen bekannt waren[27]. Überlieferungszufälle führen bisweilen aber dazu, dass auch aus heutiger altorientalistischer Perspektive eben jene verkürzten Aussagen verständlich werden können. Ein Beispiel kann dies veranschaulichen.

Verschiedene Texte schildern, dass der Tempel E-ana aus dem Himmel gekommen ist (siehe Tabelle 8). Ohne weitere Informationen lassen sich diese Aussagen, so klar sie auch sprachlich formuliert sein mögen, nicht adäquat verstehen und interpretieren. Nun kennen wir aber die (bisher einmalige!) Überlieferung *Innana und An* und können uns trotz eines stark beschädigten Textes erschließen, wie der Tempel E-ana aus dem Himmel gelangt ist, wer dafür verantwortlich ist und welche Folgen mit der Verankerung des Tempels auf der Erde verbunden sind. Verknappte Formulierungen, wie z. B. „(Tempel) E-ana, der aus dem Himmel herausgelassen worden ist", evozieren folglich auch aus

---

[26] Auf welche Weise uneindeutige Konkretionen entschlüsselt werden können, zeigt C. Zgoll 2019, 197-204 am Beispiel des aus dem Himmel herabkommenden Königtums.
[27] Siehe ausführlicher Abschnitt 5.

etischer Perspektive den mythischen Erzählstoff von INNANA BRINGT DAS HIMMELS-HAUS FÜR DIE ERDE, in dem die Göttin Innana den Transfer des Tempels auf die Erde geplant und letztlich mit einigen Verbündeten erfolgreich durchgeführt hat[28].

Viele andere Hyleme, die ebenfalls nur in verkürzter Weise überliefert sind, legen den Verdacht nahe, dass auch hier in Analogie zum eben genannten Fall ebenfalls göttliche Protagonisten verantwortlich sind. Jedoch fehlt – anders als im genannten Beispiel vom E-ana – mehrheitlich der stoffliche Rahmen, der Licht ins Dunkel bringen könnte. Im Folgenden werden daher nur die Texte aufgeführt, welche Handlungsträger, die etwas aus dem Himmel gelangen lassen, explizit namentlich nennen. Mit dieser Beschränkung reduziert sich die Gruppe auf 26 Texte mit insgesamt 46 Belegstellen, von denen 11 sowohl Protagonisten als auch den Himmel enthalten. Da, wie oben dargelegt, der Himmelsgott An eng mit dem Himmel verbunden ist, sind hier weitere 35 Belegstellen aufgenommen, die lediglich den Himmelsgott An ohne weitere Herkunftsangabe erwähnen.

Tab. 3: Entitäten, die etwas aus dem Himmel gelangen lassen

Entität	Text
Belege mit Angabe der Herkunft aus dem Himmel	
An	*Gebet an An (Rīm-Sîn C)* (Z. 24)
	Šer-gida? an Ninsubur (Ninsubur A) (Z. 4)
	Tempelhymnen (Z. 371)
	Wie das Getreide nach Sumer kam (Z. 2–3)
An und Enlil	*Lagaš Herrscherchronik* (Z. 6–10)
Babu	*Hymne auf Babu (Babu A)* (Segment B Z. 3)
	Tigi an Babu (Gudea A) A (Z. 9, 13)
Ninĝirsu	*Gudea-Zylinder A* (xi Z. 7–8)
Nisaba	*Tempelhymnen* (Z. 533–534)
Utu	*Lugalbanda in der Bergschlucht* (Z. 229)
Belege ohne Angabe der Herkunft aus dem Himmel	
An	*Adab an Babu (Luma A)* (Z. 12, 15)
	Adab an Nanna (Nanna H) (Z. 5, Segment B Z. 1–5, Seg. B Z. 11–13)
	Balbale an Innana (Dumuzi Innana F) (Z. 43)
	Balbale an Ninazu (Ninazu A) (Z. 10)

---

[28] Zu diesem Mythos siehe ausführlich den Beitrag von A. Zgoll, *Wie der Himmel auf die Erde kommt*. Zu stoffzusammenfassenden Hylemen siehe C. Zgoll, *Grundlagen der hylistischen Mythosforschung*, Abschnitt 2.7.

> *Balbale?* an Ninĝešzida (Ninĝešzida D) (Z. 5–6)
> *Balbale* an Su'en (Nanna A) (Z. 49, 52, 56)
> *Bilgameš und Akka* (Z. 33, 34, 108, 109)
> *Bilgameš und der Himmelsstier* (ii Z. 14, ii Z. 20, Rs. i Z. 25)
> *Enlil und Sud* (Z. 172)
> *Gebet an An (Rīm-Sîn C)* (Z. 23)
> *Gudea-Zylinder A* (ix Z. 11, xxvii Z. 8)
> *Gudea-Zylinder B* (xx Z. 20)
> *Hymne auf Ninisina (Išbi-Erra D)* (Z. 13)
> *Keš-Hymne* (Z. 38)
> *Ninisina und die Götter (Ninisina F)* (Z. 4–5)
> *Ninmešara (Innana B)* (Z. 14)
> *Preislied des Sulgi (Sulgi A)* (Z. 80)
> *Preislied des Sulgi (Sulgi P)* (Z. 37)
> *Streitgespräch zwischen Winter und Sommer* (Z. 234)
> *Sulgi und Ninlils magur-Schiff (Sulgi R)* (Z. 85)
> *Tempelhymnen* (Z. 352, 379)
> *Tigi an Babu (Gudea A)* (Z. 10–11, 14–15)

Es verwundert nicht, dass ausschließlich Götter als Protagonisten auftreten, da diese doch ihren kosmischen Sitz im Himmel haben. Innerhalb der Gruppe mit Nennung der Herkunftsangabe ist auffällig, dass vergleichsweise oft der Himmelsgott erscheint. Wie die Rolle des Himmelsgottes im Kontext des Transfers aus dem Himmel vor allem im Hinblick auf die Art des Transferierten bewertet werden muss, und welche Erkenntnisse sich daraus in Bezug auf seine Position innerhalb des mesopotamischen Pantheons ziehen lassen, darauf wird in den nachfolgenden Kapiteln skizzenhaft noch eingegangen werden. Intensivere Auseinandersetzungen bzgl. seiner Funktionen und Stellung innerhalb des Pantheons sprengen jedoch den Rahmen dieses Beitrages und müssen daher an anderer Stelle erfolgen.

4.2.4 Entitäten, die aus dem Himmel gelangen

Die Vielzahl der Textbelege zeigt deutlich, dass die Vorstellung von Dingen, die aus dem Himmel gelangen, zum grundlegenden Verständnis der Mesopotamier gehörte. Aber um welche Art von Entitäten handelt es sich? Können diese bestimmten Kategorien zugeordnet werden? Die Schwierigkeit dabei liegt in der Natur der Sache, denn natürlich ist man geneigt, Kategorien nach modernen Maßstäben festzulegen. Hier besteht aber die Gefahr emische, d. h. innerhalb der mesopotamischen Kultur existierende, Vorstellungen völlig auszublenden. Wenn wir aber die Texte und die damit verbundenen kulturellen, religiösen und sozialen Vorstellungen verstehen wollen, muss es das Ziel sein, uns den antiken Vorstellungen und Konzepten weitestgehend anzunähern. Aus diesem Grunde werden im Folgenden zunächst Kategorien gewählt, welche die sumerische Sprache auf der lexematisch-grammatikalischen Ebene selbst vorgibt.

Das Sumerische kennt keine Genera, wie weiblich, männlich oder sächlich, sondern unterscheidet vielmehr zwischen einer belebten und unbelebten Klasse, die konventionell als Personen- bzw. Sachklasse bezeichnet werden. Die Personenklasse beinhaltet – wie die Bezeichnung bereits impliziert – alle Entitäten, die personal vorgestellt werden, wie Menschen, Götter und andere numinose Wesen oder personal gedachte Gegenstände. Die Sachklasse umfasst folglich grundsätzlich alles das, was nicht belebt oder personal gedacht ist; in der Regel sind aber auch Tiere oder Sklaven dieser Gruppe zuzuordnen.

4.2.4.1 Entitäten der Personenklasse

Die antike Vorstellung, dass Götter und andere numinose Wesen aus dem Himmel gelangen können, ist wenig überraschend (11 Texte, 18 Belegstellen), da viele Gottheiten ihren kosmischen Sitz im Himmel haben und einige von ihnen in ihrer astralen Erscheinungsform für die Menschen am Himmel sichtbar sind. Wenn Götter aus dem Himmel kommen, erfahren Menschen dies als Theophanie. Überraschend ist allerdings die Tatsache, dass die Texte nur einige wenige Götter namentlich nennen und dass ein Hervorkommen aus dem Himmel an zwei Stellen auch von Menschen ausgesagt wird. Sollte die Tatsache, dass nur wenige Götter in diesem Zusammenhang namentlich erwähnt werden, allein dem Überlieferungszufall geschuldet sein? Oder wird das Bild der aus dem Himmel tretenden Gottheit in anderen Texten nicht bemüht, weil es ohnehin bekannt war? Wie verhält es sich schließlich mit den Aussagen über Menschen, die aus dem Himmel gelangen? Nicht alle Fragen können nachfolgend umfassend beantwortet werden, nicht zuletzt auch deshalb, weil sie meist nicht über Spekulationen hinausreichen. Dennoch soll versucht werden, einige weiterführende Überlegungen diesbezüglich anzustellen. Die nachfolgende Tabelle bietet zunächst eine Übersicht aller namentlich genannten Götter, numinosen Wesen und Menschen.

Tab. 4: Entitäten der Personenklasse: Theophanien

Personenklasse	Texte
Ama-ušumgal-ana	*Balbale an Innana (Dumuzi Innana F)* (Z. 43)
Babu	*Tigi an Babu (Gudea A)* (Z. 3, 7)
Enmerkara	*Lugalbanda in der Bergschlucht* (Z. 53)
Ezinam	*Wie das Getreide nach Sumer kam* (Z. 2–4)
Innana	*Dumuzis Tod* (Z. 12–13, Z. 32–33)
	Enmerkara und Ensuḫkešana (Z. 79)
	Ser-namursaĝa an Innana (Iddin-Dagan A) (Z. 1, 2, 88, 126, 134)
Našše	*Našše und die Vögel* ((Našše C) Z. 11)
Udug-Schutzgeist[29]	*Lugalbanda in der Bergschlucht* (Z. 230)
Utu	*Adab? an Utu (Šulgi Q)* (Z. 3, 7, 41)
	Brief des [PN] an Utu (Z. 4)
eine (göttliche) Gestalt[30]	*Lugalbanda und der Anzu-Vogel* (Z. 222)

Naturphänomene wurden in der mesopotamischen Antike als gewaltige Ereignisse wahrgenommen, die man mit göttlicher Anwesenheit in Verbindung brachte. Wie die Theophanien von Göttern vorzustellen sind, zeigen die Analysen von Phänomenen, die als Elemente von Theophanien interpretiert wurden: Das Strahlen von Gestirnen, gerne auch als „Feuer" oder „Auflodern" bezeichnet, oder das Dröhnen von Donner wird z. B. als Anzeichen für das Herauskommen eines Gottes aus dem Himmel gewertet[31]. Diese Elemente sollen im Folgenden zunächst näher betrachtet werden. Im Anschluss daran werden die Überlieferungen diskutiert, in denen Menschen aus dem Himmel auf die Erde gelangen.

---

29 Der Udug-Schutzgeist gehört zu den numinosen Wesen und wird in vielen Fällen zusammen mit dem Lamma-Schutzgeist genannt. Im 3. Jt. v. Chr. erscheinen diese oftmals als Schutzgottheiten vor allem in Verbindung mit Göttern, Tempeln, aber auch Menschen. Eine Zuordnung zur göttlichen Sphäre wird durch die mehrheitlich überlieferte Schreibung mit dem Gottesdeterminativ sowie durch die Aufnahme in die Götterliste A n = Anum deutlich (vgl. ETCSL, siehe auch Litke 1998, 210), die an verschiedenen Stellen udug-Geister auch namentlich auflistet (Litke 1998, 27, 29, 42, 52f., 64, 98f., 175f., 184, 186). Erst ab dem 2. Jt. v. Chr. steht Udug für eine Gruppe negativer Dämonen (u d u g ḫ u l). Siehe ausführlich Steinert 2012, 303-306.
30 Die Aussage bezieht sich auf das Erscheinen einer nicht näher spezifizierten (göttlich vorzustellenden) Gestalt, mit deren Erscheinungsweise das Auftreten Lugalbandas, der nach seiner Reise zum Anzu-Vogel wieder zu seiner Truppe zurückkehrt, im Text verglichen wird.
31 Elemente von Theophanien gehören auf der grammatikalischen Ebene nicht der Personenklasse, sondern der Sachklasse an, wie z. B. Glanz, Brüllen usw. Da dies in der Antike jedoch als

Tab. 5: Dinge, die aus dem Himmel kommen 3: Elemente von Theophanien

Entitäten	mit den Entitäten verbundene Gottheiten	Texte
Brüllen (= Donnern)	Iškur	*Gudea-Zylinder A* (xxvi Z. 20–21) *Inninšagura (Innana C)* (Z. 100)
Glanz	Utu	*Lugalbanda in der Bergschlucht* (Z. 229)
Licht	Innana unbekannt Utu	*Balbale an Innana (Innana A)* (Z. 14–18) *Preislied des Sulgi (Sulgi B)* (Z. 103) *Adab? an Utu (Sulgi Q)* (Z. 7)
Schreckensglanz wie Feuer	Innana	*Ninegala-Hymne (Innana D)* (Z. 120)

Das Erstrahlen der großen Gestirne Sonne, Mond und Venusgestirn, war mit der Vorstellung verbunden, dass es sich dabei um die Himmelsgötter Utu (= Sonnengott), Nanna/Suen (= Mondgott) und Innana (= Venusgestirn) selbst handelt, die sich in ihrer astralen Gestalt zeigten. Beschreibungen dieser visuellen Erscheinungen sind nur in überschaubarer Zahl überliefert (siehe Tabelle 5). Nicht aber für alle diese Phänomene ist eindeutig überliefert, dass sie explizit aus dem Himmel heraus geschehen, wie folgendes Beispiel zeigt[32]:

> Nanna, im hohen Himmel ist (dein) Antlitz mit leuchtendem Glanz versehen (*Ululumama-Lied auf Nanna*, Z. 2; Übersetzung Sjöberg 1960, 71)

Dort wo beschrieben wird, dass Götter für die Menschen aus dem Himmel heraus sichtbar wurden, geschieht dies in ganz unterschiedlicher Weise. Der Sonnengott Utu breitet beispielsweise seinen Glanz aus, die Göttin Innana wird mit Feuer und Licht verglichen.

> Nachdem du, Innana, wie Feuer aus dem Himmel heraus(kommend) furchtbare(n) Schrekken(sglanz) getragen hast (*Ninegala-Hymne (Innana D)*, Z. 120)

> [17] Infolgedessen hast du wie das Licht aus dem Himmel heraus(kommend) im Inneren der Versammlung [18] die Rechtschaffenen aufgestellt. (*Balbale an Innana (Innana A)*, Z. 17–18)

Erscheinungsformen von Göttern angesehen wurde, gehören diese Elemente im weiteren Sinne ebenfalls zur Kategorie der Personenklasse und wurden aus diesem Grund hier aufgenommen.
32 Ob hierbei semantische Unterschiede zwischen dem, was aus dem Himmel heraus oder im Himmel geschieht, existieren, mögen weiterführende Studien klären.

Die genannten Vergleiche lassen sich aus der Kenntnis der vielfältigen Aussagen über Innana gut verstehen. Innana als Venus-Gestirn wird gepriesen, weil sie wie aufloderndes Feuer aus dem Himmel kommt. Das bringt auch ihr späterer akkadischer Name *Šarrat-nipḫa* „Königin des Aufloderns", den sie in ihrem Tempel in der Stadt Assur trägt, zum Ausdruck[33]. Auch das „Licht aus dem Himmel" gehört in diesen Kontext und ist z.B. mit dem Preislied auf Innana als diejenige, die „aus dem Himmel hervorgekommen ist", zu vergleichen (*Ser-namursaĝa an Ninisina (Iddindagan A)*); dieser Aufgang wird dort refrainartig immer wieder besungen und gepriesen. Solche Stellen wie auch das wichtigste Epitheton der Göttin (k u₃, „strahlend") evozieren die Vorstellung, dass die nach der Unsichtbarkeit wieder als Venusgestirn am Himmel sichtbare Innana es geschafft hat, aus der Unterwelt zurückzukehren[34].

Die Verbindung der Lokalbestimmung „aus dem Himmel" mit der Göttin Innana und dem Licht (dazu auch unten, *Preislied des Sulgi (Sulgi B)*) kann auch durch andere Texte bestätigt werden, eine Verbindung mit den Rechtschaffenen[35] findet sich auch in *Innana und Šukaleduda*[36], wo ein Erzählstoff nur angedeutet wird, in dem Innana in Sumer die Menschen prüft[37]. Dabei sucht sie „den Trügerischen und den Rechtschaffenen" (l u l   z i) und will Schlechtigkeit und Rechtschaffenheit erkennen (*Innana und Šukaleduda*, Z. 6–8).

Als bildhafte Beschreibung einer Theophanie ist vielleicht auch eine weitere Aussage in der *Ninegala-Hymne (Innana D)* zu verstehen, wenngleich dieser Beleg nur fragmentarisch erhalten ist.

Nachdem deine Hand Pracht aus dem Himmel heraus [...] (*Ninegala-Hymne (Innana D)*, Z. 130)

Ein anderer Vergleich findet sich im *Preislied des Sulgi (Sulgi B)*, wo der Lauf von Sulgis Bogen bzw. des Pfeiles mit Licht aus dem Himmel verglichen wird. Auch

---

33 Siehe Zgoll/Zgoll 2020, 784.
34 Vgl. A. Zgoll 2020, 145-149 und Zgoll/Zgoll 2020, 784.
35 ETCSL zufolge existieren 19 Einträge für z i - d u „der Rechtschaffene", was wortwörtlich „recht gehend" meint. In *Innana und Šukaleduda* ist dies schlichter als z i ausgedrückt. Die Mehrzahl der Texte nennen z i - d u neben e r i m₂ - d u „der Übeltäter" (wortwörtlich „feindlich gehend"). Hinweise auf konkrete Personen finden sich in der Komposition *Lugalbanda in der Bergschlucht*, Z. 42, in der Enmerkara als Rechtschaffener, „der mit Enlil Zwiesprache hält" (Wilcke 2015, 229) bezeichnet wird. Im gleichen Text wird an anderer Stelle (Z. 259) Lugalbanda ebenfalls auf diese Weise angesprochen (Wilcke 2015, 239).
36 Siehe Volk 1995, insbesondere dort S. 125, Z. 6-8.
37 A. Zgoll 2020, 119.

wenn der Pfeil dort selbst keine Theophanie darstellt, wird durch den Vergleich auf eine solche angespielt.

> Sein (= des Bogens) Laufen ist wie Licht, das aus dem Himmel heraus freigelassen ist.
> (*Preislied des Sulgi (Sulgi B)*, Z. 103)

Andere Gottheiten waren auch oder nur durch lautliche Äußerungen wahrnehmbar, z. B. wurde das im Kontext von Wettererscheinungen stehende Donnern als Brüllen des Wettergottes Iškur erklärt. Aber auch andere Gottheiten bedienten sich des Brüllens, wobei diese Art des Brüllens nicht zwingend mit einem Wetterphänomen zu tun hatte. Ein treffliches Beispiel bietet dafür wiederum der Mythos INNANA BRINGT DAS HIMMELSHAUS FÜR DIE ERDE, der schildert, dass das Brüllen der Göttin Innana das Zeichen für den Sonnengott Utu ist, den Tempel E-ana auf die Erde herabfallen zu lassen[38].

Es überrascht hingegen, dass Menschen aus dem Himmel treten können, wie aus den Kompositionen *Lugalbanda in der Bergschlucht* (Z. 53) und *Lugalbanda und der Anzu-Vogel* (Z. 222–223) hervorgeht, obwohl das Erscheinen aus dem Himmel ansonsten Göttern vorbehalten ist. In *Lugalbanda in der Bergschlucht* ist es Enmerkara, der aus dem Himmel auf die Erde tritt:

> Er (= Enmerkara) war es, der sich aus dem Himmel heraus auf der großen Erde aufgestellt hat. (*Lugalbanda in der Bergschlucht*, Z. 53)

Handelt es sich folglich bei Enmerkara ebenfalls um eine göttliche Gestalt? Bereits Mittermayer diskutiert, ob Enmerkaras Geburtsort, das k u r m e s i k i l - l a „das Berg(land) der reinen numinosen Mächte", „als Hinweis für eine Art ‚gottähnliche' Geburt gedeutet werden" (Mittermayer 2009, 12) kann, da auch bestimmte Gottheiten im k u r (sum. für Bergland, Fremdland, Feindland, Unterwelt) geboren werden. Sie stützt sich dabei auf eine Textstelle in *Enmerkara und En-suḫkeš-ana*, in welcher Enmerkara eindeutig als Göttergestalt geschildert wird[39]. Der oben aufgeführte Beleg aus *Lugalbanda in der Bergschlucht* spricht

---

[38] Vgl. A. Zgoll 2015b, 51, Z. 132-138 und in diesem Band A. Zgoll, *Wie der erste Tempel aus dem Himmel kommt*, Abschnitt 2.2.

[39] Mittermayer 2009, 12 mit Verweis auf *Enmerkara und En-suḫkeš-ana*, Z. 20: „er (= Enmerkara, ein Mensch, der wie ein Gott *geboren wurde*", wobei das Sumerische wortwörtlich „als ein Gott" lautet. Wilcke 2012, 75 übersetzt dagegen „A man to create (high) as the sky is he." Die unterschiedlichen Übersetzungen ergeben sich aus den Möglichkeiten, die Keilschriftzeichen A N und Š E₃ entweder als d i ĝ i r - e š₂ „als einen Gott" oder als a n - š e₃ „zum Himmel" zu lesen und zu interpretieren.

nun ebenfalls dafür, dass Enmerkara wenigstens zu einer bestimmen Zeit, möglicherweise auch (nur) in einer ganz bestimmten Region als eine göttliche Gestalt aufgefasst wurde, wenngleich Enmerkara niemals mit dem ansonsten für Gottheiten verwendeten Götterdeterminativ geschrieben wird und dieser auch nicht in den Götterlisten bezeugt ist.

Im Text *Lugalbanda und der Anzu-Vogel* liegt der Fall etwas anders. Dort wird von Lugalbanda nicht explizit ausgesagt, dass er aus dem Himmel auf die Erde getreten ist. Dennoch wird diese Handlung mit ihm in Verbindung gebracht. Das Hylem aus diesem Text lautet: „Jemand stellt sich aus dem Himmel auf der Erde auf". Es wird als Vergleich im Kontext des Erscheinens von Lugalbanda bei seiner Truppe verwendet.

> Wie jemand, der sich aus dem Himmel heraus auf der Erde aufgestellt hat, stellte sich Lugalbanda in die Mitte der aufgestellten Truppe seiner Brüder. (*Lugalbanda und der Anzu-Vogel*, Z. 222–223)

Die Gestalt, mit der Lugalbanda hier verglichen wird, ist nach den hier zusammengestellten anderen Belegen klar als Gottheit anzusehen. Im Gegensatz zu Enmerkara, der als Herrscher von den Göttern erwählt ist und damit selbst zu einer göttlich-numinosen Gestalt wird, ist Lugalbanda der Überlieferung *Lugalbanda und der Anzu-Vogel* zufolge jedoch (noch) nicht König und daher noch nicht ganz göttlich-numinos vorgestellt, aber eine Affinität zur Göttlichkeit ist mit dem Vergleich eindeutig angelegt. Diese Affinität zeigt sich auch in der variierenden Schreibung seines Namens in *Lugalbanda und der Anzu-Vogel* mit und ohne Gottesdeterminativ[40] sowie implizit auch mittels der Determinierung Lugalbandas mit dem Attribut ku$_3$ „strahlend", mit welchem an anderer Stelle oft Götter, insbesondere die Göttin Innana, bezeichnet werden. Dies beweist, dass die Grenzen zwischen Lugalbanda als menschlich-heroischer und göttlicher Gestalt in *Lugalbanda und der Anzu-Vogel* verwischt sind. Diese Überlegungen stellen allerdings nur einen möglichen Aspekt für das Verständnis dieser Zeilen dar, weiteres ist ebenso denkbar[41].

---

40 Die Textzeugen B$_1$, H, J sowie UM 29-16-432 schreiben mit und T, Y sowie AA wechselnd mit und ohne Gottesdeterminativ (Wilcke 1969, 51f.). Alle übrigen Textzeugen – sofern sie den Namen Lugalbanda enthalten – schreiben ohne Gottesdeterminativ: A, C, DDD, G, EE, FF, FFF, I, LL, M, MM, N, NN, P, O, Q, QQ, S, V, W (alle bei Wilcke 1969 aufgelistet) sowie Ni 4498 und UM 29-16-441. Zwei Texte sind an der betreffenden Stelle abgebrochen: 3N-T919, 478 und 3N-T919, 450.

41 Unter der Voraussetzung, dass beide Lugalbanda-Kompositionen zusammengehörig sind, ist es auch denkbar, dass auf der textlichen Ebene ein subtiler Vergleich zwischen Lugalbanda und Enmerkara angestrebt ist. Sollte tatsächlich in *Lugalbanda und der Anzu-Vogel* auf die in

Resümierend lässt sich für die Personenklasse folgendes zusammenfassen: Den überlieferten sumerischen literarischen Texten zufolge treten im Regelfall göttliche Wesen aus dem Himmel auf die Erde. Die Aussage kann aber auch auf Menschen übertragen werden. Im Falle von Enmerkara wird dadurch zum Ausdruck gebracht, dass dieser Herrscher von besonderer, göttlich-numinoser Art ist. Das ist auffällig, da Enmerkara ansonsten nicht zu den Göttern gerechnet wird. Auch in *Lugalbanda und der Anzu-Vogel* geht es darum, dem Protagonisten Lugalbanda göttliche-numinose Qualitäten zuzusprechen. Er erscheint seinen „Brüdern" wie ein Gott. Die Aussage ist deutlich vorsichtiger als bei Enmerkara, doch auch sie bezeugt die Hochachtung vor dem Protagonisten. Der entscheidende Unterschied zwischen beiden Akteuren besteht darin, dass Enmerkara der Herrscher ist, der von den Göttern erwählt worden ist und der damit den Göttern so nahe steht, dass er selbst als göttlich-numinos erscheinen kann. Lugalbanda hingegen ist im vorliegenden Text gerade nicht der Herrscher, sondern einer von acht Heerführern des Herrschers (Enmerkara). Gottgleicher Status sollte hier mithin eigentlich nicht Lugalbanda, sondern vielmehr Enmerkara zukommen. Das ist genau der springende Punkt, um den es geht, und der durch den Vergleich zwischen beiden verschiedenen Aussagen sichtbar wird: In seinem göttlich-numinosen Erscheinen unter seinen „Brüdern", den anderen Heerführern, zeigt

---

Lugalbanda in der Bergschlucht geschilderte Aussage angespielt werden, so ergibt sich daraus die Konsequenz, dass *Lugalbanda und der Anzu-Vogel* chronologisch nach Lugalbandas Erlebnissen in der Bergschlucht eingeordnet werden muss. In der Vergangenheit wurde mehrfach diskutiert, in welcher Reihenfolge die Lugalbanda-Texte anzuordnen seien und in welchem Verhältnis sie zueinanderstehen. Wilcke führt zuletzt mehrere inhaltliche Argumente an, die es sehr wahrscheinlich machen, dass die Erzählung *Lugalbanda und der Anzu-Vogel* nach die Komposition *Lugalbanda in der Bergschlucht* zu stellen ist. Wilcke macht deutlich, dass *Lugalbanda und der Anzu-Vogel* „mehrfach in Teil I (Anm. d. A. = *Lugalbanda in der Bergschlucht*) Berichtetes" aufgreift. So wird z. B. in *Lugalbanda in der Bergschlucht* geschildert, dass Lugalbandas Truppe ihn „wie für ein Begräbnis als Krieger aufbahrten" (Z. 109–114). Dies wird in *Lugalbanda und der Anzu-Vogel* erneut aufgegriffen, indem davon berichtet wird, dass seine Truppe Lugalbanda verlassen hat „wie einen in der Schlacht Erschlagenen" (Z. 228) (Wilcke 2015, 207f.). Weitere Argumente für die Anordnung der Texte finden sich bei Wilcke 1969, 5ff. Noch konkreter wird Vanstiphout, der sich dafür ausspricht, dass die beiden Texte zu einem einzigen Epos zusammengehören (Vanstiphout 2002, 262f.). Dagegen sieht z. B. Alster in den Texten zwei separate Epen, die jedoch miteinander vernetzt sind (Alster/Westenholz 1990, 63). Dies passt hervorragend zu der Schlussfolgerung, die sich aus den oben genannten Textstellen ergibt. Wilckes Erkenntnis hinsichtlich der Anordnung der Texte wird somit durch ein weiteres Argument bereichert. Weitere auch inhaltliche Aspekte für die Ausdeutung dieser Zeilen sind ebenfalls denkbar; vgl. dazu u. a. den Beitrag *Lugalbandas Königtum und das Feuer des Prometheus* von A. Zgoll/C. Zgoll, Abschnitt 3.2.1 im vorliegenden Band.

sich, dass Lugalbanda zwar noch kein gottgleicher Herrscher ist, dass er aber bereits zum Herrscher auserwählt ist. Dies wird auch durch andere Indizien bestätigt. Dazu zählt bspw. auch, dass Innana nach der Rückkehr Lugalbandas in Kulaba auf ihn blickt wie auf (ihren Gemahl) Ama-ušumgal-ana (= Dumuzi). Dies ist insofern von Bedeutung, weil im Kult die Rolle des Ama-ušumgal-ana ausschließlich vom König übernommen wird[42].

4.2.4.2 Entitäten der Sachklasse

Im Hinblick auf die Quantität der Belege sind die Entitäten der Sachklasse deutlich stärker vertreten als solche der Personenklasse (siehe unten die Tabellen 6–11). Aus etischer Perspektive scheinen darüber hinaus die Belege hinsichtlich ihrer Art ebenfalls sehr mannigfaltig zu sein. Wie aber bereits betont, gilt es, das Material gerade nicht nach etischen, sondern nach emischen Gesichtspunkten zu bewerten. Genau in diesem Punkt ergeben sich jedoch einige Schwierigkeiten. Auf der grammatikalischen Ebene existieren neben der Zuweisung zur Sachklasse nämlich keine weiteren Kriterien, daher gilt es nach anderen Kriterien zu suchen.

Von den Mesopotamiern ist vielfach überliefert, dass sie ihr Wissen systematisch in Form lexikalischer Listen festhalten[43]. Diese Listen sind jedoch keineswegs vollständig überliefert und die Prinzipien, die dieser Form der Dokumentation zugrunde liegen, sind nicht einheitlich; neben thematischen Kategorien existieren beispielsweise auch phonemische oder graphemische[44]. Dies kann unweigerlich dazu führen, dass sumerische Wendungen in verschiedenen Kategorien erscheinen. Exemplarisch für diese Komplexität kann in diesem Kontext das Königtum (sum. nam-lugal) angeführt werden, welches einerseits aus semantischer Sicht zu den numinosen Machtmitteln gerechnet wird, andererseits zu den Dingen gehört, die mit dem Zeichen nam beginnen und somit im Sumerischen Abstrakta bezeichnen[45]. Da es in der Stoff-Forschung vor allem aber um

---

[42] Vgl. dazu A. Zgoll/C. Zgoll, Lugalbandas Königtum und das Feuer des Prometheus, Abschnitt 3.2.1
[43] Einen Überblick über die Vielfalt der Lexikalischen Listen in den Keilschriftkulturen bietet Cavigneaux 1980–1983, 609–641 im Reallexikon der Assyriologie (RlA) sowie detailliert diachron und diatop Veldhuis 2014 inklusive inhaltlicher Angaben.
[44] Vgl. bspw. Veldhuis 2014, 6–13.
[45] Vgl. das Königtum in der Liste der me bei Farber-Flügge 1973, 28–29, 54–55 sowie in der Lexikalischen Liste izi = išā'u (MSL 13, 222, Z. 293–294). Zum Königtum siehe auch den Beitrag von Gabriel, *Von Adlerflügen und numinosen Insignien*.

semantische Aspekte geht, werden im Folgenden andere Kriterien ausgeblendet. Dies bedeutet allerdings, einen Kompromiss einzugehen, da originär antike Kategorien mit dem heutigen Blick nicht immer zu greifen sind oder – wie bereits erwähnt – diese nur unzureichend bekannt sind. Die Zuordnung des Materials berücksichtigt daher einerseits kulturimmanente Vorstellungen, wie z. B. die Vorstellung der Existenz von numinosen Machtmitteln (sum. m e), andererseits, wo diese nicht nachvollziehbar sind, wurden Kategorien nach modernen Maßstäben gewählt:

A. Numinose Machtmittel
B. Tempel, Stadt und Zugehöriges
C. Sturm und Regen
D. Tiere und Pflanzen
E. Sonstiges

A. Die numinosen Machtmittel

Tab. 6: Dinge, die aus dem Himmel kommen: Die numinosen Machtmittel I

Entitäten	Determinationen	Belegstellen
numinose Machtmittel	–	*Balbale an Innana (Innana A)* (Z. 14) *Ninisina und die Götter (Ninisina F)* (Z. 4) *Ninmešara (Innana B)* (Z. 14) *Tempelhymnen* (Z. 533–534) *Tigi an Babu (Gudea A)* (Z. 9, 13)
	fürstlich	*Tempelhymnen* (Z. 49)
	mächtig	*Adab an Nanna (Nanna H)* (Z. 5) *Tempelhymnen* (Z. 371)
	unübertrefflich	*Tigi an Babu (Gudea A)* (Z. 10–11, 14–15)
aga-Krone	–	*Šulgi und Ninlils magur-Schiff (Šulgi R)* (Z. 85)
Hirtenamt	des Landes	*Balbale an Su'en (Nanna A)* (Z. 49)
isib-Priesteramt	–	*Šer-gida an Ninisina (Ninisina A)* (Z. 122)
Königtum	–	*Balbale an Su'en (Nanna A)* (Z. 52) *Preislied des Ur-Namma (Ur-Namma C)* (Z. 114) *Sumerische Königsliste* (Z. 1, 41)

	des Himmels	Balbale an Su'en (Nanna A) (Z. 56)
	eine aga-s[ilig]-Axt?[46]	Lagaš Herrscherchronik (Z. 9)
men-Krone	mächtig	Sumerisches Sintflut-Epos (Z. 88–90)
Schrecken(sglanz)	–	Ninegala-Hymne (Innana D) (Z. 120)
	groß	Tigi an Babu (Gudea A) (Z. 3, 7)
Thron		Balbale an Ninazu (Ninazu A) (Z. 10)
	mächtig, des Königtums	Streitgespräch zwischen Baum und Rohr (Z. 247)
		Sumerisches Sintflut-Epos (Z. 88–90)
Zepter	–	Preislied des Sulgi (Sulgi P) (Z. 37)
	lapislazuli-farben	Ser-gida? an Ninsubur (Ninsubur A) (Z. 4) (?)[47]
[...] des Königtums[48]	–	Sumerisches Sintflut-Epos (Z. 88–90)

Nach antiken Vorstellungen gehört die Existenz von numinosen Machtmitteln zu den essentiellen Bestandteilen der sumerischen Welt. Die Sumerer ordnen ihnen gleichermaßen konkrete Dinge (wie Zepter oder Schafstall), abstrakte Dinge (wie

---

46 Aufgrund der Nennung des Königtums in derselben Zeile ist zunächst mit einem weiteren numinosen Machtmittel zu rechnen. Ältere Publikationen lesen das Zeichen URU (zuletzt Glassner 1993, 151ff. und id. 2004, 146), wobei dieses Auftreten im Kontext der Schaffung des Königtums bisher singulär ist. Ebenfalls denkbar wäre das Zepter (sum. ĝidru, geschrieben mit dem Zeichen PA), welches auch in ähnlichen Kontexten gut bezeugt ist, vgl. bspw. *Innin̄šagura (Innana C)*, Z. 142 (Sjöberg 1975a): „Die Krone, den Thron, das Zepter des Königtums zu geben, ist das von dir, Innana." oder *Ibbi-Suen C*, Z. 43 (Sjöberg 1972): „Die rechte Krone, numinose Machtmittel langer Tage, das Zepter des Königtums (hat er)". Gabriel schließt die Lesung des Zeichens PA nach Kollation jedoch aus. Er liefert nun mit der Lesung aga-s[ilig] einen neuen Vorschlag (siehe Beitrag Gabriel, *Von Adlerflügen und numinosen Insignien*, Abschnitt 5.4 und insbesondere Anm. 118). In ihr sieht Gabriel eine Variante bzw. eine Umdeutung der ansonsten im Kontext des Königtums auftretenden aga-Krone.

47 Der Beleg ist nicht ganz sicher. In Z. 2 des Textes empfängt Ninsubur ein lapislazuli-farbenes Zepter. Vielleicht nimmt Z. 4 Bezug darauf. Der Himmelsgott An übergibt z. B. im *Preislied des Sulgi P* (Z. 37) ebenfalls ein Zepter.

48 Durch die nachfolgende Nennung von men-Krone und Thron ist bspw. die Ergänzung Zepter (sum. ĝidru) denkbar.

Königtum oder Schreiberkunst) sowie verschiedene Eigenschaften und Fähigkeiten (wie Ehrfurcht, Streit oder Schweigen) zu[49]. Am bisher umfassendsten gewährt die Komposition *Innana und Enki* mit einer „Liste" der m e einen Einblick in die Vielfalt dieser numinosen Machtmittel[50]. Diese Auflistung der Machtmittel ist jedoch keineswegs vollständig, denn auch die Kompositionen *Innanas Gang in die Unterwelt* und *Ninmešara* erwähnen Machtmittel, die jedoch in *Innana und Enki* fehlen. Ohne tiefer auf die verschiedenen Machtmittel an dieser Stelle einzugehen, so sei zumindest festgehalten, dass es ziemlich naheliegt, dass wir mit weiteren in keinem dieser Texte genannten Machtmitteln rechnen dürfen bzw. sogar müssen (siehe auch nachfolgend)[51]. Für diese Studie ist vor allem von Belang, dass es unter Berücksichtigung dieser Texte möglich ist, auch Entitäten, die in ihrem jeweiligen textlichen Kontext nicht explizit als m e bezeichnet werden, dieser Gruppe zuzuordnen (siehe Tabelle 6).

Es werden jedoch nicht immer spezielle m e erwähnt. Einige Texte, von denen einer exemplarisch hier aufgeführt ist, sprechen ganz allgemein von m e ohne diese näher zu spezifizieren.

> Meine Herrin (bzw. Z. 13 Babu), du hast die numinosen Machtmittel aus dem Himmelsinneren heraus weggebracht. (*Tigi an Babu (Gudea A)*, Z. 9 und 13)

Bezüglich der Qualität der einzelnen Entitäten ist zu beobachten, dass die in den Texten namentlich genannten numinosen Machtmittel allesamt unter dem Oberbegriff „Machtinstrumente", die im Kontext der Ausübung und Legitimation von

---

[49] Zum Verständnis der m e als Wirkmächte, die hinter erfahr- und erlebbaren Ereignissen in der Welt liegen und sich im Abstrakten und im Konkreten, aber auch in Handlungen manifestieren, siehe ausführlich A. Zgoll 1997a, 66–75.
[50] Siehe dazu umfassend Farber-Flügge 1973, allgemeiner zu den numinosen Machtmitteln siehe Farber 1987–1990, 610–613 sowie vorherige Anmerkung.
[51] Damit ist vor allem dann zu rechnen, wenn es keine klar umrissene Gruppe gab, sondern es sich um eine Seinskategorie handelt, in die je nach Kontext verschiedene Dinge eingeordnet sein können. Außerhalb der literarischen Texte lassen sich weitere Hinweise auf die numinosen Machtmittel m e finden. Eine Inschrift des Königs Šū-Suen von Ur (Frayne 1997, 302) erwähnt bspw., dass der Herrscher vom Gott Enlil verschiedene bereits aus anderen Texten bekannte numinose Machtmittel, wie a g a - und m e n -Krone, Zepter, Thron und Königtum, erhält. Dies sind jedoch nicht die einzigen Dinge, die dem Herrscher übergeben werden. Ebenso sind es eine lange Lebensdauer (sum. n a m - t i z i s u₃ ĝ a l₂), ein festes Fundament (sum. s u ḫ u š g i - n a), Jahre des Überflusses (sum. m u ḫ e₂- ĝ a l₂- l a), die Amaru-Waffe (sum. ᵍᵉˢt u k u l a - m a - r u), die Ankara-Waffe (sum. a₂ an-kara₂) sowie die Schlachtenwaffe (sum.: a₂ m e₃) und die Waffe des Heldentums (sum.: a₂ n a m - u r - s a ĝ - ĝ a₂), die Enlil diesem König übereignet. In Verbindung mit den als sicher geltenden m e (Krone, Zepter etc.) ist es sehr wahrscheinlich, dass auch die anderen Dinge zu den numinosen Machtmitteln zu rechnen sind.

Herrschaft notwendig sind, subsumiert werden können. Neben den offensichtlichen Machtinstrumenten, wie Thron, Zepter und Krone, zählen auch der Schrekken(sglanz), der dem Träger gewissermaßen eine Macht demonstrierende Aura verleiht, und das Amt des isib-Priesters dazu, welches ebenfalls in einer Verbindung zu den herrscherlich-religiösen, aber auch göttlichen Funktionen steht, z. B. bezeugt für Rīm-Sîn von Larsa, für die Göttin Ninisina oder für den Staatsgott von Lagaš, Ninĝirsu[52].

Im Zusammenhang mit den numinosen Machtmitteln sind auch zwei weitere Dinge zu nennen, die aus verschiedenen Gründen m. E. ebenfalls in diese Kategorie gehören, jedoch selbst (bisher) nicht als m e identifiziert sind: die Tafel des Lebens[53] und die udug-Waffe.

---

52 Im *Gebet an Nanna (Rīm-Sîn E)*, Z. 2 wird Rīm-Sîn als isib-Priester des Himmelsgottes An bezeichnet (Steible 1975, 33). Im *Ser-gida an Ninisina (Ninisina A)*, Z. 122 erhält die Göttin Ninisina das isib-Priesteramt (siehe im Appendix die Bearbeitung der entsprechenden Zeile). Der Gott Ninĝirsu empfängt im *Gudea-Zylinder A*, x Z. 13 vom Himmelsgott den Namen „Ninĝirsu, König, isib-Priester des Himmelsgottes An" (Averbeck 1987, 626; siehe auch Anhang 21). Der *Gudea-Zylinder B*, iv Z. 4 bezeichnet des Weiteren auch den Gott Nindub, der laut der Traumdeutung des Gudea den Plan des Tempels Eninnu erstellt, als „mächtigen isib-Priester von Eridu" (Averbeck 1987, 684). Zum Titel i s i b siehe auch Sjöberg/Bergmann 1969, 61f., weiterhin auch Sallaberger/Huber Vulliet 2003–2005, 624 und speziell zum isib-Priester id., 631.

53 Der Ausdruck „d u b n a m - t i l$_3$ - l a " ist nur in der *Hymne auf Babu (Babu A)* vertreten. Lediglich als dub „Tafel" wird sie z. B. in der Inschrift der Gudea Statue B erwähnt, die verlauten lässt, dass der Name im Fall der Missachtung von Gudeas Wort (sum. enim) von der Tafel (sum. dub) entfernt werden soll (Steible 1991, 179, Z. 15–16). Synonym zu d u b erscheint in anderen Texten dagegen das Lexem für „Lehm", welches ebenfalls die Bedeutung „Tafel" hat. Aus drei dieser Texte geht hervor, dass die Tafel des Lebens den Namen des Herrschers trägt. Mit dem Herrschernamen ist die Schicksalsbestimmung verknüpft. Dazu auch Polonsky 2002, 146ff.

Nungal-Hymne, Z. 77: i m n a m - t i l$_2$ - l a š u - ĝ a$_2$ m u - u n - ĝ a l$_2$ l u$_2$ z i b i$_2$ - i n - g u b - b e$_2$ - e n „Ich halte die Tafel des Lebens in meiner Hand. Ich habe die rechten Männer daraufgesetzt." Siehe Attinger 2003, 18, 24.

Preislied des Enlil-bāni (Enlil-bāni A), Z. 47–48: i m n a m - t i l$_3$ - l a - k a m u - z u b i$_2$ - i n - g u b „auf die Tafel des Lebens hat sie (= Nisaba) deinen (= Enlil-bānis) Namen gesetzt." Siehe Polonsky 2002, 147.

Hymne auf Haja, Z. 52: i m n a m - t i l$_3$ - l a - k e$_4$ d u - r i$_2$ - š e$_3$ n u - k u r$_2$ - r u m u - b i g u b - i$_3$ „auf die Tafel des Lebens setze seinen (= Rīm-Sîns) Namen, der für immer nicht zu ändern ist!" (Anm.: Die Grammatik dieses Textes entspricht nicht dem Standard des „klassischen" Sumerischen, sondern ist einerseits stark akkadisch beeinflusst und andererseits den Veränderungen des Sumerischen in der altbabylonischen Zeit geschuldet.) Siehe Steible 1967, 9, 15 sowie 164–165. Zur „Tafel des Lebens" siehe auch Barrabee 2011–2013, 401a–b.

Tab. 7: Dinge, die aus dem Himmel kommen: Die numinosen Machtmittel II

Entitäten	Belegstellen aus dem Textkorpus „Was aus dem Himmel gelangt" inklusive Hylemattribute
Tafel des Lebens	Hymne auf Babu (Babu A) (Z. 2–3)
udug-Waffe	Tempelhymnen (Z. 461)

Die Tafel des Lebens gehört der *Hymne auf Babu (Babu A)* zufolge zu den Dingen, über welche die Göttin verfügt, d. h. sie ist in der vorliegenden textlichen Konkretion eindeutig dem Macht- bzw. Verantwortungsbereich Babus zugeordnet.

> Die mächtige Wesirin, Mutter Babu, die das Leben des Königs gebiert, die strahlende Botin, welche die Tafel des Lebens aus dem Himmelsinneren heraus herunterbringt, ... ist sie. (*Hymne auf Babu (Babu A)*, Z. 2–3)

Andere Texte schildern, dass Götter, u. a. auch Babu, auf unterschiedliche Weise numinose Machtmittel erhalten können. Stellvertretend sei hier ein *Tigi an Babu* genannt, welches die Übergabe der numinosen Machtmittel durch den Himmelsgott An an die Göttin Babu schildert.

> Dein leiblicher Vater, (der Himmelsgott) An, der König, hat dir (= Babu) die unübertrefflichen numinosen Machtmittel geschenkt. (*Tigi an Babu (Gudea A)*, Z. 10–11, 14–15)

Überlieferungen wie *Innanas Gang zur Unterwelt* oder auch *Ninmešara* zeigen A. Zgoll zufolge, dass die den Gottheiten zur Verfügung stehenden, ihnen anhaftenden Dinge ebenjene numinosen Machtmittel bezeichnen; in *Innanas Gang zur Unterwelt* sind es vor allem Schmuck- und Kleidungsstücke[54] (A. Zgoll 2020, 149), in *Ninmešara* sind es vor allem die „exekutiven, Herrschaft demonstrierenden und Herrschaft sichernden ME" (A. Zgoll 1997a, 66), wie Schreckensglanz, Gebrüll etc. Im Kontext des emischen Verständnisses dieser numinosen Machtmittel legt A. Zgoll dar, dass der Mensch durch positive als auch negative Erlebnisse und Erfahrungen in seiner Umwelt eine Vorstellung von Mächten erlangt, „die lebensbedrohlich wie lebensspendend auf seine Welt einwirken" (A. Zgoll 1997a, 69). Diese Mächte, deren Ursprung unabhängig von den Göttern gedacht sein kann (van Binsbergen/Wiggermann 1999, 21), die dann aber durch Götter errungen und vollendet werden (A. Zgoll 2020, 119–122), manifestieren sich schließlich

---

[54] Dass es sich hierbei nicht einfach um Schmuck- und Kleidungsstücke handelt, sondern diese speziell im Kontext von Fruchtbarkeit zu sehen sind, hat A. Zgoll 2020, 127 deutlich gemacht.

im Konkreten wie im Abstrakten als numinose Machtmittel[55]. Mit dieser Erkenntnis ist auch die Tafel des Lebens einzuordnen, die vor allem im Kontext der Zusicherung und Legitimierung eines Herrschers durch die Götter zu sehen ist – im vorliegenden Fall repräsentiert durch die Göttin Babu. Die Ergebnisse von A. Zgoll berücksichtigend enthält die Tafel des Lebens nicht nur die göttliche Entscheidung zur Erwählung eines bestimmten Herrschers, sondern in ihr manifestiert sich gleichermaßen ganz dinghaft die hinter dieser Entscheidung stehende göttliche Wirkmacht und somit die m e. Die Tafel des Lebens kann daher ebenfalls in die Reihe anderer Machtsymbole eingeordnet werden, die im Kontext von Machtentfaltung und Legitimation stehen, und die ebenfalls zu den numinosen Machtmitteln gehören, wie z. B. Zepter, Herrscherkrone, Königtum etc. Die hinter diesen Dingen stehende göttliche Wirkmacht wird in verschiedenen Texten vor allem dann greifbar, wenn es ganz konkret heißt, dass die namentlich genannten Götter selbst Machtmittel erhalten, wie z. B. aus einem Balbale an den Mondgott Nanna/Su'en zu erfahren ist.

> Das Hirtenamt des Landes hat An dir (= Nanna) gegeben... An hat in seinem mächtigen Inneren dir (= Nanna) das Königtum gegeben. (*Balbale an Su'en (Nanna A)*, Z. 49 und 52)

Auch die udug-Waffe ist bisher nicht in die Reihe der numinosen Machtmittel aufgenommen. Aus den Tempelhymnen ist zu erfahren, dass sie Bestandteil des Nergal-Tempels in Kutha ist.

> dein Inneres (= Tempel des Nergal in Kutha) (ist) kunstvoll Gewebtes, deine udug-Waffe eine ... udug-Waffe, die aus dem Himmel heraus freigelassen worden ist (*Tempelhymnen*, Z. 461)

In diesen Kontext gehören weitere Textstellen der Tempelhymnen, aus denen deutlich hervorgeht, dass die Tempel ebenfalls mit numinosen Machtmitteln ausgestattet sind[56].

> Mächtiges Heiligtum (= Tempel des Nuska in Nippur), (zu dem) die fürstlichen Machtmittel aus dem Himmel heraus freigelassen worden sind (*Tempelhymnen*, Z. 49)

> Die große Nanibgal, Nisaba, hat die Machtmittel aus dem Himmel herauskommen lassen, hat sie (= die Machtmittel des Himmels) deinen Machtmitteln (= denen des Tempels der Nisaba in Ereš) hinzugefügt. (*Tempelhymnen*, Z. 533–534)

---

55 Siehe ausführlich A. Zgoll 1997a, 69–73, insbesondere auch 72f. zu drei phänomenologischen Aspekten der m e.
56 Dazu auch Zgoll/Zgoll 2020, 785f., 788f.

Noch konkreter äußert sich das *Streitgespräch zwischen Winter und Sommer*, welches dem Tempel E-namtila das Königtum zuordnet. Wie vieles andere gehört nach *Innana und Enki*[57] auch das Königtum zu den numinosen Machtmitteln.

> im (Tempel) E-namtila, seinem strahlenden Wohnsitz des Königtums, den An gegründet hat, (*Streitgespräch zwischen Winter und Sommer*, Z. 234)

Unter dem Aspekt, dass Tempeln göttliche Wirkmacht zuteilwerden kann, ist sicherlich auch die udug-Waffe zu betrachten, die im vorliegenden Fall in ganz spezifischer Form mit dem Tempel des Nergal verbunden ist. Unterstützt wird dies letztlich auch dadurch, dass sowohl die sonstigen numinosen Machtmittel, als auch die udug-Waffe aus dem Himmel auf die Erde herabkommen.

B. Tempel, Stadt und Zugehöriges

Eine zweite Kategorie von Dingen, die aus dem Himmel kommen, umfasst das, was aus etischer Sicht unter dem Begriff Architektur subsumiert werden könnte. Neben Gebäuden, wie Tempel (sum. e₂ „Haus") oder Paläste, gelangen auch einzelne Bauteile, wie Riegel und Mauern, und sogar Städte aus dem Himmel. Die nachfolgende Tabelle 8 führt die überlieferten Entitäten in der linken Spalte ohne Gewichtung und Deutung in alphabetischer Reihenfolge auf. Die zweite Spalte enthält die in den Texten überlieferten Determinationen sowie erschlossene Informationen, die jeweils in eckigen Klammern [ ] angegeben sind.

Tab. 8: Dinge, die aus dem Himmel kommen: Tempel, Stadt und Zugehöriges

Entitäten	Art oder Determination	Texte
Berg	[E-ninnu]	*Gudea-Zylinder B* (xx Z. 20)
Mauer	[Uruk], groß	*Bilgameš und Akka* (Z. 33, 108)
Palast	[Palast oder Tempel des Sulgi]	*Preislied des Sulgi (Sulgi A)* (Z. 80)
Riegel	unbekannter Tempel	*Tempelhymnen* (Z. 352)
Stadt	[... (verschiedene unbekannte Orte)], Kulaba, Zabalam, Ur	*Adab an Nanna (Nanna H)* (Seg. B Z. 1–5, 11–13)

---

57 Farber-Flügge 1973, Tafel I v 19 und II v 10.

	Isin, [Tempel der Ninisina in Isin]	Tempelhymnen (Z. 379)
Tempel	E-ana[58]	Enmerkara und der Herr von Arata (Z. 42–44)
		Bilgameš und Akka (Z. 30–32)
		Innana und An (Z. 125, 128, 130)
		Tempelhymnen (Z. 200)
	E-galmaḫ	Hymne auf Ninisina (Z. 13–14)
	E-namtila	Streitgespräch zwischen Winter und Sommer (Z. 234)
	E-ninnu[59]	Gudea-Zylinder A (ix Z. 11, xxvii Z. 8)
	E-tarsirsir	Adab an Babu (Luma A) (Z. 12, 15)
	[Keš-Tempel]	Keš-Hymne (Z. 38)
	[Tempel des Utu in Larsa]	Tempelhymnen (Z. 169)
	Tiraš	Gudea-Zylinder A (x 15–16)
	[...] Thronsitz	Enlil und Sud (Z. 172)
Wohnsitz	[E-ana], mächtig	Bilgameš und Akka (Z. 34, 109)

Aus Sicht der Mesopotamier ist jedes einzelne Element nicht nur Teil eines großen Ganzen (z. B. Riegel/Mauer > Stadt/Palast/Tempel), sondern in dem Einzelnen konstituiert sich auch das Ganze, d. h. das einzelne Element kann metonymisch für das Ganze stehen, wie A. Zgoll für Babylon und Marduks Tempel Esaĝil im babylonischen Schöpfungsepos *Enūma elîš* sowie für den Tempel und die Stadt Keš in der *Keš-Hymne* veranschaulicht hat[60]. In diesem Sinne sind auch die in der Tabelle 8 enthaltenen Entitäten zu verstehen. Auch die Mauer und der Wohnsitz in *Bilgameš und Akka* und der Riegel in den *Tempelhymnen* stehen metonymisch für eine Stadt bzw. einen Tempel. In *Bilgameš und Akka* nimmt die Mauer und der Wohnsitz eindeutig Bezug auf die Stadt Uruk und deren bedeutendstes Heiligtum, das E-ana. Beides wird im selben Text unmittelbar zuvor genannt. Dass auch der Riegel in den *Tempelhymnen* im Kontext eines Tempels zu sehen ist, steht allein schon deshalb außer Frage, weil das zentrale Thema, um das es in den *Tempelhymnen* geht, die verschiedenen Heiligtümer Mesopotami-

---

58 Das E-ana wird explizit in den aufgeführten Textbelegen aus *Bilgameš und Akka* sowie aus *Innana und An* genannt. In *Enmerkara und der Herr von Arata* und in den *Tempelhymnen* kann es aus dem Kontext erschlossen werden.
59 Von den beiden aufgeführten Textbelegen aus dem *Gudea-Zylinder A* enthält lediglich ix Z. 11 den Namen des Tempels.
60 A. Zgoll 2012, 23–26 (*Enūma elîš*) und 27f. (*Keš-Hymne*).

ens sind. Sie stellen die zentralen kulturellen und religiösen Zentren ihrer jeweiligen Städte dar und sind damit essentiell für die Existenz einer Stadt überhaupt[61]. Aus diesem Blickwinkel betrachtet sind selbst Städte als Tempelumland anzusehen und können folglich metonymisch für diesen stehen. Der Palast Sulgis im *Preislied des Sulgi (Sulgi A)* ist vor dem Hintergrund der Tatsache, dass Sulgi selbst vergöttlicht wurde, ebenfalls hier einzuordnen. Der Mythos INNANA BRINGT DAS HIMMELSHAUS FÜR DIE ERDE zeigt weiterhin, dass eine Stadt und deren Umland nicht nur austauschbar für den ihr zugehörigen Tempel steht, sondern dass der Tempel – im Konkreten der Tempel E-ana – gleichzeitig auch in mesopotamischer Perspektive das gesamte Land Sumer umfasst; mit dem Herabkommen des Tempels entsteht sogar die ganze Erde[62]. Letztlich standen alle diese Bauwerke den Menschen unmittelbar vor Augen. Aussagen über das Herabkommen dieser Entitäten enthalten somit auch immer implizit den Zielpunkt Erde.

Das E-ana, der Tempel der Innana in Uruk, ist bisher der einzige Tempel, über dessen Herabkommen aus dem Himmel ein episch-narrativ ausgestalteter Text vorliegt (*Innana und An*, in dem der Mythos INNANA BRINGT DAS HIMMELSHAUS FÜR DIE ERDE verarbeitet ist). Andere Texte enthalten außerdem ganz verknappte Aussagen über den Transfer des E-ana aus dem Himmel und weisen somit zweifelsohne auf den mythischen Stoff, der mit dem E-ana verbunden ist (siehe Tabelle 8). Der Transfer eines Tempels aus dem Himmel ist jedoch nicht nur für das E-ana bezeugt. Die *Tempelhymnen* überliefern für den Tempel des Sonnengottes Utu in Larsa ebenfalls, dass dieser aus dem Himmel stammt; bislang kennen wir darüber hinaus keine umfassende Schilderung zu diesem Transfer. Ferner sind die bereits genannten Anspielungen auf einen Transfer in der *Keš-Hymne* (siehe Abschnitt 1) in diesem Kontext ebenfalls zu berücksichtigen. Obwohl das Augenmerk in den *Tempelhymnen* wie in der *Keš-Hymne* nicht auf einer ausführlichen Beschreibung des Transfers eines Tempels aus dem Himmel liegt, so erlangen wir – wenngleich auch nur in geringem Maße – Kenntnis über weitere Transfers von Tempeln und erahnen gleichermaßen, wie viel mündlich sowie schriftlich tradiertes Wissen im Laufe der Jahrtausende verloren gegangen ist, ein Wissen, das

---

61 Eine Stadt kann ohne ihr Heiligtum und die dort ansässigen Götter nicht existieren, wie verschiedene Überlieferungen deutlich machen. Stellvertretend dafür sei die *Klage über die Zerstörung von Ur* genannt (Samet 2014, 55f.). Die Zerstörung der Städte bzw. des gesamten Landes wird dieser Überlieferung zufolge damit eingeleitet, dass die Götter ihre jeweiligen Tempel verlassen.

62 Vgl. dazu den Beitrag von A. Zgoll, *Wie der erste Tempel auf die Erde kommt*, Abschnitt 7.3 im vorliegenden Band und die Textstelle aus *Innana und An* „'Gesamtheit der Siedlungen des Landes (Sumer)' werde ich auf jeden Fall (als) seinen Namen ausrufen!" (A. Zgoll 2015b, 54 Z. 156).

in verschiedenen Texten immer wieder anklingt, jedoch meist nicht mehr vollständig rekonstruierbar ist. Letzten Endes ist damit zu rechnen, dass weitere Texte implizite und explizite Hinweise auf den Transfer eines Tempels auf die Erde geben. Eine umfassendere Untersuchung steht allerdings bisher noch aus[63].

C. Sturm und Regen

Stürme[64] gelten in Mesopotamien teils als dämonische Monster, selten als göttliche Wesen oder mit Göttern verbunden[65]. Die Auswertungen in diesem Band zeigen, dass Stürme, die aus dem Himmel kommen, als numinos aufgeladen aufgefasst wurden[66]. Für Regen lässt sich Analoges erschließen. Regen und Stürme kommen nach mesopotamischer Vorstellung nicht von selbst aus dem Himmel, sondern sie werden von Göttern geschickt, obwohl der Veranlasser in vielen Fällen nicht genannt wird (siehe Abschnitt 4.3.2).

---

63 Erste Ergebnisse bietet bereits das Forschungsprojekt TEMEN (Topography - Mythology - Narration), welches federführend von Annette Zgoll (Georg-August-Universität Göttingen) und Nathan Wasserman (The Hebrew University of Jerusalem) geleitet wurde (siehe (https://www.uni-goettingen.de/de/temen/547431.html). Ziel des Projektes war es, innerhalb akkadischer und sumerischer literarischer Texte die kleinsten handlungstragenden Einheiten, die Hyleme, u. a. mit dem Fokus auf Götter und Tempel zu identifizieren und diese hinsichtlich ihrer religiösen, historischen und sozialen Bedeutung zu untersuchen. Eine Publikation, die aus diesem Projektkontext hervorgegangen ist, ist der Beitrag von A. Zgoll, *Wie der erste Tempel auf die Erde kommt* im vorliegenden Band; die Edition von *Innana / Ištars Erhöhung* durch Giovanna Matini ist in Vorbereitung.

64 Auf der grammatikalischen Ebene ist der Sturm der Sachklasse zugeordnet, was aufgrund der Schreibung von /b/, das für die Sachklasse steht, eindeutig ist. Zwei Zeilen aus der *Klage über die Zerstörung von Ur* mögen dies verdeutlichen.

A: ^{200}u$_4$ kalam til-til-e uru$_2$-a me bi$_2$-ib$_2$-ĝar

Analyse: {u$_4$.d (kalam==Ø^{ABS} til-til)==e^{ERG} uru$_2$==a^{LOK} me==Ø b.i^{OO}-b^{TS,SKL}-ĝar-Ø^{TO}}

Übersetzung: Der Sturm, der das Land gänzlich vernichtet, brachte Schweigen in der Stadt.

Anmerkung: Zwei Textzeugen unbekannter Herkunft schreiben /n/ für die Personenklasse, wobei vermutlich ein Fehler vorliegt (Textzeuge P und Y$_1$), da beide Texte nachfolgend wieder /b/ für die Sachklasse schreiben (siehe unten, Z. 202). Die Mehrzahl der Texte enthält /b/ für die Sachklasse. Vgl. Samet 2014, 185.

B: ^{202}u$_4$ izi-gen$_7$ bar$_7$-a uĝ$_3$-e su bi$_2$-ib-dar

Analyse: {u$_4$.d (izi==gen$_7$ bar$_7$-a)==e^{ERG} uĝ$_3$==e^{DIR} su==Ø b.i^{OO}-b^{TS,SKL}-dar-Ø^{TO}}

Übersetzung: Der Sturm, der wie Feuer entfacht ist, zerschnitt das Fleisch der Menschen.

65 Vgl. Streck 2016, 117–118 sowie Wiggermann 2007, 131–133.

66 Zu den Anzeigern von Numinosität siehe ausführlich den Auswertungsbeitrag *Lugalbandas Königtum und das Feuer des Prometheus* von A. Zgoll/C. Zgoll, Abschnitt 3.2 in diesem Band.

Tab. 9: Dinge, die aus dem Himmel kommen: Sturm und Regen

Entitäten	Spezifika/Determinationen	Texte
Regen	–	*Enki und die Weltordnung* (Z. 90) *Gebet an Nanna (Rīm-Sîn E)* (Z. 83) *Brief des Ur-saga an einen König* (Z. 8) *Gudea-Zylinder A* (xi Z. 7) *Klage über die Zerstörung von Ur* (Z. 409) *Tod des Ur-Namma (Ur-Namma A)* (Z. 164)
	Regen des Himmels	*Gebet an An (Rīm-Sîn C)* (Z. 23)
	Überfluss	*Enlil im Ekur (Enlil A)* (Z. 147) *Gudea-Zylinder A* (xi Z. 8) *Hymne auf Innana* (v Z. 5)
	Jahre des Überflusses	*Gebet an An (Rīm-Sîn C)* (Z. 24)
Sturm	–	*Šer-namšub an Ninurta (Ninurta G)* (Z. 27–28)
	großer Sturm	*Preislied des Sulgi (Sulgi C)* (Z. 3)
	Brüllen des Sturmes	*Klage über die Zerstörung von Ur* (Z. 182)
	Sturm = Egge	*Klage über die Zerstörung von Sumer und Ur* (Z. 80B)
	Hand des Sturmes	*Klage über die Zerstörung von Ur* (Z. 110)

Der Sturm wird aus emischer Perspektive als erschreckende und zerstörerische Kraft wahrgenommen, die eine reale Bedrohung für die Menschen darstellt. In der *Klage über die Zerstörung von Sumer und Ur* dient beispielsweise die Egge[67], die im Kontext landwirtschaftlicher Tätigkeiten den Erdboden aufreißt, als Vergleich und Versinnbildlichung des Sturmes, der ganze Städte auf- bzw. niederreißen kann.

Zugleich kann die entfesselte Kraft des Sturmes aber auch für die (numinose) Stärke des irdischen und göttlichen Königs stehen, wie aus dem *Preislied des Sulgi (Sulgi C)* und aus einem *Šer-namšub an Ninurta (Ninurta G)* hervorgeht.

---

[67] Die Egge, wörtlich „der Felder-Plattwalzer" (sum. ^{geš}gana$_2$-ur$_3$), wird auch in anderen Texten als Bild zur Beschreibung von Zerstörungen oder Wut genannt, wobei ihre Nennung dort ebenfalls im Zusammenhang mit ihrer Funktion steht, nämlich als ein Instrument, welches zerstörerisch wirken kann (*Innana und Ebiḫ*, Z. 77, 170 (z. B. Attinger 2015); *Klage über die Zerstörung von Uruk* Z. 3.5 (Green 1984, 269; Zeilenzählung nach ETCSL 2.2.5: Segment E, Z. 15).

> Wie ein großer Sturm, der aus dem Himmel heraus freigelassen worden ist, ein sich weithin erstreckender/ immerwährender Schreckensglanz bin ich (= Sulgi). (*Preislied des Sulgi (Sulgi C)*, Z. 3)

> König, ein Sturm, der aus dem Himmel heraus prasselt, der Herr, der keinen Gegner hat, bist du (= Ninurta). (*Ser-namšub an Ninurta (Ninurta G)*, Z. 27–28)

Regen war in der Antike und ist auch heutzutage, v. a. in den Gebieten, die außerhalb der Regenfeldbauzone liegen, ein kostbares Gut. Regen bewirkt Pflanzenwachstum und mit dem Sprießen der Vegetation ist auch das Gedeihen einer der wichtigsten, wenn nicht sogar der wichtigsten Lebensgrundlage für Mensch und Tier verbunden: Getreide, insbesondere Gerste und Weizen. Diese positiven Auswirkungen des Regens werden mitunter in verkürzter Weise geschildert, so dass es nicht mehr heißt, dass Regen aus dem Himmel kommt, sondern es Überfluss aus dem Himmel regnet (siehe auch Tabelle 9 und Abschnitt 4.3.2).

> Während aus dem Himmel heraus ganz und gar Überfluss geregnet war, (und) nachdem er (= der Überfluss) sich der Erde genähert hat, gab es Freude. (*Enlil im Ekur (Enlil A)*, Z. 147–148)

D. Tiere und Pflanzen

Zwei Kompositionen überliefern, dass durch das Handeln der Götter numinose Tiere aus dem Himmel auf die Erde gelangen.

Tab. 10: Dinge, die aus dem Himmel kommen: Numinos aufgeladene Tiere

Entitäten	Texte
Himmelsstier	*Bilgameš und der Himmelsstier* (ii Z. 14, 20, Rs. i Z. 25)
Anzu-Vogel	*Našše und die Vögel (Našše C)* (Z. 25)

In *Bilgameš und der Himmelsstier* ist es eben jener Stier, der bereits im modernen Titel der Komposition genannt wird, den Innana vom Himmelsgott An erhält, nachdem dieser zunächst Innanas Wunsch nicht nachkommen will oder kann.

> Nachdem er ihr (= Innana) den Himmelsstier *gegen seinen Willen* gegeben hatte, hielt die junge Frau, Innana, wie (in der Funktion) ein(es) Mann(es) die Zügel in der Hand. (*Bilgameš und der Himmelsstier*, Rs. i 25–26)

Nicht nur dem Namen nach handelt es sich um einen außergewöhnlichen Stier, auch in seiner gesamten Erscheinung ist der Himmelsstier deutlich der göttlichen

Sphäre zugeordnet, wie der Mythos in einer Rede des Himmelsgottes an Innana u. a. schildert:

> Mon enfant, Taureau de Ciel n'aurait pas de pâture, c'est le ciel (var. l'horizon) qui est sa pâture. Pucelle Inana, c'est à l'Orient qu'il a sa pâture. (*Bilgameš und der Himmelsstier*, A ii Z. 18–19, Übersetzung: Cavigneaux/Al-Rawi 1993, 123–124)

In der Überlieferung *Našše und die Vögel (Našše C)* kommt auf Naššes Befehl hin der Anzu-Vogel aus dem Himmel auf die Erde. Dass es sich hierbei ebenso wenig um ein normales Tier handelt, wird nicht nur anhand seiner Gestalt, die man sich riesig und löwenköpfig vorgestellt hatte, sondern auch hinsichtlich der mit ihm verbundenen Handlungen deutlich. In *Našše und die Vögel (Našše C)* entscheidet er zusammen mit den Anuna-Göttern das Schicksal (Z. 30)[68], auch in *Lugalbanda und der Anzu-Vogel* hat er diese Funktion inne und entscheidet dort über Lugalbandas Schicksal[69]. Der numinose Charakter dieses Vogels wird durch die vorliegenden Untersuchungen bestätigt[70].

Ein weiterer mythischer Text, der unter dem modernen Titel *Wie das Getreide nach Sumer kam* bekannt ist, und von dem bisher zwei, nicht direkt zusammenzuschließende Textzeugen[71] existieren, schildert, dass der Himmelsgott An aus dem Himmelsinneren die Getreidegottheit Ezinam und Feldfrüchte/erstklassige Gerste (sum. š e - g u - n u[72]) heruntergehen lässt. Vermutlich ist dies so zu verstehen, dass die Getreidegöttin mitsamt dem Getreide aus dem Himmel kommt. Da Ezinam aber selbst auch für Getreide steht, ist dieser Beleg sowohl unter Abschnitt 4.2.3.1 als auch hier aufgenommen.

---

68 Veldhuis 2004, 118.
69 Wilcke 2015, 258–263.
70 Siehe auch A. Zgoll, Auswertungsbeitrag *Wer oder was vom Himmel kommt*, Abschnitt 1.1 in diesem Band.
71 Der Haupttextzeuge mit dem umfangreicheren Teil des Mythos ist in TMH NF 3, 5 (HS 1518) publiziert. Cavigneaux konnte diesem Mythos aus semantischen Gründen einen weiteren Textzeugen (Sb 12518) zuordnen (Cavigneaux 2003, 59f.).
72 Zur Übersetzung von š e - g u - n u vgl. Attinger 2019 (online) „"produits des champs, fruits de la terre" ou une type d'orge d'excellente qualité". In Kombination mit Ezinam erscheint š e - g u - n u auch in der *Lagaš Herrscherchronik*, Z. 27 und 64, im *Preislied des Ur-Namma (Ur-Namma C)*, Z. 23 sowie in einem *Balbale an Enlil (Ur-Namma G)*, Z. 8. In der *Lagaš Herrscherchronik* ist Ezinam eindeutig personal vorgestellt, da sie dort als Verantwortliche für das Wachstum der Feldfrüchte erscheint. Im Preislied wie auch im Balbale hingegen steht sie, obwohl deren göttliches Wesen weiterhin mitschwingt, in erster Linie für das Getreide, welches der König Ur-Namma einschließlich der dazugehörigen Feldfrüchte, š e - g u - n u, von Enlil erhält.

In jenen Tagen, als An die Getreidegottheit Ezinam (und) die Feldfrüchte aus dem Himmelsinneren heraus (zu dessen = Sumers (?) Gunsten) heruntergebracht hat, ... (*Wie das Getreide nach Sumer kam*, Z. 2–3)

Tab. 11: Dinge, die aus dem Himmel kommen: Numinos aufgeladene Pflanzen

Entitäten	Texte
Feldfrüchte	*Wie das Getreide nach Sumer kam* (Z. 2–4)
Getreidegottheit Ezinam	*Wie das Getreide nach Sumer kam* (Z. 2–4)

Die Belegsituation ist insgesamt betrachtet sicherlich zu gering, um verallgemeinernde Aussagen hinsichtlich der Bedeutung dieser Entitäten im Kontext eines Himmelstransfers zu treffen. Daher muss es an dieser Stelle genügen, auf ein paar Gemeinsamkeiten und Unterschiede hinzuweisen. Zu den Gemeinsamkeiten von Himmelsstier, Anzu-Vogel und Getreide gehört nicht nur die Tatsache, dass sie aus dem Himmel gelangen, der eindeutig einen numinosen Raum darstellt, sondern auch, dass es sich dabei sicherlich um sowohl erst- als auch einmalig vorgestellte Ereignisse handelt. In *Bilgameš und der Himmelsstier* wird dies u. a. daran deutlich, dass der Himmelstier getötet wird, wie es auch am Ende der Version aus Meturān heißt:

> Pour la mort de Taureau de Ciel, précieuse Inana, ta louange est douce! (*Bilgameš und der Himmelsstier*, Z. 140, Übersetzung Cavigneaux/Al-Rawi 1993, 126)

Auch der Anzu-Vogel, der zu den sog. „Mischwesen" zählt, kann segensreich oder als dämonisches Monster auftreten[73]. In Bezug auf den Anzu-Vogel sei auch auf das akkadische *Anzu-Epos* und auf *Lugalbanda und der Anzu-Vogel* verwiesen, welche schildern, dass der Anzu-Vogel im „Bergland" (sumerisch k u r, auch „Berg, Fremdland, Unterwelt") beheimatet ist. Vor diesem Hintergrund ist zu überlegen, ob der Anzu-Vogel in *Našše und die Vögel (Našše C)* überhaupt erst aus dem Himmel auf die Erde gelangt und dort anschließend verbleibt, obschon er von der menschlichen Welt weit entfernt im Bergland, das im Kontext von Anzu einen numinosen Raum darstellt, haust. Dort kann er nur von Ninurta (= *Anzu-Epos*) oder einem Helden wie Lugalbanda (= *Lugalbanda und der Anzu-Vogel*) erreicht werden.

---

[73] Vgl. Wilcke 2015, 221–222; Wiggermann 1994, 230.

Die Kultivierung des Getreides gehört sicherlich zu einer der größten Errungenschaften des Menschen. Aus emischer Sicht, wie es in *Wie das Getreide nach Sumer kam* geschildert wird, waren es aber nicht die Leistungen der Menschen, die diese Kultivierung zu verantworten hatten, sondern sie basiert ausschließlich auf dem Wirken verschiedener Götter. Der Überlieferung zufolge hat der Himmelsgott An die Getreidegöttin Ezinam mit Feldfrüchten/erstklassiger Gerste (sum. š e g u - n u) aus dem Himmelsinneren (vermutlich auf die Erde) herabgebracht. Enlil hat diese anschließend aufgehäuft und im k u r eingeschlossen. Erst durch das Handeln der Götter Ninazu und Ninmada, von denen vor allem Ninazu im Kontext der Unterwelt bezeugt ist[74], und mit Hilfe des Sonnengottes Utu wird es dann gelingen, den Menschen das Getreide zugänglich zu machen. Auch wenn im vorliegenden, fragmentarischen Textbestand nicht ausgesagt wird, dass die Gerste nach Sumer kommt, so ist es doch eindeutig erschließbar. Zum einen, weil Mangelaussagen am Anfang eines Mythos auf deren Behebung am Ende weisen[75]. Außerdem aus einem historischen Grund: Ein solcher Mythos kann nur von Leuten erzählt werden, die den Getreide-Anbau kennen. Bei diesem Ziel muss der Mythos mithin ankommen. Denn Mythen sind „Auseinandersetzungen mit Erfahrungsgegenständen, die in der realen Lebenswelt verankert sind" (C. Zgoll 2019, 371)[76]. Weil der Mythos direkt im Leben der Menschen ankommt, wird er auf diese Weise Wirklichkeit. Auch wenn die schriftliche Überlieferung von *Wie das Getreide nach Sumer kam* inmitten des Geschehens abbricht, ist doch aufgrund der Ergebnisse der Mythosforschung davon auszugehen, dass die Umsetzung des göttlichen Planes zweifelsfrei glückt.

E. Sonstige Belege

Schließlich sind fünf Belege zu nennen, deren Zuordnung nicht eindeutig ist. Im *Balbale? an Ninĝešzida (Ninĝešzida D)* übergibt der Himmelsgott An Kraft (sum. a₂) an den Gott Ninĝešzida. Basierend auf der Erkenntnis, dass der Himmelsgott vor allem auch numinose Machtmittel überträgt, ist zu überlegen ob die Kraft ebenfalls zu dieser Gruppe zu rechnen ist. In diesem Zusammenhang ist auch erwähnenswert, dass sich anhand zahlreicher Königsinschriften aus dem 3. Jt. v. Chr. nachweisen lässt, dass verschiedene Götter Eigenschaften und Fähigkeiten,

---

74 Siehe dazu Wiggermann 2000, 330–333.
75 Zu den sogenannten Noch-nicht-Aussagen vgl. C. Zgoll, *Grundlagen der hylistischen Mythosforschung*, Abschnitt 2.3., insbesondere Anm. 15.
76 Zum Verhältnis mythischer Stoffe zur Lebenswirklichkeit der Menschen siehe ausführlich C. Zgoll 2019, 371–374.

u. a. auch Kraft/Stärke, an die mesopotamischen Herrscher übertragen. Dies lässt aufmerken, denn schließlich bekommt der Herrscher auch Machtinstrumente, wie z. B. das Zepter, das Königtum etc., von den Göttern überreicht, die ebenfalls zu den numinosen Machtmitteln gehören (siehe oben).

In der *Hymne auf Sulpa'e (Sulpa'e A)* ist die betreffende Textstelle so stark beschädigt, dass sich lediglich erkennen lässt, dass etwas aus dem Himmel freigelassen ist[77]. Die *Ninegala-Hymne* nennt Pracht als mögliche aus dem Himmel gelangende Entität. Sie spielt, wie in Abschnitt 3.2.3.1 beschrieben, möglicherweise auf eine Theophanie an[78]. Schließlich ist das *Adab? an Utu (Sulgi Q)* zu nennen, in welchem weder die Entität, die aus dem Himmel gelangt, noch eine Verbform überliefert ist. Dass diese Textstelle in den hier untersuchten Kontext gehört, ist aufgrund der Lokalbestimmung „aus dem strahlenden Himmel" hingegen eindeutig.

Tab. 12: Dinge, die aus dem Himmel kommen: Sonstige Belege

Entitäten	Texte
Kraft	*Balbale? an Ninĝešzida (Ninĝešzida D)* (Z. 5, 6)
Pracht	*Ninegala-Hymne (Innana D)* (Z. 130)
[...]	*Hymne auf Sulpa'e (Sulpa'e A)* (Z. 27)
	Adab? an Utu (Sulgi Q) (Z. 41)

4.2.4.3 Zusammenfassung und abschließende Überlegungen

Für die im Abschnitt 4.2.4 subsumierten Entitäten ergibt sich zusammenfassend folgendes Bild: Rein quantitativ betrachtet, umfasst das Textkorpus eine Vielzahl an Dingen, die aus dem Himmel gelangen. Bei genauer Betrachtung wird deutlich: Alle Entitäten, die aus dem Himmel gelangen, sind entweder Gottheiten oder sie sind göttlich-numinos aufgeladen[79].

---

77 Andere Belege, die ebenfalls mit dem Verb „freilassen" (sum. b a r oder š u - - b a r) gebildet sind, zeigen ganz unterschiedliche Entitäten, die aus dem Himmel freigelassen werden. In den *Tempelhymnen* sind es allgemein numinose Machtmittel (Z. 49) oder die udug-Waffe (Z. 461), im *Preislied des Sulgi (Sulgi B)* wird das Licht (Z. 103), im *Preislied des Sulgi (Sulgi C)* wird der Sturm (Z. 3) freigelassen.
78 Die Zeilen vor und nach Z. 130 sind ebenfalls so stark beschädigt, dass keine endgültige Festlegung möglich ist.
79 Vgl. A. Zgoll/C. Zgoll im vorliegenden Band, *Lugalbandas Königtum und das Feuer des Prometheus*, Abschnitt 3.2.

Götter erscheinen den Menschen (Theophanien). Die Menschen nehmen diese vor allem in Form von Erstrahlen, Glanz o. ä., vor allem der Gestirne, visuell, aber auch als Wetterphänomen wie das Donnern auditiv wahr. Letzteres ist vor allem für den Wettergott Iškur überliefert, über den z. B. der *Gudea-Zylinder A* (xxvi Z. 20–21) berichtet, dass er aus dem Himmel brüllt. Wie der Sturmgott kann auch der Sturm aus dem Himmel brüllen, wie es in der *Klage über die Zerstörung von Ur* (Z. 182) vorkommt. Götter können aber auch aus dem Himmel auf die Erde treten, wie z. B. in *Dumuzis Tod* (Z. 12–13, 32–33) über die Göttin Innana berichtet wird. Aus emischer Sicht deuteten die Menschen in Mesopotamien alle diese Phänomene als Erscheinungsformen der Götter. Im Hinblick auf den Zielpunkt dieser Theophanien muss allerdings differenziert werden, denn das, was von den Göttern sichtbar oder akustisch ausgeht, erreicht die Erde und wird so wahrnehmbar, jedoch verbleiben in diesem Kontext die Götter selbst im Himmel.

Aber nicht nur Götter, sondern auch numinose Herrscher bzw. ein zur Herrschaft prädestinierter Mensch können aus dem Himmel gelangen oder mit jemand, der vom Himmel kommt, verglichen werden, wie am Beispiel des Enmerkara und des Lugalbanda deutlich wurde. Indem die Überlieferungen ihr Heraustreten aus dem Himmel explizit schildern oder als Vergleich bemühen, wird ihr numinoses Wesen betont.

Das bekannteste Beispiel für den Transfer eines Tempels aus dem Himmel ist unbestritten das E-ana, da zu diesem Heiligtum eine ausführliche schriftliche Überlieferung, *Innana und An*, erhalten ist. Dass diese Art des Transfers jedoch nicht einzigartig ist, machen verschiedene Überlieferungen deutlich, die weitere Tempel, Städte und Zugehöriges nennen. Es hat sich gezeigt, dass Stadt und verschiedene architektonische Elemente metonymisch für einen Tempel und dessen Umland stehen können. Nicht die Stadt, sondern der Tempel bildet das kulturelle, religiöse und vor allem im 3. Jt. v. Chr. auch das wirtschaftliche Zentrum in der sumerischen Kultur. Trotz der Existenz der Tempel auf der Erde darf man sich jedoch nicht vorstellen, dass die Götter im Himmel wohnungslos gewesen wären. Das Gegenteil ist der Fall, denn verschiedene Texte zeigen, dass die Götter hausartige Wohnsitze im Himmel hatten. In Mesopotamien existiert bspw. neben der Vorstellung, dass der Sonnengott in der Nacht durch die Unterwelt reist auch das Konzept eines Gottes, der sich abends in sein Haus begibt und dort die Nacht schlafend verbringt[80]. So etwas findet sich z. B. in *Lugalbanda in der Bergschlucht*, wo es u. a. heißt, dass Lugalbanda sich im Gebet an den Sonnengott Utu

---

[80] Siehe dazu Heimpel 1986 mit verschiedenen Überlieferungen, die neben anderen Göttern auch im Zusammenhang mit dem Sonnengott stehen.

wendet, als dieser seinen Blick in Richtung seines Hauses lenkt[81]. Diese bildhafte Beschreibung dient der Bestimmung eines konkreten Zeitpunktes, nämlich des Moments des Sonnenunterganges[82].

Ein weiterer großer Teil der Entitäten, die aus dem Himmel gelangen, ist den numinosen Machtmitteln zuzurechnen, eine Einteilung, die dem antiken Verständnis von Welt, Kultur, Religion und Gesellschaft entspringt. Wie sich zeigte, sind es vor allem Dinge, die im engen wie im weiten Sinne Herrschafts- und Machtinsignien darstellen. Geht man der Frage nach, wohin die numinosen Machtmittel nach deren Verlassen des Himmels gelangen, zeigt sich ein komplexes Bild, denn Informationen über die Zielpunkte dieser Machtmittel sind abhängig davon, an wen sie übereignet werden. Werden Machtmittel einem Tempel oder einem irdischen Herrscher übertragen, ist aus inhaltlichen oder logischen Gründen der Zielpunkt Erde anzusetzen. Die Übergabe eines oder mehrerer Machtmittel(s) an Götter sagt hingegen zunächst einmal nichts über deren Verbleib aus. Götter können im Himmel verbleiben (siehe oben mit Bezug auf Theophanien), sie können auf die Erde oder sogar – wie im Falle der Innana in *Innana und die Unterwelt* oder Nergal in *Nergal und Ereškigal* – in die Unterwelt gelangen und sie können sich zwischen diesen Sphären hin und her bewegen. Das Gleiche gilt folglich auch für die mit den Gottheiten verbundenen Machtmittel. In einigen Fällen lässt sich aus dem Kontext erschließen, dass diese Machtmittel von einer Gottheit auf die Erde gebracht werden, wodurch ihr die Rolle eines numinosen Transporteurs zukommt[83]. Exemplarisch sei hierbei auf das *Tigi-Lied an Babu (Gudea A)* verwiesen, welches schildert, dass die Göttin Babu zunächst aus dem Himmel hinaustritt und anschließend die ihr von An geschenkten numinosen Machtmittel aus dem Himmel wegbringt (*Tigi-Lied an Babu (Gudea A)*, Z. 9–15). Aus dem Kontext des Textes lässt sich der Zielpunkt ganz genau festlegen, denn der Text berichtet weiter, dass die Göttin in ihrem Tempel E-tarsirsir in Lagaš den König Gudea als rechtmäßigen Herrscher über das Land bestimmt. Vergleichbares findet sich auch in den *Tempelhymnen*, wo Nisaba erst die Machtmittel aus dem Himmel herausgehen lässt und diese dann ihrem Tempel in Ereš hinzufügt

---

[81] Siehe Heimpel 1986, 138–139 mit Verweis auf *Lugalbanda in der Bergschlucht*, Z. 139 (nach Wilcke 2015, Z. 142).
[82] Auch in der akkadischen Überlieferung von *Adapa und der Südwind* sowie im *Etana-Epos* gelangen sowohl Adapa als auch Etana zu einer haus- oder stadtartig vorgestellten Stätte im Himmel. Das Konzept vom Kosmos als Stadt hat bereits A. Zgoll 2012, 28–35 diskutiert.
[83] Für Mesopotamien ist der kosmische Transporteur *par excellence* der Sonnengott Utu/Šamaš. Die Studie von A. Zgoll 2014 zeigt, dass der Sonnengott verschiedene Dinge, z. B. Totengeister, Statuen, Tempel, verschiedene Gaben in die, aber auch aus der Unterwelt transportiert.

(*Tempelhymnen*, Z. 533–534). Ob nach emischem Verständnis eine allgemeingültige Vorstellung zugrunde liegt, dass jegliche Dinge mittels eines numinosen/göttlichen Transporteurs aus dem Himmel auf die Erde gebracht werden, lässt sich bisher (noch) nicht explizit erkennen. Dieses Konzept liegt zumindest auch im Mythos INNANA BRINGT DAS HIMMELSHAUS FÜR DIE ERDE vor, denn dort kann das Himmelshaus nur mit Hilfe des Fischergottes Adagbir und eines Hirtengottes und weiterer Helfer sowie durch die Unterstützung des Sonnengottes Utu auf die Erde gelangen[84].

Zudem taucht weiteres Numinoses oder numinos Aufgeladenes als Transferiertes in den sumerischen Texten auf: Stürme und Regen sowie der Himmelsstier, der Anzu-Vogel und schließlich auch das Getreide. Dass Regen und Stürme aus dem Himmel kommen, gehört zu den Erfahrungen im täglichen Leben der Menschen damals wie heute. Im Falle des Getreides in *Wie das Getreide nach Sumer kam* bleibt es nicht allein bei einem Transfer aus dem Himmel, sondern weitere, im Kontext der Unterwelt stehende Handlungen müssen folgen (siehe Abschnitt 4.2.4.2, sub D), damit das Getreide schließlich zu den Menschen auf die Erde gelangen kann. Warum dies so ist, hängt sicherlich einerseits mit den unmittelbaren Erfahrungen der Menschen zusammen, die zeigen, dass das Getreide nicht aus dem Himmel fällt, wie es für Sturm und Regen gilt. Dass damit aber auch eine grundlegende Vorstellung von der Herkunft sogenannter zivilisatorischer Errungenschaften und Ordnung einhergeht, kann mittels einer stoffanalytischen Untersuchung und intertextueller Vergleiche nachgewiesen werden, führt aber an dieser Stelle zu weit.

Trotz der Gemeinsamkeit, dass alle genannten Entitäten aus dem Himmel gelangen, so zeigen sich Unterschiede in Bezug auf die Häufigkeit der einzelnen Ereignisse. Mit dem Transfer von Tempeln, wie z. B. dem E-ana, und anderen numinosen Entitäten, wie dem Himmelsstier oder der Gerste ist ganz sicher die Vorstellung von etwas Erstmaligem und Einmaligem verbunden. Eine Wiederholung dieser Ereignisse ist aus der Perspektive solcher Mythen ausgeschlossen. Diese Erst- und Einmaligkeit ist wohl auch im Hinblick auf die numinosen Machtmittel mitzudenken. Theophanien und andere numinose Himmelserscheinungen hingegen können sich im Laufe der Zeit immer wieder beobachten lassen. In ihrem jeweils spezifischen Kontext jedoch sind auch diese Himmelstransfers als einmalig und prototypisch vorgestellt[85].

---

84 Zu Inhalt und Analyse dieses Mythos siehe ausführlich A. Zgoll, *Wie der Himmel auf die Erde kommt* im vorliegenden Band.
85 Vgl. dazu auch A. Zgoll/C. Zgoll, *Lugalbandas Königtum und das Feuer des Prometheus*, Abschnitt 3.1 im vorliegenden Band.

4.3 Tabellarische Übersichten der Hyleme

4.3.1 Gottheit kommt aus dem Himmel

Hyleme	Wesen	Textzeuge
An übergibt [Ama-ušumgal-ana][86] [aus dem Himmel[87]] an [Innana] [ins E-kur→ Z. 13, 17, 39, 42].	Ama-ušumgal-ana	Balbale an Innana (Dumuzi-Innana F) (Z. 43)
[Babu→ Z. 5] kommt aus dem Himmelsinneren heraus.	Babu	Tigi an Babu (Gudea A) (Z. 3 und 7)
An bringt Getreidegottheit Ezinam und die Feldfrüchte aus dem Himmelsinneren heraus (zu dessen = Sumers (?) Gunsten) herab.	Ezinam	Wie das Getreide nach Sumer kam (Z. 2–4)
[Innana→ Z. 9] kommt aus dem Himmel heraus.	Innana	Ser-namursaĝa an Innana (Iddin-Dagan A) (Z. 1)
Die nuge (= Innana→ Z. 9) kommt aus dem Himmel heraus.	Innana	Ser-namursaĝa an Innana (Iddin-Dagan A) (Z. 2)
Die Herrin des Abends (= Innana→ Z. 9) kommt aus dem Himmel heraus.	Innana	Ser-namursaĝa an Innana (Iddin-Dagan A) (Z. 88)
Die schöne Herrin, Freude des Himmelsgottes (= Innana→ Z. 9) kommt aus dem Himmel heraus.	Innana	Ser-namursaĝa an Innana (Iddin-Dagan A) (Z. 126)
Die Herrin (= Innana→ Z. 9) kommt aus dem Himmel heraus.	Innana	Ser-namursaĝa an Innana (Iddin-Dagan A) (Z. 134)
Innana stellt sich aus dem Himmel heraus(kommend) auf der Erde in ihrem Haus [E-ana→ *Innana und An*] auf.	Innana	Dumuzis Tod (Z. 13, 33)
Innana stellt sich aus dem Himmel heraus(kommend) auf der Erde auf.	Innana	Enmerkara und Ensuḫkešana (Z. 79)

---

[86] Die eckigen Klammern [ ] stehen hier und an allen nachfolgenden Stellen für aus dem Kontext erschlossene Informationen. Dort, wo sich die Informationen nicht unmittelbar aus der Belegstelle erschließen lassen, wurde(n) die Zeile(n) oder Hinweise (wie z. B. Gesamtkontext) angegeben, woher diese erschlossen werden können. Die Angabe erfolgt mit einem hochgestellten Pfeil → und der entsprechenden Zeilenangabe bzw. mit dem entsprechenden Verweis.

[87] Wie in Abschnitt 3 erläutert, ist anzunehmen, dass der Himmelsgott An aus dem Himmel heraus agiert.

[Našše→Z. 7, 9] stellt sich aus dem Himmel heraus(kommend) auf der Erde auf.	Našše	Našše und die Vögel (Našše C) (Z. 11)
Udug-Geist breitet sich aus dem Himmel heraus aus.	Udug-Schutzgeist	Lugalbanda in der Bergschlucht (Z. 230)
Der Krieger (= Utu→ Z. [1], 5, 7 etc.) kommt aus dem strahlenden Himmelsinneren heraus.	Utu	Adab? an Utu (Sulgi Q) (Z. 3)
Der Herr (= Utu→ Z. 1) kommt aus dem Himmelsfundament heraus.	Utu	Brief des [PN] an Utu (Z. 4)
Jemand (= eine Gottheit) stellt sich aus dem Himmel auf der Erde auf.	N.N. (= Gottheit[88])	Lugalbanda und der Anzu-Vogel (Z. 222)

4.3.2 Gottheit kommt als Naturphänomen aus dem Himmel

Hyleme	Phänomen	Textzeuge
Iškur gießt die fürstliche Stimme (= brüllt = donnert) in fürstlicher Weise aus dem Himmel heraus aus.	Donner	Gudea-Zylinder A (xxvi Z. 21)
Iškur [gießt] die Stimme (= brüllt = donnert) aus dem Himmel heraus [aus].	Donner	Inninšagura (Innana C) (Z. 100)
Innana trägt wie Feuer aus dem Himmel heraus(kommend) furchtbaren Schreckensglanz.	Feuer, Glanz	Ninegala-Hymne (Innana D) (Z. 120)
Der junge Utu breitet seinen strahlenden Glanz aus dem Himmel heraus aus.	Glanz	Lugalbanda in der Bergschlucht (Z. 229)
[Innana→ Z. 2, 24] stellt wie Licht aus dem Himmel heraus(kommend) die Rechtschaffenen im Inneren der Versammlung auf.	Licht	Balbale an Innana (Innana A) (Z. 17–18)
Utu spendet (Licht) wie eine Fackel aus dem strahlenden Himmel heraus.	Licht	Adab? an Utu (Sulgi Q) (Z. 7)
Das Licht (= eine Gottheit→ Utu/Innana?) ist aus dem Himmel heraus freigelassen.	Licht	Preislied des Sulgi (Sulgi B) (Z. 103)

---

[88] Dass es sich um eine Gottheit handelt, wurde in Abschnitt 4.2.4.1 dargelegt.

4.3.3 Göttlich-numinoses Wesen kommt aus dem Himmel

Hyleme	Wesen	Textzeuge
Anzu stellt sich aus dem Himmel heraus auf der Erde auf.	Anzu	*Našše und die Vögel (Našše C)* (Z. 25)
[Enmerkara→ Z. 19, 27] stellt sich aus dem Himmel auf der großen Erde auf.	Enmerkara[89]	*Lugalbanda in der Bergschlucht* (Z. 53)

4.3.4 Gottheit lässt Tempel aus dem Himmel gelangen bzw. gründet Tempel

Hyleme	Gegenstand	Textzeuge
An gründet die Stadt Isin	Isin (= Tempel der Ninisina in Isin)	*Tempelhymnen* (Z. 379)
An lässt die große Mauer [von Uruk/des E-ana→ Z. 32] den Boden berühren. (Z. 33)	Mauer von Uruk bzw. des E-ana	*Bilgameš und Akka* (Z. 34)
An gründet den Palast.	Palast	*Preislied des Sulgi (Sulgi A)* (Z. 80)
An gründet den Riegel [...]	Riegel	*Tempelhymnen* (Z. 352)
[Innana→ *Innana und An*] bringt den Tempel E-ana aus dem Himmel heraus herunter.	Tempel E-ana	*Bilgameš und Akka* (Z. 31)
An setzt den erhabenen Wohnsitz [der Innana (?)] (hin). (Z. 34)	Tempel E-ana	*Bilgameš und Akka* (Z. 34)
[Innana→ Z. 38] lässt den Tempel [E-ana→ Z. 13, 484] aus dem Himmel heraus-/herabkommen.	Tempel E-ana	*Enmerkara und der Herr von Arata* (Z. 43)
[Innana→ Z. 27, 42, 43 etc.] lässt den Tempel E-ana aus dem Himmel herauskommen.	Tempel E-ana	*Innana und An* (Z. 125)
[Innana→ Z. 27, 42, 43 etc.] lässt den Tempel E-ana aus dem Himmelsfundament herauskommen.	Tempel E-ana	*Innana und An* (Z. 130)
[Innana→*Innana und An*] bringt [den Tempel der Innana in Uruk→ Z. 209 = der Tempel E-ana] aus dem Himmelsinneren herunter.	Tempel E-ana	*Tempelhymnen* (Z. 200)
An lässt (den Tempel) E-galmaḫ den Boden berühren.	Tempel E-galmaḫ	*Hymne auf Ninisina (Išbi-Erra D)* (Z. 13)

---

89 Zu Enmerkara als göttlich-numinoses Wesen siehe Abschnitt 4.2.3.1.

An gründet (den Tempel) E-namtila.	Tempel E-namtila	*Streitgespräch zwischen Winter und Sommer* (Z. 234)
An gründet (den Tempel) E-ninnu	Tempel E-ninnu	*Gudea-Zylinder A* (ix Z. 11)
An gründet den Tempel [E-ninnu→ Gesamtkontext] aus ku₃.g-NE-Metall.	Tempel E-ninnu	*Gudea-Zylinder A* (xxvii Z. 8)
An gründet den Berg (= E-ninnu).	Tempel E-ninnu	*Gudea-Zylinder B* (xx Z. 20)
An setzt (den Tempel) E-tarsirsir (hin).	Tempel E-tarsirsir	*Adab an Babu (Luma A)* (Z. 12 u. 15)
[GN] lässt das Haus [des Utu in Larsa→ Z. 178] aus dem Himmel herauskommen.	Tempel des Utu in Larsa	*Tempelhymnen*, Z. 169
An gründet den Tempel [in Keš→ Gesamtkontext].	Tempel (in) Keš	*Keš-Hymne* (Z. 38)
An gründet [den Tempel, Kulaba] des [Lugal]-banda, die Stadt.	Tempel (von) Kulaba	*Adab an Nanna (Nanna H)* (Seg. B, Z. 3)
[An] gründet Tiraš wie den Abzu in Fürstlichkeit.	Tempel Tiraš	*Gudea-Zylinder A* (x 15–16)
An gründet den Tempel, Zabalam, die Stadt.	Tempel (von) Zabalam	*Adab an Nanna (Nanna H)* (Seg. B Z. 5)
An setzt den Thronsitz [...] (hin).	Thronsitz [...]	*Enlil und Sud* (Z. 172)
An gründet die Stadt Ur, das Heiligtum des KUR.	Ur, Heiligtum des KUR	*Adab an Nanna (Nanna H)* (Seg. B Z. 11–13)
An gründet [den Tempel ...], die Stadt.	[...]	*Adab an Nanna (Nanna H)* (Seg. B, Z. 1, 2 und 4)

4.3.5 Gottheit lässt numinose Machtmittel aus dem Himmel gelangen

Hyleme	Gegenstand	Textzeuge
An schenkt [Babu→ Z. 5, 13 etc.] Machtmittel. Die Herrin/Babu bringt die Machtmittel aus dem Himmel (weg).	Machtmittel	*Tigi an Babu (Gudea A)* (Z. 9–15)
An gibt [Innana→ Z. 12, Gesamtkontext] Machtmittel.	Machtmittel	*Ninmešara (Innana B)* (Z. 14)
An teilt [Innana→ Z. 2, 24] Machtmittel zu. (?)	Machtmittel	*Balbale an Innana (Innana A)* (Z. 14)
An gibt [Nanna→ Z. 15] Machtmittel.	Machtmittel	*Adab an Nanna (Nanna H)* (Z. 5)
An schenkt [Ninisina→ Z. 2, Gesamtkontext] Machtmittel.	Machtmittel	*Ninisina und die Götter (Ninisina F)* (Z. 4)

[N.N.] lässt die fürstlichen Machtmittel aus dem Himmel zum mächtigen Heiligtum frei.	Machtmittel	Tempelhymnen (Z. 49)
An gibt [dem Haus der Ninḫursaĝa in Adab →Z. 378] Machtmittel aus dem Himmelsinneren.	Machtmittel	Tempelhymnen (Z. 371)
Nisaba bringt die Machtmittel aus dem Himmel heraus. [Nisaba→Z. 533] fügt [die Machtmittel] den Machtmitteln [des Hauses der Nisaba in Ereš→Z. 545] hinzu.	Machtmittel	Tempelhymnen (Z. 533–534)
An macht die Aga-Krone am Haupt [des Sulgi →Z. 82, 84] dauerhaft	aga-Krone	Sulgi und Ninlils magur-Schiff (Sulgi R) (Z. 85)
An gibt [Nanna →Gesamtkontext] das Hirtenamt des Landes.	Hirtenamt des Landes	Balbale an Su'en (Nanna A) (Z. 49)
An gibt [Nanna →Gesamtkontext] das Königtum.	Königtum	Balbale an Su'en (Nanna A) (Z. 52, 56)
[N.N] lässt das Königtum zu [Ur-Namma →Gesamtkontext] herabkommen.	Königtum	Preislied des Ur-Namma (Ur-Namma C) (Z. 114)
[N.N.] bringt das Königtum aus dem Himmel herab.	Königtum	Sumerische Königsliste (Z. 1–2, 41–42)
An und Enlil lassen das Königtum, eine aga-s[ilig]-Axt, aus dem Himmel (noch) nicht herausgehen. [An und Enlil lassen das Königtum, eine aga-silig-Axt, aus dem Himmel herausgehen →Z. 6–10].	Königtum als aga-s[ilig]-Axt	Lagaš Herrscherchronik (Z. 6–10)
[N.N.] gibt das isib-Priesteramt an [Ninisina→ Gesamtkontext] aus dem strahlenden Himmel.	isib-Priesteramt	Ser-gida an Ninisina (Ninisina A) (Z. 122)
[Babu→Z. 5] trägt großen Schreckensglanz.	Schreckensglanz[90]	Tigi an Babu (Gudea A) (Z. 3, 7)
Innana trägt wie Feuer aus dem Himmel heraus(kommend) Schreckensglanz.	Schreckensglanz	Ninegala-Hymne (Innana D) (Z. 120)
Babu bringt die Tafel des Lebens aus dem Himmelsinneren herunter.	Tafel des Lebens	Hymne auf Babu (Babu A) (Z. 2–3)

---

[90] Darauf, dass der Schreckensglanz zu den numinosen Machtmitteln zählt, wurde in Abschnitt 4.2.4.2, sub A eingegangen.

[N.N.] bringt das Holz, den Thron des Königtums, aus dem Himmel herunter.	Thron des Königtums aus Holz	*Streitgespräch zwischen Baum und Rohr* (Z. 247)
An gibt [Ninazu→ Gesamtkontext] den Thron.	Thron	*Balbale an Ninazu (Balbale A)* (Z. 10)
[N.N.] lässt die udug-Waffe aus dem Himmel [für das Haus des Nergal→ Z. 467] frei.	udug-Waffe	*Tempelhymnen* (Z. 461)
An gibt das Zepter an [Sulgi→ Gesamtkontext].	Zepter	*Preislied des Sulgi (Sulgi P)* (Z. 37)
An schenkt [Ninsubur→ Z. 2, Rs. 9'] das lapislazuliblaue Zepter (?) aus dem Himmelsinneren.	Zepter (?)	*Šer-gida² an Ninsubur (Ninsubur A)* (Z. 4)
[N.N.] bringt [...] des Königtums, die mächtige men-Krone und den Thron des Königtums aus dem Himmel herab.	[...] des Königtums, men-Krone, Thron des Königtums	*Sumerisches Sintflut-Epos* (Z. 88–89)

Auch wenn es den Anschein hat, dass insbesondere der Himmelsgott An als auslösender Protagonist in den Quellen genannt wird, so ist dies jedoch vor allem der inhaltlichen Fokussierung dieser Studie geschuldet. In vergleichbaren Aussagen werden auch andere Gottheiten genannt, wie z. B. in *Sulgi und Ninlils magur-Schiff (= Sulgi R)*.

> The holy scepter, which Enlil gave you – its days I (= Ninlil) will prolong for you! The throne, which Enki truly gave you as a gift – its foundation I will make firm for you! (Klein 1990, 106ff., *Sulgi und Ninlils magur-Schiff* (=Sulgi R), Z. 85–87).

Dennoch setzen die untersuchten Belegstellen ein klares Zeichen, denn sie machen deutlich, welche bedeutende Rolle der Himmelsgott An in der mesopotamischen Kultur eingenommen hat.

4.3.6 Gottheit schickt Naturphänomen aus dem Himmel

Hylem	Phänomen	Textzeuge
[An → Gesamtkontext] lässt Regen des Himmels regnen.	Regen	*Gebet an An (Rīm-Sîn C)* (Z. 23)
[An → Gesamtkontext] lässt Jahre des Überflusses, Tage des Wohlstandes aus dem Himmelsinneren angedeihen.	Regen	*Gebet an An (Rīm-Sîn C)* (Z. 24)

[Enlil→ Z. 139] lässt Überfluss aus dem Himmel regnen.	Regen	*Enlil im Ekur (Enlil A)* (Z. 147)
[Dili'imbabbar → Z. 58] bestimmt [Rīm-Sîn → Gesamtkontext] Regen aus dem Himmel.	Regen	*Gebet an Nanna (Rīm-Sîn E)* (Z. 83)
[Ninĝirsu ruft für Regen zum Himmel → Gesamtkontext].	Regen	*Gudea-Zylinder A* (xi Z. 7)
[Ninĝirsu lässt Überfluss aus dem Himmel [zu Gudea] kommen. → Gesamtkontext]	Regen	*Gudea-Zylinder A* (xi Z. 8)
[Enki → Gesamtkontext] lässt Regen des Überflusses aus dem Himmel regnen.	Regen	*Enki und die Weltordnung* (Z. 90)
[N.N.] lässt Regen aus dem Himmel regnen.	Regen	*Brief des Ur-saga an einen König* (Z. 8)
[N.N.] lässt Regen, Überfluss aus dem Himmel fallen.	Regen	*Hymne auf Innana* (v Z. 5)
[N.N.] lässt Regen aus dem Himmel regnen.	Regen	*Klage über die Zerstörung von Ur* (Z. 409)
[N.N.] lässt Regen aus dem Himmel regnen.	Regen	*Tod des Ur-Namma (Ur-Namma A)* (Z. 164)
[N.N.] lässt den Sturm aus dem Himmel herauskommen.	Sturm	*Klage über die Zerstörung von Sumer und Ur* (Z. 80B)
[N.N.] lässt Sturm aus dem Himmel frei.	Sturm	*Preislied des Sulgi (Sulgi C)* (Z. 3)
[N.N.] lässt den Sturm aus dem Himmel prasseln.	Sturm	*Ser-namšub an Ninurta (Ninurta G)* (Z. 27)
[N.N.] lässt die Hand des Sturmes aus dem Himmel vorhanden sein.	Sturm	*Klage über die Zerstörung von Ur* (Z. 110)
[N.N.] lässt den Sturm aus dem Himmel brüllen[91].	Sturm, Donner	*Klage über die Zerstörung von Ur* (Z. 182)

Obwohl die Mehrzahl der Texte offenlässt, welche Gottheit als auslösende Kraft hinter den einzelnen Phänomen steht, ist diese immer mitzudenken (vgl. Abschnitt 4.2.4.2, sub C.). Im Fall des Regens beweist die Zusammenschau der Belegstellen, dass Regen nicht im Verantwortungsbereich einer einzigen Gottheit liegt.

---

[91] Denkbar ist auch, dass der Sturm ohne göttliches Zutun brüllt, jedoch scheint der göttliche Aspekt mitzuschwingen, da der Sturm nach altorientalischen Vorstellungen erst durch göttlichen Willen auf die Menschen niederfährt.

4.3.7 Gottheit schickt göttlich-numinoses Wesen bzw. numinos Aufgeladenes

Hylem	Wesen	Textzeuge
[An →Gesamtkontext] gibt [Innana →Gesamtkontext] den Himmelsstier (noch) nicht.	Himmelsstier	*Bilgameš und der Himmelsstier* (ii Z. 20)
[An →Gesamtkontext] gibt [Innana→ Rs i Z. 26] den Himmelsstier *gegen seinen Willen*.	Himmelsstier	*Bilgameš und der Himmelsstier* (ii Z. 14, Rs. i Z. 25–26)
An bringt Getreidegottheit Ezinam und die Feldfrüchte aus dem Himmelsinneren heraus (zu dessen = Sumers (?) Gunsten) herab.	Ezinam + Feldfrüchte	*Wie das Getreide nach Sumer kam* (Z. 2–4)

4.3.8 Uneindeutige Belege

Hylem	Gegenstand	Textzeuge
An gibt Ninĝešzida Kraft.	Kraft[92]	*Balbale? an Ninĝešzida (Ninĝešzida D)* (Z. 5, 6)
Innanas Hand lässt Pracht aus dem Himmel [...]	Pracht[93]	*Ninegala-Hymne (Innana D)* (Z. 130)
Der Herr (= Utu) in den Ländern aus dem strahlenden Himmel heraus [...]	[...]	*Adab? an Utu (Sulgi Q)* (Z. 41)
[N.N.] lässt [N.N.] aus dem Himmel frei.	[...]	*Hymne auf Sulpa'e (Sulpa'e A)* (Z. 27)

5 Der Himmelsgott gründet einen Tempel – ein stoffanalytischer Ausblick

Das Hauptaugenmerk dieser Studie lag bisher auf den Hylemelementen (Orte, Akteure, Objekte), die im Kontext des Himmelstransfers stehen. Im Folgenden sollen nunmehr nicht einzelne Hylemelemente, sondern ausgewählte Hyleme hinsichtlich ihrer stofflichen Aussagekraft bewertet werden. Die Sammlung zeigt

---

[92] Siehe Abschnitt 4.2.4.2, sub E mit Überlegungen, „Kraft" den numinosen Machtmitteln zuzuordnen.
[93] Siehe Abschnitt 4.2.4.1 mit der Überlegung, diesen Beleg zu den Theophanien zu stellen.

bereits, dass die einzelnen Informationen zu oder aus Mythen, in denen ein Sphärenwechsel aus dem Himmel enthalten ist, ganz unterschiedlich in die Texte eingebettet werden können. Oftmals muten sie aufgrund ihrer attributiven Konstruktion schon auf der Textebene von ihrem Erzählstoff isoliert an. Damit ist allerdings nicht zwingend ausgesagt, dass alle auf diese Weise konkretisierten Hyleme von ihrem Erzählstoff isoliert sind, d.h. innerhalb des Textes, in dem sie erscheinen, auf einen textexternen Erzählstoff verweisen[94]. Im Folgenden soll nun expliziter der Frage nachgegangen werden, ob isolierte Hyleme mythische Erzählstoffe[95] aus etischer Perspektive erkennen lassen können, auch wenn diese Hyleme in einem anderen stofflichen Kontext stehen.

Ganz grundsätzlich sind isolierte Hyleme aus modern wissenschaftlicher Perspektive besonders schwierig auszuwerten, was vor allem der Tatsache geschuldet ist, dass nur ein geringer Teil an – insbesondere mythischen – Erzählstoffen überhaupt überliefert bzw. erhalten ist. Stellvertretend für eine Vielzahl derartiger Hyleme soll im Folgenden auf eines genauer eingegangen werden. Es handelt davon, dass der Himmelsgott Tempel gründet.

Auf der Ebene des Textes handelt es sich in allen überlieferten Fällen um attributive Konstruktionen (siehe Abschnitt 4.3.4 mit Verweis auf die entsprechenden Textstellen im Anhang) nach Art der folgenden exemplarisch ausgewählten Beispiele.

> im E-namtila, seinem (= Ibbi-Suens→ Z. 230) strahlenden Wohnsitz des Königtums, den An gegründet hat, ... (*Streitgespräch zwischen Winter und Sommer*, Z. 234)

> ihren (= *Innanas* (?)) erhabenen Wohnsitz, den An (hin)gesetzt hat, hast du (= Bilgameš) betreut. (*Bilgameš und Akka*, Z. 34–35)

Die einzelnen Handlungen über die Gründungen durch den Himmelsgott An kann man nun aus ihrem textlichen Hintergrund extrahieren und nach den bereits weiter oben genannten stoffanalytischen Konventionen in Hyleme umwandeln (siehe Abschnitt 2 und 4.3.4). Für die beiden oben aufgeführten Texte lauten die Hyleme über die Herkunft aus dem Himmel ohne Determinationen folgendermaßen:

---

94 In der Textüberlieferung des Mythos INNANA BRINGT DAS HIMMELSHAUS FÜR DIE ERDE beispielsweise wird auch in einer derartigen Konstruktion über den Tempel berichtet, dass er aus dem Himmel gelassen wird (vgl. Anhang 26). Der Mythos macht jedoch deutlich, dass es sich hierbei um ein wesentliches Ziel des Erzählstoffes handelt.
95 Ausführliche Antworten auf die Frage, was einen *mythischen* Erzählstoff ausmacht, finden sich bei C. Zgoll 2019, 395–401.

Der Himmelsgott An gründet (den Tempel) E-namtila. (*Streitgespräch zwischen Winter und Sommer*)

Der Himmelsgott An setzt den (*Innanas* ?) Wohnsitz hin. (*Bilgameš und Akka*)

Unter Berücksichtigung des Kontextes in *Bilgameš und Akka* ist das Hylemelement „Wohnsitz" sogar genauer zu benennen, denn es ist nicht irgendein Wohnsitz, sondern es handelt sich um das E-ana, den Tempel der Göttin Innana in Uruk, wie aus Z. 31 (siehe Anhang 9) dieser Komposition hervorgeht. Der Vergleich mit anderen Texten zeigt weiterhin, dass das im Sumerischen verwendete Verb ĝ a r „setzen" eine sprachliche Variante für das Gründen eines z. B. Tempels darstellt.[96] Das erschlossene Hylem aus diesem Text lautet daher:

Der Himmelsgott An [gründet] [(den Tempel) E-ana]. (*Bilgameš und Akka*)

Beide genannten Belege sprechen also davon, dass der Himmelsgott einen konkreten Tempel gründet. Kann man aber aus diesen zwei Hylemen Rückschlüsse auf die Existenz entsprechender Erzählstoffe ziehen?

Zunächst einmal ist festzuhalten, dass aus heutiger Perspektive in der sumerischen Texttradition keine Erzählung existiert, in der ausführlich über die Gründung von Tempeln durch den Himmelsgott berichtet wird. Mitnichten bedeutet dies aber, dass es eine solche Erzählung niemals gegeben hat. Dieser Befund kann lediglich auf einen Fundzufall zurückzuführen sein oder aber die Weitergabe der Erzählungen darüber hat nur in der mündlichen Tradition stattgefunden.

Betrachtet man diese und vergleichbare textliche Formulierungen genauer, fällt besonders auf, dass diese und auch alle anderen in verknappter Form erscheinen. Wenn sich hinter diesen knappen Aussagen mythische Erzählstoffe verbergen, dann müssen sie einen eindeutigen Schlüssel zum Verständnis enthalten, damit man den hinter dem einzelnen Hylem stehenden Erzählstoff auch in einem stoffexternen Kontext und in einer verknappten Form erkennen kann[97]. Die Beteiligung von göttlichen Protagonisten ist, wie bereits beschrieben, ein Indiz für eine gewisse Mythos-Affinität[98].

---

[96] Andere Texte, die ebenfalls nur das Verb ĝ a r verwenden, sind in diesem Beitrag: *Adab an Babu (Luma A)* und *Enlil und Sud*, siehe Anhang 1 und 15.
[97] Vgl. Abschnitt 4.2.3.
[98] Vgl. Abschnitt 2, insb. Anm. 8. Dass auch Erscheinungen, die man modern als „Naturphänomene" einordnen würde, in einen mythischen Kontext gehören können, wurde ebenfalls erläutert (vgl. Abschnitt 4.2.4.2).

Im Gegensatz zu einem sich wiederholenden Naturphänomen[99] ist der Vorgang des Gründens von vornherein als eine einmalige Handlung angelegt, in der gleichzeitig auch Erstmaligkeit verankert ist. Stoffanalytische Untersuchungen zeigen, dass in mythischen Stoffen oftmals ein- und/oder erstmalig vorgestellte Handlungen eine große Rolle spielen; dies gilt nicht nur für die Schöpfungsmythen, in denen die Erst- und Einmaligkeit ganz grundsätzlich angelegt ist[100]. Weiterhin gehört es zum Wesen mythischer Erzählstoffe, dass sich in ihnen „transzendierende Auseinandersetzungen mit Erfahrungsgegenständen verdichten" (C. Zgoll 2019, 563). Ein Transzendenzbezug innerhalb einer einzigen Informationseinheit ist in erster Linie erkennbar, wenn ein oder mehrere Götter an der Handlung beteiligt sind. Beschreibungen von Handlungen oder Zuständen müssen im konkreten Fall nicht zwingend Götter als Handelnde explizit nennen, aber sie müssen textintern oder mittels textexterner Bezüge das Wirken numinoser Wesen erkennen lassen. Konkret auf die oben genannten Beispiele bezogen heißt dies, dass der jeweilige Tempel den Menschen vor Augen (= Erfahrungsgegenstand) stand, dessen uranfängliche Entstehung jedoch aus der antiken mesopotamischen Perspektive nicht auf das Wirken der Menschen, sondern auf eine göttliche Erschaffung zurückzuführen ist (= transzendierende Auseinandersetzung). Diese Indizien zusammengenommen sprechen also ganz klar dafür, dass hinter dem einzelnen Hylem von der Gründung eines Tempels durch den Himmelsgott ein mythischer Erzählstoff steht. Durch solch ein isoliert erscheinendes Hylem wurde den Menschen in der Antike der Erzählstoff von der Gründung der Tempel durch den Himmelsgott in Erinnerung gerufen. Aufgrund der Tatsache, dass es sich in den genannten Belegstellen im *Streitgespräch zwischen Winter und Sommer* und in *Bilgameš und Akka* um zwei verschiedene Tempel handelt und überdies der Himmelsgott An auch weitere Tempel gründet (siehe Abschnitt 4.3.4), erlangt man aus moderner Perspektive außerdem eine ungefähre Vorstellung von in der Antike existierenden mythischen Erzählstoffen über Tempelgründungen durch den Himmelsgott und damit auch über mögliche Transfers aus dem Himmel auf die Erde. Berücksichtigt man nun weitere Befunde, die schildern, dass auch andere Gottheiten die Tempel gründen, für die auch der Himmelsgott An verantwortlich zeichnet[101], dann lädt dies aus der Perspektive der

---

[99] Dass auch Naturphänomene in ihrem jeweiligen Kontext auf Prototypisches deuten, darauf wurde bereits in Abschnitt 4.2.4.3 verwiesen (siehe auch A. Zgoll/C. Zgoll, *Lugalbandas Königtum und das Feuer des Prometheus*).
[100] Zu Prototypischem in mythischen Erzählstoffen siehe z. B. auch den Beitrag von A. Zgoll/C. Zgoll, *Lugalbandas Königtum und das Feuer des Prometheus*, Abschnitt 3.1.
[101] Beispielsweise gründet der Mondgott Nanna seinen Wohnsitz in Ur (Sjöberg 1973: *Tigi an Nanna (Nanna I)*, Z.7). Nach einem *Adab*-Lied an Nanna gründet hingegen der Himmelsgott die

Hylistik dazu ein, weitere stratigraphische Analysen durchzuführen: Liegen Überschreibungen lokaler Gründungsmythen durch eine den Himmelsgott An in den Vordergrund schiebende Theologie vor? Falls ja, könnten diese Überschreibungen möglicherweise das Ziel verfolgen, durch gleichartige mythische Aussagen eine Unterordnung unter den Himmelsgott An vorzunehmen? Könnte damit ggf. in einem durch die Diversität von Stadtstaaten geprägten Kontext ein zentraler Bezugspunkt geschaffen worden sein, der z. B. für einen übergeordneten Reichskontext passend bzw. erforderlich war? Oder könnte der Befund auch umgekehrt auf eine oder mehrere Mythenversionen deuten, denen zufolge der Himmelsgott eine wesentliche Funktion für eine oder mehrere Stadtstaaten gehabt haben könnte? Hier ist weitere Forschung nötig.

Eindeutig lässt sich hingegen festhalten, dass in dem Kontext, in dem die genannten Hyleme isoliert stehen, sie auf einen textexternen Erzählstoff weisen und daher die Funktion von stoffpräsentierenden Hylemen übernehmen. Ob das jeweils isolierte Hylem in einer tatsächlichen Konkretion des Erzählstoffes als konkretes Hylem erscheint oder den Erzählstoff ganz oder teilweise zusammenfasst oder repräsentiert und somit die Funktion eines übergeordneten Hylems (= Hyperhylem) übernimmt, lässt sich an dieser Stelle freilich nicht entscheiden. Auch muss Einzelstudien vorbehalten bleiben, aus welchem Grund oder mit welchem Ziel auf einen mythischen Erzählstoff innerhalb eines anderen Erzählstoffes angespielt wird, d. h. welche Funktionen diese isolierten Hyleme in dem Kontext übernehmen, in dem sie konkretisiert werden.

6 Schlussbetrachtung

Im Mittelpunkt der Untersuchung stand, welche Dinge nach sumerisch-literarischen Texten auf welche Weise und auf wessen Veranlassung hin aus dem Himmel gelangen. Der Fokus lag folglich nicht auf einem Text, sondern vielmehr auf einzelnen Aussagen in verschiedenen Texten basierend auf einem Survey aller im *Electronic Text Corpus of Sumerian Literature* (= ETCSL) enthaltenen Textstellen und weiteren Recherchen. Diese Aussagen galt es hinsichtlich ihrer einzelnen Elemente (Subjekt, Objekt, Prädikat) zu untersuchen. Die Sammlung der Belegstellen brachte zu Tage, dass das Textmaterial nicht nur quantitativ umfangreich

---

Stadt Ur (*Adab an Nanna (Nanna H)*, siehe Anhang 2). Darauf, dass einzelne Elemente metonymisch für das Ganz stehen wurde in Abschnitt 4.2.4.2, sub B hingewiesen.

ist (55 Texte mit 108 einzelnen Belegstellen), sondern dass auch die semantischen Beschreibungen, wie etwas aus dem Himmel gelangt ist, sehr vielfältig sind (Abschnitt 4.1, Tabelle 1). Auf der Textebene erscheinen die Prädikate oftmals innerhalb infiniter Satzkonstruktionen (Abschnitt 4.1, *Statistische Auswertung 2*), wodurch sie aus etischer Perspektive nicht nur häufig isoliert in ihrem jeweiligen textlichen Kontext erscheinen, sondern darüber hinaus mehrdeutig hinsichtlich ihrer Übersetzung und stofflichen Ausdeutung sind. Aus der emischen Perspektive mussten diese Aussagen hingegen verständlich gewesen sein. Eine Verkürzung von Aussagen auf der Textebene war sicherlich nur dann möglich, wenn deren Bedeutung für die intendierten Rezipienten als bekannt vorausgesetzt werden konnte.

Wie sich herausstellte, besitzt das Sumerische keine Verben, die ausschließlich dafür verwendet werden, um anzuzeigen, dass etwas aus dem Himmel gelangt, sondern erst durch die Nennung von Lokalbestimmungen, wie z. B. „aus dem Himmel" (sum.: an-ta), wird dies plausibel. Die Fokussierung auf das, was aus dem Himmel gelangt, setzt notwendigerweise voraus, dass in den Belegstellen der Himmel und/oder der Himmelsgott immer als Ausgangspunkt enthalten ist/sind. Die Schreiber konnten diesbezüglich aus verschiedenen sprachlichen Wendungen wählen (Abschnitt 4.2.1). Der Zielpunkt hingegen wird oftmals nicht erwähnt, kann aber oft aus dem Gesamtkontext erschlossen werden. Abgesehen von Kompositverben, die das Element „Erde" von vornherein beinhalten, ist das Verb gub das einzige Verb, welches sowohl mit dem Herkunftsort *Himmel* als auch mit dem Zielpunkt *Erde* verknüpft sein kann (Abschnitt 4.2.2). Es wird in diesen Kontexten ausschließlich in Verbindung mit Göttern, anderen numinosen Wesen sowie Herrschern mit göttlich-numinosen Qualitäten verwendet, die sich selbst aus dem Himmel bewegen. Dass die explizite Nennung von Herkunftsort und Zielpunkt auf der semantischen Ebene eine größere Bedeutung haben könnte, wurde angedeutet (Abschnitt 4.2.4.1).

Hinter der stark verknappten Wiedergabe von Aussagen stehen mythische Erzählstoffe, die aus der etischen Perspektive aufgrund fehlender ausführlicher Überlieferungen nicht immer greifbar sind. Dennoch lassen sich bestimmte Aussagen plausibel als Bestandteil eines mythischen Erzählstoffes identifizieren, wie es am Beispiel der Gründungen durch den Himmelsgott dargestellt wurde (siehe Abschnitt 5). Die Analyse von Texten mit Blick auf die in ihnen verarbeiteten Erzählstoffe bietet damit nicht nur einen methodisch neuen Zugriff auf Texte, sondern auch einen hermeneutischen Zugang, durch den es möglich wird, überhaupt erst Stoffe zu identifizieren, in denen z. B. das Verlassen des Himmels ein wesentlicher Bestandteil ist. Dazu zählen die angesprochenen mythischen Erzählstoffe über die Erschaffung von Tempeln und deren Umland auf der Erde oder über die Entstehung von Ordnung durch die Festsetzung von Herrschaft und Zivilisation, von denen wir fast nur durch isolierte Hyleme erfahren.

Angaben zu den Entitäten, die etwas aus dem Himmel gelangen lassen, sind selten schriftlich festgehalten, was darauf deutet, dass die Kenntnis darüber im Allgemeinen bekannt war. Innerhalb der Textgruppe, die Verantwortliche und den Himmel nennen, zeigt sich eine Gewichtung zugunsten des Himmelsgottes An. Ob dies dem Überlieferungszufall geschuldet ist oder nicht, mögen zukünftige Studien, die ein umfassenderes und vollständigeres Bild vom Himmelsgott An zeichnen, offenlegen[102].

Die Vielzahl an Dingen, die aus dem Himmel gelangen, verlangt nach einer Systematisierung des Textmaterials nach Kategorien, die sich möglichst weitgehend an der Weltanschauung nach mesopotamischem Verständnis orientieren. Daher wurde zunächst zwischen der Personen- und Sachklasse unterschieden, zwei Kategorien, die in der sumerischen Sprache verankert sind. Die der Personenklasse zugehörigen Entitäten bezeichnen ausschließlich Götter, die den Menschen erscheinen (Theophanien), oder Herrscher mit numinos-göttlichen Qualitäten (Abschnitt 4.2.4.1). In diesen Kontext gehören auch die Elemente von Theophanien, die zwar auf grammatikalischer Ebene der Sachklasse zuzuordnen sind, auf der semantischen Ebene jedoch unmittelbar mit einer Gottheit verbunden sind, wie z. B. das Brüllen (= Sachklasse) des Wettergottes Iškur oder der Glanz (= Sachklasse) des Sonnengottes Utu. Aus dem quantitativen Vergleich der Belegsituation der Personen- und Sachklasse ging deutlich hervor, dass die der Sachklasse zugehörigen Entitäten viel häufiger vertreten sind. Innerhalb der Sachklasse können drei große Kategorien beobachtet werden: die numinosen Machtmittel, Tempel/Städte sowie anderes Numinoses, wie Stürme, Regen, bestimmte numinose Tiere und die Gerste. Hinzukommen ebenfalls einige Belege (Abschnitt 4.2.4.2, sub E), die aufgrund ihrer Singularität oder aufgrund ihres schlechten Erhaltungszustands kaum tiefergehende Einblicke erlauben

Im Hinblick auf die Frage, ob Aussagen über Entitäten, die den Himmel verlassen (Abschnitt 4.2.4.3), immer auch implizieren, dass diese auf die Erde gelangen, ergibt sich ein disparates Bild. In vielen Fällen ist zwar nicht unbedingt anhand der einzelnen textlichen Ausgestaltung eines Hylems, wohl aber anhand des Gesamtkontexts nachvollziehbar, dass Dinge aus dem Himmel auf die Erde gelangen.

---

102 Der Himmelsgott steht im Mittelpunkt der Dissertation von Óscar Vega Pietro mit dem Titel *El dios An/Anu(m) en la literatura babilonia: estudio de religión y mitología* (eingereicht im Herbst 2020).

Dieser Transfer kann offenbar auf unterschiedliche Weise erfolgen. Aus den Beschreibungen der Texte geht hervor, dass etwas oder jemand direkt vom Himmel auf die Erde gelangen kann, wie z. B. Gottheiten oder Regen. Andere Texte schildern, dass Dinge durch Götter auf die Erde transportiert werden, um offenbar erst dort ihre Wirkmacht zu entfalten. In diesem Zusammenhang sind stellvertretend die *Tempelhymnen* zu nennen, in denen z. B. die Göttin Nisaba Machtmittel aus dem Himmel herausgehen lässt und diese ihrem Tempel in Ereš hinzufügt (Z. 533–534). Inwieweit mitzudenken ist, dass – abgesehen von den Göttern sowie Regen und Sturm – alle Dinge aus dem Himmel mittels eines Transporteurs auf die Erde gelangen oder lediglich aus dem Himmel geschickt werden, muss jedoch offenbleiben, da vor allem sprachliche Verknappungen auf der Textebene Interpretationsspielraum lassen.

Insgesamt betrachtet ergibt sich ein sehr breit gefächertes Bild, welches mit Entitäten verbunden ist, die aus dem Himmel gelangen. Die Vielzahl der Belege – ohne jedoch Anspruch auf Vollständigkeit des Textmaterials zu erheben – unterstreicht, dass der Austritt aus dem Himmel einen wichtigen Aspekt des Weltverständnisses der Mesopotamier darstellt. Die Antworten, die sich aus den eingangs formulierten Fragen ergeben haben, stellen den Ausgangspunkt für weitere Untersuchungen dar. Eine systematische Analyse des gesamten sumerisch-sprachigen Textkorpus nach Hinweisen, die beispielsweise darauf schließen lassen, dass etwas aus dem Himmel gelangt, ohne dass der Himmel oder der Himmelsgott explizit genannt oder beteiligt sind, ist sicherlich lohnenswert. In diesem Zusammenhang ist auch nach der Rolle des Himmelsgottes nach emischem Verständnis im Allgemeinen zu fragen, wie bereits oben angedeutet wurde. Weiterhin steht dem Heraustreten aus dem Himmel das Zurückkehren in den Himmel gegenüber, so dass ein Vergleich mit Transfers *in* den Himmel ebenfalls neue Einblicke in die Weltanschauung der Mesopotamier gewähren kann. Auf den sich daran anschließenden transkulturellen Vergleich ist bereits zu Beginn dieses Beitrages hingewiesen worden. Auf der semantischen Ebene ist schließlich auch nach der Einbettung dieser Aussagen in größere Kontexte zu fragen, für deren Erschließung die Hylistik, die Stoff-Forschung, einen zentralen Grundstein zu legen vermag (C. Zgoll 2019). Die Untersuchung einzelner Hyleme wurde in dieser Studie bereits angestoßen (siehe Kapitel 5).

Alles Gute kommt von oben – mit Blick auf die Frage, ob dies auch nach dem Verständnis der (sumerisch-sprachigen) Mesopotamier gilt, zeigt sich deutlich, dass der überwiegende Teil der Entitäten tatsächlich im weiteren Sinne in einem positiven Kontext steht. Das Erscheinen der Götter war für die Menschen ebenso – besonders in kultischer Hinsicht – wichtig, wie die Manifestation numinoser Machtmittel auf Erden oder die prototypische Schaffung von Kulturgütern, wie die Kultivierung des Getreides oder die Gründung von Tempeln/Städten, die eine folgenreiche Bedeutung haben kann[103]. Dennoch können auch Dinge aus dem Himmel gelangen, die eine Bedrohung für die Menschen darstellen, wie es sich vor allem für den Sturm oder den Himmelsstier nachweisen lässt. Die Bedrohung scheint m. E. jedoch nicht im Vordergrund zu stehen, sondern die Überwindung dieser Gefahren und die damit verbundenen Hoffnungen auf eine neue (bessere) Welt. In dieser Hinsicht, als Zeugnisse eines Ausgeliefertseins des Menschen durch die Bedrohung seiner Welt und seines Festhaltens an der Hoffnung, die allein weitere Existenz ermöglicht, haben diese Überlieferungen auch aus heutiger Sicht nichts von ihrer Aktualität verloren.

7 Anhang – Textstellen

Die Bezeichnung der nachfolgend aufgeführten Texte folgt den im Electronic Text Corpus of Sumerian Literature (ETCSL) angegebenen Titeln. Zusätzlich sind auch die Kennnummern der Texte der elektronischen Datenbank Cuneiform Digital Library Initiative (CDLI) hier aufgenommen, sofern die Anzahl der erhaltenen Textzeugen je Komposition < 5 ist bzw. die entsprechenden Texte überhaupt in CDLI hinterlegt sind. Aus Gründen der Übersichtlichkeit wurden die Verweise auf CDLI bei Kompositionen mit einem größeren Umfang an Textzeugen nicht angegeben. Den hier aufgenommenen Belegstellen liegt eine Kompositvariante zugrunde. Auf starke Abweichungen zwischen den einzelnen Textzeugen einer Überlieferung ist ggf. an entsprechender Stelle eingegangen.

---

103 Zum letztgenannten Punkt s. im vorliegenden Band den Beitrag von A. Zgoll, *Wie der erste Tempel auf die Erde kommt*.

Anhang 1: Adab an Babu (Luma A)

Zeilen: 12–13, 15–16
Publikation: Falkenstein 1953; ETCSL 2.3.1; CDLI P345505

Umschrift	Übersetzung
^{15} ^{d}Ba-bu$_{11}$ $^{12/15}$ e$_2$-tar-sir$_2$-sir$_2$ an-ne$_2$ ĝar-ra-za $^{13/16}$ nam kur-kur-ra ša-mu-ni-ib$_2$-tar-re	Infolgedessen wirst du, o Babu (Z. 15), $^{12/15}$ in deinem E-tarsirsir, welches An (hin)gesetzt (= gegründet) hat, $^{13/16}$ das Schicksal der Länder entscheiden.

Anhang 2: Adab an Nanna (Nanna H)

Zeilen: 5, Segment B 1–5, 11–13
Publikation: Sjöberg 1960, 35f.; ETCSL 4.13.08; CDLI P345189

Umschrift	Übersetzung
^{5} me-zu me maḫ-am$_3$ an-ne$_2$ šum$_2$-ma-a-am$_3$	^{5} Deine (= Nannas) Machtmittel sind mächtige Machtmittel, sie sind die, die An (dir) gegeben hat.

Umschrift	Übersetzung
Segment B ^{1} [e$_2$ …] iri an-ne$_2$ ki ĝar-[ra] ^{2} [e$_2$ …] X RA iri an-ne$_2$ ki ĝar-[ra] ^{3} [e$_2$-kul-aba$_4$] [^{d}lugal]-banda$_3$^{da} iri an-ne$_2$ ki ĝar-ra ^{4} e$_2$ X […] X X iri an-ne$_2$ ki ĝar-ra ^{5} e$_2$ ki zabalam$_2$^{ki} ^{d}innana.k iri an-ne$_2$ ki ĝar-ra	^{1} [Haus …], Stadt, die An gegründet hat ^{2} [Haus …], Stadt, die An gegründet hat ^{3} [Haus Kulaba] des [Lugal]-banda, Stadt, die An gegründet hat ^{4} Haus […] Stadt, die An gegründet hat ^{5} Haus, Ort Zabalam der Innana, Stadt, die An gegründet hat

Umschrift	Übersetzung
Segment B ^{11} urim$_2$^{ki} eš$_3$ kur-ra ^{12} eš$_3$ urim$_2$^{ki} eš$_3$ kur-ra ^{13} urim$_2$^{ki} iri an-ne$_2$ ki ĝar-ra	^{11} Ur, Heiligtum des KUR ^{12} Heiligtum Ur, Heiligtum des KUR ^{13} Ur, Stadt, die An gegründet hat

Anhang 3: Adab? an Utu (Sulgi Q)

Zeilen: 3, 7, 40
Publikation: Chiera 1924, SRT 15; ETCSL 2.4.2.17; CDLI P345307

Umschrift	Übersetzung
³... ur-saĝ an-ša₃.g ku₃.g-ta e₃-a	³... o Krieger (= Utu), der aus dem strahlenden Himmelsinneren herausgekommen ist

Umschrift	Übersetzung
⁷am gal an ku₃.g-ta sul ᵈutu izi-ĝar-gen₇ ĝa₂-ĝa₂ u₄.d kalam-ma igi ĝal₂	⁷o großer Wildstier, aus dem strahlenden Himmel heraus, o jugendlicher Utu, wie eine Fackel (Licht) spendend, Licht, das auf das Land blickt

Umschrift	Übersetzung
⁴¹en-ne₂ kur-kur-ra an ku₃.g-ta si maḫ [...]	⁴¹Der Herr in den Ländern aus dem strahlenden Himmel heraus... erhaben [...]

Anhang 4: Balbale an Innana (Innana A)

Zeilen: 14–18
Publikation: Sjöberg 1977, 21; ETCSL 4.07.1; CDLI P223395 (= IM 22053), CDLI P345301 (= Ist Ni 2479)

Umschrift	Übersetzung
¹⁴an lugal-da me ⸢ba⸣-a-me-[en] ¹⁵ᵈen-lil₂-gen₇ za₃-ge₄ si-a-me-en ¹⁶ka-aš maḫ unken-na ša-mu-un-bar-re-en ¹⁷ĝeš-nu₁₁-gen₇ an-ta ša₃.g un-ken-na-ka ¹⁸zi-du ša-mu-un-ni-gub	¹⁴Du (= Innana) bist diejenige, der *durch* (lit. mit) den König An die Machtmittel zugeteilt sind, ¹⁵du (= Innana) bist diejenige, die sich wie Enlil an der Seite niedergelassen hat¹⁰⁴. ¹⁶Daher triffst du (= Innana) mächtige Entscheidungen in der Versammlung. ¹⁷Infolgedessen hast du (= Innana) wie das Licht aus dem Himmel heraus (kommend)

---

104 Zu za₃-ge si vgl. Attinger 2019 (online), 164: "s'installer au côté de, être installé au côté de".

Umschrift	Übersetzung
	im Inneren der Versammlung [18] die Rechtschaffenen aufgestellt.

Anhang 5: Balbale an Innana (Dumuzi-Innana F)

Zeilen: 43
Publikation: Sefati 1998, 172f.; ETCSL 4.08.06; CDLI P260899

Umschrift	Übersetzung
[43]an-ne₂ ki maḫ-a-na ma-an-ze₂-em₂-men₃	[43] An hat dich (= Ama-ušumgal-ana) mir (= Innana) an seinem erhabenen Ort gegeben.

Anhang 6: Balbale an Ninazu (Ninazu A)

Zeilen: 10
Publikation: van Dijk 1960, 57–80; ETCSL 4.17.1; CDLI P269183 (= CBS 14214), CDLI P343746 (= Ist Ni 4587 + CBS 15205)

Umschrift	Übersetzung
[10] ᵍᵉˢgu-za an-ne₂ ma-ra-an-šum₂-ma-zu suḫuš-be₂ nam-[mi-in-ge-en?]	[10] Deinen (= Ninazu) Thron, den An dir gegeben hat, hat er (= Dili'imbabbar) am Fundament fest verankert (und das hatte Folgen ...).

Anhang 7: Balbale? an Ninĝešzida (Ninĝešzida D)

Zeilen: 5–6
Publikation: Sjöberg 1975b, 309f. (Z. 21'–22'); ETCSL 4.19.4; CDLI P265461

Umschrift	Übersetzung
[5]dumu nun an-ne₂ a₂ ma-ra-an-šum₂ [6]ᵈnin-ĝeš-zi-da a₂ an-ne₂ ma-ra-[an-šum₂]	[5] O fürstliches Kind, An hat dir Kraft gegeben. [6] O Ninĝešzida, Kraft hat dir An gegeben.

Anhang 8: Balbale an Su'en (Nanna A)

Zeilen: 49, 52, 56
Publikation: Sjöberg 1960, 15 und 17; ETCSL 4.13.01; CDLI P345652 (= HS 1513), CDLI P278683 (= N 3667); CDLI P280280 (= N 6520); CDLI P345301 (= Ist Ni 2479)

Umschrift	Übersetzung
^{49}nam-sipa kalam-ma an-ne₂ ma-ra-an-šum₂	^{49}Das Hirtenamt des Landes hat An dir (= Nanna) gegeben.

Umschrift	Übersetzung
^{52}an-ne₂ ša₃.g maḫ-a-na nam-lu-gal ma-ra-an-šum₂	^{52}An hat in seinem mächtigen Inneren dir (= Nanna) das Königtum gegeben.

Umschrift	Übersetzung
^{56}nam-lugal an-na ze₄-ra mu-ra-an-šum₂	^{56}Das Königtum des Himmels hat er (= An) dir (= Nanna) gegeben.

Anhang 9: Bilgameš und Akka

Zeilen: 30–35, 107–110
Publikation: Römer 1980, 28 und 39, 36 und 41; Katz 1993, 40f., 44f.; Waetzoldt 2015, 277, 280; ETCSL 1.8.1.1

Umschrift	Übersetzung
^{30}unug^{ki} ĝeš-kiĝ₂-ti diĝir-re-ne-ke₄ ^{105}	^{30}Uruk, das Handwerkerhaus der Götter $^{31-32}$ – es war so, dass die großen Götter ^{30} für das E-ana,

---

105 Drei Textzeugen haben Zeile 30 enthalten. Textzeuge c (HS 1485) (nach Römer 1980 = B) bricht am Ende ab. Textzeuge f (CBS 4564) (nach Römer 1980 = I) schreibt am Ende das Zeichen -ke₄ und weist mithin auf einen Genitiv {ak} und auf ein Kasusmorphem, hier m. E. auf den Direktiv {e}. Textzeuge e (Ni. 4448) (nach Römer 1980 = J) endet lediglich mit dem Zeichen -ne, jedoch lässt die Zeile Probleme des Schreibers erkennen. Dieser setzt nämlich vor das Zeichen -ne fälschlicherweise zweimal das Zeichen -e-. Anders als Römer 1980 sowie Wilcke 1998 interpretiere ich Z. 30–31 nicht als Genitivphrase, die – unterbrochen vom Subjekt des Satzes

Umschrift	Übersetzung
³¹ e₂-an-na.k e₂ an-ta e₁₁-de₃ ¹⁰⁶ ³² diĝir gal-gal-e-ne me-dim₂-bi ba-an-ak-eš-am₃ ¹⁰⁷ ³³ bad₃ gal bad₃/muru₉ an-ne₂ ki us₂-sa ¹⁰⁸ ³⁴ ki-tuš maḫ an-ne ĝar-ra-ne₂ ¹⁰⁹ ³⁵ saĝ mu-e-si₃ …	das Haus, das aus dem Himmel heraus heruntergebracht worden ist, ³² dessen *Glieder* gemacht haben – ³³⁻³⁵ die große Mauer, eine Mauer (Var.: eine Wolke), die An hat den Boden berühren lassen, ihren (= Innanas(?)) machtvollen Wohnsitz, den An gesetzt (= gegründet) hat, hast du (= Bilgameš) betreut.

diĝir gal-gal-e-ne – ihrem Leitwort me-dim₂ in Z. 32 vorangestellt ist. Die angegebene Übersetzung geht von einer Phrase im Direktiv aus, die grammatikalisch dem indirekten Objekt entspricht und wie auch die Nominalphrasen in Z. 33 und 34 dem Kompositverb saĝ--si₃.g "betreuen, umsorgen, sich kümmern um" zugeordnet ist.
106 Die Schreibung e₁₁.d-de₃ scheint teils anstelle von e₁₁.d-da vorzuliegen. Hier kann eine in altbabylonischen Texten häufiger beobachtbare Schreibung von -a durch -e vorliegen. Vgl. dazu z. B. Wilcke 1998, 466. Zur Schreibung von e₁₁.d-de₃ als ursprüngliches e₁₁.d-da siehe id., 461.
107 Die Zeilen 31 und 32 verstehe ich als Parenthese, an deren Ende die Kopula -am₃ steht. Dass auch das E-ana zu dieser Konstruktion zu rechnen ist, wird m. E. anhand der nahezu parallelen Textstelle Z. 107–110 deutlich, die diesen Einschub vollständig auslässt. Im anderen Fall wäre die Auslassung des wichtigsten Heiligtums von Uruk, des E-ana, an dieser Stelle kaum plausibel zu erklären.
108 Zeile 33 bietet zwei Varianten: Text a (= Römer A): bad₃ gal muru₉ ki us₂-sa sowie Text c und f (= Römer B u. I): bad₃ gal bad₃ an-ne₂ ki us₂-sa.
109 Zwei Textzeugen, Textzeuge e (Ni. 4448, nach Römer J) und Textzeuge f (CBS 4564, nach Römer I), schreiben am Ende der Z. 34 ĝar-ra-ni, welches {ĝar-a^{NOM}=ani$^{POSS, PKL}$==e^{DIR}} zu analysieren ist. Die Übersetzung lautet folglich entweder „seinen/ihren (= Ans?, Innanas?) erhabenen Wohnsitz, den An gegründet hat" oder als pronominale Konjugation „nachdem An den erhabenen Wohnsitz gegründet hat". Römer 1980, 58 bemerkt im Kommentar zu dieser Zeile, dass eine Übersetzung als pronominale Konjugation aus syntaktischen Gründen unwahrscheinlich ist. Er will das Possessivpronomen -ani „wohl am ehesten auf An beziehen …, trotz einer gewissen stilistischen Härte": „sein (= Ans) hehrer Wohnsitz, den An gegründet hat" (Römer 1980, 58). Alternativ könnte das Possessivpronomen auch auf Innana hinweisen, die freilich hier nicht namentlich genannt ist, jedoch in enger Beziehung zu Uruk und dem E-ana steht. Die Göttin erscheint in dieser Komposition in Z. 16 als diejenige, der Bilgameš vertraut.
Lediglich Textzeuge a (nach Römer A) schreibt statt des Possessivpronomens der Personenklasse das der Sachklasse mit angeschlossenem Lokativ (ba → {=bi^{POSS}==a^{LOK}}. Da bei diesem Textzeugen die vorherigen Zeilen nicht erhalten sind, lässt sich dessen Bedeutung nicht eindeutig erschließen.

Umschrift	Übersetzung
[107] unug^(ki) ĝeš-kiĝ$_2$-ti diĝir-re-ne-ke$_4$ [108] bad$_3$ gal bad$_3$ (Var. muru$_9$) an-ne$_2$ ki us$_2$-sa [110] [109] ki-tuš mah an-ne ĝar-ra-ne$_2$ [110] saĝ mu-si$_3$ ...	[107] Uruk, das Handwerkerhaus der Götter, [108] die große Mauer, eine Mauer (Var. eine Wolke), die An den Boden berühren ließ, [109] ihren (= Innanas (?)) mächtigen Wohnsitz, den An (hin)gesetzt (= gegründet) hat, [110] hast du (= Bilgameš) betreut.

Anhang 10: Bilgameš und der Himmelsstier

Zeilen: ii 14, ii 20, Rs. i Z. 25–26
Publikation: Cavigneaux/Al-Rawi 1993, 115ff.; ETCSL 1.8.1.12

Umschrift	Übersetzung
[ii 14] a-a-ĝu$_{10}$ gu$_4$.d an-na ha-ma-(ab)-zi$_2$-iĝ$_3$-e [111]	[ii 14] Mein Vater, den Himmelsstier sollst du mir (= Innana) geben!

Umschrift	Übersetzung
[ii 20] za-e gu$_4$.d an-na nu-mu-e-da-ab-ze$_2$-eĝ$_3$-e [112]	[ii 20] Du (= Innana), den Himmelsstier werd]e ich (= der Himmelsgott An) dir (lit: bei/mit dir) nicht geben!

Umschrift	Übersetzung
[Rs. i 25] gu$_4$.d an-[na] im-ma-na-da-an-šum$_2$ [113] [26] ki-sikil ^{d}innana-[ke$_4$] nam-ninta-gen$_7$ saman šu ba-ni-in-du$_8$	[Rs. i 25] Nachdem er (= der Himmelsgott An) ihr (= Innana) den Himmelsstier gegen seinen Willen[114] gegeben hatte, [26] hielt die junge Frau, Innana, wie (in der Funktion) ein(es) Mann(es) die Zügel in der Hand.

---

110 Wie auch Z. 33 weist Z. 108 ebenfalls zwei Varianten auf: Text b (= Römer Text C): [...] gal muru$_9$ ki us$_2$-sa und Text h (= Römer Text L): bad$_3$ gal bad$_3$ an-ne$_2$ ki us$_2$-sa.
111 Die angegebene Lesung ist mit Hilfe der Texte Ni ii 11 und Np rekonstruiert.
112 Die angegebene Lesung ist mit Hilfe der Texte Ni ii 15, Np, Nm und Nl rekonstruiert (Cavigneaux/Al-Rawi 1993, 116).
113 Die angegebene Lesung ist mit Hilfe der Texte Np und Nl rekonstruiert.
114 Der in der Präfixkette vorhandene Komitativ -da- wird hier als comitativus incommodi verstanden, hier i. S. v. „zu seinen Ungunsten" bzw. freier übersetzt „gegen seinen Willen".

Anhang 11: Brief des [PN] an Utu

Zeilen: 4
Publikation: UET 6/2, 182 (U.7707), CDLI P346267 (Bearbeitung J. Peterson), Ludwig 2009, 173 (Kollation)

Umschrift	Übersetzung
⁴en utaḫ-ˀḫeˀ-ta e₃-a-ne₂ geg₂-geg₂ ˀzalagˀ¹-ge ki bar-ra-ka ib-ĝar-ra	⁴Herr (= Utu), durch den, wenn er aus diesem Himmelsfundament herausgegangen ist, draußen (lit. am Ort der Außenseite) Finsternis in Licht verwandelt ist (lit. gesetzt ist)

Anhang 12: Brief des Ur-saga an einen König

Zeilen: 8
Publikation: Cavigneaux 1996, 60f.; Attinger 2013, aktualisiert 2019 (online); ETCSL 3.3.01

Umschrift	Übersetzung
⁸enim-zu im an-ta šeĝ₃-ĝe₂₆-gen₇ šid nu-tuku-tuku-dam	⁸Deine Worte: sie sind wie Regen, der aus dem Himmel heraus regnet, unzählbar (lit.: eine Zahl nicht habend)

Anhang 13: Dumuzis Tod

Zeilen: 12–13, 19, 32–33
Publikation: Kramer 1980, 7 und 9

Umschrift	Übersetzung
¹²ĝešdana-zu ku₃.g ga-ša-an an-na-ke₄ ¹³e₂ an-ta ki-a gub-ba-na er₂ geg i₃-šeš₈-šeš₈ ...	¹²Deine (= Dumuzis) Gemahlin, die strahlende Herrin des Himmels (= Innana): ¹³während sie bittere Tränen in ihrem Haus, worin sie sich aus

Umschrift	Übersetzung
¹⁹ siki-ni ᵘ²šu-mu-bur₂¹¹⁵ šu mu-un-dub₂-dub₂-be₂¹¹⁶	dem Himmel heraus(kommend) auf der Erde aufgestellt hat¹¹⁷, vergießt, …, ¹⁹ rauft sie darin ihr Haar (wie) Halfa-Gras.

Umschrift	Übersetzung
³² nitalam₂-ĝu₁₀ ku₃.g ᵈinnana-ke₄ ³³ e₂ an-ta ki-a gub-ba-na er₂ gig ḫe₂-še₈-še₈	³² Meine (= Dumuzi) Gemahlin, die strahlende Innana, ³³ vergießt fürwahr bittere Tränen in ihrem Haus, worin sie sich aus dem Himmel heraus (kommend) auf der Erde aufgestellt hat.

115 šumu(n)bur₂ ist nach diesem Text Apposition zu siki-ni. Die Zeile findet sich nahezu wortwörtlich auch in der *Klage über die Zerstörung von Ur* (Samet 2014, 206, Z. 299), dort ist nach ᵘ²numun₂-bur₂ der Äquativ gen₇ geschrieben. Möglicherweise liegt in *Dumuzis Tod* ein Schreiberfehler vor und der Äquativ ist zu ergänzen.

116 Ab Zeile 13 erscheinen die finiten Verbalformen mit dem i-Präfix (Z. 13, 17, 18). Das i-Präfix zeigt Vorgänge (Wilcke 2010, 56–58; Yoshikawa 1993, 140–142) bzw. durative Handlungen an (Woods 2008, 141–142; Delnero 2012, 557). In der Übersetzung können die mit i-Präfix gebildeten Verbformen Aussagen ohne i-Präfix untergeordnet werden. Die erste Verbalform, die kein i-Präfix mehr enthält, findet sich erst in Z. 19. Semantische Gründe sprechen dafür, dass der vollständige Satz erst an dieser Stelle endet.

117 Aus anderen Textbelegen, die gub + an==ta^ABL + ki==a^LOK enthalten (*Enmerkara und Ensuḫkešana* Z. 78, *Lugalbanda in der Bergschlucht* Z. 53, *Lugalbanda und der Anzu-Vogel* Z. 222, *Nasse und die Vögel* Z. 11, 25), geht hervor, dass vor allem numinose oder numinos aufgeladene Wesen (Gottheiten, Menschen, Tiere) aus dem Himmel auf die Erde gelangen (siehe Abschnitt 4.3.1 und 4.3.3). Bei Tempeln hingegen werden in erster Linie die Lexeme e₃ „herausgehen (lassen)" oder e₁₁.d „heruntergehen (lassen)" genannt (siehe Abschnitt 4.3.4). Aus den genannten Gründen ist es sehr wahrscheinlich, die Aussage in Z. 13 nicht auf den Tempel, sondern auf die Göttin Innana zu beziehen. Gleiches gilt auch für die Zeile 33 dieser Komposition.

Anhang 14: Enki und die Weltordnung

Zeilen: 90
Publikation: Benito 1969, 90, 119; ETCSL 1.1.3

Umschrift	Übersetzung
[90] an-e um-ma-te im ḫe₂-ĝal₂-la an-ta šeĝ₃-ĝa₂	[90] Nachdem es (= Enkis Wort) sich dem Himmel genähert hatte, gab es Regen des Überflusses, der aus dem Himmel heraus geregnet hatte.[118]

Anhang 15: Enlil im Ekur (Enlil A)

Zeilen: 147–148
Publikation: Reisman 1970, 56, 66; Attinger 2014, aktualisiert 2015 (online); ETCSL 4.05.1

Umschrift	Übersetzung
[147] an-ta ḫe₂-ĝal₂ im-da-šeĝ₃-šeĝ₃ [148] ki[119] um-ma-te giri₁₇-zal-la-am₃	[147] Während aus dem Himmel heraus ganz und gar Überfluss geregnet war, [148] (und) nachdem er (= der Überfluss) sich der Erde genähert hatte, gab es (lit.: war es) Freude.

---

[118] ETCSL übersetzt dagegen: „When I approach heaven, a rain of abundance rains from heaven." Die oben genannte Übersetzung, die denen von Benito 1969, 118–119 oder auch Kramer/Maier 1989, 42 folgt, ergibt sich aus Z. 89, in der durch Enkis Wort Ställe errichtet werden, sowie der Wiederaufnahme von Enkis Wort in Z. 93, in der dadurch Getreidehaufen gebildet werden. Das Wort des Enki in Z. 89 und 93 bildet eine inhaltliche Klammer und ist m. E. ebenso auf Z. 90 (und die nachfolgenden Z. 91–92) zu beziehen.

[119] Von allen Textzeugen, die erhalten sind, schreiben drei zu Beginn der Z. 148 ki „Erde" mit defektiver Schreibung des Direktivs {==e} (siehe Attinger 2014, aktualisiert 2015 (online)). ETCSL nimmt hingegen in der Kompositvariante den Lokativ von Textzeugen N_{P2} auf, der als einziger Vertreter ki-a {ki==a^{LOK}} schreibt. Eine weitere Variante bietet der Textzeuge X_1 mit der Schreibung des Terminativs ki-še₃ {ki==še^{TERM}}.

Anhang 16: Enlil und Sud

Zeilen: 172 (Susa-Version)
Publikation: Civil 1983, 58; ETCSL 1.2.2

Umschrift	Übersetzung
^{172}x [x x]-na para$_{10}$.g ⸢ZAG?⸣ an-ne$_2$⸣ ĝar nidba šum$_2$-šum$_2$-mu	^{172} [...] Thronsitz ..., den An (hin)setzt (= gründet), wo man viele Opfergaben (geben =) spenden wird

Anhang 17: Enmerkara und Ensuḫkešana

Zeilen: 79[120]
Publikation: Wilcke 2012, 50, 78; Mittermayer/Attinger 2020, 213, 248; Attinger 2004, aktualisiert 2017 (online); ETCSL 1.8.2.4

Umschrift	Übersetzung
^{79}ĝe$_{26}$-e [^{d}innana.k a]n-ta ki-a gub-ba-ne$_2$ ḫu-mu-da-an-til$_3$-en	^{79} Was mich (= Enmerkara) angeht: Ich werde, wenn [Innana] sich aus dem Himmel heraus(kommend) auf der Erde aufgestellt hat, dort wahrhaftig mit ihr leben.

Anhang 18: Enmerkara und der Herr von Arata

Zeilen: 42–44
Publikation: Mittermayer 2009, 116f.; Attinger 2019 (online); ETCSL 1.8.2.3

Umschrift	Übersetzung
^{42}unu^{ki}-ga kur ku$_3$.g ⸢x⸣ [x] ⸢x x x⸣[121]	^{42} In Uruk [...] der strahlende Berg [...] ^{43} im Haus, das aus dem Himmel heraus [heruntergebracht bzw.

---

120 Nach der Zeilenzählung von Wilcke 2012 handelt es sich um Z. 78.
121 Nach Mittermayer könnte am Ende von Z. 42 šu--ta$_3$.g „schmücken" gestanden haben (Mittermayer 2009, 157, Anm. 378). Die Ergänzung ist jedoch ungewiss, da lediglich ein einziger Textzeuge überliefert ist, der diese, wie auch die nachfolgenden Zeilen enthält.

Umschrift	Übersetzung
^{43}e$_2$ an-ta [e$_{11}$-de$_3$ /e$_3$-a^{122}ki] ⸢gub⸣-ba-za ^{44}⸢x x x⸣ [x x] ⸢x⸣ an-na ḫe$_2$-en-du$_3$	herausgelassen worden ist], an (deinem Standort, ^{44} möge [...] des Himmels erbaut werden.

Anhang 19: Gebet an An (Rīm-Sîn C)

Zeilen: 23–24[123]

Publikation: Steible 1975, 6–7; Charpin 1986, 275–278; ETCSL 2.6.9.3; nicht in CDLI

Umschrift	Übersetzung
^{23}ubur an sud-aĝ$_2$ ĝal$_2$ ḫu-mu-ra-ab-taka$_4$ šeĝ$_x$? (IM.A) an-na ḫu-mu-ra-ab-šeĝ$_3$	^{23} Die Zitzen des leuchtenden Himmels[124] hat er (= der Himmelsgott) für dich (= Rīm-Sîn) wahrlich geöffnet, Regen des Himmels hat er für dich wahrlich regnen lassen! ^{24} Jahre des Überflusses, Tage des Wohlstands hat er für dich wahrlich aus dem Himmelsinneren heraus angedeihen lassen.

---

122 Für Z. 43 schlägt Mittermayer nach *Bilgameš und Akka*, Z. 31 die Ergänzung e$_{11}$-de$_3$ vor (Mittermayer 2009, 226), alternativ ist auch e$_3$-a denkbar, so z. B. in den *Tempelhymnen*, Z. 169 bezogen auf den Tempel des Utu in Larsa.

123 Die Tatsache, dass der Himmelsgott An in diesem Text immer in der 3. Person angesprochen wird, hingegen Rīm-Sîn immer in der 2. Person erscheint, sowie die Schlussdoxologie R ī m - S î n l u g a l - ĝ u$_{10}$ „Rīm-Sîn, mein König" sprechen eher dafür, dass es sich um eine Anrufung des Larsa-Königs Rīm-Sîn handelt, der in seiner Funktion als Herrscher durch den Himmelsgott An legitimiert wird. Auch Charpin deutet dies an, indem er überlegt, ob es sich um "Un couronnement de Rīm-Sîn à Uruk?" (Charpin 1986, 275) handelt. Der Titel „Gebet an An" ist daher irreführend, wurde aber an dieser Stelle aus Gründen der allgemeinen Konvention vorerst belassen.

124 Entweder ist u b u r a n s u d - a ĝ$_2$ als genitivische Konstruktion mit fehlender Genitivmarkierung zu verstehen oder es handelt sich um eine Bahuvrihi-Konstrukution, die als „Zitzen, die der leuchtende Himmel (hat)" aufzulösen ist.

Umschrift	Übersetzung
²⁴mu ma-da u₄.d nam-ḫe₂ an-ša₃.g-ta za₃.g ḫu-mu-ra-ab-keše₂¹²⁵	

125 Gewöhnlich hat man diese Textstelle als Wünsche interpretiert, die sich an den Himmelsgott An richten. Jedoch sprechen verschiedene grammatikalische Gründe dagegen, wie kurz erläutert werden soll. Das Präfix -b- vor der verbalen Basis (hier: taka₄, šeĝ₃ und keše₂) steht für das transitive Subjekt in der ḫamṭu-Konjugation oder für das transitive Objekt in der marû-Konjugation. Alternativ könnte überlegt werden, dies als Kurzform eines Lokalanzeigers zu verstehen. Das ist dann möglich, wenn die Präfixkette keine weiteren dimensionalen Kasus enthält (Jagersma 2010, 467–477). Da die vorliegenden Verbalformen allesamt jedoch ein indirektes Objekt der 2. P. Sg. enthalten (auf der Schriftebene als -ra- (Analyse: {r.a}) sichtbar, scheidet diese Möglichkeit mithin aus. – Nach den verbalen Basen sind keine Personalsuffixe sichtbar, daher muss die vorliegende Form eine ḫamṭu-Konjugation sein. Aufgrund des -b- vor der verbalen Basis, muss es sich sodann um eine transitive Form handeln. In Kombination mit dem Präfix ḫa- kann eine ḫamṭu-Form wiederum nur dann prekativisch verstanden werden, wenn die Form intransitiv ist, was aber, wie oben dargelegt, nicht der Fall ist. Die Verbformen in Z. 23–24 müssen also affirmativisch übersetzt werden. – Das Präfix -b- steht im normal-orthographischen Sumerisch für unpersönliche Aussagen (= Sachklasse). Allerdings machen sich verschiedene Veränderungen in Zeiten bemerkbar, als das Sumerische nicht mehr zu den gesprochenen Sprachen gehörte. Dieser Wandel lässt sich spätestens mit Beginn des 2. Jt. v. Chr. greifen. Eine dieser Veränderungen ist die Verwendung des ursprünglich der Sachklasse zugehörigen -b- für die Personenklasse. Eine andere ist die Aufnahme des nominalen Bestandteils eines Kompositverbs als einen festen Bestandteil ebendieses ohne weitere Kasusmarkierung (so in Z. 23: ĝal₂--taka₄ und Z. 24: za₃.g--keše₂). Dies hat Konsequenzen für die weiteren Objekte, die nun in den Kasus treten können, in dem normalerweise das Nomen des Kompositverbs stünde. Die Analysen der Verbformen lauten entsprechend den angestellten Überlegungen:

Z. 23: ĝal₂ ḫa^{AFF}-mu^{VENT}-r.a^{IO, 2. Sg.}-b^{TS, 3. Sg. SKL →PKL}-taka₄-Ø^{TO, 3. Sg. PKL/SKL}

Z. 23: ḫa^{AFF}-mu^{VENT}-r.a^{IO, 2. Sg.}-b^{TS, 3. Sg. SKL →PKL}-šeĝ₃-Ø^{TO, 3. Sg. PKL/SKL}

Z. 24: za₃.g ḫa^{AFF}-mu^{VENT}- r.a^{IO, 2. Sg.}-b^{TS, 3. Sg. SKL→ PKL}-keše₂-Ø^{TO, 3. Sg. PKL/SKL}

Auf Basis dieser Überlegungen lautet die Übersetzung dieser Textstelle wie oben angegeben.

Anhang 20: Gebet an Nanna (Rīm-Sîn E)

Zeilen: 83
Publikation: Steible 1975, 35 und 38; ETCSL 2.6.9.5; nicht in CDLI

Umschrift	Übersetzung
[83] še$ĝ_x$ an-ta a-bi bad.r-ta ḫe$_2$-en-na-ge-en	[83] Regen aus dem Himmel heraus – aus dem (Ort), dessen Wasser fern? sind – möge ihm (= Rīm-Sîn) zuverlässig bestimmt sein.

Anhang 21: Gudea-Zylinder A und B

Zeilen: A ix 11, 15, 17; xi 7–8; xxvi 20–21; xxvii 8; B xx 20
Publikation: Averbeck 1987, 626f., 629, 631, 672, 674; 709; Römer 2010, 15 und 51, 16 und 52, 26 und 64, 39 und 79; ETCSL 2.1.7; nicht in CDLI

Umschrift	Übersetzung
[A ix 11] e$_2$-ĝu$_{10}$ e$_2$-ninnu an-ne$_2$ ki ĝar-ra[126] ... [A ix 15] an im-ši-dub$_2$-dub$_2$[127] ... [A ix 17] e$_2$-ĝa$_2$ ni$_2$ gal-bi kur-kur-ra mu-ri	[A ix 11] Nachdem wegen meines (= Ninĝirsus) Hauses, wegen des E-ninnu, das An gegründet hat, [A ix 15] der Himmel (ganz und gar) erzittert hat, [A ix 17] liegt meines Hauses großer Schrecken auf allen Ländern.

Umschrift	Übersetzung
[A x 15] Ti-ra-aš$_2$ abzu-gen$_7$ [A x 16] nam-nun-na ki im-ma-ni-ĝar	[A x 15] Nachdem er (= An) das Tiraš wie den Abzu [A x 16] in Fürstlichkeit gegründet hat...

---

126 Die Nominalphrase endet erst in Zeile 14 und ist mit dem Terminativ abgeschlossen. Bis Zeile 14 folgen weitere Appositionen mit Bezug auf das Haus, die jedoch für den Himmelstransfer nicht relevant sind und daher ausgeblendet sind.

127 Die Verbform in Zeile 15 beinhaltet die Schreibung des Präfixes i-, welches mitunter auch als untergeordneter Nebensatz verstanden werden kann (siehe auch dazu Anm. 116). In Zeile 16 folgt eine weitere finite Verbform mit einem i-Präfix, die für diese Studie jedoch nicht relevant ist und daher hier nicht aufgenommen ist. Erst in Zeile 17 erscheint die finite Verbform mit einem anderen Präfix, dem Ventiv mu-. Wie angegeben, endet der Satz m. E. erst an dieser Stelle.

Umschrift	Übersetzung
A xi 7 an-še₃ šeĝₓ-e gu₃ ba-de₂ A xi 8 an-ta ḫe₂-ĝal₂ ḫa-mu-ra-ta-ĝen[128]	A xi 7 Zum Himmel habe ich (= Ninĝirsu) für Regen gerufen! A xi 8 Möge aus dem Himmel heraus Überfluss zu dir (= Gudea) kommen!

Umschrift	Übersetzung
A xxvi 20 ig ĝešeren-na e₂-a šu₄-ga-bi A xxvi 21 diškur an-ta gu₃ nun di-da-am₃	A xxvi 20 Seine zedernhölzernen Türen[129], die im Haus stehen, A xxvi 21 sind Iškur, der aus dem Himmel heraus laut (lit. „fürstlich") brüllt.

Umschrift	Übersetzung
A xxvii 8 e₂ ku₃.g NE-a an-ne₂ ki ĝar-ra	A xxvii 8 Haus aus ku₃.g-NE-Metall[130], das An gegründet hat

Umschrift	Übersetzung
B xx 20 e₂ kur an-ne₂ ki ĝar-ra	B xx 20 Haus, Berg, den An gegründet hat

---

128 Ich lese in xi 8 ĝen am Ende der Zeile, weil eine prekativische Übersetzung mit einem intransitiven Verb, wie es mit ĝen „gehen" gegeben ist, die Schreibung mit ḫamṭu-Basis notwendig macht. Alternativ kann auch du gelesen werden, da die Schriftzeichen identisch sind, und somit als Affirmativ übersetzt werden „es wird wahrhaftig Überfluss zu dir aus dem Himmel kommen".
129 Zur Verwendung des Genitivs zum Ausdruck von Materialangaben siehe Jagersma 2010, 149. Der Genitiv ist so fest mit seinem zugehörigen Bezugswort verbunden, dass die normale Reihenfolge der Elemente in der Nominalphrase aufgesprengt ist. Daraus lässt sich schließen, dass die Genitivverbindung {ig ĝešeren=ak GEN} hier als lexikalisierte Form verstanden wurde.
130 Zum Genitiv bei Materialangaben und zur Aufsprengung der Reihenfolge der Satzglieder in der Nominalphrase siehe vorherige Anmerkung.

Anhang 22: Hymne auf Babu (Babu A)

Zeilen: Segment B, 2–3
Publikation: Sjöberg 1974, 163; ETCSL 4.02.1; CDLI P266176 (= CBS 10986), CDLI P343092 (= Ist Ni 4369)

Umschrift	Übersetzung
²sukkal maḫ ama ᵈBa-bu₁₁ zi lugal-la u₃-tu ³ra-gaba ku₃.g an-ša₃.g-ta dub nam-til₃-la AN?¹³¹ e₁₁-de₃	² Die mächtige Wesirin, Mutter Babu, die das Leben des Königs gebiert, ³ die strahlende Botin, welche die Tafel des Lebens aus dem Himmelsinneren heraus herunterbringt, ... (ist sie (Z.5))

Anhang 23: Hymne auf Innana

Zeilen: v Z. 4–6
Publikation: unpubliziert, Biggs 1974, Taf. 149, Nr. 329, siehe auch Krebernik 1998, 272, Anm. 438; nicht in CDLI

Umschrift	Übersetzung
ᵛ⁴a gal-gal diri.g-gen₇ ᵛ⁵im ḫe₂-ĝal₂ ᵛ⁶an-ta šu-ra-gen₇¹³²	ᵛ⁴ wie große, übergroße Wasser ᵛ⁵ wie Regen, Überfluss, ᵛ⁶ der aus dem Himmel heraus fällt

---

131 Die Lesung des Zeichens ist nicht gesichert. Sjöberg 1974 liest das Zeichen a n und verbindet es zu einer finiten Verbalform a n - e₁₁ - d e₃. Dagegen spricht jedoch, dass sowohl die vorangehende als auch die nachfolgende Zeile infinit sind und der gesamte Satz durch eine Kopula (Z. 5) abgeschlossen ist. Die hier angebotene Übersetzung lässt diese Stelle offen.
132 šu - ra steht für s u r, welches u. a. in der Bedeutung „tröpfeln, regnen" verwendet wird.

Anhang 24: Hymne auf Ninisina (Išbi-Erra D)

Zeilen: 13–14[133]
Publikation: Römer 1965, 77f.; ETCSL 2.5.1.4; CDLI P267242

Umschrift	Übersetzung
¹³ᵈnin-isin₂ˢⁱ-na e₂-gal maḫ an-ne₂ ki us₂-[sa] ¹⁴ ᵈIš-bi-er₃-<ra> ki aĝ₂ ša₃.g-za-ra za-e ḫul₂-ḫul₂-mu-di-ni-ib[134]	¹³ O Ninisina, ¹⁴ du (selbst), erfreue du für Išbi-Erra, den Geliebten deines Herzens, ganz und gar damit (= mit dem tuba-Gewand) ¹³ das E-galmaḫ, das An den Boden berühren ließ!

Anhang 25: Hymne auf Sulpa'e (Sulpa'e A)

Zeilen: 27
Publikation: Falkenstein 1962, 37, 40; ETCSL 4.31.1; CDLI P283776 (= BM 87594)

Umschrift	Übersetzung
²⁷ [...¹³⁵ an-t]a šu bar-ra	²⁷ [...], aus dem [Himmel] heraus freigelassen

---

133 Die Zeilennummerierung folgt der Angabe bei ETSCL. Nach dem bisher einzigen Textvertreter (CBS 12604) handelt es sich um die Rückseite der Tafel, Z. 2–3. Kopie und Photo der Tafel sind über CDLI (P267242) zugänglich.

134 Römer übersetzt die Verbform als intransitive Aussage. Demgegenüber steht allerdings die Schreibung von -b-, welches hier nur die Funktion eine transitiven Objekts übernehmen kann. Unklar ist, worauf sich der Komitativ bezieht. Denkbar ist es, dass an dieser Stelle Bezug auf das Gewand der Ninisina Bezug genommen wird, welches im gleichen Text ausdrücklich erwähnt wird, Z. 5: „Dein Gewand ist ein großes Gewand." Auch eine weitere *Hymne an Ninisina D*, Z. 6 (ETCSL 4.22.4), nennt explizit das Gewand der Ninisina, welches dort als strahlend-weiß (b a b - b a r₂) und als t u b a -Gewand beschrieben wird. Das t u b a -Gewand wiederum steht insbesondere mit den Reinigungsriten in Verbindung, wie z. B. aus einem *Gebet an Ḫaja für Rīm-Sîn* hervorgeht: „Haja, derjenige, der bei den Reinigungsriten des Engur das Tuba-Gewand trägt" (Z. 18, ETCSL 2.6.9.2).

135 Falkenstein 1962 schlägt zu Beginn der Zeile die Lesung n u ₓ vor und übersetzt „[Licht], das [vo]m [Himmel] ausgesandt ist". Dem Kontext nach bezieht sich diese Aussage eindeutig auf Sulpa'e. Vgl. auch das *Preislied auf Sulgi B* (siehe Anhang 39), in welchem Licht aus dem Himmel freigelassen ist, aber auch das *Preislied auf Sulgi C* (siehe Anhang C), in welchem der Sturm aus dem Himmel freigelassen ist. Aufgrund der verschiedenen Möglichkeiten wird diese Stelle hier offen gelassen.

Anhang 26: Innana und An

Mythos: INNANA BRINGT DAS HIMMELSHAUS FÜR DIE ERDE
Zeilen: 125, 128, 130
Publikation: van Dijk 1998, 18f., 22 mit Anm. 27; A. Zgoll 2015b, 51; ETCSL 1.3.5; CDLI P258865 (= CBS 1531), CDLI P305862 (= YBC 4665)

Umschrift	Übersetzung
^{125} e$_2$-an-na.k an-ta e$_3$-[de$_3$ nam]-ra-pa$_3$-de$_3$	^{125} Das E-ana, das aus dem Himmel herausgelassen wird, werde ich (= Adagbir) (wahrhaftig) für dich (= Innana) finden.

Umschrift	Übersetzung
^{128} e$_2$-an-[na].k an-ta e$_3$-da-bi u$_6$ mu-ni-in-du$_{11}$.g	^{128} Nachdem dieses E-ana aus dem Himmel herausgelassen worden ist, bestaunte sie (= Innana) es dort.

Umschrift	Übersetzung
^{130} [... uta]ḫ$^?$-ḫe-ta a-ba-da-an-e$_3$ u$_2$-du$_{11}$.g ^{136}-ba sa$_2$$^?$ nam-me	^{130} [...] Nachdem es (= E-ana) dort aus diesem Himmelsfundament herausgelassen worden war, erreichten dessen^{137} udug-Schutzgeister (es) nicht, so dass....

---

136 u$_2$-du$_{11}$.g ist syllabisch für udug geschrieben.
137 A. Zgoll verweist auf die Möglichkeiten der Zuordnung des Possessivpronomens -bi zum E-ana oder zum Himmel (A. Zgoll 2014, 51, Anm. 167).

Anhang 27: Inninšagura (Innana C)

Zeilen: 100
Publikation: Sullivan 1979, 87–95; Sjöberg 1975a, 186f.; ETCSL 4.07.3

Umschrift	Übersetzung
$^{100\,d}$iškur-re^{138} lu$_2$ an-ta gu$_3$ x^{139} […]	^{100} Iškur, derjenige, der aus dem Himmel heraus [brüllt?]

Anhang 28: Keš-Hymne

Zeilen: 38
Publikation: Gragg 1969, 169; Wilcke 2006, 222; ETCSL 4.80.2

Umschrift	Übersetzung
^{38}e$_2$ an-ne$_2$ ki ĝar-ra ^{d}En-lil$_2$-le za$_3$-mim du$_{11}$.g-ga	^{38} Haus, das An gegründet hat, dem Enlil ein Preislied gesungen (lit. gesprochen) hat

Anhang 29: Klage über die Zerstörung von Sumer und Ur

Zeilen: 80B
Publikation: Michalowski ^{2}2014, 40f., 125; Attinger 2009, aktualisiert 2019 (online); ETCSL 2.2.3

Umschrift	Übersetzung
^{80B}u$_4$.d ^{ĝeš}gana$_2$-ur$_3$ an-ta e$_3$-de$_3$ iri ^{ĝeš}al-e ba-ab-ra-aḫ	^{80B} der Sturm, eine Egge, die aus dem Himmel herausgelassen wird – diese Hacke hat die Stadt zerschlagen

---

138 Wenn der Auslaut -e in ^{d}Iškur-re für den Ergativ steht, dann muss dieser am Ende der Phrase nochmals das Ergativ-Morphem aufnehmen. Alternativ ist auch das deiktische Pronomen -e denkbar.
139 Die erhaltenen Spuren auf der Kopie von Çiğ/Kizilyay 1969, 99 (Textzeuge D (Ni. 9801)) könnten auf das Lexem nun „fürstlich", hier i.S.v. „laut", deuten. Vgl. auch *Gudea-Zylinder A* xxvi 21 (Anhang 21).

Anhang 30: Klage über die Zerstörung von Ur

Zeilen: 110–111, 182, 409
Publikation: Samet 2014, 60f., 64f., 76f.; Attinger 2019 (online), ETCSL 2.2.2

Umschrift	Übersetzung
^{110}šu u$_4$.d-da an-ta ĝal$_2$-la-ke$_4$-eš ^{111}gu$_3$ ḫu-mu-dub$_2$ edin-na u$_4$.d gi$_4$-a me-e ḫe$_2$-em-ma-du$_{11}$.g	^{110}Weil die Hand des Sturmes aus dem Himmel heraus vorhanden war, ^{111}habe ich (= Ningal → Z. ^{81}) wirklich gebrüllt: „In die Steppe, Sturm, kehre zurück!". Ich, was mich angeht, habe (es) wirklich für mich gesagt.

Umschrift	Übersetzung
^{182}u$_4$.d gal-e an-ta gu$_3$ im-me uĝ$_3$-e še am$_3$-ša$_4$ ...	^{182}Nachdem der große Sturm begonnen hatte aus dem Himmel heraus zu brüllen, die Leute (daraufhin) stöhnten, ...

Umschrift	Übersetzung
^{409}u$_4$.d-bi im an-ta šeĝ$_3$-ĝa$_2$-gen$_7$ ki-tuš-be$_2$ ^{140}nam-ba-gur-ru	^{409}Dieser Sturm darf nicht wie ein Regen(sturm), der aus dem Himmel heraus geregnet ist, an seinen Wohnsitz zurückkehren!

Anhang 31: Lagaš Herrscherchronik

Zeilen: 6–10
Publikation: Sollberger 1967, 279–291; Glassner 1993, 151ff. und id. 2004, 146f.; ETCSL 2.1.2; nicht in CDLI

Umschrift	Übersetzung
^{6}u$_4$.d an-ne$_2$ ^{d}en-lil$_2$-le ^{7}nam-lu$_2$-lu$_7$ mu-bi še$_{21}$-a-ta ^{8}u$_3$ nam-ensi$_2$ in-ĝ[ar-r]a-ta ^{9}nam-l[ug]al aga-s[ilig-a]m$_3$	^{6}Als An (und) Enlil, nachdem sie ^{7}der Menschheit Namen genannt haben, ^{8}und dann das Stadtfürstentum eingesetzt (= gegründet) haben,

---

140 Samet 2014 liest im Komposittext ki-bi-še$_3$, jedoch hat die Mehrzahl der überlieferten Textvertreter ki-tuš-be$_2$/a.

Umschrift	Übersetzung
¹⁰ an-t[a nu]-ub-ta-an-e₃-[a-ba]	⁹ als sie das Königtum – eine aga-s[ilig]-Axt ist es – ¹⁰ (noch) nicht aus dem Himmel haben herausgelassen haben,….

Anhang 32: Lugalbanda in der Bergschlucht

Zeilen: 53, 229, 230–231[141]
Publikation: Wilcke 1969, 35f., 82f.; id. 2015, 230, 237–238; ETCSL 1.8.2.1

Umschrift	Übersetzung
⁵³ an-ta ki gal-la gub-ba-am₃	⁵³ Er (= Enmerkara) war es, der sich aus dem Himmel heraus auf der großen Erde[142] aufgestellt hat.

Umschrift	Übersetzung
²²⁹ sul ᵈutu si-muš₃ ku₃.g-ga-na an-ta mu-ta-la₂	²²⁹ Der junge Utu breitete ihn – sein strahlender Glanz ist es[143] – aus dem Himmel heraus aus.

---

141 In Vergangenheit ist dieses Werk unter verschiedenen Titeln bekannt geworden: Bernhardt/Kramer 1961 nimmt es als *Lugalbanda und der Berg Hurrum* auf, Wilcke 1969 bezeichnet das Werk mit dem Titel *Lugalbanda im Finstersten des Gebirges*. Neuere Erkenntnisse zeigen, dass der Terminus ḫur-ru-um mit dem akkadischen *naḫallum* "Wadi, Schlucht" geglichen ist (CAD N I, 124–125, AHw II, 712a-b). ETCSL bezeichnet den Text als *Lugalbanda in the mountain cave*, wobei die Übersetzung „cave" auf Civil zurückgeht, der aber darin eher eine mögliche erweiterte Bedeutung des akkadischen *naḫallum* sieht (Civil 1972, 386). In gleicher Weise übersetzt auch Wilcke 2015, 231 diesen Terminus.
142 Alternativ ist für ki gal "große Erde" auch die Lesung ki-gal "Sockel" denkbar, so zuletzt Wilcke 2015. Offen bleibt, um welchen Sockel es sich handelt. Die „große Erde" ist ansonsten auch im Kontext der Unterwelt bezeugt, vgl. *Innanas Gang in die Unterwelt*, z. B. Z. 1 nach der Übersetzung von Zgoll 2020, 100: „Vom großen Himmel auf die große Erde richtete jemand seine Planungskraft, (und das hatte Folgen:)".
143 Die Übersetzung geht von einer verkürzten Schreibung einer Kopula aus, jedoch ist alternativ auch an einen Lokativ zu denken: „Der junge Utu breitete sich in seinem strahlenden Glanz aus dem Himmel heraus aus".

Umschrift	Übersetzung
[230] ^{d}udug sa$_6$-ga-ni an-ta im-ta-la$_2$ [231] ^{d}lamma sa$_6$-ga-ni egir-a-na ba-e-ĝen	[230] Während sich sein (= Lugalbandas) guter U-dug-Schutzgeist aus dem Himmel heraus ausbreitete, [231] ging sein guter Lamma-Schutzgeist hinter ihm (lit. „an seiner Rückseite").

Anhang 33: Lugalbanda und der Anzu-Vogel

Zeilen: 222–223

Publikation: Wilcke 1969, 112f.; id. 2015, 263, ETCSL 1.8.2.2

Umschrift	Übersetzung
[222] lu$_2$ an-ta ki-a gub-ba-gen$_7$ [223] lugal-ban$_3$-da zu$_2$-keš$_2$ ĝar-ra ses-a-ne-ne-ka murub$_4$-ba ba-an-gub?	[222] Wie jemand, der sich aus dem Himmel heraus auf der Erde aufgestellt hat, [223] stellte sich Lugalbanda in die Mitte der aufgestellten Truppen[144] seiner Brüder.

Anhang 34: Našše und die Vögel (Našše C)

Zeilen: 11, 25

Publikation: Veldhuis 2004, 118 und 125–126 mit Anm. 133, 134; ETCSL 4.14.3

Umschrift	Übersetzung
[11] e-ne an-ta ki-a gub-ba-[am$_3$]	[11] Sie (= Našše)! Sie ist es, die sich aus dem Himmel heraus auf der Erde aufgestellt hat.

---

[144] Syntaksisch ist die Nominalphrase zu$_2$-keš$_2$ ĝar-ra ses-a-ne-ne-ka murub$_4$-ba mit einem vorangestellten Genitiv konstruiert {zu$_2$-keš$_2$ ĝar-a^{NOM} (ses=ani-^{POSS}=ene^{PLUR}=a^{GEN})=ak^{GEN} murub$_4$=bi^{POSS}==a^{LOK}}, die wortwörtlich übersetzt „in der aufgestellten Truppe seiner Brüder Mitte" lautet.

Umschrift	Übersetzung
²⁵mušen an-[ta] k]i-a ḫe₂-im-gub	²⁵ Möge sich der Vogel (= Anzu)[145] aus dem Himmel heraus auf der Erde aufstellen!

Anhang 35: Ninegala-Hymne (Innana D)

Zeilen: 120, 130
Publikation: Behrens 1998, 34–37; ETCSL 4.07.4

Umschrift	Übersetzung
¹²⁰ᵈinnana.k i-zi-gen₇ an-ta ni₂ guru₃ʳᵘ-a-zu-ne	¹²⁰ Nachdem du, Innana, wie Feuer aus dem Himmel heraus(kommend) furchtbare(n) Schrekken(sglanz) getragen hast

Umschrift	Übersetzung
¹³⁰šu-zu ul an-ta u₃-mu-[x x (x)]	¹³⁰ Nachdem deine Hand Pracht aus dem Himmel heraus [...]

Anhang 36: Ninisina und die Götter (Ninisina F)

Zeilen: 4–5
Publikation: Sjöberg 1982, 67; ETCSL 4.22.6; CDLI P265460

Umschrift	Übersetzung
⁴me-ni me an-ne₂ saĝ-e-eš rig₇-ga-ni ⁵kur gal ᵈEn-lil₂-le / nam-e-eš mu-ni-in-tar	⁴ Ihre (= Ninisinas) Machtmittel, ihre Machtmittel, die An geschenkt hat, ⁵ hat der große Berg Enlil ihr als Schicksal bestimmt.

---

[145] Veldhuis übersetzt ebenfalls singularisch, verweist aber auch auf die alternative Möglichkeit pluralisch zu übersetzen (Veldhuis 2004, 134). Veldhuis zufolge könnte diese Zeile das Auftreten der verschiedenen Vögel in den nachfolgenden Zeilen proleptisch aufgreifen.

Anhang 37: Ninmešara (Innana B)

Zeilen: 14

Publikation: A. Zgoll 1997a, 2f., 18f., 212, Kommentar 317–219, Textkritik 346; Attinger 2011, aktualisiert 2019 (online); A. Zgoll 2015a, 55–67; ETCSL 4.07.2

Umschrift	Übersetzung
¹⁴an-ne₂ me šum₂-ma nin ur-ra u₅-a	¹⁴ diejenige (= Innana), der An die Machtmittel gegeben hat, Herrin, die auf Raubtieren reitet

Anhang 38: Preislied des Sulgi (Sulgi A)

Zeilen: 80

Publikation: Klein 1981a, 198f.; ETCSL 2.4.2.01

Umschrift	Übersetzung
⁸⁰e₂-gal an-ne₂ ki ĝar-ra-am₃ kaš ḫu-mu-un-di-ni-naĝ¹⁴⁶	⁸⁰ Es war der Palast, den An gegründet hat – dort habe ich (= Sulgi) fürwahr Bier mit ihm (= Utu) getrunken.

---

146 Die Varianten dieser Zeile finden sich bei Klein 1981a, 199 im Kommentar zur Zeile 80. Vier Textzeugen haben statt der Kopula am₃ in ĝar-ra-am₃ das Zeichen MU, welches hier sicherlich als ĝu₁₀ zu lesen ist: „Mein Palast, den An gegründet hat: …". Textzeuge H beinhaltet eine abweichende Lesung im zweiten Teil dieser Zeile (siehe Klein 1981a, 199), die für den hier untersuchten Kontext nicht von Relevanz ist.

Anhang 39: Preislied des Sulgi B (Sulgi B)

Zeilen: 103
Publikation: Castellino 1972, 40; ETCSL 2.4.2.02

Umschrift	Übersetzung
^{103} ĝeš-nu$_{11}$ an-ta šu bar-ra-gen$_7$ kaš$_4$ [du$_{11}$.g]-bi	^{103} Sein (= des Bogens) Laufen[147] (ist) wie Licht, das aus dem Himmel heraus freigelassen ist

Anhang 40: Preislied des Sulgi (Sulgi C)

Zeilen: 3
Publikation: Castellino 1972, 248f.; ETCSL 2.4.2.03

Umschrift	Übersetzung
^{3} u$_4$.d gal an-ta šu ba-ra-gen$_7$ me-lim$_4$ su$_3$-su$_3$-me-en$_3$	^{3} Wie ein großer Sturm, der aus dem Himmel heraus freigelassen worden ist, bin ich (= Sulgi) ein *sich weithin erstreckender/ immerwährender*[148] Schreckensglanz.

Anhang 41: Preislied des Sulgi (Sulgi P)

Zeilen: 37
Publikation: Klein 1981b, 36 und 38; ETCSL 2.4.2.16; CDLI P345655 (= HS 1592), CDLI P345211 (= Ist Ni 2437), CDLI P343099 (= Ist Ni 4420)

Umschrift	Übersetzung
^{37} ĝidru di ku$_5$ an-ne$_2$ ma-ra-an-šum$_2$	^{37} Das Zepter, um Recht zu entscheiden, hat An dir (= Sulgi) gegeben.

---

147 Der Ausdruck kaš$_4$ du$_{11}$.g bezieht sich auf den Bogen, in dessen Umgang Sulgi ein Experte ist (Z. 102 bzw. nach Castellino 1972, Z. 103). Castellino übersetzt kaš$_4$ du$_{11}$.g mit „Flug" und deutet diese Aussage als Bezugnahme auf einen abgeschossenen Pfeil des Bogens.

148 su$_3$-su$_3$ steht für das Partizip *marû* von su$_3$.d „fern sein/werden", welches in diesem Kontext möglicherweise im Sinne von „sich weithin erstrecken" oder auch „andauernd, immerwährend" gebraucht wird.

Anhang 42: Preislied des Ur-Namma (Ur-Namma C)

Zeilen: 114

Publikation: Flückiger-Hawker 1999, 218f.; ETCSL 2.4.1.3; CDLI P345356

Umschrift	Übersetzung
¹¹⁴[an]-ᵣtaᵊ nam-lugal ma-ra-e₁₁.d!	¹¹⁴ Das Königtum ist zu mir (= Ur-Namma) aus dem Himmel heraus heruntergebracht worden.

Anhang 43: Ser-gida an Ninisina (Ninisina A)

Zeilen: 122

Publikation: Römer 2001, 115 und 120; ETCSL 4.22.1; CDLI P345299 (= Ist Ni 2445), CDLI P345298 (= Ist Ni 2483)

Umschrift	Übersetzung
¹²² an ku₃.g-ta nam-isib šum₂-ma-me-en¹⁴⁹	¹²² Ich (= Ninisina) bin die, der aus dem strahlenden Himmel heraus das isib-Priesteramt gegeben ist.¹⁵⁰

Anhang 44: Ser-gida? an Ninsubur (Ninsubur A)

Zeilen: 4

Publikation: Zólyomi 2005, 397f. und 404; ETCSL 4.25.1; CDLI P333842

Umschrift	Übersetzung
⁴an-ne₂ an-ša₃.g-ta saĝ-e-eš mu-ni-in-rig₇	⁴An hat es (= das lapislazuliblaue Zepter?, Z. 2) (ihr = Ninsubur) aus dem Himmelsinneren heraus geschenkt.¹⁵¹

---

149 Die Zeilenzählung folgt der Einfachheit halber ETCSL. Dies entspricht der Edition von Römer 2001 mit Textzeugen A IV 12 und B 60.
150 Im gleichen Text wird auch erwähnt, dass Enki der Göttin das isib-Priestertum aus dem Abzu in Eridu geschenkt hat (Z. 30). Siehe zuletzt Böck 2014, 102f.
151 Das Objekt ist nicht eindeutig. Aufgrund vergleichbarer Textstellen, in denen der Himmelsgott etwas schenkt, nehme ich an, dass es an dieser Stelle um numinose Machtmittel bzw. um

Anhang 45: Šer-namšub an Ninurta (Ninurta G)

Zeilen: 27–28
Publikation: Cohen 1975–76, 25 u. 29; ETCSL 4.27.07; CDLI P345192

Umschrift	Übersetzung
²⁷lugal u₄.d an-ta ra-ra ²⁸en gaba-ri nu-tuku-me-en	²⁷ Der König, ein Sturm, der aus dem Himmel heraus prasselt, ²⁸ der Herr, der keinen Gegner hat, bist du (= Ninurta).

Anhang 46: Šer-namursaĝa an Ninisina (Iddin-Dagan A)

Zeilen: 1–2, 88–89, 126–128, 134–135
Publikation: Attinger 2011, aktualisiert 2019 (online), Attinger 2014, 17 und 29, 20 und 32, 21f. und 34, 22, 35 mit Anm. auf 52; ETCSL 2.5.3.1

Umschrift	Übersetzung
¹[an-ta e₃-a-ra an-ta e₃-a-ra si-lim-ma ga]-na-ab-be₂-en ²[nu-u₈-g]e₁₇ an-ta e₃-a-ra [si-lim]-ma ga-na-ab-be₂-en¹⁵²	¹ [Zu derjenigen, die aus dem Himmel herausgekommen ist, zu derjenigen, die aus dem Himmel herausgekommen] ist, [will] ich [„Sei heil"] sagen. ² Zur [n u g] e -Himmelsherrscherin¹⁵³ (= Innana), die aus dem Himmel herausgekommen ist, will ich [„Sei heil"] sagen.

---

das in Zeile 2 genannte Zepter geht. Vgl. auch Überblick Tabelle 6, siehe auch *Preislied des Sulgi P*, in dem der Himmelsgott Sulgi das Zepter übergibt. Zólyomi 2005, 398 übersetzt „An bestowed upon you (?)", da er annimmt, dass es sich um eine fehlerhafte Schreibung des obliquen Objektes (n i statt r i) handelt. Da ein Sprecherwechsel von der zweiten zur dritten Person und umgekehrt jedoch nichts Ungewöhnliches ist, belasse ich in der Analyse die Lesung n i für das oblique Objekt der 3. P. Sg. {-n . i -} als semantisches Objekt zu der Kompositverbform. Van Dijk 1960, 53 versteht diese und die nachfolgende Zeile als parenthetischen Einschub.

152 Zur abweichenden Bildung des Kohortativs mit dem Verb d u₁₁.g (g a + (i) +Basis (*marû*) + e n / e d ?) siehe Attinger 1993, §190 c) und Edzard 2003, 115.
153 Zur Deutung des Titels n u g e siehe ausführlich A. Zgoll 1997b.

Umschrift	Übersetzung
⁸⁸ nin ᵃⁿ/ᵈusan-na ur-saĝ-ĝa₂¹⁵⁴ an-ta nam-ta-a[n-e₃] ⁸⁹ uĝ₃-e kur-kur-ra igi mu-un!?-ši-ib-il₂-il₂-⸢i⸣??	⁸⁸ Die Herrin des Abends – eine Kriegerin ist sie – ist dort aus dem Himmel herausgekommen ⁸⁹ und daraufhin erhoben die Menschen in allen Ländern das Auge zu ihr.

Umschrift	Übersetzung
¹²⁶ nin sa₆ ḫi-li an-na ur-saĝ-am₃ an-ta nam-ta-an-e₃ ¹²⁷ za₃-si¹⁵⁵ an-na-⸢kam⸣?!?¹⁵⁶ ul am₃-mi-ni-guru₃ʳᵘ ¹²⁸ an-da ki maḫ-a-na ša₃.g mu-un-di-ib-kuš₂-u₃	¹²⁶ Die schöne Herrin, Freude des Himmels(gottes) – eine Kriegerin ist sie – kam dort aus dem Himmel heraus und daraufhin, ¹²⁷ während sie – *die Seite* des Himmelsgottes war es – Pracht trug, ¹²⁸ war sie dabei sich mit dem Himmelsgott an seiner mächtigen Stätte zu beraten.

Umschrift	Übersetzung
¹³⁴ nin an-še₃ la₂-a ur-saĝ-ĝa₂ an-ta nam-ta-an-e₃ ¹³⁵ kur-kur mu-un-ši-ḫu-ḫu-⸢luḫ⸣-e?-eš⸣?	¹³⁴ Die Herrin, die zum Himmel reicht, – eine Kriegerin ist sie – ist dort aus dem Himmel herausgekommen ¹³⁵ und daraufhin fürchteten sich alle Länder vor ihr.

---

154 Attinger 2014, 32 übersetzt „parmi les héros" und analysiert {u r s a ĝ = = a ᴸᴼᴷ}. Die obige Übersetzung geht von einer verkürzt geschriebenen Kopula aus. Vgl. auch die parallelen Zeilen 126 und 134. Z. 88 ist in zwei Textzeugen vertreten: B, H. Textzeuge B schreibt auch in Z. 14 mit verkürzter Angabe der Kopula. Textzeuge H ist vom Foto (CDLI: P256696, Vs. III vorletzte Zeile) nicht lesbar.

155 Zu z a₃ - s i siehe Attinger 2014, 52 „un terme désignant l'extrémité de l'épaule/du côté" mit weiterführender Literatur.

156 Die Kopie bei Kramer u. a. 1969, 93, iv 11 zeigt nach a n - n a das Zeichen k a, so dass nach dieser auch ein Lokativ denkbar ist: z a₃.g - s i a n = a k ᴳᴱᴺ = = a ᴸᴼᴷ „*an der Seite* des Himmelsgottes".

Anhang 47: Streitgespräch zwischen Baum und Rohr

Zeilen: 247[157]
Publikation: Jiménez 2017, 21; Vacín 2018, 454; CDLI P229451

Umschrift	Übersetzung
[247] ĝeš ĝešgu-za mah nam-lugal-la-kam an-ta im-ta-an-e$_{11}$.d	[247] Nachdem er (= N.N.) das Holz – der mächtige Thron des Königtums ist es – dort aus dem Himmel heraus herabgebracht hat...

Anhang 48: Streitgespräch zwischen Winter und Sommer

Zeilen: 234
Publikation: Vanstiphout 1997, 587; ETCSL 5.3.3

Umschrift	Übersetzung
[234] e$_2$-nam-til$_3$-la ki-tuš ku$_3$.g nam-lugal-la an-ne$_2$ ĝar-ra-na	[234] im (Tempel) E-namtila, seinem (= Ibbi-Suens) strahlenden Wohnsitz des Königtums, den An gegründet hat,

Anhang 49: Sulgi und Ninlils magur-Schiff (Sulgi R)

Zeilen: 85
Publikation: Klein 1990, 106f.; ETCSL 2.4.2.18; CDLI P263157 (= CBS 8316+CBS 14111), CDLI P269076 (= CBS 14058+CBS 14081(+)Ist Ni 4492+Ist Ni 4334bis(+) Ist Ni 13203)

Umschrift	Übersetzung
[85] aga [an ku$_3$.g-ge] saĝ-za mu-ni-in-gi-na ĝe$_6$-bi ga-ra-ʾabʾ-[bad]-bad	[85] Die Krone, die [der strahlende An] auf deinem Haupt dauerhaft gemacht hat – ihre Nächte will ich (= Ninlil) für dich (= Sulgi) weit machen.

---

157 Die Zeile findet sich auf der Rückseite von UM 29-16-217, ii 5'.

Anhang 50: Sumerische Königsliste (Sintflut-Version)

Zeilen: 1–2, 41–42[158]
Publikation: Jacobsen 1939, 70f., 76f.; ETCSL 2.1.1

Umschrift	Übersetzung
[1] [nam]-lugal an-ta e$_{11}$-da-(a)-ba [2] ⸢eridu⸣^{ki} nam-lugal-la	[1] Nachdem das Königtum aus dem Himmel heraus herabgebracht worden war, [2] (war) Eridu die (Stadt) des Königtums.[159]

Umschrift	Übersetzung
[41] nam-lugal an-ta e$_{11}$-da-a-ba [42] kiš^{ki} nam-lugal-la	[41] Nachdem das Königtum aus dem Himmel heraus herabgebracht worden war, [42] (war) Kiš die (Stadt) des Königtums.[160]

Anhang 51: Sumerisches Sintflut-Epos

Zeilen: 88–90
Publikation: Civil 1969, 138–174, insb. 140f.; ETCSL 1.7.4; CDLI P265876 (CBS 10673+CBS 10867)

Umschrift	Übersetzung
[88] [u$_4$.d? (x)] ⸢x⸣ nam-lugal-la an-ta e$_{11}$-d[a?]-a-ba	[88] [Am Tage] als […] des Königtums aus dem Himmel heraus herabgebracht worden war, [89] als die mächtige men-Krone (und) der Thron des Königtums aus dem Himmel heraus herabgebracht worden waren, [90] wurde […] dort vollkommen gemacht.

---

158 Zu den verschiedenen Stoff- und Textvarianten der Sumerischen Königsliste siehe Gabriel, *Von Adlerflügen und numinosen Insignien*, Abschnitt 4.2, 5.3 sowie Anhang 1 und 2.
159 Konventionell wird mit „war (in) Eridu das Königtum" übersetzt. Kein überlieferter Textzeuge schreibt jedoch den Lokativ {==a}. Die obige Übersetzung greift den Übersetzungsvorschlag von Wilcke 2002, 66 auf und nimmt statt einer Kopula einen regenslosen Genitiv an.
160 Siehe vorherige Anmerkung. Die vorliegende Zeile wird ebenfalls konventionell mit „war (in) Kiš das Königtum" übersetzt. Jedoch schreibt nur ein einziges Manuskript (George 2011, 203 (MS 3175, iii 8–9)) nach kiš den Lokativ.

Umschrift	Übersetzung
⁸⁹ ⸢men⸣ maḫ ᵍᵉˢg[u-z]a nam-lu-gal-la an-ta e₁₁-<da?>-a-be₄ [161] ⁹⁰ [... š]u mi-ni-ib-šu-du₇ [162]	

Anhang 52: Tempelhymnen

Zeilen: 49, 169, 299, 371, 461, 533–534
Publikation: Sjöberg/Bergman
1969, 20, 27, 29, 37–39, 44, 48; ETCSL 4.80.1[163]

Umschrift	Übersetzung
⁴⁹ eš₃ maḫ me nun an-ta bar-ra	⁴⁹ Mächtiges Heiligtum (= Tempel des Nuska in Nippur), (zu dem) die fürstlichen Machtmittel aus dem Himmel heraus freigelassen worden sind,

Umschrift	Übersetzung
¹⁶⁹ e₂ an-ta e₃-a dalla e₃ kul-aba₄ᵏⁱ-(a)	¹⁶⁹ Haus (= Tempel des Utu in Larsa), das aus dem Himmel herausgelassen worden ist, das strahlend in Kulaba[164] hervorkommt

---

161 Zwischen dem Zeichen e₁₁.d und dem Zeichen a sind aufgrund starker Beschädigungen verschiedene Möglichkeiten der Lesung möglich, siehe auch Gabriel, *Von Adlerflügen und numinosen Insignien*, Anhang 6. Ich folge an dieser Stelle seiner Lesung, da in Analogie zur *Sumerischen Königsliste* die Mehrzahl der Manuskripte die Schreibung -da- aufweist.

162 Die Verbform ist unorthographisch geschrieben. Das Kompositverb šu--du₇ „vollkommen machen" zeigt sowohl šu als Nomen vor der verbalen Präfixkette, als auch als Bestandteil des Verbs selbst. Die Übersetzung geht davon aus, dass das Nomen šu auf der grammatikalischen Ebene vollständig in die Verbform inkorporiert wurde und hier eine passive Konjugationsform (Wilcke-Passiv) vorliegt.

163 Eine neue Edition der *Tempelhymnen* erfolgt durch Monica Louise Philipps (University of Chicago). Ihre Dissertation „Uniting Heaven and Earth: The Collection of Sumerian Temple Hymns" befindet sich in Fertigstellung (voraussichtlich 2021).

164 Vor allem aus semantischer Perspektive ist diese Zeile sehr interessant, da mit Kulaba ein Hinweis auf Uruk gegeben ist und Uruk Standort des E-ana ist, von dem unterschiedliche Quellen berichten, dass es aus dem Himmel kommt. Darüber hinaus ist Utu einer der Protagonisten, die maßgeblich an dem Transfer des E-ana beteiligt sind.

Umschrift	Übersetzung
²⁰⁰ an-ša₃.g-ta e₁₁-de₃ eš₃ gu₄.d-de₃ du₃-a	²⁰⁰ (Haus = Haus der Innana in Uruk = E-ana)[165], das aus dem Himmelsinneren heraus heruntergebracht worden ist, Heiligtum, welches für das Rind gebaut worden war

Umschrift	Übersetzung
³⁵² [x x] sag̃-kul an-ne₂ [ki g̃ar-ra]	³⁵² [...] Riegel, den An [gegründet hat] (= ein unbekannter Tempel)

Umschrift	Übersetzung
³⁷¹ me mah-a[166] an-ne₂ an-ša₃.g-ta mu-ra-an-šum₂	³⁷¹ Die Machtmittel – sie sind machtvoll – hat dir (= Haus der Ninhursag̃a in Adab) An aus dem Himmelsinneren heraus gegeben.

Umschrift	Übersetzung
³⁷⁹ i₃-si-in^{ki} iri an-ne₂ ki g̃ar-ra ša₃.g sig-ga ša-mu-un-du₃	³⁷⁹ Isin, Stadt, die An gegründet hat – sie wurde tatsächlich auf Ödland gebaut.[167] (= Tempel der Ninisina in Isin)

Umschrift	Übersetzung
⁴⁶¹ ša₃.g-zu galam-kad₅ udug₂-zu udug₂ x an-ta šu bar-ra	⁴⁶¹ dein (= Tempel des Nergal in Kutha) Inneres (ist) kunstvoll Gewebtes, deine udug-Waffe (ist) eine ... udug-Waffe, die aus dem Himmel heraus freigelassen worden ist,

---

165 Der Tempel wird in Z. 201 auch mit dem Namen E-ana angesprochen, so dass kein Zweifel an dessen Identität besteht.

166 mah ist ein Adjektiv und wird üblicherweise ohne Nominalisator geschrieben. mah-a kann daher für ein Adverb stehen (siehe Attinger 2019, 128) oder enklitische -a kann eine verkürzte Kopula meinen. Kopula-Konstruktionen werden öfter parenthetisch eingesetzt. Diese Funktion ist in der obigen Übersetzung angenommen worden.

167 Die Verbalform ist eine Passiv-Form (Wilcke Passiv), wobei das passive Subjekt nicht in die Verbalkette aufgenommen wurde. Alternativ ist auch AKh (Absolutivkonjugation ḫamṭu = intransitive ḫamṭu-Konjugation) denkbar: {ša-mu^{VENT}-n^{LA}-du₃-Ø^{iTS}} „ist gebaut worden", wobei es sich um ein statisches Passiv handelt. Siehe dazu Jagersma 2010, 304.

Umschrift	Übersetzung
⁵³³ ᵈNanibgal gal-e ᵈNisaba-ke₄ ⁵³⁴ me an-ta ba-an-e₃ me-zu ba-an-taḫ	⁵³³ Diese große Nanibgal, Nisaba, ⁵³⁴ hat die Machtmittel aus dem Himmel herauskommen lassen, hat sie (= die Machtmittel des Himmels) deinen Machtmitteln (= denen des Tempels der Nisaba in Ereš) hinzugefügt.

Anhang 53: Tigi an Babu A (Gudea A)

Zeilen: 3, 7, 9, 12
Publikation: Falkenstein 1953, 85; ETCSL 2.3.2; CDLI P264398

Umschrift	Übersetzung
(⁵Ba-bu₁₁) ³/⁷ni₂ gal guru₃ʳᵘ an-ša₃.g-ta e₃-a¹⁶⁸	⁵ (Babu), ³/⁷ die große(n) furchtbare(n) Schrecken(sglanz) trägt, die aus dem Himmelsinneren herausgekommen ist

Umschrift	Übersetzung
⁹nin-ĝu₁₀ an-ša₃.g-ta me mu-e-de₆	⁹ Meine Herrin, du hast die Machtmittel aus dem Himmelsinneren heraus weggebracht.

Umschrift	Übersetzung
¹⁰/¹⁴a-a du₂-da-zu An lugal-e ¹¹/¹⁵me niĝ₂-galam saĝ-e-eš mu-ʳriʳ-ʳinʳ-rig₇¹⁶⁹	¹⁰/¹⁴ Dein leiblicher Vater, (der Himmelsgott) An, der König, ¹¹/¹⁵ hat dir die unübertrefflichen Machtmittel geschenkt.

Umschrift	Übersetzung
¹³ᵈBa-bu₁₁ an-ša₃.g-ta ‹me mu-e-de₆›¹⁷⁰	¹³ Babu, du hast die Machtmittel aus dem Himmelsinneren heraus weggebracht.

---

168 Zeile 7 ist mit Zeile 3 identisch, aber verkürzt wiedergegeben.
169 Zeile 14 und 15 sind mit Zeile 10 und 11 identisch, aber verkürzt wiedergegeben.
170 Zeile 13 ist verkürzt, kann aber mit Zeile 9 ergänzt werden.

Anhang 54: Tod des Ur-Namma (Ur-Namma A)

Zeilen: 164–165
Publikation: Flückiger-Hawker 1999, 129f.; ETCSL 2.4.1.1

Umschrift	Übersetzung
^{164}[i$_3$]-ne-eš$_2$ ^{171}im an-ta šeĝ$_3$-ĝa$_2$-gen$_7$ ^{165}[me]-ʳliʾ-e-a šeg$_{12}$ urim$_2^{ki}$-ma-še$_3$ šu nu-um-ma-ni$_{10}$-ni$_{10}$	^{164}Nun, wie Regen, der aus dem Himmel heraus geregnet hat – ^{165}wehe – werde ich (= Ur-Namma) nicht zum Ziegelwerk von Ur umkehren.

Anhang 55: Wie das Getreide nach Sumer kam

Zeilen^{172}: 2–4
Publikation: Bernhardt/Kramer 1961, 10–11, Taf. XVIII–XIX^{173}; Bruschweiler 1987, 54f.; ETCSL 1.7.6; CDLI P345600 (= HS 1518), CDLI P357273 (= Sb 12518)

Umschrift	Übersetzung
^{2}u$_4$.d ri-a ^{d}ezinam$_2$ še-gu-nu ^{3}an-ne$_2$ an-ša$_3$.g-ta im-da-an-e$_{11}$-de$_3$	$^{2\text{-}3}$In jenen Tagen, als An (Z. 3) (die) Getreidegottheit Ezinam (und) die Feldfrüchte aus dem Himmelsinneren heraus (zu dessen = Sumers(?) Gunsten) heruntergebracht hat,
	^{4}blickte Enlil (lit: war Enlil dabei, das Auge zu heben) auf das, was wie das *Horn einer Bergziege* vom (?) kunstvoll gemachten/hohen? Gebirge heruntergebracht worden war.

---

171 Der Beginn der Zeile nicht erhalten. Flückiger-Hawker gibt mögliche Varianten für die Ergänzung zu Beginn der Zeile 164 an: [i$_3$/i/e]-ne-eš$_2$ (Flückiger-Hawker 1999, 129). Die obige Lesung folgt der Angabe von ETCSL.
172 Mein Dank gilt insbesondere Prof. M. Krebernik und Prof. K. Lämmerhirt, die es mir ermöglicht haben, den Text in der Hilprecht-Sammlung der Friedrich-Schiller-Universität Jena zu kollationieren.
173 Kollationen zu diesem Text hat Wilcke 1976 vorgenommen. Siehe dazu auch die Rezension von Römer 1978, 182f.

Umschrift	Übersetzung
⁴ᵈen-lil₂-le a₂ taraḫ-ĝen₇¹⁷⁴ ḫur-saĝ galam/sukud?-ma?-da¹⁷⁵ e₁₁-de₃¹⁷⁶ igi mi-ni-ib-il₂-il₂-i	

8 Literaturverzeichnis

Alster, B./Westenholz A. 1990 , Lugalbanda and the Early Epic Tradition in Mesopotamia, in: T. Abusch u. a. (Hrsg.), Lingering over Words. Studies in Ancient Near Eastern Literature in Honor of William L. Moran (= HSS 37) 59–72.

Alster, B./Westenholz A. 1994, The Barton Cylinder, ActSum 16, 15–46.

Attinger, P. 2003, L'Hymne à Nungal, in: W. Sallaberger u. a. (Hrsg.), Literatur, Politik und Recht in Mesopotamien. Festschrift für Claus Wilcke (= Orientalia Biblica et Christiana 14) 15–34.

Attinger, P. 2014, Iddin-Dagan A, in: N. Koslova u. a. (Hrsg.), Studies in Sumerian Language and Literature. Festschrift für Joachim Krecher (= Babel und Bibel 8) 11–82.

Attinger, P. 2015, Inanas Kampf und Sieg über Ebich, in: K. Volk (Hrsg.), Erzählungen aus dem Land Sumer. Wiesbaden. 353–363.

Attinger, P. 2019, Lexique sumérien-français (online-Dokument).

Attinger, P. online, https://www.iaw.unibe.ch/ueber_uns/va_personen/prof_em_dr_attinger_pascal/index_ger.html (Zugriff zuletzt 13.5.2021)

---

174 a₂ taraḫ übersetzt Attinger, 2019 (online), 192 mit „corne de *chèvre sauvage*". Die fehlende Schreibung des Genitivs lässt auf eine lexikalisierte Form schließen.

175 Das Zeichen nach galam/sukud ist nicht eindeutig (Kollation am 29.10.2013). Es sind drei waagerechte Keile zu sehen, von denen die zwei unteren in etwa auf einer Linie stehen, vgl. Kopie Wilcke 1976. Die Spuren könnten von /ma/, /e/ oder /du/ stammen. Manfred Krebernik (mdl. Gespräch Oktober 2013, Jena) schlägt vor, ein überschriebenes DU zu lesen, so dass vorhergehend nicht /galam/, sondern /sukud/ zu lesen ist. Alternativ ist auch denkbar, dass der Schreiber ursprünglich an /sukud/ mit der üblichen Schreibung /sukud-du/ dachte, dies als Fehler bemerkte und DU zu tilgen suchte. Die Lesung galam „kunstvoll" oder sukud „hoch" bleibt daher weiterhin offen. Weitere Belege für ḫur-saĝ galam-ma „kunstvoll gebautes Gebirge" siehe auch: *Urnamma E* 3' (Flückiger-Hawker 1999, 266); *Urnamma F* 9 (Flückiger-Hawker 1999, 276). Die Nominalphrase in *Wie das Getreide nach Sumer kam* ist morphologisch betrachtet mit dem Komitativ /da/ abgeschlossen. Aus semantischen Gründen wird hier aber eine unorthographische Variante des Ablativs /ta/ angenommen.

176 e₁₁-de₃ ist wie möglicherweise auch in Z. 3 im-da-an-e₁₁-de₃ als Variante zu e₁₁-da aufzufassen: in Z. 3 als nominalisierte Verbalform im Lokativ {i-m-da-n-e₁₁.d-a^{NOM}==a^{LOK}}, in Z. 4 als ḫamṭu-Partizip im Lokativ {e₁₁.d-a^{NOM}==a^{LOK}}. Siehe dazu auch Anm. 103 mit Verweis auf Wilcke 1998. Eine Analyse mit Direktiv {e₁₁.d==e^{DIR}} in Z. 4 wäre ungewöhnlich, da das Objekt des Verbs igi--il₂ üblicherweise im Lokativ steht, siehe Karahashi 2000, 65f.

Averbeck, R. E. 1987, A preliminary study of ritual and structure in the Cylinders of Gudea (Dissertation) Philadelphia.
Barrabee, J. 2011–2013, Artikel „Tafel des Lebens", RlA 13, 401a–b.
Behrens, H. 1998, Die Ninegalla-Hymne. Die Wohnungnahme Inannas in Nippur in altbabylonischer Zeit (= FAOS 21). Stuttgart.
Bernhardt I./Kramer, S. N. 1961, Sumerische literarische Texte aus Nippur (= TMH N.F. 3). Berlin.
Biggs, R. D. 1974, Inscriptions from Tell Abū Ṣalābīkh (= OIP 99). Chicago/London.
Black, J./Green A. ²1998, Gods, Demons and Symbos of Ancient Mesopotamia. An Illustrated Dictionary. London.
Böck, B. 2014, Die Hymne *Ninisiana A* Z. 30–42 mit einem Exkurs über ša$_3$, Bauch, Magen-Darm-Trakt als Sitz der Gefühle, in: N. Koslova u. a. (Hrsg.), Studies in Sumerian Language and Literature. Festschrift für Joachim Krecher (= Babel und Bibel 8) 101–121.
Bruschweiler, F. 1987, Inanna: la déesse triomphante et vaincue dans la cosmologie sumérienne. Recherche lexicographique (= Les Cahiers du CEPOA 4). Leuven.
Castellino, G. R. 1972, Two Šulgi Hymns (BC) (= StSem 42). Rom.
Cavigneaux, A. 1980–1983, Artikel „Lexikalische Listen", RlA 6, 609–641.
Cavigneaux, A. 1996, Uruk: Altbabylonische Texte aus dem Planquadrat Pe XVI-4/5, nach Kopien von Adam Falkenstein (= AUWE 23). Mainz.
Cavigneaux, A. 2003, Fragments littéraires susiens, in: W. Sallaberger u. a. (Hrsg.), Literatur, Politik und Recht in Mesopotamien. Festschrift für Claus Wilcke (= OBC 14). Wiesbaden.
Cavigneaux, A./Al-Rawi, F. N. H. 1993, Gilgameš et Taureau de Ciel (ŠUL-MÈ-KAM) (Textes de Tell Haddad IV), RA 87, 97–129.
Charpin, D. 1986, Le Clergé d'Ur au Siècle d'Hammurabi (XIXe-XVIIIe Siècles av. J.-C.) (= EPHE 22). Genève/Paris.
Chiera, E. 1924, Sumerian religious texts. Upland, Pa.
Çiğ, M./Kizilyay, H. 1969, Sumerian Literary Tablets and Fragments in the Archeological Museum of Istanbul - I. Introduction and Cataloge Samuel Noah Kramer (= ISET 1). Ankara.
Civil, M. 1969, The Sumerian Deluge Myth, in: W. G. Lambert/A.R. Millard, Atra-ḫasīs. The Babylonian Story of the Flood. Oxford.
Civil, M. 1972, Rezension zu C. Wilcke, Das Lugalbandaepos (1969) Wiesbaden, JNES 31, 385–387.
Civil, M. 1983, Enlil und Ninlil: The Marriage of Sud, JAOS 103, 43–66.
Cohen, M.-E. 1975–76, ur.sag.me.šar.ur$_4$. A Širnamšubba of Ninurta, WO 8, 22–36.
Delnero, P. 2012, The textual criticism of Sumerian literature (= JCS Supplemental 3) Boston.
van Dijk, J. 1960, Sumerische Götterlieder II (= AbhHeidelberg 1960.1). Heidelberg.
van Dijk, J. 1998, Inanna raubt den „großen Himmel". Ein Mythos, in: S. M. Maul (Hrsg.), *tikip santakki mala bašmu...* Festschrift für Rykle Borger zu seinem 65. Geburtstag am 24. Mai 1994 (= CM 10) Groningen. 9–38.
Edzard, D. O. 2003, Sumerian Grammar (= HdO 71) Leiden.
Falkenstein, A. 1953, Sumerische Hymnen und Gebete, in: A. Falkenstein/W. von Soden (Hrsg.), Sumerische und akkadische Hymnen und Gebete. Zürich/Stuttgart.
Falkenstein, A. 1962, Sumerisch religiöse Texte. 4. Ein Lied auf Šulpa'e, ZA 55, 11–67.
Farber–Flügge, G. 1973, Der Mythos „Inanna und Enki" unter besonderer Berücksichtigung der Liste der me. Rom.
Farber, G. 1987–1990, Artikel "me", RlA 7, 610–613.

Flückiger-Hawker, E. 1999, Urnamma of Ur in Sumerian Literary Tradition (= OBO 166). Fribourg/Göttingen
Frayne, D. R. 1997, Ur III Period (= RIME 3/2). Toronto (u. a.).
Gadotti, A. 2014, 'Gilgamesh, Enkidu, and the Netherworld' and the Sumerian Gilgamesh Cycle (= UAVA 10). Boston/Berlin.
George, A. R. 2011, Sumero-Babylonian King Lists and Date Lists, in: id (Hrsg.), Cuneiform Royal Inscriptions and Related Texts in the Schøyen Collection (= CUSAS 17). Bethesda. 199–209.
Glassner, J.-J. 1993, Chroniques mésopotamiennes. Paris.
Glassner, J.-J. 2004, Mesopotamian Chronicles (= WAW 19). Boston.
Green, M. W. 1984, The Uruk Lament, JAOS 104, 253–279.
Heimpel, W. 1986, The Sun at Night and the Doors of Heaven in Babylonian Texts, JCS 38, 127–151.
Jacobsen, Th. 1939, The Sumerian King List (= AS 11). Chicago.
Jagersma, B. 2010, A Descriptive Grammar of Sumerian (Dissertation) Leiden.
Jiménez, E. 2017, The Babylonian Disputation Poems. With Editions of the Series of the Poplar, Palm and Vine, the Series of the Spider, and the Story of the Poor, Forlorn Wren, Culture and History of the Ancient Near East 87, Leiden/Boston.
Karahashi, F. 2000, Sumerian compound verbs with Body-parts-terms (Dissertation) Chicago.
Katz, D. 1993, Gilgamesh and Akka (=LOT 1). Groningen.
Klein, J. 1981a, Three Šulgi Hymns. Sumerian Royal Hymns Glorifying King Šulgi of Ur. Ramat-Gan.
Klein, J. 1981b, The Royal Hymns of Shulgi King of Ur: Man's Quest for Immortal Fame. Philadelphia.
Klein, J. 1990, Šulgi and Išmedagan: Originality and Dependency in Sumerian Royal Hymnology, in: Klein, J./Skaist, A. (Hrsg), Bar-Ilan Studies in Assyriology dedicated to Pinhas Artzi. Ramat-Gan, 65–136.
Kramer, S. N. 1980, The Death of Dumuzi. A New Sumerian Version, AnSt 30, 5–13.
Kramer, S. N. u. a. 1969, Sumerian Literary Tablets and Fragments in the Archaeological Museum of Istanbul (= ISET 1) Ankara.
Kramer, S. N./Maier, J. 1989, Myths of Enki, The Crafty God. New York/Oxford.
Krebernik, M. 1998, Die Texte aus Fāra und Tell Abū Ṣalābīḫ, in: J. Bauer u. a. (Hrsg.), Mesopotamien. Späturuk-Zeit und Frühdynastische Zeit. Annäherungen 1 (= OBO 160/1). Freiburg (Schweiz)/Göttingen.
Lambert, W. G. 1959–60, Three Literary Prayers of the Babylonians, AfO 19, 47–66.
Lambert, W. G./Millard, A.R. 1969, Atra-ḫasīs. The Babylonian story of the flood. Winona Lake.
Lisman, J. J. W. 2016–2017, The Barton Cylinder: A lament for Keš?, JEOL 46, 145–178.
Litke, R. L. 1998, A Reconstruction of the Assyro-Babylonian God-Lists, AN: ^{d}A-NU-UM and AN: ANU ŠÁ AMĒLI (= TBC 3). New Haven.
Michalowski, P. ^{2}2014, The Lamentation over the Destruction of Sumer and Ur (= MC 1). Winona Lake. (reprint, Original 1989).
Mittermayer, C. 2009, Enmerkara und der Herr von Arata. Ein ungleicher Wettstreit (=OBO 239). Fribourg.
Mittermayer, C./Attinger, P. 2020, Enmerkara und Ensukukešdana, in: J. Baldwin u. a. (Hrsg.), mu-zu an-za$_3$-še$_3$ kur-ur$_2$-še$_3$ ḫe$_2$-ĝal$_2$. Altorientalische Studien zu Ehren von Konrad Volk (= dubsar 17). Münster. 191–262.

Polonsky, J. 2002, The rise of the sun god and determination of destiny in Ancient Mesopotamia (Dissertation) Philadelphia.
Reisman, D. 1970, Two Neo-Sumerian Royal Hymns (Dissertation) Philadelphia.
Römer, W. H. Ph. 1965, Sumerische 'Königshymnen' der Isin-Zeit (= DMOA 13). Leiden.
Römer, W. H. Ph. 1978, Rezension zu C. Wilcke, Kollationen zu den sumerischen literarischen Texten aus Nippur in der Hilprecht-Sammlung Jena (1976) Berlin, BiOr 35, 181–183.
Römer, W. H. Ph. 1980, Das sumerische Kurzepos >Bilgameš und Akka< (= AOAT 209/1). Münster.
Römer, W. H. Ph. 2001, Hymnen und Klagelieder in sumerischer Sprache (= AOAT 276). Münster.
Römer, W. H. Ph. 2010, Die Zylinderinschriften von Gudea (= AOAT 376). Münster.
Sallaberger, W./Huber Vulliet, F. 2003–2005, Artikel „Priester. A. I", RlA 10, 617–640.
Samet, N. 2014, The lamentation over the destruction of Ur (=MC 18). Winona Lake.
Sjöberg, Å. W. 1960, Der Mondgott Nanna-Suen in der sumerischen Überlieferung. I. Teil: Texte. Stockholm.
Sjöberg, Å. W. 1972, Hymns to Meslamtaea, Lugalgirra and Nanna-Suen in Honour of King Ibbīsuen (Ibbīsîn) of Ur, Orientalia Suecana XIX–XX (1970–71). 140–178.
Sjöberg, Å. W. 1973, Miscellaneous Sumerian hymns, ZA 63, 1–55.
Sjöberg, Å. W. 1974, A Hymn to ^{d}LAMA-SA$_6$-GA, JCS 26, 158–177.
Sjöberg, Å. W. 1975a, in-nin šà-gur$_4$-ra. A Hymn to the Goddess Inanna by the en-Priestess Enḫeduanna, ZA 65, 161–253.
Sjöberg, Å. W. 1975b, Three hymns to the god Ningišzida, StOr 46, 301–322.
Sjöberg, Å. W. 1977, Miscellaneous Sumerian Texts, II, JCS 29, 3–45.
Sjöberg, Å. W. 1982, Miscellaneous Sumerian Texts, III, JCS 34, 62–80.
Sjöberg, Å. W./Bergmann, E. (†) 1969, The Collection of the Sumerian Temple Hymns (= TCS 3). Locust Valley.
Sollberger, E. 1967, The Rulers of Lagaš, JCS 21, 279–291.
Steible, H. 1967, Ein Lied an den Gott Ḫaja mit Bitte für den König Rīmsîn von Larsa (Dissertation) Freiburg.
Steible, H. 1975, Rīmsîn, mein König: Drei kultische Texte aus Ur mit der Schlussdoxologie ^{d}ri-im-^{d}sîn lugal-mu (= FAOS 1). Wiesbaden.
Steible, H. 1991, Die neusumerischen Bau- und Weihinschriften. Teil I: Inschriften der II. Dynastie von Lagaš (= FAOS 9,1). Stuttgart.
Steinert, U. 2012, Aspekte des Menschseins im Alten Mesopotamien. Eine Studie zu Person und Identität im 2. und 1. Jt. v. Chr. (= CM 44). Leiden/Bosten.
Streck, M. P. 2016, Artikel "Wind", RlA 15, 116–118.
Sullivan, B. B. 1979, Sumerian and Akkadian Sentence Structure in Old Babylonian Literary Bilingual Texts (Dissertation) New York.
Vacín, L., 2018, All the king's *adamindugas*. Textual images of Ur III sovereigns as managers of the universe, in: P. Attinger u. a. (Hrsg.), Text and Image, Proceedings of the 61^e Rencontre Assyriologique Internationale, Geneva and Bern, 22–26 June 2015 (= OBO Series Archaeologica 40) Leuven (u. a.). 447–457.
van Binsbergen, W./Wiggermann, F. 1999, Magic in History. A theoretical perspective, and its application to ancient Mesopotamia, in: T. Abusch/K. van der Toorn (Hrsg.), Mesopotamian Magic: Textual, Historical, and Interpretative Perspectives (=AMD 1). Groningen.2–34

Vanstiphout, H. L. J. 1997, The Disputation between Summer and Winter, in: W. W. Hallo, The Context of Scripture Volume I. Canonical Compositions from the Biblical World. 584–588.

Vanstiphout, H. L. J. 2002, *Sanctus* Lugalbanda, in: T. Abusch (Hrsg.) Riches Hidden in Secret Places. Ancient Near Eastern Studies in Memory of Thorkild Jacobsen. Winona Lake. 259–289.

Veldhuis, N. 2004, Religion, Literature, and Scholarship: The Sumerian Composition «Nanše and the Birds» (= CM 22). Leiden.

Veldhuis, N. 2014, History of the Cuneiform Lexical Tradition (= GMTR 6). Münster.

Volk, K. 1989, Die balaĝ-Komposition úru àm-ma-ir-ra-bi. Rekonstruktion und Bearbeitung der Tafeln 18 (19'ff.), 19, 20 und 21 der späten, kanonischen Version (= FAOS 18). Wiesbaden.

Volk, K. 1995, Inanna und Šukaletuda. Zur historisch-politischen Deutung eines sumerischen Literaturwerkes (= SANTAG 3). Wiesbaden

Waetzoldt, H. 2015, Gilgamesch und Akka, in: K. Volk (Hrsg.), Erzählungen aus dem Land Sumer. Wiesbaden. 273–281.

Wiggermann, F. A. M. 1994, Artikel „Mischwesen A", RlA 8, 222–246.

Wiggermann, F. A. M. 2000, Artikel „Nin-azu", RlA 9, 239–334.

Wiggermann, F. A. M. 2007, The Four Winds and the Origins of Pazuzu, in: C. Wilcke (Hrsg.), Das geistige Erfassen der Welt im Alten Orient. Wiesbaden. 125–147.

Wilcke, C. 1969, Das Lugalbandaepos. Wiesbaden.

Wilcke, C. 1976, Kollationen zu den sumerischen literarischen Texten aus Nippur in der Hilprecht-Sammlung Jena (= AbhLeipzig 65/4). Berlin.

Wilcke, C. 1998, Zu „Gilgameš und Akka". Überlegungen zur Zeit von Entstehung und Niederschrift, wie auch zum Text des Epos mit einem Exkurs zur Überlieferung von „Šulgi A" und von Lugalbanda II", in: M. Dietrich/O. Loretz (Hrsg.), dubsar anta-men. Studien zur Altorientalistik. Festschrift für Willem W. Ph. Römer zur Vollendung seines 70. Lebensjahres mit Beiträgen von Freunden, Schülern und Kollegen (= AOAT 253) Münster. 457–485.

Wilcke, C. 2002, Vom göttlichen Wesen des Königtums und seinem Ursprung im Himmel, in: F.-R. Erkens (Hrsg.), Die Sakralität von Herrschaft. Herrschaftslegitimierung im Wechsel der Zeiten und Räume. Berlin. 63–83.

Wilcke, C. 2006, Die Hymne auf das Heiligtum Keš. Zu Struktur und „Gattung" einer altsumerischen Dichtung und zu ihrer Literaturtheorie, in: P. Michalowski/N. Veldhuis (Hrsg.), Approaches to Sumerian Literature. Studies in Honour of Stip (H. L. J. Vanstiphout) (= CM 35). Leiden/Boston. 201–237.

Wilcke, C. 2010, Sumerian: What we know and What we want to know, in: L Kogan u. a. (Hrsg.), Language in the Ancient Near East. Proceedings of the 53rd Rencontre Assyriologique Internationale. Vol. 1 Part 1 (= Babel und Bibel 4/1 = Orienalia et Classica XXX/1) Winona Lake. 5–76.

Wilcke, C. 2012, The Sumerian Poem *Enmerkar and En-suḫkeš-ana*: Epic, Play, Or? Stage Craft at the Turn from the Third to the Second Millennium B.C. (= AOS Essay 12). New Haven.

Wilcke, C. 2015, Vom klugen Lugalbanda, in: K. Volk, Erzählungen aus dem Land Sumer. Wiesbaden. 203–272.

Woods, C. 2008, The Grammar of Perspective. The Sumerian Conjugation Prefixes as a System of Voice (= CM 32) Leiden/Boston.

Yoshikawa 1993, Studies in the Sumerian Verbal System, Acta Sumerologica Suppl. Series 1. Hiroshima.

Zgoll, A. 1997a, Der Rechtsfall der En-ḫedu-Ana im Lied nin-me-šara (= AOAT 246). Münster

Zgoll, A. 1997b, Inana als nugig, ZA 87, 181–195.

Zgoll, A. 2012, Welt, Götter und Menschen in den Schöpfungsentwürfen des antiken Mesopotamien, in: K. Schmid (Hrsg.), Schöpfung. Themen der Theologie 4. Tübingen. 17–70.

Zgoll, A. 2014, Der Sonnengott als Transporteur von Seelen (Psychopompos) und Dingen zwischen den Welten im antiken Mesopotamien. Mit einem Einblick in den konzeptuellen Hintergrund des *taklimtu*-Rituals, in: N. Koslova u. a. (Hrsg.), Studies in Sumerian Language and Literature. Festschrift für Joachim Krecher (= Babel und Bibel 8) Winona Lake. 617–633.

Zgoll, A. 2015a, Nin-me-šara – Mythen als argumentative Waffen in einem rituellen Lied der Hohepriesterin En-ḫedu-Ana, in: B. Janowski/D. Schwemer (Hrsg.), Weisheitstexte, Mythen und Epen (= TUAT N.F. 8) Gütersloh. 55–67.

Zgoll, A. 2015b, Inana holt das erste Himmelshaus auf die Erde. Ein sumerischer Mythos aus der Blütezeit der Stadt Uruk, in: B. Janowski/D. Schwemer (Hrsg.), Weisheitstexte, Mythen und Epen (= TUAT N.F. 8) Gütersloh. 45–54.

Zgoll, A. 2020, Durch Tod zur Macht, selbst über den Tod. Methodisch neue Wege zu mythischen Strata von Inanas Unterweltsgang und Auferstehung in sumerischen epischen Preisliedern angalta und innin me galgala, mit Ausblick auf Ištars Höllenfahrt in: A. Zgoll/C. Zgoll (Hrsg.), Mythische Sphärenwechsel. Methodisch neue Zugänge zu antiken Mythen in Orient und Okzident, Mythological Studies 2, Berlin/Boston, 83–159. (open access: https://doi.org/10.1515/9783110652543-003)

Zgoll A./Zgoll C. 2020, Innana-Ištars Durchgang durch das Totenreich in Dichtung und Kult: Durch Hylemanalysen zur Erschließung von Spuren mythischer Stoffvarianten in kultischer Praxis und epischer Verdichtung, in: I. Arkhipov u. a. (Hrsg.), The third Millennium. Studies in Early Mesopotamia and Syria in Honor of Walter Sommerfeld and Manfred Krebernik (= CM 50) Leiden. 752–802.

Zgoll, C. 2019, Tractatus mythologicus. Theorie und Methodik zur Erforschung von Mythen als Grundlegung einer allgemeinen, transmedialen und komparatistischen Stoffwissenschaft (MythoS 1) Berlin/Boston. (open access: https://doi.org/10.1515/9783110541588)

Zólyomi, G. 2005, A Hymn to Ninšubur, in: Y. Sefati u. a. (Hrsg.), „An Experienced Scribe Who Neglects Nothing". Anient Near Eastern Studies in Honor of Jacob Klein. Bethesda, 396–412.

Elyze Zomer
Demons and Tutelary Deities from Heaven

The Hyleme-Pattern "X Descends from Heaven" in Akkadian Incantation Literature

Abstract: This paper is concerned with the phenomenon of heaven-sent entities in Mesopotamian magical texts. The heavenly travellers can be malevolent (demons bringing diseases) as well as benevolent (tutelary deities coming to the aid of ailing humans), and their descent from heaven to earth can take place in a variety of ways, and with the aid of various implements such as a rope, by being transformed into falling stars, or simply falling down to earth by accident.

1 Introduction

When studying the Mesopotamian incantation corpora, one notices multiple differences between the Sumerian and Akkadian traditions. One of the innovations of the Akkadian incantation corpora is the use of the hyleme-pattern "X$_{(1-2)}$ descends from heaven".[1] This hyleme-pattern is incorporated in the hyleme-sequence of mythical introductions (historiolae) in incantations describing the origins of mostly malevolent entities, such as diseases and demons descending from heaven to earth. Although aspects of this feature within Akkadian incantations have been recognized and briefly discussed by various scholars (Farber 1990; Stol 1993, 12-14; Cunningham 1997, 177; Wasserman 2007, 40-61), a systematic overview has never been presented. This study seeks to provide a novel approach to investigating "X$_{(1-2)}$ descends from heaven" as a hyleme-pattern within Akkadian incantations by deploying the innovative method devised by Christian Zgoll (2019).

Note: This paper is the result of a collaboration with the *Collegium Mythologicum* in Göttingen. I would like to express my sincere gratitude to Annette and Christian Zgoll for inviting me to participate in this innovative approach to the investigation of ancient texts. Furthermore, I am thankful for the rich and fruitful discussions with all members of the *Collegium Mythologicum*.

1 For the terminology (hyleme, hyleme-pattern etc.) see C. Zgoll, Grundlagen der hylistischen Mythosforschung, in this volume; for an earlier version in English see C. Zgoll 2020.

2 "X_1 (=Malevolent) Descends from Heaven"

2.1 Origins of Malevolent Entities in the Sumerian Incantation Literature

From the perspective of the Sumerian incantation tradition, the entities of evil[2] are described to be present (i.e., to mainly originate from) geographical places such as the Abzu and the Netherworld, which aligns well with the general Sumerian belief that evil spirits have their actual dwelling place in the Netherworld, see Katz (2003, 44 f and passim).[3] In the selection of examples presented below (§§ 2.1.1-2.1.5), we find unilingual Sumerian incantations from the third and second millennium BCE describing the evil occurrences that are said to have emanated from such places. A full study on hyleme-patterns occurring in Sumerian incantations, such as "$X_{(1-2)}$ comes out the Abzu", describing this transfer from the Abzu and the Netherworld to earth is certainly warranted, but is beyond the scope of the present study.

2.1.1 (Ur III) *La trouvaille de Dreheme*, 1 (Ist D –): 3 (spell against snakes)

Recent edition: Conti 1997, 268 f; Rudik 2015, 282-287

piriĝ-e a-gal-a še e-ni-ib$_2$-gi$_4$ Lion, who roars in high water

2.1.2 (Ur III) *YOS* 11, 37 (MLC 1093): 2 f (spell against scorpions)

Recent edition: Cavigneaux 1994, 157 n. 6; Rudik 2015, 372

gud-kukku$_5$.g abzu piriĝ   Black bull from the Abzu! Lion from
e$_2$-kukku$_5$.g-ga   the dark house!

---

[2] The phrase "entities of evil" is preferred here, since Mesopotamian incantations do not differentiate between dangerous animals, diseases, demons and evil spirits.
[3] For a full discussion on the transfer, along with its related terminology, from earth to the Netherworld, see Katz 2003, 32-42.

2.1.3 (Ur III) *PBS* 1/2, 131 (CBS 8230): 4-6 (spell against snakes)

Recent edition: Van Dijk 1969, 542; Rudik 2015, 278-281

muš lugal-zu mu-ši-gi₄	Snake, your king has sent you!
lugal-zu ᵈnin-a-zu mu-ši-gi₄	Your king Ninazu has sent you!

The fact that the snake originates from the Netherworld is clear from the fact that it has been sent by Ninazu, a deity well-connected with the Netherworld, see Wiggermann (1998-2000, 330).

2.1.4 (OB) *Udugḫul Forerunner* (Ni 623+2320): vii 47 f (spell against Utukku-demons)

Recent edition: Geller 1985, 34 f; Geller 2016, 135

a-ra-li-a ĝiri₃ [mu]-⌜un-ne⌝-e-ĝar ⌜irigal-la⌝ kan₄ mu-⌜un⌝-ne-⌜e⌝-ĝal₂	In the Netherworld, the path is laid out for them (i.e., the heptad-group Sebettu), in Hades, the gate is open for them

2.1.5 (OB) *Udugḫul Forerunner* (Ni 631): i 33 (spell against Utukku-demons)

Recent edition: Geller 1985, 42 f; Geller 2016, 211

[idim ab]zu-⌜ta agrun-ta⌝ e₃.d-a-me-eš	They (i.e., the heptad-group Sebettu) came out of the [source] of the Abzu, from the sanctuary

This Sumerian perception survives in Akkadian incantation literature, but mainly appears in incantations that originate from the Sumerian tradition, especially the *Udug.ḫul-series* of the first millennium.[4] Another interesting example is displayed in a bilingual passage of the *Šurpu-series*:

---

4 This is reflected in the examples §§ 2.1.4-2.1.5, which are precursors to the later series. However, this input from the Sumerian tradition is continued and preserved in the later standardized series, see Geller 2016, 135.211.

2.1.6 (SB) *Šurpu-series* VII 1 f (spell against a malevolent oath)

Recent Edition: Reiner 1970, 36

bu[ru₅] ša₃.g abzu-ta im-ta-[e₃.d]-a-na *di-me-tum ul-tu qe₂-reb Ap-si-i* *it-ta-ṣa-a*	Sum: Locusts came out of the midst of the Abzu! Akk: The *dimētum*-illness came out of the midst of the Apsû!

Interestingly, this Sumerian imagery is occasionally continued in other genres of Akkadian literature, as is demonstrated below in the *Babylonian Poem of the Righteous Sufferer* (here cited after its incipit *Ludlul bēl nēmeqi*).

2.1.7 (SB) Ludlul bēl nēmeqi II 51-55

Recent Edition: Oshima 2014, 88 f

šu-u₂-lu lem-nu it-ta-ṣa-a AB.ZU-*uš-šu₂* ⌈*u₂-tuk*⌉-*ku la n*[*e₂*]-*'i u₂-ṣa-a ul-tu* *e₂-kur la-maš-tum u*[*r*]-*da iš-tu* *qe₂-reb* KUR-*i it-ti* A.ME[Š] ILLU *šu-ru-up-pu-u i-nu-šu*	The evil cough-demon went out from his Apsû The unstoppable Utukku-demon left from the Ekur Lamaštu descended from the midst of the mountains with the water of the seasonal flood, the *šuruppû*-disease surged (towards me)

Note that the same sequence is repeated in *Ludlul bēl nēmeqi* III 70-74, where all evil entities are said to have been driven back to their point of origin, see Oshima (2014, 98 f).

2.2 Overview Attestations: "X_1(=Malevolent) Descends from Heaven"

Starting from the Old Babylonian period, we can observe a new tendency to ascribe heavenly origins to malevolent entities who had come down to earth. Whereas the unilingual Sumerian incantations simply state the origins of evil, the Akkadian incantations often extend the description by naming a specific instrument of transfer (i.e., *ṭurru* "string", *ṣerretu* "(leading-)rope", *kakkabu* "star" often described with a predicate of the verb (*w*)*arādu* "to go down, to descend"). One exception is found in example § 2.2.5.1, where the verb *maqātu* "to fall down" is used.[5] Whether the use of the hyleme-pattern in incantations is a pure Akkadian innovation can now be called into question by one Old Babylonian unilingual Sumerian example (§ 2.2.1.1). However, without further evidence, the thorough adaptation of the hyleme-pattern "$X_{(1-2)}$ descends from heaven" in Akkadian incantations – starting in the second millennium and extending to the first millennium – and the meagre occurrence in the Sumerian incantations inclines one to suppose that, in case of the example § 2.2.1.1, the hyleme-pattern in question could regressively be used in Sumerian compositions.

In the following, all examples for the hyleme-pattern "X_1(=malevolent) descends from heaven" are listed after their specific instrument of transfer.

2.2.1 "X_1(=Malevolent) Descends from Heaven" – No Specified Instrument

2.2.1.1 (OB) *CUSAS* 32, 12 (MS 3096): i 26' (spell against the Namtar-demon)
Recent Edition: George 2016, 41

| [n]am-tar saĝ an-ta | Namtar came down from heaven's |
| e₁₁.d-[d]e₃-de₃ | heights |

2.2.1.2 (OB) *AMD* 14, 191 (A 663): 9 (spell against the *maškadu*-disease)
Recent Edition: Collins 1999, 234 f

| *iš-tu ša-mi ur-da-am* | From heaven, it (i.e., *maškadu*-disease) descended |

2.2.1.3 (OB) *Semitica* 61, 13 f: 6 f (spell against various diseases)
Recent Edition: Guichard 2019, 8-12

---

5 In this respect, we should note AN.TA.ŠUB.BA/*miqit šamê* "that what has fallen from heaven", which is a scientific expression in Mesopotamian medical literature for epilepsy. For a full discussion and further literature on AN.TA.ŠUB.BA/*miqit šamê*, see Stol 1993, 7-21. It has been debated whether in § 2.2.5.1 a form of epilepsy is meant by RI.RI.GA/*miqittu* "collapse" due to its obscure context. An alternative translation of this incantation, affirming its allusion to a form of epilepsy, is provided in Zomer 2018, 90 n. 391.

iš-tu ša-me-im ur-⌈du-ni-im⌉ From heaven they (i.e., various diseases) descended

2.2.1.4 (OB) *JCS* 9, 9 (Spurlock 1913.14.1465): 10 (spell against various diseases)
Recent Edition: Goetze 1955, 8-18; Collins 1999, 279-282[6]

iš-tu zi-qu₂-ra-at ša-me-e ur-du-ni From the *ziqqurat* of heaven, they (i.e., various diseases) descended

2.2.1.5 (OB) *RA* 88, 161 (M. 15289): r. 11' (spell against various diseases)
Recent Edition: Cavigneaux 1994, 156 f

i-na zu-qu₂-ra-an ša-me-e ur-da-ma From the height of heaven, it (i.e., a group of various diseases) descended

2.2.1.6 (MB/MA) *Priests and Officials*, 199 f (Private Collection): 27 (spell against fever)
Recent Edition: Tsukimoto 1999, 187-200; Scurlock 2014, 417-421

ina u₄-mi ina an-e ib-ba-ni ⌈x⌉ [... *i*]*š-t*[*u an-e u*]*r-d*[*a-am*] In the day when [...] was created in heaven, it descended from heaven

2.2.1.7 (MB/MA) *Ugaritica* 5, 17 (RS 17.155): 20 f (spell against various diseases)
Recent edition: Rowe 2014, 48-58; Zomer 2018, 249-251

[*ki* K]I.MIN *ib-nu-šu₂-nu-ti ki u₂-rab-bi-šu₂-nu-ti*
[*ki nam*]*-ri-re* MI.IR.ME.RI[7]*-šu₂-nu-ti* TA AN-[*e ur-du-ni*]

[When DIT]TO (i.e., the god Ea) created them; when he raised them; when he had covered them with a (terrifying) brilliance, [they (i.e.,

---

6 Identifiable in both publications by its former siglum UIOM 1059.
7 For later parallels of *Muššu'u* V/d read *u₂-šal-mi-šu₂-nu-ti* (BM 46276+) and *u₂-šar-me-šu₂-nu-ti* (K 8487), see Böck 2007, 191-196. As for MI.IR.ME.RI-*šu₂-nu-ti*, Dietrich 1988, 98 proposes *namrirrī i*(/*u*?)*mermerī-šunūti* interpreting a preterite of √*mrmrī*, a denominative form of *namrirrū* (awe-

various diseases) descended] from heaven

2.2.1.8 (SB) *AMD* 8/1, pl. 31 (K 8112+K 9666 (+)): i 13'-16'//*TCL* 6, 49 (AO 6473): 16-18//*KAL* 2, 36 (VAT 14151+14152+14153+): v 31'-33' (spell against witchcraft)
Recent edition: Abusch/Schwemer 2011, 159-198

it-tar-da-ni ana ma-a-ti kaš-ša-pa-a-tu₂ e-li-ia-na-ti i-ša₂-as-sa-a il-lu!-ru i-saḫ-ḫa-ru za-ma-ra na-ša₂-a me-e a-ab!-ba! tam-tim DAGAL-*tim*	The witches, the lying ones, have descended to the land. They shout out '*illuru*!', they start to sing, they carry water from ocean, the wide sea

2.2.1.9 (SB) *LKU* 32 (VAT 14505): 12 (spell against Lamaštu)
Recent Edition: Farber 2014, 271

La-maš-ti iš-tu an-e ur-dam-ma   Lamaštu descended from heaven

2.2.1.10 (SB) *KAR* 165 (VAT 10072): r. 5 (spell against a malevolent oath)
Recent Edition: Reiner 1958, 4 f

ma-mit DUMU.MUNUS [*Anim ittarad ištu* AN]-*e*	*māmītu* (the malevolent oath), daughter of [Anu, has descended from heaven][8]

2.2.1.11 (SB) *CT* 51, 142 (BM 38586): 11 // *JCS* 31, 218 f (CBS 11304): 9 (spell against Utukku-demons)
Recent Edition: Geller 2016, 54

a-pi-a-at ᵈIM *ša iš-tu ša-me-e ur-dam*	The *apiātu*-disease of Adad, which descended from heaven

---

inspiring radiance), with a transitive meaning; Arnaud 2007, 83 prefers a phonetic rendering of GIR₅/₆.GIR₅/₆ (*ḫalāpu* D) "to clothe s.o. with".
8 Restoration after Reiner 1958, 4 f.

2.2.1.12 (SB) *Šurpu-series* VII 3 f (spell against a malevolent oath)
Recent Edition: Reiner 1958, 36

nam-erim₂ ša₃.g an-na-ta im-ta-e₁₁.d-d[e₃] ma-mi-tu₄ ul-tu qe₂-reb AN-e ur-da	*māmītu* (the malevolent oath) descended from the midst of heaven

2.2.1.13 (SB) *Muššu'u-series* V/d 25 (spell against various diseases)
Recent Edition: Böck 2007, 191

TA AN-e DIM₃+AŠ.RU⁹ ur-du-ni	From heaven, the ...-demons descended

2.2.2 "X₁(=Malevolent) Descends from Heaven"–with *ṭurru* "String"

2.2.2.1 (MB/MA) *Ugaritica* 5, 17 (RS 17.155): r. 20' (spell against fever)
Recent Edition: Tsukimoto 1999, 189 f; Arnaud 2007, 77-89; Rowe 2014, 48-58

[IZI] me-ḫu-u₂ IZI MURU₂ iṣ-bat ṭur-ra TA AN-e ur-da	Fire of a violent storm! Fire of battle! It (i.e., fire = fever) grasped a string, it descended from heaven

2.2.2.2 (MB/MA) *AuOr Suppl.* 23, 14 (RS 94.2178): 1 (spell against fever)
Recent Edition: Arnaud 2007, 55-58; Rowe 2014, 59-61; Zomer 2018, 259 f

IZI.MEŠ me-ḫu-u₂ IZI.MEŠ qab₂-ᵉel⁾ ⌈iṣbat⌉¹(IZI) ṭur-ra iš-tu U[GU]	Fire of a violent storm! Fire of battle! It (i.e., fire = fever) grasped a string from above

2.2.3 "X₁(=Malevolent) Descends from Heaven"–with *ṣerretu* "(Leading-)Rope"

2.2.3.1 (OB) *JCS* 9, 10 (HTS 2): 10 f (spell against various diseases)
Recent Edition: Goetze 1955, 8-14; Collins 1999, 282-286

---

9 Böck 2007, 215.

[iš]-tu ṣe₂-re-et [š]a-me-e ur-du-ni   From the (leading-)rope of heaven, they (i.e., various diseases) descended

2.2.3.2 (SB) *BAM* 543 (K 2419+): iv 26' (spell against various diseases)
Recent Edition: Farber 1990, 316-318; Collins 1999, 292-295

iš-tu ṣer-ret AN-e ur-du-u-[ni]   From the (leading-)rope of heaven, they (i.e., various diseases) descended

2.2.3.3 (SB) *BAM* 182 (O 194): 14' (spell against the *maškadu*-disease)
Recent Edition: Collins 1999, 238 f

maš-ka₁₅-du₃ iš-tu ṣe-er-⟨ret⟩   The *maškadu*-disease descended
ša₂-ma-me ur-di   from the (leading-)rope of heaven

2.2.4 "X₁(=Malevolent) Descends from Heaven"–with *kakkabu* "(Falling) Star"

2.2.4.1 (OB) *YOS* 11, 8 (NBC 6321): 5 (spell against various diseases)
Recent Edition: Goetze 1955, 11-18; Collins 1999, 286-288

iš-tu MUL ša-me-e ur-du-nim   From a star of heaven, they (i.e., various diseases) descended

2.2.4.2 (MB/MA) *AS* 16, 287 f (Rm 376): ii 1 (spell against the *maškadu*-disease)
Recent Edition: Böck 2007, 261-265.290-293.304 f.311-313; Zomer 2018, 270-272

KI MUL AN-e ⌈u₂⌉-[ri-da-am-ma]   With a star from heaven, it (i.e., the *maškadu*-disease) [descended]

2.2.4.3 (SB) *STT* 136 (Su. 51/102+): iv 18 (spell against the *maškadu*-disease)
Recent Edition: Collins 1999, 235 f

KI MUL AN-e ⌈u₂⌉-[ri-da-am-ma]   With a star from heaven, it (i.e., the *maškadu*-disease) [descended]

2.2.4.4 (SB) *OECT* 6, 23 (K 3209): 5' (spell against the *maškadu*-disease)
Recent Edition: Collins 1999, 253-255

iš-tu MUL.MEŠ *ša₂-ma-mi ur-da*	From the stars of heaven, it (i.e., the *maškadu*-disease) descended

2.2.4.5 (SB) *CT* 23, 2-4 (K 2473+K 2551): r. 15 // *CT* 23, 5-14 (K 2453+): iii 37(spell against the *maškadu*-disease)
Recent Edition: Collins 1999, 236-238

iš-tu MUL.MEŠ *ša₂-ma-mi ur-da*	From the stars of heaven, it (i.e., the *maškadu*-disease) descended

2.2.4.6 (SB) *STT* 136 (Su 51/102+): iii 34' f // *JNES* 49, 300 (K 6250): 9' f (spell against various diseases)
Recent Edition: Farber 1990, 316-318; Collins 1999, 297-300

iš-tu MUL(.MEŠ) *ša₂-ma-mi ur-da* *ur-dam-ma iš-tu* MUL(.MEŠ) *ša₂-ma-mi*	From the star(s) of heaven it (i.e., the *maškadu*-disease) descended, it descended from the star(s) of heaven!

2.2.5 "X₁(=Malevolent) Falls from Heaven" No Specified Instrument

2.2.5.1 (MB/MA) *Ugaritica* 5, 17 (RS 17.155): r. 12' (spell against collapse)
Recent Edition: Arnaud 2007, 79; Rowe 2014, 48-58

ina AN-*e ib-ba-ni* RI.RI.GA TA AN-*e ina qa-qa-ri in-taq₂-ta*	In heaven collapse was created, it fell from heaven down to earth

3 "X₂ (=Benevolent) Descends from Heaven"

3.1 Overview Attestations: "X₂(=Benevolent) Descends from Heaven"

The benevolent entities called the *mārāt Ani(m)* "daughters of Anu", feature quite often in Akkadian incantation literature to assist the troubled patient. There are several other occasions where the daughters of Anu appear in incantations, especially in the context of *mannam lušpur*-formula studied by Farber (1990; 1998, 64 f)[10], where it is however implied, although not expressly stated, that they descend from heaven. The fact that the *mārāt Ani(m)* are known to come down from heaven is directly declared in the historiola known to Assyriologists as The Cow of Sîn, (§§ 3.1.1.1-3.1.1.4). Although it is usually clear that the daughters of Anu come to the aid of the patient, we find, in the continuation of § 3.1.2.1, a verbal explanation about their descent, i.e.:

3.1.1 *Maqlû-series* III 34-39 (spell against witchcraft)

Recent Edition: Abusch 2016, 304 f

ēkīam tebâtina ēkīam tallakā	"For what have you risen? Where do you go?"
ana ēpiši u ēpišti ša annanna mār annanna ana saḫāri nillika	– We have come to seek out the sorcerer and sorceress of So-and-So, the son of So-and-So.
ana luqquti ša ḫušābīšina	
ana ḫummumi ša ḫumāmātīšina	In order to collect their leavings, In order to gather their refuse,
ša līlâti ḫuluppaqqa ana šarāpi nillika	In order to light the brazier at night we have come! –

Besides the kindly daughters of Anu, we find benevolent *materia magica*, such as tin and *zalāqu*-stone coming down (§ 3.1.1.5). Like the diseases, these *materia magica* are also personified and appear to act autonomously: it is vividly described that these daughters carry dispelling rituals on their heads.

---

10 For further discussion of the daughters of Anu in a hyleme-sequence of the Late-Hellenistic incantation "Philinna Papyrus" on *mystodokos* and the dark-eyed maidens, see Faraone 1995.

3.1.2 "X₂(=Benevolent) Descends from Heaven" – No Specified Instrument

3.1.2.1 (MB/MA) *AS* 16, 287 f (Rm 376): ii 30 (spell aiding childbirth)
Recent Edition: Veldhuis 1991, 10 f; Rowe 2015, 54 f

2-*ta* ᵈLAMMA AN-*e u₂-ri-da-ni*	Two lamassus (i.e., tutelary deities) of heaven descended

3.1.2.2 (MB/MA) *AuOr Suppl.* 23, 20 (RS 24.436): 3' (spell aiding childbirth)
Recent Edition: Arnaud 2007, 75-77; Rowe 2014, 77 f; 2015, 54 f

2 *la-mas-sa-at* [AN-*e u₂-ri-da-ni-(ma)*]	Two lamassus (i.e., tutelary deities) of [heaven descended]

3.1.2.3 (MB/MA) *Iraq* 31, pl. V f (Private Collection): r. 59 (spell aiding childbirth)
Recent Edition: Rowe 2015, 54 f; Zomer 2018, 254-256

2 *ši-na* DUMU.MUNUS ᵈ*A-nim* TA AN-*e u₂-ri-da-a-ni*	Two are the daughters of Anu, they descended from heaven

3.1.2.4 (SB) *BAM* 248 (VAT 8869): iii 25 // *AMT* 67/1 (K 2413+): iii 19 (spell aiding childbirth)
Recent Edition: Veldhuis 1991, 8 f.61-63; Rowe 2015, 54 f

2 ᵈLAMMA.MEŠ AN-*e u₂-ri-da-nim₂-ma*	Two lamassus (i.e., tutelary deities) of heaven descended

3.1.2.5 (SB) *SpTU* 4, 140 (W 22577/1): r. 15' // *AMD* 8/1, pl. 44 f (BM 38635): 9' f (spell against witchcraft)
Recent Edition: Abusch/Schwemer 2011, 159-199

⌈šur⌉-ru-ni ⁿᵃ⁴AN.NA u ⁿᵃ⁴ZALAG₂ TA AN-e
ur-du-ni [ina?] ⌈SAG?⌉-šu₂-nu na-šu-u₂
piš-⌈re⌉-e-⌈tu₄⌉

Descending, tin[11] and zalāqu-stone came down from heaven! [On] their heads they carry dispelling rituals!

3.1.3 "X₂(=Benevolent) Descends from Heaven" – with ṭurru "String"

3.1.3.1 (SB) Maqlû-series III 31-33 (spell against witchcraft)
Recent Edition: Abusch 2016, 83 f.304 f

2-ta šina DUMU.MUNUS.MEŠ ᵈA-nim ša₂
AN-e 3-ta ši-na DUMU.MUNUS.MEŠ ᵈA-nim
ša₂ AN-e ṭur-ra (var. -ri) ṣab-ta-nim-ma
ultu AN-e ur-ra-da-ni

Two are the daughters of Anu of heaven(s); three are the daughters of Anu of heaven(s); they grasped a string and are descending from heaven

4 Variant: "X₍₁₋₂₎ Makes Y₍₁₋₂₎ Descend from Heaven"

4.1 "X₁(=Malevolent) Makes Y₁(=Malevolent) Descend from Heaven"

Only one possible example (§ 4.1.1.1) can be presented where the hyleme-subject (X₁) is a malevolent entity forcing another malevolent entity – here the hyleme-object (Y₁) – to descend from heaven. It should be noted that the restoration, in this example, of the predicate (u₂-[še₂?-ri?]-du) as a causative (w)arādu (Š) "to make s.o. descend" is uncertain and a form (u₂-[ri?]-du) of (w)arādu (G) cannot be excluded. Advocating the former possibility is the allusion to witchcraft found in a Neo-Assyrian letter (SAA 16, 63: r. 26'): ᵈ30 TA AN-e u₂-še-ra-da-a-ni "they (i.e., the women of Gūzāna) let the moon descend from heaven".[12] In both cases, malevolent human agents (i.e., sorcerers) are capable of manipulating objects to cause their descent from heaven.

---

[11] Transliteration follows here SpTU 4, 140, whereas AMD 8/1, pl. 44 f reads NA₄ ᵈA-nu "stone of Anu". See Abusch/Schwemer 2011, 196.
[12] See Reiner 1995, 98; Schwemer 2007, 104 f.

4.1.1 Overview Attestation "X₁ (=Malevolent) Makes Y₁(=Malevolent) Descend from Heaven"

4.1.1.1 (SB) *PBS* 10/2, 18 (CBS 1203): 39' // *AMD* 8/1, pl. 54-58 (K 3360+): 9' (spell against witchcraft)
Recent Edition: Abusch/Schwemer 2011, 270-292

[ṣalmīya īpušū-ma ištu/itti?] MUL ša₂-ma-mi u₂-[še₂?-ri?]-du	[They (i.e., sorcerers) have made (bewitched) figurines of me and from/with] a star of heaven they let it come down

The restoration [ṣalmīya īpušū-ma "they have made (bewitched) figurines of me"] follows the enumeration within the incantation itself. Whereas Abusch/Schwemer (2011, 285) interpret thereafter GIN₇/*kīma* to mean "like", a restoration of TA/*ištu* "from" or KI/*itti* "with" seems more plausible in light of the evidence presented in § 2.2.4.

4.2 "X₂(=Benevolent) Makes Y₁(=Malevolent) Descend from Heaven"

The most notorious, malevolent daughter of Anu is the demoness Lamaštu. With her horrific nature,[13] she assumes an exceptional position regarding the hyleme-pattern "X₍₁₋₂₎ descends from heaven", since she was purportedly expelled from heaven. The terminology used to describe her banishment is the verb *napāṣu* "to smash down" in the second millennium (§§ 4.2.1.1-4.2.1.2), but for the later series the causative (Š) of (*w*)*arādu* "to make s.o. descend" is used (§ 4.2.1.3).

4.2.1 Overview Attestations of "X₂(=Benevolent) Makes Y₁(=Malevolent) Descend from Heaven"

4.2.1.1 (OA) *BIN* 4, 126 (NBC 3672): 10-13 (spell against Lamaštu)
Recent Edition: Farber 2014, 259

---

[13] For a discussion on Lamaštu's nature, see Farber 2007.

A-nu-um a-bu-ša iš-tu₃ ša-ma-e i-pu-ṣa-ši₂ qa₂-qa₂-ar-šu-um	Anum, her father, cast her down from heaven to earth

4.2.1.2 (MB/MA) *AS* 16, 287 f (Rm 376): iv 21-23 (spell against Lamaštu?)
Recent Edition: Lambert 1965, 283-288; Zomer 2018, 328-330

DINGIR.MEŠ GAL.MEŠ ᵈXXX *u* ᵈU.GUR *e-ṭi₂-ru-tu* ᵈ*E₂-a* EN TU₆ ᵈ[ASAL.LU₂.ḪI] EN *ne₂-me-qi* ᵈ*Gu-la* *a-su-gal-la-at* DINGIR.MEŠ GAL.[MEŠ ...] *i-ta-ap-ṣu*¹⁴ *i-na pa-ni* AN-*e ša* ᵈ*A-nim*	The great gods Sîn and Nergal, the saviours, Ea, the lord of the incantation, [Asalluḫi] the lord of wisdom, Gula, the chief physician, the great god[s ...] have cast her out of heaven, the heaven of Anu

It remains uncertain whether the incantation cited in § 4.2.1.2 is intended against the demoness Lamaštu. It concerns a great evil feminine power, afflicting various tiers of society, but its name is not preserved. Reasons to believe Lamaštu may be involved here is the rather unique occasion of an evil entity being cast out of heaven – which is otherwise only known from the Old Assyrian Lamaštu incantation § 4.2.1.1 – the reference to an insatiable pig and the phrase *lā banīta* "the not good one". Other possible candidates are "the evil eye" or "the witch".

4.2.1.3 (SB) *Lamaštu-series* I 111 f (spell against Lamaštu)
Recent Edition: Farber 2014, 83

ᵈ*A-num* AD-*ša₂ An-tum* AMA-*ša₂-ma*ʾ *ina ep-še-ti-ša₂ la ba-na-ti iš-tu* AN-*e* *u₂-še-ri-du-niš-šim-ma*	Anu, her father (and) Antu, her mother who, because of her unseemly deeds, made her descend from heaven

---

14 *Pace* Lambert 1965, I suggest reading *i-ta-ap-ṣu* (*ittapṣū*) instead of *i-ta-ap-rik₂* (*ittaprik*), preferring the common phonetic value /ṣu/ over /rik₂/, see Zomer 2018, 330.

5 Variant: "X₁(=Malevolent) Descends from the Mountainous Regions"

The image of Lamaštu's exile from heaven, as described in §§ 4.2.1.1-4.2.1.3, encourages us to consider the possibility of a new point of origin. This has resulted in the case of Lamaštu in a new variant of the studied hyleme-pattern, i.e., "X₁(=malevolent) descends from the mountainous regions", shifting the hyleme-source "heaven" to the uninhabited "mountainous region". The arrival of evil entities from such places derives from an older Sumerian tradition, where kur may denote mountain, but is simultaneously the ordinary term for the Netherworld.[15] The logogram KUR is the equivalent of Akkadian *šadû* "mountains" and *mātu* "land". The oldest attestation of this variant is found in a Sumerian incantation (§ 5.1.6) against the Samana-disease dating from the Old Akkadian period. The same image is repeated over a thousand years later in an incantation against the same disease (§ 5.1.5). It appears that, in both spells, the disease derives from the mountainous regions and not from the Netherworld *per se*. As for the examples concerning Lamaštu (§§ 5.1.1-5.1.4), the imagery used to dispel her affirms the mountains to be part of the uninhabited wilderness.[16]

5.1 Overview Attestations of Variant: "X₁ Descends from the Mountainous Regions"

5.1.1 (MB/MA) *MC* 17, 443 f (BM 120022): 13 (spell against Lamaštu)
Recent Edition: Farber 2014, 120-125

ul-tu₄ kul-la-at ša-di-i ra-bu-u₂-tim u₂-ri-da-am-ma	From all the great mountains, she (i.e., Lamaštu) descended

5.1.2 (SB) *Lamaštu-series* II 35 (spell against Lamaštu)
Recent Edition: Farber 2014, 100

[*i*]*š-tu k*[*ul?-lat?* KU]R*-i u₂-ri-da-am-ma*	From all the mountains, she (i.e., Lamaštu) descended

---

15 Horowitz 1998, 272 f.
16 Farber 2014, 3.249.251.

5.1.3 (SB) *Lamaštu-series* II 163 (spell against Lamaštu)
Recent Edition: Farber 2014, 121

iš-tu kul-lat kur-i u₂-ri-dam-ma	From all the mountains, she (i.e., Lamaštu) descended

5.1.4 (SB) *Ludlul bēl nēmeqi* II 55
Recent Edition: Oshima 2014, 88 f

la-maš-tu₄ u[r]-da ul-tu qe₂-reb KUR-i	Lamaštu descended from the midst of the mountains

5.1.5 (SB) *STT* 178 (Su.51/128+129+233): 15-18 // *AMT* 61, 7: r. 1'-4' (spell against Samana)
Recent Edition: Finkel 1998, 87-92

kur-ta ‹ĝen›-na-ta kur-‹ta› ĝen-na-[ta]	Sum: Coming from the mountain, coming from the mountain!
iš-te ša₂-de-e il-la-ku iš-te ša₂-[de]-˹e˺ ur-da	Akk: Coming down from the mountains, it came down from the mountains!
[n]im-nim kur-ta ĝen-na-ta	Sum: Samana coming from the mountain!
Sa-ma-nu iš-tu ša₂-de-e ur-da	Akk: Samana came down from the mountains!

5.1.6 (OAkk.) *CM* 10, 76 f (6 NT 145): 1-7
Recent Edition: Finkel 1998, 76 f

kur-ta? ĝen-na	Coming from the mountain!
kur-ta ‹e₄›-da	‹Coming down› from the mountain!
sa-ma-na	Samana!
kur-ta ĝen-na	Coming from the mountain!
kur-ta e₄-da	Coming down from the mountain!
[hur-sa]ĝ ki-sikil-ta ĝen	Coming from the pure mountain!
[kur-t]a e₄-da	Coming down from the mountain!

Pace Finkel (1998, 76 f), read /e₄/ (A) and not /e₅/ (NIN). We have here a phonetic rendering of Sumerian /e₁₁.d/ "to descend/ascend".

6 Evaluation Hyleme-Pattern "X₍₁₋₂₎ Descends from Heaven"

6.1 Hyleme-Subject X₍₁₋₂₎

The interesting innovation within Akkadian incantations starting from the second millennium is the fact that evil entities are occasionally now described as autonomously coming down from heaven, apparently acting on their own initiative, making the grammatical subject identical with the hyleme subject.[17] Frequently, it is stated that hyleme-subject X₁(=malevolent) comes down from heaven independently, i.e., the *apiatu*-disease, fever (*išātu* "fire"), the *maškadu*-disease (brucellosis?[18]), *māmītu* (malevolent oath), collapse (*miqittu*) and Lamaštu exclusively in the variant "X₁(=malevolent) descends from the mountainous regions". On the other hand, there is the imagery of groups of diseases collectively descending from heaven (§§ 2.2.1.3-2.2.1.5; 2.2.1.7; 2.2.1.13; 2.2.3.2.1; 2.2.4.1; 2.2.4.6). Wasserman (2007) observed, for the Old Babylonian examples, that there is a correlation between these enumerations of diseases acting here as hyleme-subject X₁ and their occurrence in therapeutic and lexical lists, indicating that they are by no means random or erratic. From the diseases descending individually, only fever (*išātu*) and a form of collapse, *miqtu* instead of *miqittu*, are attested in the skeleton-list extracted by Wasserman (2007, 45). Whereas the

---

[17] It should, however, be noted that from the perspective of the ancient Mesopotamians, evil entities could be sent by higher authorities, (i.e., deities), e.g., the famous passage in *Atraḫasīs*, the Babylonian flood story, where Enlil addresses the other deities with a speech outlining his plan to afflict mankind (SB) (K 3399+3934): iv 9-12: [*qi-b*]*a-ma šu-ru-pu-u lib-ši*, [*li-š*]*ak-li-ṣi ri-gim-ši-na nam-tar*, [*ki-m*]*a me-ḫe-e li-zi-qa-ši-na-ti-ma*, [*mur*]-*ṣu di-'u šu-ru-pu-u a-sa-ku* "Command that there will be a chill! Let Namtar diminish their noise! Like a tempest let blow upon them: sickness, *di'u*-disease, shivering, (and) the *asakku*-disease!" In the present case study, it is not explicitly stated – and it can therefore not automatically be assumed – that the evil entities are here released by divine authority. Note that, if we were to implicitly assume the discharge of evil entities by a divine being, in hyleme-theory, the grammatical subject in the hyleme-pattern "X₍₁₋₂₎ descends from heaven" would in fact be the hyleme object and the studied hyleme-pattern would actually be "[X₍₁₋₂₎ makes] Y₍₁₋₂₎ descend from heaven".

[18] For the possible identification of the *maškadu*-disease with brucellosis, see Wasserman 2012.

enumerations of diseases in the present hyleme-pattern are concerned with the question of the aetiology of diseases, Wasserman (2007, 44) identified another sub-group of enumerations within Akkadian incantations without the discussed hyleme-pattern. Here the maladies are depicted to be ever-present and to accompany demonic powers. In this respect, we should note the Middle Babylonian example (§ 2.2.1.6), left undiscussed by Wasserman, where we find a synthesis of both the diseases and demonic powers descending from heaven, as detailed in the table below.

Tab. 1: Diseases and Demonic Powers Descending from Heaven According to § 2.2.1.6

ašû	a disease affecting the head
samana	fungal skin infection (?)
amurriqānu	jaundice
aḫḫāzu	jaundice caused by the a-demon
ummu	fever
li'bu	fever
almu	the *almu*-demon
allamu	the *allamu*-demon
di'u	a disease affecting the head
alû	a demon
kuraštimmu	kind of eczema
ummu	fever
naplaštu	the blinker-demon
utukku	the *utukku*-demon
šīqu	kind of eczema
šaššaṭu	a disease of the joints
[lamaštu]	[the *lamaštu*-demoness]
labāṣu!(text: aḫḫāzu)	the *labāṣu*-demon
aḫḫāzu	the *aḫḫāzu*-demon
ḫayyattu	the *ḫayyattu*-demon
lilû	the *lilû*-demon
lilītu	the *lilītu*-demon
ardat lilî	the *ardat-lilî*-demon
né-ra~⌈ap⌉-pi₂	the striking-of-the-nose affliction
ḫimiṭ-ṣēti	sunstroke
gallû	the *gallû*-demon

As for the hyleme-subject X_2(=benevolent) in the hyleme-pattern "$X_{(1-2)}$ descends from heaven", this role is mainly attributed to the benevolent daughters of Anu, sometimes specified as *lamassāt šamê* "the lamassus (tutelary deities) of heaven", in the context of birth incantations. Whereas their corrupted counterparts – the malevolent daughters of Anu, (e.g., *māmītu* "malevolent oath", Lamaštu) – are said to descend singularly, the benevolent daughters generally descend as a pair.[19] Another example of X_2(=benevolent) is found in § 3.1.1.5, where apparent inanimate ritual objects, i.e., tin and *zalāqu*-stone, are now the hyleme-subject.

The hyleme-subject X_1(=malevolent) in the variant "$X_{(1-2)}$ makes $Y_{(1-2)}$ descend from heaven" is only found in the case of witchcraft (§ 4.1.1.1), where sorcerers are said to have manipulated bewitched figurines (Y_1) to come down from heaven.

In the same variant, the hyleme-subject X_2(=benevolent) is apparently limited to the banishment of the demoness Lamaštu (= hyleme-object Y_1). In the earliest Old Assyrian example, X_2 = Anu, her father (§ 4.2.1.1); in a later example, dating from the Middle Assyrian period, we find an enumeration of gods, X_2 = Sîn, Nergal, Ea, Asalluḫi, Gula, ... (§ 4.2.1.2) and the *Lamaštu-series* of the first millennium simply states X_2 = Anu, her father, Antu, her mother (§ 4.2.1.3).

Interestingly, the hyleme-subject X_{1-2} is frequently said to be related to An(u), the Mesopotamian god of heaven, i.e., *mārat Ani(m)* "Daughter of Anu" and is always female; we never find *mār Ani(m)* "son of Anu". These daughters can be divided in two groups, i.e., the benevolent daughters acting as tutelary deities to troublesome patients in pain and the malevolent daughters attacking the patient. Despite being each other's exact counterpart, they never appear simultaneously within an incantation and can never switch sides. As for the male offspring of Anu in Mesopotamian incantations, we should note the occurrence of the evil Utukku-demons, who are said, in the *Udug.ḫul-series*, to be "the seed of Anu" (a-an-na a-ri-a-me-eš // *ša riḫût Anim reḫû*).

6.2 Hyleme-Object $Y_{(1-2)}$

Examples of a hyleme-object (Y_{1-2}) can only be found in the variant: "$X_{(1-2)}$ makes $Y_{(1-2)}$ descend from heaven". Examples for Y_1(=malevolent) are attested for (be-

---

[19] It should, however, be noted that the witches in § 2.2.1.8 are most likely to be identified as malevolent daughters of Anu, since their actions (carrying water from the ocean) are identical to those of the benevolent daughters. Note additionally that witches are referred to as *Daughters of Anu* in the anti-witchcraft series *Maqlû* III 63; VI 87.

witched) figurines (of the victim) (§ 4.1.1.1) and the demoness Lamaštu (§§ 4.2.1.1-4.2.1.3). We find only one example of Y_2(=benevolent) in § 3.1.1.5, where "dispelling rituals" (*pišrētu*) are carried down from heaven.

6.3 Hyleme-Predicate

The Akkadian verb (*w*)*arādu* (G) "to descend, to go down" is mainly used for the hyleme-predicate. In the few instances where we have a Sumerian version, we find the corresponding verb /e₁₁.d/ (§§ 2.2.1.1; 2.2.1.12). For the variant "X_{1-2} makes Y_{1-2} descend from heaven", we find the causative (*w*)*arādu* (Š) "to make s.o. descend, to go down" (§§ 4.1.1.1; 4.2.1.3). Other verbs used are *maqātu* (G) "to fall (down)" (§ 2.2.5.1), here a play with the inherent meaning of the hyleme-subject RI.RI.GA/*miqittu* "collapse" and *napāṣu* (G) "to smash (down)", which is exclusively used in the second millennium (§§ 4.2.1.1-4.2.1.2) to express the banishment of the demoness Lamaštu from heaven in the variant "X_2(=benevolent) makes Y_1(=malevolent) descend from heaven". The vast majority of hyleme-predicates are consistently found in the past tense, i.e., preterite and – to a lesser extent – in the perfect tense; only once do we find the use of the present tense (§ 3.1.2.1). This preference for the past tense can simply be explained by the fact that the studied hyleme-pattern and its variants are found in historiolae/hyleme-sequences in introductions to incantations alluding to a mythical antecedent.

6.4 Hyleme-Instrument

6.4.1 *ṭurru* "String" – *ṣerretu* "(Leading-)Rope"/*ṣertu* "Udder"

There is no consensus as to whether *ṣerretu* "(leading-)rope" or *ṣertu* "udder" is used in our context and indeed it is difficult to see the difference in the construct state.[20] However, the evidence from the Middle Babylonian and Middle Assyrian periods of the parallel use of *ṭurru* has thus far been neglected. Observing the almost identical use of *ṭurru* in the same context, I would like to argue for *ṣerretu* instead of *ṣertu* in this hyleme-pattern within Akkadian incantations.

---

[20] Udder: Farber 1990, 307 (more poetic 'Milky Way'); Stol 1993, 13; Wasserman 2007, 44 n. 3. (Leading-)rope: Collins 1999, 335.

The vivid expression "it grasped the (leading-)rope, it descended from heaven" *iṣbat ṭurra ištu šamê urda(m)* or "from the rope of heaven, it descended" *ištu ṣerret šamê urda(m)* brings to mind the famous Jacob's ladder described in Genesis 28: 10-19, where it is said that, in Jacob's dream, a ladder is set on the earth reaching towards heaven to enable the angels of God to ascend and descend between both realms. As can be observed from other examples containing the hyleme-pattern under discussion, such as §§ 3.1.1.1-3.1.1.5 and § 3.1.2.1, journeying between heaven and earth within Mesopotamian incantation literature is a device employed by benevolent entities, such as the use of ritual stones by the benevolent daughters of Anu; however, contrary to Jacob's ladder, the rope in the hyleme-pattern "$X_{(1-2)}$ descends from heaven" appears to permit only a singular direction of travel, i.e., heaven → earth. Numerous texts refer to cosmic bonds which secure the heavens in place (see Horowitz 1998, 265). These ropes existed in the imaginations of everyday Mesopotamians and were key to their conceptualization of the world.

6.4.2 *kakkabu* "(Falling) Star"

The image of a falling star as an instrument for transferring diseases/demons from heaven to earth speaks easily to the imagination. As Wasserman (2007, 46) contends, one might argue that falling stars could start fires upon impact, appealing to the Mesopotamian belief that diseases spread simultaneously with their appearance. Note, however, that fever, which is called literally "fire" (IZI/*išātu*), is always reported – in the studied hyleme-patterns – to descend to earth by rope, see §§ 2.2.2.1-2.2.2.2. Interestingly two prepositions are used for "the star(s) of heaven", KI/*itti* "with" (§§ 2.2.4.2-2.2.4.3) and TA/*ištu* "from" (§§ 2.2.4.1; 2.2.4.4-2.2.4.6).[21] Although the former technically denotes the star(s) as an instrument and the latter as a point of origin, both seem to appeal to image of falling stars. Falling stars were a common event in ancient times and it can be supposed that the idea that stars could be a vehicle for transporting maladies

---

21 Another possible example may be found in the fragmentary OB incantation YOS 11, 9: 1–3 *sí-ka-tum i-ša-tum mi-iq-tum bé-[nu-um] šu-ru-up-pu-ú-um ù sa-ma-nu-[um] iš?-tu₄ kakka-bim*(MUL?) {x?} *ur-da*.

can be interpreted literally, i.e., natural phenomena were believed to instigate diseases.[22]

6.5 Hyleme-Source

The geographical point of origin in the hyleme-pattern under study is, of course, heaven: often this is described in general terms as *ištu šamê* "from heaven", but on some occasions the exact geographical point of origin in heaven is described with greater specificity.

6.5.1 *ziqqurat šamê* "Temple Tower of Heaven"/*zuq(q)urān šamê* "Height of Heaven"

It should be noted that both attestations §§ 2.2.1.4-2.2.1.5 are *hapax legomena* and hence are poorly understood.[23] However, there is one attestation known from the Gilgameš epic that could shed some new light on this matter:

(SB) *Gilgameš* XI 158
Recent Edition: George 2003, 712 f

aš₂-kun sur-qin-nu ina UGU *ziq-qur-rat* KUR	I (i.e., Ūta-napišti) strewed incense on the *ziqqurat* of the mountain

ziqqurat is used here in a transferred meaning, i.e., to be translated as "peak of the mountain".[24] From this viewpoint, *ziqqurat* in § 2.2.1.4 can be interpreted the same way, i.e., "the peak of heaven". The substantive *zuq(q)urān* to be derived from the same root as *ziqqurat*, i.e., √*zqr* "to build high" (D) "to raise, build high" with the suffix *-ān-* is likely to be translated as "height".[25] In this respect, we should note the OB unilingual Sumerian incantation § 2.2.1.1, where the

---

[22] For consideration of the fact that falling stars were generally considered to be a negative omen in Mesopotamia, see Oppenheim 1956, 283 f. For discussion of namburbi-rituals against the evil of falling stars, see Maul 1994, 453-457.
[23] Cavigneaux 1994, 159, *pace* Farber 1990, 307 n. 48 does not accept the *hapax legomenon* for § 2.2.1.4 and prefers to relate it to √*skr*, translating it to mean "the closed off regions of heaven".
[24] George 2003, 713 n. 37.
[25] Cavigneaux 1994, 159.

celestial point of origin is "height of heaven" (saĝ an-ta). It seems plausible that § 2.2.1.1 and § 2.2.1.5 refer to the same geographical origin in heaven. For a discussion on the zenith of heaven and other designations thereof, see Horowitz (1998, 236-238).

6.5.2 *qereb šamê* "the Midst of Heaven"

The notion *qereb šamê* "the midst of heaven" (§ 2.2.1.12) occurs once. It is noteworthy that, in the variant "X_1(=malevolent) descends from the mountainous regions", its counterpart occurs *qereb šadê* "the midst of the mountains" (§ 5.1.4) and in the Sumerian hyleme-pattern "$X_{(1-2)}$ came out the Abzu" we find – in the example from *Šurpu* cited above – ša₃ abzu -ta / *qereb Apsî* "the midst of the Abzu". For a discussion on the "midst of heaven" as a geographical location, see Horowitz (1998, 238 f).

6.5.3 *ina pāni šamê* "in Front of Heaven"

The Middle Assyrian incantation, presumably against Lamaštu cited in § 4.2.1.2, uses the expression *ina pāni šamê ša Anim*. For a discussion on *pāni šamê* lit. "the face of heaven" as a geographical location in heaven, see Horowitz (1998, 241). *Pace* Horowitz's (1998, 246) translation "on the face of heaven"; for the present attestation, however, a better translation of the prepositional phrase *ina pāni* "in front of" seems more warranted. Furthermore, it is specified that it is in front of heaven that the female evil entity is dispelled, i.e., *šamê ša Anim* "the heavens of Anu", which is interpreted by Horowitz (1998, 244-246) to be the highest level of heaven, but could – on the other hand – very well be a general epithet for the totality of heaven.

6.6 Hyleme-Goal

The silent goal of the hyleme-pattern "$X_{(1-2)}$ descends from heaven" and its variants is of course earth, i.e., the inhabited world, since it occurs within historiolae/(mythical) hyleme-sequences within incantations explaining the origin of evil and its occurrence in human society.

Only twice it is explicitly stated, i.e., *ina qaqqari /qaqqaršum* "on the ground (i.e., earth)" (§§ 2.2.5.1; 4.2.1.1). Another implicit way of denoting the hyleme-goal is the use of the ventive $-a(m)$, $-ni(m)$, $-m$ in Akkadian affixed to the hyleme-predicate. The function of the Akkadian ventive is that of an "allative" denoting a motion toward an intended goal. In the discussed hyleme-pattern and its variants, the hyleme-source is always given, i.e., heaven or a specific region thereof. Therefore, the intended goal conveyed with the ventive in the hyleme-predicate, generally expressed with (w)arādu (G) "to descend, come down", must be earth, i.e., the inhabited world, to be inferred by the audience. As for the variant "X_1(=malevolent) descends from the mountainous region", the hyleme-source is the uninhabited mountainous region, the intended goal of descent by the evil entity – expressed by the ventive in the hyleme-predicate – is now not per definition the earth as opposed to heaven, but rather the inhabited world in contrast to the uninhabited world. The ventive is consistently found in the hyleme-predicate, except for §§ 2.2.3.3; 4.2.1.2.

7 Bibliography

Abusch, T./Schwemer, D., 2011, Corpus of Mesopotamian Anti-Witchcraft Rituals, Ancient Magic and Divination 8.1, Leiden.

Arnaud, D., 2007, Corpus des Textes de Bibliothèque de Ras Shamra-Ougarit, Aula Orientalis Supplementa 23, Barcelona.

Böck, B., 2007, Das Handbuch Muššu'u ‚Einreibung'. Eine Serie sumerischer und akkadischer Beschwörungen aus dem 1. Jt. vor Chr., Biblioteca del Próximo Oriente Antiguo 3, Madrid.

Cavigneaux, A., 1994, Magica Mariana, in: Revue d'Assyriologie et d'Archéologie Orientale 88, 155-161.

Collins, T. J., 1999, Natural Illness in Babylonian Medical Incantations, PhD-Diss., University of Chicago, Ann Arbor.

Conti, G., 1997, Incantation de l'eau bénite et de l'encensoir et textes connexes, in: Mari. Annales de Recherches Interdisciplinaires 8, 253-272.

Cunningham, G., 1997, 'Deliver me from evil'. Mesopotamian incantations 2500–1500 BC., Studia Pohl Series Maior 17, Rome.

Dietrich, M., 1988, Marduk in Ugarit, in: Studi Epigrafici e Linguistici 5, 79-101.

Faraone, C.A., 1995, The Mystodokos and the Dark-Eyed Maidens: Multicultural Influences on a Late-Hellenistic Incantation, in: M. Meyer/P. Mirecki (eds.), Ancient Magic and Ritual Power, Religions in the Graeco-Roman World 129, Leiden, 297–334.

Farber, W., 1989, Schlaf, Kindchen, Schlaf! Mesopotamische Baby-Beschwörungen und -Rituale, Mesopotamian Civilizations 2, Winona Lake.

Farber, W., 1990, Mannam lušpur ana Enkidu: Some new thoughts about an old motif, in: Journal of Near Eastern Studies 49, 299-321.

Farber, W., 2007, Lamaštu–Agent of specific disease or a generic destroyer of health, in: Finkel, I. L./Geller. M. J. (eds.), Disease in Babylonia, Cuneiform Monographs 36, Leiden/Boston, 137-145.

Farber, W., 2014, Lamaštu. An Edition of the Canonical Series of Lamaštu Incantations and Rituals and Related Texts from the Second and First Millennia B.C., Mesopotamian Civilizations 17, Winona Lake.

Finkel, I. L., 1998, A Study in Scarlet: Incantations against Samana, in: Maul, S. M. (ed.), Festschrift für Rykle Borger zu seinem 65. Geburtstag am 24. Mai 1994. *tikip santakki mala bašmu* ..., Cuneiform Monographs 10, Groningen, 71-106.

Geller, M. J., 1985, Forerunners to Udug-Ḫul. Sumerian Exorcistic Incantations, Freiburger Altorientalische Studien 12, Stuttgart.

Geller, M. J., 2016, Healing Magic and Evil Demons. Canonical Udug-hul Incantations, with the assistance of Luděk Vacín, Die babylonisch-assyrische Medizin in Texten und Untersuchungen 8, Boston/Berlin.

George, A. R., 2003, The Babylonian Gilgamesh Epic. Introduction, Critical Edition and Cuneiform Texts, Oxford.

George, A. R., 2016, Mesopotamian Incantations and Related Text in the Schøyen Collection, Cornell University Studies in Assyriology and Sumerology 32, Bethesda.

Goetze, A., 1955, An Incantation against Diseases, Journal of Cuneiform Studies 9, 8-18.

Guichard, M. 2019, De Larsa à Mari (I): nouvelles incantations paléo-babyloniennes, in: Semitica 61, 5-14.

Heeßel, N., 2000, Babylonisch-assyrische Diagnostik, Alter Orient und Altes Testament 43, Münster.

Horowitz, W., 1998, Mesopotamian Cosmic Geography, Mesopotamian Civilizations 8, Winona Lake.

Katz, D., 2003, The Image of the Netherworld in Sumerian Sources, Bethesda.

Lambert, W. G., 1965, A Middle Assyrian Tablet of Incantations, in: Güterbock, H. G./Jacobsen, T. (eds.), Studies in Honor of Benno Landsberger on His Seventy-Fifth Birthday April 21, 1965, Assyriological Studies 16. Chicago, 283-288.

Lambert, W. G., 1969, A Middle Assyrian Medical Text, in: Iraq 31, 28-39.

Lambert, W. G., 1970, Fire Incantations, in: Archiv für Orientforschung 23, 39-45.

Linton, D., 1970, The Series SAG.GIG.GA.MEŠ and Related Incantations, MA-thesis, University of Birmingham.

Maul, S. M., 1994, Zukunftsbewältigung. Eine Untersuchung altorientalischen Denkens anhand der babylonisch-assyrischen Löserituale (Namburbi), Baghdader Forschungen 18, Mainz.

Nougayrol, J., 1968, Textes suméro-accadiens des archives et bibliothèques privées d'Ugarit, in: Nougayrol, J./Laroche, E./Virolleaud, C. (eds.), Nouveaux Textes Accadiens, Hourrites et Ugaritiques des Archives et Bibliothèques privées d'Ugarit. Commentaires des Textes Historiques, Ugaritica 5, Paris, 1-446.

Oppenheim, A. L., 1956, The Interpretation of Dreams in the Ancient Near East. With a Translation of an Assyrian Dream-Book, Philadelphia.

Oshima, T., 2014, Babylonian Poems of Pious Sufferers, Orientalische Religionen in der Antike 14, Tübingen.

Reiner, E., 1970, Šurpu. A Collection of Sumerian and Akkadian Incantations. Neudruck der Ausgabe 1958, Archiv für Orientforschung. Beiheft 11, Osnabrück.

Röllig, W., 1985, Der Mondgott und die Kuh. Ein Lehrstück zur Problematik der Textüberlieferung im Alten Orient, in: Orientalia. Nova Series 54, 260-273

Rowe, I. M., 2014, Babylonian Incantation Texts from Ugarit, in Del Olmo Lete, G., Incantations and Anti-Witchcraft Texts from Ugarit, with a contribution by Ignacio Márquez Rowe, Studies in Ancient Near Eastern Records 4, Boston/Berlin, 36-80.

Rowe, I. M., 2015, Water of Labour? A Note on the Story of 'Sin and the Cow', in: Aula Orientalis 33, 51-62.
Rudik, N., 2015, Die Entwicklung der keilschriftlichen sumerischen Beschwörungsliteratur von den Anfängen bis zur Ur III-Zeit. Dissertation zur Erlangung des akademischen Grades Doctor philosophiae (Dr. phil.) vorgelegt dem Rat der Philosophischen Fakultät der Friedrich-Schiller-Universität Jena, https://www.db-thueringen.de/receive/dbt_mods_00026243.
Scurlock, J., 2014, Sourcebook for Ancient Mesopotamian Medicine, Writings from the Ancient World 36, Atlanta.
Schwemer, D., 2007, Abwehrzauber und Behexung. Studien zum Schadenzauberglauben im alten Mesopotamien, Wiesbaden.
Schwemer, D. see Abusch, T.
Stol, M., 1993, Epilepsy in Babylonia, Cuneiform Monographs 2, Groningen.
Tsukimoto, A., 1999, "By the Hand of Madi-Dagan, the Scribe and *Apkallu*-Priest" – A Medical Text from the Middle Euphrates Region, in: Watanabe, K. (ed.), Priests and Officials in the Ancient Near East, Papers of the Second Colloquium on the Ancient Near East – The City and its Life, held at the Middle Eastern Culture Center in Japan (Mitaka, Tokyo), March 22–24, 1996, Heidelberg, 187-200.
van Dijk, J., 1969, Vert comme Tišpak, in: Orientalia. Nova Series 38, 539-547.
Veldhuis, N., 1991, A Cow of Sîn, Library of Oriental Texts 2, Groningen.
Wasserman, N., 2007, Between Magic and Medicine – Apropos of an Old Babylonian Therapeutic Text against *kurārum* disease, in: Finkel, I. L./Geller, M. J. (eds.), Disease in Babylonia, Cuneiform Monographs 36, Leiden/Boston, 40-61.
Wasserman, N., 2012, Maškadum and other zoonotic diseases in medical and literary Akkadian sources, in: Bibliotheca Orientalis 69, 426-436.
Wiggermann, F. A. M., 1996, Scenes from the Shadow Side, in: Vogelzang, M. E./Vanstiphout, H. L. J. (eds.), Mesopotamian Poetic Language: Sumerian and Akkadian, Cuneiform Monographs 6. Groningen, 207-230.
Zgoll, C., 2019, Tractatus mythologicus. Theorie und Methodik zur Erforschung von Mythen als Grundlegung einer allgemeinen, transmedialen und komparatistischen Stoffwissenschaft, Mythological Studies 1 (https://doi.org/10.1515/9783110541588), Berlin/Boston.
Zgoll, C., 2020, Myths as Polymorphous and Polystratic Erzählstoffe: A Theoretical and Methodological Foundation, in: Zgoll, A./ Zgoll, C. (Hg.), Mythische Sphärenwechsel. Methodisch neue Zugänge zu antiken Mythen in Orient und Okzident, Mythological Studies 2, Berlin/ Boston, 9-82.
Zomer, E., 2018, Corpus of Middle Babylonian and Middle Assyrian Incantations, Leipziger Altorientalistische Studien 9, Wiesbaden.

Franziska Naether
Skyfall oder mythische Hyleme zum Herabkommen aus dem Himmel

Der Befund in ägyptischen literarischen Texten

Abstract: This contribution deals with passages from ancient Egyptian literature (narratives, wisdom teachings, speeches and discourses as well as select epics and spells of the Graeco-Roman magical papyri) mentioning subjects and objects descending from sky to earth. Among these are e.g. divinities, demons and heavenly bodies such as stars and comets. Furthermore, the sky itself could fall down on earth. Additionally, an excursus discusses rain and other weather phenomena, prominently the 'rain miracle' during the reign of emperor Marcus Aurelius.

1 Einleitung

Dieser Beitrag hat zum Ziel, mythische Hyleme zu besprechen, die in ägyptischen literarischen Texten vorkommen[1]. Diese Werke werte ich in einem anderen Projekt hinsichtlich ihrer Aussagen zu Kultpraktiken aus[2]. Es stellt sich heraus, dass narrative, instruktive und diskursive Texte Informationen bieten, die rituelle Texte bestätigen oder sogar ergänzen[3]. Auch für das Studium von Elementen, die vom Himmel kommen, enthalten die literarischen Texte faszinierendes Wissen. Ähnlich wie bei den kurzen mythischen Präzedenzfällen in magischen und divinatorischen Texten konnten Mythen auch Eingang in die Erzählliteratur oder in

---

[1] Zur hier verwendeten Terminologie s. C. Zgoll, „Grundlagen der hylistischen Mythosforschung", im vorliegenden Band.
[2] Habilitationsschrift, Leipzig 2021: Kultpraxis in der altägyptischen Literatur.
[3] Es werden in diesem Beitrag keine mythologischen Traktate besprochen, in denen z. B. Götter auf die Erde kommen (bis auf den Text *Mythos von der Himmelskuh*, s. u.), oder medizinisch-magische und divinatorische Texte, in denen der Praktiker Götter und Dämonen evoziert, Götter zu Festen und Orakeln in ihren Kultbildern im Tempel einwohnen lässt oder Heilmittel vom Himmel kommen. Ein Beispiel dafür ist ein Spruch gegen den Bösen Blick, für den die Göttin Hathor vom Himmel kommt (vgl. Fischer-Elfert 2014).

∂ Open Access. © 2021 Franziska Naether, publiziert von De Gruyter. Dieses Werk ist lizenziert unter der Creative Commons Attribution 4.0 International Lizenz.
https://doi.org/10.1515/9783110743005-005

Weisheitstexte finden – der Definition von Christian Zgoll folgend[4]: „Ein Mythos ist ein polymorpher und polystrater Erzählstoff, in dem sich transzendierende Auseinandersetzungen mit Erfahrungsgegenständen verdichten." Die folgenden Zeilen bieten daher handfeste und dauerhafte Dinge, aber auch Götterboten und Dämonen, die nach ägyptischer Anschauung vom Himmel auf die Erde kamen[5]. Die Werke, aus denen die hier besprochenen Passagen entnommen sind, stammen aus verschiedenen historischen Epochen und Sprachstufen des Ägyptischen. Ich bin mir bewusst, dass die darin vorkommenden Phänomene nicht ohne weiteres zu vergleichen sind, da sie zwischen Altem Reich und Römerzeit Transformationen erfahren haben. Diese Zeilen können daher nur eine qualitative Analyse liefern.

Zur Erleichterung der chronologischen Einordnung sei hier eine grobe Übersicht zur Datierung der ägyptischen Sprachstufen gegeben, in denen die hier zitierten Literaturwerke verfasst sind:
- Mittelägyptisch (ca. 2000-1300 v. Chr.)
- Neuägyptisch (ca. 1300-700 v. Chr.)
- Demotisch (ca. 700 v. Chr.-500 n. Chr.)[6]

2 Der Himmel kommt vom Himmel herab

Dass Himmel und Erde zwei voneinander getrennte Sphären darstellen, ist communis opinio der alten Ägypter und wird in literarischen Texten mehrfach betont[7]. Urheber dieser Trennung, dieses Hylems des „Hochhebens des Himmels",

---

[4] C. Zgoll 2019, 563.
[5] Es sei kurz angemerkt, dass beim nicht-wissenschaftlichen Zugang der Präastronautik für Altägypten viel mehr Dinge als vom Himmel kommend betrachtet werden. Eine Auseinandersetzung mit solchen Thesen wird hier bewusst unterlassen.
Die Zitation von Quellen und Lemmata des ägyptischen Lexikons erfolgt nach dem *Thesaurus Linguae Aegyptiae* (TLA), http://aaew.bbaw.de/tla/, zuletzt besucht am 06.01.2017.
[6] Texte können in hieroglyphischer, hieratischer und demotischer Schrift verfasst sein. Auf koptische und griechische Quellen wird hier nicht eingegangen. Es werden nur pagane Religionen betrachtet.
[7] Dazu Jørgensen 2013, 91-94; Dorman 1999 und te Velde 1977, 161-170, besonders zu Konzepten von Weiblichkeit und Männlichkeit von Himmel und Erde, symbolisiert durch die Götter Nut und Geb; ikonographische Details zu Himmelsstützen bespricht Weyersberg 1961.

ist der Schöpfergott[8]. Hinter dem Schöpfer ist zumeist der oberste Gott Re zu sehen. In den *Klagen des Ipuwer* wird sogar explizit auf die Trennung von Himmel und Erde durch die Götter abgehoben (Kol. 12, Z. 11-13):

nb-tm jri.n=f jwd p.t r z3tw snḏ ḥr ḫr-nb {y}<jyi>=f jr m jrr=f st m pḥ.tj n n-m [ʿ]q=f r=s [m] msdd=k nḥm ḥw sj3 m3ʿ.t ḥnʿ=k sh3 pw rdi=k ḫt t3 ḥnʿ ḫrw {ḫnn.w} <ḫnn.w>	The Lord of Everything made the separation of the sky from the earth, (but) fear is on every face when he comes (?). When he does it as one who would attack us, who will treat it, [when] you disdain to save? Utterance, Perception, and Truth are with you, (but) what you would put throughout the land is uproar, together with noise and tumult!

Diese Passage ist Teil einer Klage, in der Ipuwer schlimme Zustände und eine Umkehr der gesellschaftlichen Verhältnisse prophezeit. Daher verwundert es nicht, dass dem Kommen des Allherrn, des Schöpfergotts, mit Schrecken entgegengeblickt wird. Die Trennung von Himmel und Erde wird einerseits positiv als Akt der Schöpfung, aber auch negativ als Trennung zwischen Götterwelt und Menschenwelt interpretiert, weil der Schöpfer sich enttäuscht von den Menschen zurückzog[9].

Um diesen Schöpfungsakt zu feiern, gab es im ägyptischen Kalender das Fest des „Hochhebens des Himmels". Es existierte aber auch eine allgemeine Kulthandlung dazu, die nicht an ein Festgeschehen geknüpft war, um den Fortbestand der Trennung des Himmels und der Erde sicherzustellen[10].

Die intakte Trennung zwischen Himmel und Erde ist das Ideal der Weltordnung nach altägyptischer Vorstellung, der Maat. Die Menschen hatten ihren Platz in diesem Gefüge zu kennen, wie eine kurze Sentenz in der *Lehre des Anchscheschonqi*, Kol. 25, Z. 12 f aussagt: „Kenne das Fundament des Himmels! Kenne das Fundament der Erde!" Dies steht innerhalb des Weisheitstexts, um dem Menschen seine Grenzen aufzeigen: Er soll die Hierarchien und den ihm zugeordneten Platz in Beruf und Gesellschaft erkennen, so wie irdische und himmlische

---

8 Belege dafür finden sich in folgenden Weisheitstexten: *Lehre für Merikare*, P. Carlsberg 6, § 131, Kol. x+5, Z. 4; Parallelen P. Moskau inv. 4658, Kol. 8, Z. 9-16 und P. Petersburg inv. 1116 A verso, Kol. 11, Z. 10-12.8 und in den beiden demotischen *Lehren P. Brooklyn* inv. 47.218.135, Kol. 3, Z. 18 und *P. Insinger*, Kol. 31, Z. 24-32.17. Im *Zweiten Setna-Roman*, P. BM EA inv. 10822, Kol. 5, Z. 8 f wird dem Gott Thoth diese Rolle zugeschrieben.
9 Vgl. den Kommentar bei Enmarch 2008, 188 f.
10 Belege und Diskussion bei Kurth 1975, 136-146.

Sphäre voneinander getrennt sind. Ein göttlicher Urheber, der die Fundamente geschaffen hat, wird nicht genannt. Wir können aber davon ausgehen, dass ein hoher Schöpfergott wie der Sonnengott Re dahinter verstanden werden soll.

Die Extremversion dessen, was vom Himmel kommen kann, ist der Himmel selbst. In zwei literarischen Quellen wird dieses Unglück erwähnt, wenn die Weltordnung komplett zusammenbricht: durch Krieg. Das erste Textbeispiel ist jedoch umstritten, da es in den zwei vorliegenden Versionen etwas unterschiedlich dargestellt wird. Der Himmel, so heißt es nach einer Maxime in der mittelägyptischen *Lehre für Merikare*, könne durch Aufständische zerstört werden, aber das dauere 100 Jahre (P. Carlsberg 6, § 113, Kol. x+3, Z. 9; Parallele P. Petersburg inv. 1116 A verso, §113, Kol. 10, Z. 8):

jri gr.w? bšt=k ḫḏi.t p.t pw rnp.t 100	Handle doch, (damit) der gegen dich Aufständische schweigt! (?) Es braucht 100 Jahre, den Himmel zu zerstören (oder: zerfallen zu lassen).
mn.w pw m ḏ3<y.wt> oder {m}<w>ḏ3	Es ist ein Denkmal in (einer Zeit von) Unrecht. (?)

Es wird u. a. postuliert, dass das Zerstören des Himmels als Metapher für die Zerstörung des Andenkens an einen Menschen gemeint ist – dies ist aber nur eine Deutungsvariante[11]. Wenn man von dieser Interpretation ausgeht, lässt sich konstatieren, dass es sich mit dem Himmelssturz um ein negatives Ereignis handelt, für das in der Lehre Strategien zur Vermeidung gegeben werden. Mit den Aufständischen können Feinde des Pharaos Merikare, aber auch ganz allgemein Rebellen gegen den Sonnengott Re als Subjekte dieses Hylems gemeint sein.

Etwas konziser erwähnt ein demotischer narrativer Text die Möglichkeit, dass der Himmel auf die Erde kommen kann. Im *Kampf um den Panzer des Inaros*, P. Krall, Passage Kol. 9, Z. 18 spricht ein Fürst namens Pekrur vor dem Pharao, dass er dessen Feind Ur-di-imen-niut Krieg androhen will[12]:

[iw] [=k] [(r)] [nwe] r t3 p.t r-iw=s pḫṱ ḥr p3 t3 irm p3j=f g3j (n) mnmn	[Du wirst] den Himmel [sehen], indem er auf die Erde niedergeworfen ist, und ihr (der Erde) Beben.

---

11 Vgl. die Anmerkungen von Peter Dils im TLA zu dieser Passage, der die verschiedenen Emendierungen, Deutungsmöglichkeiten und die Forschungsdiskussion zusammenstellt.
12 Hoffmann 1996, 220, Anm. 1133 mit einer Parallele aus dem MYTHOS ÜBER HORUS UND SETH.

Es ist interessant, dass die Drohung, den Himmel auf die Erde herabzuwerfen, von Vertretern der Partei des Pharaos kommt und nicht von deren Feinden. Der demotische Terminus ist pḫṯ, was wörtlich „niederwerfen; beugen, sich beugen" bedeutet und beispielsweise in divinatorischen Texten vorkommt, wenn sich der mantische Spezialist oder das Medium über eine Schale beugt o. ä.[13] Die Erzählkette aus Schildkampf, Beben der Berge, Niederwerfen des Himmels, Erdbeben, Kampf der Heere wie Stiere und Löwen und heißes Eisen zeigen eine Abfolge der gewaltvollen Auseinandersetzung auf, die vielleicht das Stilmittel der Steigerung darstellt. In jedem Fall handelt es sich um eine relativ ausführlich vorgebrachte Kriegsrhetorik, um die Entschlossenheit zum Kampf zum Ausdruck zu bringen. Vermutlich sollten dadurch auch andere in der Gegenwart des Königs und der König selbst überzeugt und angefeuert werden. Die beteiligten Personen und der Ort sind durch den Kontext der Erzählung klar, so dass man davon ausgehen kann, dass es sich um ein einmaliges Ereignis handelt. Der Konflikt in dieser Erzählung wurde durch Dämonen entfacht, die im Auftrag des Gottes Osiris den Krieg anzetteln.

Das Zusammenbrechen der Welt und damit des Friedens steht als Bild für die entfesselte Gewalt des Krieges, die die Aufständischen gegen den Pharao bringen (*Lehre für Merikare*) bzw. die Verbündeten des Pharao gegen dessen Feinde anwenden (*Kampf um den Panzer des Inaros*). Der Charakter des Hylems des herabstürzenden Himmels ist negativ für diejenigen, die davon betroffen sind. Im Text wird jedoch nicht thematisiert, dass die, die damit drohen, auch Schaden nehmen könnten. So ist davon auszugehen, dass es sich um ein lokales Ereignis handelt, das nur einen bestimmten Personenkreis trifft. Das Hylem des herabfallenden Himmels ist vermutlich in seinen Auswirkungen mit denen von Krankheitsbringern zu vergleichen: es ist kein globales Phänomen, sondern trifft einzelne[14].

3 Himmelskörper und Meteoriteisen kommen vom Himmel herab

Etwas Handfestes, das von Himmel kam, ist Eisen. Seit dem vierten vorchristlichen Jahrtausend finden sich Belege für die Eisenverarbeitung, aber nur sehr

---

13 Vgl. das Lemma im TLA; Erichsen 1954, 139.
14 Vgl. auch die Beiträge von Jäger, *Himmelsschilde und Blitze* und Zomer, *Demons and Tutelary Deities from Heaven* in diesem Band.

spärlich. Bereits ca. 3200 v. Chr. wurde das Metall zu Schmuckstücken verarbeitet. Das älteste bekannte Stück ist eine Perle einer Kette aus dem Grab eines hochrangigen Mannes in Gerzeh. Forschungen haben ergeben, dass dieses Eisen (Hämatit) meteoritischen Ursprungs ist[15]. Erst ab dem 6. Jahrhundert v. Chr. wurde Eisenerz in größeren Mengen abgebaut und verhüttet – im Unterschied zu den Hethitern, die dies bereits im 15. Jahrhundert v. Chr. vollbrachten[16]. Zuvor bediente man sich Eisen meteoritischen Ursprungs. Ab dem Neuen Reich wurde Eisen, ägyptisch bi3, auch als bi3-n-p.t bezeichnet, wörtlich „Eisen vom Himmel" oder „Meteoriteisen" genannt. Das Wort wird im Hieroglyphischen am Ende auch mit dem Klassifikator „Himmel" geschrieben: 𓊹𓈖𓇯[17]. Auch in dieser Zeit wird das Eisen aus dem Meteoriteneinschlag noch verwendet, z. B. bei einer Messerklinge aus dem Grab des Tut-anch-amun[18].

Es ist auffällig, dass und fraglich, weshalb diese Bezeichnung auf einmal verwendet wurde. Die älteren literarischen Texte erwähnen diesen Begriff nicht, sondern verwenden nur bi3. Die demotischen Belege hingegen führen allesamt das Lemma bnpj, was auf bi3-n-p.t zurückgeht[19]. Warum hat sich die Bezeichnung erweitert? Es kann nicht auf einen erneuten Meteoriteneinschlag zurückgehen, da dieser bereits ca. 3400 v. Chr. geschah. Oder erinnerte man sich dessen um 1400 v. Chr. und betrachtete das Eisen vielleicht als göttliche Gabe, weil es vom Himmel kam? Liegt es vielleicht am Glanz des Eisens, der an die Farbe des Himmels erinnert[20]? In späteren Zeiten bestand die Vorstellung, dass die Götter goldene oder silberne Knochen haben; der Gott Seth eiserne. Man hat versucht, dies mit so genannten "fossil bones" aus dem Neuen Reich von der Nekropole von Qau el-Kebir in Mittelägypten zusammenzubringen[21]. Zudem ist verwunderlich,

---

15 Johnson/Tyldesley/Lowe/Withers/Grady 2013.
16 Yalçın 2005.
17 Zuvor wurde das Wort nur bi3 geschrieben. Vgl. Johnson/Tyldesley/Lowe/Withers/Grady 2013, 1003.
18 Comelli et al. 2016.
19 Helck 1995.
20 So in mesopotamischen Quellen, vgl. Johnson/Tyldesley/Lowe/Withers/Grady 2013, 1003.
21 Johnson/Tyldesley/Lowe/Withers/Grady 2013, 1004: "In later times, certain materials were linked to the gods, such as gold representing the flesh of the gods and the 'iron bones of Seth' as documented by the ancient historians Plutarch and Diodorus." Auch in den Pyramidentexten des Alten Reichs gibt es die Vorstellung eiserner Knochen des Pharaos. Vielleicht bieten die wie Eisen glänzenden, mineralisierten Fossilien einen Anhaltspunkt, warum man das dachte. Auch die Verbindung von Feuerstein und Eisen mit Seth ist bedenkenswert, wie Graves-Brown 2007, 112-114 ausführt.

weshalb die Ägypter erst relativ spät mit der massenhaften Bearbeitung und Verhüttung von Eisen begannen[22]. Eisenerzvorkommen gab es reichlich, v. a. im Sinai. Sie nutzten vor allem Kupfer und Bronze. Selbst Gold wurde häufiger verwendet. Man kann darauf schließen, dass Eisen als hochwertig galt, vielleicht mit einer bestimmten Bedeutung aufgeladen war. Eisenklingen wurden z. B. im Mundöffnungsritual zur Belebung der Toten verwendet. Nur reichliche 20 sicher datierbare Artefakte sind bisher bekannt[23].

Es existiert aber leider kein (mythisches) Hylem, was sich auf die himmlische Herkunft des Eisens bezieht. Aber man könnte erwägen, ob der Begriff schon eine Handlung implizieren könnte: Eisen vom Himmel könnte bedeuten, dass jemand das Eisen vom Himmel geschickt hat. Sollte das Teil einer Erzählung gewesen sein, könnte in diesem kleinen Ausdruck „Eisen aus dem Himmel" ein Mythos gesteckt haben. Die Motivation, warum Eisen um 1400 v. Chr. plötzlich als „Eisen vom Himmel" bezeichnet worden ist, bleibt unklar. Vielleicht bringt ein neues Forschungsprojekt mehr Licht ins Dunkel[24].

Ein Meteorit oder Komet, der auf die Erde fällt, ist Thema in der mittelägyptischen Geschichte des *Schiffbrüchigen*: Darin berichtet ein Schlangengott dem Schiffbrüchigen auf einer einsamen Insel, wie einst ein herabfallender Komet die Kinder und Verwandten der Schlange tötete (Z. 125-132):

sḏd=j r=f n=k mj.tt-jr.j ḫpr.w m jw pn wn=j jm=f ḥn' sn.w=j ḫrd.w m-q3b=sn km.n=n ḥf3.w 75 m ms.w=j ḥn' sn.w=j nn sḫ3=j n=k z3.t kt.t jni.t n=j m sš3? 'ḥ'.n sb3 h3i.w pri.n n3 m ḫ.t m-'=f ḫpr.n r=s nn wj ḥn' 3m.nj nn wj m-ḫr(.j)-jb=sn 'ḥ':n=j m(w)t.kw n=sn gmi.n=j st m ḫ3y.t w'.t	Ich will dir nun Ähnliches berichten, das auf dieser Insel geschah, auf der ich weilte zusammen mit meinen Geschwistern, darunter (auch) Kinder. Mit meinen Kindern und meinen Geschwistern waren wir insgesamt 75 Schlangen. Ich werde dir nicht (meine) kleine Tochter nennen, die mir in weiser Voraussicht (? oder: mittels Gebet?) gebracht (?) wurde. Da fiel ein Stern herab. Durch ihn gingen sie in Flammen auf (d. h. sie verbrannten). (Dies) geschah aber, als ich nicht dabei war.

---

22 Johnson/Tyldesley 2014, 10.
23 Johnson/Tyldesley 2014, 13; genaue Liste in Johnson/Tyldesley 2016, 408-423.
24 Britisches Forschungsprojekt "Iron from the Sky" an der Universität Manchester, vgl. https://www.sciculture.ac.uk/project/iron-from-the-sky-the-science-and-culture-of-iron-in-ancient-egypt/, besucht am 02.01.2017.

> Sie verbrannten, als ich nicht in ihrer Mitte war. Da war ich zu Tode (betrübt) ihretwegen, als ich sie in der Form eines einzigen Leichenhaufens vorfand.

Obwohl die Schlange eine Gottheit ist, konnte sie das Unglück nicht verhindern, das höhere Mächte über sie und ihre Familie brachten. Das Hinunterfallen des Kometsimpliziert die Vorstellung eines göttlichen Verursachers der Katastrophe, der aber nicht namentlich genannt wird. Es ist auch nicht klar, ob die Schlange sich etwas zu Schulden kommen ließ und damit göttliche Bestrafung auf sich zog. Das Ereignis des herabfallenden Sterns ist eindeutig negativ konnotiert. Im Rahmen der Narration handelt es sich um ein einmaliges, auf die Insel der Schlange beschränktes Hylem.

4 Dämonen und Krankheiten vom Himmel

Weitere Boten, die hier erwähnt werden müssen, sind Dämonen[25]. In allen Belegen in literarischen Texten, in denen Dämonen als Hylemsubjekte vorkommen, agieren sie nicht von sich aus, sondern stehen unter der Kontrolle übergeordneter Götter. Dies geschieht u. a. im Rahmen der „Seuche des Jahres", einer nicht spezifisch zu bestimmenden Krankheit, worunter man sich pestähnliche Symptome vorstellen kann. Die Erreger wurden laut Mythologie von der Göttin Sachmet selbst oder durch Dämonen vom Himmel auf die Erde geschickt. Die literarischen Quellen erwähnen Sachmet vor allem als mächtige, kriegerische Gottheit, mit der sich Krieger verglichen, aber es gibt auch Belege, in denen auf die „Seuche des Jahres" abgehoben wird[26].

Weitere Fälle in den literarischen Texten, in denen Götter Dämonen auf die Erde senden, sind in der Rahmenhandlung des in Demotisch verfassten *Ersten Setna-Romans*, wo der oberste Gott Re dem Gott Thoth erlaubt, sich an Na-Nefer-

---

[25] Vgl. den Beitrag von Zomer, *Demons and Tutelary Deities from Heaven* und den Auswertungsbeitrag von A. Zgoll, *Wer oder was vom Himmel kommt* in diesem Band.
[26] Vgl. mit neuerer Literatur Theis 2014, 174 f; erwähnt in *Sinuhe*, P. Berlin P 10499 aus Theben-West, 67-69; Parallelen P. Berlin P 3022 und Fragmente P. Amherst m-q (B), Z. 43-45; O. Ashmolean Museum inv. 1945.40, Z. 25 f; *Beredter Bauer*, P. Berlin P 3023 + P. Amherst 1, Version B1, 142-152; P. Ramesseum A = P. Berlin P 10499, recto, Version R, 22, 7-23, 2; *Verkommener Harfner*, Kol. 2, Z. 17-20. Vielleicht gehört dazu auch der milchige Krankheitserreger in der *Geschichte mit Bes*, Kol. x+3, Z. 24ff., vgl. Hoffmann/Quack 2007, 55-59.

Ka-Ptah zu rächen. Dieser hat das geheime Zauberbuch des Thoth entdeckt, das der Gott auf Erden versteckt hatte. Nun sieht er die Möglichkeit zum Gegenschlag und schickt dafür Dämonen als seine Vollstrecker auf die Erde (P. CG Cairo 30692, Kol. 4, Z. 7 f):

ḏd=w n=f iw=f i.ir-ḥr=k irm rmṯ nb ntj mtw=f ḏr=w wt̠=w w' ḫt r-ḫr n t3 p.t ḏd m-ir dj.t šm n3.w-nfr-k3-ptḥ r mn-nfr iw=f wḏ3 irm rmṯ nb ntj mtw=f ḏr=w	Es wurde ihm (dem Thoth) gesagt: „Er soll in deiner Hand sein (wörtl. er ist vor dir) zusammen mit allen Leuten, die bei ihm sind." Ein Cheti-Dämon wurde vom Himmel herabgesandt: „Laß nicht zu, daß Naneferkaptah zusammen mit allen Leuten, die bei ihm sind, heil nach Memphis kommt!"

Eine ähnliche Situation gibt es in der Erzählung *Der Kampf um den Panzer des Inaros*. Die Götter sind verärgert und schicken Dämonen auf die Erde, damit sich die Menschen zerstreiten und es Krieg gibt (P. Krall, 1, 4-1.8)[27]. Da es sich aber um Osiris handelt, steht zu vermuten, dass die Dämonen aus der Unterwelt kommen. Vergleicht man beide Episoden, so zeigt sich, dass beide relativ ausführlich verfasst sind, mit konkreten Orten, göttlichen Urhebern und menschlichen Protagonisten. Es handelt sich jeweils um einmalige Ereignisse. Das Rachemotiv ist klar benannt.

Weil dies eine realistische Gefahr war, warnen Weisheitstexte vor den schändlichen Werken der Dämonen und unterscheiden diese dabei auch nach ihrem Aufgabenfeld oder Geschlecht. So heißt es beispielsweise in der demotischen *Lehre des Papyrus Insinger*, Kol. 8, Z. 18 f:

t3 wp.t n mw.t Ḥ.t-Ḥr t3 ntj ḫpr iwṯ n3 sḥm.wt i.ir špšj.t wr3.t ḥr p3 t3 ḫn n3 sḥm.wt	Das Werk der Mut (und) der Hathor ist es, was unter den Frauen geschieht. In den Frauen sind der gute und der böse Dämon auf Erden wirksam.

Ich habe diese Textstelle ausgewählt, weil die göttlichen Urheberinnen (Mut und Hathor) genannt werden und mit der postulierten Wirksamkeit auf Erden impliziert wird, dass die Dämonen aus dem Himmel kommen. Beide Göttinnen stehen für weiblich besetzte Lebensbereiche: Liebe und Mütterlichkeit. Frauen gehörten nicht zur vordergründigen Zielgruppe dieser Texte. Die knappe Lehrsentenz

---

27 Hoffmann 1996, 132.

deckt sich mit der allgemein negativen Perspektive auf Ehefrauen, Geliebte, fremde Frauen etc. in der ägyptischen Weisheitsliteratur[28].

5 Götter besuchen ihre Tempel und die Menschen

5.1 Götter kommen an Festtagen auf Erden

Götter, denen ein Tempel[29] geweiht ist, besuchen diesen regelmäßig zur Abholung von Opfergaben oder an ihren Festtagen – und kommen dafür vom Himmel herab (oder alternativ aus der Unterwelt hinauf[30]) auf die Erde. Sie wohnen dann in ihrer Statue im Allerheiligsten ein. Manche dieser Götterbilder sind portabel für Prozessionen. Zu diesen Zeiten können die Statuen z. B. für Orakel oder andere divinatorische Praktiken konsultiert werden[31]. In der neuägyptischen *Lehre des Ani* wird vor der Macht des Gottes, der auf die Erde gekommen ist, gewarnt (P. Boulaq 4 ro, Kol. 20, Z. 14-17; Parallele P. Saqqara EES 75-S 45 = SCA 6319, Z. 10-13):

j:nw \<m\> jr.t\<.t̠\>=k r p3y=f sḫr.w qnd mtw=k {snntj-tw} \<sn\> \<t3\> m rn=f sw (ḥr) ḏi.t b3.w \<m\> ḥḥ n j3rw \<r\> s'3i{srj} p3 n.tj (ḥr) s'3i{srj}=\<f\> jr nt̠r t3 pn {n} p3 šw \<m\> ḫr(.t) jw n3y=f t̠lwy ḥr-tp t3 ḏḏ.tj sntrj m k3y=st m-mn(.t) \<r\> s3rd nb{t}-ḫ'	Halte dir seine Art, zu zürnen, vor Augen (wörtl.: Achte \<mit\> deinem Auge genau auf seine Art, zu zürnen), (und) küsse die Erde in seinem Namen! Er zeigt (seine) Macht \<in\> Millionen von Formen, \<um\> den groß zu machen, der ihn groß macht. Was den Gott dieses Landes angeht, (das ist) das Licht/ der Lichtgott \<im\> Himmel, wobei seine Statuen auf Erden sind. Möge Weihrauch täglich als ihre Nahrung gegeben werden, \<um\> den Herrn der Erscheinungen/des (Sonnen-)Aufgangs zu stärken.

---

28 Dieleman 1998. Zur Stelle Lichtheim 1983, 162.
29 Weitere Güter, die vom Himmel kommen können, sind Baupläne der Tempel – vgl. dazu den Auswertungsbeitrag von A. Zgoll, *Wer oder was vom Himmel kommt* im vorliegenden Band.
30 Z. B. Hathor zu ihrem Senut-Fest in P. Vandier 4, 9-16, wo sie sich die Opferbrote der Menschen abholt und wieder mit in die Unterwelt nimmt.
31 Naether 2010, 38-44.359-410.

Ani, der Schreiber des Tempels der Ahmes-Nefertari, spricht hiermit direkt seinen Schüler Chonsuhotep an, die Macht des Gottes nicht zu unterschätzen, der seine Macht über die Kultstatue ausübt[32]. Neben den Festtagen kamen die Götter aber auch zu anderen Zeiten in ihre Tempel. Das *Tägliche Kultbildritual* wurde dafür vollzogen, um für ihre Besuche bereit zu sein[33]. Vermutlich lag auch ein Festtag vor[34], als Amun in der Erzählung über den Aufstieg und Fall des Priestergeschlechts vom demotischen *Papyrus Rylands 9* in seiner Statue einwohnte (Kol. 24, Z. 1 f):

ḫ.t n n3 ḥs.w i:wn-n3.w imn ir=w n-ḏr.t wn-n3.w-iw=f pḥ r n3j wḏj.w i:nqr=w [i]w=f nʿj r p3 wʿb=f n t3j=f g3(.t) šps iw=f sṯ3.ṯ=f r-ḥrj mtw=f hn r p3 mr-ḥs	Abschrift der Lieder, die Amun machte, als er zu diesen ausgemeißelten Stelen gelangte, indem er sich in das Allerheiligste seines erhabenen Schreines begab, indem er sich hinabwandte und dem Vorsteher der Sänger zunickte.

Amun kommt vielleicht auf Erden, um mit Klageliedern gegen all das Unheil zu protestieren, das der Familie des Petese über drei Generationen widerfahren ist. Das Nicken zum Priester steht jedoch zweifelsfrei für ein Orakel der Prozessionsstatue[35]. Auch diese Passage spricht von der Bewegung der Götter vom Himmel auf die Erde um zu richten und Rat zu erteilen. Die Quelle ist recht vage bei einer zeitlichen Angabe. Die Motivation für die Klagelieder liegt in dem göttlichen Zorn. Obwohl das Kommen des Gottes vom Himmel auf die Erde für ein Orakel eine allgemeine, wiederkehrende Situation darstellt, ist diese Handlung vor allem aus der Geschichte des Petese her zu erklären: der Gott war unzufrieden, wie mit seinem Priester Petese und dessen Nachfolgern und deren Familien umgegangen worden ist. Amun ist dabei nicht eine allgemeine Chiffre für den Schöpfer- und Hochgott, sondern der Amun von Teudjoi: der Stadtgott am wesentlichen Ort des Geschehens. Als Schöpfergott ist sein traditioneller Platz am Himmel. Er wird oft mit dem Sonnengott zu Amun-Re kombiniert.

---

32 Vgl. Quack 1994, 175 f.
33 Braun 2013, 244-253.
34 Vittmann 1998, 593-597.
35 Ritner (1993, 215) deutet es als eine magische Praxis (pḥ-nṯr); Vittmann (1998, 593 f) sieht dies kritisch. M. E. muss man von einem Orakel der Prozessionsstatue ausgehen – das Nicken ist ein terminus technicus dafür und muss nicht mit einem pḥ-nṯr in Zusammenhang stehen.

5.2 Götter kommen zu speziellen Anlässen auf die Erde oder überbringen etwas

Eine bekannte mythische Erzählung ist die von der *Himmelskuh*[36]. In diesem auf Neuägyptisch überlieferten Text rebellieren die Menschen gegen den Sonnen- und Schöpfergott Re. Dieser ist betrübt und will daraufhin den Kosmos neu ordnen. Teil dessen ist es, dass er seine Tochter Hathor, die Himmelskuh, auf die Erde schickt, um die Rebellen zu töten. Dann entwickelt Re Mitleid mit den Menschen und beschließt, das Massaker zu beenden. Er veranlasst, dass Bier durch Ocker rot gefärbt wird. Die blutrünstige Hathor trinkt die Flüssigkeit, wird betrunken und damit ist die Vernichtung des Menschengeschlechts abgewendet. Danach organisiert Re die Trennung von Himmel und Erde und verteilt Zuständigkeiten an einzelne Götter[37].

Wenn die Götter vom Himmel kommen, sind sie nicht immer sofort als solche zu erkennen. In einer Erzählung *Die Rache der Isis* fliegt ein Skarabäus-Käfer zu den Menschen, der sich nicht als der Sonnengott, den er normalerweise darstellt, sondern als der vergöttlichte Baumeister Imhotep entpuppt (P. Saqqara dem. 1, 2, Kol. 6, Z. 18-20):

[nw]=[w] r wʿ ʿ3pj r-iw=f iw r-ḫrj n t3 p.t w3ḫ=f i.ir-ḥr=w … nw.w nhs=f nw ir.t.ṯ=w nw=w r [Ij-m-ḥtp] sṯ3[.ṯ]=[f] [s?] … rk=f s … mtw=f ir p3j=f smt [ḥms]=f ḥr wʿ ift r n3 iwf.w	Sie erblickten einen geflügelten Skarabäus, der vom Himmel herabkam. Er (der Sonnenkäfer) landete vor ihnen. […] Blicke. Er erwachte. Ihre Augen sahen. Sie sahen Imhotep. [Er] wandte [sich um(?) …] Er wandte sich um (o. ä.) […] und daß er dementsprechend tue (? o. ä.). Er saß auf einem Steinblock, während der Körper [… …].

Die Geschichte ist nicht nur aufgrund der vielen Lücken mysteriös. Man kann erahnen, dass die kranke Frau ein Problem mit der Göttin Isis hat, die einen Menschen aus Rache umgebracht hat. Sie fleht im Kreis der Priesterschaft den Halbgott Imhotep um Hilfe an[38]. Dass der Halbgott auf die Erde kommt und dann erst

---

36 Vgl. Hornung 1982.
37 Guilhou 2010.
38 Smith/Tait 1983, text 2 front, 97 f, Anm. Sigma: der Skarabäus ist Imhotep, s. S. 105 zu Imhoteps Rolle in der Geschichte.

nach einer Verwandlung seine Gestalt zeigt, ist ein einmaliges, numinoses Ereignis, das bei den antiken Zuhörern sicherlich nicht seine Wirkung verfehlt hat.

Ein ganz faszinierendes Artefakt ist das Zauberbuch des Gottes Thoth, das dieser auf Erden bringt und dort versteckt, als er mit anderen Göttern vom Himmel herabkommt. Dieses ist das Objekt, um das es im *Ersten Setna-Roman* geht. Als Setna, der älteste Sohn Ramses' II., ein gebildeter, aber auch verwöhnter Dandy, während einer Prozession des Gottes Ptah nichts Besseres zu tun hat, als Inschriften am Dromos zu lesen, sagt ihm ein plötzlich auftauchender, ominöser alter Priester (Kol. 3, Z. 12 f):

[iw=f ḫpr] [iw]=[k] wḫ3 'š sḫ im n=j tw=j t3j=w t̠=k r p3 m3' ntj-iw p3j ḏm' n.im=f iw ḏḥwtj p3 i.ir sḫ=f n ḏr.t.t̠=f ḫ(')=f iw=f n'.k r-ḫrj m-s3 n3 ntr.w	[Wenn] du (wirklich nützliche) Schrift-(en) lesen willst, komm zu mir, daß ich dich zu dem Ort bringen lasse, an dem dieses Buch ist, das Thoth eigenhändig geschrieben hat, als er herunterkam im Gefolge der Götter!

Setnas Neugier ist geweckt und er findet das Zauberbuch, aber es bringt ihm und seiner Familie großes Unheil, denn der Gott Thoth ist nicht erfreut, dass ein Mensch seine Zaubersprüche anwendet. Die Schriftrolle mit den magischen Sprüchen ist ein handfestes Artefakt, das hier in Zusammenhang mit einer konkreten Handlung eines Gottes steht. Thoth ist nicht der höchste Gott, wird aber mit Magie, Schrift und Rechenkunst verknüpft und kommt mit seinem zentralen Kultort Hermoupolis Magna in den Geschichten um Setna oft vor. Das Buch ist jedoch in der Nähe des Ortes Koptos im Nil versteckt, wo es in sieben Truhen verstaut und von Schlangen und einem Uroboros als göttlichem Wächter beschützt wird. All dies hat Thoth veranlasst, aber es hält Na-Nefer-Ka-Ptah und später Setna nicht davon ab, die Schriftrolle, das Hylemobjekt, an sich zu nehmen. Der moderne Leser wundert sich, warum der Gott überhaupt vom Himmel kam und das Buch auf Erden versteckte. Folgende Dinge kann der magische Praktiker mit dem Buch in Erfahrung bringen (P. Kairo CG 30646, Kol. 3, Z. 12-15), darunter das Wissen über himmlische Angelegenheiten und die Götter als Sterne am Nachthimmel:

[iw=f ḫpr] [iw]=[k] wḫ3 'š sḫ im n=j tw=j t3j=w t̠=k r p3 m3' ntj-iw p3j ḏm' n.im=f iw Ḏḥwtj p3 i.ir sḫ=f n ḏr.t.t̠=f ḫ(')=f iw=f na.k r-ḫrj m-s3 n3 ntr.w hp 2 n sḫ n3 ntj ḥr-3(.t).t̠=f iw=k ['š] [p3] [hp] [mḥ-1] [iw] [=k] [r] [pḫ]re t3 p.t p3	[Wenn] du (wirklich nützliche) Schrift-(en) lesen willst, komm zu mir, daß ich dich zu dem Ort bringen lasse, an dem dieses Buch ist, das Thoth eigenhändig geschrieben hat, als er herunterkam im Gefolge der Götter! Zwei schriftliche

t3 t3 dw3.t n3 tww.w n3 jm.w iw=k r gm n3 ntj-[iw]? n3 ipd.w n t3 p.t irm n3 ddfe.w r dd.t=w dr=w iw=k r nw r n3 rjm.w n p3 mtr iw wn [mḫ-ntr] [21] [n] [mw] (n) [t3j] [=w] [rj.t]-ḥrj.t iw=k 'š p3 hp mḥ-2 iw=f (r) ḫpr iw=k ḫn imnṯ iw=k n p3j=k gj ḫr p3 t3 'n iw=k r nw r p3-r' iw=f ḫ'.w n t3 p.t irm t3j=f psḏ.t irm p3 i'ḥ [n] p3j=f gj n wbn [dd] [n] [=f] [n3.w-nfr-k3-ptḥ]

Formeln sind darauf. Wenn du [die erste Formel rezitierst, wirst du] den Himmel, die Erde, die Unterwelt, die Berge (und) die Meere bezaubern. Du wirst alles verstehen, was die Vögel des Himmels und das Gewürm (der Erde) sprechen werden. Du wirst die Fische der Tiefe sehen, obwohl [21 Gottesellen Wasser] über [ihnen] sind. Wenn du die zweite Formel rezitierst, wirst du in der Unterwelt sein, indem du wieder in deiner Art auf der Erde bist. Du wirst Re schauen, wie er mit seiner Neunheit im Himmel erscheint, und den Mond bei seinem Aufgehen.

Dass dies dem Gott Thoth nicht recht ist, kann man sich leicht vorstellen. Die Menschen sollen keinen Einblick in dieses göttliche Geheimwissen haben. Er schickt daher Dämonen als seine Rächer auf die Erde.

Narrative Texte führen manchmal Götter als Protagonisten. Dies ist der Fall in der neuägyptischen Geschichte *Astarte und das Meer*, wo neben dem Pharao und seinen Bediensteten der Meeresgott Jam und die Göttin Astarte die Hauptrollen spielen. In einer Passage ist aufgrund der Lücken unklar, ob etwas vom Himmel kommt oder zu ihm aufsteigt. Es geht darin um Abgaben und Kriegsbeute, die das Meer als Tribut bekommt. In anderen Traditionen ist Astarte auch Partnerin des Jam[39]. Astarte als Überbringerin hat in der Erzählung einen recht passiven Charakter und wird zum Spielball der männlichen Protagonisten. Sie kommt aber aus dem Himmel, wie die Stelle Kol. 2, Z. x+18 f. belegt, wo sie von einem Gott oder von Jam gefragt wird:

['ḥ'].n [d]d.n=f n=s jy=[t] [tnw] t3 šrj.t (n) Ptḥ t3 nṯr(.t) [q]n[d].t (n) nšn.y.w

Da sagte er (= Gott oder das Meer) zu ihr: „[Woher] kommst [du], Tochter des

---

39 P. BN inv. 202 + P. Amherst inv. 9, Kol. 1, Z. x+5-x+10: „[Und dann,] nach 40 (?) Tagen, da [---] der Himmel [---] hinabsteigen zum [---] das Meer. Dann [---, die Er]de schuf [---] die 4 Enden (wörtl.: 4 Ufergebiete) der [Erde ---] in seiner Mitte, als würde [---] hochheben (?) [---] [--- sein]en Herrscherthron - LHG. Dann [---] er [„er" = Amenhotep II.] [---] trug Gaben zu ihm. [---] im/vor/als Gericht. Da trug (die Erntegöttin) Renenut [---] als Herrscher – Leben-Heil-Gesundheit - [---] Himmel". Vgl. auch Ayali-Darshan 2010.

jn-jw ng[ꜣ{ʿw.t}]?=t [n]ꜣy=<t> tjw.wt n.tj <ḫr.j?> rd.wj=<t> jn-jw sd=<t> nꜣy=t ḥbs.w n.tj ḫr=t m pꜣ šmi.t jy.t jri.n=<t> m tꜣ p.t ḥnʿ pꜣ tꜣ	Ptah, du zürnende Göttin der Wütenden? Hast du <deine> Sandalen, die <unter deinen> Füßen sind, zerbrochen? Hast <du> deine Kleider, die an dir waren, bei deinem Herumwandern am Himmel und auf der Erde (wörtl.: bei dem Gehen und Kommen, das <du> am Himmel und auf der Erde machtest) zerrissen?"

Leider kennen wir die Antwort nicht, denn danach sind 22 Zeilen verloren[40]. Astartes Position am Himmel ist in Ägypten belegt; so wurde sie als „Mondauge" bezeichnet[41].

Ähnlichkeiten mit der Geschichte des *Sterntalers*[42] hat eine kurze demotische Erzählung namens *Der Beistand der Isis* auf dem Krug B der *Krugtexte*. Dem Protagonisten, einem gewissen Chalamenti, wird übel mitgespielt – er hat keinen Besitz mehr, wird verprügelt und flieht aus der Stadt, bis es schließlich dunkel wird und er sich in seiner Not an die Göttin Isis wendet, die als Gestirn am Himmel erscheint (Z. 19 f)[43]:

ḫpr] grḥ r-ḥr=j ir=j ḏḥ ḥr nꜣi(=j) iwf.w fj<=j> ḥr=j [iw=j nw r] nꜣ ḫʿ.w n ꜣs.t wr.t mw.t nṯr tꜣ nṯr.t ʿꜣ.t iw=w ḫpr r [tꜣj=j] ri.t-ḥrj.t tw=j ʿš nꜣj(=j) šl[l.w] m-bꜣḥ [ꜣs.t] wr.t [tꜣ] ḥnw.t ꜣs.t wr.t [mw.t] nṯr tꜣ nṯr.t ʿꜣ.t rḫ pꜣ hp tꜣ wpj.t [irm(?)] Ḥr-wḏꜣ (sꜣ) Ḥr-Lmn[nṯ pꜣ ḥtl] pꜣj=j sn ḫm	[Nun kam] die Nacht über mich und ich hatte Schmerzen(?) am (ganzen) Leib. Da wandte ich mein Antlitz [nach oben und erblickte die] Erscheinungen der Isis, der Großen, der Gottesmutter, der großen Göttin, wie sie oberhalb von mir waren. Ich rufe meine Gebete zur großen Isis: „Herrin Isis, Große, Gottes[mutter], große Göttin! Kenn mein Recht und mein Gericht [mit] Haryothes, (Sohn des) Chalamenti, meinem jüngeren Bruder!"

---

40 Nicht kommentiert in der Edition von Collombert/Coulon 2000.
41 Bonnet 1952, 55-57.
42 Grimm/Grimm 2002[19], 666-668.
43 Vgl. Thissen 2004.

Die Klage ist von Erfolg gekrönt (Z. 20-22):

p3 h(r)w t3 wnw.t (n) ḏd p3 g3j i-ir mt ḫpr dj=j iw ḏ[r.t̲]=j [r inḫ]j(?) i-ir=j gm ḫt-nbw inḫ=j dj=j iw ḏr.t̲=j m-s3=f ḏd iw=j rḫ fj=f di=j ḥr=j (r) ḥrj.t [3r]'j tbḥ=[j] tw=j 'š(3j) n3j(=j) šll[.w m-b3ḥ 3s.t wr.t t3] nṯr.t '3.t ḏd r-jr=t ḥḥ (n) ḥb-sd t3j(=j) ḥnw.t 3s.t wr.t mw.t nṯr [t3 nṯr.t '3.t ...] dj=t n=j ḫt-nbw dj=w n=j p3 g3j fj n=j n-im=f m-s3 p3 g3j i-ir-bnr [ḫ3.t] n-im=f

Als (ich) dies sagte, geschah es, daß ich meine Hand zu meinen Augenbrauen ausstreckte. Da fand ich ein goldenes Diadem (?) (an) meinen Augenbrauen. Ich streckte meine Hand aus, damit ich es nehmen könnte. Ich wandte mein Antlitz zur Herrin des [Ur]äus. [Ich] betete und machte mein Flehen zahlreich [vor Isis, der Großen, der] Gottes[mutter], der großen Göttin: „O mögest du Millionen Feste feiern! Meine Herrin, Isis, Große, Gottesmutter, mögest du Millionen Feste feiern! Meine Herrin, Isis, Große, Gottesmutter, [große] Gött[in, denn] du hast mir ein goldenes Diadem (?) gegeben. Möge (es) mir gegeben sein, es hochzuheben, nachdem es verlorengegangen war!"

Auch wenn die Geschichte hier zu Ende ist und wir nicht erfahren, warum genau Chalamenti Ärger mit seinem Bruder hat und weshalb das Diadem als verloren galt, so ist dieser Krugtext doch ein sehr treffendes Beispiel dafür, worum es uns in diesem Buch geht. Die große Göttin Isis lässt mit dem Diadem ein konkretes Artefakt als Hylemobjekt vom Himmel auf die Erde herunter. Im Text wird dies so präsentiert, dass das Diadem, eigentlich ein Herrschaftszeichen, von oben verliehen und auf dem Kopf des Chalamenti erscheint. Das Ereignis ist ein einmalig und positiv besetzter Akt: Isis hilft denen, die unverschuldet in Bedrängnis geraten sind. Das ist vermutlich auch die Moral, die sich für den Rezipienten der Geschichte erschließen sollte. Ich denke nicht, dass die Krone ein irdisches Artefakt ist, das Chalamenti vorher verloren habe o. ä.

6 Vom fruchtbaren Regen zur Fülle, die vom Himmel auf die Erde kommt

Niederschläge wie Regen, Graupel, Hagel oder Schnee sind selten im östlichen Mittelmeer: allenfalls in den Küstenregionen zur Regenzeit im Winter, vor allem im Februar, treten sie auf[44]. Regen fällt in Tropfen aus Wolken auf die Erde, kommt also aus dem Himmel. Es verwundert daher nicht, dass ihm göttlicher Ursprung attribuiert wird bzw. dass Götter das Wetter kontrollieren können.

Im landwirtschaftlichen Kalender sind Regenfälle zu bestimmten Zeiten der Garant für ausreichende Ernten und damit die adäquate Versorgung der Menschen. Bleibt der Regen aus oder kommt er sintflutartig, kann dies zu katastrophalen Zuständen führen. Gerade solche anomalen Zustände waren in literarischen und dokumentarischen Texten erwähnenswert – zum Beispiel, wenn Regen im Übermaß fiel oder es im Sommer schneite[45]. All dies gefährdete menschliche Unternehmungen oder die Versorgung: die erwartete Fülle war in Gefahr, also musste eine höhere Macht angefleht werden, um das Gleichgewicht wiederherzustellen[46]. Dies konnten Götter, aber auch Herrscher sein. Manchmal wurden Mittler damit beauftragt, den Kontakt mit den höheren Mächten herzustellen und um Regen zu bitten. Darüber hinaus kann der Niederschlag auch übertragene Bedeutungen aufweisen (regnen als eine Art und Weise, wie etwas vom Himmel auf die Erde kommen kann) oder eine Begleiterscheinung göttlicher Handlungen sein[47]. Blitz und Donner können göttliche Aktionen verstärken.

Wenn man an herausragende Regen-Episoden der Antike denkt, fällt einem vielleicht das so genannte „Regenwunder" auf einem Feldzug des römischen Kaisers Marcus Aurelius ein. Als die Römer 171-175 n. Chr. gegen die Quaden im Markomannenkrieg kämpfen, kommt es zu Wassermangel und damit großem Durst unter den Legionären. Der Kommandant Donatus betet daraufhin zum Gott der Christen um Rettung aus der misslichen Lage. Dieser lässt es daraufhin regnen.

Die Schilderung des Regenwunders findet sich hauptsächlich bei dem zeitgenössischen Historiographen Cassius Dio, Buch 71, Abschnitte 8-10[48]. Dazu gibt

---

44 http://www.wetter-in-aegypten.de/, besucht am 28.12.2016.
45 Z. B. Dorn/Müller 2006, 90-93. Eine pittoreske Schilderung ist Jaggi 2008.
46 Vgl. für Ägypten Dorn 2016, 30-38; Bickel 2005; Quack 2012.
47 Vgl. den Beitrag von N. Jäger, *Himmelsschilde und Blitze* in diesem Band: Das *ancile* (Schild) in Ovids *Fasti* kommt nach dreimaligem Blitzen und Donnern Jupiters vom Himmel.
48 Konsultierte Edition: Gros 1870. Weitere Quellenkritik unternimmt Kovács 2008, 387-404.

es auch eine bildliche Darstellung auf der Marc-Aurel-Säule in Rom. Dort lässt es ein großer alter Mann mit Bart und mit wie Flügel ausgebreiteten Armen vom Himmel auf die Soldaten herabregnen. Diese Episode wurde von Forschern als magischer Akt ägyptischen Ursprungs gewertet. Der Grund dafür ist in Cassius Dios Erzählung und in einer weiteren schriftlichen Überlieferung zu suchen: In dem spätantiken Lexikon *Suda* findet sich der Eintrag, dass Julianus Theurgistes oder der ägyptische Philosoph Arnouphis Urheber des Regenwunders seien[49]. Dies muss nicht im Gegensatz zum christlichen Gott als Regenbringer stehen – könnte der Magier doch Gott mittels mantisch-magischer Techniken um Hilfe gebeten haben. István Tóth versucht, die ägyptische Prägung dieser Geschichte durch die Kulte ägyptischer Götter in der Donauregion stärker zu betonen (Thoth/Hermes als rettender Gott)[50]. Peter Kovács weist zu Recht auf eine Aussage Marc Aurels in dessen *Meditationes* hin, dass wir hinter dem Regengott Jupiter Pluvialis sehen sollen, der um Regen und Blitze gebeten werden konnte[51]. Es ist schwierig, die ursprüngliche Variante des Regenwunders herzustellen, da die Episode bereits in der Antike in unterschiedlichen Versionen, christlich interpoliert und in Zusammenhang mit einer weiteren Geschichte, einem Blitzwunder, vorlag[52]. Was jedoch auffällt, sind zwei Punkte in dieser Hylemsequenz: die göttliche Intervention, d. h. die göttliche Urheberschaft des Regens, und die Anwesenheit des Kaisers, die in den Quellen gesondert erwähnt werden.

---

[49] *Suda*, Lemma Ἰουλιανός, Adler-Nummer: I 434, online verfügbar unter http://www.stoa.org/sol-bin/search.pl?db=REAL&field=adlerhw_gr&searchstr=I,434, besucht am 28.12.2016. Der griechische Text in englischer Übersetzung lautet: „On one occasion, when the Romans were suffering from thirst, [the story goes that] this man suddenly created and summoned up dark-coloured clouds and let loose heavy rain along with thunder and lightning bolts one after another. And this [they say that] by some cleverness Julian achieved. But others assert that it was Arnouphis, the Egyptian philosopher, who made this miracle."
[50] Tóth 1976, 102 zur Person des ägyptischen Magiers. Ältere Besprechungen sind Guey 1948; Posener 1951.
[51] Kovács 2008, 395. Seiner Auffassung nach ist kein Mittler dafür nötig (S. 400.)
[52] Kovács 2008, 389-397; Übersicht S. 403 f.

6.1 Lexikographische Annäherungen zum Regen

Das ägyptische Grundlexem für „Regen" ist ḥw.t, demotisch ḥw[53]. Es kann auch „Flut" bedeuten. Weniger gebräuchlich ist snm „Regenflut", ein Unwetter in Verbindung mit Wind[54]. Das Wort jgp „Regenwolke, Wolke"[55] konnte u. a. metaphorisch gebraucht werden[56].

Des Weiteren gibt es eine Abwandlung, die auf den Himmel als den Ursprung des Regens hinweist: mw-n-p.t „Regen", wörtlich „Wasser des Himmels"[57]. Dieser Begriff ist belegt in Papyrus Anastasi 4, einem Textträger der sogenannten *Late Egyptian Miscellanies*, einer Sammlung lehrhafter Sentenzen und Musterbriefe für die Schreiberausbildung etc.[58] In einem Text namens *Lob auf Piramesse*, ein *laus urbis* auf die ägyptische Hauptstadt unter den Ramessidenkönigen, heißt es in Kol. 6, Z. 9:

bw ptrj=f mw-n.w-p.t jw=f <m> b₃.w (n) (|Wsr-m₃ʿ.t-rʿ|) ʿnḫ-(w)ḏ₃-s(nb) p₃ k₃ mri qn(.t)	Es (d. h. Chatti) sieht keinen Regen (d. h. es herrscht Dürre), weil es <in> der Macht(manifestation) <von> (Kartusche|User-Maat-Re|Kartusche) Leben-Heil-Gesundheit ist, dem Stier, der Tapferkeit liebt.

Hier wird die Machtposition des Königs Ramses II. gepriesen, der die Fremdländer nur aufgrund seiner Gnade leben lässt. Es ist interessant, dass das Ausbleiben des Regens nicht Werk der Götter, sondern des Königs ist und dass die Vorstellung, dass der Regen vom Himmel kommt, durch die Verbindung mw-n-p.t „Wasser des Himmels" ausgedrückt wird.

Ähnlich konstruiert ist das Demotische Lexem ḥw-m-p.t „Regen des Himmels", für das es aber nur einen Beleg in einem magischen Text gibt. Hier war es

---

53 Wb 3, 49.1-4; Erichsen (1954), 295. Wenn nicht anders erwähnt, wird dieses Wort in den zitierten literarischen Texten verwendet.
54 Wb 4, 165.11 f. Der TLA führt nur zwei Belege auf.
55 Wb 1, 140.20 f.
56 Z. B. in der Formulierung „erobern wie ein Wolkenbruch" als Umschreibung, dass der Pharao ein Gebiet blitzschnell einnimmt (*Lehre für Merikare*, P. Petersburg 1116 A verso, Kol. 7, Z. 3 f, § 72 f, die Parallele in P. Moskau 4658, Kol. 5, Z. 10 ist weniger gut erhalten).
57 Wb 2, 51.2. Vgl. dazu Leblanc 1995.
58 = P. BM EA inv. 10249 recto, Kol. 6, Z. 1-6.10.

wichtig für die korrekte Anwendung eines Rezepts, frisches Regenwasser zu verwenden, damit der dazugehörige Zauber wirksam ist[59].

Es fällt auf, dass Regen in Ägypten in Zusammenhang mit Flut gedacht wird. Niederschlag ist in den meisten Regionen Ägyptens selten und wird daher mit einem Naturphänomen verglichen, die man weitaus besser kennt: die alljährliche Nilüberschwemmung[60]. Serge Sauneron kann nachweisen, dass es sogar in griechischen und lateinischen literarischen Texten ein Topos ist, Ägypten gerade wegen der Absenz von Wolken und Regen als fruchtbares Land zu beschreiben – wegen der Nilflut. Zum Teil wird der Nil als Gott gepriesen, zum Teil werden Regenfälle außerhalb Ägyptens für die Abundanz des Flusses verantwortlich gemacht[61] – der Monsun. Es verwundert daher nicht, dass die Überschwemmung als Hapi vergöttlicht wurde – auch wenn der König oder andere Götter wie z. B. Seth, Baal oder Isis als Regenbringer gefeiert werden konnten[62].

6.2 Herrscher als Regenbringer

Herrscher oder prominente Personen als Regenbringer sind in der griechisch-römischen Antike und darüber hinaus gut bekannt – Peter Kovács erwähnt Alexander den Großen, Sulla, Kaiser Hadrian und den Propheten Elias[63]. Auch der Pharao Taharqa ist mit einer solchen Episode verknüpft[64]. Auf die Fähigkeit Ramses' II., Anrainerländer zu strafen, indem man ihnen den Regen entzieht, wurde bereits weiter oben hingewiesen.

Schnee und Regen als unübliches Wetter wird auch in den Textzeugen von Ramses II. historischen Inschriften zur so genannten *Ersten Hethitischen Heirat* beschrieben, als sich der Pharao folgende Gedanken macht:

---

59 *P. mag. London-Leiden* Kol 20, Z. 22.
60 Jung 2007.
61 Sauneron 1952.
62 Schäfer 1931, 139 zu Regen und Donner am Geburtstag von Isis und Seth. Vielleicht findet sich in den Pyramidentexten ein weiteres Regenwunder (non vidi): Wilke 1931. Umstritten ist eine Regengöttin namens ḫw/ḫwj.t, wie sie in einer Version des *Mythos von der Himmelskuh*, in Z. 85 f im Grab Sethos' I. (KV 17) vorkommt: „Der Ba der Ewigkeit ist (die Göttin) Regen." Weitere Belege gibt es nicht, vgl. LGG V 56b und die Anmerkung von Lutz Popko im *Thesaurus Linguae Aegyptiae*, ad locum.
63 Kovács 2008, 399.
64 Baud 2010.

jw=w mj m nn hb.n=j šmi.y m wpw.t r ḏ3-h m n3.w ḥr.w n ḫwi.y s-r-q.w ḫpr.w m pr.t	Wie ergeht es (wohl) denjenigen (wörtl.: wie was sind sie, diese), die ich aussandte, denjenigen, die mit Aufträgen nach Djahi (= Gebiet in Palästina) gingen in diesen Tagen des Regens, wenn es (sogar) schneite in der peret-Jahreszeit (wörtl.: Schnee entstanden ist)[65]?

In der Folge opfert Ramses dem Gott Seth und ruft ihn mit folgenden Worten an:

p.t ḥr-ʿ.wy=k{j} t3 ḫr rd.wy=k wḏ.n=k pw ḫpr.wt nb mj tm=k jri.t ḥw.yt qb s-r-q.w r spr n=j by3.wt wḏ=k n=j nswt-bj.tj wsr-m3ʿ.t-rʿ-stp.n-Rʿw s3-Rʿ Rʿ-msi-sw-mri.y-jmn di ʿnḫ	Der Himmel ist unter deiner Aufsicht. Die Erde ist dir Untertan (wörtl.: unter deinen Füßen) Was du befohlen hast, verwirklicht sich vollends (wörtl.: ist all das, was geschieht), so wie du keinen Regen, eisigen Wind und Schnee schaffen sollst, bis die Wunder mich erreicht haben, die du mir zuweist, (nämlich) dem König von Oberägypten und Unterägypten Usermaatre-setepenre, dem Sohn des Re, Ramses-meriamun, dem Leben gegeben ist. (Z. 37 f)

Mit den Wundern meint der Pharao, dass ihm sein Götterpatron Seth militärische Erfolge zubilligt, die nicht durch anomale Wetterereignisse gefährdet werden sollen. Daraufhin lässt Seth das Wetter wärmer werden, wie es zur Jahreszeit passt[66].

In einer mittelägyptischen Erzählung auf dem Papyrus Westcar befindet sich ein LEGITIMATIONSMYTHOS, der die Gottessohnschaft von bestimmten Königen des Alten Reichs belegen soll. Drei Königssöhne werden von einer menschlichen Frau im Haus ihres Ehemannes geboren, die durch den Gott Re gezeugt worden sind. Bei diesem Wunder assistieren Götter bei der Geburt. Danach schaffen sie drei Kronen für die späteren Herrscher und verstecken diese in einem Getreidesack. Dies wird begleitet von einem Regensturm (P. Westcar, Kol. 11, Z. 10-17):

---

65 So z. B. in den Inschriften von Abu Simbel, Großer Tempel, Fassade, Stele Jahr 34 (*Erste Hethitische Heirat*), Zeile 36 f.
66 Vgl. Borghouts 1984, 13-16 bzw. Kitchen 1996 (=KRI II), 249, 7/9-13/15.

ꜥḥꜥ.n ḏd.n ꜣs.t n nn nṯr.w ptj nꜣ n.tt=n jyi.wjn r=s nn jri.t bj(ꜣ).yt n nꜣ n(.j) ẖrd.w smj=n n pꜣy=sn jt rḏi jwi.t=n ꜥḥꜥ.n msi.n=sn ḥꜥ.w 3 n nb ꜥnḫ-(w)ḏꜣ-s(nb) rḏi.jn=sn st m pꜣ jt ꜥḥꜥ.n rḏi.n=sn jwi.t p.t m ḏꜥ ḥr ḥw.yt ꜥḥꜥ.n ꜥn.n=sn st r pꜣ pr ꜥḥꜥ.n ḏd.n=sn ḫꜣ ḏi=tn pꜣ jt ꜥꜣ m ꜥ.t ḫtm.tj r jwi.t=n ḥr ḫni.t mḥ,tj ꜥḥꜥ.n rḏi.n=sn pꜣ [jt] m ꜥ.t ḫtm.tj ꜥḥꜥ.n rḏi.n=sn pꜣ [jt] m ꜥ.t ḫtm.tj

Daraufhin sagte Isis zu diesen Göttern: „Was sind das für Gründe, derentwegen wir (weg)gegangen sind, ohne ein Wunder zu vollbringen für diese Kinder, so dass wir ihrem Vater berichten könnten, der veranlasst hat, dass wir kommen." Daraufhin schufen sie drei Kronen des Herrn (=Königskronen), Leben-Heil-Gesundheit, und legten sie dann in den (Sack) Gerste. Daraufhin ließen sie den Himmel (herab)kommen mit Sturmwind und Regen. Daraufhin wandten sie sich (wieder) um zum Haus. Daraufhin sagten sie: „Ach, möget ihr doch den (Sack) Gerste hier in eine Kammer, die verschlossen ist, legen, bis dass wir zurückgekommen sein werden vom Tanzen im Norden." Daraufhin legten sie den (Sack) Gerste in eine Kammer, die verschlossen wurde.

Die Götter Isis, Nephthys, Mesechenet, Heqet und Chnum sind hier die Verursacher des Regensturms. Die Funktion des Unwetters ist mir nicht ganz klar: Wollen die Götter vom Verstecken der Kronen ablenken? Oder wollen sie die Designation der späteren Herrscher durch ein Naturomen verstärken, damit die Menschen den Tag in besonderer Erinnerung behalten? Geht es ihnen darum, mit dem tosenden Wind und Regen ihren Worten Nachdruck zu verleihen? Man könnte auch daran denken, dass die Götter das Unwetter schicken, damit sie einen Grund haben, den Sack im Hausinneren zu deponieren.

6.3 Götter als Regenbringer

Die nächsten Textstellen verdeutlichen ebenso die Kraft, die mit Regen, Sturm und Gewitter verbunden wird. In der mittelägyptischen *Lehre des Papyrus Ramesseum 2*, Kol. 1, Z. 6 erfahren wir vermutlich von der Wut des obersten Gottes, der er mit heftigen Niederschlägen Ausdruck verleiht:

...]nṯr? ḥr(.j)? nšni=f r pḥ.tj?=[f] ... m ḫw.yt

...] der oberste (?) Gott (?), er wütet aus aller Kraft [...] mit einem Regensturm.

Es ist nicht klar, ob nun Amun(-Re) oder wer auch immer hier als höchster Gott angesehen wird, aber man kann sicherlich leicht nachvollziehen, dass Menschen hinter dem bedrohlichen Grollen, Regen, und Wind göttlichen Zorn vermuten und sich vielleicht auch Gedanken darüber machen, wie die Gottheit besänftigt werden kann.

Das Gegenteil davon wäre, sich diesen göttlichen Zorn zu Nutze zu machen. Darauf deutet die *Geschichte des Wenamun* aus der dritten Zwischenzeit (ca. 1076-943 v. Chr.) hin. Der Protagonist, der im Auftrag der Pharaonen Bauholz für die Götterbarke des Amun in Byblos holen soll, sagt in einer Szene zum Lokalfürsten (P. Moskau inv. 120, Kol. 2, Z. 13 f):

jw=j (r) 'š sgꜣ-pw r pꜣ jr-bꜣ-r-nꜣ.w j:jri tꜣ p.t wn jw nꜣ ḫt.w d(j) ḫꜣ' (ḥr) sp.t (n) pꜣ yw-m'

(Wenn/Sobald) ich laut zum Libanon rufe, werden die Stämme, kaum dass sich der Himmel geöffnet hat, hier an das Ufer des Meeres geworfen (d. h.: sobald ich ein Gebet in Richtung des sakralen Bezirks, den die Berge des Libanon bilden, ausspreche, wird der Wettergott Baal (eventuell mit seinen Blitzen) dafür sorgen, dass die Bäume gefällt werden).

Auch in Kol. 2, Z. 19 preist Wenamun die ägyptischen Götter als Herren über das Wetter:

m=kj j:jri jmn ḫrw m tꜣ p(.t) jw di=f swtḫ m-rk=f

Siehe, Amun donnert am Himmel, (aber erst) nachdem er Seth neben sich gesetzt hat.

Seth und Baal werden hier als donnernde Götter beschrieben, die sogar Bäume entwurzeln können. Wenamun denkt dabei natürlich an das Bauholz, das er besorgen soll. Doch in der Geschichte bleibt er erfolglos, seine Dienstreise ist ein einziges Fiasko.

Erfolgreicher in der Nutzbarmachung von Niederschlägen ist der ägyptische Magier Hor, Sohn des Panesche, in der römerzeitlichen Überlieferung des *Zweiten Setna-Romans*, der sich ein Duell mit einem nubischen Magier liefert: In der

Thronhalle des Pharao lässt der Nubier ein Feuer entstehen, das Hor, Sohn des Panesche, löschen kann (2. *Setna* Kol. 6, Z. 12-15):

ir p3 3te n igš w' sp-n-ḥjq-(n-)sẖ tw=f pr t3 ste3.t n p3 wrḫ=f 'š pr-'3 irm n3 ḫt.w n kmj sgp '3 iw=w ḏd gtgte r.ḥr =n p3 ḥr-tb ḥr s3 p3-nše ir ḥr s3 p3-nše w' hp-n-sẖ tw=f ir t3 p.t w' ḥw šm' r rj.t-ḥrj.t n t3 ste3.t 'ḫme=s n t3j ḫtj.t	Der Schamane von Nubien vollbrachte ein Zauberkunststück. Er ließ in der Halle das Feuer hervorkommen. Der Pharao und die Fürsten von Ägypten schrien laut auf, indem sie sagten: „Eile zu uns, Magier Hor, Sohn des Panesche!" Hor, Sohn des Panesche, machte eine (Zauber-)Formel. Er ließ den Himmel einen oberägyptischen Regen (d. h. eine Sturzflut) über das Feuer ergießen (wörtl. machen). Es verlosch augenblicklich[67].

Interessant ist, dass der intensive rettende magische Regenschauer als „oberägyptisch" beschrieben wird, da doch das Gros des Niederschlags in Ägypten an den Küstenregionen fällt. Doch sturzbachartige Regenfälle kamen in der Region um Theben vor und blieben wegen ihrer Seltenheit vermutlich noch mehr in Erinnerung[68].

Nicht jede Textstelle über Regen ist positiv konnotiert oder nennt einen Gott als Urheber, wie eine Passage aus den *Late Egyptian Miscellanies* belegt (P. Anastasi 2 = P. BM EA inv. 10243, Kol. 7, Z. 6 f; Parallele P. Sallier 1 = P. BM EA inv. 10185 recto, Kol. 7, Z. 6 f):

p3 ḥm-<nṯr> 'ḥ' m 'ḥw.tj p3 w'b ḥr jri(.t) ḫn(.t) j:jri=f nw [j]w wn.w 3.t r tḫb.w=f m <p3> jtwr bn sw ḥr stni {r} pr.t r šmw t3 p.t m t3w ḥr mw	Der Pro<phet> steht als Feldarbeiter bereit, der Wab-Priester vollzieht den (Gottes)dienst. Er verbringt die Zeit damit, weil es drei (Dienste) gibt, sich in den Fluß einzutauchen (, um sich zu reinigen). Er unterscheidet nicht zwischen Winter und Sommer, (auch nicht, ob) der Himmel aus Wind und Wasser (d. h. Regen) besteht (d. h. er

---

67 Der ägyptische Ausdruck für „oberägyptischen Regen" ist ḥw šm'.
68 Vgl. Dorn/Müller 2006.

muß sich reinigen, egal, was für ein Wetter es ist).

Diese Berufe-Charakteristik erfüllt den Zweck, allein den Schreiberberuf als erstrebenswerte Profession darzustellen. So kann man nachvollziehen, dass die Priesterdienste und die Reinigung als negative Tätigkeiten beschrieben werden, die auch bei Regenwetter vollzogen werden müssen.

6.4 Regenomina

Ein bekannteres Omen ist der Tier- oder Blutregen. Dieses Phänomen kann in Teilen naturwissenschaftlich erklärt werden, doch geht es uns hier um das religiöse Phänomen der Omina. Bekannt aus den biblischen Plagen im Buch *Exodus* 8,2, gibt es dafür auch einen Beleg in einem demotischen Omenbuch der ptolemäischen Zeit, wonach Frösche vom Himmel fallen:

„Wenn die Stimme des Seth spricht (wörtlich: geschieht) und der Himmel Frösche regnet, dann ..."[69]. Aber auch weniger exotische Unwetter wie Regen oder Wind sind verzeichnet. Jedem Omen ist eine Erläuterung beigefügt, wie das jeweilige Wetterphänomen zu deuten ist. Der Bearbeiter Philippe Collombert ist sich sicher, dass dieser – wie auch weitere ägyptische Omenkataloge – durch Praktiken aus dem Vorderen Orient beeinflusst worden sind[70]. Hinter solchen Omina sind göttliche Botschaften zu verstehen, die Menschen mit Hilfe von Nachschlagewerken und mantischen Spezialisten dahingehend zu deuten versuchen, was sie für ihr individuelles Schicksal oder auch das Ergehen des ganzen Landes aussagen können. Blitz- und Donner als göttliche Stimme spielen eine wichtige Rolle in Omenbüchern[71].

Im *Zweiten Setna-Roman* ist es Setnas Gegner, der zu Wettermagie fähig ist: er färbt den Himmel blutrot und lässt Speisen und Wasser blutig sein[72]. In den literarischen Texten sind es immer hochstehende Personen wie Königssöhne, hochrangige Priester oder Wunderkinder, die zu solchen Taten fähig sind – meist am Hofe des Pharaos in der Residenz. Damit wird der Rezipientenschaft gezeigt, dass es sich um herausragende, einmalige Aktionen handelt, zu denen nur diese Protagonisten in der Lage sind.

---

69 Omina brontoscopiques, Kol. x+1, Z. x+11; vgl. Collombert 2014, 15-26.
70 Collombert 2014, 24.
71 Vernus, 1981; Roccati 1984; Gehlken 2008; MacIntosh Turfa 2012.
72 *2. Setna*, Kol. 6, Z. 4 f und Kol. 6, Z. 24 f.

Ich hoffe, dass ich damit exemplarisch zeigen konnte, dass Regen und damit verbundene Wettererscheinungen wie Blitz und Donner für die Fragestellung relevant sein können: Regen bringt fruchtbare Fülle, aber kann auch etwas sein, das eine andere Handlung begleitet, hervorhebt oder verdeckt.

Nach dem Regen kommt die Sonne wieder heraus – personifiziert durch den Gott Re. Das Gesalbt-Werden durch die Strahlen der Sonnenscheibe ist eine Wunschformel im Briefformular und steht im Kontext, dass der Sonnengott die Bitten des Adressaten erhören soll[73]. Er ist mit seinen Strahlen dafür verantwortlich, dass die Menschen sehen können[74] oder stark werden[75]. In schlimmen Zeiten ist der Sonnengott schwach und scheint nur so hell wie der Mond[76].

7 Zusammenfassung und Exkurs zu den magischen Papyri

Die Ausführungen haben hoffentlich gezeigt, dass die alten Ägypter eine klare Vorstellung davon hatten, dass Diesseits und Jenseits getrennte Sphären waren. Himmel und Erde lassen sich leicht voneinander scheiden; in den Himmel wollen die Toten aufsteigen, um bei den Göttern zu sein[77]. Der Jenseitsbegriff umfasst aber nicht nur den Himmel, sondern auch die Unterwelt, weil nach dem zyklischen Zeit- und Weltverständnis der Ägypter dahinter die Tages- und Nachtfahrt der Sonne steht, die durch Tageshimmel und Nachthimmel führt – oberirdisch

---

73 *Wermai*, Kol. 1, Z. 6.
74 *Loyalistische Lehre*, Stele Kairo CG 20538 des Sehetep-ib-Re, § 2, 5-3, 4, Z. 2, c, 11-13; Parallelen P. Rifeh = P. London UC inv. 32781, § 1, 1-2, Z. 1-3, § 2, 5-3, 4, Z. 5-8 und O. DeM 1235, § 2, 5-3, 4, Z. 4-7 (innerhalb einer Passage, in der der König gepriesen und mit dem Sonnengott verglichen wird).
75 *Satirische Streitschrift*, in § 38 f von O. Turin CGT 57313 = Suppl. 6618, O. DeM 1616 und P. Anastasi 1 = P. BM EA inv. 10247.
76 *Neferti*, Z. 53 f.
77 Siehe auch den Auswertungsbeitrag von Naether und Zomer, *Mittel des Transfers vom Himmel* mit der Besprechung der Himmelsleiter im vorliegenden Band. Vgl. Brugsch 1890, 580 und ferner Blok 1928; Kees 1930; Griffiths 1964/1965; Griffiths 1966/1967. Auch Papyrusstängel und Stufenpyramiden sind in diesem Zusammenhang relevant; vgl. Alexanian 2003, 34-38 und zum so genannten zšš-wꜣḏ-Ritual zu Ehren der Göttin Hathor Altenmüller 2002 mit Belegen aus den Pyramidentexten (Altes Reich, ca. 2700-2200 v. Chr.), den Sargtexten (Mittleres Reich, ca. 2137-1781 v. Chr.) und im „Dramatischen Ramesseumspapyrus" (ca. 1980 v. Chr.).

und unterirdisch. Zu schlimmen Krisenzeiten wie Krieg kann diese Ordnung erschüttert werden und die Menschen müssen fürchten, dass der Himmel auf sie herniederstürzen kann.

Der Himmel ist ganz klar die göttliche Sphäre. Von dort kommen die Götter, wenn sie die Menschen besuchen, von dort senden sie als Hylemelemente Entitäten wie Dämonen, Krankheiten oder materielle Geschenke.

Durch magische Praktiken können sich entsprechend ausgebildete Menschen dies zu Nutze machen. Dies zeigt die Beschäftigung mit den griechischen und demotischen magischen Papyri (*Papyri Graecae/Demoticae Magicae*; PGM und PDM)[78]. Es wäre müßig, alle Belege zu Invokationen der Götter und Dämonen im Himmel aufzulisten – ganz oft werden bei Helios, Horus, Iao usw. auf deren Aufenthaltsort im Himmel abgehoben. Dieser wird oft differenziert nach den vier Himmelsrichtungen, den sieben Himmeln, Stufen zwischen Himmel und Erde oder dem Himmel als ein Teil des Kosmos neben Erde, Wasser und Bergen, den der jeweilige Gott beherrscht. Außerdem wird oft erwähnt, dass der magische Praktiker bei Invokationen zum Himmel blicken oder Rituale unter freiem Himmel vollziehen soll. Für die Fragestellung relevant sind folgende Zaubersprüche, die ich hier kurz in Tabellenform notiere. Sie sind allesamt griechisch verfasst, die letzten beiden fasste Preisendanz noch unter „Christliches".

Tab. 1: Übersicht zu den Zaubersprüchen

Textstelle	Inhalt
PGM 1, 42-195	Falke bringt Stein für Amulett zu magischem Praktiker, Engel kommt als Stern vom Himmel herab und gibt Orakel
PGM 2, 80-85	Erwähnung, dass Ieios/Paian vom Himmel kommt
PGM 3, 259 f	Erwähnung, dass Pythischer Paian vom Himmel kommt
PGM 4, 1015-1020	angerufener Gott (Horus/Iao etc.) ist im Himmel geboren
PGM 4, 1115-1160	Erwähnung der Trennung von Himmel und Erde durch Gottheit (Himmelsstütze)
PGM 4, 1610	Himmel als Prozessionsweg des Helios bezeichnet
PGM 5, 460-465	Zeus als Schöpfer des Kosmos charakterisiert (u. a. des Himmels)
PGM 7, 795-845	Erwähnung eines Himmelsseils, an dem Güter transportiert werden durch Wirken des Engels Zizanbio
PGM 8, 64-110	Traumbitte: Gott soll aus Himmel kommen

---

[78] Preisendanz 1973/1974²; Betz 1992².

Textstelle	Inhalt
PGM 12, 14-95	Traumbitte: Gott soll aus Himmel kommen
PGM 12, 96-106	Traumbitte: Gott soll aus Himmel kommen
PGM 12, 107-121	Traumbitte: Gott soll aus Himmel kommen
PGM 12, 201-296	Himmel als Prozessionsweg des Helios bezeichnet
PGM 36, 295-311	Engel kommen vom Himmel nach Sodom und Gomorrha (in *historiola*)
PGM 15 a („Christliches")	Licht kommt zur Erde durch geöffnete Schleusen des Himmels
PGM 15 b („Christliches")	Licht kommt zur Erde durch geöffnete Schleusen des Himmels

Auffällig ist dabei, dass auf Demotisch oder Hieratisch verfasste Texte nicht vorkommen. Jedoch sind die Religionen der Verfasser der magischen Papyri vielfältig, wie sich auch in diesen Beispielen zeigt: ägyptische, griechisch-römische, jüdische und christliche Entitäten lassen sich finden. Um den Menschen Träume oder andere Offenbarungen zu senden, steigen die Götter vom Himmel auf die Erde herab. Die Schilderungen zur Schöpfung des Kosmos sind gut mit denen in den ägyptischen literarischen Texten in Einklang zu bringen.

8 Literaturverzeichnis

Alexanian, N., 2003, Himmelstreppen und Himmelsaufstieg. Zur Interpretation von Ritualen auf Grabdächern im Alten Reich, in: Guksch, H./Hofmann, E./Bommas, M. (Hg.), Grab und Totenkult im Alten Ägypten, München, 27-40.

Altenmüller, H., 2002, Der Himmelsaufstieg des Grabherrn. Zu den Szenen des zšš wꜣḏ in den Gräbern des Alten Reiches, in: Studien zur Altägyptischen Kultur 30, 1-42.

Ayali-Darshan, N., 2010, „The Bride of the Sea": The Traditions about Astarte and Yamm in the Ancient Near East, in: Horowitz, W./Gabbay, U./Vukosavović, F. (Hg.), A Woman of Valor. Jerusalem Ancient Near Eastern Studies in Honor of Joan Goodnick Westenholz, Biblioteca del Próximo Oriente Antiguo 8, Madrid, 19-33.

Baud, M., 2010, Taharqa, l'offrande au faucon Hémen et le miracle de la pluie, in: Baud, M./Sackho-Autissier, A./Labbé-Toutée, S. (Hg.), Méroé. Un empire sur le Nil, Paris, 173 f.

Betz, H. D., 1992, The Greek Magical Papyri in Translation. Including the Demotic Spells, 2. Aufl., Chicago/London (1. Aufl. 1986).

Bickel, S., 2005, Creative and Destructive Waters, in: Amenta, A./Luiselli, M. M./Sordi, M. N. (Hg.), L'acqua nell'antico Egitto: vita, rigenerazione, incantesimo, medicamento, Proceedings of the First International Conference for Young Egyptologists, Italy, Chianciano Terme, October 15-18, 2003, Rom, 191-200.

Blok, H. P., 1928, Zur altägyptischen Vorstellung von der Himmelsleiter, in: Acta Orientalia 6, 257-269.

Bonnet, H., 1952, Reallexikon der ägyptischen Religionsgeschichte, Berlin.

Borghouts, J. F., 1984, The First Hittite Marriage Record: Seth and the Climate, in: Institut d'Égyptologie, Université Paul Valéry (Hg.), Mélanges Adolphe Gutbub, Orientalia Monspeliensia 2, Montpellier, 13-16.

Braun, N. S., 2013, Pharao und Priester – Sakrale Affirmation von Herrschaft durch Kultvollzug. Das Tägliche Kultbildritual im Neuen Reich und der Dritten Zwischenzeit, Philippika 23, Wiesbaden.

Brugsch, H., 1890, Religion und Mythologie der alten Aegypter. Nach den Denkmälern. Aufstieg des Toten auf der Himmelsleiter, Leipzig.

Cameron, A., 2004, Greek Mythography in the Roman World, American Classical Studies 48, Oxford u. a.

Collombert, P., 2014, *Omina* brontoscopiques et pluies de grenouilles, in: Depauw, M./Broux, Y. (Hg.), Acts of the Tenth International Congress of Demotic Studies, Leuven, 26-30 August 2008, Orientalia Lovaniensia Analecta 231, Leuven, 15-26.

Collombert, P./Coulon, L., 2000, Les dieux contre la mer. Le début du „papyrus d'Astarté" (pBN 202), in: Bulletin de l'Institut Français d'Archéologie Orientale 100, 193-242.

Comelli, D. et al., 2016, The Meteoritic Origin of Tutankhamun's Iron Dagger Blade, in: Meteoritics & Planetary Science 51, 1301-1309, https://onlinelibrary.wiley.com/doi/full/10.1111/maps.12664 (Abruf 13.5.2021)

Dieleman, J., 1998, Fear of Women? Representations of Women in Demotic Wisdom Texts, in: Studien zur Altägyptischen Kultur 25, 7-46.

Dorman, P. F., 1999, Creation on the Potter's Wheel at the Eastern Horizon of Heaven, in: Teeter, E./Larson, J. A. (Hg.), Gold of Praise. Studies on Ancient Egypt in Honor of Edward F. Wente, Studies in Ancient Oriental Civilization 58, Chicago, 83-99.

Dorn, A., 2016, The Hydrology of the Valley of the Kings. Weather, Rainfall, Drainage Patterns, and Food Protection in Antiquity, in: Wilkinson, R. H./Weeks, K. R. (Hg.), The Oxford Handbook of the Valley of the Kings, Oxford, 30-38.

Dorn, A./Müller, M., 2006, Regenfälle in Theben-West, in: Zeitschrift für Ägyptische Sprache und Altertumskunde 133, 90-93.

Enmarch, R., 2008, A World Upturned: Commentary on and Analysis of The Dialogue of Ipuwer and the Lord of All, Oxford u. a.

Erichsen, W., 1954, Demotisches Glossar. Kopenhagen.

Fischer-Elfert, H.-W., 2014, Ein Spruch gegen den Bösen Blick in Meroë: Anmerkungen zur Bronzeschale Boston MFA 24.900 aus Grab S 155 der Süd-Nekropole, in: Orientalia. Nova Series 83, 31-49.

Gehlken, E., 2008, Die Adad-Tafeln der Omenserie Enūma Anu Enlil. Teil 2: Die ersten beiden Donnertafeln (EAE 42 und EAE 43), in: Zeitschrift für Orientarchäologie 1, 256-314.

Goebs, K., 2002, A Functional Approach to Egyptian Myth and Mythemes, in: Journal of Ancient Near Eastern Religions 2, 27-59.

Graves-Brown, C., 2007, Flint and the Northern Sky, in: Schneider, T./Szpakowska, K. (Hg.), Egyptian Stories. A British Egyptological Tribute to Alan B. Lloyd on the Occasion of His Retirement, Alter Orient und Altes Testament 347, Münster, 111-135.

Griffiths, J. G., 1964/1965, The Celestial Ladder and the Gate of Heaven (Genesis XXVIII. 12 and 17), in: The Expository Times 76, 229 f.

Griffiths, J. G., 1966/1967, The Celestial Ladder and the Gate of Heaven in Egyptian Ritual, in: The Expository Times 78, 54 f.

Grimm, J./Grimm, W., 2002, Kinder- und Hausmärchen. Vollständige Ausgabe, 19. Aufl., Düsseldorf/Zürich.

Gros, E., 1870, Histoire Romaine de Dion Cassius. Tome dixième. Traduite en Français avec des notes critiques, hist. et le texte en regard, par E. Gros, Paris.

Guey, J., 1948, Encore la Pluie miraculeuse. Mage et Dieu, Revue de Philologie, de Littérature et d'Histoire Anciennes, 3e série 22, 16-62.

Guilhou, N., 2010, Myth of the Heavenly Cow, in: Dieleman, J./Wendrich, W. (Hg.), UCLA Encyclopedia of Egyptology, Los Angeles, http://digital2.library.ucla.edu/viewItem.do?ark=21198/zz002311pm (Abruf 13.5.2021)

Hawes, G., 2014, Rationalizing Myth in Antiquity. Oxford/New York.

Helck, W., 1995, Eisen, in: Helck, W./Otto, E. (Hg.), Lexikon der Ägyptologie, Band 1, Wiesbaden, Sp. 1209 f.

Hoffmann, F., 1996, „Der Kampf um den Panzer des Inaros". Studien zum P. Krall und seiner Stellung innerhalb des Inaros-Petubastis-Zyklus, Mitteilungen aus der Papyrussammlung der Österreichischen Nationalbibliothek (Papyrus Erzherzog Rainer). Neue Serie 26, Wien.

Hoffmann, F./Quack, J. F., 2007, Anthologie der demotischen Literatur, Einführungen und Quellentexte zur Ägyptologie 4, Berlin u. a.

Hornung, E., 1982, Der ägyptische Mythos von der Himmelskuh. Eine Ätiologie des Unvollkommenen, Orbis Biblicus et Orientalis 46, Freiburg/Göttingen.

Jaggi, R., 2008, Das Wasser, das vom Himmel kommt, in: Kemet. Die Zeitschrift für Ägyptenfreunde 17 (4), 73-75.

Johnson, D./Tyldesley J., 2014, Iron from the Sky, in: Geoscientist 24 (3), 10-15.

Johnson, D./Tyldesley, J., 2016, Iron from the Sky. The Role of Meteorite Iron in the Development of Iron Working Techniques in Ancient Egypt, in: Price, C. et al. (Hg.), Mummies, Magic and Medicine in Ancient Egypt. Multidisciplinary Essays for Rosalie David, Manchester, 408-423.

Johnson, D./Tyldesley, J./Lowe, T./Withers, P. J./Grady, M. M., 2013, Analysis of a Prehistoric Egyptian Iron Bead with Implications for the Use and Perception of Meteorite Iron in Ancient Egypt, in: Meteoritics & Planetary Science 48 (6), 997-1006, https://onlinelibrary.wiley.com/doi/full/10.1111/maps.12120 (Abruf 13.5.2021)

Jørgensen, J. K. B., 2013, Egyptian Mythological Manuals. Mythological Structures and Interpretative Techniques in the Tebtunis Mythological Manual, the Manual of the Delta and Related Texts, Dissertation Kopenhagen.

Jung, C., 2007, Rain in Ancient Egypt: A Linguistic Approach, in: Bollig, M. et al. (Hg.), Aridity, Change and Conflict in Africa. Proceedings of an International ACACIA Conference Held at Königswinter, Germany, October 1–3, 2003, Colloquium Africanum 2, Köln, 331-344.

Kees, H., 1930, Die Himmelsreise im ägyptischen Totenglauben, in: Saxl, F. (Hg.), Über die Vorstellungen von der Himmelsreise der Seele, Vorträge der Bibliothek Warburg 8 (Vorträge 1928/1929), Leipzig/Berlin, 1-20.

Kovács, P., 2008, Das Regenwunder Marc Aurels, in: Acta Antiqua Academiae Scientiarum Hungaricae 48, 387-404.

Kurth, D., 1975, Den Himmel stützen.Die „tw3 pt"-Szenen in den ägyptischen Tempeln der griechisch-römischen Epoche, Rites Égyptiens 2, Brüssel.

Leblanc, C., 1995, Thèbes et les pluies torrentielles. A propos de mw m pt, in: Memnonia 6, 197-214.

Lichtheim, M., 1983, Late Egyptian Wisdom Literature in the International Context. A Study of Demotic Instructions, Orbis Biblicus et Orientalis 52, Freiburg/Göttingen.

MacIntosh Turfa, J., 2012, Divining the Etruscan World. The Brontoscopic Calendar and Religious Practice, Cambridge u. a.

Naether, F., 2010, Die Sortes Astrampsychi. Problemlösungsstrategien durch Orakel im römischen Ägypten, Orientalische Religionen in der Antike 3, Tübingen.
Pongratz-Leisten, B., 2015, Religion and Ideology in Assyria, Studies in Ancient Near Eastern Records 6, Boston/Berlin.
Posener, G., 1951, À propos de la „Pluie Miraculeuse", in: Revue de Philologie, de Littérature et d'Histoire Anciennes, 3e série 25, 162-168.
Preisendanz, K., 1973/1974, Papyri Graecae Magicae. Die Griechischen Zauberpapyri. Zweite Auflage mit Ergänzungen von K. Preisendanz, durchgesehen und herausgegeben von A. Henrichs, Stuttgart (1. Aufl. Leipzig 1928/1931).
Quack, J. F., 1994, Die Lehren des Ani, Orbis Biblicus et Orientalis 141, Freiburg/Göttingen.
Quack, J. F., 2012, Danaergeschenk des Nil? Zu viel oder zu wenig Wasser im Alten Ägypten, in: Berlejung, A. (Hg.), Disaster and Relief Management – Katastrophen und ihre Bewältigung, Forschungen zum Alten Testament 81, Tübingen, 333-381.
Ritner, R. K., 1993, The Mechanics of Ancient Egyptian Magical Practice, Studies in Ancient Oriental Civilizations 54, Chicago.
Roccati, A., 1984, Lessico meteorologico, in: Junge, F. (Hg.), Studien zu Sprache und Religion Ägyptens. Zu Ehren von Wolfhart Westendorf, überreicht von seinen Freunden und Schülern, Band I, Göttingen, 343-354.
Sauneron, S., 1952, Un thème littéraire de l'antiquité classique: le Nil et la pluie, Bulletin de l'Institut Français d'Archéologie Orientale 51, 41-48.
Schäfer, H., 1931, Isis Regengöttin?, in: Zeitschrift für Ägyptische Sprache und Altertumskunde 66, 139.
Smith, H. S./Tait, W. J., 1983, Saqqâra Demotic Papyri I, Texts from Excavations 7, London.
te Velde, H., 1977, The Theme of the Separation of Heaven and Earth in Egyptian Mythology, in: Kákosy, L./Gaál, E. (Hg.), Studia Aegyptiaca 3, Budapest, 161-170.
Theis, C., 2014, Magie und Raum. Der magische Schutz ausgewählter Räume im Alten Ägypten nebst einem Vergleich zum angrenzenden Kulturbereichen, Orientalische Religionen in der Antike 13, Tübingen.
Thissen, H.-J., 2004, „Wer lebt, dessen Kraut blüht!". Ein Beitrag zu demotischer Intertextualität, in: Hoffmann, F./Thissen, H.-J. (Hg.), Res severa verum gaudium. Festschrift für Karl-Theodor Zauzich zum 65. Geburtstag am 8. Juni 2004, Studia Demotica 6, Leuven/Paris/Sterling, 583-594.
Tóth, I., 1976, Marcus Aurelius' Miracle of the Rain and the Egyptian Cults in the Danube Region, in: Kákosy, L./Gaál, E. (Hg.), Studia Aegyptiaca 2, Budapest, 101-113.
Vernus, P., 1981, Omina calendériques et comptabilité d'offrandes sur une tablette hiératique de la XVIIIe dynastie, in: Revue d'Égyptologie 33, 89-124.
Vittmann, G., 1998, Der demotische Papyrus Rylands 9, Ägypten und Altes Testament 38, Wiesbaden.
Weeks, N. K., 2015, Myth and Ritual: An Empirical Approach, in: Journal of Ancient Near Eastern Religions 15, 92-111.
Weyersberg, M., 1961, Das Motiv der „Himmelsstütze" in der altägyptischen Kosmologie, in: Zeitschrift für Ethnologie 86, 113-140.
Wilke, C., 1931, Ein Regenzauber in den Pyramidentexten?, in: Zeitschrift für Ägyptische Sprache und Altertumskunde 67, 127 f.
Yalçın, Ü., 2005, Zum Eisen der Hethiter, in: Yalçın, Ü./Pulak, C./Slotta, R. (Hg.), Das Schiff von Uluburun – Welthandel vor 3000 Jahren, Katalog der Ausstellung des Deutschen Bergbau-

Museums Bochum vom 15. Juli 2005 bis 16. Juli 2006, Veröffentlichungen aus dem Deutschen Bergbau-Museum Bochum 138, Bochum, 493-502.

Zgoll, C., 2019, Tractatus mythologicus. Theorie und Methodik zur Erforschung von Mythen als Grundlegung einer allgemeinen, transmedialen und komparatistischen Stoffwissenschaft, Mythological Studies 1 (https://doi.org/10.1515/9783110541588), Berlin/Boston.

Christian Zgoll
Göttergaben und Götterstürze

Wesen und Dinge, die in griechisch-römischen Mythen vom Himmel kommen

Abstract: The present contribution aims to provide an overview of who or what in Greek and Roman myths (and beyond) is heaven-sent: gods, *omina*, natural phenomena, and, in the context of fertility, also humans, animals, and plants. Rather more rarely do cult objects, cultural techniques, and cultural assets come from heaven. In later sources, the explicit attribution of a heavenly origin to such entities occurs more often where the older texts either do not define the exact origin or point to Mount Olympus. This often causes the two places to appear interchangeable, especially in poetic adaptations of mythical narratives (*Erzählstoffe*). In the view of these sources it seems to be important to stress not so much that certain beings or objects are *heavenly*, but that they are *divine*. Where the seat of a deity is obscured in this way, the origin of their gifts (or punishments) must remain speculative as well. Hephaistos in particular emerges as such an elusive entity.

1 Methodische Vorbemerkungen

Wer etwas über religiöse Vorstellungen oder Mythen in der griechisch-römischen Kultur erfahren will, die mit dem Himmel zu tun haben, wird vergebens suchen, wenn er sich die Schrift *Über den Himmel* des Philosophen Aristoteles (4. Jh. v. Chr.) zu Gemüte führt, obwohl der Titel erfolgversprechend klingt[1].

Anmerkung: Mein Dank geht an die Deutsche Forschungsgemeinschaft für die Förderung der DFG-Forschungsgruppe 2064 „STRATA – Stratifikationsanalysen mythischer Stoffe und Texte in der Antike", in deren Kontext vorliegender Beitrag entstanden ist. Außerdem gilt mein Dank für Anregungen Heinz-Günther Nesselrath und allen Mitgliedern und Gästen des Göttinger *Collegium Mythologicum*, die durch eine für die Sache fruchtbare, lebhafte und äußerst kollegiale Diskussionskultur geholfen haben, diesem Beitrag den letzten Schliff zu geben.

1 Nur im ersten Kapitel von Buch 2 kommt Aristoteles, allerdings lediglich sehr kurz, auf die (für ihn abwegige) mythische Vorstellung zu sprechen, dass der Himmel von einem „gewissen Atlas" (Ἄτλαντός τινος, 284a19) getragen sein soll. Ähnlich unergiebig für die vorliegende Fragestellung ist auf dem Gebiet der Forschungsliteratur Ekschmitt 1989, dem es in erster Linie

Umgekehrt wird man kaum erwarten, viel darüber bei dem oft so beißend-satirischen Spötter Lukian (2. Jh. n. Chr.) zu finden. Und doch ist es gerade dieser Spott, der manchmal am besten geeignet sein kann, allgemein-religiöse Vorstellungen – wenn auch karikierend – gewissermaßen auf den Punkt zu bringen. In seiner Schrift *Über die Opfer* zeichnet Lukian folgendes Bild vom Himmel, wie es in den Köpfen mancher Vorzeit- und Zeitgenossen ausgebildet gewesen sein mag[2]:

> Los, wir wollen ... in den Himmel selbst hinaufgehen, nach der Weise der Dichter auf demselben Weg wie Homer und Hesiod nach oben fliegen und uns ansehen, wie die Dinge da oben eingerichtet sind. Dass er von außen ehern ist, das haben wir von Homer gehört, der das schon vor uns gesagt hat. Für den aber, der noch höher steigt und den Kopf ein wenig hochhebt zu dem, was da oben ist, also tatsächlich auf den Rücken gelangt, dem erscheinen das Licht leuchtender, die Sonne reiner, die Sterne strahlender; überall ist Tag, und der Boden ist aus Gold. Wenn man nun aber hineingeht, so wohnen dort zuerst die Horen – das sind nämlich die Türhüterinnen; dann aber kommen Iris und Hermes, die Diener und Boten des Zeus; an nächster Stelle steht die Schmiede des Hephaistos, voll mit Kunst jeglicher Art. Danach aber kommen die Behausungen der Götter und der Königspalast des Zeus, all dies von Hephaistos auf das schönste ausgestattet.

Es soll im Folgenden nicht wie bei Lukian versucht werden, in den Himmel aufzusteigen und zu sehen, wie es *im* griechisch-römischen Himmel aussieht, sondern es soll die gegenteilige Richtung verfolgt und die Frage gestellt werden: Wer oder was kommt in griechisch-römischen Mythen *aus* dem Himmel[3]? Da es

---

um philosophisch-naturwissenschaftliche kosmische Vorstellungen aus der griechisch-römischen Antike geht. Ebenfalls geht es um Mythologisches nur am Rande in dem vor allem astronomisch-astrologisch fokussierten Werk von Zucker 2016, und auf dem Gebiet der Mythologie liegt der Fokus eher auf Verstirnungen, also darauf, was bzw. wer *in* den Himmel kommt als darauf, was *vom* Himmel kommt. Zu griechischen Verstirnungsmythen s. ausführlich Scheer 2020.

2 Lukian. *sacr.* 30,8 (MacLeod). Lukian hat bei seiner Schilderung v.a. Homerstellen vor Augen (z.B. Hom. *Il.* 5,504.749-751; 17,425; *Od.* 6,41-47). Zur himmlischen Topographie der Griechen im Allgemeinen s. Lumpe 1991, 179 f; zu verschiedenen griechisch-römischen Bezeichnungen für „Himmel" s. ebd., 186 f.

3 Der Beitrag konzentriert sich v. a. auf Stellen, die erkennbar in mythischen Erzählstoffen eingebettet waren (zum hier zugrundeliegenden Begriff von „Mythos" als einem Erzählstoff s. ausführlich C. Zgoll 2019, passim, und meinen Einführungsbeitrag *Grundlagen der hylistischen Mythosforschung* im vorliegenden Band). Allgemein-religiöse Vorstellungen, wie etwa aus dem Himmel kommende göttliche Vorzeichen, eine „himmlische" Herkunft des Menschen oder zumindest bestimmter Teile von ihm o.ä., werden am Rande mit berücksichtigt, da hier natürlich Überschneidungen zu verzeichnen sind (zur Unterscheidung von „Mythischem" und „Religiösem" s. ausführlicher C. Zgoll 2019, Kapitel 18.2.2), stehen aber nicht im Zentrum (vgl. dage-

keine entsprechenden Vorarbeiten oder Einträge in einschlägigen Lexika gibt, in denen ein solchermaßen spezifizierter Vorgang umfassend abgehandelt wird, das zur Untersuchung anstehende Material hingegen außerordentlich umfangreich ist, ist der folgende Beitrag lediglich als eine erste Annäherung zur Aufarbeitung dieser Fragestellung zu verstehen. Diese Annäherung stützt sich vor allem auf eigene Lektüre der Primärtexte und auf Stichwort-Recherchen in gängigen elektronischen Datenbanken[4].

Neben der Fülle des Materials liegt ein spezifisches Problem in dem Umstand, dass gerade in griechischen mythischen Stoffen der Götterberg Olymp oft mit dem Himmel parallelisiert wird, und das schon seit den Anfängen der griechischen Literatur. So ist einmal in der *Odyssee* von den Göttern die Rede, „die den Olymp in Besitz haben" (οἳ Ὄλυμπον ἔχουσι), und noch im selben Satz von den Göttern, „die den breiten Himmel in Besitz haben" (τοὶ οὐρανὸν εὐρὺν ἔχουσιν)[5]. Es ist eine spannende Frage, ob und inwiefern sich Unterschiede zwi-

---

gen den Beitrag von Kärger *Götter, Tempel, numinose Machtmittel* ... in diesem Band, die in ihrem Überblick aufgrund des Problems, dass bei den in sumerischen Quellen belegten „Himmels-Stellen" der Bezug auf mythische Stoffe oft erst noch näher geklärt werden muss, einen breiteren Zugang wählt. Vgl. zum Komplex der Vorzeichen als generelle, freilich vom Sprecher abgewehrte Vorstellung, die Bemerkung bei Horaz (Hor. *sat.* 1,5,101-103), dass Wunderliches in der Natur auf verstimmte Götter zurückzuführen sei, die so etwas von ihrem hohen Himmelshaus herabsenden (... *namque deos didici securum agere aevom / nec, siquid miri faciat natura, deos id / tristis ex alto caeli demittere tecto*). Die religiöse Vorstellung, dass alle Arten von Übeln oder Leid (Hunger, Seuchen, Unfruchtbarkeit, Niederlage, Untergang ...) Strafen sein können, die Zeus frevelhaften Menschen aus dem Himmel schickt, findet sich bereits bei Hesiod (Hes. *erg.* 237-246), vgl. besonders 241 f: τοῖσιν δ' οὐρανόθεν μέγ' ἐπήγαγε πῆμα Κρονίων, / λιμὸν ὁμοῦ καὶ λοιμόν.
4 Für die Wörter bzw. Wortverbindungen ἀπ'/ἀπὸ/ἐξ οὐρανοῦ/οὐρανῶν, ἀπὸ/ἐκ τοῦ οὐρανοῦ/ τῶν οὐρανῶν, οὐρανόθεν, ὑψόθεν bzw. *a/ex/e/de caelo/caelis, desuper* finden sich in den griechischen und lateinischen Datenbanken des *Thesaurus Linguae Graecae* bzw. im *Latin Corpus* des *Packard Humanities Institute* über 8.300 Belege, bei deren Sichtung der Aufmerksamkeit auch einmal etwas Relevantes entgangen sein mag; für Unterstützung bei den Recherchen danke ich Barbara Grimm und Philip Mussmann. Wie im Folgenden einzelne Beispiele zeigen werden, die von diesen Recherchen nicht erfasst wurden, hat man mit diesen Stichwörtern und Wortverbindungen aber der (v. a. dichterischen) Ausdrucksvielfalt noch lange nicht ausreichend Rechnung getragen, die natürlich über etliche weitere Möglichkeiten bzw. Kombinationen verfügt, um auszudrücken, dass etwas oder jemand aus dem Himmel kommt.
5 Hom. *Od.* 6,240 und 243. Vgl. ähnlich die Nebeneinanderstellung am Anfang der *Theogonie* Hesiods, wo zunächst von der Erde als einem „sicheren Sitz für immer aller Unsterblichen" die Rede ist, „die den Gipfel des schneereichen Olymp in Besitz haben" (... πάντων ἕδος ἀσφαλὲς αἰεὶ / ἀθανάτων, οἳ ἔχουσιν κάρη νιφόεντος Ὀλύμπου, Hes. *theog.* 117 f), und kurze Zeit später vom „Himmel", „den seligen Göttern ein sicherer Sitz für immer" (οὐρανὸν ... / ... μακάρεσσι θεοῖς ἕδος ἀσφαλὲς αἰεί, Hes. *theog.* 127 f). Die Komplexität interferierender Vorstellungen wird

schen der Vorstellung vom Himmel und vom Olymp als Göttersitz festmachen lassen, aber dafür wäre eine eigene Untersuchung erforderlich[6]. Es scheint mir jedenfalls nicht geraten, aufgrund der stellenweisen Synonymie von Himmel und Olymp in literarischen (!) Texten auf eine tatsächliche Bedeutungsgleichheit in der Vorstellungswelt der Griechen zu schließen und damit Unterschiede vorschnell zu nivellieren, die möglicherweise auf differierende Sichtweisen hindeuten[7]. Daher und aus pragmatischen Gründen wurde angesichts der ohnehin großen Masse an Belegen der Olymp als Herkunftsort nicht systematisch mit einbezogen[8].

---

deutlich, wenn man daneben die klare Trennung zwischen Berg- und Himmelsregion bei Hom. *Il.* 11,182-184 betrachtet, wo davon die Rede ist, dass Zeus, „vom Himmel herabgestiegen", auf dem Gipfel des Berges Ida bei Troia einen nur vorübergehenden Sitz bezieht: ... τότε δή ῥα πατὴρ ἀνδρῶν τε θεῶν τε / Ἴδης ἐν κορυφῇσι καθέζετο πιδηέσσης / οὐρανόθεν καταβάς. Zur Beschreibung des Olymps als Berg, aber doch mit „überirdischen" Eigenschaften, vgl. Hom. *Od.* 6,41-47.

[6] Vgl. dazu den Vortrag von Susanne Gödde (Freie Universität Berlin) am 4.7.2017 „Ouranos and Olympos in Greek Religion: The Immanence of the Sky", im Rahmen der Vorlesung „Visitors from Heaven, Visitors to Heaven" des Exzellenz-Clusters TOPOI, in dem das Verhältnis zwischen Olymp und Himmel (und auch „Äther") in der Vorstellungswelt der Griechen näher beleuchtet wird, mit einem Fokus auf den Begleitumständen göttlicher Epiphanien auf Erden (mein Dank geht an die Verfasserin für die Möglichkeit, Einsicht in das Vortragsmanuskript zu nehmen). Die Monographie zum Olymp von Lichtenberger (2021) konnte in den vorliegenden Aufsatz nicht mehr eingearbeitet werden.

[7] Vgl. dazu mit einer historischen Differenzierung Lumpe 1991, 180: „Als Sitz der Götter (ursprünglich wohl nur des Zeus) galt bei den Griechen in früherer Zeit der ... Götterberg Olympos; an die Stelle dieser altertümlichen Vorstellung trat schon früh die Auffassung, daß die überirdischen Götter im Himmel leben, auf den dann die Bezeichnung 'Olympos' übertragen wurde." Greene 1963, differenziert hingegen in seinem (ohnehin eher literarhistorisch als stoffanalytisch ausgerichteten) Buch *The descent from heaven. A study in epic continuity* bei den von ihm behandelten Beispielen aus der antiken Epik nicht zwischen Himmel und Olymp; so nimmt, um nur ein Beispiel herauszugreifen, der von ihm behandelte Abstieg der Hera zum Traumgott Hypnos in der homerischen *Ilias* ausdrücklich nicht vom Himmel, sondern vom Olymp seinen Ausgangspunkt (vgl. Hom. *Il.* 14,153 f; 14,225).

[8] Wenn doch, dann wird explizit vermerkt, dass im Text als Herkunftsort nicht der Himmel, sondern der Olymp angegeben wird. Analog gilt dies für die Bezeichnung αἰθήρ/*aether* (vgl. „Äther"); so ist bspw. eine Stelle wie Eur. *Bacch.* 1078 nicht berücksichtigt, wo „aus dem Äther eine Stimme" (ἐκ δ' αἰθέρος φωνή τις) kommt, gemeint ist die Stimme des Dionysos, der die Bakchantinnen zur Raserei gegen Pentheus anstachelt. Zum Phänomen „Himmelsstimme" in eher religiösen als mythischen Kontexten s. Speyer, 1991.

2 Götter

2.1 Götter allgemein

Götter können aus dem Himmel kommen. Wenn die Menschen im Volk der Phaiaken die Tochter ihres Königs, Nausikaa, zusammen mit dem gestrandeten Odysseus sehen würden, dann könnten sie, so heißt es bei Homer, darüber spekulieren, ob dieser Mann nicht ein Gott sei, „vom Himmel herabgestiegen" (οὐρανόθεν καταβάς)[9]. Entsprechend überlegt Nausikaas Vater, der König Alkinoos, beim Anblick des Odysseus dann tatsächlich, ob hier einer der Unsterblichen vom Himmel heruntergekommen ist[10]. Damit ist bereits von den Anfängen der griechischen Literatur an die grundsätzliche Vorstellung bezeugt, dass Götter gelegentlich vom Himmel auf die Erde kommen können[11]. Wenn bei Cicero diese Möglichkeit später in rationalistischer Manier abgelehnt und gesagt wird, man solle nicht glauben, was oft in Mythen behauptet wird, dass ein „irgendwie vom Himmel herabgekommener Gott" (*deus aliqui delapsus de caelo*) sich unter die Menschen mischen und mit ihnen reden würde[12], so ist dies eher eine Bestätigung für die weite Verbreitung der angesprochenen Vorstellung.

2.2 Zeus

Wozu kommen die Götter der späteren Generation, also in erster Linie die „olympischen" Götter, aus ihrem himmlischen Bereich heraus? Im Folgenden sollen einige Götter herausgegriffen werden, ohne dass hierbei Vollständigkeit angestrebt wäre. Wenn man den Fokus zunächst einmal auf den obersten Göt-

---

9 Hom. *Od.* 6,280 f: ἤ τίς οἱ εὐξαμένη πολυάρητος θεὸς ἦλθεν / οὐρανόθεν καταβάς ...
10 Hom. *Od.* 7,199: εἰ δέ τις ἀθανάτων γε κατ' οὐρανοῦ εἰλήλουθεν. Vgl. ganz ähnlich die Achaier vor Troia beim Anblick Hektors, Hom. *Il.* 6,108 f: φὰν δέ τιν' ἀθανάτων ἐξ οὐρανοῦ ἀστερόεντος / Τρωσὶν ἀλεξήσοντα κατελθέμεν ...
11 Oder vom Himmel her auf die Erde schauen und damit als im Himmel wohnend gedacht sind, s. bspw. Apoll. Rhod. 1,547 f, wo die Götter „vom Himmel her" auf die Argo und die auf ihr fahrenden Heroen schauen: πάντες δ' οὐρανόθεν λεῦσσον θεοὶ ἤματι κείνῳ / νῆα καὶ ἡμιθέων ἀνδρῶν γένος ... Als grundsätzliche religiöse Vorstellung bspw. auch bezeugt durch den Anruf der Muse Kalliope durch den Dichter Horaz, der sich den Wohnsitz der Kalliope im Himmel vorstellt, woher sie zu ihm herabsteigen soll, s. Hor. *carm.* 3,4,1 f: *Descende caelo et dic age tibia / regina longum Calliope melos* ...
12 Cic. *De haruspicum responso* 62: *Nolite enim id putare accidere posse quod in fabulis saepe videtis fieri, ut deus aliqui delapsus de caelo coetus hominum adeat, versetur in terris, cum hominibus conloquatur.*

tervater Zeus bzw. Jupiter richtet, dann verlässt er den Himmel, um auf Erden die Menschen zu prüfen oder um Frauen zu verführen.

So steigt nach Ovid Jupiter auf die Erde herab, um zu prüfen, ob die Menschen tatsächlich so frevelhaft sind, wie ihm zu Ohren gekommen ist, und gerät prompt an den Frevler Lykaon – eine Begegnung, welche die Sintflut als Strafgericht auslöst[13].

In der Komödie *Die Vögel* des Aristophanes wird den Vögeln empfohlen, die (männlichen) Götter, gemeint ist vor allem Zeus, damit unter Druck zu setzen, dass sie ihnen verbieten, ihr Gebiet, den Luftraum zu passieren, um auf Erden mit Frauen Ehebruch zu treiben[14]. Explizit ist an der Stelle nur von einem „Herunterkommen" (vgl. κατέβαινον) der Götter die Rede (nicht „vom Himmel"), aber durch den Kontext wird deutlich, dass der Luftraum der Vögel als ein „Zwischenbereich" angesehen wird, der Himmel und Erde trennt, und den Götter wie Zeus durchmessen müssen, wenn sie von ihrem Aufenthaltsort im Himmel auf die Erde gelangen wollen[15].

Ein besonderer Fall ist der Beischlaf des Jupiter mit Danaë, der Mutter des Perseus. Nach Ovid hat Danaë Perseus, den Sohn des Jupiter, durch einen Goldregen empfangen[16]. Es ist bei Ovid nicht explizit davon die Rede, dass dieser Regen „aus dem Himmel" gekommen ist, doch ist bei dem Wort „Regen" der

---

13 Zur Lykaon-Episode s. Ov. met. 1,181-243. Bei Ovid kommt Zeus wörtlich „vom Olymp", s. 1,212 f: *summo delabor Olympo / et deus humana lustro sub imagine terras*, doch kann man für den augusteischen Dichter eine Synonymie von „Himmel" und „Olymp" voraussetzen. Zur Vorstellung einer periodisch immer wiederkehrenden, vernichtenden „Himmelsflut" s. Plat. *Tim.* 23a f. Zum Gedanken, dass Götter auf Erden wandeln, um Menschen zu prüfen, s. die weiteren, bei Flückiger-Guggenheim 1984, 32-58, gesammelten Beispiele.

14 Aristoph. *Av.* 554-559, bes. 558 f: ὥσπερ πρότερον μοιχεύσοντες τὰς Ἀλκμήνας κατέβαινον / καὶ τὰς Ἀλόπας καὶ τὰς Σεμέλας. Schon der Ausdruck „Ehebruch treiben" (vgl. μοιχεύσοντες) ist eine böse Überspitzung, denn er trifft zwar für die Affäre von Zeus und Alkmene zu, nicht aber für die Götteraffären mit Semele und Alope.

15 Erstaunlich ist in diesem Zusammenhang die Erwähnung der Alope, die aus dem Rahmen fällt, denn Alkmene und Semele waren Geliebte des Zeus, während Alope, zumindest die Alope, die wir aus den erhaltenen Quellen kennen, eine Geliebte Poseidons war – und gerade bei Poseidon ist ein „Herabkommen aus dem Himmel" zwar nicht unmöglich (wenn er bspw. von einer Götterversammlung kommt), aber nicht der Normalfall. Im Normalfall muss Poseidon nicht den Luftraum der Vögel passieren, um zu einer sterblichen Geliebten zu gelangen. Hat sich Aristophanes an dieser Stelle absichtlich einen Scherz erlaubt bzw. mit dem Wissen oder Unwissen des Komödien-Chores der Vögel (und damit auch des Publikums) sein Spiel getrieben? In dem sehr ausführlichen Kommentar von Dunbar 1995, 376 und 378, findet sich keine Erklärung dazu.

16 Ov. met. 4,610 f: *... neque enim Iovis esse putabat* [sc. Acrisius, der Vater der Danaë] / *Persea, quem pluvio Danaë conceperat auro*.

Gedanke an eine himmlische Herkunft naheliegend[17]. Das wird auch im Bericht des Apollodoros angedeutet, der davon spricht, dass Zeus mit Danaë zusammenkam, indem er, in Gold verwandelt, durch das Dach in ihren Schoß hineinfloss[18].

Kann Zeus somit jederzeit und unter verschiedenen Gestalten vor allem für seine erotischen Abenteuer vom Himmel auf die Erde kommen[19], so geschieht dies jedenfalls immer freiwillig, im Gegensatz zu unfreiwilligen Stürzen oder Verbannungen von anderen Gottheiten aus dem Himmel, von denen noch die Rede sein wird. Homer lässt in der *Ilias* einmal Zeus höchstselbst in einer Rede vor den versammelten Göttern mit dem Gedanken spielen, die anderen Götter könnten versuchen, ihn zu entmachten, ihn also gegen seinen Willen vom Himmel herabstürzen. Und Zeus betont: Selbst dann, wenn man ein goldenes Seil am Himmel befestigen würde und alle Göttinnen und Götter insgesamt sich an dieses Seil hängen und ziehen würden, so würde es ihnen doch nicht gelingen, Zeus auf die Erde hinunterzuziehen[20]. Es geht um eine Unterstreichung der

---

17 Bei Hom. *Il.* 14,319 f werden nähere Umstände des Beischlafs von Zeus und Danaë noch nicht erwähnt. Bei Pind. *P.* 12,17 f ist nicht von einem goldenen *Regen*, sondern von einem „von selbst strömenden Gold" die Rede: τὸν [sc. υἱὸν Δανάας] ἀπὸ χρυσοῦ φαμὲν αὐτορύτου / ἔμμεναι. Ähnlich unbestimmt spielt Sophokles (Soph. *Ant.* 950) nur auf „goldenströmenden Samen" (γονὰς χρυσορύτους) des Zeus an. In der Antike wurde der DANAË-MYTHOS dann gesellschafts- und mythenkritisch dahingehend gedeutet, dass Zeus sich mit Hilfe von Bestechungsgeld ins Bett der Danaë eingekauft habe, vgl. *Anth. Gr.* 5,31; Mart. 14,175.
18 Apollod. 2,34: ὡς δὲ ἔνιοί φασι, Ζεὺς μεταμορφωθεὶς εἰς χρυσὸν καὶ διὰ τῆς ὀροφῆς εἰς τοὺς Δανάης εἰσρυεὶς κόλπους συνῆλθεν.
19 Es würden sich sicherlich noch weitere Belege dafür anführen lassen, dass Zeus in anderer Gestalt vom Himmel auf die Erde kommt, um dort mit sterblichen Frauen zu schlafen, doch soll aus Platzgründen die obige, exemplarische Behandlung genügen. Zu solchen göttlichen Allophanien s. ausführlich C. Zgoll 2004, 157-215 (mit Belegen aus der lateinischen Dichtung der augusteischen Zeit), und die Sammlung solcher in der griechisch-römischen Literatur insgesamt bezeugten Stoffe in der tabellarischen Übersicht 352-358 (mit Stellenangaben).
20 Hom. *Il.* 8,1-27, v.a. 18-22: εἰ δ' ἄγε πειρήσασθε θεοὶ ἵνα εἴδετε πάντες· / σειρὴν χρυσείην ἐξ οὐρανόθεν κρεμάσαντες / πάντες τ' ἐξάπτεσθε θεοὶ πᾶσαί τε θέαιναι· / ἀλλ' οὐκ ἂν ἐρύσαιτ' ἐξ οὐρανόθεν πεδίονδε / Ζῆν' ὕπατον μήστωρ', οὐδ' εἰ μάλα πολλὰ κάμοιτε. Kirk 1990, 299, erwägt für πεδίονδε auch noch die Möglichkeit „auf den Boden des Olymp" (statt „auf den Erdboden"), doch halte ich diese Möglichkeit für weniger wahrscheinlich. Die Stelle insgesamt stellt im Einzelnen vor interpretatorische Probleme, denen hier nicht nachgegangen werden kann; so müsste ein am Himmel befestigtes Seil eigentlich *den Himmel* und nicht *Zeus* hinunterziehen. Ist Zeus hier mit dem Himmel gleichgesetzt? Oder steht dahinter die Vorstellung, dass mit dem hinuntergezogenen Himmel dann auch Zeus mit auf die Erde gezogen wird? Warum ist von einem goldenen Seil die Rede und nicht von einer goldenen Kette? Keine Antworten auf diese Fragen, aber einen Überblick über die vielfältige und reichhaltige Interpretations- und Wirkungsgeschichte der homerischen „Catena aurea" liefert der Aufsatz von Fauth 1974. Fauth

Machtposition des obersten Gottes, die noch dadurch gesteigert wird, dass Zeus im Weiteren behauptet, wenn im Gegenzug *er* anfinge, an dem Seil zu ziehen, dann würde er nicht nur alle daran hängenden Götter, sondern mit ihnen auch noch Erde und Meer mit in die Höhe ziehen[21].

2.3 Asterië

Zeus' Liebeslust ist Auslöser für einen eher ungewöhnlichen Fall eines Heraustretens aus dem Himmel durch eine Gottheit. Asterië, die Tochter der göttlichen Titanen Koios und Phoibe, wurde nach dem Dichter Kallimachos gegen ihren Willen von Zeus so sehr bedrängt, dass sie sich auf der Flucht vor ihm vom Himmel in das Meer stürzte. Durch den Vergleich der fallenden Göttin mit einem fallenden Stern (ἀστέρι ἴση: „einem Stern gleich") ist bei Kallimachos die Assoziation zwischen dem Namen *Asterië* und der griechischen Bezeichnung für „Stern" (*aster*) bezeugt, was sicherlich auf das Phänomen der Sternschnuppen zu beziehen ist[22]. Der Mythograph Hygin weiß eine andere Variante zu berichten, nach der Asterië von Zeus aus Zorn über ihre Zurückweisung in eine Wachtel (*ortyx*) verwandelt und ins Meer gestoßen wurde, woraus die Insel Ortygia („Wachtel-Land") entstand, die später den Namen Delos erhält[23].

---

sieht (wie viele Spätere) hinter dem „Seil" der Homerpassage die Vorstellung von einer Himmel und Erde verbindenden kosmischen Größe, bei Homer „allerdings ... gleichsam spielerisch umfunktioniert zu einem agonalen Instrument, einem Bändigungsmittel des Göttervaters bei der Auseinandersetzung mit aufsässigen Angehörigen" (ebd. 271); aber die Selbstverständlichkeit, mit der hier ein verkapptes, von Homer verfremdetes kosmisches Ursymbol angenommen wird, führt vielleicht vorschnell auf einen Irrweg.

21 Die Stelle ist auch in Hinblick auf die Problematik des Verhältnisses zwischen Himmel und Olymp interessant, denn Zeus erwägt, das Seil mit der hochgezogenen Last dann um die Spitze des Olymp herumzubinden, damit alles in die Höhe gehoben sei (8,25 f: σειρὴν μέν κεν ἔπειτα περὶ ῥίον Οὐλύμποιο / δησαίμην, τὰ δέ κ' αὖτε μετήορα πάντα γένοιτο), eine Vorstellung, die topographisch nicht so ohne weiteres nachvollziehbar ist. Vgl. zu dieser Problematik Kirk 1990, 299: „a certain conflation ... of the two views of οὐρανός, since Olumpos, regarded as the Thessalian mountain, rises from earth itself and yet is here imagined as separate from it: that is, in the sky". Weiterführende Literatur zur Stelle findet man u. a. im LfgrE s. v. σειρή.

22 Kall. *h.* 4,35-38: ... σὲ δ' οὐκ ἔθλιψεν ἀνάγκη, / ἀλλ' ἄφετος πελάγεσσιν ἐπέπλεες· οὔνομα δ' ἦν τοι / Ἀστερίη τὸ παλαιόν, ἐπεὶ βαθὺν ἥλαο τάφρον / οὐρανόθεν φεύγουσα Διὸς γάμον ἀστέρι ἴση.

23 Hyg. *fab.* 53: *Iouis cum Asterien Titanis filiam amaret, illa eum contempsit; a quo in auem* ὄρτυγα *commutata est, quam nos coturnicem dicimus, eamque in mare abiecit, et ex ea insula est enata quae Ortygia est appellata. ... quae insula postea Delos est appellata.*

2.4 Ate

Der Zorn des Zeus ist außerdem noch für einen weiteren Göttersturz verantwortlich, der bereits von Homer überliefert wird. Ate, die personifizierte Göttin der Verblendung, wird von Zeus aus dem Himmel auf die Erde verbannt als Strafe dafür, dass sie es einmal gewagt hatte, Zeus selbst zu verblenden[24]: Im Zusammenhang der parallel ablaufenden Geburten von Eurystheus und Herakles prahlt Zeus vor den versammelten Göttern, offenkundig von Ate verblendet (wie aus dem Kontext zu erschließen ist), dass bald ein Heros geboren werde, der alle anderen beherrschen würde. Daraufhin sorgt Hera dafür, dass Eurystheus eher das Licht der Welt erblickt als der von Zeus eigentlich gemeinte Herakles, so dass Herakles folglich Eurystheus dienen muss. Zeus' Zorn bekommt dann in erster Linie Ate zu spüren, die vom Göttervater vom Himmel herabgeschleudert wird[25].

2.5 Hephaistos

Ein weiterer „gefallener" Gott ist der Schmiedegott Hephaistos bzw. Vulcanus. Nach einer Version in der homerischen *Ilias* wurde er von Hera, die ihn aus Scham über seine körperliche Missbildung verstecken wollte (er hinkte), offenbar gleich nach seiner Geburt ins Meer geworfen, wo sich die Meeresgöttinnen Eurynome und Thetis seiner angenommen haben[26]. Im direkten Kontext der Stelle wird nicht recht deutlich, ob Hephaistos vom Himmel oder vom Olymp in das Meer fällt, denn es ist nur davon die Rede, dass er „weit weg fällt" (τῆλε πεσόντα)[27] und daraufhin, von Eurynome und Thetis aufgefangen, neun Jahre

---

24 S. dazu ausführlicher Masciadri 2008, 274-276.
25 S. Hom. *Il.* 19,91-131, zum Sturz der Ate bes. 19,130 f: ὣς εἰπὼν ἔρριψεν ἀπ' οὐρανοῦ ἀστερόεντος / χειρὶ περιστρέψας· τάχα δ' ἵκετο ἔργ' ἀνθρώπων. Zur grundsätzlichen Macht des Zeus, Götter sogar bis hinunter in die Tiefen des Tartaros zu schleudern, der so weit unter dem Totenreich bzw. Hades liegt, wie die Erde vom Himmel entfernt ist, s. Hom. *Il.* 8,13-16, wo allerdings im Kontext als Ausgangspunkt der Olymp genannt wird (8,12 und 8,25). Zum Himmelssturz der Ate vgl. im Alten Orient den Sturz der Lamaštu; dazu Masciadri 2008, 276, Anm. 77: „Man wollte auch Ate von der babylonischen Krankheitsdämonin Lamaštu ableiten, die vom obersten Gott Anu aus dem Himmel verstoßen wurde ...; doch die Übersetzung der betreffenden babylonischen Texte ist sehr unsicher" (mit Verweis auf RlA 6, s. v. „Lamaštu", 439-446).
26 Vgl. Hom. *Il.* 18,394-405.
27 Hom. *Il.* 18,394-397: ἦ ῥά νύ μοι δεινή τε καὶ αἰδοίη θεὸς ἔνδον, / ἥ μ' ἐσάωσ' ὅτε μ' ἄλγος ἀφίκετο τῆλε πεσόντα / μητρὸς ἐμῆς ἰότητι κυνώπιδος, ἥ μ' ἐθέλησε / κρύψαι χωλὸν ἐόντα.

lang verborgen in einer vom Okeanos umflossenen Grotte verbringt[28]. Da Hephaistos, inzwischen allem Anschein nach wieder in die Gemeinschaft der „oberen" Götter aufgenommen, seine Geschichte bei Homer selbst erzählt, als Thetis ihn später besucht, und sein Haus als „mit Sternen verziert" bzw. „wie Sterne strahlend" beschrieben wird[29], könnte man an eine Lokalisierung der Häuser der Götter im Himmel denken[30]; nach dem Besuch der Thetis bei Hephaistos aber heißt es, dass die Göttin „wie ein Falke vom schneereichen Olymp herabsprang"[31]. Hier wie auch nach einer anderen Version bei Homer scheint der Hephaistos-Sturz also eher vom Olymp auszugehen[32]. Diese zweite Version geht dahin, dass der Schmiedegott einmal seiner Mutter Hera gegen Zeus zu Hilfe kommen wollte; daraufhin packte Zeus Hephaistos am Fuß und schleuderte ihn mit so viel Wucht von der göttlichen Schwelle, dass er einen ganzen Tag lang flog und erst mit dem Untergang der Sonne auf die Insel Lemnos hinunterfiel[33]. Dass mit dem Stichwort „hinunterfallen" (κάππεσον) an ein Hinunterfallen „aus dem Himmel" (und nicht „vom Olymp") gedacht ist, ist auch bei dieser

---

[28] Die Verborgenheit des Hephaistos in einer Höhle und die Zahl Neun erinnern an die Dauer einer Schwangerschaft und an den Vorstellungskomplex von aus der Erde geborenen Gottheiten. Beides könnte auf eine alternative Tradition von der Abkunft des Hephaistos verweisen, doch kann dies hier nicht weiter verfolgt werden.
[29] Zur Problematik der Deutung des Adjektivs ἀστερόεις an dieser (und einer anderen) Stelle bei Homer s. LfgrE s. v. ἀστερόεις.
[30] Und damit auch an eine Lokalisierung des Hauses der Hera, der Geburtsstätte des Hephaistos, von wo Hephaistos herabgefallen ist, im Himmel.
[31] Hom. Il. 18,616: ἡ δ' ἴρηξ ὣς ἆλτο κατ' Οὐλύμπου νιφόεντος. Abweichend („aus dem Himmel") allerdings später Libanios, *Progymnasmata* 2,7,1: Ῥίπτει τὸν Ἥφαιστον Ἥρα ἐξ οὐρανοῦ τῇ τοῦ παιδὸς αἰσχυνομένη χωλείᾳ ...
[32] Zu einer detaillierten und vergleichenden Analyse der zwei Varianten des Hephaistos-Sturzes s. Masciadri 2008, 269-293.
[33] S. Hom. Il. 1,590-593: ἤδη γάρ με καὶ ἄλλοτ' ἀλεξέμεναι μεμαῶτα / ῥῖψε ποδὸς τεταγὼν ἀπὸ βηλοῦ θεσπεσίοιο, / πᾶν δ' ἦμαρ φερόμην, ἅμα δ' ἠελίῳ καταδύντι / κάππεσον ἐν Λήμνῳ. In dieser im 1. Buch der *Ilias* stehenden Version des Hephaistos-Sturzes wird das Hinken des Schmiedegottes vom Kontext her zu schließen damit in Verbindung gebracht, dass Zeus Hephaistos *am Fuß packt*, als er ihn vom Himmel hinunterschleudert, eine Version, die mit der später in Buch 18 erzählten (s. oben) ganz offenkundig nicht in Einklang steht, wo Hephaistos *von Geburt an* verkrüppelt ist; noch anders wird bei Apollod. 1,19 der *Aufprall auf Lemnos* als Grund für die Versehrtheit des Hephaistos angegeben; weitere Quellen dazu bei Masciadri 2008, 272, Anm. 63. Masciadri (ebd. 272) geht davon aus, dass auch schon bei Homer der Aufprall auf Lemnos als Ursache für die verkrüppelten Füße des Hephaistos vorauszusetzen sei, aber dies ist eine nicht notwendige Rückprojektion der späteren Quellen, die durch den Kontext bei Homer selbst in keiner Weise eine Bestätigung findet. S. zum Hephaistos-Sturz auch den Beitrag von Theißen *Wie Hypnos nach Lemnos kam* im vorliegenden Band.

zweiten von Homer bezeugten Version nicht sicher auszumachen; die „göttliche Schwelle", von der Hephaistos herabgeschleudert wird, könnte gut die Schwelle eines auf dem Olymp lokalisierten Götterhauses sein[34]. Bei späteren antiken Mythographen und Kommentatoren wird die Angelegenheit dann aber bemerkenswerterweise eindeutig so dargestellt, dass Hephaistos vom Himmel herabstürzt; explizit wird nun der Himmel, nicht der Olymp, als Herkunftsort angegeben[35].

Mit Hephaistos verbindet man neben seinem Himmelssturz in der Antike noch eine andere Erzählung, deren Lokalisation wiederum eher unsicher ist. Zumindest nach der Einbettung in einen größeren Stoffkontext, wie sie der Mythograph Hygin vornimmt, hat sie sich wohl im Himmel oder auf dem Olymp abgespielt, da dort von einer Götterversammlung die Rede ist, und Götterversammlungen normalerweise nicht auf der Erde stattfinden[36]. Hephaistos versucht nach einer solchen Götterversammlung, von Poseidon angestachelt, Athene zu vergewaltigen, trifft aber auf eine so streitbare Gegnerin, dass sein Same „auf die Erde herabfiel" (*in terram decidit*). Aus diesem Samen entsteht dann der erdgeborene Erichthonios, einer der Urkönige von Athen[37], dessen Name von Hygin erklärt wird als Zusammensetzung aus „Streit" (*eris*) und „Erdboden" (*chthon*)[38]. Von der Mehrzahl der bei den Mythographen bezeugten Stoffvarianten wird dieser Mythos HEPHAISTOS VERGEWALTIGT ATHENE allerdings auf Erden lokalisiert; auch dort fällt zwar der Same des Hephaistos „zur Erde", aber eben nicht vom Himmel. So wird etwa im entsprechenden Bericht des Apollodoros keine explizite Lokalisierung vorgenommen, aber implizit wird deutlich, dass man sich die Vorgänge wohl durchgehend eher auf der Erde vor-

---

34 So bspw. explizit die Vorstellung bei Hom. *Il.* 15,18-30, wo Zeus im Zorn die Götter, die der von Zeus zur Bestrafung gefesselten Hera zu helfen versuchen (Hera hatte Herakles einen Sturm geschickt), von der Schwelle auf dem Olymp auf die Erde schleudert.
35 Vgl. Cornutus 19,3: ῥιφῆναι δ' ὑπὸ τοῦ Διὸς εἰς γῆν ἐξ οὐρανοῦ λέγεται; Apollod. 1,19: ῥίπτει δὲ αὐτὸν ἐξ οὐρανοῦ Ζεὺς Ἥρᾳ δεθείσῃ βοηθοῦντα; Hyg. *fab.* 166: *de caelo praecipitatus*; Lukian. *sacr.* 6 (MacLeod): ὁπότε ἐρρίφη ὑπὸ τοῦ Διὸς ἐξ οὐρανοῦ; Sextus Empiricus, *Adversus mathematicos* 1,291: τὸν δὲ Ἥφαιστον ὀργισθεὶς ῥίπτει ἀπὸ τοῦ οὐρανοῦ; *Etymologicum Magnum* s.v. βηλός: Βαθμὸς θύρας, ἢ ὁ οὐρανός· οἷον 'Ῥίψε ποδὸς τεταγὼν ἀπὸ βηλοῦ θεσπεσίοιο'. Ἀπὸ τοῦ οὐρανοῦ.
36 Hyg. *fab.* 166.
37 Mit Interferenzen zur Gestalt des Erechtheus; s. zu dieser Problematik Gantz 1993, Bd. 1, 233.
38 Hyg. *fab.* 166: *in thalamum cum uenisset, Minerua monitu Iouis uirginitatem suam armis defendit, interque luctandum ex semine eius quod in terram decidit natus est puer qui inferiorem partem draconis habuit; quem Erichthonium ideo nominauerunt quod* ἔρις *Graece certatio dicitur,* χθών *autem terra dicitur.*

stellen muss[39]. Nach anderen Zeugnissen versteckt sich Athene auf der Flucht vor Hephaistos an einem „Hephaisteion" genannten Ort in Attika[40], und dort, also auf Erden, spielt sich dann auch der Vergewaltigungsversuch und das Zur-Erde-Fallen des Samens ab[41].

2.6 Eros

Nach einem Komödienfragment des Dichters Aristophon wird, ähnlich wie bei Ate und Hephaistos, eine Ausweisung aus dem Himmel auch von Eros behauptet, mit welchem Grad an Ernsthaftigkeit, muss offen bleiben: Eros habe im Himmel so viel Unruhe gestiftet, dass er auf ein Urteil der versammelten zwölf (olympischen) Götter hin auf die Erde ins Exil geschickt wurde, wo man ihm die Flügel abgeschnitten hat, „damit er nicht wieder zum Himmel flöge" (ἵνα μὴ πέτηται πρὸς τὸν οὐρανὸν πάλιν)[42].

Vor seiner mutmaßlichen Ausweisung kommt Eros gelegentlich aus dem Himmel, um auf Erden seine Liebespfeile zu verschießen. In den *Argonautica* werden Himmel und Olymp in etwa gleichgesetzt, wenn der Dichter Apollonios von Rhodos dort Eros aus den „ätherischen Toren des Olymp" (πύλας ... Οὐλύμποιο / αἰθερίας) heraustreten und ihn auf einer „himmlischen Bahn" (κέλευθος / οὐρανίη) im Osten, wo ein Zwillingsgebirge das Himmelsgewölbe emporhält, hinunter zur Erde gelangen lässt, um dort im Auftrag der Aphrodite Medeia in Liebe zu Iason entbrennen zu lassen[43]. Beim spätantiken Epiker Nonnos springt Eros einmal vom Himmel herab, um den Beischlaf des Dionysos mit der trunkenen Aura zu befördern[44].

---

39 Apollod. 3,188 f. Bei Apollodoros wird der erste Namensbestandteil auch nicht von *eris* („Streit"), sondern von *erion* („Wolltuch") abgeleitet, mit dem Athene sich das auf ihren Schenkel gespritzte Sperma des Hephaistos abwischt, woraufhin sie es dann auf den Boden wirft.
40 Die genaue Lokalisation ist umstritten, s. dazu Pàmias I Massana/Zucker 2013, 192 f.
41 S. Eratosth. 13 und Hyg. *astr.* 2,13.
42 Aristophon PCG fr. 11 (Kassel/ Austin); zitiert ist Vers 6. Durch diesen Nachsatz wird deutlich, dass mit der Verbannung eine Bewegung vom Himmel aus auf die Erde impliziert ist, was aber nicht explizit erwähnt wird.
43 Apoll. Rhod. 3,158-163; zitiert sind oben 3,159-161: ... πύλας ἐξήλυθεν Οὐλύμποιο / αἰθερίας. ἔνθεν δὲ καταιβάτις ἐστὶ κέλευθος / οὐρανίη ...
44 Nonn. *Dion.* 48,613 f: καὶ πυρόεις βαρύγουνον Ἔρως δεδοκημένος Αὔρην / οὐρανόθεν κατέπαλτο ...

2.7 Entstehung der Aphrodite, der Erinyen, Giganten und Nymphen

Auch im Zusammenhang mit einer weiteren Liebesgottheit, nämlich mit Aphrodite bzw. Venus, und zwar speziell in Hinblick auf die Entstehung der (syrischen) Aphrodite-Astarte, wird eine Bewegung vom Himmel auf die Erde erwähnt. So heißt es beim Mythographen Hygin, es sei einstmals ein Ei von wunderbarer Größe vom Himmel in den Fluss Euphrat gefallen, Fische hätten es ans Ufer befördert, Tauben hätten es ausgebrütet, und daraufhin sei dem Ei die Göttin Aphrodite entstiegen, die später die „Syrische Göttin" genannt worden sei[45]. Unklar bleibt hier, wer der Verursacher der Handlung bzw. der Hervorbringer des Eis ist. Betrachtet man analoge Vorstellungen von göttlichen Samen, die aus dem Himmel kommen, die mit konkreten Gottheiten wie bspw. Zeus verbunden sind, so ist die Entstehung eines solchen götterhervorbringenden Eis aus sich selbst oder aus dem Nichts unwahrscheinlich; wegen der explizit genannten himmlischen Herkunft ist hier vielleicht am ehesten an den Himmelsgott Anu zu denken.

Neben dieser offenkundig auf den altorientalischen Raum verweisenden Mythenvariante ist die griechische (?) Version geläufiger, die Hesiod in seiner *Theogonie* erzählt, nach der die Geburt der Aphrodite, und diesmal ist nicht die „syrische" gemeint, letztlich etwas damit zu tun hat, dass das männliche Glied des Himmelsgottes Uranos, von Kronos mit Hilfe einer Sichel abgetrennt, vom Himmel herabgefallen ist[46]. Im Kontext ist der Himmel als Herkunfts*ort* freilich nirgends explizit genannt, da er sich aus der Angabe der Herkunfts*figur* (Uranos = „Himmel") zwingend ergibt. Der Vorgang insgesamt ist komplizierter, denn zunächst schneidet Kronos aus einer Höhle auf der Erde hervorlangend Uranos'

---

45 Hyg. *fab.* 197: *In Euphraten flumen de caelo ouum mira magnitudine cecidisse dicitur, qu<od> pisces ad ripam euoluerunt, super quod columbae consederunt et excalfactum exclusisse Venerem, quae postea dea Syria est appellata.*

46 S. zum Folgenden Hes. *theog.* 176-192, besonders 180-182 (... φίλου δ' ἀπὸ μήδεα πατρὸς / ἐσσυμένως ἤμησε, πάλιν δ' ἔρριψε φέρεσθαι / ἐξοπίσω) und 188-192: μήδεα δ' ὡς τὸ πρῶτον ἀποτμήξας ἀδάμαντι / κάββαλ' ἀπ' ἠπείροιο πολυκλύστῳ ἐνὶ πόντῳ, / ὣς φέρετ' ἂμ πέλαγος πουλὺν χρόνον, ἀμφὶ δὲ λευκὸς / ἀφρὸς ἀπ' ἀθανάτου χροὸς ὤρνυτο· τῷ δ' ἔνι κούρη / ἐθρέφθη. Vgl. auch in stark bildhafter Diktion Nonn. *Dion.* 1,87 f, wo vom Wasser (des Meeres) die Rede ist, „schwanger von der himmlischen Mahd" (der eigentliche agrarische *terminus technicus* für αὖλαξ ist „Furche" bzw., wie in diesem Fall, „Schwade", also das abgemähte und zu langen Streifen zusammengerechte Erntegut; mit dem Ausdruck „Mahd" wird aber die Assoziation zum abgemähten Glied des Uranos deutlicher), woraufhin das Wasser „mit Aphrodite in den Wehen lag": ... Ἀφροδίτην / οὐρανίης ὤδινεν ἀπ' αὔλακος ἔγκυον ὕδωρ.

Glied mit der Sichel ab und wirft es hinter sich auf die Erde; erst in einem zweiten Schritt schleudert Kronos dann das Glied vom Festland aus ins Meer, wo sich um das Glied herum „Schaum" (*aphros*) bildet, der sich zur Gestalt der Göttin Aphrodite, der „Schaumgeborenen" verdichtet[47].

Im Zuge dieser Aktion entstehen auch noch andere Gottheiten, nämlich durch das Blut, das aus der Wunde des Uranos bzw. des Himmels auf die Erde tropft: Gaia, die Erde, nimmt diese Blutstropfen in sich auf und gebiert dann aufgrund dieser besonderen Art der „Befruchtung" gleich mehrere verschiedene Göttergruppen, nämlich die Erinyen, die Giganten und die Nymphen der Bäume[48].

2.8 Selene und Aphrodite

Ein in griechischen Quellen bezeugter, aber eigentlich ägyptischer Vorstellungskomplex, der deshalb hier nur am Rande erwähnt sei, ist die Zeugung des von den Griechen mit Ios Sohn Epaphos geglichenen ägyptischen Apis-Stieres. Schon Herodot schreibt, dass eine Kuh dann mit dem Apis-Stier trächtig wird, wenn „ein Strahl aus dem Himmel" auf die Kuh niederfällt[49]. Von Plutarch erfährt man, dass dieser befruchtende Strahl von Selene, der Mondgöttin ausgeht[50] – eine Vorstellung, die erst dann ihre Plausibilität erhält, wenn man berücksichtigt, dass nach ägyptischer Vorstellung die für den Mond stehende Gottheit Thoth nicht weiblich, sondern männlich gedacht wird[51]. Ähnlich ist auch aus Mesopotamien ein Mythos im Kontext eines Geburtsrituals überliefert, dem zufolge sich der (männliche) Mondgott Sîn in eine wunderschöne Kuh

---

47 Diese Erklärung des Namens bei Hes. *theog.* 195-198.
48 Hes. *theog.* 183-187: ὅσσαι γὰρ ῥαθάμιγγες ἀπέσσυθεν αἱματόεσσαι, / πάσας δέξατο Γαῖα· περιπλομένων δ' ἐνιαυτῶν / γείνατ' Ἐρινῦς τε κρατερὰς μεγάλους τε Γίγαντας, / τεύχεσι λαμπομένους, δολίχ' ἔγχεα χερσὶν ἔχοντας, / Νύμφας θ' ἃς Μελίας καλέουσ' ἐπ' ἀπείρονα γαῖαν. Zur wahrscheinlichen Interpretation der „Melischen Nymphen" als Umschreibung für die Baum-Nymphen insgesamt s. die Diskussion bei West 1966, 221.
49 Hdt. 3,28,2: Αἰγύπτιοι δὲ λέγουσι σέλας ἐπὶ τὴν βοῦν ἐκ τοῦ οὐρανοῦ κατίσχειν καί μιν ἐκ τούτου τίκτειν τὸν Ἄπιν. Vgl. auch Ail. *nat.* 11,10.
50 Plut. *mor.* 368c: τὸν δ' Ἄπιν εἰκόνα μὲν Ὀσίριδος ἔμψυχον εἶναι, γίνεσθαι δέ, ὅταν φῶς ἐρείσῃ γόνιμον ἀπὸ τῆς σελήνης καὶ καθάψηται βοὸς ὀργώσης.
51 Zur allgemeinen Vorstellung der Selene, die „vom Himmel her" auf die Erde scheint, vgl. auch Hom. *Od.* 9,144 f (οὐδὲ σελήνη / οὐρανόθεν προὔφαινε). Im Kontext religiöser Vorzeichen ist u. a. auch die Vorstellung eines „fallenden" Mondes bezeugt (ohne explizite Herkunftsangabe vom Himmel, und auch ohne direkte Erwähnung eines Ziel- oder Endpunktes dieses Falles), vgl. Liv. 22,1,12: *et Capuae speciem caeli ardentis fuisse lunaeque inter imbrem cadentis*.

verliebt, diese schwängert und ihr mit Hilfe zweier Schutzgeister (*lamassu*) während der Geburtswehen Erleichterung und eine gute Geburt schenkt[52].

In der griechischen Mythologie kommt die Mondgöttin Selene aus dem Himmel hinunter, um sich mit Endymion zu vereinigen. Der vermutlich im 3. Jahrhundert n. Chr. wirkende Epiker Quintus von Smyrna beschreibt in seinem Werk *Posthomerica*, wie Selene von oben den Rinderhirten Endymion erblickt, sich in ihn verliebt und deshalb vom Himmel zu ihm herabkommt[53]. Bereits vor ihm hat Lukian dies in einem seiner *Göttergespräche* thematisiert, wo Selene im vertraulichen Gespräche mit Aphrodite sogar wiederholte „Abstiege" zu Endymion einräumt[54]. Direkt im Anschluss sagt Aphrodite, Eros habe sie ja auch selbst auf den Berg Ida zu Anchises und auf den Libanon zu Adonis „herabgeführt" (κατάγων); der Himmel ist als Ausgangspunkt vorauszusetzen, da man ein Verb mit einer solchen Richtungsangabe wohl kaum gebrauchen würde, wenn man hier an eine eher horizontale Bewegung vom Berg Olymp auf einen der anderen Berge denken würde.

2.9 Eos

Die griechische Göttin der Morgenröte, Eos, scheint von Vornherein auszuscheiden bei einer Suche nach Gottheiten, die aus dem oder vom Himmel kommen. Sie wird praktisch überall in der epischen und sonstigen Literatur seit Homer beschrieben als eine Göttin, die am Morgen zum Himmel aufsteigt und die Morgenröte bringt[55]. Wie ist es aber mit der Abendröte? Es gibt in der griechischen Kultur keine Göttin der Abendröte. Nur wenige Belege sind es, die darauf hindeuten, dass Eos möglicherweise *beide* Aspekte umfassen, also als Göttin der Morgen- *und* der Abendröte angesehen werden konnte. So wird etwa in den eben erwähnten *Posthomerica* des Quintus von Smyrna an manchen Stellen nicht der Auf-, sondern der Untergang der Eos beschrieben, passend *nach* dem Untergang der Sonne, also dem Phänomen des Abendrotes entspre-

---

52 Zum Ritual *Die Kuh des Sîn* vgl. Farber 1987, Veldhuis 1991, Nowicki 2013.
53 Quint. Smyrn. 10,125-137, besonders 128-130: ἦχί ποτ' Ἐνδυμίωνα παρυπνώοντα βόεσσιν / ὑψόθεν ἀθρήσασα κατήλυθε δῖα Σελήνη / οὐρανόθεν ...
54 Lukian. *dial. deor.* 19,1 (MacLeod): ... ἐνίοτε δὲ καὶ καταβαίνειν παρ' αὐτὸν ἐκ μέσης τῆς ὁδοῦ (aus dem Mund Aphrodites, der Selene nicht widerspricht).
55 Vgl. den formelhaft immer wiederkehrenden Homervers ἦμος δ' ἠριγένεια φάνη ῥοδοδάκτυλος Ἠώς (Hom. *Il.* 24,788; *Od.* 2,1; 3,404; 4,306 u. ö.).

chend⁵⁶. An einer Stelle ist explizit davon die Rede, dass sie nach der Sonne vom Himmel herabsteigt, um ihren gefallenen Sohn Memnon zu betrauern⁵⁷. So mag nun zwar der Aspekt der Eos als Morgenröte, als Lichtbringerin nach der Finsternis der Nacht zentraler gewesen sein; die Suche nach Dingen und Wesen, die vom Himmel kommen, hat hier aber eine alte Bekannte in neuem Licht erscheinen lassen oder, pointierter ausgedrückt, zur Entdeckung der griechischen Göttin der Abendröte geführt⁵⁸.

2.10 Hera

Im Gegensatz zu ihrem Gatten Zeus hat die Göttin Hera (bzw. Iuno) weniger Veranlassungen, ihren Wohnsitz zu verlassen. In seinem Epos *Argonautica* erzählt Apollonios von Rhodos, dass Hera einmal mit einem Schrei und von Donner begleitet aus dem Himmel hervorgesprungen sei, um von einer Klippe aus die Argonauten vor einem verderbenbringenden, falsch eingeschlagenen Kurs zu warnen⁵⁹. In den *Orphischen Argonautica* kommt Hera vom Himmel, um

---

56 Quint. Smyrn. 1,118 f; vgl. auch 1,826 f; 4,62-64 und 7,620-622. Ähnlich wird auch bei Musaios 109-111 der Untergang, nicht der Aufgang der Eos beschrieben. Der formelhafte Homer-Vers ἀλλ' ὅτε δὴ τρίτον ἦμαρ ἐυπλόκαμος τέλεσ' Ἠώς (Hom. *Od.* 5,390; 9,76; 10,144) ist von der Wortbedeutung von τελέω in der frühgriechischen Epik her (s. LfgrE s.v.) und vom jeweiligen Kontext her vermutlich eher so zu deuten, dass Eos den (dritten) Tag „zu Stande bringt", als dass sie ihn „zu Ende bringt".
57 Quint. Smyrn. 2,593 f: δύσετο δ' Ἠελίοιο φάος· κατὰ δ' ἤλυθεν Ἠώς / οὐρανόθεν κλαίουσα φίλον τέκος ...
58 Der Sturz Phaëthons aus dem Himmel auf die Erde (vgl. bspw. Nonn. *Dion.* 38,410 f; Proklos ad Plat. *Tim.* 1,115) und vergleichbare Fälle bleiben hier ausgeklammert, da Phaëthon normalerweise als Sterblicher angesehen wird, der nicht *aus dem*, sondern nur *vom* Himmel fällt, den er ausnahmsweise mit dem Wagen seines Vaters Helios befahren darf (vergleichbar dem Sturz des Ikaros, der mit seinem Vater Daidalos auch nur ausnahmsweise im Bereich des Himmels fliegt; diese und weitere ähnliche Himmelsstürze wie von Helle oder Bellerophon aufgeführt bei Masciadri 2008, 276-278). Der Frage, ob hinter Phaëthon möglicherweise eine ältere astrale Gottheit steckt, von der ein Sturz aus dem Himmel überliefert war, kann hier nicht nachgegangen werden. Zu Theorien vom PHAËTHON-MYTHOS als Verarbeitung eines Meteoriten-Einschlags s. Blomqvist 1994, und B. Rappenglück/M. Rappenglück/Ernstson et al. 2010 (kritisch dazu Doppler/Geiss/Kroemer et al. 2011; mit einer Entgegnung von B. Rappenglück/M. Rappenglück/Ernstson et al. 2011); zu weiteren kultisch verehrten Meteoriten in der Antike s. Masciadri 2008, 279, mit Anm. 94. Weitere Erklärungsversuche des PHAËTHON-MYTHOS mit Literaturhinweisen gibt Masciadri 2008, 359, mit Anm. 14 und 15.
59 Apoll. Rhod. 4,640-642: ἀλλ' Ἥρη σκοπέλοιο καθ' Ἑρκυνίου ἰάχησεν / οὐρανόθεν προθοροῦσα, φόβῳ δ' ἐτίναχθεν ἀυτῆς / πάντες ὁμῶς, δεινὸν γὰρ ἐπὶ μέγας ἔβραχεν αἰθήρ. Eine ähnliche Rettungsaktion veranlasst auch Apollon, vom Himmel herabzukommen und den Ar-

dem Kolcherkönig Aietes vor der Ankunft der Argonauten einen Traum zu bringen, der sich auf die Ankömmlinge bezieht[60]. Ein andermal fliegt die Götterkönigin vom Himmel, um den Fluss Hydaspes zu bewegen, die im Krieg gegen Dionysos unterliegenden Inder zu unterstützen[61].

Musste sie für all diese Aktionen die himmlischen Regionen nicht allzu weit verlassen, so berichtet Ovid in den *Metamorphosen* von einem für die Göttin weitaus unangenehmeren Unternehmen. Aus Zorn über das thebanische Herrscherhaus verlässt sie ihren himmlischen Wohnsitz und nimmt den mühevollen Weg sogar bis in das Totenreich auf sich, um von den abscheulichen Töchtern der Nacht, den Erinyen, höchstselbst zu erbitten, dass sie Theben und das Königshaus des Athamas und der Ino verderben[62].

2.11 Athene

Bis in das Totenreich gelangt auch die Göttin Athene. So wird sie von ihrem Vater Zeus vom Himmel her ausgeschickt, um Herakles dabei zu helfen, den „Höllenhund" Kerberos aus der Unterwelt zu holen[63]. Überhaupt muss Athene öfter vom Himmel herabsteigen, bspw. auf Veranlassung der Hera, um den aufgebrachten Achilleus daran zu hindern, sich an Agamemnon zu vergreifen[64], oder im Auftrag von Zeus, um den Kampf um Patroklos' Leiche anzufachen[65]. Interessant ist die Beobachtung, dass Athene in diesen Fällen funktional betrachtet den beiden Botengottheiten Hermes und Iris in auffälliger Weise gleicht.

Daneben ergreift Athene aber auch selbst die Initiative, wenn es etwa darum geht, den Himmel zu verlassen, um ihrem besonderen Schützling Odysseus

---

gonauten zu helfen, s. Apoll. Rhod. 4,1706 f: Λητοΐδη, τύνη δὲ κατ' οὐρανοῦ ἵκεο πέτρας / ῥίμφα Μελαντείους ἀριήκοος ...; ich werde darauf noch einmal zurückkommen (Kapitel 4).
60 *Orphische Argonautica* 776 f: Ὧκα δ' ἄρ' οὖλον ὄνειρον ἀπ' οὐρανοῦ ἧκε φέρεσθαι / εἰς δόμον Αἰήταο ... Berücksichtigt man aus anderen Texten bekannte Vorstellungen, so dürfte der Traum selbst kaum aus dem Himmel mitgebracht, sondern von Hera nach ihrer Ankunft auf Erden eher aus dem irdischen bzw. unterirdischen Bereich heraufgerufen worden sein.
61 S. dazu Nonn. *Dion.* 23,117 f: Ἥρη δ' ὡς ἐνόησε δαϊκταμένων φόνον Ἰνδῶν, / οὐρανόθεν πεπότητο ...
62 Ov. *met.* 4,432-480. Zum Verlassen des himmlischen Wohnsitzes s. 4,447 f: *sustinet ire illuc caelesti sede relicta / – tantum odiis iraeque dabat – Saturnia Iuno*.
63 Hom. *Il.* 8,364 f: αὐτὰρ ἐμὲ Ζεὺς / τῷ ἐπαλεξήσουσαν ἀπ' οὐρανόθεν προΐαλλεν.
64 Hom. *Il.* 1,194-196: ... ἦλθε δ' Ἀθήνη / οὐρανόθεν· πρὸ γὰρ ἧκε θεὰ λευκώλενος Ἥρη, / ἄμφω ὁμῶς θυμῷ φιλέουσά τε κηδομένη τε.
65 Hom. *Il.* 17,543-546: Ἂψ δ' ἐπὶ Πατρόκλῳ τέτατο κρατερὴ ὑσμίνη / ἀργαλέη πολύδακρυς, / ἔγειρε δὲ νεῖκος Ἀθήνη / οὐρανόθεν καταβᾶσα· προῆκε γὰρ εὐρύοπα Ζεὺς / ὀρνύμεναι Δαναούς.

beizustehen, der nicht einschlafen kann, weil er unablässig grübeln muss, wie er die Schar der Männer am besten bestrafen und vernichten kann, die sich während seiner langen Abwesenheit als Freier seiner Frau Penelopeia in seinem eigenen Haus eingenistet haben[66], oder wenn sie sich aufmacht, um im Krieg der „Sieben gegen Theben" dem von ihr begünstigten Tydeus aus dem Himmel die Unsterblichkeit zu bringen – ein Unternehmen, das sie allerdings vorzeitig abbricht, angewidert vom Anblick des Tydeus, der im Sterben die Leiche eines getöteten Gegners schändet[67].

2.12 Göttliche Boten wie Hermes und Iris

Zu typischen „Sphärenwechslern" gehören natürlich Gottheiten wie Hermes oder Iris, die im Auftrag von Zeus oder Hera den Bereich des Himmels verlassen, um verschiedene Botengänge zu unternehmen oder Botschaften auszurichten, wofür hier nur einige wenige Beispiele in aller Kürze genannt sein sollen. Hermes fliegt „aus dem Äther" hinunter zu Kalypso, um sie im Auftrag des Zeus aufzufordern, Odysseus ziehen zu lassen[68]. Ein andermal schickt Zeus Hermes zum Kolcherkönig Aietes, um ihn anzuweisen, Phrixos bei sich aufzunehmen[69]. Beim Epiker Statius (1. Jh. n. Chr.) schickt Zeus/Jupiter den Hermes/Mercurius ins Totenreich, um von dort den Schatten des Laios emporzuholen, der seinen Enkel Eteokles im Traum zum Krieg gegen Polyneikes aufruft[70]. Aus eigenem Antrieb fliegt Hermes nach der Darstellung bei Ovid vor allem wegen seiner Liebe zu Herse zu den Kekrops-Töchtern auf die Erde[71]. Hera/Iuno schickt Iris bei Vergil vom Himmel zur

---

66 Hom. *Od.* 20,30 f: ... σχεδόθεν δέ οἱ ἦλθεν Ἀθήνη / οὐρανόθεν καταβᾶσα, δέμας δ' ἤϊκτο γυναικί.

67 Pherekydes fr. 3 F 97 BNJ: κατ' ἐκεῖνο δὲ καιροῦ παρεῖναι Ἀθηνᾶν ἀθανασίαν αὐτῷ φέρουσαν ἐξ οὐρανοῦ ... Vgl. auch die etwas ausführlichere Schilderung bei Stat. *Theb.* 8,751-766.

68 Hom. *Od.* 5,50: ἐπιβὰς ἐξ αἰθέρος; vgl. Ov. *met.* 1,673 f: ... *patria Iove natus ab arce / desilit in terras*. Trotz der Angabe *in terras* könnte hier allerdings auch „vom Olymp herab" statt „vom Himmel herab" gemeint sein.

69 Apoll. Rhod. 3,584-588, besonders 587 f: εἰ μή οἱ Ζεὺς αὐτὸς ἀπ' οὐρανοῦ ἄγγελον ἧκεν / Ἑρμείαν ...

70 Stat. *Theb.* 1,303-311; 2,1 f. Dass Hermes bei Statius aus dem Himmel kommt, wird nur durch den weiteren Kontext klar, nach dem die dem Auftrag vorangehende Götterversammlung im Himmel lokalisiert wird, s. Stat. *Theb.* 1,197-199: *at Iouis imperiis rapidi super atria caeli / lectus concilio diuum conuenerat ordo / interiore polo*.

71 Ov. *met.* 2,730: *vertit iter caeloque petit terrena relicto*. Hier ist zwar nicht explizit von einem Hervorkommen *aus* dem Himmel die Rede, sondern Hermes fliegt schon länger oben *am* Himmel (Ov. *met.* 2,708-832) und verlässt dann diese oberen Regionen, um auf der Erde zu landen;

Flotte der Troianer, um dort Unheil zu stiften[72], und ein zweites Mal wird Iris fast wortgleich von Iuno zu Turnus geschickt, um ihn zum Angriff auf das Lager des Aeneas aufzufordern[73]. Bei Apollonios von Rhodos überbringt Iris den Boreas-Söhnen die Botschaft von Zeus aus dem Himmel, dass sie die Harpyien nicht töten dürfen[74].

2.13 Götter bei Hochzeiten und Kriegen

Richtet man schließlich den Blick auf die Götter insgesamt, so kommen sie manchmal auf die Erde, um dort zu kämpfen oder zu feiern. Die Heirat einer Göttin mit einem Sterblichen ist ein hauptsächlicher Anlass, bei dem nicht einzelne Götter, sondern die Götter als Kollektiv vom Himmel auf die Erde kommen[75]. „Einstmals aber kamen zu Harmonias Hochzeit die Himmelsbewohner ...", so heißt es einmal bei Euripides[76], und auch wenn hier der Herkunftsort, der Himmel, nur implizit aus der Bezeichnung „Himmelsbewohner" bzw. „Himmlische" (οὐρανίδαι) abzuleiten ist, so macht es bspw. Apollodoros explizit, wenn er, ebenfalls zur Hochzeit von Kadmos und der Ares-Tochter Harmonia, schreibt, wie die Götter alle den Himmel verlassen und es sich bei der Hochzeitsfeier in Theben gut schmecken lassen und ausgiebig singen[77]. Ebenso machen sich alle olympischen Götter vom Himmel her auf, um Zeugen des vor der Hochzeit notwendigen Wettkampfes zwischen Poseidon und Dionysos um die Aphrodite-Tochter Beroë

---

nach der Versteinerung der Aglauros aber fliegt er wieder zum „Äther", wo Jupiter ihn zu sich ruft (2,834-836: ... *terras / linquit et ingreditur iactatis aethera pennis. / Sevocat hunc genitor* ...), so dass also insgesamt und zumindest implizit doch eine Bewegung *aus* dem Himmel auf die Erde, erschlossen aus der Rückreise *in* den Himmel, in den Blick genommen wird.
72 Verg. Aen. 5,606 f: *Irim de caelo misit Saturnia Iuno / Iliacam ad classem uentosque aspirat eunti* ...
73 Verg. Aen. 9,2: *Irim de caelo misit Saturnia Iuno / audacem ad Turnum.*
74 Apoll. Rhod. 2,286 f: εἰ μὴ ἄρ' ὠκέα Ἶρις ἴδεν, κατὰ δ' αἰθέρος ἆλτο / οὐρανόθεν, καὶ τοῖα παραιφαμένη κατέρυκεν.
75 Bei Beschreibungen der Theoxenie, der kultischen Bewirtung von Gottheiten, die zum Mahl eingeladen werden, wird eine Herkunft der Götter aus dem Himmel, soweit ich sehe, nirgends explizit erwähnt; mit Jameson 1994, 53, könnte dies u. a. daran liegen, dass die bewirteten Gottheiten oft „were not far from heroes, lesser figures, less awesome and more familiar than the Olympians". Zur griechischen Theoxenie und den römischen *lectisternia* s. auch Flückiger-Guggenheim 1984, 25 f.
76 Eur. *Phoen.* 822 f: Ἁρμονίας δέ ποτ' εἰς ὑμεναίους / ἤλυθον οὐρανίδαι ...
77 Apollod. 3,25: καὶ πάντες θεοὶ καταλιπόντες τὸν οὐρανὸν ἐν τῇ Καδμείᾳ τὸν γάμον εὐωχούμενοι καθύμνησαν.

zu werden[78]. Schließlich waren die Götter auch bei der Hochzeit von Peleus und der Meeresgöttin Thetis anwesend, aber in den durchgesehenen Texten ist nirgends *explizit* davon die Rede, dass die Götter vom Himmel kommen[79].

Ein zweiter hauptsächlicher Anlass neben Hochzeiten für das Herabsteigen von Göttern auf die Erde ist der Krieg, vor allem der Troianische Krieg[80]. Am Anfang des 20. Gesangs der *Ilias* weist Zeus die Götter an, sich aufzuteilen und zu den jeweiligen Parteien zu gehen, um sie im Krieg zu unterstützen, während er selbst Zuschauer bleiben will[81]. Zwar ist bei Homer im Kontext nicht vom Himmel und von einem Verlassen des Himmels, sondern vom Olymp die Rede, aber in der späteren Epik kann in diesem Zusammenhang auch einmal explizit vom Verlassen des Himmels durch die Götter (und die Rückkehr dahin) die Rede sein, was wiederum anzeigt, wie die Vorstellungen vom Götterberg und vom Himmelsraum ineinander übergehen können und in späteren Texten zugunsten des Himmels als Herkunftsort ausschlagen[82].

Ein expliziter Beleg dafür, dass die Götter im Zuge der Schlacht gegen die Giganten oder gegen die Titanen den Himmel verlassen, ließ sich nicht finden, ein interessanter Befund, der darauf hindeuten könnte, dass diese mythischen Stoffe grundsätzlich eher auf Erden lokalisiert waren, mit der Vorstellung nicht von himmlischen Gefilden, sondern von Bergen als Göttersitzen. So steigen bspw. bei Hesiod die feindlichen Parteien von Bergen herunter zur Schlacht, die Titanen vom Othrys-Gebirge, die olympischen Götter vom Olymp[83]. Schon bei Hesiod selbst aber lässt sich die Interferenz mit der Vorstellung vom Himmel als Göttersitz gut beobachten, wenn es später im Text heißt, Zeus sei bei dieser

---

78 Nonn. *Dion.* 42,531-533: οὐρανόθεν δὲ μολόντες ὀπιπευτῆρες ἀγῶνος / σὺν Διὶ πάντες ἔμιμνον, ὅσοι ναετῆρες Ὀλύμπου, / μάρτυρες ὑσμίνης Λιβανηίδος ὑψόθι πέτρης. Zeus wird den Wettkampf zugunsten Poseidons entscheiden.
79 Vgl. Pind. *P.* 3,85-96, Eur. *Iph. A.* 1036-1079 oder Apollod. 3,169. Die Götter könnten vom Himmel, aber auch vom Olymp kommen. Zu Hochzeiten zwischen Sterblichen und Unsterblichen, bei denen Götter zu Gast sind, s. auch Flückiger-Guggenheim 1984, 137-139 (dort wird noch die Hochzeit von Ariadne und Dionysos angeführt).
80 Beim spätantiken Epiker Nonnos kommen einmal die Unsterblichen im Kollektiv auch dem Dionysos im Kampf gegen die Inder zur Hilfe – allerdings wird dies nicht als Faktum von einem Erzähler berichtet, sondern Dionysos selbst *behauptet* dies in einer Ansprache an seine Krieger, so dass der Vorfall nicht als so gewiss angesehen werden kann, wie er klingt (Nonn. *Dion.* 35,346 f: ... οὐρανόθεν δὲ προασπίζων Διονύσου / ἀθανάτων χορὸς ἦλθε ...).
81 Vgl. Hom. *Il.* 20,4-40.
82 Vgl. Quint. Smyrn. 12,157-218, besonders 163 f: ... ἀνέμων δ' ἐπιβάντες ἀέλλαις / οὐρανόθεν φορέοντο ποτὶ χθόνα ...
83 Hes. *theog.* 629-634. Vgl. auch den durch die Schlacht in seinen Grundfesten erschütterten Olymp in 680 f.

Schlacht blitzeschleudernd „vom Himmel *und* vom Olymp" (ἀπ' οὐρανοῦ ἠδ' ἀπ' Ὀλύμπου) herabgekommen[84]. Die Interferenz „Himmel – Olymp" zeigt sich im Hesiodtext auch dann, wenn später auf die Titanenschlacht resümierend Bezug genommen und gesagt wird, Zeus habe die Titanen „vom Himmel" vertrieben[85]. Nimmt man dies wörtlich und wertet man die Wendung „vom Himmel" nicht als eine rein poetische Abwandlung für „vom Olymp", sondern als Zeugnis einer eigenen Überlieferung, nach der die Schlacht tatsächlich am Himmel und nicht auf dem Olymp stattfand, dann gehören die Titanen zur Gruppe der unfreiwillig aus dem Himmel verstoßenen Gottheiten wie etwa Ate oder Eros.

3 Kultgegenstände und Omina

3.1 Kultgegenstände

Wenn Götter nicht selbst auf die Erde kommen, so kann es geschehen, dass Abbildungen von ihnen oder wichtige Kultgegenstände aus dem Himmel zu den Menschen gelangen. Zwei prominente Beispiele werden in diesem Band ausführlicher behandelt und daher hier nur kurz erwähnt: einmal das Palladion, die Kultstatue der Pallas Athene, die den Bestand der von König Priamos' Großvater Ilos gegründeten Stadt Ilion (Troia) garantieren soll und von Zeus vom Himmel auf die Erde hinabgeworfen wird[86], zum anderen das in Rom verehrte, von Jupiter geschickte *ancile*, ein speziell geformter Schild, der von den Römern für das numinose Unterpfand ihrer Herrschaft gehalten wurde[87].

Nach einer anderen Tradition ist auch das Kultbild der Artemis bei den Tauern, einem auf der Krim lokalisierten skythischen Volksstamm, aus dem Himmel in den dortigen Tempel herabgefallen[88]. Orestes soll es im Auftrag von Apol-

---

[84] Hes. *theog.* 689. Vgl. dazu West 1966, 350: „Olympus is still the mountain, but this close conjunction with οὐρανός foreshadows the complete equation of the two." Albert von Schirnding übersetzt hier glättend „vom himmelhohen Olympos".
[85] Hes. *theog.* 820: ... Τιτῆνας ἀπ' οὐρανοῦ ἐξέλασεν Ζεύς.
[86] Vgl. bspw. Apollod. 3,143-145 und meinen Beitrag *Vom Himmel gefallen* in diesem Band.
[87] Vgl. bspw. Ov. *fast.* 3,359-398; dazu und zur Problematik des Verhältnisses zwischen einem *ancile* und mehreren *ancilia* s. den Beitrag von Jäger *Himmelsschilde und Blitze* in diesem Band.
[88] Eur. *Iph. T.* 77-92, besonders 87 f: ... λαβεῖν τ' ἄγαλμα θεᾶς, ὅ φασιν ἐνθάδε / ἐς τούσδε ναοὺς οὐρανοῦ πεσεῖν ἄπο, und 977 f (διοπετὲς ... / ἄγαλμα). Unklar bleibt hier der „Absender" des Kultbildes.

Ion stehlen und nach Griechenland bringen[89], um sich auf diese Weise von dem Wahnsinn zu befreien, mit dem ihn seit der Ermordung seiner Mutter die Erinyen verfolgen. Der Fall ist insofern interessant, als nach einer abweichenden Überlieferung die Artemis-Kultstatue nicht aus dem Himmel, sondern gerade aus dem entgegengesetzten Bereich, nämlich aus dem Hades stammen und durch einen bestimmten Felsen, gemeint ist vermutlich ein Felsspalt, nach oben auf die Erde gelangt sein soll[90].

Insgesamt gibt es bei den Griechen nur wenige Fälle, in denen explizit eine himmlische Herkunft von Kultbildern behauptet wird; deutlich häufiger werden konkrete menschliche Künstler als Hersteller von Kultbildern angegeben[91].

Von einem eher ungewöhnlichen Fall soll hier noch die Rede sein, der durch die Homerscholien überliefert ist. Am Beginn des 15. Buches von Homers

---

89 Wohin das Kultbild der „skythischen" Artemis gelangt sein soll, darüber gibt es verschiedene Überlieferungen, vgl. Graf 1997, 56, der allerdings nur drei Lokalisierungen erwähnt: „Die kleinen Holzbilder in Halai und in Sparta gelten als das von Orestes geraubte Bild der Artemis aus dem Taurerland; dieselbe Überlieferung hängt am kleinen, tragbaren Bild der Artemis Phakelitis von Tyndaris." Bei Euripides (ebd. 90 f) ist darüber hinaus davon die Rede, dass Orestes das Kultbild „dem Land der Athener" (Ἀθηναίων χθονί) bringen soll.
90 Apollod. 6,26 (nur in einer bestimmten Rezension des Textes, die Stelle ist bspw. nicht in der elektronischen Version des *Thesaurus Linguae Graecae*; zur komplizierten Überlieferung der *Bibliotheke* und ihrer Auszüge s. Dräger 2005, 840-843, der sich dankenswerterweise für einen Parallel-Abdruck der verschiedenen Epitome-Versionen entschieden hat, s. ebd. 892): τοῦτο [sc. ξόανον] ἦν ἐν τῷ τεμένει διά τινος πέτρας ἀναφερόμενον ἐξ Ἅιδου. S. dazu die Erläuterungen von Dräger 2005, 675-677, der plausibel machen kann, dass Apollodoros hier nicht Euripides folgt, wie meist (zum Teil unter Zuhilfenahmen von Konjekturen) angenommen wird, sondern eine andere Stofftradition bewahrt (Dräger hält sie für die ältere), in der Artemis mit der Unterweltsgöttin Hekate geglichen ist.
91 Vgl. Scheer 2000, 104: „Jedoch sind die Palladien und sonstige vom Himmel gefallene Götterbilder seltene Ausnahmen in griechischen Tempeln. Statt dessen ... werden in den meisten Fällen Götterbilder angebetet, die von namentlich bekannten Künstlern gefertigt sind." Vgl. bspw. Paus. 7,4,4-7 (Smilis und Daidalos als Hersteller von Götterbildern) oder die Kritik bei Ios. *c. Ap.* 2,252. Zum regelrechten Beruf des „(Götter-)Statuenmachers" (ἀγαλματοποιός) s. die Fabel Aisop. 90 (Hausrath). Weitere Fälle von vom Himmel herabgefallenen Kultbildern, die hier nicht näher besprochen werden: ein Kultbild der Athene auf der Akropolis von Athen (Paus. 1,26,6), das nicht notwendig mit dem Palladion von Troia in Zusammenhang stehen muss (und auch nicht als Palladion bezeichnet wird; vgl. dazu Dobschütz 1899, 7), das Götterbild der Ceres in Henna auf Sizilien (Cic. *Verr.* 2,5,187) oder der Magna Mater in Pessinus in Phrygien (Amm. 22,9,7; vgl. auch Herodian. *hist.* 1,11,1; s. dazu Dalcher 2001), sowie der Holzkern des (vom Künstler Polydoros mit Erz geschmückten) Kultbildes des Dionysos Kadmeios in Theben (Paus. 9,12,4). In Apg 19,35 wird das Kultbild der Artemis von Ephesos wohl nicht, wie meist angenommen, als „vom Himmel gefallen" bezeichnet; s. dazu ausführlich Szidat 2012/2013, 1-17.

Ilias gerät Zeus in Zorn über Hera, die ihn mit Hilfe von Aphrodite und Hypnos listig vom Kampfgeschehen um Troia entfernt hat und auf diese Weise das Schlachtenglück zugunsten der von ihr favorisierten Troianer wenden konnte. Zeus droht danach Hera, sie zu bestrafen wie damals, als sie Herakles durch einen Sturm in arge Bedrängnis gebracht hatte: Damals wurde Hera von Zeus geschlagen und dann, die Arme mit einer goldenen Kette gefesselt und mit Gewichten an den Füßen, am Himmel aufgehängt[92]. Nach den Scholien soll in bestimmten Textvarianten der *Ilias* der Zusatz gestanden haben, dass Zeus nach Beendigung der Strafaktion die Gewichte[93] nach Troia hinabgeworfen habe, zum Zeugnis für die kommenden Generationen. Und tatsächlich, so der Scholiast, würden diese Metallstücke in Troia von Fremdenführern gezeigt[94]. Von einer kultischen Bedeutung oder Verehrung ist hier freilich nicht die Rede, auch wenn dies deshalb nicht ausgeschlossen werden kann; es handelt sich zumindest vordergründig um die Sicherung und Präsentation „handgreiflicher" Spuren bzw. Überreste göttlichen Handelns aus mythischen Erzählungen, wie dies auch noch anderweitig belegbar ist[95].

3.2 Omina

Eher in das Gebiet religiöser Omenkunde als zum Komplex mythischer Erzählstoffe gehören die zahlreichen Hinweise auf Beobachtungen verschiedenster ungewöhnlicher sichtbarer und hörbarer Dinge, die aus dem Himmel hervorkommen können und meistens eine unheilvolle Vorbedeutung haben, was daher hier nur *en passant* und eklektisch gestreift werden soll. Eine längere Aufzählung unterschiedlicher anormaler, historisch bezeugter Himmelszeichen fin-

---

92 Hom. *Il.* 15,18-30; vgl. v. a. 20 f: ... σὺ δ' ἐν αἰθέρι καὶ νεφέλῃσιν / ἐκρέμω.
93 μύδρους; der griechische Terminus μύδρος bezeichnet ursprünglich geschmolzenes, flüssiges Gestein oder v. a. Metall, dann auch verfestigte Stücke oder Klötze oder Gewichte; s. LfgrE s. v. („glühende Metallmasse, Amboß"), Beekes 2010, s. v. („metal or iron mass roasted in fire, glowing stones"); Masciadri 2008, 274, übersetzt mit „Metallklötze".
94 Schol. Hom. *Il.* 15,21: τινὲς δὲ <προς>γράφουσι „πρίν γ' ὅτε δή σ' ἀπέλυσα πεδῶν, μύδρους δ' ἐνὶ Τροίῃ / κάββαλον, ὄφρα πέλοι<ν>το καὶ ἐς<σ>ομένοισι πυθέσθαι". δείκνυνται γὰρ ὑπὸ τῶν περιηγητῶν οἱ μύδροι.
95 So galten etwa lehmfarbige Steine in einer Schlucht bei der Stadt Panopeus in Phokis als Reste, die bei der Erschaffung der Menschen aus Lehm durch Prometheus übriggeblieben sein sollen, s. Paus. 10,4,4, und nach Ios. *bell. Iud.* 3,420 kann man auf den Meeresfelsen bei Joppe noch die Abdrücke der Fesseln der Andromeda sehen, die damit das hohe Alter des Mythos verbürgen. Solche „archäologischen Überreste" reklamiert Flavius Josephus auch für biblische Erzählungen (Ios. *ant. Iud.* 1,71.92.203; *bell. Iud.* 4,484-485).

det sich bspw. bei Plinius dem Älteren (1. Jh. n. Chr.) im zweiten Buch seines monumentalen Werkes *Naturalis historia*. Dazu gehören etwa Regen von Milch oder Blut, von Fleischstücken, schwammartig aussehendem Eisen, von Wolle oder Ziegelsteinen, und des öfteren sei auch Waffengeklirr oder der Klang von Trompeten aus dem Himmel heraus gehört worden[96]. Die Tradition der Beobachtung und Überlieferung solcher Wunderzeichen reicht zurück bis in die mythische Vorzeit, denn schon bei Homer sendet Zeus von Blut triefenden Tau aus dem Äther als unheilverkündendes Vorzeichen für die bevorstehenden Toten im Troianischen Krieg[97].

4 Naturphänomene

Auch dann, wenn es nicht anormal ist, kann etwas aus dem Himmel Herauskommendes so gewaltig oder erschreckend sein, dass es mit dem Wirken der Götter in Zusammenhang gebracht wird. Das gilt in erster Linie für Donner und Blitz. Die idiomatische Redewendung für den Ausdruck „vom Blitz getroffen" lautet im Lateinischen wörtlich „vom Himmel her berührt" (*de caelo tactus*), was bereits von der Formulierung her die Vorstellung eines Götterhandelns an-

---

96 Plin. *nat.* 2,146-148: *praeter haec inferiore caelo relatum in monumenta est lacte et sanguine pluisse ..., sicut carne ...; item ferro ...; effigies quae pluit ferri spongiarum similis fuit; ... lana pluit circa castellum Compsanum ... lateribus coctis pluisse in acta eius anni relatum est. armorum crepitus et tubae sonitus auditos e caelo Cimbricis bellis accepimus, crebroque et prius et postea.* Zur Vorstellung, die hinter *inferiore caelo* steckt (die Himmelsregionen unterhalb der Sphäre des Mondes) s. Plin. *nat.* 2,102. Fall eines Steines oder Regen von Steinen als Vorzeichen werden bspw. erwähnt bei Plut. *Lysias* 12,1; Liv. 27,37,1; 29,14,4; wohl den Fall eines Meteoriten als göttliches Augurium für Anchises, aus dem brennenden Troia zu fliehen, beschreibt Verg. *Aen.* 2,692-700 (s. dazu ausführlich die Interpretation von Engelhardt 1970). Eine feuerartige Lichterscheinung aus dem Himmel als Vorzeichen bei Plut. *Timoleon* 8,4-8. Eine katalogartige Aufzählung verschiedener (unglückverheißender) göttlicher Vorzeichen am und aus dem Himmel auch bspw. bei Lucan. 1,522-544. Kaum bezeugt ist das Herabfallen expliziter Weisungen, also bspw. von Anweisungen in textlicher Form, auf welchen materiellen Trägern auch immer; vgl. die vom Himmel herabgefallenen γραμματεῖα im Zusammenhang eines Feldzuges von Hannibal, auf denen eines eine kurze Andeutung des Krieges in Form eines kurzen Satzes enthalten haben soll, bei Plut. *Fabius Maximus* 2,3. Speyer 1970, 23-42, versucht auch noch aus anderen Stellen die „Gattung Himmelsbriefe" abzuleiten, doch sind die (wenigen) Belege im Einzelnen nicht ganz eindeutig.
97 Hom. *Il.* 11,52-55: ἱππῆες δ᾽ ὀλίγον μετεκίαθον· ἐν δὲ κυδοιμὸν / ὦρσε κακὸν Κρονίδης, κατὰ δ᾽ ὑψόθεν ἧκεν ἐέρσας / αἵματι μυδαλέας ἐξ αἰθέρος, οὕνεκ᾽ ἔμελλε / πολλὰς ἰφθίμους κεφαλὰς Ἄϊδι προϊάψειν.

klingen lässt[98]. Bekanntlich ist es Zeus bzw. Jupiter, der in der griechisch-römischen Antike als die hinter diesen Naturerscheinungen stehende Gottheit betrachtet wurde. Schon bei Homer ist zu finden, dass sich sogar der mächtige Okeanos fürchtet, wenn Zeus vom Himmel her Blitz und Donner krachen lässt[99]. Und als die anderen Götter sich anschicken, sich aktiv in die Kämpfe des Troianischen Kriegs einzumischen, donnert Zeus furchtbar „von oben her"[100].

Furchtbar und erschreckend können aber auch Naturphänomene werden, die ansonsten eher harmlos oder sogar positiv wirken, wenn sie in gesteigerter Intensität oder im Übermaß auftreten. Das gilt etwa vom Regen[101]. Wieder ist es Zeus, dem die Macht zugeschrieben wird, die Wasserschleusen des Himmels zu öffnen[102]. Furchtbar statt fruchtbar wird dies dann, wenn Zeus, um die zahlreichen Frevel der Menschen zu bestrafen, diese Schleusen so weit und so lange öffnet, dass dadurch die Welt im wahrsten Sinne des Wortes untergeht, wie dies in verschiedenen Varianten des SINTFLUT-MYTHOS erzählt wird[103]. Allerdings nimmt Zeus dabei nach Ovid zusätzlich die Hilfe seines Bruders Poseidon in Anspruch, der zu gleicher Zeit auch alle „unteren" Wasser mobilisiert, indem er mit seinem Drei-

---

[98] Zahlreiche Belege dafür finden sich v. a. in der römischen Geschichtsschreibung, bspw. bei Livius, Sueton oder Tacitus: *de caelo tacta* (Liv. 27,37,2); *tacta de caelo aedis in Aventino Iunonis reginae* (Liv. 27,37,7); vgl. auch noch Liv. 28,11,2 u. ö.; Tac. *ann.* 13,24 u. ö.; Suet. *Dom.* 15,2 u. ö.
[99] Hom. *Il.* 21,198 f: ἀλλὰ καὶ ὅς δείδοικε Διὸς μεγάλοιο κεραυνὸν / δεινήν τε βροντήν, ὅτ' ἀπ' οὐρανόθεν σμαραγήσῃ. Zur allgemeinen Vorstellung von Zeus als Donnerer und Blitzeschleuderer s. auch *Anth. Gr.* 5,64,1 f.
[100] Hom. *Il.* 20,56 f: δεινὸν δὲ βρόντησε πατὴρ ἀνδρῶν τε θεῶν τε / ὑψόθεν ... An dieser Stelle kann mit „von oben her" (ὑψόθεν) freilich auch „vom Olymp her" gemeint sein; so donnert bspw. bei Hom. *Od.* 20,103 f Zeus „vom Olymp her, von oben aus den Wolken": αὐτίκα δ' ἐβρόντησεν ἀπ' αἰγλήεντος Ὀλύμπου, / ὑψόθεν ἐκ νεφέων ..., wobei hier der Donner als ein *positives* Zeichen für Odysseus gegeben wird. Ähnlich positiv werden bei Herodot einmal Blitz und Donner „aus heiterem Himmel" (ἐξ αἰθρίης) als bestätigende Zeichen für die Königswahl des Dareios erwähnt (Hdt. 3,86: ἀστραπὴ ἐξ αἰθρίης καὶ βροντὴ ἐγένετο), wobei das Ereignis nicht explizit mit einer bestimmten Gottheit in Verbindung gebracht wird. Zu Blitzen aus heiterem Himmel (v. a. als Vorzeichen) s. auch Hor. *carm.* 1,34; Plin. *nat.* 2,137; Lucan. 1,530-535. Dass Blitze nach antiker Vorstellung meist aus dem Himmel kommen und mit mehreren Gottheiten verbunden werden können (Jupiter und Summanus), dass es aber auch die Vorstellung gab, dass Blitze aus der Erde (!) kommen, s. Plin. *nat.* 2,138 f.
[101] Zu einer „fruchtbaren" Wirkung des Regens bei der Erzeugung von Lebewesen s. unten; weitere Belege für Zeus als Ursache von Regen bei Boedeker 1984, 16-18.
[102] Vgl. etwa Alkaios fr. 338 Lobel/Page (= fr. 338 Voigt): ὔει μὲν ὁ Ζεῦς, ἐκ δ' ὀράνω μέγας / χείμων ...; Zeus lässt es entsprechend auch schneien und hageln, s. *Anth. Gr.* 5,64,1.
[103] Vgl. etwa Apollod. 1,47: Ζεὺς δὲ πολὺν ὑετὸν ἀπ' οὐρανοῦ χέας τὰ πλεῖστα μέρη τῆς Ἑλλάδος κατέκλυσεν, ὥστε διαφθαρῆναι πάντας ἀνθρώπους ...

zack die Erde erbeben lässt und diese aufgrund der Erschütterung ebenfalls Wassermassen hervorquellen lässt[104].

Auch die an sich harmlose Nacht kann, wenn ihre Dunkelheit außergewöhnlich gesteigert erscheint, etwas Erschreckendes bekommen, etwas so Erschreckendes, dass sie an einigen Stellen der griechischen Literatur geschildert wird wie ein Wesen, dass sich vom Himmel herabstürzt. Beschrieben wird dann nicht, dass „der Himmel sich verfinstert" oder dass „es Nacht wird", sondern dass Finsternis in Gestalt der Nacht „vom Himmel her hereinbricht". Als Poseidon bemerkt, dass Odysseus seiner Rache zu entwischen droht, wühlt er im Zorn das Meer auf, ballt Wolken zusammen und verhüllt damit Land und Meer, und dann heißt es: „vom Himmel her war Nacht hereingebrochen" (ὀρώρει δ' οὐρανόθεν νύξ)[105]. Es liegt nahe, hier abschwächend zu übersetzen mit „vom Himmel war Finsternis hereingebrochen" und diese Finsternis allein auf die Wolken zurückzuführen und nicht auf den Eintritt der Nacht[106]. Zumindest aber sollte man im Hinterkopf behalten, dass in der *Theogonie* Hesiods Nyx, die Nacht, eine personifizierte Urgottheit ist[107], die von daher gut als ein Wesen vorgestellt worden sein kann, das nicht den Himmel schwarz „färbt", sondern wie andere Götter aus dem Himmel herauskommt[108]. Bei der Schilderung der Fahrt der Argonauten berichtet Apollonios von Rhodos auch einmal von einer solchen schlimmen Nacht, die sogar eine eigene Bezeichnung trägt, denn sie wird nach ihm von manchen νὺξ κατουλάς genannt, mit einem seltenen Adjektiv, das im nächsten Vers implizit mit „verderbenbringend" exegetisiert wird[109]. Die Dunkelheit dieser „verderbenbringenden Nacht" ist

---

104 Vgl. Ov. *met.* 1,260 f: *poena placet diversa, genus mortale sub undis / perdere et ex omni nimbos demittere caelo* (vgl. auch 1,269: *funduntur ab aethere nimbi*). Zum Wasser aus der Erde durch den Dreizack-Stoß des Poseidon s. 1,283 f: *ipse tridente suo terram percussit, at illa / intremuit motuque vias patefecit aquarum.*
105 Hom. *Od.* 5,294; dieselbe Wendung in *Od.* 9,69 und 12,315.
106 So in Anlehnung an bereits antike Erklärungsansätze (vgl. Eustathios ad Hom. *Od.* 5,294) LfgrE s. v. ὄρνυμι 1 b β aa: „Dunkelheit war (damit) hereingebrochen".
107 Hes. *theog.* 123-125 und 211-232.
108 Zur verwandten Vorstellung, dass es gewissermaßen ein „Himmelsinneres" gibt, aus dem statt Nacht oder Finsternis auch Licht oder Feuer heraustreten oder herabfallen kann, s. im Kontext religiöser Vorzeichen Plin. *nat.* 2,96 f: *fit et caeli ipsius hiatus, quod vocant chasma, fit et sanguinea specie et, quo nihil terribilius mortalium timori est, incendium ad terras cadens inde ...*; vgl. Plin. *nat.* 2,99 f: *quod plerique appellaverunt soles nocturnes, lumen de caelo noctu visum est C. Caecilio Cn. Papirio consulibus et saepe alias, ut diei species nocte luceret*; Liv. 22,1,11: *et Faleriis caelum findi velut magno hiatu visum, quaque patuerit, ingens lumen effulsisse.*
109 Apoll. Rhod. 4,1695 f: νὺξ ἐφόβει τήνπερ τε κατουλάδα κικλήσκουσιν· / νύκτ' ὀλοὴν οὐκ ἄστρα διίσχανεν ... Etymologisch ist κατουλάς möglicherweise verwandt mit εἰλύω = „verhüllen" oder εἰλέω = „zusammenballen", s. Beekes 2010, s.v. κατουλάς und οὖλος 2; bei Apoll.

so intensiv, dass der Verdacht entsteht, dass sie nicht von oben, vom Himmel her kommt, sondern möglicherweise aus tiefen Schlünden emporsteigt. Im Zuge dieser Nacht war nämlich vom Himmel her eine so schwarze „Leere" (*chaos*) hereingebrochen, dass die Argonauten nicht mehr wissen, ob sie noch im Meer oder nicht vielleicht schon im Hades treiben, und alternativ erwogen wird, es könnte sich auch um eine andere, aus „innersten Abgründen emporsteigende Finsternis" gehandelt haben[110]. Als Iason sich in seiner Verzweiflung an Apollon wendet, kommt dieser rasch vom Himmel herab, stellt sich auf eine Felsgruppe und leuchtet den Argonauten in der Dunkelheit, bis sie sicher auf einer Insel landen können[111].

5 Kulturtechniken und Kulturgüter

Neben Gegenständen aus dem Bereich des Kults wie bspw. Götterstatuen stammen in der Vorstellung der Griechen und Römer auch Kulturtechniken und Kulturgüter aus dem Himmel. Als eine wesentliche Kulturtechnik ist in diesem Zusammenhang die Beherrschung des Feuers zu nennen, wobei nicht so selbstverständlich eine himmlische Herkunft des Feuers vorausgesetzt werden kann, wie man dies meinen könnte[112], und die eigentliche Pointe des Mythos eher in

---

Rhod. 4,1694-1700 aber wird das Adjektiv offensichtlich emisch mit ὀλοός bzw. οὐλοός = „verderbenbringend" in Zusammenhang gebracht. S. auch die Erklärung des *Etymologicum Magnum* s. v. κατουλάς: καλεῖται ἡ σκοτεινὴ νύξ, διὰ τὸ ὀλοὴν αὐτὴν εἶναι, mit Verweis auf Apoll. Rhod. 4,1695; vgl. auch Beekes 2010, s. v. οὖλος 3 („baneful") als Epitheton für Achilleus und Ares.

110 Apoll. Rhod. 4,1697-1700: ... οὐρανόθεν δὲ μέλαν χάος, ἠέ τις ἄλλη / ὠρώρει σκοτίη μυχάτων ἀνιοῦσα βερέθρων· / αὐτοὶ δ' εἴτ' Ἀίδῃ εἴθ' ὕδασιν ἐμφορέοντο / ἠείδειν οὐδ' ὅσσον ...; ich folge hier nicht der Konjektur von Fränkel, der gegen die Handschriften in Vers 1697 ἠδέ („und") statt ἠέ („oder") liest.

111 Apoll. Rhod. 4,1701-1713.

112 In der ältesten Quelle bei Hesiod ist vom Kontext her eher der Olymp als Herkunftsort zu denken; von einer Herkunft aus dem Himmel jedenfalls ist nirgends explizit die Rede (Hes. *theog.* 561-569). Eine ausdrücklich himmlische Herkunft des Feuers wird erst in späten Quellen genannt, s. bspw. Cornutus 18,2 (κατενηνέχθαι δὲ αὐτὸ ἐμύθευσαν ἐκ τοῦ οὐρανοῦ), Heracl. *quaest. Hom.* 26,14 (ὅθεν οἶμαι δοκεῖ καὶ Προμηθεὺς ἀπ' οὐρανοῦ διακλέψαι τὸ πῦρ ...) oder Plut. fr. 194a = Porphyrios, Περὶ ἀγαλμάτων fr. 8 bzw. Eusebius, *Praep. Ev.* 3.11.23 (τὸ δ' εἰς γῆν κατενεχθὲν ἐξ οὐρανοῦ πῦρ) oder implizit bei Hor. *carm.* 1,3,27-33 (1,3,29 f: *post ignem aetheria domo / subductum*), mit dem Horazkommentar von Porphyrio (Porph. ad Hor. *carm.* 1,3,27: *Prometheum significat, de quo nota fabula est, ignem eum furtim a caelo hominibus adtulisse, et in-*

der Aitiologie einer Kult- als einer Kulturtechnik lag. Da dem Feuerdiebstahl des Prometheus in diesem Band ein eigener Beitrag gewidmet ist und auch in einem Auswertungsbeitrag noch einmal näher darauf eingegangen wird, wird er hier nicht ausführlicher behandelt[113].

Was sonstige Kulturgüter oder einzelne Gaben anbelangt, ist die Beleglage dürftiger, als man dies vielleicht zunächst vermuten würde, jedenfalls dann, wenn man nicht nach einer *göttlichen*, sondern enger fokussiert nach einer *himmlischen* Herkunft solcher Gegenstände sucht. Es gibt etliche Erzählungen darüber, dass Götter Menschen Geschenke machen, aber nur wenige, in denen explizit und dezidiert davon die Rede ist, dass diese Gaben „aus dem Himmel" kommen. Bei Homer etwa wird erwähnt, dass die Götter dem Peleus eine „göttliche Rüstung" geschenkt haben, die dieser dem Achilleus vererbt hat, aber weder wird erwähnt, wer die Rüstung gemacht hat – und wenn Hephaistos als wahrscheinlichster Kandidat dafür doch wohl am ehesten verantwortlich war, dann ist unsicher, wo Hephaistos' Werkstatt zu lokalisieren wäre, auf Erden, unter der Erde, im Himmel oder auf dem Olymp –, noch wird gesagt, bei welcher Gelegenheit die Götter dem Peleus dieses Geschenk überreicht haben. Dass sie zu seiner Hochzeit vom Himmel stiegen und dass die Rüstung daher „himmlischer" Herkunft ist, ließe sich allenfalls indirekt daran festmachen, dass die schenkenden Götter an dieser Stelle οἱ θεοὶ οὐρανίωνες, also „die himmlischen Götter" genannt werden[114]. Doch könnte die Rüstung zuvor in einer Werkstatt des Hephaistos auf oder unter der Erde hergestellt worden sein, oder aber sie könnte nicht vom Himmel, sondern vom Götterberg Olymp herabgebracht worden sein, wenn man die Wendung „die himmlischen Götter" als eine eher topische, festgefügte Wendung ansieht[115]. Die neue Rüstung jedenfalls, die Thetis von Hephaistos für Achilleus anfertigen lässt, nachdem die alte durch den Sieg Hektors über Patroklos geraubt worden war, nimmt die Göttin nach der Fertig-

---

uexisse terris multas calamitates, und 1,3,29 f: *Hesiodus ait, cum ignis e caelo furto Promethei subductus esset, Pandoram inmissam terris poena causa[m]*).

113 Zu den verschiedenen Überlieferungen des Mythos PROMETHEUS STIEHLT DAS FEUER und zu der Problematik der Herkunft des Feuers s. den Beitrag von Alvensleben *Vom Himmel oder nicht vom Himmel?* im vorliegenden Band; zur Interpretation des prometheischen Feuerdiebstahls als Aitiologie für eine primär für den Kult wichtige Technik s. den Auswertungsbeitrag von A. Zgoll/C. Zgoll *Lugalbandas Königtum und das Feuer des Prometheus* in diesem Band.

114 Hom. *Il.* 17,194-197: ... ὃ δ' ἄμβροτα τεύχεα δῦνε / Πηλεΐδεω Ἀχιλῆος ἅ οἱ θεοὶ οὐρανίωνες / πατρὶ φίλῳ ἔπορον· ὃ δ' ἄρα ᾧ παιδὶ ὄπασσε / γηράς ...

115 Diese Wendung bspw. auch noch Hom. *Il.* 1,570; 24,612; *Od.* 7,242; 9,15; 13,41.

stellung nicht vom Himmel, sondern vom Olymp aus mit auf die Erde[116]. Erst in späteren Quellen wird das Geschehen sprachlich vereinzelt so ausgedrückt, dass dem Schild bzw. allgemeiner den Waffen eine explizit himmlische Herkunft zugeschrieben wird[117]. In Vergils *Aeneis* wird das Problem der Herkunft der Rüstung, die Venus ihrem Sohn Aeneas schenkt, elegant dadurch gelöst, dass zwar der Herstellungsvorgang in der Werkstatt des Schmiedegottes stattfindet, die in einer unterirdischen Höhle der Insel Volcania lokalisiert wird[118], dass aber der herstellende Gott Vulcanus (= Hephaistos) selbst erst aus dem Himmel zu seiner Werkstatt herabsteigen muss, bevor er sich an die Arbeit macht[119]; und schließlich wird diese Ambiguität zwischen himmlischem und (unter)irdischem Ursprung der Rüstung noch einmal zusätzlich dadurch verkompliziert, dass Venus die von ihrem göttlichen Gemahl hergestellten Gegenstände aus dem himmlischen Bereich zu Aeneas bringt[120], wodurch wiederum implizit vorausgesetzt wird, dass sie vorher von der unterirdischen Werkstatt in den Himmel gebracht worden sein müssen. Im Ergebnis kommt auf diese Weise die Rüstung des Aeneas *sowohl* aus den Tiefen der Erde *als auch* vom Himmel.

Auch beim Königszepter des Herrschers Agamemnon ist die Beleglage ähnlich uneindeutig. Bei Homer ist das Zepter zwar göttlicher, nicht aber explizit himmlischer Herkunft: Es wird wie die vorher erwähnten Rüstungen von Hephaistos angefertigt und dem Zeus gegeben, Zeus wiederum schenkt es Hermes,

---

116 Hom. *Il.* 18,614-617: Αὐτὰρ ἐπεὶ πάνθ' ὅπλα κάμε κλυτὸς ἀμφιγυήεις, / μητρὸς Ἀχιλλῆος θῆκε προπάροιθεν ἀείρας. / ἡ δ' ἴρηξ ὣς ἆλτο κατ' Οὐλύμπου νιφόεντος / τεύχεα μαρμαίροντα παρ' Ἡφαίστοιο φέρουσα.
117 Von Homer abweichend, obwohl sich explizit auf Homer beziehend, sowohl Dion Chrys. 11,106 (Thetis bringt von Hephaistos gefertigte Waffen aus dem Himmel): ἐκ τοῦ οὐρανοῦ φησι κομίσαι τὴν Θέτιν ὑπὸ τοῦ Ἡφαίστου γενόμενα ὅπλα, als auch Himerios *or.* 25 (der goldglänzende, von Hephaistos gefertigte Schild kommt aus dem Himmel): ἐπεὶ δὲ ἧκεν ἐξ οὐρανοῦ χρυσῷ μὲν ἀσπὶς ἀστράπτουσα … In beiden Fällen liegt nach dem Kontext zu schließen keine bewusste „Homerkorrektur" vor, sondern verdankt sich die Abweichung offensichtlich einem Wortgebrauch, der zwischen „Olymp" und „Himmel" keinen grundsätzlichen Unterschied (mehr) macht. Vgl. auch Themistios, *or.* 18,221a: οὔπω τῶν ὅπλων αὐτῷ ἐκ τοῦ οὐρανοῦ κεκομισμένων.
118 Verg. *Aen.* 8,416-422, mit einer m. E. absichtlich unscharfen Bezeichnung dieses Höhlensystems als „ätnäisch" (Verg. *Aen.* 8,419: *antra Aetnaea*), um die alternative Tradition einer Lokalisierung der Schmiedegott-Werkstatt unter dem Ätna (vgl. Verg. *georg.* 4,173) zumindest mit anklingen zu lassen. Die Insel Volcania (modern: Vulcano) ist eine der Liparischen Inseln vor der Nordküste Siziliens.
119 Verg. *Aen.* 8,423: *caelo descendit ab alto.*
120 Zur Lokalisierung der Venus im Himmel s. Verg. *Aen.* 8,520-529, zur poetischen Umschreibung ihrer Herkunft aus dem Himmel 8,608 f: *At Venus aetherios inter dea candida nimbos / dona ferens aderat.*

Hermes Pelops, Pelops Atreus, Atreus Thyestes, und Thyestes schließlich Agamemnon[121], ohne dass von einem Transfer aus dem Himmel näherhin die Rede wäre[122]. Erst beim spätantiken Rhetor und Philosophen Themistios (4. Jh. n. Chr.) wird das Zepter des Agamemnon einmal explizit als Himmelsgabe bezeichnet[123], wobei der Gebrauch dieser Wendung in rhetorischem Kontext nicht unbedingt eine bewusste Absetzung von der Tradition darstellen muss, sondern auf eine nicht näher reflektierte Redekonvention deuten mag.

Ähnlich verwickelt ist der Fall, wenn es um die Verleihung der Herrschaft an Kadmos geht: So verschafft nach einem Bericht des Apollodoros die Göttin Athene dem Kadmos die Königsherrschaft, nachdem er acht Jahre Fron im Dienst des Kriegsgottes Ares geleistet hatte, und obendrein erhält Kadmos von den Göttern als Gattin Harmonia, die Tochter des Ares[124]. Nun ist zwar im näheren Kontext auch die Rede davon, dass alle Götter vom Himmel zur Hochzeit von Kadmos und Harmonia hinabgestiegen sind[125], aber da der Mensch Kadmos dem Ares sicher nicht im Himmel gedient hat, muss auch die Gabe der Herrschaft (und der Braut) nicht zwingend „aus dem Himmel" erfolgt sein, auch wenn vieles dafür sprechen mag[126]. Anlässlich dieser Hochzeit überreicht Kadmos der Harmonia ein Halsband – wieder war Hephaistos der Künstler, der es angefertigt hat, und wieder bleibt unklar, ob man hier von einer himmlischen, olympischen oder eher (unter)irdischen Herkunft des Halsbandes ausgehen muss[127].

Der griechische Geschichtsschreiber Diodor zählt die Gaben auf, welche die Götter dem Herakles zum Geschenk gemacht haben sollen, um ihn für bestan-

---

[121] Scheid/Svenbro 2017, 74, nennen solche Erzählstoffe über die Herkunft von prestigeträchtigen Objekten „Objekt-Genealogien".
[122] Vgl. Hom. *Il.* 2,100-108. Pausanias greift diese Homerstelle später in Bezug auf ein von den Einwohnern von Chaironeia verehrtes Zepter auf, bei dem es sich um genau das Zepter handeln soll, das bei Homer erwähnt wird (Paus. 9,40,11 f), aber auch bei Pausanias wird zwar die göttliche, nicht aber eine himmlische Herkunft des Zepters behauptet. Das Zepter soll an der Grenze zwischen dem Gebiet von Chaironeia und dem von Panopeus in Phokis gefunden worden sein – wie es aber dorthin gelangt ist, bleibt offen.
[123] Themistios *or.* 8,111d: τὸ σκῆπτρον αὐτῷ διαδόσιμον ἐκ τοῦ οὐρανοῦ παραγενέσθαι.
[124] Apollod. 3,24 f.
[125] Die Stelle wurde oben bereits erwähnt.
[126] Explizit wird Harmonia in mythischem Kontext m. W. nur einmal als „vom Himmel" gekommene Braut bezeichnet, und zwar in den spätantiken *Dionysiaka* des Nonnos (3,376: παρθένον οὐρανόθεν μετανάστιον).
[127] Apollod. 3,25. Ähnlich überreicht bspw. nach Hom. *Il.* 22,470-472 Aphrodite bei der Hochzeit von Hektor und Andromache der Braut einen Schleier, ohne dass Genaueres über die Herkunft der Aphrodite oder ihrer Gabe gesagt würde.

dene Kämpfe und Mühen zu ehren, aber auch hier wird keine Bewegung von einem himmlischen „Oben" zu einem irdischen „Unten" in den Blick genommen, zumindest nicht explizit ausgedrückt, obwohl dem Herakles die Gaben noch zu seinen Lebzeiten auf Erden überreicht werden. Die dort genannten Gaben sind folgende: ein Kleid von Athene; eine Keule und ein Panzer von Hephaistos; Pferde von Poseidon; ein Schwert von Hermes; ein Bogen und Belehrung in der Bogenschießkunst von Apollon; die Stiftung der „Kleinen Mysterien" zu Ehren des Herakles durch Demeter[128].

Platon lässt den Sophisten Protagoras in dem gleichnamigen frühen Dialog *Protagoras* einen Mythos erzählen[129], nach dem Zeus Hermes zu den Menschen schickt, um ihnen „Anstand und Recht" (αἰδῶ τε καὶ δίκην) zu bringen. Die beiden Abstrakta „Anstand" und „Recht" existieren in den mythischen Vorstellungen der Griechen auch als personifizierte Gottheiten Aidos und Dike, und speziell Dike wird in einem nur lückenhaft erhaltenen Aischylos-Fragment als bei Zeus thronend und von Zeus ausgeschickt geschildert[130]; aber weder bei Aischylos noch bei Platon ist von einer vertikalen Bewegung die Rede, welche ausdrücklich den Himmel als Ursprungsort namhaft machen würde. Unabhängig von der Frage, ob der Mythos ZEUS SCHICKT DURCH HERMES DEN MENSCHEN ANSTAND UND RECHT zumindest streckenweise eventuell als platonische (oder protagoreische) Eigenschöpfung und damit eher als ein philosophischer Kunstmythos anzusehen ist, lässt sich die Vorstellung vom Recht, das vom Himmel kommt, für die griechisch-römische Mythologie insgesamt immerhin plausibel machen, wenn auch nur andeutungsweise[131].

Ein noch zu erwähnender Fall mag eindeutiger sein, weil der Geber ein „Himmlischer" ist. Euripides berichtet in seiner Tragödie *Medea* davon, dass der Sonnengott Helios seiner Enkelin einen (geflügelten) Wagen als Geschenk überreicht hat[132]. Kann man hier die Richtungsangabe „aus dem Himmel" mit-

---

128 Diod. 4,14,3. Die Stiftung eines Kults fällt deutlich aus dem Rahmen der anderen Gaben und ist durch die Gestalt der Demeter eher mit dem Bereich der Erde als mit dem Himmel assoziiert.
129 Plat. *Protag.* 320c8-322d5.
130 Aischyl. TrGF Bd. 3, fr. 281a Radt.
131 Wenig Anhaltspunkte liefert der Aufsatz von Fischer 1967, der eher textfern (und ohne Belege) verschiedene Mythen und Symbole aus unterschiedlichen Kulturkreisen aufzählt, die sich seiner Ansicht nach mit dem Rechtsbegriff (den er nicht näher definiert) und einer Vorstellung von einem vom Himmel kommenden Recht assoziieren lassen.
132 Eur. *Med.* 1321 f.

denken bzw. aus der Lokalisation des Gebers erschließen[133], so fehlt umgekehrt bei Ovid zwar die Angabe des Gebers, während die Herkunft der Gabe aber etwas näher bestimmt wird, denn der Wagen, so heißt es da, sei Medeia „aus dem Äther herabgesandt" worden (*aderat demissus ab aethere currus*)[134].

Völlig unbestreitbar, was die Herkunftsfrage angeht, ist schließlich ein Fall, der aber über die griechische Kultur hinausweist und bei Herodot bezeugt ist[135]; die Rede ist von den Skythen. Nach deren Mythologie, die Herodot referiert, soll der erste Mensch, der Skythien bewohnte, ein Sohn von Zeus und einer Tochter des Flusses Borysthenes namens Targitaos gewesen sein. Targitaos zeugte drei Söhne, und in der Zeit ihrer Herrschaft sollen goldene Machwerke aus dem Himmel in das Land der Skythen herabgefallen sein: ein Pflug, ein Joch, eine Streitaxt und eine Schale[136]. Nur der jüngste Sohn kann sich diesen wichtigen Kulturgütern (oder treffender: diesen Kultgütern[137]) ungefährdet nähern – bei den beiden Älteren brennen die goldenen Gegenstände, so dass sie sie nicht berühren –, und so erhält der Jüngste mit diesen Gütern zugleich auch noch die ungeteilte Königsherrschaft[138].

---

133 Zwingend ist diese Annahme nicht, da Helios abends den Himmel verlässt und bspw. nach Hom. *Od.* 12,4 morgens von der Aia-Insel wieder aufsteigt, und überdies hätte er den Wagen auch bei Hephaistos in Auftrag geben können, mit der bereits hinreichend erwähnten Unsicherheit bezüglich einer Lokalisation des Handwerker-Gottes. Neben dem Wagen hat Medeia von Helios auch ein Diadem erhalten (s. Eur. *Med.* 954 f), aber auch in diesem Fall bleiben die erwähnten Unklarheiten.
134 Ov. *met.* 7,219. Zur Vorstellung von einem geflügelten Wagen vgl. auch noch Zeus, der auf einem geflügelten Wagen aus dem Himmel herabfährt, bei Apollod. 1,43.
135 Hdt. 4,5.
136 Hdt. 4,5,3: Ἐπὶ τούτων ἀρχόντων ἐκ τοῦ οὐρανοῦ φερόμενα χρύσεα ποιήματα, ἄροτρόν τε καὶ ζυγὸν καὶ σάγαριν καὶ φιάλην, πεσεῖν ἐς τὴν Σκυθικήν ...
137 S. dazu den Auswertungsbeitrag von A. Zgoll/C. Zgoll *Lugalbandas Königtum und das Feuer des Prometheus* im vorliegenden Band und dort die Überlegungen zum Mythos vom FEUERDIEBSTAHL DES PROMETHEUS, Kapitel 3.2.1.
138 Vgl. zu diesem Mythos und seiner Interpretation Bäbler in Nesselrath 2017, 806 f. Der Name des jüngsten Sohnes, Kolaxais, bedeutet nach neueren Forschungen „Sonnenkönig" (s. ebd. 806), und im Namen steckt bereits eine Erklärung des Verlaufs des Mythos (s. ebd. 807): „Nur dem legitimen König wird durch das von der Sonne bzw. dem himmlischen Ursprungsfeuer kommende Charisma erst die Macht verliehen, d. h. das indoiranische *hvarna/farn[a]* ...; daher ist Kolaxais, der eben dieses Himmelsfeuer in sich trägt, der einzige, der sich an den goldenen Geräten nicht verbrennt."

6 Menschen, Tiere und Pflanzen

Im ersten Buch von Ovids *Metamorphosen* werden zwei Möglichkeiten genannt, wie die ersten Menschen entstanden sein könnten. Entweder seien sie von Prometheus „aus göttlichem Samen" (*divino semine*) gemacht, oder aber nach der Trennung von Himmel und Erde habe die Erde noch Samen des mit ihr verwandten Himmels in sich bewahrt, und Prometheus habe dann aus dieser vom Himmel „befruchteten" Erde und aus Wasser die Menschen nach dem Abbild der Götter geformt[139]. Das erinnert an die Erzählung von der Entstehung der Erinyen, Giganten und Baum-Nymphen bei Hesiod, die aus einer „Befruchtung" der Erde (Gaia) durch das vom Himmel herabtropfende Blut des von Kronos verwundeten Himmels (Uranos) entstanden sein sollen[140]. Eine nicht mit Blut, sondern mit Regen operierende, dem MENSCHENSCHÖPFUNGSMYTHOS bei Ovid ähnliche Vorstellung findet sich in einem Euripides-Fragment, in dem es heißt, Gaia und der Äther des Zeus seien die größten Gottheiten – denn er sei der Erzeuger von Menschen und Göttern, sie hingegen die Mutter, welche die Wassertropfen in sich aufnimmt und dann Menschen, Pflanzen und Tiere gebiert[141]. Eine inhaltlich im Wesentlichen parallele Passage ist bei Lukrez anzutreffen, nach dem sowohl Menschen als auch Pflanzen und Tiere denselben Vater und dieselbe Mutter haben: dem Samen nach den Himmel, und als Mutter die Erde, welche die Wassertropfen in sich aufnimmt[142]. Auch beim Dichter Manilius werden, nun philosophisch (stoisch) angehaucht, die Menschen als Kinder göttlicher Her-

---

139 Ov. met. 1,78-83: *natus homo est, sive hunc divino semine fecit / ille opifex rerum, mundi melioris origo, / sive recens tellus seductaque nuper ab alto / aethere cognati retinebat semina caeli. / quam satus Iapeto, mixtam pluvialibus undis, / finxit in effigiem moderantum cuncta deorum.*

140 Hes. theog. 183-187; s. dazu oben. In den frühesten erhaltenen Schöpfungsmythen aus dem antiken Mesopotamien ist die Vorstellung bezeugt, dass Himmel und Erde am Uranfang miteinander „sprechen", und zwar während oder in Form eines Gewittersturmes; dies ist offensichtlich als ein Geschehen zu begreifen, durch welches weitere Wesen gezeugt werden, vgl. den sogenannten *Barton-Zylinder*, dazu zuletzt Lisman 2016/17 und 2013, 236-240 sowie Wilcke 2007, 10. Die Vorgänge sind so zu verstehen, dass An (Himmel) durch das Gewitter Ki (Erde) schwängert.

141 Eur. *Chrysippos* fr. 839,1-7 (Kannicht): Γαῖα μεγίστη καὶ Διὸς Αἰθήρ, / ὁ μὲν ἀνθρώπων καὶ θεῶν γενέτωρ, / ἡ δ' ὑγροβόλους σταγόνας νοτίας / παραδεξαμένη τίκτει θνητούς, / τίκτει βοτάνην φῦλά τε θηρῶν· / ὅθεν οὐκ ἀδίκως / μήτηρ πάντων νενόμισται. Weitere Stellen zu Uranos, der Gaia mit seinem Wasser befruchtet und dadurch mit ihr Leben erzeugt, bei Boedeker 1984, 10-14.

142 Lucr. 2,991-995: *denique caelesti sumus omnes semine oriundi, / omnibus ille idem pater est, unde alma liquentis / umoris guttas mater cum terra recepit, / feta parit nitidas fruges arbustaque laeta / et genus humanum, parit omnia saecla ferarum.*

kunft beschrieben, deren Seelen vom Himmel entstammen und dorthin zurückkehren, in denen Gott wohnt und die in ihm ihren Vater erkennen[143]. Interessant ist in diesem Zusammenhang auch die stereotype Wendung auf einigen der sog. *Orphischen Goldplättchen*[144]: Γᾶς υἱός (/θυγάτηρ) ἠμι καὶ Ὠρανῶ ἀστερόεντος – „Ich bin ein Sohn (/eine Tochter) der Erde und des sternreichen Himmels". Nach Porphyrios, der dabei vielleicht an solche mythisch-philosophisch-religiösen Vorstellungen gedacht haben mag, haben alle Lebewesen dieselben Eltern: Himmel und Erde[145].

7 Kommt der Himmel vom Himmel?

Zum Abschluss noch die Frage: Wie steht es eigentlich mit dem Himmel selbst? Betrachtet man die mythischen Vorstellungen der Griechen unter einem genealogischen Aspekt, so ergibt sich ein gewisses Paradox, das nicht ganz ohne Pointe ist. Denn der personifizierte Himmel als göttliche Gestalt, der Gott Uranos, gilt nach Hesiods *Theogonie* unter anderem als Vater der Titanen, und die Titanen Kronos und Rheia wiederum sind die Eltern der „olympischen" Götter, allen voran von Zeus und Hera. Damit stammen alle diese Götter zwar einerseits gewissermaßen vom „Himmel" (Uranos) ab, aber die personifizierte kosmische Größe, die all die „himmlischen" Götter der ersten Generation aus sich entlässt, ist Uranos' Frau Gaia, also die Erde. Ja sogar der Himmel selbst, der Gott Uranos, ist nach Hesiod kein genuin „Himmlischer", sondern ein Erdgeborener, denn in der *Theogonie* ist Gaia vor Uranos da und hat dann Uranos aus sich heraus geboren[146].

Kann auch der Himmel aus dem Himmel kommen? In der griechisch-römischen Literatur begegnet in rituell-magischen Kontexten die Vorstellung, dass

---

143 Vgl. Manil. 4,883-887: *Iam nusquam natura latet; pervidimus omnem / et capto potimur mundo nostrumque parentem / pars sua perspicimus genitique accedimus astris. / An dubium est habitare deum sub pectore nostro / in caelumque redire animas caeloque venire / ... ?* Zur religiös-philosophischen Vorstellung von der himmlischen Herkunft der Seelen s. ausführlicher Lumpe 1991, 182-184.
144 In den *Fragmenta Orphica* 480-483 (ed. Bernabé); s. dazu Betz 1998.
145 Porph. *De abstinentia* 3,25: καὶ φοινίους ἔχει ῥοὰς τὰ ζῷα πάντα καὶ κοινοὺς ἁπάντων δείκνυσι γονεῖς οὐρανὸν καὶ γῆν.
146 Hes. *theog.* 126 f: Γαῖα δέ τοι πρῶτον μὲν ἐγείνατο ἶσον ἑωυτῇ / Οὐρανὸν ...; vgl. dazu auch Käppel 2002. Im Alten Orient begegnen dagegen eher die Vorstellungen von einer Scheidung von Himmel und Erde oder (seltener) von einer Geburt der Erde aus dem Himmel, s. dazu A. Zgoll 2012.

Magier oder Hexen nicht nur einzelne Sterne oder den Mond[147], sondern sogar den ganzen Himmel auf die Erde herunterziehen können[148]. Aber wie ist es in mythischen Stoffen – kann es passieren, dass der Himmel auf die Erde stürzt?

Nach der Überlieferung des Historikers Arrian (1./2. Jh. n. Chr.) meint Alexander der Große einmal in seinem Größenwahn, sein Name könnte schon so weit in der Welt bekannt geworden sein, dass alle vor ihm beben, und er fragt daher Gesandte vom Volk der Kelten, und zwar von einem Teil dieses Stammes, der im Südosten Europas sesshaft war, was sie denn am meisten fürchten würden[149]. Und zu seiner Überraschung antworten die Gesandten, sie fürchten nur eines: dass der Himmel auf sie fallen könnte[150]. Wollten die Gesandten Alexander gegenüber, so wie Arrian es darstellt, lediglich Selbstbewusstsein demonstrieren, weil sie sich, weit entfernt wie sie wohnten, vor Alexanders Herrschaftsgelüsten sicher fühlten? Oder stecken hinter dieser Antwort noch zusätzlich Bezüge auf tatsächlich vorhandene, weiter verbreitete Vorstellungen wie bspw. die Angst vor Hexerei? Oder wird hier sogar ein ENDZEITMYTHOS greifbar, nach dem einmal am Ende aller Tage tatsächlich der ganze Himmel auf die Erde stürzen könnte und damit die Welt aufhört, zu existieren?

Die Skizzierung einer mythischen Endzeit, in der möglicherweise alles, auch Gestirne und Götter, wieder ins Chaos zurücksinken könnten, findet sich in einem Chorlied der Tragödie *Thyestes* des Seneca[151]; dort ist allerdings nicht von einem vom Himmel herabstürzenden Himmel die Rede, immerhin aber von Sternen bzw. Sternbildern, die vom Himmel herabstürzen[152]. Rückblickend hingegen auf die mythische Urzeit wird bei Hesiod das gewaltige Getöse bei der Schlacht zwischen den Titanen und den Olympiern immerhin einmal als so

---

147 Eine Hexe kann Sterne vom Himmel herabziehen: s. Tib. 1,2,43 (*hanc ego de caelo ducentem sidera vidi*); sie kann auch den Mond von seinem Wagen herabziehen: s. Tib. 1,8,21 (*cantus et e curru Lunam deducere temptat*). Weitere Stellen zum Herabziehen des Mondes durch Hexen sind bei Hill 1973, gesammelt und besprochen, dessen erklärtes Ziel es ist zu zeigen, dass diese Stellen „always suggest the physical removal of the moon down from the sky and were never used to denote eclipse" (ebd. 221).
148 Vgl. Philostr. *Ap.* 8,7,2 f: γοητεύειν με φήσουσι καὶ τὸν οὐρανὸν ἐς τὴν γῆν ἄγειν. Im Corpus der „magischen" Papyri selbst hingegen (s. Merkelbach/Totti) wird man unter dem Stichwort „Himmel" (οὐρανός) kaum fündig, und die wenigen Stellen geben für die vorliegende Thematik nichts her.
149 S. Arr. *an.* 1,4,6-8; im Text ist die Rede von Kelten, die am Ionischen Golf leben.
150 Arr. *an.* 1,4,8: ἔφασαν δεδιέναι μήποτε ὁ οὐρανὸς αὐτοῖς ἐμπέσοι.
151 Sen. *Thy.* 789-884.
152 Sen. *Thy.* 855-874.

furchtbar beschrieben, dass es fast so *schien*, als würde der Himmel von oben auf die Erde niederstürzen[153].

Etwas weniger dramatisch könnte man die Aussage der Kelten bei Arrian aber auch dahingehend interpretieren, dass sie auf Wetterphänomene wie furchtbare Gewitterstürme zielt, die unter religiösem Aspekt als mögliche punktuelle Strafen oder allgemeiner als Eingriffe von Göttern gedeutet wurden. Es gibt einen Bericht bei dem Historiker Livius über kriegerische Auseinandersetzungen zwischen Thrakern und Bastarnern, der das zu bestätigen scheint. Als die Thraker sich ins Gebirge zurückziehen und ein furchtbares Unwetter mit Blitz, Donner und Hagelschlag die Bastarner, die den Thrakern nachsetzen, in die Flucht treibt, heißt es kommentierend: „Sie selbst (sc. die Bastarner) aber sagten, die Götter hätten sie in die Flucht geschlagen und der Himmel sei auf sie gestürzt"[154]. Interessanterweise sind die Bastarner wie die am Ionischen Golf lebenden Kelten bei Arrian ebenfalls ein südosteuropäischer Volksstamm, so dass die Livius-Stelle vielleicht die beste Ausdeutung für das bei Arrian überlieferte Diktum über die Furcht vor einem „herabfallenden Himmel" liefert. Ob dies zutrifft, mag dahingestellt bleiben, da weder die „Balkankelten" noch die Bastarner in den hier eigentlich zur Untersuchung anstehenden Bereich der griechisch-römischen Kultur gehören. Es sieht aber so aus, als würde sich die jedem *Asterix*-Leser bekannte Vorstellung von der Angst der ebenfalls zum Volk der Kelten gehörenden Gallier, der Himmel könnte ihnen auf den Kopf fallen, nicht auf den Himmel selbst beziehen, sondern eher auf ein vom Himmel hereinbrechendes, furchtbares Unwetter[155].

8 Fazit

Soweit eine erste Annäherung an die Frage, was oder wer in griechisch-römischen Mythen (und teilweise darüber hinaus nicht nur in Mythen, sondern auch nach allgemeineren Vorstellungen) „vom Himmel" kommt. Sicherlich sind damit nicht restlos alle Fälle entdeckt. Manches ließ sich auch nach längerer Recherche entweder nicht finden oder nicht verifizieren – was allerdings ange-

---

153 Hes. *theog.* 700-705.
154 Liv. 40,58,6: *sed ipsi deos auctores fugae esse caelumque in se ruere aiebant.*
155 Vgl. Spickermann 2001, 119, mit Bezug auf den Asterix-Band *Der Seher*: „*Taranis*, der keltische Himmelsgott, dessen Name vom keltischen Wort 'taran' für 'Donner' abgeleitet ist, ... kann unseren Galliern den Himmel auf den Kopf fallen lassen und tut dies buchstäblich, als er den falschen Seher mit seinem Donner verjagt."

sichts der Materialfülle nicht heißt, dass es tatsächlich nicht verifizierbar ist. Verkompliziert wird die Lokalisierung von Gottheiten und Vorgängen durch eine grundsätzliche Problematik: Die Suche nach Wesen oder Dingen, die in der griechisch-römischen Kultur vom Himmel kommen, kann sich nicht an einzelnen, eindeutigen konkreten sprachlichen Wendungen orientieren. Das Nebeneinander von „Himmel" und „Olymp" als Götterwohnsitzen und der Umstand, dass im Fall rein poetischer *variatio* durchaus auch einmal das eine für das andere stehen kann, ist nur ein Teil der Schwierigkeit, wenn man bedenkt, dass für die Wendung „aus dem bzw. vom Himmel" noch zahlreiche weitere Alternativen wie „vom Äther", „von oben", „aus der Höhe" etc. in Frage kommen.

Wenn man die historische Entwicklung in den Blick nimmt, dann nimmt in späteren Quellen in etlichen Fällen die explizite Zuweisung einer Herkunft aus dem Himmel zu, wo ältere Texte sich entweder nicht festlegen oder aber von einer Herkunft vom Götterberg Olymp sprechen. Diese scheinbar eindeutige Entwicklungslinie wird allerdings dadurch wieder etwas verunklart, dass aufgrund einer weitgehenden Synonymie von „Himmel" und „Olymp" in späteren Quellen durchaus einmal „Himmel" stehen, aber „Olymp" gemeint sein kann und umgekehrt. Trotzdem lässt sich die Hypothese aufstellen, die freilich durch weitere Untersuchungen noch besser abgestützt werden müsste, dass die Götter der Griechen überwiegend eher als Berg- denn als Himmelsbewohner angesehen wurden, und dass zwar schon in den frühesten Quellen vereinzelt auch die Vorstellung von im Himmel wohnenden Göttern aufscheint, sich diese aber erst im Lauf der Zeit stärker durchsetzt[156].

Götter können aus dem Himmel kommen, freiwillig wie Zeus, Hera, Athene, Aphrodite oder Selene, oder unfreiwillig – und dann in der Regel auch ohne Rückkehrmöglichkeit – wie Asterië, Ate, Eros oder Hephaistos. Unfreiwillig verlassen Götter den Himmel, wenn sie aufgrund von Vergehen (wie Ate oder Eros) oder einer anders begründeten Ablehnung (wie die Titanen oder Hephaistos) verstoßen werden, oder wenn sie (wie Asterië) aus guten Gründen selbst die Flucht ergreifen. In einem gewissen Sinn unfreiwillig verlassen auch die Götterboten Iris und Hermes den Himmel, allerdings immer nur befristet. Interessanterweise hat sich eine auffällige funktionale Ähnlichkeit zwischen Iris und Hermes einerseits und Athene andererseits erkennen lassen, die ebenfalls

---

[156] Vgl. in diesem Sinn auch Lumpe 1991, 180, und bereits Berger 1904, 6 f. Neben dem Olymp sind noch weitere Berge oder erhöhte Örtlichkeiten denkbar; so begibt sich bei Hom. *Od.* 7,78-81 Athene nicht in den Himmel oder auf den Olymp, sondern nach Athen in das „Haus des Erechtheus", also vermutlich in einen Vorgängerbau des Erechtheion-Tempels auf der Akropolis.

oft im Auftrag des Zeus oder der Hera handelt, wenn sie den Himmel verlässt. Eventuell ist der Himmel als Herkunftsort ebenfalls für die von Zeus ausgesandte Dike („Recht") zu rekonstruieren (alternativ der Olymp). Weisungsempfänger ist auch Eros, den bspw. Aphrodite zur Erde schickt, um Liebe zwischen Iason und Medeia zu stiften.

Wenn Götter freiwillig vom Himmel kommen, dann kann dies positiven Anlässen zu verdanken sein wie Hochzeiten oder göttlicher Verliebtheit[157] oder der Absicht, Menschen zu helfen, aber auch negativen Anlässen wie dem Troianischen Krieg oder der Frevelhaftigkeit der Menschen, die bspw. Zeus dazu bringt, den Himmel zu verlassen und letztlich zum Entschluss führt, die Sintflut zu schicken. Allgemeiner kann man sagen, dass Götter in vielen Fällen aus dem Himmel kommen, um in die Angelegenheiten der Menschen auf Erden einzugreifen; menschliche Geschicke und göttliches Handeln sind in mythischen Stoffen untrennbar miteinander verwoben und aufeinander bezogen.

Zuletzt ist auch noch eine Vorstellung begegnet, nach der die Menschen, ja überhaupt alle Lebewesen, darunter auch manche göttliche Wesen wie etwa die Erinyen oder die Giganten, einen „himmlischen" – aber zugleich *auch* einen irdischen Ursprung haben, wenn es um den Themenkomplex „Fruchtbarkeit kommt vom Himmel" geht. Allgemein steht Uranos, der Himmelsgott, an erster Stelle der in Frage kommenden „Sender" von Fruchtbarkeit aus dem Himmel[158]; nimmt man hingegen Kult- und Kulturgegenstände oder (Un-)Wetterphänomene in den Blick, steht als Urheber eher Zeus im Vordergrund.

Gaben vom Himmel gegenständlicher Art sind eher rar. Dazu gehören vereinzelt Kultgegenstände wie etwa Götterstatuen oder andere religiös aufgeladene Dinge, wenige Kulturgegenstände wie Waffen oder Herrschaftsinsignien, und die Beherrschung des Feuers, die meist als Kulturtechnik angesehen wird, aber eher als Kulttechnik zu interpretieren ist[159]. Daneben kommen, wie zu erwarten, natürliche Phänomene wie Regen (ggf. zum sintflutartigen Regen gesteigert), Blitz und Donner aus dem Himmel oder auch, weniger naheliegend, die Nacht, und im Zusammenhang mit religiösen Omina zahlreiche verschiedene unnatürliche Phänomene wie etwa vom Himmel tropfendes Blut, herabfallende Steine etc.

---

157 Hier ist es so eine Sache mit der Freiwilligkeit; aus griechischer Sicht kann auch betont werden, dass Eros es ist, der die betreffende Gottheit bezwingt und damit zwingt, den oder die Geliebte aufzusuchen.
158 Nach Schmidt 1937, 108, ist „die Zahl der Kinder des Uranos kaum bestimmbar" (nähere Angaben ebd. 108-111).
159 S. dazu den Beitrag von A. Zgoll/C. Zgoll *Lugalbandas Königtum und das Feuer des Prometheus* in diesem Band.

Göttergaben beziehen sich bei den Griechen oft auf einzelne Gegenstände zu bestimmten Gelegenheiten, wie Hochzeitsgeschenke oder spezielle Gaben für einen Heros wie Herakles oder eine Heroine wie Medeia, wobei hier nur selten ausdrücklich von einer himmlischen Herkunft dieser Göttergaben die Rede ist. Die Vorstellung, dass prototypische (Kult- oder) Kulturgüter wie bspw. ein Pflug oder Essgeräte oder Ähnliches aus dem Himmel kommen, lässt sich, soweit ich sehe, für die Skythen (nach der Überlieferung bei Herodot), nicht aber für die Griechen bezeugen. Auch die himmlischen Gaben eines geflügelten Wagens für Medeia, die vor ihrer Flucht mit Iason in Kolchis am Schwarzen Meer beheimatet ist, oder das vom Himmel nach Troia herabfallende Palladion verweisen eher auf östliche Gebiete als auf griechisches Kernland[160].

Die Kenntnis von Details aus mythischen Stoffen dürfte in manchen Fällen um so geringer gewesen sein, je fremder diese Stoffe waren. So ist es vielleicht kein Zufall, dass in den von den Griechen und Römern referierten Erzählungen aus Skythien und Syrien die Urheber von bestimmten Transfers aus dem himmlischen Bereich nicht genannt werden und damit unbekannt bleiben, obwohl man mit einiger Sicherheit davon ausgehen kann, dass diese Vorgänge in den jeweiligen mythischen Stoffen genuin mit bestimmten Akteuren verbunden waren. Das gilt etwa für die Frage, wer das Ei aus dem Himmel in den Euphrat fallen ließ, aus dem die „Syrische Göttin" hervorging (der Himmelsgott Anu?), oder wer in Skythien das Kultbild der Artemis oder die goldenen Kult- oder Kulturgüter (Pflug, Joch, Streitaxt, Schale) vom Himmel zum zukünftigen König Kolaxais herabgesandt hat; im letztgenannten Fall ließ sich der Sonnengott als zumindest wahrscheinlicher Urheber angeben.

Göttergaben sind bei den Griechen (und Römern) nicht automatisch immer Himmelsgaben und werden selbst dann, wenn man dies erwarten würde, nicht unbedingt als solche gekennzeichnet. Besonders Hephaistos hat sich mit Blick auf seine Verortung und hinsichtlich der Herkunft der von ihm angefertigten Erzeugnisse als eine schwer zu fassende Gottheit gezeigt. Damit hängt auch das Problem zusammen, dass für etliche Kulturgüter eine himmlische Herkunft nicht mit letzter Sicherheit ausgemacht werden kann, weil sie in vielen Fällen als von Hephaistos verfertigt gelten und offen bleibt, wo die damit verbundenen Herstellungsvorgänge und Transfers zu lokalisieren sind, wenn man nicht von

---

160 Die in der römischen Überlieferung bezeugten, aus dem Himmel kommenden *ancilia* müssen ebenfalls nicht auf griechisches oder römisches, sondern könnten auch eher auf uritalisches Gedankengut verweisen, da sie in der Überlieferung einheitlich in der römischen Frühzeit eine wichtige Rolle spielen. Zu den *ancilia* s. ausführlich den Beitrag von Jäger *Himmelsschilde und Blitze* in diesem Band.

Vornherein einer harmonisierenden Darstellung wie in Vergils *Aeneis* folgen will, nach welcher der Schmiedegott im Himmel wohnt, aber unter der Erde arbeitet.

Wenn Demeter, Poseidon oder Hephaistos etwas geben oder schenken, dann können die Gaben rein örtlich betrachtet auch aus der Erde, dem Meer oder einer Höhle bzw. einem Vulkan stammen. Allerdings sind solche Verbindungen wie Demeter – Erde, Poseidon – Meer oder Hephaistos – Vulkan (bzw. Inseln wie Lemnos oder Vulcano) wiederum keineswegs zwingend oder gar alternativlos. So wird bspw. in den orphischen *Lithica* einmal die Fruchtbarkeit bringende Demeter als eine geschildert, die „vom Himmel her" kommt[161], in den *Dionysiaka* des Nonnos kommt Hephaistos einmal explizit vom Himmel her dem Eurymedon zur Hilfe[162], und in dem eingangs zu diesem Artikel übersetzten Lukian-Zitat wird die Schmiede des Hephaistos ausdrücklich im Himmel lokalisiert. Es drängt sich der Eindruck auf, als würde in vielen Fällen eher als das *örtliche* das *personelle* Woher im Zentrum zu stehen: Wichtig ist oft nicht so sehr, dass es sich um *himmlische*, sondern dass es sich um *göttliche* Gaben handelt, um Gaben, die von dieser oder jener Gottheit kommen. Wo diese Götter nun zu lokalisieren sind und woher somit die Gaben genau kommen, scheint demgegenüber entweder als selbstverständlich vorausgesetzt oder von eher untergeordneter Bedeutung zu sein – oder eine explizite Stellungnahme zu dieser Frage wird absichtlich vermieden, um differierende Traditionen unter ein Dach zu bekommen.

Grundsätzlich ist nämlich das „Woher" göttlicher Gaben ein keineswegs unbedeutendes Thema in mythischen Stoffen, das im Einzelfall stark umkämpft sein kann, gerade wenn es bei den Alternativen um oft so antagonistisch gesehene Bereiche wie „Himmel vs. Erde" oder „Himmel vs. Unterwelt" geht. Wenn dies aber einmal in griechisch-römischen Mythen ein umstrittenes Thema gewesen sein sollte, so lassen sich in den verschrifteten Stoffvarianten der oben aufgeführten Mythen nur noch wenig Spuren von solchen Deutungsmachtkonflikten ausmachen[163]. Eine solche Spur könnte das nicht immer widerspruchsfreie Nebeneinander von „Himmel" und „Olymp" sein, dem noch näher nachzugehen wäre, eine andere die Beteiligung der Erde bzw. Gaia oder mit der Erde verbundenen Gottheiten an manchen Herstellungs- oder Schöpfungsprozessen;

---

161 *Orphische Lithica* 243 f: καί κεν ἀπ' οὐρανόθεν σταχυοπλόκαμος Δημήτηρ / μεστὸν ἴοι φερέκαρπον ἐς αὔλακα κόλπον ἔχουσα.
162 Nonn. *Dion.* 30,77: εἶπε, καὶ οὐρανόθεν πυρόεις Ἥφαιστος ὀρούσας ...
163 Zur wichtigen Rolle von Deutungsmachtkonflikten, die ihre Spuren in mythischen Stoffen hinterlassen, s. ausführlich C. Zgoll 2019, Kapitel 18.4 und 19.

ein interessanter, weil mit einigen Inkonsistenzen behafteter Komplex, der eine eingehendere Untersuchung erforderte, ist die Gestalt des Hephaistos bzw. Vulcanus und die Frage nach der Herkunft dieser Gestalt selbst und der mit ihr assoziierten Gaben[164].

9 Tabellarische Übersichten der Hyleme

Die Belege für religiöse Omina und für Naturphänomene in einem weit gefassten Sinn wurden nicht mit einbezogen; die Übersicht konzentriert sich auf mythische Stoffe. Die Tabellen geben nicht die Übersetzungen der Textstellen, sondern die für die Fragestellung zentralen, aus den Texten rekonstruierten Stoffbausteine (Hyleme) wieder. Die für einzelne Hyleme angeführten textlichen Belege sind hier nicht immer vollständig, sondern zum Teil in Auswahl angegeben. Die jeweiligen Tabellen-Überschriften geben die Hylemschemata an; in den Tabellenzeilen selbst stehen die dazugehörigen konkreten Hyleme[165].

9.1 Gottheit kommt freiwillig aus dem Himmel

Hyleme	Wesen	Stellen
Götter kommen aus dem Himmel (zur Hochzeit von Kadmos und Harmonia)	Götter	Apollod. 3,25
Götter kommen aus dem Himmel (um beim Kampf zwischen Dionysos und Poseidon um Beroë Zeugen zu sein)	Götter	Nonn. *Dion.* 42,531-533
Götter kommen aus dem Himmel (um am Troianischen Krieg teilzunehmen)	Götter	Hom. *Il.* 20,4-40; Quint. Smyrn. 12,157-218
Zeus gleitet vom Olymp herab (um die Frevelhaftigkeit der Menschen/Lykaons zu prüfen)	Zeus	Ov. *met.* 1,181-243

---

[164] Weiterführende Literatur zu Hephaistos: Delcourt 1982; Masciadri 2008; Bremmer 2010; Barbanera 2015; Brennan 2016.
[165] Zu den hier verwendeten Begrifflichkeiten und den dahinterstehenden theoretischen und methodischen Konzepten s. den einführenden Beitrag *Grundlagen der hylistischen Mythosforschung* in diesem Band.

Hyleme	Wesen	Stellen
Zeus steigt herab (um mit Alkmene Ehebruch zu treiben)	Zeus	Aristoph. *Av.* 558
Zeus fließt in Goldgestalt in den Schoß der Danaë (um Perseus zu zeugen)	Zeus	Apollod. 2,34
Hera fliegt vom Himmel (um den Indern gegen Dionysos zu helfen)	Hera	Nonn. *Dion.* 23,117 f
Hera springt aus dem Himmel (um die Argonauten vor Gefahr zu warnen)	Hera	Apoll. Rhod. 4,640-642
Hera kommt vom Himmel (um Aietes einen Traum bzgl. der Argonauten zu bringen)	Hera	*Orph. Arg.* 776 f
Hera verlässt den Himmel (um im Hades die Erinyen gegen Athamas und Io zu hetzen)	Hera	Ov. *met.* 4,432-480
Apollon kommt vom Himmel (um den Argonauten zu helfen)	Apollon	Apoll. Rhod. 4,1706 f
Athene steigt vom Himmel herab (um Odysseus gegen die Freier zu helfen)	Athene	Hom. *Od.* 20,30 f
Athene kommt vom Himmel (um Tydeus die Unsterblichkeit zu bringen)	Athene	Pherekydes fr. 3 F 97 BNJ
Hermes verlässt den Himmel (um zur schönen Herse zu fliegen)	Hermes	Ov. *met.* 2,708-835
Eros springt vom Himmel herab (um den Beischlaf des Dionysos mit Aura zu fördern)	Eros	Nonn. *Dion.* 48,613 f
Aphrodite kommt vom Himmel (um sich mit Anchises zu vereinigen)	Aphrodite	Lucian. *dial. deor.* 19,1
Aphrodite kommt vom Himmel (um sich mit Adonis zu vereinigen)	Aphrodite	Lucian. *dial. deor.* 19,1
Selene kommt vom Himmel (um sich mit Endymion zu vereinigen)	Selene	Quint. Smyrn. 10,125-137
Eos kommt vom Himmel (um ihren Sohn Memnon zu betrauern)	Eos	Quint. Smyrn. 2,593 f

9.2 Gottheit kommt unfreiwillig aus dem Himmel

Hyleme	Wesen	Stellen
Asterië flieht vor Zeus aus dem Himmel ins Meer	Asterië	Kall. *h.* 4,35-38
Zeus stürzt Asterië als Wachtel ins Meer	Asterië	Hyg. *fab.* 53

Hyleme	Wesen	Stellen
Zeus schleudert Ate aus dem Himmel	Ate	Hom. *Il.* 19,91-131
Die 12 olympischen Götter verbannen Eros aus dem Himmel	Eros	Aristophon PCG fr. 11
Zeus schleudert Hephaistos aus dem Himmel	Hephaistos	Cornutus 19,3; Apollod. 1,19; Lukian. *sacr.* 6
Hera schleudert Hephaistos aus dem Himmel	Hephaistos	Libanios, *Progymnasmata* 2,7,1; Hom. *Il.* 18,394-405
Zeus vertreibt die Titanen vom Himmel (= vom Olymp?)	Titanen	Hes. *theog.* 820

9.3 Gottheit kommt im Auftrag einer anderen Gottheit aus dem Himmel

Hyleme	Wesen	Stellen
Athene kommt im Auftrag des Zeus vom Himmel (um im Hades Herakles zu helfen, Kerberos zu rauben)	Athene	Hom. *Il.* 8,364 f
Athene steigt im Auftrag des Zeus vom Himmel herab (um den Kampf um Patroklos' Leiche anzufachen)	Athene	Hom. *Il.* 17,543-546
Athene kommt im Auftrag der Hera vom Himmel (um Achilleus zu hindern, Agamemnon anzugreifen)	Athene	Hom. *Il.* 1,194-196
Iris kommt im Auftrag der Hera aus dem Himmel (um bei der Flotte der Troianer Unheil zu stiften)	Iris	Verg. *Aen.* 5,606 f
Iris kommt im Auftrag der Hera aus dem Himmel (um Turnus zum Angriff auf Aeneas' Lager aufzufordern)	Iris	Verg. *Aen.* 9,2
Iris springt im Auftrag des Zeus vom Himmel herab (um den Boreas-Söhnen zu verbieten, die Harpyien zu töten)	Iris	Apoll. Rhod. 2,286 f
Hermes kommt im Auftrag des Zeus aus dem Himmel (um Kalypso aufzufordern, Odysseus gehen zu lassen)	Hermes	Hom. *Od.* 5,28-58
Hermes kommt im Auftrag des Zeus vom Himmel (um Aietes aufzufordern, Phrixos bei sich aufzunehmen)	Hermes	Apoll. Rhod. 3,584-588
Hermes fliegt im Auftrag des Zeus vom Himmel (um Laios aus dem Hades zu holen und zu Eteokles zu bringen)	Hermes	Stat. *Theb.* 1,303-311
Eros kommt im Auftrag der Aphrodite vom Himmel (um Medeia Liebe zu Iason einzuflößen)	Eros	Apoll. Rhod. 3,158-163

9.4 Gottheit kommt als bzw. schickt Naturphänomen aus dem Himmel

Hyleme	Wesen/ Phänomen	Stellen
Zeus lässt vom Himmel her Blitz und Donner krachen (um anderen Göttern Respekt einzuflößen)	Blitz und Donner	Hom. *Il.* 21,198 f
Zeus donnert von oben (als Warnung für die anderen Götter, sich nicht in den Troianischen Krieg einzumischen)	Donner	Hom. *Il.* 20,56 f
Zeus lässt aus dem Himmel regnen (um Menschen durch Sintflut zu vernichten)	Regen	Ov. *met.* 1,260 f; Apollod. 1,47
Nyx bricht vom Himmel aus herein (um Argonauten Verderben zu bringen)	Nacht	Hom. *Od.* 5,294; Apoll. Rhod. 4,1695 f

9.5 Gottheit schickt Samen bzw. Fruchtbarkeit aus dem Himmel

Hyleme	Gegenstand	Stellen
Kronos schleudert das abgeschnittene Glied des Uranos ins Meer (Aphrodite entsteht)	Glied des Uranos	Hes. *theog.* 176-192
Uranos lässt Blut des von Kronos abgeschnittenen Gliedes auf die Erde tropfen (Erinyen, Giganten, Baum-Nymphen entstehen)	Blut vom Uranos-Glied	Hes. *theog.* 183-187
Uranos/Himmel befruchtet Erde/Gaia (Menschen entstehen mit Wasser durch Prometheus)	Samen des Uranos	Ov. *met.* 1,78-83
Uranos lässt Regen auf Gaia fallen (Menschen, Tiere und Pflanzen entstehen)	Regen/Samen des Uranos	Eur. *Chrysippos* fr. 839,1-7; Lucr. 2,991-995
Danaë empfängt Goldregen des Zeus = Zeus lässt Goldregen in den Schoß der Danaë fallen (Perseus entsteht)	Goldregen (Samen) des Zeus	Ov. *met.* 4,610 f
Hephaistos lässt (im Kampf mit Athene) Samen auf Erde herabfallen (Erichthonios entsteht)	Samen des Hephaistos	Hyg. *fab.* 166
Selene (Thoth) lässt Strahl aus dem Himmel auf eine Kuh herabfallen (Apis-Stier entsteht)	Strahl der Selene (bzw. des Thoth)	Hdt. 3,28,2

Hyleme	Gegenstand	Stellen
[Gottheit NN] lässt Ei vom Himmel in den Euphrat fallen („Syrische Göttin" bzw. Astarte entsteht)	Ei [des Anu?]	Hyg. *fab.* 197

9.6 Gottheit schickt bzw. bringt Gegenstand aus dem Himmel

Hyleme	Gegenstand	Stellen
Zeus lässt Palladion aus dem Himmel zu Ilos herabfallen	Palladion (Kultstatue)	Apollod. 3,143-145
Zeus/Jupiter lässt *ancile* aus dem Himmel zu Numa herabfallen	*ancile* (Kultschild)	Ov. *fast.* 3,359-398
Zeus wirft Metallgewichte vom Himmel nach Troia hinab (mit denen Hera zur Strafe beschwert war)	Metallgewichte	Schol. Hom. *Il.* 15,21
[Gottheit NN, wohl Zeus] schenkt Zepter aus dem Himmel dem Agamemnon	Zepter	Themistios *or.* 8,111d; vgl. Hom. *Il.* 2,100-108
Prometheus bringt Feuer aus dem Himmel zu den Menschen	Feuer	Porph. ad Hor. *carm.* 1,3,27
Thetis bringt Hephaistos-Waffen aus dem Himmel dem Achilleus	Waffen	Dion Chrys. 11,106
Helios schenkt geflügelten Wagen aus dem Himmel der Medeia	Wagen	Eur. *Med.* 1321 f; Ov. *met.* 7,219
[Gottheit NN] lässt das Kultbild der „skythischen" Artemis aus dem Himmel herabfallen	Artemis-Kultbild	Eur. *Iph. T.* 77-92
[Skythische Gottheit NN, wohl Sonnengott] lässt goldene Kult(ur)güter aus dem Himmel zum Skythen Kolaxais herabfallen	Pflug, Joch, Streitaxt, Schale	Hdt. 4,5

10 Literaturverzeichnis

Barbanera, M., 2015, „The Lame God: Ambiguities of Hephaistos in the Greek Mythical Realm", in: Boschung, D./Shapiro, A./Wascheck, F. (Hg.), Bodies in Transition: Dissolving the Boundaries of Embodied Knowledge, Paderborn, 177-209.

Beekes, R., 2010, Etymological Dictionary of Greek, by R. Beekes, with the assistance of L. van Beek, 2 vols., Leiden Indo-European Etymological Dictionary Series 10/1-2, Leiden/Boston.

Berger, E.H., 1904, Mythische Kosmographie der Griechen, 3. Suppl.-Bd. zum Ausführlichen Lexikon der griechischen und römischen Mythologie, hg. von W.H. Roscher, Leipzig.

Betz, H.D., 1998, „'Der Erde Kind bin ich und des gestirnten Himmels'. Zur Lehre vom Menschen in den orphischen Goldplättchen", in: Graf, F. (Hg.), Ansichten griechischer Rituale. Geburtstagssymposium für Walter Burkert, Castelen bei Basel, 15. bis 18. März 1996, Berlin/New York, 399-419.

Blomqvist, J., 1994, „The Fall of Phaethon and the Kaalijärv Meteorite Crater: Is There a Connection?", in: Eranos 92, 1-16.

Boedeker, D., 1984, Descent from heaven. Images of dew in Greek poetry and religion, American Classical Studies 13, Atlanta.

Bremmer, J.N., 2010, „Hephaistos Sweats or How to Construct an Ambivalent God", in: Bremmer, J.N./Erskine, A. (Hg.), The Gods of Ancient Greece. Identities and Transformations, Edinburgh, 193-208.

Brennan, M., 2016, „Lame Hephaistos", in: The Annual of the British School at Athens III/1, 163-181.

Dalcher, K., 2001, „Schwarze Steine aus dem Himmel oder Weshalb Hannibal Rom nicht erobern konnte", in: Buzzi, S. et al. (Hg.), Zona archeologica. Festschrift für Hans Peter Isler zum 60. Geburtstag, Bonn, 83-89.

Delcourt, M., 1982, Héphaistos ou la Légende du Magicien, Paris.

Dobschütz, E.v., 1899, „Die himmelentstammten Götterbilder der Griechen", in: ders., Christusbilder. Untersuchungen zur christlichen Legende, Texte und Untersuchungen zur Geschichte der altchristlichen Literatur (hg. von O. v. Gebhard und A. Harnack), N.F. Bd. 3, Leipzig, 1-25.

Doppler, G./Geiss, E./Kroemer, E. et al., 2011, „Response to ‚The Fall of Phaethon: a Greco-Roman Geomyth Preserves the Memory of a Meteorite Impact in Bavaria (south-east Germany)' by Rappenglück et al.", in: Antiquity 85, 274-277.

Dräger, P., 2005, Apollodor, Bibliotheke. Götter- und Heldensagen, hg., übers. und komm. von P. Dräger, Tusculum, Düsseldorf/Zürich.

Dunbar, N., 1995, Aristophanes, Birds. Edited with Introduction and Commentary, Oxford.

Ekschmitt, W., 1989, Weltmodelle: Griechische Weltbilder von Thales bis Ptolemäus, Kulturgeschichte der Antiken Welt, Bd. 43, Mainz am Rhein.

Engelhardt, W.v., 1970, „Der vom Himmel gefallene Stern. Zu Vergil, Aeneis II 692–700" in: Gaiser, K. (Hg.), Das Altertum und jedes neue Gute. Festschrift für Wolfgang Schadewaldt zum 15. März 1970, Stuttgart u.a., 459-475.

Fauth, W., 1974, „Catena Aurea. Zu den Bedeutungsvarianten eines kosmischen Sinnbildes", in: Archiv für Kulturgeschichte 56, 270-295.

Farber, W., 1987, „'Die Kuh des Sîn': Ritual für schwierige Geburt", in: W. Farber (Hg.), Religiöse Texte. Rituale und Beschwörungen 1, Texte aus der Umwelt des Alten Testaments 2/2, Gütersloh, 274-277.

Fischer, H., 1967, „Das Recht fällt vom Himmel", in: Antaios 9, 306-318.

Flückiger-Guggenheim, D., 1984, Göttliche Gäste. Die Einkehr von Göttern und Heroen in der griechischen Mythologie, Europäische Hochschulschriften III/237, Bern/Frankfurt a.M./New York.

Gantz, T., 1993, Early Greek Myth. A Guide to Literary and Artistic Sources, 2 vols., Baltimore/London (Ndr. 1996).

Graf, F., 1997, „Artemis I. Religion", in: DNP 2, 53-58.

Greene, T., 1963, The descent from heaven. A study in epic continuity, New Haven.

Hill, D.E., 1973, „The Thessalian trick", in: Rheinisches Museum für Philologie 116, 221–238.
Jameson, M.H., 1994, „Theoxenia", in: Hägg, R. (Hg.), Ancient Greek Cult Practice from the Epigraphical Evidence, Stockholm, 35-57.
Käppel, L., 2002, „Uranos", in: DNP 12/1, 1025 f.
Kirk, G.S., 1990, Homer, The Iliad: A Commentary, vol. II: Books 5-8, Cambridge.
Lichtenberger, A., 2021, Der Olymp. Sitz der Götter zwischen Himmel und Erde, Stuttgart.
Lisman, J., 2013, Cosmogony, Theogony and Anthropogeny in Sumerian Texts, Alter Orient und Altes Testament 409, Münster.
Lisman, J., 2016/17, „The Barton Cylinder – A Lament for Keš?", in: Journal Ex Oriente Lux 46, 145-178.
Lumpe, A., 1991, „Himmel. A. Nichtchristlich: I. Alter Orient, II. Griechisch-Römisch", in: RAC 15, 173-187.
Masciadri, V., 2008, Eine Insel im Meer der Geschichten. Untersuchungen zu Mythen aus Lemnos, Potsdamer altertumswissenschaftliche Beiträge 18, Stuttgart.
Merkelbach, R./Totti, M., 1990-2001, Abrasax. Ausgewählte Papyri religiösen und magischen Inhalts, 5 Bde., hg. und erklärt von Merkelbach, R. und (Bde. 1-2) Totti, M., Abhandlungen der Nordrhein-Westfälischen Akademie der Wissenschaften, Sonderreihe Papyrologica Coloniensia, Bd. XVII/1-5, Opladen.
Nesselrath, H.-G., 2017, Herodot, Historien. Deutsche Gesamtausgabe, neu übers., hg. und erläutert von H.-G. Nesselrath, 5., vollkommen neu bearb. Aufl., Kröners Taschenausgabe 224, Stuttgart.
Nowicki, S., 2013, „Some Notes about the Cow of Sîn: a Proposal for a New Interpretation", in: Nouvelles Assyriologiques Brèves et Utilitaires 2013, Nr. 61.
Pàmias i Massana, J./Zucker, A., 2013, Ératosthène de Cyrène, Catastérismes, édition critique par J. Pàmias i Massana, traduction par A. Zucker, introduction et notes par J. Pàmias i Massana et A. Zucker, Paris.
Rappenglück, B./Rappenglück, M./Ernstson, K. et al., 2010, „The Fall of Phaethon: a Greco-Roman Geomyth Preserves the Memory of a Meteorite Impact in Bavaria (south-east Germany)", in: Antiquity 84, 386-439.
Rappenglück, B./Rappenglück, M./Ernstson, K. et al., 2011, „Reply to Dopler et al. Response to ‚The Fall of Phaethon: a Greco-Roman Geomyth Preserves the Memory of a Meteorite Impact in Bavaria (south-east Germany)' (Antiquity 84)", in: Antiquity 85, 278-280.
Scheer, T.S., 2000, Die Gottheit und ihr Bild. Untersuchungen zur Funktion griechischer Kultbilder in Religion und Politik, Zetemata 105, München.
Scheer, T.S., 2020, „Helden am Himmel – Helden im Himmel. Sphärenwechsel zu den Sternen im griechischen Mythos", in: Zgoll, A./Zgoll, C. (Hg.), Mythische Sphärenwechsel. Methodisch neue Zugänge zu antiken Mythen in Orient und Okzident, Mythological Studies 2, Berlin/Boston, 365-445.
Scheid, J./Svenbro, J., 2017, Schildkröte und Lyra. In der Werkstatt der Mythologie, aus dem Französischen übers. von B. Lamerz-Beckschäfer, Darmstadt (franz. Orig.: La tortue et la lyre. Dans l'atelier du mythe antique, Paris 2014).
Schmidt, J., 1937, „Uranos", in: Roscher VI, 106-116.
Speyer, W., 1970, Bücherfunde in der Glaubenswerbung der Antike. Mit einem Ausblick auf Mittelalter und Neuzeit, Göttingen.
Speyer, W., 1991, „Himmelsstimme", in: RAC 15, 286-303.

Spickermann, W., 2001, „Asterix und die Religion", in: Brodersen, K. (Hg.), Asterix und seine Zeit. Die große Welt des kleinen Galliers, mit deutschen Bildtexten von G. Penndorf, München, 105-126.

Szidat, S.G., 2012/2013, „Diopetes oder Endoios? Zum Kultbild der Artemis in Ephesos", in: Jahrbuch des Deutschen Archäologischen Instituts 127/128, 1-50.

Veldhuis, N., 1991, A Cow of Sîn, Library of Oriental Texts 2, Groningen.

West, M.L., 1966, Hesiod, Theogony, edited with Prolegomena and Commentary, Oxford.

Wilcke, C., 2007, „Vom altorientalischen Blick zurück auf die Anfänge", in: Angehrn, E., (Hg.), Die Frage nach dem Ursprung: Philosophie zwischen Ursprungsdenken und Ursprungskritik. Colloquium Rauricum xxx, München u. a., 3-59.

Zgoll, A., 2012, „Welt, Götter und Menschen in den Schöpfungsentwürfen des antiken Mesopotamien", in: Schmid, K. (Hg.), Schöpfung. Themen der Theologie 4, Stuttgart, 17-70.

Zgoll, C., 2004, Phänomenologie der Metamorphose. Verwandlungen und Verwandtes in der augusteischen Dichtung, Classica Monacensia 28, Tübingen.

Zgoll, C., 2019, Tractatus mythologicus. Theorie und Methodik zur Erforschung von Mythen als Grundlegung einer allgemeinen, transmedialen und komparatistischen Stoffwissenschaft, Mythological Studies 1 (https://doi.org/10.1515/9783110541588), Berlin/Boston.

Zucker, A., 2016, L'Encyclopédie du ciel. Mythologie, astronomie, astrologie, Paris.

Teil 3: **Einzelstudien**

Annette Zgoll
Wie der erste Tempel auf die Erde kommt

Der Mythos Innana bringt das Himmelshaus für die Erde

Pascal Attinger, dem Grundlagenforscher des Sumerischen[1]
voller Dank für die großzügig geteilten Erkenntnisse,
mit den besten Wünschen für die Zukunft[2]

Abstract: It is a great adventure: bringing the first temple out of heaven. The master plan is devised by Innana, and multiple gods carry out the scheme: Innana, her brother Utu and other gods, against the will of the god of heaven, An. This is the outline of the myth named Innana brings the house of heaven for earth, told in the epic format of a hymn to Innana. In order to bring the house of heaven for earth, Innana must expose herself to great danger: she must defeat the cosmic Scorpion Gatekeeper and drink up the entire contents of the river that forms the boundary to the underworld.

Innana's actions have fundamental cosmic consequences for gods and humans. The first temple comes into existence: this temple is heaven on earth! In fact, it is the arrival of the temple which creates space (Sumer and the earth) and time (day and night). The message of this myth is especially important from the perspective of the first great city of the ancient world, Uruk.

Anmerkung: Dieser Beitrag ist im Rahmen der durch das Niedersächsische Ministerium geförderten, deutsch-israelischen Forschungsgruppe TEMEN (= Topography – Mythology – Narration), d. h. in Zusammenarbeit mit Nathan Wasserman und einem Team aus Mitarbeiter/innen der Hebrew University Jerusalem und der Universität Göttingen entstanden. Profitiert hat er auch von der Zusammenarbeit innerhalb der DFG-Forschungsgruppe 2064 „STRATA – Stratifikationsanalysen mythischer Stoffe und Texte in der Antike". Die Zusammenarbeit in diesen Forschungsverbünden wären nicht denkbar ohne die jahrelange Grundlagenforschung im Göttinger *Collegium Mythologicum*, wo neue Forschungsansätze langfristig und nachhaltig diskutiert wurden und werden. Den genannten Mitforschenden und finanziellen Förderern bin ich dankbar verbunden. Anja Piller, Jan Steyer und besonders Katharina Ibenthal haben Recherchen zu diesem Beitrag durchgeführt; Klaus Wagensonner hat Photos der Tafel CBS 1531 zur Verfügung gestellt; Frans Wiggermann hat mir erlaubt, seine Umzeichnung eines Rollsiegels wiederzugeben. Ihnen gilt mein herzlicher Dank.

1 Vgl. z. B. Attinger 1993, Attinger 2006, Attinger 2019, Attinger 2019a und das monumentale Werk Attinger 2021 mit Dokumenten zur Lesung der Keilschriftzeichen, zur sumerischen Lexik und Grammatik und zu Bearbeitungen sumerischer Texte.

1 Uruk als prototypische Stadt

Es gibt Städte, die mehr sind als Städte. Jerusalem und Rom, Mekka und Bagdad sind solche Städte, hinter denen man mehr als nur eine Ansammlung menschlicher Wohn- und Arbeitsstätten sieht. Für die mesopotamische Antike ist zweifellos Uruk mehr als nur irgendeine Stadt[3]: Uruk gilt als die Stadt der Innana (A. Zgoll 2012) und ihrer großen Feste (Boehmer 2014), als der Ort, zu dem Innana die göttlichen Machtmittel aus dem Abzu gebracht hat (Farber-Flügge 1973)[4]. Uruk gilt als die Stadt, deren Herrscher Enmerkara, Innanas Auserwählter (Wilcke 2012, 23-25), die Schrift erfunden hat (Mittermayer 2009). Uruk ist die Metropole, in der Gilgameš geherrscht und für die er die unvergängliche Stadtmauer[5] erbaut hat (A. Zgoll 2010).

Dass Uruk als herausragende Stadt angesehen wurde, hängt, wie sich in diesem Beitrag zeigen wird, insbesondere mit einer Institution und ihrer mythischen Geschichte zusammen: mit dem Tempel E-ana. Wie sich zeigen wird, ist nämlich dieser Tempel mehr als irgendein Tempel. Vielmehr handelt es sich der mythischen Überlieferung zufolge um einen Tempel, der vom Himmel auf die Erde gekommen ist ...

---

2 Der Beitrag ist ein Addendum zur Festschrift für Pascal Attinger (Mittermayer/Ecklin 2012).
3 Vgl. Crüsemann/van Ess/Hilgert/Salje 2013.
4 Eine andere Version dieses Mythos wird im Text *Enmerkara und der Herr von Arata* (Mittermayer 2009) erzählt, wo Innana den Enmerkara schickt, um diese numinosen Machtmittel vom Gott Enki „abzuholen"; offenbar erhält er sie dort als Geschenk. – Die Variante des Mythos INNANA BRINGT DIE NUMINOSEN MACHTMITTEL VON ERIDU NACH URUK, die in der textlichen Konkretion des Preisliedes *Innana und Enki* erzählt wird, dürfte für Aufsehen gesorgt haben, da in anderen Mythen gerade Enki derjenige ist, der durch seinen Einfallsreichtum die Dinge für die Menschen zum Guten bewegt. Hier im Mythos INNANA BRINGT DIE NUMINOSEN MACHTMITTEL VON ERIDU NACH URUK zeigt sich die Stadtgöttin von Uruk in genau dieser Rolle: Trickreich kann sie für ihre Stadt das Notwendige gewinnen. — Wenn in verschiedenen Mythen(versionen) verschiedene Protagonisten als verantwortlich gezeigt werden, dass sie wesentliche Güter für die Erde und die Menschheit oder für eine spezifische Stadt oder Gruppe erschaffen oder zugänglich machen, dann lässt dies auf verschiedene Gruppierungen schließen, für welche die jeweilige Mythenversion wichtig ist. So zeigt sich im Mythos INNANA BRINGT DIE NUMINOSEN MACHTMITTEL VON ERIDU NACH URUK eine Überlieferung, die aus Uruk stammt; in Eridu hätte man diesen Mythos zu bestimmten Zeiten gar nicht oder in ganz anderer Akzentuierung, also in einer anderen Version erzählt.
5 Zugleich wird Uruk mit seiner Stadtmauer zur Metapher für das *Gilgameš-Epos* selbst, das damit ebenfalls Unsterblichkeit für sich beansprucht (vgl. A. Zgoll 2010).

2 Innana bringt das Himmelshaus für die Erde: Textgrundlage

Wichtigster Kronzeuge zu diesem Thema ist ein Preislied auf die Göttin Innana, das inhaltlich betrachtet einen mythischen Erzählstoff bearbeitet, formal betrachtet mit einem umfänglichen episch-erzählenden Hauptteil und einem hymnisch-preisenden Abschluss gestaltet ist[6]. Dieses Preislied ist erst seit gut 20 Jahren in einer ersten Edition bekannt geworden. Es wird als *Innana raubt den großen Himmel* bzw. *Innana und An* bezeichnet. Im Folgenden werde ich zwischen diesem *Text* und dem in ihm verarbeiteten *Mythos*, d. h. dem mythischen Erzählstoff unterscheiden. Als Bezeichnung für den Text würde man idealiter – wie in der Antike – die Anfangswörter (plus modernen Titel) wählen. Da der Textbeginn bislang unbekannt ist, wähle ich eine zentrale Phrase des Textes, nämlich an gal karede, was bedeutet „um den großen Himmel wegzunehmen". Als *Text*bezeichnung dient mithin *an gal karede / Innana und An*[7]. In die Bezeichnung des *Mythos*, der in diesem Text hauptsächlich verarbeitet wird[8], fließen die Ergebnisse der vorliegenden Studie ein; sein Titel lautet: Innana bringt das Himmelshaus für die Erde[9].

Überliefert ist das Epos auf drei teilweise erhaltenen Tontafeln und einem kleinen Fragment einer Tontafel[10]. Die Tafeln datieren mit van Dijk (1998) in die

---

6 Die Definition von Mythen folgt C. Zgoll, „Grundlagen einer stoffanalytisch-vergleichenden Mythosforschung" im vorliegenden Band, Abschnitt 1.3; ausführlicher C. Zgoll 2019, 557-563. – Im vorliegenden Text *an gal karede / Innana und An* liegt dem zufolge nicht „ein Mythos", sondern eine in einer ganz bestimmten textlichen Gestalt konkretisierte Version eines Mythos, d. h. eines mythischen Stoffes vor.
7 Analog etwa zu *an galta / Innanas Gang* (zur Unterwelt) oder *inūma ilū awīlum / Atram-ḫasīs*.
8 Mythische Texte aus dem antiken Mesopotamien thematisieren in der Regel nicht nur *einen* mythischen Erzählstoff, sondern *mehrere*. Vgl. z. B. A. Zgoll 2020 zu den im epischen Preislied *an galta / Innanas Gang* verarbeiteten Mythen. Wilcke (1999, 70) bezeichnet das Phänomen als „Mythenkoppelung" (mit Verweis auf Kirk 1970); um die damit verbundene Assoziation einer einfachen Hintereinanderschaltung zu vermeiden (meist sind die Verquickungen komplizierter), kann man in diesem Zusammenhang auch von „Stoffkonglomeraten" oder „Stoffkombinationen" sprechen (vgl. C. Zgoll 2019, 160-163).
9 Bezeichnungen von Texten (Texttitel) sind immer durch Kursivierung markiert (auch bei sumerischem Texten), Bezeichnungen von Mythen(versionen) (Mythentitel) sind immer durch Kapitälchen markiert.
10 Auf dieser Basis ist etwa die Hälfte des Textes, der ursprünglich 165 Zeilen umfasste, zu rekonstruieren; 97 Zeilen sind erhalten, aber nicht immer ganz, 68 Zeilen fehlen vollständig.

erste und zweite Hälfte des 2. Jt. v. Chr[11]. Sie stammen aus verschiedenen mesopotamischen Städten, Uruk (UkD), Nippur (NiC), vielleicht Sippar (Si?A), eine ist von unbekannter Herkunft (UnB).

Abb. 1: Tafel Si?A , CBS 1531, heute Philadelphia. Photo Klaus Wagensonner

Pionierarbeit und Grundlage aller weiteren Studien ist die Edition von van Dijk unter der Mitarbeit von Cavigneaux (1998). Cavigneaux hat die Tafeln UnB und NiC identifiziert und für UnB auch die Umzeichnung angefertigt. Die Lesung der Philadelphia-Tafel Si?A wird jedem, der diese schon einmal in Händen gehalten hat, höchste Bewunderung abverlangen: diese an der Oberfläche durch Abrieb verstümmelte Tafel zu lesen ist eine Entzifferungsleistung ersten Ranges. Auf dieser Studie von van Dijk mit Cavigneaux (1998) basiert eine italienische Übersetzung durch Pettinato (2001) und eine englische Übersetzung des *Electronic Text Corpus of Sumerian Literature* der Universität Oxford (Black *et al.* 2005). Zólyomi (2000) konnte die Platzierung des Uruk-Fragments (UkD) klären. 2015 ist eine Übersetzung des Epos durch A. Zgoll erschienen, die auf einer neuen Edition des Textes basiert und den vorliegenden Beitrag ergänzt[12].

---

[11] Alster (2004, 25 f Anm. 21) verweist darauf, dass Texte mit zwei bilingual Sumerisch-Akkadisch beschrifteten Kolumnen nicht immer kassitisch sind, sondern auch in Texten aus Emar und Ugarit vorkommen.
[12] Vgl. A. Zgoll 2015. Die Publikation der neuen Edition ist in Vorbereitung. Sie wird in der Reihe *Mythological Studies* erscheinen.

Daneben gibt es Beiträge zu Detailfragen. Zu einer Passage mit astronomischem Bezug (Z. 146 f) haben Brown und Zólyomi (2001) gearbeitet, was aufgegriffen und weitergeführt wurde durch Cancik-Kirschbaum (2005) und Cooley (2013). Richter (2003) stellt in seiner Rezension von van Dijk heraus, dass Innanas Tat nicht auf den Himmel als solchen zielt, sondern auf das Himmelshaus. Alster (2004) hat die Gestalt der Fischergötter näher beleuchtet. Unklar bleibt mir die philologische Grundlage des Textverständnisses bei Annus (2016)[13].

Im Folgenden wird es darum gehen, die Version des im Text verarbeiteten Mythos zu rekonstruieren und den grundlegenden Anliegen dieser Mythenversion auf die Spur zu kommen.

2.1 Protagonisten

Protagonisten im episch überlieferten Mythos sind drei große himmlische Gottheiten. Am wichtigsten ist die Göttin Innana, deren Name, abgeleitet aus *nin-'an-ak, „Herrin des Himmels" bedeutet[14]. Sie ist Stadtgöttin von Uruk. Eine ihrer bedeutsamsten Manifestationen ist das Venusgestirn. Ihr Gegenspieler ist der Himmelsgott An, dessen Name seinen Bedeutungsbereich, den Himmel, bezeichnet. Er gilt in diesem Epos als Gemahl der Innana. Als Helfer der Innana wird der Sonnengott, ihr Bruder, eingeführt. Sein Name Utu wird mit dem Zeichen UD geschrieben, das in der Lesung /u/[15] auch die Wörter „Sonne", „Licht" und „Tag" bezeichnet. Daneben treten unbekanntere, kleinere Gottheiten als Helfer auf, v. a. ein Gott namens Adag(ki)bir, dessen Aufgabenbereich der himmlische Ozean ist und der auch als Fischer bezeichnet wird; wichtiges Instrument dieses Adag(ki)bir ist sein riesiges Fischernetz. Weitere numinose Helfer und dämonische Gegenspieler werden erwähnt (die Götter ḪI.EN.ḪI.ŠA, Z. 81, und Sulazida, Z. 129, udug-Schutzgeister, Z. 130, ein kosmischer Wächter in Gestalt eines Skorpions, Z. 133).

---

13 Nach Annus (2016) geht es im Text um das Herabkommen der Göttin Innana aus dem Himmel bzw. aus Aratta nach Uruk (a. O. 31-33 und passim, ohne Diskussion philologischer Grundlagen).
14 Die lautliche Entwicklung von *nin-'an-ak führt über eine Assimilation des Alephlautes an /n/ zur Lautung /nn/ am Anfang des Namens, d.h. zur Schreibung Innana (beim Genitiv „des Himmels" (an-ak) liegt hingegen keine Doppelung vor); insofern ist mit Marchesi 2006, 211; Attinger 2007 „Innana" zu umschreiben.
15 In Umschriften wird dieses Zeichen UD, wenn es die Lesung /u/ hat, zur eindeutigen Identifizierung als $u_4.d$ wiedergegeben.

2.2 Skizze des Handlungsverlaufs

Der Text zeichnet einen klar nachvollziehbaren Bogen: Innana möchte das E-ana vom Himmelsgott An bekommen; der aber möchte es ihr nicht geben. Und nun schmiedet sie weitreichende Pläne[16] mit dem Sonnengott Utu, der schwört, ihr zu helfen, und mit einem Fischerei-Gott, der schrecklichen Stürmen trotzt, damit das E-ana auf die Erde kommen kann. Und es gelingt tatsächlich: Innana „raubt" das „Himmelshaus"!

Wie dieser Coup im Einzelnen vor sich geht, ist durch den lückenhaften Erhaltungszustand der Tafeln schwer zu sagen. Einer neuen philologischen und mythologischen Analyse vorgreifend lässt sich hier schon festhalten:

Zunächst fährt das E-ana auf dem Himmels-Ozean auf einem riesigen Schiff[17], wo es von schrecklichen Winden, v. a. den Südstürmen bedroht wird. Dort, in einem Sumpfgebiet, d. h. verborgen vor etwaigen Verfolgern, geht das E-ana in den Fluten unter. Mit einem riesigen Fischernetz gelingt dem Fischergott dann gemäß der Anweisung Innanas die Rettung des Tempels vor dem Untergang im kosmischen Himmelsozean[18].

---

16 Anders Alster (2004, 36): "when Inanna wanted to take possession of Eanna, [...] she was prevented from doing so by An, who sent the South wind in order to overthrow her boat. The fisherman Adagbir then found a way to help her from drowning." Diese Interpretation basiert auf der Übersetzung der Zeilen 153 f durch van Dijk (1998), der davon ausgeht, An habe Innana vor dem Ertrinken bewahrt; nach der diesem Beitrag zugrundeliegenden neuen Edition ist hier vielmehr vom Versinken des E-ana die Rede. Auch inhaltliche Gründe sprechen gegen die Deutung Alsters: die ausführlichen Schilderungen von Innanas Plänen zeigen, dass Innana schon im Voraus erwägt, wie alles gelingen kann. Eine solche genaue Planung, die zum Erfolg führt, ist typisch für das, was man sich von der Göttin Innana erzählt; Entsprechendes findet sich im Mythos INNANA BRINGT DIE UNTERWELTSMACHTMITTEL AUF DIE ERDE, der inkorporiert ist in den Mythos INNANA WIRD HERRSCHERIN ÜBER TOD UND LEBEN, was textlich erhalten ist im epischen Preislied *angalta / Innanas Gang zur Unterwelt* (vgl. A. Zgoll 2020 und A. Zgoll/C. Zgoll 2020). Innana schlittert diesen Mythen zufolge gerade nicht in eine unvorhersehbare Katastrophe, sondern hat die Widrigkeiten im Voraus schon einberechnet und dagegen vorgesorgt.

17 Diese Vorgänge spielen sich im Himmel ab, was sich aus dem Ablauf der Geschehnisse ergibt: Damit Utu das E-ana unter den Horizont bringen kann (Z. 131), muss Innana den Skorpion-Wächter kurzzeitig unschädlich machen, indem sie ihm den Schwanz abschlägt (Z. 133) und dann den Signal-Schrei für Utu gibt (Z. 136), dass der Weg frei ist. Utu und Innana sorgen also dafür, dass das E-ana von den Himmelsregionen auf die Erde kommen kann. Da Handlungen des Fischergottes Adagbir (Z. 126-128), die zuvor ausführlich geplant wurden (Z. 56-125), den Taten Innanas und Utus vorausgehen (Z. 129-138), müssen sie innerhalb des Himmels lokalisiert werden.

18 Anders Alster 2004, 36: Mit einem Netz zähme der Fischergott die Winde und veranlasse, dass Innana sich im Schilfrohr verstecken könne.

Nachdem das E-ana auf diese Weise vom „Himmelsfundament" (sumerisch utaḫ, Z. 130) wieder hervorgekommen ist, macht sich der Sonnengott nun daran, das E-ana unter den Horizont zu bringen[19]. Damit dieser kosmische Transfer gelingen kann, muss aber erst einmal einer der streng bewachten Wege frei werden. Die Götter wählen eine schmale Passage (Z. 122) am Horizont, die vom astralen Skorpion bewacht wird[20].

Abb. 2: Rollsiegel vom Anfang 3. Jt. mit Utu und Bootsgott (von der Osten 1934, Nr. 47), Umzeichnung Wiggermann 2013, 121; ebd. 127 Hinweise zur Interpretation des Rollsiegels und der Vermerk, dass die Bedeutung des Bildes bislang nicht eindeutig ist. Der aus *an gal karede / Innana und An* rekonstruierbare Mythos INNANA BRINGT DAS HIMMELSHAUS FÜR DIE ERDE und die Abbildung auf diesem Rollsiegel können sich hier gegenseitig erhellen: Der Sonnengott fährt auf einem Boot(sgott) über den Himmelsozean. Den Übergang in andere kosmische Bereiche bewacht der Skorpionwächter mit erhobenen Armen.

Dieser Skorpion wird von Innana attackiert: Innana hackt dem Wächter der Himmelstore dabei den Schwanz ab. Damit wird – so meine Interpretation – kurzfristig der Weg von den himmlischen Regionen zur Erde frei. Innana brüllt

---

19 Vgl. Wiggermann 2013, 127.
20 Vgl. van Dijk 1998, 27 ad Z. 133 zum Skorpion; vgl. auch Wiggermann (2013, 126 f): „Der Skorpionmensch, der im Gilgameš-Epos das Zwillingsgebirge am Horizont bewacht, hat einen Vorläufer im Skorpionmenschen am Eingang der Totenwelt und in einem noch etwas älteren Skorpion mit astraler Funktion. Der Letztere tritt in einer im 3. Jt. sehr beliebten Szene auf, für die es bislang keine allgemein akzeptierte Deutung gibt. [...] Der astrale Skorpion weist den Weg zu einer Deutung der Szene als Reise der Sonne über einen kosmischen Ozean, unterirdisch oder oberirdisch". Zum astralen Skorpion vgl. auch Zernecke 2008, 107-127.

löwengleich (Z. 134)[21], was dem Sonnengott das Signal gibt, um in diesem Moment das E-ana „fallen zu lassen", damit es auf die Erde gelangen kann (Z. 135 f).

Wie auch immer das Abenteuer noch zu präzisieren sein mag – am Ende jedenfalls ist der Plan Innanas aufgegangen, das E-ana ist tatsächlich auf Erden. Und der Himmelsgott entscheidet sogar dem Tempel sowie der Göttin eine gute Zukunft[22]. Das Textende offenbart den Text dann als Preislied auf Innana und ihre Tat:

[163] E₂-an-na.k an-da im-da-kar-re-en ki du₁₀.g-⸢ga im-me<-en>⸣	[163] Weil du (Innana) dabei bist, das E-ana aus dem Bereich des Himmels herbeizuholen, weil du dabei bist zu sagen "Es <ist> das (Haus), das die Erde gut gemacht hat!",
[164] ᵈnun-gal-e-ne diri.g-ga-ba[23]	[164] nachdem du die großen Fürsten(götter) (= Anuna) überragt hast,
[165] ki-sikil ᵈInnana.k za₃-mim-zu maḫ-am₃	[165] (o) junge Frau Innana: (Dieses) Preislied auf dich ist machtvoll!

Das Problem, das sich hieraus ergibt, lässt sich einfach auf den Punkt bringen: Wieso wird Innana, wenn sie ein so gemeiner Räuber ist und dem Himmelsgott sein Himmelshaus raubt, am Ende desselben Textes von eben diesem Himmelsgott erhöht und bestätigt und wieso endet der Text mit einem überschwänglichen[24] Lobpreis? Die folgenden Kapitel werden sich diesen Problemen des mythischen Epos aus verschiedenen Perspektiven annähern.

---

21 Van Dijk (1998, 22) versteht dieses Brüllen als Schmerzensschrei des getroffenen Skorpions. Die Schreibung der Verbalform ba-ni-in-ra mit Ergativ der Personenklasse macht allerdings deutlich, dass es Innana ist, die den Schrei ausstößt. Dieser hat die Funktion eines Signals für Utu, wie es in der Planung schon abgesprochen worden war. Dass dieser Schrei wie der eines Löwen ist, passt genau zu Innana, deren Tier der Löwe ist. Ihr Gebrüll wird auch in anderen Texten im Kontext des Niederschlagens von Feinden beschrieben, vgl. Fink 2017.

22 Die Festlegung des An beinhaltet, dass der Tempel fest wie der Himmel sein wird und dass die Menschheit der Innana unterworfen sein wird, zwei bemerkenswerte und weitreichende Aussagen.

23 Kompositext aus dem Textzeugen NiA und UnB.

24 Der Lobpreis am Ende des Textes ist in vielfältiger Hinsicht herausragend: (1) Ein Schluss-Preis (za₃-mim) wird oft als „gut" beschrieben – das hier gewählte „großartig, erhaben, machtvoll" (maḫ) ist mehr. (2) Ein Schluss-Preis ist üblicherweise in der 2. Person gehalten; hier hingegen findet sich zunächst ein Preis in der 3. Person (Z. 159-162), der dann in einen Preis in der 2. Person mündet (Z. 163-165). (3) Ein Schluss-Preisvermerk umfasst in anderen

3 Häuser im Himmel

3.1 Das E-ana als „Himmelshaus"

Der sumerische Name E-ana bedeutet „Haus des Himmels(gottes An)" und zugleich, mit *Genitivus loci*, „Haus im Himmel"[25]. Dass es im Himmel Wohnstätten der himmlischen Götter, „Himmelshäuser", gibt, ist gut bekannt[26]; besonders deutlich wird es im akkadischen *Enūma elîš / Weltschöpfungsepos von Marduks Erhöhung*, wo der Himmel als Ašrata bezeichnet wird, was mit Gabriel[27] als sumerisiertes *ašrāti*, ein akkadisches Wort für „Heiligtümer" zu verstehen ist. Der Himmel besteht aus Heiligtümern, nämlich den „Himmelshäusern", wo die himmlischen Gottheiten wohnen.

3.2 Ein Tempel muss aus einem numinosen Raum auf die Erde kommen

All diese Götterwohnungen im Himmel haben Teil an der Substanz des Himmels, d. h. zugleich des Himmelsgottes An. So jedenfalls kann man ein mythisches Hylem[28] verstehen, das sich im Kontext religiös-hymnischer Texte über

---

mythischen Epen oft eine Zeile oder zwei Zeilen, hier hingegen finden sich sieben Zeilen! – Insgesamt lässt sich festhalten, dass ein solches Preislied machtvoll ist, insofern es die gepriesenen Eigenschaften auf den Gepriesenen überträgt bzw. sie verstärkt, vgl. A. Zgoll 2012a, 27 f am Beispiel der *Keš-Hymne* und vgl. auch Gerstenberger 2018; ausführlich wird dies in dem in Vorbereitung befindlichen Buch über Religion in Mesopotamien dargestellt werden.

25 Zum *Genitivus loci* vgl. Jagersma 2010, 148, Bsp. 50: e₂-gal urub^{ki}-ka-ni „sein Palast in Urub".

26 Vgl. Heimpel 1986, 130-132; vgl. z. B. auch die Schilderung, wie Etana in ein Gotteshaus im Himmel gelangt (vgl. Haul 2000) oder den Einzug der Göttin Innana, vorbei an den Torhütergottheiten, in die himmlischen Wohnungen im sumerischen Lied *nin-me-šara / Innana B*, vgl. A. Zgoll 2015a (mit weiterer Literatur) und 2021.

27 Gabriel 2014, 150.

28 Ein Hylem ist die kleinste handlungstragende Einheit eines Erzählstoffes. Solche Hyleme sind wichtig für die Rekonstruktion von Mythen: Mythen und andere Erzählstoffe lassen sich als Sequenzen solcher Hyleme rekonstruieren. Vgl. dazu C. Zgoll, „Grundlagen der hylistischen Mythosforschung" im vorliegenden Band, Kapitel 2 und ausführlich C. Zgoll 2019. Exemplarische Anwendungen der Methodik aus verschiedenen Disziplinen finden sich in den Beiträgen dieses und des von A. Zgoll/C. Zgoll 2020a herausgegebenen Bandes. Für englische Darstellungen dieser Rahmentheorie und Methodik der Mythosforschung vgl. C. Zgoll 2020 und A. Zgoll 2020a.

Tempelbauten immer wieder findet: Dass nämlich der Himmelsgott die Tempel gegründet hat[29]. Die Aussage besagt nicht weniger, als dass ein solcher Tempel uranfänglich im Himmel existiert. Nehmen wir als Beispiel das Tempelbauprojekt eines berühmten Herrschers des 21. Jh. v. Chr. namens Gudea („Berufener"). Bevor er einen Handgriff zum Bau auf Erden tun kann, existiert dieser Tempel nach mesopotamischer Vorstellung längst im Himmel: Sein Stadtgott, der ihn zum Bau auf Erden beauftragt, bezeichnet den Tempel als

e$_2$-ĝu$_{10}$ E$_2$-ninnu An-ne$_2$ ki ĝar-ra   „Mein Haus E-ninnu, das (der Himmelsgott) An gegründet hat"

Gudea Zylinder A 9:11[30]

Mit einer derartigen Formulierung identifiziert man den auf Erden gebauten Tempel mit dem von An im Himmel gegründeten Gotteshaus. Anders ausgedrückt, die Bezeichnung des Tempels als „Haus, das An gegründet hat" trägt die Botschaft, dass der Tempel ein Himmelshaus ist. Solche von An gegründeten oder anders ausgedrückt, im Himmel begründeten Tempel müssen auf die Erde kommen: Innanas Tat zeigt eine prototypische Möglichkeit, wie man ein solches Geschehen beschreiben konnte. Ein ähnliches Konzept findet sich z.B. beim Tempel in Eridu, dessen Gott Enki ihn im Süßwasserozean Abzu erschafft und von dort auf die Erde bringt. So heißt es in *u re'a / Enkis Fahrt nach Nippur* 9 preisend von Enki, dass er derjenige ist, der den strahlenden Bezirk, also den Tempel, kunstvoll geschaffen und aus dem Abzu hervorgebracht hat (muš$_3$ ku$_3$ galam du$_{11}$-ga abzu-ta e$_3$-a).

---

29 Gemeint ist damit nicht, dass er einen Tempel *auf Erden* gegründet hat. Auch wenn die idiomatische Wendung „gründen" ki--ĝar mit den Bestandteilen ki „Erde" und ĝar „setzen" das zunächst zu implizieren scheint; doch ki--ĝar ist im Sumerischen idiomatisch, d. h. die Summe der Teile ki und ĝar bedeutet insgesamt „gründen". Für eine alternative Interpretation vgl. den Beitrag von Kärger, *Götter, Tempel, numinose Machtmittel ...*, Abschnitt 4.2.2 im vorliegenden Band.
30 Die Aussage wird in *Gudea Zylinder* A 27:8 und B 20:20 variierend wiederaufgenommen.

4 Vom Himmel auf die Erde: Der Transfer

4.1 Wie kommt ein Himmelshaus auf die Erde? Aktivierung, Identifizierung und Transfer

Welche Modelle der Vermittlung zwischen Himmel und Erde sind denkbar? Drei mögliche Richtungen lassen sich mit den Schlagwörtern *Aktivierung, Identifizierung* und *Transfer* angeben. Zur *Aktivierung* von Tempeln forscht eine Göttinger Projektgruppe[31]. Knapp auf den Punkt gebracht bezeichnet *Aktivierung* von Tempeln das Phänomen, dass die Erschaffung eines Tempels in mesopotamischen Quellen nach Abschluss der Bautätigkeiten nicht abgeschlossen ist. Vielmehr – so die Ergebnisse unserer Forschungen – ist es entscheidend, dass der Tempel nach seiner materiellen Fertigstellung für seine Aufgaben mit besonderen Fähigkeiten ausgestattet wird. Diese Befähigung des Tempels vollzieht sich nach verschiedenen sumerischen Quellen – u. a. dem Preislied auf Nintu für das Heiligtum von Keš (*nam nune / Keš-Hymne*)[32] oder dem Preislied auf Enki für das Heiligtum von Eridu (*u re'a / Enkis Fahrt nach Nippur*)[33] – durch den Lobpreis des Tempels durch eine oder mehrere Gottheiten. Durch die machtvollbeschwörenden Worte eines solches Preises wird dem Tempel durch die Götter seine besondere Wirkmacht „eingesprochen", so dass der Tempel diese Macht dann besitzt[34].

Die *Identifizierung* von Tempeln ist aufs engste mit der Aktivierung verzahnt; um diese *Identifizierung* wird es in Abschnitt 7.1 und 7.2 gehen. Zunächst also zum *Transfer* zwischen Himmel und Erde: Wenn Tempel wirklich Himmelshäuser sind, dann sollte sich irgendwo etwas über diesen Transfer finden lassen.

---

[31] Konzepte zur Aktivierung von Tempeln und anderen Entitäten (wie Gottheiten oder die für das gesamte Universum wichtige kosmische Hacke) im antiken Mesopotamien untersucht die Projektgruppe von A. Zgoll, B. Kärger und A. Merk, vgl. http://www.uni-goettingen.de/de/410999.html. Ein Verweis auf die Macht von Preisliedern findet sich in A. Zgoll 2012a, 27 f; in eine ähnliche Richtung geht auch Gerstenberger 2018. Eine ausführliche Darstellung wird A. Zgoll in der Monographie zu Religion in Mesopotamien geben (in Vorbereitung).
[32] Eine Edition durch Brit Kärger, Göttingen, ist in Vorbereitung.
[33] Passender ist für diesen Text der Titel *Enkis Tempelstiftung* (oder ähnlich). Die neueste Bearbeitung ist Ceccarelli 2012. Eine Edition durch Anja Merk, Göttingen, ist in Vorbereitung.
[34] Als Pendant zu diesem „Ein-Sprechen" durch Preislieder fungiert in Ritualtexten auch sumerisch šid/akkadisch *manû*, was nicht einfach „rezitieren", sondern vielmehr „etwas in etwas ein-sprechen", „be-sprechen" bedeutet, vgl. A. Zgoll 2006, 386-391.

Ein sumerisches Epos über den frühen König Gilgameš löst das Problem des Transfers vom Himmel auf die Erde in folgender Weise[35]:

³⁰ Unug^{ki} ĝeš-kiĝ$_2$-ti diĝir-re-e-ne-ke$_4$	³² Es ist so, dass die großen Götter ³⁰ für Uruk, die Werkstätte der Götter,
³¹ E$_2$-an-na.k e$_2$ an-ta e$_{11}$.d-de$_3$	³¹ für das E-ana, das Haus, das aus dem Himmel heruntergebracht wird,
³² diĝir gal-gal-e-ne me-dim$_2$-bi ba-an-AK-eš-am$_3$	³² dessen Glieder (oder: Schiffsplanken[36]) gemacht haben.

Gilgameš und Akka Z. 30-32[37]

Könnte das bedeuten, dass die großen Götter das Himmelshaus E-ana mit Gliedmaßen ausgestattet haben, die ihm eine Bewegung vom Himmel auf die Erde erlauben? Oder ist das E-ana hier vielmehr in Gestalt eines Schiffes vorgestellt?

Was an dieser Stelle unproblematisch klingt, erhält in einem mythischen Epos vom König Etana ein anderes Gewicht. Dort heißt es am Anfang, dass die Heiligtümer noch nicht erbaut und die Tore (des Himmels) verriegelt sind[38]. Hier ist es demnach (noch) nicht möglich, die Himmelshäuser auf die Erde zu holen (oder selbst in den Himmel zu gelangen, was Etana später gelingen wird). Ein intensives Studium des Epos *an gal karede / Innana und An* (vgl. Abschnitt 5) und die Rekonstruktion des darin verarbeiteten Mythos (vgl. Abschnitt 6) führt zu der Entdeckung, dass dieser mythische Text vom Prototyp eines solchen Transfers berichtet.

---

35 In *Gilgameš und Akka* wird Uruk als ki-tuš maḫ An-ne$_2$ ĝar-ra-ni, „sein (= Ans) erhabener Wohnort, den An gegründet hat" (Z. 109) bezeichnet, wobei ĝar abgekürzt für ki--ĝar steht; alternativ, fast synonym, kann man auch übersetzen „den An aufgestellt hat".
36 Den Hinweis auf diese andere mögliche Bedeutung von me-dim$_2$ und Belege dazu verdanke ich Ingo Schrakamp. Als „(Schiffs-)Planken" o. ä. wird me-dim$_2$ sonst für gewöhnlich mit dem Determinativ für Gegenstände aus Holz (ĝeš) versehen. Zu me-dim$_2$ vgl. Selz 1998, 261 Anm. 34 „Seitenplanken". Eine Diskussion der Stelle mit Forschungsliteratur und leicht abweichender Übersetzung findet sich in Anhang 9 des Beitrages von Kärger, *Götter, Tempel, numinose Machtmittel* ... in diesem Band.
37 Vgl. Katz 1993, Wilcke 1998, George 1999, Neumann 2013, Waetzold 2015.
38 *Etana-Epos*, altbabylonische Version 1:9 f *lā banû ištīniš parakkū / sebetta bābū uddulū elu dapnim* – „(Noch) nicht erbaut waren sämtliche Heiligtümer. / Siebenfach waren die Tore (gemeint: des Himmels) gegen den Mächtigen verriegelt." Vgl. Haul 2000, 106 f mit 122 f. Mit Wilcke 1977, 157 verstehe ich *sebetta* adverbiell und gehe anstelle eines „rare and archaic grammatical feature" (Lambert 1980) davon aus, dass die Wortstellung in einem derart poetisch gestalteten Text freier gehandhabt wird als in Alltagstexten. – Für eine jüngere Version der Passage vgl. Kinnier Wilson 2007, 13-15.

4.2 Vom Himmel auf die Erde: Der Transfer als „Raub"

So viel in *an gal karede / Innana und An* auch noch fehlen oder unklar sein mag, eines ist ganz klar: Es ist Innana, die hier das Himmelshaus E-ana auf die Erde holt. Und dieses Geschehen wird als „Raub" bezeichnet. Das Verbum kar „wegnehmen, rauben" erscheint neunmal im erhaltenen Text, ist also ein Kernbegriff. So spricht z. B. Innana davon, das E-ana zu „rauben", als sie versucht, ihren Bruder, den Sonnengott Utu, als Helfer für ihre Pläne zu gewinnen. Ihm sagt Innana:

[an] me-en-de₃-na ki me-en-de₃-na	„[Der Himmel] ist unser, die Erde ist unser,
an-da E₂-an-na.k ha-ba-da-k[ar-re? → Z. 27-30.38]³⁹	aus dem Bereich des Himmels⁴⁰ werde ich das E-ana auf jeden Fall rauben⁴¹!"
	an gal karede / Innana und An Z. 44

Nach vollbrachter Tat heißt es dann noch dreimal in ähnlichen Formulierungen, sie habe das E-ana geraubt⁴².

---

39 Die Verbalform ist (wie in solchen Fällen oft) defektiv geschrieben für ha-ba-da-kar-re<-en>.
40 kar wird hier im Text immer mit Komitativ konstruiert. Zu dieser Konstruktion vgl. Attinger 1993, 251 f „enlever à qqn" und Jagersma 2010, 452.
41 Die Aussage verwendet den in diesem Text beliebten „Affirmativ der Zukunft". Dieser formal dem Prekativ ähnelnde Modus findet sich z. B. eindeutig in Z. 38. Auch dort steht, ebenso eindeutig wie hier, eine Form mit 1. Ps. Sg. (was kein „Prekativ" sein kann; dafür würde Kohortativ verwendet). Die Form steht in einer Rede Utus: [eni]m nin₉-ĝu₁₀ ma-ab-be₂-a ĝe₂₆-e ha-ba-da-ab-še.g-ge – „Das Wort, das meine Schwester mir sagen wird – ich für mein Teil: ich werde es auf jeden Fall befolgen!" Der Affirmativ der Zukunft bringt Entschlossenheit zum Ausdruck. Wer diesen Affirmativ der Zukunft verwendet, ist felsenfest überzeugt und/oder will alles daransetzen, die Aussage auch wirklich eintreten zu lassen. – Ein „Affirmativ der Zukunft" findet sich nicht in allen Darstellungen zur sumerischen Sprache, ist aber schon bei Falkenstein 1950, 121 umschrieben („betont affirmative Bedeutung im Sinne einer bestimmt gegebenen oder eintretenden Tatsache") und von Attinger (1993, 293 f) aufgenommen als „affirmation catégorique".
42 Bzw. präziser: Sie hat es herbeigeholt, vgl. Z. 153, 159 und 163, und Kapitel 5 zur Transfer-Sprache.

5 Vom Himmel auf die Erde: Die Transfer-Sprache

5.1 Hermeneutische Differenzierung: Transfer und Transfer-Sprache

Wenn Innana hier also „raubt, wegreißt, abreißt, wegnimmt" (kar), dann scheint das eindeutig negativ zu sein; davon gehen die bisherigen Bearbeitungen und Studien zu diesem Epos aus. Nach van Dijk (1998, 30) erklärt das Epos damit, wieso die Stadt Uruk mit dem Tempel „Haus des An" der Kultort Innanas und nicht des Himmelsgottes An war: sie habe ihn beraubt und verdrängt[43]. Hier muss die weitere Forschung ansetzen. Denn es bleibt unklar, wieso derselbe An Innana am Ende desselben Textes ob dieser Tat rühmt. In welcher Hinsicht dieser Raub problematisch ist, muss daher noch geklärt werden. Denn aus einer solchen negativen Formulierung zu schließen, die Tat selbst sei als negativ zu bewerten, ginge an den Eigenarten mythischer Sprache vorbei. Hier ist hermeneutische Vorsicht geboten. Drastische, negativ-schockierende Formulierungen sind typisch für die Verschriftungen mythischer Stoffe. Ihre Sprache fesselt die Aufmerksamkeit. Diese fesselnde Sprache kann in der vorliegenden Version des Mythos nicht heißen, dass Innanas Tat verurteilt würde. Denn Innana wird ja genau dieser Tat wegen am Textende höchlichst gepriesen[44]. Analysen von Grammatik und Lexik liefern für die Bedeutung des „Raubes" in emischer Perspektive wichtige Indizien, von denen hier eine vorgestellt wird; weitere werden in der neuen Edition des Textes in der Reihe *Mythological Studies* dargestellt werden (vgl. vorläufig die Übersetzung A. Zgoll 2015).

Wichtig für die Interpretation des eigenartigen Befundes, dass Innana dem An das E-ana raubt, von demselben An aber dafür gepriesen wird, ist eine morphologische Entdeckung. Die Rede vom „Rauben" ist in diesem Text nämlich unterschiedlich ausgestaltet. Zunächst werden die finiten Verbformen[45] mit der verbalen Basis **kar** mit einem Separativ-Präfix {-**ba**-} gebildet, betonen also den Aspekt, dass sich etwas wegbewegt: Das E-ana wird also **weg**gebracht, was sich auch als „Raub" wiedergeben lässt:

---

[43] Vgl. auch van Dijk (1998, 11: „Das E'anna zu verlangen und zu besitzen, ist theologisch gesehen dasselbe wie sich mit An gleichstellen, ja sogar ihn zu ersetzen."
[44] Dieser Preis entfaltet sich dreifach: Zuerst spricht An Innana direkt an und sagt dabei u. a., dass sie ihn übertroffen habe (Z. 144 f), dann folgt ein Preis in der 3. Person, schließlich ein abschließender Preis (zamim), der wieder als direkte Ansprache gestaltet ist.
[45] Es gibt vier Zeilen mit finiten Verbformen der verbalen Basis kar; die anderen Stellen im Text sind infinit, so dass sie keine Morpheme für Separativ oder Ventiv enthalten.

⁴⁴ ha-**ba**-da-k[ar-re?→Z.27-30,38]

Innana:
„Ich werde das E-ana aus dem Bereich (des Himmels) auf jeden Fall **weg**bringen (= rauben)!"

¹⁵³ SI?A **ba**-e-da-kar

An:
„Du (= Innana) hast es geschafft, es (= das E-ana) **weg**zunehmen!"

Gegen Ende des Textes hingegen finden sich in Textzeuge UnB nur noch Formulierungen mit Ventiv-Präfix {-**m**-}, was eine Bewegung **hin** zu einem Zielpunkt bezeichnet:

153 und 154, UnB
⌈i**m**-da-an⌉-kar-re-en

An:
„Weil du (= Innana) dich daran gemacht hast, es (= E-ana) aus dessen (= des Himmels) Bereich **herbei**zuholen (auf die Erde)"

¹⁵⁹ UnB i**m**-⌈da⌉-an-kar

„Weil sie es (=E-ana) aus seinem (des Himmels) Bereich **herbei**geholt hat"

¹⁶³ i**m**-da-kar-re-en

„Weil du (= Innana) dabei bist, es (=E-ana) aus seinem (des Himmels) Bereich **herbei**zuholen"

Diese Formulierungen mit Ventiv bringen eine ganz andere Nuance zum Ausdruck als die Formulierungen mit Separativ: Anstelle des „Weg-Nehmens" steht hier das „Herbei-Holen" im Vordergrund der Betrachtung. Fazit: kar bezeichnet im vorliegenden Text nicht nur das bösartig beraubende Weg-Nehmen, sondern auch ein positives Herbei-Holen.

5.2 Verschiedene Perspektiven: An vs. Innana

Der Befund führt zu neuen Fragen. Nun steht zu klären, *wieso* das Epos hier so verschieden formuliert. Die Antwort ergibt sich, wenn man entdeckt, dass hier zwei verschiedene Perspektiven vorgeführt werden: Der Anfang akzentuiert die Perspektive des Himmelsgottes, der nichts von seiner Macht abgeben will und dem das E-ana weg-genommen wird; später hingegen ist vom Herbei-Holen des E-ana in die Sphäre der Innana die Rede. Und diese Sphäre der Innana erweist sich als kongruent zur Erde bzw. zu Sumer, also zur menschlichen Sphäre[46]. In den Formulierungen mit Ventiv zeigt sich also die Perspektive der Innana und damit zugleich der Menschen, für die der Gewinn des E-ana eine Existenz ermöglichende Großtat ist. Der Mythos, der in diesem epischen Preislied verarbeitet ist, thematisiert mithin insbesondere den Gewinn des Tempels für die Erde und lässt sich daher gut unter der Überschrift INNANA BRINGT DAS HIMMELSHAUS FÜR DIE ERDE zusammenfassen.

Eine solch komplexe Sachlage mit klar unterschiedlichen Anliegen verschiedener Protagonisten ist auch in anderen Mythologien gut bekannt. Wie An das Himmelshaus nicht preisgeben will, so will auch Zeus das Feuer nicht den Menschen überlassen. Prometheus aber raubt das Feuer, um es den Menschen trotzdem zu bringen[47]. Prometheus und Innana nehmen Risiken und Opfer auf sich, um den Menschen zu helfen.

Ein Aufeinanderprallen der Interessen zeigt sich in verschiedenen Mythen der mesopotamischen und der griechischen Antike als Teil einer typischen Konstellation: Nicht nur hier versuchen jüngere Götter bzw. Heroen, den älteren etwas zu entreißen. Protagonisten wie Innana, Enki oder Prometheus sind es, die die Entwicklung der Welt vorantreiben und die Grundlagen für die Existenz der Menschen schaffen.

6 Rekonstruktion des Mythos INNANA BRINGT DAS HIMMELSHAUS FÜR DIE ERDE

In den vorangehenden Abschnitten ging es um die Annäherung an den Textbestand des episch gestalteten Preisliedes *an gal karede / Innana und An*. Auf dieser philologischen Grundlagenarbeit baut die Rekonstruktion des Mythos INNANA BRINGT DAS HIMMELSHAUS FÜR DIE ERDE auf. Durch Analyse der kleinsten handlungstragenden Einheiten, der Hyleme, und ihre weiteren Auswertungen im Gesamt der hylistischen Methodik lässt sich der mythische Erzählstoff, der im Text verarbeitet ist, in wesentlichen Teilen offenlegen[48]. Dabei ist allerdings

---

[46] Texte aus dem antiken Mesopotamien wie *an gal karede / Innana und An* zeigen uns, wie fein und komplex die Autoren zwischen derart verschiedenen Perspektiven, derjenigen des Himmelsgottes An und derjenigen Innanas bzw. der Menschen, differenziert haben.
[47] Zum Mythos PROMETHEUS BRINGT DEN MENSCHEN DAS FEUER vgl. den Beitrag von Alvensleben, *Vom Himmel oder nicht vom Himmel?* im vorliegenden Band.
[48] Zu Hylemen und zur Methodik der Hylemanalyse vgl. den Beitrag von C. Zgoll, *Grundlagen der hylistischen Mythosforschung* (Kapitel 2) im vorliegenden Band.

anzumerken, dass mehr als ein Drittel des Epos fehlt. Gerade bei einer solchen Herausforderung kann die Erzählstoffanalyse wesentlich zur Klärung beitragen. Aufgrund von Hylem-Überlappungen, v. a. zwischen der Schilderung von Planung und Ausführung der Planung, und durch begriffliche Bezüge lässt sich in gewissem Umfang ein Ablauf der Geschehnisse ausloten. Vieles davon darf als gesichert gelten, einiges muss hypothetisch bleiben und wird als solches kenntlich gemacht. Die Hylem-Analyse mitsamt den Zeilenangaben legt die Indizien für die Rekonstruktion offen. Die methodischen Grundlagen für diese Rekonstruktion (u. a. Extraktion der Hyleme auf Textbasis und in Reihenfolge des Textes, darauf aufbauend Rekonstruktion der stoffchronologischen Reihenfolge, Ergänzung impliziter, notwendiger Hyleme, Erfassung der durativen Hyleme etc.) werden in der monographischen Bearbeitung mit neuer Edition des Textes und ausführlichen mythologischen Analysen innerhalb der Reihe *Mythological Studies* dargelegt werden.

6.1 Undeutliche Anfänge

Der Anfang des Mythos ist bislang noch unbekannt. Festhalten lässt sich, dass INNANA BRINGT DAS HIMMELSHAUS FÜR DIE ERDE in der frühen Urzeit der Welt und Götter spielt. Dort, wo wir die Handlung des Mythos greifen können, gibt es schon Götter, aber Erde, Tag und Nacht[49] und Menschheit existieren noch nicht. Die ersten mythischen Hyleme, die greifbar werden, zeigen jedenfalls, dass Innana mit ihrem Gemahl An eine Nacht verbringt (Z. 41). Es handelt sich um die erste Nacht der beiden, also um ihre Hochzeitsnacht[50].

6.2 Hylem-Übersicht 1: Von der Hochzeit zwischen An und Innana zum Plan, das Himmelshaus zu rauben

Die Hylem-Analyse zu den ersten erhaltenen Textpartien lautet folgendermaßen:

---

49 Das ergibt sich aus dem weiteren Verlauf des Mythos. Der Beginn des Epos, der sich in Fragment D nur bruchstückhaft erhalten hat, könnte dies explizit ausführen mit einer Aussage, dass es noch keine Nacht gab (Z. 4).
50 Die umfangreichen Forschungen zu diesem Punkt werden in der geplanten Monographie dargestellt werden; vgl. dazu auch S. 288 mit Anm. 51.

- An schläft mit Innana (zum ersten Mal, d. h. in der Hochzeitsnacht) (Z. 41)[51].
- [Jetzt ist An Gemahl der Innana] (erschlossen aus Z. 41).
- [Jetzt] ist Innana Lieblingsgemahlin des An (Z. 149).
- Innana wünscht das E-ana von An (als Reaktion auf die gemeinsame Nacht, d.h. als Morgengabe) (Z. 42).
- An gibt Innana das E-ana nicht (Z. 42 f).
- Innana plant, das E-ana, d. h. den „Großen Himmel" wegzunehmen (für die Erde) (Z. 27-30).

6.3 Innana plant, das Himmelshaus aus dem Himmel wegzunehmen

Um ihren Plan ins Werk zu setzen, bittet Innana ihren Bruder Utu um Unterstützung und fordert dafür unbedingten Gehorsam von ihm (Z. 31-33.45 f), den Utu ihr auch eidlich zusichert (Z. 34-39). Erst danach weiht Innana Utu in das Geschehene und in ihre Wünsche ein (Z. 41.44-47). – Auch wenn nun in der Textgrundlage 13 Zeilen fehlen (Z. 48-56), so lassen sich doch aus dem später Berichteten weitere mythische Hyleme erkennen, die für diesen Teil zu erschließen sind: Jemand — es muss sich um Utu handeln — verspricht der Innana (Z. 122, vgl. Z. 46), dafür Sorge zu tragen, dass das E-ana vom Himmel durch den „schmalen Pfad" herabfallen wird (Z. 122).

Mit einem weiteren Gott namens Adagbir (bzw. Adagkibir[52]) setzt Innana ihre Planungen zum Raub des Himmelshauses fort[53], die dann im weiteren Verlauf des Textes in die Tat umgesetzt werden[54].

---

[51] Dass beide als ein verheiratetes Paar gedacht sind, ergibt sich aus Z. 149, wo Innana als Ans Lieblingsgemahlin bezeichnet wird. Dass es sich hier um die *erste* Nacht der beiden handelt, ist typisch für mythische Stoffe, die nichts Nebensächliches erzählen. Es ergibt sich überdies aus der Logik des Stoffes: da es sich um die Hochzeitsnacht handelt, hat Innana gute Chancen, dass ihr Wunsch nach dem E-ana erfüllt wird, wenn es sich nämlich um eine Morgengabe handelt; daher wird beides, die Hochzeitsnacht und der Wunsch nach dem E-ana in direkter Verbindung zueinander angeführt und ist als kausaler Zusammenhang zu verstehen (vgl. Z. 42).
[52] So in Textzeuge NiC.
[53] Ein erstes Gespräch mit Adagbir ist ebenfalls in der genannten Lücke Z. 48-56 anzusetzen, dann beginnt ein zweites Gespräch (Z. 57); in dessen Kontext macht Innana etwas an der Brust des Adagbir (Z. 64).
[54] Sowohl Innana wie Adagbir schildern einen Teil des Planes. – Die erhaltenen Teile des preisenden Epos zeigen, dass hier, wie in sumerischen Epen üblich, Planung und Ausführung übereinstimmen. Man schätzte es ganz offensichtlich, Passagen gleich oder ähnlich zu wieder-

6.4 Innana lässt das Himmelshaus nicht im Himmelsozean versinken

Aus dem späteren Teil des Textes lässt sich erkennen, dass Innana das E-ana nicht hat sinken lassen und dass sie es vom Himmel auf die Erde geholt hat (Z. 153 f). Es handelt sich hierbei um zwei mythische Hyleme, die größere Passagen des Stoffes zusammenfassen: um Hyperhyleme[55]. Aus emischer Perspektive sind diese beiden Handlungen als die zentralen Eckpunkte und eigentlichen Großtaten anzusehen. Denn zuerst ist das E-ana bedroht durch böse Stürme, die es im Himmelsozean versenken. Am Ende dann gelingt es, dass das E-ana in den Bereich der Erde gelangt, obwohl mächtige Barrieren dem entgegenstehen, nämlich der kosmische Strom(gott), der die Obere von der Unteren Welt trennt, und der grauenvolle Skorpionwächter, der die Grenzen zwischen den Welten bewacht.

Im Einzelnen vollzieht sich die Handlungsabfolge folgendermaßen: Das Himmelshaus fährt über den Himmelsozean[56]. Der eigentliche Raub des Himmelshauses beginnt damit, dass Adagbir auf einem Magur-Schiff fährt und zwar, wie es heißt, „für das E-ana", d. h. um es wegzubringen (Z. 66.112). An entfesselt daraufhin die bösen Winde gegen Adagbir (Z. 47.113 f), sicherlich um

---

holen. Gerade bei mündlichem Vortrag geht damit eine Intensivierung des Erlebens einher, was beim Publikum (auch heute noch) beliebt ist. Die Hyleme über den Raub des Himmelshauses gebe ich daher auch im Kontext der Ausführung wieder.

55 Vgl. den einführenden Beitrag von C. Zgoll, *Grundlagen der hylistischen Mythosforschung*, Abschnitt 2.7 im vorliegenden Band. Ausführlicher C. Zgoll 2019, 185-204, Kapitel 9.8 „Berücksichtigung stoffzusammenfassender und stoffrepräsentierender Hyleme (Hyperhylem-Funktion)".

56 Das Himmelshaus kann selbst die Eigenschaften eines Schiffes haben, vgl. Lang 2010, 144-147. Interessant in diesem Kontext ist auch die Studie von Glassner 2002 zu den Entsprechungen der Maße zwischen dem Rettungsboot des Sintfluthelden im *Gilgameš-Epos* und dem Etemenanki, der Zikkurat des Marduktempels in Babylon. Alternativ kann man sich vorgestellt haben, dass das Himmelshaus *auf* einem Schiff fährt, z. B. einem Magur-Lastschiff. Vgl. dazu auch Abb. 2 im vorliegenden Beitrag und Wiggermann 2013, 121 mit Abb. 8b: Der Sonnengott fährt auf einem numinosen Schiff (dieses könnte für das Himmelshaus stehen); man sieht auch den Skorpion-Wächter mit erhobenen Armen. Wiggermann (2013, 127) schreibt dazu, dass „aus späteren Texten nichts von einer nächtlichen Reise der Sonne bekannt" sei. Die im Preislied *an gal karede / Innana und An* vorliegende Version des Mythos INNANA BRINGT DAS HIMMELSHAUS FÜR DIE ERDE lässt den größeren Kontext erkennen, in den dieses Bild passt. Falls gemeint ist, dass der Sonnengott den Skorpionwächter schon passiert hat, ist die Fahrt unter dem Horizont, d. h. zur Nacht zu verstehen, ansonsten während des Tages. Denn erst, wenn der Sonnnengott die himmlischen Bereiche verlässt und, vorbei am Skorpionwächter, ins k u r hinabsteigt, wird es Nacht, vgl. dazu 6.8 und 6.10.

ihn am Raub des E-ana zu hindern. Die bösen Stürme versenken das Himmelshaus im Schilfrohr-Dickicht. Das E-ana fällt also in diesem „Schilfrohr-Dschungel" des Himmelsozeans in die Tiefe (Z. 124.127)[57], wo es dann auf dem Himmelsfundament (Z. 130) verborgen liegt, überflutet von Wassern (Z. 118).

6.5 Hylem-Übersicht 2: Von Innanas Plan, das Himmelshaus zu rauben, bis zum Versinken des Himmelshauses im Himmelsozean

– Innana bittet ihren Bruder Utu um Unterstützung beim Raub des Himmelshauses (Z. 31-33).
– Innana fordert dafür unbedingten Gehorsam von Utu (Z. 45 f).
– Utu leistet einen Eidschwur, dass er Innana helfen wird (Z. 34-39).
– Innana erklärt Utu, dass An ihr das Himmelshaus nicht gegeben hat (Z. 41-43).
– Innana erklärt Utu, dass sie das Himmelshaus rauben will (Z. 41.44-47).

[13 Zeilen fehlen, Z. 48-56, doch zwei Hyleme sind erschließbar:]
– [Utu verspricht Innana, dass das E-ana vom Himmel durch den „schmalen Pfad" herabfallen wird (Z. 122, vgl. Z. 46).
– Innana plant nun mit Adag(ki)bir den Raub des Himmelshauses[58]:
– [...]

Die Einzelheiten dieser Planung werden hier im Kontext der anschließenden Ausführung des Plans dargestellt:
– [Das Himmelshaus fährt über den Himmelsozean] (implizit aus Z. 116 f).
– Adagbir fährt auf einem Magur-Lastschiff, um das E-ana wegzubringen (Z. 66.112).
– [An argwöhnt, dass Adagbir das E-ana rauben will.]
– [An lässt] die bösen Winde wüten gegen Adagbir. (Z. 113 f.67.47), um ihn am Raub des E-ana zu hindern.

---

57 Dass das Haus inmitten des Schilfrohr-Dickichts hinabfällt (und versinkt), scheint ein ganz entscheidender Punkt des Planes zu sein, denn er wird am Ende von Innanas Rede genannt und dann gleich am Anfang von Adagbirs Antwort wiederholt.
58 Ein erstes Gespräch mit Adagbir ist ebenfalls in der genannten Lücke Z. 48-56 anzusetzen, dann beginnt ein zweites Gespräch (Z. 57); in dessen Kontext macht Innana etwas an der Brust des Adagbir (Z. 64).

- Alle Schiffe (die auf dem Himmelsozean sind) sinken (Z. 115).
- Die bösen Stürme versenken das Himmelshaus im Schilfrohr-Dickicht, im Grenzbereich des Himmels, d. h. es „fällt" hinab bis auf das Himmelsfundament (Z. 115.124.127.130).
- Dort auf dem Himmelsfundament bleibt das E-ana verborgen, überflutet von Wassern (Z. 118.130).

6.6 Das Himmelshaus kommt aus dem Himmel(sozean) hervor, Innana bestaunt es

Adagbir schlägt nun mit seiner Axt ins Schilfrohr (Z. 70), um das E-ana zu finden und zu retten, was ihm auch gelingt (Z. 120.125). Mit seinem großen Fangnetz rettet er im Auftrag der Innana das E-ana aus den Fluten (Z. 72.116 f). So kommt das E-ana aus den Fluten des Himmelsozeans heraus und damit „aus dem Himmel" hervor (Z. 117, vgl. Z. 120.124.128.130). Der Hirtengott des Himmels fixiert es mit einem Seil (Z. 77.129) wie eine Kuh oder ein anderes Tier, das man an einer Leine führt, so dass es ihm nicht entrissen werden kann. Infolgedessen können die Wasser das E-ana nicht mehr überfluten (Z. 73.118), die bösen Winde können ihm nicht mehr schaden (Z. 78 f)[59]. Nun umgeben u d u g -Schutzgeister das E-ana (Z. 130) und der Himmelsgott, weit entfernt (Z. 80), kann das E-ana nicht mehr erreichen (Z. 130). Innana aber bestaunt das E-ana (Z. 121.128).

6.7 Hylem-Übersicht 3: Vom Auffischen des Himmelshauses bis zu dessen Entfernung aus dem Bereich des Himmelsgottes

Auf Basis der Schilderung von Planung und Ausführung lassen sich die folgenden Hyleme des Mythos erkennen[60]:
- Adagbir [schlägt] mit seiner Axt ins Schilfrohr (um an das E-ana zu gelangen) (Z. 70).
- Adagbir findet das E-ana (Z. 120.125).

---

59 Eine weitere Gottheit, deren Namen mit den Keilschriftzeichen ^{d}ḪI.EN.ḪI.SA$_6$ geschrieben wird, scheint zum Gelingen beizutragen (Z. 81); sie gehört auch zu den sogenannten „Fischergöttern", vgl. van Dijk 1998, 25 und Krebernik 2011-2013.
60 Des fragmentarischen Erhaltungszustandes wegen lassen sich nicht alle Hyleme wiedergewinnen, die in diese textliche Konkretion des Mythos eingegangen waren.

– Adagbir rettet das E-ana mit seinem großen Fangnetz aus den Fluten (im Auftrag der Innana) (Z. 72.116 f).
– Die Fischergottheit ḪI.EN.ḪI.ŠA macht etwas (Z. 81.118).
– Das E-ana kommt aus dem Himmel bzw. dem Himmelsfundament hervor (Z. 128.130), d. h. es kommt von da hervor, wo es unter dem Schilfrohrdickicht versunken war (Z. 124).
– Der Hirtengott Sulazida befestigt (das E-ana) mit einem Seil (Z. 129 mit Z. 45.77).
– Innana bestaunt das E-ana (Z. 121.128).
– [Sulazida übergibt das E-ana dem Utu][61].

Aus all dem ergeben sich folgende Konsequenzen:
– Das Wasser überflutet das E-ana nicht mehr (Z. 118).
– Die bösen Winde [können E-ana nicht mehr erreichen] (Z. 78 f).
– Schutzgötter umgeben das E-ana (Z. 130).
– [An], weit entfernt (Z. 80), kann das E-ana nicht erreichen (Z. 130).

6.8 Innana lässt das Himmelshaus unter den Horizont und auf die Erde gelangen

Nun ist das E-ana aus den Tiefen des Himmelsozeans aufgetaucht, innerhalb eines Schilfrohrdickichts, also in den Grenzbereichen zwischen dem Himmel und den anderen kosmischen Räumen; hier gibt es einen Übergang, einen „schmalen Pfad" (Z. 122), der aus dem Himmel herausführt[62]. Gegen dessen Wächter kämpft Innana (Z. 133).

Doch zuvor trinkt Innana aus dem Fluss Ulaja, einem Grenzfluss zwischen Himmel und Erde bzw. Unterwelt (Z. 132), der als numinoses Wesen vorgestellt wird und in der Verschriftung der Mythosversion im epischen Preislied *an gal karede / Innana und An* mit Gottesdeterminativ geschrieben ist[63]. Die Aussage, dass Innana aus diesem numinosen Wesen, der Grenzflussgottheit Ulaja, Was-

---

[61] Dies lässt sich logisch erschließen: Adagbir rettet das E-ana aus dem Schilfrohrsumpf, Sulazida befestigt es mit dem Seil; später lässt Utu das E-ana durch den schmalen Pfad fallen: Dazwischen muss eine Übergabe stattgefunden haben.
[62] Er erinnert an den Pfad des Sonnengottes (*ḫarrān* ^{d}*Šamaš*) in *Enūma elîš* 5:21 (freundlicher Hinweis von B. Kärger).
[63] Vgl. Frame 2014, 302 f zum gleichnamigen Fluss in Elam, dort insbesondere die Textstellen auf S. 303; Kreberik 2014, 303 zum später bezeugten, gleichnamigen, „im neuass. Staatskult verehrten Gott".

ser trinkt, bleibt aufgrund ihrer Kürze kryptisch. Klar wird aus dem weiteren Verlauf, dass dieser Fluss überquert werden muss. Man bräuchte also eigentlich einen Fährmann. Auf Basis von Mythenvergleichen wird sich zeigen lassen[64], dass Innana hier eine eigentlich unvorstellbare Tat vollbringt: sie trinkt nämlich das Wasser des Grenzflusses zur Unterwelt *aus*. Daher braucht Innana keinen Fährmann über den kosmischen Grenzstrom, weil sie ihn durch das Austrinken seiner Wasser begehbar macht. Dadurch öffnet sich für kurze Zeit[65] ein Durchgang durch die Todeswasser, so dass Utu das Himmelshaus über diese gefährliche Grenze transportieren kann[66].

Der Schmale Pfad, den das Himmelshaus als nächstes passieren muss, wird von dem riesigen Skorpion, einem schrecklichen numinosen Wesen, bewacht[67]. Es ist gewiss kein Zufall, dass der jährliche Durchgang der Sonne durch das Sternbild Skorpion (antik inkl. von Teilen des heutigen Sternbilds Waage) während der Jahrhunderte vor der uns erhaltenen Verschriftung des Textes in die Zeit des Herbstäquinoktiums fiel (ab der zweiten Hälfte des 5. Jahrtausends v. Chr., Hinweis Martin Ganter und Marco Stockhusen). D. h. um diese Zeit bezeichnet der Skorpion im Herbst die Grenzregion zwischen Himmel und Erde und wurde als Wächter der Unterwelt am Sternhimmel rekonstruiert.

Nach dem Queren des Grenzstroms zwischen Oberwelt und Unterwelt gelangt Innana zu diesem Skorpion. Sie attackiert den Skorpion und hackt ihm den Schwanz ab (Z. 133).

Der jugendliche Utu (Z. 85) hört das Signal der Innana (Z. 136) und befolgt die Anweisungen Innanas, wie er es durch große Eidschwüre versprochen hatte (Z. 45 f, vgl. Z. 122). Zusammenfassend (im Format eines Hyperhylems) heißt es, dass Utu das Haus am bzw. im Horizont (ki-šar$_2$-ra) entfernt; er bringt es also unter den Horizont (Z. 131)[68]; da keine weiteren Angaben gemacht werden, ist

---

64 Dies wird in der neuen Edition von *an gal karede / Innana und An* und der ausführlicheren Mythenanalyse von INNANA BRINGT DAS HIMMELSHAUS FÜR DIE ERDE ausgeführt werden.
65 Genau wie beim Skorpion, der nach dem schmerzhaften Verlust seines Schwanzes auch für kurze Zeit außer Gefecht gesetzt ist – eine Zeit, die ausreicht, um das Himmelshaus aus dem Himmel zu entführen.
66 Zu Utu als kosmischem Transporteur vgl. A. Zgoll 2014.
67 Dass ĝiri$_2$ hier den Skorpion bezeichnet, hat van Dijk 1998, 27 ad Z. 133 erkannt. Zum Skorpion vgl. Zernecke 2008 und Pientka-Hinz 2009-2011, 577, der zufolge die Schreibung ĝiri$_2$ (so gelesen mit Attinger 2019b, 89; Pientka-Hinz liest ĝir$_2$) ab der altbabylonischen Zeit durch ĝiri$_2$-tab abgelöst wird. Zu Skorpionen in Wächterfunktion vgl. z. B. *Gilgameš-Epos* 9:38-135, Pientka-Hinz 2009-2011, 578, Wiggermann 2013, 126 f.
68 Vgl. Woods 2009, 185: "Indeed, no region of the cosmos plays upon the imagination like the horizon; seemingly approachable, but ever distant, it is the great divide between day and

davon auszugehen, dass Utu den Transport des Himmelshauses aus dem Himmel auf die Weise durchführt, die den Rezipienten des Mythos geläufig ist. Wenn Utu etwas am Horizont entfernt, dann hat man sich vorzustellen, dass Utu am westlichen Horizont untergeht[69], und dass er dabei das Himmelshaus mit sich nimmt. Utu bringt das E-ana weg, indem er es durch den schmalen Pfad am Horizont fallen lässt[70] (Z. 122 mit Z. 131.135), d. h. (Utu) bringt das E-ana unter den Horizont (Z. 131), also in den Bereich der Unteren Erde, der Unterwelt. Dann macht jemand, vermutlich Innana, das Himmelshaus fest (Z. 135 vgl. Z. 159). Schließlich legt jemand sich oder etwas nieder (die Aussage ist nur fragmentarisch erhalten, Z. 138). Das kann bedeuten, dass Utu sich selbst in der Unterwelt niederlegt, wie es auch andernorts belegt ist[71]. Da es im Kontext um das E-ana geht, lässt sich dies auch so verstehen, dass Utu das E-ana dort (an einem Platz, der für es bestimmt ist[72]) niederlegt. Zugleich bedeutet dies, dass er selbst unter den Horizont gegangen ist, dass es also Nacht geworden ist.

Infolge der dramatischen Ereignisse gelingt es Innana tatsächlich, das Himmelshaus E-ana auf die Erde zu bringen (Z. 153 f.159.163). Der letzte Schritt in diesem mehrteiligen Abenteuer wird nicht mehr geschildert. Festhalten lässt sich: Wenn das Himmelshaus sich erst einmal in der Unterwelt befindet, dann kann der Himmelsgott es nicht mehr erreichen. Aus anderen Texten wissen wir, dass der Sonnengott als *der* Spezialist für Transporte zwischen den Welten fungiert (A. Zgoll 2014). Insofern wäre es für ihn kein Problem, das Himmelshaus E-ana an den dafür bestimmten Ort auf die Erdoberfläche zu bringen, nach Sumer bzw. Uruk. Die umfassendere Auswertung von Text und mythischem Erzählstoff aber, die an anderem Ort vorgestellt wird, macht deutlich, dass gemäß der vor-

---

night, between what is known and what is unknown." und "As in the Egyptian conception, it is the gateway to the Netherworld" (S. 186).

69 Dass Utu untergeht, lässt sich an verschiedenen Beobachtungen ablesen: (1) Das Untergehen das Utu passt genau zu der von ihm zu erwartenden Bewegung, wenn er etwas am Horizont aus dem Himmel entfernen soll. (2) Innana hat von Utu unbedingten Gehorsam gefordert (Z. 31-33) und Utu hat den Eid geschworen, alles für Innana zu tun (erschließbar: das E-ana durch den schmalen Pfad fallen zu lassen); nach der Logik solcher Eidleistungen in Narrativen ist eine für den Eidleister nicht angenehme Konsequenz zu erwarten; diese besteht darin, dass Utu in die Unterwelt muss. (3) Damit entsteht die erste Nacht (vgl. Abschnitt 6.10).

70 „Fallen" wird als Ausdruck des Transfers ins k u r auch anderswo verwendet, vgl. *Gilgameš, Enkidu und die Unterwelt*, wo die beiden hölzernen Geräte, die Gilgameš aus dem numinosen Baum hergestellt hatte, ins k u r „fallen".

71 Vgl. *Lugalbanda I* Z. 122 „Sobald sich unser Bruder wie (der Sonnengott) Utu, der sich schlafen gelegt hat, erheben wird", Wilcke 2015, 233.

72 Vgl. die Zeichenspuren [...] ⌜x¹-be₂ ba-da-an-nu₂⌝, was sich auch verstehen lässt als: „............ legte er (= Utu) es (= E-ana) *an dessen* ... nieder."

liegenden Mythenvariante die Erde erst durch das Himmelshaus überhaupt entsteht[73]. Die Geschehnisse stellte man sich folgendermaßen vor: Das Haus fällt nach unten, unter die Grenze des Himmels (den Horizont) in den Bereich der Unteren Welt (kur). Dort macht jemand es fest (Z. 135). Mit diesem fest verankerten Haus ist nun „ganz Sumer" (Z. 156, vgl. Abschnitt 7.3) und damit auch die „Erde" entstanden.

6.9 Hylem-Übersicht 4: Vom Einbruch in die Untere Welt und dem Transport des Himmelshauses dorthin

Durch die Auswertungen lässt sich die Hylem-Sequenz nun folgendermaßen festhalten:
- [Der Skorpion bewacht den Schmalen Pfad.]
- Innana trinkt das Wasser des göttlichen Grenzflusses zwischen Himmel und Unterwelt namens Ulaja aus (Z. 132).
- [Innana gelangt über den Grenzfluss Ulaja in den Bereich des kur (Gebirge und Totenreich).]
- [Jenseits des Ulaja] trifft Innana auf den [Wächter der Unterwelt (kur)], den Skorpion (Z. 133).
- Innana kämpft gegen den Skorpion (Z. 133).
- Innana schneidet dem Skorpion den Schwanz ab (Z. 133).
- [Innana macht dadurch den Schmalen Pfad frei] (erschlossen aus Z. 134+122+131).
- Innana gibt dem Utu durch Gebrüll das Signal (dass der Pfad frei ist) (Z. 134).
- [Utu] hört das Signal der Innana (Z. 136).
- Utu gehorcht der Innana (Z. 45 f):
- Utu lässt das Himmelshaus, umgeben von dessen udug-Schutzgeistern, durch den Schmalen Pfad fallen (Z. 122 mit Z. 131.135+138?). [Das bedeutet, dass Utu mit dem Himmelshaus den kurzzeitig trockenen Ulaja-Fluss quert und den Skorpion passieren kann]; d. h. [Utu] entfernt das E-ana unter den Horizont (Z. 131).
- [Utu und das Himmelshaus gelangen in den Bereich der Unterwelt (kur).]
- [Innana?] macht das Himmelshaus fest (Z. 135)[74].
- [*Vermutlich ein weiteres Hylem?*] (Z. 137, nicht verständlich).

---

73 So unabhängig erwogen von A. Zgoll und G. Gabriel.
74 Parallel dazu bestimmt An in Z. 155, dass das Himmelshaus fest sein wird.

- [Utu] legt sich selbst oder das Himmelshaus nieder (unter dem Horizont, im Bereich der Unterwelt (kur)) (Z. 138).
- Das Himmelshaus erhebt sich aus der Unterwelt (kur) heraus und bildet nun Sumer und die Erde (*siehe die folgenden Ausführungen*).

Dass dieses Ziel erreicht wird, wird klar zum Ausdruck gebracht:
- Innana holt das Himmelshaus und damit den Großen Himmel (für die Erde) (Z. 27-30.153 f.159.163).

6.10 Am Ende: Konsequenzen für Innana und Utu, für das Himmelshaus, für die Menschheit und die Sumerer

Innana berichtet dem An die Neuigkeit, dass sie das E-ana auf die Erde gebracht hat (Z. 141). Als An dies vernimmt, klagt er (Z. 142 f). Seine „Klagen" enthalten zugleich mehrere Festlegungen, dass all das für die Zukunft festgeschrieben sein soll, was Innana bewirkt hat. Damit entsprechen sie funktional Schicksalsbestimmungen.

Die Taten von Innana und die Schicksalsbestimmungen von An und Innana führen zu gewichtigen Resultaten, die für die Menschen, die Tradenten und Rezipienten des Mythos, von höchster Bedeutung sind. Formal handelt es sich um durativ-resultative Hyleme[75], also um Seinsaussagen, die sich als andauernde Konsequenz aus den Geschehnissen des Mythos ergeben, die das Ziel des Mythos bezeichnen. – Als erstes benennt An die Konsequenz, die sich in seinem eigenen Verhältnis zu Innana ergeben hat:
- Innana ist durch (den Raub des) E-ana größer geworden als An (Z. 144 f).

Seine Aussage ist eine Anerkennung und Bestätigung dieser Erhöhung Innanas. In verschiedenen Varianten ziehen sich ähnliche Hyleme über die Erhöhung Innanas durch den weiteren Text, wobei sie teils aus dem Mund von An, teils als narrative Feststellungen von Erzählerseite (Z. 151 f), teils im Lobpreis auf Innana formuliert sind. Die Hyleme lauten:
- Innana hat sich selbst erhöht (Z. 151 f).
- Innana ist [daher jetzt] die große Himmelsherrin, größer als An (Z. 141+144 f).
- Innana ist größer als die Fürstengötter, die Anuna (Z. 164).

---

[75] Zu durativ-resultativen Hylemen vgl. C. Zgoll, „Grundlagen der hylistischen Mythosforschung" (Abschnitte 2.4 und 2.7) im vorliegenden Band.

Diese Erhöhung der Innana wird schließlich als Sieg bezeichnet, den sie für die Erde errungen hat:
– Innana hat den Sieg für die Erde und damit die Macht errungen (Z. 161).
– Innana ist die bekannte Herrin (Z. 161).

Dann geht es um die Entstehung der Zeit in Form von Tag und Nacht. Der Himmelsgott An bestätigt die Tat Innanas:
– An sagt:
– Innana hat Tag und Nacht mit je drei Wachen erschaffen.
– Parallel (Markierung: //) zu dieser Aussage ergeben sich weitere Konsequenzen: // Das bedeutet zugleich, sie hat das Licht, die Periode der Helligkeit, verkürzt (Z. 146 f.). // [Utu geht ab jetzt nachts unter.] // [Ab jetzt existieren Nacht und Tag.]

Und so geschieht es[76]. Die folgenden Festsprechungen des An betreffen das Himmelshaus:
– An legt fest:
– Das Himmelshaus ist fest wie der Himmel (Z. 155, vgl. Z. 159).

Dieses Festsein manifestiert sich laut Textzeuge UnB darin:
– NN zerstört das Himmelshaus nicht (Z. 155 UnB).
– Das Himmelshaus hat keinen Rivalen (Z. 156 UnB)[77].

Schließlich wird das Verhältnis zwischen Innana und den Menschen geregelt.
– An legt fest:
– [Innana] wird die Menschheit erschaffen (Z. 149).
– Innana wird die Menschheit und die Sumerer zahlreich machen (Z. 157 UnB)[78].

---

[76] Anzumerken ist hierbei, dass Ans Spruch diese Tat der Innana zuschreibt. Textzeuge Si?A Z. 148 hingegen vermerkt, dass es so kommt, wie An es gesagt hat, schreibt die Verantwortung dafür also An zu.
[77] Textzeuge Si?A überliefert eine andere Version des Mythos mit folgenden Hylemen: Das Himmelshaus entzückt NN (gemeint ist ein Gott oder Götter) immer (Z. 155 Si?A). Das Himmelshaus trägt den Namen und *ist* daher die „Gesamtheit der Siedlungen des Landes Sumer" (Z. 156).
[78] Textzeuge Si?A hat stattdessen die Hyleme: Innana wird [der Menschheit und den Sumerern] Namen geben (Z. 157 Si?A). Die Menschheit und die Sumerer werden Innana unterworfen sein (Z. 157 Si?A).

Im Vergleich mit den Festsprechungen des An sind die Festsprechungen der Innana überaus kurz, nur auf eine einzige Aussage fokussiert. Diese Aussage führt aus dem Mythos der Urzeit direkt ins Geschehen des kultischen „Heute":
- Innana legt heute fest (Z. 160):
- Das Himmelshaus hat die Erde gut gemacht (Z. 160.163).

Der Mythos mit seiner Bewegung vom Himmel zur Erde hat hier nun sein Ziel gefunden: das Himmelshaus ist aus dem Himmel heraus- und nach unten gekommen und bildet nun eine Entität zwischen Himmel und Unterwelt, d. h. durch das Himmelshaus existieren nun Sumer und die Erde (vgl. 6.8). Außerdem sind die Nacht und damit auch der Tag entstanden, d. h. der Sonnengott muss nun immer zwischen den Weltteilen Himmel und Unterwelt kreisen. Die noch entstehende Menschheit hat in Innana, der das Verdienst über diese Entstehungen zukommt, ihre Herrscherin und Schutzpatronin.

7 Das Himmelshaus auf Erden: Der prototypische Charakter des E-ana

7.1 Implizite Identifizierung: E-ana = „Großer Himmel"

Das mythische Epos *an gal karede* / *Innana und An* offenbart Aussagen von ontologischem Gewicht in den Details. Dort, wo der Plan Innanas von einem Raub zum ersten Mal erscheint, ist *nicht* vom E-ana die Rede, sondern vom „großen Himmel". Es heißt dort, dass Innana ihren Sinn, d. h. ihre Planungskraft[79] darauf richtete, den großen Himmel wegzunehmen (Z. 27-30)[80]:

[27] [(u_4.d-bi-a) (diĝir[81]) n]in an-na-⌈ke_4⌉ an gal kar-re-de_3 ĝeš-tu^9ĝeštu.g-ga-ni ba-an-gub	[27] [(Damals)] setzte [(eine Gottheit), die Herr]in des Himmels ihren Sinn darauf, den großen Himmel wegzunehmen!

---

[79] Vgl. A. Zgoll 2020, 100-103.
[80] Ein klarer intertextueller Bezug besteht hier zu *an galta* / *Innanas Gang zur Unterwelt* Z. 1-3: an gal-ta ki gal-$še_3$ ĝeš-tu^9ĝeštu.g-ga-ni na-an-gub / diĝir an gal-ta ki gal-$še_3$ ĝeš-tu^9ĝeštu.g-ga-ni na-an-gub / ᵈInnana.k an gal-ta ki gal-$še_3$ ĝeš-tu^9ĝeštu.g-ga-ni na-an-gub. Vor diesem Hintergrund ist auch die Ergänzung von diĝir in *an gal karede* / *Innana und An* Z. 27 vorgenommen.
[81] Zur Ergänzung vgl. *an galta* / *Innanas Gang zur Unterwelt* Z. 2.

²⁸[... ku₃.g] ᵈInnana.k-ke₄ an gal kar-re-de₃ ᵍᵉˢ⁻ᵗᵘ⁹ĝeštu.g-ga-ni ba-an-gub
²⁹[an su₃.î-îa₂⁸² ša₃.g] an-na-⌈ta⌉ an gal kar-re-de₃ ᵍᵉˢ⁻ᵗᵘ⁹ĝeštu.g-ga-ni ba-an-gub
³⁰[...(?) ur-saĝ] ⌈sul⌉ [ᵈUtu-da] an gal kar-re-de₃ ᵍᵉˢ⁻ᵗᵘ⁹ĝeštu.g-ga-ni ba-an-gub

²⁸ [... die strahlende] Innana setzte ihren Sinn darauf, den großen Himmel wegzunehmen!
²⁹ [Vom weit entfernten Himmel, vom Inneren] des Himmels den großen Himmel wegzunehmen, darauf setzte sie ihren Sinn!
³⁰ [.... mit dem Helden], dem Jüngling [Utu] den großen Himmel wegzunehmen, darauf setzte sie ihren Sinn.

Einzig das Objekt der Handlung unterscheidet sich von den späteren Formulierungen im Text: Ist dort vom Raub des E-ana die Rede, so hier vom Raub des „großen Himmels". Diese Variation muss eine tiefere Bedeutung haben. Impliziert wird damit etwas Erstaunliches: Das „Himmelshaus" E-ana und der „große Himmel" sind nicht verschiedene Entitäten, sondern zwei Seiten derselben Sache[83]. Das bedeutet auch: Indem Innana das E-ana auf die Erde bringt, ereignet sich eine Tat von kosmischer Bedeutsamkeit. Der Himmel öffnet sich für die Erde, ja mehr noch: Der Himmel selbst kommt nach unten und bildet die Erde (vgl. 6.8)[84].

7.2 Explizite Identifizierung: E-ana = „Großer Himmel"

Dahinter verbirgt sich ein ungeheuerlicher Anspruch: Das Himmelshaus wird ja hier mit dem „*großen* Himmel" identifiziert[85]! Kann der Text plausibel machen,

---

82 Zur Ergänzung vgl. *an gal karede / Innana und An* Z. 80.
83 Richter (2003, 347) bringt das so auf den Punkt: „Die Gleichsetzung an(-gal) = é-an-na [...] weist darauf, daß der Tempel den gleichsam manifest gewordenen ‚Himmel auf Erden' – wie dies auch der Name é-an-na meinen könnte – darstellt, offensichtlich in der Bedeutung eines Bindeglieds zwischen den Sphären".
84 In der Formulierung von van Dijk (1998, 30): „Herablagerung des E'anna vom Himmel".
85 In vielem vergleichbar und doch zugleich ganz anders ist eine thematisch ähnliche Stelle im Alten Testament gestaltet, auf die van Dijk (1998) im Motto und am Ende seines Beitrages verweist: Auf einen Traum mit der Schau von Engeln, die zwischen Erde und Himmel auf einer Treppe auf- und absteigen, reagiert Jakob so: „Und er fürchtete sich und sagte: Wie furchtbar ist diese Stätte! Dies ist nichts anderes als das Haus Gottes, und dies die Pforte des Himmels. [...] Und er gab dieser Stätte den Namen Bethel." (*Gen* 28, 17.19, Übersetzung der Elberfelder Bibel). Bet-El, was ähnlich wie E-ana „Haus des Gottes (El)" bedeutet, ist auch hier der Zugang zum Himmel und selbst ein Stück Himmel auf Erden. Im Unterschied zur sumerischen Überlie-

dass eine solche Transformation des Himmels gelingen kann – oder andersherum: Können Tempel auf Erden nach mesopotamischer Vorstellung tatsächlich *„großer"* Himmel sein? Dem Mythos zufolge ist diese Identität nicht nur durch die Tat Innanas gesichert. Auch der Himmelsgott trägt entscheidend dazu bei, wenn er nach getaner Tat in einem performativen Sprechakt das Wesen des Tempels festsetzt[86], indem er zu Innana sagt:

153 UnB lu₂ TUR-ĝu₁₀ ba-su nu-mu-e-du₁₁.g-ga e₂-an-na.k-[ka im-da-a]n-ʳkar¹-r[e- en →Z.154]	„Mein (Kleines =) Schätzchen[87], die du nicht zugelassen hast, dass es sinken würde[88] – es war (ja schließlich) das Himmelshaus[89]! Weil du dich daran gemacht hast, es aus dessen (= des Himmels) Bereich herbeizuholen (auf die Erde)[90],
154 UnB d Innana.k-ke₄ ba-su nu-mu-e-du₁₁.g-ga e₂-an-na.k-ʳka im-da-an¹-kar-re-en	(o du[91]), bekannte Innana, die du nicht zugelassen hast, dass es sinken würde – es war (ja schließlich) das Himmelshaus! Weil du dich daran gemacht hast, es aus dessen (= des Himmels) Bereich herbeizuholen (auf die Erde),
155 UnB e₂-an-na.k an-gen₇ ḫe₂-ge-en	(deswegen) wird (auf jeden Fall) das Himmelshaus fest sein wie der Himmel,

---

ferung von INNANA BRINGT DAS HIMMELSHAUS FÜR DIE ERDE öffnet der eine Gott JHWH hier freiwillig seine Tore und ermöglicht damit die Verbindung von Himmel und Erde.

86 Damit bestätigt er die Tat Innanas.

87 Übersetzung nach Textzeuge UnB. Text Si?A formuliert so: „[(Du), der Liebling], der nicht zugelassen hat, dass es sinken würde – es war (ja schließlich) das Himmelshaus! – du hast es geschafft, es wegzunehmen!". Analog ist auch die folgende Zeile gestaltet.

88 Wörtlich „weil du, indem du nicht gesagt hast ‚Es (= das Himmelshaus) wird gesunken sein ...'".

89 In Z. 153 f ist die Aussage „Es war das E-ana" als Apokoinu in der Versmitte zu verstehen, d. h. auf beide Hälften des Verses zu beziehen. Dieses Stilmittel ist auch in anderen mesopotamischen Literaturwerken beliebt, vgl. bspw. *Enūma elîš* mit Gabriel 2014, 175.

90 Wörtlich „rauben" mit Ventiv (!) zur Fokussierung auf das Ziel: „weil du dabei warst, es daraus (aus der Verfügungsgewalt des Himmels) herbei (zum Ziel) zu rauben"; zu diesen sprachlichen Feinheiten vgl. Abschnitt 5.1. Auch im Folgenden wird das Verbum k a r, wörtlich „rauben", in der Kombination mit Ventiv „herbei" als „herbeiholen" übersetzt.

91 Textzeuge UnB schreibt die Verbalformen eindeutig als 2. Ps., so dass auch der Anfang der Zeile als Anrede an Innana aufzufassen ist.

za₃.g-saga₁₁ nam-ba-an-du₁₂<-du₁₂>   es darf auf keinen Fall eine Zerstörung geben[92]!"

> *an gal karede / Innana und An* Z. 153-155
> in der Version des Textzeugen UnB (mit
> Affirmativ der Zukunft, vgl. oben Anm. 41)

Mit dieser Festlegung des An sind alle Voraussetzungen erfüllt, damit aus Innanas Plan und ihrer Tat Realität wird[93]: Die Identifizierung von Tempel und Himmel wird bestätigt und festgeschrieben, das E-ana wird tatsächlich zum Himmel auf Erden. Und als Himmel auf Erden wird es – so der Text – für immer Bestand haben.

7.3 Das E-ana als Unikat und Prototyp

Anschließend setzt An noch eine weitere wesentliche Eigenschaft des E-ana fest:

156 UnB gu₂-kiĝ₂ kalam-ma
mu-bi ḫe₂-ʳpa₃.dˡ-de₃
gaba-ri na-an-du₁₂-du₁₂

„Gesamtheit des Landes Sumer werde ich auf jeden Fall als seinen Namen (in Erscheinung bringen/ausrufen =) erschaffen! Niemals wird es dort einen Gegner haben[94]!"

> *an gal karede / Innana und An* Z. 156

Mit dem Tempel E-ana wird hier zugleich das Land Sumer in seiner Gesamtheit, mit all seinen Siedlungen (gu₂-kiĝ₂), präsent. Der Anspruch, der mit dem E-ana in diesem mythischen Epos verbunden ist, ist also umfassend: Dieser Tempel ist die Keimzelle und der innerste Kern von ganz Sumer[95]. So würden *wir*

---

92 In Textzeuge Si?A stattdessen: „das Entzücken darüber darf dort auf keinen Fall (gewendet =) beendet werden!"
93 Es ist also nicht nur die Tat Innanas, die zum Erfolg führt, sondern auch die Bestimmung des An.
94 Wie die scheinbaren Prekative an vielen Stellen im Text als Affirmative der Zukunft aufzufassen sind (vgl. oben Anm. 41), so ist hier auch der scheinbare Prohibitiv als (negativer) Affirmativ der Zukunft zu verstehen, vgl. Attinger 1993, 290 f mit „négation catégorique".
95 Dass Tempel und Länder zwei Seiten derselben Sache sind, zeigt sich z. B. auch in einem altbabylonischen Klagelied:
i₃-du₃-am₃ kur in-ga-du₃-am₃

sagen. Die originär antike Sichtweise hingegen sieht anders aus: In diesem Tempel E-ana ist ganz Sumer angelegt und insofern umgreift der Tempel ganz Sumer. Das E-ana erscheint damit als umfassende Rahmenkonstruktion einer kosmisch-globalen Weltdeutung[96], die weit mehr im Blick hat, als nur *einen* konkreten Tempel in *einer* konkreten Stadt, die sich vielmehr auf das ganze Land, ja sogar auf die ganze Menschheit richtet[97].

Das E-ana selbst trägt damit Unikatcharakter, insofern es auf einmalige Weise[98] die Summe des Landes Sumer *ist*. Zugleich ist das E-ana der Himmel auf Erden und damit die prototypische Verkörperung des Präzedenzfalls[99], dass Himmelshäuser auf die Erde kommen können[100]. Damit ist dieser Tempel tatsächlich mehr als irgendein Tempel und die Stadt Uruk ist — diesem Mythos zufolge — bedeutsamer als jede andere Stadt: Denn hier ist aus der Perspektive des Mythos INNANA BRINGT DAS HIMMELSHAUS FÜR DIE ERDE der große Himmel herabgekommen und ist zum Anfang, Kern und Zentrum der Erde geworden.

---

ba-gul-gul kur ba-da-gul-gul
„Als er (= Tempel) gebaut wurde, wurde auch das Land (k u r) gebaut.
Er wurde vollständig zerstört – (da) wurde (auch) das Land vollständig mit ihm zerstört."
Cohen 1981, 70, Z. 13 f, ähnlich Cohen 1988, 708 f, a+77 f; diese Textstelle verdanke ich dem Vortrag von Anne Löhnert über „Kult und Liturgie in Uruk" beim 8. Internationalen Colloquium der Deutschen Orientgesellschaft, Berlin 26.4.2013. – In der mythischen Schöpfungserzählung CT 13, 35–38 = BM 93014 und Duplikate (vgl. Ambos 2004, 200-207) aus dem 1. Jt. v. Chr. erschafft Marduk mit den Tempeln zugleich die Städte und die Erde. Zur Austauschbarkeit von Tempel und Stadt vgl. A. Zgoll 2012a, 27-35.

96 Diese Sichtweise auf den Tempel teilt das mythische Epos auch mit der *Keš-Hymne* Z. 52, wo es heißt, der Tempel sei „ein Drittes neben Himmel und Erde" (!).
97 Die letzte Festsetzung Ans bestätigt dies: Die ganze Menschheit (n a m - l u $_2$ - l u $_7$) soll Innana unterworfen sein (Z. 157).
98 Vgl. Z. 156 „Einen Rivalen wird es auf keinen Fall dort haben!"
99 In der vorliegenden Darstellung des Mythos sind zwei Prototypen zu erkennen, die absichern und begründen, wie Tempel auf die Erde kommen und die beide in Gestalt des E-ana mitgedacht werden können. Prototypisch ist erstens die Tat der Innana, die den Himmel auf die Erde holt und damit die Voraussetzung schafft, dass so etwas immer wieder gelingen kann. Prototypisch ist zweitens das E-ana selbst, insofern in ihm alle Siedlungen von Sumer mit ihren je eigenen Tempeln aufgehoben und umschlossen sind.
100 Für andere Konzepte, dass Tempel z.B. auch aus dem Süßwasserozean Abzu kommen können, vgl. Abschnitt 3.2.

8 Literaturverzeichnis

Alster, B., 2004, Gudam and the Bull of Heaven, in: Dercksen, J. G. (Hg.), Assyria and Beyond, Studies Presented to Mogens Trolle Larsen, Uitgaven van het Nederlands Instituut voor het Nabije Oosten te Leiden 100, Leiden, 21-45.

Ambos, C., 2004, Mesopotamische Baurituale aus dem 1. Jt. v. Chr, Dresden.

Annus, A., 2016, The Overturned Boat: Intertextuality of the Adapa Myth and Exorcist Literature, State Archives of Assyria Studies 24, Helsinki.

Attinger, P., 1993, Eléments de linguistique sumérienne: la construction de du_{11}/e/di „dire", Orbis Biblicus et Orientalis Sonderband, Freiburg/Göttingen.

Attinger, P., 2006, Lesungen der Keilschriftzeichen, in: Mittermayer, C., Altbabylonische Zeichenliste der sumerisch-literarischen Texte, unter Mitarbeit von P. Attinger, Orbis Biblicus et Orientalis Sonderband, Freiburg/Göttingen.

Attinger, P., 2007, Addenda et corrigenda à Attinger dans Mittermayer 2006, in: Nouvelles Assyriologiques Brèves et Utilitaires 2007/2, 37-39.

Attinger, P., 2015, Bilgameš, Enkidu und die Unterwelt, in: Janowski, B./Schwemer, D. (Hg.), Weisheitstexte, Mythen und Epen, Texte aus der Umwelt des Alten Testaments. Neue Folge 8, Gütersloh, 24-37.

Attinger, P., 2015a, Innana und Ebiḫ, in: Janowski, B./Schwemer, D. (Hg.), Weisheitstexte, Mythen und Epen, Texte aus der Umwelt des Alten Testaments. Neue Folge 8, Gütersloh, 37-45.

Attinger, P., 2015b, Enki und Ninchursaĝa, in: Volk, K. (Hg.), Erzählungen aus dem Land Sumer, Wiesbaden, 5-20.

Attinger, P., 2015c, Gilgameš, Enkidu und die Unterwelt, in: Volk, K. (Hg.), Erzählungen aus dem Land Sumer, Wiesbaden, 297-316.

Attinger, P., 2015d, Inanas Kampf und Sieg über Ebiḫ, in: Volk, K. (Hg.), Erzählungen aus dem Land Sumer, Wiesbaden, 353-363.

Attinger, P., 2019, Übersetzungen [sumerischer Texte], http://www.iaw.unibe.ch/ueber_uns/amm_amp_va_personen/prof_dr_attinger_pascal#pane765518 (eingesehen am 2.3.2020).

Attinger, P., 2019a, Dokumente [zur Lesung der Keilschriftzeichen, zur Lexik und zur Grammatik sumerischer Texte], http://www.iaw.unibe.ch/ueber_uns/amm_amp_va_personen/prof_dr_attinger_pascal#pane765576 (eingesehen am 2.3.2020).

Attinger, P., 2019b, Lexique sumérien-français, https://doi.org/10.5281/zenodo.2585683.

Attinger, P., 2021, Glossaire sumérien–français principalement des textes littéraires paléobabyloniens, Wiesbaden.

Attinger, P./Matuszak, J., 2015, Dumuzis Traum, in: Volk, K. (Hg.), Erzählungen aus dem Land Sumer, Wiesbaden, 399-414.

Black, J. A. u. a., 2005, 1.3.5: Inana and An, Übersetzung des Electronic Text Corpus of Sumerian Literature der Universität Oxford, http://etcsl.orinst.ox.ac.uk/cgi-bin/etcsl.cgi?text=t.1.3.5# (eingesehen am 2.3.2020).

Boehmer, R. M., 2014, Ein frühnächtliches Fest zu Ehren der Stadtgöttin von Uruk, Innana, in: Zeitschrift für Orient-Archäologie 7, 127-135.

Brown, D./Zólyomi, G., 2001, "Daylight Converts to Night-Time" – An Astrological-Astronomical Reference in Sumerian Literary Context, in: Iraq 63, 149-154.

Cancik-Kirschbaum, E., 2005, Rund-Zahlen und Ideal-Rhythmen. Beispiele aus dem alten Orient, in: Naumann, B. (Hg.), Rhythmus. Spuren eines Wechselspiels in Künsten und Wissenschaften, Würzburg, 71-91.

CDLI Literary 000342 (Inanna and An), http://cdli.ucla.edu/search/search_results.php?CompositeNumber=Q000342 (eingesehen am 2.3.2020).

Ceccarelli, M., 2012, Enkis Reise nach Nippur, in: Mittermayer, C./Ecklin, S., Altorientalische Studien zu Ehren von Pascal Attinger, OBO 256, 89–118.

Cohen, M. E., 1981, Sumerian Hymnology: The Eršemma, Hebrew Union College Annual. Supplements 2, Cincinnati.

Cohen, M. E., 1988, The Canonical Lamentations of Ancient Mesopotamia, Potomac.

Cooley, J. L., 2013, Poetic Astronomy in the Ancient Near East. The Reflexes of Celestial Science in Ancient Mesopotamia, Ugaritic, an Israelite Narrative, History, Archaeology, and Culture of the Levant 5, Winona Lake.

Crüsemann, N./van Ess, M./Hilgert, M./Salje, B. (Hg.), 2013, Uruk. 5000 Jahre Megacity. Begleitband zur Ausstellung „Uruk. 5000 Jahre Megacity" im Pergamonmuseum – Staatliche Museen zu Berlin, in den Reiss-Engelhorn-Museen Mannheim, Publikationen der Reiss-Engelhorn-Museen 58, Petersberg.

van Dijk, J. J. A., 1998, Inanna raubt den "großen Himmel". Ein Mythos, unter Mitarbeit von A. Cavigneaux, in: Maul, S. (Hg.), Festschrift für Rykle Borger zu seinem 65. Geburtstag am 24. Mai 1994. *tikip santakki mala bašmu* ..., Cuneiform Monographs 10, Groningen, 9-38.

Falkenstein, A., 1950, Grammatik der Sprache Gudeas von Lagaš. Teil 2: Syntax, Analecta Orientalia 29, Rom.

Farber-Flügge, G., 1973, Der Mythos „Inanna und Enki" unter besonderer Berücksichtigung der m e , Studia Pohl 10, Rom.

Fink, S., 2017, Inanna schreit! Kriegsgeschrei im alten Sumer, in: Gießauf, J. (Hg.): Zwischen Karawane und Orientexpress. Streifzüge durch Jahrtausende orientalischer Geschichte und Kultur. Festschrift für Hannes Galter, AOAT 434, Münster 91–98.

Frame, G., 2014, Ulai, Ulaja. A, Reallexikon der Assyriologie und Vorderasiatischen Archäologie 14, 302 f.

Gabriel, G. I., 2014, *Enūma eliš* – Weg zu einer globalen Weltordnung. Pragmatik, Struktur und Semantik des babylonischen „Lieds auf Marduk", Orientalische Religionen in der Antike 12, Tübingen.

George, A., 1999, The Epic of Gilgamesh. A New Translation, London/New York.

Gerstenberger, E. S., 2018: Theologie des Lobens in sumerischen Hymnen, Orientalische Religionen in der Antike 28, Tübingen.

Glassner, J.-J., 2002, L'Etemenanki, armature du cosmos, in: Nouvelles Assyriologiques Brèves et Utilitaires 2002/32, 32-34.

Haul, M., 2000, Das Etana-Epos: ein Mythos von der Himmelfahrt des Königs von Kiš, Göttinger Beiträge zum Alten Orient 4, Göttingen.

Heimpel, W., 1986, The Sun at Night and the Doors of Heaven in Babylonian Texts, in: Journal of Cuneiform Studies 38, 127-151.

Jagersma, B. H., 2010, A Descriptive Grammar of Sumerian, https://openaccess.leidenuniv.nl/handle/1887/16107.

Katz, D., 1993, Gilgamesh and Akka, Library of Oriental Texts 1, Groningen.

Kinnier Wilson, J. V., 2007, Studia Etanaica. New Texts and Discussions, Alter Orient und Altes Testament 338, Münster.

Kirk, G. S., 1970, Myth: Its Meaning and Functions in Ancient and Other Cultures, Sather Classical Lectures 40, Cambridge/Berkeley/Los Angeles.
Krebernik, M., 2011-2013, ^{d}ŠU.ḪA, Reallexikon der Assyriologie und Vorderasiatischen Archäologie 13, 258 f.
Krebernik, M., 2014, Ulai, Ulaja. B, Reallexikon der Assyriologie und Vorderasiatischen Archäologie 14, 303.
Lambert, W. G., 1980, Line 10 of the Old Babylonian Etana Legend, in: Journal of Cuneiform Studies 32, 81-85.
Lang, M., 2010, Utopie und mythische Geographie – Mesopotamisches Erbe in der syrisch-patristischen Tradition am Beispiel des Paradiesberges und des Landungsplatzes der Arche, in: Voigt, R. (Hg.), Akten des 5. Symposiums zur Sprache, Geschichte, Theologie und Gegenwartslage der syrischen Kirchen, V. Deutsche Syrologentagung, Berlin 14.-15. Juli 2006, Semitica et Semitohamitica Berolinensia 9, Aachen, 137-153.
Marchesi, G., 2006, Statue regali, sovrani e templi del Protodinastico. I dati epigrafici e testuali, in: Marchetti, N. (Hg.), La statuaria regale nella Mesopotamia protodinastica. Con un'Appendice di Gianni Marchesi, Memorie dell'Accademia Nazionale dei Lincei, Serie IX, Vol. XXI, Rom, 205-271.
Matuszak, J. siehe Attinger, P.
Mittermayer, C., 2009, Enmerkara und der Herr von Arata. Ein ungleicher Wettstreit, Orbis Biblicus et Orientalis 239, Freiburg/Göttingen.
Mittermayer, C./Ecklin, S. (Hg.), 2012, Altorientalische Studien zu Ehren von Pascal Attinger. mu-ni u$_4$ ul-li$_2$-a-aš ĝa$_2$-ĝa$_2$-de$_3$, Orbis Biblicus et Orientalis 256, Freiburg/Göttingen.
Neumann, H., 2013, Gilgamesch und Akka, in: Franke, S. (Hg.), Als die Götter Mensch waren. Eine Anthologie altorientalischer Literatur, Darmstadt u. a., 91-95.
Osten, H. H. von der, 1934, Ancient Oriental Seals in the Collection of Mr. Edward T. Newell, Oriental Institute Publications 22, Chicago.
Pettinato, G., 2001, Inanna si impadronisce del cielo, in: Pettinato, G. (Hg.), Mitologia sumerica, Turin, 252-259.
Pientka-Hinz, R., 2009-2011, Skorpion, Reallexikon der Assyriologie und Vorderasiatischen Archäologie 12, 576-580.
Richter, T., 2003, Rezension der Festschrift für Rykle Borger zu seinem 65. Geburtstag am 24. Mai 1994. tikikp santakki mala bašmu..., in: Orientalistische Literaturzeitung 98, 345-354.
Selz, G. J., 1998, Von Treidlern, Schiff(bau)ern und Werftarbeitern, in: Archív Orientální 66, 255-264.
Waetzold, H., 2015, Gilgamesch und Akka, in: Volk, K. (Hg.), Erzählungen aus dem Land Sumer, Wiesbaden, 273-281.
Wiggermann, F. A. M., 2013, Sichtbare Mythologie. Die symbolische Landschaft Mesopotamiens, in: Zgoll, A./Kratz, R. G. (Hg.), Arbeit am Mythos. Leistung und Grenze des Mythos in Antike und Gegenwart, unter Mitarbeit von K. Maiwald, Tübingen, 109-132.
Wilcke, C., 1977, Die Anfänge der akkadischen Epen, in: Zeitschrift für Assyriologie und Vorderasiatische Archäologie 67, 153-216.
Wilcke, C., 1998, Zu "Gilgameš und Akka". Überlegungen zur Zeit von Entstehung und Niederschrift, wie auch zum Text des Epos mit einem Exkurs zur Überlieferung von "Šulgi A" und von "Lugalbanda II", in: Dietrich, M./Loretz, O. (Hg.), dubsar anta-men. Studien zur Altorientalistik. Festschrift für Willem H. Ph. Römer zur Vollendung seines 70. Lebensjahres, unter Mitarbeit von T. E. Balke, Alter Orient und Altes Testament 253, Münster, 457-487.

Wilcke, C., 1999, Weltuntergang als Anfang. Theologische, anthropologische, politisch-historische und ästhetische Ebenen der Interpretation der Sintflutgeschichte im babylonischen *Atram-ḫasīs*-Epos, in: Jones, A. (Hg.), Weltende. Beiträge zur Kultur- und Religionswissenschaft, Wiesbaden, 63-112.

Wilcke, C., 2012, The Sumerian Poem Enmerkar und En-suḫkeš-ana: Epic, Play, Or? Stage Craft at the Turn form the Third to the Second Millennium B.C. With a Score-Edition and a Translation of the Text, American Oriental Series 12, New Haven.

Woods, C., 2009, At the Edge of the World: Cosmological Conceptions of the Eastern Horizon in Mesopotamia, in: Journal of Ancient Near Eastern Religions 9, 183-239.

Zernecke, A. E., 2008, Warum sitzt der Skorpion unter dem Bett? Überlegungen zur Deutung eines altorientalischen Fruchtbarkeitssymbols, in: Zeitschrift des Deutschen Palästina-Vereins 124, 107-127.

Zgoll, A., 2006, Traum und Welterleben im antiken Mesopotamien. Traumtheorie und Traumpraxis im 3. - 1. Jt. v. Chr. als Horizont einer Kulturgeschichte des Träumens, Alter Orient und Altes Testament 333, Münster.

Zgoll, A., 2010, monumentum aere perennius – Mauerring und Ringkomposition im Gilgameš-Epos, in: Shehata, D./Weiershäuser, F./Zand, K. V. (Hg.), Von Göttern und Menschen. Beiträge zur Literatur und Geschichte des Alten Orients. Festschrift für Brigitte Groneberg, Cuneiform Monographs 41, Leiden/Boston, 443-470.

Zgoll, A., 2012, Inanna – Stadtgöttin von Uruk, in: Crüsemann, N./van Ess, M./Hilgert, M./Salje, B. (Hg.), Uruk: 5000 Jahre Megacity; Begleitband zur Ausstellung „Uruk – 5000 Jahre Megacity" im Pergamonmuseum – Staatliche Museen zu Berlin, in den Reiss-Engelhorn-Museen Mannheim, Publikationen der Reiss-Engelhorn-Museen 58, Petersberg, 71-79.

Zgoll, A., 2012a, Welt, Götter und Menschen in den Schöpfungsentwürfen des antiken Mesopotamien, in: Schmid, K. (Hg.), Schöpfung, Themen der Theologie 4, Stuttgart, 17-70.

Zgoll, A., 2014, Der Sonnengott als Transporteur von Seelen (*Psychopompos*) und Dingen zwischen den Welten im antiken Mesopotamien. Mit einem Einblick in den konzeptuellen Hintergrund des *taklimtu*-Rituals, in: Koslova, N./Vizirova, E./Zólyomi, G. (Hg.) Studies in Sumerian Language and Literature. Festschrift für Joachim Krecher, Babel und Bibel 8, Orientalia et Classica 56, Winona Lake, 617-633.

Zgoll, A., 2015, Innana holt das erste Himmelshaus auf die Erde, in: Janowski, B./Schwemer, D. (Hg.), Weisheitstexte, Mythen und Epen, Texte aus der Umwelt des Alten Testaments. Neue Folge 8, Gütersloh, 45-55.

Zgoll, A., 2015a: Nin-me-šara – Mythen als argumentative Waffen in einem rituellen Lied der Hohepriesterin En-ḫedu-Ana, in: Janowski, B./Schwemer, D. (Hg.), Weisheitstexte, Mythen und Epen, Texte aus der Umwelt des Alten Testaments. Neue Folge 8, Gütersloh, 55-67.

Zgoll, A., 2020, Durch Tod zur Macht, selbst über den Tod. Mythische Strata von Unterweltsgang und Auferstehung der Innana/Ištar in sumerischen und akkadischen Quellen, in: Zgoll, A./Zgoll, C. (Hg.), Mythische Sphärenwechsel. Methodisch neue Zugänge zu antiken Mythen in Orient und Okzident, Mythological Studies 2, Boston/Berlin, 83-159.

Zgoll, A., 2020a, Condensation of Myths. A Hermeneutic Key to a Myth about Innana and the Instruments of Power (me), Incorporated in the Epic *angalta*, in: Sommerfeld, W. (Hg.), Dealing with Antiquity – Past, Present, and Future, Proceedings der 63. Rencontre Assyriologique Internationale Marburg 2017, Alter Orient und Altes Testament 460, Münster, 427-447.

Zgoll, A., 2021, Innana Conquers Ur. A Myth for Mutual Empowerment, Created by En-ḫedu-ana, in: Droß-Krüpe, K./Fink, S. (Hg.), (Self-)Presentation and Perception of Powerful Women in the Ancient World. Proceedings of the 8th Melammu Workshop, Kassel 31 January - 1 February 2019, Münster, 11-53.

Zgoll, A./Zgoll, C., 2020, Innana-Ištars Durchgang durch das Totenreich in Dichtung und Kult. Durch Hylemanalysen zur Erschließung von Spuren mythischer Stoffvarianten in kultischer Praxis und epischer Verdichtung, in: Arkhipov, I./Kogan, L./Koslova, N. (Hg.), The Third Millennium: Studies in Early Mesopotamia and Syria in Honor of Manfred Krebernik and Walter Sommerfeld, Cuneiform Monographs 50, Leiden, 749-801.

Zgoll A./Zgoll C. (Hg.), 2020a, Mythische Sphärenwechsel. Methodisch neue Zugänge zu antiken Mythen in Orient und Okzident, Mythological Studies 2 (https://doi.org/10.1515/9783110652543), Berlin/Boston.

Zgoll, C., 2019, Tractatus mythologicus. Theorie und Methodik zur Erforschung von Mythen als Grundlegung einer allgemeinen, transmedialen und komparatistischen Stoffwissenschaft, Mythological Studies 1 (https://doi.org/10.1515/9783110541588), Berlin/Boston.

Zgoll, C., 2020, Myths as Polymorphous and Polystratric *Erzählstoffe*: A Theoretical and Methodological Foundation, in: Zgoll, A./Zgoll, C. (Hg.), Mythische Sphärenwechsel. Methodisch neue Zugänge zu antiken Mythen in Orient und Okzident, Mythological Studies 2, Boston/Berlin, 1-82.

Zgoll, C. siehe Zgoll, A.

Zólyomi, G., 2000, W 16743ac (= AUWE 23 101), in: Nouvelles Assyriologiques Brèves et Utilitaires 2000/2, 41 f.

Zólyomi, G. siehe Brown, D.

Gösta Gabriel
Von Adlerflügen und numinosen Insignien

Eine Analyse von Mythen zum himmlischen Ursprung politischer Herrschaft nach sumerischen und akkadischen Quellen aus drei Jahrtausenden

> "Maybe nothing ever happens once and is finished. Maybe happen is never once but like ripples maybe on water after the pebble sinks, the ripples moving on, spreading, the pool attached by a narrow umbilical water-cord to the next pool which the first pool feeds, has fed, did feed, let this second pool contain a different temperature of water, a different molecularity of having seen, felt, remembered, reflect in a different tone the infinite unchanging sky, it doesn't matter: that pebble's watery echo whose fall it did not even see moves across its surface too at the original ripple-space, to the old ineradicable rhythm [...]."
>
> William Faulkner, *Absalom, Absalom!*

Abstract: The various ways by which political power is transferred from heaven to earth was an important topic treated in Sumerian and Akkadian myths which are incorporated in different texts, such as royal hymns, epics, debate poems, and mytho-historical chronicles dating from the third to first millennium BC. The new method of hylistic analysis allows for the comprehensive reconstruction of all deviating mythical traditions regarding the origin and nature of political rulership by isolating alternate mythological explanations as superimposed, or opposing, conceptual "strata." As an example, in one explanatory framework, An, the god of heaven, is the initiator of the transfer of the numinous insignia of kingship, the scepter and the crown. In an alternate myth, the king and hero Etana ascends to heaven on the back of an eagle in order to receive the requisite basis of hereditary rule from the goddess Innana/Ištar. During the second phase of hylistic analysis, these conceptual strata are interpreted, in order to assess the development of the ideas underlying the nature of rulership as it was exercised in the historical past. Kingship possesses both an ineffable quality (a result of religion and tradition) and a material aspect, as it is personified through human rulers and cities which rise and fall in terms of their influence. In sum, the abundant mythical tradition of ancient Mesopotamia is herein utilized to report upon a rich intellectual tradition of ideas pertaining to political power.

1 Einleitung

1.1 Geschichte und Geschichten

Das Erzählen von Geschichten gehört vermutlich zu den ältesten Kulturtechniken der Menschheit. Für einen Großteil der Geschichte wurden die Geschichten zunächst nur mündlich weitergegeben. Nachdem die Schrift am Ende des vierten Jahrtausends v. Chr. in Südbabylonien erfunden wurde, änderte sich an dieser Situation zuerst nichts. Die mesopotamische Keilschrift war in ihrem Anfangsstadium vor allem ein Verwaltungsinstrument. Erst ihre Wandlung in ein Medium der Speicherung und Wiedergabe gesprochener Sprache in der ersten Hälfte des dritten Jahrtausends v. Chr. erlaubte es erstmalig, Geschichten in ihrem genauen Wortlaut aufzuschreiben. Dies geschah größtenteils auf haltbaren Materialien (insbesondere Ton), so dass sehr viele dieser Originalmanuskripte heute noch erhalten sind. Somit besitzen wir aus dieser Zeit die ältesten erhaltenen Erzählungen der Menschheit, was Mesopotamien zu einer unglaublich wertvollen Schatzkammer der Menschheitsgeschichte(n) macht.

Diese Quellensituation wird für den modernen Forscher noch erfreulicher, da nicht nur eine enorme Anzahl, sondern auch eine unglaubliche Varietät an Manuskripten mit Blick auf Zeit, Ort und Textsorte erhalten sind (vgl. bspw. Streck 2010). So kommunizieren die physischen Textträger in diachroner Weise Erzählungen in verschiedenen stofflichen Ausführungen, so dass wir mit Blick auf das antike Mesopotamien in der beneidenswerten Situation sind, dass wir Wandlung und Kontinuität von Erzählstoffen über Jahrhunderte, gar Jahrtausende, hinweg nachzeichnen können.

Die Überlieferungssituation ist auch davon maßgeblich bestimmt, dass das vorchristliche südliche Mesopotamien, die Region Babylonien, eine kulturelle Einheit darstellt. Im dritten und frühen zweiten Jahrtausend v. Chr. wurde diese Einheit auf der politischen Ebene jedoch immer nur vorübergehend realisiert. Dies geschah stets dadurch, dass die Macht über die Region in der Hand einer Stadt und ihres Herrschers gebündelt wurde. Die Erzählungen bzw. Berichte über ein panbabylonisches Königtum changieren daher immer zwischen Realität und Ideal, zwischen Ereignisgeschichte und Konzeptgeschichte.

Um diese komplexe Geschichte nachzuzeichnen, ist eine Differenzierung an dieser Stelle von großem Nutzen. So können wir zwischen dem modern-wissenschaftlichen (etischen) und dem antik-kulturimmanenten (emischen) Blickwinkel auf das Phänomen *Geschichte* unterscheiden.

Die moderne Geschichtswissenschaft hat sich von Rankes Diktum einer Rekonstruktion von dem, „wie es eigentlich gewesen" (1885, VII) längst emanzipiert. Statt dessen ist sie sich der Konstruktion der Vergangenheit durch die erhaltenen Quellen und ihre Rezeption bewusst. Den Quellen wird dabei aber nur noch ein negatives „Vetorecht" in der Geschichtswissenschaft zu- und dementsprechend die Möglichkeit einer finalen positiven Bestätigung abgesprochen (Koselleck 1977, 45 f). Zentral ist daher der konsensuale Charakter der Geschichtsschreibung. Historie ist das, worauf sich die Historiker und die Adressaten der jeweiligen Vergangenheitsdarstellung aufgrund gemeinsamer Prämissen einigen (bspw. Elsner 1994, 226). Nach modernen Maßstäben gehören transzendente Wesen (bspw. Götter) und Orte (bspw. Himmel, Unterwelt) nicht zu einer solchen allgemein akzeptierten Basis.

Anders stellt sich dies naturgemäß aus der mesopotamischen Perspektive dar, nach der menschliche Handlungen stets mit göttlichen korrelieren, bzw. von diesen bestimmt sind. Jegliche Form einer aussagekräftigen altorientalischen Geschichtsschreibung muss daher die Perspektive der Götter miteinschließen. Piotr Steinkeller hat dieses Verständnis in dem Begriff der *mythical history*, der Mytho-Historie, auf den Punkt gebracht (2017, 176). Der Ausdruck gibt den antiken Konsens wieder; er beschreibt wie sich die altorientalische Kultur ihrer eigenen Vergangenheit erinnert und ihrer historischen Bedingtheit bewusst ist (vgl. auch Michalowski 1983, 243; Sommerfeld 2015, 272).

Die moderne Historikerin oder der Altorientalist müssen hier zu Erzählstoffforschenden werden: Ihnen stellt sich aus etischer Sicht an dieser Stelle prinzipiell die Herausforderung, wie mythische von historischen Stoffen unterschieden werden können. Wie oben angedeutet ist die Frage nach ‚objektiver Wahrheit' in diesem Kontext nicht von Belang, da es primär um die Rekonstruktion der originär antiken Perspektive, d. h. um den Konsens innerhalb der mesopotamischen Wissenskultur geht. Entscheidend ist vielmehr, ob es sich um historisch oder mythisch ausgestaltete Erzählstoffe handelt. Eine präzise und detailgenaue etische Differenzierung kann an dieser Stelle nicht geleistet werden, doch können beide Stofftypen grob umrissen werden. So kann man die Narrationen als historisch bezeichnen, die allein oder vornehmlich von Menschen berichten. Transzendenzbezüge und insbesondere handelnde Götter finden sich hier nicht oder nur randseits. Mythische Stoffe wiederum zeichnen sich insbesondere durch ihre numinosen Akteure aus (zur Definition von Mythos im Detail vgl. Beitrag C. Zgoll, Grundlagen, sowie C. Zgoll 2019, 563). Dies sind erste grobe heuristische Kategorien, die an dieser Stelle ausreichen sollen. Bei der Analyse der antiken Quellen gilt es abschließend zu beachten, dass sie nicht in Reinform auftreten, sondern häufig in stofflicher Mischform (bspw. als Kombination von historischen und mythischen Teilen, vgl. auch C. Zgoll 2019, 219–231).

Es sei an dieser Stelle betont, dass dies in erster Linie ein modernes wissenschaftliches Beschreibungsinstrumentarium der antiken Lebens- und Gedankenwelt ist. Innerhalb der mesopotamischen Kultur waren Götter selbstverständlich notwendige Akteure der Geschichte. Es gibt kein historisches Ereignis, das sich nicht auf göttlichen Willen zurückführen lässt. Dennoch wird sich zeigen, dass auch die altorientalischen Geschichtsschreiber durchaus in ähnlicher Art und Weise zwischen einer menschlichen Geschichtsebene und einer göttlichen differenzierten (siehe 4.1.3).

Indem die antiken Menschen die Götter als wesentliche Akteure historischer Entwicklungen betrachten, konstruieren sie Zusammenhänge zwischen Einzelereignissen: Sie spannen die Vergangenheit in ein göttlich bestimmtes kausales Netz ein. In dieser Weise erklären sie die eigene Geschichte. Dabei sind die mytho-historischen mesopotamischen Narrationen eingebettet in epistemische Diskurse über die Natur der vergangenen, gegenwärtigen und zukünftigen Welt (siehe auch Jacobsen 1946; Cancik-Kirschbaum 2007, 171). Diese Diskurse werden jedoch nicht explizit in Traktaten widergegeben. Statt dessen werden Erkenntnisse mit Blick auf allgemeine – normative oder deskriptive – Regeln und Prinzipien der Welt anhand von paradigmatischen Beispielen kommuniziert (bspw. Hilgert 2009, 288; Selz 2011, 51; Van de Mieroop 2016, 222). Die zugrundeliegende epistemische Operation kann mit dem von Nelson Goodman entlehnten Begriff der *Exemplifikation* beschrieben werden (vgl. Gabriel 2018a, 181-184).

Terminologisch ist in diesem Beitrag unter *narrativ* bzw. *Narration* sowohl der Text (der schriftliche Akt des Erzählens) als auch der Stoff (die Handlungsstruktur des Erzählten) verstanden. Die Studie wird zeigen, wie wichtig die Arbeit an Text *und* Stoff ist, um die emische Sicht auf die mesopotamische Mytho-Historie und die Natur ihrer grundlegenden Parameter zu erhalten.

Da die enge Verbindung zwischen Geschichte (*history*) und Geschichten (*stories*) den mesopotamischen Menschen zutiefst vertraut war, stellen solche Geschichten bzw. Erzählstoffe einen entscheidenden Schlüssel zum altorientalischen Verständnis der eigenen Geschichte und der geschichtlich bedingten Gegenwart dar. Diese Stoßrichtung deckt sich schließlich mit dem Geschichtsverständnis des Historikers Hayden White, der feststellt, dass Geschichtsschreibung immer Geschichtenerzählen sei, nicht auch, sondern ausschließlich (bspw. 1973, 2). Indem nämlich Bezüge zwischen Ereignissen hergestellt werden, wird bereits eine Haltung zu dem Beschriebenen eingenommen, welche wiederum von der Natur von Sprache und Stoffen bestimmt wird. Das Narrative und Narrationen (Texte und Stoffe) sind somit auch nach moderner historischer Forschung inhärenter Bestandteil jeder Historiographie. Daher verstehen sich die nachfolgenden Ausführungen sowohl als ein Beitrag zur mythischen Stoffgeschichte als auch zur polit-historischen Konzeptgeschichte Mesopotamiens.

1.2 Fokus und Aufbau der Studie

Das Königtum ist nach Sicht der mesopotamischen Quellen nicht menschengemacht, sondern von den Göttern verliehen (vgl. bspw. Sallaberger 2002; Wilcke 2002; Selz 2010, 13). Seine numinose Herkunft wird mythisch durch ein bestimmtes, begrenztes Element eines Erzählstoffs (einem *Hylem*)[1] ausgedrückt: Das Königtum gelangt am Anfang der politischen Geschichte vom Himmel auf die Erde. Das entsprechende Hylem bzw. seine Varianten werden in einer Vielzahl von Schriftquellen textlich wiedergegeben. Diese Quellen umfassen eine große Breite an Textsorten (Hymnen, Epen, Streitgespräche, mytho-historiographische Texte) und reichen vom dritten bis in das erste Jahrtausend v. Chr. Diese *longue durée* der Tradierung, die die unterschiedlichsten Textsorten durchdrungen hat, unterstreicht die große Bedeutsamkeit des Erzählstoffs vom himmlischen Ursprung des Königtums über Jahrtausende hinweg.

Aus diesem Grund stehen ebendieser Stoff und seine Varianten im Zentrum der vorliegenden Studie. Ihre Untersuchung hat dabei ein dreifaches Ziel:
1. die Vielfalt und Kontinuität der Stoffvarianten darzulegen,
2. mögliche Interaktionen zwischen Erzählstoff(variant)en im Kontext des Hylems von der himmlischen Herkunft der Herrschaft nachzuzeichnen,
3. die durch mythische Erzählstoffe vermittelten politischen Konzepte herauszuarbeiten.

Hierfür extrahiert die Studie zunächst die entsprechenden mythischen Stoffe aus den verschiedenen Schriftquellen in akkadischer und sumerischer Sprache. Dies erfolgt zunächst einzeln, um sie dann unter stofflichen Gesichtspunkten miteinander zu vergleichen. Durch dieses Vorgehen können in detaillierter Weise gleichbleibende Strömungen wie auch größere Differenzen und einzelne Nuancierungen erfassen werden.

Da der urzeitliche Transfer des Königtums vom Himmel auf die Erde den Anfang der Geschichte darstellt, erlaubt eine Analyse dieses Stoffes einen tiefgehenden Einblick in die mesopotamische emische Konzeption von Politik und Historie. Hierbei geht es weniger darum, die göttliche Herkunft des Königtums

---

[1] Hierbei handelt es sich um die „kleinste handlungstragende Einheit" eines Erzählstoffs (s. C. Zgoll 2019, 579).

im Allgemeinen zu erörtern[2]. Es gilt aufzuzeigen, worin die besondere Qualität der Herrschaftsform liegt, die vom Himmel herabgebracht wird und von welchem konzeptionellen Gerüst die jeweilige mythische Erzählung ausgeht, m. a. W. welches Konzept politischer Macht ihnen zugrunde liegt.

Die vorliegende Studie nimmt zunächst die historischen, politischen Rahmenbedingungen in den Blick, in denen der mythische Erzählstoff möglicherweise wurzelt (Abschnitt 2). Dabei geht es um Fragen wie der Geographie und der politischen Transformation des südlichen Zweistromlandes im dritten vorchristlichen Jahrtausend.

Auch wenn die entsprechende epische Tradition nur fragmentarisch erhalten ist, so stellt die Erzählung des mythischen Königs Etana die detaillierteste bekannte Stofffassung von der himmlischen Herkunft des Königtums dar. Demnach fliegt Etana auf dem Rücken eines Adlers in den Himmel, um dort eine Heilpflanze zu erlangen, damit seine Frau ihm einen Sohn und Nachfolger gebären kann. Die epische Ausgestaltung dieses Erzählstoffs ermöglicht genauere Einblicke in die Umstände und Ziele dieses (versuchten) Transfers eines Objekts vom Himmel auf die Erde. Aufgrund dieses expliziten Informationsgehalts wird dieser Erzählstoff als erstes in den Blick genommen wird (Abschnitt 3).

Dem schließt sich eine Untersuchung der nur sehr knapp formulierenden mytho-historiographischen ‚Sumerischen Königsliste' an. Diese schildert an ihrem Anfang in kondensierter Form, wie das Königtum in die erste Königsstadt gelangte. Unter Rückgriff auf stofflich verbundene Texte werden die genaueren Rahmenbedingungen (bspw. Akteure) dieses himmlischen Transfers rekonstruiert. Hierbei kann die vorliegende Studie auf der Neuedition des Werkes aufbauen (Gabriel 2020), welche die philologische Basis umfassend aktualisiert hat.

In einem weiteren Schritt (Abschnitt 5) werden Schriftquellen untersucht, die vermutlich vom Anfang der ‚Sumerischen Königsliste' literarisch abhängig sind. Hierbei handelt es sich um:
- die Königshymne *Urnamma C*,
- die *Lagaš Herrscherchronik* (*Lagaš King List/ Rulers of Lagash*), eine Gegennarration zur ‚Sumerischen Königsliste',
- das Streitgespräch *Baum und Rohr*,

---

[2] Die sakrale Dimension des mesopotamischen Königtums wird in Beiträgen von Walther Sallaberger (2002) und Claus Wilcke (2002) in großer Breite untersucht. Der vorliegende Beitrag versteht sich durch seine Fokussierung auf das Hylem der himmlischen Herkunft des Königtums als komplementäre Vertiefung zu diesen beiden Studien.

- das *Sumerische Sintflut-Epos*,
- die *Dynastische Chronik*.

Nachdem die Stoffvarianten einzeln rekonstruiert wurden, werden sie komparativ ausgewertet.

Abschnitt 6 widmet sich dem Grenzfall, der Königshymne *Šulgi P*. Hier erlaubt die textliche Ausführung die Interpretation, dass der Himmelsgott An dem menschlichen Herrscher Šulgi ein Königszepter aus dem Himmel heraus übergibt. Es bieten sich jedoch auch alternative Rekonstruktionen an, je nachdem, von wo aus der Himmelsgott agiert (siehe auch Beitrag Kärger in diesem Band).

Abschließend werden die Ergebnisse der vergleichenden stofflichen Untersuchung mit Blick auf die zugrundeliegenden Ideen zur Natur politischer Herrschaft ausgewertet (Abschnitt 7). Hierbei deuten sich zwei unterschiedliche Konzepte an, ein personales und ein objektbezogenes. Entweder verkörpert der von den Göttern erwählte König die politische Macht oder sie wird durch die physische Präsenz numinoser Objekte (der m e) einer Stadt verliehen, von der dann schließlich der König die Herrschaft erhält.

Aufgrund der Fokussierung auf den mythischen Transport des Königtums vom Himmel auf die Erde und dessen stofflicher Kontextualisierung ist die nachfolgende Untersuchung eng mit den anderen Beiträgen in diesem Band vernetzt: Der Beitrag verhält sich aufgrund seiner thematischen Fokussierung der politischen Herrschaft komplementär zu den Überblicksstudien von Brit Kärger (mesopotamische Quellen), Franziska Naether (ägyptische Quellen) und Christian Zgoll (*Göttergaben und Götterstürze*, griechisch-römische Quellen). Ferner nimmt er neben dem Mythos INNANA BRINGT DAS HIMMELSHAUS FÜR DIE ERDE (Annette Zgoll) den zweiten zentralen mythischen Erzählstoff der mesopotamischen Kultur in den Blick. Wie dort handelt es sich um etwas Grundlegendes und Positives für die Menschen, im Gegensatz zu den Dämonen, die nach akkadischen Quellen vom Himmel herabkommen (Beitrag Elyze Zomer). Schließlich zeigt sich die politische Dimension des Transferierten insbesondere auch bei dem römischen *ancile*-Schild (Beitrag Nils Jäger) wie teils auch bei dem Palladion nach griechischen und lateinischen Quellen (Beitrag Christian Zgoll, *Vom Himmel gefallen*).

2 Der historische Hintergrund

Mythische Erzählungen operieren – anders als bspw. viele moderne Fantasyromane – nie im luftleeren Raum, sondern werden im Gegenteil gerade durch ihre Realitätsbezüge konstituiert (C. Zgoll 2019, 378). Dies gilt in noch gesteigertem Maße für die mytho-historischen Quellen, die im vorliegenden Beitrag fokussiert werden. Mythos und Geschichte verschmelzen im kulturellen Gedächtnis antiker Kulturen zu einem mythisch-politischen Amalgam. Um die kulturelle Verankerung dieser Quellen angemessen berücksichtigen zu können, sollen im Folgenden die geographischen und siedlungstechnischen Besonderheiten Babyloniens skizziert werden (2.1), woran sich ein knapper Abriss der maßgeblichen politischen Transformationen (2.2) und der Veränderung der Herrschaftskonzepte (2.3) anschließt. Angesichts der räumlichen und zeitlichen Breite können diese Ausführungen nur grobe Muster und Linien aufzeigen. Verweise zu vertiefender Literatur sind an den jeweiligen Stellen angefügt.

2.1 Geographie und Siedlungsstrukturen

Das südliche Zweistromland (hier nach der späteren politischen Bezeichnung schon Babylonien genannt) war in der ersten Hälfte des dritten Jahrtausends v. Chr. vereinfacht gesagt in zwei Regionen unterteilt[3]. Während im Norden die geographischen Gegebenheiten nur beschränkt Ackerflächen zur Verfügung stellen, liegen im Süden durch die flache Ebene ideale Bedingungen für umfassende Landwirtschaft vor (bspw. Gibson 1972, 16). In der südlichen Region ist aufgrund des geringen Niederschlags nur Bewässerungs- und kein Regenfeldbau möglich; im Norden gilt dies zu großen Teilen (vgl. bspw. Gibson 1972, 243 Fig. 3)[4]. Hieraus resultierte eine Unabhängigkeit von klimatischen Veränderungen. Für die Errichtung und Pflege der aufwändigen Kanal- und Deichsysteme ist jedoch der Arbeitsinput großer Gruppen erforderlich (Selz 1998a, 286 f, Steinkeller 2015, 9), was die Siedlungsballung in Form von Städten im Süden erklärt. Die anders gelagerten geographischen Bedingungen im Norden standen solchen Agglomerationen zumeist im Wege, so dass größere Städte die Aus-

---

[3] Detaillierte Informationen zu Geographie und Siedlungsstrukturen finden sich bspw. in Gibson 1972; Adams 1972; *id.* 1981; *id.* 1982.
[4] Gemeinhin wird ein minimaler Jahresniederschlag von 250 mm je qm angenommen, damit genug Wasser für Regenfeldbau vorliegt.

nahme darstellen und stets an den großen Flussläufen zu finden sind (bspw. Kiš).

2.2 Politische Transformationen

In der ersten Hälfte des dritten Jahrtausends v. Chr. waren die beiden Teile Babyloniens auch politisch unterschiedlich verfasst. Während sich der Süden in lose verbundene Stadtstaaten untergliederte, deren Grenzen sich berührten (Steinkeller 2017, 117 f), wurde der von Nomaden und Sesshaften spärlicher besiedelte Norden vermutlich von der Stadt Kiš aus kontrolliert (*ibid.*, 121, siehe auch Adams 1981, 251; Sallaberger/Schrakamp 2015, 65). Während Herrschaft in dieser Region daher größere territoriale Gebiete umfasste, begrenzte sie sich im Süden auf ein bis zwei Städte und das direkt umliegende, urbar gemachte Land.

Auch wenn die südbabylonischen Stadtstaaten gemeinsame Sprache(n)[5], Kultur und Religion teilten, war einer politischen Einigung durch territoriale Expansion aufgrund der räumlichen Enge und auch wegen der großen kulturellen Gemeinsamkeiten lange Zeit in Riegel vorgeschoben (vgl. Steinkeller 2017, 119). Statt dessen bildete sich ein Städteverbund (bspw. Selz 1992; Pomponio 1994; Steinkeller 2002; Steible 2015, 257)[6], der u. a. dazu diente, die Versorgung der Heiligtümer mit Opfern zu organisieren (Jacobsen 1957, 109; Steinkeller 2002, 256 f; *id.* 2017, 26). Die wichtige südbabylonische Stadt Ur war vermutlich ein Gegenspieler des Städtebundes (vgl. bspw. Steible/Yıldız 1993; Pomponio 1994, 19 f; Sallaberger/Schrakamp 2015, 63)[7].

Diese Situation ändert sich allmählich im Laufe des 25. und 24. Jahrhunderts v. Chr., als südbabylonische[8] und nordbabylonische[9] Herrscher erstmalig danach strebten, die Region politisch zu einigen (Westenholz 1999, 40; Sallaberger/Schrakamp 2015, 85; Steinkeller 2017, 122)[10], wobei sie vermutlich auf

---

5 In dem Gebiet werden zwei Sprachen verwendet, das Sumerische und Akkadische, wobei jedoch eine Abnahme des Semitischen vom Norden nach Süden festgestellt werden kann (vgl. Krebernik 1998, 261-270; Lecompte 2017, 284).
6 Welche spezifische Natur dieser Städteverbund hatte, wird in der Forschung verschiedentlich diskutiert. Die Auffassung reichen von einer politischen Gemeinschaft i. e. S. (bspw. Jacobsen 1957) bis hin zu einem eher losen Verbund im Sinne einer Amphiktyonie (bspw. Steinkeller 2002, 256 f). Als Bezeichnungen für den Städtebund finden sich in der bisherigen Forschung: „Kengir League" (Jacobsen 1957), „Hexapolis" (Pomponio 1994) oder „regio" (Steible 2015).
7 Anders Jacobsen 1957, 109, der davon ausgeht, dass der Städtebund die Stadt Ur versorgt.
8 Insb. Eanatum von Lagaš, En-šakuš-ana von Uruk und Lugalzagesi von Umma/Uruk.
9 Insb. Išar-damu von Ebla und Išqi-Mari von Mari.
10 Vgl. auch Glassner 2004, 96; Sallaberger/Schrakamp 2015, 85-90.

eine Schwächephase von Kiš reagierten (vgl. Andersson 2012, 251); diese Stadt hatte maßgeblichen Einfluss in diesem Gebiert (vgl. bspw. Steinkeller 1993, 117 f). Die Zusammenfassung ganz Babyloniens unter einem Herrscher erfolgte schließlich vom Norden aus, jedoch nicht von der Stadt Kiš, sondern von der bislang unlokalisierten[11] nordbabylonischen Stadt Akkade. Ihr Herrscher eroberte ganz Babylonien und teils noch angrenzende Gebiete (Sallaberger/Schrakamp 2015, 90-96). Er ist uns nur unter seinem akkadischen Thronnamen bekannt, Šarrum-kēn („Der König ist dauerhaft."); seine gräzisierte Form lautet: Sargon von Akkade.

2.3 Herrschaftskonzepte und ihre Transformation

Für die untersuchte Region und Zeitepoche sind drei unterschiedliche Herrschaftstitel überliefert, auf Sumerisch: e n , e n s i₂.k und l u g a l . Angesichts des Fehlens einer Überblicksstudie kann eine umfassende Würdigung der konzeptionellen Unterschiede zwischen den Konzepten an dieser Stelle nicht geleistet werden. Erschwerend kommt hinzu, dass die Verwendung derselben Bezeichnung an unterschiedlichen Orten zu unterschiedlichen Zeiten nicht bedeuten muss, dass damit jeweils dieselbe Herrschaftsform ausgedrückt wird. Das gilt auch für lexikalische Gleichungen zwischen sumerischen und akkadischen Begriffen (Michalowski 1989a, 267; Heimpel 1992, 4 f; Steinkeller 1999, 113 Anm. 34).

Die Varietät wird exemplarisch am Titel l u g a l (wortwörtlich: „großer Mann") deutlich, der im Süden (spätestens mit dem Aufstieg der Herrscher von Akkade) für das höchste politische Amt steht, in Ebla – das nordwestlich außerhalb von Babylonien liegt – im 24. Jh. v. Chr. jedoch einen nachgeordneten Funktionär repräsentiert (Heimpel 1992, 15 f; Selz 1998a, 285 f)[12].

Dass das Lexem l u g a l im allgemeinen Rechtskontext den Eigentümer einer Sache beschreibt (Wilcke 2002, 64), schwingt in dem hierdurch ausgedrückten politischen Konzept mit, wonach das Beherrschte als Eigentum des Herrschenden verstanden wurde (vgl. Andersson 2012, 246). Diese Auffassung korreliert mit der primär dynastisch organisierten Nachfolgeregelung eines l u g a l

---

[11] Möglicherweise liegt sie in der Gegend, in der Adhem und Tigris zusammenfließen (Reade 2002, 262-269; siehe auch Sallaberger/Schrakamp 2015, 90).
[12] Eine niedrigere hierarchische Einordnung lässt sich auch für die Götterwelt in Babylonien greifen, wenn bspw. der Mond- und der Sonnengott in einer Preisliedsammlung aus dem 26. Jh. v. Chr. (den sogenannten ‚za₃-me-Hymnen') als l u g a l bezeichnet werden, in ihrer Funktion aber dem e n („Herrscher") Ellil untergeordnet sind.

(Steinkeller 2017, 35.121). In Abgrenzung zu diesem Eigentumskonzept und der damit verbundenen Vererbung, gab es – v. a. im Süden – Herrschaftsauffassungen, wonach ein Amt nur auf Zeit von den Göttern verliehen wird und der Nachfolger somit ebenfalls von den Göttern erwählt wird (Heimpel 1992, 6)[13]. Möglicherweise kann auch das territoriale Verständnis von Herrschaft auf einen nördlichen Ursprung zurückgeführt werden. Nach diesem regiert eine zentrale politische Macht große Gebiete; im Gegensatz bspw. zum Stadtstaat, der nur das nähere Umland kontrolliert. Die territoriale Idee korreliert mit der losen Siedlungsstruktur im Norden und der daraus resultierenden größeren Zentralisierung politischer Macht (siehe 2.1 und 2.2).

Historisch entscheidend ist an dieser Stelle jedoch v. a., dass der Titel lugal spätestens ab den Herrschern von Akkade den König von ganz Babylonien bezeichnet. Dieser besondere Herrschaftsanspruch zeigt sich insbesondere in der Titulatur lugal KIŠ, die ab Sargon zu finden ist (Sallaberger/Schrakamp 2015, 95 f: ab Sargons späten Jahren). Der Titel wurde nicht nur als „König von Kiš" (lugal kiše$^{(ki)}$) verstanden, sondern auch und insbesondere als „König der Gesamtheit" (lugal kiš)[14] (bspw. Sazonov 2007, 327). Zum einen verweisen die Herrscher von Akkade damit auf das früher dominante nordbabylonische Kiš, zum anderen verwenden sie den sumerischen und damit südbabylonischen Titel lugal, dessen ersten Belege aus der südlichen Stadt Ur stammen und der insbesondere mit dieser Stadt verbunden zu sein scheint (vgl. Glassner 1993a, 15; Michalowski 2003, 203 f)[15].

Die neuen akkadischen Herrscher verknüpften in ihrer Herrschaftsideologie – exemplarisch sichtbar im Titel lugal KIŠ – nordbabylonische und südbabylonische Konzepte (vgl. auch Westenholz 1974, 155). Sie strebten damit eine erste echte panbabylonische Gemeinschaft an. In dieser Zeit der kulturellen Reibungen und Harmonisierungen waren vermutlich auch die beiden wichtigsten Texte der vorliegenden Untersuchung prominent, die ‚*Sumerische Königsliste*' (siehe Kap. 4 und 5.3) und das *Etana-Epos*, bzw. ein Teil dessen Stoffes (siehe Kap. 3). Demnach könnte das Hylem, dass das Königtum vom Himmel auf die Erde kommt, erstmalig in dieser Epoche erzählt worden sein, was den ereignis- und konzeptgeschichtlichen Hintergrund für die vorliegende Studie so wichtig macht.

---

[13] Streng genommen stellt auch die Vererbung eine solche göttliche Erwählung dar, da die Götter dafür sorgen, dass ein geeigneter Nachfolger geboren wird.
[14] Akkadisch: *šar kiššatum*.
[15] In anderen südbabylonischen Städten verwies der Titel wiederum lediglich auf höhere Funktionäre (vgl. Andersson 2012, 247).

3 Der ETANA-STOFF

In diesem Abschnitt wird die mythische Tradition untersucht, die von dem ersten König, Etana, handelt. Hierbei wird zunächst die unterschiedliche stoffliche Überlieferung nach der epischen Überlieferung (3.1) und nach der ‚Sumerischen Königsliste' (3.2) in den Blick genommen. Hierauf fußt die anschließende Herausarbeitung der Überlagerung zweier separater Stoffe (3.3).

3.1 Etana und das Königtum im Epos

Die leider nur fragmentarisch erhaltene epische Tradition zu Etana berichtet davon, dass die Frau des Hirten/Königs Etana keinen Sohn bekommen kann. Daher macht er sich auf die Suche nach einer Pflanze, die Abhilfe verspricht (siehe bspw. Haul 2000, 11; A. Zgoll 2002, 20 f). Auf einem Adler, den er aus einer Grube errettet hat, reitet er in den Himmel ... Die erhaltenen Tontafeln brechen an der Stelle vollständig ab, als Etana einen Tempel im Himmel – vermutlich den der Göttin Innana/Ištar – betritt.

Die frühsten Abschriften dieser epischen Tradition stammen aus dem frühen zweiten Jahrtausend v. Chr.; die jüngsten aus der Mitte des ersten Jahrtausends v. Chr. Alle bekannten Texte sind in akkadischer Sprache verfasst. Da der Protagonist in der nordbabylonischen Stadt Kiš angesiedelt ist, liegt eine Herkunft des Stoffs aus der semitischsprachigen Bevölkerung auf der Hand. Dieser Eindruck verstärkt sich durch eine nicht-textliche Quellengruppe, nämlich Darstellungen auf Rollsiegeln aus dem 24. Jh. v. Chr. Diese gehören zum sogenannten Reich von Akkade, dem ersten großen Flächenstaat in Babylonien, der von semitischsprachigen Herrschern errichtet worden ist (siehe 2.2).

Die Siegel stellen dar, wie ein Mann auf einem fliegenden Adler reitet, wobei es sich vermutlich um die Himmelfahrt des Protagonisten Etana handelt[16]. Somit können wir die bildliche Darstellung als eine nicht-textliche Wiedergabe eines mythischen Erzählstoffs verstehen (vgl. C. Zgoll 2019, 168 f). Auf der visuellen Ebene ist der Adlerflug das prägnanteste Element des Stoffes, so dass durch dessen Darstellung ein leicht nachvollziehbarer bildlicher Bezug

---

[16] Vgl. die Diskussion zum Für und Wider einer solchen Identifikation in Alster 1989; Steinkeller 1992; Bernbeck 1996; Hrouda 1996; Selz 1998b, 153 f; Westenholz 1999, 80-82; Nadali/Verderame 2008, 311 und Rohn 2011, 87.

zum Gesamtstoff möglich ist[17]. Schließlich zeigen die Siegel vermutlich, dass der entsprechende Stoff (bzw. Teile des Stoffs) über Jahrtausende hinweg tradiert wurde[18]. Eine ähnliche Spanne zeigt sich ebenfalls in der mit der ‚*Sumerischen Königsliste*' verknüpften Tradition.

Der Text der ältesten erhaltenen Eposfassung beginnt damit, dass die Götter zu einer Versammlung zusammenkommen. Danach folgen verschiedene Aussagen, die durch Negationen ausdrücken, was es alles nicht gibt: u. a. einen König und Heiligtümer. Solche negativen Aussagen sind typisch für mythische Texte und drücken ein „noch nicht" aus und damit ein Potential, das im Laufe der Erzählung in Realität umgewandelt wird (vgl. bspw. Dietrich 1991, 51; *id.* 2006, 139; Gabriel 2014, 117; Milstein 2016, 52). In diesem Sinne ist auch die positive Aussage zu lesen, wonach sich die Herrschaftsabzeichen zu diesem Zeitpunkt – noch (!) – im Himmel befinden (siehe unten). Wir dürfen mit Recht annehmen, dass sich dies bis zum Ende von Text und Stoff geändert haben wird. Die entsprechende Passage lautet[19]:

ḫaṭṭum meānum kubšum u šibirru / *qudmiš Anim ina šamā'ī šaknū*	Zepter, m e n -Krone, (Herrscher-) Kappe und Hirtenstab waren (noch) vor An im Himmel aufgestellt.

An dieser durativen Aussage bzw. an diesem durativ-initialen Hylem (vgl. dazu C. Zgoll im vorliegenden Band, Kapitel 2.4) fällt auf, dass hier eine objektbasierte Vorstellung von Herrschaft wiedergegeben wird, wie sie insbesondere aus sumerischen Texten in Gestalt des Konzepts der numinosen Machtmittel m e bekannt ist (vgl. 4.2.1). Demnach können die hier genannten Herrschaftsinsignien als *machthaltige Konkreta* des Königtums gelesen werden, in denen sich das Königtum dinglich und wirkmächtig manifestiert (vgl. *ibid.*).

Diese Einordnung kann durch einen lexematisch greifbaren, konzeptionellen Bezug zwischen dem akkadischen *Etana-Epos* und der Aufzählung numinoser Machtmittel im sumerischen Epos *Innana und Enki* (siehe Tab. 1) untermauert werden[20]. In zwei Fällen handelt es sich im *Etana-Epos* um direkte Über-

---

17 Diese Form der Zitierung eines Stoffs korreliert mit dem Aufgreifen des prominenten Textbeginns der ‚*Sumerische Königsliste*' in den in Kapitel 5 untersuchten Texten (vgl. insb. 5.3).
18 Ein Überblick über die Quellen des ETANA-STOFFS findet sich in Selz 1998b, 139.
19 Umschrift von Manuskript MLC 1363 I i 11 f angelehnt an Haul 2000, 106; Übersetzung von G. Gabriel.
20 Vergleichbare Ansammlungen an *machthaltigen Konkreta* finden sich bspw. noch in den folgenden sumerischen Texten: Lied *Dumuzi und Innana D* (Z. 39 f), Königshymne *Ur-Namma D* (Z. 14-16) und Königshymne *Šulgi G* (Z. 25-27) (Angaben nach ETCSL).

setzungen des entsprechenden sumerischen Ausdrucks (ḫaṭṭum = ĝidru = „Zepter", šibirru = sibir = „Hirtenstab"). Zwei akkadische Lexeme (meānum = „men-Krone"[21], kubšum = „Herrscherkappe") gehören zum semantischen Feld der königlichen Kopfbedeckungen wie die aga-Krone (sumerisch: aga).

Tab. 1: Vergleich der Lexeme im altbabylonischen *Etana-Epos* und im Epos *Innana und Enki*

akkadische Lexeme im *Etana-Epos*	mögliche sumerische Entsprechungen in der Aufzählung im Epos *Innana und Enki*
ḫaṭṭum „Zepter"	ĝidru „Zepter"
meānum „men-Krone"	aga „aga-Krone"
kubšum „Herrscherkappe"	aga „aga-Krone"
šibirru „Hirtenstab"	sibir „Hirtenstab"

Der Rest des Beginns der ältesten erhaltenen Eposfassung ist größtenteils weggebrochen. In den eineinhalb erhaltenen nachfolgenden Zeilen erfahren wir noch, dass es keine geeignete Person für das Herrscheramt gibt, weshalb vermutlich die Göttin Innana/Ištar[22] vom Himmel herabsteigt (vgl. Wilcke 1977, 157) und einen passenden König sucht[23]. Die Passage, in der beschrieben wird, wie die oben genannten vier Herrschaftsabzeichen und damit das Königtum auf die Erde gelangen, fehlt leider ganz.

Insofern gilt es, das Wann und Wie dieses Transports auf Basis von Indizien nachzuzeichnen. Auf Basis weniger erhaltener Textpassagen[24] kann rekonstruiert werden, dass Etana sich als König auf die Suche nach der Heilpflanze macht. Seine Einsetzung als Herrscher muss demnach schon früher stattgefunden ha-

---

21 Das seltene Lexem *meānum* bzw. *mēnum* ist bislang nur durch das *Etana-Epos* belegt, sowie durch lexikalische Gleichungen mit der men-Krone und mit *agû*, dem akkadischen Ausdruck für die aga-Krone (CAD M₂: 19 f). Dies deutet daraufhin, dass es sich hierbei um ein entsprechendes Lehnwort handelt.

22 Die Rekonstruktion an dieser Stelle ist nicht eindeutig. So wurde auch in Anlehnung an die ‚Sumerische Königsliste' und die *Dynastische Chronik* vorgeschlagen, dass hier das Königtum herabkommt (so jüngst Milstein 2016, 52; zu Diskussion und Literatur siehe Haul 2000, 123 f), doch ist dies eher unwahrscheinlich, wenn man die Version des Epos aus dem ersten Jahrtausend v. Chr. danebenlegt (vgl. *ibid*., 166-169).

23 Darauf deuten auch die Zeilen I 25 f der späten Version aus dem 1. Jt. v. Chr., die berichten, dass sie (?) (=Ištar?) fortwährend im Land einen König sucht (Haul 2000, 168 f).

24 Vgl. die mittelassyrische Tafel II Vs. 9' und das Manuskript K Vs. 6' (vgl. Haul 2000, 142 f.168 f).

ben, was schließlich bedeutet, dass das Königtum zuvor vom Himmel in die Stadt Kiš, der Stadt Etanas, herabgebracht worden ist (siehe auch Bernbeck 1996, 174). Aufgrund der Noch-Aussage am Anfang des altbabylonischen Epos (siehe oben) ist es naheliegend, dass das Königtum in Gestalt seiner *machthaltigen Konkreta* (Zepter, men-Krone, Herrscherkappe, Hirtenstab) auf die Erde transportiert wird. Als Akteure können vermutlich die zuvor genannten „großen Anuna-Götter" (Z. 1) bzw. „Igigi-Götter" (Z. 4) ergänzt werden. Dies ergibt schließlich folgendes Hylem:

> [Die Anuna? bzw. Igigi?] bringen Zepter, men-Krone, Herrscherkappe und Hirtenstab des Königtums vom Himmel nach [Kiš] herab.

Im *Etana-Epos* ist die Einsetzung des Herrschers mit dem Transfer der machthaltigen Herrschaftsabzeichen jedoch nicht abgeschlossen. So befähigen sie Etana zwar zur Ausübung der Herrschaft, doch fehlt ihm aus der Perspektive der Mythosvariante ein entscheidendes Element. Es bedarf eines Sohns, damit die Königsherrschaft auch über Etanas Tod fortgeführt werden kann, in Gestalt seines Nachkommens als sein legitimer Nachfolger. Hierfür benötigt Etana eine weitere Gabe der Götter, die ihn zur Nachkommenschaft befähigt. Diese findet sich im Text in Gestalt des „Kraut des Gebärens", das er im Himmel holen muss[25]. Erst dann ist die Königsherrschaft dauerhaft für das Land gesichert.

Diese Überlegungen haben zur Folge, dass im ETANA-STOFF, wie er durch die epische Tradition überliefert wird, ein zweifacher Transport des Königtums vom Himmel auf die Erde stattfindet. Zunächst wird das Amt – in Gestalt seiner *machthaltigen Konkreta* – auf die Erde gebracht. Dann geht es darum, das dynastische Königtum zu etablieren, indem die Ehefrau des Königs durch eine

---

[25] Diese Pflanze unterscheidet sich möglicherweise von den als ewig vorgestellten Insignien dadurch, dass es sich hierbei um ein (rituelles) Verbrauchsmaterial – vermutlich eine Heilpflanze für Etanas Ehefrau (vgl. bspw. Steinkeller 1992, 253) – handelt, die nach ihrer Benutzung verschwindet. Indem sie von der Unfruchtbarkeit befreit ist, kann sie Etana einen Nachfolger gebären und somit die Fortführung des Königtums gewährleisten.
Eine Analogie stellt möglicherweise ein anderes „Kraut" (*šammu*) der mesopotamischen mythischen Tradition dar. Im berühmten *Gilgameš-Epos* (alias *11-Tafel-Epos*) taucht der Held nach einer Pflanze im Apsû, die ihm ewiges Leben geben soll. Doch auf dem Weg zurück nach Uruk verschlingt eine Schlange das Kraut, häutet sich (als Zeichen der Verjüngung) und verschwindet. Damit ist auch die Pflanze verbraucht und Gilgameš kehrt ohne das Mittel des ewigen Lebens in seine Heimatstadt zurück (vgl. bspw. George 2003, 720-723).
Alternativ könnte das „Kraut des Gebärens" aber dadurch, dass Etanas Frau sie zu sich nimmt, Teil von ihr und ihrer Nachkommen sein. Damit wäre das „Kraut des Gebärens" Teil von Etanas Erblinie und damit auf eine Art unvergänglich (diese optionale Lesart verdanke ich einem Hinweis von Christian Zgoll in persönlicher Kommunikation).

vom Himmel stammende Heilpflanze zur Geburt eines Nachfolgers befähigt werden soll (vgl. auch Selz 1998b, 156; A. Zgoll 2002, 21; Foster 2016, 139)[26].

Auch wenn der entsprechende Teil fehlt, lassen sich jedoch manche Parameter des zweiten Transfers skizzieren. Da Etana im Himmel wahrscheinlich den Tempel der Innana/Ištar betritt, empfängt er vermutlich von ihr das gesuchte „Kraut des Gebärens". Mit der Übergabe im Himmel wird dann in einem zweiten Schritt die Erlaubnis verbunden sein, die Pflanze mit auf die Erde herabnehmen zu dürfen. An dieser Stelle deuten sich somit zwei Akteure des Transports an: Innana/Ištar als auktoriale Instanz und Etana (auf dem Rücken des Adlers?) als die ausführende Instanz. Angesichts dieser Überlegungen lässt sich die folgende mögliche stoffliche Sequenz an (punktuellen) Handlungen (=Hylemen) rekonstruieren:

- P 1   Etana reitet auf einem Adler in den Himmel.
- P 2   [Innana/Ištar gibt Etana das „Kraut des Gebärens" im Himmel.]
- P 3   [Innana/Ištar erlaubt Etana, das „Kraut des Gebärens" auf die Erde mitzunehmen.]
- P 4   [Etana bringt das „Kraut des Gebärens" (auf einem Adler fliegend?) vom Himmel herab.]

3.2 Etana in der ‚*Sumerischen Königsliste*'

Die mythische Gestalt Etana findet sich nicht nur im Epos, sondern auch in einer mytho-historiographischen Chronik, der ‚*Sumerischen Königsliste*'. Vermutlich wurde sein Name bereits in dem ältesten erhaltenen Manuskript dieses Textes genannt (Steinkeller 2003, 270; Gabriel 2020, 364). Sicher ist jedoch, dass der narrative Zusatz, der von seiner Himmelfahrt berichtet, erst in einer späteren Redaktion des Werkes hinzugefügt wurde (*ibid.*, 544; vgl. auch Steinkeller 2017, 41). Diese Beobachtung ist insofern wichtig, als sie zeigt, dass die Redaktoren der ‚*Sumerischen Königsliste*' hierbei auf eine Stofftradition zurückgriffen, die bereits existiert hatte. Diese wird im Rahmen der Redaktion in die ‚*Sumerischen Königsliste*' eingefügt, wodurch es zu einer stofflichen Stratifikation kommt. Diesen Umstand gilt es zu beachten, wenn man die Beschreibung Etanas und seiner Himmelfahrt in dieser Quelle in den Blick nimmt.

---

[26] A. Zgoll sieht die Bedeutung eines Sohnes auch allgemein in dem Weiterleben durch die Nachkommen. Zudem ist Nachkommenschaft essentiell, um im Totenreich weiter versorgt zu werden (2002, 20 f).

Vergleicht man den episch überlieferten Stoff mit dem der ‚Sumerischen Königsliste', fallen zwei Dinge auf. Als erstes weist die ‚Sumerische Königsliste' Etana nicht als ersten Herrscher in Kiš aus, sondern nennt ihn nach mindestens neun früheren Königen (Gabriel 2020, 363 f). Als zweites sticht ins Auge, dass in der Aufzählung der ‚Sumerischen Königsliste' eine Filiation vor Etana genannt wird. Demnach scheint nach dieser Quelle die dynastische Herrschaft schon vor Etana zu beginnen.

Dass Könige vor ihm genannt werden, ist zunächst kein Problem, da die ‚Sumerische Königsliste' verschiedene Stoffe kombiniert und komprimiert[27]. Mit Blick auf die Konzeption von Herrschaft ist die Existenz einer Filiation unter den früheren Königen jedoch ein Problem (vgl. auch Diakonoff 1959, 167). Dies würde bedeuten, dass die ‚Sumerische Königsliste' an dieser Stelle vom ETANA-STOFF der epischen Tradition abweicht. Dort wird nämlich der Beginn der dynastischen Herrschaft mit dem Himmelflug Etanas (siehe 3.1) verbunden.

Die erste Filiation in der ‚Sumerische Königsliste', d.i. die des Königs Arpi'um, liegt in zwei Varianten vor:

---

[27] Ferner scheinen diese ersten bis zu zwölf Könige nicht Teil der mytho-historischen Tradition zu sein, da ihre Namen nicht aus anderen Werken bekannt sind (eine Ausnahme ist der erste der Könige, Ĝušur, der auch in der Version des *Streitgesprächs von Dattelpalme und Tamariske* aus Šaduppûm, Z. 4 genannt wird [vgl. Umschrift in Wilcke 1989b, 171], Hinweis in Vortrag von Andrew R. George auf der RAI 2017 in Marburg, Publikation in Vorbereitung). Zudem können die frühen Herrscher von Kiš teils mit Tieren (Diakonoff 1959, 167; Freydank 1971-1972, 2 f Anm. 4; Wilcke 1988, 134; id. 2002, 67; Glassner 2004, 61) bzw. Sternbildern (Frayne 2008, 50 f) geglichen werden. Eine besondere Aufmerksamkeit erfährt darüber hinaus der zweite Name in der Liste, zumeist *Kullassina-bēl*, was in der Übersetzung „Ihre Gesamtheit ist Herrscher" zu Spekulationen geführt hat, dass der Monarchie eine proto-demokratische Herrschaft vorausgegangen sei (bspw. Jacobsen 1946; Glassner 2004, 60). Anders Frayne 2008, 50: „*(Of) all of them (i.e., "the people") (he is) lord.*"; sowie Steinkeller 2003, 277 und Marchesi 2010, 232 Anm. 6, wonach der Name eine Uminterpretation eines ursprünglichen Namens ist (möglicherweise: Kulla-*nawir*, „Kulla ist scheinend"), was zu Douglas Fraynes astraler Auslegung passen würde (vgl. 2008, 50 f).

Vielleicht beschreiben die Namen auch die Bewegung des Königtums vom Himmel auf die Erde. Hierfür spricht beispielsweise der fünfte, *bābu* („Tor"), und zehnte Name, *zuqaqīp* („Skorpion"). Erstgenannter könnte sich auf ein Himmelstor beziehen (so auch Frayne 2008, 50), der zweitgenannte erinnert an den Skorpion im epischen Text *an gal karede / Innana und An* (vgl. A. Zgoll 2015, 51 und im vorliegenden Band). Dieser befindet sich am Horizont am Übergang zwischen Himmel und Erde. Skorpionmenschen sind auch aus dem jungbabylonischen *Gilgameš-Epos* (IX 38-135) bekannt. Gilgameš begegnet ihnen auf seinem Weg zum Sintfluthelden *Ūta-napištī* an der Grenze von Himmel und Erde (vgl. George 2003, 668-671).

- *arpiu'u(m)* dumu mašgagen „Sohn eines Gemeinen"
- *arpiu'u(m)* dumu maš-da₃ „Sohn der Gazelle"[28]

An dieser Stelle soll nicht diskutiert werden, welche von beiden vermutlich die ursprüngliche ist[29]. Unabhängig hiervon fällt nämlich auf, dass diese Filiation von dem in der ‚*Sumerischen Königsliste*' üblichen Muster abweicht. Normalerweise wird auf einen direkt davor genannten Herrscher als Vater Bezug genommen, was an dieser Stelle jedoch nicht der Fall ist. Ein „Gemeiner" bzw. eine „Gazelle" wird nicht genannt. Insofern verweist die Filiation an dieser Stelle nicht auf einen König und fungiert damit auch nicht im dynastischen Sinne.

Vor diesem Hintergrund ist nun die sehr kurze Beschreibung der Taten Etanas in der ‚*Sumerischen Königsliste*' aufschlussreich[30]:

e-ta-na[31] sipa.d lu₂ an-še₃[32] ba-e₁₁.d-da[33] / lu₂ kur-kur-ra[34] mu-un-ge.n[35]-na	Etana, der Hirte, derjenige der in den Himmel aufgestiegen war, derjenige der es (=das Königtum) (dadurch) in allen Ländern (=Babylonien) dauerhaft gemacht hat[36].

---

28 Nach Diakonoff (1959, 167) und Freydank (1971-1972, 2 f Anm. 4) könnte es sich bei dem zweiten Namen um eine totemistische Bezeichnung semitischer Stämme handeln.
29 Es sei nur so viel angemerkt, dass der erste Name des Sohns jeweils akkadisch ist, der des Vaters sumerisch. Die Nähe zwischen den Namen des Vaters beruht auf der graphemischen Ebene: MAS.GAG (maš-da₃) bzw. MAŠ.EN.GAG (mašgagen).
30 Die Komposit-Umschrift basiert auf der eigenen Textbearbeitung (Gabriel 2020, 488–493; vgl. auch Marchesi 2010, 238), wobei aus Gründen der Vereinfachung auf eine sehr detaillierte philologische Diskussion der Textgrundlage verzichtet wurde (hierzu Gabriel 2020, 488–493). Dies ist möglich, da sich auf der stofflichen Ebene nichts ändert.
Das Manuskript aus dem 3. Jt. v. Chr. schreibt keine narrativen Zusätze (vgl. Steinkeller 2003) und ist hier daher nicht berücksichtigt.
31 Su₁: e-ta₂-na (Scheil 1934, 150).
32 Su₁: an-še (Scheil 1934, 150).
33 P₂: i₃-ib-e₁₁.d-da (nach Kollation Marchesi 2010, 238), P₅: ⌜ib₂-X⌝ (Poebel 1914b, Tf. 5; siehe auch Marchesi 2010, 238), TL: -d]e₃ (Vincente 1995, 240.244).
34 Manuskript WB lässt das -ra aus (Jacobsen 1939, 80; Kaula 2016, 30; siehe auch Marchesi 2010, 238).
35 P₃+BT 14 (Klein 2008, 80) und Su₁ (Scheil 1934, 150) schreiben als verbale Basis ge₄. Dass es sich hierbei um eine phonetische Schreibung für ge.n handelt, verdeutlicht der jeweils geschriebene vokalische Auslaut -n. Das Verb ge₄ („zurückkehren/-bringen") besitzt ihn im Gegensatz zu ge.n („fest gründen") nicht (Attinger 2019a, 61 f). TL: <mu-un-ge.n-na>.
36 Andere Forscher übersetzen diesen Passus abweichend (bspw. Jacobsen 1939, 81; Haul 2000, 36; Glassner 2004, 120 f; Marchesi 2010, 238; Kaula 2016, 45), nämlich, dass Etana das

Das nicht genannte direkte Objekt des zweiten Relativsatzes ist vermutlich das Königtum (nam-lugal). Was jedoch bedeutet es, dass Etana das Königtum „in allen Ländern dauerhaft gemacht hat"? Ein Indiz hierfür liefert der auf Etana folgende Eintrag in der ‚Sumerischen Königsliste'. Dieser nennt den König Balīḫ, der als „Sohn des Etana" (dumu e-ta-na-ke₄) qualifiziert wird. Hierbei handelt es sich um die erste Filiation in der ‚Sumerischen Königsliste', die auf einen zuvor genannten König verweist. Zudem nennt die genealogische Formel „Sohn des PN" (dumu PN) nach Balīḫ stets einen unmittelbar davor angeführten König als Vater. Aus diesem Grund markiert der Eintrag von Etana eine Zäsur, da nach diesem erstmalig und in der Folge konstant dynastische Beziehungen hergestellt werden. Während das Königtum in der ‚Sumerischen Königsliste' bereits vor Etana existiert hat, erlangt es mit ihm eine neue Qualität, nämlich als Konzept der dynastischen Weitergabe von Herrschaft.

Unter Rückgriff auf die epische Tradition (siehe 3.1) kann nun manches im mythischen Erzählstoff ergänzt werden. So berichtet das Epos davon, dass der Himmelflug dazu dient, das „Kraut des Gebärens" zu erlangen. Dies ermöglicht es seiner Frau, ihm einen Sohn und Nachfolger zu gebären. Hieraus werden zwei Dinge ersichtlich. Erstens, Etanas Adlerflug ist ein Erfolg[37]. Dass die ‚Sumerische Königsliste' seinen Nachfolger explizit als seinen Sohn beschreibt, lässt sich so deuten, dass er im Himmel des „Kraut des Gebärens" erlangt hat. Dieses Heilmittel ermöglichte es dann in einem nächsten Schritt, dass seine Frau ihm einen Sohn gebären konnte. Auf diese Weise hat Etana nicht nur einen Nachfolger gefunden, sondern auch das dynastische Prinzip als legitime Nachfolgeregelung etabliert.

Auf Grundlage dieser Ergebnisse und unter Berücksichtigung von 3.1 lässt sich der Mythos von Etanas Himmelsfahrt näherungsweise rekonstruieren[38]. Er

---

Land dauerhaft gemacht habe. Dabei ignorieren sie jedoch die -a-Endung an kur-kur. Dieser Umstand liegt vermutlich daran, dass zumeist Bezug auf das am besten erhaltene Manuskript WB genommen wird, welches jedoch nicht nur an dieser Stelle von den anderen Textzeugen abweicht und häufig fehlerhaft ist (vgl. Gabriel 2018b, 100-105; *id.* 2020, 310–313).

Die -a-Endung der als primär anzunehmenden Schreibung kur-kur-ra verstehe ich als Lokativ („in allen Ländern") (*ibid.*, 490 f). Selbst im Falle eines elliptischen Genitivs („dasjenige aller Länder") bleibt als Semantik, dass Etana etwas dauerhaft gemacht hat, das im Bezug zu „den Ländern" (=Babylonien) steht (*ibid.*). Es bleibt zudem, dass „alle Länder" sowohl im Falle des Lokativs als auch im Falle des Genitivs nicht direktes Objekt des Satzes sind.

37 So bereits bspw. Jacobsen 1939, 81; Kinnier Wilson 1985, 12-15; Bernbeck 1996, 175; A. Zgoll 2003, 9.

38 Dass man die durch die epische Tradition überlieferte Stoffvariante mit der der ‚Sumerischen Königsliste' zusammenfügen darf, ergibt sich u.a. aus der Kürze der mytho-historischen Chronik. Eine solche textliche Verdichtung ist nur möglich, wenn der hier behandelte my-

besteht demnach aus einer Abfolge von punktuellen Hylemen (P), die eine einmalige Handlung wiedergeben, und durativ-resultativen Hylemen (DR), die das dauerhafte Ergebnis der Handlungen markieren. Hieraus ergibt sich folgender Ablauf:
- P 1   Etana [reitet auf einem Adler] in den Himmel.
- P 2   [Innana/Ištar gibt Etana das „Kraut des Gebärens" im Himmel.]
- P 3   [Innana/Ištar erlaubt Etana, das „Kraut des Gebärens" auf die Erde mitzunehmen.]
- P 4   [Etana bringt das „Kraut des Gebärens" (auf einem Adler fliegend?) vom Himmel herab.]
- P 5   [Etana gibt das „Kraut des Gebärens" seiner Frau.]
- DR 1   [Etanas Frau ist furchtbar.]
- P 6   [Etanas Frau gebiert Etana den Sohn Balīḫ.]
- DR 2   Etana hat die dynastische Herrschaftsnachfolge in Babylonien dauerhaft etabliert.
- P 7   Etana stirbt.
- P 8   Balīḫ folgt seinem Vater, Etana, auf den Thron.

An dieser näherungsweisen Rekonstruktion zeigen sich zwei Zielpunkte bzw. Zielhyleme in dem Stoff: die Fruchtbarkeit von Etanas Frau und die Etablierung des dynastischen Prinzips. Beide gemeinsam gewährleisten die Kontinuität des Königtums über die Sterblichkeit der Herrscher hinaus.

3.3 Der doppelte Transfer und stoffliche Schichtungen

Dass in den uns bekannten Fassungen des *Etana-Epos* und in der ‚*Sumerischen Königsliste*' nach der Interpretation in Abschnitten 3.1 und 3.2 zwei Transfers vom Himmel auf die Erde stattfinden, fällt auf. Zuerst wird das Königtum auf die Erde gebracht (siehe auch 4.2), dann muss Etana noch einmal in den Himmel fliegen, um das „Kraut des Gebärens" zu erlangen. Erst hierdurch wird die dynastische Weitergabe der Herrschaft möglich.

---

thische Erzählstoff bekannt war. Ein Träger dieser stofflichen Informationen war sicherlich das umfassend berichtende Epos. Auch wenn sich die ‚*Sumerischen Königsliste*' nicht textlich auf das Epos beziehen mag, so liegt es jedoch nahe, dass auf die entsprechende stoffliche Ausprägung rekurriert wurde. Dies passt schließlich auch zu der Beobachtung, dass auch weitere mythische Erzählstoffe, die in der ‚*Sumerischen Königsliste*' angerissen werden, episch überliefert sind. Dies betrifft Enmedurana (=Enmeduranki), Enmerkara, Sargon und ggf. auch Gilgameš (vgl. Gabriel 2020, 485-514).

Mit Blick auf die Deutung dieses doppelten Transfers gilt es, ein Spezifikum mythischer Stoffe besonders in den Blick zu nehmen. So handelt es sich bei ihnen um „weltanschauliche Kampfplätze" (C. Zgoll 2019, 440), auf denen Weltkonstruktionen und -deutungen verhandelt, modifiziert und teils zusammengefügt werden. Dadurch kommt es bei Mythen zur Stratifikation von Stoffen, d. h. Schichtungsprozessen von Handlungsstrukturen[39]. Um diese Strata zu identifizieren, gilt es, in den durch die Texte gegebenen Stoffen „nach bestimmten *gedanklichen Mustern*, die auf *geistige Auseinandersetzungen* hindeuten" (*ibid.*, 443; Hervorhebungen im Original) zu suchen. Bei den Indizien für solche Schichtungsprozesse muss es sich nicht wie bei Textstrata um Inkonsistenzen handeln. Sie können auch Machttransfers oder auch mehrfacettierte Subjekte und Objekte umfassen (*ibid.*, 443-447).

Angesichts der Beobachtung des doppelten himmlischen Transfers in der Etana-Tradition ist dieses Verständnis von Mythen als geschichteten Erzählstoffen produktiv. So kamen hier vermutlich zwei stoffliche Traditionen zusammen, wonach das Königtum zum einen durch den Transfer der Insignien auf die Erde gelangt (siehe auch Abschnitte 4 und 5). Hier transportieren die Götter möglicherweise selbst. Nach der anderen Tradition muss der König selbst in den Himmel aufsteigen. Hier erlangt er die göttliche Gabe, die es ihm ermöglicht, das Königtum weiterzugeben und damit dessen Kontinuität über seinen Tod hinaus sicherzustellen.

Indem die zwei unterschiedlichen mythischen Stoffe zusammenkommen, werden beide Transfers in einem gemeinsamen Erzählstoff zusammengeführt. Dies drückt zunächst aus, dass beide Varianten vom himmlischen Ursprung des Königtums für diese mythische Tradition so wichtig waren, dass sie miteinander kombiniert wurden. In dieser Zusammenführung kann es dann in einem zweiten Schritt zu Gewichtungen kommen. So werden zuerst die Herrschaftsabzeichen verliehen, was diese verhältnismäßig aufwertet. Andererseits wird im Etana-Stoff deutlich, dass dieser erste Transfer nicht ausreicht. Etana muss das „Kraut des Gebärens" aus dem Himmel holen, damit die Königsherrschaft über seinen Tod hinaus erhalten bleibt. Hier deutet sich schließlich an, dass den Erzählstoffen teils unterschiedliche Herrschaftskonzepte zugrunde liegen, die zusammenfassend in Abschnitt 7 in den Blick genommen werden.

---

39 Dass mesopotamische mythische Erzählungen Kompositwerke sind, die aus unterschiedlichen Stoffen zusammengesetzt sind, ist innerhalb der Altorientalistik bereits vielfach diskutiert worden (bspw. Jacobsen 1987, 181; Katz 2007; Rodin 2014, 34).

4 Die ‚*Sumerische Königsliste*' (Grundversion)

Bei der ‚*Sumerischen Königsliste*'[40] handelt es sich um einen der wichtigsten mytho-historiographischen Texte des Zweistromlandes. Seine Ursprünge liegen in der Mitte des dritten Jahrtausends v. Chr. (vgl. 4.1.2) und seine Tradierung lässt sich noch bis weit in das erste Jahrtausend v. Chr. nachverfolgen (vgl. 5.7). Hieraus resultiert eine zeitliche Spanne von etwa 2000 Jahren, was die Bedeutsamkeit dieses Textes unterstreicht. Zudem berichtet er direkt an seinem Anfang, wie das Königtum in die erste Königsstadt gebracht wird, womit die politische Geschichte Babyloniens beginnt. Ausgangspunkt dieses Transports ist der Himmel, weshalb die ‚*Sumerische Königsliste*' einen Kronzeugen für die vorliegende Untersuchung darstellt.

Im Folgenden wird die Quelle näher vorgestellt (4.1), woran sich eine detaillierte Diskussion des Beginns des zugrundeliegenden Erzählstoffs anschließt (4.2). Hierbei wird der stoffliche Gehalt der sehr knappen textlichen Ausführung unter Zuhilfenahme zahlreicher weiterer, zeitgenössischer Quellen rekonstruiert. Schließlich wird beleuchtet, welche Rolle der Stoffbeginn für den Gesamtstoff der ‚*Sumerischen Königsliste*' spielt und welche Implikationen dies für das Herrschaftsverständnis hat (4.3).

4.1 Heranführung

Zunächst wird ein kurzer Überblick über die Überlieferungslage gegeben (4.1.1), wonach kurz der vermutliche zeitliche Ursprung des Werkes angerissen wird

---

40 Der konventionelle Titel ‚*Sumerische Königsliste*' ist aus einer Vielzahl von Gründen unpräzise. Erstens handelt es sich nicht um eine Liste, sondern um eine sehr knapp formulierte Erzählung, die sich auf der Grenze zwischen Literatur und Liste bewegt (vgl. bspw. Marchesi 2010, 231). Zweitens fokussiert die Quelle nicht Könige, sondern Städte (siehe 4.1.3. und Kaula 2016, 13). Drittens geht es weder allein um sumerische Herrscher, noch ist der Text ausschließlich sumerisch formuliert; manche Manuskripte umfassen auch akkadische Passagen (bspw. Steinkeller 2003, 272 f: iv 26' f.iv 29'.v 20' f). Da sich jedoch der Titel der ‚*Sumerischen Königsliste*' in der Altorientalistik und weit darüber hinaus etabliert hat, werde ich ihn in dieser Studie weiterverwenden. (Alternative Vorschläge wie „Geschichte des einen Königtums" (Krecher 1978, 135.138), „Chronique de la monarchie une" (Glassner 1993b; id. 2005; id. 2011) bzw. „Chronicle of the single monarchy" (id. 2004) haben sich bislang nicht durchsetzen können.) Um den oben skizzierten Vorbehalten dennoch Ausdruck zu verleihen, setze ich den Namen in einfache Anführungsstriche (‚*Sumerische Königsliste*') (siehe auch Gabriel 2020, 14-18).

(4.1.2). Schließlich gilt der Blick einer zusammenfassenden Darstellung des zugrundeliegenden Herrschafts- und Geschichtsverständnisses (4.1.3).

4.1.1 Manuskripte und Versionen

Die ‚Sumerische Königsliste' ist durch 26 Manuskripte überliefert (Gabriel 2018b, 85-87 Tab. 1; *id.* 2020, 24-26 Tab. 2.1)[41], die aus einem Zeitraum von ca. 2100 bis ca. 1500 v. Chr. stammen. Seit der *editio princeps* (Jacobsen 1939) hatte sich die Anzahl der bekannten Niederschriften des Werkes in etwa verdoppelt, weshalb ich es philologisch neu aufbereitet und die Textgeschichte nachgezeichnet habe (Gabriel 2020). Da dieses Kapitel an diese neueste Bearbeitung anknüpfen kann, steht es auf einer aktuellen philologischen Basis, die eine fundierte Untersuchung des mythischen Stoffs vom Transport des Königtums auf die Erde ermöglicht.

Ein Vergleich der durch die Manuskripte transportierten Textfassungen zeigt, dass kein Manuskript mit einem anderen identisch ist. Dies hat zur Konsequenz, dass es unmöglich ist, eine klassische Textpartitur oder einen Komposittext zu erstellen. Daher gehört die ‚Sumerische Königsliste' zu den Schriftquellen, für die das von John Bryant herausgearbeitete Konzept des fluiden Textes (vgl. bspw. 2002) ein gutes Beschreibungsinstrumentarium darstellt (siehe auch Van De Mieroop 2016, 25 f). Demnach liegt die Komposition in verschiedenen Fassungen vor, die jeweils von ihren spezifischen Kontexten bestimmt sind und daher idealiter einzeln betrachtet werden sollten.

Die Fluidität des Werkes offenbart, dass die Komposition jahrhundertelang Gegenstand einer lebendigen Auseinandersetzung in Südmesopotamien war. In dem fortlaufenden Diskurs wurden die Erkenntnisse kontinuierlich aktualisiert, was wiederum in Gestalt ständiger redaktioneller Überarbeitungen der ‚Sumerischen Königsliste' auf die Quelle zurückwirkte. Insofern erlaubt uns jedes einzelne Manuskript eine Art Standbild des fluiden Textes, durch dessen Analyse auch eine Momentaufnahme des zugrundeliegenden Diskurses erkennbar sein kann (siehe 4.3 und 7.).

Zur Vereinfachung sollen die Manuskripte im Folgenden in zwei Gruppen aufgeteilt werden, die sich mit Blick auf den transportierten Stoff und dessen Anfang maßgeblich unterscheiden. Zum einen gibt es die ältere *Grundversion*,

---

[41] Diese Aufstellung ist die aktuell vollständigste. Zu ergänzen wäre nur noch ein kleines Fragment, das kurz im illegalen Kunsthandel auftauchte (Peterson 2016).

die mit dem Transport des Königtums in die Stadt Kiš beginnt[42]. Am Anfang des zweiten Jahrtausends v. Chr. entwickelt sich zum anderen die erweiterte *Sintflut-Version*, in der eine vorsintflutliche Zeit an den Textanfang gestellt ist, die mit der mythischen Flutkatastrophe endet (bspw. Jacobsen 1939, 55-68; Davila 1995, 201; Gabriel 2018b, 87 f). In dieser Gruppe wird das Königtum zweimalig heruntergebracht, zuerst nach Eridu und nach der Flut nach Kiš.

Die Ausführungen in diesem Abschnitt des Beitrags fokussieren die *Grundversion*. Eine Analyse der späteren *Sintflut-Version* findet sich in 5.3.

4.1.2 Datierung des Werkes

Während die Datierung der Manuskripte verhältnismäßig eindeutig ist, kann der Ursprung des Textes nur über Indizien rekonstruiert werden. Auf Basis der neusten Bearbeitung konnte dabei der Ursprung in der Stadt Kiš in der Zeit vor ca. 2400 v. Chr. verortet werden (Gabriel 2020, 535-537; vgl. auch Wilcke 2001, 115). Eine erste wichtige Redaktion fand während der Regierung der Könige von Akkade (ab ca. 24. Jh. v. Chr.) statt[43]. Zu dieser Zeit lässt sich erstmalig die Auffassung einer panbabylonischen Herrschaft greifen, die die unterschiedlichen Ansätze in Nord- und Südbabylonien vereint (siehe 2.3).

4.1.3 Stratifizierte Geschichtskonstruktion

Die ‚*Sumerische Königsliste*' formuliert anders als epische Überlieferungen sehr knapp. Durch diese Verknappung schafft sie es, ein umfangreiches Stoffkonglomerat – nämlich die gesamte babylonische Mytho-Historie seit ihrem urzeitlichen Anfang bis in die antike Gegenwart – wiederzugeben. M. a. W. handelt es sich bei ihr um eine narrativ kondensierte Stoffzusammenstellung, die zeitlich die gesamte politische Geschichte Babyloniens aus der emischen Sicht der Au-

---

[42] Hallo (1963) hat diese auch als „*Nippur recension*" bezeichnet, doch gibt es auch ein Manuskript aus dieser Stadt, das eine Fassung der *Sintflut-Version* umfasst, und es sind Textzeugen aus anderen Orten (bspw. Isin, vgl. Wilcke 1987) erhalten, die ebenfalls eine Ausführung der *Grundversion* wiedergeben. Dies gilt auch und insbesondere für das einzige Manuskript aus dem 3. Jt. v. Chr. (vgl. Steinkeller 2003).

[43] Zumeist wird die *Urfassung* der ‚*Sumerischen Königsliste*' in diese Zeit datiert. Bspw. Wilcke 2002, 67; Steinkeller 2003, 282 f; Glassner 2004, 95-99; *id*. 2005, 139-141; Sallaberger 2004, 17 f; Marchesi 2010, 234; Sallaberger/Schrakamp 2015, 13 f. Bei den herausgearbeiteten Merkmalen handelt es sich jedoch um ein erstes redaktionelles Stratum (Gabriel 2020, 536-539).

toren beschreibt. Damit inkorporiert sie ab dem späten 21. Jh. v. Chr. auch Teile der allgemein tradierten mytho-historischen Narrationen, auf die durch Schlüsselbegriffe oder Schlüsselhandlungen verwiesen wird (vgl. auch Gabriel 2020, Kap. 6).

Hinter den knappen Formulierungen verbergen sich häufig komplexe Handlungsfolgen, so dass es sich bei vielen Aussagen der ‚Sumerischen Königsliste' genau genommen um *Hyperhyleme* handelt, d.h. um Zusammenfassungen von Hylemketten (vgl. C. Zgoll *Grundlagen* und *id*. 2019, 186). Dies wird beispielsweise daran deutlich, dass es von einem Herrscher stets schlicht heißt, dass er so und so viele Jahre herrschte. Dies ist in der Regel alles, was wir zu dieser Person erfahren. In diesem „herrschen" stecken natürlich auch alle seine Taten, die jedoch üblicherweise nicht gesondert in der ‚Sumerischen Königsliste' wiedergegeben werden, aber teils dennoch Gegenstand des kulturellen Gedächtnisses waren. Dies gilt insbesondere für die Könige der jüngeren Vergangenheit wie den Herrschern von Ur („3. Dynastie") oder Isin.

Ausnahme von dieser Regel sind einzelne herausragende Könige, deren Taten auf den Manuskripten aus dem zweiten Jahrtausend v. Chr. beschrieben werden. Beispiele hierfür sind Etana von Kiš, Enmerkara von Uruk und die einzige Herrscherin in der ‚Sumerischen Königsliste', Ku-Babu von Kiš (vgl. Glassner 2004, 66.120-123; Marchesi 2010, 242 f; Gabriel 2020, 485-514). Die sehr knappen Ausführungen zu den einzelnen Herrscherpersönlichkeiten stellen ebenfalls textliche Komprimierungen dar, in denen ganze Erzählstoffe enthalten sein können (siehe insb. 3.2).

Das Werk beginnt damit, dass das Königtum vom Himmel in eine erste Stadt herabgebracht wird. Dieses urbane Zentrum wird dadurch zur Hauptstadt des Landes. Ab der Redaktion in der altakkadischen Zeit (ca. 23. Jh. v. Chr.) handelt es sich bei dem Territorium um die Gesamtheit von Babylonien (Gabriel 2020, 604). Hierin offenbart sich die einigende Kraft des Königtums und das territoriale Denken, das den historischen Herrschern von Akkade zu eigen war (vgl. Cooper 1993, 15).

Die Herrschaft der ersten Hauptstadt endet in der ‚Sumerischen Königsliste' jeweils mit ihrem (militärischen) Untergang, woraufhin das Königtum in eine neue Stadt gebracht wird. Dort entfaltet es wieder seine einigende Kraft. Diese Geschichte wiederholt sich immer wieder bis in die Gegenwart oder nahe Vergangenheit der Redaktoren der jeweiligen Fassung des Werkes.

Die Herrscher jeder Hauptstadt sind die Könige des gesamten Landes. Sie werden unter jeder Stadt angeführt mit der Angabe ihrer Regierungszeit. Dass sie Könige sind, leitet sich somit primär aus ihrer Zugehörigkeit zu einem urbanen Zentrum ab. Filiationen finden sich im Text hingegen selten[44], so dass der dynastische Gedanke sekundär ist[45].

Die Taten der Könige haben keinen Einfluss auf den Geschichtsverlauf, sprich, welche Stadt gerade Hauptstadt Babyloniens ist[46]. Dies liegt alleine in den Händen der Götter. Dieser letzte Punkt bedarf der Erläuterung, da die *„Sumerische Königsliste'* insgesamt keine einzige Gottheit nennt. Hier gilt es jedoch, mit dem Schluss vorsichtig sein, dass Götter in dem Geschichtsverlauf keine Rolle spielen (so bspw. Cooper 1983, 29 und Marchesi 2010, 234). Dabei gibt die neue Methodik der Stoffrekonstruktion auf Basis von Hylemanalysen neue Möglichkeiten der Präzisierung: Zwischen der textlichen und der stofflichen Ebene lässt sich nun unterscheiden. Wenn auf der Textebene extrem verkürzend formuliert wird, kann dies auch bedeuten, dass eine knappe Darstellung ausreicht, um die entsprechende stoffliche Information zu vermitteln. Je bekannter ein Erzählstoff ist, desto knapper kann man auf ihn verweisen. Insofern wird im Folgenden untersucht, ob die sprachliche Knappheit einer stofflichen Knappheit entspricht.

Eine erste Antwort liefert ein Blick in ausführlicher formulierende Werke wie bspw. die *Städteklagen*, das Epos *Fluch über Akkade* oder die *Sargon-Legende*. Hier wird sofort deutlich, dass die Götter die entscheidenden Akteure hinter dem Geschichtsverlauf sind (bspw. Steiner 1992, 263 und vorliegender Beitrag 4.2.1). Die enge textliche, stoffliche und diskursive Verzahnung dieser Quellen mit der *„Sumerischen Königsliste'* (bspw. Michalowski 2014 und vorliegender Beitrag 4.2.1) unterstreicht, dass ihnen dieselben oder zumindest sehr ähnliche Konzepte zugrunde liegen.

Auf Basis dieser Überlegungen lassen sich zwei Geschichtsebenen der *„Sumerischen Königsliste'* unterscheiden: die Ebene der Götter und die Ebene der Könige (vgl. auch Gabriel 2018b, 73).

---

44 Siehe hierzu insbesondere 3.2.
45 Siehe bspw. auch Buccellati 1964; Glassner 1993b, 69-87; Cancik-Kirschbaum 2007, 178. Dies bedeutet jedoch nicht, dass die Aufzählung der Könige nicht eine wichtige Funktion erfüllt, nämlich die Herrscher der Gegenwart in einer linearen Konstruktion mit dem Anfang zu verbinden (Wilcke 1989a, 568). Handlungstechnisch und mit Blick auf die Geschichtskonstruktion bleibt jedoch die Städteebene die entscheidende (Gabriel 2020, 625 f).
46 Jacob Klein diskutiert die Anekdote auf dem Manuskript BT 14 + P₃ zu den Herrschern Dumuzi von Kuara und Enmeparagesi von Kiš, wonach einer den anderen gefangen setzt (1991, 125-127; 2008, 78). Dies würde möglicherweise darin münden, dass Uruk ab diesem Zeitpunkt Vasall von Kiš geworden sei, wovon sich Gilgameš wiederum befreit habe (*ibid.*, 79). Siehe auch die Diskussion der Königshymne *Šulgi O* in 4.2.1.

Die Handlungen der Götter bestimmen, in welcher Stadt sich das Königtum befindet. Hieraus resultiert, dass der Sitz des Königtums zur Hauptstadt des Landes wird und somit ganz Babylonien regiert. Dies hat wiederum zur Folge, dass der Stadtherrscher zum König aufsteigt. Die zwei Ebenen unterscheiden sich in dem Zeithorizont, wobei der menschliche deutlich kürzer ist. Zugleich bestimmt immer die göttliche Ebene, was auf der menschlichen geschieht bzw. überhaupt geschehen kann. Hieraus folgt schließlich, dass nach emischer babylonischer Auffassung allein die Götter die wahren Akteure der Geschichte sind.

4.2 Der Stoffbeginn

Aufgrund der chronologisch linearen Struktur des Werkes befindet sich der Stoffbeginn, anders als bei vielen mesopotamischen Texten (vgl. A. Zgoll 2020, 104 f), auch am Anfang des Textes. Während der Text auf der Königsebene stets die Akteure nennt, schweigt er im Falle der Götterebene (siehe 4.1.3, vgl. auch Marchesi 2010, 234). Dieser Umstand gilt auch und insbesondere für den Stoffanfang, an dem kein Subjekt Erwähnung findet.

Für die hier untersuchte *Grundversion* der ‚Sumerischen Königsliste' liegt der Textbeginn durch drei Textvertreter[47] vor, die aus dem späten dritten und dem frühen zweiten Jahrtausend v. Chr. stammen:[48]

nam-lugal an-ta e_{11}.d-da-ba	Nachdem das Königtum vom Himmel
kiši^{ki} ⌜lugal⌝-am$_3$[49]	herabgebracht worden war, war die Stadt Kiš König.

Diese knappe textliche Ausführung erscheint zunächst wenig informativ. Die neue Methode der Hylemanalyse erlaubt es jedoch, die Elemente des zugrundeliegenden Erzählstoffs (Hyleme) extrahieren. Auf diese Weise kann der Mythos vom himmlischen Ursprung des Königtums schrittweise rekonstruiert werden und damit die Begrenzung der textlichen Wiedergabe zumindest teilweise überwunden werden.

In einem ersten Schritt lassen sich zwei Hyleme identifizieren. Das erste ist punktuell (P), beschreibt also ein einmaliges Ereignis. Das zweite Hylem ist

---

47 USKL (i 1-2, Steinkeller 2003), L$_2$+ (i 1-3, Peterson 2011, 105 f), P$_3$+BT 14 (i 1-3, Klein 2008); siehe auch Anhang 1. Die hier verwendeten Kürzel entsprechen den in der Forschung bislang kursierenden. Neue Siglen werden in Gabriel 2020 eingeführt.
48 Siehe auch Gabriel 2020, 320.322 f.
49 P$_3$+BT 14: -la.

durativ-resultativ (DR), da es ein dauerhaftes Ergebnis der vorangehenden Handlung(en) beschreibt. Die unflektierte Verbform (e$_{11}$.d-da-ba) erschwert die Rekonstruktion des punktuellen Hylems, da sie offenlässt, ob es sich um einen passivischen oder intransitiven Sachverhalt handelt. Grammatikalisch gibt es demnach die Möglichkeit, dass sich das Königtum selbst bewegt oder dass es bewegt wird. Wie die obige Übersetzung bereits andeutet, gibt es gute Gründe für die passivische Lesart. So gehört das Königtum nach den mesopotamischen Quellen zu den numinosen ‚Objekten', die im Sumerischen me genannt werden (bspw. Selz 2004, 162.167; Galter 2005, 276). Diese ‚Objekte' sind nicht selbstbewegend, sondern werden bewegt (vgl. bspw. A. Zgoll 2020, 125 f).

Wenn man nun auf Basis dieser Beobachtungen einer passivischen Lesart folgt, gilt es mit Blick auf die Stoffrekonstruktion einen weiteren wichtigen Aspekt zu beachten. So passiert in mythischen Erzählungen i.d.R. etwas nicht einfach so; es gibt zumeist ein (göttliches) Agens (vgl. bspw. C. Zgoll 2019, 171 Anm. 18 und 200 mit Anm. 64)[50]. Insofern wird im Rahmen der Hylemanalyse die passivische Formulierung in einen Aktiv umgewandelt und die undefinierte Leerstelle des Agens als solche durch NN markiert.

Auf Basis dieser ersten Überlegungen lässt sich der stoffliche Gehalt des Textanfangs der ‚Sumerischen Königsliste' folgendermaßen rekonstruieren:
- P   NN bringt/bringen das Königtum vom Himmel herab.
- DR Die Stadt Kiš ist König.

Da das Ergebnis des Transports ist, dass die Stadt Kiš zum König geworden ist, kann zudem der Zielpunkt der Bewegung in P1 rekonstruiert werden. Die begründete Ergänzung findet sich in eckigen Klammern:
- P   NN bringt/bringen das Königtum vom Himmel herab [nach Kiš].

Ausgehend von dieser ersten Rekonstruktion werden beide Hyleme im Folgenden unter Hinzuziehung zusätzlicher Textquellen einzeln weiter untersucht. So können sie präzise ergänzt und in ihrer Bedeutungstragweite rekonstruiert werden. Den Anfang macht das punktuelle Hylem (4.2.1), woran sich die Analyse des durativ-resultativen Hylems anschließt (4.2.2). Abschließend werden die Hyleme zusammen betrachtet, wodurch der Erzählstoff in Gänze zutage tritt (4.2.3).

---

[50] Anders Marchesi, der annimmt, dass keine weiteren Akteure dafür verantwortlich sind, dass das Königtum vom Himmel auf die Erde gelangt (2010, 234).

4.2.1 Der Transfer (= das punktuelle Hylem)

Die erste näherungsweise Rekonstruktion des punktuellen Hylems vom himmlischen Transfer des Königtums lautet (siehe oben):
– P NN bringt/bringen das Königtum vom Himmel herab [nach Kiš].

Aufgrund dieser Rekonstruktion stellen sich zwei zentrale Fragen, die nachfolgend behandelt werden:
a) Wie kann die Leerstelle NN gefüllt werden?
b) Was bedeutet es für das Königtum, dass es transferiert werden kann?

Götter als Transferierende

Der Umstand, dass das Agens am Anfang der ‚Sumerischen Königsliste' verschwiegen wird, deutet darauf hin, dass für Leser bzw. Hörer klar gewesen sein muss, von wem an dieser Stelle die Rede ist[51]. Dies ist insofern von Bedeutung, als es nahelegt, dass es sich um in der mesopotamischen Kultur prominente Akteure handelt. Da moderne Interpreten jedoch nicht Teil dieser Kultur sind, sind sie auf weitere Quellen angewiesen, um Vorstellungen zu gewinnen, wer aus antiker Sicht verantwortlich gedacht sein könnte.

Relativ belastbare Kandidaten sind Texte, die textlich von der ‚Sumerischen Königsliste' abhängig sind (vgl. Abschnitt 5). Unter ihnen finden sich zwei Werke, in denen explizite Angaben zu den Akteuren des Transfers gemacht werden. Die *Lagaš Herrscherchronik* nennt den Himmelsgott An und den Götterkönig Ellil (Sollberger 1967, 280.282 f; siehe 5.4). Die *Dynastische Chronik* erwähnt in ihrer sumerischen Fassung die Trias aus Himmelsgott An, Götterkönig Ellil und dem Ritual- und Weisheitsgott Enki/Ea (Finkel 1980, 66 f; siehe 5.7)[52].

In der ‚Sumerischen Königsliste' stellt das Herabbringen des Königtums auf die Erde nur einen von vielen Transporten dar, da jeder politische Wechsel mit dem Transfer des Königtums in eine neue Stadt verbunden ist (siehe 4.1.3). Somit steht der vertikale Transport (Himmel→Stadt) am Anfang einer Kette horizontaler Transporte (Stadt→Stadt). Während der erste himmlische Transfer

---

51 Prinzipiell könnte es auch schlicht nicht relevant gewesen sein. Diese Option kann jedoch für den Transfer des Königtums ausgeschlossen werden, da er für die Kultur zu wichtig war, als dass es egal gewesen wäre, wer für den Transport verantwortlich ist.
52 Die akkadische Fassung der *Dynastischen Chronik* gibt zwei weitere Varianten an. Nach der einen ist es nur einer der drei Götter (An, Ellil und Enki/Ea), der das Königtum herabbringt; nach der anderen kommt das Königtum selbst herab. Zur Deutung dieser Varianten siehe im Detail 5.7.

innerhalb der bislang erhaltenen Schriftdokumente jenseits der o.g. Stellen nirgends weiter ausgeführt ist[53], berichten andere Werke ausführlich vom horizontalen Transport. Aufgrund des gemeinsamen stofflichen Kontextes können diese Quellen helfen, das bislang sehr fragmentarische Bild über den himmlischen Transfer zu ergänzen.

Hierzu gehört das epische Preislied (auf die Göttin Innana), das den modernen Titel *Fluch über Akkade* trägt. Es berichtet vom Aufstieg und Untergang des Reichs von Akkade. Auch wenn sich kein direktes Zitat der ‚*Sumerischen Königsliste*' im Text findet, nimmt das Epos doch verschiedentlich Bezug auf die diesem Werk zugrundeliegende Geschichts- und Herrschaftsauffassung (siehe auch Wilcke 1988, 117). Dies wird bereits zu Anfang deutlich[54]:

1f: saĝ-ki gid$_2$-da ^{d}EN-lil$_2$-la-ke$_4$ / kiši^{ki} gu$_4$.d an-na-gen$_7$ im-ug$_5$-ga-ta	Nachdem Ellils verlängerte Stirn (= wütendes Stirnrunzeln) die Stadt Kiš wie den Himmelsstier getötet hatte,
3: e$_2$ ki unug^{ki}-ga gu$_4$.d maḫ-gen$_7$ saḫar-ra mi-ni-ib-gaz-a-ta	nachdem es (= Ellils Stirnrunzeln) Tempel und Areal von Uruk wie einen gewaltigen Stier im Staub geschlachtet hatte,
4-6: ki babbar-ba[55] śar-ru-GI lugal a-ga-de$_3$^{ki}-ra / sig-ta igi-nim-še$_3$ ^{d}EN-lil$_2$-le / nam-en nam-lugal[56] mu-un-na-an-šum$_2$-ma-ta	nachdem Ellil *Śarru-kēn* (=Sargon), dem König von Akkade, an dessen (=Akkades) strahlendem Ort das Herrschertum (und) das Königtum vom Süden bis in den Norden gegeben hatte, ...

In schneller Abfolge wird hier vom Fall der Königsstädte Kiš und Uruk und der Installation der neuen Hauptstadt Akkade berichtet. In Hylemform stellt sich

---

53 Eine Ausnahme stellt möglicherweise das *Etana-Epos* dar, doch sind hier die entsprechenden Passagen leider nicht erhalten (siehe Abschnitt 3).
54 Umschrift orientiert an der Textpartitur von Cooper 1983, 73-76, Zeichenlesungen nach Mittermayer 2006 und Attinger 2019a; Übersetzung von G. Gabriel.
55 Cooper (1983, 50 f) und das ETCSL lesen hier KI.UD-ba, was sie als „And then" übersetzen. Dagegen halte ich tendenziell eine Lesung babbar für UD an dieser Stelle für wahrscheinlicher, woraus sich die oben gewählte Übersetzung ergibt: „An seinem (=Akkades) strahlendem Ort". Hierfür könnte auch die einzige Variante an dieser Stelle sprechen; auf Manuskript I ist lediglich die Endung -BI (für -bi oder -be$_2$) erhalten, worin sich ein Direktiv verbergen kann.
56 Mss. A, W$_2$ und U$_3$: nam-lugal-la (Cooper 1983, 76). Hierhinter könnte sich eine Kopula verbergen, womit spezifiziert wird, was mit Herrschertum eigentlich gemeint ist: „das Herrschertum, das Königtum ist es, ...".

dieser Textabschnitt als Kombination aus punktuellen (P) und durativ-resultativen (DR) Hylemen dar:
- P 1   Ellil richtet sein wütendes Stirnrunzeln gegen Kiš.
- DR 1   Kiš ist getötet (=vernichtet).
- P 2   Ellil richtet sein wütendes Stirnrunzeln gegen Uruk.
- DR 2   Uruk ist geschlachtet (=vernichtet).
- P 3   Ellil übergibt Herrschertum und Königtum über das ganze Land („Norden" und „Süden") in der Stadt Akkade an Sargon.

An dieser Aufstellung werden die stofflichen Lücken der textlichen Wiedergabe deutlich. So wird vom Untergang von Kiš und Uruk berichtet,[57] ohne dass von ihrer Einsetzung als Königsstädte die Rede ist. Dass sie jedoch Hauptstädte waren, ergibt sich daraus, dass Akkade sie ablöst. Hieran schließen sich zahlreiche Folgefragen hat – wie bspw., ob Kiš und Uruk zeitgleich Königsstädte waren (Kiš im Norden, Uruk im Süden) oder ob sie aufeinanderfolgten[58] –, denen an dieser Stelle nicht weiter nachgegangen werden kann. Deutlich wird jedoch, dass hier der Götterkönig Ellil für den Anfang und das Ende der Vorherrschaft einer Stadt gemacht wird. Es ist sein vernichtendes Stirnrunzeln und seine Gabe des Königtums, welche den Geschichtsverlauf bestimmen. Insofern kann nach Aussage des Preisliedes *Fluch über Akkade* der Gott Ellil als Agens für den horizontalen Transport des Königtums (=von Stadt zu Stadt) rekonstruiert werden.

Andere Texte nennen sowohl Ellil als auch An als Akteure, die Herrschaft geben und nehmen, d. h. als Herren über die Herrschaft. Neben der *Lagaš Herrscherchronik* (siehe oben) umfasst dies:
- die *Sumerische Sargon-Legende* (Z. 8 f., Cooper/Heimpel 1983, 74.76)[59],

---

[57] Damit deutet das Preislied durch seine ersten Zeilen bereits an, dass auch Akkade das Schicksal von Kiš und Uruk ereilen wird. Die Zuweisung des Königtums und die damit verbundene Epoche der Macht und Prosperität ist nur zeitlich begrenzt erteilt. Dem Text zufolge versucht der Protagonist, der altakkadische Herrscher Narām-Sîn, durch die Fälschung eines Omens den unvermeidlichen Niedergang zu verhindern (Gabriel 2017, 48-50), doch dieser Frevel resultiert in der dauerhaften Vernichtung seiner Stadt, der Verfluchung. Damit unterstreicht das epische Preislied *Fluch über Akkade*, dass der historische Wandel göttergegeben ist und sich die Menschen diesem nicht entziehen können. Versuchen sie es doch, werden sie unbarmherzig bestraft.
[58] Die textliche Ausführung erlaubt beide Interpretationen. Berücksichtigt man die Nähe zur ‚*Sumerischen Königsliste*', ist die zweite Variante wahrscheinlicher.
[59] In diesem Text wird der Erzählstoff behandelt, wie Sargon vom Mundschenk des Königs Ur-Zababa von Kiš zum Herrscher des Landes aufsteigt. Dieser Stoff findet sich auch in der ‚*Sumer-*

- die *Klage über die Zerstörung von Sumer und Ur* (Z. 365 f., Michalowski 1989b, 59; Attinger 2019b, 18),
- eine Inschrift des Königs Urnamma von Ur (E3/2.1.1.20, Z. 31-35, Frayne 1997, 47).

Während diese Texte stets von der Zuteilung der Herrschaft zu einer Stadt berichten, ergänzt das Kultlied *Nanna A* dieses Bild, welches dem Stadtgott von Ur (und Staatsgott im 21. Jh. v. Chr.) namens Nanna gewidmet ist[60]:

52 f: an-ne₂ ša₃.g maḫ-a-na[61] nam-lugal ma-ra-an-šum₂ / iri-zu urim₂ᵏˡ ša₃.g-ge bi₂-pa₃.d

(Der Himmelsgott) An hat dir (=Nanna) in seinem erhabenen Herzen das Königtum gegeben. / Deine Stadt, Ur, hat er in seinem Herzen erwählt.

55 f: dumu saĝ ᵈEN-lil₂-la₂ nam-en-na tum₂-ma/ nam-lugal an-na[62] za-ra mu-ra-an-šum₂

Erster Sohn Ellils (= Nanna), ideal geeignet für das Herrschertum / er (=An) hat dir das[63] Königtum des Himmels/Ans[64] gegeben.

Laut dem Kultlied *Nanna A* ist die Auswahl einer Stadt als Hauptstadt gleichbedeutend damit, dass der Stadtgott für die designierte Königsstadt das Königtum erhält. Spannend ist in diesem Kontext insbesondere die Bezeichnung „Königtum des Himmels/Ans" (nam-lugal an-na), worin möglicherweise sowohl der räumliche („Himmel", sumerisch: an) als auch der auktoriale (Himmelsgott An, sumerisch: an) Ursprung des Königtums zum Ausdruck kommt.

Ein alternatives Verständnis des Transfers von Herrschaft scheint, oberflächlich betrachtet, in der Königshymne *Šulgi O* angedeutet zu sein (vgl. Klein

---

ischen Königsliste' im Rahmen der Beschreibung des Königs Sargon (vgl. bspw. Gabriel 2020, 484). Beide Texte rekurrieren auf denselben Stoff.
60 Umschrift nach Sjöberg 1960, 15 mit Ergänzungen nach Wilcke 1976, 46; Übersetzung von G. Gabriel.
61 Ms. B: -ne₂.
62 Ms. B: -an-na-ke₄.
63 Var.: „dieses". Ms. B (siehe Anm. 62) schreibt möglicherweise ein deiktisches Pronomen am Ende der Nominalphrase.
64 Die Genitivverbindung zwischen „Königtum" (nam-lugal) und „Himmel"/An (an) wird durch die Variante von Ms. B (siehe Anm. 62) deutlich. Ansonsten könnte die Endung -a auch für einen Lokativ stehen.

1976, 278 f; Wilcke 1988, 118; *id.* 1989a, 562; Michalowski 2003, 202). Die leider nur fragmentarisch erhaltene Zeile 60 könnte nach der Rekonstruktion von Jacob Klein berichten, wie Gilgameš nach dem Sieg über Enmeparagesi das Königtum nach Kiš bringt (Klein 1976, 278 f). Auch wenn größere Eingriffe an den durch beide Manuskripte erhaltenen Zeichenbeständen vorgenommen werden müssen (*ibid.*, 288), deutet zumindest die nachfolgende Zeile darauf hin, dass Gilgameš als der Handelnde vorgestellt wurde. In der legendarischen Erzählung über den Sieg Utu-ḫeĝals über die Gutäer findet sich zudem die Idee, dass Menschen (Gutäer, Utu-ḫeĝal) das Königtum bewegen können (Römer 1985, 276 f.282; Frayne 1993, 283-293). Jedoch wird hier Ellil als der Veranlasser und die treibende Kraft hinter den Geschehnissen auf Menschenebene genannt.

Dieser Hinweis ist an dieser Stelle entscheidend, da man stets zwischen der göttlichen und der menschlichen Betrachtungsebene unterscheiden muss. Ein Mensch, der das Königtum bewegt, kann dies nur auf göttliche Veranlassung hin. Nach emischer Sicht ist dabei stets der *auctor* die entscheidende Instanz[65]. Insofern widersprechen die Berichte von menschlichen (=ausführenden) Akteuren den Darstellungen von göttlichen Agenten nicht; im Gegenteil, sie stellen nur unterschiedliche Aspekte desselben Geschehens dar.

Diese gesammelten Befunde geben wertvolle Hinweise darauf, wie die Leerstelle am Anfang der ‚*Sumerischen Königsliste*' gefüllt werden kann. Angesichts der festgestellten leichten Varianz sind dies zunächst nur Möglichkeiten, die aufgrund der Befundlage jedoch eine hohe Plausibilität aufweisen. So berichten fast alle Quellen von zwei göttlichen Akteuren, dem Himmelsgott An und dem Götterkönig Ellil. Lediglich das Preislied *Fluch über Akkade* nennt allein Ellil[66], das Kultlied *Nanna A* den Himmelsgott. Schließlich findet sich in der *Dynastischen Chronik* die Trias aus diesen beiden Göttern mit dem Ritual- und Weisheitsgott Enki/Ea.

Aufgrund dieser Beobachtungen lassen sich An und Ellil als die wahrscheinlichsten Kandidaten für den himmlischen Transfer des Königtums annehmen. Wie im Verhältnis zwischen Menschen und Göttern (siehe oben) kann sich ihre Rolle dabei auf das Auktoriale beschränkt haben, wobei die Durchfüh-

---

[65] Vgl. bspw. auch Wilcke 2002, 65 f sowie den Beitrag „Wie der erste Tempel..." von A. Zgoll in diesem Band.
[66] Der besondere Fokus auf diesen Gott kann jedoch darin begründet sein, dass die Zerstörung des Ellil-Tempels die Verewigung des Untergangs von Akkade besiegelt (vgl. bspw. Michalowski 2014, 157; Gabriel 2017).

rung durch andere Götter erfolgt sein mag.⁶⁷ Hieraus ergibt sich schließlich die folgende vorsichtige weitergehende Rekonstruktion des punktuellen Hylems über den himmlischen Transfer des Königtums:

– P [An? und Ellil?] bringen das Königtum vom Himmel herab [nach Kiš].

Das Königtum und seine Insignien als numinoses Machtmittel (m e)

Nachdem die Akteure (=Hylemsubjekte) rekonstruiert werden konnten, gilt der abschließende Blick dem Transferierten (=Hylemobjekt), n a m - l u g a l („Königtum"). Hier gibt es zwei mögliche Lesarten. Nach der ersten verhält sich das Königtum selbst wie ein Gegenstand: Es bewegt sich nicht, nimmt nur einen begrenzten Raum ein und kann von A nach B transportiert werden (vgl. Farber-Flügge 1973, 130-153; Selz 2004, 162). Gemäß der zweiten Interpretationsvariante ist das Königtum selbst nicht objekthaft, sondern ist in seinen Herrschaftsabzeichen (wie Thron, Zepter, Krone) „inkorporiert" (Selz 2004, 162; siehe auch *id.* 2008, 18 f). Dementsprechend werden diese Objekte bewegt und als Folge dadurch auch das Königtum. Insofern lassen sich diese beiden Deutungsoptionen auf die Formel bringen: Entweder wird das Königtum unmittelbar selbst bewegt oder mittelbar durch besonders verbundene Objekte. Diesen Möglichkeiten gilt es im Folgenden nachzuspüren.

Da das Königtum nach den altorientalischen Vorstellungen des späten dritten und frühen zweiten Jahrtausends v. Chr. zu den dinghaften numinosen Machtmitteln (m e) gehört (bspw. Selz 2004, 162.167; Galter 2005, 276), muss seine spezifische Beschaffenheit im Kontext der allgemeinen Natur der m e analysiert werden.

Die m e gehören zu den am meisten diskutierten Gegenständen in der Forschung zur altorientalischen Konzeptgeschichte⁶⁸, wobei ihre genaue Natur immer noch ungeklärt ist. Insofern verstehen sich die nachfolgenden Ausführungen (auch) als eine vorläufige, fallstudienhafte Annäherung an das mesopotamische Konzept der m e zum Zweck, die Natur des Königtums in der *„Sumerischen Königsliste'* besser zu verstehen.

---

67 Diese Rollenverteilung findet sich bspw. im Mythos INNANA BRINGT DAS HIMMELSHAUS FÜR DIE ERDE (vgl. Beitrag „Wie der erste Tempel..." von A. Zgoll in diesem Band).
68 Bspw. Cavigneaux 1978; Kramer/Maier 1989, 57; Farber 1987-1990; *ead.* 1991; A. Zgoll 1997, 66-75; Berlejung 1998, 20-30; Selz 2003, 245 f; *id.* 2008, 18 f; Emelianov 2009, 3-7; Fink 2015, 181-184. Im Zuge dessen werden die m e teils mit den platonischen Ideen (bspw. Emelianov 2009, 6 f, Fink 2015, 183) und Hermann Useners Konzept der Sondergötter (*ibid.*, 182 f) ge- bzw. verglichen, doch birgt dieser Vergleich die Gefahr, den Blick auf die Spezifika des Konzepts zu verstellen.

Eine wichtige Differenzierung, um die me zu beschreiben, hat Annette Zgoll eingeführt. So unterscheidet sie zwischen dem *machthaltigen Objekt*, der mit dem Objekt verbundenen *Handlung* und dem *Akteur* dieser Handlung (1997, 72). Mit Blick auf das Königtum wären bspw. Zepter, Thron, Krone die machttragenden Gegenstände, die panbabylonische Herrschaftsausübung wäre die mit diesen Objekten verknüpfte Handlung und der König (lugal) wäre das Subjekt.

Die vermutlich prominenteste Quelle für die mit den me verbundenen Vorstellungen ist ein Epos, das den modernen Namen *Innana und Enki* trägt. Es ist wie die ‚Sumerische Königsliste' ebenfalls durch Abschriften aus dem frühen zweiten Jahrtausend v. Chr. überliefert. Es berichtet davon, wie die Göttin Innana eine große Anzahl an me aus der Stadt des Weisheits- und Ritualgottes Enki entführt und in ihre Stadt, Uruk, bringt (vgl. Farber-Flügge 1973)[69]. Ein zentraler Bestandteil des Textes ist eine lange Liste an unterschiedlichen me, die mehrfach wiederholt wird. In dieser Aufzählung finden sich insgesamt 110 Einträge, von denen 30 Abstrakta[70] darstellen. Es finden sich aber auch viele konkrete Objekte und teils sogar Handlungen in der Liste, was zur von Annette Zgoll eingeführten Differenzierung (siehe oben) passt.

Aus diesen Überlegungen folgt auch, dass man zwischen den Nennungen in der Liste und den me unterscheiden kann. Wenn me sich aus dem Zusammenspiel aus Subjekten, Objekten und Handlungen zusammensetzen, können mehrere Einträge möglicherweise ein me darstellen[71]. Demnach würde es sich nicht um eine Liste von 110 me handeln, sondern um eine Auflistung von Subjekten, Objekten und Handlungen, die sich zu einer kleineren Zahl an me bündeln lassen. Dass dies auch und insbesondere für das Königtum gilt, soll im Folgenden gezeigt werden.

Die Aufzählung im Epos *Innana und Enki* beginnt mit drei Einträgen, die Priesterämter nennen: nam-en (en-Priesteramt), nam-lagar (lagar-Priesteramt), nam-diĝir (diĝir-Priesteramt). Darauf folgt eine Liste von Herrschaftsinsignien, woran sich das Hirtenamt" (nam-sipa.d) als Synonym für das Königtum anschließt.

---

[69] Obwohl die me aus Eridu, der Stadt des Weisheits- und Ritualgottes Enki, stammen, sind es doch me, die besonders zur Göttin Innana gehören (Glassner 1992, 55-86). Damit deuten sich hier die „weltanschauliche[n] Kampfplätze" (C. Zgoll 2019, 440) an, auf denen konkurrierende Vorstellungen zur Herkunft der me verhandelt werden. Dabei gilt es zu beachten, dass es hierbei nicht um alle me geht, sondern um diejenigen, die im Textfokus stehen und grundlegend für die urbane Zivilisation sind (A. Zgoll 1997, 73 f).
[70] Zur semantischen Reichweite der Vorsilbe nam-, welche auch eine kollektive Ebene besitzt, siehe Farber 1991, 88 f.
[71] Annette Zgoll in persönlicher Kommunikation; vgl. A. Zgoll, Religion in Mesopotamien (i.V.) mit dem Kapitel „Ein Ritual als me: Absteigen ins Totenreich".

Dann, an zehnter Stelle, findet sich schließlich das „Königtum" (nam-lugal) selbst. Danach geht die Aufzählung der Priesterämter weiter, welche wie auch die ersten Einträge als Abstrakta gebildet sind. Somit stellen die Einträge der Herrschaftsinsignien sowie die des Königtums einen Einschub in die Liste der Priesterämter dar. Als Nahtstelle fungiert dabei der erste dingliche Eintrag (= Nr. 4), die „erhabene, gerechte (= wirkmächtige)[72] aga-Krone" (aga zi.d mah). Dieses Abzeichen, die aga-Krone, wird nicht nur mit dem Königtum, sondern teils auch mit dem en-Priestertum verbunden[73], so dass sie thematisch von den Priesterämtern zum Königtum überleitet. Die nachfolgenden Einträge (Nr. 5–10) lauten (vgl. bspw. Farber-Flügge 1973, 54)[74]:

(5) Thron „Königtum" (^{ĝeš}gu-za nam-lugal)[75]
(6) Erhabenes Zepter (ĝidru mah)
(7) Hirtenstab (sibir) und Leitseil (ešgiri)
(8) Erhabenes Gewand (tug₂ mah)
(9) Hirtenamt (nam-sipa.d)
(10) Königtum (nam-lugal)

Nicht nur in der externen Abgrenzung zu den Priesterämtern stellt diese Liste eine Einheit dar, sondern auch aufgrund interner Kriterien. Als erstes zeigt sich die Nennung des Lexems „Königtum" (nam-lugal) im Eintrag (5) und (10), wodurch eine Klammer um die gesamte Aufzählung geschaffen wird (vgl. dazu oben). Schließlich gehören die Einträge (5) bis (8) – gemeinsam mit der aga-

---

72 Vgl. A. Zgoll 1997, 3 mit Anm. 4.
73 Eine „wirkmächtige aga-Krone" (aga zi.d) findet sich innerhalb der literarischen Texte in der Tat einige Male in Verbindung mit dem Lexem nam-en, wohinter sich sowohl das Herrschaftskonzept des „Herrentums" als auch das Amt des Hohepriesters bzw. der Hohepriesterin verbirgt. Nur in der Hymne auf die Göttin Innana *nin me šara* (=Innana B) liegt ein klarer Bezug zum Priesteramt vor (A. Zgoll 1997, 72).
74 Zur möglichen historischen Tiefe der konkreten Herrschaftsabzeichen, d.i. von (4) bis (8), bis in das 4. Jt. v. Chr. siehe bspw. Vogel 2008, 108 f.
75 Gertrud Farber-Flügge übersetzt die sumerische Phrase als „Thron des Königtums" (bspw. 1973, 55), jedoch wird keine Genitivendung geschrieben (bspw. -la) (Die nach der Edition von Farber-Flügge entdeckten Manuskript(fragment)e umfassen diesen Teil nicht). Dieser Eindruck wird durch eine *Inschrift des Königs Šū-Suen* von Ur untermauert, die ebenfalls ^{ĝeš}gu-za nam-lugal schreibt (RIME 3/2.1.4.3, Frayne 1997, 302, Z. 22). Der Ausdruck findet sich in einer langen Auflistung von Gegenständen, die der König von Ellil erhält. In manchen Fällen werden die Namen der Objekte genannt, wie bei der „Waffe ‚Flut'" (^{ĝeš}tukul a-ma-ru, Z. 25). Dies könnte ein Hinweis darauf sein, dass der Zusatz nam-lugal beim Thron ebenfalls als Name gelesen werden kann – sowohl in der Königsinschrift als auch im Epos *Innana und Enki*.

Krone (4) – zum semantischen Feld der Herrschaftsabzeichen; die beiden Abstrakta (9) und (10) wiederum sind zu den politischen Herrschaftsinstitutionen zu rechnen.

Somit lassen sich die Einträge (4) bis (10) als eine semantische Einheit und dann im zweiten Schritt als eine ontische Einheit verstehen[76]. Sie beschreiben das Konzept politischer Herrschaft durch zwei Untergruppen, nämlich die machthaltigen Symbole ((4) bis (8)) und die Institutionen/Ämter. Zusammengenommen repräsentieren sie schließlich das m e des Königtums in seinen unterschiedlichen begrifflichen und objekthaften Ausprägungen.

Dieser Befund kann nun helfen, die Zgollsche Kategorie der machthaltigen Objekte (siehe oben) weiter zu differenzieren. Demnach unterteilt sich diese Gruppe in *machthaltige Konkreta*[77] (bspw. Thron) und *machthaltige Abstrakta* (bspw. Hirtentum) (siehe Tab. 2). Ihr Unterschied liegt zunächst tatsächlich in der sprachlichen Wiedergabe und nicht in einer unterschiedlichen Beschaffenheit. So werden nämlich alle Einträge in der Liste im Epos *Innana und Enki* von der Göttin transportiert[78]. Damit besitzen sie alle einen dinghaften Charakter mit Blick auf ihre Portabilität[79] und allgemein auf ihre Existenz im Raum. Dies wird insbesondere an den Priesterämtern deutlich, die in der Auflistung im Epos *Innana und Enki* nicht wie das Königtum mit *machthaltigen Konkreta* verbunden

---

[76] Markus Hilgert sieht – anders als die *opinio communis* (bspw. Edzard 2007, 17) – in den mesopotamischen Listen weniger linear konstruierte Sammlungen, die aus distinkten linear arrangierten Untergruppen bestehen, sondern vielmehr mehrdimensionale Arrangements. Deren Beziehungen folgen nicht dem linearen Schriftfluss und können wohlmöglich im Deleuzeschen Sinne sogar rhizomatischer Struktur sein (2009, 299.302-305; siehe auch Van De Mieroop 2016, 223). Entscheidend ist dabei, dass die Listen (zumindest teilweise) auswendig gelernt wurden (Veldhuis 1997, 132), so dass die vielfältigen Beziehungen im Kopf realisiert werden können. So mögen auch die Einträge in der Liste der m e eine solche nichtlineare Ordnung besitzen, doch zumindest für die hier angeführten Objekte zeigt sich *auch* ein lineares Arrangement, das sie miteinander zu einer semantischen und schließlich ontischen Einheit verbindet.
[77] Diese Untergruppe entspricht logisch dem, was Gebhard Selz als „substanzhaftes Korrelat" bezeichnet (2004, 162). Jedoch handelt es sich genau genommen nicht um Korrelate, sondern um Artefakte für die Ausübung einer kulturellen Handlung (bspw. regieren).
[78] Dies wird besonders an II v 1 ff deutlich, da in diesen Zeilen jeder Eintrag durch das Prädikat b a · e · d e$_6$ („du hast ... für dich gebracht") vervollständigt wird (vgl. Farber-Flügge 1973, 54-61). Die Handlung des Bringens bezieht sich damit auf jeden einzelnen Eintrag.
[79] Da sie zur Sphäre der Götter gehören (siehe unten), können sie schließlich auch nur durch Götter an einen anderen Ort gebracht werden (dies gilt auch und insbesondere für die *machthaltigen Konkreta*).

sind.[80] Zudem sind die *machthaltigen Konkreta*, wie ihr Name bereits andeutet, keine Allerweltsgegenstände, sondern numinose und damit machtgeladene, ewige Entitäten, was sie wiederum mit den Abstrakta vergleichbar macht[81].

Tab. 2: Das m e Königtum nach dem Epos *Innana und Enki*[82]

Königtum	
machthaltige Konkreta	machthaltige Abstrakta
Erhabene, gerechte a g a -Krone	Hirtenamt
Thron „Königtum"	**Königtum**
Erhabenes Zepter	
Hirtenstab	
Erhabenes Gewand	

Mit Blick auf den Transport des Königtums lässt sich diese ontische Dualität möglicherweise folgendermaßen aufschlüsseln. Indem man die *machthaltigen Konkreta* bewegt, wird mittelbar auch das durch sie realisierbare *machthaltige Abstraktum* („Königtum") bewegt. Wenn daher auf der Ebene der textlichen Konkretion nur ein oder mehrere *machthaltige Konkreta* genannt werden, so kann dies das gesamte m e [83] implizieren. Umgekehrt kann die Nennung des *machthaltigen Abstraktums* zur Folge haben, dass auch die *machthaltigen Konkreta*, die Abzeichen, miteingeschlossen sind.

Diese Überlegungen sind schließlich entscheidend für die Deutung des transferierten Hylemobjekts am Anfang der ‚*Sumerischen Königsliste*'. Zum einen handelt es sich bei dem „Königtum" (n a m - l u g a l) um ein numinoses Machtmittel (m e). Zum anderen wird zwar nur das Abstraktum genannt, was vermutlich aber auch die machthaltigen Konkreta wie Thron oder Zepter miteinschließt

---

80 Eine Ausnahme stellt möglicherweise das e n -Priesteramt dar, auf welches sich die a g a - Krone auch beziehen kann (siehe Anm. 73).
81 Es stellt sich die Frage, ob die *machthaltigen Konkreta* überhaupt von Menschen sinnlich wahrgenommen werden können (oder nur ihre menschlichen Korrelate). Sollte dies nicht der Fall sein, wären sie auch in dieser Eigenschaft den *machthaltigen Abstrakta* ähnlich.
82 Fettdruck: Eintrag, der auch als Bezeichnung des gesamten m e fungiert
83 Möglicherweise schließt dies dann sogar alle die zu diesem me gehörenden nicht genannten *machthaltigen Konkreta* und *Abstrakta* mit ein. Ein Bewegen der Krone würde dann ein Bewegen des Zepters etc. implizieren.

(siehe auch Abschnitt 5). Der Transfer kann somit vermutlich als dinglicher Transport vorgestellt werden.

Abschließend lässt sich somit das punktuelle Hylem des Stoffanfangs näherungsweise folgendermaßen rekonstruieren:
- P [An? und Ellil?] bringen [das numinose Machtmittel (me)] Königtum [in Gestalt seiner *machthaltigen Konkreta*?] vom Himmel nach Kiš herab.

4.2.2 Das Ergebnis des Transfers (= das durativ-resultative Hylem)

Das Ergebnis göttlichen Transfers vom Himmel herab ist zunächst schlicht: Kiš ist König. Dieses durativ-resultative Hylem und dessen textliche Ausformung sind jedoch insofern ungewöhnlich, als hier eine Stadt als „König" bezeichnet wird. Dies entspricht auch in der mesopotamischen Kultur nicht der üblichen Verwendung des entsprechenden Lexems (l u g a l). Auf Basis der Ergebnisse zur Natur des Königtums (siehe 4.2.1) soll im Folgenden die genauere Bedeutung dieses Transferergebnisses eingegrenzt werden.

Da die Götter das Königtum vermutlich (auch) in Form seiner Abzeichen wie Thron, Krone oder Zepter vom Himmel herabbringen (siehe 4.2.1), handelt es sich dabei wahrscheinlich um einen physischen Transport. Es würden demnach ein oder mehrere Gegenstände von A (Himmel) nach B (Kiš) bewegt. Dies hätte dann zunächst einmal zur Folge, dass sich dieses Objekt/diese Objekte an einem neuen Ort befindet/befinden. Ein Ergebnis des Transfers wäre demnach, dass der Ort der *machthaltigen Konkreta* geändert wurde.

Diese numinosen Herrschaftsinsignien ermöglichen die Ausübung des Königsamtes, befähigen also den Empfänger zur Königsherrschaft. Wenn nun die ‚Sumerische Königsliste' berichtet, dass die Stadt Kiš „König" ist, so drückt dies vermutlich aus, dass ihr die Abzeichen gegeben wurden.

Knüpft man an diese Überlegungen an, so ergibt sich eine stringente Logik: Durch die Gabe der Abzeichen an die Stadt kann die transpersonale Kontinuität des Königtums gewährleistet werden. Da nicht die Person des Herrschers, sondern die Stadt Empfänger der *machthaltigen Konkreta* ist, müssen diese nach dem Ableben des bisherigen menschlichen Königs nicht neu verliehen werden. Die Stadt besitzt sie weiterhin[84]. Auf dieser Basis lässt sich das Hylem „Die Stadt

---

[84] Erst die Ablösung der bisherigen Königsstadt bedarf einer neuen Vergabe des Königtums, welches textlich durch seinen Transfer in eine neue Stadt beschrieben wird (siehe hierzu im Detail 4.3).

Kiš ist König" weiter aufspalten, da der Königsstatus vermutlich aus der physischen Gabe der numinosen Herrschaftsabzeichen resultiert:
- DR 1 Die Stadt Kiš ist [in Besitz der *machthaltigen Konkreta* des numinosen Machtmittels (m e)] König[tum].
- DR 2 Die Stadt Kiš ist König.

An dieser Stelle endet die Konsequenz des himmlischen Transfers jedoch noch nicht. Da nur ein einziges „Königtum" (nam-lugal) vom Himmel herabgebracht wird, gibt es – nach Aussage der *‚Sumerischen Königsliste'*[85] – keine konkurrierenden Herrschaftskonzepte, m. a. W.: es gibt nur dieses eine Königtum. Hieraus resultiert, dass sich dessen Herrschaftsanspruch auf das ganze Land erstreckt. Indem es von dem einzigen Königtum regiert wird, wird schließlich das Land geeint, unter eine einheitliche Herrschaft gestellt. Dies hat schließlich zur Konsequenz, dass eine gemeinsame politische Ordnung und damit Stabilität vorliegt. Dies ist zumindest das Versprechen, das dem Stoff der ‚Sumerischen Königsliste' zugrunde liegt.

Stofflich lassen sich diese Überlegungen in ein drittes Element des durativ-resultativen Hylems übersetzen:
- DR 3 Die Stadt Kiš [einigt das Land unter der Herrschaft des] König[tums].

4.2.3 Zusammenfassung der Hyleme

Durch die Analyse von möglichen Akteuren (Hylemsubjekten) und der näheren Bestimmung des Transferierten (Hylemobjekt) lässt sich das Herabkommen des Königtums am Anfang der *Grundversion* der *‚Sumerischen Königsliste'* stofflich genauer greifen. So konnten mit relativer Sicherheit An und Ellil als Hylemsubjekte identifizieren werden. Zudem ließ sich das „Königtum" (nam-lugal) als *machthaltiges Abstraktum* deuten, das sich auch in *machthaltigen Konkreta*, den Herrschaftsabzeichen wie Thron oder Krone, manifestiert. Schließlich war es auch möglich, das Ergebnis (das durativ-resultative Hylem) weiter auszudifferenzieren, wobei die Tragweite der Aussage „Kiš ist König" weiter bestimmt wurde.

Zusammengefasst ergibt sich so die folgende Abfolge aus einem punktuellen (P) und einem dreiteiligen durativ-resultativen Hylem (DR):
- P   [An? und Ellil?] bringen [das numinose Machtmittel (m e)] Königtum

---

85 Zur Idee konfligierender, von den Göttern verliehenen Herrschaftsformen siehe 5.4.

[in Gestalt seiner *machthaltigen Konkreta*?] vom Himmel nach Kiš herab.
- DR 1 Die Stadt Kiš ist [in Besitz der *machthaltigen Konkreta* des numinosen Machtmittels (m e)] König[tum].
- DR 2 Die Stadt Kiš ist König.
- DR 3 Die Stadt Kiš [einigt das Land unter der Herrschaft des] König[tums].

Dabei muss unklar bleiben, wie man sich den Transport konkret vorstellte. Hierzu gibt es aufgrund der knappen Ausführungen in der *‚Sumerischen Königsliste'* und den beiden anderen Quellen (*Lagaš Herrscherchronik* und *Dynastische Chronik*; siehe auch 5.4 und 5.7) keinerlei Informationen[86].

4.3 Geschichte und Herrschaft im stofflichen Kontext

Die *‚Sumerische Königsliste'* beginnt mit dem Temporalsatz „Nachdem das Königtum vom Himmel herabgebracht worden war, ...". Damit macht sie deutlich, dass sie nur die Zeit nach diesem Transport behandelt. Historie zeigt sich demnach als die Epoche, nachdem die Götter den Menschen das numinose Machtmittel (m e) „Königtum" zur Verfügung gestellt haben. Der Transfer dieses me stellt den polit-historischen Urknall Babyloniens dar, der den Beginn der Geschichte einläutet[87].

Der vertikale Transfer vom Himmel auf die Erde stellt in gewisser Hinsicht auch den Prototypen des weiteren Geschichts- und Handlungsverlaufs dar. Wie bereits skizziert wurde (siehe 4.1.3 und 4.2.1) besteht dieser aus der Zu- und Abwendung der Gunst der Götter zu einer Stadt. Diesen komplexen Handlungsstrang gibt die *‚Sumerische Königsliste'* durch eine knappe formelhafte Aussage wieder. Sie liegt in verschiedenen Varianten vor (vgl. Jacobsen 1939, 29-37, Gabriel 2020, 328 f), wobei jedoch die zugrundeliegende Logik stets die-

---

[86] Möglicherweise wurde der Transfer im *Etana-Epos* näher beschrieben (siehe 3.1), doch fehlt die entsprechende Passage.
[87] Dieses Bild wird in den verschiedenen Varianten der *Sintflut-Version* der *‚Sumerischen Königsliste'* leicht verändert, da diese von zwei Zeitaltern sprechen (vorsintflutlich und nachsintflutlich), die jeweils mit dem Herabbringen des Königtums beginnen und die durch die Flutkatastrophe voneinander getrennt sind.

selbe ist. Daher soll die älteste erhaltene und auf den Manuskripten am häufigsten belegte Fassung beispielhaft herangezogen werden[88]:

ON$_1^{ki}$-a ^{ĝeš}tukul ba-sag$_3$ / nam-lugal-bi ON$_2^{ki}$-še$_3$ ba-de$_6$ Die Waffe wurde auf die Stadt ON$_1$ geschlagen. Deren Königtum wurde (daraufhin) in die Stadt ON$_2$ gebracht.

Diese beiden Sätze sind auf der göttlichen Ebene der Historie verortet (vgl. 4.1.3) und verschweigen die Subjekte der Handlungen. Wie in der Untersuchung zu den Akteuren des himmlischen Transfers bereits herausgearbeitet wurde (siehe 4.2.1), können wir mit großer Wahrscheinlichkeit die beiden Hochgötter An und/oder Ellil an dieser Stelle ergänzen.

Dabei besitzt die Zerstörung der bisherigen Hauptstadt eine menschliche und eine göttliche Dimension. Auf der Menschenebene besiegen feindliche Truppen die Stadt – wobei sie jedoch mittelbares oder sogar unmittelbares Instrument göttlichen Willens sind. Mittelbar wirken sie, wenn die Hochgötter die Stadtgottheit dazu bewegt haben, die Stadt zu verlassen und damit schutzlos zurückzulassen. Exemplarisch für diese Konstellation kann die *Klage über die Zerstörung von Ur* angeführt werden, in der Ellil den Stadtgott von Ur davon überzeugt, sie ihrem Schicksal zu überlassen (Z. 369 f). Unmittelbares Instrument sind die feindlichen Truppen, wenn sie explizit von den Göttern geschickt werden wie bspw. die Gutäer in dem Epos *Fluch über Akkade* (Z. 149-157).

Auf der Götterebene geht dem Akt der Zerstörung immer eine Entscheidung der Götterversammlung voraus, in der die Götter unter Anleitung von An und Ellil das Ende einer Herrschaft beschließen. Insofern können wir die Rede im Epos *Fluch über Akkade*, dass Ellil die Stadt Kiš vernichtet hat (siehe 4.2.1) als verkürzte Darstellung für diesen komplexen Zusammenhang lesen. Er besteht in der Regel aus den stofflichen Einzelelementen[89]:

- P 1   [An$^?$ und/oder Ellil$^?$ wenden sich von der Stadt ON ab.]
- P 2   [Die Götterversammlung$^?$ beschließt auf Veranlassung von An$^?$ und/oder Ellil$^?$ die Vernichtung der Stadt ON.]
- P 3   [Die Götterversammlung schickt Feinde[90] gegen die Stadt ON.]

---

[88] So mit kleinen Variationen zu finden auf IB, J, L$_1$+Ni$_1$, MS 3429, P$_3$+BT 14, P$_4$+Ha, Su$_1$, Su$_3$(+)Su$_4$, TL, USKL, vD und WB.
[89] Die Rekonstruktionen ergeben sich aus den Informationen, wie sie insbesondere in *Fluch über Akkade* und den *Städteklagen* zu finden sind.
[90] Oder eine andere Katastrophe wie eine Seuche oder Hungersnot (vgl. Gabriel 2020, 615 f).

- P 4   [Die Schutzgötter verlassen die Stadt ON.]
- P 5   [Die von den Göttern geschickten Feinde] vernichten die Stadt ON.

Warum An und Ellil sich gegen eine Stadt entscheiden, wird lediglich im Fall der Stadt Akkade im Preislied *Fluch über Akkade* expliziert. Dort ist es der ungenehmigte Abriss des Ellil-Tempels, der den Zorn des Götterkönigs verursacht (vgl. bspw. Gabriel 2017). In der Regel bleibt die göttliche Motivation jedoch ungeklärt. Stattdessen wird beispielsweise auf die Notwendigkeit des Wechsels verwiesen wie in der *Klage über die Zerstörung von Sumer und Ur* (Z. 366), in der sich Ellil an Nanna, den Stadtgott von Ur, wendet[91]:

uri₅.m^{ki}(-ma) nam-lugal ḫa-ba-šum₂ bala da-ri₂ la-ba-an-šum₂	In Ur wurde das Königtum wahrlich gegeben, eine ewige Amtszeit wurde dort (aber) nicht gegeben.

Der anschließende Transfer des Königtums entspricht größtenteils dem himmlischen Transport. So sind vermutlich dieselben göttlichen Akteure (An und/ oder Ellil) zu ergänzen. Außerdem gibt es klar definierte Ausgangs- und Zielpunkte. Auch wenn es textlich nicht ausgeführt wird, ist das Ergebnis des Transfers identisch, da die *machthaltigen Konkreta* nun einer neuen Stadt gegeben wurden. Hieraus ergibt sich zusammengefasst die folgende stoffliche Abfolge für den horizontalen Transport:
- P   [An? und Ellil?] bringen [das numinose Machtmittel (m e)] Königtum [in Gestalt seiner *machthaltigen Konkreta*?] von ON₁ nach ON₂.
- DR 1   [Die Stadt ON₂ ist in Besitz der *machthaltigen Konkreta* des numinosen Machtmittels (m e)] König[tum].
- DR 2   [Die Stadt ON₂ ist König.]
- DR 3   [Die Stadt ON₂ einigt das Land unter der Herrschaft des] König[tums].

Mit Blick auf die göttliche Handlungsebene der babylonischen Historie beginnt alles mit dem uranfänglichen vertikalen Transport, dem weitere ähnlich gelagerte horizontale Transporte von Stadt zu Stadt folgen. An dem neuen Standort entfaltet das Königtum seine Macht stets neu, wodurch Babylonien immer wieder neu geeint wird. Diese Wirkung geschieht unabhängig von lokalen Besonderheiten und unabhängig von menschlichen Handlungen. Damit erinnert die Bewegung des Königtums an die Wellen, die Faulkner in seinem Zitat am Anfang dieses Beitrags beschreibt (siehe oben). Sie folgen ihrem Lauf unbe-

---

91 Umschrift nach Michalowski 1989b, 168.

nommen von den spezifischen Qualitäten des Wassers. Der Stein, der sie am Anfang verursacht hat, ist der Transfer des Königtums vom Himmel auf die Erde. So wie der Stein senkrecht ins Wasser fällt und rhythmisch horizontale Wellen hervorruft, so kommt auch das Königtum von oben herab und folgt nun seinem von den Göttern gegebenen Rhythmus in der Horizontalen von Stadt zu Stadt.

Menschliche Herrschaft und menschliche Geschichte erweist sich damit in erster Linie als Resultat göttlichen Willens. Die Zu- und Abwendung der Gunst korreliert mit dem räumlichen Transport des numinosen Machtmittels (me) Königtum. Abwendung bedeutet Entfernung des me. Aus der Zuwendung resultiert, dass das Königtum in den favorisierten Ort gebracht wird und dort bis zum Gunstentzug verbleibt. Auf der lokalen Ebene mag dies für eine Stadt katastrophal sein, doch auf der panbabylonischen Ebene zeigt sich das große Wohlwollen der Götter. Durch den uranfänglichen Transport des Königtums vom Himmel auf die Erde ermöglichten sie die Einheit des Landes und dadurch schlussendlich lange Epochen von Frieden und Wohlstand für alle Bewohner Babyloniens. Das Herabbringen des me ist damit gleichbedeutend mit einer allgemeinen Zuwendung zu den Menschen des Landes (vgl. auch Glassner 2011, 144). Welche Stadt und welcher Herrscher diese Einheit realisiert, ist letztendlich sekundär. Problematisch sind nur die kurzen Momente des Wandels, in denen das Königtum in eine neue Stadt gebracht wird. Diese Phasen werden als ontische Notwendigkeit dargestellt, der sich selbst Stadtgötter nicht entziehen können[92]. Durch die wirkmächtige Präsenz des Königtums auf der Erde können sie aber auf ebendiese kurzen Umbrüche eingedämmt werden[93]. Die Mytho-Historie, wie sie von der ‚Sumerischen Königsliste' dargestellt wird, erweist sich somit als eine Beschreibung einer bestmöglichen Welt.

Entscheidendes Element für diese Geschichtsnarration ist das numinose Machtmittel (me) Königtum, welches die mytho-historische Linearität durch seine einigende Kraft ermöglicht. Da es somit immer nur eine Königsstadt geben kann, kann sie überhaupt erst das ganze Land einen (vgl. Chen 2012, 167). Während die Linearität des Werkes teils als ahistorische Konstruktion kritisiert wurde (bspw. Marchesi 2010, 234-238), liegt in ihr für die mesopotamischen

---

92 Vgl. bspw. die Klage über die Zerstörung von Sumer und Ur, Z. 366-370, in denen der Stadtgott Nanna von Ellil aufgefordert wird, seine Stadt Ur zu verlassen und den beschlossenen Untergang der Stadt zu akzeptieren (Michalowski 1989b, 367 f).
93 Möglicherweise deutet sich hier ein Blick auf die Zeit vor dem himmlischen Abstieg des Königtums an, in der es noch nicht seine einigende Kraft entfalten konnte. Krieg und Leid wären in einer solchen Welt die Regel.

Menschen einen Sinn und Hoffnung stiftende Kraft. Sie lässt nämlich hoffen, dass durch das Potential des Königtums eine Geschichte möglich ist, in der Instabilität und Krieg auf ein Minimum reduziert sind. Das ist für Mesopotamien, dessen Geschichte durch wiederkehrende Instabilität und Krieg geprägt ist, eine der größten Hoffnungen. Damit beschränkt die ‚Sumerische Königsliste' ihre Aussagekraft nicht nur auf die Vergangenheit und die jeweils aktuelle Gegenwart, sondern weitet sie auf die Zukunft aus. Für die Menschen verspricht sie Hoffnung auf Frieden und Wohlstand, realisiert durch die Wirkmacht des von den Göttern gegebenen me Königtum. Die ständige Wiederkehr des Musters der Makrogeschichte in der Vergangenheit lässt sich in die Zukunft fortschreiben, woraus sich dann schließlich die Hoffnung begründet ableiten lässt.

Zusammengefasst vermittelt die ‚Sumerische Königsliste' ein komplexes Verständnis der Natur von Herrschaft und Geschichte, in welchem dem Transport des me Königtum eine zentrale Rolle zukommt. Dass die Götter dieses Königtum am Anfang der Geschichte auf die Erde bringen, ist gerade in diesem Gesamtkonstrukt zu lesen. Es verkörpert die wohlwollende Zuwendung der Götter zu den Menschen, denen ein Machtmittel an die Hand gegeben wird, durch das Frieden in der größtmöglichen Form realisiert werden kann (vgl. auch Chen 2012, 167; Gabriel 2020, 624 f). Der Blick auf die Geschichte erklärt nicht nur die Vergangenheit und Gegenwart, sondern eröffnet auch einen hoffnungsvollen Blick in die Zukunft. Die Hyleme vom Transport des Königtums vom Himmel auf die Erde erfüllen dabei vier zentrale Funktionen:

a. Die himmlische Herkunft unterstreicht den numinosen Charakter des Königtums. Dies entspricht auch seiner ontischen Beschaffenheit als me.
b. Es gibt nur ein Königtum. Indem es seine Wirkung (=Herrschaft) entfaltet, einigt es das Land. Diese politische Union des Landes und die daraus resultierenden Folgen, Frieden und Wohlstand, sind Resultat göttlicher Handlungen (siehe a.).
c. In dem Transport manifestiert sich die göttliche Zuwendung zu einer Stadt, aber noch wichtiger, zu den Menschen des Landes insgesamt (siehe a. und b.).
d. Der vertikale Transport der *machthaltigen Konkreta* des Königtums vom Himmel fungiert als prototypisches Modell für die weiteren horizontalen Transporte auf der Erde von Stadt zu Stadt, wobei diese mit einer lokalen Verschiebung des Wohlwollens der Götter korrelieren. An der allgemeinen Zuwendung (in Gestalt der Existenz des Königtums auf der Erde, siehe a.–c.) ändert sich dabei aber nichts.

5 Stoff- und Textvarianten in von der ‚Sumerischen Königsliste' literarisch abhängigen Quellen

5.1 Die Quellen

Dass das Königtum (nam-lugal) in der Urzeit von den Göttern vom Himmel auf die Erde gebracht wird, findet sich in beiden Versionen der ‚Sumerischen Königsliste' (siehe 4.1) sowie in fünf weiteren Quellen, die von diesem Text literarisch abhängig sind (siehe Tab. 3)[94]. Die jeweilige Phraseologie der fraglichen Texte ist dabei stets so ähnlich, dass eine Abhängigkeit offensichtlich ist[95]. Da die ‚Sumerische Königsliste' jeweils bereits schon vorlag (vgl. auch 4.1.2) und aufgrund des referentiellen Charakters der jeweiligen Zitatstellen, ist die Richtung der textlichen Bezugnahme zudem eindeutig.

Während alle Texte, die das Hylem umfassen, literarisch abhängig sind, erzählen nicht alle literarisch von der ‚Sumerischen Königsliste' abhängigen Quellen das Hylem.

Tab. 3: Literarisch abhängige Quellen des Hylems

Quelle (Unterkapitel)	Textsorte	Abhängig von der ... der ‚Sumerischen Königsliste'	Sprache	Datierung des Textes / seiner Manuskripte
Urnamma C (5.2)	Königshymne	Grundversion	Sumerisch	ca. 2100 v. Chr. / ca. 2000–1600 v. Chr.
‚Sumerische Königsliste' (Sintflut-Version) (5.3)	Chronik	Grundversion	Sumerisch	vor 2400 v. Chr. / ca. 2100-1600 v. Chr.
Lagaš Herrscherchronik (5.4)	Chronik	Sintflut-Version	Sumerisch	? / ca. 1900-1750 v. Chr.

---

[94] Je nach Rekonstruktion der Zeile I i 14 der altbabylonischen Fassung könnte auch das akkadischsprachige *Etana-Epos* zu den literarisch abhängigen Quellen gehören. Ich halte jedoch die Rekonstruktion für wahrscheinlicher (vgl. Wilcke 1977, 157; Haul 2000, 123), in der nicht das Königtum herabsteigt, sondern die Göttin Ištar (zu Details siehe 3.1).
[95] Siehe Belegstellen im Anhang.

Quelle (Unterkapitel)	Textsorte	Abhängig von der ... der ‚Sumerischen Königsliste'	Sprache	Datierung des Textes / seiner Manuskripte
Streitgespräch von Baum und Rohr (5.5)	Streitgespräch	*Grundversion*	Sumerisch	ca. 2050 v. Chr. / ca. 1900-1600 v. Chr.
Sumerisches Sintflut-Epos (5.6)	Epos	*Sintflut-Version*	Sumerisch	? / ca. 1900-1600 v. Chr.
Dynastische Chronik (5.7)	Chronik	*Sintflut-Version*	Sumerisch bzw. Sumerisch und Akkadisch	? / ca. 800-400 v. Chr.

Die Königshymne *Urnamma C*[96], die *Sintflut-Version* der ‚Sumerischen Königsliste' und das *Streitgespräch von Baum und Rohr*[97] sind von der *Grundversion* der ‚Sumerischen Königsliste' abgeleitet. Die jüngeren Quellen – sprich die *Lagaš Herrscherchronik*, das *Sumerische Sintflut-Epos* und die *Dynastische Chronik* – beziehen sich hingegen auf die *Sintflut-Version* der ‚Sumerischen Königsliste'. Dieser Umstand deutet darauf hin, dass diese Textfassung die *Grundversion* im kulturellen Gedächtnis Babyloniens verdrängt hat. Dies zeigt sich schließlich auch an Berossos' *Babyloniaká* (bspw. FGrH 680 F 3a), die ebenfalls Bezug auf die *Sintflut-Version* der ‚Sumerischen Königsliste' nehmen (vgl. bspw. Burstein 1978, 18 f; Steinkeller 2017, 58)[98].

Insgesamt zeigt sich eine große Langlebigkeit des Hylems, dass das Königtum vom Himmel herabgebracht wird; es umfasst eine Zeitspanne von mehr als

---

96 Esther Flückiger-Hawker rekonstruiert in der Zeile 57 des Textes ⌈a?⌉-ma-ru („Flut(waffe)") und sieht dies als Bezug zur *Sintflut-Version* der ‚Sumerischen Königsliste' (1999, 41 f). Da letztere aber erst ab dem 20. Jahrhundert v. Chr. zu greifen ist (siehe 5.3) und die Hymne vermutlich bereits zu Urnammas Lebzeiten oder kurz danach verfasst wurde (Flückiger-Hawker 1999, 15), ist diese These nicht zu halten (siehe auch Chen 2013, 6 f). Das sumerische Lexem a-ma-ru bezieht sich hier demnach nicht auf die urzeitliche Flutkatastrophe, sondern steht für eine mächtige Götterwaffe (vgl. *ibid.*, 66)
97 Da das Streitgespräch vermutlich in der zweiten Hälfte des 21. Jh. v. Chr. entstand (vgl. Vacín 2018, 455), kann es sich nur auf die Grundversion der ‚Sumerischen Königsliste' beziehen, da die *Sintflut-Version* erst im 2. Jt. v. Chr. kompiliert wurde (vgl. Gabriel 2020, 586 f).
98 Ob der himmlische Abstieg des Königtums auch in diesem Werk beschrieben wurde, können wir heute leider nicht sagen, da es nicht im Original erhalten ist, sondern nur durch Zitierungen und Beschreibungen in den Texten anderer antiker Autoren (bspw. Eusebios). In den erhaltenen Fragmenten findet sich das Hylem vom mythischen Transport des Königtums auf die Erde nicht.

1500 Jahren. Die folgenden Unterabschnitte widmen sich den einzelnen Quellen und gehen dabei der Frage nach Kontinuität und Transformation dieses Hylems nach.

5.2 Königshymne *Urnamma C*

Eine Königshymne des Herrschers Urnamma von Ur (2112-2095 v. Chr.) (= *Urnamma C*) bezieht sich in ihrer Schlusspassage auf den textlichen Anfang der „Sumerischen Königsliste'. Dort berichtet König Urnamma von sich (Z. 114)[99]:

| [an-t]a nam-lugal ma-ra-e₁₁.d[1] | Vom [Himmel] ist das Königtum zu mir herabgebracht worden. |

Diese Zeile ist ein Zitat der „Sumerischen Königsliste'[100], was sich an drei Beobachtungen festmachen lässt. Als erstes existierte die „Sumerische Königsliste' bereits als König Urnamma, auf den die Hymne verfasst ist, um ca. 2100 v. Chr. regierte (vgl. 4.1.2). Damit ist die relative Chronologie zwischen beiden Texten eindeutig. Als zweites ist die textliche Nähe der Passage in der Hymne zum Beginn der „Sumerischen Königsliste' (in der *Grundversion*)[101] offensichtlich, wie ein direkter Vergleich verdeutlicht (siehe Tab. 4):

Tab. 4: Vergleich der textlichen Ausführung in der Königshymne *Urnamma C* und in der „Sumerischen Königsliste' (Parallelen durch Fettdruck hervorgehoben)

Urnamma C	„Sumerische Königsliste'
[an-t]a **nam-lugal** ma-ra-e₁₁.d	**nam-lugal an-ta e₁₁.d**-da-ba kišiki ʳlugalʾ-am₃[102]
Vom [Himmel] ist **das Königtum** zu mir **herabgebracht worden.**	Nachdem **das Königtum vom Himmel herabgebracht worden** war, war die Stadt Kiš König.

---

99 Zur Umschrift siehe Flückiger-Hawker 1999, 218 Anm. 28; Übersetzung von G. Gabriel. Vgl. ferner Steiner 1992, 270 f; Flückiger-Hawker 1999, 41 f.227 ad Z. 114; Brisch 2007, 19 f; Panitschek 2008, 343.
100 So bspw. auch Chen 2012, 171 Anm. 32.
101 Die *Sintflut-Version* wurde erst mindestens 100 Jahre später komponiert (siehe 5.1, Tab. 2).
102 P₃+BT 14: -la.

Da die Königshymne den Anfang der „*Sumerischen Königsliste*' aufgreift, verweist sie auf eine sehr prominente Stelle dieses Werkes, wodurch die Bezugnahme noch deutlicher wird. Das Zitat findet sich in der Hymne in der vorletzten Zeile des abschließenden Selbstpreises des Königs und damit auch in diesem Text an einer prominenten Stelle. Ein weiterer stofflicher Kontext ist in der Hymne nicht gegeben, so dass es sich um ein isoliertes Hylem handelt (vgl. auch Beitrag Kärger in diesem Band).

Für die Interpretation dieses isolierten mythischen Stoffs bieten sich prinzipiell zwei Lesarten an. Nach der ersten handelt es sich um eine Stoffvariante. In dieser wird das Königtum nicht in eine Stadt, sondern zu einer Person, nämlich Urnamma von Ur, transportiert (so bspw. Steiner 1992, 273). Dies meint sicherlich nicht, dass der König die Existenz der früheren Herrscher negiert und sich als ersten aller Könige stilisiert[103]. Vielmehr könnte er das Herabbringen als Wiederholung des urzeitlich-mythischen Transports in der historischen Gegenwart verstanden haben. Dazu würde passen, dass der Herrscher in der Hymne auch davon berichtet, dass Ellil ihn durch eine Opferschau als geeigneten König identifiziert habe (Z. 58).

Alternativ könnte die Passage in der Königshymne aber auch eine stark verkürzte Darstellung des gesamten Stoffes der „*Sumerischen Königsliste*' darstellen, die nur Anfang (Herabbringen des Königtums auf die Erde) und Ende (Urnammas Königsherrschaft) nennt. Durch die textliche Zitierung der Stichzeile der „*Sumerischen Königsliste*' erscheint mir diese Variante die wahrscheinlichere zu sein[104]. Es wird eindeutig auf diesen Text und sein gesamtes Stoffkonglomerat verwiesen, so dass es naheliegt, dass der Gesamtstoff hierdurch impliziert wird. Urnamma steht demnach am Ende einer jahrtausendlangen Tradition, deren Zielpunkt („zu mir") er selbst darstellt. Dies würde auch mit dem ältesten Manuskript der „*Sumerischen Königsliste*' korrelieren, das mit dem Transport des Königtums beginnt und mit dem Wunsch endet, dass der Herrscher Šulgi (Urnammas Nachfolger) lange leben möge (Steinkeller 2003, 269.274).

---

[103] So Chen 2013, 74. Dagegen spricht, dass Urnamma sich in der Königshymne als Bruder des mythischen Königs Gilgameš ausgibt. Zudem deutet die Existenz eines Manuskripts der „*Sumerischen Königsliste*', das unter Urnammas Nachfolger Šulgi verfasst wurde (vgl. Steinkeller 2003), dass die Logik dieses Werkes zur Ideologie der Ur III-Könige gehört haben kann. Dieser Befund ist besonders gewichtig, da die Göttlichkeit Urnammas, die in der fraglichen Passage der Königshymne ebenfalls herausgestellt wird, möglicherweise eine spätere Ergänzung unter König Šulgi war (vgl. Steinkeller 2017, 144).

[104] Schlussendlich kann das Zitat in der Hymne auch beide Aussageebenen komplementär vereinen.

Für den Transfer des Königtums vom Himmel auf die Erde hat die zweite Lesart zur Folge, dass für diese dieselben Hylemsubjekte (An? und Ellil?) und derselbe räumliche Zielpunkt (Kiš) wie in der *Grundversion* der ‚*Sumerischen Königsliste*' ergänzen werden können (siehe 4.2.3). Daran schließt sich der weitere Erzählstoff des Werkes an (siehe 4.3), der von der Abfolge von Königsstädten berichtet[105], bis dass das Königtum in die Stadt Ur, dem Herrschersitz Urnammas, gebracht wird.

Die textliche Verknappung erlaubt beide Lesarten des Wortlauts, was intendiert sein mag. Möglicherweise überlagern sich hier zwei unterschiedliche Konzepte des Königtums (Empfänger Stadt vs. Empfänger Mensch), in denen der Text keine eindeutige Stellung bezieht. Der hymnische Kontext verweist auf die Person des Königs, das Zitat des Anfangs der ‚*Sumerischen Königsliste*' deutet auf den dortigen stofflichen Kontext hin.

Abschließend soll exemplarisch für diese zweite Lesart die vermutliche, größtenteils implizite Hylemfolge skizziert werden:

- P [An? und Ellil?] **bringen das** [numinose Machtmittel (m e)] **Königtum** [in Gestalt seiner *machthaltigen Konkreta*?] vom Himmel [nach Kiš herab].
- DR 1 [Die Stadt Kiš ist in Besitz der *machthaltigen Konkreta* des numinosen Machtmittels (m e)] Königtum].
- DR 2 [Die Stadt Kiš ist König].
- DR 3 [Die Stadt Kiš einigt das Land unter der Herrschaft des Königtums.]
- ...
- P n1 [An? und/oder Ellil? wenden sich von der Stadt Uruk[106] ab.]
- P n2 [Die Götterversammlung beschließt auf Veranlassung von An? und/oder Ellil? die Vernichtung der Stadt Uruk.]
- P n3 [Die Götterversammlung schickt Feinde[107] gegen die Stadt Uruk.]
- P n4 [Die Schutzgötter verlassen die Stadt Uruk.]
- P n5 [Die von den Göttern geschickten Feinde vernichten die Stadt Uruk].
- P n6 [An? und Ellil? bringen das numinose Machtmittel (m e) Königtum in Gestalt seiner *machthaltigen Konkreta*? von Uruk nach Ur] **zu Urnamma**.

---

105 Auf Basis meiner Rekonstruktion der Fassung der ‚*Sumerischen Königsliste*' zur Zeit der Herrschaft von Urnamma (= frühe Ur III-Fassung) (vgl. Gabriel 2020, 541) handelt es sich um die folgende Städtefolge: Kiš – [Uruk] – Akkade – Uruk – Gutium – Uruk – Ur.
106 Zur Rekonstruktion des Stadtnamens an dieser Stelle siehe Anm. 105.
107 Oder eine andere Katastrophe wie eine Seuche oder Hungersnot (vgl. Gabriel 2020, 615 f.)

An dieser bereits deutlich abgekürzten Auflistung der Hyleme wird deutlich, wie umfassend eine textliche Verdichtung eines Erzählstoffs sein kann. Die deutliche Referenz zur ‚Sumerischen Königsliste' erlaubt es dennoch, das Nicht-Gesagte der Königshymne anhand der zitierten Quelle vorschlagsweise zu ergänzen.

5.3 ‚Sumerische Königsliste' (Sintflut-Version)

Unter den vielen textlichen Varianten der ‚Sumerischen Königsliste' (siehe 4.1) sticht ein redaktioneller Eingriff in Text und Stoff besonders hervor. Im 20. Jahrhundert v. Chr. wurde der zu dieser Zeit populär werdende SINTFLUTSTOFF (Chen 2013, 11) mit der Logik der ‚Sumerischen Königsliste' kombiniert[108], woraus eine selbständige ‚Vorsintflutliche Königsliste'[109] (bspw. Finkelstein 1963; Davila 1995, 201; Steinkeller 2017, 58-61; Gabriel 2020, 554-556) entstand[110].

In einem nächsten Schritt wurde diese eigenständige Aufzählung in die ‚Sumerische Königsliste' integriert und letztere dadurch erweitert (vgl. bspw. Galter 2005, 277 Anm. 44; Chen 2013, 104.146; Gabriel 2020, 557 f)[111]. Hierbei wurde der neue Teil an den Anfang des Textes gestellt. Dabei wurden das durativ-resultative und das punktuelle Hylem des Stoffanfangs (siehe 4.2.3) jedoch nicht aufgebrochen. Das Königtum wird auch hier vom Himmel nach Kiš gebracht. Offensichtlich war die Verbindung zwischen dem Königtum (nam-

---

108 Der selbständige SINTFLUTSTOFF zeigt sich möglicherweise im zweiten Teil des altbabylonischen Atramḫasīs-Epos (zur Kopplung des STOFFS DER MENSCHENSCHÖPFUNG mit dem STOFF DER SINTFLUT in diesem Epos siehe Moran 1987, 245 f; Wilcke 1999, 68.70). Hier wird er nicht mit der Idee eines einzigen Königtums, die der ‚Sumerischen Königsliste' zugrunde liegt (siehe 4.1.3 und 4.3), verbunden (vgl. Chen 2013, 152 f), was sich dann aber im Sumerischen Sintflut-Epos greifen lässt (siehe 5.6).
109 Wie im Falle des Titels ‚Sumerische Königsliste' (siehe Anm. 40) ist auch diese konventionelle Bezeichnung irreführend; daher ist auch dieser in einfache Anführungsstriche gesetzt.
110 Dass die selbständige ‚Vorsintflutliche Königsliste' vermutlich älter ist, deutet auch der Umstand an, dass ihre Phraseologie im Vergleich zur ‚Sumerischen Königsliste' weniger entwickelt ist (Chen 2013, 103).
111 Diese Erweiterung kann möglicherweise auch dazu gedient haben, die legitimierende Kraft der Chronik zu verstärken (Michalowski 1983, 241-243). Darin erschöpft sich die Redaktion jedoch nicht, da es auch um die Verknüpfung zweier mythischer Stoffe ging (siehe auch 5.6). Dies zeigt sich auch in der Diskrepanz der Regierungszeiten der Herrscher vor und nach der Flut in der Sintflut-Version der ‚Sumerischen Königsliste'. Die früheren Zeiten sind deutlich länger angesetzt, worin sich vermutlich die bspw. im Atramḫasīs-Epos beschriebene Verkürzung der Lebenszeit nach der Flutkatastrophe widerspiegelt (vgl. Chen 2013, 118; Gabriel 2018a, 200 f).

lugal) und der Stadt Kiš in der mytho-historischen Tradition so eng, dass sie nicht aufgetrennt werden konnte[112].

Infolgedessen musste der neue, vorsintflutliche Teil ganz an den Anfang gestellt werden, wodurch ein weiterer Eingriff erforderlich wurde. Da es nun auch Königsstädte vor der Flut gibt und das Königtum erst danach vom Himmel nach Kiš transportiert wird, muss es ein erstes Mal bereits vor der Flut auf die Erde gekommen sein. Als Lösung stellen die Redaktoren einen weiteren Transfer an den neuen Text- und Stoffanfang: Das Königtum wird nun zunächst nach Eridu gebracht, welches somit die erste vorsintflutliche Hauptstadt Babyloniens wird. Nach der Flut geschieht ein zweiter – der ursprünglich erste und einzige – Transport auf die Erde, wobei das Königtum in Kiš installiert wird[113].

Dass es sich bei dem neuen Textanfang um ein Resultat einer Textredaktion handelt, wird daran deutlich, dass die selbständig überlieferte ‚*Vorsintflutliche Königsliste*' nie von einem Transport vom Himmel auf die Erde berichtet (vgl. bspw. Finkelstein 1963). Erst der redaktionelle Eingriff in die ‚*Sumerische Königsliste*' machte einen vorsintflutlichen Transfer erforderlich. Durch diesen wurde dann auch erstmalig der SINTFLUTSTOFF und der STOFF DES HIMMLISCHEN ABSTIEGS DES KÖNIGTUMS miteinander verbunden. Die Fusion beider Stoffe ist somit Resultat der Text- und Stoffredaktion der ‚*Sumerischen Königsliste*'. Schließlich erklärt sich daraus das seltsame Phänomen, dass das Königtum in den Versionen der *Sintflut-Version* der ‚*Sumerischen Königsliste*' zweimal vom Himmel herabgebracht wird, zuerst nach Eridu und dann nach Kiš.

Neben dieser umfassenden Textredaktion wird auch die Phraseologie des urzeitlichen Transports leicht abgewandelt. Sie lautet nun[114]:

---

[112] Möglicherweise deutet dies darauf hin, dass der himmlische Transfer des Königtums und die Stadt Kiš als dessen Zielpunkt in einem mythischen Stoff miteinander verbunden waren. Ein Kandidat hierfür wäre sicherlich das *Etana-Epos*, in dem jedoch die fragliche Passage weggebrochen ist (siehe 3.1).

[113] Dieser zweite Transport wird in der sehr späten Textfassung der Schülertafel B.K. 505 aus Susa weggelassen. Hierbei handelt es sich ggf. um eine Reaktion auf die Vereinnahmung der Zeit zwischen Sintflut und zweiten Herabkommen des Königtums durch die *Lagaš Herrscherchronik* (siehe 5.4).

[114] Diese Formulierung ist (mit Varianten) auf den Manuskripten B.K. 505, IM 63095, MS 3175, UET 6/3 504 und WB erhalten. Abweichend von den anderen Manuskripten schildert B.K. 505 den Transport nur am vorsintflutlichen Anfang und nicht einen weiteren nach der Katastrophe. Für Textvarianten siehe Anhang 2.

nam-lugal an-ta e₁₁.d-da(-a)-ba / eriduᵏⁱ (kišeᵏⁱ(-a)) nam-lugal-la

Nachdem das Königtum vom Himmel herabgebracht worden war, war Eridu (bzw. Kiš) die (Stadt) des Königtums.

Während die *Grundversion* der Stadt direkt die Funktion als „König" (lugal) zuschreibt, wandelt die Sintflut-Version die Aussage leicht um zu der Aussage, dass Eridu (bzw. Kiš) „die (Stadt) des Königtums war". Es handelt sich bei diesem redaktionellen Eingriff um eine textliche und keine stoffliche Abwandlung.

Somit verdoppelt die *Sintflut-Version* der ‚Sumerischen Königsliste' das Hylem vom himmlischen Transport, ist darüber hinaus jedoch mit der in Abschnitt 4.2.3 rekonstruierten Fassung identisch:

- P [An? und Ellil?] bringen [das numinose Machtmittel (me)] Königtum [in Gestalt seiner *machthaltigen Konkreta*?] vom Himmel nach Kiš herab.
- DR 1 Die Stadt Eridu/Kiš ist [in Besitz der *machthaltigen Konkreta* des numinosen Machtmittels (me)] König[tum].
- DR 2 Die Stadt Eridu/Kiš ist König.
- DR 3 Die Stadt Eridu/Kiš [einigt das Land unter der Herrschaft des] König[tums].

5.4 *Lagaš Herrscherchronik* – eine Gegennarration zur ‚Sumerischen Königsliste'

Die *Lagaš Herrscherchronik* (alias *Rulers of Lagash* alias *Lagaš King List*) ist nur durch ein einziges Manuskript aus der Zeit zwischen 2000 und 1750 v. Chr. belegt, dessen Fundort unbekannt ist (Sollberger 1967)[115]. Der Text beginnt mit dem Ende der Sintflut[116] und berichtet anschließend Folgendes (i 6-10)[117]:

u₄.d an-ne₂ ᵈEN-lil₂-le / nam-lu₂-lu₇ mu-bi še₂₁-a-

Als (=nachdem) An und Ellil der Menschheit ihren Namen gegeben und dann das

---

[115] Hierbei muss es sich jedoch um eine ältere Narration handeln oder um eine bewusste Anbindung an eine untergegangene lokale Kultur, da die große Bedeutung von Lagaš und Ĝirsu am Ende des 3. Jt. v. Chr. endet (Sallaberger 1999, 177).
[116] Hierbei handelt es sich um ein weiteres Zitat der ‚Sumerischen Königsliste'. Die Chronik greift die Beschreibung der Flutkatastrophe auf, welche die vorsintflutliche Zeit beendet. Damit wird der Bezug zur ‚Sumerischen Königsliste' weiter unterstrichen.
[117] Umschrift vom Manuskript BM 23103; Übersetzung von G. Gabriel.

ta / u₃ nam-ensi₂.k in-⌈ĝar-ra⌉-ta / nam-⌈lugal⌉ aga-si[lig¹?¹¹⁸-a]m₃ / an-t[a nu]-ub-ta-an-⌈e₃⌉-[eš?...]

Stadtfürstentum (hingestellt =) eingesetzt hatten[119], hatten sie das Königtum – ⌈eine aga-silig-Axt?⌉ ist es¹ – [(noch) nicht] ⌈aus⌉ dem Himmel herausgebracht[120], ...

Während also das Königtum noch nicht auf der Erde weilt, haben die Götter bereits das „Stadtfürstentum" (nam-ensi₂.k) in Lagaš etabliert. Dieses Herrschaftskonzept ist (mindestens) gleichrangig mit dem Königtum, beschränkt sich aber regional auf einen Stadtstaat (hier: Lagaš). Anschließend berichtet die *Lagaš Herrscherchronik*, wie die Götter den Menschen die verschiedenen Kulturtechniken und -güter geben, die für die Erlangung von Wohlstand erforderlich sind. Nach einer langen epischen Passage werden die Stadtfürsten von Lagaš mit ihren Taten und Regierungszeiten angeführt. Die Aufzählung endet mit dem berühmten Herrscher Gudea.

Durch diese Konstruktion stellt der Text das Königtum (nam-lugal) und das Stadtfürstentum (nam-ensi₂.k) gegeneinander, wobei letzteres nach Aussage des Textes älter ist. In der traditionalistischen mesopotamischen Kultur hat dies zur Konsequenz, dass das Stadtfürstentum als ehrwürdiger charakterisiert wird als das Königtum, wodurch es schlussendlich eine größere Autorität erhält (Wilcke 2001, 116; Cancik-Kirschbaum 2007, 174). Hieraus folgt, dass das Königtum im Bereich des Stadtfürstentum keinen Herrschaftsanspruch be-

---

118 Das Zeichen habe ich kollationiert. Es findet sich vor dem Bruch klar der Anfang des Zeichens URU, weshalb Sollberger hier iri „Stadt" liest (1967, 280). Gegen diese Deutung spricht, wie er selbst anmerkt (*ibid.*, 283 Anm. 24), dass die hieraus resultierende Konstruktion aga iri=ak==ø-am₃ eine explizite Genitivschreibung aufweisen sollte. Diese fehlt jedoch, wie an der Kopula -am₃ deutlich wird. Daher halte ich das mit dem Graphemelement URU beginnende Zeichen ASARI (URU×IGI) für die wahrscheinlichere Deutung. In Kombination mit Lexem aga wird es silig gelesen und ergibt den Ausdruck aga-silig. Hierbei handelt es sich um eine Axt, die u. a. zum Fällen von Bäumen verwendet wird (so auch in *Fluch über Akkade* Z. 114 und im Epos *Gilgameš und Huwawa A*, Z. 54; vgl. Attinger 2019a, 7 und Krebernik 2019, 495).
119 An und Ellil werden hier als Einzelsubjekte behandelt, weshalb das Prädikat im Singular steht.
120 Dies ist der einzige Text, der das Prädikat austauscht. Statt des üblicherweise geschriebenen e₁₁.d („herunter-/heraufbringen") findet sich hier das Lexem e₃ („herausbringen"). Dies ist jedoch primär ein sprachlicher und weniger ein stofflicher Unterschied, da das Herausbringen aus dem Himmel das Herabbringen des Königtums auf die Erde impliziert. Möglicherweise wird jedoch die Vorzeitigkeit des Stadtfürstentums (nam-ensi₂.k) vor dem Königtum (nam-lugal) hierdurch betont, da ersteres bereits auf der Erde existierte, bevor zweites überhaupt erst aus dem Himmel herausgekommen war.

sitzt; der Stadtstaat Lagaš ist vom panbabylonischen Königtum (nam-lugal) ausgenommen.

Hierdurch stilisiert sich die *Lagaš Herrscherchronik* programmatisch als Gegennarration zur ‚Sumerischen Königsliste', was durch die zweifache Zitierung (Sintflut und Transport des Königtums) unterstrichen wird (siehe auch Anm. 116). Damit klinkt sich die *Lagaš Herrscherchronik* in einen existierenden Diskurs über die Mytho-Historie Babyloniens ein, zu der sie eine alternative Fassung bietet[121]. Dies ist möglich, da der historisch und ökonomisch so wichtige Stadtstaat Lagaš/Ĝirsu in der ‚Sumerischen Königsliste' nicht genannt wurde (vgl. Sollberger 1967, 279; Selz 2002, 26; Glassner 2004, 146)[122]. Zudem wurde durch die Einfügung der ‚Vorsintflutlichen Königsliste' (siehe 4.3.) in die ‚Sumerische Königsliste' eine neue mythische Zeit erschaffen: die zwischen der Sintflut und dem erneuten Herabkommen des Königtums.

Diese doppelte Leerstelle besetzt nun die *Lagaš Herrscherchronik*, wobei sie jedoch nicht versucht, den Stadtstaat als weiteren Sitz des Königtums (nam-lugal) zu etablieren. Statt dessen fokussiert sie mit dem Stadtfürstentum (nam-ensi$_2$.k) eine andere Herrschaftsform, die sie als älter und damit wichtiger beschreibt.

Anders als das Königtum in der ‚Sumerischen Königsliste' beschränkt sich das Stadtfürstentum jedoch auf die Stadt Lagaš und verbleibt daher auch hier, so dass gar keine Transporte stattfinden. Das Stadtfürstentum wird lediglich von An und Ellil „hingestellt" (sum.: ĝar, i 8), ohne Angabe seiner genaueren Herkunft. Der Fokus des Textes liegt demnach noch stärker als bei der ‚Sumerischen Königsliste' auf Dauerhaftigkeit. Räumlicher Wechsel des me Stadtfürstentum und ein damit verbundener historischer Wandel finden nicht statt, wodurch der Kontrast zwischen beiden Herrschaftsformen noch deutlicher hervortritt. In das derart skizzierte durative Bild des Stadtfürstentums passt somit auch, dass der Transfer des Königtums vom Himmel auf die Erde nur in negierter Form zu finden ist. Jedoch steckt in den Verneinungen am Anfang my-

---

[121] Dass diese Auseinandersetzung mit der ‚Sumerischen Königsliste' satirischer Natur ist, wie Sollberger (1967, 279) und Foster (1974, 82) vermuten (anders bspw. Jestin 1972, 65), ist m. E. nicht ersichtlich (so auch Selz 2002, 28; Cooper 2010, 331 Anm. 36). Für eine solche Identifikation bräuchte es klarere Kriterien, die Satire erkennbar machen und es erlauben, sie von anderen Formen des Diskurses abzugrenzen. Dass eine Auseinandersetzung stattfindet, liegt auf der Hand; nur die Bestimmung seiner spezifischen Natur benötigt weitere Forschung.

[122] Entgegen der weit verbreiteten Ansicht handelt es sich hierbei jedoch nicht um eine bewusste Auslassung, sondern schlicht um den Zufall der Redaktionsgeschichte der ‚Sumerischen Königsliste'. Es gab nie einen Anlass, die Stadt Lagaš als Königsstadt in die Geschichtsnarration aufzunehmen (vgl. Gabriel 2020, 627).

thischer Erzählungen i. d. R. ein „noch nicht" (vgl. Dietrich 1991, 51; *id.* 2006, 139; Gabriel 2014, 117), so dass der Text den Transport nicht verneint, sondern die Vorzeitigkeit des beschriebenen Geschehens unterstreicht.

Wolfgang Heimpel betont, dass der konstruierte Gegensatz zwischen Stadtfürstentum (nam-ensi$_2$.k) und Königtum (nam-lugal) ein anachronistischer ist, da sich viele historisch belegte Herrscher von Lagaš sowohl Stadtfürst (ensi$_2$.k) als auch König (lugal) nannten. Insofern handle es sich um eine Konstruktion aus der Zeit nach 2000 v. Chr. (1992, 7 f). Diese These wird dadurch gestützt, dass die *Lagaš Herrscherchronik* mit dem Ende der Sintflut beginnt. Die Erzählung der Urkatastrophe lässt sich erst ab dem Beginn des zweiten Jahrtausends v. Chr. in Schriftquellen greifen (Chen 2013, 6 f) und findet auch erst in dieser Zeit Einzug in die *‚Sumerische Königsliste'* (vgl. 5.3). Die Zitate und die Erwähnung der Sintflut zeigen, dass die *Lagaš Herrscherchronik* auf die *Sintflut-Version* der *‚Sumerischen Königsliste'* Bezug nimmt. Hierdurch wird deutlich, dass die *Lagaš Herrscherchronik* in der uns erhaltenen Fassung erst nach der entsprechenden Redaktion der *‚Sumerischen Königsliste'* entstanden sein kann[123].

Aufgrund des eindeutigen Bezugs von der *Lagaš Herrscherchronik* zur *‚Sumerischen Königsliste'* lassen sich die Hyleme größtenteils identisch rekonstruieren. Abweichend wird das Hylemobjekt des Transports, das Königtum (nam-lugal), als „aga-silig-Axt" spezifiziert. Hierdurch wird die aga-Krone, die häufig als *machthaltiges Konkretum* des Königtums auftaucht (vgl. 4.2.1), zu einer Axt umgedeutet (siehe auch Anm. 118), wohinter sich schlussendlich eine Abwertung dieser Herrschaftsform verbirgt. Anstelle der herrschaftlichen Krone steht eine Waffe bzw. ein waffenähnliches Werkzeug[124].

---

[123] Zu diesem Zeitpunkt hatte der Stadtstaat Lagaš jedoch bereits seine ursprünglich große ökonomische und politische Bedeutung eingebüßt (bspw. Sallaberger 1999, 177). Die Autoren des Textes nehmen also Bezug auf eine bereits untergegangene Hochzeit des Stadtstaates (vgl. auch Selz 2002, 28). Dies macht die Frage nach der Absicht dieses Textes noch drängender: Warum wird diese Narration der Mytho-Historie erschaffen? Warum wird dabei ein ahistorischer Gegensatz zwischen Stadtfürstentum (nam-ensi$_2$.k) und Königtum (nam-lugal) konstruiert und warum rekurriert der Text dabei auf einen fast vollständig verschwundenen Stadtstaat? Eine mögliche Antwort skizziere ich in Anm. 125.

[124] Möglicherweise geht die Aussage an dieser Stelle noch deutlich weiter. So sind es im Epos *Fluch über Akkade* u. a. aga-silig-Äxte, die an den höchsten Tempel des Landes angelegt werden (Z. 114). Dies geschieht auf Befehl des Königs (lugal) Narām-Sîn von Akkade, der ohne göttliche Zustimmung den Tempel abreißen lässt, um ihn neu zu errichten. Diese menschliche Hybris wird nicht nur mit dem Untergang des Reichs von Akkade bestraft (u. a. durch die einfallenden Gutäer), sondern mit der ewigen Vernichtung der Stadt Akkade. Indem die *Lagaš Herrscherchronik* das relativ seltene Lexem aga-silig aufgreift, spielt es möglicherweise auf die destruktive Dimension des

Die Existenz autarker Stadtfürsten in Lagaš zeigt, dass diese Region vom Herrschaftsanspruch des Königtums (nam-lugal) ausgeschlossen werden kann[125]. Indem wir die Negation als ein (in mesopotamischen Mythen typisches) „noch nicht" verstehen, ergeben sich somit die folgenden durativen (D), durativ-resultativen (DR), durativ-initialen (DI) und punktuellen (P) Hyleme:
- P 1 An und Ellil stellen das Stadtfürstentum [in Lagaš][126] hin.
- DR 1 Das Stadtfürstentum ist in Lagaš dauerhaft installiert.
- D 1 Das Königtum ist eine aga-silig-Axt.
- DI 1 Das Königtum befindet sich (noch) im Himmel.
- P 2 An und Ellil bringen das Königtum aus dem Himmel heraus.
- DR 2 Das Königtum ist (seitdem) auf Erden.

5.5 Streitgespräch von Baum und Rohr

In dem fabelähnlichen Rangstreitgespräch[127] liefern sich die für die babylonische Kultur wichtigen Rohstoffe Baum/Holz (sumerisch: ĝeš) und Rohr (sumerisch: ge) einen Disput, wer von ihnen der Bessere sei. König Šulgi von Ur entscheidet nach dem Austausch der Argumente beider Parteien über den Gewin-

---

„Königtums" (nam-lugal) an, durch welche im Epos *Fluch über Akkade* das ganze Land ins Unglück gestürzt wird. Da das Epos auch stofflich mit der *‚Sumerischen Königsliste'* verzahnt ist (siehe 4.2.1), bewegt sich eine solche Referenz im selben thematischen Umfeld und würde sehr gut zur Charakteristik der *Lagaš Herrscherchronik* als Gegennarration zur *‚Sumerischen Königsliste'* passen.

125 Dieser Umstand unterstreicht den Charakter der *Lagaš Herrscherchronik* als Opposition zur *‚Sumerischen Königsliste'*. Diskursiv könnte der Text somit ggf. in die Zeit der Rebellion der südlichen Städte gegen den babylonischen König Samsu-iluna passen (vgl. auch Vedeler 2015). Die Komposition unterstreicht am Beispiel (?) Lagaš die historische politische Eigenständigkeit (durch die Herrschaft der Stadtfürsten) und das größere Alter der eigenen Kultur. Da sie mythohistorisch betrachtet nicht zum Gebiet des Königtums (nam-lugal) gehören, bestehen sie nun auf ihrer Unabhängigkeit von der durch den König (lugal) Samsu-iluna verkörperten Zentralmacht. Alternativ kann man den Text inhaltlich an das Ende der Ur III-Zeit und den damit verbundenen Umbruch in Babylonien (um 2000 v. Chr.) datieren (Selz 2002, 29).
Allgemein bettet sich die Komposition (bzw. die uns vorliegende Redaktion des Textes) zudem in die allgemein im frühen 2. Jt. v. Chr. in Südbabylonien aufkommende ‚sumerische' Identität ein (vgl. bspw. Veldhuis 2004, 67; Rubio 2016, 250-252).

126 Dies ergibt sich aus dem weiteren durch den Text wiedergegebenen stofflichen Kontext, da nachfolgend bspw. die Stadtherrscher von Lagaš genannt werden.

127 Zum Stand der philologischen Aufbereitung siehe Jiménez 2017, 20. Zu dieser Auflistung ist nun noch Vacín 2018, 453-455 hinzuzufügen.

ner: Baum/Holz (Mittermayer 2019, 22). In seinem Urteil charakterisiert der König den siegreichen Diskutanten folgendermaßen (Z. 247-249)[128]:

| ĝeš ĝešgu-za maḫ nam-lugal-la-kam an-ta im-ta-an-e₁₁.d / aga ni₂ gur₃-ru šu[129] zi.d il₂-la-am₃ niĝ₂ nu-um-da-sa₂ / ĝidru gal mu maḫ pa₃.d-da-am₃ ni₂ gal im-da-ri | „Baum/Holz – es ist der erhabene Thron des Königtums – hat er (=An? oder Ellil?)[130] vom Himmel herabgebracht. (Baum/Holz) – es ist die Ehrfurcht tragende aga-Krone, (der gegenüber) die rechte Hand erhoben wurde[131] – wurde mit nichts verglichen. (Baum/Holz) – es ist das große Zepter, das mit erhabenem Namen gerufen wurde – verbreitete große Ehrfurcht." |

Der Text spielt hier mit den Ausdrucksmöglichkeiten der Keilschrift. So kann das Zeichen ĜEŠ nicht nur das Lexem ĝeš („Baum, Holz") ausdrücken, sondern als lautwertloser Klassifikator vor Gegenstände gestellt werden, die (teilweise) aus Holz bestehen. Genau dies passiert auch hier, so dass der Thron (ĝešgu-za) als positives Argument für die Seite von Baum/Holz (ĝeš) angeführt wird. Dabei greift Šulgi auf die frühere Argumentation von Baum/Holz zurück, wo der Diskutant betont, dass der Thron aus Holz besteht (vgl. Jiménenz 2017, 20).

---

128 Umschrift nach Jiménez 2017, 21 und Vacín 2018, 454 unter Berücksichtigung der eigenen Kollation der Tafel UM 29-16-217 nach dem CDLI-Foto (P229451); Übersetzung von G. Gabriel.
129 Abweichend von Jiménez (2017, 21) und Vacín (2018, 454) lese ich hier auf Basis von UM 29-16-217 das Zeichen ŠU anstelle eines SU.
130 Baum/Holz wird in dem Streitgespräch durch die Personenklasse wiedergegeben (vgl. Mittermayer 2019, 18). Aus diesem Grund könnte man das Morphem -n- in der Präfixkette des Prädikats (im-ta-an-e₁₁.d) als Bezug auf Baum/Holz verstehen. Aufgrund der fehlenden Ergativmorpheme könnte man, wenn man keine defektive Schreibung annehmen möchte, bspw. ein Wilcke-Passiv rekonstruieren (vgl. Wilcke 1990, 488-498). Eine weitere Möglichkeit wäre die Interpretation des -n- als Lokalanzeiger in einer intransitiven Verbform. Schließlich lässt sich das Prädikat als transitive Aussage auslegen, wobei das -n- das Subjekt des Satzes markiert. Angesichts der parallelen Überlieferung (siehe Abschnitte 4 und 5) halte ich die letztere Option für die wahrscheinlichste. Andere Deutungen finden sich in Jiménez (2017, 21: passivisch) und Vacín (2018, 454: transitiv mit Baum/Holz als Subjekt und dem Thron als direktem Objekt).
131 Letzteres ist vermutlich so zu verstehen, dass jemand dem Träger der Krone gegenüber Ehrerbietung bezeugen muss und somit die rechte Hand zum Gruß zu erheben hat. Dies passt auch zur doppelten Nennung von ni₂ („Ehrfurcht") in dieser kurzen Passage, welche durch Krone (Z. 248) und Zepter (Z. 249) verbreitet wird.

An dieser kurzen Passage fällt zunächst das Zitat des Anfangs der ‚Sumerischen Königsliste' auf (vgl. auch Vacín 2018, 454). Wie in der Königshymne *Urnamma C* (siehe 5.2) wird hier ohne weiteren Kontext unmittelbar auf diese Textstelle rekurriert. Zudem sticht hier der Dreiklang aus Thron, Krone und Zepter ins Auge, wobei es sich um drei *machthaltige Konkreta* des Königtums handelt, wie sie bspw. auch in der Aufzählung der numinosen Machtmittel (me) im epischen Preislied *Innana und Enki* zu finden sind (vgl. 4.2.1). Diese drei werden hier als eine Einheit verstanden, indem sie als Aspekte von Holz/ Baum angeführt werden[132]. Neben einer möglichen gemeinsamen materiellen Basis (Holz) verbindet die drei Objekte auch ihre Zugehörigkeit zum Königtum.

Angesichts der Untersuchungsperspektive dieses Beitrags stellt sich hier nun die Frage, was nach Aussage des Streitgesprächs vom Himmel kommt. Nach dem expliziten Wortlaut handelt es sich nur um den Thron des Königtums, während Krone und Zepter in anderer Hinsicht beschrieben werden. Dies ist jedoch vermutlich der Absicht geschuldet, unterschiedliche Vorzüge von Baum/ Holz zu nennen. Indem der himmlische Ursprung des Throns beschrieben wird, steht dies möglicherweise synekdochisch für das Königtum insgesamt und damit auch für die weiteren *machthaltigen Konkreta*. Nach dieser Deutung würden alle drei Objekte aus dem Himmel kommen. Eine andere Lesart erlaubt die Hymne *Šulgi P*, die vermutlich darlegt, dass die machthaltigen Konkreta des Königtums aus unterschiedlichen kosmischen Sphären stammen können (siehe Abschnitt 6).

Ebenso bleibt in der Passage offen, wer für den Transport des Throns (und ggf. der weiteren numinosen Insignien) verantwortlich ist. Allein an der Verbform (im-ta-an-e$_{11}$.d) wird eine singularische Instanz der Personenklasse sichtbar (zur Diskussion im Detail siehe Anm. 130). Aufgrund der Beobachtungen in 4.2.1 stellen der Himmelsgott An und der Götterkönig Ellil mögliche Kandidaten für eine Ergänzung dar[133]. Da der Himmelsgott am Anfang des Streitgesprächs in prominenter Rolle angeführt wird (vgl. Jiménez 2017, 20; Mittermayer 2019, 15 f), spricht der textliche Kontext des Rangstreitgespräches für ebendiese Rekonstruktion.

---

132 Solche lexematische Abfolgen tauchen teils häufiger im Streitgespräch auf und erinnern an lexikalische Listen, weshalb sie auch der Schreiberausbildung gedient haben können (vgl. Jiménez 2017, 121 f; Mittermayer 2019, 35 Anm. 207).
133 Alternativ wären An und Ellil als Einzelinstanzen adressiert. So würde das singularische Prädikat als distributives sich auf beide Götter beziehen (siehe auch die vergleichbare Konstruktion in der *Lagaš Herrscherchronik*, vgl. 5.4 und Anhang 4).

Schließlich expliziert der Text an dieser Stelle nicht, was das Ziel des himmlischen Transfers auf die Erde ist. Jedoch wird berichtet, dass König Šulgi das Urteil in der Stadt Ur[134], seinem Herrschaftssitz, spricht (vgl. bspw. Vacín 2018, 453 f). Vergleichbar mit der Königshymne *Urnamma C* (siehe 5.2) bieten sich hier zwei Interpretationen an. Entweder spricht Šulgi hier davon, dass der Thron direkt vom Himmel nach Ur gebracht wurde, oder es handelt sich um eine extrem verknappte Darstellung des Stoffs der ‚Sumerischen Königsliste'. Nach der zweiten Lesart gelangte der Thron und damit auch das Königtum vom Himmel zunächst nach Kiš und von dort über andere Städte endgültig nach Ur. Wie bei der Königshymne können sich an dieser Stelle beide Vorstellungen überlagen (siehe auch 7.1).

Angesichts des Zitats der ‚Sumerischen Königsliste' lässt sich die knappe Formulierung im *Streitgespräch von Baum und Rohr* stofflich folgendermaßen deuten:

- P 1 [An] **bringt den Thron** [(und ggf. auch a g a -Krone und Zepter) als *machthaltiges Konkretum*] des [numinosen Machtmittels (m e)] **Königtum vom Himmel herab** [nach Kiš].
- DR 1 [Die Stadt Kiš ist in Besitz des *machthaltigen Konkretums* Thron (und ggf. auch -Krone und Zepter) des numinosen Machtmittels (m e)] Königtum].
- DR 2 [Die Stadt Kiš ist König].
- DR 3 [Die Stadt Kiš einigt das Land unter der Herrschaft des Königtums.]
- …
- P 2 [An? und/oder Ellil? wenden sich von der Stadt Uruk[135] ab.]
- P 3 [Die Götterversammlung beschließt auf Veranlassung von An? und/oder Ellil? die Vernichtung der Stadt Uruk.]
- P 4 [Die Götterversammlung schickt Feinde[136] gegen die Stadt Uruk.]
- P 5 [Die Schutzgötter verlassen die Stadt Uruk.]
- P 6 [Die von den Göttern geschickten Feinde vernichten die Stadt Uruk].
- P 7 [An? (und/oder Ellil?) bringt das numinose Machtmittel (m e) Königtum in Gestalt des *machthaltigen Konkretums* Thron (und ggf. auch a g a -Krone und Zepter) von Uruk nach Ur.]
- DR 4 [Das Königtum ist in Ur.]

---

134 Genaugenommen findet die Szene im Eḫursaĝ statt, wobei es sich möglicherweise um einen zeitweise genutzten Palast oder um eine Örtlichkeit gehandelt hat, die Šulgi für rituelle Zwecke verwendete (zur Forschungsdiskussion siehe Sharlach 2017, 35-37).
135 Die Vorherrschaft von Uruk geht in allen Varianten der ‚Sumerischen Königsliste' ab dem 21. Jh. v. Chr. der Vorherrschaft von Ur voran (vgl. Gabriel 2020, Kap. 7).
136 Oder eine andere Katastrophe wie eine Seuche oder Hungersnot (vgl. Gabriel 2020, 615 f).

5.6 Sumerisches Sintflut-Epos

Das *Sumerische Sintflut-Epos* ist durch zwei Manuskripte[137] aus der ersten Hälfte des zweiten Jahrtausends v. Chr. erhalten. Der Text greift auf eine Variante des SINTFLUTSTOFFES zurück, wie er auch durch das – vermutlich ältere – akkadischsprachige *Atramḫasīs-Epos*[138] bekannt ist (Lambert/Millard 1969, 14; Galter 2005, 274). Unter anderem berichtet er, wie die Menschheit durch eine von den Göttern gesandte urzeitliche Flutkatastrophe beinahe vernichtet worden ist.

Da große Teile des Textes fehlen, ist jedoch unklar, wie (un)ähnlich die Stoffe bzw. ihre Varianten in beiden Epen sind[139]. Es zeigen sich jedoch bereits im erhaltenen Teil verschiedene Differenzen. Beispielsweise wird der Sintflutheld – hier unter dem Namen Ziusudra – anders als im akkadischen Text nicht nur als Priester, sondern auch als König bezeichnet (vgl. Davila 1995, 202 f; Galter 2005, 276; Chen 2013, 120). Dieser Umstand lässt sich auf die Verbindung des SINTFLUTSTOFFS mit der Konzeption der *Sintflut-Version* der ‚*Sumerischen Königsliste*' zurückführen (siehe 4.1 und 5.3). Die Verknüpfung beider Stoffe machte es notwendig, dass auch der Sintfuthed ein König war[140]. Zusam-

---

[137] CBS 10673 + 10867 (publiziert in Civil 1969) und MS 3026 (CDLI-Foto P252032). Miguel Civil (1969, 138) und Thorkild Jacobsen (1981, 513 Anm. 2) folgen Arno Poebel (1914a, 66-69) und datieren das erste Manuskript aufgrund seiner Paläographie und Grammatik auf spät- oder sogar nach-altbabylonisch (ca. 16. Jh. v. Chr.). Der zweite Textvertreter scheint älter zu sein (ca. 18. Jh. v. Chr.) (Peterson 2008, 257; sowie persönliche Kommunikation mit Konrad Volk und Jana Matuszak).
In den Kontext gehören zwei weitere Manuskripte, die vermutlich Varianten des Stoffes des *Sumerischen Sintflut-Epos* wiedergeben (Jacobsen 1981, 514). Ein spätaltbabylonischer Schriftträger (ca. 16. Jh. v. Chr.) wurde in Ur ergraben. Auf ihm sind jedoch nur die Zeilenköpfe erhalten (=UET 6, 61). Zudem existiert eine zweisprachige Tafel aus der Bibliothek des Assurbanipal in Ninive, die in das 7./6. Jh v. Chr. datiert werden kann (Jacobsen 1981, 513 f).
[138] Auch hierbei handelt es sich um eine unglückliche moderne Bezeichnung, da der Sintflutheld in dieser Komposition nur eine Nebenrolle spielt. Treffender ist das Incipit des Textes, *Inūma ilū awīlum* („Als die Götter Mensch waren"; vgl. Gabriel 2018a, 180 Anm. 4).
[139] Während die Sintfluterzählung im *Sumerischen Sintflut-Epos* zentral zu sein scheint, stellt die Katastrophe im *Atramḫasīs-Epos* den letzten Abschnitt einer langen Entwicklungsgeschichte dar.
[140] Dieses Verständnis zeigt sich auch in den selbständigen Fassungen der ‚*Vorsintflutlichen Königsliste*' (Finkelstein 1963, 45; Davila 1995, 201; Chen 2013, 145), die größtenteils (bis auf MS 2855 und die Tontafel aus der Karpeles Manuscript Library, vgl. George 2011, 200 f) den Sintfuthelden Ziusudra als König nennen. Interessanterweise ist auch die Liste der vorsintflutlichen Könige in der ‚*Sumerischen Königsliste*' nicht einheitlich. Während das Prisma WB Ziusudra nicht nennt (Finkelstein 1963, 45), findet er sich auf den Manuskripten MS 3175 (ii 17, George 2011, 203) und B.K. 505 (i 20, Malayeri 2014, 350). Dies verdeutlicht, dass der spezifische

mengefasst erweist sich das uns vorliegende *Sumerische Sintflut-Epos* als ein geschichtetes Werk, in dem unterschiedliche Stoffe zusammengefügt wurden (siehe auch Chen 2013, 119 f). Dies ist ein typisches Phänomen von mythischen Stoffen (vgl. C. Zgoll 2019, 582), welches sich hier greifen lässt.

Nachdem im Epos die Erschaffung der Menschen beschrieben wird, zitiert es nach einer Lücke unklarer Länge in zwei Zeilen den Text- und Stoffanfang der ‚Sumerischen Königsliste' (vgl. auch Chen 2013, 151 f)[141]:

| [...] ⌜X⌝ nam-lugal-la an-ta e₁₁.d-d[a]¹?¹⁴²-⌜a⌝-ba / ⌜men⌝ maḫ ᵍᵉˢg[u-z]a nam-lugal-la an-ta e₁₁.d-<da>-a-ba | Nachdem das [... (und) ...] des Königtums vom Himmel herabgebracht worden war(en), nachdem die erhabene men-Krone und der Thron des Königtums vom Himmel herabgebracht worden waren, ... |

Die Reduplikation der Stichzeile der ‚Sumerischen Königsliste' ist sicherlich dadurch begründet, dass das Hylemobjekt hier genauer spezifiziert wird. Anstatt allgemein vom me „Königtum" (nam-lugal) zu sprechen, nennt das Epos – nach ein bis zwei leider weggebrochenen Objekten[143] – die „erhabene men-Krone" (⌜men⌝ maḫ) und den „Thron" (ᵍᵉˢg[u-z]a) des Königtums[144]. Damit zeigt sich in dem Text das objektverbundene Verständnis der me allgemein und speziell des Königtums, wie es auch der ‚Sumerischen Königsliste' und

---

Stoff des *Sintflut-Epos* und die kursierenden Vorstellungen zur vorsintflutlichen Zeit nicht deckungsgleich sind (so auch Davila 1995, 201).

141 Umschrift vom CDLI-Foto P265876 des Manuskripts CBS 10673 + 10867 (die Passage ist nur auf diesem Manuskript erhalten); Übersetzung von G. Gabriel.
142 Der erhaltene Anfang des beschädigten Zeichens erlaubt nach der Kopie (Poebel 1914a, Tf. 1) und dem Foto (CDLI P265876) sowohl das Zeichen DA als auch das Zeichen NE (Lesung: de₃). Die kürzere Länge von DA passt besser zu dem knappen Platz vor dem ebenfalls nur partiell erhaltenen nachfolgenden Zeichen A. Anders als Civil (1969, 140) präferiere ich daher die Lesung -d[a]. Civils Rekonstruktion ist vermutlich von der ‚Sumerischen Königsliste' beeinflusst. In der damals verfügbaren Edition (Jacobsen 1939) wurde Prisma WB als Haupttext herangezogen, das in der Tat e₁₁.d-de₃-a-ba schreibt. Diese Schreibung konnte bislang durch kein anderes Manuskript bestätigt werden (siehe Anhang 1 und 2). Statt dessen wurden zahlreiche (Ab-)Schreibfehler und andere Ungenauigkeiten des Prismas festgestellt (Gabriel 2018b, 100-106), weshalb es eher nicht als *textus receptus* herangezogen werden sollte.
143 Civil schlägt als mögliche Ergänzung „Zepter" (ĝidru) und „aga-Krone" (aga) vor (1969, 169). Die Auflistung der Herrschaftsabzeichen im Epos *Innana und Enki* nennt weitere Kandidaten für die Lücke wie bspw. „Hirtenstab" (sibir) oder „erhabenes Gewand" (tug₂ maḫ) (vgl. 3.1 und 4.2.1).
144 Der Genitiv „des Königtums" (nam-lugal-la) bezieht sich wohlmöglich auf beide Objekte.

vielen weiteren Quellen zugrunde liegt (vgl. 4.2.1). Wie im Falle des *Streitgesprächs von Baum und Rohr* (siehe 5.5) handelt es sich daher auch hier um eine Text- und nicht um eine Stoffvariante[145]. Subjekte werden wie in der ‚Sumerischen Königsliste' nicht genannt, doch sind An und Ellil wiederum wahrscheinliche Kandidaten[146].

Nach dem Transfer des Königtums auf die Erde berichtet das Epos davon, dass anschließend etwas – möglicherweise das m e Königtum – perfekt gemacht wird[147]. Danach werden die fünf vorsintflutlichen Städte genannt, wobei sie hier jedoch nicht als Hauptstädte auftauchen[148], sondern jeweils einer Gottheit zugewiesen werden. Diese Passage macht wiederum deutlich, dass das *Sumerische Sintflut-Epos* in großem Umfang von der ‚Sumerischen Königsliste' beeinflusst worden ist (Davila 1995, 203). Dies schlägt sich vor allem darin nieder, dass das Königtum hier bereits vor der Flutkatastrophe auf die Erde gebracht wird. Diese Verbindung entstand erst durch die Redaktion der ‚Sumerischen Königsliste' (siehe 5.3). Dies verdeutlicht schlussendlich, dass das uns vorliegende Epos von der *Sintflut-Version* der ‚Sumerischen Königsliste' literarisch und stofflich abhängig ist[149]. Damit können wir seine Komposition in die Zeit nach der Erweiterung der ‚Sumerischen Königsliste' relativ datieren.

Durch das Zitat der ‚Sumerischen Königsliste' wird sowohl auf das spezifische Hylem des vertikalen Transports des Königtums angespielt als auch allgemein die Idee des Königtums aufgegriffen. Letzteres findet aber nur in abgeschwächter Form statt, da die vorsintflutlichen Hauptstädte zwar erwähnt werden, jedoch in anderer Funktion. Dennoch lässt sich vermutlich Eridu als

---

145 Anders als dort, lässt sich die Konkretisierung jedoch nicht durch den diskursiven Kontext erklären. Statt dessen folgt die Doppelzeile einem typischen mesopotamischen Schema, wonach eine Instanz (zumeist eine Gottheit) zunächst allgemein adressiert wird, woran sich dann Spezifizierungen (inkl. der Nennung des Theonyms) anschließen.
146 Sie tauchen gemeinsam verschiedene Male im erhaltenen Teil des Epos auf. Alternativ könnten auch noch Enki/Ea und die Muttergöttin gemeint sein. Die vier Götter werden auch zweimal im Text zusammen erwähnt (vgl. Civil 1969, 140-145). Schließlich weist Piotr Steinkeller darauf hin, dass Ellil für die Gründung der vorsintflutlichen Städte verantwortlich sei (2017, 60).
147 Dasselbe Prädikat findet sich bereits früher im Text, wo als direktes Objekt die „Kultordnung" (ĝarza) und die „erhabenen m e " (m e maḫ) genannt werden (Z. 45, Civil 1969, 140). Da das Königtum und seine Insignien zu den m e gehören, könnte hier somit dieselbe Logik vorliegen.
148 Civil übersetzt den Ausdruck KAB du$_{11}$.g-ga in den Zeilen 92 und 98 zwar als „Hauptstadt" (1969, 141), doch handelt es sich vermutlich um eine Maßeinheit (Selz 1993, 36 Anm. 39).
149 Damit rekonstruiere ich eine umgekehrte textliche Abhängigkeit als Milstein 2016, 48.

der Zielpunkt des himmlischen Transports rekonstruieren. Ferner wird Ziusudra – anders als in anderen Texten der Sintfluttradition – stets explizit als König markiert (siehe oben). Dies weist darauf hin, dass ein Denken in politischen Kategorien an den SINTFLUTSTOFF herangetragen wurde.

Auf Basis dieser Beobachtungen und unter Berücksichtigung des Bezugs zur ‚Sumerischen Königsliste' lässt sich der Stoff des himmlischen Transports des Königtums im Sumerischen Sintflutepos rekonstruieren. Da der Text nur das punktuelle Hylem nennt, beschränke ich mich auf dieses:

– P 1 [An und Ellil] bringen die erhabene men-Krone und den Thron des Königtums vom Himmel [nach Eridu] herab.

5.7 Dynastische Chronik

Bei der *Dynastischen Chronik* handelt es sich um den mit Abstand jüngsten Text der untersuchten Gruppe, da er durch Abschriften aus dem ersten Jahrtausend v. Chr. bis in die Zeit nach 600 v. Chr. überliefert ist (Finkel 1980, 65). Er ist größtenteils eine Fortschreibung der *Sintflut-Version* der ‚Sumerischen Königsliste' und besitzt daher dasselbe Geschichts- und Herrschaftsverständnis (Finkel 1980, 70; Glassner 2004, 126). Der Anfang ist nur durch zwei späte zweisprachige Manuskripte überliefert[150]. Da die älteren Textvertreter rein sumerisch sind (Grayson 1975), ist die akkadische Übersetzung vermutlich erst später hinzugefügt worden, was die Lesung und Interpretation der entsprechenden Zeilen beeinflusst: Das Sumerische und das Akkadische gilt es zunächst getrennt voneinander zu behandeln, da sie diachrone Varianten wiedergeben.

Gemeinsam ist beiden Sprachversionen, dass sie wie die ‚Sumerische Königsliste' (*Sintflut-Version*) in der vorsintflutlichen Zeit beginnen, die hier umfassender beschrieben wird. So geben An, Ellil und Enki/Ea dem Land das Königtum und einen König. Hierbei werden vermutlich ein oder mehrere Stoffe verarbeitet und in das Werk integriert (Glassner 2004, 126)[151]. Die Beschreibung

---

150 Siehe Anhang 7.
151 Dass es sich um eine Zusammensetzung unterschiedlicher Stoffe handelt, wird nicht nur im Text- und Stoffvergleich deutlich, sondern auch in der *Dynastischen Chronik* selbst. So geben die Götter den Menschen einen König, dem sich die Menschen unterwerfen. Dann erst wird das Königtum herabgebracht (der klassische Anfang der ‚Sumerischen Königsliste').

des Anfangs endet mit dem Beginn der Mytho-Historie, wie er aus der ‚Sumerischen Königsliste' (Sintflut-Version) bekannt ist[152]:

Sumerisch
[... nam-lu]gal-la an-ta e₁₁.d-de₃-eš-[a-ba] / [... nam-lu]gal-la an-ta e₁₁.d-de₃-eš-[a-ba] / [eridu^{ki}] nam-lugal-ʳlaʲ

[Nachdem sie das ...] des ʳKönigtumsʲ vom Himmel herabgebracht hatten (und) [das ...] des ʳKönigtumsʲ vom Himmel herabgebracht hatten, ʳwarʲ [Eridu] die (Stadt) ʳdesʲ Königtums.

Akkadisch
[... šar-ru-t]u₂ iš-tu AN-e u₂-še-ri-da / [(...) šar]-ʳruʲ-tu₂ iš-tu AN-e ur-da / [... eridu^{ki}] šar-ru-tu

[Nachdem] er [das ... des] ʳKönigtumsʲ vom Himmel herabkommen lassen hatte, [das ... des] ʳKönigtumsʲ vom Himmel herabgekommen war, [...], [Eridu ...] Königtum.

Darüber hinaus ist auch der zweite Transport des Königtums vom Himmel auf die Erde in seiner sumerischen Fassung fragmentarisch erhalten[153]:

[... nam-lugal-la] an-ta e₁₁.d-ʳde₃ʲ-e[š-a-ba] / [... nam-lugal-la] an-t[a] ʳe₁₁.dʲ-[de₃-eš-a-ba] / [...]

[Nachdem sie das ... des Königtums] vom Himmel herabgebracht hatten (und) [das ... des Königtums] vom Himmel ʳherabgebracht hattenʲ, [...].

Der Transport des Königtums vom Himmel auf die Erde wird sowohl im Sumerischen als auch im Akkadischen in jeweils zwei Zeilen wiedergegeben, wobei die Doppelung vermutlich unterschiedliche Gründe hat.

Im Sumerischen scheint die Wiederholung wie im *Sumerischen Sintflut-Epos* (siehe 5.6) deshalb zu erfolgen, weil unterschiedliche *machthaltige Konkreta* (vgl. 4.2.1) genannt werden. Die entsprechenden Objekte sind weggebrochen, doch deuten sowohl die Genitivschreibung nam-lugal-la als auch die räumliche Aufteilung der Zeichen in den Zeilen[154] in diese Richtung. Das Prädikat

---

152 Umschrift nach den Kopien in Finkel 1980, 76 f (siehe Textpartitur mit Kommentar in Anhang 7); Übersetzung von G. Gabriel.
153 Umschrift nach den Kopien in Finkel 1980, 76 f; Übersetzung von G. Gabriel.
154 Dies gilt insbesondere für das Manuskript BM 35572, im Falle von BM 40565 ist die Zeilenbreite unbekannt (vgl. Finkel 1980, 76 f Tf. 1 f; siehe auch Anhang 7).

verweist durch die Pluralendung -eš auf mehrere Akteure, wofür die zuvor genannten Götter An, Ellil und Enki die wahrscheinlichsten Kandidaten darstellen.

Im Akkadischen bekommt die Wiederholung der Zeilen noch eine weitere Bedeutung. Auch wenn beide Manuskripte šarrūtu schreiben, schließt dies im ersten Jahrtausend v. Chr. einen Genitiv nicht aus. Die räumliche Aufteilung der Zeilen insbesondere auf BM 35572 erfordert es sogar, dass davor noch etwas steht (vgl. Finkel 1980, 76 Tf. 1; siehe auch Anhang 7). Eindeutig ist die Variation des Prädikats, welches zunächst kausativ formuliert (ušērida „ließ herunterkommen") und dann intransitiv (urda „es (=das Königtum) kam herab"). Auffällig ist dabei der Singular des ersten Prädikats, das entweder metonymisch die Gesamttrias (An, Ellil, Ea) adressiert oder tatsächlich nur einen Transporteur wiedergibt.

Im akkadischen Text zeigen sich zwei unterschiedliche Formulierungen, eine kausative und eine intransitive. Dies muss jedoch nicht zwingend einen stofflichen Unterschied markieren. Dies gilt vor allem dann, wenn man den Kausativ des Akkadischen an dieser Stelle berücksichtigt.[155] So markiert er einen auktorialen Akt, indem eine andere Instanz (hier *machthaltige Konkreta* des Königtums) zu einer Handlung veranlasst. Dieses Vorgehen kennzeichnet das Vorgehen von Göttern allgemein und insbesondere von Hochgöttern (siehe 4.2.1 und Beitrag „Wie der erste Tempel..." von A. Zgoll in diesem Band), wie sie in der *Dynastischen Chronik* genannt sind. Insofern beschreibt der akkadische Text zum einen den auktorialen Akt („lässt herabkommen") und dessen Ergebnis („kommt herab"). Insofern stellt die intransitive Aussage keine Selbstbewegung im engeren Sinne dar, da die Ortsverlagerung auf göttliches Geheiß in erfolgt. Aufgrund der objekthaften Natur der zu ergänzenden *machthaltigen Konkreta* (siehe 4.2.1), halte ich es zudem für wahrscheinlich, dass auch die intransitive Aussage impliziert, dass sie unmittelbar von A nach B transportiert wurden. Stofflich hat dies zur Folge, dass vermutlich ein Transporteur ergänzt werden muss.

Der zweite, nachsintflutliche, Transport des Königtums weicht – soweit ersichtlich – nicht weiter vom vorsintflutlichen ab, so dass hier lediglich der Zielpunkt variiert. Zusammenfassend ergeben sich somit zwei unterschiedliche Hylemsequenzen für das Sumerische und Akkadische. Hierbei handelt es sich angesichts der obigen Überlegungen um die wahrscheinlichsten Fassungen:

---

155 Da es sich semantisch um eine Handlung mit zwei Teilnehmern handelt, könnte man auch eine transitive Übersetzung („bringt herab") wählen. Dies verstellt m.E. jedoch den Blick auf die auktoriale Dimension des Geschehens (siehe unten).

Sumerische Textfassung
- P 1   [An, Ellil und Enki] bringen die [*machthaltigen Konkreta* ... des numinosen Machtmittels (m e)] Königtum vom Himmel nach [Eridu/Kiš] herab.
- DR 1 Die Stadt Eridu/Kiš ist [in Besitz der *machthaltigen Konkreta* des numinosen Machtmittels (m e)] König[tum].
- DR 2 Die Stadt Eridu/Kiš ist König.
- DR 3 Die Stadt Eridu/Kiš [einigt das Land unter der Herrschaft des] König[tums].

Akkadische Textfassung
- P 1   [An, Ellil und Enki] veranlassen, dass [NN?] die [*machthaltigen Konkreta* ... des numinosen Machtmittels (m e)] Königtum vom Himmel nach [Eridu/Kiš] herabbringt/en.
- P 2   [NN?] bringt/bringen die [*machthaltigen Konkreta* ... des numinosen Machtmittels (m e)] Königtum vom Himmel nach [Eridu/Kiš] herab.
- DR 1 Die Stadt Eridu/Kiš ist [in Besitz der *machthaltigen Konkreta* des numinosen Machtmittels (m e)] König[tum].
- DR 2 Die Stadt Eridu/Kiš ist König.
- DR 3 Die Stadt Eridu/Kiš [einigt das Land unter der Herrschaft des] König[tums].

5.8 Überblick über die und Auswertung der Hylemvarianten

Tab. 5: Übersicht der Stoffvarianten vom Transfer des Königtums vom Himmel auf die Erde in den von der ‚*Sumerischen Königsliste*' literarisch abhängigen Texten[156]

Text	Hylemsubjekt	Hylemobjekt	Zielpunkt
‚Sumerische Königsliste' (Grundversion)	[An? und Ellil?]	[machthaltige Konkreta des] Königtum[s]	Kiš
Urnamma C	[An? und Ellil?]	[machthaltige Konkreta des] Königtum[s]	unmittelbar: [Kiš?] mittelbar: [Ur]/Urnamma
‚Sumerische Königsliste' (Sintflut-Version)	[An? und Ellil?]	[machthaltige Konkreta des] Königtum[s]	Eridu Kiš

---

156 Eckige Klammern zeigen an, dass das Hylemsubjekt bzw. -objekt rekonstruiert wurde.

Text	Hylemsubjekt	Hylemobjekt	Zielpunkt
Lagaš Herrscherchronik	An und Ellil	[*machthaltige Konkreta* des] Königtum[s]	[ON]
Streitgespräch von Baum und Rohr	[An]	der erhabene Thron (und ggf. auch aga-Krone und Zepter) des Königtums	unmittelbar: [Kiš] mittelbar: [Ur/Šulgi]
Sumerisches Sintflut-Epos	[An und Ellil]	[...], die erhabene men-Krone und der Thron des Königtums	[Eridu]
Dynastische Chronik (sumerisch)	[An, Ellil und Enki/Ea]	[*machthaltige Konkreta*] des Königtums	Eridu Kiš
Dynastische Chronik (akkadisch)	auktorial: [An, Ellil und Enki/Ea] durchführend?: [NN?]	[*machthaltige Konkreta*] des Königtums	Eridu Kiš

Insgesamt lässt sich eine plausible stoffliche Kontinuität (vgl. Tab. 5) für die von der ‚*Sumerischen Königsliste*' (*Grundversion*) textlich abhängigen Quellen rekonstruieren. Varianz lässt sich häufig als eine textliche Eigenschaft identifizieren, da der zugrundeliegende Text jeweils anders nuanciert wiedergegeben wird. So ist die immanente Intention einer Königshymne oder eines Streitgesprächs naturgemäß anders gelagert als in einem mytho-historiographischen Werk wie der *Lagaš Herrscherchronik* oder der *Dynastischen Chronik*.

Das textliche Schweigen betrifft interessanterweise häufig die Akteure des Transfers (=Hylemsubjekte), die teils aus dem intratextlichen Umfeld rekonstruiert, teils jedoch nur über andere Quellen erschlossen werden können. Letzteres Vorgehen setzt dabei immer eine gewisse Kontinuität des Erzählstoffs voraus, weshalb diese Ergänzungen stets mit einem ? versehen sind. Auf diese Weise lassen sich insbesondere der Himmelsgott An und der Götterkönig Ellil als vermutliche Hylemsubjekte identifizieren. Dies passt zum einen zur Ausgangssphäre des Transfers (Himmel) als auch zum Transferierten (Königtum). Nur in der aus dem 1. Jt. v. Chr. überlieferten *Dynastischen Chronik* findet sich auch der Ritual- und Weisheitsgott Enki/Ea.

Darüber hinaus muss die Aussage, dass ein oder mehrere Götter das Königtum herabbringen stets (auch) auktorial gedacht werden. Dies wird ggf. auch an dem Kausativ der akkadischen Fassung der *Dynastischen Chronik* deutlich. Göttliches Handeln ist oft auktoriales Handeln und dies gilt auch für den Transport vom Himmel auf die Erde (vgl. Beitrag „Wie der erste Tempel..." von A. Zgoll in diesem Band).

Textliche Varianz zeigt sich auch in der Beschreibung des Transferierten, des Hylemobjekts. Häufig wird schlicht vom „Königtum" (nam-lugal) gesprochen, was vermutlich eine Verkürzung ist. So manifestiert es sich in seinen *machthaltigen Konkreta* wie Krone, Thron oder Zepter, welche im *Sumerischen Sintflut-Epos* und im *Streitgespräch von Baum und Rohr* auch explizit angeführt werden. Die entsprechende Nennung ist in der *Dynastischen Chronik* weggebrochen, doch ist hier offensichtlich, dass das „Königtum" Teil einer Genitivverbindung ist, so dass hier *machthaltige Konkreta* sicher ergänzt werden können.

Die einzige eindeutige stoffliche Varianz betrifft den Zielpunkt des Transfers. So wird mit der Hinzufügung der vorsintflutlichen Zeit die Stadt Eridu als erster Adressat eingeführt. So gibt es nun teils zwei Transporte, einen nach Kiš (den traditionellen Zielpunkt) und zuvor einen nach Eridu.

Die Königshymne *Urnamma C* wie auch das *Streitgespräch von Baum und Rohr* nennen keinen der beiden Städte. Statt dessen ist nach Aussage der Hymne König Urnamma der Empfänger des Königtums. Diese Aussage ist sicherlich dem personalen Fokus dieses Textes geschuldet. Die Frage ist dabei, wie sie stofflich zu interpretieren ist. Entweder drückt sie aus, dass das Königtum Urnamma unmittelbar aus dem Himmel herab gegeben wurde, oder dass er am Ende der langen Geschichte der Bewegung des Königtums steht. Für letztere Deutung spricht der Umstand, dass die entsprechende Stelle die erste Zeile der ‚Sumerischen Königsliste' zitiert. Dies zeigt vermutlich an, dass hierbei auf den Stoff dieses Werkes Bezug genommen wird. Demnach kommt das Königtum zunächst nach Kiš und von dort über verschiedene Stationen nach Ur und damit zu Urnamma. Eine ähnliche Konstellation kann man auch im Rangstreitgespräch annehmen, wonach das *machthaltige Konkretum* Thron am Ende nach Ur und damit zu König Šulgi gelangt ist.

Ausgehend von der Stoffrekonstruktion stellt sich die Frage, warum die oben untersuchten Texte gerade das Hylem des himmlischen Abstiegs des Königtums als Referenz zur ‚Sumerischen Königsliste' wählen. Hierfür bieten sich primär zwei Erklärungen an, die sich komplementär zueinander verhalten:

- *Eindeutiger Verweis*: Es wird die Stichzeile zitiert, wodurch auf den textlich vermutlich bekanntesten Teil der ‚Sumerischen Königsliste' Bezug genommen wird. Die Zitierung dient dazu, eine eindeutige und leicht verständliche Referenz (zu Text und Stoff) herzustellen.
- *Anbindung an Konzept*: Dass die Götter das numinose Machtmittel (me) Königtum vom Himmel auf die Erde herabbringen, ist essentiell mit der Konzeption von Geschichte und Herrschaft in der ‚Sumerischen Königsliste' verbunden. Hierdurch wird das Paradigma des historischen Wandels ge-

setzt, wonach dieser dadurch erfolgt, dass die Götter den Standort des Königtums immer wieder ändern. Der Verweis auf den Anfang der mythohistorischen Komposition erlaubt es, auf diese Weltkonstruktionen Bezug zu nehmen und sich dadurch in den entsprechenden Diskurs einzuklinken.

In der Regel beschränkt sich der Verweis darauf, eine Referenz zu Text, Stoff und Diskurs herzustellen. In der *Lagaš Herrscherchronik* wird jedoch darüber hinaus eine alternative Narration entwickelt, die sich gegen die Fassung der ‚Sumerischen Königsliste' richtet. An dieser Stelle wird die Lebendigkeit des antiken Diskurses besonders deutlich.

Insgesamt zeigen die hohe Anzahl an Zitaten, die Breite an Textsorten und die diachrone Spannweite, wie einflussreich die ‚*Sumerische Königsliste*' und die ihr zugrundeliegende Weltkonzeption und der damit verbundene Diskurs waren. Dabei behandelt die vorliegende Untersuchung aufgrund ihres Fokus allein Werke, die vom Textanfang der ‚*Sumerischen Königsliste*' literarisch abhängig sind. Der Einfluss des Werkes beschränkte sich jedoch nicht nur auf diese Kompositionen, sondern lässt sich in vielen weiteren Texten greifen. Exemplarisch genannt seien an dieser Stelle das epische Preislied *Fluch über Akkade* (siehe 4.2.1), die *Städteklagen* und große Teile der historiographischen Tradition Mesopotamiens (vgl. insb. Glassner 1993b; *id.* 2004).

6 Die Königshymne *Šulgi P* – Diskussion eines Grenzfalls

Die in sumerischer Sprache verfasste Königshymne *Šulgi P* stammt aus dem 21. Jahrhundert v. Chr. und ist, wie der Name anzeigt, dem König Šulgi von Ur gewidmet (Klein 1981; siehe auch Wilcke 2002, 72-74 und insb. C. Zgoll 2019, 202). In der Komposition sucht die Göttin Nin-Sumun einen geeigneten Kandidaten für das Königsamt im ganzen Land und wird schließlich in Šulgi, „dem gerechten/tatkräftigen Hirten" (sipa.d zi.d, Segm. A 14), fündig[157]. Daraufhin wendet sie sich im Ubšu-ukkenna, dem Versammlungsort der Götter, an den

---

[157] Dieser Passus steht zwar nicht am Anfang des Textes, lässt sich aber leicht als chronologisch vorgelagerter Stoff identifizieren. Zudem ist an diesem Punkt das zum *Etana-Epos* parallele Hylemschema „Göttin sucht eine geeignete Person für das Königsamt" offensichtlich, was durch die Referenz zu einem „Hirten" (sipa.d) auch textlich gestützt wird (vgl. 3.1 und siehe unten).

Himmelsgott An mit der Bitte, Šulgi als den geeignetsten von allen Menschen als König einzusetzen. Nach einer positiven Antwort führt die Göttin Šulgi in ihren eigenen Tempel, in dem sie ihn preist und seine Inthronisation beschreibt. In diesem Kontext fällt insbesondere eine Zeile auf (Segm. B 37)[158]:

ĝidru di ku₅.d an-ne₂ ma-ra-an-šu[m₂] gu₂ an-še₃ ḫe[159]-ni-zi.g	„An hat dir das urteilfällende Zepter gegeben. Er (=An) hat (deinen) Nacken wirklich dort(hin) zum Himmel erhoben (= hat (deinen) Kopf hocherhoben sein lassen)."

Ob es sich dabei um einen Transfer vom Himmel auf die Erde handelt, hängt davon ab, wo sich An und Šulgi zu diesem Zeitpunkt befinden. Daraus resultiert als erstes die Frage, von wo aus der Himmelsgott operiert, bzw. von wo seine Gaben stammen (vgl. auch Beitrag Kärger). Ein Indiz liefert der zweite Satz des Zitats. Auch wenn es sich hierbei um einen Ausdruck der Erhöhung des Königs handelt (vgl. Attinger 2019, 217), wird hier explizit die Bewegung zum Himmel hin angezeigt. Aufgrund dieser Aussage kann Šulgi auf der Erde verortet werden. Zusammengefasst folgt hieraus, dass der Transport des Zepters vom Himmel auf die Erde erfolgte (vgl. auch C. Zgoll 2019, 202).

Diese Stelle unterscheidet sich aber von den bislang untersuchten Transfers dadurch, dass mit dieser Gabe die Einsetzung des Herrschers nicht abgeschlossen ist – im Gegenteil, die himmlische Übereignung ist nur ein Element unter vielen. So erhält er weitere Gaben von Gottheiten, die mit anderen kosmischen Bereichen wie bspw. der Unterwelt verbunden sind. Hierbei handelt es sich um Lugalbanda, Nin-Sumun, Ĝeštin-Ana, Uraš oder die Anuna-Götter[160]. Die zusätzlichen Gaben, die Šulgi zur Königsherrschaft ermächtigen, umfassen neben weiteren Herrschaftsabzeichen wie Krone oder Thron auch Namen[161]. Die Einsetzung Šulgis erfolgt damit durch zahlreiche numinose Gaben, von denen eine – nämlich das Zepter – sicher aus dem Himmel stammt, während andere aus anderen kosmischen Regionen kommen. Hierzu gehört möglicherweise eine

---

158 Nur erhalten durch Manuskript B (Ni 2437). Umschrift nach Klein 1981, 36, Übersetzung von G. Gabriel.
159 Unorthographisch für ḫe₂-.
160 Dass Šulgis mythische Eltern, Nin-Sumun und Lugalbanda, im Text dennoch in besonderer Weise mit dem Himmel verbunden sind, wird durch weitere Textstellen deutlich (siehe unten).
161 Zu Namen als machtvoller ewiger Götterentscheid für eine Person siehe insb. Gabriel 2014, 249-315 und *id*. 2018c.

weitere Gabe des Himmelsgottes An, der einen „erhabenen Kultsockel" (p a -
r a₁₀.g m a ḫ) aufstellt (vgl. auch Klein 1981, 35.37), auf den anschließend die
Göttin Nin-Sumun Šulgi setzt (Segm. B 15).

Mit Blick auf den Transfer des Königtums vom Himmel auf die Erde stellt
die Hymne *Šulgi P* somit einen Grenzfall dar. Die Installation Šulgis als König
fußt auf der göttlichen Gabe verschiedener Herrschaftselemente, die vermutlich
aus unterschiedlichen kosmischen Sphären stammen[162]. Sie sind teils dinglicher
Natur (vermutlich i. S. v. *machthaltigen Konkreta*), teils besitzen sie eine nicht-
dingliche Natur (dies gilt v. a. für Namen). Ihnen allen ist jedoch gemein, dass
sie den Empfänger mit Macht ausstatten, die in Summe das Königtum ergeben.
Dieses erweist sich damit als ein Kompositum aus einer Vielzahl an Einzelelementen, die er nicht nur aus dem Himmel erhält. Die zahlreichen genannten
gebenden Götter und ihre kosmische Verteilung verbreitern das ontische und
damit auch das legitimatorische Fundament des Königtums.

Insofern wird in der Königshymne *Šulgi P* nicht das Königtum als Ganzes (in
Gestalt seiner *machthaltigen Konkreta*) vom Himmel auf die Erde gebracht. Statt
dessen entstammen nur Elemente (urteilsfällendes Zepter, erhabener Kultsok-
kel) aus diesem kosmischen Bereich, andere Elemente kommen vermutlich aus
anderen Bereichen wie bspw. der Unterwelt[163]. Jedes dieser Elemente versieht
den König mit einem weiteren Aspekt seiner Herrschaft. So erlangt Šulgi beispielsweise durch das Zepter des Himmelsgott die Kompetenz, Recht zu sprechen.

Diese Beobachtungen lassen sich stofflich in Hylemen (punktuell: P, durativ-resultativ: DR) ausdrücken, wobei die folgende Abfolge wahrscheinlich ist:

- P 1   An bringt das urteilfällende Zepter vom Himmel auf die Erde.
- P 2   An übergibt das urteilfällende Zepter an Šulgi.
- P 3   Verschiedene Gottheiten GN bringen weitere *machthaltige Konkreta* des Königtums [aus ON] vor Šulgi.
- P 4   Verschiedene Gottheiten übergeben *machthaltige Konkreta* des Königtums an Šulgi.
- P 45   Verschiedene Gottheiten geben Šulgi den Namen NN.
- DR 1   Šulgi ist König.
- DR 2   Šulgis Königtum ergibt sich aus verschiedenen göttlichen Gaben, die unterschiedliche Machtaspekte (bspw. Rechtsprechung) verleihen.

---

162 Vgl. auch die Diskussion der *machthaltigen Konkreta* im *Streitgespräch von Baum und Rohr* (siehe 5.5).
163 Dies gilt für die Gaben von Ĝeštin-Ana, Uraš und von den Anuna-Göttern, da diese Götter einen Unterweltsbezug haben.

7 Zusammenfassung

Die Untersuchung der sumerischen und akkadischen Quellen aus drei Jahrtausenden hat deutlich gemacht, wie tief der mythische Erzählstoff vom himmlischen Ursprung des Königtums im antiken Mesopotamien verwurzelt war. Dabei traten nicht nur teils abweichende Mythen zutage, es deuten sich auch unterschiedliche Vorstellungen von der Natur des Königtums an. Diese verteilten Beobachtungen sollen nun abschließend zusammengeführt und ausgewertet werden.

Zunächst gilt der Blick der stofflichen Dimension. Welche unterschiedlichen mythischen Stoffe zum Transport des Königtums vom Himmel auf die Erde lassen sich identifizieren? Wie verhalten sich diese Stoffe zueinander? (7.1). Diese Ergebnisse werden anschließend herangezogen, um die durch die mythischen Narrationen transportierten Herrschaftsvorstellungen systematisch herauszuarbeiten. Hierbei werden die Mythen nach ihren konzeptionellen Implikationen befragt, m. a. W. danach, welche Konzepte der Natur des Königtums diesen Erzählungen zugrunde liegen (7.2).

7.1 Stoffliche Interaktionen und Stratifikationen

Fasst man die unterschiedlichen Erzählungen vom himmlischen Ursprung des Königtums zusammen, deuten sich zwei große mythische Traditionen an (siehe Tab. 6).

Tab. 6: Die mythischen Traditionen des Transports des Königtums vom Himmel auf die Erde

Mythische Tradition	Hylemsubjekt (auktorial)	Hylemsubjekt (durchführend) / Transfermodus	Hylemobjekt	Quellen
A	An und/oder Ellil (ggf. weitere Götter)	[?] / [?]	Königtum; in Gestalt seiner *machthaltigen Konkreta* wie Thron oder Krone	*Etana-Epos*, ‚Sumerische Königsliste' und textlich abhängige Quellen, *Šulgi P*
B	[Innana/Ištar]	Etana / Flug auf einem Adler	„Kraut des Gebärens" → dynastisches Königtum	*Etana-Epos*, ‚Sumerische Königsliste'

Nach der mythischen Tradition A sind zumeist der Himmelsgott An und/oder der Götterkönig Ellil für den Transfer verantwortlich. Dies spiegelt auf der göttlichen Ebene die Herkunft im Himmel (An) und den Umstand, dass das Transferierte das Königtum ist (Ellil). Der Modus des Transfers und die möglicherweise abweichende durchführende Instanz wird in dieser Tradition stets offengelassen. Dagegen wird deutlich, dass sich das Königtum hier in seinen machthaltigen Konkreta wie Thron oder Krone manifestiert. Dies entspricht auch dem Anfang des *Etana-Epos*, in dem davon berichtet wird, dass verschiedene dieser numinosen Objekte (d.i. Zepter, men-Krone, (Herrscher-)Kappe und Hirtenstab) eingangs noch vor An im Himmel stehen (siehe 3.1). In gleicher Weise besteht das Königtum in der Königshymne *Šulgi P* aus verschiedenen Elementen, wozu auch die machthaltigen Herrschaftsabzeichen wie das Zepter gehören. Auch wenn nur das Zepter und ein Kultsockel aus dem Himmel stammen, so liegt dieser mythischen Erzählungen ein vergleichbares Verständnis des Königtums zugrunde (siehe Abschnitt 6).

Innerhalb des mit der ‚Sumerischen Königsliste' textlich verbundenen Teils der mythischen Tradition A ist der Empfänger des Königtums zudem keine Person, sondern eine Stadt. Der Königsstatus des menschlichen Herrschers ergibt sich hier erst mittelbar durch seine Zugehörigkeit zu dieser Stadt. In der Königshymne *Urnamma C* und dem *Streitgespräch von Baum und Rohr* überlagern sich womöglich beide Konzepte, da man die knappen textlichen Ausführungen zum einen als unmittelbaren Transport zum Herrscher verstehen kann. Aufgrund des Zitats des Anfangs der ‚Sumerischen Königsliste' schwingt zumindest auch eine Langversion des Stoffs mit, wonach auf den gesamten Geschichtsverlauf entsprechend dieser mytho-historiographischen Quelle rekurriert wird. In der Hymen *Šulgi P* (und ggf. auch im *Etana-Epos*) empfängt der König hingegen die *machthaltigen Konkreta* direkt.

Die mythische Tradition B findet sich bislang nur im Kontext des ETANA-STOFFS – und zwar in der epischen Ausformung und in der ‚Sumerischen Königsliste'. Diese ist sehr explizit, was die Art und Weise des Transfers anbelangt. Demnach fliegt der mythische Held selbst auf dem Rücken eines Adlers in den Himmel. Dort empfängt er – vermutlich von Innana/Ištar – das gesuchte „Kraut des Gebärens" und erhält von ihr die Erlaubnis, es mit auf die Erde zu nehmen. Auktoriales Hylemsubjekt ist demnach die Göttin, durchführendes Organ der Held. Da letzterer auf einem Adler in den Himmel gelangte, kam er vermutlich auch auf diesem Weg zurück. Der Transfer des „Kraut des Gebärens" zielt hier darauf, einen Sohn und Nachfolger zu erhalten, so dass das dynastische Königtum etabliert werden kann.

Der Fall der mythischen Tradition B ist insofern interessant, als diese in ihrer textlichen Ausführung nicht mehr in Reinform erhalten ist. Sowohl am Anfang des *Etana-Epos* wie auch am Anfang der ‚*Sumerischen Königsliste*' findet sich eine Ausführung der mythischen Tradition A. Dies ist ein gutes Beispiel für stoffliche Stratifikationen, die durch die Interaktion mythischer Stoffe entstehen. Aus dem Kontakt resultieren geltungsgeladene Aushandlungsprozesse, die sich wiederum in stofflichen Überlagerungen niederschlagen, die dann textlich ausgeführt werden (vgl. auch C. Zgoll 2019, 442-447). Dabei wird eine gewichtete Relation zwischen zuvor möglicherweise unverbundenen Stoffen hergestellt. Dies zeigt sich sehr gut am Beispiel der Traditionen A und B. Während die Tradition A in der ‚*Sumerischen Königsliste*' dominiert, in der die Tradition B nur sekundär eingebettet wurde (siehe 3.2), verhält es sich im *Etana-Epos* genau umgekehrt, da hier das Fokus eindeutig auf Etanas Himmelflug liegt (siehe 3.1).

Ein weiteres Beispiel ist die Aufnahme des Sintflut-Stoffs in die ‚*Sumerische Königsliste*', woraus die stoffliche Redaktion resultierte, dass das Königtum nun zweimal auf die Erde gelangt (siehe 5.3). Dies schlägt sich dann wiederum nieder in der *Lagaš Herrscherchronik* oder dem *Sumerischen Sintflut-Epos*. Im letzteren Fall zeigt sich sogar ein stofflicher Rückkopplungseffekt, da hier der durch die Aufnahme in die ‚*Sumerische Königsliste*' veränderte SINTFLUT-STOFF in andere Ausformungen dieses Stoffs zurückfloss.

Dass die Umwandlung und Kombination von Stoffen nicht beliebig erfolgen kann, verdeutlicht der Umgang mit dem Hylem, dass die Götter das Königtum nach Kiš bringen. Diese Einheit lässt sich offenbar nicht aufbrechen, so dass die vorsintflutliche Zeit nur vor diesen ersten Abstieg integriert werden kann (vgl. 5.3). Hierdurch kommt es dann zu dem weiteren stofflichen Eingriff, dass es einen weiteren, ersten Transport auf die Erde gibt, der nun noch vor der Herrschaft der vorsintflutlichen Königsstädte positioniert ist. An der stofflichen Nahtstelle zwischen Sintflut und dem Transfer vom Himmel nach Kiš setzt auch die Gegennarration der *Lagaš Herrscherchronik* an (vgl. 5.4), indem sie die Herrschaft der „Stadtfürsten" (e n s i$_2$. k) von Lagaš genau hier beginnen lässt: nach der Flut, aber bevor das „Königtum" (n a m - l u g a l) (wieder) vom Himmel herabgebracht worden ist. Dies sind nur zwei Beispiele, und dennoch zeigen sie, dass es stoffliche Einheiten gibt, die enger zusammenhängen (bspw. der himmlische Transfer und die Stadt Kiš), während vermutlich gerade die Nahtstellen zwischen kombinierten Stoffen dazu einladen, an ihnen anzusetzen und weitere Stoffe zu integrieren.

Zusammenfassend lässt sich festhalten, dass die in dieser Studie untersuchten Stoffe sich in verschiedensten Textsorten (Königshymnen, Epen/epische Preislieder, Streitgespräche, mytho-historiographische Texte) wiederfinden. Dabei stellt weder die Textsorte noch die jeweilige Sprache eine Barriere dar. Dieser Umstand verdeutlicht, wie wichtig es ist, die Untersuchung mythischer Stoffe über Textsorten- und Sprachgrenzen hinweg durchzuführen. Die von Christian Zgoll vorgelegte Methode erlaubt es dabei, die jeweiligen Stoffe systematisch zu extrahieren und dadurch überhaupt erst vergleichbar zu machen.

Auf diese Weise konnten zwei mythische Hauptstränge identifiziert werden, die miteinander interagieren und sich verschränken. Sowohl an der Varianz wie auch an der Breite der Textsorten wie auch der zeitlichen Länge der Tradition wird deutlich, dass hier nicht einfach Texte abgeschrieben wurden, sondern eine lebendige Auseinandersetzung mit den jeweiligen Stoffen stattfand. Gegenstand dieser Aushandlungsprozesse sind dabei nicht nur die Mythen, sondern auch die durch sie transportierten Vorstellungen von der Natur des Königtums. Dieser Aspekt soll abschließend in den Blick genommen werden.

7.2 Durch Mythen exemplifizierte Konzepte politischer Herrschaft

Das in 7.1 skizzierte komplexe stoffliche und textliche Netzwerk repräsentiert eine fortlaufende Auseinandersetzung mit der Natur politischer Herrschaft. Indem die entsprechenden mythischen Erzählungen immer wieder neu nacherzählt, transformiert und kombiniert wurden, wurde die Beschaffenheit des Königtums immer wieder neu definiert. Diese Definitionen finden jedoch nicht explizit statt, sondern geschehen dadurch, dass vom mythischen Beginn politischer Herrschaft beispielhaft *erzählt* wird. In diesem Sinne fungieren mythische Stoffe und Texte mithin als *narrative Exemplifikationen* (vgl. 1.1 und Gabriel 2018a, 183)[164]. Indem sie von Ereignissen erzählen, legen sie die Natur der an den Ereignissen Beteiligten offen, m. a. W. sie stellen die Natur von mythischen Personen und Objekten heraus.

Wenn bspw. Götter Taten wie Menschen ausführen, so impliziert dies, dass sie selbst im gewissen Sinne menschenähnlich sind. Wenn das Königtum vom Himmel auf die Erde gebracht wird, setzt dies voraus, dass es etwas ist, das sich an einem klar umgrenzten Ort befindet und von diesem fortbewegt werden kann. Das Narrativ-Exemplifikatorische liegt bis zu einem gewissen Grad allen

---

[164] Siehe auch Hazony 2012, 79, George 2013, 48 und C. Zgoll 2019, 556.

Erzählungen zugrunde, jedoch unterscheiden sich mythische Stoffe von diesen aufgrund ihres allgemeinen Geltungsanspruchs. Dies liegt zum einen an der Natur der (meisten) Hylemsubjekte und -objekte. Es macht einen Unterschied, ob eine Gottheit oder ein einfacher Mensch handelt. Ebenso ist es natürlich viel weitreichender, wenn die machthaltigen Konkreta des Königtums auf die Erde kommen, als wenn ein historischer König gekrönt wird. Zum anderen sind auch die Handlungen zwar einmalig, aber in ihrer Konsequenz von großer Dauer. Insofern haben mythische Stoffe eine generische Qualität, wodurch die durch sie narrativ exemplifizierten Eigenschaften ebenfalls eine generische Aussagekraft erlangen (können)[165].

Auf Basis dieser methodischen Überlegungen lassen sich in den mythischen Traditionen A und B unterschiedliche Vorstellungen zur Natur politischer Herrschaft identifizieren (siehe 7.2.1 und 7.2.2). Indem diese miteinander interagieren, entsteht schließlich auch eine komplexe Konzeption des Königtums (siehe 7.2.3). Hier lassen sich konzeptionelle Hierarchisierungen nachzeichnen, in denen sich schlussendlich antike Diskurse andeuten.

7.2.1 Herrschaftskonzeption der mythischen Tradition A

Wie oben bereits angerissen impliziert der Transport des Königtums im Stoff der ‚Sumerischen Königsliste', dass es sich um eine Entität handelt, die Objektcharakter besitzt: Sie befindet sich an einem konkreten Ort und kann von dort wegbewegt werden. Aufgrund der Natur des „Königtums" (nam-lugal) als numinoses Machtmittel (me) manifestiert es sich in seinen machthaltigen und machtverleihenden Konkreta (Krone, Thron, Zepter etc.). Indem diese bewegt werden, wird auch das Königtum mittelbar bewegt.

Da das Königtum aufgrund dieser Objekthaftigkeit räumliche Präsenz besitzt und seine Konkreta machthaltig sind, hat seine Gegenwart an einem Ort einen politischen Effekt. Die Stadt, in der sich das Königtum befindet, wird durch seine Anwesenheit zur Herrschaft ermächtigt; aus der Stadt wird die Königsstadt.

Hierbei korreliert die räumliche Konzeption des Königtums mit der räumlichen Natur einer Stadt. So kennt das Königtum nur zwei Modi; entweder wird es von den Göttern bewegt, oder es verweilt an dem Ort, an den es von den Göttern

---

[165] Diese Ausführungen unterstreichen, dass eine simplifizierende Unterscheidung zwischen Mythos und Logos zu kurz greift (vgl. bspw. auch Stekeler-Weithofer 2006, 39 f; C. Zgoll 2014; id. 2019, 392 mit Anm. 63).

gesetzt wurde. Da seine lokale Präsenz somit Unbeweglichkeit (durch Menschen) voraussetzt, muss auch der Adressat der hieraus resultierenden Ermächtigung unbeweglich sein. Hiermit kann sich die Verleihung von Macht in einer ersten Instanz nur auf die Stadt beziehen – und über die Stadt nur mittelbar auf den menschlichen Herrscher.

Das Hylem vom himmlischen Transport des Königtums in der mythischen Tradition A hat noch eine weitere konzeptionelle Konsequenz. So gibt es nur einen Transfer *eines* Königtums. Dies impliziert, dass es nur ein Königtum auf der Erde gibt und dass somit eine Konkurrenz zwischen zeitgleich herrschenden Königen ausgeschlossen werden kann (siehe auch 4.3). Daher erstreckt sich der mit dem Königtum verbundene Herrschaftsanspruch auf das ganze Land, welches somit unter diesem Anspruch politisch vereint wird.

Indem nun das Königtum als numinoses machthaltiges Objekt vorgestellt wird, entfaltet es seine machtverleihende Wirkung an jedem seiner Aufenthaltsorte jeweils in gleicher Weise. Die Herrschaft der Stadt ON_1 unterscheidet sich somit qualitativ nicht von der Herrschaft der Städte ON_2–ON_x. Aus diesen konzeptionellen Grundlagen ergibt sich dann auch der lineare Geschichtsverlauf, wie er dem Stoff der ‚Sumerischen Königsliste' zugrunde liegt (vgl. 4.1.3 und 4.3). Wenn nun andere Kompositionen das Hylem vom urzeitlichen Transport des Königtums vom Himmel in eine Stadt aufgreifen, impliziert dies prinzipiell auch einen Rückgriff auf diese Art der Konzeption politischer Geschichte.

Zusammengefasst lässt sich das durch die mythische Tradition A narrativ exemplifizierte Herrschaftskonzept folgendermaßen skizzieren: Königsherrschaft ist ein numinoses Objekt, das einen konkreten Ort einnimmt, von Göttern bewegt werden kann und machthaltig ist. Seine räumliche Präsenz in einer Stadt ermächtigt diese zur Herrschaft über ganz Babylonien; erst mittelbar folgt hieraus das Königtum des menschlichen Herrschers. Aus dieser Herrschaftskonzeption folgt schließlich ein linearer Verlauf der politischen Geschichte, der aus einer Reihung der Königsstädte besteht.

7.2.2 Herrschaftskonzeption der mythischen Tradition B

In der mythischen Tradition B wird ein wichtiges Element des Königtums vom König selbst im Himmel geholt, das „Kraut des Gebärens". Diese himmlische Gabe ermöglicht es, dass er Nachkommen und dadurch einen Nachfolger bekommen kann. Sie schafft damit die Rahmenbedingungen für die Möglichkeit einer dynastischen Nachfolge.

Das diesem Stoff zugrundeliegende Königtum ist personaler Natur, da die Herrschaft unmittelbar dem König gegeben wird. Dies wird auch und insbesondere an dem Hylemschema deutlich, dass eingangs eine Göttin (Innana/Ištar?) im ganzen Land einen geeigneten Kandidaten für das Amt sucht. Die persönliche Befähigung des Herrschers spielt hier eine zentrale Rolle. Als Ausdruck der besonderen Befähigung kann man dabei auch den Himmelflug des Königs Etana lesen.

Aus der personalen Konzeption resultiert die Herausforderung, wie die Kontinuität der Königsherrschaft mit der menschlichen Sterblichkeit verbunden werden kann. Die Lösung liegt in der Weitergabe des Königtums an einen Nachfolger. Im Gegensatz zur räumlichen Herrschaftskonzeption der mythischen Tradition A (siehe 7.2.1) kann dies nicht durch die Affiliation zur Königsstadt erfolgen. An diese Stelle treten hier die Familienbande, wonach der erstgeborene Sohn als Nachfolger auserkoren ist. Da das „Kraut des Gebärens" eine göttliche Gabe ist, erlangt die so ermöglichte Nachkommenschaft göttliche Zustimmung und damit göttliche Legitimierung.

Hierdurch wird zudem die urzeitliche göttliche Auswahl des geeignetsten Kandidaten für das Königsamt fortgeschrieben und damit garantiert, dass die geeignetste Person die Herrschaft ausübt. Insofern stellt das „Kraut des Gebärens" nicht nur sicher, dass es überhaupt einen potentiellen Nachfolger gibt, sondern auch, dass dieser die herausragenden Eigenschaften des von den Göttern erwählten Königs besitzt. Nachkommenschaft bedeutet damit automatisch auch Erwählung durch die Götter. Diese göttliche Grundlegung der dynastischen Herrschaft steht aus der Perspektive der Herrschaftskonzeption im Zentrum der mythischen Tradition B.

Zusammengefasst lässt sich das Königtum nach der mythischen Tradition B derartig skizzieren: Königsherrschaft kommt immer einer Person zu. Nachdem der erste König von den Göttern auserwählt wurde, garantiert die Weitergabe in der Familie, dass dessen Qualität erhalten bleibt. Dass es einen Nachfolger in der Familie gibt und dass dieser ebenfalls die notwendige Qualität mitbringt, wird durch die göttliche Gabe aus dem Himmel ermöglicht. Das Geschenk der Götter stellt diesen transpersonalen Transfer des Königtums sicher und gibt ihm die notwendige göttliche Legitimation.

7.2.3 Konzeptionelle Hybridität durch stoffliche Stratifikation

Indem die beiden mythischen Traditionen A und B in verschiedenen Texten miteinander kombiniert worden sind, entstanden nicht nur geschichtete Narrationen (siehe 7.1), sondern auch konzeptionelle Komposite.

Beispielhaft zeigt sich dies im erhaltenen Teil des *Etana-Epos*. Hier wird durch das implizite *Noch* angezeigt, dass die *machthaltigen Konkreta* des Königtums vom Himmel auf die Erde gelangen werden. Diese Narration setzt die objektartige Herrschaftskonzeption der Tradition A voraus (vgl. 7.2.1). Der überwiegende Teil des Textes und seines Stoffs basiert aber auf der personalen Vorstellung des Königtums der Tradition B (vgl. 7.2.2). Umgekehrt verhält es sich im Fall der ‚Sumerischen Königsliste', in der das räumlich-objekthafte Verständnis des Königtums dominiert, in welches das dynastische Prinzip nachgeordnet eingeschrieben worden ist (vgl. 4.1.3 und 7.2.2).

Beide Beispiele verdeutlichen, dass die zwei Konzepte miteinander kombiniert worden sind. Dennoch geschieht dies nicht notwendigerweise durch eine gleichrangige Beiordnung. Im Gegenteil, in beiden Fällen wurde die jeweils andere Konzeption inkorporiert, indem sie nachgeordnet wurde. Indem sie jeweils Teil der dominanten Vorstellung wurde, begegnete man der Möglichkeit einer gleichrangigen Rivalität zwischen den Konzepten. Durch die Integration wird gezeigt, dass sie sich nicht widersprechen, zugleich wird der jeweils anderen Konzeption jedoch ihr Platz zugewiesen – in Gestalt einer logischen Nachordnung. Hier zeigen sich ebenfalls die „weltanschauliche[n] Kampfplätze" (C. Zgoll 2019, 440), die mythische Stratifikationsprozesse konstituieren. Indem mythische Stoffe auch *narrative Exemplifikationen* sind (vgl. 1.1 und 7.2), erstreckt sich diese Auseinandersetzung auch auf die derart kommunizierten Ideen und Konzepte.

Es gibt dabei eher harmonisierende und eher kämpferisch-aggressive Bezugnahmen zu beobachten. Ein eher aggressives Vorgehen zeigt sich in der *Lagaš Herrscherchronik* (siehe 5.4), während das *Etana-Epos* und die ‚Sumerische Königsliste' die mythischen Traditionen A und B harmonisch zusammenzuführen scheinen. Doch in den vermeintlich harmonisierenden Ansätzen (wie im *Etana-Epos* oder in der ‚Sumerischen Königsliste') liegt eine viel große Sprengkraft. Integration geht einher mit Vereinnahmung, geht einher mit Unterordnung (C. Zgoll 2019, 443 f). Auf diese Weise verteidigen die Redaktoren der Stoffe und Texte den jeweils zugrunde liegenden Geltungsanspruch. Diese Verteidigung ist besonders erforderlich, da es in einer solch traditionalistischen Kultur wie der Babyloniens nicht möglich ist, Teile der Tradition zu ignorieren und auszublenden. Dem hiermit verbundenen Imperativ der Berücksichtigung begegnen die Redaktoren mit der oben skizzierten hierarchisierenden Integration des Anderen.

Zusammengefasst offenbart sich hier nicht nur eine sehr bewusste Auseinandersetzung mit den direkt erlebten Erfahrungsgegenständen, sondern auch mit alternativen Narrationen und den in ihnen exemplifizierten Konzepten[166]. Wir dürfen daher mit Recht annehmen, dass stoffliche Verschränkungen, Stratifikationen und Rückkopplungen einhergehen mit einem Diskurs über die jeweils durch sie kommunizierten Konzeptionen. In letzter Konsequenz heißt dies nichts anderes als: Mythengeschichte ist auch Diskursgeschichte ist auch (politische) Konzeptgeschichte.

---

166 Vgl. auch die Langversion der Mythos-Definition nach C. Zgoll 2019, 562.

8 Anhang: Belegstellen

Anhang 1: „Sumerische Königsliste' – Grundversion

Manuskript	Publikation
USKL	Steinkeller 2003
L₂+ (N 3368 + 6512 + CBS 14223)	Legrain 1922 (= PBS XIII), 13 (CBS 14223); Civil 1961, 80 (N 3368); Peterson 2011, 105 f (N 6512)
P₃ (CBS 13994) + BT 14	Poebel 1914b (=PBS V), 3 (Kopie); *ibid.*, Tf. 91 (Foto) (jeweils P₃); Klein 2008, 89 (Kopie); *ibid.*, 90 f (Foto) (jeweils P₃+BT 14)

Textstelle	Umschrift	Übersetzung
USKL, i 1 f	⌜nam⌝-lugal ⌜an-ta⌝ e₁₁.d-da-ba / kiše^ki lugal-am₃	Nachdem das Königtum vom Himmel herabgebracht worden war, war Kiš König.
L₂+, i 1 f	[...] ⌜X X⌝ [...] ⌜X⌝ / [kiše]⌜ki⌝ lugal-am₃⌝	⌜...⌝, ⌜war⌝ [Kiš] ⌜König⌝.
P₃ + BT 14, i 1-3	nam-lugal / an-ta e₁₁.d-da-ba / kiše^ki ⌜lugal⌝-la	Nachdem das Königtum vom Himmel herabgebracht worden war, war Kiš ⌜König⌝.

Anhang 2: „Sumerische Königsliste' – Sintflut-Version

Manuskript	Publikation
B.K. 505	Malayeri 2014, 350 (Foto); Gabriel 2020, 189-196 (Umschrift); *ibid.*, 641 (Kopie)
IM 63095	Foster 2015: 163 f (Umschrift)
MS 3175	George 2011, 202 f Tf. 81-83
UET 6/3 504	Shaffer/Ludwig 2006, 504
WB (Ash. 1923-444)	Langdon 1923 (=OECT 2), 1

Textstelle	Umschrift	Übersetzung
B.K. 505, i 2 f	[n]am-lugal an-⸢ta-a e(sic)-a-ba¹¹⁶⁷ / [eri]du^ki nam-lugal-ᵃ-⸢la¹¹⁶⁸	Nachdem das Königtum ⸢vom¹ Himmel ⸢herabgebracht worden war¹, ⸢war Eridu¹ die (Stadt) des Königtums.
IM 63095, Rs. 3'-4'	[nam-lugal] an-ta ᵉ<DU₆>.DU-de₃-[(eš?)-a-ba] / [kiše^ki] nam-lugal-[la]	[Nachdem sie(?) das Königtum] vom Himmel herabgebracht [hatten], [war Kiš die (Stadt) des] Königtums.
MS 3175, i 1 f	nam-lugal ⸢an-ta DU₆.¹<DU>-da-a-⸢ba¹ / eridu^ki nam-lugal-⸢la¹	Nachdem das Königtum ⸢vom¹ Himmel herabgebracht worden war¹, ⸢war¹ Eridu die (Stadt) des Königtums.
MS 3175, iii 8 f	nam-lugal an-⸢ta DU₆¹.DU-da-a-ba / kiše^ki-a nam-lugal-la	Nachdem das Königtum vom Himmel herabgebracht worden war, war Kiš die (Stadt) des Königtums.
UET 6/3 504, ii 4' f	⸢nam¹-lu[gal an-ta e₁₁.d-da-(a)-ba] / ⸢kiše¹[^ki nam-lugal-la]	[Nachdem] ⸢das Königtum¹ [vom Himmel herabgebracht worden war], war ⸢Kiš¹ [die (Stadt) des Königtums].
WB, i 1 f	[nam]-⸢lugal¹ an-ta e₁₁.d-de₃-a-ba / [eri]du^ki nam-lugal-la	⸢Nachdem das Königtum¹ vom Himmel ⸢herabgebracht worden war¹, war ⸢Eridu¹ die (Stadt) des Königtums.
WB, i 41 f	nam-lugal an-⸢ta¹ e₁₁.d-de₃-a-ba / kiše^ki ⸢nam¹-lugal-la	Nachdem das Königtum ⸢vom¹ Himmel herabgebracht worden war, war Kiš die (Stadt) des ⸢Königtums¹.

Anhang 3: Königshymne *Urnamma C*

Manuskript	Publikation
AO 5378	De Genouillac 1930 (=TCL 15), 12

Textstelle	Umschrift	Übersetzung
AO 5378, Z. 111-114	šu-du₁₁.g-ga-e ᵈnan-na-a-me-en / ses	„(Sein¹⁷⁰ Vollendeter, der des Nanna bin ich =) Der, den Nanna vollendet hat, bin ich, der

---

167 Die Verbform ist hier (teil)phonetisch geschrieben, wobei der Auslaut /d/ von e₁₁.d weggefallen ist.

168 Hierbei handelt es sich um eine weitere phonetische Schreibung, wodurch der Auslaut der Form ausgedrückt wird (/namlugala/ steht für nam-lugal-am₃).

Textstelle	Umschrift	Übersetzung
	ᵈbil₃-ga-meš₃ gu-la-me-en / [dumu d]u₂-da ᵈnin-sumun₂-ka-me-en numun nam-en-na-me-en / [an-t]a nam-lugal ma-ra-e₁₁.d !¹⁶⁹	Bruder des bedeutsamen Gilgameš bin ich, der [Sohn] den Nin-Sumun(ak) geboren hat, bin ich, der Sprössling des Herrschertums bin ich. ⌈Vom⌉ [Himmel] wurde das Königtum zu mir herabgebracht."

Anhang 4: *Lagaš Herrscherchronik*

Manuskript	Publikation
BM 23103	Sollberger 1967, 287-291 (Kopie)

Textstelle	Umschrift	Übersetzung
BM 23103, i 6-10	u₄.d an-ne₂ ᵈEN-lil₂-le / nam-lu₂-lu₇ mu-bi še₂₁-a-ta / u₃ nam-ensi₂.k in-⌈ĝar-ra⌉-ta / nam-⌈lugal⌉ aga şi[lig!?¹⁷¹-a]m₃ / an-t[a nu]-ub-ta-an-⌈e₃⌉-[eš? ...]	Als (=nachdem) An und Ellil der Menschheit ihren Namen gegeben und dann das Stadtfürstentum (hingestellt =) eingesetzt hatten¹⁷², hatten sie das Königtum – ⌈eine aga-silig-Axt? ist es⌉ – [(noch) nichl] ⌈aus⌉ dem Himmel herausgebracht, ...

Anhang 5: *Streitgespräch von Baum und Rohr*

Manuskript	Publikation
UM 29-16-217 (+ Ni 4591 + 9684)	Jiménez 2017, 21 (Transliteration); Vacín 2018, 454 (Transliteration); CDLI P229451 (Foto)

---

170 Die Lautfolge /a-e/ am Ende von šu-du₁₁-ga-e ist als -ani („sein/ihr") zu lesen (Sjöberg 1988, 165 Anm. 2; Attinger 1993, 144 f § 86 2°).
169 Zur Lesung des Zeichens siehe Flückiger-Hawker 1999, 218 Anm. 28.
171 Siehe Anm. 118.
172 An und Ellil werden hier als Einzelsubjekte behandelt, weshalb das Prädikat im Singular steht.

Textstelle	Umschrift	Übersetzung
UM 29-16-217, 247-249	ĝeš ĝešgu-za maḫ nam-lugal-la-kam an-ta im-ta-an-e₁₁.d / aga ni₂ gur₃-ru šu[173] zi.d il₂-la-am₃ niĝ₂ nu-um-da-sa₂ / ĝidru gal mu maḫ pa₃.d-da-am₃ ni₂ gal im-da-ri	„Baum/Holz – es ist der erhabene Thron des Königtums – hat er (=An? oder Ellil?) vom Himmel herabgebracht. (Baum/Holz) – es ist die Ehrfurcht tragende aga-Krone, (der gegenüber) die rechte Hand erhoben wurde – wurde mit nichts verglichen. (Baum/Holz) – es ist das große Zepter, das mit erhabenem Namen gerufen wurde – verbreitete große Ehrfurcht.""

Anhang 6: *Sumerisches Sintflut-Epos*

Manuskript	Publikation
CBS 10673 + 10867	Poebel 1914b (=PBS V), 1 (Kopie); CDLI P265876 (Foto)

Textstelle	Umschrift	Übersetzung
CBS 10673 + 10867, ii 5'-7'	[...] ⌈X⌉[174] nam-lugal-la an-ta e₁₁.d-d[a¹?][175]-a-ba / ⌈men⌉ maḫ[176] ĝešg[u-z]a nam-lugal-la an-ta e₁₁.d-\<da\>-a-ba / [... š]u mi-ni-ib-šu-du₇	Nachdem das [... (und) ...] des Königtums vom Himmel herabgebracht worden war(en), nachdem die erhabene men-Krone und der Thron des Königtums vom Himmel herabgebracht worden waren, [haben[177] GN ...] dort perfekt gemacht.

---

173 Abweichend von Jiménez (2017, 21) und Vacín (2018, 454) lese ich hier auf Basis von UM 29-16-217 das Zeichen ŠU anstelle eines SU.
174 Sowohl „aga-Krone" (aga) als auch „Zepter" (ĝidri) sind mögliche Ergänzungen (Civil 1969, 169 ad Z. 88). Dagegen hält Thorkild Jacobsen auch eine Lesung [me]n („men-Krone") für möglich (1939, 65).
175 Civil (1969, 140) umschreibt hier -d[e₃]. Sowohl die Kopie (Poebel 1914b, 1) als auch das CDLI-Foto (=P265876) zeigen nur den Zeichenanfang, der sowohl zum Zeichen NE (Lesung hier: de₃) als auch zum Zeichen DA passt. Ich halte letzteres vor dem Hintergrund der anderen Belegstellen (siehe insbesondere Anhang 1 und 2) für wahrscheinlicher.
176 Zur abweichenden Lesung in Jacobsen 1939, 58 siehe Civil 1969, 169 ad Z. 89.
177 Das Morphem -b- vor der verbalen Basis deute ich hier als kollektiven Plural und damit als transitives Subjekt des Satzes.

Anhang 7: *Dynastische Chronik*

Manuskript	Publikation
BM 35572	Finkel 1980, 76 (Kopie)
BM 40565	Finkel 1980, 77 (Kopie)

a) sumerisch

Textstelle	Umschrift	Übersetzung
BM 35572, Vs. 8a'-10a'	[... nam-lu]gal-la[178] an-ta e_{11}-d-de_3-[...] / [... nam-lu]gal-la[179] an-ta e_{11}-d-d[e_3- ...] / [eridu^{ki}] nam-lu[gal]-ʾla?ʾ	[Nachdem sie (=An, Ellil und Enki)? das ...] ʾdes Königtumsʾ vom Himmel herabgebracht hatten, (nachdem sie) [das ...] des König[tums] vom Himmel herabgebracht hatten, war [Eridu] die (Stadt) des ʾKönigtumsʾ.
BM 40565, Vs. 5a'-7a'	[... nam-lugal-la][180] an-ta e_{11}-d-de_3-eš-[a-ba][181] / [... nam-lugal-la] an-ta e_{11}-d-de_3-eš-[a-ba] / [eridu^{ki}] nam-lugal-ʾlaʾ	[Nachdem sie (=An, Ellil und Enki)? das ... des Königtums] vom Himmel herabgebracht hatten (und) [das ... des Königtums] vom Himmel herabgebracht hatten, ʾwarʾ [Eridu] die (Stadt) ʾdesʾ Königtums.
BM 40565, Rs. 10a' f	[... nam-lugal-la] an-ta e_{11}-d-ʾde_3ʾ-e[š-a-ba] / [... nam-lugal-la] an-t[a] ʾe_{11}-dʾ-[de_3-eš-a-ba] / [...]	[Nachdem sie (=An, Ellil und Enki)? das ... des Königtums] vom Himmel herabgebracht hatten (und) [das ... Königtums] vom Himmel ʾherabgebracht hattenʾ, [...].

---

178 Anders als Finkel 1980, 66: 8 und 68 ist in der Zeile noch genügend Platz für ein oder mehrere vorangestellte *nomina regentia* (vgl. *ibid*., 76 Tf. 1 = BM 35572: 8'), zu dem nam-lugal-la als *nomen rectum* fungiert. Finkel schreibt zwar, dass der Platz auf BM 40565 hierfür nicht ausreiche (*ibid*., 68), dies ergibt sich jedoch nicht aus der Kopie; im Gegenteil, die Zäsur, die in der Zeilenmitte zu vermuten ist, verdeutlicht, dass die Zeile ungefähr doppelt so lang war als sie erhalten ist (siehe auch Anm. 180).
179 Die zweite Klammer fehlt in Finkel 1980, 66, daher Setzung nach *ibid*., 76 Tf. 1 und Glassner 2004, 128.
180 Die Platzierung der Zeichen auf der Tafel deutet auf eine große Zeilenbreite hin, so dass auch hier in Anlehnung an BM 35572 Genitivverbindungen ergänzt werden können.
181 Da das Zeichen EŠ nicht am Zeilenende steht und noch genügend Platz bis zum Kolumnenende verbleibt (siehe Kopie, Finkelstein 1980, 77), kann hier mit gutem Gewissen die in der Regel tradierte Endung -a-ba ergänzt werden (ebenso Finkelstein 1980, 66).

b) akkadisch

Textstelle	Umschrift	Übersetzung
BM 35572, Vs. 8b'-10b'	[(...) šar-ru-t]u₂ iš-ʾtuʾ AN-e ʾu₂ʾ-[...] / [(...) šar]-ʾruʾ-tu₂ iš-tu AN-e u[r-...] / [...]	[Nachdem er/sie das (... des) Königtum(s)] vom Himmel [herabkommen lassen hatte(n)] (und) [das (... des) König]tum(s) herab[gekommen war], ...
BM 40565, Vs. 5b'-7b'	[...] iš-tu AN-e u₂-še-ri-da / [(...) šar-ru]-ʾtuʾ?¹⁸² iš-tu AN-e ur-da / [... eridu^ki] šar-ru-tu¹⁸³	[Nachdem] er? [das (... des) Königtum(s)] vom Himmel herabkommen lassen hatte, (und) [das (... des) Königtum(s)] vom Himmel herabgekommen war, [...], [Eridu ...] Königtum.

Anhang 8: *Etana-Epos* (altbabylonisch)

Manuskript	Publikation
MLC 1363	Clay 1923 (=BRM 4), 2

Textstelle	Umschrift	Übersetzung
MLC 1363, i 11 f	ḫa-aṭ-ṭu₃-um me-a-nu-um ku-ub-šum u₃ ši-bi-ir-ru / qu₂-du-mi-iš a-ni-im i-na ša-ma-i ša-ak-nu	Zepter, m e n -Krone, (Herrscher-)Kappe und Hirtenstab waren (noch) im Himmel vor An gesetzt.
MLC 1363, i 14	[b]e-[e]l-tum¹⁸⁴ i-na ša-ma-i ur-da-am	Die Herrin (=Ištar) stieg vom Himmel herab.

---

182 Die Kopie lässt sowohl die Lesung -*tu* als auch -*tu₂* zu. Da jedoch letzteres Zeichen in der nachfolgenden Zeile Verwendung findet (*šar-ru-tu*), wäre die Variante -*tu* manuskriptimmanent wahrscheinlicher.

183 Finkel 1980, 66: 10b gibt die Lesung *šar-ru-ti* an, die jedoch auf keinem Textzeugen erhalten ist. Statt dessen schreibt BM 40565 als einziger Textvertreter, auf dem das letzte Zeichen überliefert ist, *šar-ru-tu* (nach Kopie Finkel 1980, 77 Tf. 2 Vs. 7b').

184 Lesung nach Wilcke 1977, 156 f und Haul 2000, 106. Alternativ wurde auch [*ša*]*r*?-[*r*]*u*?-*tum* vorgeschlagen (vgl. Scheil 1901, 19 und Wilcke 1977, 156 f).

Anhang 9: Königshymne *Šulgi P*

Manuskript	Publikation
Ni 2437	Kramer 1944, 80 (Kopie); Klein 1981, 33 Abb. 4 (Foto)

Textstelle	Umschrift	Übersetzung
Segm. B 37	ĝidru di ku$_5$.d an-ne$_2$ ma-ra-an-šu[m$_2$] gu$_2$ an-še$_3$ he[185]-ni-zi.g	„An hat dir das urteilfällende Zepter gegeben. Er (=An) hat (deinen) Nacken wirklich dort(hin) zum Himmel erhoben (= hat (deinen) Kopf hocherhoben sein lassen)."

9 Literaturverzeichnis

Adams, R. McC., 1972, Settlement and Irrigation Patterns in Ancient Akkad, in: Gibson, M. (Hg.), The City and Area of Kish, Miami, 182-208.

Adams, R. McC., 1981, Heartland of Cities: Surveys of Ancient Settlement and Land Use on the Central Floodplain of the Euphrates, Chicago/London.

Adams, R. McC., 1982, Die Rolle des Bewässerungsbodenbaus bei der Entwicklung von Institutionen in der altmesopotamischen Gesellschaft, in: Hermann, J./Sellnow, I. (Hg.), Produktivkräfte und Gesellschaftsformationen in vorkapitalistischer Zeit, Berlin, 119-140.

Alster, B., 1989, The Textual History of the Legend of Etana, in: Journal of the American Oriental Society 109, 81-86.

Andersson, J., 2012, Kingship in the Early Mesopotamian Onomasticon: 2800–2200 BCE, Studia Semitica Upsaliensia 28, Uppsala.

Attinger, P., 1993, Eléments de linguistique sumérienne. La construction de du$_{11}$/e/di "dire", Orbis Biblicus et Orientalis Sonderband, Freiburg/Göttingen.

Attinger, P., 2019a, Lexique sumérien-français, fevrier 2019, https://zenodo.org/record/2585683#.XZojmS1XZD0.

Attinger, P., 2019b, La lamentation sur Sumer et Ur (2.2.3), février 2009, actualisé en 2019, https://zenodo.org/record/2599623#.XZojJy1XZD0.

Berlejung, A., 1998, Die Theologie der Bilder. Herstellung und Einweihung von Kultbildern in Mesopotamien und die alttestamentliche Bilderpolemik, Orbis Biblicus et Orientalis 162, Freiburg/Göttingen.

Bernbeck, R., 1996, Siegel, Mythen, Riten. Etana und die Ideologie der Akkad-Zeit, Baghdader Mitteilungen 27, 161-213.

---

[185] Unorthographisch für he$_2$-.

Brisch, N., 2007, Tradition and the Poetics of Innovation. Sumerian Court literature of the Larsa Dynasty (c. 2003–1763 BCE), Alter Orient und Altes Testament 339, Münster.

Bryant, J., 2002, The Fluid Text. A Theory of Revision and Editing for Book and Screen, Ann Arbor.

Buccellati, G., 1964, The Enthronement of the King and the Capital City in Texts from Ancient Mesopotamia and Syria, in: Biggs, R. D./Brinkman, J. A. (Hg.), Studies Presented to A. Leo Oppenheim, June 7, 1964, Chicago, 54-61.

Burstein, S. M., 1978, The Babyloniaca of Berossus. Sources and Monographs, Sources from the Ancient Near East, Vol. 1 Fasc. 5, Malibu.

Cancik-Kirschbaum, E., 2007, „Menschen ohne König...". Zur Wahrnehmung des Königtums in sumerischen und akkadischen Texten, in: Wilcke, C. (Hg.), Das geistige Erfassen der Welt im Alten Orient. Sprache, Religion, Kultur und Gesellschaft, Wiesbaden, 167-190.

Cavigneaux, A., 1978, L'essence divine, in: Journal of Cuneiform Studies 30, 177-185.

Chen, Y. S., 2012, The Flood Motif as a Stylistic and Temporal Device in Sumerian Literary Traditions, in: Journal of Ancient Near Eastern Religions 12, 158-189.

Chen, Y. S., 2013, The Primeval Flood Catastrophe. Origins and Early Development in Mesopotamian Traditions, Oxford Oriental Monographs, Oxford.

Civil, M., 1961, Texts and Fragments, in: Journal of Cuneiform Studies 15, 79 f.

Civil, M., 1969, The Sumerian Flood Story, in: Lambert, W. G./Millard, A. R. (Hg.), *Atra-ḫasīs*: The Babylonian Story of the Flood, Oxford, 138-172.

Clay, A. T., 1923, Epics, Hymns, Omens and Other Texts, Babylonian Records in the Library of J. Pierpont Morgan 4, New Haven.

Cooper, J. S., 1983, The Curse of Agade, Baltimore/London.

Cooper, J. S., 1993, Paradigm and Propaganda. The Dynasty of Akkade in the 21st Century, in: Liverani, M. (Hg.), Akkad, the First World Empire. Structure, Ideology, Traditions, Rom, 11-23.

Cooper, J. S., 2010, "I have forgotten my burden of former days!" Forgetting the Sumerians in Ancient Iraq, in: Journal of the American Oriental Society 130, 327-335.

Cooper, J. S./Heimpel, W., 1983, The Sumerian Sargon Legend, in: Journal of the American Oriental Society 103, 67-82.

Davila, J. R., 1995, The Flood Hero as King and Priest, in: Journal of Near Eastern Studies 54, 199-214.

De Genouillac, H., 1930, Textes religieux sumériens du Louvre, Tome I, Textes Cunéiformes. Musée du Louvre, Département des Antiquités Orientales 15, Paris.

Delnero, P., 2010, Sumerian Literary Catalogues and the Scribal Curriculum, in: Zeitschrift für Assyriologie und Vorderasiatische Archäologie 100, 32-55.

Diakonoff, I. M., 1959, Obščestvennyj i gosudarstvennyj stroj drevnego Dvureč'ja, Šumer. (Gesellschaftliche und staatliche Struktur des alten Zweistromlandes, Sumer), Moskau.

Dietrich, M., 1991, Die Tötung einer Gottheit in der Eridu-Babylon-Mythologie, in: Daniels, D. R. (Hg.), Ernten, was man sät. Festschrift für Klaus Koch zu seinem 65. Geburtstag, Neukirchen-Vluyn, 49-73.

Dietrich, M., 2006, Das *Enūma eliš* als mythologischer Grundtext für die Identität der Marduk-Religion Babyloniens, in: Dietrich, M./Kulmar, T. (Hg.), Die Bedeutung von Grundtexten für die religiöse Identität, Forschungen zur Anthropologie und Religionsgeschichte 40, Münster, 135-163.

Edzard, D.-O., 2007, Die lexikalischen Listen – verkannte Kunstwerke?, in: Wilcke, C. (Hg.): Das geistige Erfassen der Welt im Alten Orient. Sprache, Religion, Kultur und Gesellschaft, Wiesbaden, 17-26.

Elsner, J., 1994, From the Pyramids to Pausanias and Piglet: Monuments, Travel and Writing, in: Goldhill, S./Osborne, R. (Hg.), Art and Text in Ancient Greek Culture, Cambridge, 224-254.

Emelianov, V., 2009, Calendar Ritual in Sumerian Religion and Culture (ME's and the Spring Festivals) (Summary of Habilitation and Russian book), St.-Petersburg, https://www.academia.edu/194319/MEs_and_the_Spring_Festivals_Summary_of_Habilitation_and_Russian_book_._St.-Petersburg_Orientalia_2009.

Farber, G., 1987-1990, m e (ĝ a r z a , *parṣu*), Reallexikon der Assyriologie und Vorderasiatischen Archäologie 7, 610-613.

Farber, G., 1991, Konkret, Kollektiv, Abstrakt?, in: Aula Orientalis 9, 81-90.

Farber-Flügge, G., 1973, Der Mythos „Inanna und Enki" unter besonderer Berücksichtigung der Liste der m e , Studia Pohl 10, Rom.

Faulkner, W., 1976, Absalom, Absalom!, Harmondsworth.

Fink, S., 2015, Benjamin Whorf, die Sumerer und der Einfluss der Sprache auf das Denken, Philippika 70, Wiesbaden.

Finkel, I. L., 1980, Bilingual Chronicle Fragments, in: Journal of Cuneiform Studies 32, 65-80.

Flückiger-Hawker, E., 1999, Urnamma of Ur in Sumerian Literary Tradition, Orbis Biblicus et Orientalis 166, Freiburg/Göttingen.

Foster, B. R., 1974, Humor and Cuneiform Literature, in: Journal of the Ancient Near Eastern Society of Columbia University 6, 69-85.

Foster, B. R., 2015, Rez. Chen 2013, in: Archiv für Orientforschung 53, 163 f.

Foster, B. R., 2016, The Age of Agade. Inventing Empire in Ancient Mesopotamia, London/New York.

Frayne, D. R., 1993, Sargonic and Gutian Periods (2334–2113 BC), The Royal Inscriptions of Mesopotamia. Early Periods 2, Toronto u. a.

Frayne, D. R., 1997, Ur III Period (2112–2004 BC), The Royal Inscriptions of Mesopotamia. Early Periods 3/2, Toronto u. a.

Frayne, D. R., 2008, Presargonic Period (2700–2350 BC), The Royal Inscriptions of Mesopotamia. Early Periods 1, Toronto u. a.

Freydank, H., 1971-1972, Die Tierfabel im Etana-Mythos, in: Mitteilungen des Instituts für Orientforschung 17, 1-13.

Gabriel, G. I., 2014, *enūma eliš* – Weg zu einer globalen Weltordnung. Pragmatik, Struktur und Semantik des babylonischen „Lieds auf Marduk", Orientalische Religionen in der Antike 12, Tübingen.

Gabriel, G. I., 2017, Großtat oder Gewalttat? Die Macht der rückblickenden Deutung am Beispiel Narām-Sîns, in: Antike Welt 5/2017, 48-53.

Gabriel, G. I., 2018a, An Exemplificational Critique of Violence. Re-reading the Old Babylonian Epic *Inūma ilū awīlum* (a.k.a. *Epic of Atramḫasīs*), in: Gabriel, G. I. (Hg.), Approaching a Critique of Mesopotamian Reason. Proceedings of the Volkswagen Fellowship Symposium, held at Harvard University, April 20–21, 2017, in: Journal of Ancient Near Eastern History 5 (1-2), 179-213.

Gabriel, G. I., 2018b, The Sumerian King List as Educational Artefact. A Preliminary Case Study on the Societal Significance of the Text and the Practices of Old Babylonian Higher Education, in: di Paolo, S. (Hg.), Implementing Meanings. The Power of the Copy Between Past,

Present and Future. An Overview from the Ancient Near East, Altertumskunde des Vorderen Orients 19, Münster, 71-131.
Gabriel, G. I., 2018c, Decreeing Fate and Name-giving in *Enūma eliš*. Approaching a Fundamental Mesopotamian Concept with Special Consideration of the Underlying Assumptions and of the Condition of Possibility of Human Knowledge, in: Attinger, P. u. a. (Hg.), Text and Image, Proceedings of the 61^e Rencontre Assyriologique Internationale, Geneva and Bern, 22–26 June 2015, Orbis Biblicus Orientalis. Series Archaeologica 40, Leuven u. a., 163-178.
Gabriel, G. I., 2020, Die 'Sumerische Königsliste' als Werk der Geschichte. Kritische Edition sowie text-, stoff- und konzepthistorische Analyse. Eingereicht als Habilitationsschrift am Fachbereich Geschichts- und Kulturwissenschaften der Freien Universität Berlin am 14. April 2020.
Galter, H. D., 2005, *Ša lām abūbi*. Die Zeit vor der großen Flut in der mesopotamischen Überlieferung, in: Rollinger, R. (Hg.), Von Sumer bis Homer. Festschrift für Manfred Schretter zum 60. Geburtstag am 25. Februar 2004, Alter Orient und Altes Testament 325, Münster, 269-301.
George, A. R., 2003, The Babylonian Gilgamesh Epic. Introduction, Critical Edition and Cuneiform Texts, Oxford.
George, A. R., 2011, Sumero-Babylonian King Lists and Date Lists, in: George, A. R. (Hg.), Cuneiform Royal Inscriptions and Related Texts in the Schøyen Collection, Cornell University Studies in Assyriology and Sumerology 17, Bethesda, 199-209.
George, A. R., 2013, The Poem of Erra and Ishum: A Babylonian Poet's View of War, in: Kennedy, H. (Hg.), Warfare and Poetry in the Middle East, London, 39-71.
Gibson, M., 1972, The City and Area of Kish, Miami.
Glassner, J.-J., 1992, Inanna et les me, in: de Jong Ellis, M. (Hg.), Nippur at the Centennial. 35e Comptes-Rendus des Rencontres Assyriologiques Internationales, Occasional Publications of the Samuel Noah Kramer Fund 14, Philadelphia, 55-86.
Glassner, J.-J., 1993a, Le roi prêtre en Mésopotamie, au milieu du 3° millénaire – mythe ou réalité?, in: L'Ancien Proche-Orient el les Indes. Parallélismes interculturels religieux. Colloque franco-finlandais les 10 et 11 novembre 1990 à l'Institut finlandais, Paris / Ancient Near East and India. Intercultural religious parallels. The Franco-Finnish symposium 10-11th Nov. 1990, The Finnish Institute, Paris, Studia Orientalia 70, 9-19.
Glassner, J.-J., 1993b, Chroniques Mésopotamiennes, Paris.
Glassner, J.-J., 2004, Mesopotamian Chronicles, Writings from the Ancient World 19, Atlanta (franz. Orig.: Chroniques Mésopotamiennes, Paris, 1993).
Glassner, J.-J., 2005, La chronique de la monarchie une et l'écriture de l'histoire à la fin du 3e millénaire, in: Nouvelles Assyriologiques Brèves et Utilitaires 2005/46, 51 f.
Glassner, J.-J., 2011, Les régimes de succession dans la monarchies mésopotamiennes, in: Bonte, P. u. a. (Hg.), L'Argument de la filiation: Aux fondements des sociétés européennes et méditerranéennes, Paris, 139-154.
Grayson, A. K., 1975, Assyrian and Babylonian Chronicles, Texts from Cuneiform Sources 5, Locust Valley.
Hallo, W. W., 1963, Beginning and End of the Sumerian King List in the Nippur Recension, in: Journal of Cuneiform Studies 17, 52-57.
Haul, M., 2000, Das Etana-Epos. Ein Mythos von der Himmelfahrt des Königs von Kiš, Göttinger Arbeitshefte zur altorientalischen Literatur 1, Göttingen.
Hazony, Y., 2012, The Philosophy of Hebrew Scripture: An Introduction, Cambridge.

Heimpel, W., 1992, Herrentum und Königtum im vor- und frühgeschichtlichen Alten Orient, in: Zeitschrift für Assyriologie und Vorderasiatische Archäologie 82, 4-21.

Heimpel, W. siehe Cooper, J. S./Heimpel, W.

Hilgert, M., 2009, Von ‚Listenwissenschaft' und ‚Epistemischen Dingen'. Konzeptuelle Annäherungen an Altorientalische Wissenspraktiken, in: Journal for General Philosophy of Science 40 (2), 277-309.

Hrouda, B., 1996, Zur Darstellung des Etana-Epos in der Glyptik, in: Ambros, A. A./Köhbach, M. (Hg.), Festschrift für Hans Hirsch zum 65. Geburtstag gewidmet von seinen Freunden, Kollegen und Schülern, Wiener Zeitschrift für die Kunde des Morgenlandes 86, 157-160.

Jacobsen, T., 1939, The Sumerian King List, Assyriological Studies 11, Chicago.

Jacobsen, T., 1946, The Cosmos as a State, in: Frankfort, H./Groenewegen-Frankfort, H. (Hg.), The Intellectual Adventure of Ancient Man: An Essay on Speculative Thoughts in the Ancient Near East, Chicago, 125-184.

Jacobsen, T., 1957, Early Political Development in Mesopotamia, in: Zeitschrift für Assyriologie und Vorderasiatische Archäologie 52, 91-140.

Jacobsen, T., 1981, The Eridu Genesis, in: Journal of Biblical Literature 100 (4), 513-529.

Jacobsen, T., 1987, The Harps that Once … Sumerian Poetry in Translation, New Haven.

Jestin, R. R., 1972, Sumérien, in: Annuaire de l'École Pratique des Hautes Études, 4ᵉ section, Sciences historiques et philologiques 104 (1), 61-65.

Jiménez, E., 2017, The Babylonian Disputation Poems. With Editions of the *Series of the Poplar, Palm and Vine*, the *Series of the Spider*, and the *Story of the Poor, Forlorn Wren*, Culture and History of the Ancient Near East 87, Leiden/Boston.

Katz, D., 2007, Enki and Ninḫursaĝa, Part One. The Story of Dilmun, in: Bibliotheca Orientalis 64 (5-6), 568-589.

Kaula, J., 2016, „Nachdem das Königtum vom Himmel herabgekommen war…". Untersuchungen zur Sumerischen Königsliste, Cuneiform Digital Library Preprints 6, https://cdli.ucla.edu/pubs/cdlp/cdlp0006_20161121.pdf.

Kinnier Wilson, J. V., 1985, The Legend of Etana, Warminster.

Klein, J., 1976, Šulgi and Gilgameš: Two Brother-Peers (Šulgi O), in: Eichler, B. L. u. a. (Hg.), Kramer Anniversary Volume. Cuneiform Studies in Honor of Samuel Noah Kramer, Alter Orient und Altes Testament 25, Neukirchen-Vluyn, 271-292.

Klein, J., 1981, The Royal Hymns of Shulgi King of Ur: Man's Quest for Immortal Fame, Transactions of the American Philosophical Society 71 (7), Philadelphia.

Klein, J., 1991, A New Nippur Duplicate of the Sumerian Kinglist in the Brockmon Collection, University of Haifa, in: Michalowski, P. u. a. (Hg.), *Velles Paraules*: Ancient Near Eastern Studies in Honor of Miguel Civil, Aula Orientalis 9, 123-129.

Klein, J., 2008, The Brockmon Collection Duplicate of the Sumerian Kinglist (BT 14), in: Michalowski, P. (Hg.), On the Third Dynasty of Ur. Studies in Honor of Marcel Sigrist, Journal of Cuneiform Studies Supplemental Series 1, Boston, 77-91.

Koselleck, R., 1977, Standortbindung und Zeitlichkeit. Ein Beitrag zur historiographischen Erschließung der geschichtlichen Welt, in: Koselleck, R. u. a. (Hg.), Objektivität und Parteilichkeit. Theorie der Geschichte, Beiträge zur Historik 1, München, 17-46.

Kramer, S. N., 1944, Sumerian Literary Texts from Nippur in the Museum of the Ancient Orient, Philadelphia.

Kramer, S. N./Maier, J., 1989, Myths of Enki, the Crafty God, New York/Oxford.

Krebernik, M., 1998, Die Texte aus Fāra und Tell Abū Ṣalābīḫ, in: Bauer, J./Englund,
  R. K./Krebernik, M. (Hg.), Mesopotamien. Späturuk-Zeit und Frühdynastische Zeit.
  Annäherungen 1, Orbis Biblicus et Orientalis 160/1, Freiburg/Göttingen, 237-427.
Krebernik, M., 2019, Asar(i) und Osiris, in: Brose, M. u. a. (Hg.), En détail – Philologie und
  Archäologie im Diskurs. Festschrift für Hans-Werner Fischer-Elfert, Band 1, Zeitschrift für
  ägyptische Sprache und Altertumskunde Beiheft 7 (1), Berlin, Boston, 483-501.
Krecher, J., 1978, Sumerische Literatur, in: Röllig, W. (Hg.), Altorientalische Literaturen, Neues
  Handbuch der Literaturwissenschaft, Band 1, Wiesbaden, 101-150.
Lambert, W. G./Millard, A. R., 1969, *Atra-ḫasīs*: The Babylonian Story of the Flood, Oxford.
Langdon, S., 1923, The Weld-Blundell Collection, Vol. II. Historical Inscriptions, Containing
  Principally the Chronological Prism, W-B. 444, Oxford Editions of Cuneiform Texts 2, London u. a.
Lecompte, C., 2017, Rez. Steible/Yıldız 2015, in: Zeitschrift für Assyriologie und Vorderasiatische Archäologie 107, 274-285.
Legrain, L., 1922, Historical Fragments, Publications of the Babylonian Section, University of
  Pennsylvania XIII, Philadelphia.
Ludwig, M.-C. siehe Shaffer, A./Ludwig, M.-C.
Maier, J. siehe Kramer, S. N./Maier, J.
Malayeri, M., 2014, Schülertexte aus Susa. Dissertation zur Erlangung des akademischen
  Grades Doktor der Philosophie in der Philosophischen Fakultät der Eberhard Karls Universität Tübingen, https://publikationen.uni-tuebingen.de/xmlui/handle/10900/50754.
Marchesi, G., 2010, The Sumerian King List and the Early History of Mesopotamia, in: Biga, M.
  G./Liverani, M. (Hg.), *ana turri gimilli*. Studi dedicati al Padre Werner R. Mayer, S. J. da
  amici e allievi, Vicino Oriente, Quaderno V, Rom, 231-248.
Michalowski, P., 1983, History as Charter. Some Observations on the Sumerian King List, in:
  Journal of the American Oriental Society 103, 237-248.
Michalowski, P., 1989a, Thoughts about Ibrium, in: Hauptmann, H./Waetzoldt, H. (Hg.),
  Wirtschaft und Gesellschaft von Ebla, Heidelberger Studien zum Alten Orient 2, Heidelberg, 267-277.
Michalowski, P., 1989b, The Lamentation over the Destruction of Sumer and Ur, Mesopotamian
  Civilizations 1, Winona Lake.
Michalowski, P., 2003, A Man Called Enmebaragesi, in: Sallaberger, W./Volk, K./Zgoll, A. (Hg.),
  Literatur, Politik und Recht in Mesopotamien. Festschrift für Claus Wilcke, Orientalia Biblica et Christiana 14, Wiesbaden, 195-208.
Michalowski, P., 2014, The Presence of the Past in Early Mesopotamian Writings, in: Raaflaub,
  K. A. (Hg.), Thinking, Recording, and Writing History in the Ancient World, Oxford, 144-168.
Millard, A. R. siehe Lambert, W. G./Millard, A. R.
Milstein, S., 2016, Tracking the Master Scribe. Revision Through Introduction in Biblical and
  Mesopotamian Literature, New York.
Mittermayer, C., 2006, Altbabylonische Zeichenliste der sumerisch-literarischen Texte, unter
  Mitarbeit von P. Attinger, Orbis Biblicus et Orientalis Sonderband, Freiburg/Göttingen.
Mittermayer, C., 2019, Was sprach der eine zum anderen? Argumentationsformen in den
  sumerischen Rangstreitgesprächen, Untersuchungen zur Assyriologie und vorderasiatischen Archäologie 15, Berlin/Boston.
Moran, W. L., 1987, Some Considerations of Form and Interpretation in Atra-hasīs, in:
  Rochberg-Halton, F. (Hg.), Language, Literature, and History. Philological and Historical

Studies Presented to Erica Reiner, American Oriental Series. American Oriental Society 67, New Haven, 245-255.

Nadali, D./Verderame L., 2008, The Akkadian "Bello Stile", in: Biggs, R. D. u. a. (Hg.), Proceedings of the 51st Rencontre Assyriologique Internationale, Held at the Oriental Institute of the University of Chicago, July 18–22, 2005, Studies in Ancient Oriental Civilization 62, 309-320.

Panitschek, P., 2008, Lugal - šarru – βασιλεύς, Formen der Monarchie im Alten Vorderasien von der Uruk-Zeit bis zum Hellenismus. Teil 1. Von der Uruk-Zeit bis Ur III, Grazer altertumskundliche Studien, Frankfurt am Main u. a.

Peterson, J., 2008, A New Sumerian Fragment Preserving an Account of the Mesopotamian Antediluvian Dynasties, in: Aula Orientalis 26, 257-262.

Peterson, J., 2011, Sumerian Literary Fragments in the University Museum, Philadelphia, Biblioteca del próximo oriente antiguo 9, Madrid.

Peterson, J., 2016, An Unprovenienced Fragment of the Sumerian King List Recently for Sale, in: Nouvelles Assyriologiques Brèves et Utilitaires 2016/36, 64 f.

Poebel, A., 1914a, Historical Texts, Publications of the Babylonian Section, University of Pennsylvania IV/1, Philadelphia.

Poebel, A., 1914b, Historical and Grammatical Texts, Publications of the Babylonian Section, University of Pennsylvania V, Philadelphia.

Pomponio, F., 1994, The Hexapolis of Šuruppak. Political and Economic Relationships between Šuruppak and the Other Towns of Central and Southern Mesopotamia, in: Pomponio, F./Visicato, G. (Hg.), Early Dynastic Administrative Tablets of Šuruppak, Istituto Universitario Orientale (di Napoli), Dipartimento di Studi Asiatici, Series Maior 6, Neapel, 10-20.

Ranke, L. von, 1885, Geschichten der romanischen und germanischen Völker von 1494 bis 1514, 3. Aufl., Leipzig (1. Aufl. Leipzig u. a. 1824; siehe auch https://archive.org/details/geschichtenderro00rankuoft).

Reade, J., 2002, Early Monuments in Gulf Stone at the British Museum, with Observations on Some Gudea Statues and the Location of Agade, in: Zeitschrift für Assyriologie und Vorderasiatische Archäologie 92, 258-295.

Rodin, T., 2014, The World of the Sumerian Mother Goddess. An Interpretation of Her Myths, Acta Universitatis Upsaliensis. Historia Religionum 35, Uppsala.

Rohn, K., 2011, Beschriftete mesopotamische Siegel der Frühdynastischen und der Akkad-Zeit, Orbis Biblicus et Orientalis. Series Archaeologia 32, Freiburg/Göttingen.

Röllig, W., 1991, Überlegungen zum Etana-Mythos, in: Gamer-Wallert, I. (Hg.), Gegengabe, Festschrift E. Brunner-Traut, Tübingen, 283-288.

Römer, W. H. P., 1985, Zur Siegesinschrift des Königs Utuḫeĝal von Unug (± 2116-2110 v. Chr.), in: Orientalia. Nova Series 54 (1-2), 274-288.

Rubio, G., 2016, The Invention of Sumerian. Literature and the Artifacts of Identity, in: Ryholt, K./Barjamovic, G. (Hg.), Problems of Canonicity and Identity Formation in Ancient Egypt and Mesopotamia, Carsten Niebuhr Institute Publications 43, Kopenhagen, 231-257.

Rudik, N., 2015, Die Entwicklung der keilschriftlichen sumerischen Beschwörungsliteratur von den Anfängen bis zur Ur III-Zeit. Dissertation zur Erlangung des akademischen Grades Doctor philosophiae (Dr. phil.) vorgelegt dem Rat der Philosophischen Fakultät der Friedrich-Schiller-Universität Jena, https://www.db-thueringen.de/receive/dbt_mods_000 26243.

Sallaberger, W., 1999, Ur III-Zeit, in: Sallaberger, W./Westenholz, A. (Hg.), Mesopotamien. Akkade-Zeit und Ur III-Zeit. Annäherungen 3, Orbis Biblicus et Orientalis 160/3, Freiburg/Göttingen, 119-390.

Sallaberger, W., 2002, Den Göttern nahe – und fern den Menschen? Formen der Sakralität des altmesopotamischen Herrschers, in: Erkens, F.-R. (Hg.), Die Sakralität von Herrschaft. Herrschaftslegitimierung im Wechsel der Zeiten und Räume. Fünfzehn interdisziplinäre Beiträge zu einem weltweiten und epochenübergreifenden Phänomen, Berlin, 85-98.

Sallaberger, W., 2004, Relative Chronologie von der späten frühdynastischen bis zur altbabylonischen Zeit, in: Meyer, J.-W./Sommerfeld, W. (Hg.), 2000 v. Chr. Politische, wirtschaftliche und gesellschaftliche Entwicklung im Zeichen einer Jahrtausendwende, Colloquien der Deutschen Orient-Gesellschaft 3, Wiesbaden, 15-43.

Sallaberger, W./Schrakamp, I., 2015, Philological Data for a Historical Chronology of Mesopotamia in the 3rd Millennium, in: Sallaberger, W./Schrakamp, I. (Hg.), History & Philology, Associated Regional Chronologies for the Ancient Near East and the Eastern Mediterranean 3, Turnhout, 1-136.

Sazonov, V., 2007, Vergöttlichung der Könige von Akkade. Eine Einführung in die Problematik, in: Kämmerer, T. R. (Hg.), Studien zu Ritual und Sozialgeschichte Im Alten Orient, Tartuer Symposien 1998–2004, Beihefte zur Zeitschrift für die alttestamentliche Wissenschaft 374, Berlin/New York, 325-342.

Scheil, V., 1901, Notes d'Épigraphie et d'Archéologie Assyriennes. Un nouveau fragment du Mythe d'Étana, in: Recueil de Travaux relatifs à la Philologie et à l'Archéologie Égyptiennes et Assyriennes 23, 18-23.

Scheil, V., 1934, Listes Susiennes des Dynasties de Sumer-Accad, in: Revue d'Assyriologie et d'Archéologie Orientale 31, 149-166.

Schrakamp, I. siehe Sallaberger, W./Schrakamp, I.

Selz, G. J., 1992, Enlil und Nippur nach präsargonischen Quellen, in: de Jong Ellis, M. (Hg.), Nippur at the Centennial. Papers Read at the 35e Rencontre Assyriologique Internationale, Philadelphia 1988, Occasional Publications of the Samuel Noah Kramer Fund 14, Philadelphia, 189-225.

Selz, G. J., 1993, *Kaparru(m)*, ein sumerisches Lehnwort im Akkadischen?, in: Revue d'Assyriologie et d'Archéologie Orientale 87, 29-45.

Selz, G. J., 1998a, Über mesopotamische Herrschaftskonzepte. Zu den Ursprüngen mesopotamischer Herrschaftsideologie im 3. Jahrtausend, in: Dietrich, M./Loretz, O. (Hg.), dubsar anta-men. Studien zur Altorientalistik. Festschrift für Willem H. Ph. Römer zur Vollendung seines 70. Lebensjahres, unter Mitarbeit von T. E. Balke, Alter Orient und Altes Testament 253, Münster, 281-343.

Selz, G. J., 1998b, Die Etana-Erzählung. Ursprung und Tradition eines der ältesten epischen Texte in einer semitischen Sprache, in: Acta Sumerologica 20, 135-179.

Selz, G. J., 2002, Die Königslisten als politische Tendenz-Werke?, in: Freiburger Universitätsblätter 156, 21-30.

Selz, G. J., 2003, Die Spur der Objekte. Überlegungen zur Bedeutung von Objektivierungsprozessen und Objektmanipulationen in der mesopotamischen Frühgeschichte, in: Wenzel, U. u. a. (Hg.), Subjekte und Gesellschaft. Zur Konstitution von Sozialität. Für Günter Dux, Weilerswist, 233-258.

Selz, G. J., 2004, „Wer sah je eine königliche Dynastie (für immer) in Führung!". Thronwechsel und gesellschaftlicher Wandel im frühen Mesopotamien als Nahtstelle von *microstoria* und *longue durée*, in: Sigrist, C. (Hg.), Macht und Herrschaft. Veröffentlichungen des Arbeitskreises zur Erforschung der Religions- und Kulturgeschichte des Antiken Vorderen Orients und des Sonderforschungsbereichs 493. Band 5, Alter Orient und Altes Testament 316, Münster, 157-206.

Selz, G. J., 2008, The Divine Prototypes, in: Brisch, N. (Hg.), Religion and Power. Divine Kingship in the Ancient World and Beyond, Oriental Institute Seminars 4, Chicago, 13-31.

Selz, G. J., 2010, "The Poor Are the Silent Ones in the Country". On the Loss of Legitimacy; Challenging Power in Early Mesopotamia, in: Charvát, P./Vlčková, P. M. (Hg.), Who Was King? Who Was Not King? The Rulers and the Ruled in the Ancient Near East, Prag, 1-15.

Selz, G. J., 2011, Remarks on the Empirical Foundation and Scholastic Traditions of Early Mesopotamian Acquisition of Knowledge, in: Selz, G. J. (Hg.), Die empirische Dimension altorientalischer Forschungen, Wiener Offene Orientalistik 6, Wien, 49-70.

Shaffer, A./Ludwig, M.-C., 2006, Literary and Religious Texts. Third part, Ur Excavations. Texts 6/3, London.

Sharlach, T. M., 2017, An Ox of One's Own. Royal Wives and Religion at the Court of the Third Dynasty of Ur, Studies in Ancient Near Eastern Records 18, Berlin/Boston.

Sjöberg, Å., 1960, Der Mondgott Nanna-Suen in der sumerischen Überlieferung, Stockholm.

Sjöberg, Å., 1988, A Hymn to Inanna and Her Self-Praise, in: Journal of Cuneiform Studies 40, 165-186.

Sollberger, E., 1967, The Rulers of Lagaš, in: Journal of Cuneiform Studies 21, 279-291.

Sommerfeld, W., The Transition from the Old Akkadian Period to Ur III in Lagash, in: Sallaberger, W./Schrakamp, I. (Hg.), History and Philology, ARCANE III, Turnhout, 271-279.

Steible, H., 2015, The Geographical Horizon of the Texts from Fara/Shuruppag, in: Sallaberger, W./Schrakamp, I. (Hg.), History & Philology, Associated Regional Chronologies for the Ancient Near East and the Eastern Mediterranean 3, Turnhout, 157-161.

Steible, H./Yıldız, F., 1993, Ki'engi aus der Sicht von Šuruppak, in: Istanbuler Mitteilungen 43, 17-26.

Steible, H./Yıldız, F., 2015, Texte der Viehverwaltung von Šuruppak, unter Mitarbeit von Joachim Marzahn, Wirtschaftstexte aus Fara 2, Wissenschaftliche Veröffentlichungen der Deutschen Orient Gesellschaft 143, Wiesbaden.

Steiner, G., 1992, Nippur und die Sumerische Königsliste, in: de Jong Ellis, M. (Hg.), Nippur at the Centennial. Papers Read at the 35ᵉ Rencontre Assyriologique Internationale, Philadelphia, 1988, Occasional Publications of the Samuel Noah Kramer Fund 14, Philadelphia, 261-279.

Steinkeller, P., 1992, Early Semitic Literature and Third Millennium Seals with Mythological Motifs, in: Fronzaroli, P. (Hg.), Literature and Literary Language at Ebla, Quaderni di Semitistica 18, Florenz, 243-275.

Steinkeller, P., 1993, Early Political Development in Mesopotamia and the Origins of the Sargonic Empire, in: Liverani, M. (Hg.), Akkad – The First World Empire: Structure, Ideology, Traditions, HANE 5, Padua, 107–129.

Steinkeller, P., 1999, On Rulers, Priests and Sacred Marriage: Tracing the Evolution of Early Sumerian Kingship, in: Watanabe, K. (Hg.), Priests and Officials in the Ancient Near East. Papers of the Second Colloquium on the Ancient Near East – The City and its Life, held at the Middle Eastern Culture Center in Japan (Mitaka, Tokyo), March 22–24, 1996, Heidelberg, 103-137.

Steinkeller, P., 2002, Archaic City Seals and the Question of Early Babylonian Unity, in: Abusch, T. (Hg.), Riches Hidden in Secret Places. Studies in Memory of Thorkild Jacobsen, Winona Lake, 249-257.

Steinkeller, P., 2003, An Ur III Manuscript of the Sumerian King List, in: Sallaberger, W./Volk, K./Zgoll, A. (Hg.), Literatur, Politik und Recht in Mesopotamien. Festschrift für Claus Wilcke, Orientalia Biblica et Christiana 14, Wiesbaden, 267-292.

Steinkeller, P., 2013, How Did Šulgi and Išbi-Erra Ascend to Heaven?, in: Vanderhooft, D. S./Winitzer, A. (Hg.), Literature as Politics, Politics as Literature. Essays on the Ancient Near East in Honor of Peter Machinist, Winona Lake, 459-478.

Steinkeller, P. 2015, Introduction. Labor in the Early States: An Early Mesopotamian Perspective, in: Hudson, M./Steinkeller, P. (Hg.), Labor in the Ancient World. The International Scholars Conference on Ancient Near Eastern Economies, vol. 5. Dresden, 1–35.

Steinkeller, P., 2017, History, Texts and Art in Early Babylonia. Three Essays, Boston/Berlin.

Stekeler-Weithofer, P., 2006, Philosophiegeschichte, Grundthemen Philosophie, Berlin/New York.

Streck, M. P., 2010, Großes Fach Altorientalistik: Der Umfang des keilschriftlichen Textkorpus, in: Hilgert, M. (Hg.), Altorientalistik im 21. Jahrhundert. Selbstverständnis, Herausforderungen, Ziele, in: Mitteilungen der Deutschen Orientgesellschaft 142, 35-58.

Vacín, L., 2018, All the king's *adamindugas*. Textual images of Ur III sovereigns as managers of the universe, in: Attinger, P. u. a. (Hg.), Text and Image, Proceedings of the 61[e] Rencontre Assyriologique Internationale, Geneva and Bern, 22–26 June 2015, Orbis Biblicus Orientalis. Series Archaeologica 40, Leuven u. a., 447-457.

Van De Mieroop, M., 2016, Philosophy before the Greeks. The Pursuit of Truth in Ancient Babylonia, Princeton/Oxford.

Vanstiphout, H. L. J., 1990, The Mesopotamian Debate Poems. A General Presentation (Part I), in: Acta Sumerologica 12, 271-318.

Vedeler, H. T., 2015, The Ideology of Rim-Sin II of Larsa, in: Journal of Ancient Near Eastern History 2, 1-17.

Veldhuis, N., 1997, Elementary Education at Nippur: The Lists of Trees and Wooden Objects, Proefschrift ter verkrijging van het doctoraat in de Letteren aan de Rijksuniversiteit Groningen op gezag van de Rector Magnificus, dr. F. van der Woude, in het openbaar te verdedigen op donderdag 25 september 1997 des namiddags te 1.15 uur.

Veldhuis, N., 2004, Religion, Literature, and Scholarship: The Sumerian Composition Nanše and the Birds. With a Catalogue of Sumerian Bird Names, Cuneiform Monographs 22, Leiden/Boston.

Verderame, L. siehe Nadali, D./Verderame, L.

Vincente, C.-A., 1995, The Tall Leilān Recension of the Sumerian King List, in: Zeitschrift für Assyriologie und Vorderasiatische Archäologie 85, 234-270.

Vogel, H., 2008, Wie man Macht macht. Eine macht- und genderkritische Untersuchung der frühesten Repräsentationen von Staatlichkeit. Inaugural Dissertation zur Erlangung des Doktorgrades am Fachbereich Geschichts- und Kulturwissenschaften der Freien Universität Berlin. http://dx.doi.org/10.17169/refubium-14292.

Walker, C. B. F., 1983, Episodes in the History of Babylonian Astronomy, in: Bulletin of the Society for Mesopotamian Studies (Toronto) 5, 10-26.

Westenholz, A., 1974, Early Nippur Year Dates and the Sumerian King List, in: Journal of Cuneiform Studies 26, 154-156.

Westenholz, A., 1999, The Old Akkadian Period – History and Culture, in: Westenholz, A./Sallaberger, W. (Hg.), Mesopotamien. Akkade-Zeit und Ur III-Zeit. Annäherungen 3, Orbis Biblicus et Orientalis 160/3, Freiburg/Göttingen, 17-118.

White, H., 1973, Metahistory. The Historical Imagination in Nineteenth-Century Europe, Baltimore.

Wilcke, C., 1976, Kollationen zu den sumerischen literarischen Texten aus Nippur in der Hilprecht-Sammlung Jena, mit 31 Autographien im Text und 8 Abbildungen auf 7 Tafeln, Abhandlungen der Sächsischen Akademie der Wissenschaften zu Leipzig. Philologisch-Historische Klasse 65 (4), Berlin.

Wilcke, C., 1977, Die Anfänge der akkadischen Epen, in: Zeitschrift für Assyriologie und Vorderasiatische Archäologie 67, 153-216.

Wilcke, C., 1987, Die Inschriftenfunde der 7. und 8. Kampagnen (1983 und 1984), in Hrouda, B. (Hg.), Isin-Išān Baḥrīyāt III: Die Ergebnisse der Ausgrabungen 1983-1984, Bayerische Akademie der Wissenschaften. Philosophisch-historische Klasse. Abhandlungen Neue Folge 84, München, 83-120.

Wilcke, C., 1988, Die Sumerische Königliste und erzählte Vergangenheit, in: von Ungern-Sternberg, J./Reinau, H. (Hg.), Vergangenheit in mündlicher Überlieferung, Colloquium Rauricum 1, Stuttgart, 113-140.

Wilcke, C., 1989a, Genealogical and Geographical Thought in the Sumerian King List, in: Behrens, H. u. a. (Hg.), DUMU-E$_2$-DUB-BA-A. Studies in Honor of Åke W. Sjöberg, Occasional Publications of the Samuel Noah Kramer Fund 11, Philadelphia, 557-571.

Wilcke, C., 1989b, Die Emar-Version von „Dattelpalme und Tamariske" – ein Rekonstruktionsversuch, in: Zeitschrift für Assyriologie und Vorderasiatische Archäologie 79, 161-190.

Wilcke, C., 1990, Orthographie, Grammatik und literarische Form. Beobachtungen zu der Vaseninschrift Lu-galzaggesis (SAKI 152–156), in: Abusch, T. et al. (Hg.), Lingering over Words Studies in Ancient Near Eastern Literature in Honor of William L. Moran, Harvard Semitic Studies 37, Atlanta, 455-504.

Wilcke, C., 1999, Weltuntergang als Anfang. Theologische, anthropologische, politisch-historische und ästhetische Ebenen der Interpretation der Sintflutgeschichte im babylonischen *Atram-ḫasīs-Epos*, in: Jones, A. (Hg.), Weltende. Beiträge zur Kultur- und Religionswissenschaft, Wiesbaden, 63-112.

Wilcke, C., 2001, Gestaltetes Altertum in antiker Gegenwart. Königslisten und Historiographie des älteren Mesopotamien, in: Kuhn, D./Stahl, H. (Hg.), Die Gegenwart des Altertums. Formen und Funktionen des Altertumsbezugs in den Hochkulturen der Alten Welt. Heidelberg, 93-116.

Wilcke, C., 2002, Vom göttlichen Wesen des Königtums und seinem Ursprung im Himmel, in: Erkens, F.-R. (Hg.), Die Sakralität von Herrschaft. Herrschaftslegitimierung im Wechsel der Zeiten und Räume. Fünfzehn interdisziplinäre Beiträge zu einem weltweiten und epochenübergreifenden Phänomen, Berlin, 63-83.

Yıldız, F. siehe Steible, H./Yıldız, F.

Zgoll, A., 1997, Der Rechtsfall der En-ḫedu-Ana im sumerischen Lied nin-me-šara, Alter Orient und Altes Testament 246, Münster.

Zgoll, A., 2002, Auf Adlerschwingen zu den Göttern – Entdeckungen im Mythos von Etana, in: Welt und Umwelt der Bibel 26, 20-25.

Zgoll, A., 2003, „Einen Namen will ich mir machen!" Die Sehnsucht nach Unsterblichkeit im Alten Orient, in: Saeculum. Jahrbuch für Universalgeschichte 54, 1-11.

Zgoll, A., 2010, monumentum aere perennius – Mauerring und Ringkomposition im Gilgameš-Epos, in: Shehata, D./Weiershäuser, F./Zand, K. V. (Hg.), Von Göttern und Menschen. Beiträge zur Literatur und Geschichte des Alten Orients. Festschrift für Brigitte Groneberg, Cuneiform Monographs 41, Leiden/Boston, 443-470.

Zgoll, A., 2015, Innana holt das erste Himmelshaus auf die Erde, in: Janowski, B./Schwemer, D. (Hg.), Weisheitstexte, Mythen und Epen, Texte aus der Umwelt des Alten Testaments. Neue Folge 8, Gütersloh, 45-55.

Zgoll, A., 2020, Durch Tod zur Macht, selbst über den Tod. Mythische Strata von Unterweltsgang und Auferstehung der Innana/Ištar in sumerischen und akkadischen Quellen, in: Zgoll, A./Zgoll, C. (Hg.), Mythische Sphärenwechsel. Methodisch neue Zugänge zu antiken Mythen in Orient und Okzident, Mythological Studies 2, Berlin/Boston, 83-159.

Zgoll, C., 2014, „… und doch sind auch Wahrheitskörner darin." Zum Verhältnis von „Mythos" und „Wahrheit" am Beispiel des Erechtheus-Mythos, in: Rothgangel, M./Beuttler, U. (Hg.), Glaube und Denken, Jahrbuch der Karl-Heim-Gesellschaft 27, Frankfurt am Main u. a., 181-205.

Zgoll, C., 2019, Tractatus mythologicus. Theorie und Methodik zur Erforschung von Mythen als Grundlegung einer allgemeinen, transmedialen und komparatistischen Stoffwissenschaft, Mythological Studies 1 (https://doi.org/10.1515/9783110541588), Berlin/Boston.

Jörg v. Alvensleben
Vom Himmel oder nicht vom Himmel?
Die Stoffversionen des prometheischen Feuerraubs

Abstract: The present contribution will consider the question whether Prometheus steals the fire from heaven or from another place. A range of Greek and Latin texts on the subject, from Hesiod to Servius, will be presented for discussion. A detailed comparison will show that earliest Greek sources do not give us an exact location for the theft, whereas later sources present multiple variants.

1 Ein unsicherer Tatort

Meist haben moderne Rezipienten, wenn sie an bestimmte griechisch-römische Mythen denken, ein mehr oder weniger diffuses Stoff- bzw. Handlungsschema vor Augen, welches von unterschiedlichen Darstellungen in Literatur und Kunst von der Antike bis hin zu der neuzeitlichen Rezeption dieser Mythen geformt und beeinflusst wird. Bestimmte Aspekte von mythischen Stoffen scheinen demgemäß oft im Hintergrund zu bleiben, ohne eine besondere Rolle zu spielen. Fragen wir anhand der erhaltenen griechischen und lateinischen Texte nach dem Ort und den Motiven des prometheischen Feuerdiebstahls, so haben wir eventuell bestimmte Vorerwartungen: So ließe sich an den Olymp, den Himmel oder auch an die vulkanische Erde als ‚Tatort' des Diebstahls denken. Ebenso vorstellbar wäre allerdings, dass gar kein Ort genannt wird. Von welchem Ort und aus welchen Gründen stiehlt Prometheus also das Feuer, wenn man diejenigen griechischen und lateinischen Texte berücksichtigt, die den Feuerdiebstahl erwähnen? Ist es möglich, darauf eine einheitliche Antwort zu geben? Anhand des Befundes könnten sich dann zwei Punkte schärfer fassen lassen: Erstens die Frage, welche räumlichen Vorstellungen die antiken Schrift-

---

Anmerkung: Der folgende Artikel verdankt seine Entstehung den anregenden Gesprächen und Diskussionen mit den Mitgliedern des Göttinger *Collegium Mythologicum*. Ich möchte insbesondere Christian Zgoll für seine vielen hilfreichen Hinweise und Anmerkungen danken. Die Ausarbeitung des vorliegenden Artikels wurde gefördert und ermöglicht durch die Deutsche Forschungsgemeinschaft (Sonderforschungsbereich 1136 „Bildung und Religion", Projektbereich A03 „Pagane Religion und Philosophie in ‚virtuellen Bibliotheken': spätantike Kompendien und Enzyklopädien").

Open Access. © 2021 Jörg von Alvensleben, publiziert von De Gruyter. Dieses Werk ist lizenziert unter der Creative Commons Attribution 4.0 International Lizenz.
https://doi.org/10.1515/9783110743005-009

steller in Bezug auf einen bestimmten Mythos hatten, zweitens, wie sehr sich die einzelnen Stoffvarianten des Feuerdiebstahls voneinander unterscheiden und welche stofflichen Gemeinsamkeiten überhaupt übrigbleiben. Es soll also nicht um eine ausführliche allgemeine Analyse oder Deutung aller Mythen gehen, die sich um die Figur Prometheus ranken, ebenso wenig um die bestimmte literarische Gestaltung bei einem Autor[1]. Das Ziel ist vielmehr, Stoffvarianten des Feuerraubs zusammenzustellen und sie in Hinblick auf ihre Raumstruktur zu analysieren[2]. Dabei soll aber auch deutlich werden, dass mit dieser Fragestellung, die einem scheinbar nebensächlichen Aspekt Aufmerksamkeit schenkt, auch der Blick für philologische Probleme und intertextuelle Bezüge geschärft wird.

2 Der Feuerraub bei Hesiod

Zeus verbirgt bei Hesiod in der *Theogonie* das Feuer vor den Menschen aufgrund des Opferbetrugs, den Prometheus gegen ihn verübt hat (Verse 521-616)[3]. Prometheus betrügt ihn, indem er Zeus zwischen zwei Opferhaufen wählen lässt: der eine sieht zwar glänzend aus, beinhaltet aber die Knochenstücke, der andere hat eine weniger attraktive Oberfläche, besitzt im Inneren aber die kostbaren Fleisch- und Eingeweidestücke[4]. Zeus wählt in freier Wahl denjenigen Haufen

---

[1] Vgl. zur mythischen Figur Prometheus und den mit ihr verbundenen Mythen allgemein (Auswahl): Bapp 1908; Dougherty 2006; Duchemin 1974; Kerényi 1959; Kraus 1957; Pankow/Peters 1999; Peters 2016 (mit ausführlicher Bibliographie); Séchan 1951. Die Nähe zwischen Prometheus und dem altorientalischen Gott Enki wird neuerdings bei Raaflaub 2017, 28-31 behandelt. Raaflaub stellt aber abschließend fest, dass die konkrete literarische Verarbeitung der Prometheus-Mythen im griechischen Kulturbereich, insbesondere bei Hesiod und Ps.-Aischylos, von den altorientalischen Konzepten und Denkmodellen deutlich abweicht. Er spricht von „re-interpretation", vgl. ebd. 36 f.
[2] Vgl. dazu die entsprechenden Vorarbeiten im immer noch unentbehrlichen Artikel von Bapp 1908, 3038 f.
[3] Hier und im Folgenden ist die altgriechische Textgrundlage für Hesiod Solmsen 1990. Die Übersetzungen in diesem Beitrag sind meine eigenen, wenn nicht anders angegeben. Vgl. zu Hesiod und im Besonderen zum Feuerraub (Auswahl): Aly 1966, 327-341; Aly 1966a, 419-435; Beall 1991, 355-371; Peters 2016, 47-79; Rudhardt 1970, 1-15; Wehrli 1966, 411-418.
[4] Je nach philologischer Auffassung des genauen Wortlautes in Vers 538 und 540 kann man Prometheus noch eine explizitere Betrugsabsicht hinter der Opferaufteilung zuschreiben. Das hängt davon ab, ob man das neutral-allgemeine τῷ bei der Opferaufteilung in Vers 538 belässt oder aber in τοῖς verändert und auf die Menschen bezieht. Dann würde Prometheus Zeus deutlicher nahelegen, den trügerisch glänzenden Haufen zu wählen. Vgl. den kurzen Forschungs-

(und zwar, laut Hesiod, wissentlich), der unter der äußeren glänzenden Fettschicht nur aus Knochen besteht. Die Reaktion des Gottes ist Zorn: Als Strafe wird den Menschen das Feuer vorenthalten. Strenggenommen steht bei Hesiod dabei in den betreffenden Versen 562-564 nicht explizit, dass das Feuer bereits bei den Menschen war und ihnen nun *wieder* entzogen wird, auch wenn dies gedanklich wohl zu ergänzen ist[5]. Es stellt sich die Frage, warum Zeus überhaupt als Rache ausgerechnet das Feuer entzieht. Die Auswirkungen des Feuermangels werden von Hesiod nicht explizit genannt, eventuell ließe sich (auch aufgrund späterer Stoffbearbeitungen) vermuten, dass dadurch das Fleisch, welches die Menschen durch Prometheus' List gewinnen, nicht mehr gekocht werden kann und so wertlos wird. Zeus' Reaktion, der Entzug des Feuers, ist damit eine Revanche für den Opferbetrug – die Menschen gewinnen dadurch nichts. Der anschließende Feuerdiebstahl durch Prometheus verstärkt noch einmal die Annahme, dass das Feuer für die Menschen elementar wichtig ist[6].

Überblick über diese Diskussion bei Peters 2016, 68-73. Vgl. zu dem Vers insbesondere Kohl 1970, 31-36; Latacz 1971, 27-34; West 1961, 137 f; West 1966. Die Argumentation von Latacz halte ich für die überzeugendste Erklärung der Stelle. Latacz lehnt eine Veränderung des Textes mit dem Argument ab, dass es dann so schiene, als würde keine Wahl mehr zu treffen sein, da Prometheus die Opferhäufen schon zugewiesen hätte. Es handelt sich aber um eine echte Wahl, wie aus dem Folgenden klar wird. Insbesondere scheint mir Lataczs Auffassung richtig zu sein, dass Zeus in vorhesiodeischen Mythos-Versionen unabsichtlich den oberflächlich glänzenden Opferhaufen wählt und damit auf die List hereinfällt, während in Hesiods Version Zeus wissentlich den wertlosen Haufen wählt. Von mehreren, nicht weiter thematisierten impliziten Voraussetzungen bei Hesiod, die auf ältere Mythos-Versionen zurückgehen müssen, spricht auch Kerényi 1959, 50. Vgl. dazu auch Clay 2003, 109-112 und neuerdings mit ausführlicher Forschungsdiskussion C. Zgoll 2019, 341-350.

5 Vgl. die Verse 562-564, die aufgrund des überlieferten μελίῃσι Schwierigkeiten bereiten: ἐκ τούτου δήπειτα χόλου μεμνημένος αἰεὶ / οὐκ ἐδίδου μελίῃσι πυρὸς μένος ἀκαμάτοιο / θνητοῖς ἀνθρώποις οἳ ἐπὶ χθονὶ ναιετάουσιν. – „Deshalb gab er danach, da er sich immer an dieses Ärgernis erinnerte, dem Eschenholz nicht (mehr) die Kraft des unermüdlichen Feuers für die sterblichen Menschen, welche auf der Erde wohnen." Vgl. dazu West 1966, 324: „The double dative (...) seems just possible." In frühester Zeit wurde wohl angenommen, dass Feuer in Bäumen existiert, zumal die Esche bei Blitzeinschlägen gut brennt. Eine andere Möglichkeit, die West ebd. jedoch ablehnt, wäre, mit Verweis auf Hesiods *Werke und Tage*, Verse 143-145, μελίῃσι als Adjektiv für die „eisernen Menschen" der dritten Menschengeneration zu lesen, vgl. West ebd. 323 f.

6 Vgl. dazu auch Rudhardt 1970, 12-16: Durch die Opferteilung und den Feuerraub werde eine neue Ordnung zwischen Göttern und Menschen hergestellt, die im zukünftigen Opferritual anerkannt und jeweils bekräftigt würde. Peters 2016, 74 bezieht die schon vor der Opferteilung von Zeus vorhergesehenen Übel in Vers 551 auf die zukünftigen Übel über den Feuerentzug hinaus. Es ist allerdings die Frage, ob Zeus in der hesiodeischen Stoffversion das Geschehen letztendlich kontrolliert oder ob er nicht vielmehr auf den Betrug bloß reagiert.

Prometheus stiehlt das Feuer in einem Stängel der Narthexpflanze und bringt es den Menschen, wie man wohl rekonstruieren muss, zurück, (vgl. Verse 565-569)[7]:

ἀλλά μιν ἐξαπάτησεν ἐὺς πάις Ἰαπετοῖο / κλέψας ἀκαμάτοιο πυρὸς τηλέσκοπον αὐγὴν / ἐν κοίλῳ νάρθηκι· δάκεν δ' ἄρα νειόθι θυμὸν / Ζῆν' ὑψιβρεμέτην, ἐχόλωσε δέ μιν φίλον ἦτορ, / ὡς ἴδ' ἐν ἀνθρώποισι πυρὸς τηλέσκοπον αὐγήν.	Aber der tapfere Japetos-Sohn täuschte ihn und raubte die weithin sichtbare Flamme des unauslöschlichen Feuers in einem hohlen Narthex-Stängel. Es nagte aber an dem Hochdonnerer Zeus tief im Innern, es packte ihn Grimm in seinem Herzen, als er unter den Menschen die weithin sichtbare Flamme sah.

Wir bemerken hier nun eine Leerstelle, was den Ort des Feuerdiebstahls angeht: Er wird bei Hesiod schlicht nicht genannt, anders als Mekone, der Ort, an dem Prometheus und Zeus die Opfergaben aufteilen, um damit göttliche und irdische Sphäre voneinander zu trennen. Zeus selbst bemerkt den Diebstahl erst, als das Feuer bei den Menschen schon im Gebrauch ist (vgl. Vers 569). Hesiod war es offenbar nicht wichtig, den genauen Ort anzugeben, selbst wenn er eine örtliche Vorstellung davon gehabt haben sollte. Da Zeus das Feuer zuvor entzieht, dürfte es zumindest in seinem Machtbereich liegen. Auf der anderen Seite wird später in der *Theogonie* – freilich in einem anderen Zusammenhang – von dem unterirdischen Feuer des Hephaistos gesprochen[8].

Es fällt auf, dass bei Hesiod in der *Theogonie* himmlische, irdische und unterirdische Sphären generell nicht sehr scharf unterschieden werden. Uranos (Himmel) und Gaia (Erde), das ringförmige Meer des Gottes Okeanos und der unterirdische Tartaros werden an wenigen Stellen als die grundsätzlichen Konstituenten der Welt genannt, wobei ihre Sphären jedoch kaum voneinander abgegrenzt werden. Hesiod spricht in den Versen 736-757 und 807-819 (anfänglich eine wörtliche Wiederholung) von den am Rand der Erde befindlichen Quellen (πηγαί, Vers 738) der Erde, des Meeres, des Tartaros und des Himmels, andeutend, dass hier so etwas wie ein zentraler Punkt der Welt vorliegt, bei dem Tag und Nacht entstehen und an dessen Ort das Himmelsgewölbe von Atlas

---

[7] Plinius d. Ä. berichtet, dass der Stängel der Narthexpflanze, d. i. der Riesenfenchel, besonders gut für Feueraufbewahrung geeignet ist, vgl. *Nat.* 7, 198.
[8] Vgl. *Theog.* 865 f.

gehalten wird[9]. Dass wiederum große Entfernungen Himmel und Unterwelt trennen, macht Hesiod in den Versen 722-725 deutlich: ein Amboss falle neun Tage und Nächte vom Himmel auf die Erde und nochmals neun Tage von der Erde in den Tartaros. An einigen Textstellen wird zudem gesagt, dass die olympischen Götter – wie es das Attribut schon sagt – auf dem Berg Olymp wohnen, im Gegensatz zu den Titanen, die ihren Kampf gegen die Olympier von dem Othrys-Gebirge aus führen[10]. Der Himmel als Wohnort der Götter wird freilich auch genannt, und zwar im Zusammenhang mit der Geburt des Helios, der Selene und der Eos (Morgenröte)[11]. Die Kämpfe zwischen Göttern und ihren Widersachern (z. B. der Schlange Echidna, die in einer Höhle wohnt[12]) finden allerdings wahrscheinlich auf der Erde statt, und auch der Ort Mekone wird zumindest nach einem späteren Zeugnis als das spätere Sikyon auf der nördlichen Peloponnes identifiziert[13].

Aufgrund der unscharfen, teilweise fehlenden Ortsabgrenzung lässt sich daher in Bezug auf Hesiods Text die Ansicht schlecht begründen, dass die Prometheus-Episode teleologisch einen Austausch des irdischen Feuers durch ein himmlisches Opfer-Feuer zur Begründung der zukünftigen Opferpraxis darstellt[14]. Die genaue Herkunft des Feuers, irdisch oder himmlisch, spielt damit zumindest für Hesiod keinerlei Rolle, der Diebstahl kann sowohl im Himmel als auch auf der Erde erfolgen: Zeus' Handlungs- und Machtbereich erstreckt sich auf beide Bereiche.

Als Folge des Feuerdiebstahls wird Prometheus zur Bestrafung an den Felsen gekettet und Pandora zu den Menschen geschickt, um ihnen Unheil zu bringen (Verse 570-587). Bei Hesiod begegnet also folgendes Schema, wenn man die Ereignisse chronologisch anordnet und dabei kleinste Stoffbausteine,

---

9 Vgl. zum weltumspannenden Okeanos bei Homer und Hesiod Weizsäcker 1902, 809-816. Falls die wörtliche Wiederholung ab Vers 807 stimmt, würde(n) die Quelle(n) mit der Styx zu identifizieren sein, über welche die Verse 775-806 handeln. Somit wäre die Styx der Urgrund, dem alles Werden entspringt, was allerdings mit der Charakterisierung der Styx ab Vers 775 nicht so recht übereinstimmen will. Hier überlagern sich, wie oft bei Hesiod, mehrere mythische Stoffschichten und Vorstellungen.
10 Zum Olymp als Götterwohnung vgl. bspw. die Verse 37, 42, 51, 68, 113, 118, 391 und 953. Zu dem Kampf gegen die Titanen vgl. ab Vers 629.
11 Vgl. die Verse 371-374 und bereits 127 f.
12 Vgl. die Verse 297-302.
13 Vgl. *Schol. Ptolem.* 3,16,6 ed. Nobbe.
14 Eine solche Deutung versucht z. B. Peters 2016, 75. Zu den Ursprüngen der Opferteilung allgemein und Hesiod als Quelle vgl. Detienne/Vernant 1979.

Hyleme, unterscheidet, die mindestens ein Subjekt und Prädikat, eventuell auch ein Objekt und weitere Angaben umfassen[15]:
- Prometheus betrügt Zeus bei der Opferteilung.
- Zeus zürnt
- Zeus versagt den Menschen die Kraft des Feuers.
- Prometheus stiehlt in einem Narthex-Stängel das Feuer.
- Zeus sieht das Feuer bei den Menschen.
- Zeus ergrimmt.
- Zeus bestraft Prometheus.
- Zeus bestraft die Menschen:
- Hephaistos erschafft Pandora nach den Plänen des Zeus.
- Athene hilft Hephaistos bei der Erschaffung der Pandora.
- Hephaistos führt Pandora zu den anderen Göttern und Menschen heraus.
- Herakles tötet nach Willen des Zeus den Adler, der die Leber des Prometheus frisst.

Auch bei dem Transport der Pandora lässt sich keine strenge räumliche Aufteilung zwischen Himmel und Erde bzw. dem Wohnort der Götter und der Menschen feststellen. Vielmehr heißt es, dass Hephaistos die Pandora (eventuell aus seiner Werkstatt oder Wohnung?) zu den Göttern und Menschen herausführt (das Verb in Vers 586 ist ἐξάγω, „herausführen"). Die von Hesiod erzählte Reihenfolge ist zudem eine andere als die hier rekonstruierte: Hesiod beginnt die gesamte Prometheus-Erzählung mit der Bestrafung des Prometheus, da davor die Bestrafung des Prometheus-Bruders Menoitios und die Bestrafung des Atlas behandelt wird (Verse 514-520)[16]. Folgt man der Textüberlieferung, dann werden schon vor der Episode des Opferbetrugs sehr viele Details der späteren Befreiung durch Herakles beschrieben. Es ist allerdings fraglich, ob nicht im Ganzen oder in Teilen eine nachträgliche Interpolation, eventuell auch eine Textlücke vorliegt, da die Verse 533 und 534 nicht gut zusammenpassen und später noch einmal über die Bestrafung des Prometheus berichtet wird (ab Vers 616). Zumindest läge in Vers 534 eine auffallende Subjektverschiebung von Zeus auf Prometheus vor[17]. Eine funktionale Erklärung für die frühe Erwähnung des Her-

---

15 In der Übersicht werden längere Stoffsequenzen der Übersichtlichkeit halber zum Teil in Form von Hyperhylemen zusammengefasst. Vgl. zu der hier verwendeten Terminologie und Methodik den einführenden Beitrag von C. Zgoll, *Grundlagen der hylistischen Mythosforschung* in diesem Band.
16 Vgl. zur Einbettung des Mythos Peters 2016, 53-58.
17 Solmsen 1990 setzt gleich ganz die Verse 526-534 in seiner Ausgabe in Klammern. Es wäre auch zu überlegen, 534 an 522 anzuschließen, vgl. Kraus 1957, 659.

akles könnte sein, dass der Zeussohn Herakles an dieser Stelle von Hesiod sehr bewusst als Konkurrenzfigur zu Prometheus eingeführt wird. Herakles' Ruhm (κλέος, Vers 530) unter den Menschen wird ausdrücklich betont. Die Befreiung des Prometheus von dem Adler dank Herakles – von einer vollständigen Befreiung ist nicht die Rede – zeugt auf der einen Seite von der Übermacht und Gnade des Zeus, während die Taten des Herakles, für die er vergöttlicht wird, auf der anderen Seite für seine den Menschen zugewandte Freundlichkeit und damit indirekt für die Menschenfreundlichkeit des Zeus werben.

Auch in Hesiods Lehrgedicht *Werke und Tage* wird der Konflikt zwischen Zeus und Prometheus erwähnt (Verse 47-89). Der Ausgangspunkt dafür ist die beschwerliche Landarbeit, die als Strafe für den Opferbetrug von Zeus über die Menschen verhängt wird. Wie stellt sich nun in den ersten Versen der mythischen Erzählung (Verse 42-52) der Zusammenhang und die Chronologie der Ereignisse dar?

Κρύψαντες γὰρ ἔχουσι θεοὶ βίον ἀνθρώποισιν. / ῥηιδίως γάρ κεν καὶ ἐπ' ἤματι ἐργάσσαιο, / ὥστε σε κεῖς ἐνιαυτὸν ἔχειν καὶ ἀεργὸν ἐόντα·/ αἶψά κε πηδάλιον μὲν ὑπὲρ καπνοῦ καταθεῖο, / ἔργα βοῶν δ' ἀπόλοιτο καὶ ἡμιόνων ταλαεργῶν.

Denn verborgen halten die Götter die Nahrung für die Menschen. Denn leicht dürftest du sonst an einem Tage durch Arbeit so viel erwerben, dass du für ein Jahr genug hast, selbst wenn du untätig bist.
Schnell dürftest du dann das Ruder im Rauchfang aufhängen, die Arbeit der Ochsen und der fleißigen Esel würde aufhören.

ἀλλὰ Ζεὺς ἔκρυψε χολωσάμενος φρεσὶ ᾗσιν, / ὅττι μιν ἐξαπάτησε Προμηθεὺς ἀγκυλομήτης / τοὔνεκ' ἄρ' ἀνθρώποισιν ἐμήσατο κήδεα λυγρά, / κρύψε δὲ πῦρ· τὸ μὲν αὖτις ἐὺς πάις Ἰαπετοῖο / ἔκλεψ' ἀνθρώποισι Διὸς παρὰ μητιόεντος / ἐν κοίλῳ νάρθηκι, λαθὼν Δία τερπικέραυνον.

Aber Zeus verbarg, in seinem Herzen grollend, die Nahrung, weil ihn der betrügerische Prometheus getäuscht hatte. Deshalb ersann er für die Menschen traurige Sorgen, und er versteckte das Feuer. Aber der tapfere Japetos-Sohn stahl es erneut für die Menschen von Zeus, dem weisen Berater, zurück, in einem hohlen Narthex-Stängel, und Zeus, dem donnerfrohen, entging es.

Es ist nicht ganz klar, ob der Feuerentzug identisch mit dem erwähnten Nahrungsentzug ist, oder ob vor allem nach dem prometheischen Feuerdiebstahl und nach der Erschaffung der Pandora (diese Geschichte folgt nach den hier zitierten Versen) dem Menschen neben anderen Übeln auch die schwierigere Nahrungssuche auferlegt wird[18]. Da Zeus' Feuerentzug durch die List des Prometheus unmittelbar scheitert, liegt die kohärente Lektüre nahe, dass Hesiod damit vor allem die spätere beschwerliche Landarbeit und das schwierige Verhältnis zwischen Mann und Frau im Sinne hat. Im Gegensatz zu der Prometheus-Episode in der *Theogonie* wird in *Werke und Tage* über keine Bestrafung des Prometheus berichtet.

Hesiod ist der erste überlieferte Autor, der Opferbetrug und Feuerraub überwiegend pessimistisch als Ausgangspunkt für die allmähliche Degeneration der Menschheitsgenerationen schildert. Die Generation, die später aufgrund des Feuerdiebstahls durch die Pandora bestraft wird, ist zwar kaum mit einem der in *Werke und Tage* ab Vers 106 aufgezählten Geschlechter genau zu identifizieren, da Hesiod dort noch eine „andere Sage" (ἕτερόν τοι ἐγὼ λόγον) erzählt (gemeint ist der WELTALTERMYTHOS) allerdings dürfte es sich zumindest nicht um das selige „goldene Geschlecht" (Vers 109) handeln, sondern eher um eine der jüngeren Generationen, wenn nicht die jüngste[19]. In (Ps.-)Aischylos' Prometheus-Dramen zeigt sich demgegenüber eine deutlich optimistischere Deutung der Menschheitsgeschichte und ihres Lehrers und Beschützers Prometheus.

Wie lässt sich nun in Hesiods *Werke und Tage* die Frage nach der Herkunft des Feuers beantworten? Auch dort erwähnt Hesiod nicht, woher Prometheus das Feuer genau nimmt. Die Worte τὸ μὲν αὖτις ἐὺς πάις Ἰαπετοῖο / ἔκλεψ' ἀνθρώποισι Διὸς πάρα μητιόεντος („Der Japetos-Sohn stahl es für die Menschen zurück von Zeus, dem weisen Berater") zeigen allerdings an, dass Hesiod erneut an den konkreten Machtbereich des Gottes denkt. Offensichtlich hat Hesiod auch hier keine Zweiteilung der Welt in eine irdische und eine himmlische Sphäre im Sinn, wenn er über den Feuerraub berichtet. Vielmehr scheinen die

---

18 West 1978, 155 f setzt das schwierigere Leben der Menschen vor allem mit der Pandora und ihrer Büchse in Verbindung. Vgl. ebd. die Frage nach der Beziehung zwischen Feuerlosigkeit und Nahrungsentzug: "There is no equation of βίος and πῦρ, just a likeness which entices Hesiod into the myth and lands him on a familiar but not immediately pertinent track. However, there is still a prospect of reaching his goal, for the track leads to the fashioning of the first woman and thus to the introduction of at least one form of hardship into man's life."
19 Vgl. zu der Weltalterlehre in Verbindung zum PROMETHEUS-MYTHOS auch Peters 2016, 50. Die Aufeinanderfolge von verschiedenen Menschenaltern findet sich ebenfalls in den altorientalischen Mythen, welche die griechische Mythentradition beeinflusst haben dürften, vgl. dazu Raaflaub 2017, 21-24, der hethitische Beispiele bringt.

Götter auf der Erde oder an erhöhten Punkten zu leben, während den Menschen die (restliche) Erde als Wohnort zukommen dürfte[20].

3 (Ps.-)Aischylos: *Der gefesselte Prometheus*

Es ist bis heute eine umstrittene Frage, ob das Drama *Der gefesselte Prometheus* wirklich von Aischylos ist, auch wenn die Mehrheit der Stimmen aus verschiedenen Gründen seine Autorschaft ablehnt. Damit hängt die Frage zusammen, ob zwei weitere Stücke, von denen nur Fragmente erhalten sind und deren Titel ebenfalls im (wohl antik-alexandrinischen) handschriftlich überlieferten Werkkatalog des Aischylos genannt werden (*Der befreite Prometheus* und *Der Feuerträger Prometheus*), mit dem Drama *Der gefesselte Prometheus* eine Trilogie gebildet haben oder nicht. Zusätzlich wissen wir aus einer Dramenzusammenfassung auch von einem aischyleischen Satyrspiel, welches über Prometheus handelte. Da uns nur *Der gefesselte Prometheus* vollständig erhalten ist (*Der befreite Prometheus* immerhin noch in zahlreichen Fragmenten), wird die Frage nach der Autorschaft und dem genauen Zusammenhang mit den beiden anderen Stücken wohl kaum abschließend geklärt werden können, und sie ist für die vorliegende Frage nach dem Feuerraub auch nicht relevant[21]. Prometheus wird in diesem Drama auf Befehl des Zeus an den Felsen gekettet und berichtet dem Chor der Okeanostöchter, dem Meeresgott Okeanos und der auf der Flucht zu ihm kommenden Io die zwischen ihm und Zeus bereits vorgefallenen und die künftigen Geschehnisse. Bei (Ps.-)Aischylos ist Prometheus dabei nicht versehentlicher Urheber eines Degenerationsprozesses wie bei Hesiod, sondern er rühmt sich selbst als den Stifter jeglicher Zivilisation. Dies drückt sich symbolisch auch darin aus, dass Prometheus bei Aischylos sagt, dass er den Menschen die Hoffnung gebracht habe (Vers 250), die ja bei Hesiod in *Werke und Tage* in der Büchse der Pandora im Gegensatz zu den Übeln, die hinausfliegen, verbleibt (*Erg.* Verse 96-100)[22]. In einem längeren Monolog (Verse 88-126) rühmt

---

20 Vgl. *erg.* 8: Zeus als Bewohner der „höchsten Häuser" (ὑπέρτατα δώματα).
21 Es spielt für meine Fragestellung keine Rolle, ob die Dramentrilogie von Aischylos geschrieben ist oder von einem anderen Dramatiker. Für die alte Frage nach der Authentizität vgl. exemplarisch die folgenden umfassenden Untersuchungen (Auswahl): Bees 1997; Conacher 1980; Griffith 1977; Griffith 1983; Lefèvre 2003; Podlecki 2005; West 1990. Ein kurzer Forschungsüberblick findet sich auch bei Peters 2016, 80-88. Vgl. zu der Fragen nach dem Zusammenhang mit (möglichen) anderen Prometheus-Dramen Bees 1997, 254-261.
22 Vgl. dazu auch Peters 2016, 107.

sich Prometheus bei (Ps.-)Aischylos, dass das Feuer, welches er für die Menschen gestohlen hat, ihnen Überleben gesichert hat, indem es Wissen „in jeder Kunst" gebracht hat, vgl. die Verse 106-111:

ἀλλ' οὔτε σιγᾶν οὔτε μὴ σιγᾶν τύχας / οἷόν τέ μοι τάσδ' ἐστί. θνητοῖς γὰρ γέρα / πορὼν ἀνάγκαις ταῖσδ' ἐνέζευγμαι τάλας·	Aber weder ist es mir möglich, mein Unglück zu verschweigen noch es nicht zu verschweigen. Den Menschen gab ich Unglücklicher nämlich ein Geschenk und wurde deshalb in diese Qual eingespannt.
ναρθηκοπλήρωτον δὲ θηρῶμαι πυρὸς / πηγὴν κλοπαίαν, ἣ διδάσκαλος τέχνης / πάσης βροτοῖς πέφηνε καὶ μέγας πόρος[23].	Die Quelle des Feuers erhaschte ich, die den hohlen Stängel des Narthex als Diebesgut füllte. Sie erwies sich für die Menschen als Lehrer in jeder Kunst und als ein großes Hilfsmittel.

Neben der Gabe des Feuers, welches Mittel für viele Techniken und zivilisatorischen Fortschritt ist, rühmt sich Prometheus, der Lehrer der Menschen für alle Wissenschaften zu sein. Er nennt Astronomie, Zahlen, Schrift, Landwirtschaft, Schiffsbau, Medizin, Weissagung und Bergbau (Verse 436-499) und behauptet stolz: „In einem Satz wisse alles zusammen: Alle Künste kamen zu den Menschen von Prometheus!" (Vers 505 f)[24]. Es gibt bei Aischylos keine Erwähnung von Opferbetrug oder der Pandora. Im Gegenteil, Prometheus bringt den Menschen erst die Fähigkeit bei, Götter zu ehren und zu würdigen (vgl. Vers 439 f). Man kann in stofflicher Hinsicht die von Prometheus selbst erzählte Geschichte in folgender Chronologie beschreiben:
- [Zeus enthält den Menschen das Feuer vor.]
- Prometheus stiehlt das Feuer im Narthex-Stängel.
- Zeus bestraft unmittelbar nach dem Diebstahl Prometheus.
- Das Feuer bringt den Menschen Fortschritt auf vielen Gebieten.

Wir erfahren aus diesem Drama und den wenigen Fragmenten der anderen zwei Prometheus-Stücke allerdings, wie schon bei Hesiod, nicht, woher Prometheus das Feuer eigentlich nimmt. Die beiläufige Aussage von Peters[25], dass Prome-

---

23 Griechischer Text nach Page 1972.
24 βραχεῖ δὲ μύθῳ πάντα συλλήβδην μάθε, / πᾶσαι τέχναι βροτοῖσιν ἐκ Προμηθέως. Vgl. dazu auch zuletzt Raaflaub 2017, 32-34.
25 Siehe Peters 2016, 105.

theus im *Gefesselten Prometheus* das Feuer aus dem Himmel gestohlen habe, dürfte wohl eher repräsentativ für unsere eigenen mythischen Ortsvorstellungen sein, die wir den Quellen intuitiv unterlegen. Einerseits lässt sich mit Recht hervorheben, dass Hephaistos ohne jeden Zorn und mit viel Empathie mit Prometheus spricht, sogar seine „Verwandtschaft" und „Freundschaft" mit ihm betont (Vers 39), sodass ein Feuerraub aus den vulkanischen Werkstätten des Schmiedegottes deswegen zunächst unwahrscheinlich wirkt[26]. Andererseits sagt der Gehilfe „Kraft" auch zu Hephaistos (Vers 7 f):

τὸ σὸν γὰρ ἄνθος, παντέχνου πυρὸς σέλας, / θνητοῖσι κλέψας ὤπασεν.	Denn deine Blüte, die Flamme des allschaffenden Feuers, raubte er und gab sie den Menschen.

Das Feuer befindet sich gemäß diesen Zitaten also sowohl in dem Machtbereich des Zeus als auch in dem des Hephaistos. Als Hephaistos' Wohnort wird der Gipfel des Ätna genannt, während Zeus auf dem Olymp als Blitzgott über die himmlische und irdische Sphäre herrscht[27].

Eine (weitere) Stoffvariante, die es eventuell in einem anderen Drama des Aischylos gab, soll an dieser Stelle erwähnt werden. Ihr zufolge stiehlt Prometheus das Feuer aus dem Heiligtum des Hephaistos auf der Insel Lemnos. In einem Fragment des altlateinischen Dichters Accius aus seinem Drama *Philoctet* heißt es:

| (...) *Lemnia praesto litora rara et celsa Cabirum delubra tenes, mysteria quae pristina castis concepta sacris. Volcania \<iam\> templa sub ipsis collibus in quos delatus locos dicitur alto ab limine caeli.* | Die wenig belebten lemnischen Küsten und die hochaufragenden Tempel der Kabiren hast du[28] zur Nähe, Mysterien, welche, uralt, mit heiligen Riten empfangen wurden. Und nun die vulkanischen Heiligtümer unter den Hügeln selbst, an welche Orte, so heißt es, er (scil. Vulcanus) von der hohen Schwelle des Himmels |

---

26 Griffith 1983, 83 schlägt Lemnos als mögliche Wohnung des Hephaistos vor, setzt aber ein Fragezeichen dahinter. Vgl. aber Vers 366 f.
27 Vgl. für Hephaistos Vers 366 f, für Zeus Vers 149 mit Ortsangabe Olymp (vgl. auch die Verse 163 und 1044).
28 Ribbeck 1968, 378-380 vermutet, dass diese Worte von Odysseus zu Diomedes oder einem anderen Mann aus seinem Gefolge gesprochen werden. Das Gefolge sei auch der Chor der Tragödie.

nemus expirante vapore vides / unde ignis cluet mortalibus clam / divisus; eum doctus Prometheus clepsisse dolo poenasque Iovi / fato expendisse supremo[29].

hinabgeworfen wurde. Du siehst den heiligen Hain, wo Dampf aufsteigt: von dorther, heißt es, wurde das Feuer heimlich den Sterblichen verteilt. Es heißt, dass der weise Prometheus es mit List gestohlen und durch sein letztes Geschick dem Zeus die Strafe bezahlt habe.

Es ist die Frage, ob diese bei Varro (*De lingua Latina* 7,10) und Cicero (in den *Tusculanen* 2,23) zitierten Verse des Accius aus dem *Philoctet* sich inhaltlich an ein anderes Aischylos-Drama anlehnen, nämlich an dessen (gleichnamiges Drama) *Philoktet*[30]. Von diesem aischyleischen Drama sind leider nur sehr wenige griechische Fragmente hauptsächlich bei Dion Chrysostomos überliefert, die allerdings keine Zitate über Prometheus enthalten[31].

Einen Beleg für den Feuerdiebstahl auf Lemnos in einem (oder vielmehr diesem?) Aischylos-Drama scheint uns Cicero nun selbst zu geben, da er diese Accius-Verse auf folgende Weise einleitet (vgl. *Tusc.* ebd.):

Veniat Aeschylus, non poeta solum, sed etiam Pythagoreus; sic enim accepimus. Quo modo fert apud eum Prometheus dolorem, quem excipit ob furtum Lemnium[32]!

Aischylos möge herankommen, nicht nur ein Dichter, sondern auch ein Pythagoreer; so wurde es uns nämlich überliefert. Auf welche Weise trägt bei ihm Prometheus den Schmerz, den er wegen seines Diebstahls auf Lemnos erleidet!

Bei Accius und laut der Worte Ciceros ist also die Insel Lemnos der Ort des Diebstahls. Sie und ihr Berg Mosychlos[33] waren dem Hephaistos geweiht, der hier auf der Insel aufprallte, als Zeus ihn aus dem Olymp auf die Erde schleuderte[34]. Dem Dichter Accius wird auch ein eigenes Prometheus-Drama zugeschrieben, welches eine (eventuelle) Trilogie des Aischylos zusammengemischt haben soll.

---

29 Text zitiert nach Dangel 1995, 150 f. Vgl. zu der Textstelle auch Ribbeck 1968, 378-380.
30 So zumindest die These von Bapp 1908, 3071. Dagegen sieht Ribbeck 1968, 377 vor allem euripideischen Einfluss.
31 Vgl. Dion Chrys. *Orat.* 52, 4-10.
32 Text zitiert nach Pohlenz 1967.
33 Vgl. Bapp 1908, 3039.
34 Vgl. Hom. *Il.* A. 592.

Falls das *Philoktet*-Fragment diese Stoffversion widerspiegelt, dann könnte im ersten (oder dritten?[35]) Stück der aischyleischen Trilogie, das eventuell *Der Feuerträger Prometheus* war (*Prometheus Pyrphoros*), der Diebstahl auf Lemnos dargestellt worden sein. Allerdings sind solche Vermutungen oder Indizien[36], die von einem thematisch unterschiedlichen, zudem noch lateinischen Drama (Accius' *Philoctet*) auf die Prometheus-Dramen des Aischylos schließen, letzten Endes kein handfestes Argument und sie geben keine belastbare Antwort auf die Frage nach dem Ursprung des Feuers im Drama *Der gefesselte Prometheus*. Insbesondere sagt Prometheus in dem (Ps.-)Aischylos-Drama, dass Hephaistos auf dem Ätna sitze und den Titan Typhon niederhalte – dies wäre also zusätzlich ein konkurrierender Ort zu Lemnos[37]. Eine sichere Entscheidung über den Ort des Feuerraubs bei (Ps.-)Aischylos kann damit nicht getroffen werden. Interessant sind die Fragmente von Accius und die ciceronischen Einleitungsworte für die Frage nach dem Ort des Feuerraubes dennoch, da hier Vulcan, Prometheus und das Kabirenheiligtum, welches den Kabiren – uns heute nicht mehr recht greifbaren Feuerdämonen – auf Lemnos gehörte, auf engstem Raum zusammen genannt werden[38]. Außerdem haben wir mit dem lateinischen Dramatiker Accius einen recht frühen lateinischen Textbeleg (aus dem 2. Jh. v. Chr.) für eine Stoffvariante, in der das Feuer aus der vulkanischen Erde zu den Menschen gelangt.

Die frühesten griechischen Erwähnungen des Feuerraubes[39] geben uns demgegenüber keine genaue Topographie der Geschehnisse – noch viel weniger eine Angabe, dass der Diebstahl im Himmel geschehen und das Feuer vom Himmel auf die Erde gekommen sei. Überhaupt lässt sich vielleicht vorsichtig sagen, dass es bei Hesiod und auch bei Aischylos im Drama *Der gefesselte Prometheus* keine klar abgegrenzten Raumvorstellungen gibt, welche die Sphäre der Götter von der irdischen Sphäre (im Sinne einer Himmel-Erde-Antithese) deutlich abgrenzen würden. Ebenso wenig weist das Drama *Der gefesselte Prometheus* die Herrschaft über das Feuer explizit nur einem einzigen Gott (Zeus

---

35 Vgl. zu der Diskussion über die Reihenfolge der Prometheus-Dramen den kurzen Forschungsüberblick mit weiteren Literaturangaben bei Peters 2016, 87.
36 Vor allem die ältere Forschung (Bapp, Welcker, Düntzer) ist davon überzeugt, vgl. Bapp 1908, 3058.
37 Vgl. Vers 365. Im Werkkatalog des Aischylos taucht nun auch noch ein Titel *Kabeirioi* – die *Kabiren* auf, welcher aber, nach den wenigen erhaltenen Fragmenten zu schießen, eher einem Satyrspiel zukommt und über die Ankunft der Argonauten auf Lemnos handelt.
38 Vgl. auch unten den Abschnitt zu Pausanias.
39 Vgl. bei Bapp 1908, 3057 f und Krauss 1957, 665 f die wenigen übrigen Erwähnungen von Prometheus in der frühgriechischen Lyrik.

oder Hephaistos) zu. Vielmehr kommt es offenbar ganz auf den konkreten Kontext an, in welchem die mythischen Protagonisten zusammentreffen.

4 Platon: *Protagoras*

Nicht überall bilden die Stoffe, die sich um den Titanen und Zeus-Antagonisten Prometheus ranken, eine so kohärente erzählerische Einheit, wie sie uns der Dialogpartner des Sokrates, Protagoras, in Platons gleichnamigem Dialog vorführt (vgl. *Prot.* 320D-322A)[40]. Protagoras will mit dem PROMETHEUS-MYTHOS zeigen, dass die ersten Menschen kaum lebensfähig waren, weil sie aufgrund fehlender sozialer oder politischer Tugenden noch nicht in der Lage waren, eine Gemeinschaft zu bilden. Die Götter geben Prometheus und Epimetheus bei der Erfindung der Lebewesen die Aufgabe, den aus Mischungen von Feuer und Erde geschaffenen Lebewesen Kräfte zuzuweisen[41]. Epimetheus verteilt unbedacht alle Kräfte, sodass für den Menschen nichts mehr übrigbleibt:

ἀποροῦντι δὲ αὐτῷ ἔρχεται Προμηθεὺς ἐπισκεψόμενος τὴν νομήν, καὶ ὁρᾷ τὰ μὲν ἄλλα ζῷα ἐμμελῶς πάντων ἔχοντα, τὸν δὲ ἄνθρωπον γυμνόν τε καὶ ἀνυπόδητον καὶ ἄστρωτον καὶ ἄοπλον· ἤδη δὲ καὶ ἡ εἱμαρμένη ἡμέρα παρῆν, ἐν ᾗ ἔδει καὶ ἄνθρωπον ἐξιέναι ἐκ γῆς εἰς φῶς.	Dem ratlosen (Epimetheus) kommt nun Prometheus zu Hilfe und betrachtet die Verteilung, und Prometheus sieht, dass die übrigen Tiere zwar auf ordentliche Weise mit allem ausgestattet sind, dass der Mensch aber nackt, unbeschuht, unbedeckt und unbewaffnet ist. Schon war der bestimmte Tag da, an welchem auch der Mensch aus der Erde ans Licht heraustreten sollte.
ἀπορίᾳ οὖν σχόμενος ὁ Προμηθεὺς ἥντινα σωτηρίαν τῷ ἀνθρώπῳ εὕροι,	In dieser Ratlosigkeit, welche Rettung auch immer er für den Menschen

---

40 Inwieweit die Figur des Protagoras bei Platon einen Mythos wiedergibt, wie ihn der wirkliche Protagoras von Abdera in seinem Werk *Peri tēs en archēi* (*Über den Urzustand*) stehen hatte, ist umstritten. Vgl. dazu Bees 2014, 175-202. Man sollte nach Bees' Ansicht die ironischen Anzeichen von Platons Erzählung (wie die Torheit des Epimetheus beim Verteilen) nicht übersehen.
41 Eine ähnliche Herkunft des Menschen, nämlich durch auf die Erde fallende Samen des Himmels (*semina caeli*), wird bei Ovid am Anfang seiner *Metamorphosen* angedeutet, vgl. dort Vers 1,80 f.

κλέπτει Ἡφαίστου καὶ Ἀθηνᾶς τὴν ἔντεχνον σοφίαν σὺν πυρί – ἀμήχανον γὰρ ἦν ἄνευ πυρὸς αὐτὴν κτητήν τῳ ἢ χρησίμην γενέσθαι – καὶ οὕτω δὴ δωρεῖται ἀνθρώπῳ.

τὴν μὲν οὖν περὶ τὸν βίον σοφίαν ἄνθρωπος ταύτῃ ἔσχεν, τὴν δὲ πολιτικὴν οὐκ εἶχεν· ἦν γὰρ παρὰ τῷ Διί. τῷ δὲ Προμηθεῖ εἰς μὲν τὴν ἀκρόπολιν τὴν τοῦ Διὸς οἴκησιν οὐκέτι ἐνεχώρει εἰσελθεῖν – πρὸς δὲ καὶ αἱ Διὸς φυλακαὶ φοβεραὶ ἦσαν.

εἰς δὲ τὸ τῆς Ἀθηνᾶς καὶ Ἡφαίστου οἴκημα τὸ κοινόν, ἐν ᾧ ἐφιλοτεχνείτην, λαθὼν εἰσέρχεται, καὶ κλέψας τήν τε ἔμπυρον τέχνην τὴν τοῦ Ἡφαίστου καὶ τὴν ἄλλην τὴν τῆς Ἀθηνᾶς δίδωσιν ἀνθρώπῳ, καὶ ἐκ τούτου εὐπορία μὲν ἀνθρώπῳ τοῦ βίου[42] γίγνεται, Προμηθέα δὲ ὕστερον, ᾗπερ λέγεται, κλοπῆς δίκη μετῆλθεν[43].

finde, stiehlt Prometheus die kunstreiche Weisheit des Hephaistos und der Athene zusammen mit dem Feuer – denn es gab keine Möglichkeit, dass sie einem ohne Feuer erstrebenswert oder nützlich werde – und schenkt sie so dem Menschen.

Die für das Leben nötige Weisheit bekam der Mensch also auf diese Weise, die politische aber hatte er nicht. Diese politische Weisheit war nämlich bei Zeus. Prometheus war es aber nicht mehr möglich, in die Burg, die Behausung des Zeus, hineinzugehen, außerdem waren die Wachen des Zeus furchtbar.

In die gemeinsame Behausung des Hephaistos und der Athene, in dem sie ihre Kunst ausübten, kommt er jedoch heimlich hinein, und nachdem er so Schmiedekunst des Hephaistos und die andere Kunst der Athene gestohlen hat, gibt er sie dem Menschen, und daraus entsteht dem Menschen die Leichtigkeit des Lebensunterhalts. Prometheus, so heißt es, ereilte aber später die Strafe für den Diebstahl.

Jedoch erst später, als Zeus den Götterboten Hermes auf die Erde schickt, um den Menschen Sittlichkeit und Rechtsgefühl (αἰδώς und δίκη) zu bringen, wird die Existenz und der zivilisatorische Fortschritt der Menschen auch durch politische Tugenden gesichert (vgl. *Prot.* 322B-D). Davor schildert Protagoras die

---

[42] Mit βίος (Lebensunterhalt, Nahrung) taucht hier bei Platon wieder ein Schlüsselwort auf, welches bereits bei Hesiod in *Werke und Tage* Vers 42 eine wichtige Rolle spielte (s. o.): Die Götter verbargen den Menschen dort die Nahrung, indem sie ihnen wohl erst das Feuer entzogen und ihnen dann, nach Prometheus' Tat, andere Sorgen und Nöte schickten.
[43] Griechischer Text (auch im Folgenden) zitiert nach Burnet 1957.

hier zitierte Textpassage der Menschenschöpfung, des Feuerraubs und der Bestrafung des Prometheus. In seiner Mythen-Version werden damit die verschiedenen Eigenschaften der Prometheus-Figur und die ihr zugeschriebenen, oft disparaten, Handlungen vereinigt und in eine chronologische Reihenfolge gebracht, die erzähllogisch kohärent wirkt. Mit einer (nicht lückenlosen, auf wesentliche Handlungsschritte beschränkten) Hylemanalyse ließe sich das folgendermaßen verallgemeinern:

– Die Götter bilden Lebewesen aus Feuer und Erde.
– Die Götter geben Prometheus die Aufgabe, Fähigkeiten und Eigenschaften an Lebewesen zu verteilen.
– Epimetheus gibt den Lebewesen verschiedene Fähigkeiten und Eigenschaften.
– Epimetheus verbraucht die Fähigkeiten und Eigenschaften, ohne den Menschen zu berücksichtigen.
– Prometheus stiehlt heimlich dem Hephaistos die Kunst, mit dem Feuer umzugehen.
– Prometheus stiehlt heimlich der Athene das Wissen.
– Die Menschen nutzen beides für ihren Lebensunterhalt.
– Die Menschen überleben.
– [Die Götter/Zeus] bestrafen/bestraft Prometheus.
– Die Menschen leben mit Feuertechnik und Wissen, allerdings noch ohne Gemeinschaftssinn.

Platons Protagoras lässt den Prometheus nicht nur Feuer, sondern auch die Weisheit bzw. das Wissen „über den Lebensunterhalt" (περὶ τὸν βίον σοφίαν) stehlen. Diese Stoffvariante deutet sich schon in dem (ps.-)aischyleischen Prometheus-Drama an[44]: Prometheus gibt mit dem Feuer den Menschen die Macht der Technik und (gefährliches) Wissen, welches eigentlich den Göttern vorbehalten ist. Bei Platon wird also noch zwischen dem Feuer und der Weisheit, dieses Feuer sinnvoll zu benutzen, differenziert. Dabei spielt es für die vorliegende Stoffversion des Mythos eine Rolle, dass die Erzählung bei Platon eine geschichtsphilosophische und politische Funktion hat: Platon lässt Protagoras eine Geschichte erzählen, die sich der Prometheus- und Zeus-Stoffe bedient, um eine Begründung dafür zu geben, dass der Mensch von Geburt an gewisse soziale Fähigkeiten und soziale Werte erlerne, diese Erziehung zur Tugend aber

---

[44] Anders als bei (Ps.-)Aischylos fehlt hier bei den Gaben des Prometheus allerdings eben die wichtigste zivilisatorische Eigenschaft: der Gemeinschaftssinn – τὴν δὲ πολιτικὴν <σοφίαν> οὐκ εἶχεν. Vgl. dazu auch Peters 2016, 151-154.

gleichsam unprofessionell und unreflektiert geschehe und der Fundierung und Perfektionierung bedürfe. Protagoras nimmt für sich in Anspruch, seinen Schülern diese Tugenden besser vermitteln zu können[45]. Indem in der Erzählung des Protagoras Feuer, Weisheit und politisch-soziale Tugenden in einer fortlaufenden Reihe genannt werden, wird die mythische Erzählung zur Allegorie für die Entwicklung des zivilisatorischen Fortschritts der Menschheit. Das Feuer steht allegorisch für die technisch-handwerkliche Fähigkeit des Menschen.

Rein auf die Erzählung des Mythos bezogen ist Platon der erste antike Autor, der uns eine konkrete Auskunft darüber gibt, woher Prometheus die Weisheit und das Feuer stiehlt: nämlich aus der Behausung bzw. Werkstatt des Hephaistos und der Athene. Die Formulierung erlaubt allerdings keine Rückschlüsse, ob Platon weitergehende Assoziationen zum Ort hatte oder eine bestimmte Ortsvorstellung damit ausdrücken wollte. Es kann sich sowohl um eine irdische als auch um eine himmlische Werkstatt handeln. Die Burg des Zeus (τὴν ἀκρόπολιν) könnte man wohl traditionell auf dem Olymp im Götterhimmel verorten. Auch für Platons Feuerraub-Erzählung gilt aber, dass menschliche und göttliche Sphäre nicht als zwei geographische Bereiche abgetrennt werden, die die Welt in ein ‚Oben' und ein ‚Unten' aufteilen. Es ließe sich mit einigem Recht spekulieren, ob hier nicht sogar vom platonischen Protagoras auf eine konkrete lokale athenische Wohnung angespielt wird: auf die Wohnung des Hephaistos auf der Agora in Athen, das sogenannte Theseion oder Hephaisteion. Für diese Hypothese spricht, dass wir bei Pausanias[46] lesen können, dass in dem Tempel zwei Kultbilder von Hephaistos und der Athene Ergane standen. Es gab alljährlich auch eine Opferprozession der Handwerker zu dem Tempel. Für Platons Leser hatte die Verbindung von Hephaistos und Athene als Göttern des Handwerks also einen konkreten lokalen Bezug. Eine weiterführende Frage könnte lauten, ob mit dem Tempel als einer gemeinsamen Wohnung die beiden Götter als Ehepaar gedacht wurden[47].

Zwei Aspekte der Erzählung könnten unklar erscheinen: Was genau ist mit „anderer Kunst" (καὶ κλέψας τήν τε ἔμπυρον τέχνην τὴν τοῦ Ἡφαίστου καὶ τὴν ἄλλην τὴν τῆς Ἀθηνᾶς δίδωσιν ἀνθρώπῳ) oder etwas vorher mit der „kunstreichen Weisheit der Athene" gemeint? Hier ist wohl an die technisch-

---

45 Vgl. *Prot.* 328B-C.
46 Pausanias 1,14,6 und 1,24,3. Ich danke Christian Zgoll für diesen wertvollen Hinweis.
47 Die mythische Verbindung von Athene und Hephaistos spiegelt auch der ERICHTHONIOS-MYTHOS wider, wonach Hephaistos' Same, als er versuchte Athene zu vergewaltigen, auf den Schenkel der Athene fiel und von ihr mit einem Woll-Lappen (ἔριον) abgewischt wurde. Der Same fiel auf die fruchtbare Erde (χθών), die ihrerseits Erichthonios gebar und den Säugling anschließend der Athene anvertraute.

handwerkliche Fertigkeit ohne Feuerbenutzung gedacht, die sich von der „Schmiedekunst" des Hephaistos unterscheidet, im Grunde also dasjenige technische Wissen, welches den Menschen gegeben zu haben sich auch der (ps.-)aischyleische Prometheus rühmt. Die zweite Frage betrifft die Festung des Zeus: Warum hat Prometheus keinen Zutritt mehr in dessen offenbar hochgelegene Wohnstätte (τὴν ἀκρόπολιν τὴν τοῦ Διὸς οἴκησιν οὐκέτι ἐνεχώρει εἰσελθεῖν)? Das οὐκέτι („nicht mehr") macht deutlich, dass es eine Vorgeschichte gibt. Es scheint so, als ob auch hier noch die hesiodeische Vorgeschichte rudimentär greifbar ist: Platon spielt hier wohl auf den Opferbetrug, den Hesiod erzählt, an bzw. er bringt damit eine alte Rivalität zwischen Titanen und Zeus in Erinnerung. Man könnte eventuell also vor die gesamte Episode noch zwei Hyleme setzen, die den Opferbetrug und seine Konsequenz thematisieren:
– [Prometheus betrügt Zeus bei der Opferaufteilung.]
– [Zeus verwehrt Prometheus den Zugang zu seiner Burg.]
– Die Götter bilden Lebewesen aus Feuer und Erde.
– ... (s. o.)

Die Zuordnung der verschiedenen Kompetenzen – die politische Weisheit ist im Machtbereich des Zeus, die technische Wissenschaft bei Athene und Hephaistos – spiegelt indes auch die philosophische Gewichtung und Hierarchisierung von Künsten wider. Und im Gegensatz zu der Prometheus-Figur bei Hesiod und (Ps.-)Aischylos versucht Protagoras' Prometheus mit seinem Raub seinen allzu törichten Bruder Epimetheus aus einer Notlage zu befreien. Mit etwas Ironie wertet am Ende des Dialogs Sokrates übrigens die Figur Prometheus wieder auf[48].

Auch in einem anderen Dialog, Platons *Philebos*, wird die Herkunft des Feuers in einer Bemerkung des Sokrates offengelassen (*Phileb.* 16C-D):

θεῶν μὲν εἰς ἀνθρώπους δόσις, ὥς γε καταφαίνεται ἐμοί, ποθὲν ἐκ θεῶν ἐρρίφη διά τινος Προμηθέως ἅμα φανοτάτῳ τινὶ πυρί.	Ein Geschenk der Götter, wie es mir jedenfalls scheint, ist einmal von irgendeinem Ort von den Göttern hinweg durch einen gewissen Prometheus mitsamt dem strahlendsten Feuer zu den Menschen geschleudert worden.
καὶ οἱ μὲν παλαιοί, κρείττονες ἡμῶν καὶ ἐγγυτέρω θεῶν οἰκοῦντες, ταύτην φήμην παρέδοσαν, ὡς ἐξ ἑνὸς μὲν καὶ πολλῶν ὄντων τῶν ἀεὶ λεγομένων εἶ-	Und die Alten, die besser als wir sind und näher an den Göttern wohnten, haben uns dieses Geschenk als eine Sage überliefert, dass nämlich aus

---

48 Vgl. 361D. Dazu auch Peters 2016, 154-158.

| ναι, πέρας δὲ καὶ ἀπειρίαν ἐν αὐτοῖς σύμφυτον ἐχόντων[49] | Einem und Vielem das bestehe, wovon je gesagt wird, dass es ist, und dass dieses Begrenztheit und Unbegrenztheit in sich verbunden hätte. |

Das Feuer wird hier zusammen mit der philosophisch-dialektischen Lehre der bestimmbaren Anzahl und Unterteilung von Formen in den Seinsdingen verknüpft, die sich laut der „Sage" aus Unbegrenztheit und Begrenztheit zusammensetzen. Die Rolle des Feuers, das ebenso wie die philosophische Lehre ein Geschenk an die Menschen ist, und ihr Zusammenhang mit dieser Lehre (zum Beispiel allegorisch als göttliches Seelenfeuer o. ä.) wird indes nicht weiter von Sokrates erläutert[50]. Das hier auftauchende adverbiell gebrauchte Wort ποθὲν zeigt an, dass es Sokrates nicht um eine genaue Angabe der Herkunft des Feuers geht, ebenso die etwas ironische Formulierung „durch einen gewissen Prometheus". Die Gabe stammt allerdings aus dem unmittelbaren Bereich der Götter (ἐκ θεῶν), auch hier ist also vielleicht an einen höheren Punkt wie den Olymp gedacht, es fehlt aber jeder Hinweis eines Sphärenwechsels, der vom Himmel auf die Erde erfolgt. In einer modernen Übersetzung des *Philebos* wird demgegenüber (wohl intuitiv) sogar der Himmel als Herkunftsort ergänzt[51].

5 Diodor, Heraclitus, Pausanias und Apollodor

Eine rein euhemeristische Stoffvariante bietet uns Diodor (1. Jh. v. Chr.), der schreibt (*Bibl. Hist.* 5,67):

| καὶ Κοίου μὲν καὶ Φοίβης Λητὼ γενέσθαι, Ἰαπετοῦ δὲ Προμηθέα τὸν παραδεδομένον μὲν ὑπό τινων μυθογράφων ὅτι τὸ πῦρ κλέψας παρὰ τῶν θεῶν ἔδωκε τοῖς ἀνθρώποις, πρὸς δ' ἀλήθειαν εὑρετὴν γενόμενον τῶν πυρεί- | Von dem Koios und der Phoibe wurde Leto geboren, von Japetos aber der Prometheus, von dem gewisse Mythenschreiber überliefert haben, dass er von den Göttern das Feuer gestohlen und den Menschen gebracht habe. |

---

49 Zitiert nach Burnet 1967.
50 Prometheus spielte indes eine gewisse Rolle für den Ort der Akademie in Athen: Er hatte dort einen Altar, von dem aus Fackelwettläufe zur Stadt stattfanden, vgl. Pausanias 1,30,2.
51 So übersetzt D. Frede: „Es wurde einstens durch einen Prometheus mit einem hell strahlenden Feuer vom Himmel herabgeschleudert." Siehe in Frede 1997.

ων, ἐξ ὧν ἐκκάεται τὸ πῦρ⁵².   In Wahrheit aber wurde er Entdecker der Zündhölzer, durch welche das Feuer entzündet wird.

Aus dem Dieb Prometheus wird so der menschliche Entdecker. Diese reduktionistische und rationalisierende Umdeutung des Mythos ist dadurch zu erklären, dass es für den Historiker Diodor keine akzeptable Lösung mehr ist, die Urzeit bestimmter Mythen, die göttliche Protagonisten vorführen, so zu beschreiben, wie das vor ihm andere Geschichtsschreiber getan hätten[53]. Dadurch entscheidet sich die Frage, ob und woher das Feuer von Prometheus entwendet wird, von selbst: Es wird nicht mehr aus dem nun unerreichbar gewordenen Himmel gestohlen, sondern Prometheus findet ein probates technisches Mittel, Feuer auf der Erde herzustellen. In anderen Überlieferungen wird dieselbe Erfindung dem Gott Hermes oder dem Lokalheros Phoroneus zugeschrieben[54]. In der von Diodor zumindest referierten Ansicht der älteren Mythographen findet sich ebenfalls keine genauere geographische Angabe. Der Wortlaut ὅτι τὸ πῦρ κλέψας παρὰ τῶν θεῶν ἔδωκε τοῖς ἀνθρώποις („dass er von den Göttern das Feuer gestohlen und den Menschen gebracht habe") ist unspezifisch und kann sich auf einen Transport aus dem Himmel oder von einem beliebigen anderen Punkt beziehen.

Eine ähnliche euhemeristische Deutung findet sich in dem Werk *Homerische Probleme* des Heraclitus[55] (etwa 1. Jh. n. Chr.): Sowohl Hephaistos als auch Prometheus hätten bronzene Instrumente erfunden, mit denen man das Feuer vom Himmel herunterholen konnte – ein technischer Vorgang also, kein mythischer Feuerraub[56]. Der sprechende Name für diesen Erfinder, „Prometheus",

---

52 Text zitiert nach Vogel 1964.
53 Es gibt jedoch Ausnahmen. So wird die Göttlichkeit von Herakles nicht in Zweifel gezogen, vgl. Diod. 4,38-39.
54 Vgl. im homerischen *Hermes-Hymnus* die Verse 108-111; Pausanias 2,13,5-6: In der Stadt Argos wurde im Apollon-Lykios-Tempel Phoroneus als Entdecker des Feuers verehrt (die Bewohner gaben seltsamerweise im gleichen Tempel ein Grab für dasjenige des Prometheus aus). Zu den mythischen Konkurrenzversionen siehe auch Kerényi 1959, 60. Kerényis Beobachtung (ebd. 56 f), dass die Kopfbedeckungen von Hermes, Prometheus, Hephaistos, Odysseus und den Kabiren auf älteren Vasenabbildungen sehr ähnlich seien – es handle sich um eine spitze Mütze, die den Künstler-Handwerkern zukomme – weist auf weitere Ähnlichkeiten zwischen Prometheus und Hermes bzw. Prometheus und Hephaistos hin.
55 Vgl. Russell/Konstan 2005, 51 (Heraclitus 26,14).
56 Der Herausgeber der englischen Textausgabe und Übersetzung, D. A. Russell, vermutet mit Hinblick auf Theophrast, *De igne* 73, unter den Instrumenten so etwas wie Gläser mit Bronzebestandteilen, die die Sonnenstrahlen gleich einer Lupe bündelten (vgl. ebd.).

abgeleitet von dem griechischen Substantiv prométheia, „Voraussicht", erklärt sich laut Heraclitus aufgrund dessen technischer Fähigkeiten.

Es lässt sich hier gut der Bericht des Reiseschriftstellers Pausanias (etwa 115-180 n. Chr.) über den Kabirenkult bei Theben anschließen: Pausanias berichtet, dass dort früher die Bewohner der Gegend Kabiren genannt worden seien und ein Mann namens Prometheus und sein Sohn Aitnaios – sonst ein Name für den Vulkan auf Sizilien und Beiname für den dort tätigen Hephaistos[57] – von Demeter mit einer geheimen Gabe beschenkt worden seien, woraufhin offenbar ein Mysterienkult entstand[58]. Das Feuer, wenn es dieses Geschenk wäre, käme also auch hier nicht aus dem Himmel, sondern aus dem vulkanischen Erdfeuer. Ob auch hier an einen Versuch nachträglicher euhemeristischer Deutung und Reduktion zu denken ist, gemäß welcher Prometheus und Hephaistos Priester eines vulkanischen Orts gewesen seien, an dem Machtkonflikte um die Herrschaft über das Feuer ausgetragen worden sein könnten, muss offenbleiben, da Pausanias uns nicht mehr über diesen Kult sagt. Die ältere Prometheus-Forschung hat eher für das Gegenteil argumentiert und die Bemerkungen des Pausanias über die Kabirenmysterien als den ältesten fassbaren kultischen Hintergrund der Prometheus-Mythen angesehen.

Die *Bibliotheke* des Apollodor (wohl etwa 1. Jh. n. Chr. – der Verfasser ist nicht identisch mit Apollodor aus Athen, einem Schüler Aristarchs) bietet uns im Gegensatz zu Diodors Reduktionismus und Platons philosophischer Erzählung gleichsam nur das ‚Handlungsskelett' der Prometheus-Mythen, ohne jeden deutenden oder erklärenden Zusatz (1,45):

Προμηθεὺς δὲ ἐξ ὕδατος καὶ γῆς ἀνθρώπους πλάσας ἔδωκεν αὐτοῖς καὶ πῦρ, λάθρᾳ Διὸς ἐν νάρθηκι κρύψας. ὡς δὲ ᾔσθετο Ζεύς, ἐπέταξεν Ἡφαίστῳ τῷ Καυκάσῳ ὄρει τὸ σῶμα αὐτοῦ προσηλῶσαι[59].	Prometheus formte aus Wasser und aus Erde Menschen und gab ihnen auch das Feuer, welches er verborgen vor Zeus in einem Narthex-Stängel versteckt hatte. Nachdem Zeus es gemerkt hatte, befahl er Hephaistos, den Leib des Prometheus an das Kaukasos-Gebirge zu nageln.

---

57 Vgl. bspw. Euripides, *Cyclops* 599: Ἥφαιστ', ἄναξ Αἰτναῖε.
58 Vgl. Pausanias 9,25,6. Diese Stelle bei Pausanias ist für Bapp 1908, 3039 f Anlass, den PROMETHEUS-MYTHOS auf alte Feuerdämonen zurückzuführen, für die er die Kabiren hält. Vgl. auch Kerényi 1959, 63-67, der auf ein ähnlich enges Verhältnis zwischen Hephaistos und Prometheus im heiligen Bezirk der alten Athener Akademie hinweist.
59 Text zitiert nach Wagner 1956.

Bei Apollodor findet sich also keine Begründung, warum Prometheus das Feuer stiehlt oder warum die Menschen es vorher nicht haben. Es wird vorausgesetzt, dass die Menschheit noch in einem rohen Urzustand lebt. Wir finden bei Apollodor ebenfalls keinen Hinweis darauf, von welchem Ort das Feuer gestohlen wird. Da heutige Einschätzungen bezüglich der mythographischen Vorlagen Apollodors davon ausgehen, dass dieser eher alte Vorlagen wie Pherekydes oder Akusilaos für seine *Bibliotheke* benutzt habe[60], so würde das mit den Befunden für Hesiod und (Ps.-)Aischylos übereinstimmen: Die topographischen Vorstellungen in den ältesten griechischen Feuerraub-Versionen unterscheiden nicht zwischen einem himmlischen ‚Oben' und einem irdischen ‚Unten'.

6 Römische Autoren: Horaz, Hygin, Cornutus und Juvenal

In der römischen Literatur des 1. Jh. v. Chr. finden sich vor allem mythische Stoffvarianten, die sich an der hesiodeischen Stoffversion orientieren. Beispielsweise wird bei dem augusteischen Dichter Horaz die Vorstellung evoziert, dass der Feuerraub den Menschen Übel und früheren Tod gebracht hat. Bei Horaz findet sich nun auch explizit die Angabe der Herkunft des Feuers. Meines Wissens ist Horaz der erste Autor, bei dem Prometheus das Feuer wirklich explizit aus dem Himmel stiehlt und es auf die Erde bringt – vorausgesetzt, dass es sich bei dem Wortlaut *aetheria domo* nicht um eine poetische Metapher für die Götter handelt, vgl. Horaz *Ode* 1,3,25-33:

audax omnia perpeti
gens humana ruit per vetitum nefas,
audax Iapeti genus
ignem fraude mala gentibus intulit.
post ignem aetheria domo
subductum macies et nova febrium
terris incubuit cohors
semotique prius tarda necessitas
leti corripuit gradum[61].

Dreist genug, alles zu ertragen, stürmt die menschliche Art durch verbotenes Unrecht; dreist hat der Sprössling des Japetos durch unguten Betrug das Feuer den Völkern dargebracht. Nachdem das Feuer aus dem himmlischen Hause weggeraubt worden war, hat Dürre und ein neuer Schwarm von Fieberseuchen sich auf den Erdkreis gelegt und die ehemals langsame

---

60 Vgl. dazu Brodersen 2004, IX.
61 Text zitiert nach Shackleton Bailey 2008.

Notwendigkeit des entfernten Todes hat ihren Schritt beschleunigt.

Die stoffliche Orientierung an Hesiod erkennt auch der antike Horaz-Kommentator Porphyrio, der zu den Horaz-Versen schreibt:

Audax Iapeti genus: Prometheum significat, de quo nota fabula est, ignem eum furtim a caelo hominibus adtulisse, et inuexisse terris multas calamitates. Post ignem aetheria domo sublatum[62]*: Hesiodus ait, cum ignis e caelo furto Promethei subductus esset, Pandoram inmissam terris poenae causa*[63].	‚Kühner Sprössling des Japetos' meint hier Prometheus, über welchen die bekannte Geschichte handelt, dass er heimlich das Feuer aus dem Himmel zu den Menschen und damit viel Unglück über die Erde gebracht habe. ‚Das aus dem himmlischen Haus hinuntergetragene Feuer': Hesiod sagt, dass, nachdem das Feuer aus dem Himmel durch den Diebstahl des Prometheus hinuntergeführt worden war, Pandora zur Strafe auf die Erde geschickt worden sei.

Porphyrio ergänzt hier allerdings in Bezug auf Hesiod die Ortsangabe „vom Himmel", die so bei Hesiod noch gar nicht auftaucht, sondern erst bei Horaz. Er ist damit ein Beispiel eines antiken Autors, bei dem die hesiodeisch noch weniger prägnant ausgeprägte Weltaufteilung hin zu einem Himmel-Erde-Schema vereindeutigt wird.

In dem mythographischen Buch *De astronomia*, das ebenso wie ein mythisches Handbuch (*Fabulae*) dem augusteischen Gelehrten und Polyhistor Hyginus zugeschrieben wird[64], gibt es die reizvolle Stoffvariante, dass die Menschen am Anfang gewohnt gewesen seien, das gesamte Opfertier zu verbrennen. Die ärmeren Menschen können sich wegen der hohen Ausgaben

---

[62] Porphyrio hat *sublatum* anstatt des heute bevorzugten *subductum*.
[63] Porphyrio 27-29, Text zitiert nach Meyer 1874.
[64] Zumindest der Handbuchartikel im Neuen Pauly, verfasst von P. L. Schmidt, und der Herausgeber der französischen Edition, Le Bœuffle, gehen von ein- und demselben Autor Gaius Iulius Hyginus aus, der sich auch als Agrarschriftsteller einen Namen machte, vgl. die Diskussion dazu bei Le Bœuffle 1983, XXXI-XLIII. Vgl. ebd. XXXVI: „Aucun argument touchant le fond ou la forme ne permet donc d'affirmer d'une manière irréfutable que C. Iulius Hyginus n'en est pas l'auteur."

keine Opfertiere mehr leisten, so dass Prometheus die Opferteilung bei Jupiter durchsetzt (*De astr.* 2,15):

Antiqui, cum maxima caerimonia deorum immortalium sacrificia administrarent, soliti sunt totas hostias in sacrorum consumere flamma. Itaque cum propter sumptus magnitudinem sacrificia pauperibus non obtingerent, Prometheus, qui propter excellentiam ingenii miram homines finxisse existimatur, recusatione dicitur ab Ioue inpetrasse ut partem hostiae in ignem coicerent, partem in suo consumerent uictu; idque postea consuetudo firmauit.

Die Menschen in früherer Zeit waren es gewöhnt, ganze Opfertiere in der Opferflamme zu verbrennen, wenn sie ihre Opferfeiern mit der größten Verehrung der Götter ausführten. Als deshalb wegen der Größe des Aufwandes bei den Armen keine Opfer mehr stattfinden konnten, da, so heißt es, habe Prometheus – von dem man aufgrund der wunderbaren Größe seiner Erfindungsgabe glaubt, er habe die Menschen erschaffen – durch einen Protest bei Jupiter durchgesetzt, dass sie nur einen Teil des Opfertieres in das Feuer werfen müssen, den anderen Teil bei ihrer eigenen täglichen Nahrung verbrauchen; und die Gewohnheit hat später diese Aufteilung verfestigt.

Quod cum facile a deo, non ut homine auaro, inpetrasset, ipse Prometheus immolat tauros duos. Quorum primum iocinera cum in ara posuisset, reliquam carnem ex utroque tauro in unum conpositam corio bubulo texit; ossa autem quaecumque fuerunt, reliqua pelle contecta in medio conlocauit et Ioui fecit potestatem ut quam uellet eorum sumeret partem[65].

Da er dies leicht bei dem Gott, nicht mühsam wie bei einem geizigen Menschen, durchgesetzt hatte, bereitete Prometheus selbst ein Opfer von zwei Stieren vor. Nachdem er als Erstes die Stücke der Leber auf den Altar gelegt hatte, bedeckte er das restliche Fleisch, das er von beiden Stieren zusammengefügt hatte, mit der Stierhaut. Was aber aus Knochen bestand, legte er mit der übrigen Haut zusammengeschichtet gut sichtbar in die Mitte. Er gab Jupiter die Wahl, dass er den Teil von beiden wähle, den er wolle.

---

65 Text zitiert nach Le Bœuffle 1983.

Die von Hygin in diesem Zusammengang verwendete Wortwahl (*recusatione*: hier ein juristischer Terminus, „Protest") macht deutlich, dass Prometheus als Anwalt dieser armen Menschen auftritt und ein Konflikt bezüglich der Opfer existiert. Jupiter steht seinerseits der Bitte wohlwollend gegenüber. Prometheus nutzt also in dieser Version den guten Willen Jupiters aus, um eine gänzlich ungleiche Verteilung zu erreichen. Hygin kennt offensichtlich die hesiodeische Stoffversion, er verändert sie aber und schmückt sie aus, durchaus mit einer gewissen ironischen Note. Man kann folgende Hyleme unterscheiden:

- Prometheus erschafft die Menschen.
- Die armen Menschen können nicht mehr opfern.
- Prometheus reicht bei Jupiter Protest ein.
- Prometheus schlägt die Aufteilung des Opfertieres vor.
- Jupiter stimmt zu.
- Prometheus schichtet zwei an Wert unterschiedliche Haufen auf.
- Den schlechteren Teil stellt Prometheus suggestiv in die Mitte.

Und Jupiter wählt, wie bei Hesiod, den mageren, aus Knochen bestehenden Haufen:

Iuppiter autem, etsi non pro diuina fecit cogitatione neque ut deum licebat, omnia qui debuit ante prouidere, sed (quoniam credere instituimus historiis) deceptus a Prometheo, utrumque putans esse taurum, delegit ossa pro sua dimidia parte.	Jupiter aber, obwohl er damit weder in Übereinstimmung mit der göttlichen Urteilskraft handelte noch wie es sich für einen Gott zu handeln geziemte, der alles vorhersehen hätte müssen, sondern vielmehr als ein von Prometheus Getäuschter, der glaubte, dass beides Stierfleisch sei – wir haben ja beschlossen, den alten Geschichten zu glauben –, Jupiter wählte die Knochen als seine Anteilshälfte.

Hygin steht also in einer ironischen Distanz zu der glättenden Mythenversion eines Hesiod, der die Wahl noch als bewusste Entscheidung von Zeus-Jupiter zu verkaufen sucht. Hygin bemerkt die Diskrepanz, die zwischen dem Bild eines allwissenden Gottes und demjenigen des betrogenen Jupiters entsteht. Der ironische Einschub *quoniam credere instituimus historiis*, der die Quellenlage reflektiert, könnte dabei durchaus auch auf nicht-hesiodeische Traditionen Bezug nehmen, in denen Zeus-Jupiter ebenfalls unwissend wählt. Oder Hygin will schlicht die Faktizität der falschen Wahl betonen und versucht – anders als Hesiod – gar nicht erst, das Bild eines allwissenden Zeus-Jupiter zu verteidigen.

Wie bei Hesiod, so entzieht auch Jupiter bei Hygin den Menschen anschließend das Feuer. Hygin gibt dafür wiederum eine Erklärung, die bei Hesiod so nicht explizit ausgesprochen wird: Jupiter hat Angst, dass Prometheus bei den Menschen nun in höherem Ansehen stehen könnte als die anderen Götter. Es findet hier also ein klarer Götter-Machtkampf statt[66]. Der Entzug des Feuers soll verhindern, dass das Fleisch gekocht werden kann und die Opferteilung den Menschen einen Vorteil bringen könnte, der auf Kosten des Ansehens von Jupiter ginge[67]. Prometheus will nun den Menschen das Feuer zurückbringen. Hygin sagt uns nicht genau, von woher er es nimmt. Etwas unklar heißt es:

Prometheus autem, consuetus insidiari, sua opera ereptum mortalibus ignem restituere cogitabat. Itaque ceteris remotis, deuenit ad Iouis ignem, quo deminuto et in ferulam coniecto, laetus ut uolare, non currere uideretur, ferulam iactans, ne spiritus interclusus uaporis exstingueret in angustia lumen. Itaque homines adhuc plerumque, qui laetitiae fiunt nuntii, celerrime ueniunt. Praeterea in certatione ludorum cursoribus instituerunt ex Promethei consuetudine ut currerent lampadem iactantes.	Prometheus aber, gewohnt zu tricksen, war darauf bedacht, den Sterblichen mit seiner Hilfe das entrissene Feuer wiederzugeben. Nachdem er deshalb alle übrigen (Lebewesen? Dinge?) entfernt hatte, gelangte er bis zum Feuer Jupiters. Nachdem er etwas davon genommen und in einen Narthex-Stängel gelegt hatte, <war er> voller Freude, sodass er zu fliegen, nicht zu laufen schien, und schwang die Fackel, damit nicht die eingeschlossene Luft des Rauches in dem engen Raum das Licht auslösche. Deshalb kommen in den meisten Fällen Menschen bis jetzt noch sehr schnell angerannt, wenn sie Boten einer frohen Nachricht sind. Außerdem beschlossen sie, nach Art des Prometheus, für die Wettläufer beim Spielewettkampf, dass sie eine Fackel schwingend laufen sollen.

---

66 Vgl. auch den Feuerraub bei Lukian unten.
67 *Sed ut ad propositum reuertamur, Iuppiter cum factum rescisset, animo permoto mortalibus eripuit ignem, ne Promethei gratia <pl>us deorum potestate ualeret, neue carnis usus utilis hominibus uideretur, cum coqui non posset.*

Prometheus stiehlt das Feuer aus dem Machtbereich Jupiters. Offenbar muss er zuerst beim Feuer allein sein oder sich den hindernisreichen Weg bahnen (*ceteris remotis*), bis er zu dem Ort des Feuers gelangt. Der Ort scheint eher irdisch als himmlisch zu sein, da Prometheus eigentlich läuft und nur zu fliegen *scheint*. Die mythische Geschichte dient hier als Aitiologie, dass Boten mit froher Botschaft schnell laufen und bei bestimmten Wettkämpfen die Läufer mit Fackeln rennen, wie es z. B. bei den sogenannten Prometheen in Athen üblich war. Sicherlich kannte Hygin aber auch Vasenabbildungen, auf denen Prometheus den Narthex-Stängel oder eine Fackel schwenkt. Solch eine Abbildung (auf dem Schild des Tydeus) wird schon bei Euripides in den *Phoenissen* (Vers 1122) erwähnt. Indem Hygin in seiner Mythen-Version die Vorstellung des aus dem Himmel auf die Erde gelangenden Feuerträgers explizit zurückweist, wird das Fliegen vom Himmel als konkurrierende Stoffvariante ex negativo bezeugt.

Die Reaktion Jupiters folgt dem bekannten Stoffverlauf: Den Menschen wird die Pandora mit allen Übeln geschickt. Einmal mehr geht es darum, dass der oberste Gott nicht zulassen kann, dass ein Vergehen gegen ihn anderen von Nutzen ist. Der Stoffverlauf lässt sich demnach folgendermaßen ergänzen:
– Prometheus erschafft die Menschen.
– Die armen Menschen können nicht mehr opfern.
– Prometheus reicht bei Jupiter Protest ein.
– Prometheus schlägt die Aufteilung des Opfertieres vor.
– Jupiter stimmt zu.
– Prometheus schichtet zwei an Wert unterschiedliche Häufen auf.
– Den schlechteren Teil stellt Prometheus suggestiv in die Mitte.
– Jupiter wählt den schlechteren Opferhaufen.
– Prometheus gewinnt die bessere Hälfte.
– Jupiter entzieht den Menschen das Feuer.
– Die Menschen können kein Fleisch mehr kochen.
– Prometheus stiehlt das Feuer.
– Prometheus bringt den Menschen das Feuer.
– Jupiter schickt die Pandora.

Hygin arbeitet allerdings, sofern man demselben Autor beide Werke, *De astronomia* und die *Fabulae* zubilligt, mit unterschiedlichen Stoffvarianten. In der *Fabel* 144 bitten die Menschen selbst um Feuer, können es aber nicht bewahren. So bringt ihnen Prometheus das Feuer im Narthex auf die Erde herab, also hier wohl aus dem Himmel (*in ferula detulit in terras*), und zeigt ihnen, wie sie es mit Asche bedeckt bewahren können[68].

Im Gegensatz zu der erzählerisch ausgestalteten Stoffversion Hygins wird die Figur des Prometheus bei Lucius Annaeus Cornutus (1. Jh. n. Chr.) in dessen *Kompendium über die Natur der Götter* stoisch-allegorisch ausgedeutet[69]. Diese allegorische Deutung ist nicht neu. Schon bei Platon finden sich, wie oben gezeigt, allegorische Deutungsansätze, auch der Aristoteles-Schüler Theophrast hatte das Feuer mit der Philosophie, die den Menschen von Prometheus gebracht wird, identifiziert[70]. Cornutus nun schreibt über das Feuer des Prometheus (18):

Παραδεδομένου τοίνυν ἄνωθεν ὅτι ὁ <Προμηθεὺς> ἔπλασεν ἐκ τῆς γῆς τὸ τῶν ἀνθρώπων γένος, ὑπονοητέον Προμηθέα εἰρῆσθαι τὴν προμήθειαν τῆς ἐν τοῖς ὅλοις ψυχῆς, ἣν ἐκάλεσαν οἱ νεώτεροι πρόνοιαν. κατὰ γὰρ ταύτην τά τε ἄλλα ἐγένετο καὶ ἐκ τῆς γῆς ἔφυσαν οἱ ἄνθρωποι, ἐπιτηδείως πρὸς τοῦτο ἐχούσης καταρχὰς τῆς τοῦ κόσμου συστάσεως.

λέγεται δὲ καὶ συνεῖναί ποτε τῷ Διὶ ὁ Προμηθεύς· πολλῆς γὰρ προμηθείας πᾶσα μὲν ἀρχὴ καὶ προστασία πλειόνων, μάλιστα δὲ ἡ τοῦ Διὸς δεῖται. καὶ κλέψαι δέ φασιν αὐτὸν τὸ πῦρ τοῖς

Da es nun seit alters her gelehrt worden ist, dass Prometheus die Gattung der Menschen aus Erde geformt hat, so muss man das auf diese Weise verstehen, dass die Voraussicht (prométheia) der Seele, die sich in allem befindet, ‚Prométhéa' (griechischer Akkusativ von Prometheus) genannt worden ist, welche die jüngeren hingegen als ‚Vorsehung' (prónoia) bezeichneten. Denn in Übereinstimmung mit ihr entstanden alle anderen Dinge und entstanden auch die Menschen aus der Erde, denn die Struktur des Kosmos hatte dafür auf passende Weise einen Ausgangspunkt.

Man sagt auch, dass Prometheus irgendwann einmal mit Zeus verbunden war. Jede Herrschaft und Regierung über mehrere (Untergebene) bedarf nämlich vieler Voraussicht, am mei-

---

[68] *Homines antea ab immortalibus ignem petebant, neque in perpetuum servare sciebant; quod postea Prometheus in ferula detulit in terras, hominibusque monstrauit quomodo cinere obrutum seruarent.* Text zitiert nach Boriaud 1997.

[69] Zu der umstrittenen Frage, ob wirklich der Rhetoriklehrer des Lucan und des Persius dieses Kompendium verfasst hat, vgl. die Diskussion in Berdozzo 2009, 17-22.

[70] Vgl. Wimmer 1866, Frg. 50: τὸν Προμηθέα φησὶ σοφὸν γενόμενον μεταδοῦναι πρῶτον τοῖς ἀνθρώποις φιλοσοφίας, ὅθεν καὶ διαδοθῆναι τὸν μῦθον ὡς ἄρα πυρὸς μεταδοίη.

ἀνθρώποις, ὡς τῆς ἡμετέρας ἤδη συνέσεως καὶ προνοίας ἐπινοησάσης τὴν χρῆσιν τοῦ πυρός.

κατενηνέχθαι δὲ αὐτὸ ἐμύθευσαν ἐκ τοῦ οὐρανοῦ διὰ τὸ πλεονάζειν ἐκεῖ ἢ ἐπεὶ οἱ κεραυνοὶ ἐκεῖθεν κατασκήπτουσι διὰ πληγῆς τἀνθάδε ἐξάπτοντες, τάχα τι τοιοῦτον καὶ διὰ τοῦ νάρθηκος αἰνιττόμενοι[71].

sten aber die Herrschaft des Zeus. Und sie sagen, dass er das Feuer für die Menschen gestohlen habe, in der Meinung, dass ja unser Verstand und unsere Voraussicht (prónoia) die (nützliche) Verwendung des Feuers damals schon durchschaut hatte.

In mythischer Redeweise sagen sie, dass das Feuer vom Himmel heruntergetragen wurde, da es dort oben vielfach vorhanden war, oder da die Blitze von dort mit einem Schlag hinunterfahren und die Dinge hier unten anzünden, – und in Rätseln wollen sie wohl auch so etwas mit dem Narthex-Stängel andeuten.

Cornutus identifiziert die mythische Gestalt Prometheus mit einer Fähigkeit der kosmischen Weltseele, die den Menschen Anteil an dem vorausschauenden und verständigen Gebrauch des Feuers gebe, nämlich mit der klugen Voraussicht oder Vorsehung. Ebenso wie Heraclitus in seiner euhemeristischen Deutung[72] macht Cornutus Gebrauch von der Etymologie des Namens Prometheus: Der griechische Akkusativ des Prometheus, Prométhea, ist fast klanggleich mit dem Wort prométheia, „Voraussicht". Dies bietet Cornutus die passende Begründung[73]. Das Hylem „Prometheus stiehlt das Feuer" wird allegorisch gedeutet in dem Sinne, dass die Vorsehung der Menschen, die göttlichen Ursprungs ist, den Nutzen des Feuers erkennt. Die Prometheia der Allseele wirkt auch im Handeln und Denken der Menschen. Das Hylem „Das Feuer kommt aus dem Himmel" wird ebenfalls allegorisch gedeutet in dem Sinne, dass im Himmel reichlich Feuer vorhanden ist und Blitze aus dem Himmel Dinge auf der Erde in Brand

---

71 Text zitiert nach Berdozzo 2009, 66 f. Ich sehe für die Tilgung des Satzes nach συστάσεως, wie sie der Herausgeber der älteren Edition, Carl Lang, angezeigt hat, keinen Grund, da ja gerade die mythische Gegnerschaft zwischen Zeus und Prometheus in der stoischen Gesamtsicht und Allegorisierung keinen Platz mehr hat.
72 Vgl. oben bei Heraclitus.
73 Die Form Prometheus selbst ließe sich als der „Vorausdenker" übersetzen, im Gegensatz zu Prometheus' Bruder Epimetheus, welcher „im Nachhinein nachdenkt". Vgl. bei Bapp 1908, 3033 f die Überlegungen zur Etymologie des Wortes sowie die antiken Stellenbelege für προμηθεύς als Nicht-Eigenname.

stecken und den Menschen so das Feuer schenken. Die Geschichte des Opferbetruges wird nicht erwähnt und allegorisch ausgedeutet, stattdessen wird Prometheus als die kluge Voraussicht untrennbar mit Zeus verbunden. Im Weiteren deutet Cornutus dann die Strafe des Prometheus als Schwierigkeit der menschlich-seelischen Voraussicht, immer die kleinen Ärgernisse des Lebens meistern zu müssen. Hier werden Möglichkeiten und Grenzen allegorischer Mythendeutung sehr gut deutlich, denn Feuerraub und Feuertransport stehen für völlig disparate Dinge, einmal für einen geistigen Akt (Erkenntnis, wie nützlich das Feuer ist) und dann für einen physischen Vorgang (Blitze entzünden Dinge auf der Erde). Eigentümlich ist daran, dass bei Cornutus das Feuer selbst nicht allegorisch für eine andere Sache steht. Für den Narthex-Stängel kennt Cornutus offenbar auch keine ihn befriedigende Erklärung.

In einer seiner *Satiren* (15,84) erwähnt der römische Satirendichter Juvenal (1./2. Jh. n. Chr.) ebenfalls den Feuerraub des Prometheus. In dem Text geht es um den Kampf zweier verfeindeter oberägyptischer Städte. Ein gefangener Mann wird von der siegreichen Menge in einem kannibalischen Anfall roh verspeist:

uictrix turba, nec ardenti decoxit aeno / aut ueribus, longum usque adeo tardumque putauit / expectare focos, contenta cadauere crudo. / hic gaudere libet quod non uiolauerit ignem, / quem summa caeli raptum de parte Prometheus donauit terris[74].	Und die siegreiche Menge kochte ihn nicht im heißen Kessel oder an Bratspießen: allzu lang und langsam meinte sie, bis dahin auf den Herd warten zu müssen, und war zufrieden mit dem rohen Leichnam. Hier ist man geneigt, sich zu freuen, dass sie nicht das Feuer entweihte, welches Prometheus aus dem höchsten Teil des Himmels als Raubgut der Erde schenkte.

Das Feuer wird bei Juvenal ironisch den frevelhaften Menschen als etwas Heiliges, welches aus dem höchsten Teil des Himmels auf die Erde heruntergekommen ist, gegenübergestellt. Allerdings scheint der Hinweis auf den Raub des Feuers (*raptum*) ebenfalls in einer gewissen ironischen Spannung zu seiner himmlischen Herkunft zu stehen. Auch hier liegt (wie bei Hygin) der Zweck des Feuers erst einmal darin, ein Fleischstück gar zu kochen.

---

74 Text zitiert nach Clausen 1959.

Für die Frage nach der Herkunft des prometheischen Feuers lässt sich an dieser Stelle festhalten, dass die hier besprochenen römischen Autoren alle von der himmlischen Abkunft des Feuers sprechen, mit der Ausnahme, dass bei Hygin Prometheus eigentlich läuft und nur zu fliegen scheint.

7 Lukian

Mehrere von Lukians Schriften spielen humoristisch mit der mythischen Gestalt Prometheus. Lukian (etwa 120-180 n. Chr.) nutzt die existierenden Stoffvarianten sehr frei, um je nach Kontext und rhetorischem Zweck verschiedene Aussagen über den Feuerdiebstahl zu machen. Dementsprechend wird auch die Frage nach der Herkunft des Feuers aus unterschiedlichen Blickwinkeln thematisiert und nicht etwa eindeutig beantwortet. Am interessantesten ist in dieser Beziehung der kurze Dialog *Prometheus*.

Prometheus hält darin vor Hermes und Hephaistos eine sophistische Verteidigungsrede. Die Dialogeröffnung parodiert (Ps-)Aischylos' Stück *Der gefesselte Prometheus*, da Hermes – ähnlich wie im Drama die Gehilfen „Kraft" und „Stärke" – Hephaistos ermahnt, den Prometheus möglichst fest an den Felsen zu nageln[75]. Hermes hält Prometheus unter anderem vor, das „kostbarste Gut der Götter, das Feuer, gestohlen" zu haben[76] und Hephaistos beklagt, dass seine Esse durch den Feuerdiebstahl kalt geworden sei[77]. Der komplette Verlust des Feuers scheint allerdings kein wirklicher Vorwurf und damit eine ‚seriöse' mythische Stoffvariante zu sein, denn Prometheus weist den Schmiedegott in seiner Antwort darauf hin, dass ein Feuer durch ein anderes nicht kleiner wird, und dass zusätzlich die Götter dieses Feuer gar nicht bräuchten, während die Menschen es ja vor allem für die den Göttern gewidmeten Opfer verwenden würden. Man vergleiche seine Worte in der schönen Übersetzung Christoph Martin Wielands[78]:

---

[75] Vgl. Lukian. *Prom.* 2,4: (ΕΡΜΗΣ:) σὺ δέ, ὦ Ἥφαιστε, κατάκλειε καὶ προσήλου καὶ τὴν σφῦραν ἐρρωμένως κατάφερε. δὸς καὶ τὴν ἑτέραν· κατειλήφθω εὖ μάλα καὶ αὕτη. Text zitiert nach MacLeod 1972.
[76] Vgl. Lukian. *Prom.* 3, 16-17: (ΕΡΜΗΣ:) ἐπὶ πᾶσι δὲ τὸ τιμιώτατον κτῆμα τῶν θεῶν τὸ πῦρ κλέψας, καὶ τοῦτο ἔδωκας τοῖς ἀνθρώποις·
[77] Vgl. Lukian. *Prom.* 5,15: (ΗΦΑΙΣΤΟΣ:) Μὰ Δί', ἀλλὰ κατήγορον ἀντὶ δικαστοῦ ἴσθι με ἔξων, ὅς τὸ πῦρ ὑφελόμενος ψυχρὰν μοι τὴν κάμινον ἀπολέλοιπας.
[78] Wieland 1971, 28 f. Orthographie von mir geringfügig angeglichen.

καὶ πρὸς θεῶν τοῦτό μοι ἀπόκριναι μηδὲν ὀκνήσας· ἔσθ' ὅ τι ἡμεῖς τοῦ πυρὸς ἀπολωλέκαμεν, ἐξ οὗ καὶ παρ' ἀνθρώποις ἐστίν; οὐκ ἂν εἴποις. αὕτη γάρ, οἶμαι, φύσις τουτουὶ τοῦ κτήματος, οὐδέν τι ἔλαττον γίγνεται, εἰ καί τις ἄλλος αὐτοῦ μεταλάβοι· οὐ γὰρ ἀποσβέννυται ἐναυσαμένου τινός· φθόνος δὲ δὴ ἄντικρυς τὸ τοιοῦτο, ἀφ' ὧν μηδὲν ὑμεῖς ἠδίκησθε, τούτων κωλύειν μεταδιδόναι τοῖς δεομένοις. καίτοι θεούς γε ὄντας ἀγαθοὺς εἶναι χρὴ καὶ δωτῆρας ἐάων καὶ ἔξω φθόνου παντὸς ἑστάναι· ὅπου γε καὶ εἰ τὸ πᾶν τοῦτο πῦρ ὑφελόμενος κατεκόμισα ἐς τὴν γῆν μηδ' ὅλως τι αὐτοῦ καταλιπών, οὐ μεγάλα ὑμᾶς ἠδίκουν· οὐδὲν γὰρ ὑμεῖς δεῖσθε αὐτοῦ μήτε ῥιγοῦντες μήτε ἕψοντες τὴν ἀμβροσίαν μήτε φωτὸς ἐπιτεχνητοῦ δεόμενοι. οἱ δὲ ἄνθρωποι καὶ εἰς τὰ ἄλλα μὲν ἀναγκαίῳ χρῶνται τῷ πυρί, μάλιστα δὲ ἐς τὰς θυσίας, ὅπως ἔχοιεν κνισᾶν τὰς ἀγυιὰς καὶ τοῦ λιβανωτοῦ θυμιᾶν καὶ τὰ μηρία καίειν ἐπὶ τῶν βωμῶν. ὁρῶ δέ γε ὑμᾶς μάλιστα χαίροντας τῷ καπνῷ καὶ τὴν εὐωχίαν ταύτην ἡδίστην οἰομένους, ὁπόταν εἰς τὸν οὐρανὸν ἡ κνῖσα παραγένηται ἑλισσομένη περὶ καπνῷ. ἐναντιωτάτη τοίνυν ἡ μέμψις αὕτη ἂν γένοιτο τῇ ὑμετέρᾳ ἐπιθυμίᾳ. θαυμάζω δὲ ὅπως οὐχὶ καὶ τὸν ἥλιον κεκωλύκατε καταλάμπειν αὐτούς· καίτοι πῦρ καὶ οὗτός ἐστι πολὺ θειότερόν τε καὶ πυρωδέστερον. ἢ κἀκεῖνον αἰτιᾶσθε ὡς σπαθῶντα ὑμῶν τὸ κτῆμα[79];

Sage mir, um aller Götter willen, was fehlt uns von diesem Feuer, seitdem die Menschen etwas davon bekommen haben? Du wirst nichts angeben können: denn das, deucht mich, ist in der Natur dieses Dinges, daß es durch Mitteilung nicht weniger wird; es löscht nicht aus, wenn man ein anderes dabei anzündet. Es ist also bloßer handgreiflicher Neid, wenn ihr nicht leiden wollt, daß, ohne euern geringsten Nachteil, andern, die dessen bedürftig sind, etwas davon gegeben werde: und gleichwohl, da ihr Götter seid, solltet ihr gut und Geber alles Guten und über alle Missgunst weit erhaben sein! Und wenn ich euch am Ende all euer Feuer weggetragen und gar nichts davon übriggelassen hätte, was würde es euch geschadet haben? Denn wozu braucht ihr Feuer, da ihr nicht friert, eure Ambrosia ungekocht esst, und keiner Lichter nötig habt? Den Menschen hingegen ist das Feuer zu unzähligen Dingen, und besonders auch zu den Opfern unentbehrlich: denn wie wollten sie ohne Feuer die Straßen mit Opferfett einräuchern, Weihrauch anzünden und Nierenstücke auf dem Altar verbrennen, von welchem allem ihr doch so große Liebhaber seid, daß ihr es für den angenehmsten Schmaus haltet, wenn sich der Opfergeruch in dicken Rauchwolken zu euch hinauf windet? Ihr streitet also gegen euer eigenes Vergnügen, wenn ihr mir diesen Vor-

---

[79] *Prom.* 18,6-19,27.

> wurf macht. Mich wundert übrigens nur, daß ihr nicht auch der Sonne verboten habt, den Menschen zu scheinen, da ihr Feuer doch unstreitig göttlicher und mehr Feuer als das gemeine ist; oder warum ihr nicht auch sie vor Gericht deswegen fordert, daß sie euer Eigentum verschleudert?

In dieser Verteidigungsrede scheint wieder etwas durch, das in der intertextuellen Vorlage für Lukian – gemeint ist Hesiod, welcher zu Beginn explizit von Hermes genannt wird[80], – nicht gesagt bzw. nicht reflektiert wird, das aber als Erklärung für den Entzug des Feuers, wie wir gesehen haben, auch bei Hygin eine Rolle spielt: Das Stierfleisch ist ohne Feuer nutzlos, die Menschen brauchen es für ihre Nahrung und für die Opferbereitung. Deshalb ist es ein pointiertes sophistisches Argument des lukianischen Prometheus, dass die Götter in ihrer Gier nach dem Fettdampf gar nicht auf Opfer verzichten könnten und darauf angewiesen sind, dass die Menschen im Besitz des Feuers sind. Der lukianische Prometheus bringt zu seiner eigenen Verteidigung vor, dass seine Opferaufteilung (also die hesiodeische Opferaufteilung bei Mekone) letztlich nur Neckerei und Scherz gewesen sei, eine scherzhafte Provokation des Zeus. Der heimliche Konkurrenzkampf zwischen Zeus und Prometheus wird in Lukians Dialog so in mehreren Brechungen unterhaltsam reflektiert. Denn würde Zeus die Opferaufteilung akzeptieren, so liefe er Gefahr, dass Prometheus als Konkurrenzgott bei den Menschen mehr Ansehen und Opfer bekommen könnte. Deshalb ist die Bestrafung des Prometheus wichtig, während das Feuer bei den Menschen weniger problematisch ist.

Ein wichtiger Punkt in der Rede des Prometheus ist der Verweis auf die Sonne am zitierten Schluss der Verteidigungsrede: Die Sonne ist das wahrhafte und göttliche Feuer und strahlt dieses Feuer alltäglich aus. Diese Sichtweise, dass das Sonnenfeuer das Feuer schlechthin ist, von dem vielleicht auch alles andere Feuer seine Herkunft hat, ist keine ungewöhnliche antike Auffassung und vor allem bei antiken Vertretern der neuplatonischen Philosophie zu finden, die in der Tradition Platons und seiner *Politeia* das Licht und die Sonne

---

80 Hermes nennt zu Beginn des Dialogs (3,14-15) Hesiod: μέμνημαι γὰρ Ἡσιόδου νὴ Δί' οὕτως εἰπόντος. „Ich erinnere mich, zum Jupiter, recht gut, daß Hesiodus die Sache so erzählt!" Vgl. Wieland 1971, 16.

gerne als Metapher für das Göttliche interpretieren[81]. Es ist deshalb auch nicht verwunderlich, dass ein späterer Autor wie Fulgentius den Prometheus die Fackel gar an der Sonne entzünden lässt (siehe unten). Es lässt sich aber in Hinblick auf die Frage nach dem Ort des Feuerdiebstahls hier bei Lukian sagen, dass weder Hermes und Hephaistos noch Prometheus in seiner Verteidigungsrede einen konkreten Ort nennen.

Zwei weitere Thematisierungen des Feuerraubs in zwei anderen Schriften sollen kurz erwähnt werden: In dem *Ersten Göttergespräch* zwischen Prometheus und Zeus beklagt dieser, dass Prometheus das Feuer gestohlen habe. Der Ort wird allerdings im griechischen Original gar nicht genannt. Wieland übersetzt „daß du (…) das Feuer vom Himmel gestohlen hast"[82], während nur „dass du das Feuer gestohlen hast" im griechischen Text steht. Dieser Zusatz Wielands ist ein weiterer Beleg, dass die örtliche Vorstellung gerne intuitiv bei dem Feuerdiebstahl des Prometheus ergänzt wird, ohne dass sie im antiken Original wirklich steht.

Demselben Phänomen begegnet man in der Verteidigungsschrift *Prometheus*, in der Lukian auf jemanden antwortet, der ihn einen „schriftstellernden Prometheus" genannt hat. Er grenzt sich dort von den rhetorisch (angeblich) ambitionierteren Konkurrenten ab:

ζῷα γοῦν ὡς ἀληθῶς καὶ ἔμψυχα ὑμῖν τὰ ἔργα, καὶ νὴ Δία καὶ τὸ θερμὸν αὐτῶν ἐστι διάπυρον[83].	Von euren Werken kann man mit Wahrheit sagen, daß sie Leben in sich haben und durch und durch von jenem dem Himmel entwendeten Feuer glühen, das die Bildungen des Titanen beseelte.

---

81 Vgl. Platon *Rep.* 506B-509B.
82 Vgl. *Dial. Deor.* 5,1,14: Λύσω σε, φῄς, ὃν ἐχρῆν βαρυτέρας πέδας ἔχοντα καὶ τὸν Καύκασον ὅλον ὑπὲρ κεφαλῆς ἐπικείμενον ὑπὸ ἑκκαίδεκα γυπῶν μὴ μόνον κείρεσθαι τὸ ἧπαρ, ἀλλὰ καὶ τοὺς ὀφθαλμοὺς ἐξορύττεσθαι, ἀνθ᾽ ὧν τοιαῦθ᾽ ἡμῖν ζῷα τοὺς ἀνθρώπους ἔπλασας καὶ τὸ πῦρ ἔκλεψας καὶ γυναῖκας ἐδημιούργησας; Text zitiert nach MacLeod 1987. Übersetzung Wielands: „Dich sollt' ich loslassen, dich, der immer noch zu gelinde bestraft wäre, wenn ich dich mit dreimal schwereren Fesseln belegt, und dir den ganzen Kaukasus auf den Kopf gewälzt hätte? Dich, dem sechzehn Geier für einen nicht nur die Leber sondern die Augen ausfressen sollten, um dich nach Verdienen dafür zu bestrafen, daß du uns eine so widersinnige Art von Tieren wie die Menschen auf Welt gesetzt, das Feuer vom Himmel gestohlen, und, was noch das ärgste ist, die Weiber erschaffen hast?" Vgl. Wieland 1971, 31.
83 *Prom. es in verb.* (71) 1,13, zitiert nach MacLeod 1987. Übersetzung in Wieland 1971a, 224.

Auch hier fehlt im Griechischen die Angabe der himmlischen Herkunft des Feuers, die sich in Wielands Übersetzung als Ergänzung findet (ebenso die Erwähnung des „Titanen". Die Stelle ist daneben ein weiterer Beleg für die allegorische Umdeutung des Feuers als inspirierendes Seelenfeuer, wie sie ansatzweise in Platons Dialog *Philebos* in Form der Dialektik oder bei Theophrast als Philosophie begegnet.

8 Spätantike Prometheus-Deutung: Julian Apostata, Claudian, Fulgentius und Servius

Der letzte heidnische Kaiser des römischen Reiches, Julian Apostata (331/332-363 n. Chr.) bezieht sich in seiner Schrift *Gegen die ungebildeten Kyniker* noch direkter auf das Sokrateszitat aus dem platonischen Dialog *Philebos* (16C 5), in dem die Lehre der Dialektik „zusammen mit dem strahlendsten Feuer aus dem Bereich der Götter durch einen gewissen Prometheus zu den Menschen geschleudert wurde[84]." Für unsere Fragestellung interessant ist die Feststellung, dass Julian das Zitat, welches bei ihm allerdings nicht als Zitat markiert ist, um eine genaue Ortsherkunft ergänzt:

Ἡ τῶν θεῶν εἰς ἀνθρώπους δόσις ἅμα φανοτάτῳ πυρὶ διὰ Προμηθέως <καταπεμφθεῖσα>[85] ἐξ ἡλίου μετὰ τῆς Ἑρμοῦ μερίδος οὐχ ἕτερόν ἐστι παρὰ τὴν τοῦ λόγου καὶ νοῦ διανομήν· ὁ γάρ τοι Προμηθεύς, ἡ πάντα ἐπιτροπεύουσα τὰ θνητὰ πρόνοια, πνεῦμα ἔνθερμον ὥσπερ ὄργανον ὑποβάλλουσα τῇ φύσει, ἅπασι μετέδωκεν ἀσωμάτου λόγου[86].	Die Gabe der Götter an die Menschen, zugleich mit dem strahlendsten Feuer *von der Sonne* durch Prometheus und zusammen mit dem Verdienst des Hermes <hinuntergesandt>, ist nichts anderes als die Verteilung der Vernunft und des Intellekts. Denn Prometheus, welcher die alle sterblichen Dinge regierende Vorsehung ist, fügt der Natur warmen Atem wie ein Organ

---

84 Siehe unter Abschnitt 3. Θεῶν μὲν εἰς ἀνθρώπους δόσις, ὥς γε καταφαίνεται ἐμοί, ποθὲν ἐκ θεῶν ἐρρίφη διά τινος Προμηθέως ἅμα φανοτάτῳ τινὶ πυρί.
85 Reiskes Konjekturvorschlag aufgrund eines eventuell fehlenden Partizips oder Verbs ist an dieser Stelle inhaltlich durchaus in Betracht zu ziehen, doch wahrscheinlicher wäre eher noch das in Platons *Philebos* verwendete Verb ῥίπτω, also ῥιφεῖσα.
86 *Orat.* VI in *Cyn. inerud.* 182c, zitiert nach Nesselrath 2015.

zu und gibt allen Dingen Anteil an der unkörperlichen Vernunft.

Wie der Stoiker Cornutus, so identifiziert der Neuplatoniker Julian die mythische Figur Prometheus mit der personifizierten Vorsehung (*prónoia*), die den Geist und die Vernunft auf die Erde hinunterschickt. Das von der Sonne hinuntergesandte Feuer scheint dabei eher metaphorisch für den Anteil an der Pronoia selbst zu stehen und mit ihr identisch zu sein – nicht sind Feuer und Vernunft also zwei verschiedene Dinge. Bei Julian sind Feuer und lebensspendende Vernunft kaum noch verschieden, während Feuer und Dialektik bei Platon noch nicht miteinander identifiziert wurden. Für Julian, dem die Sonne besonders heilig war[87], muss das prometheische Feuer, das Feuer der Vorsehung also, auch von der göttlichen Sonne kommen. Entsprechend ist auch die Beihilfe des Zeus-Sohnes Hermes nicht verwunderlich, da bei Julian jede Spur eines Götterkonflikts oder Machtkampfes getilgt ist.

Platonische Vorstellungen, sowohl aus der oben behandelten Prometheus-Passage aus dem *Protagoras* als auch aus der *Politeia*, scheinen auch eine Textstelle bei Claudius Claudianus (370-410 n. Chr.) in seinem *Loblied auf das vierte Konsulat des Honorius* zu bestimmen, wenn er den Vater, Kaiser Theodosius, diese Worte an seinen Sohn Honorius richten lässt (Verse 228-235):

(...) *Cum conderet artus / nostros, aetheriis miscens terrena, Prometheus, / sinceram patri mentem furatus Olympo / continuit claustris indignantemque revinxit / et, cum non aliter possent mortalia fingi, / adiunxit geminas. Illae cum corpore lapsae / intereunt, haec sola manet bustoque superstes / evolat*[88].	Als Prometheus unsere Glieder formte und irdische Elemente mit himmlischen mischte, da stahl er puren Geist vom Vater Olymp und hielt den widerstrebenden mit Fesseln zusammen und band ihn, und er fügte, da Sterbliches nicht anders erzeugt werden kann, zwei andere Geistesformen hinzu. Diese beiden gehen mit dem Körper zugrunde und sterben, jene allein bleibt, überlebt den Scheiterhaufen und fliegt davon.

Claudian verbindet nun die Menschenschöpfung des Prometheus mit dem Feuerdiebstahl. Anders als in Platons Erzählung des Protagoras dient der Feuer-

---

87 Vgl. dazu z. B. Bidez 1956, 7 f.
88 *Panegyr. de quart. cons.* Text zitiert nach Hall 1985.

diebstahl direkt der Erzeugung der Menschenseele. Der unsterbliche Teil des Geistes oder der Seele wird als olympisches Feuer gedacht, welches die sterblichen Körper- und Seelenteile als einziges überlebt und welches Prometheus durch den Feuerraub gewann. Die Seelenkonzeption dahinter ist platonisch, da sie sich an das Modell anlehnt, welches Sokrates in Platons *Politeia* lehrt[89]. Indem Claudian das gestohlene Himmelsfeuer als Seelenfeuer und als elementaren Bestandteil der menschlichen Natur allegorisch umdeutet, integriert er neuplatonisches Gedankengut in die mythische Erzählung. So entsteht eine neue Stoffversion.

Auch der ebenfalls spätantike (christliche) Mythograph Fabius Planciades Fulgentius (6. Jh.) hat eine innovative Version der PROMETHEUS-MYTHEN, insofern er Menschenerschaffung und Feuerraub, wie schon Platon, miteinander verknüpft, wobei als Besonderheit Athene-Minerva bei dem Feuerraub assistiert:

nulla quaerantur ultra terris munimina, dum usque in caelum peruenerint furta; aut quae securitas erit argenti uel auri, ubi flamma potuit inuolari? Prometheum aiunt hominem ex luto finxisse. Quem quidem inanimatum atque insensibilem fecerat. Cuius opus Minerua mirata spondit ei, ut si quid uellet de caelestibus donis ad suum opus adiuuandum inquireret. Ille nihil se scire ait quae bona in caelestibus haberentur; sed si fieri posset, se usque ad superos eleuaret atque exinde, si quid suae figulinae congruum cerneret, melius in re oculatus arbiter praesumpsisset.	Möge weiter kein Schutz auf Erden erstrebt werden, wo sich doch Diebstähle bis zum Himmel erstreckt haben! Welche Sicherheit wird es für Silber oder Gold geben, da das Feuer gestohlen werden konnte? Sie sagen, dass Prometheus den Menschen aus Lehm gebildet habe. Er hatte ihn freilich unbelebt und ohne Empfindungen gemacht. Sein Werk bewunderte Minerva und versprach ihm, dass er suchen könne, ob er etwas von den himmlischen Gaben zur Unterstützung seines Werkes haben wolle. Jener sagt, dass er gar nicht weiß, welche Güter es bei den Himmlischen gebe; aber wenn es möglich wäre, würde er sich gerne zu den Himmlischen hinaufbegeben und dann, wenn er etwas bemerke, was zu seiner Töpferkunst passe, dieses, nachdem er es

---

[89] Die sterblichen Seelenteile sind τὸ ἐπιθυμητικόν, „das Begehrende", und τὸ θυμοειδές, „das Mutige", während der unsterbliche Teil als τὸ λογιστικόν „das Denkende" bezeichnet wird, vgl. Platon, *Rep.* 437B-441C.

Illa inter oras septemplicis clipei sublatum caelo opificem detulit, dumque uideret omnia caelestia flammatis animata uegetare uaporibus, clam ferulam Foebiacis applicans rotis ignem furatus est, quem pectusculo hominis applicans animatum reddit corpus. Itaque ligatum eum ferunt uulturi iecur perenne praebentem. [...] nos uero Prometheum dictum quasi ‚proniatheu' quod nos Latine ‚praeuidentiam dei' dicimus[90]; ex dei praeuidentia et Minerua quasi caelesti sapientia hominem factum, diuinum uero ignem quem uoluerunt animam monstrant diuinitus inspiratam, quae aput paganos dicitur de caelis tracta[91].

unmittelbar als Betrachter in Augenschein genommen habe, auswählen. Minerva trug den Künstler also hinweg: zwischen den Rändern ihres siebenlagigen Schildes wurde er hoch zum Himmel getragen. Und wie er sah, dass alle himmlischen Wesen belebt wurden durch feurigen Hauch, hielt er heimlich den Narthex an die Sonnenräder Apolls und stahl das Feuer. Er hielt es anschließend an die Brust des Menschen und belebte den Körper. Deshalb, so sagt man, bietet er, gefesselt, auf ewige Zeit dem Geier die Leber. [...] Für uns ist das Wort ‚Prometheum' aber gleichsam ‚Proniatheu', welches wir in Latein mit ‚Vorhersehung Gottes' übersetzen. Sie zeigen, dass durch die Vorhersehung Gottes und durch Minerva, gleichsam der himmlischen Weisheit, der Mensch erschaffen wurde, ‹und› dass die Seele, von der sie wollten, dass sie göttliches Feuer sei, göttlich entflammt wurde, die nach Ansicht der Heiden vom Himmel heruntergeholt wurde.

Fulgentius referiert zunächst eine heidnische Stoffversion: Prometheus wird von Minerva-Athene in den Himmel getragen und stiehlt das Feuer von der Sonne, ohne dass es jemand bemerkt (wohl mit Ausnahme der Minerva-Athene, siehe auch die Fassung bei Servius unten). Prometheus benützt das Feuer, um

---

90 Proniatheu, also πρόνοια θεοῦ, die „Vorsehung Gottes".
91 Fulg. *Mitol.* 2,6, Text zitiert nach Helm 1898. Ich halte das Tempus von *praesumpsisset* für fragwürdig. Hier liegt eventuell eine Textstörung vor. Auch die Stellung von *voluerunt* und *monstrant* und die Anhäufung mehrerer Akkusative irritieren. Insgesamt bietet die alte Ausgabe von Helm zahlreiche grammatische Schwierigkeiten. Vgl. auch die Anmerkungen zur Stelle in der französischen Ausgabe von Wolff/Dain 2013, 160.

seine bis dahin leblosen Lehmgeschöpfe lebendig zu machen und ihnen eine (feurige) Seele zu verschaffen.

Fulgentius lehnt den Mythos in dieser Form jedoch ab. Er präferiert eine neuplatonisch-christliche Erklärung, die die mythische Erzählung als einen allegorischen Vorgang der Menschenschöpfung und Beseelung durch den einen christlichen Gott deutet. In ähnlicher Weise wurde bei Kaiser Julian das prometheische Feuer als Übermittlung des kosmischen Seelenfeuers gedeutet. Ebenso wie die Interpretationen des Cornutus und Julians arbeitet Fulgentius mit der Bedeutung des Namens ‚Prometheus': Er versteht Prometheus als ‚Proniatheu', welches ähnlich wie das griechische πρόνοια θεοῦ („Voraussicht Gottes") klingt. Indem Prometheus mit der Voraussicht Gottes und Minerva-Athene mit der Weisheit Gottes identifiziert wird, wird der Mythos an monotheistisch-christliche Gottesvorstellungen angeglichen.

Zum Schluss soll auf eine Textstelle zu Prometheus eingegangen werden, die sich in dem *Kommentar* bzw. den Kommentaren des spätantiken Vergil-Kommentators Servius (4./5. Jh.) findet. Denn die dort referierten PROMETHEUS-MYTHEN bieten eine so unzusammenhängende, dabei aber große Ansammlung von mythischen Hylemen und ihren Kombinationen, dass das Eigenleben von mythischen Stoffversionen mit all seinen Wucherungen und Neuverknüpfungen darin gut sichtbar wird. Es geht um die Kommentierung einer Vergil-Stelle in der 6. *Ekloge*. Dort wird geschildert, wie der alte Silen, der schön singen kann und deshalb von Hirtenknaben und einer Nymphe im Schlaf und Alkoholrausch gefesselt und anschließend zum Singen aufgefordert wird, auch über „die kaukasischen Vögel (d. h. den Adler) und den Diebstahl des Prometheus" singt[92], wobei Vergil mit dieser Formulierung das spätere Geschehnis (die Bestrafung des Prometheus) zuerst nennt. In der einen Handschriftengruppe, die den Servius-Kommentar überliefert, steht nun zu dieser Stelle Folgendes:

et hic fabulae ordinem vertit, quae talis est: Prometheus, Iapeti et Clymenes filius, post factos a se homines dicitur auxilio Minervae caelum ascendisse et adhibita facula ad rotam Solis ignem furatus, quem hominibus indicavit. ob quam causam irati dii duo mala inmiserunt terris, mulieres et morbos[93], *sicut*	Und hier dreht er (sc. Vergil) die Ordnung der Geschichte um. Die ist nämlich so: Prometheus, Sohn des Iapetus und der Klymene, sei, so heißt es, nachdem von ihm die Menschen erschaffen worden seien, mithilfe der Minerva zum Himmel aufgestiegen und habe, nachdem er eine Fackel an

---

92 *Ecl.* 6,42: *Caucasiasque refert uolucris furtumque Promethei.*
93 Alternativ in den Handschriften bezeugt: „Fieber und Krankheiten".

et Sappho[94] *et Hesiodus memorant. (…)*[95] *ipsum etiam Prometheum per Mercurium in monte Caucaso religaverunt ad saxum, et adhibita est aquila, quae eius cor exederet.*

haec autem omnia non sine ratione finguntur: nam Prometheus vir prudentissimus fuit, unde etiam Prometheus dictus est ἀπὸ τῆς προμηθείας, id est a providentia. hic primus astrologiam Assyriis indicavit, quam residens in monte altissimo Caucaso, nimia cura et sollicitudine deprehenderat. hic autem mons positus est circa Assyrios, vicinus paene sideribus, unde etiam maiora astra demonstrat et diligenter eorum ortus occasusque significat. dicitur autem aquila cor eius exedere, quod θυμοβόρος est sollicitudo, qua ille adfectus siderum omnes deprehenderat motus.
et hoc quia per prudentiam fecit, duce Mercurio, qui prudentiae et rationis deus est, ad saxum dicitur esse religatus.

das Sonnenrad gehalten hätte, das Feuer gestohlen, welches er den Menschen enthüllte. Deswegen schickten die erzürnten Götter zwei Übel, Frauen und Krankheiten, wie auch Sappho und Hesiod erwähnen. (…) Sie banden Prometheus selbst auch durch Hermes an das kaukasische Gebirge an einen Felsen, und dazu wurde ein Adler dazugenommen, welcher sein Herz aufzehren sollte.

Diese ganze Geschichte ist aber nicht ohne Sinn erfunden worden: Denn Prometheus war ein sehr weiser Mann, weshalb er auch ‚Prometheus' von der Prometheia her benannt wurde, d. h. der Voraussicht. Dieser zeigte den Assyrern zuerst die Astrologie, welche er, am sehr hohen Kaukasus-Gebirge wohnend, mit außerordentlicher Bemühung und Sorgfalt erlernt hatte. Dieser Berg liegt aber in der Nähe der Assyrer und beinahe den Sternen benachbart, weshalb Prometheus auch die größeren Sterne zeigt(e) und sorgfältig ihren Auf- und Untergang bestimmte. Es heißt aber, dass ein Adler sein Herz isst, weil thymoboros (d. i. der Herzesser) ‚Sorgfalt' bedeutet, aufgrund welcher er alle Bewegungen der Sterne erlernt hatte.

Und weil er dies mit Klugheit machte, ist er, wie es heißt, unter der Führung des Hermes, des Gottes der Klugheit

---

94 Kein Fragment überliefert.
95 Hier folgt im lateinischen Text das weiter oben von mir behandelte Horaz-Zitat zu Prometheus aus der *Ode* 1,3.

deprehendit praeterea rationem fulminum eliciendorum et hominibus indicavit, unde caelestem ignem dicitur esse furatus. nam quadam arte ab eodem monstrata supernus ignis eliciebatur, qui mortalibus profuit, donec eo bene usi sunt: nam postea malo hominum usu in perniciem eorum versus est[96].

und des Verstandes, an einen Felsblock gebunden worden.
Er erlernte außerdem die Methode, Blitze hervorzulocken, und zeigte sie den Menschen, weshalb es auch heißt, dass er das himmlische Feuer gestohlen habe. Denn mit einer gewissen Kunst, die von ihm (den Menschen) gezeigt worden war, wurde das himmlische Feuer hervorgelockt, welches den Menschen nutzte, solange sie es auf gute Weise gebrauchten. Denn später verwandelte es sich durch den schlechten Gebrauch zu ihrem Verderben.

Es sind in dieser Kommentierung der Prometheus-Figur zwei Erklärungen des Feuerdiebstahls enthalten. Die eine ist die Entzündung des Feuers an der Sonne mithilfe von Minerva-Athene, wie sie auch später im 6. Jh. bei Fulgentius überliefert ist (Version 1). Die andere Erklärung ist eine zunächst rein euhemeristisch beginnende Version, gemäß welcher ein gewisser Prometheus Astrologie studierte und sie die Menschen (hier die Assyrer) lehrte (Version 2). Der Adler wird in dieser Stoffvariante allegorisch als ein sorgfältiges und waches Denken verstanden, mithilfe dessen Prometheus sein Wissen erlangt. Das Kuriose in der Stoffvariante folgt nun, indem das mythische Narrativ wieder in die allegorisch-euhemeristische Version hineingenommen wird: Merkur scheint sein Gebiet, die Klugheit, eifersüchtig zu hüten, weshalb Prometheus bestraft werden muss und nun an das Kaukasus-Gebirge gebunden wird. Die Götter greifen also auch in dieser Version ein, die damit ihren euhemeristischen Charakter verliert. Eben noch Kaukasus-Bewohner, wird Prometheus nun an den Kaukasus gebunden.

Anschließend wird die Kunst, Blitze hervorzulocken und damit das Feuer aus dem Himmel zu stehlen, genannt. Es scheint, als reiche der antike Kommentator (eventuell Servius) hier weiteres mythologisches Wissen nach, welches aber nicht mehr in einem streng chronologischen Zusammenhang mit dem vorher Thematisierten steht: Denn sonst entstünde die merkwürdige neue Stoffvariante, dass Prometheus das Feuer erst stiehlt (durch das Hervorlocken von Blitzen), nachdem er schon am Kaukasus eine Strafe für ein anderes Delikt,

---

96 Servius, *Comm. in Verg. Buc.* 6,42. Text zitiert nach Thilo/Hagen 1986.

seine allzu große Klugheit, abbüßt. Ein Kommentator ist nun kein Literat, der Neues zusammenfügt. Hier ist letztendlich wohl eher eine Information nachgetragen oder von einem weiteren Redaktor eingefügt worden, die stoffchronologisch noch zu der ersten ‚Lehrtätigkeit' des Prometheus, der Astrologie, zu ziehen wäre[97].

Angesichts dieser verschiedenen, miteinander vermischten Hyleme und Stoffversionen drängt sich allerdings in jedem Fall der Eindruck auf, dass der Kommentator (sei es Servius oder eine andere Person in der Spätantike) sich über die Wahrheit einer bestimmten Stoffversion nicht mehr recht im Klaren war und deshalb die kleinen Wahrheitskörner der einzelnen Versionen zu einer großen Wahrheit zusammenaddieren wollte. Das ist auch der Vielzahl der Mythos-Varianten geschuldet, die die spätantiken Kommentatoren in der Literatur finden konnten. Hier werden zumindest Hesiod, Sappho und Horaz zitiert, wobei Hesiod und Horaz keine großen Unterschiede untereinander aufweisen. Es wird dagegen niemand genannt, der eine euhemeristische oder allegorische Lesart vertritt.

Es gibt in der Servius-Überlieferung eine zweite Handschriftentradition, die über den Text der ersten hinaus noch einige Zusätze aufweist. Nach ihrem ersten Bearbeiter und Herausgeber Petrus Danielis wird sie der *Servius Danielis* genannt[98]. Auch zu der vorliegenden Eklogenstelle gibt es einen solchen Zusatz, der sich an die gerade zitierte Textstelle anschließt:

ergo secundum fabulam hysterologia est: nam prius fuit, ut Prometheus crimen admitteret, post pateretur supplicia; qui tamen postea, praecepto Iovis occisa per Herculem aquila, liberatus est. alii hunc ferula ignem de caelo subripuisse ferunt et ideo a Iove religatum ad Caucasum et volucri obiectum: quem postea ab ipso Iove resolutum, quod eum monuisset a Thetide abstinere (...).	Also gibt es hier in Bezug auf die Geschichte eine Vertauschung der Ereignisse (*hysterologia*): denn früher geschah, dass Prometheus ein Verbrechen beging, danach, dass er Strafe erlitt. Dennoch wurde er später befreit, nachdem auf Geheiß Jupiters der Adler durch Herkules niedergestreckt worden war. Andere sagen, dass er in einem Narthex-Stängel das Feuer vom Himmel geraubt habe und deshalb

---

[97] Da der Kommentator zu Beginn der vorliegenden Eklogen-Kommentierung durchaus die umgedrehte Reihenfolge bei Vergil erkennt, würde er in diesem Fall paradoxerweise eine ganz ähnliche Vertauschung begehen.
[98] Vgl. zu der Handschriftentradition der Servius-Kommentare die Praefatio des ersten Bandes von Thilo/Hagen 1961.

> von Jupiter an den Kaukasus gebunden und dem Adler ausgeliefert wurde, dass er aber später von Jupiter selbst befreit wurde, weil er ihn gemahnt habe, sich nicht mit Thetis einzulassen.

Es ist anzunehmen, dass der Kommentator mit seinem Begriff der *Hysterologia* wohl immer noch auf Vergils Vers abzielt, in welchem, wie schon erwähnt, zuerst der Kaukasus, dann der Diebstahl genannt wird. Eventuell könnte damit aber auch die etwas chaotische Stoffversion 2 der ersten Kommentierung korrigiert und berichtigt werden, dass nämlich Prometheus nicht erst am Kaukasus angebunden sein und dann die Kunst des Blitze-Erzeugens erfinden konnte. Die Stoffversion dieses Kommentators selbst ist wiederum der Version 1 der ersten Kommentierung sehr ähnlich: Prometheus stiehlt das Feuer im Narthex-Stängel, wobei diesmal Minervas Hilfe nicht genannt wird und allgemeiner vom Himmel und nicht von der Sonne als Ort des Diebstahls die Rede ist[99]. Die Befreiung des Prometheus geht einher mit dem alten, schon bei (Ps.-)Aischylos thematisierten Stoffbaustein, dass Prometheus Jupiter-Zeus vor einer Vereinigung mit der Meeresnymphe Thetis warnt, da der aus einer Verbindung mit Thetis entspringende Nachkomme mächtiger als sein Vater werden wird: So wird später Achilleus, der Sohn der Thetis und des Peleus, seinen Vater an Stärke überragen. Jupiter hilft also Prometheus, weil der ihm die Macht durch sein Vorwissen gerettet hat. Beginn und Ende der Prometheus-Geschichte handeln so über göttliche Machtkonflikte[100].

9 Zusammenfassung

Was lässt sich rückblickend über den Ort und das Motiv des Feuerdiebstahls sagen? In der frühesten griechischen Literatur findet sich kein Beleg dafür, dass Prometheus das Feuer aus dem Himmel stiehlt. Allerdings finden sich auch keine anderen konkreten Ortsbezeichnungen. Bei Hesiod dürfte wohl an den Olymp als Ort des Diebstahls gedacht sein, ohne dass dieser genannt wird. Pro-

---

[99] Eine ähnlich kurze Erläuterung findet sich zu dem gleichen Eklogenvers in der *Appendix Serviana* im Kommentar des Iunius Philargyrios. Vgl. dafür Thilo/Hagen 1986.
[100] Vgl. zu Machtkonflikten in Mythen C. Zgoll 2019, 440-447.

metheus stiehlt das Feuer bei Hesiod jedenfalls aus dem Machtbereich des Zeus. Bei (Ps.-)Aischylos wird der Ort nicht genannt und entsprechende Hinweise bei dem lateinischen Dramatiker Accius, dass der Diebstahl auf Lemnos geschieht, können nicht mit Sicherheit auf (Ps.-)Aischylos übertragen werden. In Platons *Protagoras* ist von der Werkstatt des Hephaistos und der Athene als Ort des Diebstahls die Rede und es liegt nahe, an den Hephaistos-Tempel auf der athenischen Agora zu denken. Dort wird das Feuer im Gegensatz zu Hesiod auch nicht aus dem Machtbereich des Zeus gestohlen. Bei Diodor wird kein exakter Ort genannt, ebenfalls nicht bei Ps.-Apollodor.

Die römische Literatur liefert die ersten Stoffbelege für eine genaue Herkunftsangabe des Feuers: Neben Accius nennt auch Cicero die Insel Lemnos als Ort des Diebstahls. Bei Horaz kommt zum ersten Mal das Feuer vom Himmel auf die Erde. Hygin nennt in *De astronomia* keinen genauen Ort, sagt aber, dass das Feuer aus dem Machtbereich des Zeus gestohlen wird. In seiner allegorischen Lesart sagt Cornutus, dass das Feuer aufgrund der Voraussicht der kosmischen Allseele aus dem Himmel in Form eines Blitzes kommt. Lukian nennt wiederum keinen genauen Ort. Kaiser Julian vertritt eine allegorische Lesart, in der das Feuer mit dem Intellekt aus dem Himmel identifiziert wird. Servius kennt verschiedene Mythosversionen, in denen der Himmel und die Sonne als Herkunftsorte des Feuers genannt werden. In der einen Version assistiert zudem Minerva-Athene beim Feuerdiebstahl. Wie bei dem Homer-Kommentator Heraclitus ist Prometheus in einer weiteren servianischen Stoffversion in der Lage, durch sein technisch-astronomisches Wissen von der Erde aus das Feuer aus dem Himmel zu holen. Der christliche Autor Fulgentius kennt schließlich ebenfalls die heidnische Version, gemäß welcher die Göttin Minerva-Athene Prometheus zur Sonne hochträgt, an der er heimlich das Feuer entzündet.

Wenn ein Ort für den Feuerdiebstahl genannt wird, dann ist es entweder also (implizit) der Olymp oder – vor allem in späteren Stoffversionen – der Himmel und im Besonderen das Sonnenfeuer oder aber die vulkanische Werkstatt des Hephaistos, die nach einer Tradition auf Lemnos lokalisiert wird. Dementsprechend kann das Feuer des Prometheus das dem Zeus gehörende Feuer, ätherisches Feuer, Sonnen- oder Erdfeuer oder auch das Feuer von Blitzen sein. Gemessen an dieser sehr heterogenen Befundlage, scheinen moderne Übersetzer oft allzu schnell von dem Himmel als Ort des Diebstahls auszugehen, obwohl der antike Text dies in vielen Fällen nicht ausreichend stützt. Es lässt sich hier die (freilich unbewiesene) These anfügen, dass man wohl nicht nur in Übersetzungen, sondern auch in modernen Adaptionen der Prometheus-Stoffe eine Trennung von himmlischer und irdischer Sphäre vorfinden würde.

Was lässt sich abschließend über die Motivation des Feuerdiebstahls sagen? In den meisten Fällen (z. B. Hesiod, (Ps.-)Aischylos, Horaz, Hygin, Lukian, Claudian, Servius, Fulgentius) liegt dem Mythos ein Götterkonflikt zwischen Prometheus und Zeus-Jupiter zugrunde. In vielen Versionen (z. B. Hesiod, Platon, Hygin, Claudian, Lukian, Servius, Fulgentius) werden je verschiedene Hyleme der PROMETHEUS-MYTHEN in eine logische und kohärente Erzählreihenfolge gebracht. So wird in manchen Stoffversionen (Platon, Claudian, Fulgentius) das Feuer für die Menschenschöpfung benötigt, die Prometheus zugeschrieben wird. In Stoffversionen, die über die neue Opferaufteilung handeln, die nach Willen des Prometheus den Menschen zugutekommen soll, will Zeus den Opferbetrug des Prometheus nicht akzeptieren: Er entzieht den Menschen das Feuer, wodurch die neue Opferaufteilung für die Menschen keinen Vorteil mehr bringt (vgl. Lukian, Hygin). Der anschließende Feuerdiebstahl des Prometheus ist für die Menschen existenziell wichtig: So können Opfer verzehrt werden, so werden aber auch technische Erfindungen erst möglich (vgl. (Ps.-)Aischylos, Platon). Durch die zweite Strafhandlung des Zeus (Fesselung am Kaukasusgebirge, Sendung der Pandora) werden in unterschiedlicher Weise sowohl Prometheus als auch die Menschen bestraft.

Von mythischen Stoffversionen, welche die jeweiligen PROMETHEUS-MYTHEN als Handlungsvorgänge zwischen verschiedenen Göttern schildern, sind euhemeristische und allegorische Deutungen abzugrenzen. In euhemeristischen Versionen wird Prometheus als Mensch einer früheren Zeit angesehen, der durch seine Klugheit und sein Wissen mit rationalen und technischen Mitteln Feuer herstellen kann oder über Feuer verfügt (Diodor, Heraclitus Servius, eventuell Pausanias). Manchmal vermischen sich euhemeristische und traditionelle Stoffversionen auf eigentümliche Weise (Servius). Allegorische Deutungen hingegen interpretieren die mythische Handlung als einen Naturvorgang, durch welchen der menschlichen Natur durch himmlische Mächte etwas fundamental Wichtiges zuteilwird, sei das nun Geist, Seele, Wissen oder ähnliches (vgl. Platons *Philebos*, Cornutus, Lukian, Kaiser Julian, Claudian, Fulgentius). Dass philosophisch orientierte Autoren der Spätantike die PROMETHEUS-MYTHEN immer noch erzählen, dass auch der christliche Autor Fulgentius eine explizit heidnische Version für erzählenswert hält (die er freilich anschließend christlich umdeutet), dies zeigt das hohe Erklärungspotential, welches den PROMETHEUS-MYTHEN im Hinblick auf das rätselhafte Verhältnis zwischen Göttern und Menschen in der Welt innewohnt. Die Neuzeit (Goethe, Shelley, Spitteler, Orff und viele andere) erkennt dieses Potential ebenfalls und entfaltet es immer wieder neu – durch neue Stoffversionen.

10 Literaturverzeichnis

Aly, W., 1966, Die literarische Überlieferung des Prometheus-Mythos, in: Heitsch, E. (Hg.), Hesiod, Wege der Forschung 44, Darmstadt, 327-341.
Aly, W., 1966a, Das Prometheus-Gedicht bei Hesiod, in: Heitsch, E. (Hg.), Hesiod, Wege der Forschung 44, Darmstadt, 419-435.
Bapp, K., 1908, Prometheus, Ausführliches Lexikon der griechischen und römischen Mythologie hg. von W. H. Roscher III/2, 3032-3110.
Beall, E. F., 1991, Hesiod's Prometheus and Development, in: Myth. Journal of the History of Ideas 52, 3, 355-371.
Bees, R., 1997, Zur Datierung des Prometheus Desmotes, Beiträge zur Altertumskunde 38, Stuttgart.
Bees, R., 2014, Der Mythos im Protagoras, in: Kobusch, T. (Hg.), Platon als Mythologe. Interpretationen zu den Mythen in Platons Dialogen, 2., vollst. überarb. u. erw. Aufl., Darmstadt, 175-202.
Berdozzo, F., 2009, Einführung in die Schrift, in: Nesselrath, H.-G. (Hg.), Cornutus. Die griechischen Götter – Ein Überblick über Namen, Bilder und Deutungen, Scripta Antiquitatis Posterioris ad Ethicam REligionemque pertinentia 14, Tübingen, 3-28.
Bidez, J., 1956, Kaiser Julian. Der Untergang der heidnischen Welt, Rowohlts deutsche Enzyklopädie 26, Hamburg.
Boriaud, J.-Y., 1997, Hygin, Fables, Texte établi et traduit par Jean-Yves Boriaud, Collection des universités de France. Série latine 344, Paris.
Brodersen, K., 2004, Apollodoros, Götter und Helden der Griechen. Griechisch und deutsch, eingel., hg. und übers. von K. Brodersen, Darmstadt.
Burnet, J., 1957, Platonis Opera, recognovit breviqueˍ adnotatione critica instruxit Ioannes Burnet, Tomus III, Oxford (1. Aufl. 1901).
Burnet, J., 1967, Platonis Opera, recognovit breviqueˍ adnotatione critica instruxit Ioannes Burnet, Tomus II, Oxford (1. Auf. 1901).
Clay, J. S., 2003, Hesiod's Cosmos, Cambridge.
Clausen, W. V., 1959, D. Iunius Iuvenalis, Saturae, edidit W. V. Clausen, Oxford.
Conacher, D. J., 1980, Aeschylus' 'Prometheus Bound'. A Literary Commentary, Toronto.
Dain, P. siehe Wolff, É.
Dangel, J., 1995, Accius, Œuvres (Fragments), Collection des universités de France. Série latine 322, Paris.
Detienne, M./Vernant, J.-P. (Hg.), 1979, La cuisine du sacrifice en pays grec, Paris.
Dougherty, C., 2006, Prometheus, Gods and Heroes of the Ancient World, London/New York.
Duchemin, J., 1974, Prométhée. Histoire du mythe, de ses origines orientales à ses incarnations modernes, Collection d'études mythologiques 1, Paris.
Frede, D., 1997, Platon, Philebos, Übersetzung und Kommentar von Dorothea Frede, Platon, Werke 3/2, Göttingen.
Griffith, M., 1977, The Authenticity of 'Prometheus Bound', Cambridge u. a.
Griffith, M., 1983, Aeschylus, Prometheus Bound, edited by Mark Griffith, Cambridge u. a.
Hagen, H. siehe Thilo, G.
Hall, J. B., 1985, Claudii Claudiani carmina, edidit John Barrie Hall, Leipzig.

Helm, R., 1898, Fabii Planciadis Fulgentii V. C. opera, accedunt Fabii Claudii Gordiani Fulgentii V. C. De aetatibus mundi et hominis et S. Fulgentii Episcopi Super Thebaiden, recensuit Rudolfus Helm, Leipzig.

Kerényi, K., 1959, Prometheus. Die menschliche Existenz in griechischer Dichtung, Rowohlts deutsche Enzyklopädie 95, Hamburg.

Kohl, W., 1970, Der Opferbetrug des Prometheus, in: Glotta 48, 31-36.

Konstan, D. siehe Russell, D.

Kraus, W., 1957, Prometheus, Pauly's Realencyklopädie der klassischen Altertumswissenschaft 23/1, 653-702.

Latacz, J., 1971, Noch einmal zum Opferbetrug des Prometheus, in: Glotta 49, 27-34.

Le Bœuffle, A., 1983, Hygin, L'astronomie, Texte établi et traduit par André Le Bœuffle, Collection des universités de France. Série latine 262, Paris.

Lefèvre, E., 2003, Studien zu den Quellen und zum Verständnis des Prometheus Desmotes, Abhandlungen der Akademie der Wissenschaften zu Göttingen, Philologisch-Historische Klasse 3/252, Göttingen.

MacLeod, M. D., 1972, Luciani opera, recognovit brevique adnotatione critic instruxit M. D. MacLeod, Tomus I, Libelli 1-25, Oxford.

MacLeod, M. D., 1987, Luciani opera, recognovit brevique adnotatione critic instruxit M. D. MacLeod, Tomus IV, Libelli 69-86, Oxford.

Meyer, W., 1874, P. Porphyrionis Commentarii in Q. Horatium Flaccum, recensuit Gulielmus Meyer, Leipzig.

Nesselrath, H.-G., 2015, Julianus Augustus, Opera, edidit Heinz-Günther Nesselrath, Berlin/Boston.

Page, D., 1972, Aeschyli, Septem quae supersunt Tragoedias, edidit Denys Page, Oxford.

Pankow, E./Peters, G. (Hg.), 1999, Prometheus. Mythos der Kultur, Literatur und andere Künste, München.

Peters, G., 2016, Prometheus. Modelle eines Mythos in der europäischen Literatur, Weilerswist.

Peters, G. siehe Pankow, E.

Podlecki, A. J. 2005, Aeschylus, Prometheus Bound, Edited with an Introduction, Translation and Commentary, Warminster.

Pohlenz, M., 1967, Cicero, Tusculanae disputationes, recognovit Max Pohlenz, Leipzig (Ndr. d. 1. Aufl. 1918).

Raaflaub, K. A., 2017, Zeus and Prometheus: Greek Adaptions of Ancient Near Eastern Myths, in: Halpern, B./Sacks, K. S. (Hg.), Cultural Contact and Appropriation in the Axial-Age Mediterranean World, A Periplos, Leiden, 17-37.

Rudhardt, J., 1970, Les mythes grecs relatifs à l'instauration du sacrifice: les rôles corrélatifs de Prométhée et de son fils Deucalion, in: Museum Helveticum 27, 1-15.

Ribbeck, O., 1968, Die römische Tragödie im Zeitalter der Republik, Hildesheim (Ndr. d. 1. Aufl. Leipzig 1875).

Russell, D./Konstan, D., 2005, Heraclitus, Homeric Problems, Edited and Translated by Donald A. Russell and David Konstan, Writings from the Graeco-Roman World 14, Leiden u. a.

Shackleton Bailey, D. R., 2008, Q. Horatius Opera edidit. D. R. Shackleton Bailey, Berlin u. a. (Ndr. d. 4. verbess. Aufl. 2001; 1. Aufl. Stuttgart 1985).

Séchan, L., 1951, Le mythe de Prométhée, Mythes et religions 28, Paris.

Solmsen, F., 1990, Hesiodi Theogonia, Opera et dies, Scutum, edidit Friedrich Solmsen, Fragmenta Selecta ediderunt R. Merkelbach et M. L. West, Oxford (3. Aufl.; 1. Aufl. 1970).

Thilo, G./Hagen, H., 1961, Servii Grammatici qui feruntur in Vergilii carmina commentarii, vol. I, Aeneidos Librorum I-V commentarii, recensuit Georgius Thilo, Hildesheim (Ndr. d. 1. Aufl. Leipzig 1881).
Thilo, G./Hagen, H., 1986, Servii Grammatici qui feruntur in Vergilii carmina commentarii, vol. III, In Vergilii Bucolica et Georgica Commentarii, recensuit Georgius Thilo, Hildesheim (Ndr. d. 1. Aufl. Leipzig 1887).
Vernant, J.-P. siehe Detienne, M.
Vogel, F., 1964, Diodori Bibliotheca Historica, vol. II, post I. Bekker et L. Dindorf, recognovit F. Vogel, Stuttgart (Ndr. d. 3. Aufl. Leipzig 1890).
Wagner, R., 1894, Mythographi Graeci, vol. I: Apollodori bibliotheca, Pediasimi libellus de duodecim Herculis laboribus, adiecta est tabula phototypa, edidit Richardus Wagner, Leipzig.
Wehrli, F., 1966, Hesiods Prometheus (Theogonie V. 507-616), in: Heitsch, E. (Hg.), Hesiod, Wege der Forschung 44, Darmstadt, 411-418.
Weizsäcker, P., 1902, Okeanos, Ausführliches Lexikon der griechischen und römischen Mythologie hg. von W. H. Roscher II, 809-816.
West, M. L., 1961, Hesiodea, in: Classical Quarterly 11, 130-145.
West, M. L., 1966, Hesiod, Theogony, Edited with Prolegomena and Commentary by M. L. West, Oxford.
West, M. L., 1978, Hesiod, Work and Days, Edited with Prolegomena and Commentary by M. L. West, Oxford.
West, M. L., 1990, Studies in Aeschylus, Beiträge zur Altertumskunde 1, Stuttgart.
Wieland, C. M., 1971, Lucian von Samosata, Sämtliche Werke, aus dem Griechischen übersetzt und mit Anmerkungen und Erläuterungen versehen von Christoph Martin Wieland, 1. Band, 2. Teil, Darmstadt (Ndr. d. 1. Aufl. Leipzig 1788/1789).
Wieland, C. M., 1971a, Lucian von Samosata, Sämtliche Werke, aus dem Griechischen übersetzt und mit Anmerkungen und Erläuterungen versehen von Christoph Martin Wieland, 3. Band, 6. Teil, Darmstadt 1971 (Ndr. d. 1. Aufl. Leipzig 1788/1789).
Wimmer, F., 1866, Theophrasti Eresii opera, quae supersunt, omnia, Graeca recensuit, latine interpretatus est, indices rerum et verborum absolutissimos adiecit Fridericus Wimmer, Paris.
Wolff, É./Dain, P., 2013, Fulgence, Mythologies, traduit, présenté et annoté par Étienne Wolff et Philippe Dain, Villeneuve d'Ascq.
Zgoll, C., 2019, Tractatus mythologicus. Theorie und Methodik zur Erforschung von Mythen als Grundlegung einer allgemeinen, transmedialen und komparatistischen Stoffwissenschaft, Mythological Studies 1 (https://doi.org/10.1515/9783110541588), Berlin/Boston.

Christian Zgoll
Vom Himmel gefallen

Mythen von Pallas, Athene, Pallas Athene, Athena Polias, dem Palladion und den Palladia

Abstract: The Greek mythographer Apollodoros (c. 1st/2nd century AD), among other things, tells of the foundation of Ilion (Troy) by Ilos. A central aspect of the narrative concerns the fall from heaven of a numinous object called "Palladion". After analyzing the sequence of hylemes (hyleme analysis) and the stratification of the mythic narrative (stratification analysis), we will be able to reconstruct the underlying (variants of) *Erzählstoffe*, point to inconsistencies, discuss them, and extract the different layers, that form the fabric of Apollodoros' text. The existence of further mythic variants of the Palladion's heavenly origin, as well as the multiplication of the one unique Palladion into several identical copies among those variants, serves to underline the significance of the object.

1 Bedeutung des Palladions

Das Palladion kann mit einem gewissen Recht einer der prominentesten Kultgegenstände der griechisch-römischen Antike genannt werden. Die Bezeichnung dieses Gegenstandes leitet sich von der Wurzel παλλ- her, die auf Jugendlichkeit hindeutet, vor allem auf die Jugendlichkeit einer weiblichen Person[1]. Das davon

---

Anmerkung: Mein Dank geht an die Deutsche Forschungsgemeinschaft für die Förderung der DFG-Forschungsgruppe 2064 „STRATA – Stratifikationsanalysen mythischer Stoffe und Texte in der Antike", in deren Kontext vorliegender Beitrag entstanden ist. Für anregende Gespräche in bester Forschungs-Atmosphäre danke ich außerdem den Mitgliedern und Gästen des Göttinger *Collegium Mythologicum*, für Unterstützung bei Recherchen Nadine Fröhlich. Teile dieses Artikels wurden bereits veröffentlicht (C. Zgoll 2019, 42-45; 128-132; 156-159; 350-359), werden hier aber zusammengeführt, überarbeitet und deutlich erweitert präsentiert.

[1] Zur Etymologie der vermutlich vorgriechischen, nicht mehr genau eruierbaren Wurzel und ihren Ableitungen s. Beekes 2010, 1147. Der Bezug auf Jugendlichkeit wird aus emischer Perspektive bereits in der Antike hergestellt, vgl. Cornutus 20,8 (nach der Zählung der Edition von Nesselrath 2009).

∂ Open Access. © 2021 Christian Zgoll, publiziert von De Gruyter. [CC BY] Dieses Werk ist lizenziert unter der Creative Commons Attribution 4.0 International Lizenz.
https://doi.org/10.1515/9783110743005-010

abgeleitete Palladion (παλλάδιον) zielt von der Wortbedeutung her zunächst auf die Kultstatue einer jungen Frau[2], kann sich aber von der Sache her auch allgemeiner auf einen heiligen, im Kult verehrten Gegenstand mit vornehmlich protektiver Funktion beziehen, der eine numinose Macht repräsentiert und jedenfalls nicht zwingend das Aussehen einer (weiblichen) Götterstatue gehabt haben muss[3]. Aufgrund der Tatsache, dass „Pallas" ein fester Beiname der Athene wird, verfestigt sich die Vorstellung vom Palladion als Manifestation und damit als „Statue der Pallas Athene"[4], die in dieser Statue vor allem in ihrer Funktion als *Athena Polias*, als Schutzherrin der befestigten Stadt, verehrt wird[5].

Auch wenn es nach verschiedenen antiken Traditionen mehrere solche Palladia in unterschiedlichen Städten gab[6], war doch das Palladion von Troia das berühmteste. Solange das Palladion sich in der Stadt befand, behütet und mit Opfergaben und Chören verehrt wurde, konnte einer Weissagung gemäß Troia nicht erobert werden[7]. Vor der List mit dem „Trojanischen Pferd" mussten deshalb Odysseus und Diomedes in einer waghalsigen Unternehmung das Palladion aus Troia stehlen, bevor für den Rachefeldzug der Griechen einigermaßen Aussicht auf Erfolg bestand[8]. Im Übrigen haben die Griechen diesen Rachefeldzug vielleicht nicht *nur* wegen der schönen Helena unternommen; sie sind, jedenfalls nach *einer* Variante der um die Eroberung von Troia kreisenden Stoffe, auch oder sogar vor allem deshalb nach Troia gezogen, weil Paris nach dieser Variante

---

2 So Beekes 2010, 1147: „female idol".
3 So sind bspw. bei Dion. Hal. *ant.* 1,68,4 die dort im Plural genannten Palladia nicht identisch mit den „Bildern der Götter", die noch einmal zusätzlich bzw. neben den Palladia extra genannt werden (τὰ δὲ Παλλάδια καὶ τὰς [τῶν] θεῶν εἰκόνας). Zwischen einer anthropomorphen Götterstatue und einem weitgehend gestaltlosen, abstrakten Kultgegenstand sind freilich mehrere Abstufungen denkbar. Zum Begriff „numinos" s. den Auswertungsbeitrag von A. Zgoll/C. Zgoll *Lugalbandas Königtum und das Feuer des Prometheus* in diesem Band.
4 Vgl. bereits Hdt. 4,189.
5 S. ausführlicher das entsprechende Kapitel „Athena als wehrhafte Stadtgöttin" bei Nilsson 1967, 433-437 (darin zum Palladion v. a. 435 f); vgl. Graf 1997, 161 f. Weitere Literaturhinweise zum Palladion bei Reinhardt 2011, 150, Anm. 619, und Reinhardt 2016, 27.
6 Vgl. den Überblick bei Wörner 1909, 3413-3443. Als eines der prominentesten Athene-Kultbilder, das als vom Himmel gefallen galt, ist sicherlich das auf der Akropolis von Athen angesehen worden, vgl. Paus. 1,26,6, das allerdings bei Pausanias nicht als Palladion bezeichnet wird.
7 Dion. Hal. *ant.* 1,68,4.
8 Vgl. Konon, FGrH 26 F 1,34 (= Phot. *Bibl.* 137 a 8); Verg. *Aen.* 2,162-170.

nicht nur Helena, sondern mit ihr auch das Palladion aus Griechenland gestohlen hatte[9].

Es existieren verschiedene Überlieferungen darüber, wer nach der Eroberung Troias *das* Palladion von Troia mitgenommen und welche Städte seitdem im Besitz eben dieses Palladions waren[10]. Zumindest nach einer Tradition gelangt das Palladion Troias später bis nach Rom[11], wo es zusammen mit anderen sakralen Gegenständen wie besonderen numinosen Schilden (den *ancilia*) als wichtiges Unterpfand der Herrschaft kultisch eine hohe Bedeutung besaß[12]. Noch später soll es von Kaiser Konstantin nach Konstantinopel gebracht und dort auf dem nach dem Kaiser benannten Marktplatz unter der Erde vergraben worden sein[13], so dass die vom „heidnischen" Götterbild ausgehende, beschützende Kraft auch bis in die christliche Zeit hinein als wirksam angesehen worden sein dürfte[14].

2 Himmlische Herkunft des Palladions: Hylemanalyse der Mythenvariante bei Apollodoros

Über den Ursprung des Palladions von Troia finden sich etliche verstreute Hinweise in der antiken Literatur[15]. Ausführlichere Berichte liefern der Historiker

---

9 S. Antisthenes, *Odysseus* 3, in: *Oratores Attici*, ed. Baiter/Sauppe 1850, 168, und dazu Wörner 1902, 1303 f.
10 Vgl. dazu die Ausführungen mit Belegen bei Dobschütz 1899, 4-6, bei Austin 1964, 83-85, mit weiteren Literaturhinweisen Prescendi 2000, 192; eine Auflistung verschiedener Städte, in denen das Palladion gewesen sein soll (mit Angabe antiker Quellen) bei Scheer 2000, 91, mit Anm. 499; s. außerdem Letoublon 2014.
11 Vgl. bspw. Liv. 5,52,7; Dion. Hal. *ant.* 1,68 f.
12 Vgl. dazu Bömer 1957, Bd. 2, 169. Zu den *ancilia* s. den Beitrag von Jäger *Himmelsschilde und Blitze* diesem Band.
13 Nach Prok. *BG* 1,15.
14 Weitere Verweise auf Quellen zum Schicksal des Palladions in Byzanz bei Dobschütz 1899, 6, Anm. 3; Dobschütz verweist dort auf die Nummern der Belege im Anhang seines Buches, wo die Quellen im Original zitiert werden.
15 Auf einige davon wird weiter unten noch näher eingegangen.

Dionysios von Halikarnassos (geb. zwischen 69 und 53 v. Chr.)[16], auf den wir später noch einmal zurückkommen werden, und der Mythograph Apollodoros (1./2. Jh. n. Chr.)[17]. Bei letzterem steht folgender Bericht[18]:

(142) Ἶλος δὲ εἰς Φρυγίαν ἀφικόμενος καὶ καταλαβὼν ὑπὸ τοῦ βασιλέως αὐτόθι τεθειμένον ἀγῶνα νικᾷ πάλην· καὶ λαβὼν ἆθλον πεντήκοντα κόρους καὶ κόρας τὰς ἴσας, δόντος αὐτῷ τοῦ βασιλέως κατὰ χρησμὸν καὶ βοῦν ποικίλην, καὶ φράσαντος ἐν ᾧπερ ἂν αὐτὴ κλιθῇ τόπῳ πόλιν κτίζειν, εἵπετο τῇ βοΐ.

(143) ἡ δὲ ἀφικομένη ἐπὶ τὸν λεγόμενον τῆς Φρυγίας Ἄτης λόφον κλίνεται· ἔνθα πόλιν κτίσας Ἶλος ταύτην μὲν Ἴλιον ἐκάλεσε, τῷ δὲ Διὶ σημεῖον εὐξάμενος αὐτῷ τι φανῆναι, μεθ' ἡμέραν τὸ διιπετὲς παλλάδιον πρὸ τῆς σκηνῆς κείμενον ἐθεάσατο. ἦν δὲ τῷ μεγέθει τρίπηχυ, τοῖς δὲ ποσὶ συμβεβηκός, καὶ τῇ μὲν δεξιᾷ δόρυ διηρμένον ἔχον τῇ δὲ ἑτέρᾳ ἠλακάτην καὶ ἄτρακτον.

(142) Ilos aber kam nach Phrygien, stieß zu einem vom König dort eingesetzten Wettkampf und siegt im Ringen. Und er empfing als Kampfpreis fünfzig Jungen und die gleiche Anzahl Mädchen. Nachdem ihm der König einem Orakelspruch gemäß auch eine gescheckte Kuh gegeben und ihn angewiesen hatte, an dem Ort, an dem sie sich niederlegen würde, eine Stadt zu gründen, folgte er der Kuh.

(143) Angekommen beim sogenannten Hügel der phrygischen Ate aber legt sie sich nieder. Dort gründete Ilos eine Stadt und nannte diese Ilion. Als er zu Zeus gebetet hatte, dass ihm irgendein Zeichen erscheinen möge, erblickte er bei Tage das vor dem Zelt liegende, vom Himmel herabgefallene Palladion. Es war der Größe nach drei Ellen lang, mit geschlossenen Füßen, und es hielt in der Rechten einen erhobenen Speer, mit der anderen (Hand) aber Rocken und Spindel.

---

16 Zur Datierung s. ausführlicher Cary 1937, VII-IX.
17 Bei der *Bibliotheke* des Apollodoros (entweder ein echter Autor dieses Namens, oder aber der Versuch, die *Bibliotheke* einem berühmten gleichnamigen Autor aus dem 2. Jh. v. Chr. zuzuschreiben) reichen die Datierungsversuche vom 1. Jh. v. Chr. bis ins 3. Jh. n. Chr., mit einer Tendenz auf das 1./2. Jh. n. Chr.; s. dazu Dräger 2005, 839, mit Literaturhinweisen in Anm. 4. Zu Apollodoros ist ein wichtiger, von Pàmias (2017) herausgegebener Sammelband erschienen, in dem etliche Detailstudien einen guten Eindruck zum Forschungsstand vermitteln.
18 Apollod. 3,142-145. Text nach Scarpi/Ciani 1998 (die neue Apollodoros-Edition von Cuartero stand dem Verfasser nicht zur Verfügung); in 3,144 lese ich mit Dräger 2005, statt der von Scarpi/Ciani übernommenen Konjektur προτεῖναι von Faber das in Handschrift R bezeugte προθεῖναι.

(144) ἱστορία δὲ ἡ περὶ τοῦ παλλαδίου τοιάδε φέρεται· φασὶ γεννηθεῖσαν τὴν Ἀθηνᾶν παρὰ Τρίτωνι τρέφεσθαι, ᾧ θυγάτηρ ἦν Παλλάς· ἀμφοτέρας δὲ ἀσκούσας τὰ κατὰ πόλεμον εἰς φιλονεικίαν ποτὲ προελθεῖν. μελλούσης δὲ πλήττειν τῆς Παλλάδος τὸν Δία φοβηθέντα τὴν αἰγίδα προθεῖναι, τὴν δὲ εὐλαβηθεῖσαν ἀναβλέψαι, καὶ οὕτως ὑπὸ τῆς Ἀθηνᾶς τρωθεῖσαν πεσεῖν.

(145) Ἀθηνᾶν δὲ περίλυπον ἐπ' αὐτῇ γενομένην, ξόανον ἐκείνης ὅμοιον κατασκευάσαι, καὶ περιθεῖναι τοῖς στέρνοις ἣν ἔδεισεν αἰγίδα, καὶ τιμᾶν ἱδρυσαμένην παρὰ τῷ Διί. ὕστερον δὲ Ἠλέκτρας κατὰ τὴν φθορὰν τούτῳ προσφυγούσης, Δία ῥῖψαι μετ' αὐτῆς καὶ τὸ παλλάδιον εἰς τὴν Ἰλιάδα χώραν, Ἴλον δὲ τούτῳ ναὸν κατασκευάσαντα τιμᾶν. καὶ περὶ μὲν τοῦ Παλλαδίου ταῦτα λέγεται.

(144) Über das Palladion aber wird folgende Geschichte überliefert: Man sagt, Athene sei nach ihrer Geburt von Triton aufgezogen worden, der eine Tochter (namens) Pallas hatte. Beide aber seien, als sie sich im Kriegshandwerk übten, einmal in einen Wettstreit geraten. Als Pallas aber im Begriff war, (Athene) zu schlagen, habe Zeus aus Furcht die Aigis vorgehalten; sie aber habe, sich in Acht nehmend, nach oben geblickt, und sei auf diese Weise von Athene verwundet gefallen.

(145) Athene aber, um sie sehr traurig geworden, habe eine jener ähnliche Holzstatue verfertigt, und habe (ihr) die Aigis, vor der sie sich gefürchtet hatte, um die Brust gelegt, und habe (sie) geehrt, indem sie (sie) bei Zeus aufstellte. Als später aber Elektra während des Verderbens zu dieser ihre Zuflucht genommen hatte, habe Zeus mit ihr zusammen auch das Palladion in das ilische Land geschleudert; Ilos aber habe dieses geehrt, indem er für es einen Tempel errichtete. Und das ist es in der Tat, was man über das Palladion sagt.

Ilos, der Gründer der Stadt Ilion, die nach Ilos' Vater Tros auch Troia genannt wird[19], lebt nur zwei Generationen vor dem Troianischen Krieg, der unter seinem Enkel Priamos stattfinden wird. Auf der Suche nach einem geeigneten und vor

---

19 Zur diffizilen Frage, ob bzw. inwiefern ἡ Τροία mit τὸ Ἴλιον (oder auch ἡ Ἴλιος) gleichgesetzt werden kann, s. Mannsperger 2002, 852 f, der sich für „ein organisches Nebeneinander von Troia als Land und Siedlungszentrum der Troianer und Ilios als städtischer Mitte" ausspricht (ebd. 853). Ungeachtet dieser differenzierenden, wissenschaftlichen Außenperspektive erscheinen in den antiken Quellen die beiden topographischen Bezeichnungen oft als austauschbar.

allem den Göttern genehmen Platz für die Gründung von Ilion erbittet Ilos zusätzlich zu dem vom Orakel angewiesenen Omen mit der gescheckten Kuh von Zeus ein Zeichen, und es fällt, wie im Text eher versteckt und beiläufig erwähnt wird, offenbar während der Nacht das Palladion vom Himmel, das Ilos dann am Morgen beim Heraustreten aus seinem Zelt erblickt.

Eine Hylemanalyse, eine Zerlegung in kleinste handlungstragende Einheiten (Hyleme), kann den Handlungsverlauf deutlicher machen[20]. Als Hyleme verstandene Stoffbausteine repräsentieren geistige Inhalte, die nicht auf bestimmte mediale Konkretionsformen wie Texte oder Bilder festlegbar sind. Gemäß der bunten Vielfalt erzählerischer Stoffe zielen verschiedene Hyleme dabei auf gänzlich verschiedene Inhalte. Dennoch weisen alle Hyleme eine von den jeweils spezifischen Inhalten zu unterscheidende *logische Grundstruktur* auf. Diese so bestimmte logische Grundstruktur eines Hylems entspricht vereinfacht der grammatischen Relation zwischen einem (logischen) Subjekt und dem dazugehörigen (logischen) Prädikat[21], gegebenenfalls ergänzt durch ein (logisches) Objekt[22]. Es soll nun der Ausschnitt der Mythenvariante von Apollodoros in Übersetzung wiederholt und einer Hylemanalyse unterzogen werden, in dem es um die Herkunft des Palladions geht[23]:

ἡ δὲ ἀφικομένη ἐπὶ τὸν λεγόμενον τῆς Φρυγίας Ἄτης λόφον κλίνεται· ἔνθα πόλιν κτίσας Ἴλος ταύτην μὲν Ἴλιον ἐκάλεσε, τῷ δὲ Διὶ σημεῖον εὐξάμενος αὐτῷ τι φανῆναι, μεθ' ἡμέραν τὸ διιπετὲς παλλάδιον πρὸ τῆς σκηνῆς κείμενον ἐθεάσατο.	Angekommen beim sogenannten Hügel der phrygischen Ate aber legt sie [sc. die gescheckte Kuh] sich nieder. Dort gründete Ilos eine Stadt und nannte diese Ilion; als er zu Zeus gebetet hatte, dass ihm irgendein Zeichen erscheinen möge, erblickte er bei Tage das vor dem Zelt liegende, vom Himmel herabgefallene Palladion.

---

20 Zum Begriff „Hylem" und zum Verfahren der Hylemanalyse s. ausführlich C. Zgoll 2019, Kapitel 5.3 und 6.3, und den einleitenden Beitrag *Grundlagen der hylistischen Mythosforschung* in diesem Band.
21 Wobei die Prädikatsfunktion nicht durch ein Verbum ausgefüllt werden muss.
22 Ein Hylem ist aufgebaut aus einem Hylemprädikat und aus einem oder mehreren mit dem Hylemprädikat verbundenen Hylemelementen. Sowohl vom Hylemprädikat wie von den Hylemelementen können wiederum nähere Bestimmungen bzw. Determinationen abhängen (Adjektive, Adverbien, Appositionen, präpositionale Wendungen etc.).
23 Apollod. 3,143.

In diesem *textlichen Abschnitt* stecken den Text strukturierende, *stoffliche Informationen*, die sich in der Reihenfolge des Textes als Hyleme folgendermaßen standardisiert darstellen lassen:
– Kuh kommt zum Ate-Hügel
– Kuh legt sich dort nieder
– Ilos gründet eine Stadt
– Ilos nennt die Stadt Ilion
– Ilos bittet Zeus um ein Zeichen
– Ilos erblickt nach Tagesanbruch das Palladion vor seinem Zelt
– Palladion fällt vom Himmel herab

Dieses Handlungsgerüst in der Reihenfolge der Handlungsschritte, wie sie *im Text* nacheinander vorkommen, wird in der Narratologie u. a. als *plot* bezeichnet (vgl. französisch *discours*, russisch *sjužet*, deutsch u.a. „Erzählung")[24].

Nun wird in einem Text die Abfolge der Handlungsschritte oft nicht in ihrer chronologischen Reihenfolge wiedergegeben. Folglich ist zu unterscheiden zwischen dem *plot* in seiner konkreten, textlichen Präsentation (im *ordo artificialis*) und seiner natürlichen chronologischen Abfolge (im *ordo naturalis*). Für diesen zweiten Stoffbegriff existieren in der Literaturwissenschaft ebenfalls verschiedene Bezeichnungen; im Englischen hat sich dafür weithin die Bezeichnung *story* durchgesetzt (vgl. französisch *histoire*, im russischen Formalismus *fabula*, im deutschen Sprachraum „Geschichte")[25]. In unserem Textbeispiel erfolgt die Information, dass das Palladion vom Himmel herabgefallen ist, erst am Ende des Abschnittes, obwohl der Vorgang selbst eindeutig früher angesetzt werden muss: Wenn Ilos das „herabgefallene Palladion" erblickt, muss es vor dieser Sichtung bereits herabgefallen sein.

---

24 Im deutschen Sprachraum findet man dafür unterschiedliche Bezeichnungen; vgl. Martínez 2003, 92, der dafür die Bezeichnung „Fabel" vorschlägt, was insofern etwas problematisch ist, als im russischen Formalismus *fabula* für den Stoff in seiner chronologischen Reihenfolge verwendet wird; Schmid 2014, 225, verwendet die Bezeichnung „Erzählung". Zur Forschungsgeschichte und den verschiedenen Terminologien s. die konzise Zusammenfassung bei Schmid 2007, 104-107.
25 Manchmal wird für *story* ebenfalls der Begriff *plot* verwendet, so dass von der Bezeichnung her nicht immer zwischen *plot* (1) als Stoff im *ordo artificialis* und *plot* (2) als Stoff im *ordo naturalis* unterschieden wird. Zur Unterscheidung von „Fabel" und „Sujet" im russischen Formalismus s. Tomaševskij 1985, 218. Eine andere Herangehensweise an die Unterscheidung von *story* und *plot* liegt der Arbeit von Forster zugrunde, der die begriffliche Differenzierung nicht primär an der Gestaltung der Stoffchronologie (*ordo naturalis* vs. *ordo artificialis*) festmacht, sondern nur am Vorhandensein oder Fehlen einer kausallogischen Verknüpfung; vgl. Forster 1927, 87.

Ein etwas komplexeres Problem ergibt sich bei der Frage nach der chronologischen Einordnung der Gründung und Benennung von Ilion durch Ilos: Sind diese Gründungsakte *vor* oder *nach* dem Herabfallen des Palladions anzusetzen? Rein von der Reihenfolge im Text her betrachtet, werden sie *vor* dem Herabfallen des Palladions genannt; somit könnte Ilos auf das Zeichen der sich niederlassenden Kuh hin die Stadt gegründet und benannt haben, und erst nach der Gründung der Stadt wäre dann das Palladion herabgefallen. Warum auch sollte Ilos *zwei* Zeichen benötigen, bevor er eine Stadt gründet?

Gegen eine solche Interpretation aber sprechen mehrere Gründe. Zum einen bittet Ilos Zeus um ein „Zeichen" (σημεῖον). Für was aber sollte dies Zeichen dienen, wenn nicht für die Gründung einer Stadt? Im Kontext wird nichts anderes erwähnt, wofür Ilos ein Zeichen hätte benötigen können. Dass Ilos das Palladion nicht *als Zeichen*, sondern *zum Schutz* der bereits gegründeten Stadt von Zeus erfleht, davon ist ebenfalls im Text nicht andeutungsweise die Rede. Zum anderen wird durch die Zeitangabe, dass Ilos das herabgefallene Palladion „bei Tage" (μεθ' ἡμέραν)[26] vor seinem Zelt erblickt, implizit deutlich, dass zwischen der Ankunft an dem Ort, wo die Kuh sich niedergelegt hat, und dem Erblicken des Palladions nur eine Nacht vergangen ist, in der die Stadtgründung kaum abgelaufen sein kann. Somit ist die Erwähnung der Gründung und Benennung von Ilion offensichtlich die proleptische Zusammenfassung eines Vorganges, der erst *nach* dem Herabfallen des Palladions anzusetzen ist – auf die auffällige und daher etwas seltsame Doppelung der Zeichen wird später noch zurückzukommen sein. Die *story*, die unserem Text zugrundeliegt, ist nach diesen Überlegungen so zu rekonstruieren:

– Kuh kommt zum Ate-Hügel
– Kuh legt sich dort nieder
– Ilos bittet Zeus um ein Zeichen
– Palladion fällt vom Himmel herab
– Ilos erblickt nach Tagesanbruch das Palladion vor seinem Zelt
– Ilos gründet eine Stadt
– Ilos nennt die Stadt Ilion

Durch diese ersten Schritte der Hylemanalyse wurde der Grundstein gelegt, das stoffliche Gerüst aus der textlichen Konkretion zu extrahieren. Es ist aber nun wichtig zu sehen, dass diese in Form einer Hylemsequenz dargestellte *story* des konkret vorliegenden Textes noch nicht identisch ist mit der diesem Text zugrundeliegenden Stoffvariante (dazu gleich mehr), und dass diese *story* erst recht

---

26 Vgl. zu μεθ' ἡμέραν Scarpi/Ciani 1998, 586 („sul far del giorno").

nicht *der* mythische Stoff vom Palladion ist. Man hat nicht *den* Stoff vor sich, sondern nur *eine Variante* dieses mythischen Stoffes, der sich als ein prinzipiell unauslotbares Potential begreifen und damit auch durch eine Gesamtschau aller Varianten nur annähernd erfassen lässt[27]. Zunächst einmal soll der Fokus auf der von Apollodoros gebotenen Variante bleiben und gezeigt werden, inwiefern eine Hylemanalyse über das Stadium einer Textanalyse hinausgehen muss.

Man hat in der Erzählforschung darauf aufmerksam gemacht, dass jede Form einer narrativen Wirklichkeitsrepräsentation unvollständig ist[28]. Auch in der Erzählung bei Apollodoros weist die textliche Konkretion der zugrundeliegenden Stoffvariante Lücken auf, von denen einige ergänzt werden können, da es für die Ergänzungen dieser fehlenden, aber eindeutig vorausgesetzten Hyleme sichere Anhaltspunkte im Text gibt. Um zu verdeutlichen, dass eine Hylemanalyse, also eine Analyse des stofflichen Substrats, mit einer reinen Textparaphrase nicht identisch ist bzw. über diese deutlich hinausgeht, soll im Folgenden gezeigt werden, inwieweit die vorauszusetzende stoffliche Struktur sich von den auf der textlichen Oberfläche präsentierten Handlungsschritten unterscheiden kann.

So lässt sich bspw. aus der Tatsache, dass Ilos das Palladion nach Tagesanbruch erblickt, ableiten, dass der Vorgang des Herabfallens sich in der Nacht abgespielt haben muss, und aus dem Detail, dass er das Palladion vor seinem Zelt liegen sieht, dass das Palladion nachts nicht irgendwo in die Nähe, sondern direkt vor sein Zelt herabgefallen ist. Des Weiteren impliziert der Bericht von der Stadtgründung nach dem Erblicken des Palladions durch Ilos, dass das Zeichen, das Ilos von Zeus erbeten hatte, nicht ein Zeichen *für irgendetwas* war, sondern eindeutig ein Zeichen *für eine Stadtgründung*, obwohl dies so nicht explizit im Text steht. Und wenn Ilos, nachdem er das Palladion vor seinem Zelt liegen sah, die Stadt tatsächlich gegründet hat, dann beinhaltet dies notwendig, dass er in diesem vor seinem Zelt liegenden Gegenstand das von Zeus erbetene Zeichen erkannt bzw. es als solches anerkannt hatte, was der Text wiederum nur stillschweigend voraussetzt.

Dies gilt ebenso für weitere Handlungsschritte, die nicht explizit ausgeführt werden, sich aber zwingend aus bereits gegebenen Kontext-Informationen ergeben. So folgt etwa aus der Tatsache, dass die Kuh zum Ate-Hügel gelangt und sich dort niederlegt, dass auch Ilos dorthin kommt, der dem Orakelspruch gemäß der

---

[27] S. dazu ausführlicher C. Zgoll 2019, Kapitel 4 (besonders 4.6).
[28] Vgl. Martínez/Scheffel 2012, 165, zu narrativen Texten: „Die unvermeidlichen Lücken der Textoberfläche – denn kein Text kann vollständig explizit sein – müssen durch den Leser aufgefüllt werden."

Kuh folgen musste; und wenn Ilos als Neuankömmling am nächsten Tag vor seinem Zelt das Palladion erblickt, dann folgt daraus notwendig, dass er vor diesem Zeitpunkt dieses Zelt errichtet haben muss. Diesen Überlegungen gemäß lassen sich aufgrund nicht einer Text-, sondern einer Hylemanalyse die im Text steckenden zusätzlichen inhaltlichen Informationen zu folgender Hylemsequenz ausbauen:
- Kuh kommt zum Ate-Hügel
- Kuh legt sich dort nieder
- [Ilos kommt zum Ate-Hügel]
- [Ilos errichtet ein Zelt]
- Ilos bittet Zeus um ein Zeichen [für eine Stadtgründung]
- Palladion fällt [nachts] vom Himmel herab [vor Ilos' Zelt]
- Ilos erblickt nach Tagesanbruch das Palladion vor seinem Zelt
- [Ilos erkennt in dem Palladion das von Zeus erbetene Zeichen]
- Ilos gründet eine Stadt
- Ilos nennt die Stadt Ilion

Ein einziges Hylem in dieser Sequenz muss noch einer genaueren Untersuchung unterzogen werden, und zwar das zentrale: „Palladion fällt nachts vom Himmel herab vor Ilos' Zelt". Auch hier lässt sich zeigen, inwiefern eine Hylemanalyse sich von einer Textanalyse unterscheidet. Wenn man alle Hyleme im Prinzip auf die logische Grundform Handlungsträger – Prädikat (– Handlungsobjekt) zurückführen will, die sich in den meisten Sprachen durch die Verbindung (logisches) Subjekt – Prädikat (– Objekt) zum Ausdruck bringen lässt, dann stellt sich nämlich die Frage: Ist hier wirklich das Palladion der eigentliche Handlungsträger? Denn dies wird aus dem textlichen Ausdruck von dem „vom Himmel herabgefallenen Palladion" (τὸ διπετὲς παλλάδιον) nicht völlig unmissverständlich deutlich. Rein grammatisch betrachtet lässt sich der Ausdruck freilich umwandeln in „das Palladion fällt vom Himmel", und damit wäre das Palladion Subjekt.

Bei der Rekonstruktion von Hylemen geht es aber nicht um das *grammatische*, sondern um das für die Handlung *tatsächlich verantwortliche* Subjekt der Handlung. Das ist nun im vorliegenden Fall aber kaum das Palladion, weil eine Götterstatue normalerweise nicht von selbst irgendwo herunterfällt. Nicht, dass das in mythischen Stoffen ein Ding der Unmöglichkeit wäre, aber wenn der Götterstatue selbst die Kraft zur Fortbewegung zugeschrieben würde, dann würde eine solche Fähigkeit in aller Regel in irgendeiner Form plausibilisiert oder doch zumindest erwähnt werden. Mythische Stoffe beziehen sich, wenn sie nicht abgekürzt dargestellt werden, immer auf Konkretes, nicht auf Abstraktes, und Handlungen, Vorgänge oder Ereignisse werden auf konkrete Handlungsträger zurückgeführt; sie geschehen nicht „von selbst" oder „zufällig", sondern sie werden ursächlich mit individuellen Willensakten verknüpft[29]. In unserem Fall bittet Ilos Zeus um ein Zeichen, und daraufhin fällt das Palladion vom Himmel, so dass es schon mehr als merkwürdig wäre, wenn man in dem geschilderten Vorgang nicht auch eine Tat des Zeus, sondern ein spontanes und vom Palladion selbst herbeigeführtes Herabfallen erblickte. Es ist also *Zeus*, der nachts das Palladion vom Himmel *herabfallen lässt*.

Dass dies gedanklich so aufzufassen ist, dafür gibt es sogar noch einen semantischen Hinweis. Denn die griechische Wendung „das vom Himmel herabgefallene Palladion" (τὸ διιπετὲς Παλλάδιον) lässt sich auch übersetzen mit „das *von Zeus* herabgefallene Palladion", da in dem Adjektiv διι-πετής der Eigenname des obersten Gottes gehört wurde[30]. Ein vermutlich in das 3. Jahrhundert n. Chr.

---

29 Zu diesem grundlegenden Merkmal „mythischen Denkens" vgl. bereits Cassirer 1953, 63. S. dazu auch Bouvrie 2002, 27 (der Mythen als „symbolic tales" bezeichnet): „A symbolic tale stages a presentation of concrete personae rather than uttering abstract propositions. This obvious property of symbolical tales is often passed over in analyses of the phenomenon."
30 Der sprachwissenschaftlich genauen Ableitung und der Bedeutungsgeschichte des Adjektivs διιπετής kann hier im Einzelnen nicht nachgegangen werden; zu verschiedenen Möglichkeiten der Ableitung und zur vermutlichen Bedeutungsentwicklung s. ausführlich Treu 1958, v. a. den zusammenfassenden Überblick ebd. 272-274. Besonders für den Gebrauch des Adjektivs in den homerischen Epen besteht nach wie vor Klärungsbedarf: Nach LfgrE s.v. διιπετής ist in Bezug auf die frühgriechische Epik die Deutung bezüglich des Vorderglieds unklar, während der zweite Wortbestandteil auf πέτομαι zurückgeführt und „fliegend" als Ausdruck für „fließend" interpretiert wird: „Vorderglied unklar: *durch Zeus / am Himmel / im Freien / hindurch > herab .../ rasch dahin + fliegend > fließend* (zu πέτομαι, vgl. ὠκυ-, ὑψιπέτης)". Zum späteren Vorstoß von Griffith 1997, 356, der διιπετής von Διΐ (als lokativischer Dativ) und πέτομαι ableitet und es mit „flying in the sky" wiedergibt, lassen sich einige Einwände vorbringen, da die Plausibilisierung der Vorstellung von am Himmel dahinfliegenden Flüssen durch den Verweis auf ägyptische Quellen doch etwas weit hergeholt scheint (immerhin sollte doch für das Gros des Publikums die Bedeutung des Adjektivs unmittelbar einleuchtend gewesen sein, und nicht erst durch einen Verweis auf Ägypten erklärt werden müssen), und außerdem würde man statt „am/im Himmel *fliegende"* wohl doch eher „am/im Himmel *fließende"* Flüsse erwarten. Beekes 2010, s. v. διιπετής, gibt als Bedeutung für das Adjektiv „fallen from heaven" an, auch mit Blick auf Homer, ohne allerdings auf die Arbeiten von Treu oder Griffith einzugehen. Wie dem auch sei, für unseren Fall vom Palladion genügt es, dass aus emischer Perspektive schon in der Antike selbst die Deutung von διιπετής als „von Zeus = vom Himmel gefallen" gut bezeugt ist (vgl. etwa die D-Scholien zu Homers *Ilias* 16,174, die als Worterklärung für διιπετής angeben: ἤτοι ὑπὸ Διὸς πεπτωκότος) und spätestens ab Euripides, bei dem zum ersten Mal neben διιπετής auch die Form διοπετής bezeugt ist (s. Treu 1958, 273), diese Bedeutung und emische Herleitung aus deklinierten Formen von Ζεύς (Genitiv Διός, Dativ Διΐ, emisch offenbar verstanden als *dativus auctoris*) und dem Verbum πίπτω („fallen", also nicht von πέτομαι = „fliegen"; vgl. zu beiden Bestandteilen *Etymologicum Magnum* 275,9 f: παρὰ τὴν Διΐ δοτικὴν καὶ τὸ πεσεῖν) als dominant, zumindest aber als allgemein

zu datierender Epiker, Quintus von Smyrna, bietet außerdem noch einen textlichen Beleg, nach dem der Vorgang als ein intentionaler Akt des Zeus gesehen werden konnte, wenn er explizit schreibt, der Sohn des Kronos selbst habe das Götterbild vom Olympos in die Stadt Troia hinabgeworfen[31]:

οὐδέ οἱ ἄμβροτον εἶδος ἐτεκτήναντο σιδήρῳ / ἀνέρες, ἀλλά μιν αὐτὸς ἀπ' Οὐλύμποιο Κρονίων / κάββαλεν ἐς Πριάμοιο πολυχρύσοιο πόληα.	Und nicht haben Männer ihr (sc. Athene) ein göttliches Abbild aus Eisen verfertigt, sondern er selbst, der Kronos-Sohn (sc. Zeus), hat es vom Olymp herabgeworfen in die Stadt des an Gold reichen Priamos.

Auf diesem Hintergrund lässt sich das zentrale Hylem, das hier zunächst mit „Palladion fällt nachts vom Himmel herab vor Ilos' Zelt" wiedergegeben wurde, präziser fassen: Es ist *Zeus*, der nachts das Palladion vom Himmel herab vor Ilos' Zelt *herunterfallen lässt* oder *herunterwirft*. Die zu rekonstruierende Hylemsequenz lässt sich im Ergebnis daher folgendermaßen darstellen:
- Kuh kommt zum Ate-Hügel
- Kuh legt sich dort nieder
- [Ilos kommt zum Ate-Hügel]
- [Ilos errichtet ein Zelt]
- Ilos bittet Zeus um ein Zeichen [für eine Stadtgründung]
- [Zeus lässt als Zeichen] das Palladion [nachts] vom Himmel [vor Ilos' Zelt] herabfallen
- Ilos erblickt nach Tagesanbruch das Palladion vor seinem Zelt
- [Ilos erkennt in dem Palladion das von Zeus erbetene Zeichen]
- Ilos gründet eine Stadt
- Ilos nennt die Stadt Ilion

---

anerkannt und verbreitet angesehen werden kann (s. Treu 1958, 273 f); vgl. auch die Parallelisierung bei Herodian. *hist.* 1,11,1: αὐτὸ μὲν τὸ ἄγαλμα διοπετὲς εἶναι λέγουσιν ... τοῦτο δὲ πάλαι μὲν ἐξ οὐρανοῦ κατενεχθῆναι. Die Formulierung des vom Himmel bzw. Zeus herabgefallenen Palladions z. B. auch noch bei Konon 34 = FGrH 26 F 1 (τὸ διοπετὲς Ἀθηνᾶς παλλάδιον); die vergleichbare Stelle Eur. *Iph. T.* 977 f (διοπετὲς ... / ἄγαλμα) bezieht sich auf das Kultbild der Artemis bei den Taurern.
31 Q. Smyrn. 10,358-360.

3 Erste Stratifikationsanalyse: Zwei verschiedene Stoffvarianten des GRÜNDUNGSMYTHOS VON ILION

Nach dem Bericht vom Palladion, das Zeus nachts vom Himmel vor das Zelt des Ilos hat hinunterfallen lassen, wird bei Apollodoros eine Erklärung eingeschaltet, was es mit dem Palladion auf sich hat, worauf später noch näher zurückzukommen sein wird. Offenbar wurde die hölzerne Götterstatue von der Göttin Athene persönlich angefertigt und zunächst an einem ehrenvollen Ort aufgestellt, nämlich direkt bei ihrem Vater, dem Götterkönig Zeus, das heißt – was hier wiederum nur implizit vorausgesetzt wird – im himmlischen Bereich oder auf dem Olymp[32], wo Zeus normalerweise thront.

Dann folgt eine merkwürdige und offenkundig interpretationsbedürftige Stelle. Es ist von einer Elektra die Rede, die „später" einmal, und zwar „während des Verderbens" (κατὰ τὴν φθοράν) zu dieser Pallas-Statue ihre Zuflucht genommen haben soll (dazu gleich mehr); darauf folgt der Abschluss der Erzählung[33]:

ὕστερον δὲ Ἠλέκτρας κατὰ τὴν φθορὰν τούτῳ προσφυγούσης, Δία ῥῖψαι μετ' αὐτῆς καὶ τὸ παλλάδιον εἰς τὴν Ἰλιάδα χώραν, Ἴλον δὲ τούτῳ ναὸν κατασκευάσαντα τιμᾶν.	Als später aber Elektra während des Verderbens zu dieser (sc. Pallas-Statue) ihre Zuflucht genommen hatte, habe Zeus mit ihr (sc. Elektra) zusammen auch das Palladion in das ilische Land geschleudert; Ilos aber habe dieses geehrt, indem er für es (sc. das Palladion) einen Tempel errichtete.

Näher betrachtet handelt es sich bei diesem Abschluss um eine variierende Wiederholung von bereits Erzähltem. Nach der oben erfolgten Hylemanalyse bietet sich die für den Vergleich relevante Passage des bereits Erzählten folgendermaßen dar:

---

[32] Himmel und Olymp werden in der griechischen Mythologie nicht immer wirklich streng voneinander unterschieden. Der Olymp kann zwar einerseits auf das Bergmassiv in Griechenland bezogen werden, in etlichen Fällen aber ist er eine Chiffre für die Wohnungen der Götter im Himmel; vgl. meinen Überblicks-Beitrag zur Frage, wer oder was in griechisch-römischen Mythen vom Himmel kommt (= *Göttergaben und Götterstürze*), in diesem Band.
[33] Apollod. 3,145.

- Ilos bittet Zeus um ein Zeichen [für eine Stadtgründung]
- [Zeus lässt als Zeichen] das Palladion [nachts] vom Himmel [vor Ilos' Zelt] herabfallen
- Ilos erblickt nach Tagesanbruch das Palladion vor seinem Zelt
- [Ilos erkennt in dem Palladion das von Zeus erbetene Zeichen]
- Ilos gründet eine Stadt
- Ilos nennt die Stadt Ilion

Jetzt am Ende des Textabschnittes bei Apollodoros lautet die zu rekonstruierende Hylemsequenz so:
- [Zeus? schickt/verursacht] ein „Verderben"
- Elektra nimmt während des Verderbens bei der Holzstatue der Pallas ihre Zuflucht
- Zeus schleudert Elektra und das Palladion in die Gegend von Ilion
- Ilos baut für das Palladion einen Tempel [in Ilion]
- Ilos ehrt das Palladion

„In dieser Geschichte passt nun einiges nicht zusammen ..."[34]. Anfangs war nur von dem vom Himmel herabgefallenen Palladion die Rede, nicht aber davon, dass mit dem Palladion zugleich auch eine Frau namens Elektra angekommen sein soll. Von welcher Elektra ist hier die Rede, und auf welchen Vorgang wird mit der Wendung „während des Verderbens" Bezug genommen? Bei Apollodoros ist im engeren Kontext der Kapitel um die Gründung Troias und das troianische Königshaus nur eine einzige Elektra zu finden, und da die Elektra in unserer Passage nicht näher vorgestellt wird, ist davon auszugehen, dass es sich um dieselbe Elektra handeln soll, von der bereits kurz vorher die Rede war[35]. Diese Elektra ist Kind des Titanen Atlas und der Okeanostochter Pleione, eine Vorfahrin von Ilos, des Gründers von Ilion. Sie lebte nach Apollodoros auf der Insel Samothrake[36], nicht weit von der Küste Ilions entfernt, und war durch Zeus Mutter des Iasion und des Dardanos, der später von Samothrake auf das phrygische Festland übersiedeln wird.

Nun zum Ausdruck κατὰ τὴν φθοράν, „während des Verderbens"[37]. Normalerweise wird mit φθορά eine größere Katastrophe mit tödlicher Bedrohung für

---

[34] Masciadri 2008, 350.
[35] Apollod. 3,138.
[36] Vgl. auch Apoll. Rhod. 1,916. Zu Samothrake und den Zeugnissen für den dort beheimateten Kult s. ausführlicher Masciadri 2008, 344-351.
[37] Vgl. ähnlich auch die Übersetzung von Dräger 2005, 209 („während der Schädigung").

die betroffenen Menschen bezeichnet. Das würde gut zu einer antiken Nachricht passen, nach der Dardanos, der Sohn der Elektra, durch eine gewaltige, von Zeus gesandte Flut gezwungen war, Samothrake zu verlassen[38]. Von Elektra ist in dieser Quelle aber nicht die Rede, und bei Apollodoros selbst finden wir weder mit Bezug auf Elektra noch auf ihren Sohn Dardanos etwas von einer großen Flut berichtet. Nun kann φθορά neben „Vernichtungskatastrophe" in bestimmten Kontexten auch manchmal die Bedeutung „Vergewaltigung" annehmen, und so wurde in der Forschung die Wendung alternativ auf eine Verführung oder Vergewaltigung der Elektra durch Zeus bezogen[39].

Hier häufen sich nun aber die Schwierigkeiten. Für eine Gewaltsamkeit des Beischlafs mit Elektra finden wir bei Apollodoros, aber auch sonst in der griechisch-römischen Literatur, so weit ich sehe, nirgends einen Beleg[40]. Es existiert eher im Gegenteil sogar eine Tradition, nach der Elektra als rechtmäßige Gattin des Zeus galt[41]. Nun könnte es freilich trotzdem eine Überlieferung gegeben haben, nach der Zeus Elektra vergewaltigt hat. Die Frage ist allerdings, wo im Kontext der bei Apollodoros vorliegenden Stoffvariante diese Vergewaltigung stattgefunden haben soll. Nach der Darstellung von Apollodoros hat Athene das Standbild der Pallas, zu dem Elektra sich flüchtet, „bei Zeus" aufgestellt, also, wie oben bereits ausgeführt, im himmlischen Bereich bzw. auf dem Olymp. Die Deutung von φθορά als Vergewaltigung funktioniert im Kontext der Schilderungen bei Apollodoros nur, wenn man sich vorstellt, dass Zeus Elektra aus Samothrake geraubt, auf den Olymp verschleppt und sie dort vergewaltigt hat, während sie verzweifelt das Götterbild umklammert hielt, das Zeus' Tochter Athene dort zum ehrenden Angedenken an ihre liebe verstorbene Freundin aufgestellt hatte. So stellt sich etwa Berger-Doer das Geschehen vor, und liefert damit ein Beispiel für moderne neue Stoffkonstruktion, die eine an sich inkonsistente Überlieferungslage konsistent machen will. Nach der Vergewaltigung, so Berger-Doer, sei Elektra dann wieder nach Samothrake zurückgekehrt und habe dort Zeus' Kinder geboren[42].

Selbst wenn man sich – was notwendig wäre – andere Gottheiten wie Athene und vor allem Hera als zufällig abwesend vorstellen würde, ist es kaum wahrscheinlich, dass Apollodoros tatsächlich ein solches Szenario der frevlerischen

---

[38] S. Lykophr. 72-85; ohne Bezug auf Dardanos berichtet von einer speziell die Insel Samothrake betreffenden Flut in alten Zeiten Diod. 5,47.
[39] So übersetzt bspw. Brodersen 2004, 185, φθορά mit „Vergewaltigung"; vgl. auch Scarpi/Ciani 1998, 263 („quando fu stuprata"). Vgl. auch Berger-Doer 1986, 719.
[40] Einen Überblick über die Quellen bietet bereits Furtwängler 1890.
[41] S. Dion. Hal. ant. 1,61,1.
[42] S. Berger-Doer 1986, 719.

und zudem pietätlosen Schändung einer von Athene errichteten „Kultstatue" durch den obersten Gott vorschwebte. Eine entfernte Parallele wäre die Schändung der Priamos-Tochter Kassandra durch den Lokrer Aias, während diese das Palladion von Troia umklammert hält, nach der Einnahme von Troia[43]; aber hier wird die Tat nicht im Himmel, der Wohnstätte aller Götter, sondern auf Erden vollbracht, der Täter ist nicht ein Gott, sondern ein Mensch, und die Tat selbst wird in der antiken Tradition einhellig als etwas äußerst Frevlerisches gebrandmarkt, das den unstillbaren Zorn der Athene nach sich zieht.

Um nun der Problematik einer Vergewaltigung der Elektra durch Zeus *während* der Umklammerung der Pallas-Statue durch Elektra zu entgehen, hat man die Präposition κατά nicht wie der häufigeren Verwendung gemäß gleichzeitig, sondern nachzeitig aufgelöst[44]. Allein, was sollte es Elektra helfen, wenn sie sich *nach* einer bereits stattgehabten Vergewaltigung noch zu einem Götterbild flüchtet? Bei einer Götterstatue Zuflucht zu nehmen hat doch den Sinn, sich *vorher* vor einem drohenden Übel in Sicherheit zu bringen – nicht danach; dies demonstriert mit aller Klarheit das erwähnte Beispiel von Kassandra.

Selbst wenn man diese Ungereimtheiten in Kauf nähme, ergäbe sich noch eine weitere Schwierigkeit chronologischer Art. Denn Elektra ist die Mutter von Dardanos, Dardanos' Sohn Erichthonios wiederum ist der Vater von Tros, und somit ist Elektra nach Apollodoros die Ur-ur-Großmutter von Ilions Gründer Ilos, von dem in unserem Textabschnitt die Rede ist. Schon von daher kann also φθορά kaum auf die „Vergewaltigung" der Elektra durch Zeus bezogen werden; dann könnte jedenfalls der Vorgang des Schleuderns von Elektra und dem Palladion nach Ilion nicht zeitgleich sein mit dem am Anfang unseres Textes geschilderten Vorgang des Herabwerfens des Palladions vom Himmel als von Zeus gesandtes Zeichen für Ilos, denn Ilos wäre dann noch lange nicht geboren[45].

Eine Deutung des beschriebenen Vorgangs als „Vergewaltigung" der Elektra durch Zeus kommt somit aus mehreren Gründen kaum in Frage. Wenn man nun aber Elektra schlecht dorthin befördern kann, wo sich das Palladion befindet, also in den Himmel, wie es in der Forschung versucht worden ist, um Konsistenz mit dem Anfang der Erzählung herzustellen, wo von dem „vom Himmel herabge-

---

[43] S. Apollod. *epit.* 5,22.
[44] Etwa Brodersen 2004, 185, übersetzt, dass Elektra sich „nach ihrer Vergewaltigung" zum Palladion geflüchtet habe. Vgl. Scarpi/Ciani 1998, 586: „κατὰ τὴν φθοράν nondimeno può avere una notazione temporale, 'quando fu stuprata', ovvero 'in seguito allo, dopo lo stupro'" (mit Verweis auf Hdt. 1,84,5).
[45] Diese chronologische Problematik konstatiert auch Masciadri 2008, 350.

fallenen Palladion" die Rede ist, und wodurch φθορά schlecht passend als „Vergewaltigung" interpretiert werden muss, dann ist zu überlegen, ob nicht genau umgekehrt das Palladion dorthin zu versetzen ist, wo sich Elektra befindet, also nach Samothrake, und in φθορά eine Anspielung auf eine Vernichtungskatastrophe wie eine Flut liegt, die ja tatsächlich auch in manchen Quellen bezeugt ist.

Zusammengenommen deuten all diese Überlegungen darauf hin, dass hier am Ende des zitierten Textabschnittes[46] bei Apollodoros tatsächlich *eine andere Variante des mythischen Stoffes* greifbar wird, eine Variante, die in gewissen Punkten von dem am Textanfang Erzählten abweicht. Nach dieser Variante hat Elektra, die Geliebte des Zeus, von einer Katastrophe wie einer Flut bedroht, beim Palladion ihre Zuflucht gesucht, das sich einer bestimmten Überlieferung zufolge offenbar *auf Samothrake* befand. Daraufhin hat Zeus, aus Gründen der Verbundenheit mit der Mutter seiner Kinder, Elektra zusammen mit dem Götterbild *gerettet* und von der Insel Samothrake auf das Festland von Ilion *entrückt*, so wie in etlichen weiteren Fällen in der griechischen Mythologie Götter eingreifen und ihre Lieblinge aus Gefahren entrücken (und zwar horizontal), indem sie sie an einen entfernten Ort bringen[47]. Und in der Tat hat es eine antike Tradition gegeben, nach der das Palladion ursprünglich *von Samothrake aus* nach Phrygien gelangt ist (oder mehrere Palladia); wir werden darauf zurückkommen.

4 Belassen von Inkonsistenzen statt Emendation

Da die Version, dass Zeus auf eine Bitte des Ilos hin das Palladion *vom Himmel* in das Gebiet Ilions (vertikal) *herabfallen* ließ, sich nun aber schwer mit der Überlieferung vereinbaren lässt, dass Zeus das Palladion zusammen mit Elektra *von der Insel Samothrake aus* nach Ilion (horizontal) *entrückt* hat, stellt sich die grundsätzliche Frage, wie diese im Text offensichtlich vorhandenen Inkonsistenzen zu deuten und wie demzufolge mit ihnen umzugehen ist. Deutet man sie bspw. als Versehen eines nur mittelmäßig begabten Autors oder als Verschlechterungen eines von einem an sich guten Verfasser geschriebenen Textes durch

---

46 Apollod. 3,145 ab ὕστερον δὲ Ἠλέκτρας κατὰ τὴν φθορὰν τούτῳ προσφυγούσης – „Als später aber Elektra während des Verderbens zu dieser (sc. der Pallas-Statue) ihre Zuflucht genommen hatte ..."
47 So wird bspw. in Hom. *Il.* 5,445-448 Aineias/Aeneas von Apollon in einen Tempel auf Pergamon entrückt; dort wird er von Artemis und Leto höchstselbst geheilt und geehrt. Bei Homer sind etliche weitere Stoffe von solchen Entrückungen überliefert, vgl. Hom. *Il.* 3,380-382; 5,20-24 und 318; 11,163 f und 750-752; 16,431-457; 20,318-340 und 438-446; 21,595-598.

einen nicht sonderlich scharfsinnigen Redaktor oder auch als Probleme, die sich nur aus Abschreibfehlern im Zuge der Textüberlieferung ergeben haben, dann kann man mit einer gewissen Berechtigung versuchen, diese Fehler zu verbessern, und wenn sie sich nicht verbessern lassen, fehlerhafte oder den ursprünglichen Sinn verunklarende Passagen zu streichen.

Tatsächlich haben scharf analysierende Philologen u. a. im überlieferten Text von Apollodoros' Handbuch die gesamte Passage von dem Satz an „Über das Palladion aber wird folgende Geschichte überliefert ..." bis zum Ende des oben zitierten Abschnittes („Und das ist es in der Tat, was man über das Palladion sagt") als sekundäre Zufügung eingestuft bzw. gestrichen[48]. Oder aber man hat durch eine raffinierte Textänderung versucht, den vorliegenden Text konsistent zu machen und ihn dadurch zu „retten", indem man nämlich durch einen geringfügigen Eingriff statt „habe Zeus *mit ihr zusammen* (μετ' αὐτῆς, sc. mit Elektra) auch das Palladion in das ilische Land geschleudert" gelesen hat „habe Zeus *mit Ate zusammen* (μετ' Ἄτης) auch das Palladion in das ilische Land geschleudert"[49]. Damit hätte man gleich mehrere Gewinne erzielt, denn Ate, die personifizierte Göttin der „Verblendung", wurde tatsächlich von Zeus aus dem Himmel auf die Erde hinabgeschleudert als Strafe dafür, dass sie es einmal gewagt hatte, auch Zeus selbst zu verblenden[50], und damit hätte man Elektra, die chronologisch mit Ilos nur schwer zusammengebracht werden kann, geschickt entfernt, und man hätte dabei bleiben können, dass das Palladion vom Himmel *herabgefallen* ist – *und* man hätte zugleich noch eine schöne Erklärung dafür, warum der Hügel, auf den das Palladion herabgefallen ist, und den Apollodoros ja am Anfang der Erzählung selbst erwähnt, ausgerechnet „Ate-Hügel" genannt wurde.

Mit einer solchen – zugegeben verlockenden – Konjektur wie auch mit einer Streichung der ganzen fraglichen Passage verlässt man allerdings den Boden der überlieferten Textzeugen. Außerdem wird Ate nach dem Bericht der homerischen *Ilias* ausdrücklich nicht anlässlich der Gründung von Troia vom Himmel herabgeschleudert, sondern im Kontext der Geburten von Eurystheus und Herakles[51], und auch nicht zusammen mit dem Palladion, sondern allein. Selbst *wenn* man

---

[48] Einen Überblick über die Forschungssituation bietet Dräger 2005, 574, der sich gegen eine Tilgung entscheidet: „Zur Tilgung ... besteht keine Berechtigung, denn solche Exkurse gehören zum Stil der *Bibliotheke*". Vgl. auch Scarpi/Ciani 1998, 586, die sich ebenfalls gegen eine Tilgung entscheiden.

[49] Konjektur von Galeus, der etliche Forscher gefolgt sind, s. den Überblick bei Dräger 2005, 575, der sich gegen die Konjektur entscheidet.

[50] S. Hom. *Il.* 19,91-131 und die Besprechung der Stelle in meinem Beitrag *Göttergaben und Götterstürze* (Abschnitt 2.4) im vorliegenden Band.

[51] S. die oben zitierte *Ilias*-Stelle.

das Palladion nicht zusammen mit Elektra, sondern durch eine Konjektur zusammen mit Ate in Ilion ankommen *ließe*, bliebe immer noch die Inkonsistenz, dass am Anfang des Textes nur von dem Herabfallen des Palladions, nicht aber von einer zugleich damit herabfallenden Ate die Rede war. Man müsste außerdem im Fall einer herabfallenden Ate begründen, warum Zeus bei einer Stadtgründung dem Gründer ausgerechnet die Göttin der Verblendung als Dreingabe bescheren sollte; jedenfalls würde man erwarten, dass dieser merkwürdige Umstand, sollte er tatsächlich gemeint gewesen sein, dann etwas ausführlicher thematisiert bzw. begründet worden wäre. Darüber hinaus hätte man die chronologische Inkonsistenz, dass dieser Vorgang zu einer Zeit stattgefunden hat, zu der Elektra noch lebte, nicht wirklich beseitigt, es sei denn, man ginge davon aus, dass Elektra außergewöhnlich alt wurde und zur Zeit der Stadtgründung ihres Ur-ur-Enkels Ilos noch am Leben war. Denn durch die genannte Konjektur wäre Elektra aus dem Kontext ja nicht gänzlich gestrichen; der Vorgang des Werfens des Palladions zusammen „mit Ate" würde immer noch zu der Zeit stattfinden, „als später ... Elektra während des Verderbens zu dieser [sc. der Pallas-Statue] ihre Zuflucht genommen hatte". Und selbst *wenn* schließlich der Exkurs über den Ursprung des Palladions zur Gänze später in den Apollodoros-Text hineingeraten sein *sollte* und somit als „sekundär" einzustufen *wäre*, so müsste man dennoch davon ausgehen, dass weder derjenige, der die betreffende Passage eingefügt hat, noch all diejenigen, die den Text mit diesem Zusatz später rezipiert oder abgeschrieben haben, an ihr einen massiven Anstoß genommen hätten.

Nun hat sich herausgestellt, dass es durchaus einiger Recherchen und damit genauerer Kenntnis und eines gewissen Scharfsinns bedarf, um die Inkonsistenzen im Text genau zu benennen, die mit ihnen verbundenen Implikationen zu erkennen und das Gemenge der sich hier offenbar vermischenden oder überlagernden Stoff-Versionen zu entwirren. Ist ein solcher „kritischer" Umgang mit dem Text auch für die Rezipienten in der Antike vorauszusetzen?

Hier gilt es, die oft nur implizit als selbstverständlich vorausgesetzte Annahme grundsätzlich zu hinterfragen, es müsse auch in antiken Kulturen den Verfassern von Texten, in denen mythische Stoffe verarbeitet werden, gerade die Herstellung weitgehender Konsistenz ein hauptsächliches Anliegen gewesen sein. Wie mehrere Beobachtungen und Überlegungen zeigen, war lupenreine Konsistenz in der Antike ganz offenkundig nicht das oberste Gebot und auch nicht die einzige Anforderung an solche Texte, sondern man nahm durchaus Inkonsistenzen in Kauf, weil man unter anderem versuchte, verschiedenen Traditionen und damit verschiedenen Rezipientenkreisen zugleich gerecht zu werden, und weil man es für wichtiger erachtete, Überlieferungen in ihrer Vielgestaltigkeit zu bewahren, auch wenn sie sich zum Teil nicht perfekt harmonisieren ließen. Auf weitere mögliche positive Motivationen für die In-Kauf-Nahme von Inkonsistenzen und auf die Gefahr, für antike Rezipienten dieselben literarisch-ästhetischen Rezeptionsgewohnheiten vorauszusetzen wie für moderne wurde bereits an anderer Stelle ausführlicher eingegangen, so dass dies hier nicht im Einzelnen wiederholt sein soll[52].

Eingriffe in die Textkonstitution vorzunehmen, ist freilich *immer* eine sensible Angelegenheit; worauf es hier aber ankommt, ist darauf hinzuweisen, dass man bei Texten, die *mythische Stoffe* behandeln, mit textkritischen Eingriffen *besonders* zurückhaltend sein muss. Denn Inkonsistenzen in Texten, die mythische Stoffe zur Darstellung bringen, können nicht nur auf eine ungeschickte Kompilation oder redaktionelle Überarbeitung oder auf einen Überlieferungsfehler oder Ähnliches, also nicht nur auf verschiedene *Textschichten* hindeuten, sondern *auch* und angesichts der Übernahme so polymorpher und vielschichtiger (polystrater) Gebilde, wie mythische Stoffe und Figuren es sind, in vielen Fällen sogar *in erster Linie* auf verschiedene *Stoffschichten*. Daher sind Inkonsistenzen in Texten, die mythische Stoffe verarbeiten, nicht genauso zu behandeln wie Inkonsistenzen in Texten, deren stoffliche Grundlage im Wesentlichen als Eigenentwurf eines einzelnen Autors anzusehen ist. Inkonsistenzen in Texten mythischen Inhalts sind oft nicht als Resultate einer Textbearbeitungs-Geschichte oder als Fehler der Textüberlieferung anzusehen, sondern als Resultate, die sich aus dem Umgang mit der wesensmäßigen Polymorphie und Polystratie mythischer Stoffe und Figuren natürlich und bis zu einem gewissen Grad auch unvermeidlich ergeben, und die so betrachtet wertvolle Hinweise für das Vorhandensein und damit auch für die Interpretation *verschiedener stofflicher Strata* liefern können. Für die Textforschung mag es wichtig sein, verschiedene Redaktionsstufen eines Textes voneinander zu unterscheiden und das „Original" wiederherzustellen; für die Erforschung antiker Mythen hingegen sind vermutete „sekundäre Zusätze" genauso relevant wie ein eventuell älterer, „originaler" Textbestand.

Im vorliegenden Fall bei Apollodoros zeichnet sich deutlich ab, dass der Verfasser versucht hat, unter In-Kauf-Nahme von Inkonsistenzen *verschiedene Varianten* des mythischen Stoffes von der Herkunft des Palladions miteinander zu kombinieren: Einmal wird das Palladion von Zeus vom Himmel direkt vor das Zelt des Ilos herabgeworfen; nach einer anderen Version aber wird das Palladion von

---

[52] S. C. Zgoll 2019, Kapitel 16.

Zeus zusammen mit Elektra von Samothrake aus nach Ilion befördert. Der Übersichtlichkeit halber sollen die Ergebnisse der rekonstruierten Varianten abschließend noch einmal in Form von Hylemsequenzen dargestellt werden:

Variante 1	Variante 2
	[Zeus schickt] eine verderbenbringende [Flut] nach Samothrake]
	Elektra nimmt während der verderblichen [Flut] bei der Holzstatue der Pallas ihre Zuflucht
Ilos bittet Zeus um ein Zeichen [für eine Stadtgründung]	
[Zeus lässt als Zeichen für Ilos] das Palladion [nachts] vom Himmel [vor Ilos' Zelt] fallen	Zeus schleudert Elektra und das Palladion [von Samothrake] in die Gegend von Ilion[53]
Ilos erblickt nach Tagesanbruch das Palladion vor seinem Zelt	
[Ilos erkennt in dem Palladion das von Zeus erbetene Zeichen]	
Ilos gründet eine Stadt [Ilion]	
Ilos nennt die Stadt Ilion	
	Ilos baut dem Palladion einen Tempel [in Ilion]
	Ilos ehrt das Palladion

Rekonstruktion der bei Apollodoros insinuierten „Synthese" der beiden Varianten:

[Zeus schickt] eine verderbenbringende [Flut nach Samothrake]
Elektra nimmt während der verderbenbringenden [Flut] beim Palladion ihre Zuflucht
Ilos bittet [zu dieser Zeit] Zeus im Gebiet von Ilion um ein Zeichen [für eine Stadtgründung]
[Zeus lässt als Zeichen für Ilos] das Palladion *und Elektra* [nachts] *vom Himmel* [vor Ilos' Zelt] herabfallen[54]
Ilos erblickt nach Tagesanbruch das Palladion vor seinem Zelt
[Ilos erkennt in dem Palladion das von Zeus erbetene Zeichen]
Ilos gründet eine Stadt [Ilion]
Ilos nennt die Stadt Ilion
Ilos baut für das Palladion einen Tempel [in Ilion]
Ilos ehrt das Palladion

---

53 Die beiden hier parallel gesetzten Hyleme stellen den Überschneidungsbereich der beiden Stoffvarianten dar; genau in diesem Bereich aber liegen auch die Inkonsistenzen (s. unten).

54 In den Angaben „mit Elektra" und „vom Himmel" liegen die entscheidenden Inkonsistenzen; besonders deutlich wird dies bei Elektra, die im weiteren Stoffverlauf keinerlei Rolle mehr spielt.

5 Weitere Indizien für zwei verschiedene Stoffvarianten der Gründung von Ilion bei Apollodoros

Dieser Punkt, die Frage nach dem Woher des Palladions, ist im Übrigen nicht der einzige, an dem deutlich wird, dass im kurzen Bericht des Apollodoros verschiedene Varianten eines mythischen Stoffes synthetisiert werden. Dies gilt bspw. auch für den Gründungsakt und seine begleitenden Umstände. Auch hier lässt sich plausibel machen, dass bei Apollodoros zwei verschiedene Varianten des TROIANISCHEN GRÜNDUNGSMYTHOS überblendet werden.

Man hat in all den oben zitierten Textabschnitten vor allem den Protagonisten, Ilos selbst, und das Thema, um das diese Abschnitte kreisen, nämlich das Thema einer Stadtgründung aufgrund einer göttlichen Intervention, als fortlaufende Konstanten. Davon abgesehen aber ändern sich etliche Faktoren[55], und diese Abweichungen deuten stark auf zwei unterschiedliche Varianten hin. Grundsätzlich ist eine Verschiedenheit in Bezug auf die Dimension der Zeit zu beobachten, denn es geht um zwei Vorgänge, die zeitlich deutlich getrennt vonstatten gehen: Erst wird die „Kuh-Episode" erzählt, danach schließt sich die Erzählung vom Palladion an, das vom Himmel fällt (die „Palladion-Episode"). Des Weiteren ist in der „Kuh-Episode" von einem Ortswechsel (Wanderung der Kuh) die Rede; in der „Palladion-Episode" befindet sich Ilos bereits am Ort der Stadtgründung. Nur in der „Kuh-Episode" ist von einem phrygischen König die Rede, durch dessen Vermittlung Ilos von einem Orakelspruch bezüglich einer Stadtgründung erfährt. Zwar wird nicht erwähnt, auf welche Gottheit dieser Spruch zurückzuführen ist, doch kann man bei einiger Kenntnis der griechischen Kultur davon ausgehen, dass griechische Rezipienten hier in erster Linie an das Orakel des Apollon in Delphi gedacht haben dürften. Werkintern erhält diese Annahme eine Bestätigung dadurch, dass in dem in wesentlichen Punkten parallel laufenden Stoff von der Gründung Thebens durch Kadmos ebenfalls von einer Kuh die Rede ist, der Kadmos auf eine Weisung eben des Orakels von Delphi folgen soll[56]; werkextern erhält man durch die Lykophron-Scholien sogar einen expliziten Beleg für eine Stoffvariante, nach der Apollon der Orakelgeber für Ilos war[57]. In der

---

55 Zu den wichtigen Faktoren, anhand derer man die Abgeschlossenheit einer Stoffvariante überprüfen kann, s. den einführenden Beitrag *Grundlagen der hylistischen Mythosforschung*, Abschnitt 2.9, in diesem Band.
56 S. Apollod. 3,21 f.
57 Schol. ad Lykophr. 29; s. dazu ausführlicher unten.

„Palladion-Episode" von der Gründung Ilions ist es nun aber nicht Apollon oder ein ungenannt bleibender Gott, sondern Zeus, der Ilos das entscheidende himmlische Zeichen sendet, das ihn zur Stadtgründung veranlasst. In der „Kuh-Episode" besteht das ausschlaggebende Zeichen in dem Verhalten einer Kuh, in der „Palladion-Episode" im Herabfallen eines Götterbildes.

All diese Beobachtungen und gerade die *Doppelung* göttlicher Zeichen von zwei *verschiedenen* Gottheiten sind starke Indizien dafür, dass Apollodoros hier zwei unterschiedliche Traditionen über die Gründung von Ilion miteinander kombiniert, die als in sich abgeschlossene Stoffvarianten jeweils für sich erzählt worden sein können. Nach einer Variante (der „Kuh-Episode") kommt Ilos nach Phrygien, wo er von dem phrygischen König „einem Orakelspruch gemäß" (κατὰ χρησμόν) eine gescheckte Kuh erhält, der er folgen soll, denn dort, wo sie sich niederlegt, soll Ilos eine Stadt gründen. Entsprechend folgt Ilos der Kuh und gründet dort, wo sie sich niederlegt, eine Stadt und nennt sie Ilion. Damit ist die Handlungssequenz in sich abgeschlossen[58]: Ein Zeichen für eine Stadtgründung erfolgt und geht in Erfüllung, und die Stadt wird gegründet. Es wird kein Grund ersichtlich, warum Ilos am göttlichen Zeichen der sich niederlassenden Kuh irgendeinen Zweifel hegen könnte, der das Erbitten eines zweiten Zeichens plausibel oder gar nötig erscheinen ließe[59]. Eine andere Variante (die „Palladion-Episode") handelt davon, dass Ilos Zeus um ein Zeichen bittet, das ihm zeigen soll, ob er auf dem Ate-Hügel eine Stadt gründen soll und darf. Zeus sendet dann nachts sein Zeichen, nämlich das Palladion. Ilos erblickt dies am nächsten Tag vor seinem Zelt und ehrt es schließlich durch die Errichtung eines Tempels, was die Gründung der Stadt Ilion entweder impliziert oder als bereits geschehen voraussetzt.

Wenn man nach einer über diese Analysen hinausgehende Bestätigung für die These suchen will, dass bei Apollodoros zwei verschiedene Traditionsstränge von der Gründung Ilions miteinander kombiniert werden, dann zeigt ein eingehenderer Blick auf die Überlieferung, dass die Erzählung von der sich niederlegenden Kuh und die vom herabfallenden Palladion tatsächlich keineswegs zwingend miteinander verknüpft waren. In den Lykophron-Scholien wird eine Version überliefert, nach der Ilos beim Rinderhüten vom Gott Apollon den Orakel-

---

[58] Zu Kriterien, ab wann und in welchem Maß ein Erzählstoff (nicht ein Text) als in sich abgeschlossen gelten kann, s. außerdem ausführlich C. Zgoll 2019, Kapitel 8.
[59] Vgl. den (impliziten) Erklärungsversuch von Vollkommer 1990, 650: „Apollodoros erklärt weiter, dass Ilos Zeus jedoch um ein weiteres Zeichen bittet, um zu wissen, ob dies wirklich der vorgesehene Platz sei. Daraufhin findet er am nächsten Tag vor seinem Zelt das Palladion."

spruch erhalten hat, dort eine Stadt zu gründen, wo eine seiner Kühe niedersinken würde; Ilos befolgt die Anweisung des Orakels, gründet dann, ohne weitere Zeichen abzuwarten, eine Stadt und nennt sie nach sich „Ilion"[60]:

Λήσσης ὁ Λαμψακηνός φησιν ὅτι Ἴλου εἰς τὴν Μυσίαν νέμοντος βοῦς ἔχρησεν αὐτῷ Ἀπόλλων ἐκεῖ κτίζειν πόλιν, ἔνθα ἂν ἴδῃ μίαν τῶν βοῶν αὐτοῦ πεσοῦσαν. μία οὖν τῶν βοῶν αὐτοῦ ἀποσκιρτήσασα *τῆς ἀγέλης* ... ταύτην ἐδίωκεν, ἡ δὲ ὀκλάσασα κατέπεσεν ἔνθα νῦν ἐστιν ἡ Ἴλιος. ὁ δὲ Ἴλος τοῦ χρησμοῦ μνησθεὶς ἐκεῖ πόλιν ἔκτισε καὶ ἀφ' ἑαυτοῦ Ἴλιον ἐκάλεσε.	Lesses von Lampsakos sagt, dass Apollon, als Ilos in Mysien Rinder weidete, diesem den Orakelspruch gab, dort eine Stadt zu gründen, wo er eine von seinen Kühen niederfallen sähe. Als nun eine von seinen Kühen *aus der Herde* ausbrach ..., folgte er ihr; sie aber sank nieder und fiel dort hin, wo jetzt Ilios ist. Ilos aber, des Orakelspruchs eingedenk, gründete dort eine Stadt und nannte sie nach sich Ilion.

Da es sich bei Ilion/Troia um eine so wichtige Stadt handelt, ist es nicht schwer nachzuvollziehen, warum Apollodoros sich nicht für nur *eine* Stoffvariante entscheidet und die andere einfach unterdrückt. Einerseits entsteht durch die Kombination beider Stoffe die Möglichkeit, verschiedenen Traditionen und entsprechend unterschiedlichen Erwartungshaltungen gleichermaßen gerecht zu werden, und andererseits wird darüber hinaus die göttliche Beteiligung und Anteilnahme bei dieser Stadtgründung wirksam unterstrichen, freilich unter In-Kauf-Nahme gewisser Doppelungen und Inkonsistenzen[61]. Der Passus „dort gründete Ilos eine Stadt und nannte diese Ilion" steht nun nicht zufällig genau an der Scharnierstelle, an der beide Stoffvarianten (die „Kuh-Episode" und die „Palladion-Episode") miteinander verbunden werden, und fungiert somit einerseits als Abschluss für die Variante einer Gründung der Stadt aufgrund eines Orakelspruches und des Kuh-Zeichens, kann andererseits aber auch als proleptische „Überschrift", also als ein Hyperhylem[62], über die noch folgende Stoffvariante von der Stadtgründung aufgrund des von Zeus gesandten Palladion-Zeichens gelesen werden.

---

[60] Schol. ad Lykophr. 29. Über den Autor Lesses ist nichts Näheres bekannt; es existiert kein entsprechender Eintrag in *Paulys Realencyclopädie der classischen Altertumswissenschaft*.
[61] Doppelungen durch die Zweizahl der Zeichen und der beteiligten Gottheiten, und Inkonsistenzen in Bezug auf die Figur der Elektra.
[62] S. zu diesem Begriff den einleitenden Beitrag *Grundlagen der hylistischen Mythosforschung* in diesem Band (Abschnitt 2.7).

6 Weitere Überlieferungen vom Ursprung des Palladions

6.1 Himmlische bzw. göttliche Herkunft

Richtet man sein Interesse nicht primär auf die Gründung von Troia, sondern auf die Frage nach der Herkunft des Palladions, so deutet die zweite Version, die Beförderung des Palladions von Samothrake nach Phrygien, nicht zwingend auf einen irdischen Ursprung des Palladions hin. Der göttliche Ursprung wird nur weiter verschoben, oder umgekehrt ausgedrückt: Troia wird in dieser Version zu einer weiteren von vielen Stationen, zu der das Palladion auf seinem Weg durch Zeit und Geschichte gelangt, nachdem es einmal vom Himmel gebracht worden oder herabgefallen war. Der *eigentliche* Ursprung aber ist und bleibt ein himmlischer oder zumindest göttlicher, wie sich im Folgenden zeigen wird[63].

So wird etwa die Überlieferung, nach der mehrere Palladia von Samothrake aus nach Ilion in Phrygien gelangt seien, im Geschichtswerk des Dionysios von Halikarnassos greifbar und breiter ausgeführt, und dort wird auch deutlich, dass selbst Samothrake wiederum nur eine Zwischenstation war[64]. Ursprünglich nämlich soll Dardanos, der Sohn von Zeus und Elektra, die nach Dionysios nicht auf Samothrake, sondern in Arkadien auf der Peloponnes gelebt haben soll, aufgrund einer Flutkatastrophe mit Teilen der arkadischen Bevölkerung nach Samothrake ausgewandert sein und dabei die Palladia mitgenommen haben. Bei einer späteren, nochmaligen Umsiedlung habe Dardanos dann die Palladia von Samothrake nach Phrygien gebracht. Woher aber hatte Dardanos die Palladia, wie sind sie in seine Hände gelangt, bevor er von Arkadien nach Samothrake gezogen ist?

Nach dem Bericht des Dionysios hatte er sie von seiner Frau Chryse, welche die Tochter eines ansonsten eher blass bleibenden, in Arkadien lokalisierten Mannes namens Pallas gewesen sein soll. Und woher hatte Chryse die Palladia? Bei Dionysios heißt es[65]:

---

[63] Eine Stellensammlung zu den verschiedenen Varianten der Herkunft des Palladions (bzw. der Palladia) findet man bei Ziehen/Lippold 1949, 172.
[64] Für den PALLADION-MYTHOS relevante Stellen: Dion. Hal. *ant.* 1,33,1; 1,61,1-4; 1,67,1.3; 1,68,1-4; 1,69,1-4; 2,66,5.
[65] Dion. Hal. *ant.* 1,68,3. Zu einer eingehenden Hylemanalyse dieser (leicht abgewandelten) Textpassage s. meinen einführenden Beitrag *Grundlagen der hylistischen Mythosforschung* (Abschnitt 2.6) in diesem Band.

λέγουσι γοῦν ὧδε· Χρύσην τὴν Πάλλαντος θυγατέρα γημαμένην Δαρδάνῳ φερνὰς ἐπενέγκασθαι δωρεὰς Ἀθηνᾶς τά τε παλλάδια καὶ τὰ ἱερὰ τῶν μεγάλων θεῶν διδαχθεῖσαν αὐτῶν τὰς τελετάς.	Man erzählt nun Folgendes: Als Chryse, die Tochter des Pallas, mit Dardanos vermählt wurde, da habe sie als Mitgift folgende Gaben der Athene mitgebracht: die Palladia und die Heiligtümer der großen Götter, in deren Weihen sie unterrichtet worden sei.

Nach dieser Überlieferung also waren die Palladia ein Hochzeitsgeschenk der Athene an Chryse, und damit haben sie auch in dieser Sichtweise einen göttlichen und damit möglicherweise auch einen „himmlischen" Ursprung, auch wenn hier die lokale Herkunft nicht genauer expliziert wird – es könnte auch an eine Herkunft vom Götterberg Olymp gedacht sein[66].

Abschließend soll hier noch vermerkt werden, dass mit den genannten Berichten über die Herkunft des Palladions der Variantenreichtum dieses (polymorphen) mythischen Stoffes nicht ausgeschöpft ist. So gibt es neben der Tradition, dass Athene mehrere Palladia der Chryse geschenkt hat und ihr Gatte Dardanos diese Palladia von Arkadien nach Samothrake und von dort dann mit nach Phrygien nimmt, neben der Überlieferung, dass Zeus als Zeichen für eine Stadtgründung ein bzw. „das" Palladion vom Himmel direkt vor Ilos' Zelt auf den phrygischen Ate-Hügel herabfallen lässt, und neben der weiteren Variante, dass es mit Elektra nach Samothrake gelangt und von dort nach Ilion befördert wird, noch eine andere Version, nach der nicht Athene mehrere Palladia der Chryse oder Zeus ein Palladion dem Ilos, sondern Zeus ein Palladion dem Dardanos gegeben haben soll (ohne nähere Angaben zu Örtlichkeiten)[67]:

Ἀρκτῖνος δέ φησιν ὑπὸ Διὸς δοθῆναι Δαρδάνῳ Παλλάδιον ἕν ...	Arktinos aber sagt, es sei dem Dardanos von Zeus ein einziges Palladion gegeben worden ...

Nach einer anderen Nachricht soll der hellenistische Geschichtsschreiber Phylarchos (2. Hälfte des 3. Jhs. v. Chr.) geschrieben haben, dass mehrere Palladia während des Kampfes der Götter gegen die Giganten „herabgebracht worden"

---

66 Zur Problematik „Himmel vs. Olymp" s. meinen Überblicksbeitrag *Göttergaben und Götterstürze* in diesem Band, wo auch als Ergebnis festgehalten wird, dass oft nicht so sehr eine *himmlische*, sondern eine *göttliche* Herkunft als entscheidend angesehen wurde.
67 Dion. Hal. ant. 1,69,3. Arktinos ist ein Epiker der archaischen Zeit (8./7. Jh. v. Chr.), dessen Werke verloren sind.

seien – von wem und von wo bzw. zu wem und wohin, das geht aus der kurzen, in den Aristeides-Scholien überlieferten Notiz allerdings nicht hervor[68]:

... καὶ (sc. λέγει) τῶν κατενηνεγμένων (sc. Παλλαδίων) μὲν <ἐν> τῇ τῶν γιγάντων μάχῃ, ὡς ἐν Ἀγράφοις ὁ Φύλαρχός φησιν.	... und (sc. er spricht) über die in der Gigantenschlacht herabgebrachten (sc. Palladia), wie Phylarchos in den *Agrapha* erzählt.

Nach der Suda, einem byzantinischen Lexikon, werden noch weitere antike Stoffvarianten angegeben. Nach einer soll dem Tros, als er über die Phryger als König herrschte, das Palladion „aus der Luft" herabgebracht worden sein; von wem oder von wo genau, wird nicht angegeben. Wird hier noch eine himmlische und damit göttliche Herkunft des Palladions als Möglichkeit angedeutet, so soll nach einer anderen Überlieferung ein gewisser Philosoph und in Mysterien eingeweihter Priester namens Asios bei der Stadtgründung von Troia das Palladion dem König Tros übergeben haben, wobei völlig offenbleibt, woher oder von wem wiederum Asios selbst das Palladion erhalten (oder ob er es selbst hergestellt) hat. Daraufhin soll Tros dem von ihm beherrschten Erdteil den Namen „Asien" gegeben haben, um Asios zu ehren[69]:

Παλλάδιον: τοῦτο ἦν ζῴδιον μικρὸν ξύλινον, ὃ ἔλεγον εἶναι τετελεσμένον, φυλάττον τὴν βασιλείαν τῆς Τροίας· ἐδόθη δὲ Τρωῒ τῷ βασιλεῖ κτίζοντι τὴν πόλιν ὑπὸ Ἀσίου τινὸς φιλοσόφου καὶ τελεστοῦ. διὸ δὴ εἰς τιμὴν Ἀσίου τὴν ὑπ' αὐτοῦ βασιλευομένην χώραν πρότερον Ἤπειρον λεγομένην Ἀσίαν ἐκάλεσεν. οἱ δὲ ποιητικῶς γράψαντες ἐκ τοῦ ἀέρος εἶπον τὸ παλλάδιον τοῦτο κατενεχθῆναι τῷ Τρωῒ βασιλεύοντι Φρυγῶν.	Palladion: Das war eine kleine, hölzerne Statuette, von der man sagte, sie sei geweiht, die Königsherrschaft Troias bewahrend; sie wurde aber dem König Tros gegeben, als er die Stadt gründete, und zwar von Asios, einem Philosophen und (in Mysterien eingeweihten) Priester. Bekanntlich nannte er (sc. Tros) deswegen zu Ehren des Asios das von ihm als König beherrschte Land, das erst Epiros hieß, „Asien". Die poetischen Schriftsteller aber sagten, dieses Palladion sei aus der Luft zu Tros herabgetragen worden, als er als König über die Phryger herrschte.

---

68 Phylarchos FGrH 81 F 47.
69 Suda s. v. Παλλάδιον.

6.2 Menschliche Herkunft

Beim zum Christentum übergetretenen römischen Senator Firmicus Maternus (4. Jh. n. Chr.) wird es schließlich später heißen, das Palladion sei von einem Skythen namens Abaris aus den Knochen des Pelops hergestellt und gegen Geld und mit leeren Versprechungen den törichten Troianern verkauft worden. Hier wird sichtbar, wie Polemik zu einer veränderten Überlieferung mythischer Traditionsstränge führt, da auf diese Weise implizit, aber deutlich eine göttliche oder himmlische Herkunft des Palladions in Abrede gestellt wird[70]:

Palladii etiam quid sit numen audite. Simulacrum est ex ossibus Pelopis factum. Hoc Abaris Scytha fecisse perhibetur. ... Simulacrum hoc Troianis Abaris uendidit stultis hominibus uana promittens.	Hört nun auch, was es mit dem göttlichen Wesen des Palladions auf sich hat. Es handelt sich dabei um ein Götterbild, das aus den Knochen des Pelops hergestellt worden ist. Man erzählt, der Skythe Abaris habe es gemacht. ... Dieses Götterbild hat Abaris den Troianern verkauft, indem er den törichten Menschen leere Versprechungen machte.

6.3 Übersicht über verschiedene Stoffvarianten zur Herkunft des Palladions bzw. der Palladia

Textstelle	Kurze Zusammenfassung der Stoffvariante
Apollod. 3,143	Zeus lässt als Zeichen für die Gründung von Troia das Palladion aus dem Himmel zu Ilos herabfallen
Apollod. 3,145	Zeus schleudert bei einer Flut Elektra mit dem Palladion von Samothrake aus in das Gebiet von Ilion
Dion. Hal. *ant.* 1,69,3	Zeus gibt dem Dardanos ein Palladion
Dion. Hal. *ant.* 1,68,3	Athene gibt zur Hochzeit von Dardanos und Chryse die Palladia der Chryse als Mitgift
Phylarchos FGrH 81 F 47	NN bringt/bringen während des Kampfes der Götter gegen die Giganten mehrere Palladia herab zu NN
Suda s. v. „Palladion"	NN bringt aus der Luft ein Palladion zu Tros, König der Phryger

---

70 Firm. 15,1 f.

Textstelle	Kurze Zusammenfassung der Stoffvariante
Suda s. v. „Palladion"	Philosoph und Priester Asios bringt Palladion dem König Tros bei der Gründung von Troia
Firm. 15,1 f	Skythe Abaris verkauft das selbstgefertigte Palladion den Troianern

7 Die Palladia und das Palladion

Dass man in der griechisch-römischen Religion in der Götterstatue die Gottheit selbst als zumindest potenziell präsent angesehen hat, geht u. a. auch aus einer Stelle hervor, in der nicht vom Palladion, sondern in freier dichterischer Gestaltung von Pallas Athene selbst als einer „aus dem Himmel und von den Thronsitzen des Zeus Herabgefallenen" die Rede ist[71], die in Form der Kultstatue damit zum wertvollsten Besitz des troianischen Königshauses gehört. Der Umstand, dass in der Überlieferung einmal von einem bzw. „dem" Palladion die Rede ist, ein andermal von mehreren Palladia, ist wohl eben der besonderen Bedeutung zu verdanken, die solchen Kultstatuen beigemessen wurde, sowie der Berühmtheit des Palladions von Troia, und dem damit einhergehenden Anspruch verschiedener Städte, nicht nur irgendein, sondern *eben dieses* Palladion zu besitzen. Die sich fast notwendig ergebenden Deutungsmachtkonflikte bzw. Machtkämpfe, die sich um die Frage entspinnen, von wo „das" Palladion wohin gekommen ist und wer nun eben dieses Palladion tatsächlich besitzt, führen in der Überlieferung zu verschiedenen Lösungen dieses Problems[72].

Die einfachere Lösung besteht in der Annahme, dass es von Anfang an mehrere Palladia gegeben hat, eine Lösung, wie sie in der Version von der Gabe mehrerer Palladia durch Athene zu Chryses Hochzeit realisiert wird. Auch andernorts ist die Vorstellung belegbar, dass es sich bei den Palladia um mehrere „nicht von (Menschen-)Hand gefertigte Abbilder" handelt, von denen ein jedes „aus dem Himmel geworfen" worden ist (ἐξ οὐρανοῦ ... βαλλόμενον). Nach dem hier zitier-

---

[71] Lykophr. 363: ἐξ οὐρανοῦ πεσοῦσα καὶ θρόνων Διός. Zur Frage nach der Identität von Kultbild und Gottheit s. ausführlich die Arbeit von Scheer 2000, zusammenfassend ebd. 304: „Für die Griechen, so ergibt sich, ist die Identität des Gottes mit seinem Kultbild eine Möglichkeit, die aber nicht eine stete Verfügbarkeit der Gottheit für die Gemeinde bedeutet. Die Präsenz des Gottes im Bild ist eine zeitweilige und immer vom Willen der Gottheit abhängig."
[72] Zur Wichtigkeit von Deutungsmachtkonflikten bei der Bildung mythischer Stoffvarianten s. C. Zgoll 2019, 413-439.

ten Lykophron-Scholion wurde offenbar die in Palladion steckende Buchstabenfolge παλλ- etymologisierend mit βαλλ-, dem Anfang des Verbums βάλλειν (werfen) in Zusammenhang gebracht[73]:

| Φερεκύδης δὲ Παλλάδιά φησι τὰ ἀχειροποίητα μορφώματα καὶ πᾶν τὸ ἐξ οὐρανοῦ πρὸς γῆν βαλλόμενον. | Pherekydes aber bezeichnet die Palladia als nicht von (Menschen-)Hand gemachte (Götter-)Bilder und ein jedes als aus dem Himmel zur Erde geworfen. |

Eine etwas kompliziertere Lösung besteht darin, dass man nur *ein* Palladion als „echt" ansah und die Existenz mehrerer Palladia dadurch erklärte, dass, um das echte Palladion zu schützen, eine oder mehrere identische Kopien angefertigt worden seien, und dass demzufolge zwar von manchen behauptet werde, sie besäßen das echte Palladion, dass sie aber in Wirklichkeit nur eine Kopie erobert oder geraubt hätten[74]. Unabhängig davon existiert die Vorstellung, dass das eine und „echte" Palladion im Lauf der Zeit verschiedenen Städten gehört hat[75].

8 Zweite Stratifikationsanalyse: Inkonsistenzen bezüglich des äußeren Erscheinungsbildes des Palladions

Im Folgenden soll auf weitere Inkonsistenzen eingegangen werden, die sich in Apollodoros' textlicher Konkretion der mythischen Stoffe, die um das Palladion kreisen, bei näherer Betrachtung zeigen. Auch diese Inkonsistenzen deuten darauf hin, dass mehrere verschiedene Traditionen, die im Hintergrund mitzudenken sind, auf die stoffliche und auch textliche Endgestalt eingewirkt und auf diese Weise zu einem vielschichtigen Gebilde geführt haben. Eine Stratifikations-

---

73 S. Schol. ad Lykophr. 355. Pherekydes von Athen lebte in der ersten Hälfte des 5. Jhs. v. Chr.
74 S. dazu bspw. Dion. Hal. *ant.* 1,69,3. Zu den verschiedenen Quellen für die Annahme mehrerer Palladia und der Frage nach „Original" und „Kopie" s. ausführlicher Scheer 2000, 91 f (mit Belegstellen). Vgl. zur Vorstellung von Kopien wichtiger Kultgegenstände auch den Beitrag zu den *ancilia* von Jäger *Himmelsschilde und Blitze* in diesem Band.
75 S. dazu die Angaben in Abschnitt 1 dieses Beitrags. Zu einer Vertiefung der diskutierten Problematik vom einen Palladion und mehreren Palladia s. auch den Beitrag von A. Zgoll/C. Zgoll *Lugalbandas Königtum und das Feuer des Prometheus* in diesem Band.

analyse hilft, die ganze Komplexität dieses Gebildes besser zu erfassen, eine Analyse also, die versucht, nach unterschiedlichen Strata, d. h. nach einzelnen Elementen oder auch größeren, zusammenhängenden stofflichen Strukturen zu differenzieren, die aus verschiedenen Traditionen in die stoffliche (und textliche) Endgestalt von Apollodoros' Variante eingeflossen sind[76].

Eine augenfällige Inkonsistenz in Apollodoros' Bericht besteht in der Schilderung der äußeren Erscheinungsform des Palladions[77]. In der ersten Schilderung in Absatz 3,143, wo das Palladion als Zeichen von Zeus vor Ilos' Zelt fällt, wird es folgendermaßen beschrieben:

ἦν δὲ τῷ μεγέθει τρίπηχυ, τοῖς δὲ ποσὶ συμβεβηκός, καὶ τῇ μὲν δεξιᾷ δόρυ διηρμένον ἔχον τῇ δὲ ἑτέρᾳ ἠλακάτην καὶ ἄτρακτον.	Es war der Größe nach drei Ellen lang, mit geschlossenen Füßen, und es hielt in der Rechten einen erhobenen Speer, mit der anderen (Hand) aber Rocken und Spindel.

Im Abschnitt 3,145 (das Palladion im Kontext mit Elektra), in dem es darum geht, wie Athene Pallas besiegt und aus Trauer eine ihr ähnliche Statue herstellt, heißt es:

Ἀθηνᾶν δὲ περίλυπον ἐπ' αὐτῇ γενομένην, ξόανον ἐκείνης ὅμοιον κατασκευάσαι, καὶ περιθεῖναι τοῖς στέρνοις ἣν ἔδεισεν αἰγίδα, καὶ τιμᾶν ἱδρυσαμένην παρὰ τῷ Διί.	Athene aber, um sie sehr traurig geworden, habe eine jener ähnliche Holzstatue verfertigt, und habe (ihr) die Aigis, vor der sie (sc. Pallas) sich gefürchtet hatte, um die Brust gelegt, und sie (sc. Athene) habe (sie = Pallas) geehrt, indem sie (sie) bei Zeus aufstellte.

Bei der ersten Beschreibung der Statue werden als Attribute Speer, Rocken und Spindel genannt, es ist aber *nicht* von der Aigis die Rede, während bei der zweiten

---

76 Zur Vielschichtigkeit bzw. Polystratie mythischer Stoffvarianten und zur Methode der Stratifikationsanalyse s. ausführlich C. Zgoll 2019, Kapitel 15 und 21.1, und den einleitenden Beitrag *Grundlagen der hylistischen Mythosforschung* im vorliegenden Band.

77 Zum Palladion in der Kunst s. nach der älteren Darstellung von Sieveking 1902, v. a. die entsprechenden Beiträge im LIMC unter den Lemmata „Athena", „Aias II", „Diomedes I", „Elektra III", „Helene" und, zu finden unter den Addenda in Bd. VII: „Kassandra I"; ein eigenes Lemma „Palladion" existiert nicht.

Beschreibung *nur* die Aigis erwähnt wird, während Speer, Rocken und Spindel ungenannt bleiben.

Die Aigis ist wie das Palladion ein ähnlich mythenumwobener, u.a. auch mit dem Bereich des Kults assoziierter Gegenstand der griechischen Mythologie, und da es ähnlich aufwändig wäre, sich der Herkunft, der Bedeutung und der näheren Beschaffenheit dieses Gegenstandes anzunähern, wie dies schon beim Palladion der Fall war, kann das Spektrum der in Frage kommenden Aspekte hier nur angedeutet werden[78]. Nach manchen textlichen und ikonographischen Quellen handelt es sich bei der Aigis um einen Schild aus Ziegenfell oder auch aus Metall, nach anderen wiederum ist damit eine Art Umhang gemeint. Entsprechend spielt die Aigis einmal eher in den Kontexten von Krieg und Kampf, das andere Mal eher im kultischen Bereich eine wichtige Rolle. In etlichen Fällen ist die Aigis Eigentum des obersten Gottes Zeus; es gibt aber auch andere Traditionen, nach denen Athene als Besitzerin der Aigis auftritt (oder noch eine andere Gottheit wie Apollon oder Poseidon).

Es sieht nun ganz danach aus, als seien im Text des Apollodoros verschiedene dieser Überlieferungen zusammengeflossen, und wiederum steht das Anliegen der Bewahrung dieser verschiedenen Traditionsstränge über dem Postulat einer möglichst peniblen Vermeidung jeglicher Inkonsistenzen. Einmal erscheint Zeus als der Besitzer der Aigis, der sie einsetzt, um Athene damit zu beschützen; kurz darauf ist davon die Rede, dass Athene die Aigis der Statue der Pallas umhängt, ohne dass darauf näher eingegangen wird, warum und wie nun plötzlich Athene im Besitz der Aigis ist und diese weitergeben kann – und nicht Zeus. Von Zeus wird die Aigis im Kampf eingesetzt, um ähnlich wie mit einem Schutzschild Athene vor den tödlichen Streichen der Pallas zu bewahren oder doch zumindest durch einen von der Aigis ausgehenden Schrecken abzulenken oder zu lähmen (oder beides: Schützen und Abschrecken); wenn dann aber im Folgenden die Aigis von Athene der Pallas-Statue um die Brust gelegt wird, dann erinnert dies eher an die andere Tradition von der Aigis als einem Umhang im Kontext kultischer Verehrung.

Im Übrigen spiegelt sich allein schon in der ersten Beschreibung der Pallas-Statue mit den Attributen Speer, Spindel und Rocken eine schon in die archaische Zeit zurückreichende Vermischung zweier verschiedener Athene-Darstellungen und damit auch zweier unterschiedlicher Athene-Traditionen: nämlich die Darstellung der in der Regel mit Speer, Helm und Schild bewaffneten *Athena Polias*,

---

78 Vgl. zum Folgenden Parker 1996, mit Hinweisen auf Primärstellen und weiterführende Literatur.

der Städte-Beschirmerin, und die Darstellung der Athene als „Handwerkerin", oft mit Spindel und Rocken, als *Athena Ergane*[79].

Es ist eine spannende Angelegenheit, wie viele verschiedene mythische Überlieferungsstränge sich in den Erzählungen vom Palladion ausmachen lassen. Einige Spuren wurden hier verfolgt. Einem Erzählfaden aber wurde nicht nachgegangen, und das ist die Pallas-Gestalt, die offenbar in einem Zusammenhang mit dem Palladion einerseits und mit Athene andererseits gesehen wurde. Hier stößt man auf einen interessanten, aber auch verwickelten Befund – zu verwickelt, um ihn nur als Appendix anzuhängen. Daher wird diese Thematik an anderer Stelle eingehender behandelt[80].

9 Literaturverzeichnis

Austin, R.G., 1964, P. Vergili Maronis Aeneidos Liber Secundus, with a commentary by R.G. Austin, Oxford.

Baiter, J.G./Sauppe, H., 1850, Oratores Attici, recensuerunt, adnotaverunt, scholia, fragmenta, indicem nominum addiderunt I.G. Baiterus/H. Sauppius, Zürich (Ndr. Hildesheim 1967).

Beekes, R., 2010, Etymological Dictionary of Greek, with the assistance of L. van Beek, 2 vols., Leiden Indo-European Etymological Dictionary Series 10/1-2, Leiden/Boston.

Berger-Doer, G., 1986, „Elektra III", in: LIMC III,1, 719.

Bömer, F., 1957, P. Ovidius Naso, Die Fasten, hg., übers. und kommentiert von F. Bömer, 2 Bde., Heidelberg.

Bouvrie, S. des, 2002, „The Definition of Myth. Symbolical Phenomena in Ancient Culture", in: Bouvrie, S. des (Hg.), Myth and Symbol I, Symbolic Phenomena in Ancient Greek Culture. Papers from the first international symposium on symbolism at the University of Tromsø, June 4-7, 1998, Papers from the Norwegian Institute at Athens 5, Bergen, 11-70.

Brodersen, K., 2004, Apollodoros, Götter und Helden der Griechen. Griechisch und deutsch, eingel., hg. und übers. von K. Brodersen, Darmstadt.

Cary, E., 1937, The Roman Antiquities of Dionysius of Halicarnassus, with an English Translation by E. Cary on the Basis of the Version of E. Spelman, vol. I, Loeb Classical Library, London/Cambridge (Ndr. 1968).

Cassirer, E., 1953, Philosophie der symbolischen Formen. Zweiter Teil: Das mythische Denken, 2. Aufl., Darmstadt (1. Aufl. 1923).

Demargne, P., 1984, „Athena", in: LIMC II/1, 955-1044.

---

[79] Die Aigis als Attribut lässt sich, wenn auch seltener, bei beiden Darstellungsformen finden. Zu diesen beiden Typen und bereits früh bezeugten Mischformen von *Athena Polias* und *Athena Ergane* (und auch zum ähnlichen Typus der *Athena Promachos*) s. Demargne 1984, v. a. 1019 f, 1029 f und 1040 f.

[80] S. dazu C. Zgoll 2019, Kapitel 20.2.

Dobschütz, E.v., 1899, „Die himmelentstammten Götterbilder der Griechen", in: ders., Christusbilder. Untersuchungen zur christlichen Legende, Texte und Untersuchungen zur Geschichte der altchristlichen Literatur (hg. von O. v. Gebhard und A. Harnack), N.F. Bd. 3, Leipzig, 1-25.

Dräger, P., 2005, Apollodor, Bibliotheke. Götter- und Heldensagen, hg., übers. und komm. von P. Dräger, Tusculum, Düsseldorf/Zürich.

Forster, E.M., 1927, Aspects of the Novel, New York (republ. London 1974).

Furtwängler, A., 1890, „Elektra", in: Roscher Bd. 1, 1234-1239.

Graf, F., 1997, „Athena", in: DNP 2, 160-166.

Griffith, R.D., 1997, „Homeric διιπετέος ποταμοῖο and the celestial Nile", in: American Journal of Philology 118, 353-362.

Letoublon, F., 2014, „Le Palladion dans la guerre de Troie: un talisman du cycle épique, un tabou de l'Iliade", in: G. Scafoglio/E. Lelle (Hg.), Studies on the Greek Epic Cycle, Philologia Antiqua 7, Pisa/Rom, 61-84.

Mannsperger, D., 2002, „Troia: I. Geschichte", in: DNP 12/1, 852-857.

Martínez, M., 2003, „Plot", in: RLW III, 92-94.

Martínez, M./Scheffel, M., 2012, Einführung in die Erzähltheorie, 9., erweiterte und aktualisierte Aufl., München (1. Aufl. 1999).

Masciadri, V., 2008, Eine Insel im Meer der Geschichten. Untersuchungen zu Mythen aus Lemnos, Potsdamer altertumswissenschaftliche Beiträge 18, Stuttgart.

Nesselrath, H.-G. (Hg.), 2009, Cornutus, Die Griechischen Götter. Ein Überblick über Namen, Bilder und Deutungen, hg. von H.-G. Nesselrath, eingel., übers. und mit interpretierenden Essays vers. von Berdozzo, F./Boys-Stones, G./Klauck, H.-J./Ramelli, I./Zadorojnyi, A.V., SAPERE XIV, Tübingen.

Nilsson, M.P., 1967, Geschichte der griechischen Religion, Bd. 1: Die Religion Griechenlands bis auf die griechische Weltherrschaft, durchgesehene und von C. Callmer ergänzte 3. Aufl. 1967, Handbuch der Altertumswissenschaft V.2.1, München.

Pàmias, J. (Hg.), 2017, Apollodoriana: Ancient Myths, New Crossroads. Studies in Honour of Francesc J. Cuartero, Sozomena 16, Berlin/Boston.

Parker, R., 1996, „Aigis", in: DNP 1, 324 f.

Prescendi, F., 2000, „Palladion", in: DNP 9, 192-193.

Reinhardt, U., 2011, Der antike Mythos. Ein systematisches Handbuch, Paradeigmata 14, Freiburg/Berlin/Wien.

Reinhardt, U., 2016, Nachträge zur Erstauflage von *Der antike Mythos* (2011), mit ergänzenden Beiträgen zu weiteren mythischen Einzelaspekten: https://mythoshandbuch.files.wordpress.com/2010/12/mhsinc_ergc3a4nzungen.pdf.

Scarpi, P./Ciani, M.G., 1998, Apollodoro: I miti greci (Biblioteca), a cura di P. Scarpi, traduzione di M.G. Ciani, IV edizione rinnovata, Milano.

Scheer, T.S., 2000, Die Gottheit und ihr Bild. Untersuchungen zur Funktion griechischer Kultbilder in Religion und Politik, München.

Schmid, W., 2007, „Erzähltextanalyse", in: HbL 2, 98-120.

Schmid, W., 2014, Elemente der Narratologie, 3., erw. und überarb. Aufl., Berlin/Boston.

Sieveking, J., 1902, „Das Palladion in der Kunst", in: Roscher 3.1, 1325-1333.

Tomaševskij, B., 1985, Theorie der Literatur. Poetik, nach dem Text der 6. Aufl. (Moskau/Leningrad 1931) hg. und eingel. von K.-D. Seemann, aus dem Russischen übers. von U. Werner, Slavistische Studienbücher N.F. 1, Wiesbaden.

Treu, M., 1958, „Homerische Flüsse fallen nicht vom Himmel", in: Glotta 37, 260-275.

Vollkommer, R., 1990, „Ilos", in: LIMC V/1, 650.
Wörner, E., 1902, „Palladion", in: Roscher 3.1, 1301-1324.
Wörner, E., 1909, „Palladion", in: Roscher 3.2, Nachträge, 3413-3450.
Zgoll, C., 2019, Tractatus mythologicus. Theorie und Methodik zur Erforschung von Mythen als Grundlegung einer allgemeinen, transmedialen und komparatistischen Stoffwissenschaft, Mythological Studies 1 (https://doi.org/10.1515/9783110541588), Berlin/Boston.
Ziehen, L./Lippold, G., 1949, „Palladion", in: RE 18.3, 171-201.

Matthias Theißen
Wie Hypnos nach Lemnos kam

Eine hylistische Untersuchung von Hypnos' Flucht und Hephaistos' Himmelssturz in Homers *Ilias*

Abstract: The present paper seeks to highlight a singular and puzzling phenomenon in Homer's *Iliad*: the association of Hypnos, god of sleep, with the Island of Lemnos. Several explanations for his encounter with Hera on Lemnos have been presented, but they appear to be lacking more in substance than in plausibility. Applying the hylistic hermeneutics for the analysis of myths developed by Christian Zgoll, I will argue that Hypnos' presence on Lemnos can be explained not so much by content and logic as by the cross-contamination of multiple disparate mythical materials. Zeus' failed attempt to eject Hypnos from heaven follows the hylistic pattern laid down by his actual expulsion of Hephaistos, who fell to earth and landed on the island of Lemnos. Both myths are moreover part of the myth of Hera diverting Heracles on his return voyage after the sack of Troy. It is therefore quite conceivable that a cross-contamination occurred between the two myths, with the result that now Hypnos is located on Lemnos as well.

1 Wo der Schlafgott wohnt

Hypnos, der personifizierte Gott des Schlafes, wird in der griechisch-römischen Antike literarisch erstmals in Homers *Ilias*[1] fassbar und begegnet anschließend

---

Anmerkung: Dieser Beitrag fußt auf einem Vortrag, den ich im Rahmen der 18. Klausurtagung des Göttinger *Collegium Mythologicum* (02.-03.03.2020) gehalten habe. Ich möchte darum allen Mitgliedern des Collegiums an dieser Stelle herzlich für die sich an meinen Vortrag anschließende intensive Diskussion sowie ihre vielfältigen und spannenden Anregungen danken, die auch in diesen Artikel Eingang gefunden haben. Ein besonderer Dank gilt dabei Annette und Christian Zgoll, die mir kurzfristig die Möglichkeit eröffnet haben, meinen Vortrag im vorliegenden Sammelband zu publizieren, und an Leonie von Alvensleben für ihre unschätzbaren Anmerkungen und Kommentare.

Open Access. © 2021 Matthias Theißen, publiziert von De Gruyter. Dieses Werk ist lizenziert unter der Creative Commons Attribution 4.0 International Lizenz.
https://doi.org/10.1515/9783110743005-011

erneut in Hesiods *Theogonie*, einem Lehrgedicht über die Entstehung des griechischen Pantheons (vgl. Hes. *theog.* 211f. und 758-763). Einige hundert Jahre später findet er zudem als Somnus Eingang vor allem ins römische Epos, namentlich in die *Aeneis* Vergils (vgl. Verg. *Aen.* 5,835-861), die *Metamorphosen* Ovids (vgl. Ov. *met.* 11,592-649), die *Ilias Latina* des Publius Baebius Italicus (Baeb. 111-130), die *Punica* des Silius Italicus (Sil. 10,340-370) sowie in die *Thebais* des Statius (Stat. *Theb.* 10,84-155). Bereits Homer und Hesiod kennen ihn als Bruder[2] oder sogar Zwillingsbruder[3] des Thanatos, des personifizierten Todes; folglich ist seine topographische Verortung in unterweltsaffinen Räumen nicht verwunderlich: So besitzt er sowohl bei Ovid als auch bei Statius eine eigene Wohnstatt, der zusammen mit ihrer Umgebung starke unterweltliche Bezüge inhärent sind[4], Hesiod

---

1 Einmal in der sogenannten Διὸς ἀπάτη, der „Täuschung des Zeus" (vgl. Hom. *Il.* 14,231-291 und 14,353-361), ein andermal im Zuge des Totengeleits des Zeussohns Sarpedon in seine Heimat Lykien (vgl. Hom. *Il.* 16,671-675 und 16,681-683).
2 Vgl. Hom *Il.* 14,231 und Hes. *theog.* 756: κασιγνήτῳ Θανάτοιο und Hes. *theog.* 211f.: Νὺξ δ' ἔτεκε [...] Θάνατον, τέκε δ' Ὕπνον [...]; die Werke Hesiods werden hier und im Folgenden nach Solmsen ³1990 zitiert.
3 Vgl. Hom. *Il.* 16,672 und 16,682: Ὕπνῳ καὶ Θανάτῳ διδυμάοσιν.
4 Ovid verortet die Grotte, in der Somnus sein Domizil hat, im Land der Kimmerier, die für die Römer der klassischen Zeit als ein „mehr oder weniger nebelhaft unbekanntes Volk am Rande der Welt (im Norden)" galten (Börner 1980, 397). Homer lokalisiert sie am Ende des Okeanos, in unmittelbarer Nähe zum Hades (vgl. Hom. *Od.* 11,13-19). Die ewige Finsternis, die dort herrscht, weil der Sonnengott auf keinem Punkt seiner Bahn dorthin gelangt (vgl. Hom. *Od.* 11,15-19; Ov. *met.* 11,594f.: *quo* [sc. *ad speluncam Somni*] *numquam radiis oriens mediusve cadensve / Phoebus adire potest* – „wohin niemals mit seinen Strahlen beim Aufgang, auf der Mitte seiner Bahn oder beim Untergang Phoebus gelangen kann"; lateinischer Text zitiert nach Anderson ⁴1988, deutsche Übersetzung hier und bei anderen lateinischen Zitaten vom Verfasser), gibt der gesamten Szene ein noch eindrücklicheres Unterweltskolorit. Somnus wird zudem stark mit der Farbe Schwarz assoziiert (vgl. Lowe 2008, 430), was in der *Thebais* des Statius in sogar noch größerem Ausmaß der Fall ist: Hier gewinnt die Schwärze nahezu physische Qualität, lastet schwer auf der Regenbogengöttin Iris und stumpft ihren Glanz ab, wenn sie sein Gemach verlässt (vgl. Stat. *Theb.* 10,135f.: *excedit gravior nigrantibus antris / Iris et obtusum multo iubar excitat imbri* – „Iris, schwerer <als bei ihrem Eintritt> von der schwarzen Grotte, geht davon und schüttelt den abgestumpften Glanz durch vielfachen Regenschauer ab"; mit *nigrantibus antris* verstanden als *ablativus causae* und nicht als *ablativus separativus*, wie es Williams 1972, 51, präferiert; lateinischer Text zitiert nach Klinnert/Klotz ²1973). Statius lokalisiert die Wohnstatt des Somnus anders als Ovid im Land der Aethiopier, das im Westen liegt (gemeint sind hier nicht die Aethiopier im Südosten, vgl. Williams 1972, 45); eine Himmelsrichtung, die wegen des Sonnenuntergangs Unterweltsassoziationen weckt. Auf der Eingangsschwelle der Grotte befinden sich gleich mehrere Personifikationen, was eine Reminiszenz an Vergils von Personifikationen und anderen mythischen Figuren bevölkertes *vestibulum Orci* an der Schwelle zu den Schlünden des Orcus darstellt (vgl. Verg. *Aen.* 6,273-289) und damit ebenso zur Unterweltsaffinität des Ortes beiträgt.

versetzt ihn sogar dezidiert gemeinsam mit Thanatos und deren Mutter Nyx in ein Haus im Tartaros (vgl. Hes. *theog.* 744f. mit 758f.) und in Vergils *Aeneis* rahmt er die Katabasis des dem Epos seinen Namen gebenden Heros Aeneas mit seinen Auftritten: Er begegnet an der Gelenkstelle von Buch fünf und sechs und wird vor dem Vorhof zu den Schlünden des Orcus[5], am Grenzfluss Styx[6], über den Charon die Schatten der Verstorbenen setzt, und schließlich am Unterweltsausgang, den *geminae Somni portae*, den Zwillingstoren des Schlafes, durch deren elfenbeinernes Tor Aeneas und die Sibylle die Unterwelt wieder verlassen (vgl. Verg. *Aen.* 6,893-899), genannt. Lediglich in der *Ilias Latina*, in der er mit dem homerischen Traumgott Oneiros (Ὄνειρος) identifiziert und wie dieser von Zeus vom Olymp auf die Erde zu Agamemnon geschickt wird, und in den *Punica* des Silius Italicus, wo er von Hera zu Hannibal gesandt wird, ist seine Unterweltsaffinität nicht in gleichem Maße prominent.

Homer lässt die Göttin Hera dagegen Hypnos auf der Insel Lemnos antreffen (14,225-231):

[...] Ἥρη δ' ἀΐξασα λίπεν ῥίον Οὐλύμποιο, [...] / Λῆμνον δ' εἰσαφίκανε πόλιν θείοιο Θόαντος. / ἔνθ' Ὕπνῳ ξύμβλητο κασιγνήτῳ Θανάτοιο [...]	Here aber schwang sich hinab und verließ die Kuppe des Olympos, [...] / Und gelangte nach Lemnos, der Stadt des göttlichen Thoas. / Dort traf sie den Schlaf, den Bruder des Todes [...][7]

Obgleich entfernt liegende Inseln als solche zumindest in der griechischen Mythologie oftmals einen Jenseitsbezug aufweisen[8], trifft dies doch auf Lemnos, das

---

5 Vgl. Verg. *Aen.* 6,273: *vestibulum ante ipsum primisque in faucibus Orci*; lateinischer Text hier und im Folgenden zitiert nach Mynors 1969. Von Somnus ist – bezeichnet mit dem äquivalenten Namen Sopor – kurz darauf in 6,278 gegen Ende einer Aufzählung mehrerer vor dem Vorhof wohnender Personifikationen die Rede, und auch Vergil benennt ihn dabei explizit als Bruder des Todes (*consanguineus Leti Sopor*, ebd.).
6 Charon bezeichnet die Unterwelt als Reich der Schatten, des Somnus und der schlafbringenden Nox, vgl. Verg. *Aen.* 6,390: „*umbrarum hic locus est, Somni Noctisque soporae*". Viele Editoren entscheiden sich – sicherlich auf Grund der Parallelstellung zu *umbrarum* – für die kleingeschriebenen Varianten *somni* und *noctis*, doch vor dem Hintergrund einerseits der anderen Nennungen des Somnus im Kontext der Unterwelt und andererseits des hesiodeischen Hauses der Nyx im Tartaros scheint eine Großschreibung mindestens ebenso plausibel.
7 Alle Übersetzungen von Textstellen aus der *Ilias* stammen aus Schadewaldt 1975; andere griechische Übersetzungen in diesem Artikel stammen vom Verfasser. Der griechische Text der *Ilias* wird hier und im Folgenden zitiert nach Allen/Monro ³1949-1957.
8 Als wohl prominentestes Beispiel hierfür mögen die Inseln der Seligen am Okeanosstrom am Rande der Welt dienen, wo nach ihrem Tod Heroen ein paradiesisches Dasein zubringen (vgl.

in der Nordägäis zwischen den beiden Götterbergen Olymp in Griechenland und Ida in Kleinasien liegt, nach den uns überlieferten Zeugnissen nicht zu. Dieser Umstand, dass mit Lemnos gerade *kein* Unterweltsbezug vorliegt, gepaart mit der *Singularität* dieser Überlieferung einer topographischen Verortung des Schlafgottes auf Lemnos ist in besonderem Maße bemerkenswert und erklärungsbedürftig: „Warum der Schlaf gerade auf Lemnos weilt, geht aus der Erzählung nicht hervor"[9]. Es mag deshalb wenig verwundern, dass es zu einer gewissen Vielfalt von Explikationsangeboten dafür kam, dass Hera Hypnos gerade dort begegnet. Das beginnt in der Überlieferung selbst, denn ein Papyrus[10] und die T-Scholien fügen folgenden Vers 14,231a hinzu:

[ἔνθ' Ὕπνῳ ξύμβλητο κασιγνήτῳ Θανάτοιο] / ἐρχομένῳ κατὰ φῦλα βροτῶν ἐπ' ἀπείρονα γαῖαν[11] [...]

[Dort traf sie den Schlaf, den Bruder des Todes], / der durch die Völker der Sterblichen schritt über die grenzenlose Erde [...]

Hypnos besucht alle Völker auf der Erde, da jeder Mensch schlafen muss, was selbstverständlich auch die Einwohner von Lemnos einschließt – warum sollte er sich folglich nicht zufällig gerade auf dieser Insel aufhalten? Diese im Vers steckende implizite Zufälligkeit wird in den T-Scholien zur *Ilias* auch explizit als ein Erklärungsansatz formuliert: οἱ δὲ ἐκ τύχης συντετυχηκέναι („Andere aber <sagen, dass> sie <auf Lemnos> aus Zufall zusammengetroffen sind"). Sicherlich zurecht hat deshalb Krieter-Spiro diesen aufs Inzidentelle abzielenden Erklärungsversuch ebenso als unzureichend verworfen wie „die Tatsache, daß Lemnos auf Heras Weg zum Ida liegt"[12], ein Erklärungsansatz, der sich Anfang der Neunzigerjahre beispielsweise in Jankos Kommentar zu Vers 14,231 findet: „Sleep had no special business on Lemnos, which is merely a convenient spot on Here's

---

Hes. *erg.* 170: μακάρων νήσοισι). Homer kennt ein ebensolches Jenseits an den Grenzen der Welt als Elysisches Gefilde (Ἠλύσιον πεδίον, Hom. *Od.* 4,563; griech. Text hier und im Folgenden zitiert nach Allen ²1954-1955), allerdings handelt es sich bei ihm dabei nicht um eine Insel (s. dazu ausführlich Nesselrath 2019). Auch die Insel der Kirke, die Odysseus Instruktionen für seine Reise zum Totenreich gibt, liegt bloß eine Tagesreise (vgl. Hom. *Od.* 11,11) entfernt vom Rand des Okeanos, wo Homer das Totenreich lokalisiert. Zum engen Totenreichbezug der homerischen Kirke s. C. Zgoll 2020.

9 Krieter-Spiro 2015, 113.
10 Papyrus J. P. Morgan, ca. 3-4. Jh. n. Chr.
11 Scholien werden hier und im Folgenden zitiert nach Erbse 1974.
12 Krieter-Spiro 2015, 113.

route [...]"[13]. Diese Erklärung, dass Lemnos nun einmal zwischen dem Olymp, auf dem Hera sich befindet, und dem Ida-Gebirge in Kleinasien, wo Zeus weilt[14], liege, ist zwar geographisch nur schwer von der Hand zu weisen, aber eine solche auf topographische Gegebenheiten abzielende Erklärung wirkt – abgesehen von der Frage, ob eine solche „Routenplanung" tatsächlich auch einem antikem Geographieverständnis entspräche – etwas oberflächlich[15]; außerdem – und das mag das gewichtigste Argument sein – berücksichtigt eine solche Herangehensweise weder literaturwissenschaftliche Fragestellungen, noch Funktionsweisen und Gesetzmäßigkeiten bei einer literarischen Konstruktion bzw. Verarbeitung mythischer Stoffe und ihrer Varianten.

Ebenfalls von Scholiasten vorgebracht wird Wein als ein möglicher Konnex von Hypnos und Lemnos. In den D-Scholien etwa wird der *Ilias*-Vers 7,467[16] für mit Wein beladene Schiffe aus Lemnos zitiert und in den T-Scholien wird gleich auf mehrere Homerstellen verwiesen, die Lemnos mit Wein und Weintrinkern in Zusammenhang bringen[17]. Und da Hypnos ein Begleiter von Weintrinkern sei, so die Schlussfolgerung beider Scholiasten, halte er sich folglich bei den Lemniern auf[18]. Diese Beobachtung ist sicherlich nicht falsch, zumal wenn man sich die großflächige Schnittmenge der göttlichen ‚Zuständigkeitsbereiche' des Dionysos

---

13 Janko 1992, 188.
14 Auf dem Gipfel des Ida erblickt Hera ihren Gatten (vgl. Hom. *Il.* 14,157f.) und dorthin macht sie sich gemeinsam mit Hypnos von Lemnos auf (vgl. Hom. *Il.* 14,280-285).
15 West spricht ebenfalls von einem ‚zweckdienlichen Stützpunkt' („convenient staging-post") auf dem Weg zum Ida, schränkt aber gleichzeitig ein, dass Lemnos nicht der einzige mögliche Stützpunkt wäre, und postuliert daraufhin die Insuffizienz einer solchen geographischen Explikation (vgl. West 2011, 292, Zitat ebd.).
16 νῆες δ' ἐκ Λήμνοιο παρέσταν οἶνον ἄγουσαι („und Schiffe aus Lemnos waren angekommen, die Wein brachten").
17 So ebenfalls auf den bereits von schol. D angeführten, auf Schiffen von Euneos geschickten Wein (vgl. Hom. *Il.* 7,467-469) sowie weiterhin auf ein von den Achaiern auf Lemnos abgehaltenes Gelage, während dessen sie aus randvoll mit Wein gefüllten Krateren trinken (vgl. Hom. *Il.* 8,230-232). Auch wird über die Genealogie des in Vers 14,230 genannten Thoas, des Königs von Lemnos, ein Bindeglied zwischen Hypnos und dem Weingott Dionysos geknüpft, dessen Sohn er ist (vgl. beispielsweise Apollod. 1,9). Vgl. zu Hypnos und Dionysos auch Fußnote 19.
18 Vgl. schol. D: Τοῖς δὲ πολυποτοῦσι μάλιστα ὁ ὕπνος παρέπεται und schol. T: καὶ οἱ Ἀχαιοὶ ἐν Λήμνῳ πίνουσι κρητῆρας ἐπιστεφέας οἴνοιο.

und des Hypnos vor Augen führt[19], doch sind die Lemnier alles andere als die einzigen Weintrinker in Homers Epen[20].

Die vielleicht noch überzeugendste Erklärung für Hypnos' Verortung auf Lemnos ist die mittels der Pasithea: Sie ist eine der Grazien und wird Hypnos als *quid pro quo* für seine Einschläferung des Zeus von Hera als Frau versprochen, was diese beim Unterweltsfluss Styx schwört (vgl. Hom. *Il.* 14,267-279; für eine ausführlichere Paraphrase der Handlung der Täuschung des Zeus (Διὸς ἀπάτη) siehe Kapitel 2). Da ihre Schwester Charis[21] mit Hephaistos vermählt ist (vgl. Hom. *Il.* 18,382f.), macht das Pasithea somit zu dessen Schwägerin. Der Schmiedegott wiederum besitzt äußerst starke Bande zu Lemnos, sowohl textueller als auch kulturgeschichtlicher Natur, ja er „gilt als Schutzherr der Insel Lemnos schlechthin"[22]. In einer Stoffvariante seines Himmelssturzes durch Zeus, die der Schmiedegott in der *Ilias* erzählt, kommt er nach seinem Fall auf Lemnos auf (vgl. dazu das Kapitel 3). In der *Odyssee* heißt es von Lemnos, es sei Hephaistos der teuerste aller Landstriche (ἥ οἱ γαιάων πολὺ φιλτάτη ἐστὶν ἀπασέων, Hom. *Od.* 8,284)[23]. Neben Athen war Lemnos zudem die Hauptkultstätte des Gottes, wo er gleich zwei Tempel besessen haben soll: einen in Myrina und einen am Fuße des Mosychlos[24], eines Hügels unweit der Stadt Hephaistia, die bereits durch ihren Namen den Nexus zum Schmiedegott ebenso bezeugt wie das gleichnamige Fest Hephaisteia, das bis ins 2./3. Jh. n. Chr. hinein begangen wurde[25]. Und wenn Hephaistos sich auf Lemnos aufhält, tun dies auch, so der Gedankengang weiter, seine Frau Charis und deren Schwägerin Pasithea. Ein Aufenthalt Hypnos' auf

---

19 Für die Verbindung von Hypnos und Dionysos allgemein vgl. Wöhrle 1995, 42-44, und speziell in Nonnos' *Dionysiaca* („[H]e is a regular companion and ally of Dionysos, as a natural consequence of wine.") vgl. Miguélez-Cavero 2013, 360 (Zitat ebd.). Die Schnittmengen des Einflussbereiches des Schlafgottes mit denen von anderen Göttern hat Statius wunderbar in Form einer Galerie umgesetzt, die sich durch das Haus des Somnus bis zu dem Raum hinzieht, in dem dieser sich befindet (vgl. Stat. *Theb.* 10,100-106).
20 Agamemnons Zelte etwa sind voller thrakischen Weins (vgl. Hom. *Il.* 7,71f.). Vgl. zum Wein und Weintrinken in Homers Werken Papakonstantinou 2009.
21 Hesiod kennt Aglaia, die jüngste der Chariten, als Gattin des Hephaistos (vgl. Hes. *theog.* 945f.).
22 Masciadri 2008, 259.
23 Für weitere, griechische wie römische Belege, die Hephaistos und Lemnos miteinander verknüpfen, vgl. ebd., Fußnote 1.
24 Hier soll Hephaistos nach seinem Himmelssturz (vgl. Hom. *Il.* 1,590-594 bzw. 18,394-399) aufgekommen sein, vgl. dazu ebd., 242f. und insbesondere 294f. Die tatsächliche Lage des Mosychlos ist allerdings nicht gänzlich gesichert, vgl. dazu ebd., 131-134.
25 Vgl. zu den Tempeln und dem Fest ebd., 150f., und zum Hephaistoskult in Athen und auf Lemnos mit zahlreichen Belegen ebd., 262-265.

Lemnos wäre dann mit der Sehnsucht, die er nach eigenem Bekunden (vgl. Hom. *Il.* 14,276) für Pasithea empfindet, zu erklären: Er macht ihr den Hof[26].

Im folgenden Beitrag soll versucht werden, Hypnos' Verortung auf Lemnos mit Hilfe der hylistischen Mythenhermeneutik, wie sie Christian Zgoll in seinem Tractatus mythologicus[27] entworfen hat, zu explizieren. Dieser Ansatz ist dezidiert kein literaturwissenschaftlicher, sondern versteht sich als praktische Anwendung besagter Mythenhermeneutik, um sich anhand von Hylemanalysen den im Text aufscheinenden mythischen Stoffen bzw. Stoffvarianten zu nähern und diese miteinander in Verbindung zu bringen. Dazu soll in einem ersten Schritt im folgenden Kapitel zunächst die Täuschung des Zeus (Διὸς ἀπάτη) skizziert sowie die Erzählung des Hypnos darin einer Hylemanalyse unterzogen werden, bevor im dritten Kapitel auch Hephaistos' Bericht seines Himmelssturzes durch Zeus hylistisch analysiert wird und schließlich die Analyseergebnisse zueinander in Beziehung gesetzt werden.

2 Hypnos' Flucht in der „Täuschung des Zeus" (Διὸς ἀπάτη)

Die Göttin Hera fasst im 14. Gesang der *Ilias* angesichts der brenzligen Lage, in der die von ihr favorisierten Achaier sich befinden[28], den Entschluss, ihren Bruder und Gatten Zeus zu täuschen, indem sie ihn verführt und anschließend in Schlaf versetzt (vgl. 14,159-165), damit dieser abgelenkt ist und ihr anderer Bruder

---

26 So schol. D: Πασιθέας δὲ τῆς Χάριτος ἀδελφῆς ἐρωτικῶς ἔχων ὁ Ὕπνος ἐκεῖ διέτριβε („Weil Hypnos aber in Pasithea, die Schwester der Charis, verliebt war, hielt er sich dort auf"). Textkritisch schwierig ist dagegen schol. T, wo offenbar Charis und Pasithea verwechselt werden: ἢ διὰ †πασιθέαν τὴν γυναῖκα Ἡφαίστου πάρεστιν αὐτὸς λιπαρῶν τυχεῖν τῆς ἀδελφῆς (τὸ δὲ χαλκεῖον Ἡφαίστου ἐν Λήμνῳ): „Oder wegen Pasithea, der Frau des Hephaistos, ist er dort, um inständig darum zu bitten, deren Schwester [sc. zur Frau] zu bekommen (die Schmiede des Hephaistos war nämlich auf Lemnos)."
27 Vgl. C. Zgoll 2019 und seinen Überblicksbeitrag, *Grundlagen der hylistischen Mythosforschung* in diesem Band.
28 Im 12. Gesang wird geschildert, wie die Trojaner den griechischen Wall bestürmen und Hektor eines von dessen Toren mit einem Felsblock zerschmettert, woraufhin die Griechen bzw. Achaier voller Furcht zu ihren Schiffen fliehen. Im darauffolgenden 13. Gesang können die Achaier die Trojaner zwar wieder zurückdrängen, aber die erlittenen Verluste veranlassen Agamemnon zu dem Vorschlag, die Belagerung Trojas abzubrechen und wieder nach Hause zu segeln (vgl. 14,65-81). Dafür tadelt ihn Odysseus (vgl. 14,83-102), und schließlich folgt man Diomedes' Aufruf zur Wiederaufnahme der Schlacht (vgl. 14,110-134).

Poseidon, der bereits zuvor auf Seiten der Griechen in das Kampfgeschehen eingegriffen hat[29], einen Wechsel des Schlachtenglücks zu deren Gunsten bewirken kann. Um ihr Vorhaben in die Tat umzusetzen, macht sie sich zunächst zurecht (vgl. 14,166-186), erschleicht sich dann mit einer List den Gürtel der Liebesgöttin Aphrodite, in den allerlei Zaubermittel[30] eingewirkt sind (vgl. 14,187-223), damit Zeus ihr nicht widerstehen kann, und macht sich anschließend vom Olymp auf gen Ida. Doch bevor sie dort anlangt, kommt sie zur Insel Lemnos, wo sie Hypnos vorfindet. Dieser soll für sie nach dem Liebesakt ihren Gatten einschläfern[31], wie er es schon einmal getan habe[32], wofür sie ihm einen von Hephaistos gefertigten goldenen Thron sowie einen Schemel für seine Füße beim Mahl in Aussicht stellt (vgl. 14,233-241)[33]. Hypnos konzediert daraufhin zwar, dass er die Macht besitze, andere Götter, den Okeanos und selbst den Göttervater Zeus in Schlaf zu versetzen, betont aber gleichzeitig, dass er sich Letzterem eigentlich nur mit dessen Einverständnis nähern und ihn einschläfern könne (14,243-248):

„Ἥρη, πρέσβα θεά, θύγατερ μεγάλοιο Κρόνοιο, / ἄλλον μέν κεν ἔγωγε θεῶν αἰειγενετάων / ῥεῖα κατευνήσαιμι, καὶ ἂν ποταμοῖο ῥέεθρα / Ὠκεανοῦ, ὅς περ γένεσις πάντεσσι τέτυκται· / Ζηνὸς δ' οὐκ ἂν ἔγωγε Κρονίονος ἆσσον ἱκοίμην, / οὐδὲ κατευνήσαιμ', ὅτε μὴ αὐτός γε κελεύοι."

„Here, würdige Göttin! Tochter des großen Kronos! / Einen anderen der Götter, der für immer Geborenen, / Könnte ich leicht einschläfern, sogar des Stromes Fluten, / Des Okeanos, der doch der Ursprung ist von allen. / Dem Zeus Kronion aber möchte ich nicht nahe kommen / Und nicht ihn einschläfern, wenn er es nicht selbst befiehlt."

---

29 Bereits zu Anfang des 13. Gesangs (vgl. 13,3-9) wendet Zeus, zufrieden mit dem Kampfverlauf, sich vom Geschehen ab, was sein Bruder Poseidon bemerkt und die Achaier in ihrem Kampfesmut bestärkt (vgl. etwa 13,10-65 für die Bestärkung der Aiantes, 13,83-125 für die der Griechen allgemein sowie 13,206-239 für die des Idomeneus).
30 Vgl. 14,216f.: ἔνθ' ἔνι μὲν φιλότης, ἐν δ' ἵμερος, ἐν δ' ὀαριστὺς / πάρφασις, ἥ τ' ἔκλεψε νόον πύκα περ φρονεόντων („Dort drinnen war Liebeskraft, drinnen Verlangen, drinnen Liebesgeflüster, / Verführung, die auch den verständig Denkenden den Sinn raubt").
31 Für den Gegensatz von Heras Bitte an Hypnos und ihrem zuvor geschilderten Vorhaben, selbst nach erfolgtem Liebesakt Zeus in Schlaf zu versetzen (vgl. 14,164f.), vgl. Fußnote 38.
32 Vgl. 14,233-235: Ὕπνε ἄναξ πάντων τε θεῶν πάντων τ' ἀνθρώπων / ἠμὲν δή ποτ' ἐμὸν ἔπος ἔκλυες, ἠδ' ἔτι καὶ νῦν / πείθευ· [...] („„Schlaf! du Herr über alle Götter und alle Menschen! / Ja, da hast du schon einmal mein Wort gehört; so laß dich / auch jetzt noch bereden [...]'").
33 Heras Anrede an Hypnos ist formal gestaltet wie ein Gebet, vgl. dazu Krieter-Spiro 2015, 114.

Dass er tatsächlich dazu im Stande ist, sogar den Göttervater einschlummern zu lassen, weil er genau das bereits einmal getan hat, geht bereits aus Heras eigenen Worten hervor[34]. Auf dieses Ereignis, auf diesen Mythos kommt nun auch Hypnos näher zu sprechen und schildert, was damals geschehen ist (14,249-262):

„ἤδη γάρ με καὶ ἄλλο τεὴ ἐπίνυσσεν ἐφετμὴ / ἤματι τῷ ὅτε κεῖνος ὑπέρθυμος Διὸς υἱὸς / ἔπλεεν Ἰλιόθεν, Τρώων πόλιν ἐξαλαπάξας. / ἤτοι ἐγὼ μὲν ἔλεξα Διὸς νόον αἰγιόχοιο / νήδυμος ἀμφιχυθείς· σὺ δέ οἱ κακὰ μήσαο θυμῷ, / ὄρσασ' ἀργαλέων ἀνέμων ἐπὶ πόντον ἀήτας, / καί μιν ἔπειτα Κόων δ' εὖ ναιομένην ἀπένεικας / νόσφι φίλων πάντων. ὃ δ' ἐπεγρόμενος χαλέπαινε, / ῥιπτάζων κατὰ δῶμα θεούς, ἐμὲ δ' ἔξοχα πάντων / ζήτει· καί κέ μ' ἄϊστον ἀπ' αἰθέρος ἔμβαλε πόντῳ, / εἰ μὴ Νὺξ δμήτειρα θεῶν ἐσάωσε καὶ ἀνδρῶν· / τὴν ἱκόμην φεύγων, ὃ δ' ἐπαύσατο χωόμενός περ. / ἄζετο γὰρ μὴ Νυκτὶ θοῇ ἀποθύμια ἔρδοι. / νῦν αὖ τοῦτό μ' ἄνωγας ἀμήχανον ἄλλο τελέσσαι."

„Denn auch ein andermal schon hat ein Auftrag von dir mich klug gemacht, / An dem Tag, als Herakles, der hochgemute Sohn des Zeus, / Fortfuhr von Ilios, nachdem er die Stadt der Troer zerstörte. / Ja, da betäubte ich den Sinn des Zeus, des Aigishalters, / Süß um ihn ergossen, du aber sannst ihm Schlimmes im Mute: / Erregtest schmerzlicher Winde Wehen auf dem Meer / Und trugst ihn dann hinweg nach Kos, der gutbewohnten, / Entfernt von all den Seinen. Doch der, als er erwachte, wütete, / Schleuderte durch das Haus die Götter, und mich vor allen / Suchte er und hätte mich spurlos vom Äther ins Meer geworfen, / Hätte mich nicht die Nacht gerettet, die Bezwingerin der Götter und Menschen. / Zu ihr kam ich fliehend, der aber ließ ab, so sehr er zürnte, / Denn er scheute sich, der Nacht, der schnellen, Unliebes zu tun. / Und jetzt wieder treibst du mich, dies andere Unerfüllbare zu vollbringen!"

Hypnos referiert hier auf den MYTHOS DER ERSTEN ZERSTÖRUNG TROJAS durch Herakles, auf den auch anderswo in der *Ilias* Bezug genommen wird[35], wie auch von Zeus nach seinem Erwachen zu Beginn des 15. Gesangs[36]. Eingedenk des damaligen Zorns des Göttervaters schlägt Hypnos mithin Heras Bitte um wiederholte Hilfe aus, wird aber schließlich doch noch von ihr zur Mithilfe überredet, indem

---

34 Vgl. Fußnote 32.
35 Vgl. Hom. *Il.* 5,638-42.
36 Vgl. Hom. *Il.* 15,18-30.

Hera ihm bei der Styx schwört, dass sie ihm die Charitin Pasithea, nach der er sich sehne, zur Frau geben werde (vgl. 14,263-279). Schließlich machen die beiden sich auf zum Ida, an dessen Fuß angelangt sich Hypnos dem Vogel Chalkis/Kymindis[37] gleichend vor Zeus' Blicken hoch oben in einer Tanne verbirgt (vgl. 14,280-291), während Hera zum Gipfel hinaufsteigt und dort mit Zeus schläft (vgl. 14,292-351)[38].

Die Paraphrase der Διὸς ἀπάτη zeigt, dass nirgendwo, sieht man von der ausgesprochen schwachen Verbindung der Pasithea als Bindeglied zwischen Hypnos und Hephaistos ab, ein Nexus von Hypnos und Lemnos geknüpft wird, der seinen Aufenthalt auf der Insel nachvollziehbar machte. Im Folgenden soll deshalb mittels einer Hylemanalyse der oben abgedruckten Verse 14,247-261 die unter der Textoberfläche liegende Hylemsequenz sichtbar gemacht werden, doch vorab noch drei Bemerkungen zur Notation: Erstens sind implizite, d. h. von mir erschlossene Hyleme durch eckige Klammern markiert. Zweitens wurde die Textchronologie aufgebrochen, indem die Hyleme bereits in ihre stoffchronologische Reihenfolge gebracht worden sind. Und dabei sind drittens durative Hyleme gegenüber punktuellen[39] in der Reihenfolge vorangestellt.

Durativ-konstante Hyleme:
- Zeus ist der Sohn des Kronos
- Zeus führt die Aigis
- Nyx ist die Bezwingerin der Götter und Menschen
- Hypnos ist der Bruder des Thanatos
- Lemnos ist die Stadt des göttlichen Thoas

---

37 Hinter diesen Namen verbirgt sich nach Herzhoff 2000 der Häherkuckuck, ein Brutparasit, der sich vor der Eiablage auf die Lauer legt. Für eine ausführliche Diskussion der zuvor in der Forschung diskutierten Möglichkeiten vgl. ebd.

38 Es wird nicht auserzählt, wie genau Hypnos in die Einschläferung des Zeus involviert ist, da das, was genau während des Liebesaktes zwischen dem göttlichen Geschwisterpaar geschieht, wortwörtlich im Nebel (νεφέλην [...] καλὴν χρυσείην, Hom. *Il*. 14,350f.) verschwindet. Am Ende jedenfalls schläft Zeus tief und fest (vgl. Hom. *Il*. 14,352f.). Dass es aber tatsächlich Hypnos ist, der verantwortlich zeichnet für den schlafenden Zeus, geht aus seiner eigenen Aussage gegenüber Poseidon hervor, zu dem er sich anschließend aufmacht, vgl. Hom. *Il*. 14,357-360: „πρόφρων νῦν Δαναοῖσι Ποσείδαον ἐπάμυνε, / καί σφιν κῦδος ὄπαζε μίνυνθά περ, ὄφρ' ἔτι εὕδει / Ζεύς, ἐπεὶ αὐτῷ ἐγὼ μαλακὸν περὶ κῶμ' ἐκάλυψα· / Ἥρη δ' ἐν φιλότητι παρήπαφεν εὐνηθῆναι" („"Mit ernstlichem Sinn hilf jetzt den Danaern, Poseidon! / Und verleihe ihnen Prangen, wenn auch nur kurz, solange Zeus / Noch schläft, da ich eine sanfte Betäubung um ihn gehüllt habe. / Here aber hat ihn betört, sich in Liebe zu lagern"").

39 Vgl. zu durativen und punktuellen Hylemen das Kapitel 2.4 in C. Zgolls Beitrag, *Grundlagen der hylistischen Mythosforschung* in diesem Band.

- Kos ist gut bevölkert
- Kos ist Herakles feindlich[40]

Zwei durativ-initiale Hyleme gelten nur für den Anfang, ändern sich aber im Verlauf der Erzählung:
- Hypnos darf sich Zeus nur auf dessen Wunsch nähern
- Hypnos darf Zeus nur auf dessen Wunsch einschläfern

Punktuelle Hyleme:
- Herakles plündert Troja
- Herakles segelt freudig von Troja fort
- Hera ersinnt Schlechtes für Herakles
- Hera gebietet Hypnos, Zeus einzuschläfern
- [Hypnos widersetzt sich Zeus' Gebot (ihn nur auf dessen Wunsch einzuschläfern)]
- Hypnos legt sich erquickend um Zeus
- Hypnos schläfert das Gemüt des Zeus ein
- Hera setzt widrige Winde gegen das Meer in Bewegung
- Hera trägt Herakles fort nach Kos
- Zeus erwacht
- [Zeus merkt, dass Hypnos ihn eingeschläfert hat]
- Zeus zürnt
- Zeus schleudert die Götter hin und her durch das Haus
- Zeus sucht nach Hypnos
- Zeus will Hypnos vom Äther ins Meer schleudern
- Hypnos flieht zu Nyx
- [Zeus bemerkt, dass Hypnos zu Nyx flieht]
- Zeus zürnt heftig
- Zeus wagt es nicht, Nyx Unerfreuliches anzutun
- Zeus beruhigt sich
- Nyx rettet Hypnos

Von Interesse innerhalb dieser Hylemsequenz sind natürlich diejenigen punktuellen Hyleme, die sich auf Hypnos beziehen, und von diesen noch einmal besonders diejenigen, die das „Grundgerüst" der Erzählhandlung bilden, namentlich:
- Hera gebietet Hypnos, Zeus einzuschläfern
- Hypnos schläfert das Gemüt des Zeus ein

---

[40] Eigentlich „fern aller Freunde", was auf Hylemebene „feindlich" meint.

- Zeus will Hypnos vom Äther ins Meer schleudern
- Hypnos flieht zu Nyx
- Nyx rettet Hypnos

Das hinter der aus der Textstelle rekonstruierten, konkreten Hylemsequenz liegende allgemeinere Stoffschema[41], das sich durch die Abstraktion von Eigennamen gewinnen lässt, besteht im Gebot einer vergleichsweise untergeordneten[42] Gottheit (Hera), dass eine noch niederere Gottheit (Hypnos) ihr gegen die höchste Gottheit (Zeus) zu Hilfe kommen solle, der Ausführung des Gebots durch die niedrigere Gottheit (Einschläferung des Zeus), die Reaktion der höchsten Gottheit auf die Tat der niedrigeren (versuchter Himmelssturz), einer hierauf folgenden Bewegung der niedrigeren Gottheit (Flucht) sowie schließlich die Rettung der niedrigeren Gottheit durch eine andere Gottheit (Nyx). Ähnliche, parallel verlaufende Hylemschemata finden sich beim Himmelssturz des Hephaistos, von dem dieser gegen Ende des ersten Gesangs der *Ilias* berichtet und auf den nun im nachfolgenden Kapitel eingegangen wird.

3 Der Himmelssturz des Hephaistos durch Zeus

Nachdem die Meeresgöttin und Mutter des Achill, Thetis, bei Zeus für ihren Sohn vorgesprochen hat, beginnt ein Zwist zwischen diesem und seiner Gattin Hera aufzukommen, den Heras Sohn Hephaistos erstickt, indem er seine Mutter an ein zurückliegendes Vorkommnis erinnert: Er habe ihr gegen Zeus zu Hilfe kommen wollen, aber dieser habe ihn am Fuß gepackt und von der heiligen Schwelle[43] geworfen, sodass er schließlich nach einem Tag Fall auf Lemnos aufgekommen sei, wo ihn die Sintier bei sich aufgenommen hätten (Hom. *Il.* 1,586-594):

---

41 In Bezugnahme auf C. Zgoll 2019, 145, soll hier unter einem *konkreten* Stoff ein solcher Stoff verstanden werden, „der durch Eigennamen spezifiziert ist", unter einem Stoff*schema* ein Stoff, „der hinsichtlich der Örtlichkeiten und Figuren nicht durch Eigennamen näher bestimmt ist". Zur Unterscheidung von konkretem Hylem und abstraktem Hylemschema sowie von konkreter Hylemsequenz, d. h. einem konkreten Stoff, und abstraktem Hylemsequenzschema, d. h. einem Stoffschema, vgl. ebd., 148f., und allgemeiner für eine komparatistische Hylistik das Kapitel 9 (ebd., 164-204).
42 Hier verstanden in Relation zum höchsten Gott Zeus.
43 Wahrscheinlich ist hierbei – wie auch im Falle des anderen Himmelssturzes des Schmiedegottes durch Hera, den dieser in Hom. *Il.* 18,394-399 schildert – eher an einen Wurf aus einem Götterhaus auf dem Olymp zu denken, was sich allerdings nicht definitiv entscheiden lässt.

„τέτλαθι μῆτερ ἐμή, καὶ ἀνάσχεο κηδομένη περ, / μή σε φίλην περ ἐοῦσαν ἐν ὀφθαλμοῖσιν ἴδωμαι / θεινομένην, τότε δ' οὔ τι δυνήσομαι ἀχνύμενός περ / χραισμεῖν· ἀργαλέος γὰρ Ὀλύμπιος ἀντιφέρεσθαι· / ἤδη γάρ με καὶ ἄλλοτ' ἀλεξέμεναι μεμαῶτα / ῥῖψε ποδὸς τεταγὼν ἀπὸ βηλοῦ θεσπεσίοιο, / πᾶν δ' ἦμαρ φερόμην, ἅμα δ' ἠελίῳ καταδύντι / κάππεσον ἐν Λήμνῳ, ὀλίγος δ' ἔτι θυμὸς ἐνῆεν· / ἔνθά με Σίντιες ἄνδρες ἄφαρ κόμισαντο πεσόντα."

„Ertrage es, meine Mutter! und halte an dich, wenn auch bekümmert! / Daß ich dich nicht, so lieb du mir bist, vor meinen Augen / Geschlagen sehe. Dann könnte ich dir, so bekümmert ich bin, / Nicht helfen. Denn schwer ist es, dem Olympier entgegenzutreten! / Denn auch ein andermal schon, als ich dir beizustehen suchte, / Ergriff er mich am Fuß und warf mich von der göttlichen Schwelle. / Den ganzen Tag lang trug es mich, jedoch mit untergehender Sonne / Stürzte ich herab auf Lemnos, und nur wenig Leben war noch in mir. / Dort pflegten mich Männer der Sintier alsbald, den Herabgestürzten."

Eine Hylemanalyse der Textstelle Hom. *Il.* 1,590-594 stellt sich wie folgt dar:
- Hephaistos kommt Hera zu Hilfe
- Zeus packt Hephaistos am Fuß
- Zeus wirft Hephaistos von der göttlichen Schwelle [vom Olymp/aus dem Himmel]
- Hephaistos fällt einen ganzen Tag lang
- Helios geht unter
- Hephaistos kommt zusammen mit dem untergehenden Helios auf Lemnos auf
- Hephaistos besitzt nur noch wenig Lebenskraft
- Die Sintier pflegen Hephaistos

Damit ergibt sich nachfolgendes Stoffschema: Eine vergleichsweise niedere Gottheit (Hephaistos) möchte einer anderen niederen Gottheit (Hera) gegen die höchste Gottheit (Zeus) zu Hilfe kommen, worauf diese Gottheit reagiert, was wiederum eine Bewegung der niederen Gottheit zeitigt (Himmelssturz des

---

Auch ein Wurf aus dem Himmel wäre denkbar. Eine Diskussion der Ausgangspunkte der Fallbewegung des Hephaistos findet sich in Kapitel 2.5 in C. Zgolls Beitrag, *Göttergaben und Götterstürze* in diesem Band.

Hephaistos), die schließlich gerettet wird (Aufnahme durch die Sintier). Die Parallelen zum Stoffschema der Flucht des Hypnos sind offenkundig[44]: In beiden Fällen kommt eine niedere Gottheit einer anderen niederen Gottheit gegen die höchste Gottheit zu Hilfe, was eine Reaktion dieser zur Folge hat, die ursächlich ist für eine Bewegung der niederen Gottheit, die schließlich von einer anderen Instanz gerettet wird. Gerade im Aufbegehren gegen die höchste Gottheit liegt auf Grund der Seltenheit eines so gewaltigen und gewagten Vorhabens, das die göttliche Ordnung zu erschüttern droht, eine bemerkenswerte Strukturähnlichkeit der beiden Stoffschemata vor[45].

Die Abweichungen der Schemata liegen vor allem in der Tatsächlichkeit bzw. Nicht-Tatsächlichkeit der Durchführung begründet: So hilft Hypnos Hera *tatsächlich*, indem er Zeus einschlafen lässt, während hingegen Hephaistos lediglich *versucht*, Hera zu Hilfe zu kommen. Demgegenüber *versucht* Zeus, Hypnos aus dem Himmel ins Meer zu werfen, während Hephaistos auch *wirklich* vom Göttervater hinabgeschleudert wird. In beiden Fällen aber erfolgt anschließend eine „Bewegung hinfort" in Form der Flucht bzw. des Sturzes. Abschließend erfolgt in beiden Fällen eine Rettung: In einem Fall wird Hypnos von der Göttin Nyx gerettet, im andern Fall Hephaistos von den Einwohnern von Lemnos. Nachfolgend sind der Übersichtlichkeit halber die zentralen Hyleme der Sequenzen in einer Stoffpartitur gegenübergestellt:

---

[44] Parallelen zwischen den beiden Erzählungen sind – jedoch allgemein formuliert, nicht auf Hylemebene – bereits erkannt worden, vgl. Masciadri 2008, 271.

[45] Zu einem detaillierten Vergleich der zwei Himmelsstürze des Hephaistos in der *Ilias* vgl. ebd., 269-293. Auch im Himmelssturz durch Hera finden sich einige der Hylemschemata wieder, namentlich „NN wirft NN herab" (Hera wirft Hephaistos aus dem Himmel hinab), „NN bewegt sich fort von NN" (Hephaistos fällt von weit her), „NN rettet NN" (Thetis und Eurynome nehmen Hephaistos in ihrem Schoß schützend auf).

Tab. 1: Übersicht der zentralen Hyleme

Textstelle	Hylem 1	Hylem 2	Hylem 3	Hylem 4	Hylem 5
Hom. Il. 14,249-261	Hypnos schläfert das Gemüt des Zeus ein	Zeus will Hypnos vom Äther ins Meer schleudern	Hypnos flieht zu Nyx		Nyx rettet Hypnos
Hom. Il. 1,590-594	Hephaistos will Hera zu Hilfe kommen	Zeus wirft Hephaistos von der göttlichen Schwelle	Hephaistos fällt einen ganzen Tag	Hephaistos kommt zusammen mit dem untergehenden Helios auf Lemnos auf	Die Sintier pflegen Hephaistos
Abstrahierte Hyleme	NN1 versucht zu helfen/hilft NN2 (= Hera)	NN3 (= Zeus) will NN1 herabwerfen/wirft NN1 herab	NN1 bewegt sich fort von NN3 (= Zeus)		NN4 rettet NN1

In der letzten Zeile finden sich die beiden konkreten Hylemsequenzen in der abstrahierten Form eines Stoffschemas, um die Parallelität der zwei Stoffe deutlicher hervorzuheben. Bemerkenswert dabei ist die Leerstelle des Fluchtpunktes in der ersten Hylemsequenz: Es wird nicht spezifiziert, wo Nyx, zu der Hypnos flieht, sich befindet. Sehr wohl ist allerdings mit dem Meer der von Zeus angedachte Zielpunkt von Hypnos' Sturz ebenso benannt wie mit Lemnos der Aufprallort des Hephaistos in der zweiten Hylemsequenz, der im engen Zusammenhang mit dessen Kult dort steht. Wenn Hera nun aber ausgerechnet *Hypnos* auf Lemnos antrifft, so mag das mit dem Phänomen einer Interferenz[46] dieser beiden Stoffe zu erklären sein: Hypnos ist in der vorliegenden Stoffvariante zwar niemals nach Lemnos geflohen, Hephaistos aber dagegen sehr wohl dort aufgekommen. Als ‚Triebkraft' dieser Stoff-Stoff-Interferenz mag dabei die strukturelle Ähnlichkeit der Stoffe des versuchten Himmelssturzes des Hypnos und des tatsächlich erfolgten des Hephaistos und im Besonderen das Aufbegehren beider gegen die höchste Gottheit gedient haben[47].

Ein zweites Argument für eine solche Stoff-Stoff-Interferenz, die zu Hypnos' Verortung auf Lemnos geführt hat, ist der Umstand, dass diese Stoffe *beide* Teil des Mythos Hera verschlägt Herakles nach Kos sind, der in der *Ilias* gleich an mehreren Stellen erzählt wird und der sich in seiner dargestellten Form wie folgt rekonstruieren lässt[48]: Nachdem Herakles Troja zerstört hat, verschlägt Hera ihn, um ihm zu schaden, auf seiner Rückreise nach Kos. Damit dies gelingen kann, gebietet sie Hypnos, ihren Gatten und Vater des Herakles in Schlaf zu versetzen, was dieser auch tut. Zeus beginnt nach seinem Erwachen zu zürnen, wirft die anderen Götter durch das Haus und will Hypnos als Strafe aus dem Himmel schleudern, der sich jedoch zu Nyx rettet. Soweit die bereits bekannte Erzählung des Hypnos (vgl. Hom. *Il.* 14,243-262). Nachdem Zeus nach seiner abermaligen Einschläferung durch Hypnos am Anfang des 15. Gesangs erwacht ist und wie schon zuvor in Zorn entbrennt, erinnert er Hera daran, wie er sie bei der damaligen Begebenheit bestraft hat: Er habe sie an den Füßen in der Luft aufgehängt und geschlagen und alle Götter, die ihr zu Hilfe hätten kommen wollen, habe er gepackt und auf die Erde herabgeschleudert. Herakles aber habe er nach Argos heimge-

---

[46] Vgl. dazu das Kapitel 13.2 in C. Zgoll 2019, insbesondere 279-285.
[47] Für strukturelle Ähnlichkeit zwischen Mythenstoffen als Auslöser für Interferenzen vgl. ebd., 289-292. Für Ähnlichkeit oder Gleichheit von Namen und die Sogwirkung prominenter Figuren als weitere solcher Mechanismen von Stoff-Stoff-Interferenzen vgl. ebd., 293-299.
[48] Auch Masciadri 2008, 271f., verbindet die im Folgenden genannten drei Textstellen miteinander. Anders dagegen West 2011, 292f., der einen Zusammenhang der Textstellen unter der Ägide des Mythos von Dionysos' Aufnahme in den Olymp sieht.

führt (vgl. Hom. *Il.* 15,16-33). Wenn Hephaistos am Ende des ersten Gesangs seiner Mutter helfen und sie vor Zeus' Schlägen bewahren möchte, aber stattdessen von Zeus gepackt und auf Lemnos herabgeschleudert wird (vgl. Hom. *Il.* 1,586-594), ist es plausibel anzunehmen, dass der Grund, warum er ihr überhaupt erst zu Hilfe kommen möchte, eben ihre Bestrafung dafür ist, dass sie Herakles nach Kos verschlagen hat. Damit wäre Hephaistos einer derjenigen Götter, die Zeus durchs Haus bzw. aus diesem herabgeworfen hat. Hypnos und Hephaistos stehen damit wiederum im unmittelbaren Zusammenhang eines einzigen mythischen Stoffes: Die Tat des einen ist die Ursache des Sturzes des anderen. Und dieser Nexus wiederum dürfte zusammen mit der aufgezeigten Parallelität der Hylemsequenzen, die sich zu einem Stoffschema abstrahieren ließen, begünstigt haben, dass es zu einer Interferenz der beiden Stoffe kommen konnte, als deren Resultat der Gott des Schlafes in der *Ilias* eben genau dort verortet wird, wo der Gott des Feuers nach seinem Sturz aufgeprallt ist: auf Lemnos.

4 Literaturverzeichnis

Allen, T. (Hg.), 1954-1955, Homeri opera. Tomvs III: Odysseae libros I-XII continens; Tomvs IV: Odysseae libros XIII-XXIV continens, Oxford, 2. Aufl.
Allen, T./Monro, D. (Hg.), 1949-1957, Homeri opera. Tomvs I: Iliadis libros I-XII continens; Tomvs II: Iliadis libros XIII-XXIV continens, Oxford, 3. Aufl.
Anderson, W. (Hg.), 1988, P. Ovidii Nasonis Metamorphoses, Leipzig, 4. Aufl.
Bömer, F., 1980, P. Ovidius Naso. Metamorphosen, Wissenschaftliche Kommentare zu griechischen und lateinischen Schriftstellern, Heidelberg.
Erbse, H. (Hg.), 1974, Scholia Graeca in Homeri Iliadem (Scholia vetera). Volvmen tertivm: Scholia ad libros K-Ξ continens, Berlin.
Herzhoff, B., 2000, Homers Vogel Kymindis, in: Hermes 128, 275-294.
Janko, R., 1992, The Iliad. A Commentary. Volume IV: Books 13-16, Cambridge et al.
Klinnert, T./Klotz, A. (Hg.), 1973, P. Papini Stati Thebais, Leipzig, 2. Aufl.
Krieter-Spiro, M., 2015, Homers Ilias. Gesamtkommentar (Basler Kommentar/BK). Hrsg. von Anton Bierl und Joachim Latacz. Band X. Vierzehnter Gesang (Ξ). Faszikel 2: Kommentar., Berlin/Boston.
Lowe, D., 2008, Personification Allegory in the Aeneid and Ovid's Metamorphoses, in: Mnemosyne 61, 414-435.
Masciadri, V., 2008, Eine Insel im Meer der Geschichten. Untersuchungen zu Mythen aus Lemnos. Zugl.: Zürich, Univ., Habil.-Schr., 2004-2005, Potsdamer altertumswissenschaftliche Beiträge 18, Stuttgart.
Miguélez-Cavero, L., 2013, Cosmic and Terrestrial Personifications in Nonnus' Dionysiaca, in: Greek, Roman, and Byzantine Studies 53, 350-378.
Mynors, R. (Hg.), 1969, P. Vergili Maronis opera, Oxford.
Nesselrath, H.-G., 2019, Zum Hades und darüber hinaus. Mythische griechische Vorstellungen zum Weg des Menschen über den Tod ins Jenseits von Homer bis Platon, in: Zgoll,

A./Zgoll, C. (Hg.), Mythische Sphärenwechsel. Methodisch neue Zugänge zu antiken Mythen in Orient und Okzident, MythoS 2, Berlin/Boston, 161-212.

Papakonstantinou, Z., 2009, Wine and Wine Drinking in the Homeric World, in: AC 78, 1-24.

Schadewaldt, W., 1975, Homer. Ilias. Neue Übertragung von Wolfgang Schadewaldt. Mit zwölf antiken Vasenbildern, Insel Taschenbuch 153, Frankfurt am Main.

Solmsen, F. (Hg.), 1990, Hesiodi theogonia, opera et dies, scvtvm, Oxford, 3. Aufl.

West, M., 2011, The Making of the Iliad. Disquisition and Analytical Commentary, Oxford.

Williams, R., 1972, P. Papini Stati Thebaidos liber decimus. Edited with a Commentary, Mnemosyne. Supplementum 22, Leiden.

Wöhrle, G., 1995, Hypnos, der Allbezwinger. Eine Studie zum literarischen Bild des Schlafes in der griechischen Antike, Palingenesia 53, Stuttgart.

Zgoll, C., 2019, Tractatus mythologicus. Theorie und Methodik zur Erforschung von Mythen als Grundlegung einer allgemeinen, transmedialen und komparatistischen Stoffwissenschaft, Mythological Studies 1 (https://doi.org/10.1515/9783110541588), Berlin/Boston.

Zgoll, C., 2020, Märchenhexe oder göttliche Ritualexpertin? Kirke und Kult im Kontext der homerischen Nekyia, in: Egeler, M./Heizmann, W. (Hg.), Between the Worlds. Contexts, Sources, and Analogues of Scandinavian Otherworld Journeys, Ergänzungsbände zum Reallexikon der Germanischen Altertumskunde 118, Berlin/Boston, 389-416.

Nils Jäger
Himmelsschilde und Blitze

Der ANCILIA-MYTHOS bei Ovid, Plutarch und anderen

Abstract: The present paper aims to illustrate the way in which C. Zgoll's hyleme analysis facilitates the interpretation of myths. The arrival of the *ancile* shield at Rome during the reign of King Numa provides an opportunity to analyze and compare the plot structures of the relevant passages in Ovid, Plutarch, and Dionysius Halicarnassus in an exemplary format. Ovid lends meaning to Jupiter's three lightening bolts that accompany the arrival of the *ancile* by combining his version of the myth with the myth of Jupiter Elicius. Analysis of the plot in Plutarch leads to the discovery of a heretofore undocumented parallel between his and Ovid's version of the myth. In all three variants Numa is presented as having a special relationship with the gods. Attempts to postulate a version of the myth where all twelve ancilia are sent from heaven are often not born out by the evidence.

1 Vorbemerkungen: mythenanalytischer Ansatz und ANCILIA-MYTHOS

Dieser Beitrag versteht sich als exemplarische Anwendung einer mythologischen Hermeneutik, die im Rahmen der Göttinger Initiativen zur Mythosforschung maßgeblich von Annette und Christian Zgoll entwickelt wurde, dessen Habilitationsschrift „Tractatus mythologicus" die Grundlegung dieser Hermeneutik darstellt[1]. Der Beitrag ergänzt die in diesem Band vorgestellten Analysen zu Mythen aus dem altorientalischen, ägyptischen und griechischen Kulturraum um die Analyse eines Mythos aus dem römischen Kulturraum. Der Mythos handelt von der Herkunft der *ancilia*[2], eines speziellen Typus von Schild, den die römische Priesterschaft der Salier bei ihren rituellen Tänzen und Gesängen

---

1 Zgoll 2019. Mein herzlicher Dank für Anregungen und Rückmeldungen zu diesem Beitrag gilt Christian Zgoll und allen anderen Mitgliedern des Göttinger *Collegium Mythologicum* sowie Ulrike Egelhaaf-Gaiser.
2 Zur genauen Struktur des Mythos und zu den verschiedenen Versionen s. u.

zur Eröffnung der Kriegssaison im Monat März mit sich durch die Stadt führte[3]; die Schilde gelten als *pignora imperii*, „Unterpfänder der Herrschaft"[4]. Jene Varianten des ANCILIA-MYTHOS, die in diesem Beitrag ausführlicher diskutiert werden, lassen sich in etwa so zusammenfassen: Ein Schild kommt vom Himmel herab und wird von Numa Pompilius empfangen. Numa (lat. *Numa*, gr. Νομᾶς) ist der zweite mythische König Roms nach Romulus, der – im Gegensatz zum kriegerischen Romulus – für Frieden und die Stiftung diverser religiöser Institutionen der Römer steht[5]. Numa nun veranlasst, dass Kopien des von ihm *ancile* genannten Schildes hergestellt werden. Diese Aufgabe wird vom Schmied Mamurius bewerkstelligt. Abgesehen von einigen knappen Erwähnungen bei anderen Autoren gründet sich unsere Kenntnis des Mythos auf die Darstellungen bei drei Autoren. So berichten ihn (in jeweils verschiedenen Versionen) zum einen Dionysios von Halikarnass in seinen *Antiquitates Romanae*, Ovid in seinem ‚Kalendergedicht', den *Fasti*, sowie Plutarch in seiner *Vita des Numa*.

Der erste Teil dieses Beitrages fragt nach der stofflichen Struktur des Mythos im Sinne der zugrunde gelegten Mythenhermeneutik. So weist C. Zgoll darauf hin, dass die Rekonstruktion des Stoffes eine unerlässliche Vorbedingung für die Mythenanalyse ist. In Zgolls Modell ist der Stoff aufgebaut aus „kleinsten handlungstragenden Einheiten", den „Hylemen"[6].

Dieser Beitrag nun geht bei der Stoffanalyse zunächst von der am stärksten ‚literarisierten' Darstellung bei Ovid aus und diskutiert die Kombination (mindestens) zweier mythischer Stoffe bei Ovid, nämlich eines Jupiter-Elicius-Stoffes und eines *ancilia*-Stoffes. Im Anschluss daran bezieht diese Analyse auch Plutarch, Dionysios sowie weitere Zeugnisse ein. Schließlich vertritt dieser Bei-

---

[3] Zu den Saliern siehe Helbig 1906; Wissowa 1912, 555-559; Bayard 1945 (zum Salierlied); Neraudau 1979, 216-226; Schäfer 1980; Heinzel 1996, insbes. 206 f; Linderski 2001; Habinek 2005, 8-28 (v. a. zu Salierlied und *ancilia*); Ursini 2008, 320 f ad Ov. *Fast.* 3,259-392; zu den *ancilia* Habel 1894; Bloch 1960, 134-141; Aigner-Foresti 1993; Borgna 1993 (mit diversen bildlichen Darstellungen); Colonna 1991 (zur Form der Schilde, ebenfalls mit diversen bildlichen Darstellungen, z. B. Abb. 26: *ancilia* auf einer etruskischen Vase des 4. Jh. v. Chr.); Santini 2004 (v. a. zur Etymologie von *ancile/ancilia* und der genauen Form der Schilde).
[4] Varro, ap. Serv. *Aen.* 7,188: *septem fuerunt pignora, quae imperium Romanum tenent: †aius matris deum, quadriga fictilis Veientanorum, cineres Orestis, sceptrum Priami, velum Ilionae, palladium, ancilia*; zu dieser Stelle Gross 1935, 30-32, zu den *ancilia* ebd., 97-116; Graf 1996, Sp. 679.
[5] Liv. 1,19; Dion. Hal. 2,60,4. Eine umfangreiche Diskussion des Quellenmaterials zu Numa bietet Buchmann 1912; zur Numa-Tradition bis zu Plutarch s. de Blois/Bons 1992, 160-164; zu Romulus und Numa bei Plutarch Guilhembet 2017.
[6] Siehe Beitrag C. Zgoll, *Grundlagen der hylistischen Mythosforschung*, Abschnitt 2 im vorliegenden Band sowie Zgoll 2019, 109-128.

trag die These, dass schon die stoffliche Struktur des Mythos (bei Ovid, Plutarch und Dionysios) darauf abzielt, herauszustellen, dass Numa über einen besonderen Zugang zu den Göttern verfügt. In einer Appendix wird hinterfragt, inwiefern es die Quellenlage erlaubt, von einer weiteren Variante des Mythos auszugehen, in der alle Schilde vom Himmel gekommen sind.

2 Der *ANCILIA*-MYTHOS in Ovids *Fasti*

Die *Fasti* stehen in der Tradition hellenistischer aitiologischer Lehrdichtung und römischer antiquarischer Schriftstellerei. Sie behandeln den römischen Kalender mit seinen religiösen Festen, den Ursprung bestimmter Bräuche sowie Sternbilder. Die Abfassung der *Fasti* fällt in etwa in die Jahre 2 v. bis 8 n. Chr. Sie umfassen mit ihren sechs Büchern die Monate Januar bis Juni. Jedem Monat ist ein Buch gewidmet, das wiederum nach den Tagen des Monats gegliedert ist. Jenseits dieser Kalender-orientierten Strukturierung zeichnen sich die *Fasti* durch ihre kunstvoll-elaborierte poetische Ausgestaltung aus. Dies gilt auch für die *ancilia*-Episode.

2.1 Mars, März und Aitiologie: die *ancilia* im Rahmen des 3. Buches

Der ovidische Erzähler berichtet die Geschichte von den *ancilia*-Schilden im dritten Buch der *Fasti*. Dieses dritte Buch behandelt den Monat März und ist dem Kriegsgott Mars als Namensgeber gewidmet, den der Erzähler allerdings gleich zu Beginn des Buches dazu auffordert, seine Waffen abzulegen (Ov. *Fast.* 3,1-8). Mars solle sich nämlich wie die (eigentlich ebenfalls bewaffnete) Minerva den „schönen Künsten" (*ingenuis artibus*, Ov. *Fast.* 3,6, Übersetzung Bömer) widmen. Die hier vorgestellte Analyse des ANCILIA-MYTHOS zielt nicht auf eine ausgefeilte Deutung des ovidischen *Textes* – hierzu liegen einige gelungene Arbeiten vor[7], sondern vielmehr auf eine genaue Rekonstruktion der stofflichen

---

[7] Hinds (1992) hat herausgearbeitet, dass Ovid in den *Fasti* Waffen und deren „opposites" u. a. zu ästhetischen Zwecken funktionalisiert, so auch die *ancilia*. Littlewood (2002) konzentriert sich auf die Blitzentsühnungsverhandlung mit Jupiter bei Ovid und diskutiert den Textabschnitt der Ankunft des *ancile* nur kurz (191 f); sie weist nach, dass Ovid das *ancile* mit dem Schild des Aeneas und der *Clipeus Virtutis* des Augustus in Verbindung bringt, und somit auch die jeweiligen Schild-Träger Numa, Aeneas und Augustus. Zu Numa als „poetic figure" in den

und logischen Struktur des hier berichteten Mythos; daneben bietet dieser Beitrag aber auch punktuell eine Deutung des ovidischen Textes.

Die Waffentänze der Salier mit den *ancilia*-Schilden sind eines der Rituale, das die Kriegssaison im März eröffnet. Daher ist die *ancilia*-Episode den Kalenden des März, also dem Monatsersten, zugeordnet. Zuvor wird unter der Rubrik der Kalenden allerdings noch das Fest der *Matronalia* behandelt (3,167-258): Auf Bitten des Erzählers berichtet Mars selbst von dessen Ursprung (und legt hierzu nun tatsächlich immerhin seinen Helm ab, wie vom Erzähler gefordert). Danach wendet sich der Erzähler an die Nymphe Egeria als neue Inspirations- und Informationsquelle (3,259-262):

Quis mihi nunc dicet, quare caelestia Martis / arma ferant Salii Mamuriumque canant? / nympha, mone, nemori stagnoque operata Dianae, / nympha, Numae coniunx, ad tua facta veni!	Wer sagt mir jetzt, warum die Salier die Waffen des Mars tragen, die vom Himmel fielen, und warum sie den Mamurius besingen? Nymphe, leite mich, die du Diana in ihrem Hain und an ihrem See dienst, du, Nymphe, Numas Gattin, komm, wenn ich deine Taten besinge. (Übersetzung Bömer).

Diese Einleitung entspricht dem für die *Fasti* charakteristischen aitiologischen Interesse. Für den Leser sind wesentliche Elemente des Mythos ersichtlich: Die himmlische Herkunft der *ancilia*-Schilde, als Protagonisten Mamurius und auch Numa, hier erwähnt in seiner Rolle als Gatte der Egeria[8]. Von Mamurius und den Schilden ist dann aber überraschenderweise gut 80 Verse lang überhaupt keine Rede[9]. Der Erzähler spricht zunächst über die der Egeria heilige Quelle im Hain von Aricia, aus der er getrunken habe (3,263-274). Dann berichtet er davon, wie unter Numa und Egeria dem kriegslüsternen römischen Urvolk Gesetze und religiöse Institutionen zuteilwurden (3,277-284). Da der Gott Jupiter es unentwegt blitzen und regnen lässt, fürchtet sich das Volk (3,285-288). Egeria gibt

---

Fasti Pasco-Pranger 2002, 292-294; zur *ancilia*-Episode s. auch Fox 2015, 183 f; Garani 2014, 135.153-157; Deremetz 2013, 237 f; Ursini 2008, 33-57, insbes. 46-57 (v. a. zu Quellen und Prätexten der Episode); Pasco-Pranger 2002, 296-312; Gee 2000, 41-47; Wiseman 1998, 21-23; Porte 1985, 131-139. Zum Verhältnis der *Fasti* zur römischen Religion und zum Mythos s. beispielsweise Scheid 1992.

8 Summarisch zu Numa und Egeria Pasco-Pranger 2002, 291.
9 Ähnlich Porte 1985, 134: „[...] il faut attendre le vers 373 pour entendre enfin parler des anciles! Ovide semble donc avoir oublié son dessein initial, et s'être laissé entraîné à narrer dans le détail une péripétie secondaire."

daraufhin Numa den Hinweis, dass es möglich sei, Blitze zu sühnen und den Zorn des Göttervaters zu besänftigen; Numa solle sich an die einheimischen Götter Picus und Faunus wenden (3,289-294). Nachdem es Numa gelungen ist, diese beiden Götter zu fangen, verweisen diese allerdings auf Jupiter selbst, da die Blitze in dessen Zuständigkeitsbereich fielen; sie versprechen, für die Herbeiholung Jupiters zu sorgen (3,295-322). Der Erzähler weist dann darauf hin, es sei Menschen nicht erlaubt, zu wissen, mit welchen „Formeln" (*carmina*, 3,323, Übersetzung Bömer) die beiden Götter Jupiter hervorlocken, lediglich zu wissen erlaubt sei, dass Jupiters Beiname *Elicius* sich von diesem Hervorlocken[10] herleite (3,323-328). Jupiter erscheint und Numa bittet diesen um ein Entsühnungsmittel für die Blitze (3,329-336). Es folgt eine gewitzte Verhandlung Numas mit Jupiter: Dieser fordert zunächst ein Haupt (*caput*, 3,339), Numa bietet einen Zwiebelkopf. Jupiter präzisiert, er meine einen menschlichen Kopf, Numa bietet die Haare eines menschlichen Kopfes. Jupiter präzisiert erneut, er fordere ein Leben, Numa bietet das Leben eines Fisches (3,331-342). Der Gott reagiert positiv und äußert sich folgendermaßen (3,343-346):

risit, et 'his' inquit 'facito mea tela procures, / o vir conloquio non abigende deum! / sed tibi, protulerit cum totum crastinus orbem / Cynthius, imperii pignora certa dabo.'	Unter Lachen sagte Jupiter: Mach, dass du damit meine Blitze sühnst, Mensch, der du dich (selbst) vor einem Wortwechsel mit Göttern nicht scheust. Doch will ich dir, wenn Kynthios [gemeint ist der Gott Apoll] morgen das ganze Rund der Sonne zeigt, ein Unterpfand der Herrschaft geben." (ÜS Bömer)

Diese Stelle bildet den Übergang zu den *ancilia*-Schilden, die hier in ihrer Rolle als „Unterpfänder der Herrschaft" (*imperii pignora*, 3,346) eingeführt werden. Numa kehrt zurück und berichtet, was geschehen ist. Das Volk reagiert ungläubig, woraufhin Numa ankündigt, was am Folgetag passieren wird, nämlich, dass Jupiter *imperii pignora* („Unterpfänder der Herrschaft") geben werde (3,347-354).

Erst an dieser Stelle folgt die Geschichte, für die der Erzähler eingangs Egeria um Unterstützung gebeten hatte (3,259-262, s. o.)[11]. Am Morgen des fol-

---

10 *eliciunt*, 3,327, zu *elicere* „hervorlocken/herabzaubern"; Porte 1985, 131: „attirer magiquement", siehe auch Georges s. v. *elicio* I., Ursini 2008, 418 ad Ov. *Fast*. 3,327 f.
11 Ursini 2008, 453 ad Ov. *Fast*. 3,349-392.

genden Tages versammeln sich alle, Numa setzt sich auf seinen Thron und bittet Jupiter um die Bestätigung der Zeichen (3,359-366):

prodit et in solio medius consedit acerno, / innumeri circa stantque silentque viri. / ortus erat summo tantummodo margine Phoebus, / sollicitae mentes speque metuque pavent. / constitit atque caput niveo velatus amictu / iam bene dis notas sustulit ille manus / atque ita 'tempus adest promissi muneris' inquit; / 'pollicitam dictis, Iuppiter, adde fidem.'	Da erschien er und setzte sich mitten (unter das Volk) auf den Thron von Ahornholz; schweigend standen ungezählte Männer ringsumher. Die Sonne war nur mit dem oberen Rande aufgegangen, da erzitterten die Herzen aller aufgeregt vor Furcht und Hoffnung. Numa richtete sich auf, umhüllte das Haupt mit einem weißen Umwurf, hob die Hände, die den Göttern nun schon wohlbekannt waren, und sprach: „Die Zeit für das versprochene Geschenk ist da; Iuppiter, gib für deine Worte die verheißene Bestätigung!" (ÜS Bömer)

Unmittelbar folgt die Reaktion des Gottes (3,367-378):

dum loquitur, totum iam sol emoverat orbem / et gravis aetherio venit ab axe fragor. / ter tonuit sine nube deus, tria fulgura misit – / credite dicenti! mira, sed acta loquor. / a media caelum regione dehiscere coepit, / submisere oculos cum duce turba suo: / ecce, levi scutum versatum leniter aura / decidit! a populo clamor ad astra venit. / tollit humo munus caesa prius ille iuvenca / quae dederat nulli colla premenda iugo, / idque 'ancile' vocat, quod ab omni parte recisum est, / quaque notes oculis, angulus omnis abest.	Während er sprach, hatte die Sonne gerade erst das ganze Rund erhoben, und ein schwerer Donner dröhnte vom Himmel. Dreimal donnerte der Gott, ohne dass eine Wolke am Himmel war, und dreimal schickte er einen Blitz. Glaubt meinen Worten: Was ich sage, klingt wie ein Wunder, doch es ist verbürgt: In seinem Mittelpunkt begann der Himmel sich zu öffnen: Zusammen mit dem König richtete das Volk die Blicke aufwärts. Und da: Leicht, von sanfter Luft getragen, fiel ein Schild herab. Vom Volk drang ein Rufen zu den Sternen, Numa opferte zunächst ein Rind, das seinen Nacken noch keinem Druck eines Joches gebeugt hatte. Dann hob er die Gabe

vom Boden auf und nannte sie *ancile*, denn sie war von jeder Seite eingeschnitten, und es fehlte jeder Winkel, den man mit dem Auge rügen könnte.
(ÜS Bömer)

Als nächstes berichtet der Erzähler, Numa habe sich daran erinnert, dass von diesem Gegenstand das Schicksal des Reiches abhänge, weswegen zur Täuschung von Feinden mehrere Nachbildungen des Schildes angefertigt werden müssten (3,379-382). Der Schmied Mamurius meistert diese Aufgabe und erbittet sich zum Dank lediglich, dass Numa ihn in das Lied der Salier aufnimmt, was Numa ihm gewährt (3,383-392). Die Eingangsfrage, wieso die Salier Mamurius besingen, ist nunmehr beantwortet, und so endet an dieser Stelle die Erzählung von den *ancilia*; der Erzähler wendet sich dann religiösen Vorschriften im März zu (3,393-398).

Der obige Überblick zeigt, dass Numas Begegnung mit Picus, Faunus und Jupiter aus dem narrativen Rahmen fällt: Der Erzähler kündigt lediglich die *ancilia*, Mamurius und Numa an. Auch der Hinweis des Erzählers auf die Beteiligung Egerias am Geschehen (*tua facta*, 3,262) ist eher noch dazu geeignet, den Leser auf den Holzweg zu führen: So liegt es für ihn nahe anzunehmen, Egerias „Taten" würden darin bestehen, dass sie in irgendeiner Weise direkt daran mitwirkt, Numa die Schilde zu verschaffen, so wie es in einer Version der Geschichte der Fall ist, die wir beim frühen römischen Epiker Ennius finden – einschränkend ist anzumerken: *möglicherweise* der Fall ist, da der fragmentarische Überlieferungszustand des Werkes definitive Aussagen verbietet:

Olli respondit suauis sonus Egeriai (Enn. *Ann.* 113 Skutsch) / *Mensas constituit idemque ancilia* / *Libaque, fictores, Argeos, et tutulatos* (114 f) / *Volturnalem* / *Palatualem Furinalem Floralemque* / *Falacrem<que> et Pomonalem fecit hic idem* (116-118)

To him replied Egeria with sweet sound, / He established the Tables, he also the Shields / and the Pancakes, the Balers, the Rush-Dummies, and the Priests with conical top-knots. / He likewise established the priests of Volturnus, of Palatua, of Furina, of Flora, of Falacer, and of Pomona. (ÜS Warmington)

Stattdessen spielt Egeria bei Ovid aber im *ancilia*-Teil der Geschichte just keine Rolle mehr. Dies führt uns auf die Frage nach dem Zusammenhang von Blitzentsühnung und ANCILIA-GESCHICHTE. In der Forschung ist bereits darauf hingewiesen worden, dass Ovid hier mehrere Stoffe miteinander kombiniert[12]. Die Hylem-Analyse nach C. Zgoll ist hier geeignet, literarische Bruchlinien aufzuzeigen, die sich aus der Kombination ergeben, zum anderen aber auch klarer zu sehen, was Ovid literarisch aus der Stoff-Kombination „gewinnt"[13].

2.2 Zur Stoffanalyse des ANCILIA-MYTHOS bei Ovid: die Nahtstelle Blitzsühne/*ancilia*

Weder der Erzähler noch eine der Figuren geben einen expliziten Hinweis darauf, wie genau *ancile*-Schild und Jupiters Blitze zusammenhängen[14]. Denkbar wäre natürlich, dass sich dieser Zusammenhang aus der Rolle des *ancile* als *pignus imperii* („Unterpfand der Herrschaft") herleiten lässt: Sobald die Römer über jenes Unterpfand verfügen, laufen sie nicht mehr Gefahr, dass Jupiter ihnen erneut solche Unwetter und so viele Blitze senden wird wie zu Beginn der Geschichte (3,285-288). In ähnlicher Weise endet in der Version bei Plutarch die Pest in Rom[15]. Wir werden Plutarchs Version unten noch näher zu diskutieren haben, für den Moment ist festzuhalten: Diese Erklärung ist nicht geeignet, den Zusammenhang bei Ovid vollends zu erhellen, da sich nun die Frage stellte, wie sich wiederum die Blitz*sühnung* zur Ankunft des Schildes verhält. Das frisch ausgehandelte Sühnemittel dürfte doch wohl dann zum Einsatz kommen, wenn Jupiter erneut Blitze sendet, während das *ancile* als Unterpfand – zumindest in der hier für den Moment zugrunde gelegten Erklärung – gerade dafür sorgen würde, dass es zu keinen problematischen Blitzerscheinungen mehr kommt.

Der Übergang zum *ancile* in Jupiters Rede wirkt denn auch entsprechend abrupt: Die eigentliche Verhandlung über das Sühnemittel für die Blitze ist abgeschlossen, die Äußerung Jupiters gib dies klar zu erkennen (*his ... facito me tela procures*, 3,343). Der Schild erscheint auch sprachlich als zusätzliches „Entgegenkommen" Jupiters, da der Gott sein Versprechen mit adversativem *sed* einleitet (3,345). Verschiedene Interpreten haben bereits auf diesen Bruch in der ovidischen *ancilia*-Geschichte hingewiesen[16]. Weiterhin werden bei Plutarch

---

12 Ursini 2008, 33 f; Pasco-Pranger 2002, 297; Porte 1985, 135.
13 Zu dieser Frage siehe auch Labate 2005, 192-194; Pasco-Pranger 2002, 297; Porte 1985, 136-139.
14 Ähnlich Ursini 2008, 33, Anm. 80.
15 Plut. *Num.* 13 (68d-e).
16 Gross 1935, 98; Merli 2000, 119 f; Stok 2004, 71; Murgatroyd 2005, 40 mit Anm. 25; Ursini 2008, 33.447 (ad Ov. *Fast.* 3,345-346); Fox 2015, 184: „Ovid moves swiftly from comic dialogue

die Geschichte von Blitzentsühnung und *ancilia* getrennt erzählt und auch an anderer Stelle wird die Blitzentsühnung unabhängig berichtet[17]. Wenn man nun also die Blitzentsühnungsverhandlung als von dem ANCILIA-MYTHOS separaten Stoff ansieht, würde eine versuchsweise erste Reduktion dem Prinzip folgen, alles auszuschließen, was bei Ovid vor dem Versprechen des Unterpfandes berichtet wird, und erst danach den Stoff ‚beginnen' zu lassen. Die Hylemsequenz wäre dann in etwa die folgende[18]:
– Jupiter verspricht Numa, er werde ihm am nächsten Tag ein „Unterpfand des Reiches" schicken, sobald Apoll (als Sonnengott) das ganze Rund der Sonne zeige.
– Jupiter verschwindet im Äther, wobei es donnert.
– Numa betet.
– Numa geht nach Rom.
– Numa berichtet dem Volk, was passiert ist.
– Das Volk glaubt Numa kaum.
– Numa sagt, man werde ihm glauben, wenn seinen Worten die Erfüllung folge.
– Numa sagt zum Volk, Jupiter werde am nächsten Tag ein Unterpfand des Reiches schicken, sobald Apoll das ganze Rund der Sonne zeige.
– Das Volk zweifelt.
– Das Volk steht am nächsten Morgen an der Schwelle zu Numas Palast.
– Numa setzt sich auf seinen Thron.
– Das Volk steht um Numas Thron herum.
– Das Volk schweigt.
– Alle sind aufgeregt, als der Sonnenaufgang beginnt.
– Numa steht auf.
– Numa verhüllt sein Haupt.
– Numa hebt seine Hände.
– Während die Sonne ihr ganzes Rund zeigt, sagt Numa, die Zeit für das zuvor versprochene Geschenk sei gekommen und Jupiter möge die Bestätigung für seine (i. e. Jupiters) Worte liefern.
– Der Himmel ist frei von Wolken.

---

to the more serious question of the divine basis for Rome's empire, the *pignora imperii*, which turn out to be the shield, still used in the Salian rite."

17 Ursini 2008, 34; Plut. *Num.* 15,3-10e; die Blitzentsühnung berichtet auch der nur fragmentarisch überlieferte Historiker Valerius Antias (1. Jh. v. Chr.) in seinen *Annales* (Val. Ant. *hist.* frg. 6 HRR I², pp. 239-241 = Arnob. 5,1).
18 Es ist hier davon auszugehen, dass *ordo naturalis* und *ordo artificialis* gleich sind; zu diesen Begriffen Zgoll 2019, 46-49.

- Jupiter lässt es dreimal donnern und schickt drei Blitze.
- Der Himmel öffnet sich.
- Numa und das Volk blicken nach oben.
- Ein Schild gleitet vom Himmel.
- Das Volk schreit auf.
- Numa opfert ein Rind.
- Numa hebt den Schild vom Boden auf.
- Numa nennt den Schild *ancile*.
- (Es folgen diverse Hyleme zur Vervielfältigung des *ancile*.)

Es ergibt sich eine Frage aus dem narrativen Zusammenhang bei Ovid: Sollte man das Hylem „Jupiter lässt es dreimal donnern und schickt drei Blitze" auch als Teil eines ANCILIA-STOFFES auffassen, wie Ovid ihn vorgefunden hat? Auf den ersten Blick fügt sich dieses Element passend ein: Ein Mensch ruft einen Gott an, dieser reagiert und sendet himmlische Zeichen. Bei genauerem Hinsehen erscheint das Blitzen und Donnern in der ovidischen Version des ANCILIA-MYTHOS aber auch als eine Art Fremdkörper. Denn Numa bittet Jupiter genau genommen überhaupt nicht um ein *Zeichen*, sondern nur darum, dieser möge seinen Worten Taten folgen lassen und die versprochene Gabe senden (3,365 f: *atque ita 'tempus adest promissi muneris' inquit; / 'pollicitam dictis, Iuppiter, adde fidem.'*). Dass Numas Bitte zu Jupiter durchgedrungen ist, ist anhand des hinabgleitenden Schildes klar, das Blitzen bietet dann noch eine zusätzliche Bestätigung der erfolgreichen Kommunikation[19]. Die spezifische und ungewöhnliche Erscheinungsform der Blitze (dreimaliges Blitzen bei wolkenfreiem, sonnigem Himmel, vgl. 3,369: *sine nube* „ohne Wolke"; 3,367) zeichnen sie klar als göttliches Zeichen aus und überdies benennt der Erzähler auch Jupiter als Urheber[20]. Es ließe sich hier allerdings einwenden, dass ein solches Blitzen letztlich kein Fremdkörper ist, da es ein typisches Motiv der griechisch-römischen Epik ist.

Das Blitzen und Donnern als ein – kleines – Moment der Irritation weist den Weg zu weiteren Auffälligkeiten der Stoffanalyse bei Ovid. Wie schon gesagt: In der Forschung ist der Bruch zwischen der Geschichte der Blitzentsühnung und der *ancilia*-Geschichte bereits bemerkt worden. Die eben vorgestellte Stoff-

---

19 Porte (1985, 134) merkt an, dass Numa im vorherigen Gespräch mit Jupiter nur nach den *piamina* (Sühnemitteln) gefragt hatte und Jupiter somit ein Unterpfand verspreche, um das er nicht gebeten worden sei. In ähnlicher Weise bittet Numa hier nun Jupiter um die versprochene Gabe und bekommt ‚zusätzlich' noch die Blitze.
20 Strenggenommen sagt der Erzähler nur „der Gott/ein Gott" (*deus*, 3,369), aus dem Kontext ist aber klar, dass hier Jupiter gemeint sein muss.

Rekonstruktion spiegelt diesen Bruch insofern wider, als keinerlei Motivation auszumachen ist, wieso Jupiter den *ancile*-Schild verspricht und, allgemeiner, wieso dieser überhaupt notwendig ist. Auch aus der Blitzentsühnungs-Geschichte lässt sich kein Hylem extrahieren, das begründen könnte, wozu genau das *ancile* notwendig sein soll. Numa hat Jupiter keineswegs um ein Unterpfand der Herrschaft gebeten, und die *ancilia* stellen auch nicht die Lösung des Blitz-Problems dar. Umso bemerkenswerter ist dann aber, dass auch in der *ancilia*-Geschichte bei Ovid ebenfalls Blitze vorkommen – die eben schon erwähnten. Im Rahmen der *ancilia*-Geschichte wirken die Blitze wie ein Zusatz, der dem Text genretypisches Kolorit verleiht – das Donnern des Zeus kündigt schon in *Ilias* und *Odyssee* bedeutsame Ereignisse an[21]. Im Kontext der gesamten Episode aus Blitzentsühnung und *ancilia*-Geschichte sind diese Blitze aber weitaus mehr als nur ein ‚epischer Paukenschlag'. Sie besitzen eine hohe Signifikanz und verleihen dem Text Komplexität und Sinntiefe. Denn Blitzen ist in diesem Kontext nicht einfach „nur" als Götterzeichen zu verstehen, sondern noch mit einer spezielleren Bedeutung aufgeladen. Denn unerwartetes, häufiges Blitzen stellt (in Verbindung mit Unwettern) gerade das zentrale Problem der zuvor erzählten Blitzentsühnungs-Geschichte dar (3,285-289):

ecce, deum genitor rutilas per nubila flammas / spargit, et effusis aethera siccat aquis. / non alias missi cecidere frequentius ignes: / rex pavet et volgi pectora terror habet.	Sieh da, der Vater der Götter sendet rotes Feuer durch die Wolken, lässt den Regen strömen und darauf den Aether wieder trocken werden; niemals fielen die Blitze häufiger. Der König fürchtet sich, und Schrecken hat das Herz des Volkes erfasst. (ÜS Bömer)

---

[21] Hom. *Il.* 8,170 f (dreimaliges Donnern des Zeus als Siegeszeichen), ähnlich 17,595; mit unserer Stelle vergleichbar auch *Il.* 15,377 mit 379 (Donnern als Reaktion auf ein Gebet, s. hierzu Janko 1992 ad *Il.* 15,377-380), ebenso Verg. *Aen.* 7,141 (hierzu und zu Unterschieden zur *Fasti*-Stelle Horsfall 2000 ad *Aen.* 7,141) sowie 9,360; weiterhin Hom. *Od.* 21,413 (Donnern des Zeus weist auf erfolgreichen Pfeilschuss des Odysseus hin). Eine klare Parallele zu unserer Stelle bietet Verg. *Aen.* 8,520-536, wo u. a. Donnern die Ankunft des Schildes von Aeneas begleitet. Der Aufschrei des Volkes in der *Fasti*-Stelle (3,374) ist typisch für eine „miracle sequence" in den *Fasti* (Littlewood 2002, 192 mit Hinweis auf Ov. *Fast.* 4,321-328).

Diese Art von Blitzen steht in kontrastivem Bezug zur späteren Erscheinungsform in der *ancilia*-Geschichte[22]. Diverse intratextuelle Bezüge verbinden die beiden Textstellen: Die vielen, feuerartigen Blitze (3,287: *non alias ... frequentius ignes*; *ignis* eigtl. „das Feuer") werden überschrieben durch die klar beschränkte Anzahl von drei ‚normalen' *fulgura* (3,369)[23], die zudem als Reaktion auf Numas Bitte auftreten (3,365-369), nicht mehr plötzlich und unerwartet wie zuvor (3,285: *ecce*; 288: *terror*). Ein weiterer kontrastiver Bezug ergibt sich aus den Wolken, die der Erzähler beide Male erwähnt: Zuerst habe Zeus die vielen Blitze „durch die Wolken" gesendet (3,285: *per nubila*), hinterher blitze Zeus „ohne Wolke (am Himmel)" (3,369: *sine nube*).

Wie lässt sich dieser Rückbezug deuten? Der Gott reinterpretiert gleichsam sein vorheriges Handeln, die kommunikativ-rituelle Schieflage erscheint beseitigt. Gegenüber den Mitbürgern wird die Kommunikation zwischen Numa und Jupiter, wie sie bei der vorherigen Verhandlung stattgefunden hat, mit anderen Mitteln reinszeniert und so Numas Mitbürgern die Wahrheit von Numas Bericht bestätigt, während sie sich zuvor zunächst skeptisch gegenüber Numa gezeigt hatten (3,350.355 f; s. auch 351 f.370). Das Blitzen ist in diesem Kontext also gleichsam ein epischer Paukenschlag mit Obertönen[24]. Diese Deutung des Blitzens erlaubt uns eine genauere Bestimmung auch der Rolle des Schildes. Während er in der obigen Hylemanalyse des *Stoffes* des Mythos inhaltlich seltsam ‚unwirksam' erscheint, erscheint er im Rahmen des gesamten *Textes* bei Ovid

---

[22] Eine in diese Richtung gehende Vermutung äußert bereits Ursini 2008, 481 ad Ov. *Fast.* 3,369 f: „non è forse casuale che ciò che all'inizio dell'intero racconto è fonte di terrore per il re e per il popolo, cfr. vv. 287–288, diventi alla fine viceversa segno bene augurante, quasi a sancire nel modo più evidente il nuovo atteggiamento di Giove nei confronti di Numa e di Roma."

[23] Einige Handschriften bieten hier die Lesart *fulmina,* was aber für diese Interpretation der Stelle keinen Unterschied bedeuten würde; nähere Diskussion bei Ursini 2008, 480 f ad Ov. *Fast.* 3,369 f, gegen Bailey 1921 ad locum, der davon ausgeht, dass *fulmina* deswegen nicht stehen könne, weil Jupiter kein *fulmen* senden würde, nachdem er mit Numa dessen Entsühnung verhandelt hatte – ein Argument, dass die Subtilität und Komplexität des ovidischen Textes verkennt, zumal die semantische Scheidung zwischen *fulgur* und *fulmen* nicht klar ist, gerade im poetischen Sprachgebrauch (Ursini 2008, ebd.).

[24] Hinds (1992, 120, Anm. 6) sieht ebenfalls eine Verbindung zwischen Blitzentsühnung und *ancile*. Er weist darauf hin, dass die Episode bei Ovid einen „paradoxical twist" biete. Hinds deutet den Text dahingehend, dass Jupiter entwaffnet werde im Sinne der ‚Entschärfung' seiner Blitze, während Numa dagegen mit dem *ancile* und dann den *ancilia* Waffen erhalte. Folgt man Hinds' Deutung, würde das dreimalige Blitzen dem Leser diese Entschärfung nochmals vor Augen stellen. Siehe auch Murgatroyd 2005, 39 f zu Implikationen der Zusammenstellung dieser Stoffe.

als ein weiteres *Zeichen* für Numas erfolgreiche Kommunikation mit Jupiter, das in Kombination mit den Blitzen die im Text mehrfach herausgestellten Zweifel von Numas Mitbürgern zu beseitigen geeignet erscheint[25]. Der „Zorn Jupiters" (3,290: *ira Iovis*), der sich in den zahlreichen Blitzen manifestiert hatte, scheint in besondere Gewogenheit umgewandelt worden zu sein[26].

Der nächste Teil dieses Beitrags ist Plutarchs und Dionysios' Versionen des ANCILIA-MYTHOS gewidmet; beide Versionen zeigen, dass die Geschichte der *ancilia* offenbar auch ohne Jupiter als sinnvoll angesehen und überliefert wurde; gerade Plutarchs Version verhilft darüber hinaus zu einem tieferen Verständnis des Bruches zwischen Blitzentsühnungs- und *ancilia*-Geschichte bei Ovid.

3 Plutarchs *Vita des Numa* und das *ancile*

Plutarch hat seine Parallelbiographien zwischen ca. 100 und 120 n. Chr. verfasst. Von ursprünglich 23 Viten-Paaren sind 22 erhalten. Der Autor stellt in ihnen jeweils einem bedeutsamen Griechen einen bedeutsamen Römer gegenüber. An die jeweils zwei Biographien schließt sich zumeist ein Vergleich (*synkrisis*) der Dargestellten an; der Biographie des Numa ist die des Lykurg zur Seite gestellt, den die antike Überlieferung als Begründer der Stifter der Gesetze der Spartaner darstellt. Im Proöm der *Numa-Vita* beschreibt Plutarch sein Vorgehen. Er selektiert und referiert aus der Überlieferung über Numa, und unterwirft das Berichtete genauerer Prüfung (*Num.* 1)[27].

Plutarch berichtet die *ancilia*-Geschichte im 13. Kapitel der *Numa-Vita* in indirekter Rede, ganz im Sinne einer distanziert-prüfenden Wiedergabe der Überlieferung. Die Einleitung ähnelt der bei Ovid, denn am Anfang steht ebenfalls das aitiologische Interesse an den Saliern:

---

[25] Porte (1985, 137) sieht eine weitere motivische Verbindung zwischen beiden Geschichten darin, dass Jupiter zuvor vom Himmel herabgekommen sei, ähnlich wie das *ancile*; die oben zitierte Stelle *Fast.* 3,287 ist eine verbale Anspielung auf eine Stelle aus Vergils *Georgica* (1,487 f). Eine davon ausgehende politische Lesart der Stelle bei Littlewood 2002 und Gee 2000, 43 f, summarisch dazu Ursini 2008, 55.

[26] Porte (1985, 134) spricht von einer „bienveillance soudaine et capricieuse".

[27] Hierzu Betz 2007 (insbes. 47). Zu Numa bei Plutarch siehe beispielsweise Stadter 2015, 246-257 oder de Blois/Bons 1992, die den philosophischen Einfluss von Isokrates, Platon und Aristoteles in der *Numa-Vita* nachweisen.

| Τοὺς δὲ Σαλίους ἱερεῖς ἐκ τοιαύτης λέγεται συστήσασθαι προφάσεως. | Das Priestertum der Salier soll Numa aus folgendem Anlass gestiftet haben. (ÜS Ziegler) |

Im Anschluss wird berichtet, dass im achten Jahr von Numas Herrschaft die Pest in Italien und Rom umgegangen sei. Dann sei ein eherner Schild vom Himmel gefallen, und zwar direkt in Numas Arme. Numa wiederum berichtet, Egeria und die Musen hätten ihm gesagt, dass dieser Schild den Erhalt der Stadt garantieren werde; weiterhin müssten zur Sicherheit elf Kopien angefertigt werden. Außerdem müsse der Ort, an dem die Musen oft mit ihm sprächen, zu einem Heiligtum gemacht werden:

| τὸ μὲν γὰρ ὅπλον ἥκειν ἐπὶ σωτηρίᾳ τῆς πόλεως, καὶ δεῖν αὐτὸ φρουρεῖσθαι γενομένων ἄλλων ἕνδεκα καὶ σχῆμα καὶ μέγεθος καὶ μορφὴν ἐκείνῳ παραπλησίων, ὅπως ἄπορον εἴη τῷ κλέπτῃ δι' ὁμοιότητα τοῦ διοπετοῦς ἐπιτυχεῖν· ἔτι δὲ χρῆναι Μούσαις καθιερῶσαι τὸ χωρίον ἐκεῖνο καὶ τοὺς περὶ αὐτὸ λειμῶνας, ὅπου τὰ πολλὰ φοιτῶσαι συνδιατρίβουσιν αὐτῷ. τὴν δὲ πηγὴν ἣ κατάρδει τὸ χωρίον, ὕδωρ ἱερὸν ἀποδεῖξαι ταῖς Ἑστιάσι παρθένοις, ὅπως λαμβάνουσαι καθ' ἡμέραν ἁγνίζωσι καὶ ῥαίνωσι τὸ ἀνάκτορον. | Die Waffe sei heruntergekommen, um der Stadt ihre Erhaltung zu verbürgen, und man müsse sie sicher aufbewahren, indem man elf andere Schilde von ganz gleicher Gestalt und Größe herstellen ließe, damit es wegen der Ähnlichkeit für einen Dieb unmöglich wäre, den vom Himmel gefallenen zu finden. Ferner müsse man den Platz und die darum gelegenen Wiesen, wo die Musen oft hinkämen und mit ihm redeten, ihnen [= den Musen] weihen und den Bach, der den Platz bewässerte, zu einem heiligen Wasser für die Vestalinnen bestimmen, damit sie von dort täglich das Wasser holten, um das Heiligtum zu reinigen und zu besprengen. (ÜS Ziegler) |

An dieser Stelle bemerkt der Erzähler:

| τούτοις μὲν οὖν μαρτυρῆσαι λέγουσι καὶ τὰ τῆς νόσου παραχρῆμα παυσάμενα. | Dass dies so war, wurde, wie es heißt, dadurch bestätigt, dass die Krankheit sofort erlosch. (ÜS Ziegler) |

Bei Plutarch folgt dann auf das Ende der Seuche der Bericht von der Vervielfältigung des Schildes. Mamurius habe die übrigen Handwerker besiegt im Wett-

streit darum, wer die perfekte Kopie des *ancile* herstellen könne. Im Folgenden geht Plutarch auf die Salier als Träger der Schilde ein, auf deren Waffentanz sowie auf mögliche Etymologien von *ancile*. Er schließt, wiederum ähnlich wie Ovid, mit der Information, dass der Name des Mamurius ins Lied der Salier aufgenommen worden sei. Für Plutarchs Version der *ancilia*-Geschichte lässt sich die folgende Hylemsequenz aufstellen:
- Als Numa im 8. Jahr regiert, bricht die Pest in Rom aus.
- Die Menschen fürchten sich.
- Ein eherner Schild fällt vom Himmel in Numas Hände.
- Numa sagt, er habe von Egeria und den Musen gehört, dass die Waffe zur Erhaltung der Stadt gekommen sei und dass elf gleich aussehende Schilde angefertigt werden müssten, damit kein Dieb den vom Himmel gefallenen Schild erkennen könne.
- Numa sagt, der Platz, wo die Musen oft hinkämen und mit ihm sprächen, müsse den Musen geweiht werden und der Bach, der den Platz bewässere, solle von den Vestalinnen genutzt werden, um von dort Wasser zur Reinigung des Heiligtums zu holen.
- Die Pest erlischt.
- (Dazu diverse Hyleme zur Vervielfältigung des Schildes.)

Bei genauerem Hinsehen erscheint der Zeitpunkt, zu dem die Pest in der Sequenz erlischt, etwas überraschend. Das Erlöschen der Pest schließt sich direkt an Numas Rede an. Es ist aber unplausibel, dass die *Rede* ein *Grund* für das Erlöschen der Pest ist; dies wäre vielleicht bei einem Gebet denkbar, nicht aber bei dieser Art von Rede. Vorstellbar wäre natürlich, dass die Einrichtung des Heiligtums, von der Numa spricht, eine Beseitigung der Pest nach sich zieht, als eine quasi-rituelle Reaktion auf eine Pest, die als ein von den Göttern entsandtes Übel angesehen wird. Plutarch würde dann den Zwischenschritt auslassen, in dem berichtet würde, dass das Heiligtum tatsächlich auch errichtet wird, wie Numa es gefordert hatte. Dann müsste man noch ein Hylem der folgenden Art für den Stoffverlauf rekonstruieren:
- Numa und die Römer weihen den Ort, an den Numa oft die Musen trifft, den Musen und bestimmen den dortigen Bach zum heiligen Wasser für die Vestalinnen.

Wenn man von einer Leerstelle ausgeht, hätte die Hylemsequenz die folgende Gestalt (neues Hylem in eckigen Klammern):
- Als Numa im 8. Jahr regiert, bricht die Pest in Rom aus.
- Die Menschen fürchten sich.

- Ein eherner Schild fällt vom Himmel in Numas Hände.
- Numa sagt, er habe von Egeria und den Musen gehört, dass die Waffe zur Erhaltung der Stadt gekommen sei und dass elf gleich aussehende Schilde angefertigt werden müssten, damit kein Dieb den vom Himmel gefallenen Schild erkennen könne.
- Numa sagt, der Platz, wo die Musen oft hinkämen und mit ihm sprächen, müsse den Musen geweiht werden und der Bach, der den Platz bewässere, solle von den Vestalinnen genutzt werden, um von dort Wasser zur Reinigung des Heiligtums zu holen.
- [Numa und die Römer weihen den Ort, an den Numa oft die Musen trifft, den Musen und bestimmen den dortigen Bach zum heiligen Wasser für die Vestalinnen].
- Die Pest erlischt.
- (Dazu diverse Hyleme zur Vervielfältigung des Schildes.)

Dies wäre zwar denkbar, würde aber eine extreme Form von Leerstelle in der Erzählung bedeuten. Denn der Erzähler sagt ja, dass die Seuche „sofort" (παραχρῆμα) geendet habe und so das Gesagte bestätigt worden sei. Wenn wirklich noch das Heiligtum eingerichtet worden sein sollte, wäre zu erwarten gewesen, dass der Erzähler zumindest kurz die Einrichtung des Heiligtums konstatierte („sofort nach Weihung des Platzes erlosch die Seuche") oder eben keine Zeitbestimmung wie „sofort" vornähme. Wenn man dagegen davon ausgeht, dass das Heiligtum erst zu einem späteren Zeitpunkt eingerichtet wird[28], lässt sich das Ende der Pest auf das *ancile* beziehen: Anders als das Heiligtum ist das *ancile* zu diesem Zeitpunkt bereits existent und in Numas ‚Verfügungsgewalt'; als solches ist es bereits ‚wirksam' als Garant für das Heil der Stadt, so dass die Seuche sofort aufhört. Es ließe sich einwenden, dass Letzteres dem Leser ohnehin auf den ersten Blick klar sei und die gerade präsentierte Überlegung den textlichen Sachverhalt unnötig verkompliziere. Doch dann stellt sich die Frage: Wieso hört dann die Pest nicht „sofort" nach *Ankunft* des *ancile* auf, sondern erst „sofort" *nach* Numas Bericht? Diese Frage führt zurück zur Version Ovids.

---

[28] Wie z. B. Rovira Reich (2012, 309 f) im Referat dieser Textpassage.

4 Das *ancile* bei Ovid und bei Plutarch: Gespräche mit Gottheiten

Im Vergleich mit Ovid zeigt sich eine Strukturähnlichkeit, auf die auch schon Lambardi in ihrem Kommentar zur *Numa-Vita* hinweist[29]: Vor Erscheinen des *ancile*-Schildes liegt eine problematische Situation vor, die beim Volk Mutlosigkeit bzw. Furcht auslöst (ἀθυμούντων δὲ τῶν ἀνθρώπων, Plut. *Num.* 13,1; *rex pavet et volgi pectora terror habet*, Ov. *Fast.* 3,288), bei Plutarch die Pest, bei Ovid die Blitze Jupiters. So wie das Ende der Seuche Numas Aussage bei Plutarch nach dieser hier angenommenen Rekonstruktion des Stoffverlaufs bestätigt, ist auch das dreimalige Blitzen bei Ovid dazu geeignet, die Mitbürger von der Wahrheit von Numas Behauptungen zu überzeugen. Weiterhin verfügt Numa bei Ovid wie bei Plutarch exklusiv über die Information, dass das *ancile* als Unterpfand der Herrschaft dienen wird, und in beiden Fällen hat er diese von einer göttlichen Instanz erhalten, bei Ovid von Jupiter, bei Plutarch von Egeria und den Musen.

Wenn man den *Inhalt* von Numas *Bericht* in die Hylemanalyse einbezieht, zeigt sich eine weitere Ähnlichkeit beider Versionen. So ließe sich noch ein Hylem ausmachen, das etwa lauten würde:
– Egeria und die Musen sagen zu Numa, dass der eherne Schild zur Erhaltung der Stadt gekommen sei.

Oder auch:
– Egeria und die Musen sagen zu Numa, dass *ein* eherner Schild zur Erhaltung der Stadt *kommen werde*.

Eine exakte Formulierung und eindeutige Einordnung dieses Hylems ist nicht möglich. Es geht aus Plutarchs Text nämlich nicht genau hervor, zu welchem Zeitpunkt diese Unterhaltung stattgefunden hat. So wird erzählt, der Schild sei Numa in die Hände gefallen, und direkt im Anschluss hieran folgt schon die Wiedergabe von Numas Bericht über Egeria und die Musen:

ἀθυμούντων δὲ τῶν ἀνθρώπων ἱστορεῖται χαλκῆν πέλτην ἐξ οὐρανοῦ κα-	Da nun die Menschen sehr mutlos waren, fiel ein eherner Schild, so wird

---

[29] Lambardi 2015 ad Plut. *Num.* 15 (= Desideri et al. 2015, 520, Anm. 153): „[...] in una cornice analoga di timore popolare suscitato in quel caso da una pestilenza, mentre per Ovidio si tratta di non sopiti timori del fulmine [...]." Ähnlich Ursini 2008, 48 f.

ταφερομένην εἰς τὰς Νομᾶ πεσεῖν χεῖ-
ρας. ἐπὶ δὲ αὐτῇ θαυμάσιόν τινα λόγον
λέγεσθαι ὑπὸ τοῦ βασιλέως, ὃν Ἠγε-
ρίας τε καὶ τῶν Μουσῶν πυθέσθαι.

berichtet, vom Himmel herunter gerade Numa in die Arme. Über diesen erzählte der König eine wunderbare Geschichte, die er von Egeria und den Musen gehört haben wollte. (ÜS Ziegler)

Mehrere Einordnungen des Hylems „Egeria und die Musen sagen zu Numa..." sind denkbar. So könnte bei Plutarch zwischen dem Auffangen des Schildes und Numas Bericht eine Leerstelle vorliegen. Numa könnte *nach* dem Auffangen des Schildes Egeria und die Musen um Rat gefragt haben, um dann zurückzukehren und seinen Mitbürgern zu berichten. Der entsprechende Abschnitt der Hylemsequenz würde dann lauten (neue Hyleme in eckigen Klammern):

- Als Numa im 8. Jahr regiert, bricht die Pest in Rom aus.
- Die Menschen fürchten sich.
- Ein eherner Schild fällt vom Himmel in Numas Hände.
- [Numa geht an den Ort, wo er sich oft mit den Musen trifft.]
- [Numa fragt Egeria und die Musen, was es mit dem ehernen Schild auf sich hat.]
- [Egeria und die Musen sagen zu Numa, dass der eherne Schild zur Erhaltung der Stadt gekommen sei usw.]
- [Numa geht zur Stadt.]
- Numa sagt, er habe von Egeria und den Musen gehört, dass die Waffe zur Erhaltung der Stadt gekommen sei.
- Usw.

Wenn man nicht von einer so markanten Leerstelle ausgehen will, ließe sich das Hylem auch noch früher in die Sequenz einordnen. So wäre denkbar, dass Egeria und die Musen Numa die Ankunft des ehernen Schildes in einem Gespräch *ankündigen*. Dieses Gespräch wiederum könnte vor oder nach Ausbruch der Pest stattgefunden haben. Setzt man es nach dem Ausbruch der Pest an, ergäbe sich hierdurch ein passender Anlass: Numa könnte das Gespräch mit Egeria und den Musen suchen, *weil* er sich von ihnen Rat und Hilfe zur Beseitigung der Seuche erwartet. Es ergäbe sich die folgende neue Hylemsequenz, bei der das Hylem des Gesprächs mit den Musen in der zweiten oben vorgeschlagenen Formulierung erscheint:

- Als Numa im 8. Jahr regiert, bricht die Pest in Rom aus.
- [Numa geht an den Ort, wo er sich oft mit den Musen trifft.]
- [Numa fragt Egeria und die Musen um Rat.]

- Egeria und die Musen sagen zu Numa, dass *ein* eherner Schild zur Erhaltung der Stadt *kommen werde* und dass elf gleich aussehende Schilde angefertigt werden müssten, damit kein Dieb den vom Himmel gefallenen Schild erkennen könne[30].
- [Numa geht zur Stadt.]
- Ein eherner Schild fällt vom Himmel in Numas Hände.
- Numa sagt, er habe von Egeria und den Musen gehört, dass die Waffe zur Erhaltung der Stadt gekommen sei.
- Numa sagt (außerdem), der Platz, wo die Musen oft hinkämen und mit ihm sprächen, müsse den Musen geweiht werden und der Bach, der den Platz bewässere, solle von den Vestalinnen genutzt werden, um von dort Wasser zur Reinigung des Heiligtums zu holen.
- Die Pest erlischt sofort (als Bestätigung der Rede Numas bzw. der Ankündigung der Musen).
- [Numa und die Römer weihen den Ort, an den Numa oft die Musen trifft, den Musen und bestimmen den dortigen Bach zum heiligen Wasser für die Vestalinnen.]
- (Diverse Hyleme zur Vervielfältigung des Schildes.)

In dieser Version also kündigt Egeria Numa die Ankunft des Schildes an, nach der Ankunft des Schildes erzählt Numa dem Volk vom Gespräch mit Egeria, dann erlischt die Pest, schließlich wird als Dankesreaktion der Tempel errichtet. Diese Version der Hylemsequenz offenbart einige bisher nicht hinreichend registrierte Parallelen mit der Episode bei Ovid, allerdings nicht (nur) mit dem *ancilia*-Teil, sondern mit der vorherigen Geschichte um Jupiter Elicius. In beiden Geschichten sucht Numa wegen des problematischen Naturphänomens (unkon-

---

[30] Der Text des griechischen Originals scheint dieser Formulierung des Hylems zunächst entgegenzustehen: So wird in der indirekten Rede *kein* Infinitiv Futur eines Verbes der Bewegung verwendet, sondern vielmehr das präsentische Verb ἥκειν, das Perfektbedeutung hat („ich bin gekommen", als Resultat im Sinne des altgriechischen Perfekts: „ich bin da"), als hätten Egeria und die Musen über den schon vorhandenen Schild gesprochen. Man könnte argumentieren, dass Numa hätte sagen müssen: „es werde ein eherner Schild kommen", wenn er ein Gespräch *vor* Ankunft des ehernen Schildes referiert hätte. Doch Numa könnte an dieser Stelle auch nur die von ihm ‚extrahierten' Informationen verwerten (ὃν Ἡγερίας τε καὶ τῶν Μουσῶν πυθέσθαι – πυθέσθαι zu πυνθάνεσθαι „vernehmen, etw. durch jemanden erfahren", Pape s. v. πυνθάνομαι; LSJ s. v.: „learn, weather by hearsay or by inquiry"), die er aus dem Gespräch mit Egeria und den Musen gewonnen hat, ohne das Gespräch im Wortlaut in indirekter Rede wiederzugeben. Alternativ ließe sich argumentieren, dass Numa hier „perfektiv" spricht, weil die Ankunft des Schildes, die die Musen angekündigt hatten, zum Zeitpunkt seines Berichtes ja schon abgeschlossen und der Schild für die Zuhörer vorhanden ist.

trollierte Unwetter mit Blitzen – Pest), Rat bei Egeria (und den Musen). In der *Fasti*-Stelle rät Egeria, Picus und Faunus aufzusuchen (Ov. *Fast.* 3,289-293), von denen Numa dann der Weg zu Jupiter führt:

cui dea 'ne nimium terrere! piabile fulmen / est', ait 'et saevi flectitur ira Iovis. / sed poterunt ritum Picus Faunusque piandi / tradere, Romani numen utrumque soli. / nec sine vi tradent: adhibe tu vincula captis!'	(Da) spricht die Göttin zu ihm: „Lass dich nicht zu sehr erschrecken! Einen Blitz kann man entsühnen; auch der Zorn des grimmigen Jupiter ist abzuwenden. Den Sühneritus aber können Picus und Faunus nennen, beides Gottheiten des römischen Gefildes. Allerdings werden sie ihn nicht ohne Gewalt nennen: Fang sie und leg sie in Fesseln!" (ÜS Bömer)

Der Ankündigung Jupiters bei Ovid, er werde ein Unterpfand des Reiches schicken (*imperii pignora certa dabo*, 3,346, s. o.), entspräche wiederum in der hier vorgestellten Hylemsequenz die Ankündigung des Schildes durch Egeria und die Musen[31]. Das Gespräch des Numa mit Egeria, das sich in der Rekonstruktion der Hylemsequenz bei Plutarch zeigt, erweist sich als stark verknappte Kombination der zwei Gespräche (einmal mit Egeria, einmal mit Jupiter) bei Ovid[32]. Der wesentliche Unterschied zwischen der Version Ovids und der des Plutarch (egal in welcher Rekonstruktion der Hylemsequenz) bleibt natürlich die Entsühnungsverhandlung. Bei Ovid ist das Problem der Blitze eigentlich schon mit Abschluss der Verhandlung gelöst und die ‚gezähmten' Blitze gehen der Ankunft des *ancile* unmittelbar voraus, wohingegen bei Plutarch die Pest *nach* Ankunft des *ancile* aufhört[33].

---

31 Zu Numas ‚Abhängigkeit' von Egeria in den *Fasti* siehe Chiu 2016, 103-105; zu Numa und Egeria bei Plutarch Stadter 2015, 249.
32 Ursini (2008, 367 ad Ov. *Fast.* 289 f) hat nur die Blitzentsühnungsgeschichte bei Plutarch als Vergleichspunkt im Blick und sieht daher die Parallele nicht: „il particolare del consiglio iniziale di Egeria [...] non si trova in Plutarco (cfr. *Num.* 15,3–5), dove pure il racconto dell'episodio segue immediatamente quello di un (immaginario) incontro di Numa con la ninfa (15,2)."
33 Porte 1985, 135: Da Ovid die beiden eigentlich unabhängigen Geschichten von Jupiter Elicius und den *ancilia* habe verknüpfen wollen, sei er gezwungen gewesen, die Pest als ursprüngliche Ursache für die Ankunft des *ancile* zu unterdrücken („[...] ce qui l'oblige d'abord à supprimer la peste [...]"). Ovids *ancilia*-Episode hat möglicherweise wie Plutarchs Version als gemeinsame Quelle Varro (Fox 2015, 183; Pasco-Pranger 2002, 297.304-312); für die *Numa-Vita*

Die Hylemanalyse verhilft hier zu einem klareren Bild der Gemeinsamkeiten und Unterschiede der Mythos-Varianten bei Ovid und Plutarch. Die Version des Dionysios von Halikarnass unterscheidet sich in Umfang und Inhalt deutlich von den beiden vorherigen. Sie soll im Folgenden diskutiert werden.

5 Das *ancile* im Palast: Dionysios von Halikarnass

Dionysios berichtet die Geschichte des *ancile*-Schildes im 71. Kapitel des 2. Buches seiner *Antiquitates Romanae*. Das erste der insgesamt 20 Bücher „Römische (Früh-)Geschichte" erscheint im Jahre 7 v. Chr. Dionysios beginnt mit den mythischen Ursprüngen Roms und führt sein Werk bis zum 1. Punischen Krieg. Vor der für uns relevanten Stelle in Buch 2 hat Dionysios bereits verschiedene religiöse Institutionen der Römer beschrieben, ab dem 70. Kapitel wendet er sich dann der Priesterschaft der Salier zu. Mit dem distanzierenden Blick des Historikers gibt Dionysios die gesamte Geschichte in indirekter Rede wieder:

Ἐν δὲ ταῖς πέλταις, ἃς οἵ τε σάλιοι φοροῦσι καὶ ἃς ὑπηρέται τινὲς αὐτῶν ἠρτημένας ἀπὸ κανόνων κομίζουσι, πολλαῖς πάνυ οὔσαις μίαν εἶναι λέγουσι διοπετῆ, εὑρεθῆναι δ' αὐτήν φασιν ἐν τοῖς βασιλείοις τοῖς Νόμα, μηδενὸς ἀνθρώπων εἰσενέγκαντος μηδ' ἐγνωσμένου πρότερον ἐν Ἰταλοῖς τοιούτου σχήματος, ἐξ ὧν ἀμφοτέρων ὑπολαβεῖν Ῥωμαίους θεόπεμπτον εἶναι τὸ ὅπλον.	Unter der sehr großen Zahl von Schilden, die die *Salier* tragen und die einige ihrer Helfer an Stangen aufgehängt befördern, soll einer vom Himmel gefallen und in den Palastanlagen des Nomas gefunden worden sein; kein Mensch habe diesen hineingetragen und eine solche Form sei in Italien zuvor unbekannt gewesen. Aufgrund dieser beiden Tatsachen nähmen die Römer an, der Rüstungsgegenstand sei von einem Gott gesandt worden. (ÜS Wiater).

---

ist über weite Strecken Dionysios von Halikarnass die wichtigste Quelle (de Blois/Bons 1992, 168; siehe ferner Piccirilli 1980).

Die Aussage, dass einer der elf Schilde vom Himmel gekommen sei (μίαν εἶναι λέγουσι διοπετῆ), kann als Zusammenfassung des Folgenden verstanden werden[34].

Für die Stoffanalyse im Sinne C. Zgolls kann hier die Distanzierung des Historikers ausgeblendet werden: Bei Dionysios ist auch noch die Deutung der von ihm referierten Römer, der Schild sei gottgesandt, in indirekter Rede formuliert. Unabhängig davon, dass der Stoff im Text als ‚reiner' Glaubensinhalt präsentiert wird, lässt sich folgende Hylemsequenz ermitteln:

- Ein Gott/mehrere Götter lassen einen Schild vom Himmel fallen.
- NN (ein Römer?) findet den (nicht von Menschenhand hineingetragenen) Schild in Numas Palast.
- Die Römer kennen die Form des Schildes nicht.
- (Diverse weitere Hyleme zur Vervielfältigung des *ancile*.)

Wie bei Ovid und bei Plutarch fällt auch hier das *ancile* vom Himmel. Bei Dionysios allerdings wird der Schild im Palast Numas gefunden, während bei Ovid Numa den Schild aufhebt und bei Plutarch der Schild in Numas Hände fällt. Im Folgenden wird bei Dionysios noch berichtet, dass Numa wünscht, der Schild solle an heiligen Festtagen durch die Stadt getragen werden und außerdem

---

34 Die Interpunktion der Ausgabe von Jacoby ist hier m. E. irritierend. Nach διοπετῆ sollte ein stärkerer Einschnitt als das Komma stehen. Der Gedankengang wäre etwa: Ein Schild wird im Palast gefunden – niemand hat diesen Schild dorthin gebracht – niemand kennt die Form dieses Schildes – daher: der Schild ist vom Himmel gefallen und ist (somit) von den Göttern gesandt. Wenn man annähme, dass μίαν εἶναι λέγουσι διοπετῆ auf der genau gleichen logischen Ebene angesiedelt wäre, würde zunächst die himmlische Herkunft konstatiert und erst im Anschluss daran begründet, wieso die Römer glaubten, der Schild sei von den Göttern gesandt worden. Der Hinweis, keiner der Menschen habe den Schild in den Palast hineingetragen (μηδενὸς ἀνθρώπων εἰσενέγκαντος), erschiene dann in einer seltsamen Mittelstellung. Wenn man das annähme, wäre die Information überflüssig. Denn ein Schild, der vom Himmel stammt, kann selbstverständlich nicht von Menschenhand in den Palast gebracht worden sein. Auch als Zwischenschritt scheint diese Information überflüssig: Wenn man ohnehin von der himmlischen Herkunft überzeugt wäre, läge es sehr nahe, die göttliche Herkunft qua himmlischer Herkunft zu begründen und nicht einen Rückschritt zu machen und darauf hinzuweisen, dass niemand den Schild in den Palast getragen habe.
Die Übersetzung von Cary/Foster verunklärt meines Erachtens ebenfalls durch Interpunktion und Wortwahl den Text: „they say there is one that fell from heaven and was found in the palace of Numa, though no one had brought it thither and no buckler of that shape had ever before been known among the Italians; and that for both these reasons the Romans concluded etc." Das konzessive „though" ist logisch schief, da es nur den Gegengrund zu „was found in the palace of Numa" angibt, nicht aber zu „that fell from heaven", wenngleich beide Teile durch „and" verbunden werden.

jährliche Opfer erhalten. Auch bei Dionysios sieht Numa die Notwendigkeit, Kopien des Schildes herzustellen (deren Zahl nicht spezifiziert wird), auch hier übernimmt Mamurius diese Aufgabe. Die drei eben diskutierten Textstellen sind die Hauptquellen für den ANCILIA-MYTHOS. Ziehen wir nun Bilanz.

6 Resümee: Zeichendeutung und Kommunikation mit den Göttern im *ANCILIA*-MYTHOS

Allen drei ausführlichen Schilderungen des ANCILIA-MYTHOS (Dionysios von Halikarnass, Ovid, Plutarch) ist die Zuordnung zu Numa gemeinsam, die jeweils nochmals räumlich konkretisiert wird. Bei Dionysios von Halikarnass wird der Schild im Palast des Numa gefunden, bei Ovid befindet sich das Volk offenbar an der Schwelle des Palastes, es sitzt Numa auf seinem Thron, um dann den Schild in seine Hände zu nehmen[35]. Bei Plutarch ist zwar keine Rede vom Palast des Numa, dafür landet der Schild aber an einem denkbar markanten Ort, und zwar direkt in den Armen Numas. Sowohl bei Ovid als auch bei Plutarch findet sich weiterhin das Motiv, dass das von Numa Gesagte einer Verifikation bedarf, die dann auch eindrucksvoll stattfindet, einmal endet die Pest, zum anderen blitzt Jupiter und es kommt der Schild herab.

Plutarch wie Ovid markieren in unterschiedlicher Weise die Unglaubwürdigkeit der Geschichte von Numa[36]; bezeichnenderweise bittet Numa bei Ovid, als die Zeit für die Übergabe des versprochenen Geschenkes da ist, um die *fides* (ÜS Bömer: „Bestätigung"), die Jupiter seinen Worten folgen lasse möge (3,365 f)[37].

---

[35] Littlewood (2002, 187) geht davon aus, dass Ovid in *Fast.* 3,375 klanglich und inhaltlich anspielt auf Verg. *Aen.* 8,731: Wie Numa das *ancile* vom Boden aufhebt (*tollit humo*), nimmt Aeneas den von Venus gesandten Schild auf seine Schultern (*attollens umero*).
[36] Ausführliche Thematisierung der Zweifel und Ungläubigkeit der Mitbürger in *Fast.* 3,349-356; s. auch 3,370, vgl. Ursini 2008, 48 f (mit Verweis auf Plut. *Num.* 15,2, wo das Motiv der Ungläubigkeit noch stärker ausgebaut ist, daneben Liv. 1,18,6-10, Plut. *Num.* 7,3-7); Ovid baut das Motiv der Bestätigung auch insofern weiter aus, als er Numa Jupiters Worte gegenüber dem Volk nahezu exakt wiederholen lässt und hier gerade *nicht* die zu erwartende poetische *variatio* anwendet: 3,345 f: *sed tibi, protulerit cum totum crastinus orbem / Cynthius, imperii pignora certa dabo*; 3,353 f: *protulerit terris cum totum Cynthius orbem, / Iuppiter imperii pignora certa dabit*; bei Plutarch (*Num.* 13): ἐπὶ δὲ αὐτῇ θαυμάσιόν τινα λόγον („wunderbare Geschichte") λέγεσθαι ὑπὸ τοῦ βασιλέως.
[37] Korrespondierend dazu die Reaktion auf Numas Bericht von der Unterredung mit Jupiter: *tarda venit dictis difficilisque fides* (3,350: „nur spät und widerwillig schenkte man seinen

Bei Dionysios lässt sich das ‚Motiv der Verifikation' in Ansätzen ebenfalls ausmachen, wo im vergleichsweise kurzen Bericht von der Ankunft des Schildes immerhin noch explizit – und im Verhältnis zum insgesamt kurzen Bericht ausführlich – erklärt wird, niemand habe den Schild in den Palast gebracht und niemand in Italien dessen Form gekannt[38].

Dies weist auf ein wesentliches Moment des ANCILIA-MYTHOS hin. Denn es ähneln sich die Stoffvarianten von Plutarch und Ovid strukturell in bemerkenswerter Weise, wie die Hylemanalyse deutlich vor Augen stellt: Das positive Resultat, das sich mit dem *ancile* verbindet (Pestende bei Plutarch, dreimaliges Blitzen als Bändigung von Jupiters Blitz in der ovidischen Konstruktion), tritt jeweils erst dann auf, *nachdem* Numa gesprochen hat – das heißt bei Ovid: nach der Anrufung Jupiters und nach seinen vorherigen Aussagen, dieser werde ein Unterpfand schicken, bei Plutarch: nach der Verkündung dessen, was Numa von Egeria gehört haben will. Gerade in Plutarchs Version wäre es auch denkbar gewesen, dass zunächst nach Ankunft des Schildes die Pest aufhört und Numa dann in einer nachgetragenen Deutung den Zusammenhang zwischen Pestende und Schilden herstellt, indem er die Ereignisse auf das bezieht, was ihm Egeria und die Musen zuvor erzählt hatten. Da aber Numas Geschichte *vor* dem göttlichen Zeichen liegt, gewinnen seine Worte prophetischen Status und das Ende der Pest wird entsprechend als eine Bestätigung für Numas Worte charakterisiert (μαρτυρῆσαι, Plut. *Num.* 13)[39]. Hierzu fügt sich passend die poetologische

---

Worten Glauben", ÜS Bömer), vgl. auch die nochmalige Erwähnung der *fides* in 3,356. Littlewood (2002, 192) vermutet, die Ungläubigkeit der Römer gegenüber Numa könnte auch eine Anspielung darauf sein, dass Numa dem Dius Fidus einen Tempel geweiht haben soll (mit Hinweis u. a. auf Liv. 1,21,4; Dion. Hal. 2,75,3; Plut. *Num.* 16). Siehe weiterhin Šterbenc Erker 2015, 343: Die Blitzensühnungs-Verhandlung zwischen Numa und Jupiter bei Ovid solle „den Ursprung der auguralen Lehre und der Autorität erklären, die die Magistrate daraus schöpften". Anders als Ovids Zeitgenossen verfüge Numa *vor* dem Zusammentreffen mit Jupiter noch nicht über das nötige „Spezialistenwissen" um die Blitze zu sühnen. Die besondere Autorität und Glaubwürdigkeit von Numa, die sich im Zusammenhang mit der Ankunft des *ancile* zeigt, ließe sich vor dem Hintergrund von dieser Deutung als eine thematisch-motivische Verbindung zur vorherigen Entsühnungsverhandlung verstehen.

38 Ursini 2008, 49) weist noch auf eine andere Stelle hin: Dion. Hal. *Ant.* 2,60,5.

39 τούτοις μὲν οὖν μαρτυρῆσαι λέγουσι καὶ τὰ τῆς νόσου παραχρῆμα παυσάμενα: Die Übersetzung von Ziegler („Dass dies so war, wurde, wie es heißt, dadurch bestätigt, dass die Krankheit sofort erlosch") ist sicherlich so möglich, denn τούτοις könnte im Neutrum Plural stehen und auf die von Numa berichteten Sachverhalte weisen; man könnte aber auch an ein Maskulinum Plural mit zu ergänzendem λόγοις denken, die Übersetzung lautete dann „Man erzählt, dass in der Folge diese Worte auch dadurch eine Bestätigung erhielten, dass die Krankheit sofort erlosch".

Funktionalisierung Numas bei Ovid, auf die verschiedene Interpreten hinweisen[40].

Das Auftauchen des *ancile*-Schildes hat – bei Plutarch: auch, bei Ovid: ausschließlich – in erster Linie eine beglaubigend-bestätigende Funktion: Numa hat tatsächlich einen ‚besonderen Draht' zu den Göttern, die sich im Zusammenhang mit dem *ancile* als den Römern besonders gewogen zeigen[41]. In einem früheren Kapitel der *Numa-Vita* referiert Plutarch, Numa verfüge über besonderes, göttliches Wissen, das aus dessen Verbindung mit Egeria resultiere[42], und kurz nach der *ancilia*-Episode wird er konstatieren, dass die Bürger so „blind" an Numa geglaubt hätten, „dass sie selbst die fabelhaftesten Geschichten für wahr nahmen"[43]. Bei Ovid ist Numas besondere kommunikative Verbindung mit den Göttern dann weiter ausgestaltet durch die Verbindung mit der Jupiter-Elicius-Geschichte, die den König in nochmals sehr viel direkterer Kommunikation mit dem obersten Gott präsentiert.

---

40 So z. B. Barchiesi 1997, 111 über *Fast.* 3,259-392: „Numa is presented […] as a sort of forerunner of Ovid himself." Siehe auch Garani 2014, 134-143 und oben Anm. 7.
41 Hieran ließe sich Stoks Deutung der ovidischen *ancilia*-Geschichte als alternativer RÖMISCHER GRÜNDUNGSMYTHOS anschließen: „utilizzando per la vicenda dell'*ancile* lo sfondo della scena enniana, Ovidio sembra fare dell'investitura concessa a Numa da Giove una sorta di rifondazione di Roma, non segnata dal sangue del fratricidio. L'espropriazione di Marte, a quale Ovidio sottrae sostanzialmente un culto di sua competenza, è pienamente funzionale a questa operazione." (Stok 2004, 79).
42 Plut. *Num.* 4: … Ἠγερίᾳ δαίμονι συνὼν ἐρώσῃ καὶ συνδιαιτώμενος, εὐδαίμων ἀνὴρ καὶ τὰ θεῖα πεπνυμένος γέγονεν. „… durch die Liebe und das innige Zusammenleben mit Egeria ein glückseliger, mit göttlichem Wissen erfüllter Mann geworden sei." In *Num.* 8 berichtet Plutarch dann, Numa habe von „Götterzeichen, von seltsamen Geistererscheinungen und drohenden Stimmen" berichtet, um das Volk mittels Aberglaubens in seinem Sinne zu manipulieren. Zu den philosophischen Aspekten des restlichen 4. Kapitels (und zu Kapitel 8) siehe Durán López 1990; zu Numas Beziehung zu den Göttern bei Plutarch Stadter 2015, 249 f.
43 *Num.* 15: Ἐκ δὲ τῆς τοιαύτης παιδαγωγίας πρὸς τὸ θεῖον οὕτως ἡ πόλις ἐγεγόνει χειροήθης καὶ κατατεθαμβημένη τὴν τοῦ Νομᾶ δύναμιν, ὥστε μύθοις ἐοικότας τὴν ἀτοπίαν λόγους παραδέχεσθαι, καὶ νομίζειν μηδὲν ἄπιστον εἶναι μηδὲ ἀμήχανον ἐκείνου βουληθέντος. Diese Stelle leitet eigentlich hin auf den folgenden Textteil, der drei „Wundergeschichten" schildert (davon eine die Unterredung mit Jupiter), kann aber zugleich auch auf den vorherigen Text bezogen werden.

7 Appendix: *ancile* vs. *ancilia*

Die drei bis hierhin näher diskutierten Quellen gehen davon aus, dass ein Schild vom Himmel gefallen und dann vervielfältigt worden sei. Einige andere Quellen bezeugen abweichend davon eine Version, nach der alle Schilde vom Himmel gekommen sind. Auf Basis der Annahme einer Version des Mythos, in der alle *ancilia* vom Himmel kommen, sind in der Forschung zum Teil weitreichende Hypothesen vorgetragen worden[44]. Als wie gesichert sollte man diese Version ansehen?

Habel nennt in seinem RE-Artikel von 1894 vier prominente Stellen, von denen vor allem zwei die Version, alle *ancilia*-Schilde seien vom Himmel gefallen, bezeugen sollen[45]. Die erste Stelle findet sich im *Bürgerkriegs-Epos* des Dichters Lucan aus neronischer Zeit. Der dort geschilderte Sturm hat eine solche Kraft, dass er die Waffen der Kämpfer in ferne Länder trägt, wo sie niederfallen und bei den dortigen Bewohnern den falschen Eindruck erzeugen, sie seien von Göttern gesandt worden (Lucan. 9,471-480):

galeas et scuta uirorum / pilaque contorsit uiolento spiritus actu / intentusque tulit magni per inania caeli / illud in extrema forsan longeque remota / prodigium tellure fuit, delapsaque caelo / arma timent gentes hominumque erepta lacertis / a superis demissa putant. sic illa profecto / sacrifico cecidere Numae, quae lecta iuuentus / patri-

Mit ungestümer Wucht wirbelt der Wind Helme, Schilde und Spieße der Männer umher und trägt sie mit Kraft durch des weiten Himmels Leere. Dies ward vielleicht in einem entfernten, abgelegenen Land zum Wunderzeichen: Völker erschrecken über Waffen, die vom Himmel fallen, und wähnen, dass, was aus Menschenarmen

---

[44] Eine Deutungsrichtung geht davon aus, dass die Vervielfältigung der Schilde durch Mamurius eine Modifikation darstellt, die erst zur Zeit des Augustus aufgekommen sei, so etwa Bremmer 1993, 165: „In short our conclusion must be that Plutarch's extensive and detailed description concerning the connection of Numa with the priesthood of the Salii can hardly be described as an age-old Roman tradition. It is the final product of an imaginative process, which probably started with Ennius and received an extra stimulus in the early years of Augustus' reign"; ablehnend dazu beispielsweise Habinek 2005, 11 f. Bremmers Argumentation ist im Kontext des vorliegenden Bandes auch insofern von Interesse, als er darauf hinweist, dass ein zentraler Aspekt des ANCILIA-MYTHOS sein Vorbild in der mythischen Tradition zum griechischen Palladion haben könnte, namentlich die Vervielfältigung der Schilde: Bremmer 1993, 161 mit Anm. 16, Hinweis auf Dion. Hal. 1,69 = *Iliupersis* fr. dub. Davies = *Ilii Excidium* fr. 1 Bernabé. Zum Palladion siehe Beitrag C. Zgoll, *Vom Himmel gefallen*, im vorliegenden Band.
[45] Eine Übersicht einschlägiger Quellen bei Aigner Foresti 1993, 159-161.

cia ceruice mouet: spoliauerat Auster / aut Boreas populos ancilia nostra ferentes.

entrissen, von den Himmlischen herabgesandt wurde. So fielen bestimmt auch damals vor des Opferers Numa Füße, was ausgewählte Patrizierjugend am Nacken herumträgt: Südwind oder Nordwind haben Völker beraubt, welche unsere Ancilia trugen. (ÜS Wick)

Der Dichter bedient sich hier des Verfahrens der Mythenrationalisierung[46]. Winde, nicht die Götter, sind verantwortlich dafür, dass die *ancilia* nach Rom gelangen. Rhetorisch versiert lässt der Dichter den Erzähler darauf hinweisen, dass es offen sei, welcher Wind nun genau die *ancilia* herangeweht hat, ob *Boreas* oder *Auster*, so dass die eigentliche Frage, ob ein Wind überhaupt zu einem solchen Transport in der Lage ist, in den Hintergrund tritt[47]. Die Tatsache, dass hier eine Rationalisierung des Mythos vorgenommen wird, wirft im Sinne der Erschließung eines historisch gewachsenen mythischen Stoffes die Frage auf, mit wie viel Konstruktion seitens des Dichters wir hier zu rechnen haben: Denkbar ist, dass der Mythenrationalisierung Mamurius sozusagen gleich mit zum Opfer gefallen ist; denkbar weiterhin, dass Lucan an dieser Stelle vor allem um eine möglichst starke Parallelisierung bemüht ist, und zwar zwischen den – vielen – Waffen im Sturm, den – mehreren – konkret-haptischen *ancilia* (also nicht denen im Mythos, sondern jenen, die die Zeitgenossen in den Händen der Salier sehen konnten: *quae lecta iuuentus / patricia ceruice mouet*) und den – logischerweise auch zahlreichen – *ancilia* in den Händen der Völker, die sie vorher getragen haben. Das Problem, ob ein Sturm mehrere Objekte oder nur eines zu Numa wirbelt, wird also um der genannten Rationalisierung willen (vermutlich bewusst) offengelassen. Es wäre deshalb problematisch, allein auf Grundlage der explizit *historisierend-rationalisierenden* Lucan-Stelle eine Version des *Mythos* anzunehmen, in der alle *ancilia* und nicht nur das eine *ancile* vom Himmel kommen.

In anderer Weise ließen sich zwei weitere Stellen problematisieren, die eine Version belegen sollen, nach der alle *ancilia* vom Himmel gefallen sind. So ist beim Dichter Statius (1. Jh. n. Chr.) in dessen *Silvae* von den „von Wolken er-

---

46 Seewald 2008 ad Lucan. 9,474-480 / 477-480; Wick 2004 ad Lucan. 9,474-480.
47 Seewald 2008 ad Lucan. 9,479 f.

zeugten" (*nubigenas*, von *nubigena*) Schilden die Rede[48], und in der *Römischen Geschichte* des Livius von den „himmlischen" (*caelestia*, von *caelestis*) Waffen[49]. An beiden Stellen ist m. E. nicht notwendigerweise davon auszugehen, dass gemeint ist, alle *ancilia* seien vom Himmel herabgekommen. Es wäre auch denkbar, dass die kopierten Schilde insofern von den Wolken/vom Himmel stammen, als sie alle dem Bauplan des einen, tatsächlich himmlischen folgen und sich dessen ‚himmlisches Wesen' gleichsam auf sie übertragen hat[50]. Gestützt wird dies noch durch eine Stelle in den *Fasti*, die oben bereits diskutiert wurde: In seiner Einleitung der *ancilia*-Geschichte lässt Ovid seinen Erzähler

---

48 Stat. *Silv.* 5,2,130 f: *qui tibi iam tenero permisit plaudere collo / nubigenas clipeos intactaque caedibus arma.*

49 *caelestiaque arma, quae ancilia appellantur, ferre ac per urbem ire canentes carmina cum tripudiis sollemnique saltatu iussit.* (Liv. 1,20,4). Da *arma* ein Pluralwort ist, könnte man eigentlich schon deshalb die Livius-Stelle als echte Belegstelle für eine abweichende Mythenversion in Frage stellen, allerdings scheint der Relativsatz doch auf eine Mehrzahl hinzudeuten, da hier der Plural *ancilia* verwendet wird (zu dem es ja auch den Singular *ancile* gibt). Die Stelle spiegelt eher die kultische Realität der Saliertänze mit den vielen *ancilia* als die mythische Erzählung von der Herabkunft des einen *ancile* wider.

50 Das Adjektiv *nubigena* wird von Statius noch in einem anderen Fall in ähnlicher Weise verwendet (*Theb.* 1,365: *nubigenas e montibus amnes*: Bergflüsse, die während eines Unwetters anschwellen: Gibson 2006 ad Stat. *Silv.* 5,2,131). An den allermeisten anderen Belegstellen (auch bei Statius: *Theb.* 5,263) bezieht es sich auf die mythischen Kentauren, deren Stammvater Kentauros ist, welcher wiederum von Ixion und der Wolke Nephele gezeugt wurde (Kentauren als *nubigenae* z. B. in Verg. *Aen.* 7,674; Ov. *met.* 12,211; Phrixus ist *nubigena* als Sohn des Athamas und der Nephele in Colum. 10,155; zu Ixion, Nephele und Kentauros: Pind. *P.* 2,21-48; Diod. 4,70). Analog ließe sich auch das auf die *ancilia* (bzw. *clipei*) bezogene *nubigenae* in der Statius-Stelle verstehen: Ein *ancile* ist tatsächlich „im Himmel gezeugt" worden, von ihm stammen dann wiederum die anderen Schilde ab und werden ebenfalls als *nubigenae* bezeichnet – ganz so wie die Kentauren vom Wolken-Sohn Kentauros abstammen. Dies schließt natürlich nicht aus, dass es auch anders verstanden werden kann, aber ein eindeutiger Beleg für eine Version, in der alle *ancilia* vom Himmel kommen, ist die Stelle nicht. Ursini (2008, 325 ad Ov. *Fast.* 3,259 f) weist hin auf 2,383 (*caelestia semina*) und 3,42 (*caelesti pondere*), wo es um die „himmlische" Abstammung von Romulus und Remus als Söhne des Mars geht.

Habinek (2005, 9-11) geht von einer „collective expression" aus (10) und nimmt weniger zwei echt verschiedene Mythenversionen an, sondern geht vielmehr von einer Inkonsistenz innerhalb des Mythos aus, die er im Sinne ritueller und gesellschaftlicher Relevanz deutet. Siehe auch Bremmer (1993, 163), der auf ein anderes Priesterkollegium verweist, bei dem ein ähnliches Phänomen vorliegt: Bei den Arvalbrüdern galt einer der Priester als direkter Nachfahre des Romulus, ohne dass Klarheit darüber bestand, wer es sei – „Consequently, the status of the Brethren as a whole must have been high, but no individual *frater* could consider himself the direct descendant of Romulus."

auch nach *caelestia arma* fragen (3,259 f, s. o.)⁵¹. Es hat für Ovid anscheinend kein Problem bedeutet, von *caelestia arma* zu sprechen, obwohl hinterher in der ausführlichen Erzählung nur ein Schild vom Himmel kommt⁵².

Eine ‚belastbarere' Stelle findet sich im fünften Buch der Römischen Geschichte des Livius, in der M. Furius Camillus vor der Volksversammlung eine Rede hält, um zu verhindern, dass die Römer in die Stad Veji übersiedeln. Camillus schließt seine Rede mit dem Hinweis darauf, dass das „Glück", das sich mit dem Ort Rom verbinde, nicht einfach transferiert werden könne (Liv. 5,54,6). Als Beleg führt er diverse sakrale Institutionen an, darunter auch die *ancilia* (Liv. 5,54,7):

hic Vestae ignes, hic ancilia caelo demissa, hic omnes propitii manentibus uobis di.	Hier ist das Feuer der Vesta, hier sind die Schilde, die vom Himmel gefallen sind, hier die Götter alle, die euch gnädig sind, wenn ihr bleibt. (ÜS Hillen)

Diese Stelle scheint im Vergleich zur Lucan-Stelle ‚unverdächtiger', was die literarische Konstruktion angeht, und das Partizip Perfekt Passiv *demissa* impliziert klar eine Bewegung vom Himmel zur Erde (zu *demittere*, „herabschicken; herabgehen lassen, herabfallen lassen"). Ähnlich verhält es sich mit einer Stelle aus Vergils *Aeneis*, wo der von Vulkan kunstvoll ausgestaltete Schild beschrieben wird, den Venus dem Aeneas überreicht (8,663-665):

---

51 Auch hier ließe sich ähnlich argumentieren wie im Falle der Livius-Stelle, auch hier steht das Pluralwort *arma*, auch hier ist aber klar, dass eine Mehrzahl von Waffen gemeint ist, wie *quae ... / ferant Salii* (3,259 f) klar macht: Die Salier tragen nicht nur einen Schild gemeinsam, sondern eben jeder einen. Auch hier bezieht sich also der Plural eher auf das kultische Jetzt als auf das mythische Einst.

52 Hiergegen wiederum ließe sich einwenden, dass Ovid hier möglicherweise auf eine andere Version der Geschichte anspielt und die Inkonsistenz bestehen lässt, wie es auch an anderer Stelle in den *Fasti* der Fall ist (hierzu Ursini 2008, 34, Anm. 81; Stok 2004, 72). Gegen diese Hypothese spricht aber, dass eine gezielte Anspielung auf eine alternative Mythenversion vermutlich deutlicher formuliert wäre und im Folgenden noch eine Relevanz hätte. Vielmehr scheint es der Kontext nahezulegen, von den Waffen im Plural zu sprechen, da es um die *ancilia* geht, die von den Saliern im Kult getragen werden, und diese liegen eben in der Mehrzahl vor, ähnlich wie bei Livius die Schilde nun einmal alle *ancilia* genannt werden; ähnlich Ursini 2008, 325 ad Ov. *Fast.* 3,259 f.

> hic exsultantis Salios nudosque Lupercos / lanigerosque apices et lapsa ancilia caelo / extuderat.

> Hier hatte er tanzende Salier und nackte Luperker, Kappen mit wollener Spitze und die vom Himmel gefallenen Schilde im Relief dargestellt. (ÜS Binder)

Die beiden zuletzt zitierten Stellen legen zumindest nahe, eine Version des Mythos anzunehmen, in der alle *ancilia* vom Himmel herabgekommen sind. Doch auch sie ließen sich zumindest problematisieren, da sie summarisch – und ähnlich zu den anderen hier diskutierten Stellen – vor allem die spätere kultische Realität in den Blick nehmen könnten. Es ist durchaus denkbar, dass hier der Mythos vom einen himmlischen Schild, der dann erst vervielfältigt wird, gleichsam komprimiert wird, in Camillus' Rede bei Livius aus rhetorischen, in der Schildbeschreibung bei Vergil aus poetischen Gründen[53]. Man sollte sicherlich nicht so weit gehen, die These zu vertreten, es sei unmöglich, diese Version des Mythos aus den beiden zuletzt genannten Textstellen zu rekonstruieren. Es sei aber darauf hingewiesen, dass insgesamt nur wenige der üblicherweise zitierten Stellen als Beleg für eine solche Version dienen können und dass diese nicht unhinterfragt herangezogen werden sollten.

8 Literaturverzeichnis

Aigner-Foresti, L., 1993, Oggetti di profezia politica: Gli ancilia del collegium Saliorum, in: Sordi, M. (Hg.), La profezia nel mondo antico, Contributi dell'Istituto di Storia Antica 19, Milano, 159-168.

Bailey, C., 1921, P. Ovidi Nasonis Fastorum Liber III. Edited with introduction and commentary, Oxford.

Barchiesi, A., 1997, The Poet and the Prince. Ovid and Augustan Discourse, Berkeley u. a.

Bayard, L., 1945, Le chant des Saliens. Essai de restitution, Mélanges de Science Religieuse 2, 45-58.

Bernabé Pajares, A., 1987, Poetarvm epicorvm Graecorvm testimonia et fragmenta, Leipzig u. a.

Betz, H. D., 2007, Credibility and Credulity in Plutarch's Life of Numa Pompilius, in: Aune, D. E./Young, R. D. (Hg.), Reading Religions in the Ancient World. Essays Presented to Rob-

---

[53] Camillus hatte bereits zuvor die *ancilia* im Plural erwähnt, verbunden mit dem Possesivpronomen: *Quid de ancilibus vestris, Mars Gradive tuque, Quirine pater?* („Warum [soll ich sprechen] über eure *ancilia*, oh Mars Gradivus und du, Vater Quirinus?" Liv. 5,52,7) und kommt dann später, an der hier diskutierten Stelle, wieder im Plural auf sie zu sprechen.

ert McQueen Grant on his 90th Birthday, Supplements to Novum Testamentum 125, Leiden/Boston, 39-55.
Bloch, R., 1960, The Origins of Rome, Revised and Expanded Version, translated by M. Shenfield (franz. Orig.: Les origines de Rome, Paris 1959).
Blois, L. de/Bons, J. A. E., 1992, Platonic Philosophy and Iscocratean Virtues in Plutarch's Numa, Ancient Society 23, 159-188.
Bömer, F., 1957, P. Ovidius Naso, Die Fasten, Bd. 1: Einleitung, Text und Übersetzung, Heidelberg.
Bömer, F., 1958, P. Ovidius Naso, Die Fasten, Bd. 2: Kommentar, Heidelberg.
Borgna, E., 1993, „Ancile" e „arma ancilia". Osservazioni sullo scudo dei Salii, Ostraka 2/1, 9-42.
Bremmer, J. N., 1993, Three Roman Aetiological Myths, in: Graf, F. (Hg.), Colloquium Rauricum, Bd. 3: Mythos in mythenloser Gesellschaft. Das Paradigma Roms, Stuttgart/Leipzig, 158-174.
Buchmann, G., 1912, *De Numae regis Romanorum fabula*, Diss. Leipzig.
Cary, E./Foster, H. B., 1914, Dio's Roman History. With an English Translation, Vol. 1: Books I-XI, Cambridge, Mass. u. a.
Chiu, A., 2016, Ovid's Women of the Year. Narratives of Roman Identity in the *Fasti*, Ann Arbor, Michigan.
Colonna, G., 1991, Gli scudi bilobati dell'Italia centrale e l'ancile dei Salii, Archeologia classica 43/1, 55-122.
Davies, M., 1988, Epicorum Graecorum fragmenta, Göttingen.
Deremetz, A., 2013, Numa in Augustan Poetry, in: Farrell, J./Nelis, D. P. (Hg.), Augustan Poetry and the Roman Republic, Oxford.
Desideri, P. et al., 2015, Plutarco, Vite Parallele. Licurgo, Numa. Introduzione, traduzione e note, 3. Aufl., Mailand.
Durán López, M. de los A., 1990, El Platonismo de Plutarco en la *Vida de Numa*, in: Pérez Jimenez, A./del Cerro Calderán, G. (Hg.), Estudios sobre Plutarco: Obra y tradición. Actas del I symposion español sobre Plutarco, Malaga, 21-26.
Foster, H. B. siehe Cary, E.
Fox, M., 2015, Plutarch's Numa and the Rhetoric of Aetiology, in: Ash, R./Mossman, J./Titchener, F. B. (Hg.), Fame and Infamy. Essays for Christopher Pelling on Characterization in Greek and Roman Biography and Historiography, Oxford, 177-192.
Garani, M., 2014, The Figure of Numa in Ovid's *Fasti*, in: Garani, M./Konstan, D. (Hg.), The Philosophizing Muse. The Influence of Greek Philosophy on Roman Poetry, Newcastle-upon-Tyne, 128-160.
Gee, E., 2000, Ovid, Aratus and Augustus. Astronomy in Ovid's *Fasti*. Cambridge.
Gibson, B. J., 2006, Statius, Silvae 5. Edited with Introduction, Translation, and Commentary. Oxford.
Graf, F., 1996, Ancile, DNP 1, 679 f.
Gross, K., 1935, Die Unterpfänder der römischen Herrschaft, Berlin.
Guilhembet, J.-P., 2017, Le point de vue de Plutarque: les *Vies* de Romulus et de Numa, in: Itgenshorst, T./Le Doze, P. (Hg.), La norme sous la République romaine et le Haut-Empire romains. Élaboration, diffusion et contournements, Scripta Antiqua 96, Bordeaux, 153-170.
Habel, P., 1894, *ancile*, RE I,2, 2112 f.

Habinek, T., 2005, The world of Roman song. From ritualized speech to social order, Baltimore, Md. u. a.
Heinzel, E., 1996, Über den Ursprung der Salier, in: Blakolmer, F. (Hg.), Fremde Zeiten. Festschrift für Jürgen Borchhardt zum sechzigsten Geburtstag am 25. Februar 1996 dargebracht von Kollegen, Schülern und Freunden, Bd. 2, Wien, 197-212.
Helbig, M. W., 1906, Sur les attributs des Saliens, in: Extrait des Mémoires de l'Académie des Inscriptions et Belles-lettres 37, 205-276.
Hillen, H. J., 2007, T. Livius, Römische Geschichte. Lateinisch und deutsch, Bd. 2: Buch IV-VI, 3. Aufl., Düsseldorf u. a.
Hinds, S., 1992, *arma* in Ovid's *Fasti* Part 1: Genre and Mannerism / *arma* in Ovid's *Fasti* Part 2: Genre, Romulean Rome and Augustan Ideology, in: Arethusa 25, 81-153.
Horsfall, N., 2000, Virgil, Aeneid 7. A Commentary. Leiden u. a.
Jacoby, K., 1885, Dionysii Halicarnasei Antiqvitatvm Romanarvm qvae svpersvnt, Vol. 1, Stuttgart (Ndr. d. 1. Aufl. Leipzig 1967).
Janko, R., 1992, The Iliad: A commentary, Vol. 4: Books 13-16, Cambridge.
Labate, M., 2005, Tempo delle origini e tempo della storia in Ovidio, in: Schwindt, J. P. (Hg.), La représentation du temps dans la poésie augustéenne – Zur Poetik der Zeit in der augusteischen Dichtung, Heidelberg, 177-201.
Linderski, J., 2001, *Salii* [2], DNP 10, 1249-1251.
Littlewood, R. J., 2002, Imperii pignora certa: The Role of Numa in Ovid's *Fasti*, in: Herbert-Brown, G. (Hg.), Ovid's *Fasti*. Historical Readings at Its Bimillennium, Oxford, 175-197.
Merli, E., 2000, *Arma canant alii*. Materia epica e narrazione elegiaca nei fasti di Ovidio, Firenze.
Murgatroyd, P., 2005, Mythical and Legendary Narrative in Ovid's *Fasti*, Mnemosyne Supplement 263, Leiden/Boston.
Neraudau, P., 1979, La jeunesse dans la littérature et les institutions de la Rome républicaine, Paris.
Pasco-Pranger, M., 2002, A Varronian vatic Numa?: Ovid's *Fasti* and Plutarch's *Life of Numa*, in: Levene, D. S./Nelis, D. P. (Hg.), Clio and the Poets: Augustan Poetry and the Traditions of Ancient Historiography, Mnemosyne Supplement 224, Leiden, 291-312.
Piccirilli, L., 1980, Cronologia Relativa e Fonti delle *Vitae Lycurgi et Numae* di Plutarco, in: Fontana, M. J. (Hg.), Philias charin. Miscellanea di Studi Classci in onore di Eugenio Manni, Tomo V, Rom, 1751-1764.
Porte, D., 1985, L'étiologie religieuse dans les *Fastes* d'Ovide, Paris.
Rovira Reich, R., 2012, La educación política en la antigüedad clásica: el enfoque sapiencial de Plutarco, Scriptorum mediaevalium et renascentium 7, Madrid.
Santini, C., 2004, *Ancile, arma ancilia*: forma ed etimologia nei *Fasti* di Ovidio, in: Amado Rodríguez, M. T. et al. (Hg.), *iucundi acti labores*. Estudios en homenaje a Dulce Estefanía Álvarez, Santiago de Compostela, 406-412.
Schäfer, T., 1980, Zur Ikonographie der Salier, in: Jahrbuch des Deutschen Archäologischen Instituts 95, 342-373.
Scheid, J., 1992, Myth, Cult and Reality in Ovid's *Fasti*, in: Proceedings of the Cambridge Philological Society 38, 118-131.
Seewald, M., 2008, Studien zum 9. Buch von Lucans Bellum Civile. Mit einem Kommentar zu den Versen 1–733, Göttinger Forum für Altertumswissenschaft N. F. 2, Berlin u. a.
Skutsch, O., 1985, The Annals of Q. Ennius. Edited with Introduction and Commentary, Oxford.
Stadter, P., 2015, Plutarch and His Roman Readers, Oxford.

Šterbenc Erker, D., 2015, Der Religionsstifter Numa im Gespräch mit Jupiter: Menschenbild in der römischen Religion, in: Ego, B./Mittmann, U. (Hg.), Evil and Death. Conceptions of the Human in Biblical, Early Jewish, Greco-Roman and Egyptian Literature, Berlin/Boston, 335-353.

Stok, F., 2004, Lo spettacolo degli *ancilia*, in: Landolfi, L. (Hg.), *Nunc teritur nostris area maior equis*. Riflessioni sull' intertestualità ovidiana. I Fasti, Palermo, 69-79.

Ursini, F., 2008, Ovidio, Fasti, 3. Commento filologico e critico-interpretativo ai vv. 1–516, Fregene (RM).

Warmington, E. H., 1961, Remains of old Latin, Vol. 1: Ennius and Caecilius, rev. and reprinted, London u. a (1. Aufl. Cambridge, Mass. 1935).

Wiater, N., 2014, Dionysius von Halikarnass, Römische Frühgeschichte. Eingeleitet, übersetzt und kommentiert, Bd. 1: Bücher 1 bis 3, Stuttgart.

Wick, C., 2004, M. Annaeus Lucanus, Bellum civile, liber IX. Einleitung, Text und Übersetzung, Beiträge zur Altertumskunde 201, München u. a.

Wick, C., 2004, M. Annaeus Lucanus, Bellum civile, liber IX. Kommentar, Beiträge zur Altertumskunde 202, München u. a.

Wiseman, T. P., 1998, Roman Drama and Roman History, Exeter.

Wissowa, G., 1912, Religion und Kultus der Römer, Handbuch der klassischen Altertums-Wissenschaft in systematischer Darstellung, Bd. 5, Abt. 4, 2. Aufl., München (1. Aufl. 1902).

Zgoll, C., 2019, Tractatus mythologicus. Theorie und Methodik zur Erforschung von Mythen als Grundlegung einer allgemeinen, transmedialen und komparatistischen Stoffwissenschaft, Mythological Studies 1 (https://doi.org/10.1515/9783110541588), Berlin/Boston.

Ziegler, K., 1979, Plutarch, Große Griechen und Römer. Aus dem Griechischen übertragen, eingeleitet und erläutert, München.

Teil 4: **Komparative Auswertungsbeiträge**

Brit Kärger
Ausgangs- und Zielpunkte des Transfers vom Himmel in antiken Mythen

Abstract: In the various written sources that are known to us, the *sky* is named in a variety of ways, generally as *heaven* or as *inner heaven*, as the *ziggurat of heaven* or as *ether*. However, in many cases where beings or objects emanate from the heavenly sphere, their point of departure is implied by the context rather than stated explicitly. Their destination is usually the earth. Where more specific information is given, something quite fundamental becomes evident: these destination places are not random locations (or persons); they typically play a central role in their respective cultures.

1 Ausgangspunkte

Wie bereits der Titel des Sammelbandes deutlich macht, sind Wissenschaftler*innen verschiedener Sprach- und Kulturwissenschaften der Frage nachgegangen, was nach den Vorstellungen der antiken Kulturen im Vorderen Orient (Sumerer, Ägypter, Babylonier, Assyrer) und im Mittelmeerraum (Griechen, Römer) aus dem Himmel gelangt. Was aber heißt Himmel? Alle in dem vorliegenden Band untersuchten Kulturen kennen einen allgemeinen Terminus für *Himmel*. Des Weiteren verwenden die antiken Schreiber manchmal spezielle Termini, die bestimmte Bereiche des Himmels genauer benennen. So haben beispielsweise sowohl die altorientalischen als auch die griechisch-römischen Kulturen Ausdrücke für das *Himmelsinnere* bzw. die *Mitte des Himmels* (vgl. Beiträge Jäger, C. Zgoll, *Göttergaben und Götterstürze* und Zomer) oder den *höchsten Teil* bzw. *Höhepunkt des Himmels* (vgl. Beiträge von Alvensleben und Zomer). Daneben existieren auch kulturspezifische Termini, wie z. B. das *Himmelsfundament* im Sumerischen (vgl. Beiträge Kärger und A. Zgoll, *Wie der erste Tempel auf die Erde kommt*), die *Zikkurat des Himmels* oder die *Vorderseite des Himmels* im Akkadischen (vgl. Beitrag Zomer) oder der *Äther* im Griechischen und Lateinischen (vgl. Beiträge Alvensleben, Theißen, und C. Zgoll, *Göttergaben und Götterstürze*).

Nicht immer sind der Himmel oder einzelne Bereiche des Himmels explizit genannt; häufig können sie aber aus dem Kontext erschlossen werden, wie im

---

∂ Open Access. © 2021 Brit Kärger, publiziert von De Gruyter. [CC BY] Dieses Werk ist lizenziert unter der Creative Commons Attribution 4.0 International Lizenz.
https://doi.org/10.1515/9783110743005-013

Falle der Entzündung des Feuers an der Sonne durch Prometheus bei Servius Honoratus (vgl. Beitrag Alvensleben) oder bei den „von Wolken gezeugten" Schilden, die sich bei Statius finden (vgl. Beitrag Jäger). Im Einzelfall kann es mitunter schwierig sein, die Herkunft aus dem Himmel abzuleiten, wie C. Zgoll in seinem Beitrag *Göttergaben und Götterstürze* im Zusammenhang mit der Deutung von Himmel und Olymp oder auch Alvensleben im Hinblick auf die verschiedenen Möglichkeiten der Herkunft des Feuers deutlich gemacht haben.

Eine Parallele zwischen ägyptischen und sumerischen Vorstellungen zeigt sich hinsichtlich der Materie des Himmels. In beiden Kulturen wird der Himmel als ein Ozean vorgestellt, auf dem Schiffe dahinfahren, wie z. B. die Sonnenbarke des ägyptischen Sonnengottes oder Himmelsschiffe, welche verschiedene mesopotamische Götter, aber auch Tempel (wie das Himmelshaus E-ana, vgl. Beitrag A. Zgoll, *Wie der erste Tempel auf die Erde kommt*), benutzen können. Gleichwohl existieren in Mesopotamien im 1. Jt. v. Chr. auch Vorstellungen von einem mit Edelsteinen ausgelegten Himmel, die nach Horowitz[1] möglicherweise als farbgebend für den Himmel angesehen wurden. In den untersuchten Überlieferungen in diesem Band ist diese Vorstellung jedoch nicht bezeugt, dafür aber im Bereich der griechischen Kultur eine ähnliche Vorstellung vom Himmel, der von außen ehern und innen mit einem goldenen Boden versehen ist (vgl. Beitrag C. Zgoll, *Göttergaben und Götterstürze*).

Der Tatsache, dass sowohl Götter und andere numinose Wesen als auch weltkonstituierende, sinnstiftende, aber auch zerstörerische Dinge und Mächte aus dem Himmel gelangen, liegt die Vorstellung zugrunde, dass in allen hier untersuchten Kulturen der Himmel eine wichtige kosmische Sphäre der Götter darstellt. Aus dieser Sphäre können die Götter selbst heraustreten. Und sie können von dort Gutes, aber auch Übel auf die Erde gelangen lassen (vgl. Auswertungsbeitrag A. Zgoll, *Wer oder was vom Himmel kommt*). Gleichwohl ist der Himmel jedoch nicht die einzige Sphäre, aus der die Götter heraus wirken: In allen untersuchten Kulturen betrifft dies die Unterwelt; in Mesopotamien kann ferner der Abzu genannt werden, der unterirdische Süßwasserozean; in Griechenland ist der Olymp, der nicht immer mit dem Himmel gleichgesetzt ist, Wohn- und Wirkungsstätte der Götter (vgl. Beiträge Theißen und C. Zgoll, *Göttergaben und Götterstürze*).

---

[1] Horowitz, W., 1998, Mesopotamian Cosmic Geography, Mesopotamian Civilizations 8, Winona Lake, hier insb. 3 f und 243.

2 Zielpunkte

Im Hinblick auf die Zielpunkte der aus dem Himmel gelangenden Entitäten lässt sich zunächst ganz allgemein festhalten, dass selten der Zielpunkt Erde explizit genannt wird. So etwas findet sich z. B. für den Himmel im ägyptischen Werk *Kampf um den Panzer des Inaros* (vgl. Beitrag Naether) sowie von der Dämonin Lamaštu ausgesagt in einer altassyrischen *Beschwörung* aus Kültepe (vgl. Beitrag Zomer): Himmel bzw. Dämonin werden hier explizit auf die Erde geworfen. Im Fall des Himmelshauses E-ana, das die Göttin Innana aus dem Himmel bringt, zeigt sich der besondere Fall, dass durch diesen ersten Tempel überhaupt erst Sumer und die Erde ins Sein treten (vgl. Beitrag A. Zgoll, *Wie der erste Tempel auf die Erde kommt*). – Wo der Zielpunkt nicht eigens angegeben ist, kann er aber unter Berücksichtigung des Kontextes, vor allem aufgrund von Angaben zu Orten, Räumen oder Personengruppen etc. in vielen Fällen plausibel erschlossen werden.

Beispiele für konkrete lokale Verortungen finden sich z. B. in der *Sumerischen Königsliste* (vgl. Beitrag Gabriel), nach der das Königtum, nachdem es aus dem Himmel gelangt ist, die Städte Eridu bzw. Kiš erreicht, im ANCILIA-MYTHOS (vgl. Beitrag Jäger), in welchem der Schild (*ancile*) vor dem römischen König Numa auf den Boden segelt (Ovids *Fasti*), oder in der Überlieferung des Apollodoros, nach der das Palladion an die Stätte des späteren Ilion/Troia fällt (vgl. Beitrag C. Zgoll, *Vom Himmel gefallen*). Auch beim Kommen des Himmelshauses im sumerischen Text *an gal karede* ist eine Stadt mitzudenken, nämlich die Stadt Uruk, deren Haupttempel E-ana, also „Himmelshaus" heißt (vgl. Beitrag A. Zgoll, *Wie der erste Tempel auf die Erde kommt*). Die genannten Städte sind dabei nicht nur im Kontext ihres jeweiligen Erzählstoffes herausragend wichtig, sondern sie sind überhaupt bedeutende Zentren ihrer jeweiligen Zeit. In den mesopotamischen Kulturen sind es vor allem die frühen sumerischen Metropolen: Uruk (vgl. Beitrag A. Zgoll, *Wie der erste Tempel auf die Erde kommt*), Kiš, sowie das in der SINTFLUTMYTHOS-Tradition prominente Eridu (vgl. Beitrag Gabriel). Zwar gehört Ilion/Toia nicht zu den Hauptzentren des griechischen Kernlands, jedoch spielt die Stadt eine wichtige Rolle im Kontext der griechischen Geschichte (vgl. Beitrag C. Zgoll, *Vom Himmel gefallen*). Schließlich empfängt der mythische Herrscher Numa nach der römischen Überlieferung in keiner anderen Stadt als Rom das *ancile* aus dem Himmel (vgl. Beitrag Jäger). Das Textmaterial macht deutlich: Die Zielpunkte sind in ihrer Zeit Zentren der antiken Welt, keine abgelegenen Nebenschauplätze.

Noch konkreter werden die Texte bisweilen, wenn es z. B. in den sumerischen *Tempelhymnen* (Z. 533 f) heißt, dass die Göttin Nisaba die göttlichen Machtmittel (m e) ihrem Tempel in Ereš hinzufügt (vgl. Beitrag Kärger), sich nach dem *Papyrus Rylands 9* der ägyptische Gott Amun in seine Kultbilder auf Erden begibt, so wie Götter überhaupt vom Himmel in ihre Tempel oder Schreine kommen, oder wenn im *Zweiten Setna-Roman* in der Thronhalle des Pharaos mit Regen aus dem Himmel ein Feuer gelöscht wird. Ziel einer göttlichen „Sendung" kann ägyptischen Texten zufolge jeder Ort sein, wo sich wichtiges Geschehen abspielt, z. B ein Tempel, eine Thronhalle oder ein Schlachtfeld (vgl. Beitrag Naether).

Aber auch andere topographische Ziele wie Berggipfel, Inseln, das Meer und bestimmte Regionen werden in den verschiedensten Überlieferungen genannt. Berggipfel, z. B. der Berg Ida, auf den Zeus herabfährt; bestimmte Regionen, wie nach der Überlieferung Herodots das Land der Skythen, in welches aus dem Himmel verschiedene Dinge gesandt werden; sowie das Meer, in das beispielsweise die Göttin Asterië unfreiwillig stürzt, finden sich in erster Linie in den griechischen Überlieferungen (vgl. Beitrag C. Zgoll, *Göttergaben und Götterstürze*). Inseln als Zielpunkte von aus dem Himmel herausgekommenen Entitäten finden sich sowohl in der ägyptischen als auch in der griechischen Tradition, z. B. Lemnos, auf die nach einer Tradition Hephaistos geworfen wird (vgl. Beiträge Theißen und C. Zgoll, *Göttergaben und Götterstürze*), oder eine einsame Insel, auf der durch einen herabfallenden Stern die Nachkommen der Schlange getötet werden (vgl. Beitrag Naether); in einem besonderen Fall entsteht durch den Himmelstransfer eine Insel erst, nämlich die Insel Delos aus dem Meeresturz der Asterië durch Zeus (vgl. Beitrag C. Zgoll, *Göttergaben und Götterstürze*).

Neben Ortsangaben finden sich häufig hochrangige Persönlichkeiten als Ziel eines Transfers aus dem Himmel. So kommt beispielsweise das Königtum aus dem Himmel zu den Herrschern Ur-Namma oder Sulgi (vgl. Beitrag Gabriel), beides mesopotamische Könige im 21. Jh. v. Chr.; das Kultbild Palladion wird von einem Urkönig, entweder Ilos oder Dardanos, in Empfang genommen (Beitrag C. Zgoll, *Vom Himmel gefallen*); der *ancile*-Schild gelangt zum zweiten mythischen König nach Romulus, Numa, der besonders für die Kommunikation mit den Göttern geeignet erscheint und prophetischen Charakter trägt (vgl. Beitrag Jäger). Sowohl Ur-Namma und Sulgi als auch Ilos, Dardanos oder Numa stehen an der Spitze der Gesellschaft, wodurch deutlich wird, dass es bei den geschilderten Transfers aus dem Himmel um etwas geht, was als bedeutsam für die gesamte Gesellschaft und ihre Existenz angesehen wird. Aber nicht nur mit der Nennung von Eliten ist die Wichtigkeit des Transfers aus dem Himmel unverkennbar, sondern überhaupt scheint das, was die Menschen aus dem Himmel erreicht, für deren Existenz von grundlegender Bedeutung zu sein, wie sich z. B. in verschiedenen stofflichen Varianten des Mythos PROMETHEUS BRINGT DEN MENSCHEN DAS FEUER zeigt (vgl. Beitrag von Alvensleben und Auswertungsbeitrag A. Zgoll/ C. Zgoll, *Lugalbandas Königtum und das Feuer des Prometheus*). Aus einem anderen Blickwinkel betrachtet, implizieren selbst die in den akkadischen Beschwörungen vorkommenden Krankheiten (vgl. Beitrag Zomer), die dämonengestaltig die Menschen ereilen, etwas Grundlegendes: Aus dem Himmel kommen auf die Erde nicht nur die wesentlichen guten Mächte, die Gottheiten, und was zu ihnen gehört, wie ihre Machmittel; aus dem Himmel kommen auch die bösen Mächte, die nicht als Gottheiten, aber doch als numinose Mächte (daher modern als „Dämonen" bezeichnet) erfahren werden (vgl. Auswertungsbeitrag A. Zgoll, *Wer oder was vom Himmel kommt*). Mit dieser Vorstellung korreliert eine lebenspraktisch wesentliche Auswirkung: Diesen bösartigen Dämonen kann der Mensch durch Rituale entgegenwirken (vgl. Beitrag Zomer). Der Zielpunkt dieser bedrohlichen Mächte wird in den akkadischen Quellen nicht genannt, da es sich aber um Beschwörungen handelt, die sich im Krankheitsfall eines Menschen gegen die jeweilige Krankheit bzw. den Dämon richten, sind die auf Erden wohnenden Menschen auch zweifelsohne als Zielpunkte gemeint.

Neben Erzählungen über Transfers mit dem Zielpunkt Erde zeigen vor allem die sumerischen und ägyptischen Texte, dass Gottheiten und andere numinose Wesen aus dem Himmel agieren, ohne die Himmelssphären zu verlassen. In diesem Kontext sind zum einen die visuellen Erscheinungen von Göttern als Himmelsgestirne zu erwähnen, zum anderen auch auditive Phänomene, wie das Brüllen des mesopotamischen Wettergottes Iškur und des Sturmes oder das Donnern des ägyptischen Sonnengottes Amun (vgl. Beiträge Kärger und Naether).

Annette Zgoll
Wer oder was vom Himmel kommt

Abstract: Numinous beings and other important entities descend or are transferred from heaven to earth. They include deities and images of gods, godlike rulers, and demonic powers. Gods make rain and similar "celestial phenomena" and even celestial bodies fall. Gods bring temples and their cities down from heaven, as well as cult objects and cultural assets; they bring rulership, justice, and order from heaven to earth. The present contribution attempts to categorize these entities from an emic perspective; this will also lead to the discovery of new approaches to ancient perceptions of the world.

1 Götter, Götterbilder und numinose Mächte inkl. „Naturphänomene"

1.1 Götter und andere numinose Mächte, freiwilliges und unfreiwilliges Herabkommen

In allen untersuchten antiken Kulturen gibt es Aussagen darüber, dass Gottheiten und numinose Wesen wie dämonische Mächte oder der vernichtende Sturm[1] oder auch vergöttlichte Menschen wie der sumerische Herrscher En-merkara oder der vergöttlichte weise Ägypter Imhotep[2] vom Himmel herabkommen. Gottheiten kommen teils aus eigenem Antrieb oder sie werden aus dem Himmel geschickt wie Götterboten (Hermes, Iris) oder Schutzgottheiten (mesopotamisch: Töchter Anus, auch Lamassu-Götter genannt[3]); manche werden auch gegen ihren Willen gezwungen, den Himmel zu verlassen (mesopotamisch: Lamaštu; griechisch: Ate, Eros, Hephaistos etc.). Auch Teile von Göttern wie deren eiserne Knochen kommen vom Himmel (das ägyptische bi3-n-p.t „Eisen vom Himmel" bezeichnet dabei „Meteorit-Eisen" bzw. Hämatit[4]). Das „Himmelsglied", das abgeschnittene

---

[1] Vgl. Beiträge Kärger, Naether und Zomer.
[2] Vgl. Beiträge Kärger und Naether.
[3] Vgl. Beitrag Zomer, Abschnitt 3.1.1 und 6.1.
[4] Vgl. Beitrag Naether.

Glied des Himmelsgottes Uranos, fällt nach griechischen Mythen ins Meer und bringt dann weitere numinose Mächte wie die Göttin Aphrodite hervor[5].

1.2 Götterbilder

Während man in Ägypten erzählt, dass Götter vom Himmel kommen und in ihren auf der Erde befindlichen Statuen einwohnen[6], können griechischen Mythen zufolge Götterbilder direkt aus dem Himmel fallen[7]. Wenn das Götterbild auf der Erde angelangt ist, kann es dort von herrschender Stadt zu herrschender Stadt wandern[8] und legitimiert so die jeweilige Stadt (analog zum Königtum, das nach mesopotamischen Quellen von Stadt zu Stadt „wandert"[9]). Götter können aber auch aus dem Himmelsinneren kommen, um am Himmel sichtbar oder hörbar zu werden; in solchen Fällen dringt ihre Sichtbarkeit oder Hörbarkeit in andere kosmische Räume[10].

1.3 Böse numinose Mächte

Aus dem Himmel kommen nicht nur positive Mächte. Das ist ein Ergebnis der verschiedenen Studien des vorliegenden Bandes, das nicht so offensichtlich auf der Hand liegt, da in antiken Kulturen die Vorstellung, dass böse Mächte aus der Unterwelt kommen, verbreiteter ist als die, dass sie vom Himmel stammen. Zu solchen bösen Entitäten gehören etwa üble dämonische Wesen[11] und vernichtender Sturm[12] oder sintflutartiger Regen[13]. Sie bringen Leid zu den Menschen in Form von Hunger, Seuchen, Unfruchtbarkeit, Niedergang, Niederlage, Untergang. So findet man z. B. die Schilderung, dass Himmelskörper wie Sterne vom

---

5 Vgl. Beitrag C. Zgoll, *Göttergaben und Götterstürze*, Abschnitt 2.7.
6 Vgl. Beitrag Naether, Abschnitt 5.1.
7 Vgl. Beitrag C. Zgoll, *Göttergaben und Götterstürze*, Abschnitt 3.1.
8 Vgl. Beitrag C. Zgoll, *Vom Himmel gefallen*, Abschnitt 1; s. auch Auswertungsbeitrag A. Zgoll/ C. Zgoll, Abschnitt 3.1.2.
9 Vgl. Beitrag Gabriel, Abschnitt 4.3.
10 Vgl. Beitrag Kärger, Abschnitt 4.2.4.1 und 4.3.2.
11 Vgl. Beiträge Naether, Abschnitt 4 und Zomer, Abschnitt 2.
12 Vgl. Beitrag Kärger, Abschnitt 4.2.4.2, sub C.
13 Vgl. Beitrag C. Zgoll, *Göttergaben und Götterstürze*, Abschnitt 4.

Himmel herabfallen[14]. Dabei können sie Krankheiten transportieren[15] oder Zerstörung verursachen[16].

Katastrophen können von einem hohen Gott wie Zeus als Bestrafung gesandt werden[17], Krankheiten kommen auch durch Krankheitsdämonen wie den mesopotamischen Namtar oder Lamaštu[18] oder durch die ägyptischen Pestdämonen, welche die Göttin Sachmet schickt[19]. Selbst Hexen können vom Himmel kommen[20].

1.4 „Naturphänomene": Göttlich-naturhafte Mächte

Phänomene, die man modern als naturhaft bezeichnen würde, werden in antiken mythischen Erzählstoffen in der Regel mit dem Himmel und dem Wirken der Götter in Verbindung gebracht: Götter schicken Regen vom Himmel und damit Fruchtbarkeit. So kann auch davon die Rede sein, dass es Überfluss vom Himmel regnet[21]. Neben Regen kommen auch andere Wetterphänomene wie Schnee, Donner und Blitz, Hagel, der Regenbogen etc. vom Himmel[22]. Auch die Strahlen einer Astralgottheit wie Selene kommen aus dem Himmel[23]. Die Nacht kann aus dem Himmel auf die Erde herabstürzen[24]. Regen besteht nicht nur aus Wasser, sondern auch aus Milch, Blut, Steinen, Fröschen oder Vögeln[25].

---

14 Vgl. Beiträge Naether, Abschnitt 3; C. Zgoll, *Göttergaben und Götterstürze*, Abschnitt 7 und Zomer, Abschnitt 2.2 und 6.4.2.
15 So in akkadischen Quellen belegt, vgl. Beitrag Zomer, Abschnitt 2.2 und 6.4.2.
16 So ägyptisch, vgl. Beitrag Naether, Abschnitt 3, und griechisch-römisch belegt, vgl. Beitrag C. Zgoll, *Göttergaben und Götterstürze*, Abschnitt 7.
17 Vgl. Beitrag C. Zgoll, *Göttergaben und Götterstürze*, Abschnitt 4.
18 Vgl. Beitrag Zomer.
19 Vgl. Beitrag Naether, Abschnitt 4.
20 Vgl. Beitrag Zomer, Abschnitt 2.2.1.8.
21 Vgl. Beitrag Kärger, Abschnitt 4.2.4.2, sub C.
22 Vgl. Beiträge Kärger, Abschnitt 4.2.4.2, sub C, 4.3.2 und 4.3.6; Naether, Abschnitt 6 und C. Zgoll, *Göttergaben und Götterstürze*, Abschnitt 4.
23 Vgl. Beitrag C. Zgoll, *Göttergaben und Götterstürze*, Abschnitt 2.8.
24 Vgl. Beitrag C. Zgoll, *Göttergaben und Götterstürze*, Abschnitt 4.
25 Vgl. Beiträge Naether, Abschnitt 6.4 und C. Zgoll, *Göttergaben und Götterstürze*, Abschnitt 3.2 und 4.

2 Der Himmel selbst

Der Himmel selbst könnte nach ägyptischen Überlieferungen herabfallen, herabkommen oder niedergeworfen werden, wenn eine Konfliktsituation herrscht; dies würde die Erde zerstören[26]. Nach dem Zeugnis griechischer Quellen kann keltischen Vorstellungen zufolge der Himmel (vermutlich nicht als ganzer, sondern in Form von furchtbarem Unwetter oder von Gewitterstürmen) Menschen auf den Kopf fallen, oder er kann (in magischen Kontexten) auf die Erde hinabgezogen werden[27].

Dass der „Große Himmel" auf die Erde kommt, kann aber auch ganz anders, positiv gemeint sein: In der sumerischen Überlieferung wird das „Himmelshaus", also der erste Tempel, der auf die Erde kommt, mit dem „Großen Himmel" identifiziert; sein Kommen auf die Erde ist notwendiger, segensreicher Beginn einer guten Zeit oder Heilszeit, da dieser Tempel die Erde entstehen lässt und „gut macht"[28].

3 Tempel (und zugehörige Stadt) und Kultgegenstände

Antike Mythen aus Mesopotamien berichten davon, dass Städte wie das mesopotamische Kulaba, Zabalam, Ur, Isin[29] und Tempel vom Himmel kommen[30]. Die ausgewerteten Quellen zu Griechenland und Rom lassen eine solche Vorstellung bislang nicht erkennen[31]; in den untersuchten Quellen zu Ägypten sind höchstens Berührungspunkte zu solchen Vorstellungen erkennbar (vgl. unten).

Dem Wesen nach werden Stadt und Tempel in Mesopotamien als identisch betrachtet: „Stadt", das sind die zum (Haupt-)Tempel gehörigen Ländereien, während umgekehrt der (Haupt-)Tempel als Schaltzentrale der Stadt aufgefasst wird[32]. Dass also Städte und Tempel nach mesopotamischen Mythen vom Himmel

---

26 Vgl. Beitrag Naether, Abschnitt 2.
27 Vgl. Beitrag C. Zgoll, *Göttergaben und Götterstürze*, Abschnitt 7.
28 Vgl. Beitrag A. Zgoll. Zu Himmelskörpern vgl. oben 1.3.
29 Vgl. Beitrag Kärger, Abschnitt 4.2.4.2.
30 Vgl. Beiträge Kärger und A. Zgoll.
31 Vgl. Beitrag C. Zgoll, Göttergaben und Götterstürze.
32 Vgl. A. Zgoll 2012, Welt, Götter und Menschen in den Schöpfungsentwürfen des antiken Mesopotamien, in: K. Schmid (Hg.), Schöpfung, Themen der Theologie 4, Stuttgart, 17-70.

kommen, sind zwei mythische Hyleme für dieselbe Sache, dass nämlich die Entstehung der Zivilisation sich den Göttern bzw. dem Himmel verdankt. Interessant ist dabei, dass sich ganz offensichtlich nur bestimmte Stadtstaaten dieses mythischen Hylems bedienen, nämlich Uruk mit dem Tempel der Stadtgöttin Innana namens E-ana „Himmelshaus" und Larsa mit dem Tempel des Sonnengottes (namens E-babbar „Weiß-strahlendes Haus"). Es mag kein Zufall sein, dass Innana als Venusgestirn-Göttin und Utu als Sonnengott Astralgottheiten sind. Der Tempel der Muttergöttin Nintu in Keš oder der des Nin-ĝirsu in Girsu ist vom Himmelsgott An gegründet, also offensichtlich auch vom Himmel auf die Erde transferiert vorgestellt[33]. In Ägypten kommen Tempelbaupläne des Tempels von Edfu vom Himmel auf die Erde.

Auch andere Teile von Städten können in sumerischen Texten vom Himmel kommen, so der Palast oder die Mauer von Uruk[34].

Kultgegenstände wie der *ancile*-Schild oder das Palladion gelangen vom Himmel auf die Erde[35]. In Ägypten findet sich die Vorstellung von einem Zauberbuch, das der Gott Thoth auf Erden versteckt[36].

4 Kulturgüter: Feuer, Werkzeuge, kostbare Materialien und Schmuck

Nur selten findet sich bezeugt, dass Kulturgüter vom Himmel kommen. Zu diesen Fällen zählt das Meteorit-Eisen in Ägypten, welches man als Baumaterial und Werkstoff für Messer, Amulette und Schmuck verwendet, und welches den Namen bi3-n-p.t trägt, wörtlich „Eisen vom Himmel"[37]. Vom Himmel kommt in Ägypten auch ein kostbares Diadem[38]. In einer akkadischen Beschwörung gelangen Zinn und *zalāqu*-Stein vom Himmel herab[39].

---

33 Vgl. Beitrag Kärger.
34 Vgl. Beitrag Kärger.
35 Vgl. Beiträge Jäger und C. Zgoll, *Vom Himmel gefallen*.
36 Vgl. Beitrag Naether, Abschnitt 5.2.
37 Vgl. Beitrag Naether, Abschnitt 3.
38 Vgl. Beitrag Naether, Abschnitt 5.2. In Griechenland erhält Medeia vom Sonnengott Helios ein Diadem; allerdings wird eine Herkunft vom Himmel dabei nicht explizit erwähnt (s. Beitrag C. Zgoll, *Göttergaben und Götterstürze*, Abschnitt 5).
39 Vgl. Beitrag Zomer, Abschnitt 3.1.1.5.

Auch in griechischen Mythen sind neben dem von Prometheus gestohlenen Feuer[40] Kulturgüter, die dezidiert aus dem Himmel kommen, eher selten bezeugt. Ein etwas breiteres Spektrum zeigen griechische Quellen, die auf den skythischen Kulturkreis verweisen, wo mehrere Kulturgüter himmlischen Ursprung haben sollen (Pflug, Joch, Streitaxt und Schale, alles aus Gold)[41].

5 Numinose Machtmittel: Herrschaft, Gerechtigkeit, Ordnung

Numinose Machtmittel gelangen gemäß mesopotamischen Quellen auf die Erde[42]. Diese numinosen Machtmittel können ohne nähere Spezifizierung erscheinen. An den Stellen, wo Machtmittel konkret ausgeführt werden, handelt es sich überall um wichtige Größen aus dem Bereich von Herrschaft, Herrschaftsanspruch und herrscherlicher wie priesterlicher Macht: verschiedene Kronen und Herrscherkappen, Zepter bzw. Herrscherstab, Thron, Waffen, Hirtenamt, Königtum und i š i b -Priestertum. Das Prinzip des *dynastischen* Königtums wird dem ersten Herrscher Etana durch die Gabe des „Krauts des Gebärens" im Himmel verliehen[43]. Machtvoll ist auch die „Tafel des Lebens", die vom Himmel kommt[44].

Interessant ist hier der Vergleich mit dem antiken Griechenland, wo die Herrschaft klar von den Göttern verliehen wird, wo aber (bislang) keine Aussagen bekannt sind, die eine direkte Verbindung zum Himmel zeigen; so kommt das Zepter des troianischen Königshauses von den Göttern, oder Athene verschafft dem Kadmos die Herrschaft über Theben; in diesen Fällen ist aber nicht explizit von einer Herkunft aus dem Himmel die Rede[45].

In altägyptischen Quellen kommt die Weltordnung Maat, das Prinzip von Wahrheit, Gerechtigkeit und Ordnung, vom Himmel[46]; vergleichbar ist nach griechischer Vorstellung die vom Machtbereich des Zeus (Himmel? Olymp?) ausgesandte Göttin Dike („Recht")

---

40 Vgl. Beitrag Alvensleben.
41 Vgl. Beitrag C. Zgoll, *Göttergaben und Götterstürze*, Abschnitt 5.
42 Vgl. Beiträge Gabriel, Abschnitt 4.2 und 4.3 und Kärger, Abschnitt 4.2.3.2.
43 Vgl. Beitrag Gabriel.
44 Vgl. Beitrag Kärger, S. 90 f.
45 Vgl. Beitrag C. Zgoll, Göttergaben und Götterstürze.
46 Vgl. Beitrag Naether, Abschnitt 2.

6 Numinose Machtträger: König, Herrscher, Priester

Spezifisch für sumerische Quellen, die sich auf die Frühzeit der Stadt Uruk beziehen – zur größten Blütezeit im 4. Jahrtausend war Uruk eine alle anderen Städte weit überragende Metropole in Mesopotamien –, finden sich Schilderungen, dass auch menschliche Herrscher aus dem Himmel kommen: Das wird von Enmerkara und von Lugalbanda berichtet. Diese Aussagen sind in einem größeren Kontext zu sehen: Beide Könige tragen numinose Züge – und gerade darauf kann das mythische Hylem vom Kommen aus dem Himmel zielen, dass nämlich diese Herrscher numinosen Charakter tragen[47].

An anderer Stelle übergibt der Himmelsgott der Göttin Innana ihren Partner namens Ama-ušumgal-ana „an seinem göttlichen Ort"; er erschafft ihn also offenbar im Himmel[48].

7 Menschen und andere Lebewesen

Nach mythischen Vorstellungen, die teilweise bereits philosophisch-religiös verbrämt sind, stammen schließlich nach einigen griechisch-römischen Zeugnissen die Menschen (aber auch andere Lebewesen und sogar Pflanzen) von einem gemeinsamen Vater, dem Himmel, und einer gemeinsamen Mutter, der Erde, ab[49].

8 Ausblick: Etische und emische Annäherung an die Ergebnisse

Die Kategorien, die in diesem Beitrag gewählt sind und sich in der Wahl der Überschriften spiegeln, sind Ergebnis der wissenschaftlichen (etischen) Auswertung der antiken Befunde. Ihr Ziel ist gewissermaßen ein Doppeltes: Sie wollen die verschiedenen Entitäten, die vom Himmel kommen, für heutige Menschen in heuti-

---

47 Vgl. Beitrag Kärger, Abschnitt 4.2.4.1, und Auswertungsbeitrag A. Zgoll/C. Zgoll, Abschnitt 3.2.
48 Vgl. Beitrag Kärger, Abschnitt 4.3.1.
49 Vgl. Beitrag C. Zgoll, *Göttergaben und Götterstürze*, Abschnitt 6.

gen Begrifflichkeiten erfassbar machen; daher finden sich Kategorien wie „Naturphänomene" (Abschnitt 1.4) oder „Kulturgüter" (Abschnitt 4). Zugleich damit verbunden ist der Versuch einer Annäherung an antike (emische) Perspektiven auf das, was vom Himmel kommt. Die Wahrnehmung von Welt ist ja in antiken Mythen und moderner Weltwahrnehmung nicht deckungsgleich – und es macht gerade die Herausforderung und den Reiz der in diesem Band vorgelegten Studien aus, anhand der gewählten Thematik Einblicke in spezifische Unterschiede zu gewinnen, unterschiedliche Perspektiven zu erkennen und zwischen ihnen zu vermitteln, also eine Art kulturelle „Übersetzungsarbeit" zu leisten. Im Fall des Abschnittes über die „Naturphänomene" etwa zeigt sich dies insofern, als der Bereich der „Natur" für antike Menschen dem Bereich des Göttlichen nicht diametral gegenübersteht. Ganz umgekehrt sind in dem, was man heute als Naturkräfte bezeichnen würde, für antike Menschen göttliche Mächte am Werk.

In diesem Sinn lassen sich auch weitere Kategorien auf ihre Verwendbarkeit für eine Rekonstruktion der emischen Perspektiven prüfen. Zu fragen steht z. B., ob die Gruppe der „Kulturgüter" eine zu antiken Sichtweisen kompatible Bezeichnung darstellt oder ob auch hier eine Übersetzung in antike Vorstellungen nötig ist. Insbesondere wenn man bei Kulturgütern, die vom Himmel kommen, an Dinge denkt, die für den menschlichen Gebrauch nützlich sind, könnte man an der Intention der antiken Mythen vorbeigehen. In diese Richtung deuten die Ergebnisse des Auswertungsbeitrages *Lugalbandas Königtum und das Feuer des Prometheus*[50]. Dort wird herausgearbeitet, dass die Erzählung, dass eine Sache oder Person vom Himmel gekommen ist, dieser Sache oder Person numinose Eigenschaften zuschreibt und damit mit mehr Bedeutungstiefe auflädt, als dies bei der Bezeichnung „Kulturgut" deutlich wird. So zeigt sich am Beispiel des Feuers, dass die Mythen über seinen Diebstahl (PROMETHEUS STIEHLT DAS FEUER VON ZEUS) bzw. seine Erfindung (HERMES ERFINDET DAS FEUER) nicht (primär) an einem Kulturgut für die Essenszubereitung der Menschen interessiert sind. Vielmehr erweist sich das Feuer in diesen Mythen als essenzieller Teil, dessen man für die Opferpraxis bedarf. Feuer ist also hier ein wesentliches Mittel für die Interaktion mit den Göttern.

Vor diesem Hintergrund eröffnen sich weitere Fragen: Sind auch andere Entitäten, die vom Himmel kommen, und die man heute als „Kulturgüter" einordnen würde, deswegen in Mythen so hervorgehoben, weil sie im Kontext der Kommunikation und Interaktion mit den Göttern gesehen wurden? Gab diese Nähe zu den Göttern bestimmten „Kulturgütern" ihre besondere Ausstrahlung und Wirkmacht, so dass man sie von daher definiert sah, auch wenn man sich ihrer für

---

[50] A. Zgoll/C. Zgoll, vgl. Abschnitt 3.2.

eher profane Tätigkeiten (wie der Zubereitung des eigenen Essens)[51] bediente? So zeigt der Beitrag von Naether im vorliegenden Band, dass Eisen in ägyptischen Texten als „Eisen vom Himmel" (Meteoriteisen) bezeichnet werden konnte, und dass man solche Eisenklingen in einem bestimmten Ritual dazu einsetzte, um Tote wieder zu beleben. Auch der Pflug, der den Boden aufreißt und damit die Welt der Toten und der Unterweltsmächte tangiert, oder eine goldene Schale werden nicht nur als landwirtschaftlicher Gebrauchsgegenstand und Geschirr für den Haushalt aufgefasst worden sein, wenn man erzählte, sie seien vom Himmel gekommen[52].

Die Überlegungen deuten darauf hin, dass vom Himmel v. a. Wesen kommen, die göttlich-numinos sind (Abschnitt 1), und Dinge, die diese göttlich-numinosen Wesen verwenden, wie Tempel bzw. eine Stadt oder Kultgegenstände und „Kulturgüter" (Abschnitt 3 und 4), die man für die Götter und für die Interaktion mit den Göttern benötigt, also für Rituale wie Opferriten[53] oder Kriegsrituale (vgl. die *ancilia*-Schilde[54]) etc.

Von hier aus eröffnet sich dann eine neue Perspektive auch auf die weiteren Kategorien der numinosen Machtmittel wie Herrschaft, Gerechtigkeit und Ordnung einerseits, und numinose Machtträger wie Herrscher und Priester andererseits. Auch diese sind in antiken Kulturen primär im Kontext der Götter und ihrer Bedürfnisse gesehen worden. Wie der Tempel als Wohnort und Haus der Götter, so konnten Gerechtigkeit und Ordnung als eine Art Hausordnung gelten, die von den Göttern gefordert und durch Herrscher und Priester als Verwalter der Götter für die Götter zu garantieren waren, während Rituale die Art und Weise der Interaktion der Menschen mit den Göttern regelten.

Deutlich wird bei diesen Überlegungen, wie die Forschungen zu diesen Mythen über die Herkunft vom Himmel Fenster eröffnen in die antiken Kulturen und ihre eigenen Wahrnehmungen von Welt und Wirklichkeit.

---

51 Wobei selbst profan wirkende Tätigkeiten in der Antike nicht als profan aufgefasst werden mussten, wie etwa das Beispiel des Kanalbaus zeigt, der in Mesopotamien einerseits als ursprüngliches Götterwerk (*Atramḫasīs-Epos*) und andererseits immer als gefährliche Tätigkeit aufgefasst wurde, da sie den ausführenden Menschen in Kontakt mit den Mächten der Unterwelt brachte; vgl. A. Zgoll 2013, Fundamente des Lebens. Vom Potential altorientalischer Mythen, in: A. Zgoll/R. G. Kratz (Hg.), Arbeit am Mythos. Leistung und Grenze des Mythos in Antike und Gegenwart, unter Mitarbeit von K. Maiwald, Tübingen, 79-107, hier 98-101.
52 So als „skythisch" in griechischer Überlieferung; vgl. Beitrag C. Zgoll, *Göttergaben und Götterstürze*, Abschnitt 5.
53 Vgl. Auswertungsbeitrag A. Zgoll/C. Zgoll, Abschnitt 3.2.1.
54 Vgl. Beitrag Jäger.

Annika Cöster-Gilbert
Akteure von Transfers vom Himmel

Abstract: Actors who initiate transfers from heaven are usually numinous, mainly high-ranking male and female deities, who sometimes cooperate with lower-ranking deities. Unlike myths, ritual-magical narratives can involve characters in the process such as witches and sorcerers.

Einen überschaubaren, jedoch nicht unwichtigen Teil der Analyse von himmlisch-irdischen Transfers stellt die Frage nach dem Wesen derjenigen dar, die Transfers verursachen oder durchführen. Im folgenden Abschnitt soll überblicksartig zusammengefasst werden, wer aus emischer Perspektive dafür verantwortlich ist, dass etwas vom Himmel auf die Erde gelangt. Einen Sonderfall, auf den an dieser Stelle nicht eingegangen wird, stellen diejenigen Entitäten dar, die selbstständig aus dem Himmel auf die Erde kommen (vgl. dafür den Auswertungsbeitrag von A. Zgoll, *Wer oder was vom Himmel kommt*).

Ein Vergleich der in diesem Sammelband untersuchten Texte aus den verschiedenen Kulturkreisen zeigt zwei Kategorien von Transferakteuren: in der überwiegenden Mehrzahl der Fälle handelt es sich um Gottheiten, in seltenen Fällen um Menschen (bspw. Etana und Stoffvarianten des Mythos PROMETHEUS STIEHLT DAS FEUER).

Dass Gottheiten als Verursacher von Transfers aus dem Himmel verantwortlich zeichnen, kennen sämtliche antiken Kulturen, die in diesem Band untersucht wurden: sumerisch-akkadische, ägyptische und griechisch-römische. Dabei handeln sowohl männliche – wie zum Beispiel der sumerische Himmelsgott An, der griechische oberste Gott Zeus und sein römisches Pendant Jupiter – als auch weibliche Gottheiten wie etwa die sumerische Innana, die ägyptische Isis oder die griechische Hera. So bringt Innana beispielsweise den ersten Tempel aus dem Himmel auf die Erde; dabei wird sie vom Sonnengott Utu und weiteren Gottheiten und numinosen Wesen unterstützt (vgl. Beitrag A. Zgoll, *Wie der erste Tempel auf die Erde kommt*). Diese Art von göttlichem Zusammenwirken findet sich auch in anderen Stoffen, etwa im Falle des Regensturms, wie er in einem mittelägyptischen LEGITIMATIONSMYTHOS geschildert wird (vgl. Beitrag Naether) oder in einer akkadischen Beschwörung gegen Lamaštu (vgl. Beitrag Zomer). In diesen Fällen arbeiten Hochgötter wie die ägyptische Isis und der akkadische Ea mit anderen (teils rangniedrigeren) Gottheiten wie (ägyptisch) Heqet und (sumerisch-akkadisch) Gula zusammen.

In auffallend wenigen Quellen übernehmen Astralgottheiten wie Sonnen- und Mondgott einen Transfer, obwohl diese Aufgabe im Hinblick auf deren Himmelswanderungen durchaus naheliegen würde[1]. Für eine Aktivität von Helios und Selene, Sîn und Utu, sowie Amun-Re lassen sich jedoch, zumindest in den hier untersuchten Quellen, nicht mehr als maximal je zwei Belege anführen (vgl. Beiträge Kärger; Naether; A. Zgoll; C. Zgoll, *Göttergaben und Götterstürze*; Zomer). In den sumerischen Texten nimmt hingegen der Himmelsgott selbst eine zentrale Rolle im Kontext eines Transfers vom Himmel ein (vgl. Beiträge Gabriel und Kärger). Im griechischen Bereich sind es ebenfalls nicht vorrangig astrale Gottheiten, die Transfer-Aufgaben übernehmen, sondern Botengottheiten wie Iris (der Regenbogen als zwar kein astrales, aber immerhin himmlisches Naturphänomen) oder Hermes, und in ähnlicher Funktion öfters auch einmal die Zeustochter Athene (vgl. Beitrag C. Zgoll, *Göttergaben und Götterstürze*).

Bei all den bisher genannten Gottheiten, die Transfers aus dem Himmel verursachen, handelt es sich um solche, die der himmlischen Sphäre zugeordnet sind. Doch auch Hochgötter wie der mesopotamische Enlil/Ellil und Unterweltsgötter können daran beteiligt sein, etwas vom Himmel auf die Erde gelangen zu lassen. In den entsprechenden ägyptischen und akkadischen Erzählstoffen betrifft dies den Transfer von krankheitsbringenden Dämonen durch Osiris bzw. Nergal (vgl. Beiträge Gabriel, Naether und Zomer).

Eine Besonderheit der sumerischen Quellen stellt die Tatsache dar, dass in rund 70 Prozent der Texte kein Transfer-Verursacher genannt wird. Sicher werden jedoch auch hier göttliche Protagonisten als Handelnde gedacht (vgl. Beiträge Kärger und Gabriel); hier liegt die Vermutung nahe, dass dies den antiken Überlieferern und Rezipienten der Mythen in vielen Fällen selbstverständlich war.

In einigen Kulturen haben sich Belege finden lassen, dass außer Gottheiten auch Menschen für einen Transfer vom Himmel auf die Erde verantwortlich sind. Es handelt sich hier einerseits um Menschen, denen selbst Göttlichkeit zugeschrieben wird, zum anderen um Menschen mit besonderem Spezialwissen. Die ägyptischen Gottkönige können beispielsweise Regen aus dem Himmel

---

[1] Vgl. bspw. A. Zgoll 2014, Der Sonnengott als Transporteur von Seelen (*Psychopompos*) und Dingen zwischen den Welten im antiken Mesopotamien. Mit einem Einblick in den konzeptuellen Hintergrund des *taklimtu*-Rituals, in: Koslova, N./Vizirova, E./Zólyomi, G. (Hg.) Studies in Sumerian Language and Literature. Festschrift für Joachim Krecher, Babel und Bibel 8, Orientalia et Classica 56, Winona Lake, 617-633, und den Beitrag von A. Zgoll, *Wie der erste Tempel auf die Erde kommt* in diesem Band.

hervorkommen lassen. In der nur fragmentarischen Etana-Tradition ist es vermutlich der König Etana selbst, der das „Kraut des Lebens" und damit die Grundlage dynastischer Herrschaft auf die Erde bringt (vgl. Beitrag Gabriel). Zum Randbereich magisch-ritueller Himmelstransfers und -akteure, in denen Hexen und Zauberer agieren können, siehe die Beiträge C. Zgoll, *Göttergaben und Götterstürze*, und Zomer.

Wie der hier dargebrachte Überblick erkennen lässt, werden Transfers vom Himmel auf die Erde vorrangig als göttliches Handeln wahrgenommen. Daran sind sowohl männliche wie weibliche, hohe wie niedrigere, „Himmels-" wie Unterweltsgötter, einzelne Gottheiten wie mehrere Götter gemeinsam beteiligt. Ihr Handeln geschieht aktiv, nicht aus Zufall, sondern ganz bewusst und auf ein bestimmtes Ziel gerichtet (vgl. den Auswertungsbeitrag Kärger, *Ausgangs- und Zielpunkte des Transfers vom Himmel in antiken Mythen*) – selbst wenn dies auf der Textoberfläche nicht explizit markiert wird. Himmlisch-irdische Transfers stellen damit *eine* Möglichkeit göttlichen Eingreifens in die menschliche Lebenswelt dar.

Jörg v. Alvensleben, Nils Jäger
Art und Weise des Transfers vom Himmel

Abstract: The present contribution will consider groups of verbs that describe the ways in which different entities or objects are transferred from heaven to earth. The groups to be distinguished include verbs of falling down and flying down, coming out of (in a general sense), raining down, and speaking from heaven. The description of the transfer is less specific where it concerns the mere delivery of an object.

Die Auswertung der Art und Weise des Transfers vom Himmel konzentriert sich auf den konkreten Vorgang des Transports, soweit er sich in einer Handlung ausdrückt. Insofern haben wir versucht, anhand der in diesem Band vertretenen Überblicks- und Einzelbeiträge Gruppen von Handlungen ausfindig zu machen, die typischerweise über die Kulturkreise hinweg den Transfer charakterisieren.

Eine erste Gruppe von Verben umfasst allgemein konkrete Abwärtsbewegungen aller Art in verschiedener Geschwindigkeit. Hierzu gehören alle Bewegungsverben. Das Spektrum reicht vom unspezifischen Fallen über das Nach-unten-Fliegen, Hinabgleiten bis hin zum Herabgehen. So fällt das Himmelshaus vom Himmel nach unten (vgl. Beitrag A. Zgoll, *Wie der erste Tempel auf die Erde kommt*), Sterne können herunterfallen (vgl. Beitrag Naether); der vergöttliche Mensch Imhotep fliegt als Skarabäus vom Himmel auf die Erde (vgl. Beitrag Naether), der *ancile*-Schild gleitet bei Ovid auf die Erde (vgl. Beitrag Jäger) und die Göttin Athene steigt öfters vom Himmel herab (vgl. Beitrag C. Zgoll, *Göttergaben und Götterstürze*). Im fragmentarischen ETANA-STOFF deutet sich an, dass der König Etana auf dem Rücken eines Adlers fliegt (vgl. Beitrag Gabriel).

Eine zweite Gruppe repräsentiert die im Vergleich zu der vorigen Gruppe etwas unbestimmtere Vorstellung, etwas komme aus dem Himmel heraus. Der griechische Gott Eros tritt aus dem Himmel heraus (vgl. Beitrag C. Zgoll, *Göttergaben und Götterstürze*). In sumerischen Quellen ist z. B. davon die Rede, dass die Göttin Nisaba die numinosen Machtmittel (sumerisch me) aus dem Himmel herausgehen lässt (vgl. Beitrag Kärger, *Götter, Tempel, numinose Machtmittel* ...) und auch vom Himmelshaus kann man erzählen, dass es aus dem Himmel hervorkommt (vgl. Beiträge Kärger, *Götter, Tempel, numinose Machtmittel* ... und A. Zgoll, *Wie der erste Tempel auf die Erde kommt*). Hierbei ist anzumerken, dass dieses Hervorkommen nur einen Teil des Transfers Richtung Erde beschreibt (vgl. auch Beitrag Gabriel). So klafft in der ovidischen Version des *ANCILIA-*

MYTHOS der Himmel auf, bevor der *ancile*-Schild hinuntergleitet (vgl. Beitrag Jäger). Der gesamte Prozess des Himmelstransfers kann – zumindest in sumerischen Quellen – durch die Rede vom Hervorkommen zusammengefasst werden (auf der Ebene des mythischen Erzählstoffes liegt an solchen Stellen ein Hyperhylem vor, vgl. Beitrag C. Zgoll, *Grundlagen der hylistischen Mythosforschung*).

Eine weitere Gruppe verwendet zur Beschreibung der Art und Weise des Transfers vom Himmel Verben, die aus dem Bereich der meteorologischen Phänomene stammen und sich teils auch auf solche meteorologischen Phänomene beziehen, aber nicht beziehen müssen (vgl. Beiträge Kärger, *Götter, Tempel, numinose Machtmittel ...*, Naether, C. Zgoll, *Göttergaben und Götterstürze* und Zomer). So können bspw. Dämonen oder Überfluss aus dem Himmel regnen; ebenso blitzt, donnert und stürmt es aus dem Himmel.

Ein Transfer aus dem Himmel kann auch als ein stimmlicher Vorgang beschrieben sein; so wird im Sumerischen in einer Klage über die Zerstörung der Hauptstadt Ur aus dem Himmel gebrüllt (vgl. Beitrag Kärger, *Götter, Tempel, numinose Machtmittel ...*).

An bestimmten Stellen wird der Transfer auch differenzierter in Form eines Transports geschildert, bei dem ein spezielles, z. T. auch numinoses, Transport-Medium genannt wird; dies schließt auch transportierende Figuren ein (vgl. Auswertungsbeitrag Naether/Zomer).

Schließlich kann die Transfer-Schilderung die Frage der Bewegung mehr oder weniger offenlassen und stattdessen (oder auch ergänzend) den Aspekt der Übergabe, des Besitzwechsels betonen: An schenkt Ninisina die numinosen Machtmittel me (vgl. Beitrag Kärger, *Götter, Tempel, numinose Machtmittel ...*), der Schild (*ancile*) ist bei Ovid eine Gabe Jupiters an Numa (vgl. Beitrag Jäger). Anders im Fall von Innana und Prometheus: Innana bringt das Himmelshaus zur Erde (vgl. Beitrag A. Zgoll, *Wie der erste Tempel auf die Erde kommt*), Prometheus stiehlt das Feuer aus dem Himmel (vgl. Beitrag Alvensleben). In solchen Aussagen geht es nicht um die Transfer-Weise, sondern um den Charakter des Transfers.

Franziska Naether, Elyze Zomer
Mittel des Transfers vom Himmel

Abstract: This contribution aims to shed light on the tools and the media that facilitate the transfer of subjects and objects from heaven to earth and possibly back again. Among these are ladders, stairs, ropes, plants, animals, vehicles, and wings.

In diesem Beitrag wird es darum gehen, die Mittel zu benennen, durch die etwas oder jemand aus dem Himmel herausgelangt. Diese Untersuchung wird durch den Umstand erschwert, dass die relativ unspezifische Formulierung der Primärtexte die Analyse der Modalitäten des Transfers schwierig macht.

Aus den *Pyramidentexten* mit dem Aufstiegsritual des Königs geht hervor, dass der Sonnengott Re die Himmelsleiter erschaffen hat und weitere Götter dem Grabherrn beim Aufstieg behilflich sind (vgl. Beitrag Naether). Sie besteht aus einem Papyrusstängel, der sich zu einer Leiter mit Sprossen spaltet. Allerdings wird diese Leiter nur in der Gegenrichtung genutzt: darauf können Verstorbene, allen voran der König, nach ihrem Tod in den Himmel zum Sonnengott aufsteigen. Die Stufenpyramiden und Treppen in Gräbern symbolisieren diesen Aufstieg. Somit ist diese etwas, das vom Himmel kommt, aber ansonsten eine Einbahnstraße: Es gibt keine Belege dafür, dass Götter oder andere Wesen die Himmelsleiter zu den Menschen hinabsteigen.

Die Idee der Treppe kommt jedoch auch in mesopotamischen Quellen vor: Aus der akkadischen Literatur (Epos *Nergal und Ereš-ki-gal*) ist eine Treppe bekannt, auf der Götter in die Unterwelt steigen (und umgekehrt); ein Stufentempel (Zikkurat) kommt einer *Beschwörung gegen verschiedene Übel* (JCS 9, 9) vor, der mit seiner Treppenanlage Ausgangspunkt, aber auch Mittel des Transfers ist[1].

Um im Mythos INNANA BRINGT DAS HIMMELSHAUS FÜR DIE ERDE den Transfer vorzunehmen, bedarf es verschiedener Vorkehrungen: Ein Fischergott zieht es mit einem Netz aus dem Himmelsozean, ein Hirtengott macht es an einem Seil fest. Dann erst gelangt das Himmelshaus durch einen schmalen Pfad, den ein göttlicher Skorpion bewacht, jenseits des Grenzflusses zur Unterwelt, aus dem Bereich

---

[1] Vgl. Beitrag Zomer, Abschnitt 2.2.1.4.

Open Access. © 2021 Franziska Naether, Elyze Zomer, publiziert von De Gruyter. Dieses Werk ist lizenziert unter der Creative Commons Attribution 4.0 International Lizenz.
https://doi.org/10.1515/9783110743005-017

des Himmels nach unten (vgl. Beitrag A. Zgoll, *Wie der erste Tempel auf die Erde kommt*).

Seile kommen auch in akkadischen Beschwörungen vor[2]. Das Seil bzw. der Strick (*ṭurru*) wird durch die absteigende Gottheit gepackt (*iṣbat*). Im Fall des *ṣerretu*-Seils gibt es jedoch keine konkreten Angaben, was mit ihm geschieht[3]. Eine zweite Variante des Himmelsabstiegs erfolgt nach akkadischen Quellen mittels herabfallender Sterne (*kakkabū*), wodurch üble Wesen auf die Erde kommen[4]. Dieser Befund passt gut ins mesopotamische Weltbild, da fallende Sterne als schlechte Omina angesehen wurden und man sich durch Rituale gegen ihre schädliche Wirkung zu schützen suchte (vgl. Beitrag Zomer).

Manche der transferierten Personen und Objekte reisen nicht entlang eines definierten Weges wie eines Seils oder einer Leiter, sondern gelangen durch Flug oder in einem besonderen Behältnis auf die Erde. Sonnengötter wie beispielsweise Re in Ägypten oder der griechische Helios haben ein Gefährt: Re bewegt sich auf einer Barke durch Himmel und Unterwelt und erzeugt so Tag und Nacht (vgl. Beitrag Naether); Helios verwendet für seine Reisen einen Sonnenwagen (vgl. Beitrag Naether); Etana reitet auf einem Adler (vgl. Beitrag Gabriel). Weitere Hilfsmittel sind bspw. Flügel oder Flügelschuhe wie im Fall von Hermes. Damit ein Objekt den Transfer übersteht, kann es speziell verpackt werden: Prometheus transportiert das Feuer in einem hohlen Narthex-Stängel zu den Menschen auf die Erde (vgl. Beitrag von Alvensleben).

---

[2] Es handelt sich um *ṭurru* „Strick" und *ṣerretu* „(Führungs-)Seil"; vgl. Beitrag Zomer, Abschnitt 2.2.2.1 f: *Beschwörung gegen Fieber* (AuOr Suppl. 23, 14 und Ugaritica 5, 17) ; 3.1.2.1: *Beschwörung gegen Hexerei, kanonisch Maqlû III/b*; 2.2.3.3: *Beschwörung gegen maškadu-Krankheit 3*; 2.2.3.1 f: *Beschwörung gegen verschiedene Übel* (JCS 9, 10 und BAM 543) .

[3] Es steht nur die Präposition *ištu* „von" (dem Himmel durch das Seil kommend).

[4] Vgl. Beitrag Zomer, Abschnitt 4.1.1.1: *Beschwörung gegen Hexerei* (PBS 10/2, 18 // AMD 8/1, pl. 54-58); 2.2.4.2 und 2.2.4.4-2.2.4.6: *Beschwörung gegen maškadu-Krankheit* (AS 16, 287f.; CT 23, 2-4 // CT 23, 5-14; OECT 6, 23; STT 136); 2.2.4.1 und 2.2.4.3: *Beschwörung gegen verschiedene Übel* (YOS 11, 8; STT 136 // JNES 49, 300).

Annette Zgoll, Christian Zgoll
Lugalbandas Königtum und das Feuer des Prometheus

Merkmale, Funktionen und Interpretationen von Mythen über eine Herkunft vom Himmel

für Claus Wilcke
den großartigen Lehrer, Mentor
und langjährigen Wegbegleiter
in herzlicher Verbundenheit

Abstract: Mythical narratives (*Erzählstoffe*) about someone or something coming down from heaven have a strong claim to relevance in the interpretation of, and in coping with, the human condition. The attribution of a heavenly origin to certain beings, phenomena, or objects, marks them out as special because they are either viewed (a) as prototypical or (b) as divine or numinous. Using the example of the myth of ZEUS BRINGING THE PALLADION DOWN TO EARTH, we will show the extent to which (a) can affect the interpretation of myths where the prototypical character is not explicitly mentioned. The consequences for the interpretation of myths which can result from (b) are illustrated by the myths of THE GODS MAKING LUGALBANDA A DIVINE RULER while the goddess Innana is taking away the kingship from the former ruler Enmerkara, and PROMETHEUS STEALING THE FIRE. Because of its divine origin, the taming of fire is seen in these mythical traditions not as a cultural but as a cult technique, related not primarily to the culinary arts but rather to cultic practices.

1 Mythen über eine Herkunft aus dem Himmel: Merkmale

In mythischen Erzählstoffen aus antiken Kulturen wird immer wieder davon erzählt, dass etwas „aus dem Himmel kommt". Allerdings ist diese Wendung, dass etwas „aus dem Himmel kommt", eine verkürzende und abstrahierende Redeweise. In ausformulierten Mythen erscheint ein solcher Transfer aus dem Himmel in konkreter, genauer in *personalisierter* Form. Das bedeutet, dass ein (in aller

Regel: göttlicher) *Handlungsträger* für einen solchen Sphärenwechsel verantwortlich ist: Entweder kommt *jemand* vom Himmel, oder *jemand veranlasst*, dass etwas aus dem Himmel kommt.

In den meisten Fällen handeln solche mythischen Stoffe davon, dass etwas oder jemand vom Himmel *auf die Erde* kommt, auch wenn dies nicht immer explizit gemacht wird; in selteneren Fällen kann der Zielpunkt auch in anderen Bereichen wie bspw. in der Unterwelt oder im Meer liegen. In einem Fall entsteht durch das Herabkommen eines Hauses vom Himmel sogar erst die Erde[1].

Wenn in Konkretionen mythischer Stoffvarianten thematisiert wird, dass etwas oder jemand vom Himmel in einen anderen Bereich gelangt, dann können solche Hinweise auf den konkreten, einzelnen Vorgang eines solchen Sphärenwechsels abzielen. Ein Beispiel dafür ist das konkrete mythische Hylem „Innana bringt das Himmelshaus für die Erde", das sich abstrahieren und damit verallgemeinern lässt zum Hylemschema „Gottheit NN bringt einen Tempel für die Erde". Manchmal kann ein solches Hylem aber auch stellvertretend oder nach Art einer Überschrift für den ganzen Mythos stehen, in welchem dieses eine Hylem einen zentralen Handlungsbestandteil darstellt; in einem solchen Fall ist „Innana bringt das Himmelshaus für die Erde" als Hyperhylem anzusehen und „Gottheit NN bringt einen Tempel für die Erde" als ein Hyperhylemschema[2].

Die einzelnen Studien dieses Bandes gehen der Frage nach, welche Themenkomplexe oder auch Problembereiche in den untersuchten Quellen narrativ so verarbeitet werden, dass sie als Ergebnis eines Sphärenwechsels gedeutet werden, der seinen Ausgangspunkt im Himmel nimmt. Im Ergebnis lässt sich festhalten, dass der genannte Transfer mit verschiedenen, aber nicht mit unüberschaubar vielen unterschiedlichen Themen und Problemen in Zusammenhang gebracht werden kann. So sind es beispielsweise die Themenkomplexe „Gerechtigkeit und Ordnung", die in mythischen Stoffen unter anderem mit dem Vorgang „X kommt vom Himmel" in Zusammenhang gebracht werden können, der in verschiedenen Kulturen und Erzählstoffen unterschiedlich konkretisiert wird.

In Hinblick auf das Thema „Ordnung (des menschlichen Zusammenlebens)" besteht eine solche Konkretion in Mesopotamien bspw. darin, dass eine Gottheit Insignien des Königtums vom Himmel herabbringt. Dieser Vorgang kann auch abstrakter formuliert werden, bspw. durch die Aussage, dass „das Königtum vom

---

[1] Vgl. Beitrag A. Zgoll, *Wie der erste Tempel auf die Erde kommt*.
[2] S. zu den hier verwendeten Unterscheidungen und der entsprechenden Terminologie den einführenden Beitrag von C. Zgoll, *Grundlagen der hylistischen Mythosforschung* in diesem Band. Der Einfachheit halber wird im Folgenden nicht mehr eigens erwähnt, dass ein Hylemschema auch als Hyperhylemschema fungieren kann.

Himmel kommt"; aber auch hinter solchen abstrakteren, abkürzenden Formulierungen steckt in der Regel ein mythischer Erzählstoff, der in auserzählter Form deutlich konkreter, also gegenständlich und v. a. personalisiert vorgestellt wurde[3].

In Bezug auf den Themenkomplex „Gerechtigkeit" kommt bspw. in Ägypten die personifizierte Rechtlichkeit namens Maat vom Himmel[4]. Auch in Griechenland wird das personifizierte Recht als Garant guten menschlichen Zusammenlebens als etwas beschrieben, das aus dem Herrschaftsbereich des Zeus kommt, allerdings zu einem späteren Zeitpunkt in der Geschichte die Erde verlässt und sich wieder in den Himmel (bzw. auf den Olymp) zurückzieht[5]; es handelt sich um Dike, die Tochter von Themis und Zeus[6].

Verschiedene Vorstellungen oder Wirklichkeitserfahrungen können narrativ gleich verarbeitet und damit mythisch gleich oder doch sehr ähnlich plausibilisiert werden, indem bspw. für verschiedene Entitäten gleichermaßen erzählt wird, dass sie „vom Himmel gekommen sind"; umgekehrt können interessanterweise selbst innerhalb einer Kultur für die Erklärung der Herkunft *derselben* Entitäten *verschiedene* mythische Stoffe zum Einsatz kommen. Anders ausgedrückt: Für die Betonung einer *göttlichen* Herkunft muss nicht immer eine *himmlische* Herkunft als Grund angegeben werden.

In Mesopotamien ist es u. a. der Abzu, der Süßwasserozean, aus dem heraus vor allem der Gott Enki wirkmächtig agiert, in Griechenland ist der Olymp Wohn- und Wirkungsstätte der Götter, der teilweise aber auch mit dem Himmel gleichgesetzt ist[7]. Während der *ancile*-Schild von Jupiter aus dem Himmel geschickt wird[8], stellt der Schmiedegott Vulcanus Rüstung und Schild für Aeneas in einer

---

3 Vgl. für den (altorientalischen) Fall des vom Himmel herabkommenden Königtums C. Zgoll 2019, 197-204; ausführlich den Beitrag von Gabriel in diesem Band.
4 S. den Beitrag von Naether in diesem Band. Vgl. auch JHWH, der im Alten Testament zu Mose auf den Berg Sinai hinabsteigt (vgl. Ex 19,18.20; 34,5), um dem Volk Israel Gesetze zu geben.
5 Erst bei den römischen Dichtern, wo sie *Virgo* oder *Astraea* heißt, vgl. Verg. *ecl.* 4,6; Ov. *met.* 1,149 f.
6 Hes. *theog.* 902.
7 Zu den Schwierigkeiten der Differenzierung von Olymp und Himmel sowie deren teils synonyme Verwendung siehe den Beitrag C. Zgoll, *Göttergaben und Götterstürze* in diesem Band.
8 Vgl. Beitrag Jäger.

unterirdischen Höhle her[9], und etliche Mythen aus verschiedenen antiken Kulturen berichten davon, dass Wichtiges aus dem Bereich der Unterwelts-Gottheiten auf die Erde gelangt[10].

Ein Beispiel aus dem antiken Mesopotamien soll das noch etwas genauer veranschaulichen: Wenn Innana das „Himmelshaus" und damit den ersten Tempel vom Himmel für die Erde bringt, dann schließt diese offenbar mit Uruk verbundene Tradition nicht aus, dass nach einer anderen Überlieferung der Gott Enki den (implizit ebenfalls gemeint: ersten) Tempel aus dem Abzu, dem unterirdischen Süßwasserozean dort entstehen lässt, wo die Stadt Eridu liegt. Der Tempel kommt hier also nicht aus dem Himmel, sondern aus dem Abzu[11]. Die mit dieser Eridu-Tradition verbundenen Aussagen sind genauso komplex und verschieden, wie manche Aussagen über den Tempel, der nach der Uruk-Tradition vom Himmel kommt; wie dort der Tempel einerseits *vom* Himmel *kommt*, andererseits der große Himmel selbst *ist*, so berührt nach dem Mythos im Text *Enkis Tempelstiftung* (traditionell: *Enkis Fahrt nach Nippur*) der Tempel den Abzu, er grenzt an ihn, er steht in seiner Mitte und wird schließlich selbst mit dem Abzu gleichgesetzt.

Nicht in jeder Tradition kommt also der Tempel vom Himmel, sondern es existieren verschiedene mythische Erzählungen über Tempel-Ursprünge. Bei allen Unterschieden der mythischen Aussagen lässt sich als Gemeinsamkeit erkennen, dass das Verhältnis zwischen Tempel und Herkunftsort in beiden Fällen ähnlich komplex ist, da in beiden Fällen Tempel und Herkunftsort zum Teil gleichgesetzt werden. Noch wichtiger aber ist der Umstand, dass *im Ergebnis* beide Erzählstoffe

---

9 Vgl. Beitrag C. Zgoll, *Göttergaben und Götterstürze*.
10 Andere Beispiele für Mesopotamien, wo Wichtiges oder Positives nicht aus dem Himmel kommt: Schafzucht und Getreideanbau kommen nach dem Streitgespräch *Mutterschaf und Getreide* vom „Urhügel" der Götter zu den Menschen (vgl. dazu die neue Übersetzung und Interpretation bei A. Zgoll 2012, 60-62; zu beachten ist, dass dort Z. 26-34 ein Subjektswechsel nicht angezeigt wird); nach *Enlil und Ninlil* kommen Pflanzenwachstum und Bewässerung aus der Unterwelt (A. Zgoll 2013); in *Innana und Enki* bringt Innana göttliche Machtmittel (m e) aus dem Süßwasserozean Abzu, in *Innanas Gang zur Unterwelt* bringt Innana solche Machtmittel aus dem Totenreich (A. Zgoll 2020 und 2020a; A. Zgoll/C. Zgoll 2020); nach Ritualtexten kommt Schlechtes wie Krankheit(sdämonen) häufig auch aus der Unterwelt (vgl. z. B. die Ritualtexte gegen Totengeister und Dämonen namens u d u g ḫ u l / *utukku lemnūtu*).
11 Die verschiedene Herkunft hängt jeweils mit der besonderen, festen Relation der einzelnen Gottheiten zu bestimmten kosmischen Räumen zusammen (Enki als Gott des Süßwasserozeans bzw. Innana als Himmelsgöttin).

auf eine ähnliche Funktionalisierung (dazu gleich mehr) hinauslaufen, nämlich den Tempel als etwas zu kennzeichnen, das numinosen Ursprungs ist[12].

2 Mythen über eine Herkunft aus dem Himmel: Funktionen

2.1 Funktionsbegriff und Grundfunktion mythischer Stoffe

Wenn es um die Frage nach Funktionen von Mythen geht, ist es aufgrund der Unschärfe des Funktionsbegriffs sinnvoll, terminologisch zu differenzieren zwischen Grundfunktionen von Mythen (was *jeder* Mythos leistet), primären und sekundären Funktionalisierungen (wozu *im Einzelnen* eine mythische Stoffvariante eingesetzt wird) und Metafunktionen (welche *Auswirkungen* der Einsatz einer mythischen Stoffvariante auf diejenigen hat, die sie einsetzen)[13].

Primäre Funktionalisierungen zielen auf den Einsatz von spezifischen, sekundäre auf den Einsatz von unspezifischen Leistungen, die Mythenvarianten erbringen (können); das eine meint also einen Einsatz von Mythenvarianten zu Zwecken, zu denen sie gedacht bzw. gemacht sind (z. B. etwas zu erklären oder zu legitimieren), das zweite eine Verwendung von Mythen zu Zwecken, zu denen sie eigentlich nicht gedacht sind (z. B. einen philosophischen Gedankengang zu illustrieren oder einer Liebeswerbung mehr Nachdruck zu verleihen).

Die *Grundfunktion* mythischer Stoffe besteht darin, dass sie als äußerst flexible und komplexe Instrumente dazu dienen können, transzendierende Auseinandersetzungen mit Erfahrungsgegenständen überhaupt zum Ausdruck zu bringen und kommunizierbar zu machen. Da diese Grundfunktion allen Mythen gemein ist, soll gleich auf die verschiedenen Möglichkeiten der *Funktionalisierungen* speziell von mythischen Hylemen bzw. Hylemsequenzen näher eingegangen werden, die ein Herabkommen aus dem Himmel thematisieren.

---

12 Zum hier und im Folgenden verwendeten Begriff „numinos" s. die Ausführungen in Abschnitt 3.2.
13 Zu dieser Differenzierung des Funktionsbegriffs s. im Einzelnen C. Zgoll 2019, 418-428.

2.2 Funktionalisierungen: Anzeiger für Bedeutsamkeit und Legitimation

Primäre Funktionalisierungsmöglichkeiten hinsichtlich der oben genannten Beispiele von Königtum und Maat bestehen darin zu zeigen, von wem veranlasst, unter welchen Umständen und dass überhaupt Ordnung und Gerechtigkeit auf Erden etabliert worden sind und, damit zusammenhängend, inwiefern sie dadurch legitimiert sind und als wichtig oder sogar unantastbar zu gelten haben. Die transferierten Objekte besitzen in der Welterfahrung ihrer Kulturen Wichtigkeit; dies zeigt sich unter anderem an der Bedeutsamkeit der mit dem Sphärenwechsel verbundenen Objekte selbst[14], aber auch an der Bedeutsamkeit der damit verbundenen handelnden Subjekte[15] und darüber hinaus an den Empfängern oder Orten, zu denen die transferierten Objekte gelangen[16]:

- **Subjekte:** Es handelt sich bei den Subjekten oder Veranlassern von Sphärenwechseln in der Regel um hochgestellte Gottheiten.
- **Objekte:** Das, was aus dem Himmel kommt, ist in der Regel bedeutsam, entweder (in vielen Fällen) etwas außerordentlich Gutes wie Tempel, Götterstatuen oder königliche Insignien (z. B. ein Zepter), oder (seltener) etwas Bedrohliches wie bspw. von hohen Göttern geschickte Flutkatastrophen oder andere numinose Wesen (z. B. Dämonen), die Strafe oder Leid bringen können. Ob etwas wie Bestrafung als negativ einzustufen ist, hängt allerdings sehr von der jeweiligen Perspektive ab. Aus der Sicht eines Übeltäters ist die drohende Strafe tatsächlich etwas Bedrohliches; aus der Perspektive der Menschen, die durch ihn zu Schaden gekommen sind, oder der Götter, die durch ihn bspw. geschmäht wurden, sind Strafen das Sinnbild für Ordnung und Rechtlichkeit[17].
- **Empfänger und Orte:** Gerade gute Gaben von oben gelangen zu herausragenden menschlichen Empfängern oder besonderen irdischen Orten wie bspw. das königliche Zepter zum König Šulgi von Ur, der numinose Schild

---

14 Vgl. Auswertungsbeitrag A. Zgoll, *Wer oder was vom Himmel kommt*.
15 Vgl. Auswertungsbeitrag Cöster-Gilbert, *Akteure von Transfers vom Himmel*.
16 Vgl. Auswertungsbeitrag Kärger, *Ausgangs- und Zielpunkte des Transfers vom Himmel in antiken Mythen*.
17 Zur „mythischen Gewalt" als Manifestation göttlicher Macht, welche die Setzung von Recht allenfalls impliziere oder mit sich bringe, nicht aber primär auf Durchsetzung eines bereits bestehenden Rechts in Form einer Strafe abziele, vgl. die Überlegungen von Benjamin (1921=) 1965 (Hinweis Gösta Gabriel).

(das *ancile*) zum römischen König Numa, oder der erste von Innana für die Erde gebrachte Tempel (implizit) in die Residenzstadt Uruk.

Dass aus dem Himmel gekommene Objekte für die Gesellschaft wichtig sind, kann sich z. B. darin zeigen, dass sie im Lebensvollzug immer wieder ins Zentrum gerückt werden. So werden die *ancilia*-Schilde in einem regelmäßig wiederkehrenden Ritual gezeigt und geehrt, oder ein Kultbild wie das Palladion von Troia wird durch Opfergaben und Chorgesänge verehrt; des weiteren werden bspw. Götterbilder durch immer wiederkehrende Mundöffnungsrituale, Tempel durch zyklisch wiederholte Tempelweihfeste in ihrer Wirkmächtigkeit neu „aufgeladen". Die Wichtigkeit für eine Ermöglichung, Aufrechterhaltung und Förderung guten menschlichen Lebens wird als Ziel u. a. im Mythos INNANA BRINGT DAS HIMMELSHAUS FÜR DIE ERDE besonders deutlich: Innana schafft durch die Errichtung des ersten Tempels einen Ort, an dem Menschen den Göttern begegnen, ihnen opfern und für ihr eigenes Wohlergehen bitten können, wodurch ein durch die Götter geschütztes (Sicherheit) und damit gutes (Fruchtbarkeit) Leben garantiert werden kann. Daher wird von diesem Himmelshaus gesagt, dass es die Erde „gut macht".

Es ist nun aber nicht nur so, dass die herausragende Stellung von Örtlichkeiten oder Personen, die Dinge aus dem Himmel empfangen, die Bedeutsamkeit eben dieser Dinge unterstreicht, sondern auch umgekehrt hat die himmlische Herkunft dieser Dinge implizit eine legitimierende Funktion in Hinblick auf die Stellung der empfangenden Orte oder Personen. Denn wer würdig ist, etwas Positives von Göttern aus dem Himmel als Gabe zu erhalten, erhält dadurch die Legitimation für eine herausgehobene Position oder Aufgabe. Dass Innana zur Heiligen Hochzeit aus dem Himmel kommt, legitimiert die Herrschaft von Iddin-Dagan und schenkt ihm und damit dem Land Fruchtbarkeit. Der Besitz der *ancilia*-Schilde unterstreicht und legitimiert die Position von Numa als einem Herrscher mit einem „besonderen Draht" zu den Göttern und von Rom als Hauptstadt des römischen Imperiums. Das Palladion ist durch seine himmlische Herkunft nicht nur als außergewöhnlich gekennzeichnet, sondern es trägt durch eben diese Außergewöhnlichkeit auch dazu bei, die herausgehobene Stellung der Königsstadt Troia und ihres Gründers zu legitimieren. Diese legitimierende Funktion, die das Palladion nach griechisch-römischen Quellen durch seinen Ursprung vom Himmel und von den Göttern innehat, kann es weitergeben, wenn es von herrschender Stadt zu herrschender Stadt wandert[18] – analog zum Königtum,

---

18 Vgl. Beitrag C. Zgoll, *Vom Himmel gefallen*.

das nach mesopotamischen Quellen von herrschender Stadt zu herrschender Stadt wandert[19].

2.3 Metafunktionen: kognitive und affektive Stabilisierung

Welche Auswirkungen können die Erzählungen solcher mythischer Stoffe auf die antiken Menschen gehabt haben, worin bestehen also potenzielle *Metafunktionen* von Erzählungen über vom Himmel Gekommenes? Im Allgemeinen bewirken mythische Stoffe sowohl eine kognitive als auch eine affektive Stabilisierung, zum einen durch die epistemische Komponente einer orientierungsstiftenden Strukturierung der erfahrenen Wirklichkeit, zum anderen durch psycho-soziale Komponenten wie etwa Gefühle der Orientierung, der Sicherheit und damit der Freiheit von Angst, die auf einer (häufig gemeinschaftlichen) kognitiven Aufarbeitung von Erfahrungsgegenständen beruhen[20].

So leisten mythische Erzählungen über einen Himmelstransfer („X kommt vom Himmel") einen wichtigen Beitrag zur kognitiven Verarbeitung von Wirklichkeitserfahrungen, indem sie erklären, woher essenzielle Dinge wie Ordnung, Recht, Sicherheit oder Fruchtbarkeit kommen – und wer „dahintersteht". Besonders wichtig ist dies nicht nur im Hinblick auf die Erklärung der Provenienz des Guten, sondern gerade auch im Hinblick auf die Herkunft des Schlechten oder Bedrohlichen. Woher das Negative kommt, wird in verschiedenen mythischen Überlieferungen unterschiedlich erklärt, je nach dem Kontext, in dem die Überlieferung steht: Teils ist man nur daran interessiert, den vorliegenden Einzelfall zu erklären, teils soll das Entstehen von Übeln überhaupt oder zumindest für einen bestimmten größeren Bereich erklärt werden, der mehrere ähnliche Fälle umfasst. Der Einzelfall ist gegeben, wo die Erklärung sich nur auf einen speziellen Fall bezieht und nur für einen bestimmten Menschen oder eine Gruppe von Menschen gilt, bei dem bzw. denen ein vorliegendes Übel auf das Wirken einer einzelnen numinosen Macht zurückgeführt wird (eine einzelne Krankheit eines speziellen Menschen oder einer speziellen Gemeinschaft wie etwa eine Seuche, die eine bestimmte Stadt heimsucht). Eine generalisierende Erklärung der Herkunft von Negativem liegt vor, wenn erzählt wird, wie etwas oder jemand vom Himmel auf die Erde gekommen ist, das oder der für die Menschheit insgesamt schlimme Auswirkungen haben konnte wie etwa bei Lamaštu, die wegen ihrer

---

19 Vgl. Beitrag Gabriel.
20 S. C. Zgoll 2019, 424 f.

bösen Taten vom Himmelsgott aus dem Himmel geworfen wird (als generelle Verursacherin von Krankheiten[21]) oder Ate, die Zeus vom Himmel auf die Erde verbannt (personifizierte Göttin der Verblendung[22]).

Bei der Erklärung des Negativen in der Welt wird im Alten Orient nach einer Überlieferung sogar der Irrationalität des „Bösen" Rechnung getragen: So ist nach dieser Tradition Negatives nicht unbedingt eine notwendige Folge intentionaler Handlungen menschlicher oder göttlicher Akteure, also nicht bspw. Folge menschlichen Fehlverhaltens den Göttern gegenüber oder Folge göttlicher, wie auch immer motivierter Aktionen den Menschen gegenüber, sondern es kann auch auf das Einwirken dämonischer Mächte zurückgeführt werden, die wie mutwillige Marodeure auch dann zerstörerisch tätig werden können, wenn es keinen direkten oder einsichtigen Grund dafür gibt[23]. Dies zeigt bereits der Umstand, dass An Lamaštu aus dem Himmel wirft, denn das impliziert, dass sie vorher gewissermaßen auf eigene Faust, nicht im Auftrag der himmlischen Götter gehandelt hat.

Eminent wichtig für die antiken Kulturen ist nun aber, dass mythische Stoffe nicht nur zur kognitiven, sondern auch zur affektiven Stabilisierung beitragen, dass somit ein Stoff, der von einem Sphärenwechsel aus dem Himmel erzählt, nicht nur die Welt *erklärt*, sondern dass er zugleich auch *Hilfestellungen bietet, die Welt zu bewältigen*[24]. Wenn es bspw. um die Frage geht, an wen man sich zu wenden hat, wenn man gute Dinge aus dem Himmel erhalten oder Ungutes abwehren will, dann liegt die Antwort darauf bereits in den jeweiligen Mythen selbst: Man hat sich natürlich am ehesten an diejenigen Gottheiten zu wenden, die nach dem jeweiligen Mythos für die Herabkunft dieser Dinge aus dem Himmel verantwortlich zeichnen, ggf. unter Einschaltung eines Fürsprechers oder Mittlers. Wenn bspw. im antiken Mesopotamien Krankheiten auf das Wirken der Dämonin Lamaštu zurückgeführt werden, dann steckt in dieser Erklärung zugleich

---

21 Vgl. Beitrag Zomer.
22 Vgl. den Beitrag C. Zgoll, *Göttergaben und Götterstürze*.
23 Vgl. auch van Binsbergen/Wiggermann 1999, 27 zur teils in Mesopotamien sichtbaren Vorstellung von Dämonen als „amoral outsiders sharing neither the burdens nor the profits of civilisation". Bottéro 2001, 186 f spricht von einer „magischen Erklärung", wenn böse Dämonen dem Menschen grundlos, aus reiner Bosheit schaden.
24 S. dazu C. Zgoll 2019, 425 f. Die Betonung speziell der Angstbewältigung ist außerdem ein zentrales Anliegen in Blumenbergs Monographie *Arbeit am Mythos* (1979), der dadurch wesentlich dazu beigetragen hat, innerhalb der Mythosforschung die allzu einseitige Fixierung auf den *kognitiven* Aspekt der Funktionalisierung mythischer Stoffe (vgl. bspw. Beth 1935, 721) aufgebrochen zu haben.

auch schon die Möglichkeit, die Krankheit zu besiegen, indem man nämlich genau diese Dämonin wieder vertreibt. Und wie das geschehen kann, dafür wird in der altorientalischen Mythologie wiederum ein mythisches Narrativ zur Verfügung gestellt: Es handelt von Asalluḫi, dem numinosen Antagonisten der Lamaštu, und davon, wie dieser im mythischen Einst Lamaštu überwunden und vertrieben hat; so kann und soll dann auch im historischen Jetzt Lamaštu durch Herbeirufen und mit Hilfe von Asalluḫi vertrieben werden[25].

3 Von der Funktionsanalyse zur Interpretation

3.1 Vertiefung 1: Anzeiger für Prototypisches

Mythen über eine Herkunft aus dem Himmel erzählen davon, dass etwas aus dem himmlischen Bereich herabkommt, in den meisten Fällen auf die Erde und damit zu den Menschen. Ist diese Aussage noch weitgehend trivial, so ist die Feststellung, dass es sich dabei stets um etwas für die damaligen Kulturen besonders Bedeutsames handelt, schon deutlich pointierter und für die Interpretation dieser Mythen folgenreicher. Bei näherer Betrachtung lässt sich dies inhaltlich weiter zuspitzen, insofern solche mythischen Erzählstoffe oft auf etwas abzielen, was für die Interpretation dieser Mythen ebenfalls einen wichtigen Faktor darstellt, auch wenn es nicht bei all solchen Erzählstoffen aufs Erste erkennbar ist. Diese Zuspitzung besteht darin, dass Gegenstände, Kulturtechniken oder Einrichtungen, die aus dem Himmel kommen, in der Regel *etwas Prototypisches bezeichnen*[26].

Deutlich ist dies noch bspw. bei den mesopotamischen Mythenvarianten zu erkennen, die von der HIMMLISCHEN HERKUNFT DES KÖNIGTUMS berichten[27]. Wenn das Königtum aus dem Himmel kommt, dann hat es so etwas vorher auf Erden nicht gegeben, dann ist das eine Himmelsgabe für die Menschen, die so das erste Mal erfolgt und erst ab diesem Zeitpunkt auf Erden besteht. Ähnlich liegt der Fall bei der Herabkunft des ersten Tempels aus dem Himmel. Wenn Innana das E-ana, das „Haus des Himmels" aus dem Himmel herabbringt, dann zielt dies nicht nur auf einen Tempel in Uruk, sondern auf den ersten Tempel überhaupt, was noch

---

25 So die Ergebnisse der Forschungen von Brit Kärger, die eine ausführlichere Studie dazu vorbereitet.
26 Dies gilt nicht unbedingt auch für numinose Wesen, die vom Himmel kommen.
27 Vgl. Beitrag Gabriel.

um so deutlicher wird, wenn man der Argumentation folgt, dass mit der Begründung dieses Tempels zugleich die Gründung Sumers und der Erde vollzogen wird[28]. Und wenn Prometheus den Menschen das Feuer bringt, dann ist dies etwas Neues, Erstmaliges, wofür der Protagonist nach manchen Stoffvarianten schlimmste Qualen auf sich nehmen muss[29].

Ist in diesen Mythen klar erkennbar, dass sich hier „Erstereignisse" vollziehen und etwas Prototypisches erstmalig ins Sein gerufen wird, so liegt dies in etlichen anderen Fällen nicht gleichermaßen klar zutage. Das kann verschiedene Gründe haben. Zum einen kann dies daran liegen, dass man das Prototypische als bekannt vorausgesetzt hat und daher keine Veranlassung sah, diesen Aspekt explizit zu erwähnen. Damit hängt zusammen, dass mythische Stoffe oft sehr abgekürzt überliefert worden sind, und gerade deswegen oft das, was als selbstverständlich galt, in der Verkürzung weggelassen werden konnte[30]. Ein weiterer Grund kann darin bestehen, dass verschiedene Überlieferungen miteinander in Konkurrenz getreten sind. Warum dies zur Weglassung der Betonung des Prototypischen führen kann, soll im Folgenden deutlich werden.

3.1.1 Konfliktträchtigkeit von Prototypen-Mythen

Aufgrund der bereits lange andauernden schriftlichen und vor allem mündlichen Überlieferung und vor allem aufgrund zahlreicher inner- und transkultureller Kontakte, also aufgrund des Phänomens der Interhylität[31], stehen verschiedene mythische Stoffe und ihre Varianten, in unserem Fall verschiedene Mythen über eine himmlische Herkunft z. T. derselben Gegenstände, Kulturtechniken oder Einrichtungen, oft unvermeidlich miteinander in einer gewissen Konkurrenz. Gerade der eben angesprochene Fall des E-ana-Tempels, der als erstes „Himmelshaus" von Innana aus dem Himmel herabgeholt wurde, kann deutlich machen,

---

28 Vgl. Beitrag A. Zgoll, *Wie der erste Tempel auf die Erde kommt*.
29 Vgl. Beitrag Alvensleben.
30 Vgl. dazu C. Zgoll 2019, 197-204 und die Untersuchungen von Kärger in diesem Band zu vielen isoliert überlieferten mythischen Hylemen in der mesopotamischen Literatur. Vgl. auch A. Zgoll 2020 zur Funktion eines solchen isolierten Hylems innerhalb eines anderen Erzählstoffes. Es handelt sich dort um ein isoliertes Hylem, das den mythischen Erzählstoff von INNANA BRINGT DAS HIMMELSHAUS FÜR DIE ERDE zusammenfasst; durch seine Parallelisierung mit einem anderen isolierten Hylem, welches auf den Mythos INNANA BRINGT MACHTMITTEL DER UNTERWELT ZUR ERDE rekurriert, wird das isolierte Hylem des einen Mythos zum Schlüssel für die Bewertung und den Ausgang des anderen Mythos eingesetzt.
31 Zum Phänomen der Interhylität s. ausführlich C. Zgoll 2019, 270-288.

was geschehen kann, wenn mehrere mythische Stoffe zu demselben Thema miteinander (in diesem Fall innerkulturell) in Kontakt treten. Der Mythos vom E-ana verweist auf Uruk, und damit auf eine besondere Lokaltradition. In der Stadt Eridu z. B. wurde aber ein ganz ähnlicher mythischer Stoff erzählt, dort allerdings auf den Gott Enki bezogen, der den ersten Tempel aus dem unterirdischen Süßwasserozean Abzu heraus dort entstehen lässt, wo die Stadt Eridu liegt. Da Mythen aus nah beieinander liegenden Stadtstaaten nicht isoliert voneinander bleiben, können, ja müssen fast zwangsläufig zwei verschiedene, eigentlich unvereinbare mythische Stoffe über die Entstehung des ersten Tempels auf Erden miteinander in Konflikt geraten.

Ein Mittel, um diesen Konflikt zu entschärfen, besteht aus einem relativ geringfügigen Eingriff: indem man nämlich die *explizite* Zuspitzung, dass es sich jeweils um den *ersten* Tempel überhaupt gehandelt hat, abschleift bzw. auslässt. Stratifikationsanalytisch betrachtet ist in diesen Fällen somit das *Fehlen* eines Stoffzuges, in diesem Fall das Fehlen einer expliziten Kennzeichnung als Erstereignis, bereits ein Indiz für eine Stoffschichtung, die auf ausgetragene Deutungsmachtkonflikte hindeuten kann. Denn es ist mehr als plausibel, dass die ursprünglich selbständigen sumerischen Stadtstaaten ihre jeweils eigenen Traditionen entwickelt haben, und dass damit die Bewohner von Eridu in Enkis Haupttempel genauso den ersten Tempel überhaupt erblickt haben wie die Einwohner von Uruk in der Heldentat der Innana, die das E-ana aus dem Himmel gebracht hat, eine Tat sahen, die eine Erst-Tat war.

Geht man von diesen Beobachtungen aus, dann legt es sich nahe, dass auch in Überlieferungen anderer Kulturen und Zeiten Himmelsgaben in vielen Fällen als Erst-Gaben zu interpretieren sind, auch wenn aufgrund der Konkurrenz ähnlicher Mythen (oder weil man es als selbstverständlich voraussetzte) diese Gegenstände, Kulturtechniken oder Einrichtungen nicht immer explizit als etwas Prototypisches gekennzeichnet sind. So ist etwa in Griechenland die Gabe des Feuers durch Prometheus z. B. in Hesiods *Theogonie* noch eindeutig als Erst-Gabe gekennzeichnet[32]; in anderen Fällen aber wird die Frage diffiziler und damit in Hinblick auf die Mytheninterpretation spannender. Dies soll an einem weiteren Beispiel aus der griechischen Mythologie näher verdeutlicht werden.

---

32 Vgl. Beitrag Alvensleben.

3.1.2 Beispiel Palladion: Die Himmelsgabe des Palladions als mythisches Erstereignis

In vielen Fällen, so hat sich gezeigt, zielen Mythen über eine himmlische Herkunft auf etwas Prototypisches, und zwar auch dann, wenn dies nicht (mehr) explizit ausgedrückt wird. Das hat zur Folge, dass es sinnvoll, wenn nicht notwendig ist, sich bei der Interpretation solcher Mythen die Frage zu stellen, ob eine Himmelsgabe eine Erst-Gabe darstellt, und zwar auch und gerade dann, wenn dies eben nicht explizit vermerkt ist. Ein solcher Fall liegt bspw. bei der himmlischen Gabe des Palladions bzw. der Palladia vor[33]. Wie sind die diesbezüglichen mythischen Stoffvarianten hinsichtlich der Frage nach etwas Prototypischem zu interpretieren?

Ob nun nach der mythischen Überlieferung der Griechen Athene der Chryse die Palladia als Hochzeitsgeschenk überreicht, oder ob Zeus ein Palladion zu Ilos aus dem Himmel herabfallen lässt oder dem Dardanos übergibt, so handelt es sich bei diesen Gaben jeweils mit Sicherheit um etwas Besonderes, denn Götter geben, wenn sie geben, nichts „Normales", sondern etwas Außergewöhnliches[34]. Nun gibt es auch hier prinzipiell zwei Möglichkeiten: Entweder handelt es sich beim Palladion um eine außerordentliche Gabe, die auf Erden so oder in vergleichbarer Form bereits existiert hat, oder die Außergewöhnlichkeit dieser Gabe besteht nicht zuletzt darin, dass es so etwas oder auch Vergleichbares bis dahin nicht gegeben hat.

Eine für die troianische Lokalüberlieferung ausnehmend wichtige Rolle des Palladions in seiner Funktion als ein das Heil der Stadt garantierendes Götterbild kann kaum bestritten werden. Kann man eventuell aber auch so weit gehen, dass mit diesen mythischen Stoffvarianten implizit die Vorstellung verbunden war, dass die Menschen überhaupt erst seit dem Geschenk des Palladions (bzw. der Palladia) Götterbilder kannten, die unter anderem die ausnehmend wichtige Funktion hatten, den Schutz ihrer Städte zu gewährleisten?

Dass es nach der mythischen Weltsicht der genannten griechischen Stoffvarianten noch keinerlei kultische Repräsentationen von Göttern auf Erden gegeben haben könnte, bevor das Palladion den Menschen zum Geschenk gemacht wurde, lässt sich nicht zwingend ableiten. Schon etwas anderes ist es hingegen mit der Zuspitzung, dass es nach den überlieferten PALLADION-MYTHEN vor der Gabe des Palladions auf Erden noch keine Kultbilder gegeben haben könnte, die

---

33 Vgl. Beitrag C. Zgoll, *Vom Himmel gefallen*.
34 Zu Göttergaben generell s. auch den Überblicks-Beitrag C. Zgoll, *Göttergaben und Götterstürze* in diesem Band.

speziell für die Sicherheit einer befestigten Stadt von höchster Wichtigkeit waren und demgemäß gehütet und verehrt wurden. Wenn mythische Stoffe über eine himmlische Herkunft, wie oben gezeigt, oft von Erstereignissen handeln oder Prototypisches vor Augen führen, kann es sogar als wahrscheinlich gelten, dass die bspw. bei Apollodoros vorgestellte Stoffvariante impliziert, dass Zeus mit seiner Gabe des Palladions an Ilos anlässlich der Stadtgründung von Troia tatsächlich erstmals einen solchermaßen spezifizierten Kultgegenstand auf die Erde gelangen lässt[35]. Selbst wenn dem nicht so wäre, muss man noch den Umstand berücksichtigen, dass es mehrere verschiedene Lokaltraditionen gegeben hat, für die jeweils aus ihrer Sicht ein „First" behauptet worden sein kann. Das wird erst dann problematisch, wenn man der Versuchung erliegt, diese verschiedenen Lokaltraditionen zu einer „Gesamtmythologie der Griechen" zu synthetisieren und zu harmonisieren (vgl. analog oben die Diskussion zum ersten Tempel in Mesopotamien und zu den diesbezüglich unterschiedlichen Lokaltraditionen von Uruk und Eridu).

Zusammenfassend lässt sich sagen, dass in (auserzählten, nicht in abgekürzten) mythischen Stoffen (bzw. ihren Varianten) von einer himmlischen Herkunft bei näherer Betrachtung nicht allgemein von Objekten in einem *generischen* Sinn die Rede ist, also bspw. von der Herabkunft von Tempeln überhaupt oder von Götterbildern generell, welche die Funktion haben, eine Stadt zu schützen, sondern dass Entsprechendes in aller Regel an *einem spezifischen* Objekt veranschaulicht wird, das stellvertretend, aber eben *konkret*, für eine ganze (abstrakte) Klasse steht. Das konkrete Palladion steht somit stellvertretend für die „Klasse" von Götterbildern mit Schutzfunktion für eine Stadt, und wenn nach mythischer Überlieferung spezifisch das Palladion von Troia erstmals vom Himmel auf die Erde kommt, dann kann das für die Interpretation entsprechender Mythenvarianten bedeuten, dass in deren Sicht mit diesem Palladion auch erstmals überhaupt ein städteschützendes Götterbild zu den Menschen gelangt ist, auch wenn dies nicht (mehr) explizit zum Ausdruck gebracht wird.

Diese Schlussfolgerungen werfen schließlich noch einmal ein neues Licht auf das Problem, dass die antiken Überlieferungen schwanken, ob aus dem Himmel bzw. von bestimmten Göttern *ein* Palladion gegeben wurde oder *mehrere* Palladia gebracht worden sind[36] (vgl. analog den strukturell ganz ähnlichen, römischen Fall von dem einen *ancile* bzw. mehreren *ancilia*-Schilden[37]). In der griechisch-römischen Antike selbst hat man dies entweder damit erklärt, dass es

---

35 Apollod. 3,143.
36 S. dazu den Beitrag C. Zgoll, *Vom Himmel gefallen*, Abschnitt 7 in diesem Band.
37 Vgl. Beitrag Jäger.

von Anfang an mehrere Palladia waren, oder damit, dass es nur eines gab, dass man aber, um dieses eine wertvolle Palladion zu schützen, mehrere Kopien angefertigt habe. Oder man versucht das Problem diachron zu lösen, indem man annimmt, dass es nur ein Palladion gegeben hat, welches dann aber, wie das nur einmal vom Himmel herabgekommene Königtum in Mesopotamien[38], von Stadt zu Stadt „wanderte".

In gewisser Weise verdeutlichen aber *gerade* die beiden zuletzt genannten Lösungen vom Kopieren und vom Wandern, dass es eigentlich nur *ein* wahres, aus dem Himmel gekommenes Palladion gegeben hat und geben kann, denn sie entpuppen sich in ihrer Konstruiertheit deutlich als Notlösungen bzw. Kompromisse. Die Lösung, dass Götter aus dem Himmel eine bestimmte *einzelne* Person (sei es nun Chryse oder Dardanos oder Ilos) mit *mehreren* Palladia beschenken, stellt deutlich erkennbar den Versuch dar, dem Befund mehrerer verschiedener Palladion-Traditionen gerecht zu werden und etwas für Mythen über eine himmlische Herkunft eher Untypisches, Künstliches zu konstruieren, indem eine einzelne, konkrete Person gleich eine ganze Gruppe von Gegenständen („die Palladia") erhält. Prototypen-Mythen hingegen zielen in der Regel darauf, dass einer einzelnen, konkreten Person passenderweise auch eine einzelne, konkrete Gabe zuteil wird, die dann auch zum ersten Mal überhaupt in den menschlichen Bereich gelangt.

3.2 Vertiefung 2: Anzeiger für Numinosität

Die Erzählung des Vorgangs „X kommt vom Himmel (zu/nach Y)" kommt für vielfältige Einsatzmöglichkeiten in Frage und hat sich daher als ein wirkmächtiger Erzählbaustein in antiken Mythen verschiedener Kulturen erwiesen. Neben der Funktionalisierung als Anzeige von etwas Prototypischem ist noch eine weitere Funktionalisierungsmöglichkeit all diesen unterschiedlichen Konkretionen des genannten Vorgangs gemeinsam. Diese wird ebenfalls erst deutlich, wenn man einen Schritt zurücktritt und auf eine abstraktere Aussage-Ebene fokussiert, die hinter den so unterschiedlich ausgestalteten Erzähloberflächen liegt. Und auf dieser Ebene wird immer dieselbe Botschaft transportiert: Dass nämlich das, was vom *Himmel* kommt, von den *Göttern* kommt und dementsprechend *Göttlichkeit* besitzt. Die eigentliche Pointe liegt nicht auf dem *Ort* der Herkunft all dieser Dinge und Figuren, sondern darauf, dass dieser Ort auf *Göttlichkeit* oder allgemeiner:

---

[38] S. dazu den Beitrag Gabriel, Abschnitt 3.3 in diesem Band.

auf *Numinosität* dessen deutet, was von diesem Ort kommt[39]. Der Himmel ist in gewisser Weise austauschbar, da sowohl Positives wie Negatives teilweise auch aus anderen kosmischen Bereichen kommen kann; nicht austauschbar aber ist die Stoßrichtung der Aussage, dass es sich bei diesen Dingen oder Gestalten um etwas Numinoses handelt.

Diese Erkenntnis hat wichtige Auswirkungen auf die Interpretation einzelner Mythen. Als Beispiel greifen wir zwei Mythen heraus, einen aus der griechischen, einen aus der sumerischen Überlieferung: den Mythos vom FEUERDIEBSTAHL DES PROMETHEUS[40] (unter 3.2.2) und einen Mythos, der von einem sumerischen Helden namens Lugalbanda handelt[41].

3.2.1 Beispiel Lugalbanda: Die göttliche Legitimierung des Heerführers Lugalbanda als neuer Herrscher

Zunächst zum sumerisch überlieferten Erzählstoff von Lugalbanda. Ein großer epischer Text schildert den Feldzug des sagenhaften Urzeit-Herrschers Enmerkara von Uruk zum ferne in den östlichen Bergen gelegenen Arata[42]. Dieses sog. *Lugalbanda-Epos* ist auf Tontafeln aus den Jahrhunderten kurz vor und nach 2000 v. Chr. erhalten[43].

---

39 Als „numinos" werden im vorliegenden Auswertungsbeitrag Wesen und Phänomene und deren Einwirkungen auf Geschehnisse bezeichnet, die in emischer Sichtweise die menschliche Natur und deren Fähigkeiten transzendieren (vgl. C. Zgoll 2019, 395; dort in Bezug auf die transzendierende Auseinandersetzung mit Erfahrungsgegenständen, die ein wesentliches Merkmal mythischer Stoffe darstellt), außerdem Örtlichkeiten, die vornehmlich von solchermaßen charakterisierten Wesen bewohnt oder beherrscht werden. Dieser Kategorie des Numinosen gehören bspw. Wesen wie Götter oder Dämonen oder Orte wie Himmel oder Unterwelt an, daneben auch Gegenstände oder Handlungen (z. B. Kultgegenstände oder Rituale), die in einem Zusammenhang mit numinosen Wesen stehen. Zur Rechtfertigung der Kategorie des Numinosen in der Konzeption von Rudolf Otto (als *mysterium tremendum et fascinans*) aus religionswissenschaftlicher Sicht, zu ihrer Valenz für eine kulturwissenschaftliche Analyse und zu ihrer Verteidigung gegen Kritik s. die Arbeit von Johannsen 2008.
40 Zum Mythos PROMETHEUS STIEHLT DAS FEUER und seinen verschiedenen Varianten in der Überlieferung s. den Beitrag von Alvensleben im vorliegenden Band.
41 Zu Lugalbanda, der erscheint wie einer, der vom Himmel kommt, s. den Beitrag von Kärger im vorliegenden Band (v. a. Abschnitt 4.2.4.1).
42 Aus heutiger Perspektive betrachtet geht es um den Feldzug eines Stadtstaates im Irak gegen einen Stadtstaat im Iran.
43 Claus Wilcke hat den zweiten Teil dieses Epos ediert (Wilcke 1969), die Zusammengehörigkeit beider Teile erkannt und als Einheit neu übersetzt (Wilcke 2015) sowie die zentralen Erzählstoffe erschlossen (Wilcke 2015, 208-211). Wilcke spricht hier von Geschichten: „Drei Geschichten

Gemeinsam mit Enmerkara sind sieben Generäle an dem Feldzug gegen Arata beteiligt, außerdem ein Achter, der namentlich hervorgehoben wird, Lugalbanda. Auf dem Weg ins Gebirge wird Lugalbanda todkrank und muss im kur, dem „Gebirge" bzw. „Totenreich" (beide Bedeutungen stecken im sumerischen Wort) zurückgelassen werden. Durch göttliche Hilfe gelingt es Lugalbanda, zu Enmerkara und den Truppen zurückzukehren. Diese Rückkehr aus dem Totenreich wird durch verschiedene Vergleiche als etwas Erstaunliches und Unfassbares markiert. Hier findet sich auch der entscheidende Verweis auf das Hervorkommen aus dem Himmel. Lugalbanda kommt nämlich zu seinen Brüdern wie eine Person, die vom Himmel kommt:

^{222}lu$_2$ an-ta ki-a gub-ba-gen$_7$ ^{223}lugal-ban$_3$-da zu$_2$-keš$_2$ ĝar-ra šeš-a-ne-ne-ka murub$_4$-ba ba-an-gub?	^{222} Wie jemand, der sich aus dem Himmel kommend auf der Erde aufgestellt hat, ^{223} stellte sich Lugalbanda in die Mitte der aufgestellten Truppen seiner Brüder.[44]

Lugalbanda-Epos Teil 2, Z. 222

Ein Hinweis auf eine Herkunft vom Himmel ist textintern auch an anderer Stelle des Epos zu finden[45]. Es handelt sich dort um den Herrscher Enmerkara, der sich aus dem Himmel kommend in der „Großen Erde" (= Unterwelt; s. dazu unten) aufgestellt hat. Betrachtet man die beiden Schilderungen des Urkönigs Enmerkara und des Heerführers Lugalbanda in Bezug auf die Herkunft vom Himmel, fällt ein entscheidender Unterschied auf: Während Enmerkara durch die Aussage, dass er vom Himmel kommt, direkt als göttlich charakterisiert wird (Teil 1, Z. 53; s. unten), wird Lugalbanda (Teil 2, Z. 222) nur mit einem göttlichen, vom Himmel kommenden Wesen *verglichen*.

Die Frage ist, was hinter dieser Differenzierung steckt. Sie ist verbunden mit dem Problem, weshalb ein militärischer Anführer, und sei es auch nur vergleichsweise, als göttlich beschrieben wird, wenn Numinosität ansonsten nur bestimmten geweihten Herrschern zukommt. Wesen, die sich vom Himmel kommend auf

---

in einer?" (a. O. 208); dem entspricht in der Terminologie der Stoffwissenschaft (Hylistik), dass in einem *Text* drei *Erzählstoffe* verarbeitet sind. – Claus Wilcke hat uns großzügig ermöglicht, das unpublizierte Manuskript seiner Partitur des Lugalbanda-Epos von 2011 zu verwenden.

44 Vgl. den Beitrag von Kärger im vorliegenden Band unter Abschnitt 4.2.4.1 und Anhang 33 sowie Wilcke 2015, 263.

45 Claus Wilcke ist der Nachweis gelungen, dass es sich bei den früher als zwei Epen angesehenen Texten vielmehr um ein einziges episches Preislied handelt, vgl. Wilcke 2015, 207 f.

der Erde aufstellen, sind nach den Ergebnissen des Beitrages von Brit Kärger in Teil 2 dieses Bandes klar als Gottheiten markiert. Lugalbanda erscheint seinen „Brüdern", den anderen Generälen, hier mithin wie eine Gottheit. Dass ein König als gottgleich angesehen wird, ist für Mesopotamien gut bezeugt. Etliche Herrscher seit Narām-Sîn (23. Jh. v. Chr.) bezeichnen sich als Gottheit und schreiben ihren Namen mit dem Gottesdeterminativ. Aber wieso Lugalbanda? Lugalbanda ist kein Herrscher. Er ist vielmehr der achte Heerführer des Enmerkara. Offensichtlich kann die Numinosität also nicht vom Amt des Heerführers abgleitet werden, im Gegenteil: Die übrigen Feldherren sind schockiert wie bei einer echten Theophanie (Teil 2 Z. 220-224) und wundern sich über die Ausstrahlung, die ihren „Bruder" auszeichnet (Teil 2, Z. 220-237).

Weitere Eigentümlichkeiten fallen auf: (1) Obwohl das Epos mit dem Auszug gegen Arata anhebt, endet es nicht mit dem Sieg über diese Stadt, wie man das üblicherweise erwarten würde. (2) Obwohl der Herrscher, der am Anfang preisend eingeführt wird, der berühmte Enmerkara ist, über den auch andere Preislieder erhalten sind, endet das epische Lied nicht mit einem Preis des Enmerkara. Vielmehr steuert der Text auf den Preis des achten militärischen Anführers, eben des Lugalbanda zu.

Hier erweist sich einmal mehr der Gewinn der Rekonstruktion mythischer Erzählstoffe durch Hylemanalyse, da diese vom Text, der bewusst gewisse Härten zu mildern sucht, zu den „narrativen Fakten" führt, also den Erzählbausteinen, die auf der Textoberfläche teils verschleiert, teils umgestellt, teils ausgespart werden[46]. Welche „gewisse Härten" sind hier gemeint? Im Folgenden soll plausibel gemacht werden, dass der eigentliche Kernpunkt des *Lugalbanda-Epos* nicht darin besteht, einen siegreichen Feldzug gegen ein feindliches Volk in den Bergen zu beschreiben, sondern zu erklären, wie es im Verlauf dieses Feldzuges zu einem Machtwechsel zwischen dem legitimen Herrscher Enmerkara und dessen Heerführer Lugalbanda gekommen ist, und diesen Herrschaftswechsel zu rechtfertigen und göttlich zu legitimieren. Einer, wenn nicht der zentrale mythische Erzählstoff, der dem *Lugalbanda-Epos* zugrundeliegt, ist somit der Mythos DIE GÖTTER MACHEN LUGALBANDA ZUM HERRSCHER. Die Rekonstruktion dieses mythischen Erzählstoffes ist komplex, da der Text außergewöhnlich umfangreich ist; hier können daher nur einige wesentliche Teile herausgegriffen werden[47].

Der menschliche Protagonist in diesem mythischen Erzählstoff DIE GÖTTER MACHEN LUGALBANDA ZUM HERRSCHER ist nach dem eben Ausgeführten nicht, wie sonst üblich, der aktuell amtierende Herrscher selbst, Enmerkara, sondern eben

---

46 Vgl. C. Zgoll, *Grundlagen der hylistischen Mythosforschung*, Abschnitt 2.8, in diesem Band.
47 Vgl. Wilcke 2015 zu anderen Erzählstoffen, die im Text verarbeitet sind.

sein Heerführer Lugalbanda. Dieser Lugalbanda wird außergewöhnlich aufgewertet; in diese Richtung weisen bereits die Beobachtungen von Claus Wilcke: Lugalbandas „Abenteuer ... und seine Entwicklung zu einem künftigen Herrscher stehen fast durchweg im Vordergrund der Erzählung"[48]. Der eigentliche Herrscher Enmerkara hingegen muss letztlich sein königliches Amt abgeben (siehe unten). Das wird allerdings so vorsichtig angedeutet, dass deutlich wird, dass gerade hierin ein großes Problem liegt. Dieses Problem wird verständlich, wenn man sich die Situation unbeeinflusst vom Wissen um sonstige Erzählstoffe über Lugalbanda oder Enmerkara vor Augen hält[49]. Bei näherer Betrachtung wird deutlich: Dieser Lugalbanda erhält noch *zu Lebzeiten*, also *während* der Regierungszeit Enmerkaras die Herrschaft übertragen. Man könnte das noch härter und zugespitzter so formulieren: Noch während Enmerkara die Regierung innehat, übernimmt Lugalbanda als Usurpator die Macht[50].

Dass eine solche Thematik alles andere als einfach zu behandeln ist, liegt auf der Hand. Alles kann nur mit äußerster Delikatesse angedeutet werden. Der stärkste Eingriff des Textes in den Erzählstoff besteht darin, dass das Ende *des Mythos* in dieser epischen Konkretion überhaupt nicht erzählt wird, zumindest nicht an der zu erwartenden Stelle, am Ende *des Textes*. Hier ist gerade nichts von einer Thronbesteigung Lugalbandas zu vernehmen. Und so bleibt zumindest an dieser Stelle im Text (!) versöhnlich ausgespart, dass der Mythos, den der Text bearbeitet, von der Inthronisation Lugalbandas handelt, *während* der bisherige Amtsinhaber noch lebt und noch als König seine Truppen im Feindland befehligt[51].

In einer Situation, wo der amtierende König Enmerkara erfolglos und weit entfernt im iranischen Bergland mit der Belagerung einer fremden Stadt befasst ist, kehrt Lugalbanda – im Auftrag des Königs, wie es heißt – in die Hauptstadt zurück. Hier in der Hauptstadt erwählt ihn die Göttin Innana als ihren Gemahl (Teil 2, Z. 345-355). Das kann nicht anders interpretiert werden, als dass Lugalbanda hier zum neuen, rechtmäßigen Herrscher bestimmt wird. Auf Textebene

---

48 Wilcke 2015, 208.
49 Lugalbanda ist sonst vielfach auch als Gottheit bekannt; dies ist teils auch in Handschriften des *Lugalbanda-Epos* eingedrungen. Enmerkara ist Protagonist und Held in zwei weiteren epischen Dichtungen, *Enmerkara und Ensuḫkešana*, Edition Wilcke 2012, und *Enmerkara und der Herr von Arata*, Edition Mittermayer 2009.
50 Zur Diskussion der etischen Deutung des Vorgangs als Usurpation s. unten.
51 Gerade diese Abweichung der Textgestaltung vom verarbeiteten Erzählstoff führt dazu, dass das eigentliche Ende des Mythos (dazu unten) nicht wahrgenommen wird, was zu abwegigen Interpretationen führen kann (wie bei Hawthorn 2020, wo auch die neuesten Forschungsergebnisse von Wilcke 2015 nicht rezipiert sind).

ist dies vorsichtig, aber doch eindeutig formuliert: Innana richtet ihren Blick auf Lugalbanda wie auf ihren Ama-ušumgal-ana. Insofern Ama-ušumgal-ana eine der Bezeichnungen von Innanas Geliebtem und Ehemann ist, läuft das auf die Aussage hinaus, dass Innana Lugalbanda zu ihrem Ehemann nimmt.

Ein solches Geschehen ist aus rituell-mythischen Liedern von etwa 2000 v. Chr. gut bezeugt. Es handelt sich um ein Erwählungsritual durch Innana, das modern auch mit dem Namen „Heilige Hochzeit" bezeichnet wird[52]. Der Bezug ist eindeutig auch dadurch, dass Lugalbanda vor die Göttin Innana tritt, während diese ihn auf ihrem kostbaren Lager erwartet (Teil 2, Z. 348)[53].

Neben dem Ritual der Heiligen Hochzeit wird im mythischen Text auf ein weiteres Ritual angespielt, das für den Erhalt der königlichen Macht wichtig ist. Und zwar deutet der Herrscher Enmerkara in metaphorischer Redeweise auf ein Ritual, das dazu dient, dass „die königliche Macht erneuert werden kann"[54]. Der König muss hierfür lebendig in ein Grab steigen und eine Zeit in diesem Grab, d. h. in der Unterwelt verbringen, um durch den Durchgang durch das Totenreich mit neuer Macht zurückzukehren[55]. Ein entsprechender Ritualtext ist aus dem 1. Jahrtausend bezeugt, demzufolge ein solches Ritual jährlich stattfindet[56]. Enmerkara spielt auf dieses Ritual an und macht Innana zum Vorwurf, dass sie ihn

---

[52] Für den vorliegenden Kontext vgl. Wilcke 2015, 213 f. – Bestimmte Rituale wie die Heilige Hochzeit oder das unten besprochene Ritual des königlichen Unterweltsgangs sind äußerst sensible Vorgänge, schon allein deswegen, da eine Störung solcher Rituale in originärer Perspektive unabsehbare Folgen hätte zeitigen können; solche Rituale sind integraler Bestandteil von größeren Ritual- und Festkontexten wie Inthronisations- und Neujahrfesten. Es ist nicht überraschend, sondern zu erwarten, dass derart exklusive heilige Handlungen in profanen Urkunden aus dem Alltags- und Wirtschaftsleben kaum oder gar nicht explizit erwähnt werden. Selbst in Ritualtexten des 1. Jahrtausends sind sie selten und nur in Andeutungen zu finden; immerhin gibt es Ausnahmen wie etwa Zeugnisse zum Ritual vom königlichen Unterweltsgang, vgl. Ambos 2008, 82-85 und Ambos 2008a. Anspielungen auf das Ritual der Heiligen Hochzeit sind in Ritualtexten des 1. Jahrtausends kaum zu erwarten, da dieses Ritual nach bisherigem Kenntnisstand etwa 1000 Jahre früher praktiziert wurde. Ältere Quellen vom Anfang des 2. Jahrtausends haben aber durchaus Teile der rituellen Praxis überliefert wie ein Kultlied auf Innana in ihrer astralen Erscheinungsform, das beim Ritual der Heiligen Hochzeit Innanas mit dem Herrscher Iddin-Dagan von Isin eingesetzt wurde (*Iddin-Dagan A*, Black et al. 2006c, Attinger 2014), außerdem Anspielungen wie im *Lugalbanda-Epos* und in der Enmerkara-Literatur.

[53] Wilcke 2015, 269. Dass Lugalbanda in Ritualen erfahren ist, wird auf Textebene gleich bei seiner Einführung betont. Er führt Reinigungsrituale durch und „königliche Opfer" (*Lugalbanda-Epos* Teil 1 Z. 72, 74).

[54] Wilcke 2015, 223.

[55] Vgl. Wilcke 2012, 23-25 und Wilcke 2015, 223 f. mit *Enmerkara und der Herr von Arata* 61 f. // 92 f., *Enmerkara und Ensuḫkešana* 95-98.

[56] Vgl. Ambos 2008, 82-85 und Ambos 2008a.

gerade nicht so behandelt, wie es nach diesem Ritual zu erwarten wäre, dass sie ihn nämlich nicht zurückgebracht hat in ihren Tempel (Z. 315-318 // Z. 379-382). Schon relativ früh im *Lugalbanda-Epos* gibt es einen ersten Bezug auf dieses Ritual – der genau im Kontext der Herkunft vom Himmel steht. Die Stelle lautet[57]:

^{54}an-ta ki gal-la gub-ba-am$_3$	^{54} Er (= Enmerkara) war es, der sich aus dem Himmel herauskommend in der Großen Erde (= Unterwelt)[58] aufgestellt hatte.
	Lugalbanda-Epos Teil 1, Z. 54

Die Formulierung mit dem Gegensatzpaar Himmel und Erde und der Bewegung vom Himmel herab in die Große Erde (= Unterwelt) verbindet die Stelle intertextuell mit dem antik gut bekannten Preislied *Innanas Gang zur Unterwelt*. Dort heißt es „Vom Großen Himmel auf die Große Erde richtete jemand/eine Gottheit/Innana (ihr Ohr =) ihre Planungskraft (und das hatte Konsequenzen)"[59]. Durch seinen Durchgang durch das Totenreich ist das königliche Ritual, das Enmerkara durchführt, als spezifisches Innana-Ritual gekennzeichnet. Der Hintergrund ist folgender: Gerade die Göttin selbst wird ja gerühmt für ihren Durchgang durch das Totenreich; und gerade bei ihr führt dieser Durchgang durch Sterben und Tod zur höchsten Macht, zur Macht über den Tod und über das Leben (A. Zgoll 2020a). Hier deutet sich schon an, was sich noch näher zeigen wird: Dieser Gang ins Totenreich ist ein Rückblick auf die Inthronisation des Enmerkara.

Ein solches Ritual zur Bestärkung königlicher Macht wird in mythischer Erzählweise zu einem zentralen Gegenstand des Mythos DIE GÖTTER MACHEN LUGALBANDA ZUM HERRSCHER. Gerade Lugalbanda muss ja als „Toter"[60] eine Zeit in einer „Höhle" im „Gebirge" (ḫur-ru-um kur-ra) zubringen. „Gebirge" ist im Sumerischen eine übliche Bezeichnung für die Unterwelt, die „Höhle" steht für das

---

57 Vgl. dazu den Beitrag von Kärger im vorliegenden Band mit Anhang Nr. 32.
58 Der Ausdruck „Große Erde" bezeichnet die Unterwelt, die auch als „Sockel" der Oberwelt verstanden werden kann (so in der Übersetzung von Wilcke 2015, 230).
59 *angalta / Innanas Gang zur Unterwelt* Z. 1-3, A. Zgoll 2020a.
60 Auf der wörtlichen Erzählebene ist Lugalbanda ein Toter, denn ein Todkranker gilt nach mesopotamischer Sichtweise als Toter, weil er schon von Unterweltmächten gepackt und in ihren Bann geschlagen ist. Lugalbanda ist tatsächlich von einem Gott geschlagen, befindet sich also schon im Bereich des Todes. Zur übertragenen Sinnebene siehe das Folgende.

Grab. Dort liegt Lugalbanda wie ein Toter, genau wie der König im Ritual der königlichen Inthronisation und Machterneuerung[61]. Da Lugalbanda kein König ist, geht es bei ihm nicht um königliche Macht*erneuerung*, sondern vielmehr um das *Erreichen* königlicher Macht. Das Ritual vom Durchgang des Lugalbanda durch die Unterwelt dient ebenfalls, wie das oben geschilderte Ritual von Innanas Erwählung des Lugalbanda zu ihrem Gemahl, der Inthronisation zum Herrscher (vgl. dazu auch unten).

Hier lässt sich ein Umstand beobachten, der eine ausführlichere Behandlung verdient und hier nur kurz angerissen werden kann. Bei Darstellungen von rituellen Vorgängen in mythischer Form fokussiert die mythische Erzählung in vielen, wenn nicht in den meisten Fällen nicht die *Durchführungsebene* (die Abfolge der Ritualhandlungen und Ritualworte), sondern die *Sinnebene*: d. h. das, was diese Handlungen und Worte bedeuten sollen, wofür sie im eigentlichen Sinn stehen. Im vorliegenden Fall: Lugalbanda muss durch den Tod hindurch gehen, um herrscherliche Macht zu erringen. Das Ziel dieses Durchgangs durch den Tod zeigt sich in der Bitte des Toten, als ihm Innana erscheint. Hier geht es nun nicht, wie man erwarten könnte, darum, Innana um Gesundung und Rückkehr ins Leben zu bitten. Es geht vielmehr um „Haus" und „Stadt"! Lugalbanda möchte Haus bzw. Stadt „haben" (Teil 1, Z. 181). Das ist doppeldeutig: Einerseits lässt es sich vordergründig so verstehen, dass er nicht in der Gebirgshöhle sein möchte, sondern in seiner Stadt und bei seinem „Haus", wo sich seine Verwandten für ihn bei der Göttin verwenden würden. Andererseits wird hier der Wunsch gezeigt, dass Stadt und Tempel mit Lugalbanda verbunden sein sollen, dass sie „seine Stadt" und „sein Haus" sein sollen[62]. Das ist das Ziel dieser mythischen Passage und das Ziel des Rituals, auf welches die mythische Hylemsequenz verweist.

Das Ritual des Durchgangs durch das Totenreich dient mithin der jährlichen Erprobung und Bestärkung des Königs und es gehört außerdem zu den königlichen Inthronisationsritualen in Uruk. Gerade in Stellen aus der Enmerkara-Literatur wird deutlich, dass im Kontext der Einführung ins Herrscheramt der Unterweltsgang des Königs mit Innana ein herausragendes Element ist. In der mythischen Darstellung in *Enmerkara und Ensuḫkešana* werden mindestens vier Rituale erwähnt: ein Krönungsritual durch den Gott Enlil, ein Geburtsritual durch den Gott Ninurta und die Geburtsgöttin Aruru, die Heilige Hochzeit von Innana

---

[61] Damit löst sich das Problem, dass Lugalbanda tot und doch nicht tot ist: Auf der Sinnebene des Rituals ist er tot, physisch ist er nicht tot.
[62] Auch „Stadt, wo meine Mutter mich geboren hat" (Teil 1, Z. 182) verweist auf Inthronisationsrituale, die als Geburt durch eine „Mutter", nämlich die Stadtgöttin, dargestellt werden können, vgl. die Monographie von A. Zgoll zur Religion im antiken Mesopotamien (i. V.).

und König und der Unterweltsgang beider. Unterweltsgang und Hochzeit auf dem nachtblauen Lager sind hier direkt verbunden[63]. Das Ritual der Heiligen Hochzeit findet genau dort statt, wo sich Innana vom Himmel her kommend in die Unterwelt begeben hat (wörtlich: „in der Unterwelt aufgestellt hat"), möglicherweise in einem unterirdischen Bau namens Erigal/Irigal[64] oder Ganzir[65].

Ritualanweisungen aus dem 1. Jahrtausend, die späte Versionen dieses Rituals sind, belegen, dass der König sich jährlich in einem unterirdisch angelegten Bau aufhalten muss, der als Unterwelt aufzufassen ist[66]. Der Gang in die Unterwelt wird dabei, wie die Zusammenschau weiterer Quellen zeigt, im Rahmen eines inkubierten Traumes angestrebt. Eine solche Praxis ist im Kult der Innana bezeugt, deren Kultangehörige namens kur-ĝara und gala tura während eines inkubierten Traumes lebendig ins Totenreich kommen; gut bezeugt ist es auch im sog. *Unterweltstraum des assyrischen Kronprinzen*[67]. Im Kontext der hier ausgewerteten mythischen und rituellen Quellen lässt sich erkennen, dass es sich bei diesem *Unterweltsgang eines Kronprinzen* ebenfalls um ein Inthronisationsritual handelt[68]. Auf die Praxis, mithilfe eines Inkubationsrituals lebendig in die Unterwelt einzutreten, deutet auch die Verbindung aus nächtlichem Lager von König und Innana und ihrem gemeinsamen Unterweltsgang, wie er in *Enmerkara und Ensuḫkešana* angedeutet wird[69]. Aus den Andeutungen der verschiedenen Quellen lässt sich erschließen, dass die rituelle Praxis vorsah, dass der König sich innerhalb eines unterirdischen Bauwerks auf einem kostbaren Lager niederlegte und dass dann eine Inkubation durchgeführt wurde. Während des erhofften Traumes sollte seine Traumseele dann gemeinsam mit der Göttin auf

---

[63] Diese wichtigen Ergebnisse sind den Forschungen von Wilcke 2012, 23-25 und 78 f., Z. 78-98 zu verdanken.
[64] Vgl. dazu auch Wilcke 2012, 78 f. Anm. 146
[65] Zu einem solchen Gebäude in Uruk als Eingang ins Totenreich vgl. A. Zgoll/C. Zgoll 2020, 790 f.
[66] Vgl. Ambos 2008, 82-85, Ambos 2008a und Wilcke 2012, 25 Anm. 70.
[67] Dass diese verschiedenartigen Unterweltsgänge beide im Rahmen von Inkubationsritualen vorgestellt bzw. durchgeführt werden, ist Ergebnis von A. Zgoll 2020b.
[68] Daher sieht der Kronprinz dort auch seinen toten Vater oder Vorfahr; der Aufruhr im Land deutet auf Kämpfe um die Thronfolge. In diesem Kontext hat der Text mit dem rituell-mythischen Unterweltsgang legitimierende Funktion.
[69] Es liegt auf der Hand, dass es sich bei derartigen Ritualen, wo der König die Unterwelt passieren muss, um Rituale mit Geheimhaltungspflicht handelt, die gerade auch in ihren Details keinesfalls allgemein bekannt waren.

dem mehrere Doppelstunden dauernden Weg durch die Unterwelt reisen (*Enmerkara und Ensuḫkešana* Z. 87)[70]. Innana war in diesem Kontext in ihrer astralen Erscheinungsform vorzustellen[71].

Wenn der Abstieg ins Totenreich im Ritual gerade während eines Traumes angestrebt wird, könnte auch im mythisch ausgestalteten Teil des Rituals im Mythos DIE GÖTTER MACHEN LUGALBANDA ZUM HERRSCHER ein solcher Bezug auf Traumgeschehen zu erwarten sein. Und tatsächlich wird ein wesentlicher Teil der Geschehnisse in der Unterwelt als Traumgeschehen geschildert. Lugalbanda führt alleine eine Traum-Inkubation durch[72]. Im Traum erscheint dann der Traumgott und erklärt ihm, wie er den Staatsgöttern und den hohen Gestirngöttern schlachten und opfern muss. Das Geschehen bildet einen Höhepunkt während der Zeit, die Lugalbanda im Totenreich zubringt. Die Erzählebene, betrachtet man sie isoliert, bleibt merkwürdig unverständlich: Wieso sollte ein Inkubationsritual *innerhalb* der Unterwelt stattfinden, wenn doch die Inkubation dazu dienen soll, in die Unterwelt zu gelangen? Die Merkwürdigkeit im Mythos erklärt sich als Parallele zur Ritualebene: Erst wenn der König im Ritual in ein unterirdisches „Grab" hinabgestiegen ist, kann die Trauminkubation beginnen. So ist auch hier Lugalbanda schon in der „Höhle" im „Gebirge", also im Grab in der Unterwelt, wenn die Inkubation beginnt.

Die Bedeutung dieses Rituals, der Trauminkubation innerhalb des Abstiegs ins Totenreich erschließt sich, wenn man die Schreibungen der Tontafeln genau prüft. Denn gerade hier und nur hier wird, wie Claus Wilcke feststellen konnte, der Protagonist in etlichen Textzeugen nicht als „Mensch", sondern als „König" bezeichnet. Das kann kein Zufall sein: „Lugalbanda besitzt bereits königliche Eigenschaften und erwirbt kontinuierlich neue dazu. Er kann darum auch ohne Thron bereits als König gelten"[73]. Anders ausgedrückt: Während der Durchführung des Rituals, des Durchgangs durch das Totenreich, wird Lugalbanda in den Augen verschiedener Schreiber des Textes zum König.

> Auch der mythische Vogel Anzu wird Lugalbanda mit einer Macht ausstatten, die ihn zum Herrscher prädestiniert: der Gabe des schnellen Rennens. Spuren verweisen darauf, dass

---

70 Zur Vorstellung von der menschlichen Traumseele und zu inkubierten Träumen s. ausführlich A. Zgoll 2006, 301-307 (Traumseele) und 308-351 mit 262-276 (Inkubation und Grundlagen).
71 Vgl. Wilcke 2012, 24 und 78.
72 Die Formulierungen zeigen, dass es sich beim Traum des Lugalbanda um einen inkubierten Traum handelt, vgl. A. Zgoll 2006, 100, 113 f., 311-314, 325 mit Anm. 596, 330 (die dort S. 312 angegebene Zeile *Lugalbanda-Epos* 1:339 entspricht in der neuen Zählung von Wilcke 2015 der Zeile 331).
73 Wilcke 2015, 213.

auch ein Ritual mit einem Schnell-Lauf zu den herrscherlichen Ritualen gehört: So vollbringt König Šulgi am „Alle-Heiligtümer-Fest" einen Schnell-Lauf von der Stadt Nippur nach Ur und zurück (Preislied *Šulgi A*[74]), was selbstverständlich nicht als sportliche, sondern als rituelle Glanzleistung angesehen wurde. Dass ein Rennen des Königs als Nachweis königlicher Macht im Ritual dient, findet sich noch bis ins Babylon des 1. Jahrtausends bezeugt: Der König rennt dort beim Neujahrsfest einen Schnell-Lauf. Während dieses Rennens verkörpert er den Hauptgott Marduk, der das die Götter bedrohende Monster Tiāmtu besiegt, was zu Marduks endgültiger Einsetzung als König über die Götter führt. Für das *Preislied auf Lugalbanda* bedeutet dies, dass auch Lugalbandas Rennen aus der Unterwelt nach Arata und von dort nach Kulaba als mythische Einkleidung bestimmter Inthronisationsrituale aufzufassen ist. Die wesentlichen Abenteuer, die Lugalbanda im Mythos erlebt, haben also neben einer vordergründigen Bedeutung (Reise ins Bergland, Feldzug etc.) eine weitere Sinnebene, die auf Rituale zielt, die Lugalbanda mit königlichen Eigenschaften ausstatten und zum neuen Herrscher machen[75].

Das Ritual der Heiligen Hochzeit, das Ritual des Unterweltsgangs und das Ritual des Schnell-Laufes sind drei Rituale der *Einsetzung* eines Menschen durch die Götter zum König; im vorliegenden Erzählstoff werden sie aber als Rituale der *Erwählung* durch die Götter zum König präsentiert. Dass dies bedeutet, dass der eigentlich noch herrschende König abgesetzt wird, macht die Auswertung des mythischen Erzählstoffes deutlich, auch wenn das Mythenende nicht als Textende präsentiert wird. Es ist der bisherige Herrscher Enmerkara selbst, dem die Ausdeutung der Geschehnisse in den Mund gelegt wird: Innana hat Enmerkara verlassen, als er auf dem Feldzug war[76]. Sie ist nach Kulaba, also in ihre Stadt, zurückgelaufen (Teil 2, 309 f. // 373 f.)[77]. Damit ist klar, dass Enmerkara nicht siegen kann. Aber mehr noch: Innana wird selbst Enmerkaras Waffen zerschmettern

---

74 Vgl. die Edition von Klein 1981, außerdem Black et al. 2006a.
75 Hierbei gibt es noch eine Beobachtung im Detail anzumerken: Die Fähigkeit, schnell zu rennen, die Lugalbanda aus der Unterwelt entkommen lässt (was diese Fähigkeit mithin als Eigenschaft der Gestirngottheiten erweist, die es schaffen, aus der Unterwelt zu entkommen, vgl. Teil 2, 188 und Woods 2009, 201 Anm. 68), erhält Lugalbanda vom numinosen Anzu-Vogel. Was Anzu ihm hier schenkt, das soll Lugalbanda seinen Freunden und Brüdern nicht sagen, denn: „Dem Guten wohnt Böses inne" (Teil 2, 216, ÜS Wilcke 2015, 263). Auf der Ebene des Erzählstoffs lässt sich der Grund erkennen: Es ist gut für Lugalbanda, aber böse bzw. schlecht für Enmerkara und für die „Brüder" Lugalbandas, die anderen Heerführer.
76 Enmerkara wird damit zu einer tragischen Figur, einem tragischen Helden.
77 In dieser Mythenversion wird ein Gegensatz zwischen Uruk und Kulaba aufgebaut: Kulaba wendet sich zurück „wie Mutterschafe" vom Krieg gegen Arata (*Lugalbanda-Epos* Teil 1 Z. 43), im Unterschied zu Uruk, das „wie Auerochsen" zum Gebirge in den Kampf eilt (Teil 1 Z. 45). Innana kehrt vom Feldzug des Enmerkara nach Kulaba zurück (Teil 1 Z. 197). Kulaba ist „Lugalbandas Stadt", wohin Utu den Lugalbanda aus dem Totenreich zurückbringen soll (Teil 2 Z. 195).

(Teil 2, 319 f. // 383 f.). Die Göttin wird also den göttlich eingesetzten Herrscher seines Amtes entheben. Indem sie Lugalbanda als Herrscher eingesetzt hat, ist dieser Machtwechsel schon in Gang gekommen. Denn Innana hat Enmerkara just zu dem Zeitpunkt verlassen, als Lugalbanda in der Höhle im Gebirge war, also während des Inthronisationsrituals für Lugalbanda:

i-gi₄-in-zu sila gibil? šeg₁₂? kul-aba^{ki}-še₃ na-ĝen⁷⁸	Wahrhaftig: Eine neue Straße! Zum aus Ziegeln erbauten⁷⁹ Kulaba ging sie (= Innana) weg (von Enmerkaras Feldzug her) und das hatte wichtige Folgen⁸⁰ ...
	Lugalbanda-Epos Teil 1, Z. 197

Die poetische Formung der Aussage ist ebenso fein ausgestaltet wie die Gesamtanlage des Textes. Für Enmerkara Widriges wird zwar ausgesagt, aber doch möglichst nur angedeutet. Anstatt von der Erwählung des neuen Herrschers zu berichten und davon, dass Innana dem aktuellen Herrscher ihre Gunst und kriegerische Unterstützung im Feldlager entzieht, ist die Rede nur von einer Rückkehr nach Hause, und die „neue Straße" spielt auf ein neues Ziel, nämlich auf den neuen Herrscher und auf seine Verbindung zu Innana an. Die Art und Weise, wie die Aussage getroffen wird, lässt das Gemeinte ohne Kenntnis des dem Text zugrunde liegenden Erzählstoffs unverständlich bleiben, insofern das Gemeinte eher verschlüsselt als verdeutlicht wird. Ebenso verhält es sich mit der Textstruktur: Auch wenn das Textende in rhetorisch feiner Weise das Mythenende ausspart, so sind doch die im Textverlauf geschickt verteilten und z. T. metaphorisch verschleierten Hyleme eindeutig auf das Ziel des Herrscherwechsels gerichtet.

Dies zeigt sich besonders deutlich, wenn man Textgestaltung und mythischen Inhalt vergleicht. Am Anfang des Textes und des Erzählstoffes findet sich das durative Hylem, dass Enmerkara Herrscher ist. Man vermutet darin, wie häufig in solchen Fällen, ein durativ-konstantes Hylem, das für den gesamten Stoff Geltung hat (was sich in diesem Fall nicht bestätigen wird). Es folgen verschiedene punktuelle Hyleme, die sich als Hyperhyleme zusammenfassen lassen wie folgt: Innana erwählt Lugalbanda als neuen Herrscher und nimmt parallel dazu

---

In Kulaba (Teil 2 Z. 346) sitzt dann später auch Innana auf ihrem Lager und empfängt Lugalbanda, um ihn zu ihrem Gemahl zu machen.
78 Zitiert nach dem unpublizierten Manuskript der Partitur von Wilcke 2011, vgl. auch Black et al. 2006 Z. 200.
79 Diese Übersetzung des Substantivs „Ziegelwerk" folgt Wilcke 2015.
80 Zum Verbalpräfix {na-} zur Anzeige für den „Effektiv" vgl. A. Zgoll 2020a, 88 Anm. 18.

Enmerkara seine Herrschaft weg, während er Krieg gegen Arata führt. Das muss auf Stoffebene zwingend darauf hinauslaufen, dass Innana noch zu Lebzeiten Enmerkaras den Lugalbanda in sein Amt einführt und ihn zum neuen Herrscher anstelle Enmerkaras macht, auch wenn der Text diesen Zielpunkt des Stoffes geflissentlich ausspart. Dass Enmerkara herrscht, erweist sich damit gerade nicht als durativ-konstantes, sondern als durativ-initiales Hylem; es gilt nur am Anfang des Erzählstoffes, wird dann aber durch die nachfolgenden punktuellen Hyleme abgelöst. Am Ende steht als durativ-resultatives Hylem, dass Lugalbanda Herrscher ist. Auch der Feldzug des Enmerkara wird durch Andeutungen am Ende des Textes als Erfolg für Lugalbanda (!) präsentiert:

Stoffchronologie auf Basis ausgewählter repräsentativer Hyleme

Durativ-initiales Hylem oder „Starthylem"
– Enmerkara ist Herrscher.

Punktuelle Hyperhyleme
– Enmerkara zieht gegen Arata in den Krieg.
– Innana erwählt Lugalbanda als neuen Herrscher. // Innana nimmt Enmerkara die Herrschaft weg.
– [Innana macht Lugalbanda zum neuen Herrscher]. (implizit ergänzbar)

Durativ-resultatives Hylem oder „Zielhylem", implizit ergänzbar
– [Lugalbanda ist Herrscher.]

Punktuelles Hyperhylem
– Enmerkaras Truppen besiegen Arata für Lugalbanda[81].

Durativ-resultatives Hylem oder „Zielhylem"
– Die Beute vom Kriegszug des Enmerkara gehört Lugalbanda[82].

Die Konsequenz aus diesem Herrscherwechsel findet sich dann in der Unterschrift des Epos eindeutig ausgedrückt. Denn am Ende heißt es „Lugalbanda (sei) Preis!" Lugalbanda soll demzufolge gepriesen werden, wie sonst Gottheiten und göttliche Herrscher. Der gesamte epische Text mythischen Inhalts bestätigt sich hier als Preislied auf Lugalbanda als (neuen) göttlichen König.

---

81 Vgl. Teil 2 Z. 401 und Wilcke 2015, 214 und 225.
82 Vgl. Teil 2 Z. 406.

Fazit und Ausblick: Der eigenartige Vergleich Lugalbandas mit einer Gottheit, wenn Lugalbanda zu seinen Brüdern tritt, „wie jemand, der sich aus dem Himmel auf der Erde aufgestellt hat" (Teil 2 Z. 222), bezeichnet ihn einerseits als numinose Gestalt, macht aber andererseits durch den Vergleich einen Unterschied zum noch amtierenden Herrscher Enmerkara, der im Kontext des Rituals vom Unterweltsgang des Königs als göttliches Wesen präsentiert wird, wenn es direkt und ohne Umschweife heißt, er habe sich vom Himmel in die Große Erde gestellt. Hinzu kommt noch ein weiterer Unterschied: Die Richtung des Sphärenwechsels ist jeweils eine andere. Enmerkara gelangt vom Himmel *in die Unterwelt*; das hat eine astrale Konnotation, insofern er mit Innana über den Himmel, nämlich den Durchgang am Horizont (vgl. unten) in die Unterwelt eintritt. Auf ritueller Ebene bedeutet das, dass er sich vom Tempel aus – der in Uruk als der „Große Himmel" angesehen wird[83] – zum rituellen Unterweltsgang aufmacht. Der Sphärenwechsel zielt hier nach unten.

Anders bei Lugalbanda. Er wird verglichen mit einer Person, die sich vom Himmel *auf die Erde* stellt, wenn er zu seinen Brüdern zurückkehrt. Doch Lugalbanda war ja gar nicht im oberen Himmel. Die Aussage kann mithin nicht im Sinn eines Himmelssturzes aus dem Zenit gemeint sein. Um die Aussage zu verstehen, muss man sich klar machen, dass der Himmel hier in seiner gesamten Erstreckung gesehen wird, vom Zenit bis zum Horizont. Am Horizont berühren sich Himmel, Erdoberfläche und Unterwelt, und genau hier ist die Stelle, wo man aus dem kur, der Unterwelt, aufsteigen kann in den Himmel *oder* auf die Erde treten kann[84]. Am Horizont treten die Gestirngottheiten wie Innana oder Utu aus der Unterwelt kommend wieder in die Sphäre des Himmels ein. Der Sphärenwechsel, der bei Lugalbanda in den Blick genommen wird, ist also ein zu Enmerkara umgekehrter: In astraler Sichtweise kommt Lugalbanda wie Innana am Horizont, aus der Unterwelt hervor, nur dass er nicht am Himmel aufsteigt, sondern auf die Erd(oberfläche) gelangt, zu seinen Brüdern. Auf ritueller Ebene entspricht dem das Hervorkommen aus einer kultischen Einrichtung, die für die Unterwelt steht, in den Raum des Tempels, den „Großen Himmel" (vgl. oben), und von dort wieder auf die „Erde".

Anders als bei Enmerkara liegt der Fokus bei Lugalbanda nicht auf dem Abstieg in die Unterwelt, sondern auf der Rückkehr aus der Unterwelt. Und wie Innana durch ihre Auferstehung aus dem Totenreich das preisende Epitheton ku₃

---

[83] Vgl. den Beitrag von A. Zgoll, *Wie der erste Tempel auf die Erde kommt* in diesem Band.
[84] Zum Horizont vgl. Woods 2009.

„strahlend (am Himmel aufgehend), auferstanden" trägt[85], so wird gerade dieses Beiwort auch in der weiteren Überlieferung (auch im *Lugalbanda-Epos* 2,238 und 2,351) zum herausragenden Begleiter des Namens Lugalbanda[86], der so strahlend wie Innana aus der Unterwelt wieder in den Himmel und von dort auf die Erde zurückgekehrt ist[87].

Die inhaltliche Fokussierung des vorliegenden Bandes zur Herkunft aus dem Himmel hat sich als Ausgangspunkt für die Entdeckung eines ganzen Geflechts von mythischen Aussagen über Lugalbanda erwiesen, die narrativ plausibilisieren und legitimieren sollen, dass Lugalbanda durch drei Rituale – den Durchgang durch das Totenreich, den Schnell-Lauf und die Heilige Hochzeit – zum rechtmäßigen, von Innana und anderen Göttern erwählten Herrscher wird. Dies

---

85 Innana/Ištar hat weitere derartige Beiwörter wie z.B. *šarrat nipḫa* „Königin des Auflodern (als wieder sichtbares Gestirn)", vgl. A. Zgoll 2020 und A. Zgoll/C. Zgoll 2020.

86 Wie bei Innana so wird auch bei Lugalbanda dieses Begleitwort dem Namen vorangestellt – eine unübliche Umkehrung der normalen Wortstellung.

87 Passend zur auch sonst dezent-unaufdringlichen Gestaltung des Literaturwerkes wird Lugalbanda nur an ausgewählten Stellen als der „Strahlend-Auferstandene" bezeichnet. Den Gründen für die Setzung oder Nicht-Setzung des Epithetons k u ₃ im *Lugalbanda-Epos* nachzugehen, ist lohnend. Hier erste Ergebnisse dazu: Die Schreibungen sind in den Textzeugen erstaunlich einheitlich (anders als z. B. die Verwendung oder Auslassung des Gottesdeterminativs). Von den ca. 45 Stellen, wo der Name Lugalbanda genannt wird (5 Zusatzzeilen ausgenommen), wird bei etwa einem Drittel das Epitheton „strahlend-auferstanden" gesetzt. Dazu gehören einschlägige Stellen, wo man einen Bezug auf die Auferstehung des Lugalbanda erwartet: Als er aus der Unterwelt kommend wieder vor seinen Brüdern steht und ihnen Rede und Antwort gibt (2,238) und dort, wo seine Hochzeit mit der „strahlend-auferstandenen" Innana (2, 347) angedeutet wird (2,351 und 353). An manchen Stellen ist die Verwendung des Beiwortes deutlich proleptisch wie auch Lugalbandas Bezeichnung als „König" (l u g a l) schon in 1,331, an der Stelle, wo er sich zum Traumritual niederlegt. Vor allem verwenden die Autoren der Textfassung den Verweis auf Lugalbandas Auferstehung wie einen kommentierenden Zusatz, um Lugalbandas schillernde Persönlichkeit – Schein und wahre Identität – anzudeuten. Die anderen Figuren merken ihm nicht an, dass er aus dem Totenreich zurückgekehrt ist bzw. das Ritual des Unterweltsdurchgangs überstanden hat: Als er zu seiner Truppe zurückkehrt, wird er zunächst ganz unscheinbar, ohne Epitheton beschrieben (2,219.223.225c.227); als aber Lugalbanda den anderen Heerführern antwortet, da blitzt förmlich etwas von dem in ihm liegenden numinosen Status auf (mit k u ₃, 2,238), auch wenn er innerhalb seiner Antwort – wie ihm der Anzu geraten hatte – seine außergewöhnlichen Erlebnisse verschweigt. Wenn Enmerkara den Lugalbanda aber mit einer Botschaft zu Innana nach Uruk schickt, dann reagieren die anderen Feldherren feindlich; hier ist Lugalbanda mit dem Epitheton k u ₃ auf Erzählebene herausgestellt, was andeutet, dass die anderen potenziellen Rivalen nun etwas von seiner Vorrangstellung ahnen. – Weitere Einblicke in die literarisch herausragende Gestaltung dieses Werkes sind auf der Grundlage der hier unternommenen Neuinterpretation zu erwarten.

geschieht, während der vorherige Herrscher Enmerkara noch im Amt ist[88]. Das heikle Thema wird in der textlichen Ausgestaltung des Erzählstoffes mit Fingerspitzengefühl behandelt, indem alles, was im Rahmen der Königsideologie Anstoß erregen könnte, übergangen, umgestellt oder nur verschleiert angedeutet wird.

Aus der modernen wissenschaftlichen Perspektive kann man den Erzählstoff vom HEERFÜHRER LUGALBANDA, DER HERRSCHER WIRD, während der bisherige König noch an der Macht ist, als narrative Behandlung des Phänomens der Usurpation beschreiben. Zu möglichen historischen Bezügen sei hier nur angemerkt, dass die Konstellation vom Herrscher Enmerkara und seinem Feldherrn Lugalbanda, der eine neue Dynastie gründet, hervorragend zum Anfang der dritten Dynastie von Ur passt, wo der Feldherr Ur-Namma sich von seinem Herrscher Utu-ḫeĝal selbständig macht. Utu-ḫeĝal ist Herrscher über Uruk, Ur-Namma verlegt seine Hauptstadt nach Ur; das würde der Verteilung von Uruk als Stadt des Enmerkara und „Kulaba" (für Ur) als Stadt des Lugalbanda entsprechen. Zur Verbindung von Ur-Namma mit Lugalbanda passt außerdem, dass Ur-Nammas Sohn Šulgi Lugalbanda (!) als seinen Vater nennt[89].

Der mesopotamischen Eigenperspektive ist es hingegen gerade darum zu tun, einen derartigen Tabubruch wie eine Usurpation mit allen Mitteln wenn nicht zu verschweigen, so doch zumindest abzuschwächen und zu verschleiern – und, mindestens ebenso wichtig, sie göttlich zu legitimieren und damit zu rechtfertigen. Während die Analyse der hinter dem Mythos erkennbaren, historisch belegbaren Ritualelemente Lugalbanda als aktiven Handlungsträger erkennen lässt, zeigt der mythische Erzählstoff ihn vornehmlich als Objekt göttlicher Aktionen. Als eigentlicher Handlungsträger wird gerade nicht der menschliche Thronprätendent Lugalbanda gezeigt, sondern die entscheidenden Akteure sind die Göttin Innana, andere Gottheiten wie Utu und Nanna oder der numinose Anzu-Vogel. Innana ist es, die Enmerkaras Königtum beendet, Innana und der Anzu-Vogel sind es, die Lugalbanda durch göttlich-numinose Erwählung (in

---

[88] Darauf kann eventuell auch der Name des Protagonisten anspielen: Lugalbanda bedeutet „junger/zweitrangiger/kleinerer König", bezeichnet zum vorliegenden Kontext also passend den König in einem Übergangszustand, wo er einerseits schon König wird, andererseits noch nicht vollumfänglich dieses Amt nach außen vertritt.

[89] Šulgi A 86a Textzeuge R, entsprechend Šulgi O (Klein 1976, Black et al. 2006b), wonach Šulgi als Bruder von Gilgameš ebenfalls als Sohn des Lugalbanda zu gelten hat. Gösta Gabriel (E-Mail vom 21.10.2020) erwägt, dass das *Lugalbanda-Epos*, insofern es um den Anfang der Dynastie ringt, einen Nerv der Ur III-Dynastie getroffen hat: „Diese Dynastie fußt auf einer Art ‚Ursünde', die ggf. durch den Lugalbanda-Mythos ‚geheilt' werden sollte. Dazu passt auch die allgemeine Fokussierung der Ur III-Könige auf das mythisch-legendarische Uruk."

Form von Heiliger Hochzeit und Unterweltsdurchgang) und durch Machtübertragung (in Form der Fähigkeit, schnell zu rennen wie die Gestirngottheiten) zum neuen Herrscher machen. Die mythische Behandlung der Thematik wird hier funktional eingesetzt, um die Verantwortung für das erzählte Geschehen den Göttern zuzuschreiben, die Lugalbanda zunächst *wie* eine numinose Persönlichkeit erscheinen lassen, dann eindeutig *als* numinosen Herrscher einsetzen.

3.2.2 Beispiel Prometheus: Die Gewinnung des Feuers durch Prometheus bzw. Hermes

Dass Güter dadurch, dass sie vom Himmel gebracht werden bzw. von Göttern stammen, narrativ als numinos gekennzeichnet werden, eröffnet auch neue Perspektiven für den MYTHOS VOM PROMETHEISCHEN FEUERDIEBSTAHL (aus dem Himmel oder vom Olymp): Das Feuer wird hier als Entität gekennzeichnet, die numinosgöttlichen Charakter trägt. Was folgt daraus für die Interpretation dieses mythischen Stoffes?

In der Regel wird davon ausgegangen, dass dieser Mythos einen entscheidenden Einschnitt in der Menschheitsgeschichte thematisiert, nämlich den Übergang von menschlichen Gemeinschaften, die auf all die verschiedenen Errungenschaften verzichten müssen, die mit dem Feuer und seiner Nutzung in Verbindung stehen, hin zu einer Lebensweise von Menschen, die Feuer zu nutzen in der Lage sind, mit anderen Worten: Dass der Mythos auf die Gabe der Kulturtechnik der Feuerbeherrschung abzielt[90]. Es ist nun die Frage, ob diese Sichtweise nicht zu einseitig ist und zu sehr eine kulturhistorisch-naturwissenschaftliche Betrachtungsweise darstellt, die das Sinnpotenzial des Mythos nicht gänzlich ausschöpft und die emische Perspektive der antiken Menschen zu wenig mit einbezieht. Denn himmlische Gaben sind, wie oben ausgeführt, eben nicht „nur" etwas Außergewöhnliches, sondern sie sind darüber hinaus etwas *Numinoses*. Als Kulturtechnik ist das Feuer unbenommen etwas Außergewöhnliches, aber weshalb wird es im Mythos durch seine himmlische bzw. göttliche Abkunft als etwas Numinoses, als etwas Göttliches beschrieben? Warum wird nicht von einem menschlichen Erfinder, sondern von einer göttlichen Gabe gesprochen? Anders gefragt: Was hat das Feuer *mit den Göttern* zu tun?

---

90 Vgl. zur Rezeption und Deutungsgeschichte der Prometheus-Gestalt den Überblick mit weiterführenden Hinweisen und Quellenangaben bei H.-K. Lücke/S. Lücke 1999, 680-686, und Reinhardt 2011, 240-242, mit Literaturhinweisen in Anm. 902.

Zur Annäherung an diese Frage soll ein anderes Beispiel dienen, auf das im vorigen Abschnitt ausführlich eingegangen wurde, nämlich die Herrscher, die in manchen mesopotamischen Mythen beschrieben werden als Personen, die aus dem Himmel kommen oder die Göttern gleichen, die aus dem Himmel kommen. So heißt es vom sumerischen Herrscher Enmerkara, er habe sich „aus dem Himmel in die Große Erde gestellt", und Lugalbanda wird charakterisiert „wie jemand, der sich aus dem Himmel auf der Erde aufgestellt hat" (vgl. dazu oben 3.2.1), wodurch angezeigt werden soll, dass diese herausragenden Gestalten numinosen Charakter tragen und als gottgleich zu gelten haben[91]. Diese mesopotamischen Herrschergestalten sind somit nicht nur außergewöhnliche Menschen, sondern sie werden durch solche mythischen Aussagen als numinos, als zugehörig zur göttlichen Sphäre charakterisiert. Damit sind sie wichtige Bindeglieder und Mittler zwischen Göttern und Menschen, wie dies beispielsweise in römischer Tradition in besonderer Weise von König Numa ausgesagt wird[92].

Analog stellt sich beim Feuer die Frage, worin speziell seine Numinosität begründet liegt. Folgt man dieser Spur, so wird die Gabe des Feuers kaum – zumindest nicht primär und nicht ausschließlich – lediglich etwas vergleichsweise Profanes wie die Etablierung einer neuen Form menschlicher Koch- und Essgewohnheiten oder einer neuen Herstellungstechnik von Essgeschirr anzeigen. Wenn die Gabe des Feuers etwas dezidiert Numinoses darstellt, so ist anzunehmen, dass sie auf Wichtigeres abzielt als nur auf eine neue Zubereitungsmöglichkeit von Speisen oder auf andere profane Zwecke wie das Herstellen von Keramik oder die Metallverarbeitung.

Die Frage ist, in welche Stoßrichtung dann eine solche Betonung der Numinosität des Feuers geht. Die Zusammenschau mit anderen mythischen Erzählstoffen und kulturspezifisches Wissen führen hier weiter: Von Prometheus wird ja nicht nur der Feuerdiebstahl berichtet, sondern ein Mythos berichtet auch davon, dass er den Menschen dabei geholfen hat, dass und auf welche Weise man den Göttern opfern kann. Er ist also auch eine Art „Erschaffer" des Opferwesens.

Das gestohlene Feuer steht nun *genau damit* in einem engen Zusammenhang. Denn erst durch die Gabe des Feuers wird es den Menschen möglich, den Göttern auf die richtige Weise Brandopfer darzubringen – auf die Weise nämlich, die aus der tatsächlichen kultischen Praxis der Griechen gut bekannt ist. Wenn Prometheus das Feuer bringt, dann *schenkt er also den Menschen damit nicht weniger als eine der wesentlichen Grundlagen für die Interaktion mit den mächtigsten*

---

91 Vgl. dazu den Beitrag von Kärger in Teil 2 dieses Bandes, Abschnitt 4.2.4.1.
92 Vgl. dazu den Beitrag von Jäger in diesem Band (Teil 3), v. a. Abschnitt 6.

Wesen ihrer Welt. Mit anderen Worten: Es ist nicht in erster Linie eine für menschliche Lebensbelange nützliche *Kulturtechnik*, die Prometheus den Menschen bringt, sondern vor allem eine der Kommunikation mit den Göttern dienliche *Kulttechnik*. Das, was die Feuerbeherrschung nicht nur außergewöhnlich, sondern *göttlich* macht, das ist der Umstand, das sie ein überaus wertvolles Mittel für die Kommunikation *mit den Göttern* darstellt.

Das Ergebnis lässt sich noch weiter vertiefen. Tatsächlich ist Feuer in den griechisch-römischen Kulturen wichtig, um Rituale richtig ausführen zu können; besonders die Opfer für die Götter. Was man verbrennt, das soll zu den Göttern gelangen; das Feuer ist in diesem Kontext insbesondere auch ein Mittel zum Transport in andere kosmische Räume. Aus dem Kontext von Bestattungen ist diese Funktion des Feuers ebenfalls ersichtlich: Nach dem Tod wird der Tote ebenso wie die Gaben, die man ihm ins Totenreich mitgeben möchte, manchen griechischen Quellen zufolge verbrannt, was offenbar die Funktion hat, dass sich der Übergang in einen anderen kosmischen Bereich, hier in die Unterwelt, vollziehen kann[93]. Das von Prometheus gestohlene Feuer erweist sich im Licht der Ergebnisse zu den Himmelstransfer-Mythen damit aus emischer Perspektive, wie gesagt, nicht nur als wertvolle, aber rein auf den menschlichen Bereich beschränkte Kulturtechnik, sondern aufgrund seiner Numinosität primär als etwas für den Kontakt zu den Göttern Wichtiges.

Dass die Gabe des Feuers in der Sicht griechischer Mythen in einem wesentlichen Konnex nicht mit einer kulinarischen, sondern mit der kultischen Praxis der Verbrennung von Opfertieren steht, zeigt sich auch in der frühesten Mythen-Überlieferung über den FEUERDIEBSTAHL DES PROMETHEUS bei Hesiod. Sicher ist es kein Zufall, dass bei Hesiod die beiden Mythen von der EINRICHTUNG DES OPFERNS und vom DIEBSTAHL DES FEUERS direkt hintereinander erzählt werden und damit eng aufeinander bezogen sind[94]. Die Rede ist dort von der Opferung eines Rindes und von der Aufteilung der Bestandteile des Tieres auf Anteile, die den Göttern gehören und Anteile, die den Menschen bleiben sollen. Abschließend heißt es[95]:

ἐκ τοῦ δ' ἀθανάτοισιν ἐπὶ χθονὶ φῦλ' ἀνθρώπων
καίουσ' ὀστέα λευκὰ θυηέντων ἐπὶ βωμῶν.

Seitdem aber verbrennen den Unsterblichen auf Erden die Stämme
der Menschen weiße Knochen auf opferrauchenden Altären.

---

93 Vgl. bspw. Hdt. 5,92,η,1-4.
94 Hes. *theog.* 521-569.
95 Hes. *theog.* 556 f.

Dieses „seitdem" kann aber nicht sofort, sondern erst zu einem späteren Zeitpunkt eintreten, denn Zeus, der sich bei der Aufteilung des Rindes von Prometheus hintergangen fühlt[96], enthält den Menschen das Feuer vor, so dass es zunächst eben gerade nicht zu einer solchen Opferverbrennung durch die Menschen kommen kann. Direkt im Anschluss wird dann vom Diebstahl des Feuers durch Prometheus berichtet, so dass erst ab dann, also erst nach dem Feuerdiebstahl, oder, zugespitzt formuliert: erst *aufgrund* des Feuerdiebstahls durch Prometheus die Praxis der Verbrennung des vorher eingerichteten Tieropfers von den Menschen überhaupt durchgeführt werden kann.

Eine weitere Bestätigung erhält dieses Ergebnis, dass die Gabe des Feuers in erster Linie die für die Interaktion mit den Göttern wichtige Brandopferung ermöglichen soll, außerdem noch durch einen Vergleich mit einem anderen Mythos. In der griechischen Mythologie gibt es nämlich einen weiteren MYTHOS ZUR GEWINNUNG DES FEUERS, der im *Homerischen Hermes-Hymnos* überliefert wird: Hier ist nicht Prometheus der Protagonist, sondern der Gott Hermes. Hermes muss das Feuer auch nicht aus dem Herrschaftsbereich des Zeus *stehlen*, sondern als noch kleines Kind *erfindet* er selbst die Technik des Feuermachens, und schließlich bringt Hermes das Feuer nicht den Menschen, sondern er benutzt es, zumindest auf den ersten Blick betrachtet, zunächst einmal für sich selbst[97]. Bei all der Verschiedenheit aber gibt es eine auffällige Gemeinsamkeit: Hermes erfindet das Feuer, um das Fleisch von zwei Kühen zu braten – aber nicht, um dieses Fleisch dann selbst zu essen, sondern fast im Gegenteil: Obwohl es ihn sehr gelüstet, von dem köstlich duftenden Fleisch zu essen, rührt er nichts davon an, sondern bringt das Fleisch, aufgeteilt in zwölf Portionen, *als Opfer dar* – gemessen an den zwölf Opfer-Portionen soll dies ganz offensichtlich als Opfer für die zwölf olympischen Götter zu verstehen sein.

Damit steht auch in dieser Mythenvariante das Feuer und seine Erfindung in einem direkten Zusammenhang nicht mit der Kochkunst, sondern mit der Götterverehrung, entsprechend dem Aufwand des Opfers hier im *Homerischen Hermes-Hymnos* wie in Hesiods *Theogonie* speziell mit der Verehrung der obersten Götter. Und damit ist das Feuer aus Sicht dieser mythischen Stoffe nicht so sehr als Kulturgut, sondern eher als ein „Kultgut" anzusehen.

---

96 Zum sog. „Opferbetrug" des Prometheus bei Hesiod s. ausführlich C. Zgoll 2019, 340-350.
97 Hom. *h.* 4,108-137.

3.2.3 Mythen über eine Herkunft aus dem Himmel erzählen und plausibilisieren Numinosität

Mythen über eine Herkunft aus dem Himmel (bzw. von den Göttern) bezeichnen die Numinosität derjenigen Entitäten – Personen, Dinge, Einrichtungen –, die vom Himmel kommen, wie die vorangehenden Abschnitte allgemein und exemplarisch deutlich gemacht haben: Was vom Himmel oder von den Göttern kommt, ist durch diese mythische Erzählweise als numinos bzw. (im Fall von göttlichen Personen) als göttlich anzusehen.

Mythische Erzählstoffe (in verschiedenen medialen Konkretionen) *deklarieren* dabei nicht Numinosität oder Göttlichkeit, wie dies bspw. ein theologischer Traktat tun würde („X ist göttlich"), sie *preisen* diese auch nicht in Form isolierter Prädikationen, wie dies etwa in bestimmten religiösen Hymnen der Fall wäre ("Du bist Gott"), sondern sie *erzählen* davon[98]. Numinosität zu erzählen bedeutet, dass diese Mythen den numinosen Charakter einer Person, einer Sache oder eines Phänomens narrativ plausibel machen. Der in antiken Mythen vorkommende Vorgang „X kommt vom Himmel (zu/nach Y)" ist nicht die einzige, aber eine wichtige mythische Einkleidung und Plausibilisierung für Numinosität.

4 Literaturverzeichnis

Ambos, C., 2008, Der König im Gefängnis und das Neujahrsfest im Herst. Mechanismen der Legitimation des babylonischen Herrschers im 1. Jahrtausend v. Chr. und ihre Geschichte, Dresden.

Ambos, C., 2008a, Das „Neujahrs"-Fest zur Jahresmitte und die Investitur des Königs im Gefängnis, in: Prechel, D. (Hg.), Fest und Eid: Instrumente der Herrschaftssicherung im Alten Orient. Kulturelle und Sprachliche Kontakte 3, Würzburg, 1-12.

Attinger, P. 2014, Iddin-Dagan A, in: N. Koslova, E. Vizirova, and G. Zólyomi (Hg.), Babel und Bibel 8: Studies in Sumerian Language and Literature. Festschrift Joachim Krecher, 11-82. (https://zenodo.org/record/3593446#.X94eABYxlPY)

Benjamin, W., 1965, Zur Kritik der Gewalt, in: Benjamin, W., Zur Kritik der Gewalt und andere Aufsätze, mit einem Nachw. versehen von Herbert Marcuse, Edition Suhrkamp 103, Frankfurt am Main, 78-94 (Ndr. d. Erstpubl. 1921 in Archiv für Sozialwissenschaft und Sozialpolitik 47/3, 809-832).

---

[98] Zur Grundfunktion von Mythen, Erfahrungsgegenstände in Form von Erzählungen zum Ausdruck zu bringen und kommunizierbar zu machen, s. C. Zgoll 2019, 420-422; zu verschiedenen Arten der Transformation von Erfahrungsgegenständen durch die narrative Einkleidung s. ebd., 391-394. Konkrete Beispiele für die narrative Exemplifikations-Funktion von Mythen bieten Gabriel 2018 (für Mesopotamien) und zahlreiche Einzeluntersuchungen im vorliegenden Band.

Beth, K., 1935, Mythologie und Mythus, Handwörterbuch des deutschen Aberglaubens 6, 720-752.
Binsbergen, W. van/Wiggermann F. A. M., 1999, Magic in History. A Theoretical Perspective, and Its Application to Ancient Mesopotamia, in: Abusch, T./van der Toorn, K. (Hg.), Mesopotamian Magic. Textual, Historical, and Interpretative Perspectives, Ancient Magic and Divination 1, Groningen, 3-34.
Black, J., et al. 2006, ETCSL 1.8.2.1, Lugalbanda in the mountain cave [abgerufen: 15.12.2020].
Black, J., et al. 2006a, ETCSL 2.4.2.01, A praise poem of Šulgi (Šulgi A) [abgerufen: 15.12.2020].
Black, J., et al. 2006b, ETCSL 2.4.2.15, A praise poem of Šulgi (Šulgi O) [abgerufen: 15.12.2020].
Black, J., et al. 2006c, ETCSL 2.5.3.1, A šir-namursaĝa to Ninsiana for Iddin-Dagan (Iddin-Dagan A) [abgerufen: 15.12.2020].
Blumenberg, H., 1979, Arbeit am Mythos, Frankfurt am Main (Ndr. d. 5. Aufl. 1990: 1996).
Bottéro, J., 2001, Religion in Ancient Mesopotamia, Chicago (franz. Orig.: La plus vieille religion: En Mésopotamie, Paris 1998).
Gabriel, G. I., 2018, An Exemplificational Critique of Violence. Re-reading the Old Babylonian Epic *Inūma ilū awīlum* (a.k.a. *Epic of Atramḫasīs*), in: Gabriel, G. I. (Hg.), Approaching a Critique of Mesopotamian Reason. Proceedings of the Volkswagen Fellowship Symposium, held at Harvard University, April 20–21, 2017, in: Journal of Ancient Near Eastern History 5 (1-2), 179-213.
Hawthorn, A., 2020, The Fish and the Tamarisk: Sexual and Celestial Symbolism in "Lugalbanda and the Anzu Bird", in: Naether, F. (Hg.) Cult Practices in Ancient Literatures: Egyptian, Near Eastern and Graeco-Roman Narratives in a Cross-Cultural Perspective. Proceedings of a Workshop at the Institute for the Study of the Ancient World, New York, May 16-17, 2016, ISAW Papers 18.
Johannsen, D., 2008, Das Numinose als kulturwissenschaftliche Kategorie. Norwegische Sagenwelt in religionswissenschaftlicher Deutung, Religionswissenschaft heute 6, Stuttgart.
Klein, J. 1976, Šulgi and Gilgameš: Two Brother-Peers (Šulgi O), in: B.L. Eichler (Hg.), Kramer Anniversary Volume, AOAT 25, 271-292.
Klein, J. 1981, Three Šulgi Hymns. Sumerian Royal Hymns Gloryfying King Šlgi of Ur, Bar-Ilan.
Lücke, H.-K./Lücke, S., 1999, Antike Mythologie: Ein Handbuch. Der Mythos und seine Überlieferung in Literatur und bildender Kunst, Hamburg.
Mittermayer, C., 2009, Enmerkara und der Herr von Arata. Ein ungleicher Wettstreit, Orbis biblicus et orientalis 239, Fribourg/Göttingen.
Otto, R., 1917, Das Heilige. Über das Irrationale in der Idee des Göttlichen und sein Verhältnis zum Rationalen, Breslau.
Radt, S., 1985, Tragicorum Graecorum Fragmenta (TrGF), vol. 3: Aeschylus, Göttingen.
Reinhardt, U., 2011, Der antike Mythos. Ein systematisches Handbuch, Paradeigmata 14, Freiburg.
Wiggermann siehe van Binsbergen.
Wilcke, C., 1969, Das Lugalbandaepos, Wiesbaden.
Wilcke, C., 2011, Lugalbanda-Partitur (unpubliziertes Manuskript).
Wilcke, C., 2012, The Sumerian Poem *Enmerkar and En-suḫkeš-ana*: Epic, Play, Or? Stage Craft at the Turn from the Third to the Second Millennium B.C. (= AOS Essay 12), New Haven.
Wilcke, C., 2015, Vom klugen Lugalbanda, in: K. Volk, Erzählungen aus dem Land Sumer, Wiesbaden, 203–272.

Woods, C., 2009, At the Edge of the World: Cosmological Conceptions of the Eastern Horizon in Mesopotamia, in: JANER 9, 183-239.

Zgoll, A., 2006, Traum und Welterleben im antiken Mesopotamien. Traumtheorie und Traumpraxis im 3. - 1. Jt. v. Chr. als Horizont einer Kulturgeschichte des Träumens, in: Alter Orient und Altes Testament 333, Münster.

Zgoll, A., 2012, Welt, Götter und Menschen in den Schöpfungsentwürfen des antiken Mesopotamien, in: Schmid, K. (Hg.), Schöpfung, Themen der Theologie 4, Tübingen, 17-70.

Zgoll, A., 2013, Fundamente des Lebens. Vom Potential altorientalischer Mythen, in: Zgoll, A./Kratz, R. G. (Hg.), Arbeit am Mythos. Leistung und Grenze des Mythos in Antike und Gegenwart, unter Mitarbeit von K. Maiwald, Tübingen, 79-107.

Zgoll, A., 2020, Condensation of Myths. A Hermeneutic Key to a Myth about Innana and the Instruments of Power (me), Incorporated in the Epic *angalta*, in: Sommerfeld, W. (Hg.), Dealing with Antiquity – Past, Present, and Future, Proceedings der 63. Rencontre Assyriologique Internationale Marburg 2017, Alter Orient und Altes Testament 460, Münster, 427-447.

Zgoll, A., 2020a, Durch Tod zur Macht, selbst über den Tod. Mythische Strata von Unterweltsgang und Auferstehung der Innana/Ištar in sumerischen und akkadischen Quellen, in: Zgoll, A./Zgoll, C. (Hg.), Mythische Sphärenwechsel. Methodisch neue Zugänge zu antiken Mythen in Orient und Okzident, Mythological Studies 2, Boston/Berlin, 83-159.

Zgoll, A., 2020b, Wege der Lebenden ins „Land ohne Wiederkehr" in Mythen und Ritualen der mesopotamischen Antike: Der Unterweltstraum eines assyrischen Kronprinzen und Innana(k)s Gang zur Unterwelt, in: M. Egeler/W. Heizmann (Hg.), Between the Worlds. Contexts, Sources, and Analogues of Scandinavian Otherworld Journeys. Ergänzungsbände zum Reallexikon der Germanischen Altertumskunde, Berlin/Boston, 432-457.

Zgoll, A./Zgoll, C., 2020, Innana-Ištars Durchgang durch das Totenreich in Dichtung und Kult. Durch Hylemanalysen zur Erschließung von Spuren mythischer Stoffvarianten in kultischer Praxis und epischer Verdichtung, in: Arkhipov, I./Kogan, L./Koslova, N. (Hg.), The Third Millennium: Studies in Early Mesopotamia and Syria in Honor of Manfred Krebernik and Walter Sommerfeld, Cuneiform Monographs 50, Leiden, 749-801.

Zgoll, C., 2019, Tractatus mythologicus. Theorie und Methodik zur Erforschung von Mythen als Grundlegung einer allgemeinen, transmedialen und komparatistischen Stoffwissenschaft, Mythological Studies 1 (https://doi.org/10.1515/9783110541588), Berlin/Boston.

Namens-, Sach- und Stellenregister

Bezeichnungen von Mythen (mythischen STOFFEN) sind in KAPITÄLCHEN gesetzt, während *Text*-Bezeichnungen *kursiviert* sind.

A

Abaris 484
Abbild 56
Abendrot 235
Abzu 162, 573f., 582
  – *qereb Apsî* (das Innere des Abzu) 184
Accius
  – *Philoctet* 419–21
Achilleus 41, 237, 247f.
Adonis 235
Aeneas 239, 473, 573
Aesacos 14
Äther 224, 239, 244, 252f., 257
Ätna 249
aga-Krone *Siehe* Numinose Machtmittel
Agamemnon 41, 237, 249
Aglauros 239
Aia-Insel (der Kirke) 252
Aias 472
Aidos 251
Aietes 237f.
Aigis 26, 33, 41, 461, 487f.
Aischylos (Ps.-Aischylos)
  – *Der gefesselte Prometheus* 417–22, 424, 439
  – fr. 281a Radt 251
  – *Prometheus-Trilogie* 417
Aisopos
  – *Fabulae* 90 242
Alexander der Große 255
Alkaios
  – fr. 338 Lobel/Page 245
Alkinoos 225
Alkmene 226
Allophanie 227
Alope 226
Ama-ušumgal-ana 590, *Siehe auch* Theophanie
  – von An im Himmel erschaffen 559

Ammianus Marcellinus
  – 22,9,7 242
Amun 199, 211
Amun-Re 564
An (Himmelsgott) 60–61, 77f., 563, 579
  – An und das Himmelsinnere 71–73
  – Tempelgründung 113–17
  – Töchter von Anu 171, 180, 182
an gal karede / Innana und An
  – Hochzeitsnacht von Innana und An 287–88
  – Innana erschafft Tag und Nacht 297
  – Innanas Austrinken des Grenzflusses 293
  – Transfer des E-ana in die Unterwelt 294
  – Verankerung des E-ana erschafft die Erde 295, 298
  – Verlauf gemäß Innanas Plan 276
  – verschiedene Perspektiven der Protagonisten 285–86
  – Z. 27-30 298–99
  – Z. 44 283
  – Z. 163-165 278
Analepse 14
Anchises 235, 244
ancile (Kultschild) 241, 567, 573, 577, 584
ancilia (Kultschilde) 459, 511, 577, 584
Andromache 250
Angst 578f.
Anstand 251
Anthologia Graeca
  – 5,31 227
  – 5,64,1 f 245
Antisthenes
  – *Odysseus* 3 459
Aphrodite 232ff., 243, 250
Apis-Stier 234
Apollodoros
  – 1,19 230f.
  – 1,43 252
  – 1,45 429–30

- 1,47 245
- 2,34 227
- 3,21 f 478
- 3,24 f 250
- 3,25 239, 250
- 3,138 470
- 3,142-145 460
- 3,143 462, 487, 584
- 3,143-145 241
- 3,145 469, 473, 487
- 3,169 240
- 3,188 f 232
- 5,22 472
- 6,26 242

Apollon 473, 478f.
- und Daphne 13f.
- und die Argonauten 236, 247
- und Herakles 251
- und Orestes 242

Apollonios von Rhodos
- *Argonautica*
  1,547 f 225
  1,916 470
  2,286 f 239
  3,158-163 232
  3,584-588 238
  4,640-642 236
  4,1694-1700 246
  4,1701-1713 247
  4,1706 f 237

Ares 48, 247, 250
Argonauten 237, 246f.
Aristophanes
- *Aves* 554-559 226

Aristophon PCG fr. 11 232
Aristoteles
- *De caelo* 221

Arktinos 43, 482
Arrianos
- *Anabasis* 1,4,6-8 255

Artemis 241, 468, 473
Asalluḫi 580
Asios 483
Astarte 202f., 233
Astarte und das Meer
- Kol. 2, Z. x+18-Kol. 2, Z. x+19 202

Asterië 228

Asterix 256
Ate 229, 460, 462, 474f., 579
Athamas 237
Athen 242, 458
Athene 241, 458, 461, 471f., 482, 485, 488, 567, 583
- als Botengottheit 237, 257
- Athena Ergane 489
- Athena Polias 458, 489
- und Chryse 26, 32, 41, 43
- und die Aigis 33
- und die Großen Götter 32, 36
- und Hephaistos 231
- und Herakles 237, 251
- und Kadmos 250
- und Odysseus 237
- und Pallas 41
- und Tydeus 238

Atlas 221, 470
Atraḫasīs-Epos Siehe Babylonische Sintfluterzählung
Atreus 250
Augustus 14
Aura 232
Ausgangspunkte des Himmelstransfers 547-48
- Äther 547
- Himmel, allgemein 547
- Himmelsfundament 547
- Himmelsinneres 547
- höchster Teil 547
- Höhepunkt des Himmels 547
- Mitte des Himmels 547
- Vorderseite des Himmels 547
- Zikkurat des Himmels 547

B

Baal 208, 211
Babu 77, *Siehe* Theophanie
Babylonian Poem of the Righteous Sufferer Siehe *Ludlul bēl nēmeqi*
Babylonische Sintfluterzählung 178
Baebius
- 111-130 494

Barton-Zylinder 253

Bastarner 256
Bellerophon 236
Beredter Bauer
 – P. Berlin P 3023 + P. Amherst 1, Version B1, 142-152; P. Ramesseum A = P. Berlin P 10499, recto, Version R, 22, 7-23, 2 196
Beroë 239
Beschwörung bei der Geburt
 – AS 16, 287 f: ii 30 172
 – *AuOr Suppl.* 23, 20: 3' 172
 – BAM 248: iii 25 // AMT 67/1: iii 19 172
 – *Iraq* 31, pl. V f: r. 59 172
Beschwörung gegen den Namtar-Dämon
 – CUSAS 32, 12: i 26' 165
Beschwörung gegen einen böswilligen Eid
 – *KAR* 165: r. 5 167
 – Šurpu Serie
   VII 1 f 164
   VII 3 f 168
Beschwörung gegen Fieber
 – AuOr Suppl. 23, 14: 1 168
 – AuOr Suppl. 23, 14: 1-10 570
 – Ugaritica 5, 17: r. 20' 168
 – Ugaritica 5, 17: r 20'-27' 570
Beschwörung gegen Hexerei
 – AMD 8/1, pl. 31: i 13'-16'//TCL 6, 49: 16-18//KAL 2, 36: v 31'-33' 167
 – *Maqlû*
   III 31-33 173
   III 34-39 171
 – PBS 10/2, 18: 25'-r 24' // AMD 8/1, pl. 54-58: r 1'-58' 570
 – PBS 10/2, 18: 39' // AMD 8/1, pl. 54-58: 9' 174
 – SpTU 4, 140: r. 15' // AMD 8/1, pl. 44 f: 9' f 172
Beschwörung gegen Hexerei, kanonisch Maqlû III/b 570
Beschwörung gegen Kollaps
 – Ugaritica 5, 17: r. 12' 170
Beschwörung gegen Lamaštu
 – *BIN* 4, 126: 10-13 174
 – LKU 32: 12 167
 – MC 17, 443 f: 13 176
Beschwörung gegen Lamaštu (?)
 – AS 16, 287 f: iv 21-23 175

Beschwörung gegen maškadu-Krankheit
 – AMD 14, 191: 9 165
 – AS 16, 287 f: ii 1 169
 – AS 16, 287 f: ii 1-11 570
 – BAM 182: 14' 169
 – BAM 182: 14'-17' 570
 – CT 23, 2-4: r 14-18 // CT 23, 5-14: iii 37-40 570
 – CT 23, 2-4: r. 15 // CT 23, 5-14: iii 37 170
 – OECT 6, 23: 4'-12' 570
 – OECT 6, 23: 5' 170
 – STT 136: iv 17-20 570
 – STT 136: iv 18 169
Beschwörung gegen Samana
 – CM 10, 76 f: 1-7 177
 – STT 178: 15-18 // AMT 61, 7: r. 1'-4' 177
Beschwörung gegen Schlangen
 – PBS 1/2, 131: 4-6 163
Beschwörung gegen Skorpione
 – YOS 11, 37: 2 f 162
Beschwörung gegen Utukku-Dämonen
 – CT 51, 142: 11 // *JCS* 31, 218 f: 9 167
Beschwörung gegen verschiedene Krankheiten
 – BAM 543: iv 26' 169
 – JCS 9, 9: 10 166
 – JCS 9, 10: 10 f 168
 – *Muššu'u Serie* V/d 25 168
 – RA 88, 161: r. 11' 166
 – Semitica 61, 13 f: 6 f 165
 – STT 136: iii 34' f // *JNES* 49, 300: 9' f 170
 – Ugaritica 5, 17: 20 f 166
 – YOS 11, 8: 5 169
Beschwörung gegen verschiedene Übel
 – BAM 543: iv 24'-41' 570
 – JCS 9, 9: 10 569
 – JCS 9, 10: 10f 570
Bestattung 603
Bewässerung 574
Bibel
 – Apg 19,35 242
 – Ex 8,2 213
 – Ex 19,18.20 573
 – Ex 34,5 573
 – Jakobs Leiter 182
Blitz 205f., 213f., 244f., 256, 518–23
Blumenberg 579

Blut 200, 213, 244, 253
Böse numinose Mächte *Siehe* Numinoses
Bogen 251
Boreas-Söhne 239
Borysthenes 252
Briseïs 41
Byzanz 459

C

Cassius Dio
 – 71,8-10 205
Catena aurea 227
Ceres *Siehe* Demeter
Ceyx und Alcyone 14
Chaironeia 250
Chaos 247, 255
Chryse 26, 33, 41f., 44, 481, 583, 585
Chryseïs 41
Chryses 41
Cicero 225
 – *De haruspicum responso* 62 225
 – *In Verrem* 2,5,187 242
 – *Tusculanae disputationes* 2,23 420–21
Claudius Claudianus
 – *Panegyricus de quarto consulato Honorii* 444
Cornutus 436–38, 444, 447
 – 18,2 247
 – 19,3 231
 – 20,8 457

D

Dämonen 189f., 193, 196f., 202, 215, 576, 579
Daidalos 236, 242
Danaë 226
Daphne 13f.
Dardanos 26, 33, 42f., 470ff., 481f., 583, 585
Dareios 245
Delos 228
Delphisches Orakel 48, 478
Demeter (Ceres) 242, 251, 260
Der Beistand der Isis, Krugtexte
 – Krug B, Z. 19-21 203

Diadem 204, 252
Die Rache der Isis, P. Saqqara dem. 1, 2
 – Kol. 6, Z. 18-20 200
διιπετής 467
Dike 251, 573
Diodoros
 – 4,14,3 251
 – 5,47 471
Diomedes 458
Dion Chrysostomos
 – 11,106 249
Dionysios von Halikarnassos
 – *Antiquitates Romanae*
  1,33,1 481
  1,61,1 471
  1,67,1.3 481
  1,61,1-4 481
  1,68 f 459
  1,68,1-4 481
  1,68,3 26, 36, 46, 481
  1,68,4 32, 458
  1,69,1-4 481
  1,69,3 482, 486
  2,66,5 481
  2,71 531–33
Dionysos 224, 232, 237, 239f., 242
Donner 205, 208, 211, 213f., 244f., 256
Dromos 201
Dynastische Chronik
 – doppelter Transfer des Königtums vom Himmel auf die Erde 374

E

E-ana 580ff.
Ei 233, 259
Eisen 244
Eisen (Meteoriteisen) 193ff.
Elektra 461, 469ff., 477, 481
Endymion 235
Enki 573f., 582
Enkis Fahrt nach Nippur 574
Enkis Tempelstiftung 574
Enlil 77
Enlil und Ninlil 574
Enlil/Ellil 564

Enmerkara 83–84, 85, 602, *Siehe*
  Lugalbanda, *Siehe* Theophanie
  – himmlische Herkunft 559
Enmerkara und Ensuḫkešana
  – Inthronisation durch vier Rituale 592
  – Rituale 592–94
Entrückung 473
Eos 235
  – als Abendrot 236
  – als Morgenröte 236
Epaphos 234
Ephesos 242
Eratosthenes
  – 13 232
  – 33 34
Erde 74–76
Erechtheus 19, 25, 231
Erichthonios 231, 472
Eridu 574, 582
Erinyen 234, 237, 242, 253
Eros 232, 235, 567
Erste Hethitische Heirat Ramses' II.
  – Abu Simbel, Großer Tempel, Fassade, Stele Jahr 34, Z. 36-38 209
Erster Setna-Roman, P. CG Cairo 30692
  – Kol. 3, Z. 12 f 201
  – Kol. 3, Z. 12-15 201
  – Kol. 4, Z. 7 f 196
Erzählstoff 12f., 17, 59, 76
  – Aufbau 18f., 23
  – mythischer Erzählstoff 59, 115–16
  – Stoffwolke 38
  – Unvollständigkeit 29
Etana 563, 565, 567
  – ikonographische Wiedergabe des Etana-Stoffs 320
Etana-Epos Siehe Herrschaftskonzepte, Königtum
Eteokles 238
Etymologicum Magnum 231, 247, 467
Eumolpos 51
Euphrat 233, 259
Euripides
  – *Bacchae*
    1078 224
  – *Chrysippos* fr. 839,1-7 253
  – *Iphigenia Aulidensis*

    1036-1079 240
  – *Iphigenia Taurica*
    77-92 241
    977 f 468
  – *Medea*
    954 f 252
    1321 f 251
  – *Phoenissae*
    822 f 239
Eurymedon 260
Eurynome 229
Eurystheus 229, 474
Eustathios
  – ad Hom. *Od.* 5,294 246
Ezinam *Siehe* Theophanie

F

Familiengeschichte des Petese, P. Rylands 9
  – Kol. 24, Z. 1 f 199
Feuer 247, 581f., 602ff.
Firmicus Maternus
  – 15,1 f 484
Flügel 570
Flügelschuhe 570
Flut, Sintflut, Überschwemmung 205, 207f., *Siehe auch* Mythische Stoffschemata, Sintflut-Mythos
Fruchtbarkeit 258, 577f.
Fulgentius
  – *Mitologiarum liber* 2,6 447

G

Gaia 234, 253f., 260
Gallier 256
Gerechtigkeit 572f., 576
Geschichte mit Bes
  – Kol. x+3, Z. 24ff. 196
Getreideanbau 574
Gewichte 243
Gewitter 253, 256
Giganten 234, 240, 253, 482
Gilgameš-Epos
  – XI 158 183

Götter
- als Bergbewohner 257
- Astralgottheiten 564
- aus dem Himmel 225
- bei Hochzeiten 239
- bei Kriegen 240
- Große Götter (von Samothrake) 26, 32, 36, 42
- Hochgötter 563
- kommen vom Himmel herab 553

Götterbild 576f., 583f.
- himmlische Herkunft 241–42, 554

Götterversammlung 226, 231, 238
Göttlich-naturhafte Mächte 560, Siehe Theophanie
Gottkönige, ägyptische 564

H

Hagel 205, 256
Halsband 250
Hannibal 244
Harmonia 239, 250
Harpyien 239
Hathor 189, 197f., 200
Heilige Hochzeit 577, 590
Hekate 242
Hektor 225, 248, 250
Helena 458
Helios 215f., 251, 564, 570
Helle 236
Henna 242
Hephaisteion 232
Hephaistos 222, 229, 248ff., 259ff.
- und Athene 231, 425
- und Herakles 251
- und Lemnos 498
- und Zeus 504–5

Hera 224, 229f., 236, 563
- und Athene 237
- und die Argonauten 236
- und Erinyen 237
- und Hephaistos 229
- und Iris 238
- und Zeus 243, 254

Herakleitos
- *Quaestiones Homericae* 26,14 247, 428

Herakles 229, 231, 237, 243, 250, 474
Hermes 222, 237f., 251, 570, 604
- und Herse 238

Herodianos
- 1,11,1 242, 468

Herodot
- 3,28,2 234
- 3,86 245
- 4,5 252
- 4,189 458
- 5,92,η,1-4 603

Herrschaft 250, 252
Herrschaftskonzepte 378, 384–89
Herse 238
Hesiod 222, 430f., 441, 450
- *Erga*
  237-246 223
- *Theogonie* 410–15
  117 f und 127 f 223
  123-125 246
  126 f 254
  176-192 233
  183-187 234, 253
  195-198 234
  211f. 494
  211-232 246
  521-569 603
  556 f 603
  561-569 247
  629-634 240
  689 241
  700-705 256
  758-763 494
  820 241
  902 573

Hexen 255
Hexen und Zauberer 565
Himerios
- *Oratio* 25 249

Himmel
- als Ozean 548, 569
- an der Vorderseite des Himmels (*ina pāni šamê*) 184
- aus dem Himmel 60–61, 68
- aus dem Himmel ... auf der Erde 70
- aus dem Himmelsbereich 70

– aus dem Himmelsinneren 70
– aus dem strahlenden Himmel 69
– aus dem strahlenden Himmelsinneren 70
– fällt auf die Erde 193, 215, 255f., 556
– Himmelsfundament 70
– Himmelsinneres 70f., 246
– Himmelsinneres und An 71–73
– kommt als erster Tempel auf die Erde 556
– mit Schiffen 548
– *qereb šamê* (Himmelsinneres) 184
– zerstört die Erde 556
– *zuq(q)urān šamê* (Himmelshöhe) 183
Himmelsflut 226
Himmelsfundament Siehe Himmel
Himmelsgott Siehe An
Himmelshaus 567, 569
Himmelsinneres Siehe Himmel
Himmelsklänge 244
Himmelsstimme 224
Himmelstexte 244
himmlische vs. göttliche Herkunft 260, 585, 605
Hirtenamt Siehe Numinose Machtmittel
historiolae 161, 216
Hochzeit 239, 248, 250, 258
Höhle 230, 233, 260
Homer 222
– Διὸς ἀπάτη (Täuschung des Zeus) 494, 498, 499–504
– *Hermes-Hymnos* 4,108-137 604
– *Ilias*
   1,194-196 237
   1,586-594 504–5, 509
   1,590-593 230
   2,100-108 250
   3,380-382 473
   5,20-24 473
   5,445-448 473
   5,504 222
   5,749-751 222
   6,108 f 225
   8,1-27 227
   8,364 f 237
   11,52-55 244
   11,163 f 473
   11,182-184 224
   11,750-752 473
   14,153 f 224
   14,225 224
   14,243-262 508
   14,247-261 502–4
   14,319 f 227
   15,16-33 509
   15,18-30 231, 243
   16,431-457 473
   17,194-197 248
   17,425 222
   17,543-546 237
   18,394-405 229
   18,614-617 249
   18,616 230
   19,91-131 474
   20,4-40 240
   20,56 f 245
   20,318-340 473
   20,438-446 473
   21,198 f 245
   21,595-598 473
   22,470-472 250
– *Odyssee*
   5,50 238
   5,294 246
   6,41-47 222, 224
   6,240-243 223
   6,280 f 225
   7,199 225
   9,69 246
   9,144 f 234
   12,4 252
   12,315 246
   20,30 f 238
   20,103 f 245
Horaz 430–31
– *Carmina*
   1,3 430
   1,3,27-33 247
   1,34 245
   3,4,1 f 225
– *Saturae*
   1,5,101-103 223
Horen 222
Horus 215
Hydaspes 237
Hyginus 431–36

– *De astronomia*
    2,13 232
    2,15 431–36
– *Fabulae*
    53 228
    144 435
    166 231
    197 233
Hylem 59
– Abstraktionsgrad 47f.
– Definition 19
– Determinationen 19, 462
– duratives Hylem 23, 27
– durativ-initiales Hylem 23
– durativ-konstantes Hylem 23
– durativ-resultatives Hylem 29, 34
– dynamisches Hylem 22
– Hylemschema 48, 261, 572
– Hylemsequenz 59
– Hyperhylem 21, 28, 50, 117, 480, 568, 572
– Hyperhylemschema 572
– implizites Hylem 30
– Indeterminationsgrad 48
– isoliertes Hylem 114–17, 581
– kleinste handlungstragende Einheit 19
– konkretes Hylem 48, 117, 261
– Prädikat 19, 25, 462
– punktuelles Hylem 23
– standardisierte Darstellung 25
– Starthylem 23
– statisches Hylem 22
– Steckbrief-Hylem 23
– Zielhylem 24, 29
Hylemanalyse 18, 46, 50, 462, 464, 466
– Bestimmung von Stoffgrenzen 35
– Definition 20
– durativ-konstante Hyleme 27
– durativ-resultative Hyleme 29
– gleichzeitige Hyleme 27
– Komplettierung der Hyleme 30, 465
– Mehrwert 588
– methodische Schritte 20
– punktuelle Hyleme 27ff.
– Rekonstruktion des Stoffverlaufs 31
– stoffchronologische Reihenfolge 27
– textliche Reihenfolge 26
Hylemelement 19, 58–59, 462

– Lokalbestimmung 68–76
– Objekt der Personenklasse 79–86
– Prädikat 61–67
– Subjekt 76–78
Hylistik 46, 50
hylistische Mythosforschung *Siehe* Hylistik
Hypnos 224, 243
– als (Zwillings-)Bruder des Thanatos 494
– als röm. Somnus 494
– und Hera 500–502
– und Pasithea 498–99
– und Wein 497
– Unterweltsaffinität 494–95

I

Iao 215
Iasion 470
Iason 232, 247
Ida 224, 235
Iddin-Dagan 577
Ikaros 236
Ilion 461f., 472f., 475, 477, 479ff.
Ilos 241, 460, 462, 469, 472f., 479, 583, 585
Imhotep 200, 567
ina pāni šamê Siehe Himmel
Innana 563, 567, 572, 574, 577, 580ff., *Siehe auch* Theophanie
INNANA BRINGT DAS HIMMELSHAUS FÜR DIE ERDE *Siehe an gal karede / Innana und An*
Innana raubt den großen Himmel Siehe an gal karede / Innana und An
Innana und An Siehe an gal karede / Innana und An
Innana und Enki 574
Ino 237
Interhylität 581
Io 234
Iris 222, 237f.
Irrationalität des „Bösen" 579
isib-Priesteramt *Siehe* Numinose Machtmittel
Isis 200, 203f., 208, 210, 563
Iškur *Siehe* Theophanie
Iuno *Siehe* Hera

J

Jam 202
Joch 252
Julian 447
 – *Gegen die Kyniker* 443
Jupiter 563, *Siehe* Zeus
Jupiter Pluvialis 206
Juvenal
 – *Satura* 15 438

K

Kadmos 21, 47, 239, 250, 478
Kallimachos
 – *Hymnen* 4, 35-38 228
Kalliope 225
Kalypso 238
Kampf um den Panzer des Inaros, P. Krall
 – Kol. 1, Z. 4-1.8 197
 – Kol. 9, Z. 18 192
k a r (sum.) ‚rauben'
 – mit Ventiv ‚herbeiholen' 284–85
Kassandra 472
Kelten 255f.
Kephalos 34
Kerberos 237
Kette 243
Keule 251
Klagen des Ipuwer
 – Kol. 12, Z. 11-13 191
Kleid 251
Königtum 558, 572, 576f., 580, 585, *Siehe* Numinose Machtmittel
 – einigende Funktion 352–53
 – in *Innana und Enki* 343–46
 – Transfer vom Himmel auf die Erde 322–24, 348–49, 375–78, 379
 – Transfer von Stadt zu Stadt 349–52
Koios 228
Kolaxais 252
Konon
 – FGrH 26 F 1 468
 – FGrH 26 F 1,34 458
Konstantin 459
Konstantinopel 459

Kraft 102
Krankheit 193, 196, 200, 215, 574, 578f.
Krieg 192f., 196f., 202, 205, 215
Krone *Siehe* Numinose Machtmittel
Kronos 233, 253f.
Kuh des Sîn 235
Kultbild 241f., 458, 583
Kultfest 189
 – Festtag 199
 – Hochheben des Himmels 190f.
 – Senut-Fest 198
Kultgegenstände 258
 – himmlische Herkunft 557
Kultstatue 56, 198f.
Kulturgüter 247f., 258
 – himmlische Herkunft 557
Kulturtechnik 247, 602

L

La trouvaille de Dreheme, 1: 3 162
Lagaš-Herrscherchronik
 – Gegennarration zur ‚Sumerischen Königsliste' 363, 365
 – i 6-10 362
Laios 238
Lamaštu 174f., 180, 563, 578ff.
 – Lamaštus Exil 176
Lamaštu Serie
 – I 111 f 175
 – II 35 176
 – II 163 177
Lebewesen
 – Abstammung vom Himmel 559
Lehre des Anchscheschonqi
 – Kol. 25, Z. 12 f 191
Lehre des Ani
 – P. Boulaq 4 ro, Kol. 20, Z. 14-17 198
Lehre des P. Ramesseum
 – 2, Kol. 1, Z. 6 210
Lehre für Merikare
 – § 72 f 207
 – § 113, Kol. 10, Z. 8 192
 – § 131 191
Leid 223, 576
Leiter 569f.

Lemnos 230, 260
Lesses von Lampsakos 480
Libanios
– *Progymnasmata* 2,7,1 230
Libanon 235
Livius
– 1,20,4 538
– 5,52,7 459
– 5,54,7 539–40
– 22,1,11 246
– 22,1,12 234
– 27,37,1 244
– 27,37,2 245
– 27,37,7 245
– 28,11,2 245
– 29,14,4 244
– 40,58,6 256
Lokalbestimmung
– Herkunftsort 68–71
– Zielpunkt 74–76
Loyalistische Lehre
– § 2, 5-3, 4 214
Lucanus
– 1,522-544 244
– 1,530-535 245
– 9,471-480 536–37
Lucretius
– 2,991-995 253
Ludlul bēl nēmeqi
– II 51-55 164
– II 55 177
– III 70-74 164
Lugalbanda 84f., 602, *Siehe auch* Theophanie
– als Ama-ušumgal-ana 590
– als König 594
– als k u ₃ "auferstanden" 598
– als Usurpator 589, 600f.
– himmlische Herkunft 559
– Legitimierung durch drei Rituale 599
– Machtübernahme 588
– Rückkehr aus der Unterwelt 598–99
– Unterweltsgang 590–94
Lugalbanda und Innana
– Heilige Hochzeit 590
Lugalbanda-Epos 586–601
– 1,181 592

– 1,197 596
– 2,222 598
– 2,222 (Lugalbanda wie vom Himmel) 587–88
– 2,309 f. // 373 f. 595
– 2,319 f. // 383 f. 596
– 2,345-355 589
– Absetzung des Herrschers 595–97
– Anzu-Vogel 594, 600
– historische Bezüge auf Utu-heĝal und Ur-Namma 600
– Inkubationsritual 594
– Inthronisation Enmerkaras 591
– Inthronisation Lugalbandas 592
– mit Mythos DIE GÖTTER MACHEN LUGALBANDA ZUM HERRSCHER 588
– Schnelligkeit wie Gestirngötter 594
– Textoberfläche vs. Sinnebene 592
– Unterschied Text - Mythos 588f.
Lukianos
– *De sacrificiis*
6 231
30,8 222
– *Dialogi deorum* 442
19,1 235
– *Prometheus* 439–42, 442
Lykaon 226
Lykophron
– 72-85 471
– 363 485

M

Maat 191, 573, 576
– himmlische Herkunft 558
Magier 255
Magisches Handbuch 197, 201
Magna Mater 242
Manilius
– 4,883-887 254
mannam lušpur Formel 171
Marcus Aurelius (röm. Kaiser) 205f.
Martial
– 14,175 227
m e 567, 574, *Siehe* Numinose Machtmittel
Medeia 232, 251f.

Meer 228f., 234, 260, 572
Memnon 236
men-Krone Siehe Numinose Machtmittel
Menschen 253
 – Abstammung vom Himmel 559
Mercurius Siehe Hermes
Meteorit 236, 244
Meteorit-Eisen
 – himmlische Herkunft 557
Milch 244
Mond 255
Morgenröte 235
Musaios
 – 109-111 236
Mutterschaf und Getreide 574
Mysterien 251
Mythenvergleiche 15, 21, 25, 31, 47ff.
 – methodische Schritte 47, 49f.
Mythische Stoffe (Auswahl)
 – AGAMEMNON LIEBT CHRYSEÏS 41
 – APOLLON LIEBT DAPHNE 15f.
 – ATHENE BEKOMMT DIE PALLADIA DER GROßEN GÖTTER 36
 – ATHENE ERHÄLT DIE AIGIS 36
 – ATHENE SCHENKT CHRYSE DIE PALLADIA 36
 – DARDANOS HEIRATET CHRYSE 26, 36, 46
 – ERECHTHEUS BESIEGT EUMOLPOS 50
 – GÖTTER MACHEN LUGALBANDA ZUM HERRSCHER 586–601
 – GOTTHEIT SCHICKT MENSCHEN DAS PALLADION 459–86
 – GOTTHEIT SCHICKT NUMA *ANCILE*-SCHILD 511–35
 – HEPHAISTOS VERGEWALTIGT ATHENE 231
 – HERAKLES ZERSTÖRT TROIA 501
 – HERMES ERFINDET DAS FEUER 604
 – HYPNOS UND HERA TREFFEN SICH AUF LEMNOS 493–509
 – INNANA BRINGT DAS HIMMELSHAUS FÜR DIE ERDE 271–302, 569, 577, 581
 – INNANA BRINGT MACHTMITTEL DER UNTERWELT ZUR ERDE 581
 – NN GRÜNDET TROIA 34, 42f., 478
 – PALLAS ZEUGT CHRYSE 36
 – PROMETHEUS STIEHLT DAS FEUER 409–53, 586, 601-4
 – ZEUS SCHICKT DURCH HERMES DEN MENSCHEN ANSTAND UND RECHT 251

Mythische Stoffschemata (Kurztitel)
 – ALLOPHANIE-MYTHEN 227
 – KÖNIGTUM-MYTHOS 309–89
 – MENSCHENSCHÖPFUNGSMYTHOS 253
 – METAMORPHOSENMYTHEN 14
 – SINTFLUT-MYTHOS 226, 245, 258, 471, 473, 481
 – UNTERWELTSGANG-DES-KÖNIGS-MYTHOS 590–94
 – VERSTIRNUNGSMYTHEN 222
 – WELTALTERMYTHOS 416
Mythos
 – als Erzählstoff 12
 – Bedeutsamkeit 576f., 580
 – Definition 17
 – Deutungsmachtkonflikte 39ff., 260, 485, 581f.
 – Funktionalisierungen 576, 585
 – Grundfunktion 575, 605
 – hylistische Mythosforschung Siehe Hylistik
 – ikonographische Darstellung 320
 – Inkonsistenzen 38, 40f., 46, 471, 473, 475ff., 480, 486, 488
 – Interpretation 28, 46f., 51, 476, 584, 586
 – Kennzeichnung durch KAPITÄLCHEN 15
 – konkrete Handlungsträger 466
 – Legitimation 576f.
 – mediale Konkretionen 13, 18, 46
 – Metafunktionen 578
 – mythischer Dreischritt 31
 – Numinosität 602, 605
 – Polymorphie 13, 17, 38f., 50, 476, 482
 – Polystratie 17, 38f., 476
 – Prototypisches 580ff.
 – Stoff vs. Stoffgestaltung 47
 – teleologischer Charakter 28, 31
 – Textoberfläche vs. Sinnebene 592
 – Titel in Hylemform 15
 – Transmedialität 12, 47, 50
 – und Religion 222, 602–4
 – Vernetzung von Mythen 35
 – Wertungen und Hierarchisierungen 40f., 51
 – zielt auf Concreta, nicht Abstracta 584
Mythos von der Himmelskuh (Text) 200
 – Grab Sethos' I. (KV 17) Z. 85 f 208

N

Nacht 246, 258
Nanna/Suen *Siehe* Theophanie
Narrative Exemplifikation 384–85
Narratologie 13, 22, 465
Narthex-Stängel 570
Našše *Siehe* Theophanie
Naturphänomene 244f., 258, 261, *Siehe* Theophanie
Nausikaa 225
Neferti
– Z. 53 f 214
Nergal 564
Nergal und Ereš-ki-gal 569
Netz 569
Neuassyrischer Brief
– *SAA* 16, 63: r. 26' 173
Nike 41
Ninĝirsu 77
Ninisina 568
Nisaba 77, 567
Nonnos
– *Dionysiaca*
1,87 f 233
3,376 250
30,77 260
35,346 f 240
38,410 f 236
42,531-533 240
48,613 f 232
nubigena 538
Numa 512, 568, 577
Numinose Machtmittel 87–93, 104–5, 561
– [...] des Königtums 88
– himmlische Herkunft 558
– Hirtenamt 87
– isib-Priesteramt 87, 90
– Königtum 87, 321–22, 371
– Krone 90
 aga-Krone 87
 men-Krone 88
– Schrecken(sglanz) 88
– Tafel des Lebens 91–92
– Thron 88, 90
– udug-Waffe 91, 92–93

– Zepter 88, 90
Numinoses 105
– Anzu-Vogel 98
– böse Mächte himmlischer Herkunft 554
– Feldfrüchte 100
– Getreide(gottheit) 100
– Himmelsstier 98
– Sturm und Regen 96–98
– Tiere und Pflanzen 98–101
Nymphen 234, 253
Nyx *Siehe* Nacht

O

Odysseus 225, 237f., 245f., 458
Okeanos 230, 245
Olymp 223f., 226, 228f., 231, 240, 245, 247f., 257, 260, 468f., 482, 573
Olympische Götter 42, 225, 232, 239f., 254f., 604
Omina 210, 213, 223, 234, 243f., 246, 258, 261
Omina brontoscopiques
– Kol. x+1, Z. x+11 213
Opfer 602ff.
Opferbetrug 604
Orakel 189, 198f., 215
Ordnung 572, 576, 578
Orestes 241
Orientierung 578
Orphische Argonautica
– 776 f 237
Orphische Goldplättchen 254
Orphische Lithica
– 243 f 260
Orphische Schriften (Fragmente)
– 480-483 254
Ortygia 228
Osiris 193, 197, 564
Othrys 240
Ovid 567
– *Fasti*
3,259-392 513–23
3,289-293 529–30
3,359-398 241

– *Metamorphosen* 13
   1,78-83   253
   1,149 f   573
   1,181-243   226
   1,260 f   246
   1,283 f   246
   1,452-567   14
   1,673 f   238
   2,708-832   238
   2,730   238
   4,432-480   237
   4,610 f   226
   7,219   252
   11,592–649   494

P

Palladia   26, 31, 41, 458, 481f., 485f., 583f.
Palladion   43, 241f., 457, 460, 464, 466, 470, 472f., 475, 481ff., 485ff., 577, 583f.
Pallas   489
 – Arkader, Vater von Chryse   26, 33, 41, 43, 481
 – Arkader, Vater von Nike   41
 – Gigant   41
 – Titan, Vater der Athene   41
 – Tochter von Triton   41, 461
Panopeus   243, 250
Papyri Demoticae Magicae, P. mag. London-Leiden
 – Kol. 20, Z. 22   208
Papyri Graecae Magicae
 – PGM 1, 42-195   215
 – PGM 2, 80-85   215
 – PGM 3, 259 f   215
 – PGM 4, 1015-1020   215
 – PGM 4, 1115-1160   215
 – PGM 4, 1610   215
 – PGM 5, 460-465   215
 – PGM 7, 795-845   215
 – PGM 8, 64-110   215
 – PGM 12, 14-95   216
 – PGM 12, 96-106   216
 – PGM 12, 107-121   216
 – PGM 12, 201-296   216
 – PGM 36, 295-311   216

Papyri Graecae Magicae, „Christliches"
 – 15 a   216
 – 15 b   216
Papyrus Anastasi 2 Kol. 7, Z. 6 f   212
Papyrus Anastasi 4
 – Kol. 6, Z. 9, „Lob auf Piramesse"   207
Papyrus Vandier 4, 9-16   198
Papyrus Westcar Kol. 11, Z. 10-17   209
Paris   458
Patroklos   237, 248
Pausanias   429
 – 1,26,6   242, 458
 – 7,4,4-7   242
 – 9,12,4   242
 – 9,40,11 f   250
 – 10,4,4   243
Peleus   240, 248
Pelops   250, 484
Penelopeia   238
Pentheus   224
Pergamon   473
Perseus   226
Pessinus   242
Petrus Danielis   450
Pflanzen   253
Pflanzenwachstum   574
Pflug   252
Phaëthon   236
Phaiaken   225
Pherekydes von Athen   486
 – fr. 3 F 97 BNJ   238
Philostratos
 – *Apollonios von Tyana* 8,7,2 f   255
Phoibe   228
Phoroneus   428
Phrixos   238
Phylarchos
 – FGrH 81 F 47   483
Pindar
 – *Pythien*
   3,85-96   240
   12,17 f   227
Platon
 – *Philebos*   426–27
 – *Politeia*   441, 445
 – *Protagoras*   422–26
   320c8-322d5   251

– *Timaios* 23a f 226
Pleione 470
Plinius
– *Naturalis historia*
   2,96 f 246
   2,99 f 246
   2,102 244
   2,137 245
   2,138 f 245
   2,146-148 244
Plot 13f., 463
Plutarch
– *Fabius Maximus* 2,3 244
– fr. 194a 247
– *Lysias* 12,1 244
– *Moralia* 368c 234
– *Numa* 13 523–31
– *Timoleon* 8,4-8 244
Polydoros 242
Polyneikes 238
Porphyrio 431
– ad Hor. *carm.* 1,3,27 und 29 f 247
Porphyrios
– *De abstinentia* 3,25 254
Poseidon 51, 231, 239, 245f., 251, 260
– und Alope 226
Pracht 102
Priamos 461, 468
Priester 199ff., 206, 211, 213
Priests and Officials
– 199 f (Private Collection): 27 166
Proklos
– ad Plat. *Tim.* 1,115 236
– *Bellum Gothicum* 1,15 459
Prokris 34
Prolepse 14, 464, 480
Prometheen 435
Prometheus 243, 248, 253, 563, 568, 581f., 602f.
– als Kultstifter 602–4
– als Kulturstifter 417
– bei Diodor 427–28
– bei Platon 422–27
– Feuerdiebstahl 570, 601–4
– Feuerdiebstahl auf Lemnos 420
– Prometheus-Mythen 409–53
– und Athene 449

– und Epimetheus 422, 426
– und Hephaistos 419
– und Herakles 415
– und Jupiter 431–35
– und Merkur 449
– und Thetis 451
– und Zeus 410–12, 419, 423, 441f.
Prozession 198f., 201, 215f.
Pyramide 569
Pyramidentexte 569

Q

qereb apsî Siehe Abzu
qereb šadê (das Innere der Berge) 184
qereb šamê Siehe Himmel
Quintus von Smyrna
– 1,118 f 236
– 1,826 f 236
– 2,593 f 236
– 4,62-64 236
– 7,620-622 236
– 10,125-137 235
– 10,358-360 468
– 12,157-218 240

R

Ramses II. 201, 207ff.
Re 191f., 196, 199f., 209, 214, 569f.
Rebellen 192, 200
Recht 251, 578
Regen 205ff., 226, 244f., 253, *Siehe* Numinoses
– Regen des Himmels 97
– Regensturm 563
– Überfluss 97
Rheia 254
Ritual
– Heilige Hochzeit 590
– mit Inkubation 593
– mit Unterweltsgang des Königs 590–94
– vom Unterweltsgang 1. Jt. als Trauminkubation 593
– vom Unterweltsgang mit Heiliger Hochzeit 593

– zur Inthronisation mit Schnelllauf 594–95
Rom 241, 459, 577
Rüstung 248, 251

S

Sachmet 196
Salier 511, 514
Samothrake 42, 470f., 473, 477, 481
Satirische Streitschrift
 – § 38 f 214
Schafzucht 574
Schale 252
Schaum 234
Schiffbrüchiger
 – Z. 125-132 195
Schild 249
Schleier 250
Schnee 205, 208
Scholien
 – ad Hom. *Il.* 14,231 496–99
 – ad Hom. *Il.* 15,21 243
 – ad Hom. *Il.* 16,174 467
 – ad Lykophr. 29 478, 480
 – ad Lykophr. 355 486
Schrecken(sglanz) *Siehe* Numinose Machtmittel
Schutzgötter 180
Schwelle 231
Schwert 251
Seelen 254
Seil 227, 569f.
Selene 234, 564
 – und Endymion 235
Semele 226
Seneca
 – *Thyestes* 789-884 255
ṣerretu (Leitseil) 165, 168, 181
ṣertu (Euter) 181
Servius
 – *Comm. in Verg. Buc.* 447–50
Seth 194, 208f., 211, 213
Seuche 196, 578
Sextus Empiricus
 – *Adversus mathematicos* 1,291 231
Sichel 233

Sicherheit 577f.
Silius Italicus
 – 10,340-370 494
Sîn 234, 564
Sinuhe
 – Version B, Z. 43-45 196
Skarabäus 200
Skorpion 569
Skythen 252
Somnus *Siehe* Hypnos
Sonnenwagen 570
Sophokles
 – *Antigone* 950 227
Städte
 – himmlische Herkunft 556
Statius
 – *Silvae*
  5,2,130 f. 538
 – *Thebais*
  1,197-199 238
  1,303-311 238
  2,1 f 238
  8,751-766 238
  10,84–155 494
Stern 228, 255
 – (fallender) Stern (*kakkabu*) 165, 169, 182
 – Stern/Komet 195f., 201, 215, 570
 – Sternschnuppe 228
Stoffarten 17
Stoffpartitur 50f.
Stoffschema 48
Stoff-Stoff-Interferenzen 38, 40f.
Stoffvariante 12ff., 20, 23, 465, 473, 475, 478ff.
 – Abgeschlossenheit 35, 478
 – ausschnitthafter Charakter 16, 30f., 465, 581
Story 13f., 463f.
Strafe 223, 229, 243, 245, 256, 258, 474, 576
Stratifikationsanalyse 46, 469, 487, 582
 – Definition 40
 – methodische Schritte 40
Streitaxt 252
Sturm *Siehe auch* Numinoses
 – Brüllen des Sturmes 97
 – großer Sturm 97
 – Hand des Sturmes 97

- Sturm als Egge 97
Suda 483
Suda, Lemma Ἰουλιανός 206
Sueton
 - *Domitianus* 15,2 245
Šulgi 576
Šulgi A Schnelllauf des Königs 595
Šulgi P
 - Segm. B 37 379
Sumer 581
‚Sumerische Königsliste' (Grundversion)
 Siehe Herrschaftskonzepte, Königtum
 - Beginn der Geschichte 349
 - Paradigma des historischen Wandels 349–53, 377
Sumerisches Sintflut-Epos
 - abhängig von der ‚Sumerischen Königsliste' 372
 - CBS 10673+10867, ii 5'-7' 371
Summanus 245

T

Tacitus
 - *Annalen* 13,24 245
Tägliches Kultbildritual 199
Tafel des Lebens *Siehe* Numinose Machtmittel
Taranis 256
Targitaos 252
Tauben 233
Tempel 572, 574, 576f., 580, 582
 - Aktivierung 281
 - E-ana als Prototyp 302
 - Himmel auf Erden 298–302
 - himmlische Herkunft 556–57
 - Transfer vom Himmel auf die Erde 281–83
Tempel, Stadt u. Zugehöriges 93–96, 103–4
 - Berg 93
 - Mauer 93
 - Palast 93
 - Riegel 93
 - Städte 93
 - Tempel 67, 94, 113–17
 - Wohnsitz 94
The Cow of Sîn 171

Theben 48, 237ff., 242, 478
Themis 573
Themistios
 - *Oratio* 8,111d 250
 - *Oratio* 18,221a 249
Theophanie 79–86, 103
 - Ama-ušumgal-ana 80
 - Babu 80
 - Brüllen 81
 - Enmerkara 80
 - Ezinam 80
 - Glanz 81
 - Göttlich-naturhafte Mächte 555
 - Innana 80, 81–82
 - Iškur 83
 - Licht 81f.
 - Lugalbanda 588
 - Nanna/Suen 81
 - Naššе 80
 - Naturphänomene 80
 - Person 80
 - Schreckensglanz 81
 - Udug-Schutzgeist 80
 - Utu 80
Theoxenie 239
Thetis 229, 240, 248
Thoth 191, 196, 201f., 206, 234
Thraker 256
Thron *Siehe* Numinose Machtmittel
Thyestes 250
Tibullus
 - 1,2,43 255
 - 1,8,21 255
Tiere 253, *Siehe auch* Numinoses
Titanen 240, 254f.
Tore 222, 232
Transferakteure 563
Traum 237f.
Treppe 569
Tribut 202
Triton 41, 461
Troia 34, 41f., 224, 241ff., 458f., 461, 468, 470, 472, 474, 480f., 483, 485, 577, 583f.
Troianischer Krieg 240, 243ff., 258, 461
Troianisches Pferd 458
Tros 461, 472, 483

Turnus 239
ṭurru (Band) 165, 168, 173, 181
Tydeus 238

U

Übel 223, 578f.
udug ḫul 574
Udugḫul Vorläufer
 – Ni 623+2320: vii 47 f 163
 – Ni 631: i 33 163
Udug-Schutzgeist *Siehe* Theophanie
udug-Waffe *Siehe* Numinose Machtmittel
Unsterblichkeit 238
Unterwelt 162, 176, 237f., 242, 247, 260, 572, 574, 603
Unterweltsgötter 564
Unterweltstraum des assyrischen Kronprinzen Inthronisationsritual 593
Ur 568, 576
Uranos 233f., 253f., 258
Urbild 56
Urhügel 574
Uruk 574, 577, 580, 582
Utu 77, 563f., *Siehe auch* Theophanie
Utu-ḫeĝal und Ur-Namma 600
utukku lemnūtu 574

V

Venus *Siehe* Aphrodite
Verbannung 227, 229, 232, 241
Vergewaltigung 471f.
Vergil 447
 – *Aeneis*
  2,162-170 458
  2,692-700 244
  5,606 f 239
  5,835-861 494
  8,416-422 249
  8,663-665 539–40
  9,2 239
 – *Eclogae*
  4,6 573
Verkommener Harfner
 – Kol. 2, Z. 17-20 196

Versteinerung 239
Vulcanus *Siehe* Hephaistos

W

Wachtel 228
Wagen 251f.
Weisheitstext P. Brooklyn
 – inv. 47.218.135, Kol. 3, Z. 18 191
Weisheitstext P. Insinger
 – Kol. 8, Z. 18 f 197
 – Kol. 31, Z. 24-32.17 191
Weltwahrnehmung
 – etische und emische Perspektiven 559–61
Wenamun, P. Moskau inv. 120
 – Kol. 2, Z. 13 f 211
 – Kol. 2, Z. 19 211
Wermai, Kol. 1 Z. 6 214
Wetter 205, 207f., 210f., 213f.
Wieland, Christoph Martin 439, 442
Wolke 205, 207f.

Z

Zepter 249f., 576, *Siehe auch* Numinose Machtmittel
Zeus 22, 222f., 226f., 240, 244f., 253, 258, 488, 563
 – Allophanien 227
 – und Alkmene 226
 – und Asterië 228
 – und Ate 229, 474, 579
 – und Athene 237
 – und Borysthenes-Tochter 252
 – und Danaë 226
 – und Dardanos 43, 482
 – und Elektra 470ff., 477, 481
 – und Erechtheus 19, 26
 – und Hephaistos 230
 – und Hera 243, 254
 – und Hermes 238, 249, 251
 – und Ilos 241, 460, 464, 467f., 473, 479, 583
 – und Lykaon 226
 – und Prometheus 604

– und Themis 573
– und Titanen 240
– Wohnung 425
Zielpunkte des Himmelstransfers 549–51
  – Berggipfel 550
  – Erde, allgemein 549
  – Inseln 550
  – Könige 550–51
  – Meer 550
  – Schlachtfeld 550
  – Städte 549
  – Tempel 550
  – Thronhalle 550

Zikkurat 569
  – *ziqqurat šamê* (Tempelturm des Himmels) 183
Zivilisation
  – entsteht Dank Göttern/Himmel 557
Zorn 228, 237, 243, 246, 472
Zweiter Setna-Roman, P. BM EA inv. 10822
  – Kol. 5, Z. 8 f 191
  – Kol. 6, Z. 4 f 213
  – Kol. 6, Z. 12-15 211
  – Kol. 6, Z. 24 f 213
Zwillingsgebirge 232

www.ingramcontent.com/pod-product-compliance
Lightning Source LLC
Chambersburg PA
CBHW051531230426
43669CB00015B/2562